EUROPA-FACHBUCHREIHE
für wirtschaftliche Bildung

PRÜFUNGSVORBEREITUNG AKTUELL

für

Rechtsanwalts- und Notarfachangestellte

Zwischen- und Abschlussprüfung

GESAMTPAKET

3. Auflage

Verlag EUROPA-LEHRMITTEL
Nourney, Vollmer GmbH & Co. KG
Düsselberger Straße 23
42781 Haan-Gruiten

EUROPA-Nr.: 99075

Verfasser:
Andreas Behr, Günter de la Motte, Elisabeth Gräff, Karin Kunert, Tobias Wilms

Verlagslektorat:
Anke Hahn

Bearbeitungsvermerk
Rechtsanwendung
- Bürgerliches Gesetzbuch: Ass. iur. Karin Kunert, Dipl.-Kfm. Andreas Behr
- Handels- und Gesellschaftsrecht: Dipl.-Kfm. Andreas Behr
- Zivilprozessordnung: Dipl.-Kfm. Andreas Behr

Vergütung und Kosten: Dipl.-Kfm. Andreas Behr
Notariatsrecht, Kosten- und Gebührenrecht des Notars:
- Notariatsrecht: Dr. Ass. iur. Tobias Wilms
- Kosten- und Gebührenrecht: StD Günter de la Motte

Geschäfts- und Leistungsprozesse / Kommunikation und Büroorganisation: Dipl.-Kfm. Andreas Behr
Wirtschafts- und Sozialkunde: Dipl.-Kfm. Andreas Behr
Mandantenbetreuung: Dipl.-Kfm. Andreas Behr

Rechtsstand ist Sommer 2017

Das Prüfungsvorbereitungsbuch wurde an dem neuen Rahmenlehrplan für die ReNoPat-Ausbildungsberufe (Beschluss der Kultusministerkonferenz vom 27.06.2014) und der neuen ReNoPat- Ausbildungsverordnung (01.08.2015) ausgerichtet. Es berücksichtigt dabei auch Fragen und Aufgaben im internationalen Kontext bzw. in englischer Sprache. Diese sind im Prüfungsvorbereitungsbuch dort berücksichtigt, wo sie im Lehrplan bzw. der Ausbildungsverordnung entsprechend vorgesehen sind.

3. Auflage 2017

Druck 5 4 3 2 1

ISBN 978-3-8085-4110-4

Alle Rechte vorbehalten.
Das Werk ist urheberrechtlich geschützt. Jede Verwertung außerhalb der gesetzlich geregelten Fälle muss vom Verlag schriftlich genehmigt werden.

© 2017 by Verlag Europa-Lehrmittel, Nourney, Vollmer GmbH & Co. KG, 42781 Haan-Gruiten
http://www.europa-lehrmittel.de

Umschlag, Satz: Reemers Publishing Services GmbH, 47799 Krefeld
Umschlagkonzept: tiff.any GmbH, 10999 Berlin
Druck: medienHaus Plump GmbH, 53619 Rheinbreitbach

Vorwort

Das vorliegende Prüfungsbuch bereitet mit zahlreichen Fragen, Fällen und Situationen zielgerichtet auf die erfolgreiche **Zwischen-** und **Abschlussprüfung** vor. Es entspricht in seinen Inhalten dem **Rahmenlehrplan** und der Ausbildungsverordnung für die Ausbildung zum/r

- **Rechtsanwaltsfachangestellten**
- **Rechtsanwalts- und Notarfachangestellten**

Aufgrund der gewählten Struktur ist es sowohl zum **Einsatz im laufenden Unterricht** als auch bestens zum **Selbststudium** geeignet. Es dient gleichermaßen zur **Vertiefung** von **Unterrichtsinhalten** und als **Vorbereitung** auf **Klausuren**.

Lernen, Üben, Testen – und sicher in die Prüfung gehen:
Der Titel ist als aktives **Arbeitsbuch** konzipiert. Eintragungen in vorgesehene Antwortfelder machen die Zusammenhänge noch einmal deutlich, Schaubilder und Ablaufdiagramme visualisieren das Gelernte.

Der **Aufbau** ist zweigeteilt:

1. **Wiederholungsfragen**: Hier werden die wesentlichen Inhalte, sortiert nach Unterrichts- und Prüfungsthemen wiederholt. Vorstrukturierungen und Ablaufschemata dienen als Lernhilfe der oftmals abstrakten Materie.

2. **Prüfungsfälle und -aufgaben**: Diese vertiefen die Themengebiete und bereiten durch prüfungsgerechte Problemstellungen auf die Abschlussprüfung vor.
   Der inhaltliche Fokus liegt dabei auf den **Hauptprüfungsfächern**: *Rechtsanwendung, Vergütung und Kosten, Notarfachkunde (einschl. Kostenrecht), Geschäfts- und Leistungsprozesse / Kommunikation und Büroorganisation, Wirtschafts- und Sozialkunde und dem mündlichen Prüfungsfach Mandantenbetreuung.*

Der umfangreiche **Lösungsteil** enthält neben der Lösung mit Erläuterungen auch Ausblicke und Hinweise auf benachbarte Wissensgebiete.

Praxistest bestanden:
Die Aufgaben sind von unserem erfahrenen Autorenteam, bestehend aus Berufsschullehrern/-innen und Rechtsanwaltskammer-Prüfungsmitgliedern, sorgfältig ausgewählt worden, um die Auszubildenden **optimal auf die Zwischen- und Abschlussprüfung vorzubereiten**.

Ihr Feedback ist uns wichtig:
Wenn Sie mithelfen möchten, dieses Buch für die kommenden Auflagen zu verbessern, schreiben Sie uns unter **lektorat@europa-lehrmittel.de**. Ihre Hinweise und Verbesserungsvorschläge sind uns wichtig, wir nehmen sie gerne auf.

Haan, Sommer 2017 — Die Verfasser

Inhaltsübersicht

Vorwort	III
Prüfungs- und Buchaufbau	XIII

Rechtsanwendung (LF 01, 02, 03, 04, 08, 09, 10, 11, 12, 13, 14)

A. Bürgerliches Recht	1
I. Wiederholungsfragen	1
1. Rechtliche Grundlagen	1
2. Allgemeiner Teil BGB	4
2.1 Rechtssubjekte und Rechtsobjekte	4
2.2 Rechtsgeschäfte	8
2.3 Stellvertretung	12
2.4 Fristen und Termine	14
3. Schuldrecht	18
3.1 Zustandekommen und Inhalt von Schuldverhältnissen (insbesondere Kaufvertrag)	18
3.2 Leistungsstörungen	24
3.3 Weitere vertragliche Schuldverhältnisse	28
3.4 Gesetzliche Schuldverhältnisse	31
4. Sachenrecht	32
4.1 Besitz und Eigentum	32
4.2 Eigentumserwerbe an beweglichen und unbeweglichen Sachen	34
4.3 Pfandrechte	36
5. Familienrecht	36
5.1 Nichteheliche Lebensgemeinschaft, Verlöbnis, Ehe und Lebenspartnerschaft	36
5.2 Verwandtschaft und Schwägerschaft	40
6. Erbrecht	41
6.1 Gesetzliche Erbfolge	41
6.2 Gewillkürte Erbfolge	43
II. Prüfungsaufgaben	45
1. Rechtliche Grundlagen und Allgemeiner Teil BGB	45
2. Schuldrecht	50
3. Sachenrecht	58
4. Familienrecht	62
5. Erbrecht	64
B. Handels- und Gesellschaftsrecht	67
I. Wiederholungsfragen	67
1. Handelsrecht	67
1.1 Handelsrechtliche Grundlagenbegriffe	67
1.2 Stellvertretung	70
2. Gesellschaftsrecht: Unternehmensformen	73

3. Kreditarten und Kreditsicherung	78
II. Prüfungsaufgaben	85
1. Handelsrecht	85
1.1 Handelsrechtliche Grundlagenbegriffe	85
1.2 Stellvertretung	88
2. Gesellschaftsrecht: Unternehmensformen	90
3. Kreditarten und Kreditsicherung	97

C. Zivilprozessordnung (einschl. Verfahren auf europäischer Ebene) 105

I. Wiederholungsfragen	105
1. Gerichtsbarkeiten	105
2. Anwaltliches Aufforderungsschreiben	106
3. Klageverfahren	107
3.1 Zuständigkeiten	107
3.2 Prozessparteien und ihre Vertreter	110
3.3 Zustellung	112
3.4 Klage	114
3.5 Gang des erstinstanzlichen Erkenntnisverfahrens	116
3.6 Rechtsmittel	123
3.7 Fristen	128
3.8 Besonderheiten ausgewählter Verfahrensarten (UrkP, BerH, PKH, selbstBewV, FamFG, ArbGG,)	131
4. Gerichtliches Mahnverfahren	139
4.1 Inländisches Mahnverfahren	139
4.2 Europäisches Mahnverfahren	141
5. Zwangsvollstreckung	145
5.1 Grundlagen	145
5.2 Zwangsvollstreckung in das bewegliche Vermögen	149
5.3 Zwangsvollstreckung in Forderungen und andere Vermögensrechte	153
5.4 Zwangsvollstreckung in das unbewegliche Vermögen und wegen anderer Ansprüche	156
5.5 Regelbefugnisse des Gerichtsvollziehers, insbesondere Vermögensauskunft	158
5.6 Einwendungen im Rahmen der Zwangsvollstreckung	162
5.7 Arrest und einstweilige Verfügung	164
5.8 Zwangsvollstreckungsmaßnahmen innerhalb der EU	167
II. Prüfungsaufgaben	175
1. Anwaltliches Aufforderungsschreiben und Klageverfahren	175
1.1 Anwaltliches Aufforderungsschreiben; Zuständigkeiten und Prozessparteien	175
1.2 Zustellung	185
1.3 Klage	186
1.4 Beginn des Klageverfahrens	190
1.5 Beweisverfahren	193
1.6 Das Urteil	197
1.7 Rechtsbehelfe und Rechtsmittel	201
1.8 Fristen	204

2. Inländisches und europäisches gerichtliches Mahnverfahren 206
3. Zwangsvollstreckung 209
   3.1 Zwangsvollstreckung in das bewegliche Vermögen und in Forderungen 209
   3.2 Zwangsvollstreckung in das unbewegliche Vermögen und wegen anderer Ansprüche 218
   3.3 Vermögensauskunft und eidesstattliche Versicherung 220
   3.4 Einwendungen im Rahmen der Zwangsvollstreckung 225
   3.5 Arrest und einstweilige Verfügung 227
   3.6 Zwangsvollstreckung innerhalb der EU 229

Vergütung und Kosten (LF 04, 09, 10, 11, 12, 13, 14)

I. Wiederholungsfragen 232
1. Begriffe und allgemeine Grundlagen 232
2. Gegenstandswert 238
3. Allgemeine und außergerichtliche Gebühren 240
4. Gebühren im zivilgerichtlichen Bereich und in der Zwangsvollstreckung 246
   4.1 Verfahrens- und Terminsgebühr 246
   4.2 Besondere Verfahren und Gebührentatbestände 251
II. Prüfungsaufgaben 267
1. Außergerichtliche Tätigkeit 267
2. Gerichtliche Tätigkeit 268
3. Gerichtliches Mahnverfahren 272
4. Verweisung, Abgabe und Zurückverweisung 273
5. Urkunden und Wechselprozess 274
6. Selbstständiges Beweisverfahren 274
7. Einzeltätigkeiten des Rechtsanwalts 275
8. Prozesskosten- und Beratungshilfe 276
9. Familiensachen 277
10. Kostenfestsetzung 277
11. Zwangsvollstreckung 283
12. Arbeitsgerichtsbarkeit 284

Notariatsrecht, Kosten- und Gebührenrecht des Notars

A. Notariatsrecht: Freiwillige Gerichtsbarkeit 285
I. Wiederholungsfragen und Prüfungsaufgaben 285
1. Allgemeines Beurkundungs- und Berufsrecht 285
2. Grundstücksrecht 292
3. Familien- und Erbrecht 297
4. Handels- und Gesellschaftsrecht 300
B. Kosten- und Gebührenrecht des Notars 303
I. Wiederholungsfragen und Prüfungsaufgaben 303

Kommunikation und Büroorganisation/Geschäfts- und Leistungsprozesse
(LF 01, 02, 03, 04, 05, 06)

A. Aufgaben aus dem Bürobereich	319
I. Wiederholungsfragen und gebundene Aufgaben	319
1. Wiederholungsfragen	319
2. Gebundene Aufgaben	323
II. Übergreifende Fälle im serviceorientierten, büroorganisatorischen Kontext	327
B. Rechnungswesen und Finanzwesen	341
I. Wiederholungsfragen	341
1. Allgemeine Grundlagen der Buchführung	341
2. Ausgewählte Buchungen	348
2.1 Umsatzsteuer	348
2.2 Rabatte und Skonti	348
2.3 Durchlaufende Posten (Fremdgeld und Anderkonto)	348
2.4 Privatentnahmen und Privateinlagen	349
2.5 Personalkosten	352
2.6 Sachanlagen	353

II. Prüfungsaufgaben

1. Grundlagen des Rechnungswesens	356
2. Aufgaben mit Buchungssätzen	361
C. Einnahmenüberschussrechnung	366
I. Wiederholungsfragen	366
II. Prüfungsfragen	368
D. Zahlungsverkehr und Steuern	374
I. Wiederholungsfragen	374
1. Zahlungsverkehr	374
2. Steuern	379
II. Prüfungsaufgaben	386
1. Zahlungsverkehr	386
2. Steuern	390
E. Kaufmännisches Rechnen	395
II. Wiederholungsfragen und Prüfungsaufgaben	395

Wirtschafts- und Sozialkunde (LF 01, 02, 05, 07, Sozialkunde/-politik)

A. Grundlagen des Wirtschaftens	405
I. Wiederholungsfragen	405
II. Prüfungsaufgaben	410
B. Arbeitsrechts-, Personal- und Sozialbereich	415
I. Wiederholungsfragen	415
II. Prüfungsaufgaben	425

C. Grundlagen der Wirtschafts- und Sozialpolitik 435
I. Wiederholungsfragen 435
II. Prüfungsaufgaben 442

Mandantenbetreuung (LF 01, 02, 03, 04, 08, 09, 10, 11, 12, 13, 14)

I. Vorbemerkung und Prüfungstipps 450
II. Sachverhalte 454

Rechtsanwendung (LF 01, 02, 03, 04, 08, 09, 10, 11, 12, 13, 14)

A. Bürgerliches Recht 457
I. Wiederholungsfragen 457
1. Rechtliche Grundlagen 457
2. Allgemeiner Teil BGB 459
    2.1 Rechtssubjekte und Rechtsobjekte 459
    2.2 Rechtsgeschäfte 462
    2.3 Stellvertretung 465
    2.4 Fristen und Termine 467
3. Schuldrecht 469
    3.1 Zustandekommen und Inhalt von Schuldverhältnissen (insbesondere Kaufvertrag) .. 469
    3.2 Leistungsstörungen 473
    3.3 Weitere vertragliche Schuldverhältnisse 477
    3.4 Gesetzliche Schuldverhältnisse 479
4. Sachenrecht 480
    4.1 Besitz und Eigentum 480
    4.2 Eigentumserwerb an beweglichen und unbeweglichen Sachen 481
    4.3 Pfandrechte 483
5. Familienrecht 484
    5.1 Nichteheliche Lebensgemeinschaft, Verlöbnis, Ehe und Lebenspartnerschaft 484
    5.2 Verwandtschaft und Schwägerschaft 486
6. Erbrecht 487
    6.1 Gesetzliche Erbfolge 487
    6.2 Gewillkürte Erbfolge 488
II. Prüfungsaufgaben 490
1. Rechtliche Grundlagen und Allgemeiner Teil BGB 490
2. Schuldrecht 496
3. Sachenrecht 502
4. Familienrecht 505
5. Erbrecht 507
B. Handels- und Gesellschaftsrecht 509
I. Wiederholungsfragen 509

1. Handelsrecht 509
    1.1 Handelsrechtliche Grundlagenbegriffe 509
    1.2 Stellvertretung 512
2. Gesellschaftsrecht: Unternehmensformen 515
3. Kreditarten und Kreditsicherung 521
II. Prüfungsaufgaben 526
1. Handelsrecht 526
    1.1 Handelsrechtliche Grundlagenbegriffe 526
    1.2 Stellvertretung 527
2. Gesellschaftsrecht: Unternehmensformen 528
3. Kreditarten und Kreditsicherung 530

C. Zivilprozessordnung (einschl. Verfahren auf europäischer Ebene)

I. Wiederholungsfragen 533
1. Gerichtsbarkeiten 533
2. Anwaltliches Aufforderungsschreiben 533
3. Klageverfahren 534
    3.1 Zuständigkeiten 534
    3.2 Prozessparteien und ihre Vertreter 537
    3.3 Zustellung 539
    3.4 Klage 541
    3.5 Gang des erstinstanzlichen Erkenntnisverfahrens 543
    3.6 Rechtsbehelfe und Rechtsmittel 549
    3.7 Fristen 552
    3.8 Besonderheiten ausgewählter Verfahrensarten
    (UrkP, BerH, PKH, selbstBewV, FamFG, ArbGG) 554
4. Gerichtliches Mahnverfahren 560
    4.1 Inländisches Mahnverfahren 560
    4.2 Europäisches Mahnverfahren 562
5. Zwangsvollstreckung 564
    5.1 Grundlagen 564
    5.2 Zwangsvollstreckung in das bewegliche Vermögen 569
    5.3 Zwangsvollstreckung in Forderungen und andere Vermögensrechte 573
    5.4 Zwangsvollstreckung in das unbewegliche Vermögen und wegen
    anderer Ansprüche 575
    5.5 Regelbefugnisse des Gerichtsvollziehers, insbesondere Vermögensauskunft ... 577
    5.6 Einwendungen im Rahmen der Zwangsvollstreckung 580
    5.7 Arrest und einstweilige Verfügung 582
    5.8 Zwangsvollstreckungsmaßnahmen innerhalb der EU 584
II. Prüfungsaufgaben 590
1. Anwaltliches Aufforderungsschreiben und Klageverfahren 590
    1.1 Anwaltliches Aufforderungsschreiben; Zuständigkeiten und Prozessparteien .. 590
    1.2 Zustellung 596

1.3 Klage	598
1.4 Beginn des Klageverfahrens	601
1.5 Beweisverfahren	602
1.6 Das Urteil	606
1.7 Rechtsbehelfe und Rechtsmittel	608
1.8 Fristen	610
2. Inländisches und europäisches gerichtliches Mahnverfahren	611
3. Zwangsvollstreckung	613
3.1 Zwangsvollstreckung in das bewegliche Vermögen und in Forderungen	613
3.2 Zwangsvollstreckung in das unbewegliche Vermögen und wegen anderer Ansprüche	618
3.3 Vermögensauskunft und eidesstattliche Versicherung	620
3.4 Einwendungen im Rahmen der Zwangsvollstreckung	623
3.5 Arrest und einstweilige Verfügung	624
3.6 Zwangsvollstreckung innerhalb der EU	626

Vergütung und Kosten

I. Wiederholungsfragen	628
1. Begriffe und allgemeine Grundlagen	628
2. Gegenstandswert	635
3. Allgemeine und außergerichtliche Gebühren	636
4. Gebühren im zivilgerichtlichen Bereich und in der Zwangsvollstreckung	642
4.1 Verfahrens- und Terminsgebühr	642
4.2 Besondere Verfahren und Gebührentatbestände	648
II. Prüfungsaufgaben	663
1. Außergerichtliche Tätigkeit	663
2. Gerichtliche Tätigkeit	665
4. Verweisung, Abgabe und Zurückverweisung	679
5. Urkunden und Wechselprozess	680
6. Selbstständiges Beweisverfahren	682
7. Einzeltätigkeiten des Rechtsanwalts	683
8. Prozesskosten- und Beratungshilfe	686
9. Familiensachen	687
10. Kostenfestsetzung	689
11. Zwangsvollstreckung	694
12. Arbeitsgerichtsbarkeit	696

Notariatsrecht, Kosten- und Gebührenrecht des Notars

A. Notariatsrecht: Freiwillige Gerichtsbarkeit	698
I. Wiederholungsfragen und Prüfungsaufgaben	698
1. Allgemeines Beurkundungs- und Berufsrecht	698

2. Grundstücksrecht 703

3. Familien- und Erbrecht 708

4. Handels-, Gesellschafts- und Vereinsrecht 711

B. Kosten- und Gebührenrecht 714

I. Wiederholungsfragen und Prüfungsaufgaben 714

Kommunikation und Büroorganisation/Geschäfts- und Leistungsprozesse

A. Aufgaben aus dem Bürobereich 728

I. Wiederholungsfragen und gebundene Aufgaben 728

1. Wiederholungsfragen 728

2. Gebundene Aufgaben 730

II. Übergreifende Fälle im serviceorientierten, büroorganisatorischen Kontext 732

B. Rechnungswesen und Finanzwesen 741

I. Wiederholungsfragen 741

1. Allgemeine Grundlagen der Buchführung 741

2. Ausgewählte Buchungen 748

    2.1 Umsatzsteuer 748

    2.2 Rabatte und Skonti 748

    2.3 Durchlaufende Posten (Fremdgeld und Anderkonto) 749

    2.4 Privatentnahmen und Privateinlagen 750

    2.5 Personalkosten 756

    2.6 Sachanlagen 757

II. Prüfungsaufgaben 760

    1. Grundlagen des Rechnungswesens 760

    2. Prüfungsaufgaben mit Buchungssätzen 763

C. Einnahmenüberschussrechnung 770

I. Wiederholungsfragen 770

II. Prüfungsaufgaben 772

D. Zahlungsverkehr und Steuern 776

I. Wiederholungsfragen 776

1. Zahlungsverkehr 776

2. Steuern 779

II. Prüfungsaufgaben 786

1. Zahlungsverkehr 786

2. Steuern 787

E. Kaufmännisches Rechnen 790

Wirtschafts- und Sozialkunde

A. Grundlagen des Wirtschaftens 805

I. Wiederholungsfragen 805

II. Prüfungsaufgaben	809
B. Arbeitsrechts-, Personal- und Sozialbereich	810
II. Prüfungsaufgaben	818
C. Grundlagen der Wirtschafts- und Sozialpolitik	821
I. Wiederholungsfragen	821
II. Prüfungsaufgaben	828

Mandantenbetreuung

II. Sachverhalte	831

Prüfungs- und Buchaufbau

Der Aufbau dieses Buches orientiert sich an den Prüfungsbereichen der Abschlussprüfung. Die dem jeweiligen Prüfungsbereich zugrundeliegenden Lernfelder, sind in der Überschrift jeweils angegeben.

Da in der Zwischenprüfung nur ein Teil dieses Unterrichtsstoffes abgeprüft wird, befindet sich unten folgend eine Zusammenstellung, welche Prüfungsaufgaben aus dem Prüfungsvorbereitungsbuch speziell für die Vorbereitung auf die Zwischenprüfung herangezogen werden können.

Die Abschlussprüfung

Allgemein
Die Prüfung setzt sich für die Rechtsanwaltsfachangestellten aus folgenden Prüfungsbereichen zusammen:

Schriftlich:
1. Rechtsanwendung, 150 Minuten, Inhalte aus: LF 01, 02, 03, 04, 08, 09, 10, 11, 12, 13, 14
2. Vergütung und Kosten, 90 Minuten, Inhalte aus: LF 04, 09, 10, 11, 12, 13, 14
3. Geschäfts- und Leistungsprozesse, 60 Minuten, Inhalte aus: LF 01, 02, 03, 04, 05, 06
4. Wirtschafts- und Sozialkunde, 60 Minuten, Inhalte aus: LF 01, 02, 05, 07, Sozialkunde / -politik

Mündlich:
5. Mandantenbetreuung, Prüfungszeit ca. 15 Minuten, Inhalte aus: LF 01, 02, 03, 04, 08, 09, 10, 11, 12, 13, 14

Dieser fünfteilige Prüfungsaufbau besteht auch bei den Notarfachangestellten, wobei hier die Prüfungsfächer Rechtsanwendung im Notarbereich, Kosten, Geschäfts- und Leistungsprozesse, Wirtschafts- und Sozialkunde und Beteiligtenbetreuung heißen.

In der ReNoPat- Ausbildungsverordnung sind folgende Prüfungsvorgaben zu den Prüfungsbereichen aufgeführt:
Rechtsanwendung
1. Der Prüfling soll nachweisen, dass er in der Lage ist,
   - Sachverhalte, insbesondere in den Bereichen des bürgerlichen Rechts sowie des Gesellschafts-, Wirtschafts- und Europarechts rechtlich zu erfassen und zu beurteilen,
   - Maßnahmen im Zivilprozess- und Zwangsvollstreckungsrecht vorzubereiten, durchzuführen und zu kontrollieren,
   - fachkundige Texte zu formulieren und zu gestalten.
2. Der Prüfling soll fallbezogene Aufgaben schriftlich bearbeiten.
3. Die fachbezogene Anwendung der englischen Sprache ist zu berücksichtigen.

Vergütung und Kostenfestsetzung
1. Der Prüfling soll nachweisen, dass er in der Lage ist,
   - Werte, Gebühren und Auslagen für Vergütungsrechnungen zu ermitteln,
   - Vergütungsrechnungen im außergerichtlichen und gerichtlichen Bereich sowie im Zwangsvollstreckungsverfahren zu erstellen,
   - Kostenfestsetzungsanträge und Anträge auf Vergütung im Prozesskostenhilfeverfahren zu erstellen,
   - Gerichtskostenvorschüsse zu berechnen und Gerichtskostenrechnungen zu kontrollieren.
2. Der Prüfling soll fallbezogene Aufgaben schriftlich bearbeiten.

Geschäfts- und Leistungsprozesse
1. Der Prüfling soll nachweisen, dass er in der Lage ist,
   - arbeitsorganisatorische Prozesse zu planen, durchzuführen und zu kontrollieren,
   - zur Qualitätsverbesserung betrieblicher Prozesse beizutragen,
   - Büro- und Verwaltungsaufgaben zu planen, durchzuführen und zu kontrollieren,
   - elektronischen Rechtsverkehr zu nutzen,
   - Auskünfte aus Registern einzuholen und zu verarbeiten,
   - Aktenbuchhaltung zu führen,
   - Aufgaben im Bereich des Rechnungs- und Finanzwesens auszuführen (dieser Bereich nimmt je nach Rechtsanwaltskammer einen hohen aufgabenmäßigen- und zeitlichen Umfang innerhalb dieses Prüfungsfaches ein).
2. Der Prüfling soll fallbezogene Aufgaben schriftlich bearbeiten.

Wirtschafts- und Sozialkunde
1. Der Prüfling soll nachweisen, dass er in der Lage ist, allgemeine wirtschaftliche und gesellschaftliche Zusammenhänge aus der Berufs- und Arbeitswelt darzustellen und zu beurteilen.
2. Der Prüfling soll fallbezogene Aufgaben schriftlich bearbeiten.

Mandantenbetreuung
1. Der Prüfling soll nachweisen, dass er in der Lage ist,
   - Mandanten serviceorientiert zu betreuen,
   - Anliegen von Mandanten zu erfassen,
   - Gespräche mit Mandanten adressatenorientiert zu führen,
   - Auskünfte einzuholen und zu erteilen,
   - Konfliktsituationen zu bewältigen.

Die Abschlussprüfung

2. Für die Prüfung wählt der Prüfungsausschuss eines der folgenden Gebiete aus:
   - zivilrechtliches Mandat,
   - zwangsvollstreckungsrechtliches Mandat,
   - Vergütung und Kosten im zivilrechtlichen Mandat oder
   - Zahlungsverkehr.
3. Mit dem Prüfling soll ein fallbezogenes Fachgespräch geführt werden.
4. Die fachbezogene Anwendung der englischen Sprache ist zu berücksichtigen.

Die Abschlussprüfung

Sie findet in folgenden zwei Prüfungsbereichen schriftlich statt:

Kommunikation und Büroorganisation, 60 Minuten, der inhaltliche Schwerpunkt liegt bei: LF 02, LF 03 betrifft Fristen und Termine

1. Der Prüfling soll nachweisen, dass er in der Lage ist,
   - Arbeitsaufgaben zu planen, durchzuführen und zu kontrollieren,
   - Post zu bearbeiten und Akten zu verwalten,
   - Vorschriften des Datenschutzes zu beachten,
   - Konferenzen und Besprechungen zu managen,
   - Fristen und Termine zu überwachen,
   - Mandanten oder Beteiligte serviceorientiert zu empfangen und zu betreuen.
2. Der Prüfling soll fallbezogene Aufgaben schriftlich bearbeiten.

Im Prüfungsvorbereitungsbuch werden Vorbereitungsaufgaben insbesondere im Kapitel „Kommunikation und Büroorganisation / Geschäfts- und Leistungsprozesse" dargestellt. Fristen und Termine werden im Kapitel Rechtsanwendung, A. Bürgerliches Recht, Allgemeiner Teil des BGB, Fristen und Termine dargestellt.

Rechtsanwendung, 60 Minuten, Inhalte aus: LF 01, 02, 03, 04
1. Der Prüfling soll nachweisen, dass er in der Lage ist,
   - Stellung und Hauptpflichten des Rechtsanwalts, Notars und des Patentanwalts im Rechtssystem zu beachten,
   - Gesetze und Verordnungen handhaben,
   - Entstehung und Wirksamkeit von Rechtsgeschäften zu prüfen,
   - Leistungsstörungen beim Kaufvertrag festzustellen,
   - Arten von Kaufleuten und Unternehmensformen zu unterscheiden,
   - Mahnschreiben zu erstellen.

2. Der Prüfling soll fallbezogene Aufgaben schriftlich bearbeiten.

In diesem Buch befinden sich hierzu die Vorbereitungsaufgaben insbesondere im Kapitel Rechtsanwendung (Wiederholungsfragen und Prüfungsaufgaben); insbesondere unter:
- A. Bürgerliches Recht
  - Rechtliche Grundlagen,
  - Allgemeiner Teil des BGB und
  - Schuldrecht,
- B. Handels- und Gesellschaftsrecht (insbes. Kaufmannsarten und Unternehmensformen),
- C. Zivilprozessordnung *,
  - Gerichtsbarkeiten,
  - Anwaltliche Aufforderungsschreiben und
  - Klageverfahren
    - Zuständigkeiten und
    - Prozessparteien und ihre Vertreter und unter
    - Besonderheiten ausgewählter Verfahrensarten
      - Beratungshilfe.

* Da nicht ausgeschlossen werden kann, dass außer zivilprozessrechtlichen Grundlagenbegriffen auch gebührenrechtliche Grundlagen bei der Erstellung eines Mahnschreibens abgeprüft werden könnten, wäre es empfehlenswert unter dem Kapitel „Vergütung und Kosten" Aufgaben zu
- Begriffe und allgemeine Grundlagen,
- Gegenstandswert,
- allgemeine und **außergerichtliche Gebühren** und unter
- Gebühren im zivilgerichtlichen Bereich und in der Zwangsvollstreckung
  - **Beratungshilfe**

mit in das Vorbereitungsprogramm aufzunehmen.

Rechtsanwendung (LF 01, 02, 03, 04, 08, 09, 10, 11, 12, 13, 14)

A. Bürgerliches Recht

I. Wiederholungsfragen

Vorbemerkung

Da in einer Prüfung in der Regel wenig Zeit zum Nachschlagen von Details zur Verfügung steht, ist es umso wichtiger, dass Sie mit dem Aufbau der Ihrer Prüfung zugrunde liegenden Gesetze vertraut sind. Man muss nicht immer alles wissen, allerdings sollte man in der Lage sein, Details möglichst schnell im Gesetz zu finden. Außerdem ist auch zu beobachten, dass in vielen Bundesländern in den Prüfungen auch gezielt nach Paragrafen gefragt wird. Deshalb wird bei vielen Aufgaben auch immer nach den jeweiligen Vorschriften gefragt.

Im Sinne einer effektiven Vorbereitung ist es daher nicht nur sinnvoll die einzelnen Vorschriften nachzuschlagen, sondern Sie sollten sich auch die wichtigsten Begriffe bzw. Tatbestandsmerkmale in der einzelnen Vorschrift markieren. Weniger sinnvoll ist es dagegen, die gesamte Vorschrift zu markieren, da dies im Endeffekt lediglich dazu führt, dass ein großer Teil des BGB oder der ZPO bunt markiert sind, ohne dass Ihnen dies jedoch weiter hilft.

1. Rechtliche Grundlagen

1. Erläutern Sie kurz die Begriffe Sitte, Moral und Recht.

   Sitte: _____

   Moral: _____

   Recht: _____

2. Welche Rechtsquellen lassen sich unterscheiden?

   (1) _____

   (2) _____

3. Erläutern Sie kurz den Unterschied zwischen Rechtssubjekten und Rechtsobjekten.

   Rechtssubjekte: _____

   Rechtsobjekte: _____

4. Erläutern Sie kurz die folgenden Begriffe zur Einteilung des Rechts:

   Begriffspaare

(a) **Objektives Recht**	**Subjektives Recht**

Rechtsanwendung (LF 01, 02, 03, 04, 08, 09, 10, 11, 12, 13, 14)

Begriffspaare

(b) Privatrecht	Öffentliches Recht

(c) Materielles Recht	Formelles Recht

(d) Zwingendes Recht	Dispositives Recht

5. Nennen Sie die wichtigsten Personen der Rechtspflege und kennzeichnen Sie kurz ihre wesentlichen Funktionen und berufsrechtlichen Voraussetzungen:

Personen	Kennzeichnung

I. Wiederholungsfragen — 1. Rechtliche Grundlagen

Personen	Kennzeichnung

6. Nehmen Sie die notwendigen Ergänzungen zu den Zweigen der Gerichtsbarkeit vor:

Zweige der Gerichtsbarkeit

Ordentliche Gerichtsbarkeit	Besondere Gerichtsbarkeit
hierzu gehören:	hierzu gehören insbesondere:
(1) _____	(1) _____
(a) _____	(2) _____
(b) _____	(3) _____
und	(4) _____
(2) _____	

Rechtsanwendung

Rechtsanwendung (LF 01, 02, 03, 04, 08, 09, 10, 11, 12, 13, 14)

2. Allgemeiner Teil BGB

1. Nennen Sie der Reihenfolge nach die fünf Bücher des BGB und geben Sie den Inhalt der einzelnen Bücher im Überblick wieder.

   1. Buch: _____

   Inhalt: _____

   2. Buch: _____

   Inhalt: _____

   3. Buch: _____

   Inhalt: _____

   4. Buch: _____

   Inhalt: _____

   5. Buch: _____

   Inhalt: _____

2. Welche Funktion hat das 1. Buch „Allgemeiner Teil" gegenüber den anderen Büchern?

   _____

   _____

2.1 Rechtssubjekte und Rechtsobjekte

1. Was sind Rechtssubjekte?

   _____

2. Erklären Sie den Begriff Rechtsfähigkeit.

   _____

3. Die Rechtsordnung unterscheidet zwischen natürlichen und juristischen Personen. Was versteht man jeweils darunter?

   Natürliche Personen sind _____

   Juristische Personen sind _____

   _____

4. Die Rechtsordnung unterscheidet zwischen Verbraucher (§ 13 BGB) und Unternehmer (§ 14 BGB). Was versteht man jeweils darunter?

   Verbraucher ist _____

   _____

   _____

I. Wiederholungsfragen — 2. Allgemeiner Teil BGB

Unternehmer sind _____

_____

5. Wann beginnt die Rechtsfähigkeit bei natürlichen Personen, wann endet sie?

   Beginn: _____

   Ende: _____

6. Wann beginnt die Rechtsfähigkeit bei juristischen Personen, wann endet sie?

   Beginn: _____

   _____

   Ende: _____

   _____

7. Nennen Sie jeweils zwei juristische Personen des Privatrechts sowie zwei juristische Personen des öffentlichen Rechts.

juristische Personen des Privatrechts	juristische Personen des öffentlichen Rechts
1. _____	1. _____
2. _____	2. _____

8. Von der Rechtsfähigkeit unterscheidet man die Geschäftsfähigkeit und die Deliktsfähigkeit. Erklären Sie beide Begriffe!

   Geschäftsfähigkeit ist die Fähigkeit einer Person _____

   _____

   Deliktsfähigkeit ist die Fähigkeit einer Person _____

   _____

9. Das Gesetz unterscheidet drei Stufen der Geschäftsfähigkeit. Beschreiben Sie diese.

   Geschäftsunfähigkeit (§§ 104 und 105 Abs. 2 BGB):

   _____

   _____

   _____

   Beschränkte Geschäftsfähigkeit (§ 106 BGB):

   _____

   _____

Rechtsanwendung (LF 01, 02, 03, 04, 08, 09, 10, 11, 12, 13, 14)

Volle Geschäftsfähigkeit (vgl. § 2 BGB):

_____

_____

10. Ergänzen Sie folgende Aussagen zu den Rechtsfolgen der Geschäftsfähigkeit:

    Die Willenserklärung eines Geschäftsunfähigen ist _____ (§ _____ BGB).

    Ein Geschäftsunfähiger kann aber als _____ eine fremde Willenserklärung übermitteln,

    der Vertrag kommt dann mit der Person zustande, die ihn als _____ geschickt hat.

    Die Willenserklärung eines beschränkt Geschäftsfähigen ist _____ _____,

    (§ _____ BGB), das heißt die Wirksamkeit des Vertrages hängt von der Genehmigung des

    gesetzlichen Vertreters ab. Ausnahmsweise ist aber die Willenserklärung eines beschränkt

    Geschäftsfähigen auch ohne Zustimmung in folgenden Fällen wirksam:

    § _____ BGB
    (Rechtsgeschäft hat lediglich rechtliche Vorteile, z. B. Annahme eines Geschenks)

    § _____ BGB
    (sog. Taschengeldkauf, aber nicht Ratenkauf!)

    § _____ BGB
    (Eingehen bzw. Abwickeln von Dienst- und Arbeitsverhältnissen der gestatteten Art, aber nicht Ausbildungsverhältnis!)

    § _____ BGB
    (bei der selbständigen Führung eines vormundschaftlich genehmigten Erwerbsgeschäftes).

    Die Willenserklärung eines Geschäftsfähigen ist _____.

11. Das Gesetz unterscheidet drei Stufen der Deliktsfähigkeit. Beschreiben Sie diese.

    Deliktsunfähigkeit (§§ 827, 828 Abs. 1, Abs. 2 BGB):

    _____

    Beschränkte Deliktsfähigkeit (§ 828 Abs. 3 BGB):

    _____

    Volle Deliktsfähigkeit:

    _____

12. Welche Rechtsobjekte unterscheidet das Gesetz?

    (1) _____

    (2) _____

    (3) _____

I. Wiederholungsfragen　　2. Allgemeiner Teil BGB

13. Erläutern Sie die Begriffe „Sachen" und „Tiere" nach dem BGB.

    Sachen sind gemäß § 90 BGB _____

    _____

    Tiere sind gemäß § 90 a BGB _____

    _____

14. Das BGB unterscheidet folgende Sachen (§§ 91 ff. BGB). Erklären Sie diese kurz.

    (1) Unbewegliche Sachen sind _____

    _____

    (2) Bewegliche Sachen sind _____

    _____

    (3) Vertretbare Sachen (§ 91 BGB) sind _____

    _____

    (4) Nicht vertretbare Sachen sind _____

    _____

    (5) Verbrauchbare Sachen (§ 92 BGB) sind _____

    _____

    (6) Nicht verbrauchbare Sachen sind _____

    _____

15. Das Gesetz unterscheidet weiterhin Bestandteile (§§ 93 – 96 BGB) und Zubehör (§§ 97, 98 BGB). Erläutern Sie diese Begriffe kurz.

    (1) Wesentliche Bestandteile einer Sache (§ 93 BGB): _____

    _____

    (2) Wesentliche Bestandteile eines Grundstücks (§ 94 BGB): _____

    _____

    (3) Unwesentliche Bestandteile: _____

    _____

    (4) Scheinbestandteile (§ 95 BGB): _____

    _____

    (5) Zubehör (§§ 97, 98 BGB): _____

    _____

Rechtsanwendung (LF 01, 02, 03, 04, 08, 09, 10, 11, 12, 13, 14)

16. Das Gesetz unterscheidet absolute und relative Rechte. Erläutern Sie kurz beide Begriffe.

Absolute Rechte	Relative Rechte
= wirken gegenüber _____	= wirken nur gegenüber _____ _____
z. B. Herrschaftsrechte an Sachen (Eigentum)	z. B. vertragliche Ansprüche

17. Was ist der Unterschied zwischen Rechtssubjekten und Rechtsobjekten im Rechtsverkehr?

_____

_____

2.2 Rechtsgeschäfte

1. Man unterscheidet Willenserklärungen, Rechtsgeschäfte und Verträge. Grenzen Sie diese Begriffe voneinander ab.

Willenserklärung	Rechtsgeschäft	Vertrag

2. Welche zwei Arten von Willenserklärungen unterscheidet man? Geben Sie jeweils ein Beispiel.

(1) _____

(2) _____

I. Wiederholungsfragen — 2. Allgemeiner Teil BGB

3. Nehmen Sie die notwendigen Ergänzungen zu den Arten der Rechtsgeschäfte vor:

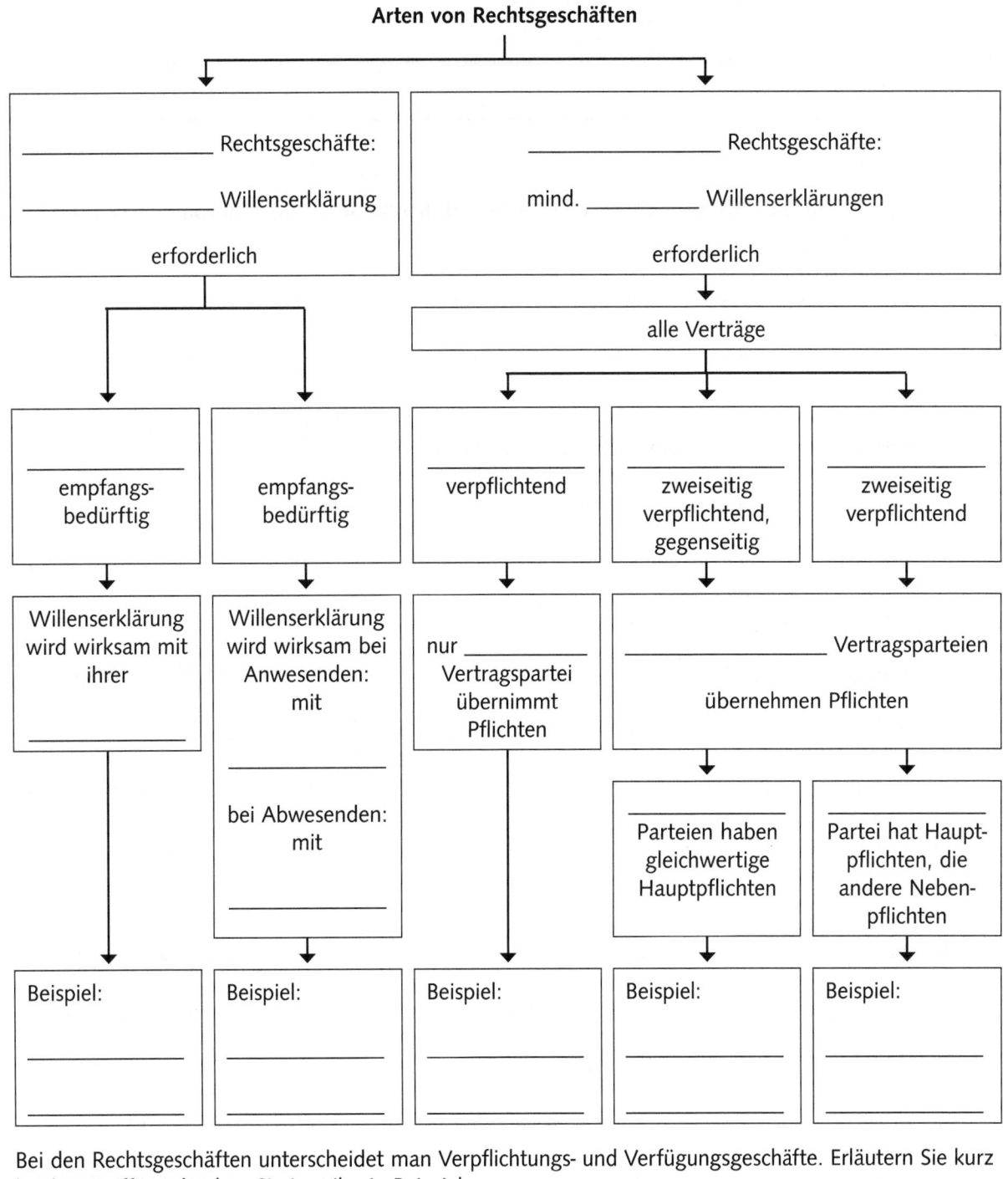

4. Bei den Rechtsgeschäften unterscheidet man Verpflichtungs- und Verfügungsgeschäfte. Erläutern Sie kurz beide Begriffe und geben Sie jeweils ein Beispiel.

Verpflichtungsgeschäfte sind Rechtsgeschäfte _____

Beispiel: _____

Verfügungsgeschäfte sind Rechtsgeschäfte _____

Beispiel: _____

Rechtsanwendung (LF 01, 02, 03, 04, 08, 09, 10, 11, 12, 13, 14)

5. Wie nennt man das Prinzip, das der Unterscheidung von Verpflichtungs- und Verfügungsgeschäft zugrunde liegt? Erklären Sie dieses kurz.

   _____
   _____
   _____

6. Wie viele Rechtsgeschäfte finden beim Barkauf beweglicher Sachen (z. B. Kauf von Brötchen) statt? Nennen Sie diese.

   _____
   _____
   _____

7. Ergänzen Sie folgenden Text zum Zustandekommen eines Vertrages:

   Ein Vertrag kommt zustande, wenn zwei oder mehrere Personen _____

   Willenserklärungen abgeben. Die zeitlich vorangehende Erklärung nennt man _____ , die zeitlich

   nachfolgende _____ .

   Ein Antrag muss so bestimmt sein, dass ein _____ als Annahme des Antrags ausreicht.

   Gemäß § _____ BGB ist der Antragende an den Antrag _____ , es sei denn, dass er die

   Gebundenheit ausgeschlossen hat. Kein Antrag sind sog. Aufforderungen zur Abgabe eines Angebots

   (invitatio ad offerendum), z. B. _____

   _____ .

   Der einem Anwesenden gemachte Antrag kann nur _____ angenommen werden

   (§ _____ Abs. _____ S. _____ BGB). Dies gilt auch für das Angebot, das am Telefon gemacht wird

   (§ _____ Abs. _____ S. _____ BGB).

   Der einem _____ gemachten Antrag (Beispiel: Brief, Fax, E-Mail) kann nur bis zu

   dem Zeitpunkt angenommen werden, in welchem der Antragende den Eingang einer Antwort unter

   _____ Umständen (grundsätzlich zweimal Beförderungszeit des gewählten Transportmittels

   zuzüglich angemessener Bedenkzeit) erwarten darf (§ _____ Abs. _____ BGB).

   Hat der Antragende für die Annahme des Antrags eine _____ bestimmt, so kann die Annahme

   nur innerhalb der _____ erfolgen (§ _____ BGB).

   Die verspätete Annahme gilt als _____ Antrag (§ _____ Abs. _____ BGB).

   Eine abgeänderte Annahme gilt als _____ verbunden mit einem _____ Antrag

   (§ _____ Abs. _____ BGB).

I. Wiederholungsfragen 2. Allgemeiner Teil BGB

8. Sind grundsätzlich alle Rechtsgeschäfte unter Beachtung einer bestimmten Form (z. B. Schriftform) abzuschließen? Begründen Sie Ihre Antwort.

   _____

   _____

9. Nur in Ausnahmefällen ist durch Gesetz eine bestimmte Form der Abgabe der Willenserklärung vorgeschrieben. Nennen Sie drei Zwecke, die der Gesetzgeber damit verfolgt.

   (1) _____

   (2) _____

   (3) _____

10. Nehmen Sie die notwendigen Ergänzungen zu der folgenden Übersicht vor:

Arten gesetzlicher Formerfordernisse					
Textform § ____ BGB	Schriftform § ____ BGB	Elektronische Form § ____ BGB	Öffentliche Beglaubigung § ____ BGB, BeurkG	Notarielle Beurkundung § ____ BGB, BeurkG	Abgabe vor einer Behörde
Schriftstück _____ eigenhändige Unterschrift	Schriftstück _____ eigenhändiger Unterschrift	Elektronisches Dokument mit qualifizierter elektronischer Signatur, ersetzt die _____	öffentliche Beglaubigung der Echtheit einer _____ durch einen _____	Erklärung oder Niederschrift von _____ in Gegenwart des _____ vorgelesen u. von den Erschienenen _____ u. _____	_____ wird vor der Behörde abgegeben
Beispiel: _____ _____	Beispiel: _____ _____	Beispiel: _____ _____	Beispiel: _____ _____	Beispiel: _____ _____	Beispiel: _____ _____

11. Neben der gesetzlichen Schriftform gibt es noch gemäß § 127 BGB die gewillkürte Form. Was versteht man darunter?

    _____

    _____

12. Was ist die Rechtsfolge, wenn die Vertragsparteien bei einem Rechtsgeschäft nicht die gesetzliche Form beachtet haben? Begründen Sie Ihre Antwort mit dem Gesetz.

    _____

Rechtsanwendung (LF 01, 02, 03, 04, 08, 09, 10, 11, 12, 13, 14)

13. Das Gesetz unterscheidet nichtige und anfechtbare Rechtsgeschäfte. Vervollständigen Sie das Schaubild.

Störungen bei Abschluss von Rechtsgeschäften

Nichtigkeit

Folge:

Das Rechtsgeschäft _ist_ _____.

Gründe:
- _____
- _____
- _____
- _____
- _____
- _____

Anfechtbarkeit

Folge:

Das Rechtsgeschäft ist _____.

Wird das Rechtsgeschäft _____, _wird_ es von Anfang an _____.

Gründe:
- _____
- _____
- _____
- _____
- _____

2.3 Stellvertretung

1. Nennen Sie die Voraussetzungen einer wirksamen Stellvertretung (§§ 164 ff. BGB).

    (1) _____

    (2) _____

    (3) _____

    (4) _____

    (5) _____

I. Wiederholungsfragen — 2. Allgemeiner Teil BGB

2. Man unterscheidet die gesetzliche Vertretung von der rechtsgeschäftlichen Vertretung. Vervollständigen Sie das Schaubild zu den Arten der Stellvertretung.

Arten der Stellvertretung

gesetzliche Vertretung	rechtsgeschäftliche Vertretung
Das Recht, einen anderen zu vertreten beruht auf _____ z. B. § 1626 BGB _____ § 1773 BGB _____ .	Das Recht, einen anderen zu vertreten beruht auf _____ Die rechtsgeschäftliche Vertretungsmacht entsteht durch _____ .

3. Stellvertretung ist grundsätzlich bei allen Rechtsgeschäften zulässig. Bei welcher Art von Rechtsgeschäften ist die Stellvertretung ausnahmsweise nicht zulässig?

_____

_____

4. Was ist der Unterschied zwischen mittelbarer und unmittelbarer Stellvertretung?

Der mittelbare Stellvertreter _____

_____

Der unmittelbare Stellvertreter _____

_____

5. Unterscheiden Sie Stellvertreter und Bote.

Der Stellvertreter _____

_____

Der Bote _____

_____

6. Ergänzen Sie folgenden Text zur Vollmacht:

Vollmacht ist die durch _____ erteilte Vertretungsmacht (§ _____ Abs. ____

S. ____ BGB). Sie kann gegenüber dem zu _____ (Innenverhältnis) oder

dem _____, dem gegenüber die _____ (Außenverhältnis) stattfinden soll,

erklärt werden (§ _____ Abs. ____ BGB).

Die Vollmachtserteilung bedarf grundsätzlich keiner _____, d. h. sie kann

_____ oder _____ erteilt werden.

Rechtsanwendung (LF 01, 02, 03, 04, 08, 09, 10, 11, 12, 13, 14)

Die _____ bedarf der Schriftform (§ 80 ZPO).

Die Vollmacht erlischt mit _____ des Geschäfts, für das sie erteilt wurde oder

mit dem _____ des Vertreters der durch _____, wenn sie befristet ist,

oder durch _____.

7. Vervollständigen Sie das Schaubild zu den Arten Vollmacht.

Arten der Vollmacht

nach dem Umfang	nach der Funktion	Handelsrechtliche Vollmachten
– Gesamtvollmacht: gilt für _____ Rechtsgeschäfte	– Hauptvollmacht: wird vom _____ erteilt	–Prokura: Ermächtigt zu allen Arten von _____ und _____ Geschäften und Rechtshandlungen, die der Betrieb eines _____ mit sich bringt (§ 49 HGB).
– Artvollmacht: gilt für einen bestimmte _____ von Rechtsgeschäften	– Untervollmacht: wird vom _____ erteilt	
– Spezialvollmacht: gilt für _____ Rechtsgeschäfte	– Einzelvollmacht: _____vertretungsrecht – Gesamtvollmacht Vertretungsrecht mit _____ zusammen.	–Handlungsvollmacht: Erstreckt sich auf alle Geschäfte und Rechtshandlungen, die der Betrieb eines _____ mit sich bringt (§ 54 HGB).

2.4 Fristen und Termine

1. Definieren Sie die Begriffe Frist und Termin.

Frist ist _____

_____

Termin ist _____

_____

I. Wiederholungsfragen   2. Allgemeiner Teil BGB

2. Neben den gesetzlichen Fristen unterscheidet man noch zwei weitere Fristen. Nennen Sie diese und geben Sie für alle ein Beispiel.

   (1) Gesetzliche Fristen

   Beispiel: _____

   (2) _____

   Beispiel: _____

   (3) _____

   Beispiel: _____

3. Nennen Sie die Vorschriften, nach denen die Berechnung der Fristen erfolgt.

   _____

   _____

4. Ergänzen Sie den folgenden Text zu Ereignis- und Beginnfristen:

   Nach § 187 BGB unterscheidet man _____ und _____.

   Fristbeginn (§ 187 BGB)

   Ist für den Anfang einer Frist ein _____ oder ein in den Lauf fallender _____ maßgebend, so wird bei der _____ der Frist der _____ nicht mitgerechnet, in welchen das _____ oder der _____ fällt (sog. Ereignisfrist: § 187 Abs. 1 BGB).

   Die Frist beginnt mit dem nächsten _____ zu laufen, unabhängig davon, ob es sich um einen _____, _____ oder _____ handelt.

   Beispiel: Der Mahnbescheid wird am 31. Dezember zugestellt. Die Widerspruchfrist beginnt am _____ Dezember zu laufen.

   Ist der _____ eines Tages für den _____ einer Frist maßgebend, so zählt dieser Tag mit (sog. Beginnfrist: § 187 Abs. 2 S. 1 BGB). Dies gilt auch bei der Berechnung des _____ _____ (§ 187 Abs. 1 S. 2 BGB). Beispiel: Geburt eines Kindes am 22. Februar um 9:00 Uhr. Als Geburtstag gilt der 22. Februar ab 0:00 Uhr.

   Fristende (§ 188 BGB)

   Gemäß § 188 Abs. 1 BGB endet eine nach Tagen gerechnete Frist mit dem Ablauf des _____ Tages der Frist (24:00 Uhr).

   Beispiel: Die Vertragsparteien vereinbaren in dem am 15. Mai abgeschlossenen Vertrag, dass beide den Vertrag innerhalb einer Frist von 3 Tagen widerrufen können.

Rechtsanwendung (LF 01, 02, 03, 04, 08, 09, 10, 11, 12, 13, 14)

Die Widerrufsfrist läuft am _____ Mai, 24:00 Uhr ab, d. h. der Vertrag ist bei nicht erfolgter Widerrufserklärung ab _____ Mai, _____ Uhr wirksam.

§ 188 Abs. 2 erster Halbsatz BGB findet Anwendung bei _____.

Danach enden die Wochenfristen im Fall der Ereignisfrist mit dem Tag, welcher durch seine _____ _____ dem Tag entspricht, in den das Ereignis fällt.

Beispiel: Der Mahnbescheid wird am Montag, 2. Dezember zugestellt.

Die Widerspruchsfrist endet _____, 16. Dezember, 24:00 Uhr.

Monatsfristen enden nach § 188 Abs. 2 erster Halbsatz BGB dagegen mit dem gleichen _____ _____ des folgenden Monats bzw. der nachfolgenden Monate.

Beispiel: Die Vertragsparteien haben im Kaufvertrag vom 6. Februar vereinbart, dass der Kaufpreis einen Monat nach Vertragsabschluss zu zahlen ist. Die Frist zur Zahlung des Kaufpreises endet am _____ März, 24:00 Uhr.

Fehlt bei einer Monatsfrist im letzten Monat der _____ _____ , endet die Frist am _____ _____ des Monats um 24:00 Uhr (§ 188 Abs. 3 BGB).

Beispiel: Die Vertragsparteien haben im Mietvertrag vom 31. Oktober vereinbart, dass die Mietsache einen Monat nach Vertragsabschluss zurückzugeben ist. Die Frist zur Rückgabe der Mietsache läuft am _____ November, 24:00 Uhr ab.

§ 188 Abs. 2 zweiter Halbsatz BGB findet dagegen Anwendung bei _____.

Danach enden im Fall der Beginnfrist die Wochen-, Monats- und Jahresfristen mit dem Tag, welcher dem Tag _____, der durch seine Benennung oder Zahl dem Anfangstag der Frist entspricht.

Beispiel: Geburt des Kindes am 5. Mai 2004 um 13:00 Uhr. Das Kind vollendet am 4. Mai 2022, 24:00 Uhr sein 18. Lebensjahr.

Fällt das Ende einer Frist auf einen Samstag, Sonntag oder Feiertag, so endet die Frist mit Ablauf des nächsten _____ (§ 193 BGB).

5. Was ist Gegenstand der Verjährung?

   _____

6. Welchen rechtlichen Zweck verfolgt der Gesetzgeber mit der Verjährung?

   _____

I. Wiederholungsfragen — 2. Allgemeiner Teil BGB

7. Stellen Sie kurz die Rechtsfolgen der Verjährung dar.

   _____
   _____

8. Was versteht man unter der Einrede der Verjährung?

   _____
   _____

9. Ergänzen Sie folgendes Schaubild zu den wichtigsten Verjährungsfristen:

Anspruch/ §§	Regelmäßige Verjährungsfrist §§ _____	Ansprüche bei Grundstücksrechten §§ _____	Herausgabeansprüche bei Eigentum sowie rechtskräftig festgestellte Ansprüche §§ _____	Sonderverjährung bei Gewährleistungsfrist für den Kauf beweglicher Sachen §§ _____
Dauer	_____ Jahre	_____ Jahre	_____ Jahre	_____ Jahre
Beginn	ab _____, in dem der Anspruch _____ ist	taggenau mit _____ des Anspruchs	taggenau mit _____ des Anspruchs bzw. taggenau ab _____	mit _____ der Sache

10. Bestimmte, im Gesetz genannte Ereignisse beeinflussen den Ablauf der Verjährungsfrist. Erklären Sie in diesem Zusammenhang die Begriffe „Neubeginn" sowie „Hemmung" und nennen Sie jeweils wichtige Gründe für dieselben.

    Neubeginn bedeutet gemäß § 212 BGB _____
    _____

    Wichtige Gründe des Neubeginns:

    1. _____

    2. _____

    Hemmung bedeutet gemäß §§ 203, 209 BGB _____
    _____

Rechtsanwendung (LF 01, 02, 03, 04, 08, 09, 10, 11, 12, 13, 14)

Wichtige Gründe der Hemmung:

1. _____
2. _____
3. _____
4. _____
5. _____
6. _____

3. Schuldrecht

3.1 Zustandekommen und Inhalt von Schuldverhältnissen (insbesondere Kaufvertrag)

1. Was versteht man unter einem Schuldverhältnis?

   _____

   _____

2. In welche beiden Arten unterteilt man Schuldverhältnisse ihrer Entstehung nach? Geben Sie für jede Art jeweils ein Beispiel.

   (1) _____

   Beispiel: _____

   (2) _____

   _____

   Beispiel: _____

3. An einem Schuldverhältnis können mehrere Personen als Schuldner oder Gläubiger beteiligt sein. Erklären Sie in diesem Zusammenhang die Begriffe Gesamtschuldner, Gesamthandsschuldner, Gesamtgläubiger und Gesamthandsgläubiger.

   Gesamtschuldner: _____

   _____

   Gesamthandsschuldner: _____

   _____

   Gesamtgläubiger: _____

   _____

   Gesamthandsgläubiger: _____

   _____

I. Wiederholungsfragen — 3. Schuldrecht

4. Erklären Sie den Rechtsgrundsatz „Treu und Glauben".

5. Gegenstand eines Kaufvertrages können Sachen oder Rechte sein. Unterscheiden Sie in diesem Zusammenhang Stückschuld und Gattungsschuld. Geben Sie jeweils ein Beispiel.

   Stückschuld:

   Gattungsschuld:

6. Grenzen Sie die Begriffe Leistungsort und Erfolgsort voneinander ab.

   Leistungsort:

   Erfolgsort:

7. Wonach bestimmt sich der Leistungsort?

8. Bei der Art der Schuld unterscheidet man Hol-, Bring- und Schickschuld. Bestimmen Sie bei Hol-, Bring- und Schickschuld, ob der Leistungs- bzw. Erfolgsort beim Schuldner oder Gläubiger liegt.

   Holschuld:

   Bringschuld:

   Schickschuld:

9. Durch welche Handlungen des Schuldners wird eine Gattungsschuld zur Stückschuld (sog. Konkretisierung)?

Rechtsanwendung (LF 01, 02, 03, 04, 08, 09, 10, 11, 12, 13, 14)

10. Warum dient die Vorschrift des § 243 Abs. 2 BGB (sog. Konkretisierung) dem Schutz des Schuldners?

    _____

    _____

11. Der Leistungsort bestimmt nicht nur den Ort, an dem der Schuldner die geschuldete Leistungshandlung vorzunehmen hat, sondern auch den sog. *Gefahrübergang*. Erklären Sie diesen Begriff.

    _____

    _____

12. Wann findet der Gefahrübergang beim Versendungskauf, wann beim Verbrauchsgüterverkauf statt?

Versendungskauf	Verbrauchsgüterkauf
Gefahrübergang bei _____ an den Transporteur, § _____ Abs. _____ BGB	Gefahrübergang, wenn der Verbraucher die Sache _____ hat, § _____ Abs. _____ BGB

13. Ergänzen Sie folgende Aussagen zu der Bedeutung des Leistungsortes bei der Warenschuld im Kaufvertrag:

    Gefahrübergang gemäß § 446 BGB

    Gemäß 446 BGB geht mit der _____ der verkauften Sache die Gefahr des _____ Untergangs und der zufälligen _____ auf den _____ über. Im Falle der (gesetzlichen) _____ hat damit der _____ die Ware auf seine Gefahr beim Schuldner abzuholen. Bei der vertraglich vereinbarten _____ muss dagegen der _____ die Sache auf seine Gefahr an den Wohnort oder die Niederlassung des Käufers bringen.

    Gefahrübergang beim Versendungsverkauf gemäß § 447 BGB

    Ein Versendungskauf liegt gemäß § 447 BGB vor, wenn der Verkäufer auf _____ des Käufers die verkaufte Sache an einen anderen Ort als dem _____ versendet. Abweichend von § _____ BGB geht beim Versendungsverkauf die Gefahr auf den _____ über, wenn der Verkäufer die Sache, dem Spediteur, dem Frachtführer oder der sonst zur Ausführung der Versendung bestimmten _____ oder Anstalt übergibt.

    Dies gilt grundsätzlich auch dann, wenn der _____ den Transport selbst ausführt.

    Fazit: Beim Versendungskauf reist die Ware gemäß § _____ Abs. _____ BGB auf Gefahr des _____.

I. Wiederholungsfragen   3. Schuldrecht

Ausnahme: Gefahrübergang beim Verbrauchsgüterkauf gemäß § 474 Abs. 2 BGB

Kauft ein _____ (§ 13 BGB) von einem _____ (§ 14 BGB) eine bewegliche Sache zur Versendung, trägt nicht der _____, sondern der _____ die Gefahr der Versendung, vgl. _____ Abs. _____ BGB.

Fazit: Beim Verbrauchsgüterkauf reist die Ware im Fall der Versendung auf Gefahr des _____ _____.

14. Welche Besonderheiten sind bei Geldschulden zu beachten?

_____

_____

15. Was versteht man unter Leistungszeit?

_____

_____

16. Ergänzen Sie folgenden Text zum Kaufvertrag:

Der Kaufvertrag kommt gemäß § _____ BGB durch zwei übereinstimmende _____, nämlich _____ und _____ zustande.

Der Kaufvertrag kommt regelmäßig _____ zustande, mit Ausnahme z. B. des _____ (§ 311 b) und des _____ (§ 2371 BGB), die der _____ _____ bedürfen (§ 128 BGB).

Der Kaufvertrag ist ein _____, das ein _____ Schuldverhältnis begründet: Der Verkäufer ist gemäß § _____ Abs. _____ BGB verpflichtet, dem _____ die Kaufsache frei von _____- und Rechtsmängeln zu übergeben und das _____ an der Sache zu verschaffen.

Der Käufer ist gemäß § _____ Abs. _____ BGB dazu verpflichtet, den gekauften Gegenstand _____ und den _____ zu zahlen.

Erfüllen die Kaufvertragsparteien ihre jeweiligen Verpflichtungen nicht, kommt der Verkäufer in _____, der Käufer in _____ oder in _____.

Kaufgegenstand kann eine _____, ein _____ oder eine Sach- bzw. Rechtsgesamtheit sein.

Rechtsanwendung (LF 01, 02, 03, 04, 08, 09, 10, 11, 12, 13, 14)

17. Erläutern Sie kurz die folgenden besonderen Arten des Kaufvertrages:

    Grundstückskaufvertrag (§ 311 b BGB): _____

    _____

    Verbundene Geschäfte (§ 358 BGB): _____

    _____

    Kauf unter Eigentumsvorbehalt (§ 449 BGB): _____

    _____

    Kauf auf Probe oder auf Besichtigung (§ 454 BGB): _____

    _____

    Wiederkauf (§ 456 BGB): _____

    _____

    Vorkauf (§ 463 BGB): _____

    _____

    Verbrauchsgüterkauf (§§ 474 ff. BGB): _____

    _____

    Erbschaftskauf (§ 2371 BGB): _____

    _____

18. Nennen Sie Regelungen, die beim Verbrauchsgüterkauf ergänzend zum Kaufrecht zum Schutz des Verbrauchers Anwendung finden.

    (1) _____

    (2) _____

    (3) _____

19. In welcher Weise können Schuldverhältnisse beendet werden? Geben Sie jeweils ein Beispiel.

    (1) _____

    _____

    (2) _____

    _____

20. Was ist unter einem Handelskauf zu verstehen? Erläutern Sie kurz.

    _____

    _____

I. Wiederholungsfragen — 3. Schuldrecht

21. Was ist allgemein unter dem grenzüberschreitenden Kaufrecht zu verstehen?

22. Welche generellen Aussagen lassen bei Kaufverträgen ins EU-Ausland treffen, wenn es um die Frage geht, wo können deutsche Verkäufer bzw. Käufer klagen und verklagt werden?

Rechtsanwendung (LF 01, 02, 03, 04, 08, 09, 10, 11, 12, 13, 14)

3.2 Leistungsstörungen

1. Erfüllt der Schuldner oder Gläubiger seine Pflichten aus dem Schuldverhältnis nicht ordnungsgemäß, spricht man von Leistungsstörungen. Ergänzen Sie folgende Übersicht zu den Arten von Leistungsstörungen.

```
                        Leistungsstörungen
        ┌──────────────┬──────────────┬──────────────┐
        ▼              ▼              ▼              ▼
   Leistung       Leistung       Leistung       Leistung
   kann nicht     wird           wird           wird
   _____        _____        _____        _____
   werden.        erbracht.      erbracht.      angenommen.
        ▼              ▼              ▼              ▼
                   Schlechtleistung o.                Gläubigerverzug
   Unmöglichkeit   positive Vertrags-  Schuldnerverzug (auch: Annahme-
                   verletzung                         verzug)
                        ▼              ▼
                   Beim            Beim
                   Kaufvertrag:    Kaufvertrag:
                   Lieferungsverzug/  Mangelhafte
                   Zahlungsverzug     Lieferung
```

2. Erklären Sie folgende Arten der Unmöglichkeit und geben Sie jeweils ein Beispiel.

   Objektive Unmöglichkeit: _____

   Subjektive Unmöglichkeit (Unvermögen): _____

   Anfängliche Unmöglichkeit: _____

   Nachträgliche Unmöglichkeit: _____

   Faktische Unmöglichkeit: _____

   Persönliche Unmöglichkeit: _____

3. Nennen Sie mögliche Rechtsfolgen der Unmöglichkeit.

   _____

I. Wiederholungsfragen — 3. Schuldrecht

4. Welche zwei Arten von Mängeln unterscheidet das BGB? Erklären Sie beide kurz und geben Sie jeweils ein Beispiel.

   (1) _____

   _____

   (2) _____

   _____

5. Ergänzen Sie folgende Übersicht zu den Arten von Sachmängeln beim Kauf:

Sachmangel gemäß § _____ BGB

Beschaffenheitsmängel

1. vertragliche Vereinbarung
Der Sache fehlt die _____ Beschaffenheit,
§ ____ Abs. ___ S. ___ BGB.

2. keine vertragliche Vereinbarung
Sache ist nicht für die vom Vertrag _____ Verwendung geeignet,
§ ____ Abs. ___ S. ___ Nr. ___ BGB.

3. keine vertragliche Vereinbarung
Sache ist nicht für die _____ Verwendung geeignet oder besitzt nicht die _____ Beschaffenheit,
§ ____ Abs. ___ S. ___ Nr. ____ BGB bzw.
Sache hat nicht die _____, die sie nach den Äußerungen des Verkäufers/Herstellers (z. B. Werbung) aufweisen müsste,
§ ____ Abs. ___ S. ___ BGB.

sonstige Mängel

- mangelhafte _____
  § _____
  Abs. ___
  S. ___
  BGB

- mangelhafte _____ -
  § _____
  Abs. ___
  S. ___
  BGB
  (sog. _____ - Klausel)

- _____ - lieferung
  § _____
  Abs. ___
  BGB

- _____ - lieferung
  § _____
  Abs. ___
  BGB

Rechtsanwendung (LF 01, 02, 03, 04, 08, 09, 10, 11, 12, 13, 14)

6. Nennen Sie den maßgeblichen Zeitpunkt für das Vorliegen eines Mangels.

   _____

7. Nennen Sie mögliche Gewährleistungsansprüche des Käufers gegenüber dem Verkäufer im Fall der mangelhaften Lieferung.

   (1) _____

   (2) _____

   (3) _____

   (4) _____

   (5) _____

8. Erklären Sie folgende Begriffe des Gewährleistungsrechts:

   Nachbesserung: _____

   Ersatzlieferung: _____

   Rücktritt: _____

   Minderung: _____

9. Welches der Gewährleistungsrechte ist vorrangig gegenüber den anderen? Begründen Sie Ihre Antwort.

   _____

   _____

10. Erklären Sie den Unterschied zwischen Rücktritt und sogenanntem Umtausch.

    _____

    _____

I. Wiederholungsfragen — 3. Schuldrecht

11. Ergänzen Sie folgende Übersicht zur Verjährung der Gewährleistungsrechte.

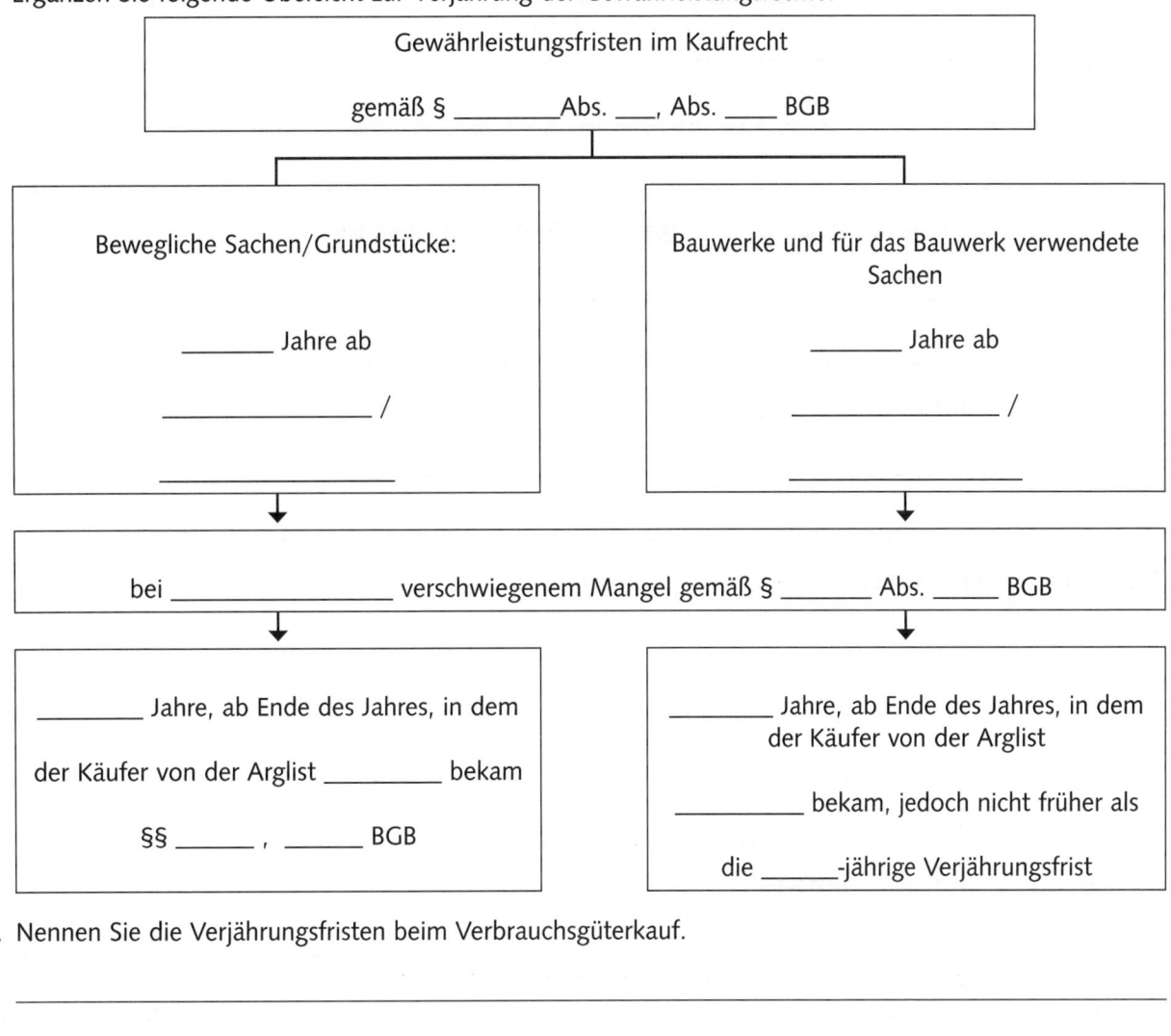

```
                 Gewährleistungsfristen im Kaufrecht
                 gemäß § _____ Abs. ___, Abs. ___ BGB
```

Bewegliche Sachen/Grundstücke:

_____ Jahre ab

_____ / _____

Bauwerke und für das Bauwerk verwendete Sachen

_____ Jahre ab

_____ / _____

bei _____ verschwiegenem Mangel gemäß § _____ Abs. _____ BGB

_____ Jahre, ab Ende des Jahres, in dem der Käufer von der Arglist _____ bekam

§§ _____ , _____ BGB

_____ Jahre, ab Ende des Jahres, in dem der Käufer von der Arglist

_____ bekam, jedoch nicht früher als die _____-jährige Verjährungsfrist

12. Nennen Sie die Verjährungsfristen beim Verbrauchsgüterkauf.

_____

_____

13. Nennen Sie die vier Voraussetzungen, damit ein Schuldner in Verzug gerät.

(1) _____

(2) _____

(3) _____

(4) _____

14. In welchen Fällen ist eine Mahnung nicht erforderlich? Geben Sie für jeden Fall jeweils ein Beispiel.

(1) _____

(2) _____

(3) _____

(4) _____

15. Wann kommt der Schuldner einer Geldforderung in Verzug?

_____

_____

Rechtsanwendung (LF 01, 02, 03, 04, 08, 09, 10, 11, 12, 13, 14)

16. Welche Rechte hat der Gläubiger gegenüber dem Schuldner im Falle des Schuldnerverzugs?

    (1) _____

    (2) _____

    (3) _____

17. Welches zusätzliche Recht hat der Gläubiger einer Geldforderung im Falle des Zahlungsverzugs?

    _____

    _____

18. Was versteht man unter dem Basiszinssatz?

    _____

    _____

19. Nennen Sie die vier Voraussetzungen des Gläubigerverzugs.

    (1) _____

    (2) _____

    (3) _____

    (4) _____

20. Nennen Sie wichtige Rechtsfolgen des Gläubigerverzugs.

    (1) _____

    (2) _____

    (3) _____

    (4) _____

    (5) _____

3.3 Weitere vertragliche Schuldverhältnisse

1. Grenzen Sie Dienstvertrag, Werkvertrag und Auftrag voneinander ab und geben Sie jeweils ein Beispiel.

    _____

    _____

2. Erklären Sie den Unterschied zwischen einem Dienst- und Arbeitsvertrag.

    _____

I. Wiederholungsfragen — 3. Schuldrecht

3. Grenzen Sie Sachdarlehen, Leihe, Miete und Pacht voneinander ab.

   _____

   _____

4. Man unterscheidet das Sachdarlehen vom Gelddarlehen. Erklären Sie den Unterschied.

   _____

   _____

5. Grenzen Sie Kauf, Tausch und Schenkung voneinander ab.

   _____

   _____

   _____

6. Ergänzen Sie folgenden Text zum Wohnraummietverhältnis:

   Die Vorschriften über das Wohnraummietverhältnis befinden sich im Schuldrecht: § _____ bis § _____ BGB. Der Mietvertrag über Wohnraum ist grundsätzlich an keine _____ gebunden, wird er jedoch für längere Zeit als _____ Jahr nicht in _____ Form geschlossen, gilt er für _____ Zeit, § _____ S. _____ BGB. Gekündigt werden kann er jedoch frühestens zum Ablauf eines _____ nach _____ des Wohnraumes.

   Zu den <u>Pflichten des Vermieters</u> eines Wohnraumes gehören im Wesentlichen:

   1. Überlassung und Erhaltung der Mietsache in einem zu dem _____ Gebrauch geeigneten Zustand (§ _____ Abs. _____ BGB).

   2. Weiterhin hat der Vermieter grundsätzlich die _____ Reparaturen zu tragen, z. B. Austausch schadhafter Fenster. Schönheitsreparaturen, wie z. B. Streichen von Wänden und Decken hat er grundsätzlich auch zu tragen, soweit dies nicht im Mietvertrag auf den _____ übertragen wurde.

   Zu den <u>Pflichten des Mieters</u> eines Wohnraumes gehören im Wesentlichen:

   1. Zahlung der vereinbarten _____ (§ _____ Abs. _____ BGB),

   2. sorgfältiger _____ mit der Mietsache,

   3. _____ der Mietsache dem Vermieter anzuzeigen, ansonsten macht er sich schadensersatzpflichtig (§ _____ BGB),

Rechtsanwendung (LF 01, 02, 03, 04, 08, 09, 10, 11, 12, 13, 14)

4. die gemietete Sache nur mit _____ des Vermieters an einen Dritten zu überlassen (§ _____ BGB). Das Mietverhältnis endet durch _____ oder durch _____. Der Vermieter darf ein Mietverhältnis über Wohnraum, das auf _____ Zeit geschlossen ist, grundsätzlich nur kündigen, wenn er ein _____ Interesse an der Beendigung des Mietverhältnisses hat (z. B. Eigenbedarf, vgl. § _____ BGB). Die Kündigung bedarf der _____, § _____ BGB. Eine Kündigung zum Zwecke der _____ ist ausgeschlossen, § 573 BGB.

7. Ergänzen Sie folgenden Text zur Bürgschaft:

Die Bürgschaft ist ein Vertrag zwischen _____ und _____, in dem sich der _____ verpflichtet, für die Erfüllung der _____ des Schuldners einzustehen (§§ _____ ff. BGB).

Beispiel: Herr Klein muss einen Kredit aufnehmen, um seine Geschäftsverbindlichkeiten zahlen zu können. Die Kreissparkasse Großfeldern ist bereit, 50.000,00 Euro zur Verfügung zu stellen, verlangt aber als _____ für die Rückzahlung des Darlehens eine _____. Kleins Mutter gibt der Kreissparkasse Großfeldern folgende _____ Erklärung ab: „Für das Herrn Klein gewährte Darlehen in Höhe von 50.000,00 Euro nebst Zinsen übernehme ich die Bürgschaft."

Form der Bürgschaft

Um den Bürgen vor einer _____ Übernahme der Bürgschaft zu warnen, ist eine _____ Erteilung der Bürgschaftserklärung vorgeschrieben (§ _____ BGB).

Dies gilt nicht bei der Bürgschaftsübernahme durch einen _____, da bei ihm die Kenntnis der Bedeutung einer Bürgschaftsübernahme vorausgesetzt wird.

Akzessorietät

Die Bürgschaftsschuld ist vom _____ und _____ der Hauptschuld abhängig (= akzessorisch). Das heißt, dass die Bürgschaft nicht besteht, wenn die Hauptschuld nicht entstanden ist (z. B. wegen Geschäftsunfähigkeit des Hauptschuldners) oder z. B. wegen _____ erloschen ist. Befriedigt der _____ den Gläubiger, so geht dessen Forderung gegen den _____ kraft Gesetzes auf den Bürgen über (§ _____ BGB).

I. Wiederholungsfragen — 3. Schuldrecht

Einrede der Vorausklage

Gemäß § _____ BGB kann der Bürge die Befriedigung des Gläubigers verweigern, solange nicht der _____ die Zwangsvollstreckung gegen den _____ ohne Erfolg versucht hat. Dies gilt nicht, wenn der Bürge eine sog. _____ Bürgschaft abgegeben hat, vgl. § 773 BGB.

3.4 Gesetzliche Schuldverhältnisse

1. Nennen und erklären Sie kurz drei wichtige gesetzliche Schuldverhältnisse anhand eines Beispiels.

    (1) _____

    (2) _____

    (3) _____

2. Die Schuldverhältnisse aus unerlaubten Handlungen (§§ 823 ff. BGB) kann man zur besseren Übersichtlichkeit in drei Gruppen einteilen. Benennen Sie diese und geben Sie jeweils ein Beispiel aus dem Gesetz für jede Gruppe.

    (1) _____

    (2) _____

    (3) _____

3. Was bezweckt der Gesetzgeber mit den Vorschriften der unerlaubten Handlungen?

    _____

4. Eine unerlaubte Handlung kann auch gleichzeitig eine Straftat oder Ordnungswidrigkeit sein. Welcher Begriff ist dem öffentlichen Recht bzw. dem Privatrecht zuzuordnen?

    Unerlaubte Handlung = _____

    Straftat oder Ordnungswidrigkeit = _____

5. Wann liegt nach dem Gesetz ein Verschulden vor?

    _____

6. Definieren Sie die Begriffe Vorsatz und Fahrlässigkeit.

    Vorsatz: _____

    Fahrlässigkeit: _____

Rechtsanwendung (LF 01, 02, 03, 04, 08, 09, 10, 11, 12, 13, 14)

4. Sachenrecht

4.1 Besitz und Eigentum

1. Grenzen Sie die für das Sachenrecht wichtigen Begriffe Besitz und Eigentum voneinander ab.

   Besitz: _____

   Eigentum: _____

2. Ergänzen Sie folgende Übersicht zu den Arten des Besitzes.

Unmittelbarer Besitz	Mittelbarer Besitz	Teilbesitz	Mitbesitz	Eigenbesitz	Fremdbesitz
§ _____ BGB	§ _____ BGB	§ _____ BGB	§ _____ BGB	§ _____ BGB	--------
Unmittelbarer Besitzer ist derjenige, der die _____ Gewalt über die Sache hat.	Mittelbarer Besitzer ist derjenige, der aufgrund eines _____-_____, z. B. Miete, Leihe, Pacht, Verwahrung, den unmittelbaren Besitz einem anderen überlässt.	Teilbesitzer ist derjenige, der nur einen _____ der Sache besitzt.	Mitbesitzer ist derjenige, der mit anderen Personen die Sache _____ besitzt.	Eigenbesitzer, ist derjenige, der eine Sache als ihm _____ besitzt.	Fremdbesitzer ist derjenige, der die Sache als einer anderen Person _____ besitzt und das Eigentum der anderen Person _____.

3. Erklären Sie, was man unter einem Besitzdiener versteht und geben Sie ein Beispiel.

   _____

   _____

4. Ergänzen Sie folgenden Text zum Erwerb und Verlust des Besitzes:

   <u>Erwerb des Besitzes</u>

   Der unmittelbare Besitz an einer Sache kann zum durch Erlangen der _____ Gewalt gemäß § _____ Abs. _____ BGB erworben werden.

   Dabei ist es gleichgültig, auf welche Weise dies geschieht: z. B. durch widerrechtliche _____ einer Sache, durch versehentliche Mitnahme einer Sache oder durch Vertauschen von Sachen.

   Gemäß _____ Abs. _____ BGB reicht es zum Erwerb des Besitzes auch aus, dass sich der bisherige Besitzer und der Erwerber über den Erwerb _____, sofern der Erwerber in der Lage ist, die Gewalt über die Sache auszuüben.

I. Wiederholungsfragen — 4. Sachenrecht

Gemäß § _____ BGB wird der Erbe im Erbfall (= eine Person stirbt) Besitzer der Erbschaft.

<u>Verlust des Besitzes</u>

Verlust des Besitzes an einer Sache bedeutet Verlust der _____ Gewalt über diese. Der Besitzer kann den Besitz _____ (z. B. durch Wegwerfen, Verschenken) oder _____ aufgeben (z. B. durch endgültiges Verlieren, durch Diebstahl).

5. Wann gilt eine Sache als „abhanden gekommen" nach dem Gesetz?

   _____
   _____

6. Was versteht man unter „verbotener Eigenmacht" und wie kann sich der Besitzer dagegen wehren?

   _____
   _____
   _____

7. Ergänzen Sie folgende Übersicht zu den Arten des Eigentums:

Alleineigentum	Miteigentum nach Bruchteilen	Gesamthandseigentum	Wohnungseigentum nach WEG
_____ Person ist Eigentümerin einer Sache.	_____ Personen sind Eigentümer einer Sache, wobei die Sache nach _____ aufgeteilt ist. Jeder kann über seinen Anteil _____ verfügen.	_____ Personen sind Eigentümer einer Sache, wobei jede Person für sich Eigentümer der _____ Sache ist. Alle Personen können daher nur _____ über die Sache verfügen. z. B.: Erbengemeinschaft, eheliche Gütergemeinschaft.	Wohnungseigentum beinhaltet: _____ an den Räumen der Wohnung, das _____ am Gemeinschaftseigentum (vor allem am Grundstück und am Verwaltungsvermögen) und das _____ in der Wohnungseigentümergemeinschaft.
§ _____ BGB	§§ _____, _____ ff. BGB	§ _____ und § _____ BGB	

Rechtsanwendung

Rechtsanwendung (LF 01, 02, 03, 04, 08, 09, 10, 11, 12, 13, 14)

4.2 Eigentumserwerbe an beweglichen und unbeweglichen Sachen

1. Man unterscheidet zwei Arten, auf welche Weise man Eigentum erwerben kann. Geben Sie für jede Art jeweils ein Beispiel.

    (1) _____

    (2) _____

2. Wie erfolgt im Normalfall die Eigentumsübertragung von beweglichen Sachen durch Rechtsgeschäft?

    _____

    _____

3. Von welchem Rechtsgeschäft ist das Rechtsgeschäft der Übereignung streng zu trennen?

    _____

    _____

4. Nennen Sie drei Möglichkeiten nach dem Gesetz, wonach die Übergabe bei der Eigentumsübertragung ausnahmsweise entfallen kann.

    (1) _____

    (2) _____

    (3) _____

5. Nennen Sie die Voraussetzungen für den rechtsgeschäftlichen Eigentumserwerb mit einem Nichteigentümer.

    _____

    _____

    _____

6. Nennen Sie Möglichkeiten, wie man Eigentum an beweglichen Sachen kraft Gesetzes erwerben kann.

    (1) _____

    (2) _____

    (3) _____

    (4) _____

    (5) _____

    (6) _____

    (7) _____

    (8) _____

I. Wiederholungsfragen — 4. Sachenrecht

7. Nennen Sie die Voraussetzungen für den rechtsgeschäftlichen Erwerb des Eigentums an Grundstücken.

8. Wie ist das Grundbuchblatt aufgebaut?

    (1) _____
    (2) _____
    (3) _____
    (4) _____
    (5) _____

9. Wie nennt man Pfandrechte an Grundstücken?

10. Erläutern Sie kurz Gemeinsamkeiten und Unterschiede zwischen der Hypothek, der Grundschuld und der Rentenschuld.

11. Nennen Sie die wesentlichen Unterschiede zwischen der Rentenschuld und der Reallast.

12. Was versteht man unter Dienstbarkeiten?

13. Welche drei Dienstbarkeiten unterscheidet man?

    (1) _____
    (2) _____
    (3) _____

Rechtsanwendung (LF 01, 02, 03, 04, 08, 09, 10, 11, 12, 13, 14)

4.3 Pfandrechte

1. Was versteht man unter einem Pfandrecht?

2. Unterscheiden Sie die Pfandrechte nach dem Gegenstand des Pfandrechts sowie nach der Entstehung des Pfandrechts.

    Unterscheidung nach dem Gegenstand: _____

    Unterscheidung nach der Entstehung: _____

3. Nennen Sie sechs gesetzliche Pfandrechte.

    (1) _____

    (2) _____

    (3) _____

    (4) _____

    (5) _____

    (6) _____

4. Nennen Sie die Voraussetzungen, wie das vertragliche Pfandrecht entsteht.

5. Durch welches andere Sicherungsmittel ist das Pfandrecht an beweglichen Sachen weitestgehend in der Praxis verdrängt worden? Nennen Sie Gründe.

5. Familienrecht

5.1 Nichteheliche Lebensgemeinschaft, Verlöbnis, Ehe und Lebenspartnerschaft

1. Was ist eine nichteheliche Lebensgemeinschaft?

2. Was versteht man rechtlich unter einem Verlöbnis?

I. Wiederholungsfragen — 5. Familienrecht

3. Ergänzen Sie folgenden Text zur Ehe:

   Die Ehe ist ein Dauerschuldverhältnis, das durch _____ zwischen den Verlobten zustande kommt und auf _____ geschlossen wird (§ 1353 Abs. 1 S. 1 BGB).

   Voraussetzungen der Eheschließung

   (1) Ehemündigkeit: Grundsätzlich soll eine Ehe nicht vor Eintritt der _____ geschlossen werden (§ _____ Abs. _____ BGB). Ausnahmen sind in § _____ Abs. _____ bis _____ BGB geregelt.

   (2) Nichtvorliegen der _____ (§ _____ BGB).

   (3) Nichtvorliegen von _____: Verbot der Doppelehe (§ _____ BGB), Verbot der Heirat zwischen Verwandten in _____ Linie und zwischen voll- und _____ Geschwistern = Halbgeschwister (§ 1307 BGB), Eheverbot bei durch Adoption begründeter Verwandtschaft (§ _____ BGB).

   (4) Verfahren der Eheschließung nach §§ _____ ff. BGB:

   a. _____, die Ehe miteinander eingehen zu wollen (§ 1310 BGB).

   b. Erklärungen müssen _____ und bei _____ Anwesenheit ohne Bedingung oder Zeitbestimmung abgegeben werden (§ 1311 BGB).

   c. Erklärung muss vor dem _____ abgegeben werden (§ 1310 BGB).

   Auflösung der Ehe

   Die Ehe wird aufgelöst durch den _____ eines Ehegatten, durch _____ oder Aufhebung.

4. Erklären Sie stichwortartig folgende rechtliche Folgen der Ehe:

   (1) Eheliche Lebensgemeinschaft: _____

   _____

   _____

   (2) Regelung des Familiennamens: _____

   _____

   _____

Rechtsanwendung (LF 01, 02, 03, 04, 08, 09, 10, 11, 12, 13, 14)

(3) Erwerbstätigkeit und Haushaltsführung: _____

(4) Geschäfte zur Deckung des Lebensbedarfs: _____

(5) Unterhaltspflicht: _____

5. Welche drei Güterstände stehen den Ehegatten zur Wahl?

   (1) _____

   (2) _____

   (3) _____

6. Warum nennt man den Güterstand der Zugewinngemeinschaft auch gesetzlichen Güterstand?

7. Welche Grundsätze kennzeichnen die Zugewinngemeinschaft?

8. Welche zwei Möglichkeiten gibt es für den Zugewinnausgleich?

   (1) _____

   (2) _____

I. Wiederholungsfragen — 5. Familienrecht

9. Erklären Sie mithilfe des Gesetzes folgende Begriffe für die Berechnung des Zugewinnausgleichs (güterrechtliche Lösung):

   (1) Zugewinn: _____

   _____

   (2) Anfangsvermögen: _____

   _____

   _____

   _____

   (3) Endvermögen: _____

   _____

   _____

   _____

10. Wie wird der Güterstand der Gütergemeinschaft gegründet?

    _____

11. Welche drei Gütermassen werden bei der Gütergemeinschaft unterschieden?

    (1) _____

    _____

    (2) _____

    _____

    (3) _____

    _____

12. Nennen Sie vier Möglichkeiten, wie die Gütertrennung begründet werden kann.

    (1) _____

    (2) _____

    (3) _____

    (4) _____

13. Nennen Sie die rechtlichen Folgen der Gütertrennung.

    _____

Rechtsanwendung (LF 01, 02, 03, 04, 08, 09, 10, 11, 12, 13, 14)

14. Wie wird eine Lebenspartnerschaft begründet?

5.2 Verwandtschaft und Schwägerschaft

1. Erklären Sie den Unterschied zwischen Verwandtschaft und Schwägerschaft und geben Sie jeweils ein Beispiel.

   Verwandtschaft: _____

   Schwägerschaft: _____

2. Was versteht man unter Verwandtschaft in gerader Linie? Geben Sie ein Beispiel.

3. Was versteht man unter Verwandtschaft in der Seitenlinie? Geben Sie ein Beispiel.

4. Wie ermittelt man den Grad der Verwandtschaft?

5. Wonach werden Linie und Grad in der Schwägerschaft bestimmt?

6. Nennen Sie vier Rechtsfolgen der Verwandtschaft.

   (1) _____

   (2) _____

   (3) _____

   (4) _____

7. Nennen Sie eine Rechtsfolge der Schwägerschaft.

I. Wiederholungsfragen — 6. Erbrecht

8. Wer ist Mutter eines Kindes?

9. Wer ist Vater eines Kindes?

6. Erbrecht

6.1 Gesetzliche Erbfolge

1. Erläutern Sie folgende erbrechtliche Begriffe mithilfe des Gesetzes:

   (1) Erbfall:

   (2) Erblasser:

   (3) Erbe:

   (4) Miterbe:

   (5) Nachlass oder Erbschaft:

   (6) Erbteil:

   (7) Gesamtrechtsnachfolge:

2. Erklären Sie den Grundsatz der Testierfreiheit im Erbrecht.

3. Wann tritt die gesetzliche Erbfolge ein?

Rechtsanwendung (LF 01, 02, 03, 04, 08, 09, 10, 11, 12, 13, 14)

4. Wer hat ein gesetzliches Erbrecht?

   (1) _____

   (2) _____

   (3) _____

5. Das Gesetz stuft die Verwandten in verschiedene Ordnungen ein. Nennen Sie unter Angabe des Gesetzes die Personen, die der jeweiligen Ordnung angehören.

   (1) Gesetzliche Erben der ersten Ordnung: _____

   _____

   (2) Gesetzliche Erben der zweiten Ordnung: _____

   _____

   (3) Gesetzliche Erben der dritten Ordnung: _____

   _____

   (4) Gesetzliche Erben der vierten Ordnung: _____

   _____

6. In den ersten drei Ordnungen erfolgt die Berufung nach Stämmen. Was versteht man darunter?

   _____

   _____

7. Wann ist das Ehegattenerbrecht ausgeschlossen?

   _____

   _____

8. Was versteht man unter dem „Voraus"?

   _____

   _____

9. Was ist ein Erbschein?

   _____

   _____

10. Worüber gibt der Erbschein Auskunft?

    _____

    _____

I. Wiederholungsfragen — 6. Erbrecht

6.2 Gewillkürte Erbfolge

1. Welche zwei Verfügungen von Todes wegen werden unterschieden?

   (1) _____

   (2) _____

2. Erklären Sie den Begriff Testierfähigkeit.

   _____

3. Das Gesetz unterscheidet drei Stufen der Testierfähigkeit. Beschreiben Sie diese.

   Testierunfähigkeit (§ 2229 Abs. 1 und Abs. 4 BGB):

   _____

   _____

   Beschränkte Testierfähigkeit (§ 2233 Abs. 1 und Abs. 2 BGB):

   _____

   _____

   Volle Testierfähigkeit:

   _____

   _____

4. Ergänzen Sie folgende Übersicht zu den Formen des Testaments:

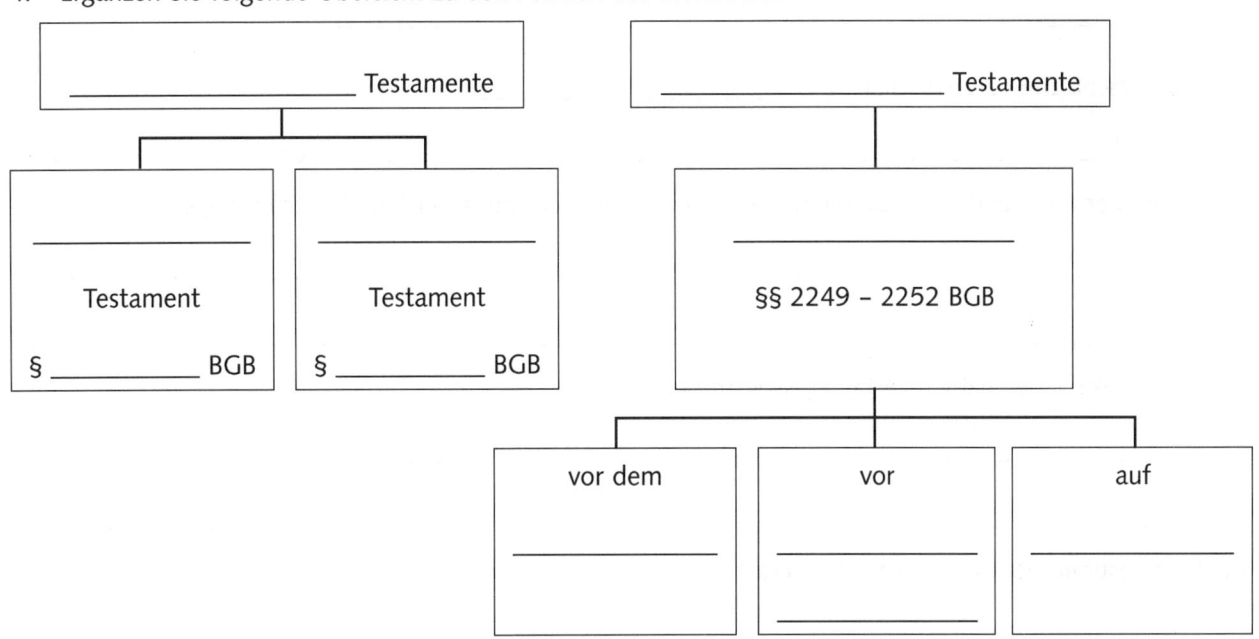

   _____ Testamente   _____ Testamente

   | _____ Testament | _____ Testament | §§ 2249 – 2252 BGB |
   | § _____ BGB | § _____ BGB | |

   | vor dem | vor | auf |
   | _____ | _____ | _____ |

5. Wer kann ein gemeinschaftliches Testament errichten?

   _____

Rechtsanwendung (LF 01, 02, 03, 04, 08, 09, 10, 11, 12, 13, 14)

6. Auf welche Weise können ordentliche Testamente widerrufen werden?

7. Wer kann einen Erbvertrag schließen?

8. Welche zwei Arten des Erbvertrages werden unterschieden?

    (1)

    (2)

9. Erklären Sie den Begriff Pflichtteil.

10. Was sind die wesentlichen Unterschiede zwischen Vermächtnis und Auflage?

11. Erklären Sie den Unterschied zwischen Erbverzicht und Ausschlagung der Erbschaft.

    (1) Erbverzicht:

    (2) Ausschlagung der Erbschaft:

12. In welcher Form und innerhalb welcher Frist hat die Ausschlagung der Erbschaft zu erfolgen?

13. Welche Aufgaben hat ein Testamentsvollstrecker?

14. Wer bestimmt den Testamentsvollstrecker?

II. Prüfungsaufgaben

1. Rechtliche Grundlagen und Allgemeiner Teil BGB

1. Welche der folgenden Gesetze können dem materiellen und welche dem formellen Recht zugeordnet werden (ZPO, BGB, StGB, StPO)?

   _____

   _____

2. Kreuzen Sie in dem folgenden Schema an, ob der jeweilige Sachverhalt dem öffentlichen oder dem privaten Recht zuzuordnen ist.

Sachverhalt	Öffentliches Recht	Privatrecht
a. Der Vorsteher des Finanzamtes kauft Heizöl für das Finanzamt beim Heizölhändler Krause.		
b. Das Finanzamt erlässt einen Steuerbescheid in Sachen Einkommensteuer und schickt ihn dem Steuerpflichtigen zu.		
c. S. Böse wird vom Staatsanwalt wegen Totschlags angeklagt.		
d. Frau Klein kauft Heizöl beim Heizölhändler Krause.		

3. Welche Person der Rechtspflege ist im Folgenden jeweils zuständig?

Tätigkeit	Person
a. Erlass des Mahnbescheids	
b. Anklageerhebung wegen Diebstahls	
c. Verteidigung des Angeklagten im Strafprozess	
d. Beurkundung eines Kaufvertrages über ein Grundstück	
e. Erteilung des Rechtskraftzeugnisses	
f. Verhaftung wegen verweigerter Abgabe der eidesstattlichen Versicherung	

4. Ordnen Sie folgende Rechtsbegriffe einem Buch des BGB zu:

Rechtsbegriff	Buch des BGB
a. Verwandtschaft und Schwägerschaft	
b. Eigentum	
c. Geschäftsfähigkeit	
d. Mietvertrag	
e. Stellvertretung	
f. Testament	
g. Grundschuld	
h. Verjährung	
i. Aufrechnung	

Rechtsanwendung (LF 01, 02, 03, 04, 08, 09, 10, 11, 12, 13, 14)

5. Entscheiden Sie mit kurzer Begründung (natürliche Person, juristische Person des Privatrechts oder des öffentlichen Rechts etc.), ob die Person im jeweiligen Beispiel rechtsfähig ist oder nicht.

Beispiel	rechtsfähig	nicht rechtsfähig	Begründung
a. Neugeborenes			
b. Rechtsanwältin Maier			
c. Stiftung Warentest			
d. Südwestrundfunk			
e. Berufsbildende Schule			
f. Richter Rohr			
g. Katze Karo			
h. Tierschutzverein e. V.			
i. Gemeinde Ratshausen			

6. Entscheiden Sie, ob die Person im jeweiligen Fall geschäftsunfähig, beschränkt geschäftsfähig oder voll geschäftsfähig ist.

Fall	geschäftsunfähig	beschränkt geschäftsfähig	voll geschäftsfähig
a. Ein Schulkind von 7 Jahren kauft sich von seinem Taschengeld ein Spielzeug.			
b. Ein 6-jähriger verschenkt seine Spielzeugautos.			
c. Alma (18 Jahre) kauft sich ein Smartphone für 800,00 Euro.			
d. Arthur (30 Jahre), der an einer dauernden Geisteskrankheit leidet, kauft sich einen Hund.			

7. Prüfen Sie in den folgenden Fällen mithilfe der Paragrafen §§ 104 – 113 BGB, ob das jeweilige Rechtsgeschäft wirksam, schwebend unwirksam oder unwirksam ist.

Fall	wirksam	schwebend unwirksam	unwirksam
a. Der 5-jährige Martin kauft sich von seinem Taschengeld Süßigkeiten.			
b. Die 10-jährige Maria kauft sich gegen den Willen der Eltern ein Computerspiel.			
c. Die 16-jährige Sarah bestellt mit Einwilligung der Eltern in der Buchhandlung Maier das Lehrbuch „Rechtslehre".			
d. Der 8-jährige Tim verschenkt ohne Wissen der Eltern seine Geige.			

II. Prüfungsaufgaben   1. Rechtliche Grundlagen und Allgemeiner Teil BGB

Fall		wirksam	schwebend unwirksam	unwirksam
e.	Die 10-jährige Franka bekommt von ihren Großeltern 500,00 Euro geschenkt. Die Eltern wissen davon nichts.			
f.	Von dem geschenkten Geld kauft sich die 10-jährige Franka ein Smartphone, obwohl die Eltern dies verboten haben.			
g.	Onkel August schenkt seiner Nichte Nadine (12 Jahre) einen Fotoapparat. Dafür soll Nadine zehnmal den Rasen des Onkels mähen.			
h.	Der 16-jährige Sören erhält von seinen Eltern die generelle Zustimmung, Zeitungen auszutragen. Nach einem Monat kündigt Sören das Arbeitsverhältnis, weil er morgens ausschlafen möchte.			
i.	Sabine, 16 Jahre, erhält von ihren Eltern die Zustimmung eine Ausbildung als Rechtsanwaltsfachangestellte zu machen. Nach drei Monaten kündigt sie das Ausbildungsverhältnis gegen den Willen der Eltern.			

8. Geben Sie das jeweilige Lebensalter für folgende Handlungsfähigkeiten an.

Handlungsfähigkeit		Lebensalter
a.	Geschäftsunfähigkeit	
b.	beschränkte Geschäftsfähigkeit	
c.	volle Geschäftsfähigkeit	
d.	Deliktsunfähigkeit	
e.	beschränkte Deliktsfähigkeit	
f.	volle Deliktsfähigkeit	
g.	Strafunfähigkeit	
h.	Straffähigkeit	
i.	Ehefähigkeit	
j.	Testierfähigkeit	

9. Ordnen Sie die folgenden Beispiele der jeweils passenden Kategorie zu (Achtung: Mehrfachzuordnung möglich!):
   a. bewegliche Sachen
   b. unbewegliche Sachen
   c. vertretbare Sachen, § 91 BGB
   d. verbrauchbare Sachen, § 92 BGB
   e. wesentliche Bestandteile einer Sache, § 93 BGB
   f. wesentliche Bestandteile eines Grundstücks oder eines Gebäudes, § 94 BGB

Rechtsanwendung (LF 01, 02, 03, 04, 08, 09, 10, 11, 12, 13, 14)

g. Scheinbestandteile, § 95 BGB
h. Zubehör, § 97 BGB
i. Tiere, § 90 a BGB
j. relative Rechte
k. absolute Rechte

Beispiel	Kategorie
a. Fensterrahmen in einem Haus eingebaut	
b. Katze Minka	
c. Kaufpreisanspruch	
d. neuer Pkw der Marke xy	
e. Pkw des Rechtanwalts Rohr	
f. in der Bäckerei gekauftes Vollkornbrot	
g. Warndreieck im Kofferraum des Pkw von Rechtsanwältin Reimann	
h. Baum auf einem Grundstück	
i. Windschutzscheibe eines Pkw	
j. Eigentum am Pkw xy	
k. Grundstück	
l. Banknoten	

10. Entscheiden Sie in den folgenden Fällen, welche Art von Rechtsgeschäft vorliegt:
    a. einseitig verpflichtendes Rechtsgeschäft
    b. zweiseitig verpflichtendes Rechtsgeschäft
    c. einseitig empfangsbedürftiges Rechtsgeschäft
    d. einseitig nicht empfangsbedürftiges Rechtsgeschäft

Fall	Art des Rechtsgeschäfts
a. Frau Theis, deren Katze entlaufen ist, setzt durch Anschläge in der Nachbarschaft eine Belohnung in Höhe von 500,00 Euro aus.	
b. Karl schenkt seiner Verlobten eine Kette.	
c. Die Auszubildende Maria kauft sich ein Auto.	
d. Der Käufer ficht den Kaufvertrag wegen arglistiger Täuschung an.	
e. Rechtsanwältin Raabe kündigt ihrem Auszubildenden.	
f. Herr Schmidt errichtet ein Testament.	

11. Prüfen Sie, ob in den folgenden Fällen Formvorschriften zu beachten sind. Wenn ja, nennen Sie die Form und die Formvorschrift und geben an, ob evtl. eine Heilung des Formmangels möglich ist.

Fall	Form ja/nein?	§§	Heilung?
a. Großvater Peter verspricht seinem Enkel Erich 10.000,00 Euro zum 18. Geburtstag.			
b. Martha kündigt ihrem Arbeitgeber im Streit mündlich.			
c. Oma Else tippt ihr Testament auf einer alten Schreibmaschine und unterschreibt es.			

II. Prüfungsaufgaben 1. Rechtliche Grundlagen und Allgemeiner Teil BGB

Fall	Form ja/nein?	§§	Heilung?
d. Die Vermieterin Krause teilt dem Vermieter die Erhöhung der Miete wegen Modernisierung der Miethäume schriftlich mit.			
e. Kunstsammler König schließt mit der Galerie Gerster einen mündlichen Kaufvertrag über ein wertvolles Gemälde (Kaufpreis: 10.000,00 Euro).			
f. Die Auszubildende Anna, 18 Jahre, schließt mit Rechtsanwalt Roller einen mündlichen Ausbildungsvertrag.			

12. Entscheiden Sie, ob vorliegende Rechtsgeschäfte wirksam, nichtig oder anfechtbar sind. Begründen Sie jeweils Ihre Lösung mithilfe des Gesetzes.

Fall	wirksam	nichtig	anfechtbar	Begründung §§
a. Die Rechtsanwaltsfachangestellte Rosa bestellt für die Kanzlei Kopierpapier. Bei der Bestellung verschreibt sie sich und schreibt statt 10 Packungen à 500 Blatt 100 Packungen à 500 Blatt.				
b. Diesmal bestellt Rosa für die Kanzleitoiletten 7 Gros (1 Gros = 144 Stück) Toilettenpapier in der Annahme, es handele sich um sieben große Rollen.				
c. Rechtsanwalt Rohr stellt eine neue Mitarbeiterin ein. Nach kurzer Zeit stellt sich heraus, dass sie bereits im vierten Monat schwanger ist. Im Bewerbungsgespräch hatte sie die Frage nach einer möglichen Schwangerschaft verneint.				
d. Rechtsanwältin Reimann kauft für die Kanzlei eine neue Telefonanlage und erfährt dann, dass die Telefonanlage bei der Konkurrenz bis zu 20 % günstiger ist.				
e. Herr Hauser kauft für seine Freundin einen Verlobungsring. Bevor es zur Verlobung kommt, trennen sich beide.				
f. Frau Frank kauft sich eine Perlenkette in der Annahme, es handelt sich um Naturperlen. Bei den Perlen handelt es sich aber um Zuchtperlen.				
g. Herr Mann unterschreibt im Vollrausch einen Kaufvertrag über einen Porsche.				
h. Familie Maier hat den Kaufvertrag über ein Baugrundstück schriftlich abgeschlossen.				
i. Beim Bau des Hauses schließt Familie Maier mit einem Handwerker einen Auftrag, der „schwarz" ausgeführt werden soll.				

Rechtsanwendung (LF 01, 02, 03, 04, 08, 09, 10, 11, 12, 13, 14)

13. Herr Weiß hat gegenüber Herrn Schwarz einen Kaufpreisanspruch über 8.000,00 Euro. Die Fälligkeit des Kaufpreises war am 10. Dezember (01). Herr Weiß hat folgende Fragen zur Verjährung seines Anspruchs:

    a. Wann beginnt die Verjährungsfrist zu laufen?

    Datum: _____

    b. Wann endet die Verjährungsfrist?

    Datum: _____

    c. Außerdem möchte Herr Weiß wissen, wie sich die folgenden Sachverhalte auf die Verjährung auswirken.

Sachverhalt	Auswirkung	§§
aa. Zustellung des Mahnbescheids im Mahnverfahren		
bb. Zwischen Gläubiger und Schuldner schweben Verhandlungen über den Anspruch oder die den Anspruch begründenden Umstände.		
cc. Der Schuldner leistet eine Teilzahlung.		

14. Ergänzen Sie die jeweilige Laufzeit der Verjährungsfrist für folgende Ansprüche mithilfe des Gesetzes.

Anspruch	Laufzeit der Verjährungsfrist
a. Rechtskräftig festgestellte Ansprüche	
b. Sachmängelansprüche aus Kaufvertrag bei beweglichen Sachen	
c. Ansprüche des Mieters auf Ersatz von Aufwendungen	
d. Sachmängelhaftung aus Kaufvertrag bei beweglichen Sachen, wenn der Verkäufer den Mangel arglistig verschwiegen hat.	
e. Sachmängelansprüche an einem Bauwerk	
f. Anspruch auf Übertragung des Eigentums an einem Grundstück	

2. Schuldrecht

1. Entscheiden Sie in den folgenden Fällen, ob die Parteien eine Stück- oder Gattungsschuld vereinbart haben.

Fall	Stück- oder Gattungsschuld?
a. eine Tonne Viehfutter	
b. Originalgemälde „Röhrender Hirsch"	
c. gebrauchtes Hochzeitskleid	
d. Neuwagen der Marke XY	
e. Maßschuhe	

II. Prüfungsaufgaben — 2. Schuldrecht

Fall	Stück- oder Gattungsschuld?
f. Welpe Willi	
g. 15 beliebige Aquarienfische	
h. eine Jeans der Marke Bequem, Größe 40	
i. Rennrad der Marke Tour de France, für den Käufer im Lager zur vereinbarten Abholung bereitgestellt	

2. Benennen Sie in den folgenden Fällen den Leistungs- und den Erfolgsort und entscheiden Sie, ob eine Hol-, Bring- oder Schickschuld vorliegt.

Fall	Leistungsort (=Erfüllungsort)	Erfolgsort	Hol-, Bring- oder Schickschuld?
a. Die Auszubildende Anna (20 Jahre) aus Mainz kauft von der Schülerin Simona (18 Jahre) aus Wiesbaden einen gebrauchten Laptop.			
b. Wie Fall a), aber Anna und Simona vereinbaren, dass Simona den Laptop auf ihre Kosten nach Mainz mit der Post versendet.			
c. Wie Fall a), aber Anna und Simona vereinbaren, dass Simona den Laptop nach Mainz bringt, wenn sie dort ihre Tante am Wochenende besucht.			
d. Familie Brandt aus Düsseldorf bestellt für den Winter 2.000 Liter Heizöl bei der Müller GmbH in Köln.			
e. Rechtsanwalt Carstens aus Trier kauft beim Computerhändler mit Sitz in Koblenz einen neuen PC.			

3. Rechtsanwältin Maier aus Montabaur kauft sich für ihre Kanzlei einen neuen PC bei der City-PC GmbH in Koblenz. Bei Vertragsschluss werden keine weiteren Vereinbarungen getroffen.

   a. Ab wann kann Rechtsanwältin Maier die Übergabe des PC verlangen? Ab wann kann die City-PC GmbH den PC liefern?

   _____

   _____

   b. Welche dreifache Bedeutung hat der Erfüllungsort (Leistungsort) für die Vertragspartner?

   _____

   _____

   _____

Rechtsanwendung (LF 01, 02, 03, 04, 08, 09, 10, 11, 12, 13, 14)

c. Bestimmen Sie den gesetzlichen Leistungsort (Erfüllungsort) sowie den Erfolgsort sowohl für die Lieferung des PC als auch für die Bezahlung des Kaufpreises.

_____

_____

4. *Abwandlung der Aufgabe 3*:
Rechtsanwältin Maier und die City-PC GmbH vereinbaren, dass der PC auf Kosten der City-PC GmbH mit der Post geliefert wird. Ein Mitarbeiter der City-PC GmbH verpackt den PC ordnungsgemäß und gibt das Paket wie vereinbart bei der Post auf. Als Rechtsanwältin Maier das Paket in der Kanzlei öffnet, stellt sie mit Erschrecken fest, dass der Bildschirm des Monitors zerbrochen ist.

a. Wer hat das Risiko für den Transport, d. h. die Gefahr für die Ware, hier zu tragen?

_____

b. Wer hätte das Transportrisiko zu tragen, wenn Rechtsanwältin Maier den PC nicht für die Kanzlei, sondern für sich persönlich gekauft hätte?

_____

5. Nennen Sie die vier Möglichkeiten, wie Schuldverhältnisse erlöschen können und erläutern Sie diese.

    1. _____

    2. _____

    3. _____

    4. _____

6. Entscheiden Sie in den folgenden Fällen, welche Art von Leistungsstörung jeweils vorliegt:
    a. Unmöglichkeit
    b. Lieferungsverzug
    c. Zahlungsverzug
    d. Schlechtleistung (mangelhafte Lieferung)
    e. Gläubigerverzug (Annahmeverzug)

Fall	Art der Leistungsstörung
a. Die Auszubildende Maja kauft sich einen neuen Schrank im Möbelhaus Meier. Als der Schrank zum vereinbarten Termin geliefert wird, ist sie nicht zu Hause, da sie den Termin vergessen hat.	
b. Der Auszubildende Markus kauft am 10.06. von dem Studenten Fabian ein gebrauchtes Fahrrad. Als Übergabetermin vereinbaren beide den 12.06. In der Nacht auf den 12.06. wird das Fahrrad gestohlen.	
c. Rechtsanwalt Schnell hat sich für die Kanzlei bei der Fax GmbH ein neues Faxgerät bestellt, das am 15.09. um 08:00 Uhr geliefert werden soll. Nachdem Rechtsanwalt Schnell am 15.09. vergeblich den ganzen Tag auf die Lieferung des Faxgeräts wartet, ruft ein Mitarbeiter der Fax GmbH an und teilt mit, dass das Faxgerät erst am 15.10. geliefert werden kann. Als Grund gibt er Lieferengpässe aufgrund der Beliebtheit des Gerätes an.	

I. Wiederholungsfragen — 2. Schuldrecht

Fall	Art der Leistungsstörung
d. Rechtsanwältin Horch hat sich eine neue Spülmaschine für die Kanzlei gekauft. Nachdem das Gerät vereinbarungsgemäß in der Kanzleiküche durch den Verkäufer angeschlossen wurde, brennt die Gerätesicherung bald nach der Inbetriebnahme durch.	
e. Die Rechtsanwaltsfachangestellte Rita hat sich im Internet das Lehrbuch „Das neue RVG" bestellt. Zahlungstermin für das Buch ist der 07.08. Über ihre Urlaubsvorbereitungen vergisst sie den Termin und fährt am 05.08. für zwei Wochen in Urlaub, ohne zu zahlen.	

7. Entscheiden Sie in den folgenden Fällen, welche der folgenden Arten der Unmöglichkeit vorliegen:
   a. objektive Unmöglichkeit
   b. subjektive Unmöglichkeit (Unvermögen)
   c. anfängliche Unmöglichkeit
   d. nachträgliche Unmöglichkeit
   e faktische Unmöglichkeit
   f. persönliche Unmöglichkeit
   g. kein Fall der Unmöglichkeit

Fall	Art der Unmöglichkeit
a. Die weltberühmte Mezzosopranistin Maria weigert sich im Opernhaus aufzutreten und zu singen, da ihr Ehemann mit schweren Verletzungen nach einem Autounfall ins Krankenhaus eingeliefert wurde.	
b. Das verkaufte Reitpferd verendet in der Nacht vor der Übergabe.	
c. Der Fabrikant Voss kauft eine speziell angefertigte Maschine. Die Maschine wird auf dem Seeweg befördert. Während des Transports geht das Schiff unter.	
d. Der verkaufte Gebrauchtwagen wird kurz nach Vertragsschluss durch einen Verkehrsunfall völlig zerstört.	
e. Nachdem Schreinerin Sommer den Auftrag angenommen hat, einen Tisch anzufertigen, wird sie ohne Verschulden aufgrund eines Unfalls arbeitsunfähig.	
f. Über seine Urlaubsvorbereitungen vergisst der Verkäufer die Ware zum vereinbarten Termin zu liefern.	
g. Die Parteien schließen einen Kaufvertrag über ein gebrauchtes Wohnmobil, ohne zu wissen, dass dieses einen Tag vorher von unbekannten Tätern gestohlen wurde.	

Rechtsanwendung (LF 01, 02, 03, 04, 08, 09, 10, 11, 12, 13, 14)

8. Welche Art von Sachmangel liegt in den folgenden Fällen vor? Welche Rechte kann der Käufer geltend machen?

Fall	Welcher Sachmangel?	Rechte des Käufers?
a. Rechtsanwältin Schnell kauft sich einen neuen Pkw. Laut der bei Vertragsschluss ausgehändigten Werbebroschüre des Herstellers soll das Fahrzeug einen durchschnittlichen Dieselverbrauch von 4,5 Liter pro 100 Kilometer haben. Nach der Übergabe stellt Rechtsanwältin Schnell fest, dass der Pkw über 7 Liter pro 100 Kilometer verbraucht.		
b. Rechtsanwalt Neumann bestellt für die Kanzlei 50 Pakete Kopierpapier. Geliefert werden aber nur 40 Pakete.		
c. Rechtsanwalt Eigner kauft ein Regal zum Selbstaufbau für die abgelegten Kanzleiakten. Aufgrund der fehlerhaften Montageanleitung baut er das Regal so zusammen, dass es bei der ersten Benutzung zusammenbricht.		
d. Die Auszubildende Sarah bestellt sich im Versandhandel das Lehrbuch „Das neue RVG". Nach 2 Tagen erhält sie mit der Post das Lehrbuch „Die neue ZPO".		
e. Rechtsanwältin Schöne hat sich für die Kanzlei einen neuen Kaffeevollautomaten gekauft. Nach Inbetriebnahme des Geräts stellt sie fest, dass der Kaffeevollautomat trotz Vereinbarung im Kaufvertrag kein automatisches Selbstreinigungsprogramm enthält.		
f. Rechtsanwältin Horch hat sich eine neue Spülmaschine für die Kanzlei gekauft. Nachdem das Gerät vereinbarungsgemäß in der Kanzleiküche durch den Verkäufer angeschlossen wurde, brennt die Gerätesicherung bald nach der Inbetriebnahme durch.		

9. Die Rechtsanwaltsfachangestellte Martha hat sich in einer Boutique ein Abendkleid für die Hochzeit ihrer Schwester gekauft. Nach zwei Tagen möchte sie das Kleid umtauschen, da es ihr nicht mehr gefällt. Ist die Boutique verpflichtet, das Kleid umzutauschen? Begründen Sie Ihre Antwort.

10. Der Auszubildende Tim kauft im Preis reduzierte Fußballschuhe. Bei Vertragsabschluss wird er vom Verkäufer darauf hingewiesen, dass reduzierte Ware vom Umtausch ausgeschlossen ist. Zu Hause angekommen stellt Tim fest, dass die Schuhe an der Sohle kaputt sind. Begründen Sie, ob Tim Gewährleistungsansprüche hat.

I. Wiederholungsfragen — 2. Schuldrecht

11. Rechtsanwalt Fuchs kauft sich am 02.02.(01) für seinen nächsten Wettkampf ein neues Triathlonfahrrad. Die Übergabe findet am 05.02.(01) statt. Bereits 10 Monate nach Übergabe stellt er fest, dass die Vorderradgabel Risse aufweist.

    Rechtsanwalt Fuchs stellt gegenüber dem Verkäufer Gewährleistungsansprüche, die dieser mit der Einrede der Verjährung verweigert.

    a. Welche Art des Sachmangels liegt hier vor?

    b. Welches Recht hat Rechtsanwalt Fuchs vorrangig geltend zu machen?

    c. Hat der Verkäufer zu Recht Gewährleistungsansprüche mit der Einrede der Verjährung verweigert? Nennen Sie auch Beginn und Ende der Verjährung.

    d. Innerhalb welcher Frist müsste Rechtsanwalt Fuchs, den Mangel rügen, wenn der Verkäufer den Mangel arglistig verschwiegen hätte?

12. Die Auszubildende Anna kauft sich am 11.12.(01) eine neue Waschmaschine. Am 16.12.(01) wird die Waschmaschine zusammen mit der Rechnung wie vereinbart geliefert. Die Rechnung enthält einen Hinweis auf die gesetzliche 30-Tages-Frist gemäß § 286 Abs. 3 BGB.

    Beantworten Sie folgende Fragen unter Nennung der entsprechenden gesetzlichen Vorschriften.

    a. Ab welchem Zeitpunkt befindet sich Anna im Zahlungsverzug? (Datum nennen!)

    b. Nennen Sie fünf mögliche Ansprüche des Verkäufers im Falle des Zahlungsverzuges.

    c. Welche Verjährungsfrist gilt für die Kaufpreisforderung?

    d. Nennen Sie die Höhe des Verzugszinssatzes.

Rechtsanwendung (LF 01, 02, 03, 04, 08, 09, 10, 11, 12, 13, 14)

13. In welchen der folgenden Fälle ist eine Mahnung entbehrlich? Begründen Sie Ihr Ergebnis mit dem Gesetz.

Fall	Mahnung entbehrlich?
a. Obwohl der Verkäufer per Mail die Lieferung bestellter Ware für den nächsten Tag angekündigt hat, liefert er nicht.	
b. Die Parteien vereinbaren: „Lieferung am 05.03.20..".	
c. Der Käufer zieht um, ohne dem Gläubiger seine neue Adresse mitzuteilen oder einen Nachsendeantrag zu stellen.	
d. Zusage des Schuldners, die Reparatur wegen Dringlichkeit schnellstmöglich durchzuführen (z. B. Reparatur der Heizung im Winter).	
e. Die Parteien vereinbaren, die Lieferung zwei Tage nach Beginn der Bauarbeiten vorzunehmen.	
f. Der Käufer teilt dem Verkäufer in einem Schreiben mit, dass er zahlungsunfähig ist.	
g. Die Parteien haben im Vertrag vereinbart, dass die Lieferung circa am 15.05. erfolgen soll.	

14. Entscheiden Sie in den folgenden Fällen, ob die Voraussetzungen des Annahmeverzugs vorliegen. Begründen Sie Ihr Ergebnis mit dem Gesetz.

Fall	Annahmeverzug ja / nein?
a. Als der Verkäufer zum vereinbarten Termin die ordnungsgemäße Ware anliefern will, hat der Kunde kein Geld zur Hand, obwohl Barzahlung bei Lieferung vereinbart wurde.	
b. Der Verkäufer liefert nur einen Teil der Ware. Der Käufer verweigert die Annahme der Ware mit der Begründung, dass sie nicht vollständig sei.	
c. Die Parteien vereinbaren, dass die Ware drei Wochen nach Bestellung im Lager des Schuldners abzuholen ist. Der Gläubiger vergisst die Abholung aufgrund von Urlaubsvorbereitungen.	

15. Um welche Vertragsart handelt es sich in den folgenden Fällen? Nennen Sie auch die jeweiligen Vertragsparteien.

Fall	Vertragsart / §§	Vertragsparteien
a. Herr Meier leiht sich bei der Nachbarin ein Dutzend Eier, um eine Geburtstagtorte zu backen.		
b. Die Nachbarin gibt Herrn Meier zum Transport der 12 geliehenen Eier eine Schüssel mit, die er am nächsten Tag zurückbringt.		

I. Wiederholungsfragen 2. Schuldrecht

Fall	Vertragsart / §§	Vertragsparteien
c. Die Auszubildende Anna leiht sich von ihrem Freund zur Überbrückung eines finanziellen Engpasses 300 Euro.		
d. Familie Lustig schließt einen Vertrag mit einem Bauern über ein Stück Land, auf dem sie eigenes Obst und Gemüse anbauen und ernten darf.		
e. Das Ehepaar Glücksmann bucht bei der Firma „Autoglück" für den Urlaub einen Pkw zum Preis von 400 Euro.		
f. Der Auszubildende Anton bittet seinen Kollegen Karsten wiederholt, ihm eine Zigarette zu leihen. Karsten gibt sie ihm mit den Worten: „Hier, nimm sie, auch wenn ich jetzt schon weiß, dass ich sie nicht zurückbekommen werde!"		
g. Steuerberaterin Sauer berät Herrn Dreyer eine Stunde lang über Abschreibungsmöglichkeiten nach verschiedenen Rechtsvorschriften.		
h. Gregor steht für eine Schuld seines Geschäftspartners Martin gegenüber der S-Bank ein.		
i. Frau Müller bringt ihre neue Hose, die gekürzt werden soll, zur Schneiderin.		
j. Der Auszubildende Tim bittet seine Nachbarin, seine Katze während seines Urlaubs zu füttern.		
k. Die Freundinnen Maria und Magdalene beschließen ihre Wintermäntel zu tauschen.		
l. Für die Bedienung in seiner Gaststätte stellt Herr Fröhlich eine Kellnerin ein.		
m. Rechtsanwalt Rudolf verkauft seinen privaten Pkw an die Eheleute Ernst.		

16. Nennen Sie zu den folgenden Vertragstypen den Vertragsinhalt.

Vertragstyp	Vertragsinhalt
a. Leihvertrag	
b. Kaufvertrag	
c. Mietvertrag	
d. Pachtvertrag	
e. Dienstvertrag	
f. Werkvertrag	
g. Schenkung	

Rechtsanwendung (LF 01, 02, 03, 04, 08, 09, 10, 11, 12, 13, 14)

17. Ist in den folgenden Fällen das Schuldverhältnis
    a. durch Abschluss eines Rechtsgeschäfts,
    b. durch ungerechtfertigte Bereicherung,
    c. durch Geschäftsführung ohne Auftrag oder
    d. durch unerlaubte Handlung entstanden?

Fall	Entstehung des Schuldverhältnisses durch...
a. Rudi kauft seinem Nachbarn ein gebrauchtes Fahrrad ab.	
b. Rudi überweist versehentlich den Kaufpreis für das Fahrrad auf das Konto seines Bruders statt auf das Konto des Nachbarn.	
c. Bei der ersten Fahrt mit dem Fahrrad fährt Rudi den Hund eines Passanten an und verletzt ihn.	
d. Ein Dieb stiehlt Rudis Fahrrad, das er vor dem Haus abgestellt hat.	
e. Als Rudi bei der Polizei den Diebstahl anzeigt, nimmt seine Nachbarin ein Paket mit Büchern für ihn an und zahlt eine Nachnahmegebühr in Höhe von 50,00 Euro.	

3. Sachenrecht

1. Entscheiden Sie in den folgenden Fällen, welche Art von Besitz die Personen innehaben.

Fall	Art des Besitzes?
a. Herr Müller mietet von Frau Veith ein Reitpferd.	Herr Müller ist gemäß §_____ BGB _____ Besitzer. Frau Veith ist gemäß §_____ BGB _____ Besitzerin. Außerdem ist Frau Veith _____ und Herr Müller _____, solange er das Eigentumsrecht von Frau Veith anerkennt.
b. Die Auszubildenden Rosa und Lila wohnen in einer Wohngemeinschaft mit zwei anderen Auszubildenden. Jeder der Auszubildenden bewohnt ein eigenes Zimmer. Das Wohnzimmer und das Bad benutzen die Auszubildenden gemeinsam.	Die allein genutzten Zimmer der Auszubildenden sind _____. Die gemeinsam genutzten Zimmer sind dagegen _____.
c. Der Dieb verleiht das gestohlene Fahrrad an einen ahnungslosen Freund.	Der Dieb ist unrechtmäßiger _____. Der Entleiher ist _____.

I. Wiederholungsfragen — 3. Sachenrecht

2. Entscheiden Sie in den folgenden Fällen, ob die handelnde Person
   a. Eigentümer und unmittelbarer Besitzer ist,
   b. Eigentümer und mittelbarer Besitzer ist,
   c. kein Eigentümer, aber unmittelbarer Besitzer ist,
   d. kein Eigentümer, aber mittelbarer Besitzer ist,
   e. weder Eigentümer noch Besitzer ist.

Fall		Lösung
a.	Frau Hammer vermietet ihre Eigentumswohnung.	
b.	Der Auszubildende Aaron kauft sich von seinem ersparten Geld ein Motorrad. Die Übergabe des Geldes und des Motorrades findet am 11.06. statt.	
c.	Die gutgläubige Maria kauft sich im Internet eine gebrauchte Armbanduhr, die von der Verkäuferin gestohlen wurde. Nach Zahlung des Kaufpreises wird ihr die Armbanduhr wie vereinbart von der Verkäuferin mit der Post zugeschickt.	
d.	Rechtsanwältin Reimann fährt mit einem Mietwagen zu einem Auswärtstermin.	
e.	Maximilian kauft von seinem Freund Moritz ein Fahrrad, ohne zu wissen, dass dieser das Fahrrad von seinem Onkel geliehen hat. Er erhält das Fahrrad, nachdem er den Kaufpreis gezahlt hat.	
f.	Frau Ehrlich findet auf dem Parkplatz eines Supermarktes eine Brillantbrosche. Da sie nicht weiß, wem das Schmuckstück gehört, liefert sie die Brillantbrosche beim Fundbüro ab. Nach Ablauf von sechs Monaten hat sich der Eigentümer nicht beim Fundbüro gemeldet.	
g.	Der gutgläubige Gereon kauft sich im Internet einen gebrauchten Goldring, der vom Verkäufer gestohlen wurde. Gereon hat den Goldring 11 Jahre gutgläubig im Eigenbesitz, als sich der ursprüngliche Eigentümer des Goldrings bei ihm meldet.	
h.	Rechtsanwalt Alt hat sich einen neuen Drucker gekauft. Den alten Drucker stellt er zum Sperrmüll auf die Straße.	
i.	Der bösgläubige Grundstückseigentümer Franke erwirbt zu einem sehr günstigen Preis einen gestohlenen Apfelbaum, den er sofort in seinen Garten einpflanzt.	
j.	Tüftler Theo nimmt den von seinem Nachbarn zum Sperrmüll an die Straße gelegten kaputten Staubsauger mit, um ihn zu reparieren.	

Rechtsanwendung (LF 01, 02, 03, 04, 08, 09, 10, 11, 12, 13, 14)

3. Stefan Schusselig verliert auf dem Weg zur Arbeit sein Portemonnaie mit 250,00 Euro Inhalt. Frank Findig findet es auf dem Gehweg, freut sich über seinen Fund und kauft sich von dem Geld im Modegeschäft Schick einen Anzug. Den Kaufpreis in Höhe von 250,00 Euro bezahlt Findig mit dem gefundenen Geld. Das Portemonnaie schenkt er seinem Vater zum Geburtstag. Schick und der Vater von Findig sind beide gutgläubig.

   Beantworten und begründen Sie folgende Fragen unter Angabe der entsprechenden Rechtsvorschriften:

   Frage 1:
   Ist der Inhaber des Modegeschäfts Schick Eigentümer der 250,00 Euro geworden?

   Frage 2:
   Ist der Vater von Frank Findig Eigentümer des Portemonnaies geworden?

4. Kreuzen Sie die richtige Aussage an.

Aussage	Lösung
a. Das Gebäude ist Zubehör des Grundstücks.	
b. Das Gebäude ist einfacher Bestandteil des Grundstücks.	
c. Das Gebäude ist wesentlicher Bestandteil des Grundstücks.	
d. Grundstück und Gebäude sind sachenrechtlich zwei getrennte Gegenstände.	

5. Herr Groß aus Köln ist Eigentümer eines Grundstücks in Koblenz, das er an die Familie Klein aus Mainz veräußern will. Bitte beantworten Sie folgende Fragen des Herrn Groß zum beabsichtigten Verkauf.

   a. Wie wird das Eigentum an einem Grundstück übertragen?

   b. Was versteht man unter dem Begriff „Auflassung"?

   c. Kann sich Herr Groß bei der Auflassung von seiner Ehefrau vertreten lassen oder muss er persönlich erscheinen?

I. Wiederholungsfragen — 3. Sachenrecht

d. Welches Grundbuchamt ist hier zuständig?

e. Welche drei Grundpfandrechte unterscheidet man?

6. Die Eheleute Mann möchten ein Grundstück kaufen. Das Grundstück wollen die Eheleute mithilfe eines Kredits kaufen, der durch die Eintragung eines Grundpfandrechts abgesichert werden soll. Die Bank möchte dabei den Eintrag eines Grundpfandrechts, das vom Bestehen einer Forderung unabhängig ist. Welches Grundpfandrecht eignet sich hier?

7. In welche Abteilung des Grundbuchs werden folgende Belastungen eingetragen?

Belastung	Abteilung?
a. Rentenschuld	
b. Nießbrauch	
c. Grundschuld	
d. Hypothek	

8. Welches gesetzliche Pfandrecht ist in den folgenden Fällen beschrieben?

Fall	Gesetzliches Pfandrecht?
a. Frau Jung mietet bei Herrn Alt eine 2-Zimmerwohnung. Nach einem Jahr ist Frau Jung mit drei Monatsmieten in Verzug.	
b. Nach erfolgreicher Diät beauftragt Herr Groß die Schneiderin Klein, seine Anzüge zu kürzen. Dazu übergibt er ihr seine 20 Anzüge. Nach Erledigung des Auftrags holt Herr Groß die Anzüge nicht ab, da er sich neue gekauft hat.	
c. Das Ehepaar Prell verbringt im Hotel Schönblick seinen Sommerurlaub. Schmuck und Wertsachen hat das Ehepaar im Safe des Hotels deponiert. Wegen eines finanziellen Engpasses ist das Ehepaar am Ende des Urlaubs nicht in der Lage die Hotelkosten zu zahlen.	
d. Frau Grün pachtet von Bauer Groß mehrere Wiesen mit Apfelbäumen. Frau Grün ist am Ende des Sommers mit mehreren Pachtzahlungen in Verzug.	
e. Der Gläubiger Ganz betreibt wegen Zahlung einer Kaufpreisforderung in Höhe von 10.000,00 Euro gegen seinen Schuldner die Zwangsvollstreckung. Er beauftragt die Gerichtsvollzieherin Hart mit der Vollstreckung in das bewegliche Vermögen.	

Rechtsanwendung (LF 01, 02, 03, 04, 08, 09, 10, 11, 12, 13, 14)

4. Familienrecht

1. Die 17-jährige Maria und der 18-jährige Josef wollen sich verloben. Beantworten Sie folgende Fragen von Maria zu Verlöbnis und Eheschließung mithilfe des Gesetzes.

   a. Darf Maria sich auch gegen den Willen ihrer Eltern mit Josef verloben?

   b. Angenommen Marias Eltern stimmen der Verlobung zu, darf Maria Josef auch dann heiraten, wenn sie das 18. Lebensjahr noch nicht vollendet hat?

   c. Falls Maria die Verlobung in der Zukunft auflösen möchte, könnte Josef dann auf die Eheschließung bestehen?

   d. Maria hat sich bereits ein Hochzeitskleid (Kaufpreis 2.000,00 Euro) gekauft. Wenn Josef vom Verlöbnis ohne wichtigen Grund zurücktreten sollte, hätte sie dann Ansprüche gegen ihn? Wenn ja, wann würden diese verjähren?

   e. Angenommen Maria und Josef würden nach dem Verlöbnis feststellen, dass sie nicht zueinander passen, dürfte Maria dann den Ring als Erinnerung an Josef behalten, den er ihr zum Verlöbnis geschenkt hat?

   f. Josef ist Marias Cousin. Dürfen die beiden trotzdem heiraten?

2. Nennen Sie stichwortartig vier Voraussetzungen für die Eheschließung.

   (1) _____
   (2) _____
   (3) _____
   (4) _____

I. Wiederholungsfragen — 4. Familienrecht

3. Herr Müller und Frau Maier geb. Schmitt wollen heiraten. Welche Möglichkeiten in der Namensgestaltung haben die zukünftigen Eheleute?

   (1) ──────────────────────────────

   (2) ──────────────────────────────

4. Die Eheleute Frank, die im gesetzlichen Güterstand leben, wollen sich scheiden lassen. Herr Frank hat zurzeit der Eheschließung ein Vermögen im Wert von 5.000,00 Euro, seine Frau zurzeit der Eheschließung ein Vermögen im Wert von 20.000,00 Euro. Während der Ehe hat Frau Frank von ihrem Vater 15.000,00 Euro geerbt.

   Zurzeit besitzt Herr Frank ein Vermögen im Wert von 25.000,00 Euro. Seiner Geliebten hat er vor einem Monat einen Ring im Wert von 5.000,00 Euro geschenkt. Frau Frank besitzt zurzeit ein Vermögen im Wert von 50.000,00 Euro.

   Wem von den Eheleuten steht ein Ausgleichanspruch zu und wie hoch ist dieser?

	Herr Frank	Frau Frank
Anfangsvermögen		
Endvermögen		
Zugewinn		

   Ergebnis: ──────────────────────────────

5. Nennen Sie das Prinzip, das als Voraussetzung für eine Ehescheidung zugrunde gelegt wird.

6. Frau Sorge möchte sich scheiden lassen, da ihr Mann untreu ist. Sie erkundigt sich nach den Voraussetzungen der Ehescheidung.

Rechtsanwendung (LF 01, 02, 03, 04, 08, 09, 10, 11, 12, 13, 14)

7. Bestimmen Sie bei den folgenden Personen, in welcher Linie und in welchem Grad sie miteinander verwandt oder verschwägert sind.

Personen	verwandt oder verschwägert?	Linie?	Grad?
a. Großvater und Enkelin			
b. Ehefrau und Vater des Ehemannes			
c. Cousin und Cousine			
d. Ehefrau und Bruder des Ehemannes			
e. Onkel und Nichte			
f. Bruder und Schwester			
g. Ehemann und Ehefrau			
h. Halbbruder und Halbschwester			

8. Welche Möglichkeit gibt es, ein Verwandtschaftsverhältnis ohne blutmäßige Abstammung zu begründen?

9. Welche Verwandten sind im Fall der Bedürftigkeit verpflichtet, einander Unterhalt zu gewähren?

5. Erbrecht

1. Kreuzen Sie die richtige Lösung zur gesetzlichen Erbfolge an.

Sachverhalt	richtig
a. Bruder und Schwester sind in gerader Linie miteinander verwandt und erben daher jeweils die Hälfte.	
b. Das Kind des Erblassers ist nicht zur Erbfolge berufen, solange ein Verwandter einer nachfolgenden Ordnung lebt.	
c. Die Erben innerhalb einer Ordnung teilen sich das Erbe zu gleichen Teilen.	
d. Adoptierte Kinder sind grundsätzlich nicht erbberechtigt.	
e. Sofern der Erblasser mehrere Kinder hinterlässt, so ist nur das erstgeborene Kind pflichtteilsberechtigt.	

2. Der Erblasser hinterlässt seinen Sohn Rudi und seine Tochter Renate. Seine zweite Tochter Helga verstarb, sie hinterlässt ihre Kinder Tim und Tom. Kreuzen Sie die richtige Lösung an.

Sachverhalt	richtig
a. Rudi und Renate erben jeweils die Hälfte.	
b. Rudi, Renate und Tim erben jeweils zu einem Drittel.	
c. Rudi, Renate, Tim und Tom erben jeweils zu einem Viertel.	
d. Tom, Rudi und Renate erben jeweils zu einem Drittel.	
e. Rudi und Renate erben jeweils zu einem Drittel, Tim und Tom jeweils zu einem Sechstel.	

I. Wiederholungsfragen — 5. Erbrecht

3. Herr Klein, kinderlos und unverheiratet, ist verstorben. In seiner Verwandtschaft leben noch:
   ein Onkel (Bruder der Mutter)
   eine Tante (Schwester des Vaters)
   die Großeltern.

   Wer erbt wie viel?

4. Herr Groß, kinderlos und unverheiratet, ist verstorben. In seiner Verwandtschaft leben noch:
   seine Eltern
   drei Geschwister
   zwei Neffen
   eine Nichte

   Wer erbt wie viel?

5. Thomas, 17 Jahre alt, verfasst zu Hause am PC sein Testament, unterschreibt dies eigenhändig und legt es zur Aufbewahrung in seine Schreibtischschublade. Ist das Testament gültig? Begründen Sie kurz.

6. Herr Schröder lebte bis zu seinem Tode mit seiner Ehefrau im gesetzlichen Güterstand. Die beiden Kinder der Eheleute leben beide noch. Bestimmen Sie, wer wie viel erbt.

7. Herr Wüterich teilt seinem Sohn mit, dass er ihn komplett enterben werde und er keinen einzigen Euro bekäme. Nehmen Sie kurz aus erbrechtlicher Sicht hierzu Stellung.

8. Nennen Sie zwei zentrale Unterschiede zwischen Erbvertrag und Testament.

9. Frau Erb möchte mit ihrer Tochter einen Erbvertrag schließen. Frau Erb wohnt in Mainz, ihre Tochter in Hamburg. Die Tochter kann den hierfür angesetzten Notartermin in Mainz nicht wahrnehmen und fragt, ob sie sich zum Abschluss des Erbvertrags auch durch einen Anwalt aus Mainz vertreten lassen kann. Nehmen Sie kurz hierzu Stellung.

Rechtsanwendung (LF 01, 02, 03, 04, 08, 09, 10, 11, 12, 13, 14)

10. Kreuzen Sie die richtige Aussage an.

Aussage	richtig
a. Ein Seetestament hat unbeschränkte Gültigkeitsdauer.	
b. Ein Testament ohne Datum ist nicht rechtswirksam.	
c. Bei mehreren Testamenten gilt das aktuellste Testament.	
d. Ein 16-jähriger kann grundsätzlich kein Testament errichten.	
e. Ein Erbe kann grundsätzlich von den Abkömmlingen nicht ausgeschlagen werden, da sie in der gesetzlichen Erbfolge an erster Stelle stehen.	

11. Kreuzen Sie die richtige Aussage an.

Aussage	richtig
a. Wenn Personen in einem Testament ausdrücklich als Erben eingesetzt werden, so spricht man von einem Vermächtnis.	
b. Ein Pflichtteilsanspruch ist vererblich und übertragbar.	
c. Beim Erbvertrag ist ein jederzeitiger Rücktritt des Erblassers möglich.	
d. Der Pflichtteil besteht in einem Viertel des Wertes des gesetzlichen Erbteils.	
e. Ein Erbschein ist nur ein vorläufiges Dokument und besitzt daher keinen öffentlichen Glauben.	

I. Wiederholungsfragen 1. Handelsrecht

B. Handels- und Gesellschaftsrecht

I. Wiederholungsfragen

1. Handelsrecht

1.1 Handelsrechtliche Grundlagenbegriffe

1. Für wen gilt das Handelsgesetzbuch (HGB)?

2. Definieren Sie den Begriff Kaufmann im Sinne des HGB.

3. Ist ein Rechtsanwalt, der seine Kanzlei allein betreibt, Kaufmann im Sinne des HGB? Begründen Sie kurz.

4. Mehrere Anwälte schließen sich zu einer BGB-Gesellschaft oder zu einer Partnerschaftsgesellschaft zusammen. Erfüllen diese die Kaufmannseigenschaft?

5. Welche Kaufmannsarten werden im HGB unterschieden? Erläutern Sie diese kurz.

   (1)

   (2)

   (3)

Rechtsanwendung (LF 01, 02, 03, 04, 08, 09, 10, 11, 12, 13, 14)

6. Was bedeutet es für einen Betrieb, wenn er Kaufmann im Sinne des HGB ist? Geben Sie 5 Beispiele.

   - _____
   - _____
   - _____
   - _____
   - _____

7. Erläutern Sie den Begriff „Firma" und nennen Sie die unterschiedlichen Firmenarten.

   Firma: _____
   -
   _____

   ↓

   Firmenarten

(1) _____	(2) _____	(3) _____	(4) _____
_____	_____	_____	_____
_____	_____	_____	_____

   ↓

   außerdem zwingend erforderlich: _____

8. Erläutern Sie kurz, welche Firmengrundsätze bei der Firmenbildung zu beachten sind.

   (1) _____

   _____

   (2) _____

   _____

   (3) _____

   _____

   (4) _____

   _____

I. Wiederholungsfragen — 1. Handelsrecht

9. Jemand entschließt sich, als Unternehmensnachfolger einen bestehenden Betrieb (Firma) fortzuführen. Nennen Sie je einen zentralen Vor- und Nachteil dieser Regelung.

    Vorteil: _____

    _____

    Nachteil: _____

    _____

10. Welche Pflichtangaben sind bei Geschäftsbriefen zu beachten?

    - _____
    - _____
    - _____
    - _____
    - _____

11. Was ist unter dem Personenstandsregister zu verstehen?

    _____

    _____

    _____

12. Handelsregister

    a. Was ist unter dem Handelsregister zu verstehen?

    Handesregister: _____

    b. Wer kann in das Handelsregister Einblick nehmen?

    Einbilcknahme: _____

    c. Wie erfolgt die Anmeldung zur Eintragung und Einreichung?

    Anmeldung: _____

    d. Wie sieht der Aufbau des Handelsregisters aus und geben Sie die jeweiligen Pflichtangaben an.

    (1) _____   (2) _____

    _____   _____

    _____   _____

    _____   _____

    _____   _____

Rechtsanwendung (LF 01, 02, 03, 04, 08, 09, 10, 11, 12, 13, 14)

e. Bei den Handelsregistereintragungen wird unterschieden zwischen deklaratorischen und konstitutiven Wirkungen. Erläutern Sie kurz die Begriffe.

deklaratorisch: _____

konstitutiv: _____

f. Das Handelsregister besitzt grundsätzlich öffentlichen Glauben. Was bedeutet bei der Beurteilung der Richtigkeit einer Eintragung „positive Publizität" und „negative Publizität"?

positive Publizität: _____

_____

negative Publizität: _____

_____

13. Was ist unter dem elektronischen Unternehmensregister zu verstehen?

_____
_____
_____

14. Was ist unter dem elektronischen Bundesanzeiger zu verstehen?

_____
_____
_____

1.2 Stellvertretung

1. Erläutern Sie den Begriff Stellvertretung.

_____
_____
_____

2. Wodurch unterscheiden sich der Bote und der Stellvertreter?

Bote: _____

Stellvertreter: _____

I. Wiederholungsfragen   1. Handelsrecht

3. Worin liegen die zentralen Unterschiede bei der Stellvertretung nach BGB und HGB?
   _____
   _____
   _____

4. Handlungsvollmacht nach HGB.

   a. Wer kann Handlungsvollmacht nach HGB erteilen?
      _____

   b. In welcher Form kann dies geschehen?
      _____

   c. Welche Vollmachtsarten lassen sich unterscheiden?

(1) _____	(2) _____	(3) _____
_____	_____	_____
_____	_____	_____
_____	_____	_____

   d. Wie unterschreiben die Bevollmächtigten jeweils?

   e. Welche gesetzlichen Beschränkungen bestehen für eine Handlungsvollmacht?
      _____
      _____
      _____
      _____

   f. Nennen Sie fünf Gründe für das Erlöschen einer Handlungsvollmacht.
      _____
      _____
      _____

Rechtsanwendung (LF 01, 02, 03, 04, 08, 09, 10, 11, 12, 13, 14)

5. Prokura nach HGB.

   a. Wer kann Prokura nach HGB erteilen?

   _____

   b. In welcher Form kann dies geschehen?

   _____

   ⬇

   c. Welche Arten von Prokura lassen sich unterscheiden?

(1) _____	(2) _____	(3) _____
_____	_____	_____
_____	_____	_____
_____	_____	_____

   d. Mit welchem Zusatz unterschreibt der Prokurist? _____

   e. Zu welchen Handlungen bzw. Rechtsgeschäften ermächtigt die Prokura und welche sind dem Prokuristen untersagt?

   Erlaubte Rechtshandlungen und Geschäfte: _____

   _____

   Verbotene Rechtshandlungen und Geschäfte: _____

   _____

   _____

   f. Lässt sich die Prokura im Innen- bzw. Außenverhältnis beschränken?

   Innenverhältnis: _____

   Außenverhältnis: _____

   g. Nennen Sie 5 Gründe, die zum Erlöschen der Prokura führen.

   _____

   _____

I. Wiederholungsfragen 2. Gesellschaftsrecht: Unternehmensformen

2. Gesellschaftsrecht: Unternehmensformen

1. Überblick über die Rechtsformen – vervollständigen Sie hierzu die folgende Einteilung.

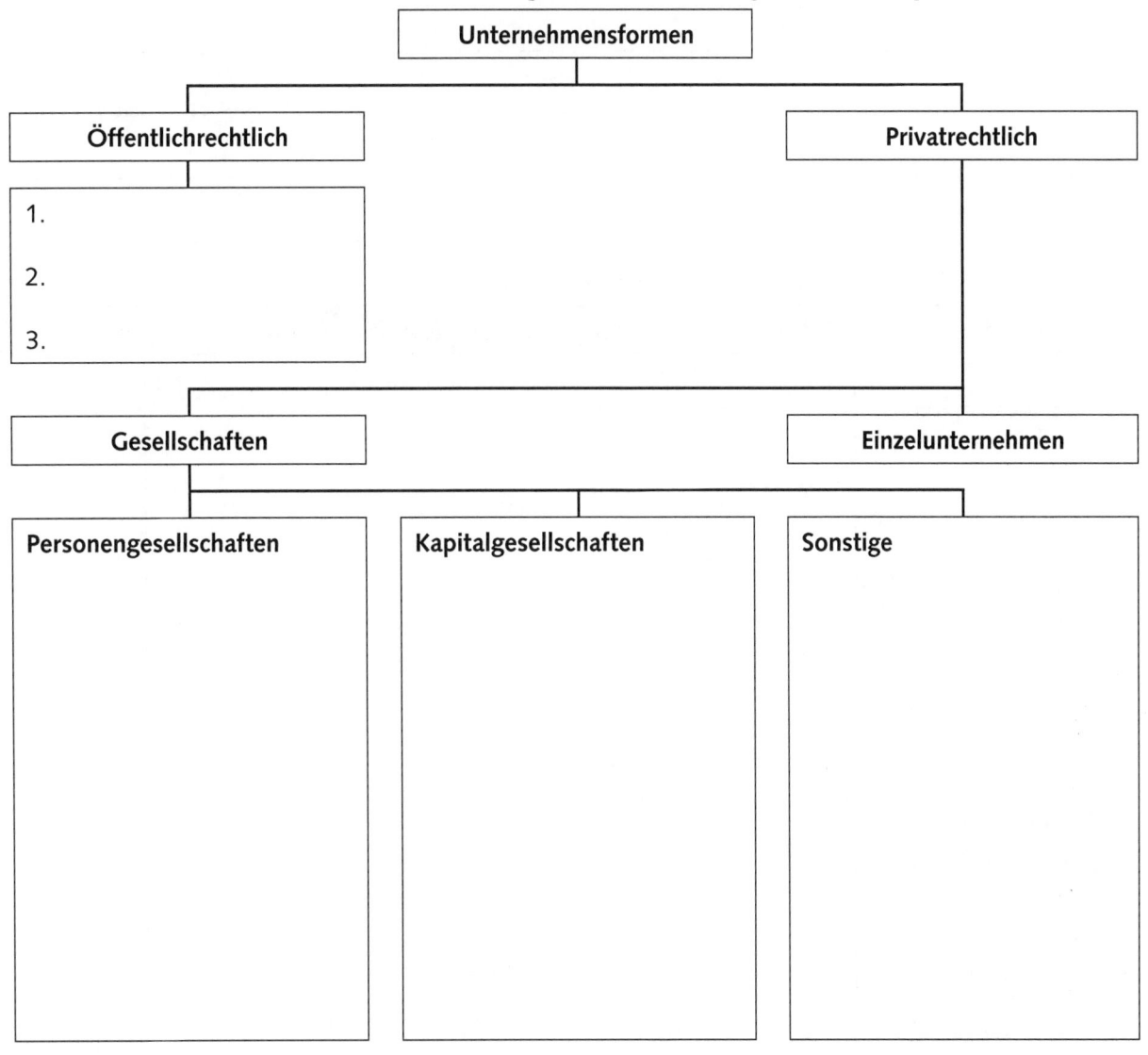

```
                        Unternehmensformen
                    ┌──────────┴──────────┐
              Öffentlichrechtlich      Privatrechtlich
              1.
              2.
              3.
                                   ┌──────────┴──────────┐
                              Gesellschaften         Einzelunternehmen
                    ┌──────────────┼──────────────┐
          Personengesellschaften  Kapitalgesellschaften  Sonstige
```

2. Nennen Sie fünf zentrale Unterschiede zwischen Personen- und Kapitalgesellschaften.

Personengesellschaft	Kapitalgesellschaft

3. Worin besteht der entscheidende Unterschied zwischen den Begriffen Geschäftsführung und Vertretung?

Geschäftsführung: _____

Vertretung: _____

Rechtsanwendung (LF 01, 02, 03, 04, 08, 09, 10, 11, 12, 13, 14)

4. Stellen Sie die wichtigsten Aspekte zur Einzelunternehmung dar.

___

___

___

___

___

5. Personengesellschaften: Vervollständigen Sie die folgende Tabelle.

Kriterien	GbR	Partnerschaftsgesellschaft	OHG	KG
Wesen / Mindestkapital				
Form des Abschlusses				
HR-Eintragung				
Gewerbeanmeldung				
Firma				
Geschäftsführung				

I. Wiederholungsfragen   2. Gesellschaftsrecht: Unternehmensformen

Kriterien	GbR	Partnerschaftsgesellschaft	OHG	KG
Vertretung				
Ergebnisverteilung				
Haftung				

6. Kapitalgesellschaften: Vervollständigen Sie die folgende Tabelle.

Kriterien	AG	GmbH	UG
Wesen			
Gründung / Mindestkapital			
HR-Eintragung			
Gewerbeanmeldung			
Firma			

Rechtsanwendung (LF 01, 02, 03, 04, 08, 09, 10, 11, 12, 13, 14)

Kriterien	AG	GmbH	UG
Geschäftsführung			
Vertretung			
Haftung			

7. Welche formalen Voraussetzungen müssen zur Gründung einer GbR erfüllt sein?

8. Können sich Anwälte in der Rechtsform einer OHG zusammenschließen?

9. Ist die GbR parteifähig?

10. Muss die GbR in ein Register eingetragen werden? _____

11. Mehrere Rechtsanwälte können sich in Form einer Bürogemeinschaft oder in Form einer Sozietät zusammenschließen. Worin bestehen die zentralen Unterschiede?

12. Kann eine OHG unter ihrem Namen klagen und verklagt werden?

13. Ist es möglich, einen stillen Gesellschafter in eine OHG aufzunehmen?

I. Wiederholungsfragen 2. Gesellschaftsrecht: Unternehmensformen

14. Wie viele Personen sind bei der Gründung einer KG mindestens notwendig? Nennen Sie auch die handelsrechtlichen Bezeichnungen.

15. Handelt es sich bei der GmbH&CoKG insgesamt um eine Kapital- oder um eine Personengesellschaft? Welche Funktion hat die GmbH innerhalb der KG?

    Gesellschaft: _____

    Funktion der GmbH: _____

16. Ist auch eine Ein-Personen-GmbH zulässig? _____

17. Ist ein eingetragener Verein rechtsfähig?

18. Ist es generell möglich, dass sich Rechtsanwälte in der Rechtsform einer GmbH zusammenschließen?

19. Erläutern Sie jeweils drei wichtige Funktionen des Vorstands, des Aufsichtsrates und der Hauptversammlung bei einer AG.

    Vorstand: _____

    Aufsichtsrat: _____

    Hauptversammlung: _____

20. Erläutern Sie den Begriff „Insolvenz".

21. Welche Gründe können zur Eröffnung des Insolvenzverfahrens nach der InsO führen?

Rechtsanwendung (LF 01, 02, 03, 04, 08, 09, 10, 11, 12, 13, 14)

22. Welches Gericht ist für die Eröffnung des Insolvenzverfahrens sachlich und örtlich zuständig?

    Sachlich: _____

    Örtlich: _____

23. Welche Voraussetzungen müssen erfüllt sein, damit das Insolvenzverfahren eröffnet wird?

    - _____

    - _____

    - _____

    - _____

24. Welche vermögensrechtlichen Auswirkungen ergeben sich für den Schuldner, sofern das Insolvenzverfahren eröffnet wird?

    _____

    _____

25. Können einzelne Gläubiger während des Insolvenzverfahrens wegen Einzelforderungen in die Insolvenzmasse vollstrecken?

    _____

    _____

26. Wie lange dauert die Wohlverhaltensphase, sofern einer Privatperson im Rahmen der Verbraucherinsolvenz Restschuldbefreiung gewährt wird?

    _____

3. Kreditarten und Kreditsicherung

1. Was ist unter dem Begriff Kredit zu verstehen?

   _____

   _____

   _____

2. Kredite lassen sich nach unterschiedlichen Kriterien einteilen (Kreditarten). Erläutern Sie kurz die folgenden Kreditarten.

Kriterien	Zuzuordnende Kreditarten	Erläuterungen
Laufzeit	1. Kurzfristiger	
	2. Mittelfristiger	

I. Wiederholungsfragen — 3. Kreditarten und Kreditsicherung

Kriterien	Zuzuordnende Kreditarten	Erläuterungen
	3. Langfristiger	
Kreditgeber	1. Bank-/Sparkassenkredit	
	2. Lieferanten-/Warenkredit	
	3. Sonstige	
Verwendungszweck	1. Produktivkredit	
	2. Konsumkredit	
Verfügbarkeit und Rückzahlung	1. Kontokorrentkredit	
	2. Ratenkredit	
	3. Annuitätendarlehen	
	4. Festdarlehen	
Sicherheit	1. Blankokredit	
	2. Gesicherte Kredite	
Kreditnehmer	1. Kommunaldarlehen	
	2. Geschäftskredit	
	3. Privatkredit	

Rechtsanwendung

Rechtsanwendung (LF 01, 02, 03, 04, 08, 09, 10, 11, 12, 13, 14)

3. Welche Stufen werden üblicherweise bei der Kreditvergabe durchlaufen?

4. Was ist unter einem Kontokorrentkredit zu verstehen?

5. Was ist unter dem Begriff Darlehen zu verstehen? Gehen Sie auch auf die verschiedenen Darlehensarten ein.

   Begriff: _____

   Darlehensarten

   (1) _____ (2) _____ (3) _____

6. Was ist unter einem Verbraucherdarlehen zu verstehen? Geben Sie an:

   Begriff: _____

   Form: _____

   Widerrufsfrist beträgt: _____

I. Wiederholungsfragen — 3. Kreditarten und Kreditsicherung

7. Erläutern Sie den Begriff „Realkredit".

   _____

   _____

   _____

8. Kredite können durch Sicherheiten von Personen oder durch Sachen abgesichert werden. Welche Sicherheiten lassen sich den Personensicherheiten und welche den Sachsicherheiten zuordnen?

   Personensicherheiten: _____

   _____

   Sachsicherheiten: _____

   _____

9. Erläutern Sie kurz Begriff und Form der Bürgschaft. Gehen Sie dabei auch auf die verschiedenen Bürgschaftsarten ein.

   Begriff: _____

   _____

   Form für das Bürgschaftsversprechen: _____

Bürgschaftsarten

(1) _____	(2) _____	(3) _____

Rechtsanwendung (LF 01, 02, 03, 04, 08, 09, 10, 11, 12, 13, 14)

10. Erläutern Sie den Begriff „Zession". Gehen Sie dabei auch auf die verschiedenen Zessionsarten ein.

    Begriff: _____

    _____

Zessionsarten

Einteilungskriterien	Zuzuordnende Zessionsarten
Einteilung nach der Offenlegung der Forderungsabtretung	(1) _____ (2) _____ _____
Einteilung nach den übertragenen Forderungen (erfolgt die Abtretung z. B. insgesamt, teilweise oder einzeln?)	(1) _____ (2) _____ _____ (3) _____ _____

11. Erläutern Sie den Begriff „Pfandrecht". Grenzen Sie dabei auch die Begriff vertragliches Pfandrecht, gesetzliches Pfandrecht und Pfändungspfandrecht voneinander ab.

    Begriff: _____

    _____

    Vertragliches Pfandrecht: _____

    _____

    Gesetzliches Pfandrecht:

    Begriff: _____

    Beispiele: _____

    Pfändungspfandrecht: _____

    _____

12. Welche Voraussetzungen müssen beim vertraglichen Pfandrecht vorliegen? Geben Sie auch an, wie sich dabei die Eigentums- und die Besitzverhältnisse darstellen.

    _____

    _____

I. Wiederholungsfragen 3. Kreditarten und Kreditsicherung

13. Was unterliegt grundsätzlich den Regelungen zum vertraglichen Pfandrecht, §§ 1204 ff BGB („Faustpfand")?
    _____
    _____

14. Welche Voraussetzungen müssen vorliegen, damit der Pfandgläubiger eine Pfandsache verwerten kann?
    - _____
    - _____
    - _____

15. Welche Möglichkeiten der Verwertung nennt das BGB?
    - _____
    - _____

16. Erläutern Sie den Begriff „Sicherungsübereignung".
    _____
    _____
    _____
    _____

17. Worin besteht der entscheidende Unterschied zwischen dem Faustpfand und der Sicherungsübereignung hinsichtlich der Besitz- und der Eigentumsverhältnisse?

    Faustpfand: _____
    _____

    Sicherungs-
    übereignung: _____

18. Erläutern Sie den Begriff „Eigentumsvorbehalt" und stellen Sie die verschiedenen Modelle der rechtlichen Ausgestaltung dar.

    Begriff: _____

Arten des Eigentumsvorbehalts

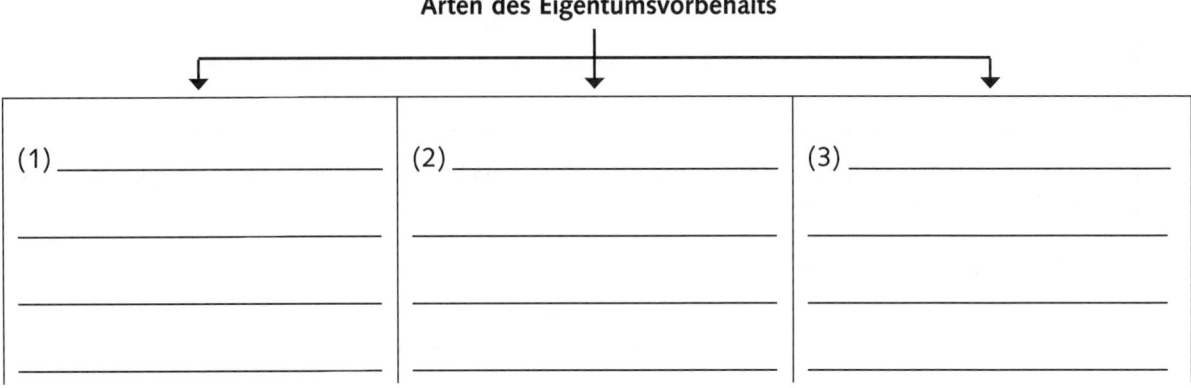

(1)	(2)	(3)

Rechtsanwendung (LF 01, 02, 03, 04, 08, 09, 10, 11, 12, 13, 14)

_____	_____	_____
_____	_____	_____
_____	_____	_____
_____	_____	_____
_____	_____	_____

19. Erläutern Sie die Begriffe „Grundpfandrecht", „Grundschuld" und „Hypothek" und erläutern Sie kurz die drei zentralen Unterschiede zwischen Grundschuld und Hypothek.

    Begriff Grundpfandrecht: _____

    _____

                                    Grundpfandrechte
                            ↙   ↘

Grundschuld	**Hypothek**
Begriff: _____	Begriff: _____
_____	_____
Unterschiede:	Unterschiede:
_____	_____
_____	_____
_____	_____
_____	_____
_____	_____
_____	_____

20. Bei den Grundpfandrechten kann hinsichtlich der Übertragbarkeit unterschieden werden in Buchrechte und Briefrechte. Erläutern Sie kurz den Unterschied.

    Buchrechte: _____

    _____

    Briefrechte: _____

    _____

21. Erläutern Sie Zweck und Aufbau des Grundbuchs (Grundbuchblattes). Geben Sie auch an, wo Grundpfandrechte eingetragen werden.

    Zweck bzw. Begriff: _____

    _____

II. Prüfungsaufgaben

1. Handelsrecht

Aufbau: _____

_____

_____

_____

_____

II. Prüfungsaufgaben

1. Handelsrecht

1.1 Handelsrechtliche Grundlagenbegriffe

1. Kreuzen Sie an, ob bei der jeweiligen Person die Kaufmannseigenschaft nach HGB vorliegt.

Personen	Lösung
a. Vorstandsvorsitzender der Aktiengesellschaft	
b. GmbH	
c. Rechtsanwalt Groß	
d. Rechtsanwaltssozietät	
e. Steuerberater Müller	
f. Wilfried Müller, Bankkaufmann	
g. Kurt Klein, eKfm	
h. Mayer & Müller OHG	

2. Ist es denkbar, dass die Kaufmannseigenschaft auch bereits vor Eintragung in das Handelsregister entstehen kann?

_____

_____

_____

3. Kreuzen Sie an, wer kein Kaufmann im Sinne des HGB sein kann.

Kaufmann?	Lösung
a. Landwirtschaftlicher Großbetrieb	
b. Bankhaus Schleier AG	
c. Bankkaufmann Ludwig Schröder	
d. Rechtsanwalt Dr. Streit	
e. Sarah Klein e.Kfr.	

Rechtsanwendung (LF 01, 02, 03, 04, 08, 09, 10,11, 12, 13, 14)

4. Entscheiden Sie in folgenden Fälle, ob jeweils ein
   (1) Istkaufmann,
   (2) Kannkaufmann,
   (3) Formkaufmann,
   (4) kein Kaufmann im Sinne des HGB vorliegt.
   Tragen Sie hierzu die entsprechende Ziffer in die Lösungsspalte ein.

Kaufleute?	Lösung
a. Schneider OHG	
b. Floppi GmbH	
c. Ruxa AG	
d. Müller & Mayer KG	
e. Geschäftsführer der Manno GmbH	

5. Was ist unter der Firma eines Kaufmanns zu verstehen? Kreuzen Sie die richtige Lösung an.

Firma?	richtig
a. Seine Firmengebäude	
b. Seine Produktionsstätten	
c. Sein Name, unter dem er die Handelsgeschäfte betreibt	
d. Sein bürgerlicher Name, mit dem er beim Standesamt geführt wird	
e. Seine gesamte Geschäftstätigkeit	

6. Ordnen Sie zu den folgenden Beispielen die jeweils zutreffende Firmenart zu. Tragen Sie dazu die entsprechende Ziffer in die Lösungsspalte ein.
   (1) Personenfirma
   (2) Sachfirma
   (3) Fantasiefirma
   (4) Mischfirma
   (5) keine Firma

Beispiel	Lösung
a. Metallwarenfabrik AG	
b. Müller Rechtsanwälte GbR	
c. Fantasia Ferienpark GmbH	
d. Müller & Mayer OHG	
e. MiniMax GmbH	

7. Karl Müller und Peter Schneider beabsichtigen einen Getränkehandel in der Rechtsform einer KG zu gründen, wobei sich Karl Müller als Komplementär und Peter Schneider als Kommanditist einbringen möchte. Kreuzen Sie unter den folgenden Möglichkeiten diejenige an, welche den gesetzlichen Bestimmungen zur Firma entspricht.

Möglichkeiten	richtig
a. Getränkehandel Müller & Mayer	
b. Die Getränke-Profis	
c. Karl Müller, KG	
d. Karl Müller & Peter Schneider	
e. Die Getränkehandlung am Markt	

II. Prüfungsaufgaben — 1. Handelsrecht

8. Die Rechtsanwälte Schneider und Schröder möchten sich zusammen selbstständig machen und eine gemeinsame Kanzlei gründen. Kreuzen Sie an, welche Kanzleibezeichnung in Frage kommen könnte.

Vorschläge zur Kanzleibezeichnung	richtig
a. Schneider & Schröder Rechtsanwalts – OHG	
b. Justus Schneider – Rechtsanwälte, KG	
c. Schneider und Partner, Rechtsanwälte	
d. Schneider, Schröder GbR Rechtsanwälte	
e. Rechtsanwalt Schneider, eKfm.	

9. Kreuzen Sie an, welche der folgenden Aussagen zu den Firmengrundsätzen zutreffend ist.

Aussage	richtig
a. Der Grundsatz der Firmenbeständigkeit besagt, dass ein Inhaberwechsel nicht möglich ist.	
b. Der Grundsatz der Firmenwahrheit besagt, dass die Bilanz und die Gewinn- und Verlustrechnung jährlich veröffentlicht werden müssen.	
c. Der Grundsatz der Firmenklarheit beinhaltet, dass der Name des Firmeninhabers stets in der Firma enthalten sein muss.	
d. Der Grundsatz der Firmenausschließlichkeit beinhaltet, dass ein und dieselbe Firma an einem Ort nicht mehrfach geführt werden darf.	
e. Der Grundsatz der Firmenwahrheit beinhaltet, dass bei einem Inhaberwechsel der neue Inhaber stets durch den Zusatz „Inhaber" in der Firma kenntlich zu machen ist.	

10. Kreuzen Sie für die folgenden Fälle an, ob die Handelsregistereintragung konstitutiven oder deklaratorischen Charakter hat oder ob gar keine Handelsregistereintragung erfolgt.

Personen	deklaratorisch	konstitutiv	keine
a. OHG			
b. GmbH			
c. Willy Mayer, angestellter Industriekaufmann			
d. Rechtsanwalt Müller			
e. E. Schneider, eKfr.			
f. AG			
g. H. Schmitt, Betreiber eines Kiosks			
h. Theaterbetriebs- GmbH			

Rechtsanwendung (LF 01, 02, 03, 04, 08, 09, 10, 11, 12, 13, 14)

1.2 Stellvertretung

1. Kreuzen Sie an, welche der folgenden Handlungen dem Prokuristen verboten ist.

Handlungen bei Einzelprokura	verboten
a. Grundstücke belasten	
b. Mitarbeiter einstellen	
c. Betriebsgrundstück kaufen	
d. Darlehen aufnehmen	
e. Verträge über den Wareneinkauf schließen	

2. Kreuzen Sie an, welche Handlungen dem Prokuristen erlaubt ist.

Handlungen bei Einzelprokura	erlaubt
a. Eid leisten für den Inhaber	
b. Prokura erteilen	
c. Insolvenzverfahren anmelden	
d. Bilanz unterschreiben	
e. Prozess für das Unternehmen führen	

3. Kreuzen Sie an, in welchem Fall die Prokura nicht erlischt.

Aussagen	Lösung
a. Tod des Geschäftsinhabers	
b. Kündigung des Arbeitsverhältnisses des Prokuristen	
c. Einstellung des Geschäftsbetriebs	
d. Widerruf des Vollmachtgebers	
e. Tod des Prokuristen	

4. Entscheiden Sie, welche der folgenden Rechtsgeschäfte mit den aufgeführten Formen der Bevollmächtigung möglich sind. Tragen Sie jeweils alle zutreffenden Ziffern in die Lösungsspalte ein.
   (1) Prokura
   (2) Allgemeine Handlungsvollmacht
   (3) Artvollmacht
   (4) Einzel-(fall)vollmacht
   (5) Nicht durch diese möglich

Handlungen	Lösungsspalte
a. Aufnahme von neuen Gesellschaftern	
b. Grundstück erwerben	
c. Mitarbeiter einstellen	
d. Kauf eines Quittungsblocks	
e. Eingehen einer Wechselverbindlichkeit	

II. Prüfungsaufgaben 1. Handelsrecht

5. Wer kann die folgenden Vollmachten erteilen? Tragen Sie die jeweils zutreffenden Ziffern in die Lösungsspalte ein.
   (1) Kaufmann
   (2) Prokurist
   (3) Handlungsbevollmächtigter
   (4) Artbevollmächtigter
   (5) Keiner

Vollmachten	Vollmachtgeber
a. Allgemeine Handlungsvollmacht	
b. Artvollmacht	
c. Einzel- / Sondervollmacht	

6. Kreuzen Sie an, welche der folgenden Aussagen zur Handlungsvollmacht nicht zutreffend ist.

Aussage	falsch
a. Mit der allgemeinen Handlungsvollmacht können Zahlungsvorgänge vorgenommen werden.	
b. Mitarbeiter dürfen entlassen werden.	
c. Einkäufe dürfen getätigt werden.	
d. Die Anmeldung zum Handelsregister darf vorgenommen werden.	
e. Der Handlungsbevollmächtigte unterschreibt i.V..	

7. Kreuzen Sie an, welche der folgenden Aussagen zur Prokura nicht zutreffend ist.

Aussage	falsch
a. Die Einzelprokura berechtigt den Prokuristen, allein alle Rechtsgeschäfte des Betriebs auszuführen.	
b. Der Prokurist belastet ein betriebliches Grundstück mit einem Grundpfandrecht.	
c. Der Prokurist kauft für den Betrieb ein neues Grundstück.	
d. Die Prokura ist ab Erteilung und nicht erst ab Handelsregistereintragung gültig.	
e. Bei der Gesamtprokura können mehrere Personen nur gemeinsam Rechtsgeschäfte abschließen.	

8. Kreuzen Sie an, welche der folgenden Aussagen zur Stellvertretung und den Vollmachten unzutreffend ist.

Aussage	falsch
a. Der Stellvertreter überbringt oder empfängt eine fremde Willenserklärung.	
b. Die Generalvollmacht wird nicht in das Handelsregister eingetragen.	
c. Dem Prokuristen ist es untersagt, Prokura an andere Mitarbeiter zu erteilen.	
d. Der Einzelbevollmächtigte unterschreibt i.A..	
e. Der Artbevollmächtigte unterschreibt. i.A..	

Rechtsanwendung (LF 01, 02, 03, 04, 08, 09, 10, 11, 12, 13, 14)

2. Gesellschaftsrecht: Unternehmensformen

1. Geben Sie für die folgenden Rechtssubjekte an, in welches Register sie jeweils einzutragen sind. Tragen Sie hierzu die jeweils zutreffende Ziffer in die Lösungsspalte ein.
   (1) Handelsregister Abteilung A
   (2) Handelsregister Abteilung B
   (3) Vereinsregister
   (4) Genossenschaftsregister
   (5) Partnerschaftsregister
   (6) Keine Registereintragung

Rechtssubjekte	Lösungsspalte
(a) Müller & Mayer OHG	
(b) Maxi-GmbH	
(c) Frankfurter Volksbank eG	
(d) Tennis Verein Weiße Jungs e.V.	
(e) Haarmann & Partner, Rechtsanwälte	
(f) Schnick Schnack AG	
(g) Müller Rechtsanwälte GbR	
(h) W. Schneider GmbH&CoKG	
(i) Arthur Klein KG	

2. Geben Sie für die folgenden Sachverhalte an, ob die Kaufmanneigenschaft nach dem HGB vorliegt oder nicht. Tragen Sie dazu in der Lösungsspalte die jeweils zutreffende Ziffer ein.
   (1) Istkaufmann
   (2) Formkaufmann
   (3) Kein Istkaufmann nach HGB, Kannkaufmann nach Handelsregistereintragung möglich
   (4) Kaufmannseigenschaft überhaupt nicht möglich

Sachverhalt	Lösung
a. Gewerbetreibender mit 30.000,00 Euro Gewinn und 220.000,00 Euro Umsatz.	
b. Spandax- GmbH mit 100.000,00 Euro Umsatz.	
c. Einzelunternehmen mit 3,5 Euro Millionen Umsatz, 170 Mitarbeiter, 16 Filialen.	
d. Steuerberater mit 17 Angestellten und 160.000,00 Euro Gewinn.	
e. Schneider Rechtsanwälte GbR.	

3. In dem folgenden Schema werden markante Merkmale von verschiedenen Rechtsformen beschrieben. Tragen Sie in der Lösungsspalte die jeweils zutreffende Rechtsform ein.

Sachverhalt	Rechtsform
a. Mehrere Personen schließen sich zur Erreichung eines gemeinsamen (wirtschaftlichen) Zwecks zusammen, eine Registereintragung erfolgt nicht.	
b. Kapitalgesellschaft mit mindestens 25.000,00 Euro Stammkapital.	
c. Kapitalgesellschaft mit Mindeststammkapital von einem Euro, Sacheinlagen sind nicht zulässig.	
d. Kapitalgesellschaft mit Mindestnennbetrag des Grundkapitals in Höhe von 50.000,00 Euro.	
e. Personengesellschaft, bei der der Teilhafter nur mit seiner Einlage haftet; eine Eintragung hinsichtlich der Einlage muss im Handelsregister erfolgen.	

II. Prüfungsaufgaben — 2. Gesellschaftsrecht: Unternehmensformen

4. Tragen Sie in die jeweilige Lösungsspalte ein, wer die Unternehmung als Leitungsorgan vertritt.

Unternehmung/Rechtsform	Leitungsorgan
a. OHG	
b. GmbH	
c. KG	
d. AG	

5. Kreuzen Sie an, welche der folgenden Rechtsformen für den anwaltlichen Bereich in Frage kommen könnten.

Rechtsform	Lösung
a. OHG	
b. Partnergesellschaft	
c. KG	
d. GbR	
e. Einzelunternehmung, e.Kfm	

6. Welche der folgenden Aussagen zur Einzelunternehmung sind zutreffend?

Aussage	richtig
a. Die Haftung des Einzelunternehmers erstreckt sich nur auf sein Privatvermögen.	
b. Der Einzelunternehmer wird in Abteilung B des Handelsregisters eingetragen.	
c. Die Haftungssumme ist im Handelsregister einzutragen.	
d. Name und Geschäftszweck müssen bei Einzelunternehmen in der Firma aufgenommen werden.	
e. Der Einzelunternehmer hat einkommensteuerrechtlich Einkünfte aus Gewerbebetrieb.	

7. Welche Aussage zur OHG ist zutreffend?

Aussage	richtig
a. Bei der OHG kann die Einlage des Gesellschafters auch in Form eines Nutzungsrechtes geschehen.	
b. Bei einer Geldeinlage sind 25.000,00 Euro Mindest-Stammkapital zu beachten.	
c. Die Kapitalkonten der Gesellschafter werden auf der Aktivseite der Bilanz ausgewiesen.	
d. Jeder Gesellschafter der OHG erzielt durch seine Tätigkeit Einkünfte aus nicht selbstständiger Arbeit.	
e. Die Gesellschafter können die OHG nur gemeinsam nach außen vertreten.	

8. Welche Aussage zur KG ist zutreffend?

Aussage	richtig
a. Komplementär und Kommanditist haften mit ihrem Privat- und dem Gesellschaftsvermögen	

Rechtsanwendung (LF 01, 02, 03, 04, 08, 09, 10, 11, 12, 13, 14)

Aussage	richtig
b. Komplementär und Kommanditist erzielen einkommensteuerrechtlich beide Einkünfte aus Gewerbebetrieb.	
c. Die GmbH & CoKG ist eine Kapitalgesellschaft und muss in Abteilung B des Handelsregisters eingetragen werden.	
d. Der Kommanditist vertritt die KG nach außen.	
e. Die KG kann nicht unter ihrem Namen klagen.	

9. Welche zwei Aussagen zu den Kapitalgesellschaften sind zutreffend?

Aussage	richtig
a. Die GmbH ist als juristische Person rechtsfähig.	
b. Die AG ist als juristische Person geschäftsfähig.	
c. Die Eintragung der GmbH ins Handelsregister hat konstitutive Wirkung.	
d. Die Eintragung der AG ins Handelsregister hat deklaratorische Wirkung.	
e. Bei der GmbH ist ein Aufsichtsrat immer zwingend notwendig.	

10. Welche Aussage zu den Personengesellschaften ist zutreffend?

Aussage	richtig
a. Zu den Personengesellschaften zählen die GmbH und die OHG.	
b. Bei den Personengesellschaften beschränkt sich die Haftung nur auf das Gesellschaftsvermögen.	
c. Die Aufnahme eines stillen Gesellschafters ist nicht möglich, weil bereits mehrere Gesellschafter vorhanden sind.	
d. Die Gewinnverteilung ist im HGB geregelt und ist stets nach Köpfen vorzunehmen.	
e. Zu den Personengesellschaften zählen die OHG und die GmbH & CoKG.	

11. Kreuzen Sie an, welche der folgenden Gesellschafter unmittelbar, unbeschränkt und solidarisch haften.

Gesellschafter	Lösung
a. GmbH Gesellschafter	
b. OHG- Gesellschafter	
c. Komplementär bei der KG	
d. Kommanditist bei der KG	
e. Aufsichtsratsvorsitzender bei der AG	

12. Wie heißt das Leitungsorgan bei der AG?

Leitungsorgan	richtig
a. Aufsichtsrat	
b. Geschäftsführer	
c. Komplementär	
d. Vorstand	
e. Generalversammlung	

II. Prüfungsaufgaben   2. Gesellschaftsrecht: Unternehmensformen

13. Auf welche Rechtsformen treffen die folgenden, gesetzlich geregelten Gewinnverteilungsschlüssel zu? Tragen Sie die jeweils zutreffende Ziffer in die Lösungsspalte ein.
    (1) Vom Gewinn erhält jeder Gesellschafter 4 % seines Kapitalanteils, der Restgewinn wird nach Köpfen verteilt.
    (2) Vom Gewinn erhält jeder Gesellschafter 4 % seines Kapitalanteils, der Restgewinn wird in einem angemessenen Verhältnis verteilt.

Rechtsformen	Lösung
a. OHG	
b. GmbH	
c. eG	
d. KG	
e. AG	

14. Welche zwei Aussagen zum Kapital einer Rechtsform sind zutreffend?

Aussagen	richtig
a. Das Stammkapital bei der GmbH beträgt 12.500,00 Euro.	
b. Das Grundkapital bei der AG beträgt 50.000,00 Euro.	
c. Der Mindestnennbetrag einer Aktie beträgt 50,00 Euro.	
d. Das Eigenkapital bei der OHG ist im Anlagevermögen zu aktivieren.	
e. Eine Ein-Personen-GmbH in Form einer haftungsbeschränkten Unternehmergesellschaft kann mit einem Mindeststammkapital von einem Euro gegründet werden.	

15. Tragen Sie zu den folgenden Aussagen jeweils die Ziffer(n) der zutreffenden Rechtsform ein.
    (1) Eingetragener Einzelkaufmann
    (2) OHG
    (3) KG
    (4) GmbH
    (5) AG
    (6) GbR
    (7) Partnergesellschaft
    (8) Haftungsbeschränkte Unternehmergesellschaft

Aussagen	Lösungen
a. Es gibt einen Voll- und einen Teilhafter.	
b. Es handelt sich um einen Formkaufmann.	
c. Bei dieser Rechtsform erstreckt sich die Haftung nicht auf das Privatvermögen.	
d. Die Eintragung erfolgt im Partnerschaftsregister.	
e. Für diese Rechtsform ist ein gesetzliches Mindestkapital nicht vorgesehen.	
f. Diese Rechtsform ist speziell zugeschnitten auf Zusammenschlüsse von Angehörigen der freien Berufe.	
g. Die Vertretung erfolgt durch den Vorstand.	
h. Die Eintragung muss im Handelsregister erfolgen.	

Rechtsanwendung (LF 01, 02, 03, 04, 08, 09, 10, 11, 12, 13, 14)

16.
> Handelsregister Amtsgericht X-Stadt
>
> Veränderungen:
> HRB 1234 – 05.05..... : Software GmbH, X-Stadt
> Herrn Michael Groß wurde Prokura erteilt. Er ist zusammen mit dem Prokuristen Thomas Klein zur Vertretung der Firma berechtigt.

   a. In welcher Abteilung des Handelsregisters wurde laut obiger Mitteilung die Eintragung vorgenommen?

   b. Um welche Art von Prokura handelt es sich hierbei?

   c. Welche Rechtswirkung hat die Eintragung im Handelsregister?

17.
> Neueintragung PR 123 – 04.05. .....:
>
> Leinemann & Partner, Rechtsanwälte, 12345 XY- Stadt, Hauptstraße 19
> Gegenstand: Ausübung rechtsanwaltschaftlicher Tätigkeit

   a. Um welche Rechtsform handelt es sich bei diesem Neueintrag?

   b. In welchem Register erfolgt die Eintragung?

   c. Genügt die Angabe des Nachnamens in Verbindung mit dem Zusatz Partner? Begründen Sie kurz.

18. Paul Schneider arbeitet seit 14 Jahren als Prokurist bei Olaf Müller eKfm. Die Prokura wurde als wesentlicher Bestandteil des Arbeitsvertrages vereinbart. Herr Müller verstirbt tragischerweise bei einem Verkehrsunfall, sein Sohn möchte die Geschäfte weiter führen.

   a. Erlischt mit dem Tod von Herrn Müller die Prokura?

   b. Nennen Sie drei Gründe, die zum Erlöschen der Prokura führen könnten.

19. Erwin Schön eröffnet ein Sonnenstudio. Obwohl dies von der Größe des Betriebs her nicht notwendig wäre, möchte er sich dennoch ins Handelsregister eintragen lassen.

   a. Nach welcher Vorschrift im HGB wird er dann Kaufmann?

   b. Wird er damit auch buchführungspflichtig?

   c. In welcher Abteilung des Handelsregisters wird er eingetragen?

   d. Welche Rechtswirkung hat die Handelsregistereintragung?

II. Prüfungsaufgaben — 2. Gesellschaftsrecht: Unternehmensformen

e. Unter welcher Firma könnte er auftreten?

20. Die Rechtsanwälte Müller, Mayer und Schmitt überlegen, ob es für sie möglich sein könnte, ihre gemeinsame Kanzlei in der Rechtsform einer KG zu betreiben. Alle drei würden als Komplementäre eingesetzt und ihre Ehefrauen als Kommanditistinnen.

   a. Begründen Sie kurz, warum dies nicht möglich ist.

   b. Als weitere Vorschläge werden die GbR und die Partnerschaftsgesellschaft vorgeschlagen. Nehmen Sie kurz zu diesen Möglichkeiten Stellung. Geben Sie auch an, inwieweit hier Registereintragungen notwendig würden.

   c. Geben Sie zu Teilziffer „b" jeweils einen Vorschlag an, wie die Kanzlei namentlich geführt werden könnte.

   d. Erläutern Sie kurz, ob die GmbH als Rechtsform in Frage kommen könnte.

   e. Machen Sie zu Teilziffer „d" einen Vorschlag zur Firmierung.

   f. Nennen Sie drei zentrale Unterschiede zwischen der Rechtsform der GmbH und der GbR.

21. Aus welchen Gründen kann ein Antrag auf Eröffnung des Insolvenzverfahrens gestellt werden?

Rechtsanwendung (LF 01, 02, 03, 04, 08, 09, 10, 11, 12, 13, 14)

22. Welche Aussage zum Insolvenzverfahren ist zutreffend?

Aussage	richtig
a. Die gesetzlichen Regelungen beziehen sich nur auf die Unternehmensinsolvenz.	
b. Bei der Unternehmensinsolvenz kann nur der Schuldner den Eröffnungsantrag stellen.	
c. Das Insolvenzverfahren wird nur in den Fällen eröffnet, wenn keine Masse vorhanden ist.	
d. Sofern das Insolvenzverfahren eröffnet wurde, kann das Gericht einen Insolvenzverwalter bestimmen.	
e. Ein vom Gericht eingesetzter Insolvenzverwalter ist gegenüber dem Schuldner weisungsgebunden.	

23. Welche Aussage zum Insolvenzverfahren ist unzutreffend?

Aussage	falsch
a. Bei der Verbraucherinsolvenz kann nach der Wohlverhaltensperiode Restschuldbefreiung erlangt werden.	
b. Die Restschuldbefreiung kann versagt werden, wenn der Schuldner wegen einer Straftat verurteilt worden ist.	
c. Bei der Verbraucherinsolvenz hat der Schuldner seinem Antrag auf Eröffnung des Verfahrens einen Schuldenbereinigungsplan beizufügen.	
d. Bei Schuldnern, die auch im Handelsregister stehen, erhält auch das betreffende Registergericht eine Ausfertigung des Eröffnungsbeschlusses.	
e. Nach Eröffnung des Insolvenzverfahrens sind Einzelvollstreckungsmaßnahmen von Insolvenzgläubigern grundsätzlich auch noch zulässig.	

24. Sebastian Pech beantragt für seinen Betrieb das Insolvenzverfahren.

   a. Welches Gericht ist sachlich und örtlich zuständig?

   _____

   _____

   b. Durch welche Entscheidung des Gerichts wird das Verfahren eröffnet?

   _____

   c. Nachdem alle Gläubiger ihre Forderungen angemeldet haben, steht bei der Schlussverteilung des Insolvenzverfahrens ein Betrag von 100.000,00 Euro zur Verfügung. Die ursprünglichen Forderungen stellen sich wie folgt dar:
   - Gläubiger A: 50.000,00 Euro
   - Gläubiger B: 40.000,00 Euro
   - Gläubiger C: 60.000,00 Euro.

   Wie viel erhält Gläubiger A?

3. Kreditarten und Kreditsicherung

1. Ordnen Sie die folgenden Kreditarten den im Schema aufgeführten Sachverhalten zu, indem Sie die jeweils zutreffende Teilziffer in die Lösungsspalte eintragen.

   (1) Betriebsmittelkredit
   (2) Investitionskredit
   (3) Kontokorrentkredit
   (4) Dispositionskreditkredit

Sachverhalte	Lösungsspalte
a. Zwischen der Bank und dem Rentner Klein wurde auf dem Girokonto ein Kreditlimit von 3.000,00 Euro vereinbart. Der Kunde überzieht sein Konto.	
b. Ein Unternehmen benötigt zur kurzfristigen Finanzierung der Vorräte (Umlaufvermögen) einen Kredit.	
c. Zur Erweiterung der Produktion benötigt ein Unternehmen einen Kredit zwecks Finanzierung der notwendigen Maschinen.	
d. Die XY-Bank räumt der Müller & Mayer OHG auf dem Geschäftskonto einen Überziehungsrahmen bis 50.000,00 Euro ein. Dieser wurde an 126 Tagen im Jahr in Anspruch genommen.	
e. Einem Privatkunden wird von seiner Bank die Möglichkeit eingeräumt, sein Girokonto bis zu einem bestimmten Betrag überziehen zu dürfen.	

2. Warum ist ein Kontokorrentkredit zur Finanzierung von langfristigen Investitionen nicht geeignet?

   _____

   _____

3. Kreuzen Sie zu Darlehen und Kontokorrentkredit die richtige Lösung an.

Aussage	richtig
a. Bei Inspruchnahme eines Kontokorrentkredits fallen Habenzinsen an.	
b. Der Kreditnehmer kann selbst entscheiden, ob und wann er einen Kontokorrentkredit beansprucht.	
c. Beim Kontokorrentkredit ist der Zinssatz in aller Regel niedriger als beim Darlehen.	
d. Ein Darlehensvertrag ist durch unregelmäßige Kontoüberziehungen gekennzeichnet.	
e. Die Darlehensrückzahlung erfolgt bei einem Ratendarlehen am Ende der Laufzeit in einer Summe.	

4. Geben Sie an, welche Punkte in einem Kreditvertrag schriftlich festzuhalten sind.

   _____

   _____

   _____

   _____

Rechtsanwendung (LF 01, 02, 03, 04, 08, 09, 10, 11, 12, 13, 14)

5. Kreuzen Sie zum Kreditvertrag die richtigen Lösungen an.

Aussagen	richtig
a. Die BGB-Gesellschaft ist kreditfähig.	
b. Die GmbH ist kreditfähig.	
c. Ein Kreditvertrag kommt durch Kreditantrag und Kreditbewilligung zu stande.	
d. Die Angabe des effektiven Jahreszinssatzes im Kreditvertrag ist nicht notwendig.	
e. Bei der personellen Kreditwürdigkeit stehen insbesondere die Zuverlässigkeit, der Beruf und das persönliches Ansehen des Kreditnehmers im Vordergrund.	
f. Im Kreditantrag muss auch der Verwendungszweck des Kredites angegeben werden.	
g. Die SCHUFA ist eine privatwirtschaftlich organisierte deutsche Wirtschaftsauskunftei, die von kreditgebenden Unternehmen getragen wird.	

6. Kreuzen Sie bei den folgenden Aussagen zur Bürgschaft die richtige Aussage an.

Aussagen	richtig
a. Ein Bürgschaftsversprechen unter Nichtkaufleuten kann mündlich erfolgen.	
b. Das Bürgschaftsversprechen eines Kaufmanns unterliegt besonderen Anforderungen, es ist daher die öffentliche Beglaubigung zwingend.	
c. Bei der selbstschuldnerischen Bürgschaft steht dem Bürgen das Recht der Einrede der Vorausklage zu.	
d. Bei der einfachen Bürgschaft muss der Gläubiger erst die Zustimmung des Bürgen zur Vornahme von Zwangsvollstreckungsmaßnahmen einholen.	
e. Die Bürgschaft ist ein einseitig verpflichtender Vertrag.	

7. Der 19-jährige Peter Schmitt kauft sich bei W. Müller einen gebrauchten Pkw für 20.000,00 Euro. Da P. Schmitt den Kaufpreis nicht in einer Summe bezahlen kann, wird Ratenzahlung vereinbart. Hierzu erklärt sich die Oma von P. Schmitt bereit, die Bürgschaft zu übernehmen.

   a. Besteht hier für das Bürgschaftsversprechen Formzwang?

   b. Ist die Bürgschaft abhängig von der zugrunde liegenden Kreditforderung?

   c. Wann erlischt die Bürgschaft?

   d. Wäre für die Oma die selbstschuldnerische Bürgschaft nicht besser gewesen? Begründen Sie kurz.

8. Tragen Sie für die folgenden Vermögenspositionen der Aktivseite einer Bilanz jeweils ein, welche Kreditsicherheiten bei Fremdfinanzierung am sinnvollsten wären (außer Bürgschaft).

   Vermögensgegenstände der Aktivseite   **Kreditsicherheiten**

   a. Grundstücke und Gebäude

   b. Anlagen und Maschinen

II. Prüfungsaufgaben — 3. Kreditarten und Kreditsicherung

   c. Betriebs- und Geschäftsausstattung   _____

   d. Forderungen aus Lieferung und Leistung   _____

   e. Wertpapiere   _____

9. Was bedeutet Zession? Kreuzen Sie die richtige Lösung an.

Vorschläge	richtig
a. Uneinbringliche Forderung ausbuchen	
b. Forderungsausfall	
c. Forderungsberichtigung	
d. Forderungsabtretung	
e. Zweifelhafte Forderung berichtigen	

10. Ein Unternehmer möchte einen Kredit aufnehmen, dieser soll durch eine Sache abgesichert werden. Welche Kreditbezeichnung ist hierfür zutreffend?

Kreditbezeichnung	richtig
a. Blankokredit	
b. Zessionskredit	
c. Bürgschaftskredit	
d. Personalkredit	
e. Realkredit	

11. Ein Unternehmer tritt zwecks Kreditabsicherung bestimmte Forderungen an den Kreditgeber ab. Kreuzen Sie die zutreffende Kreditbezeichnung an.

Kreditbezeichnungen	richtig
a. Zessionskredit	
b. Hypothekenkredit	
c. Leasing	
d. Kontokorrentkredit	
e. Factoring	

12. Ordnen Sie die folgenden Kreditarten den unten stehenden Sachverhalten zu, indem Sie die jeweils zutreffende Ziffer in der Lösungsspalte eintragen.
    (1) Kontokorrentkredit
    (2) Bürgschaftskredit
    (3) Zessionskredit
    (4) Lombardkredit
    (5) Hypothekenkredit
    (6) Durch Sicherungsübereignung abgesicherter Kredit

Sachverhalte	Lösungen
a. Ein Spediteur benötigt einen Kredit zur Finanzierung eines neuen Lkws.	
b. Ein Unternehmer überzieht das betriebliche Bankkonto, um mehrere Rechnungen zu begleichen.	
c. Ein Unternehmer benötigt einen Kredit. Er gibt gegenüber der Bank an, dass er Mieteinnahmen in Höhe von 2.000,00 Euro monatlich hat, welche er als Sicherheit abtritt.	

Rechtsanwendung (LF 01, 02, 03, 04, 08, 09, 10, 11, 12, 13, 14)

Sachverhalte	Lösungen
d. Ein Unternehmer möchte ein Geschäftsgebäude auf einem lastenfreien Grundstück bauen. Er benötigt dazu einen Kredit.	
e. Frau Schön benötigt dringend 1.000,00 Euro. Sie bietet Herrn Müller (Darlehensgeber) ihren Schmuck als Sicherheit an.	

13. Im laufenden Geschäftsjahr entstehen in der Kanzlei von Rechtsanwalt Dr. Streit mehrere Situationen, in denen er jeweils getrennt voneinander über eine Kreditaufnahme nachdenkt. Geben Sie für die folgenden Situationen an, in welcher Form der jeweilige Kredit abzusichern wäre. Eine Bürgschaft kommt für Dr. Streit dabei in keinem Fall in Betracht.
    a. Er beabsichtigt für seine Kanzlei einen zu 100 % betrieblich genutzten Pkw anzuschaffen.

    b. Er plant für seine Kanzlei ein Grundstück mit aufstehendem Gebäude zu kaufen.

14. Unternehmer Müller benötigt dringend einen Kredit. Als einziges Sicherungsmittel könnte er dem Kreditgeber Forderungen in Höhe von 10.000,00 Euro abtreten, die er gegenüber Geschäftskunden hat.
    a. Nennen Sie den Fachbegriff für diese Form der Sicherung.

    b. Geben Sie die Fachbezeichnungen für die hierbei beteiligen Personen an.

    c. Im Hinblick auf die Offenlegung dieser Kreditabsicherung werden zwei Formen unterschieden. Erläutern Sie diese kurz.

15. Kreuzen Sie für die folgenden Aussagen zur Zession die richtige Lösung an.

Aussagen	richtig
a. Die offene Zession muss zur Rechtswirksamkeit ins Grundbuch eingetragen werden.	
b. Bei der offenen Zession muss der Drittschuldner an den Zedent zahlen.	
c. Bei der offenen Zession muss der Drittschuldner an den Zessionar zahlen.	
d. Bei der stillen Zession leistet der Drittschuldner an den Zessionar.	
e. Bei der stillen Zession leistet der Zedent an den Drittschuldner.	

16. Geben Sie für die folgenden Fälle an, wer jeweils Eigentümer und wer Besitzer wird.
    a. Ein Unternehmer vereinbart im Rahmen einer Kreditaufnahme mit der Bank die Sicherungsübereignung eines Kleintransporters.

    b. Herr Schmitt vereinbart mit einem Kreditgeber, dass er ihm als Sicherheit einen Goldbarren übergibt.

II. Prüfungsaufgaben — 3. Kreditarten und Kreditsicherung

17. Herr Klein möchte seinen Autokauf mit einem Kredit finanzieren, außer dem zu verpfändenden Auto gibt es keine anderen Sicherheiten. Der Kreditsachbearbeiter erwähnt in diesem Zusammenhang den Begriff „Lombardkredit".
    a. Nehmen Sie kurz hierzu Stellung.

    b. Welche sinnvollere Kreditsicherungsmöglichkeit gäbe es in diesem Fall? Begründen Sie kurz.

18. Kreuzen Sie an, welche Aussage auf die Sicherungsübereignung zutrifft.

Aussage	richtig
a. Der Sicherungsgeber (Kreditnehmer) wird Eigentümer.	
b. Der Sicherungsnehmer (Kreditgeber) wird Besitzer.	
c. Sachenrechtlich ist es erforderlich, dass das Sicherungsgut dem Sicherungsnehmer (Kreditgeber) übergeben wird.	
d. Die Übergabe wird durch ein Besitzkonstitut ersetzt.	
e. Da die Sicherungsübereignung nicht ausdrücklich im Gesetz geregelt ist, muss eine notarielle Beurkundung erfolgen.	

19. Die XY- Möbel GmbH verkauft fünf Schreibtische an Büro-Deko-Unternehmer Mayer. Zwischen den beiden Betrieben soll eine sehr rege Geschäftsbeziehung aufgebaut werden. Mayer möchte einen Teil der bezogenen Möbel für seinen eigenen Betrieb verwenden, größtenteils möchte er sie aber an seine Kunden weiterverkaufen. Diese und auch weitere Möbellieferungen der XY-Möbel GmbH sollen unter Eigentumsvorbehalt erfolgen. Als Formulierungsvorschläge für die Kaufvertragsgestaltung legt der Verkaufssachbearbeiter die folgenden Klauseln vor. Welche Arten des Eigentumsvorbehalts drücken sich in den Klauseln aus?
a. „Die XY- Möbel GmbH behält sich das Eigentum an dem Schreibtisch Modell 4711 bis zur vollständigen Zahlung des gesamten Kaufpreises seitens des Käufers vor."

b. „Zur Sicherung der Kaufpreisforderung der XY-Möbel GmbH tritt Frau Eva Klein die ihr aus dem Weiterverkauf des Schreibtisches Modell 4711 zustehende Forderung an die XY- Möbel GmbH ab."

c. „Die XY-Möbel-GmbH behält sich das Eigentum an den von ihr gelieferten Möbeln bis zur völligen Bezahlung ihrer gesamten Forderungen vor."

Rechtsanwendung (LF 01, 02, 03, 04, 08, 09, 10, 11, 12, 13, 14)

20. Kreuzen Sie die richtige Aussage zum Eigentumsvorbehalt an.

Aussagen	richtig
a. Bis zur Zahlung der letzten Kaufpreisrate ist der Verkäufer Besitzer der Sache.	
b. Beim verlängerten Eigentumsvorbehalt lässt sich der Vorbehaltsverkäufer zur Sicherheit den Erlös aus dem Weiterverkauf im Voraus abtreten.	
c. Beim erweiterten Eigentumsvorbehalt werden die Forderungen im Rahmen des Factoring verkauft.	
d. Beim Eigentumsvorbehalt wird der Käufer mit Übergabe der Sache Eigentümer.	
e. Durch den Eigentumsvorbehalt wird der Käufer einer Sache abgesichert.	

21. Rechtsanwalt Groß möchte ein Grundstück mit aufstehendem Haus kaufen und möchte hierzu bei seiner Bank einen größeren Kredit aufnehmen.

   a. Welche Kreditart kommt hier in Frage?

   b. Wie kann der Kredit abgesichert werden?

   c. Wie geht bei Grundstücken das Eigentum über?

   d. In welcher Abteilung des Grundbuches müsste die Kreditsicherheit eingetragen werden?

   e. Welches Formerfordernis ist beim Grundstückskauf zu beachten?

22. Die Rechtsanwaltsfachangestellte Susi Schlau bekommt von ihrer Bank ein Angebot zur Finanzierung eines Hausbaus. Sie ist sich unschlüssig, ob sie den Kredit über eine Grundschuld oder eine Hypothek absichern soll. Erläutern Sie kurz die zentralen Unterschiede zwischen diesen beiden.

23. Kennzeichnen Sie kurz den Aufbau eines Grundbuchblattes.

II. Prüfungsaufgaben — 3. Kreditarten und Kreditsicherung

24. Die folgenden Positionen sind im Grundbuch einzutragen. Tragen Sie in der Lösungsspalte jeweils die zutreffende Abteilung im Grundbuch (Grundbuchblatt) ein.

Einzutragende Positionen	Abteilung
a. Erbbaurecht	
b. Eigentümer	
c. Grundschuld	
d. Zwangsversteigerungsvermerk	
e. Hypothek	
f. Auflassungsvormerkung	
g. Reallast	

25. Ist es für einen Kreditgeber besser, wenn er in der maßgeblichen Abteilung des Grundbuches mit seinem Grundpfandrecht an erster oder an letzter Stelle steht? Begründen Sie kurz.

_____

_____

26. Kreuzen Sie die richtige Aussage zu den Grundpfandrechten an.

Aussage	richtig
a. Bei der Grundschuld besteht die persönliche als auch die dingliche Haftung.	
b. Die Grundschuld ist abstrakt.	
c. Die Grundschuld ist akzessorisch.	
d. Die Hypothek wird in Abteilung II des Grundbuches eingetragen.	
e. Die Bestellung eines Grundpfandrechts erfolgt grundsätzlich formlos.	

27. Rechtsanwalt Dr. Streit möchte einen größeren Kreditbetrag bei seiner Bank aufnehmen, um damit einen Grundstückskauf zu finanzieren. Welche der folgenden Aussagen sind hierfür zutreffend/sinnvoll?

Aussagen	richtig
a. Er vereinbart mit der Bank, dass das Grundstück sicherungsübereignet wird.	
b. Als Kreditsicherungsmittel wird ein Grundpfandrecht bestellt.	
c. Er vereinbart, dass das Grundstück nach den Grundsätzen von Einigung und Übergabe an die Bank verpfändet werden soll.	
d. Eine Grundschuld kann grundsätzlich nur als Briefgrundschuld vereinbart werden.	
e. Die Vereinbarung einer Buch- oder Briefgrundschuld wäre möglich.	

28. Rechtsanwalt Schlau betreibt seine Kanzlei bisher in gemieteten Räumen. Er beabsichtigt daher, in zentraler Lage ein Grundstück mit Gebäude für seine Kanzlei zu erwerben. Zwecks Finanzierung wendet er sich an seine Bank.

   a. Was wird die Bank zur Kreditvergabe prüfen? Geben Sie Beispiele.

   _____

   _____

Rechtsanwendung (LF 01, 02, 03, 04, 08, 09, 10, 11, 12, 13, 14)

b. Welche Bestandteile sollten in den Kreditvertrag aufgenommen werden?

c. Welche Kreditsicherheiten könnten in Betracht kommen?

d. Bevor Rechtsanwalt Schlau den Kaufvertrag unterschreibt erfährt er, dass bei dem zu kaufenden Objekt in der Abteilung II ein lebenslanges Nießbrauchsrecht für den Vater des Verkäufers eingetragen ist. Ist dies für den Kauf von Bedeutung? Begründen Sie kurz.

e. In welche Abteilung des Grundbuches müsste die für den Kauf geeignete Kreditsicherheit eingetragen werden?

f. Entsteht bei dem Grundstückskauf Steuer?

g. Wie wird das Eigentum an Grundstücken übertragen?

C. Zivilprozessordnung (einschl. Verfahren auf europäischer Ebene)

I. Wiederholungsfragen

1. Gerichtsbarkeiten

1. Grundlegende Einteilungen zu den Gerichtsbarkeiten:

   a. Die **ordentliche Gerichtsbarkeit** wird unterteilt in: _____

   _____

   b. Die **Zivilgerichtsbarkeit** wird unterteilt in: _____

   _____

   c. Bei der **besonderen** Gerichtsbarkeit wird unterschieden in:

   _____

   _____

   _____

   _____

2. Welche Gerichte gibt es innerhalb der ordentlichen Gerichtsbarkeit und in welchem Gesetz bzw. in welchen Paragrafen sind diese geregelt?

   _____

   _____

   _____

   _____

3. Geben Sie die Spruchkörper und deren Besetzung für die folgenden Zivilgerichte mit Angabe des jeweils zutreffenden Paragrafen im GVG an:

Gerichte	Spruchkörper und Besetzung	§§ im GVG
Amtsgericht		
Landgericht **Kammer für Handelssachen**		
Oberlandesgericht		
Bundesgerichtshof		

Rechtsanwendung (LF 01, 02, 03, 04, 08, 09, 10, 11, 12, 13, 14)

2. Anwaltliches Aufforderungsschreiben

1. Welche Ziele verfolgt ein anwaltliches Aufforderungsschreiben?

   _____
   _____
   _____
   _____

2. Welche zwei Arten von anwaltlichen Aufforderungsschreiben lassen sich unterscheiden? Gehen Sie dabei auch auf die jeweils entstehenden Gebühren ein.

   Anwaltliches Aufforderungsschreiben:

Arten:		
Gebühren:		

3. Welche Bestandteile hat ein anwaltliches Aufforderungsschreiben?

   _____
   _____
   _____
   _____
   _____
   _____

4. Für ein anwaltliches Aufforderungsschreiben sind folgende Einzelaspekte zur Berechnung der Verzugszinsen von Bedeutung. Tragen Sie außer den Lösungen auch den jeweils maßgeblichen Paragrafen des zutreffenden Gesetzes, soweit im Lösungsfeld vorgesehen, ein.

Fragen	Antworten
a. Wie hoch ist der Zinssatz im Rahmen der Berechnung der gesetzlichen Verzugszinsen bei Rechtsgeschäften zwischen Verbrauchern und Unternehmern?	Höhe: Paragraf(en), Gesetz:
b. Wie hoch ist der Zinssatz im Rahmen der Berechnung der gesetzlichen Verzugszinsen bei Rechtsgeschäften, an denen kein Verbraucher beteiligt ist, z. B. zwischen Unternehmern?	Höhe: Paragraf(en), Gesetz:

I. Wiederholungsfragen   3. Klageverfahren

Fragen	Antworten
c. In welchen Vorschriften stehen die Definitionen von Verbraucher und Unternehmer?	Paragraf(en), Gesetz:
d. Hat der Rechtsanwalt auch die Möglichkeit bei der Zinsberechnung über die Höhe der gesetzlichen Zinsen hinauszugehen?	

3. Klageverfahren

3.1 Zuständigkeiten

1. Sachliche Zuständigkeit

Fragen	Antworten
a. Was ist unter der sachlichen Zuständigkeit eines Gerichts zu verstehen und wo ist diese im Gesetz geregelt?	
b. Bis zu welchem Streitwert werden Rechtsstreitigkeiten in vermögensrechtlichen Streitigkeiten grundsätzlich den Amtsgerichten zugeordnet (mit Angabe des Paragrafen und des Gesetzes)?	
c. Welche Rechtsstreitigkeiten werden grundsätzlich den Landgerichten zugeordnet? Mit Angabe des Paragrafen und des Gesetzes.	
d. Nennen Sie Beispiele in denen das Amtsgericht ausschließlich zuständig ist.	
e. Geben Sie Beispiele für die ausschließliche Zuständigkeit des Landgerichts.	

Rechtsanwendung (LF 01, 02, 03, 04, 08, 09, 10, 11, 12, 13, 14)

2. Örtliche Zuständigkeit

Fragen	Antworten
a. Was ist unter der örtlichen Zuständigkeit eines Gerichts zu verstehen? In welchem Gesetz befinden sich die maßgeblichen Vorschriften?	
b. Wo befindet sich der allgemeine Gerichtsstand einer natürlichen Person?	
c. Wo befindet sich der allgemeine Gerichtsstand einer juristischen Person?	
d. In der ZPO sind eine ganze Reihe von besonderen Gerichtsständen aufgeführt. Worin besteht deren Zweck? Geben Sie auch Beispiele.	
e. Welche Regelung gilt für die Einreichung der Klage, wenn in einem Sachverhalt mehrere Gerichtsstände möglich sind (keine ausschließlichen), z. B. der allgemeine Gerichtsstand und ein besonderer Gerichtsstand?	
f. Welche Rechtswirkung ergibt sich, wenn ein Gerichtsstand ausschließlich ist? Geben Sie auch Beispiele.	

I. Wiederholungsfragen — 3. Klageverfahren

3. Vervollständigen Sie das folgende Schema zu:

Gerichtsstandsvereinbarungen:
a. Begriff:

[ ]

↓

b. Voraussetzungen:

-
-
-

↓

c. Zulässige Möglichkeiten nach ZPO:

(1)	(2)	(3)

4. Was ist unter der funktionellen Zuständigkeit zu verstehen?

_____

_____

Rechtsanwendung (LF 01, 02, 03, 04, 08, 09, 10, 11, 12, 13, 14)

3.2 Prozessparteien und ihre Vertreter

1. **Parteifähigkeit**

Fragen	Antworten
a. Erläutern Sie den Begriff Parteifähigkeit.	
b. Wann beginnt und wann endet sie bei natürlichen Personen?	
c. Sind juristische Personen parteifähig?	
d. Geben Sie für beide Seiten die jeweils zutreffende Parteienbezeichnung für die folgenden Verfahren an: – Berufungsverfahren – Mahnverfahren: – Scheidung – Zivilprozess – Zwangsvollstreckung	

2. **Prozessfähigkeit**

Fragen	Antworten
a. Erläutern Sie den Begriff Prozessfähigkeit.	

I. Wiederholungsfragen — 3. Klageverfahren

Fragen	Antworten
b. Sind juristische Personen prozessfähig?	
c. Sind Minderjährige prozessfähig?	
d. Geben Sie an, wer die folgenden Personen als gesetzlicher Vertreter vertritt: – Minderjähriges Kind – Gemeinde – Stadt – Landkreis – AG – GmbH – OHG – KG – e.V.	

3. Erläutern Sie den Begriff „Postulationsfähigkeit".

_____

_____

_____

4. Erläutern Sie den Unterschied zwischen einem Partei- und einem Anwaltsprozess.

Parteiprozess: _____

_____

Anwaltsprozess: _____

_____

Rechtsanwendung (LF 01, 02, 03, 04, 08, 09, 10, 11, 12, 13, 14)

5. **Prozessvollmacht**

Fragen	Antworten
a. Wer ist ein Prozessbevollmächtigter?	
b. Zu welchen Prozesshandlungen ermächtigt die Prozessvollmacht?	
c. Kann die Prozessvollmacht eingeschränkt werden?	
d. Wann endet die Prozessvollmacht?	

3.3 Zustellung

1. Was ist im zivilrechtlichen Sinne unter der Zustellung zu verstehen?

   _____

   _____

2. Nennen Sie den Zweck der Zustellung und geben Sie Beispiele für mögliche Rechtsfolgen.

   Zweck: _____

   _____

   Rechtsfolgen: _____

   _____

   _____

   _____

I. Wiederholungsfragen — 3. Klageverfahren

3. Tragen Sie ein:

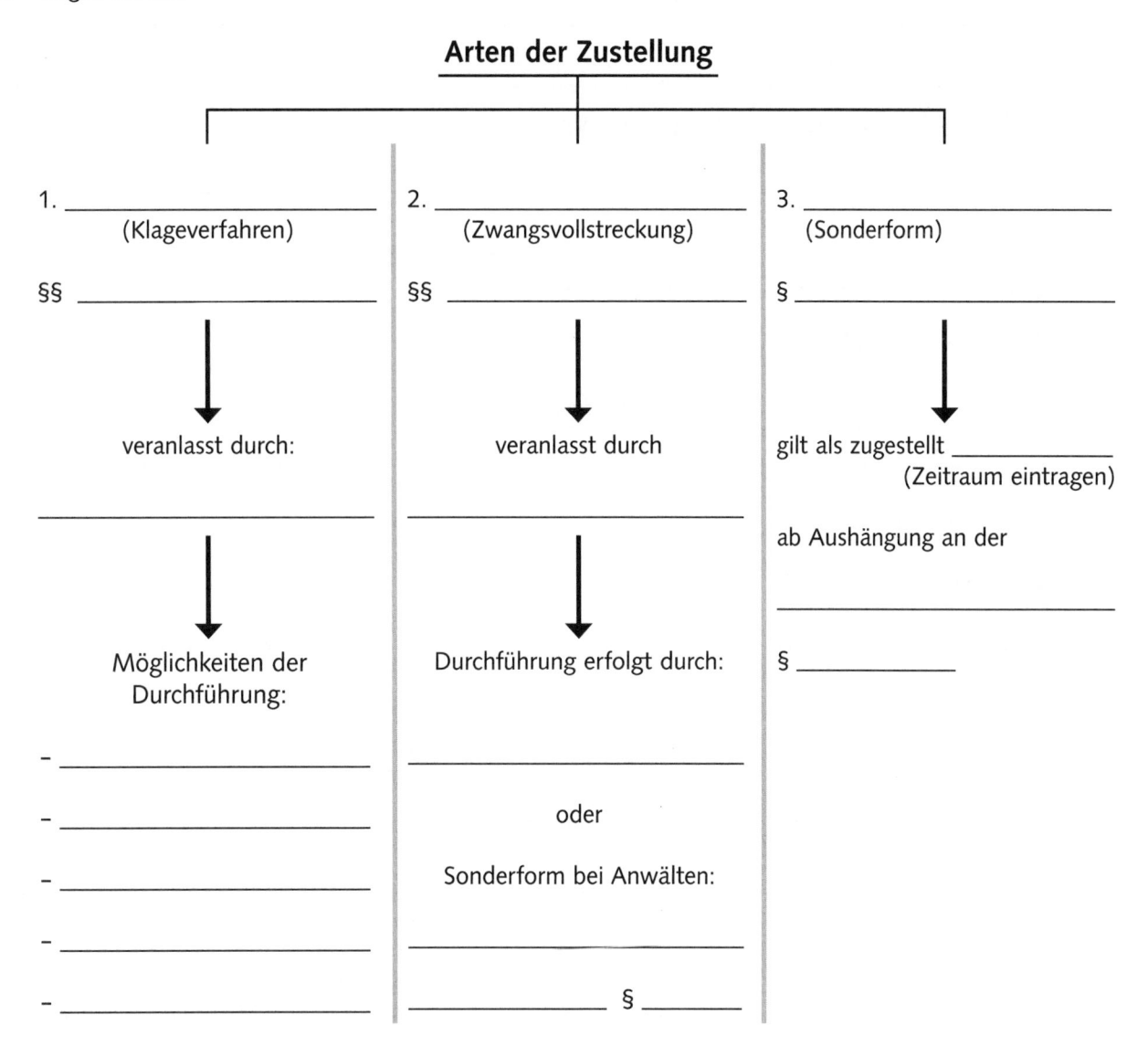

Arten der Zustellung

1. _____ (Klageverfahren)	2. _____ (Zwangsvollstreckung)	3. _____ (Sonderform)
§§ _____	§§ _____	§ _____
↓	↓	↓
veranlasst durch:	veranlasst durch	gilt als zugestellt _____ (Zeitraum eintragen)
_____	_____	ab Aushängung an der _____
↓	↓	§ _____
Möglichkeiten der Durchführung:	Durchführung erfolgt durch:	
- _____	_____	
- _____	oder	
- _____	Sonderform bei Anwälten:	
- _____	_____	
- _____	_____ § _____	

4. An wen hat die Zustellung zu erfolgen, sofern eine Partei anwaltlich vertreten wird?

_____

5. An wen kann eine Zustellung per Empfangsbekenntnis erfolgen?

_____

_____

6. Wo kann zugestellt werden?

_____

7. Welche Möglichkeiten hat der Zusteller, sofern er den Zustellungsempfänger nicht antrifft?

_____

_____

_____

Rechtsanwendung (LF 01, 02, 03, 04, 08, 09, 10, 11, 12, 13, 14)

8. In welchem Fall ist eine Ersatzzustellung unzulässig?

9. Welche Zustellungsmöglichkeiten bestehen, sofern
   a. der Zustellungsempfänger die Annahme verweigert?

   b. der Aufenthaltsort des Adressaten unbekannt ist?

10. Gibt es eine Möglichkeit, Formmängel im Rahmen der Zustellung zu heilen?

3.4 Klage

1. Welche drei Klagearten lassen sich unterscheiden? Erläutern Sie kurz.

Klagearten:

(1) _____	(2) _____	(3) _____
Erläuterung:	Erläuterung:	Erläuterung:

I. Wiederholungsfragen — 3. Klageverfahren

2. Nennen Sie die „Muss"- und die „Soll-Bestandteile" einer Klageschrift. Geben Sie auch den/die maßgeblichen Paragrafen an.

Muss-Bestandteile	Soll-Bestandteile

3. Erläutern Sie den Unterschied zwischen der objektiven und der subjektiven Klagehäufung.

	Objektive Klagehäufung	Subjektive Klagehäufung
Begriff:		
Voraussetzungen:		

4. Welche Rechtswirkung hat die Klageerhebung? Geben Sie auch den maßgeblichen Paragrafen an.

5. Erläutern Sie kurz, welche prozessualen und welche materiell-rechtlichen Wirkungen von der Rechtshängigkeit einer Klage ausgehen.

(1) Materiellrechtliche Wirkungen:	(2) Prozessuale Wirkungen:

Rechtsanwendung (LF 01, 02, 03, 04, 08, 09, 10, 11, 12, 13, 14)

6. Wann ist eine Klage anhängig und wann rechtshängig?

   Anhängigkeit: _____

   Rechtshängigkeit: _____

7. Was ist bei Klageeinreichung zu beachten, damit die Klage dem Gegner vom Gericht zugestellt wird?

   _____

   _____

3.5 Gang des erstinstanzlichen Erkenntnisverfahrens

1. Welche Verhandlungsgrundsätze (Prozessmaxime) gelten im Erkenntnisverfahren des Zivilprozesses?

   _____

   _____

   _____

   _____

   _____

   _____

2. Nennen Sie die Prozess- bzw. Sachurteilsvoraussetzungen und geben Sie an, welche Rechtsfolgen sich ergeben.

   (1) ....   (7) ....

   (2) ....   (8) ....

   (3) ....   (9) ....

   (4) ....   (10) ....

   (5) ....   (11) ....

   (6) ....

   + Zahlung ....

   Klage ist ....

I. Wiederholungsfragen — 3. Klageverfahren

3. Nachdem die Klage bei Gericht eingegangen ist ....

   a. welche Möglichkeiten der Vorbereitung des Haupttermins ergeben sich in der ersten Instanz?

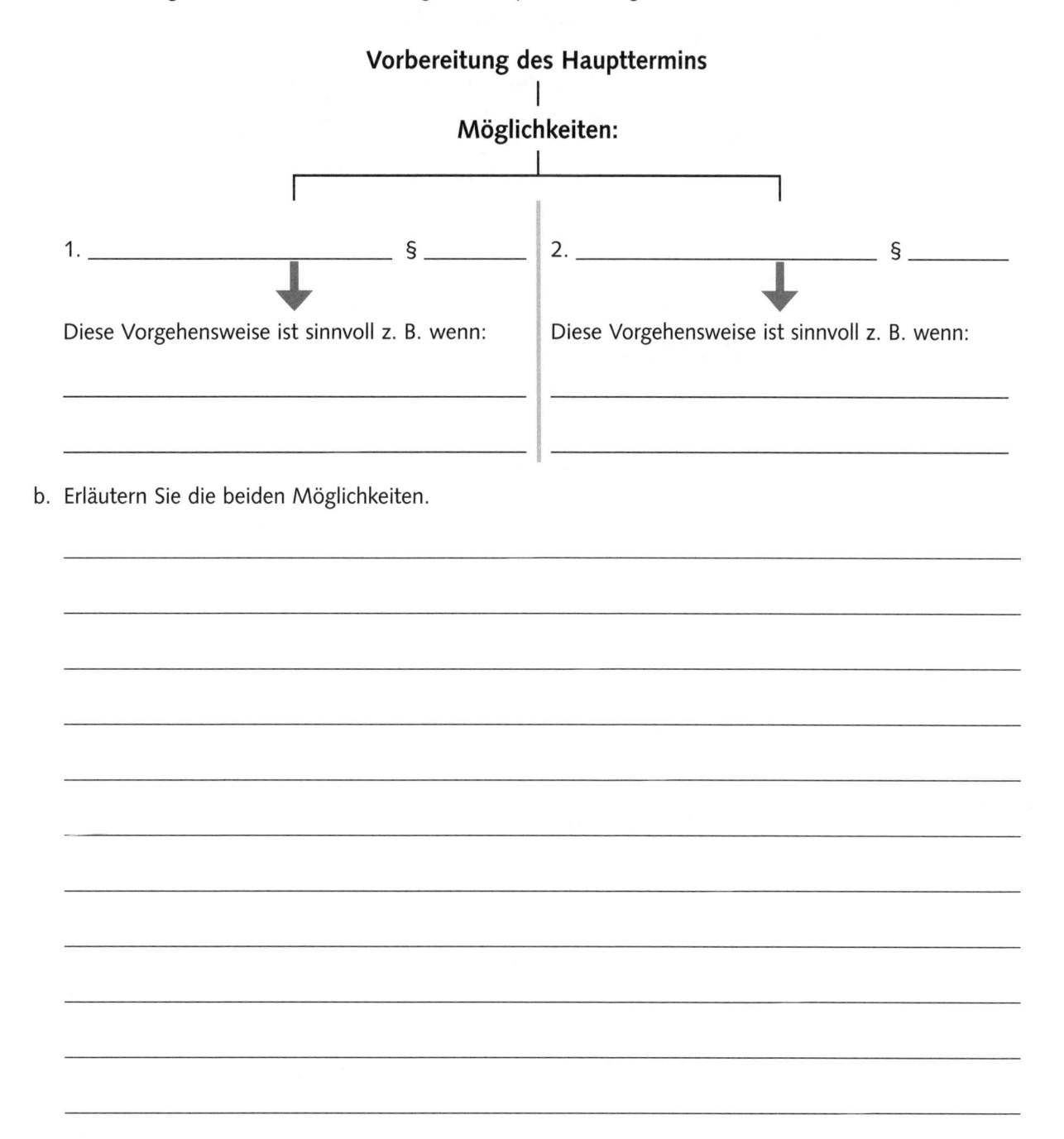

   Vorbereitung des Haupttermins

   Möglichkeiten:

   1. _____ § _____   2. _____ § _____

   Diese Vorgehensweise ist sinnvoll z. B. wenn: Diese Vorgehensweise ist sinnvoll z. B. wenn:

   _____   _____

   _____   _____

   b. Erläutern Sie die beiden Möglichkeiten.

4. Nennen Sie die fünf Beweismittel der ZPO mit Angabe der zutreffenden Paragrafen.

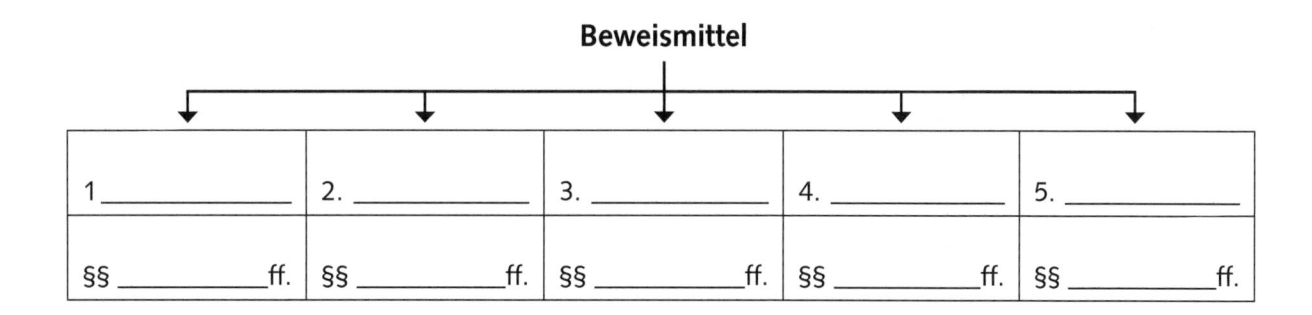

   Beweismittel

1. _____	2. _____	3. _____	4. _____	5. _____
§§ ____ ff.	§§ ____ ff.	§§ ____ ff.	§§ ____ ff.	§§ ____ ff.

Rechtsanwendung

Rechtsanwendung (LF 01, 02, 03, 04, 08, 09, 10, 11, 12, 13, 14)

5. Wie ist in der ZPO die Frage der Beweispflicht geregelt? Vervollständigen Sie hierzu das folgende Schaubild.

Zentraler Grundsatz:

_____

Aufgabe des Klägers:	Aufgabe des Beklagten:

6. Welche zwei Arten von Beweisverfahren kennt die ZPO?

1. _____	2. _____

7. Worin liegt der Unterschied zwischen beweisen und glaubhaft machen?

Beweisen: _____

Glaubhaftmachen: _____

8. Welche Beweismittel sind im selbstständigen Beweisverfahren zulässig?

- _____

- _____

- _____

9. Wann steht einem Zeugen ein Zeugnisverweigerungsrecht zu?

Zeugnisverweigerungsrecht

1. Aus _____ Gründen, § ____	2. Aus _____ Gründen, § ____
Beispiele: _____	Beispiele: _____
_____	_____
_____	_____

10. Welche Pflichten hat ein Zeuge?

_____

_____

_____

I. Wiederholungsfragen — 3. Klageverfahren

11. Welchen Inhalt hat ein Beweisbeschluss (zentrale Begriffe)?

    - _____

    - _____

    - _____

12. In welchen Fällen ist ein Beweisbeschluss erforderlich?

    - _____

    - _____

13. Inwiefern ist ein Sitzungsprotokoll notwendig?

    _____
    _____
    _____

14. Was bedeutet „Stillstand des Verfahrens" und welche Gründe können nach ZPO zu einem rechtlichen Stillstand führen?

    Erläuterung

    Gründe

1. _____, § ___	2. _____, § ___	3. _____, § ___

15. Gibt es die Möglichkeit, dass ein Prozess auch ohne mündliche Verhandlung durchgeführt werden kann?

    _____
    _____
    _____

16. Durch welche Prozesshandlungen der Partei kann ein Prozess beendet werden?

    (1) _____

    (2) _____

    (3) _____

    (4) _____

    (5) _____

17. Wie kann ein Prozess ohne Urteil beendet werden?

    - _____

    - _____

    - _____

Rechtsanwendung (LF 01, 02, 03, 04, 08, 09, 10, 11, 12, 13, 14)

18. **Urteile**

    a. Erläutern Sie den Begriff Urteil.

    _____

    _____

    b. Wann ist ein Urteil erlassen?

    _____

    c. Erläutern Sie die Formulierung „ein Urteil wird verkündet" und geben Sie an, wann dies geschieht.

    Verkündung: = _____

    Sie erfolgt entweder im _____ oder

    in _____

    Bei Urteilen im schriftlichen Vorverfahren:

    _____

    d. Vervollständigen Sie für die Bestandteile eines Urteils:

Überschrift: Das Urteil ergeht:
_____ § _____

    ↓

    Bestandteile:

    §§ _____

    ↓

1. _____	2. _____	3. _____	4. _____	5. _____

    ↓

    Ausnahmen (Vereinfachungen):

    Nennen Sie drei Urteilsarten, bei denen Tatbestand und Entscheidungsgründe entfallen können:

1. _____	2. _____	3. _____

    e. Bei den Urteilen lassen sich verschiedene Urteilsarten unterscheiden, tragen Sie die zutreffenden Lösungen ein:

    Einteilung danach, ob in der Sache entschieden wurde oder nicht:

1. _____	2. _____

I. Wiederholungsfragen — 3. Klageverfahren

Urteile aufgrund nichtstreitiger Verhandlung:

| 1. _____ | 2. _____ | 3. _____ |

Urteile aufgrund streitiger Verhandlung:

1.	2.	3.	4.	5.	6.	7.

f. Wann ist ein Urteil formell rechtskräftig?

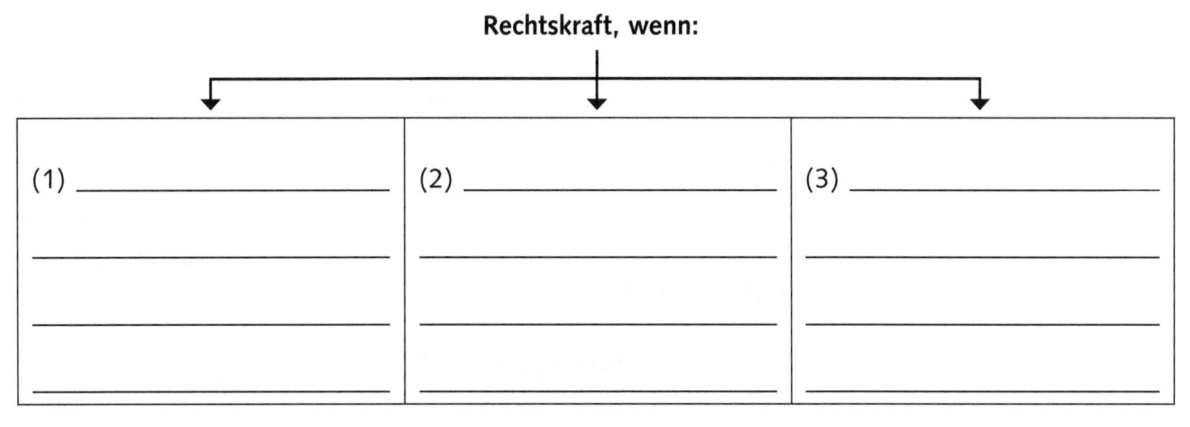

Rechtskraft, wenn:

(1) _____	(2) _____	(3) _____
_____	_____	_____
_____	_____	_____
_____	_____	_____

g. Gibt es die Möglichkeit ein Urteil zu berichtigen oder zu ergänzen? Erläutern Sie kurz.

Berichtigung: _____

_____

Ergänzung: _____

_____

h. Nennen Sie zwei Möglichkeiten der Durchbrechung der Rechtskraft.

(1) _____

(2) _____

i. Worin besteht der Unterschied zwischen einem Urteil, einem Beschluss und einer Verfügung?

Verfügung: _____

_____

Beschluss: _____

_____

Urteil: _____

_____

Rechtsanwendung (LF 01, 02, 03, 04, 08, 09, 10, 11, 12, 13, 14)

j. Was ist unter einem Rechtskraftzeugnis und was ist unter einem Notfristzeugnis zu verstehen?

1. Rechtskraftzeugnis:	2. Notfristzeugnis:

19. **Versäumnisurteil**

   a. Wann ist eine Partei säumig?

1. _____	2. _____	3. _____	4. _____
§§ _____	§§ _____	§§ _____	§§ _____

   b. Tragen Sie die erforderlichen Voraussetzungen zum Erlass eines Versäumnisurteils ein (gemeint ist der Normalfall, nicht das schriftliche Vorverfahren).

Voraussetzungen:

_____

_____

_____

_____

_____

_____

_____

↓

Formales Erfordernis der erschienen Partei/ RA:

_____

↓

Es ergeht **Versäumnisurteil**

Ist dieses ein:

– Prozess- oder Sachurteil? _____

– Echtes oder unechtes Versäumnisurteil? _____

I. Wiederholungsfragen — 3. Klageverfahren

c. Bei Säumnis beider Parteien hat das Gericht folgende Möglichkeiten:

Gericht kann:

1. _____	2. _____	3. _____
§§ _____	§§ _____	§§ _____

d. Reaktionsmöglichkeiten der anwesenden Partei, wenn die gegnerische Partei säumig ist:

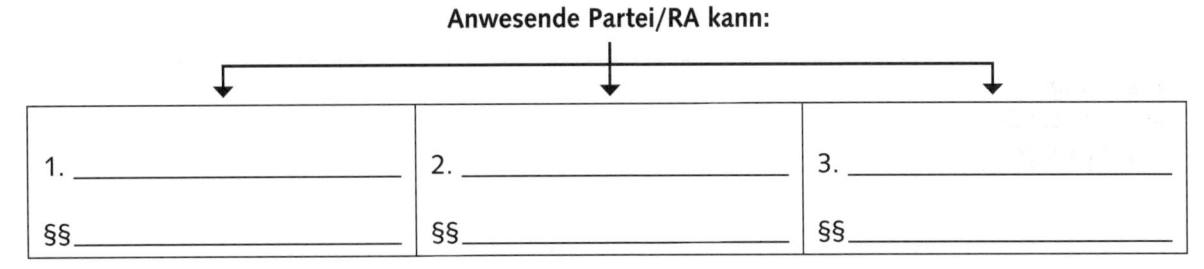

Anwesende Partei/RA kann:

1. _____	2. _____	3. _____
§§ _____	§§ _____	§§ _____

e. Sofern ein Versäumnisurteil ergangen ist, welcher Rechtsbehelf/Rechtsmittel steht der säumigen Partei zu?
Rechtsbehelf/Rechtsmittel: _____ § _____

Einzulegen innerhalb welcher Frist? _____

f. Sofern eine Partei nach erfolgreich eingelegtem Einspruch zum zweiten Mal säumig ist, welcher Rechtsbehelf/Rechtsmittel steht ihr dann zu?

_____

_____

3.6 Rechtsmittel

1. Worin bestehen die Unterschiede zwischen Rechtsmitteln und Rechtsbehelfen?

   Rechtsmittel: _____

   ↳ Kennzeichnende Effekte: – _____

   – _____

   Rechtsbehelfe: _____

2. Nennen Sie die drei Rechtsmittel und drei wichtige Rechtsbehelfe.

   Rechtsmittel: _____ § _____

   _____ § _____

   _____ § _____

   Rechtsbehelfe: _____ § _____

   _____ § _____

   _____ § _____

Rechtsanwendung (LF 01, 02, 03, 04, 08, 09, 10, 11, 12, 13, 14)

Zu 3. Welche Voraussetzungen sind für eine wirksame Berufung zu beachten? Erläutern Sie.

Voraussetzungen	Erläuterungen
a. Statthaftigkeit: Gegen welche Urteile ist die Berufung statthaft?	
b. Zulässigkeit: Wann ist die Berufung zulässig?	
c. Form: Was ist hinsichtlich der Form bei der Berufungseinlegung zu beachten?	
d. Fristen: Welche Fristen sind bei der Berufungseinlegung zu beachten?	

4. Welche Gerichte fungieren als Berufungsinstanz?

   - _____

   - _____

5. Was ist unter einer Anschlussberufung zu verstehen?

   _____

   _____

   _____

I. Wiederholungsfragen — 3. Klageverfahren

6. Worin bestehen die zentralen Unterschiede zwischen Eingangsinstanz (erster Instanz), Berufung und Revision?

Instanz	Gerichte	Funktion/ Aufgabe
1. Instanz: Eingangsinstanz		
2. Instanz: Berufung		
3. Instanz: Revision		

7. Bei welchem Gericht wird die Revision eingelegt? _____

8. Gegen welche Urteile kann Revision eingelegt werden?

   - _____

   - _____

9. Gegen welche Urteile ist eine Revision nicht möglich?

   - _____

   - _____

   - _____

10. Welches formale Erfordernis muss erfüllt sein, damit eine Revision überhaupt statthaft ist?

    _____ , § _____ ZPO.

11. In welchen Fällen muss die Revision vom Gericht zugelassen werden?

    - _____

    - _____

    - _____

12. Sofern die Revision nicht vom Gericht zugelassen wird, wie können sich die Parteien hiergegen zur Wehr setzen?

    _____ , § _____ ZPO.

Rechtsanwendung (LF 01, 02, 03, 04, 08, 09, 10, 11, 12, 13, 14)

13. Was ist bei den Fristen zur Einlegung und der Begründung der Revision zu beachten?

	1. Revisionsfrist	2. Revisionsbegründungsfrist
Welchen Zeitraum umfasst die Frist?		
Wann beginnt der Fristlauf?		
Wann beginnt der Fristlauf spätestens?		
Handelt es sich um eine Notfrist?		

14. Erläutern Sie zur Sprungrevision:

Fragen	Antworten
a. Was ist unter einer Sprungrevision zu verstehen?	
b. Welche Voraussetzungen müssen erfüllt sein, damit die Sprungrevision statthaft ist?	
c. Wann ist die Sprungrevision nur zuzulassen?	
d. Kann wegen Verfahrensmängeln Sprungrevision eingelegt werden?	

I. Wiederholungsfragen   3. Klageverfahren

15. Sofortige Beschwerde

Zulässigkeit

a. In welchen Fällen ist eine sofortige Beschwerde zulässig?

___

Einlegung

b. Wo kann die sofortige Beschwerde eingelegt werden?

___

c. Innerhalb welcher Frist ist sie einzulegen?

___

d. Kann die Frist verlängert werden?

___

e. In welcher Form ist sie einzulegen?

___

Entscheidungsorgan

f. Wie hat das Gericht, dessen Entscheidung angefochten wird zu verfahren, wenn die sofortige Beschwerde bei ihm eingelegt wurde?

___

g. In welcher Form wird im Beschwerdeverfahren über die sofortige Beschwerde entschieden?

___

h. Hat die sofortige Beschwerde generell aufschiebende Wirkung?

___

Rechtsanwendung (LF 01, 02, 03, 04, 08, 09, 10, 11, 12, 13, 14)

16. Was ist Sinn und Zweck der Rechtsbeschwerde?

    _____

    _____

17. Wann kann Rechtsbeschwerde eingelegt werden, das heißt wann ist sie statthaft?

    (1) _____

    (2) _____

18. Wo und innerhalb welcher Frist ist die Rechtsbeschwerde einzulegen?

    Wo: _____

    Frist: _____

3.7 Fristen

1. Erläutern Sie kurz den Unterschied zwischen Terminen und Fristen.

    Termin: _____

    Frist: _____

I. Wiederholungsfragen — 3. Klageverfahren

2. Fristen: Ordnen Sie die aufgeführten zentralen Begriffe zu Nr. (1) bis (6) zu und nehmen Sie die entsprechenden Eintragungen vor.
   Unter (1) bis (6) zuzuordnende Begriffe:

   - Gesetzliche Fristen
   - Eigentliche Fristen
   - Notfristen
   - Uneigentliche Fristen
   - Sonstige gesetzliche Fristen
   - Richterliche Fristen

Fristen

(1) _____
Erläuterung:
_____

(2) _____
Erläuterung:
_____
_____

Beispiele:
_____
_____

(3) _____
Erläuterung:
_____

(4) _____
Erläuterung:
_____
_____

Beispiele:
_____
_____

(5) _____
Erläuterung:
_____

Beispiele:
_____
_____
_____

↓

Möglichkeit bei Fristversäumnis:
_____

(6) _____
Erläuterung:
_____

Beispiele:
_____
_____

Rechtsanwendung (LF 01, 02, 03, 04, 08, 09, 10, 11, 12, 13, 14)

3. Nach welchen Vorschriften erfolgt die Fristberechnung bei den ZPO-Fristen?

4. Wann ist bei gesetzlichen und richterlichen Fristen allgemein Fristbeginn?

5. Bei der Berechnung der Fristen wird im Hinblick auf den Fristbeginn nach BGB in zwei Frist- (Berechnungs-) arten unterschieden. Erläutern Sie den zentralen Unterschied.

   (1) _____ Erläuterung: _____

   (2) _____ Erläuterung: _____

6. Wann enden:

   a. Tagesfristen

   b. Wochenfristen

   c. Monatsfristen

7. Wann endet eine Monatsfrist, wenn der für den Fristablauf maßgebliche Tag im Monat des Fristablaufs fehlt?

8. Wann endet eine Frist, wenn das berechnete Fristende auf einen Samstag, Sonntag oder gesetzlichen Feiertag fällt?

9. Welche Rechtsfolge ergibt sich, wenn eine Frist versäumt wird?

I. Wiederholungsfragen — 3. Klageverfahren

10. Voraussetzungen für die Gewährung von Wiedereinsetzung in den vorigen Stand:

Fragen	Voraussetzungen
a. Welches formale Erfordernis ist notwendig, damit das Wiedereinsetzungsverfahren in Gang kommt?	
b. Was ist hinsichtlich der versäumten Frist zu beachten?	
c. Welches subjektive Merkmal der Partei darf nicht vorgelegen haben?	
d. Welche Frist ist bei der Einlegung der Wiedereinsetzung in den vorigen Stand zu beachten?	
e. Was ist hinsichtlich der ursprünglichen, aber versäumten Rechtshandlung zu beachten?	

3.8 Besonderheiten ausgewählter Verfahrensarten (UrkP, BerH, PKH, selbstBewV, FamFG, ArbGG,)

1. Welche Ansprüche können im Urkundenprozess geltend gemacht werden?

    - _____
    - _____
    - _____

2. Welche Beweismittel sind im Urkundenprozess nur zugelassen?

    - _____ § _____
    - _____ § _____

3. Welches formale Erfordernis ist auf der Klageschrift ausdrücklich zu vermerken, sofern im Urkunden-, Scheck- oder Wechselprozess geklagt wird?

    _____ §§ _____

4. Durch welche formale Entscheidung wird ein Urkundenprozess beendet, wenn eine Partei sich vorbehält, ihre Rechte in einem anschließenden Nachverfahren geltend zu machen, beispielsweise um alle Beweismittel ausschöpfen zu können?

    _____ § _____

5. Worin besteht der Unterschied zwischen Beratungshilfe und Prozesskostenhilfe?

    Beratungshilfe: _____

    Prozesskostenhilfe: _____

Rechtsanwendung (LF 01, 02, 03, 04, 08, 09, 10, 11, 12, 13, 14)

6. **Beratungshilfe**

    a. In welchem Gesetz sind die Grundlagen für die Beratungshilfe geregelt?

    _____

    b. Welche Voraussetzungen müssen erfüllt sein, damit Beratungshilfe gewährt werden kann?

    - _____

    - _____

    - _____

    c. Wo wird der Antrag auf Beratungshilfe gestellt?

    _____

    d. Wer entscheidet hierüber? _____

    e. Wer trägt die Kosten für eine anwaltliche Beratung, sofern Beratungshilfe gewährt wurde?

    _____

I. Wiederholungsfragen   3. Klageverfahren

7. Prozesskostenhilfeverfahren: §§ .... ff. ZPO

   a. Welche Voraussetzungen müssen erfüllt sein, damit jemandem Prozesskostenhilfe gewährt werden kann?

   - _____
   - _____
   - _____

   ↓ Antrag ↓

   b. Wo ist der Antrag auf Gewährung von Prozesskostenhilfe zu stellen?
   _____

   c. In welcher Form wird über den Antrag auf Gewährung von Prozesskostenhilfe entschieden?
   _____

   d. Wo wäre die Bewilligung von PKH für die Zwangsvollstreckung zu beantragen?
   _____

   e. Welcher Rechtsbehelf könnte gegen die Ablehnung der Prozesskostenhilfe eingelegt werden?
   _____

   ↓

   f. Welche wichtigen Wirkungen ergeben sich aus der Gewährung von Prozesskostenhilfe?
   _____
   _____
   _____
   _____
   _____

8. **Selbstständiges Beweisverfahren**

   a. Welchen Zweck erfüllt ein selbstständiges Beweisverfahren?
   _____
   _____

Rechtsanwendung (LF 01, 02, 03, 04, 08, 09, 10, 11, 12, 13, 14)

b. In welchen Phasen eines Verfahrens kann ein selbstständiges Beweisverfahren beantragt werden?
- _____
- _____

c. Welche Beweismittel sind zugelassen? § _____ ZPO
- _____
- _____
- _____

d. Welches Gericht ist hierbei zuständig?
(1) Sofern der Prozess bereits anhängig ist: _____

(2) Sofern der Prozess noch nicht anhängig ist: _____
_____

(3) In Eilfällen: _____

9. **Verfahren nach dem Familienverfahrensgesetz (FamFG)**

a. Erläutern Sie kurz den Unterschied zwischen dem Familien- und Betreuungsgericht.
_____
_____
_____
_____

b. Zuständigkeiten:
Nach welchen Vorschriften bestimmt sich die sachliche Zuständigkeit des Familiengerichts?

§§ _____

Wie ist die örtliche Zuständigkeit geregelt?
_____
_____

c. Welche Möglichkeiten bestehen nach dem FamFG, um das Verfahren im ersten Rechtszug einzuleiten?
- _____ § _____
- _____ § _____

d. Im ZPO-Klageverfahren gilt überwiegend der uneingeschränkte Beibringungsgrundsatz, demzufolge die Parteien den Tatsachenstoff und die Beweise beizubringen haben. Welcher zentrale Grundsatz ist im FamFG ausdrücklich verankert?

_____ § _____

I. Wiederholungsfragen — 3. Klageverfahren

e. Bei den Beteiligten im FamFG werden „Antragsteller", „Muss-Beteiligte" und „Kann-Beteiligte" unterschieden. Erläutern Sie kurz diese Begriffe.

- _____
- _____
- _____

f. Durch welche formelle Entscheidung entscheidet das Gericht bei FamFG-Angelegenheiten?

_____ § _____

g. Was ist unter einer einstweiligen Anordnung zu verstehen?

_____
_____
_____
_____

h. Rechtsmittel

ha. Welches Rechtsmittel ist gegen eine erstinstanzliche Entscheidung in Verfahren nach dem FamFG möglich?

_____ § _____

hb. Welche Frist ist dabei zu beachten?

_____ § _____

hc. Wer ist berechtigt, das Rechtsmittel einzulegen?

Grundsätzlich: _____
_____

Im Einzelnen: _____
_____

hd. Wo wird das Rechtsmittel eingelegt?

_____ § _____

he. Ist das Rechtsmittel zu begründen?

_____ § _____

hf. Wer entscheidet über das Rechtsmittel?

_____ § _____

hg. Welches Rechtsmittel gibt es wiederum gegen die ablehnende Entscheidung über das ursprünglich eingelegte Rechtsmittel? Geben Sie auch an, wo und innerhalb welcher Frist das Rechtsmittel einzulegen ist.

Rechtsanwendung (LF 01, 02, 03, 04, 08, 09, 10, 11, 12, 13, 14)

Rechtsmittel: _____ § _____

Wo einzulegen: _____ § _____

Innerhalb welcher Frist? _____ § _____

hh. Zusammenfassung:

Beschluss mit Endentscheidung, § 38 FamFG

_____

↓ _____
(Rechtsbehelf / Rechtsmittel)

_____

↓ _____
(Rechtsbehelf / Rechtsmittel)

_____

i. Grenzen Sie den Begriff Familiensachen von Familienstreitsachen ab:

Familiensachen:
Sie sind geregelt in § _____

Wichtige Beispiele: _____

_____

Familienstreitsachen
Sie sind aufgeführt in § _____

Dazu gehören: _____

_____

j. Geben Sie zu dem jeweiligen Begriff der ZPO den entsprechenden Begriff nach FamFG an:

Begriff nach ZPO	Begriff nach FamFG
Prozess / Rechtsstreit	
Klage	
Kläger / Klägerin	
Beklagter / Beklagte	
Partei	

I. Wiederholungsfragen — 3. Klageverfahren

k. Können sich die Ehegatten in Ehesachen selbst vertreten? Erläutern Sie kurz.

_____

_____

l. Was ist innerhalb des FamFG unter Ehesachen zu verstehen?

- _____ § _____

- _____

- _____

m. Wie wird ein Verfahren in Ehesachen eingeleitet?

_____ § _____

n. Was ist unter Folgesachen zu verstehen und wie wird im Rahmen einer Scheidung grundsätzlich hierüber entschieden?
Folgesachen:

- _____ § _____

- _____

- _____

- _____

Wie wird entschieden? _____

o. Welche anderen Verfahren, außer den Ehesachen, werden im zweiten Buch des FamFG geregelt?

_____

_____

_____

10. **Arbeitsgerichtsverfahren (besondere Gerichtsbarkeit)**

a. Zuständigkeit
Welches Gericht ist grundsätzlich zuständig? _____

Nach welchen Vorschriften bestimmt sich die Rechtswegzuständigkeit?

_____

Welche Rechtsstreitigkeiten werden verhandelt im:

Urteilsverfahren	Beschlussverfahren
_____	_____
_____	_____
_____	_____
_____	_____

Rechtsanwendung

Rechtsanwendung (LF 01, 02, 03, 04, 08, 09, 10, 11, 12, 13, 14)

b. Stellen Sie die zutreffenden Gerichte im Instanzenzug der Arbeitsgerichtsbarkeit dar:

1. Instanz

Gericht: _____   Spruchkörper: _____

Besetzung des Spruchkörpers: _____

↓

2. Instanz

= _____ (Funktion)

Gericht: _____   Spruchkörper: _____

Besetzung des Spruchkörpers: _____

↓

3. Instanz

= _____ (Funktion)

Mit Sitz in: _____

Gericht: _____   Spruchkörper: _____

Besetzung des Spruchkörpers: _____

c. Verfahrensablauf 1. Instanz:

	Urteilsverfahren	Beschlussverfahren
Wodurch wird das jeweilige Verfahren formal in Gang gesetzt?		
Parteienbezeichnungen?		
Anwaltliche Vertretung zwingend, ja/nein?		
Terminlicher Ablauf?		
Zentrale Verhandlungsgrundsätze?		
Erhebung von Gerichtskosten, ja / nein?		
Art der Entscheidung?		

↓

Rechtsmittelverfahren:

Welches Rechtsmittel? _____   _____

Anwaltszwang, ja / nein? _____   _____

I. Wiederholungsfragen — 4. Gerichtliches Mahnverfahren

d. Arbeitsgerichtliches Mahnverfahren
da. Welche Ansprüche können hier geltend gemacht werden? Nennen Sie Beispiele.

_____

_____

db. Wichtige Abweichungen vom normalen gerichtlichen Mahnverfahren nach ZPO:
– Bei welchem Organ wird der Mahnbescheid beantragt,

sachlich: _____

örtlich: _____ ?

– Welche Widerspruchsfrist ist zu beachten? _____

– Welche kostenmäßigen Besonderheiten sind zu beachten, hinsichtlich:

Gerichtskostenvorschuss, ob/wann? _____

Wer trägt die Rechtsanwaltskosten? _____

4. Gerichtliches Mahnverfahren

4.1 Inländisches Mahnverfahren

1. Welchen Zweck verfolgt das gerichtliche Mahnverfahren?

_____

_____

_____

2. Welche Ansprüche können im gerichtlichen Mahnverfahren geltend gemacht werden?

_____

Welche nicht? Nennen Sie Beispiele.

_____

_____

3. Wie ist die Zuständigkeit im gerichtlichen Mahnverfahren geregelt?

sachlich: _____

funktionell: _____

örtlich: _____

4. Wie werden die Parteien im gerichtlichen Mahnverfahren bezeichnet?

Parteienbezeichnung: _____

Rechtsanwendung (LF 01, 02, 03, 04, 08, 09, 10, 11, 12, 13, 14)

5. Ablauf des gerichtlichen Mahnverfahrens:

   Wer beantragt den Mahnbescheid? _____

   Wo? _____

   ↓

   Sobald der Mahnbescheid erlassen wurde, welche generellen Verhaltensmöglichkeiten bestehen für den Antragsgegner und damit verbunden, welche rechtlichen Folgen ergeben sich hieraus für ihn? Tragen Sie auch die dabei zu beachtenden Fristen ein.

   Antragsgegner

(1) Verhaltensmöglichkeit:	(2) Verhaltensmöglichkeit:	(3) Verhaltensmöglichkeit:
Folge:	Folge:	Folge:

   Sobald der Vollstreckungsbescheid erlassen wurde, welche generellen Verhaltensmöglichkeiten bestehen für den Antragsgegner und welche rechtlichen Konsequenzen und zu beachtende Fristen ergeben sich hieraus für ihn?

   Antragsgegner

(4) Verhaltensmöglichkeit:	(5) Verhaltensmöglichkeit:	(6) Verhaltensmöglichkeit:
Folge:	Folge:	Folge:

6. Welche Gerichtskosten entstehen für den Erlass eines Mahnbescheids?

   Gerichtsgebühr: _____ mindestens: _____

I. Wiederholungsfragen — 4. Gerichtliches Mahnverfahren

7. Welche Gerichtsgebühren entstehen beim Übergang vom gerichtlichen Mahnverfahren in das streitige Verfahren?

   Gebühren: _____

8. Wie erfolgt die Zustellung des Mahnbescheids bzw. des Vollstreckungsbescheids?

   Mahnbescheid: _____

   Vollstreckungsbescheid: _____

9. Welche Rechtsbehelfe sind beim Mahn- und beim Vollstreckungsbescheid möglich und welche Fristen sind hierbei jeweils zu beachten?

   Rechtsbehelf gegen den Mahnbescheid: _____

   Frist: _____

   _____

   Rechtsbehelf gegen den Vollstreckungsbescheid: _____

   Frist: _____

   _____

10. Ab wann darf der Vollstreckungsbescheid frühestens beantragt werden und innerhalb welcher Frist muss dies spätestens geschehen?

    Frühestens: _____

    Spätestens: _____

4.2 Europäisches Mahnverfahren

1. Mahnverfahren im internationalen Bereich

    a. Wo wird ein Mahnbescheid gegen einen Inländer beantragt, sofern der Antragsteller im Inland keinen allgemeinen Gerichtsstand hat?

       _____ § _____

    b. Welche zwei Möglichkeiten des gerichtlichen Mahnverfahrens gibt es im internationalen Bereich?

       (1) _____

       (2) _____

    c. Welches weitere vereinfachte europäische Verfahren gibt es für Forderungen bis 2.000,00 Euro (ab 14.07.2017: 5.000,00 Euro)?

       _____

Rechtsanwendung (LF 01, 02, 03, 04, 08, 09, 10, 11, 12, 13, 14)

2. **Der Europäische Zahlungsbefehl**

    a. Welche Voraussetzungen müssen vorliegen?

    - _____
    - _____
    - _____
    - _____

    b. Welches Gericht ist örtlich zuständig?

    Grundsatz: _____
    _____
    _____

    Mögliche Abweichungen bei folgenden besonderen Zuständigkeiten:

    _____
    _____
    _____
    _____
    _____

    Bei Verbrauchern: _____

    c. Wie wird der europäische Zahlungsbefehl beantragt?

    _____
    _____
    _____
    _____

    d. Nennen Sie hinsichtlich der formularmäßigen Angaben drei Unterschiede zwischen dem Europäischen Zahlungsbefehl und dem Antrag auf Erlass eines (inländischen) Mahnbescheids.

    (1) _____

    (2) _____

    (3) _____

    e. Innerhalb welcher Frist wird der Europäische Zahlungsbefehl erlassen?

    _____

I. Wiederholungsfragen   4. Gerichtliches Mahnverfahren

f. Da der Antrag im Ausland zugestellt wird, kommt hier der Zustellung eine besondere Bedeutung zu. Daher wurden die Mindestvorschriften für die Zustellung in Art. 13 und 14 VO (EG) 1896/2006 sehr ausführlich geregelt. Kennzeichnen Sie diese.

Zustellung

Zustellung mit Nachweis des Empfängers	Zustellung ohne Nachweis des Empfängers

Rechtsanwendung (LF 01, 02, 03, 04, 08, 09, 10, 11, 12, 13, 14)

g. Welche Möglichkeiten hat der Antragsgegner auf die Zustellung des Europäischen Zahlungsbefehls zu reagieren und welche Rechtsfolgen sind hieran geknüpft?

Antragsgegner

(1)	(2)	(3)
Rechtsfolge:	Rechtsfolge:	Rechtsfolge:

h. Welche Kosten entstehen im Europäischen Mahnverfahren?

_____
_____
_____
_____

i. Worin sehen Sie Vor- und Nachteile des Europäischen Zahlungsbefehls im Vergleich zum grenzüberschreitenden Mahnverfahren?

_____
_____
_____
_____
_____

I. Wiederholungsfragen — 5. Zwangsvollstreckung

5. Zwangsvollstreckung

5.1 Grundlagen

1. Was ist unter dem Begriff Zwangsvollstreckung zu verstehen?

   _____

   _____

2. Worin besteht der zentrale Unterschied zwischen dem Erkenntnisverfahren und der Zwangsvollstreckung?

   Erkenntnisverfahren: _____

   _____

   Zwangsvollstreckung: _____

   _____

3. Welche Arten der Zwangsvollstreckung werden innerhalb der ZPO unterschieden?

   Arten der Zwangsvollstreckung

(1) _____	(2) _____
- _____	- _____
- _____	- _____
- _____	
- _____	

4. Nennen Sie die Voraussetzungen der Zwangsvollstreckung und erläutern Sie diese kurz.

   (1) _____

   _____

   (2) _____

   _____

   (3) _____

   _____

5. Innerhalb der ZPO, sowie auch in anderen Bundes- und Landesgesetzen werden zahlreiche Vollstreckungstitel aufgeführt. Nennen Sie hierzu zwei zentrale Vorschriften innerhalb der ZPO und geben Sie Beispiele für Vollstreckungstitel an.

   – § _____ _____

   – § _____ _____

   _____

Rechtsanwendung (LF 01, 02, 03, 04, 08, 09, 10, 11, 12, 13, 14)

6. Welchen Zweck beinhaltet die vorläufige Vollstreckbarkeit eines Titels?

   _____

   _____

   _____

   _____

7. Welche Urteile sind ohne Sicherheitsleistung vorläufig vollstreckbar? Geben Sie hierzu an:

   § _____ ZPO   Beispiele: _____

   _____

8. Welche Urteile sind gegen Sicherheitsleistung vorläufig vollstreckbar?

   _____

   _____ § _____

9. In welcher Form kann Sicherheit geleistet werden? Geben Sie an:

   § _____ ZPO   (1) _____

   (2) _____

   (3) _____

   Gegebenenfalls wo zu hinterlegen? _____

10. Wie lautet der Urteilstenor bei einem Urteil?

    a. ohne Sicherheitsleistung: _____

    b. mit Sicherheitsleistung: _____

11. Welche Möglichkeit zu pfänden bietet sich für einen Gläubiger, sofern er die notwendige Sicherheit nicht aufbringen kann?

    Maßnahme: _____ § _____ ZPO

    Erläuterung: _____

    _____

    _____

12. Rechtskraft eines Urteils:

    a. Wann ist ein Urteil formell rechtskräftig?

       (1) _____

       (2) _____

       (3) _____

    b. Der Nachweis erfolgt durch: _____

I. Wiederholungsfragen — 5. Zwangsvollstreckung

    c. Der Nachweis wird ausgestellt durch: _____

    d. Wie wird dokumentiert, dass kein Rechtsmittel eingelegt wurde? _____

13. Welchen Zweck verfolgt die Vollstreckungsklausel?

    _____
    _____
    _____

14. Wie lautet die Vollstreckungsklausel?

    Wortlaut: _____

    _____ § _____ ZPO

15. Welche Titel sind ohne Vollstreckungsklausel (im Regelfall) vollstreckbar?

    - _____

    - _____

    - _____

16. Welche Rechtsbehelfe bzw. Rechtsmittel können jeweils der Gläubiger und der Schuldner im Rahmen der der Klauselerteilung zugrunde liegenden Entscheidungen treffen?

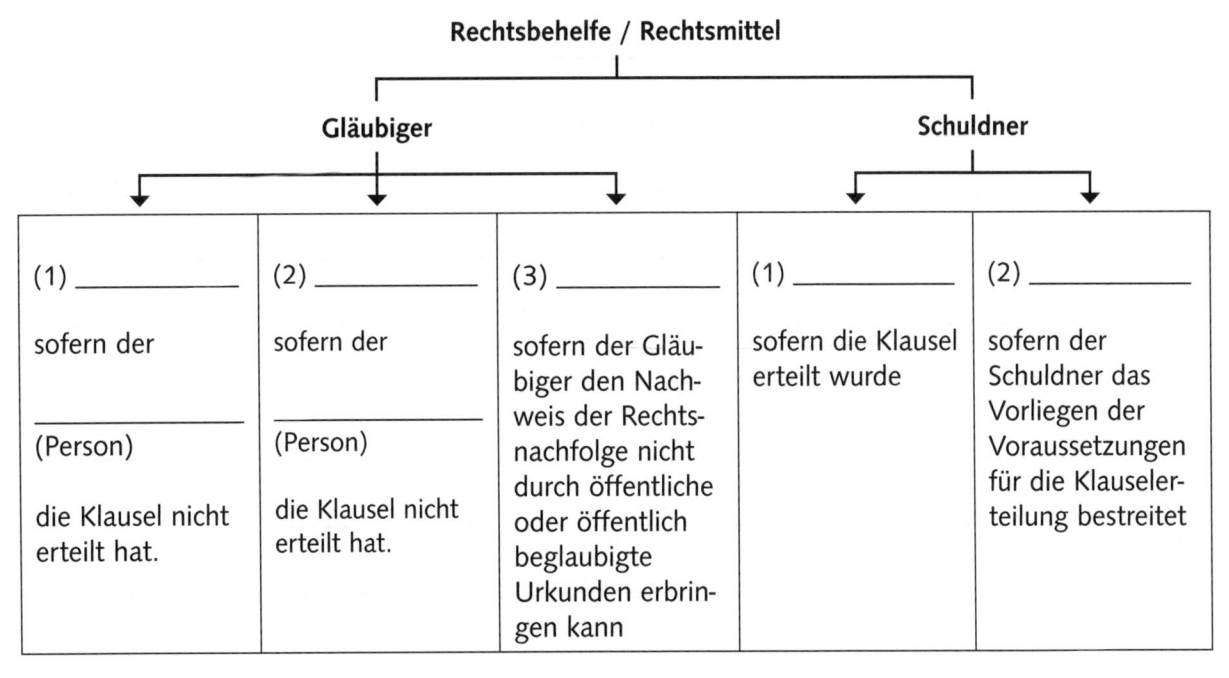

Rechtsbehelfe / Rechtsmittel

Gläubiger			Schuldner	
(1) _____	(2) _____	(3) _____	(1) _____	(2) _____
sofern der _____ (Person) die Klausel nicht erteilt hat.	sofern der _____ (Person) die Klausel nicht erteilt hat.	sofern der Gläubiger den Nachweis der Rechtsnachfolge nicht durch öffentliche oder öffentlich beglaubigte Urkunden erbringen kann	sofern die Klausel erteilt wurde	sofern der Schuldner das Vorliegen der Voraussetzungen für die Klauselerteilung bestreitet

17. Worin liegt die große Bedeutung der Zustellung?

    _____

18. Wann hat die Zustellung im Regelfall zu erfolgen? Sind dabei Wartefristen zu beachten?

    Regelfall: _____

    _____ § _____

Rechtsanwendung (LF 01, 02, 03, 04, 08, 09, 10, 11, 12, 13, 14)

Wartefristen bei: § _____

§ _____

Sie betragen: _____

19. In welchen Fällen ist es möglich, bereits vor der Zustellung zu vollstrecken und welche Frist ist hierbei zu beachten?
Wann zulässig? _____

Frist: _____

20. Nennen Sie die Organe der Zwangsvollstreckung und geben Sie Beispiele für den jeweiligen Zuständigkeits- bzw. Aufgabenbereich.

(1) _____

(2) _____

(3) _____

(4) _____

I. Wiederholungsfragen — 5. Zwangsvollstreckung

5.2 Zwangsvollstreckung in das bewegliche Vermögen

1. Wie erfolgt die Zwangsvollstreckung in das bewegliche Vermögen?
   Sie erfolgt durch:

   (1) _____

   Erläuterung: _____

   und

   (2) _____

   Erläuterung: _____

2. Einleitung der Zwangsvollstreckung:

   a. Was ist der erste Schritt, damit die Zwangsvollstreckung eingeleitet werden kann?

   _____

   b. Welches Formerfordernis ist hierbei zu beachten?

   _____

   c. Was ist unter einem „Kombi-Auftrag" zu verstehen und welche sinnvollen Kombinationsmöglichkeiten ergeben sich für die Praxis?

   _____

   _____

   _____

3. Welches Organ der Zwangsvollstreckung ist für die Durchführung der Zwangsvollstreckung in das bewegliche Vermögen zuständig?

   _____

4. Kennzeichnen Sie den üblichen Ablauf der Zwangsvollstreckung in das bewegliche Vermögen vom Moment an, in dem der Gerichtsvollzieher den Pfändungsauftrag erhält, bis zum Antreffen des Schuldners an seiner Haustür.

   _____

   _____

   _____

5. Wie verfährt der Gerichtsvollzieher, wenn der Schuldner nicht zahlen kann und dem Gerichtsvollzieher bekannt ist, dass der Schuldner in einer gut eingerichteten Mietswohnung wohnt?

   _____

   _____

   _____

Rechtsanwendung (LF 01, 02, 03, 04, 08, 09, 10, 11, 12, 13, 14)

6. Der Aufenthaltsort des Schuldners ist unbekannt.

   a. Welche Voraussetzungen müssen vorliegen, damit der Gerichtsvollzieher hierzu Anfragen an bestimmte Auskunftsstellen stellen darf?

   (1) _____   (2) _____

   b. An welche Behörden kann diese Anfrage gerichtet werden?

   (1) _____

   (2) _____

   (3) _____

   (4) _____

   c. Erläutern Sie kurz, inwieweit dabei eine Bagatellgrenze zu beachten ist.

   _____
   _____

7. Welche Wirkung hat die Pfändung?

   (1) _____

   (2) _____

8. Muss der Gerichtsvollzieher bei der Mobiliarvollstreckung die Eigentumsverhältnisse des Schuldners prüfen?

   _____

9. Auf welche Sachen des Schuldners erstreckt sich in räumlicher Hinsicht die Wegnahmebefugnis des Gerichtsziehers?

   Grundsatz: _____ § _____

   Außerdem: _____ § _____

10. Kann der Gerichtsvollzieher die Wohnung des Schuldners auch ohne dessen Einverständnis durchsuchen?

    _____
    _____
    _____

11. Sofern der Schuldner den geschuldeten Betrag nicht in einer Summe zahlen kann, gibt es nach ZPO die Möglichkeit der Ratenzahlung?

    Ratenzahlung möglich? _____

    Erläuterungen: _____
    _____

I. Wiederholungsfragen 5. Zwangsvollstreckung

12. Kann der Gerichtsvollzieher grundsätzlich zu jeder Tages- und Nachtzeit in der Wohnung des Schuldners pfänden?

    Grundsatz: _____

    _____ § _____

    ggf. erforderliche Maßnahme: _____

13. Welche Pfändungsbeschränkungen sind Ihnen bekannt?

    - _____ § _____
    - _____ § _____
    - _____ § _____
    - _____ § _____
    - _____ § _____

14. Austauschpfändung

    Bei welchen Sachen in der ZPO ist eine Austauschpfändung überhaupt möglich? (genaue Bezeichnung im Gesetz)

    § _____
    Nr _____

    weitere Voraussetzungen:

    _____
    _____
    _____

    Worin besteht der Unterschied zur vorläufigen Austauschpfändung?

    _____
    _____

15. Was ist unter einer Vorwegpfändung zu verstehen?

    _____
    _____
    _____

16. Was ist unter einer Anschlusspfändung zu verstehen?

    _____
    _____
    _____

Rechtsanwendung

Rechtsanwendung (LF 01, 02, 03, 04, 08, 09, 10, 11, 12, 13, 14)

17. Erläutern Sie, wie die Verwertung beweglicher Sachen im Normalfall abläuft.

   Ablauf der Verwertung

   a. In welchem Rahmen erfolgt sie? _____

   b. An welchem Ort erfolgt sie grundsätzlich? _____

   c. Wo wäre dies noch möglich? _____

   d. Welche Wartefrist ist zu beachten? _____

   e. Dürfen Gläubiger und Schuldner mitbieten? _____

   f. Sind Ort und Zeit bekannt zu geben? (Paragraf angeben)   ja / nein _____ § _____

   g. Wie lautet das Mindestgebot? _____

   h. Wer erhält den Zuschlag? _____

18. Welche besonderen Arten der Verwertung sind Ihnen bekannt?

   _____
   _____
   _____
   _____

19. Sofern ein Vollstreckungsaufschub scheitert, welche Möglichkeit hat der Schuldner, die Verwertung gepfändeter Sachen zu verhindern?

   _____
   _____
   _____
   _____

20. Wie erfolgt die Verteilung des Versteigerungserlöses?

   Berechnung: _____

   ./. _____

   = *_____

   * Wie wird mit dem Ergebnis verfahren?

   _____
   _____

I. Wiederholungsfragen — 5. Zwangsvollstreckung

5.3 Zwangsvollstreckung in Forderungen und andere Vermögensrechte

1. Bei der Zwangsvollstreckung wegen einer Geldforderung in Forderungen und andere Vermögensrechte werden in der ZPO drei zentrale Unterscheidungen getroffen. Nennen Sie diese mit Angabe der Paragrafen.

   - _____ §§ _____
   - _____ §§ _____
   - _____ §§ _____

2. Nennen Sie die Hauptbeteiligten und ihre Funktionen im Verfahren der Forderungspfändung.

   (1) _____

   (2) _____

   (3) _____

3. Welches Organ der Zwangsvollstreckung ist sachlich, örtlich und funktionell für die Forderungspfändung zuständig?

   Sachlich: _____

   Örtlich: _____

   Funktionell: _____

4. Was muss der Gläubiger tun, um einen Beschluss zur Forderungspfändung zu erhalten?

   _____

   Welche Unterlagen sind beizufügen? _____

   _____

5. Erläutern Sie den Begriff Pfändungs- und Überweisungsbeschluss.

   - _____
   - _____

6. Welche Rechtswirkung geht von der Zustellung des Pfändungsbeschlusses an den Drittschuldner aus?

   _____

   _____

   _____

7. Welche Anordnungen ergeben sich aus der Zustellung des Pfändungs- und Überweisungsbeschlusses?

   - _____
   - _____

8. Wie erfolgt die Zustellung des Pfändungs- und Überweisungsbeschlusses?

   _____

Rechtsanwendung (LF 01, 02, 03, 04, 08, 09, 10, 11, 12, 13, 14)

9. Wie wird eine Forderung verwertet?

   _____

10. Auf welche zwei Arten kann die Überweisung der Forderung erfolgen?

    – _____

    – _____

11. Über welche Angaben hat der Drittschuldner dem Gläubiger gegenüber Auskunft zu erteilen?

    – _____

    – _____

    – _____

    – _____

    – _____

12. Was hat der Gläubiger zu veranlassen, sofern der Drittschuldner nicht bereit ist diese Angaben dem Gläubiger mitzuteilen?

    – Maßnahme gegenüber dem Drittschuldner: _____

      Zuständig für diese Maßnahme: _____

    und

    – Maßnahme gegenüber dem Schuldner: _____

13. Welche Rechtsfolge kann den Gläubiger treffen, sofern er es unterlässt, dem Schuldner den Streit zu verkünden?

    _____

14. Erläutern Sie kurz Begriff und Zweck der Vorpfändung.

    _____

    _____

    _____

15. Worin bestehen die zentralen Unterschiede zwischen der Vorpfändung und dem Pfändungs- und Überweisungsbeschluss? Tragen Sie hierzu die maßgeblichen Angaben in die folgende Gegenüberstellung ein.

	Vorpfändung	Pfändungs- und Überweisungsbeschluss
Welche Unterlagen sind notwendig?		

I. Wiederholungsfragen — 5. Zwangsvollstreckung

	Vorpfändung	Pfändungs- und Überweisungsbeschluss
Wie kommt die jeweilige Maßnahme bzw. das jeweilige Verfahren in Gang?		
Welche (Auf-) Forderungen bzw. Anordnungen ergeben sich jeweils?		
Besteht die Möglichkeit einer Drittschuldnerklage?		
Wann gelten die beiden jeweils als bewirkt?		
Worin besteht der zentrale rechtliche Unterschied im Hinblick auf die Pfändung und die Verwertung?		

Rechtsanwendung (LF 01, 02, 03, 04, 08, 09, 10, 11, 12, 13, 14)

16. Was ist unter einem Pfändungsschutzkonto zu verstehen?

17. Wann ist das Vollstreckungsverfahren beendet? Beziehen Sie dies auf die Verhaltensmöglichkeiten der drei Hauptbeteiligten im Rahmen der Forderungspfändung.

   (1) _____
   (2) _____
   (3) _____

5.4 Zwangsvollstreckung in das unbewegliche Vermögen und wegen anderer Ansprüche

1. Was unterliegt der Zwangsvollstreckung in das unbewegliche Vermögen?

2. In welchen Gesetzen wird die Zwangsvollstreckung in das unbewegliche Vermögen geregelt?

   – _____
   – _____

3. Welche zwingende personenbezogene Voraussetzung des Schuldners muss vorliegen, damit in sein unbewegliches Vermögen vollstreckt werden kann?

4. Welche drei Arten der Zwangsvollstreckung in das unbewegliche Vermögen lassen sich unterscheiden?

   (1) _____ §§ _____
   (2) _____ §§ _____
   (3) _____ §§ _____

5. Welche Organe der Zwangsvollstreckung sind für diese drei Maßnahmen jeweils zuständig?

   Bei (1) _____
   Bei (2) _____
   Bei (3) _____

I. Wiederholungsfragen — 5. Zwangsvollstreckung

6. Welchen Zweck verfolgen die drei Maßnahmen jeweils?

   Bei (1) _____

   Bei (2) _____

   Bei (3) _____

7. Gibt es bei der Eintragung einer Zwangshypothek eine betragsmäßige Untergrenze zu beachten?

   _____ § _____

8. Nennen Sie Zwangsvollstreckungsmaßnahmen, die nicht wegen einer Geldforderung betrieben werden.

   _____

   _____

   _____

9. Wie wird wegen der Herausgabe einer beweglichen Sache vollstreckt?

   _____

10. Wie wird wegen Räumung und Herausgabe einer unbeweglichen Sache vollstreckt?

    _____

11. Was ist zu beachten, wenn sich eine zu pfändende Sache des Schuldners bei einem Dritten befindet?

    _____

    _____

    _____

12. Zwangsvollstreckung zur Vornahme von vertretbaren bzw. nicht vertretbaren Handlungen und wegen Duldungen oder Unterlassungen:

	Duldungen / Unterlassungen	Vertretbare Handlungen	Nicht vertretbare Handlungen
Vorschrift?			
Worauf zielt die jeweilige Maßnahme ab?			

Rechtsanwendung

Rechtsanwendung (LF 01, 02, 03, 04, 08, 09, 10, 11, 12, 13, 14)

	Duldungen / Unterlassungen	Vertretbare Handlungen	Nicht vertretbare Handlungen
Welches Organ der ZV ist jeweils zuständig?			
Wie wird vollstreckt?			

13. Wie kann wegen Abgabe einer Willenserklärung vollstreckt werden?

_____

_____

5.5 Regelbefugnisse des Gerichtsvollziehers, insbesondere Vermögensauskunft

1. Welchen zentralen Grundsatz hat der Gerichtsvollzieher bei seiner Vorgehensweise im Rahmen der Zwangsvollstreckung zu beachten?

   _____

2. Welche Standardbefugnisse räumt das Gesetz dem Gerichtsvollzieher ein?

   (1) _____

   (2) _____

   (3) _____

   (4) _____

   (5) _____

I. Wiederholungsfragen — 5. Zwangsvollstreckung

3. **Vollstreckungsaufschub**

   a. Inwiefern ist der Gerichtsvollzieher befugt, Zahlungsvereinbarungen zu treffen?

   Grundsätzlich: _____

   _____

   Voraussetzungen: – _____

   – _____

   b. Sofern Ratenzahlungen vereinbart werden, wie ist dann die weitere Vorgehensweise?

   _____

   Welcher zeitliche Rahmen ist dabei zu beachten?

   _____

   c. Welche verfahrensrechtlichen Folgen ergeben sich aus der Zahlungsvereinbarung?

   _____

   _____

   d. In welchen zwei im Gesetz ausdrücklich genannten Fällen wird der Zahlungsplan hinfällig?

   (1) _____

   (2) _____

4. **Vermögensauskunft**

   a. Welche Voraussetzungen müssen für eine Vermögensauskunft vorliegen?

   – _____

   – _____

   – _____

   b. Auf welche Angaben erstreckt sich die Auskunft?

   _____

   _____

   c. Wer ist zuständig für die Abnahme der Vermögensauskunft und der eidesstattlichen Versicherung?

   _____

   _____

Rechtsanwendung (LF 01, 02, 03, 04, 08, 09, 10, 11, 12, 13, 14)

d. Skizzieren Sie in Schlagworten das Verfahren zur Abnahme der Vermögensauskunft:

Zahlungsfrist? _____

Wann Terminsbestimmung, Ladung? _____

Wo ist Terminsort? _____

Welche Belehrungen? _____

Vermögensverzeichnis:

- In welcher Form erstellt? _____

- Unterschrift des Schuldners notwendig? _____

- Wer erhält Ausdruck? _____

- Wo hinterlegt? _____

- Rechtsbehelf gegen Verpflichtung zur Vermögensauskunft möglich? _____

5. Unter welchen Voraussetzungen kann der Schuldner zur erneuten Vermögensauskunft herangezogen werden?

    (1) _____

    (2) _____

6. Welche weiteren Auskunftsrechte stehen dem Gerichtsvollzieher zu? Geben Sie hierzu die Voraussetzungen und die im Gesetz vorgesehenen Auskunftsstellen an.

    Voraussetzungen: (1) _____ oder

    (2) _____

    und (3) _____

    Auskunftsstellen: (1) _____

    (2) _____

    (3) _____

I. Wiederholungsfragen 5. Zwangsvollstreckung

7. **Sofortabnahme der Vermögensauskunft**

   a. Unter welchen Voraussetzungen darf der Gerichtsvollzieher die Vermögensauskunft abweichend von §§ 802 f ZPO sofort abnehmen?

   - _____ und

   - _____ oder

   - _____

   b. Steht dem Schuldner gegen die Sofortabnahme der Vermögensauskunft ein Rechtsbehelf/Rechtsmittel zu?

   Ja/nein? _____ § _____ ZPO

8. Welche Rechtsfolgen können sich ergeben, wenn der Schuldner grundlos die Vermögensauskunft verweigert oder unentschuldigt dem Termin fernbleibt?

   - _____

   - _____

   - _____

9. **Erzwingungshaft**

   a. Welches formale Erfordernis von Seiten des Gläubigers muss vorliegen, damit Erzwingungshaft verhängt werden kann?

   _____ § _____ ZPO

   b. Wer entscheidet über die Verhängung von Erzwingungshaft?

   _____ § _____ ZPO

   c. Wer nimmt die Verhaftung vor?

   _____ § _____ ZPO

   d. Welche zwei wichtigen Fristen sind bei der Haftvollstreckung zu beachten?

   - _____

   - _____

10. **Schuldnerverzeichnis**

    a. Wer wird in das Schuldnerverzeichnis eingetragen?

    (1) _____

    _____

    - _____

    - _____

    - _____

Rechtsanwendung (LF 01, 02, 03, 04, 08, 09, 10, 11, 12, 13, 14)

(2) _____

(3) _____

b. Wo wird das Schuldnerverzeichnis geführt?

_____

c. Wer kann Einsicht nehmen in das Schuldnerverzeichnis?

_____

d. Steht dem Schuldner ein Rechtsmittel / Rechtsbehelf gegen die Eintragung zu?

Ja / nein? _____ § _____ ZPO

e. Wann erfolgt eine Löschung im Schuldnerverzeichnis?

Regelmäßige Löschung: _____

Weitere Löschungsgründe: _____

_____

_____

5.6 Einwendungen im Rahmen der Zwangsvollstreckung

1. Welche Rechtsbehelfe und Rechtsmittel sind Ihnen in der Zwangsvollstreckung bekannt?

_____

_____

_____

_____

2. Kennzeichnen Sie die folgenden Rechtsbehelfe bzw. Rechtsmittel in dem folgenden Schema.

	§§	Kennzeichnung (was ist ihr Regelungsbereich?)	Organe der ZV	Zur Einlegung berechtigte Personen
Erinnerung				

I. Wiederholungsfragen 5. Zwangsvollstreckung

	§§	Kennzeichnung (was ist ihr Regelungsbereich?)	Organe der ZV	Zur Einlegung berechtigte Personen
Drittwiderspruchsklage				
Vollstreckungsabwehrklage				
Klage auf vorzugsweise Befriedigung				
Sofortige Beschwerde				

3. Werden durch die Einlegung einer Erinnerung, Drittwiderspruchsklage oder der Vollstreckungsabwehrklage die Zwangsvollstreckungsmaßnahmen sofort gestoppt?

_____

_____

_____

4. Ist die Einlegung der Erinnerung an die Einhaltung einer Frist gebunden?

_____

_____

Rechtsanwendung (LF 01, 02, 03, 04, 08, 09, 10, 11, 12, 13, 14)

5. Was ist unter Vollstreckungsschutz in Härtefällen zu verstehen?

   Begriff: _____

   _____

   Voraussetzungen: _____

   _____

6. Welche Gründe können dazu führen, dass der Gerichtsvollzieher die Zwangsvollstreckung einstellt?

   _____

   _____

   _____

5.7 Arrest und einstweilige Verfügung

1. Wozu dienen Arrest und einstweilige Verfügung?

   _____

   _____

   _____

   _____

2. Was ist der zentrale Unterschied zwischen Arrest und einstweiliger Verfügung?

   Arrest: _____

   Einstweilige Verfügung: _____

3. Welche zwei Arten von Arrest unterscheidet die ZPO?

   (1) _____

   (2) _____

4. Welche Voraussetzungen müssen vorliegen, damit Arrest beantragt werden kann?

   _____

   _____

   _____

   _____

I. Wiederholungsfragen — 5. Zwangsvollstreckung

5. Welches Organ der ZV ist hierfür zuständig?

   - _____

   - _____

6. Wie heißen die Parteien im Arrestverfahren?

   _____ und _____

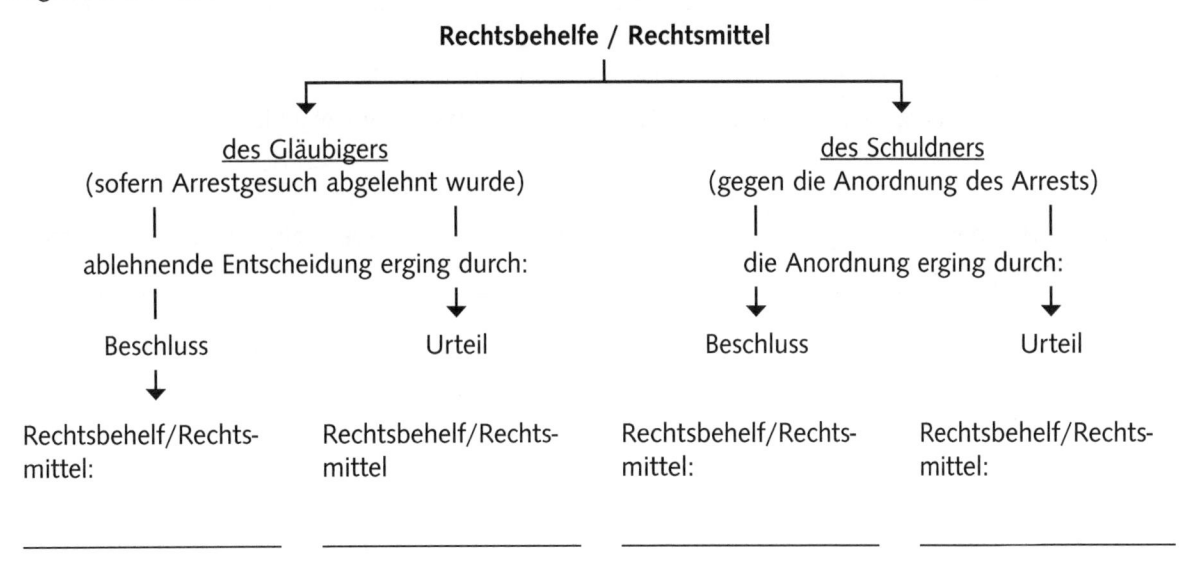

7. Tragen Sie die zutreffenden Rechtsbehelfe bzw. Rechtsmittel im Arrestverfahren in das folgende Schaubild ein:

Rechtsbehelfe / Rechtsmittel

- **des Gläubigers** (sofern Arrestgesuch abgelehnt wurde)
  - ablehnende Entscheidung erging durch:
    - Beschluss → Rechtsbehelf/Rechtsmittel: _____
    - Urteil → Rechtsbehelf/Rechtsmittel: _____
- **des Schuldners** (gegen die Anordnung des Arrests)
  - die Anordnung erging durch:
    - Beschluss → Rechtsbehelf/Rechtsmittel: _____
    - Urteil → Rechtsbehelf/Rechtsmittel: _____

8. Wie wird der dingliche Arrest vollzogen? Vervollständigen Sie das folgende Schema:

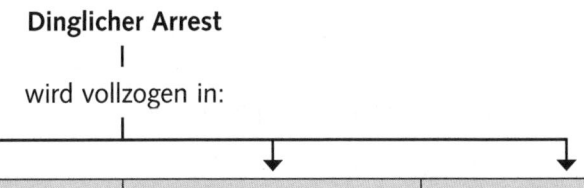

Dinglicher Arrest

wird vollzogen in:

	Körperliche Sachen	Forderungen und Rechte	Unbewegliches Vermögen
Wie erfolgt jeweils die Vollstreckung?			
Nennen Sie das jeweilige Vollstreckungsorgan.			

Rechtsanwendung (LF 01, 02, 03, 04, 08, 09, 10, 11, 12, 13, 14)

9. Wie wird der persönliche Arrest vollzogen?

10. Was ist unter der sogenannten Lösungssumme zu verstehen?

11. Kennzeichnen Sie kurz, was unter einer einstweiligen Verfügung zu verstehen ist.

12. Welche Arten der einstweiligen Verfügung können unterschieden werden? Nehmen Sie die zutreffenden Eintragungen vor.

Nennen Sie diese:	(1) _____	(2) _____	(3) _____
Erläuterungen			

13. Welche Voraussetzungen müssen gegeben sein, damit eine einstweilige Verfügung beantragt werden kann?

14. Mit welcher Rechtsfolge muss der Gläubiger unter Umständen rechnen, wenn sich Arrest oder einstweilige Verfügung nachträglich als ungerechtfertigt herausstellen?

_____ § _____

I. Wiederholungsfragen — 5. Zwangsvollstreckung

5.8 Zwangsvollstreckungsmaßnahmen innerhalb der EU

1. Geben Sie vier wichtige Verfahren an, wie innerhalb der EU Forderungen durchgesetzt werden können. Kennzeichnen Sie diese kurz.

Forderungsbeitreibung innerhalb der EU

Bezeichnung der Maßnahme	Bezeichnung der Maßnahme	Bezeichnung der Maßnahme	Bezeichnung der Maßnahme
....	....	....	....
Kurzkennzeichnung	Kurzkennzeichnung	Kurzkennzeichnung	Kurzkennzeichnung
....	....	....	....
Gesetzliche Grundlagen	Gesetzliche Grundlagen	Gesetzliche Grundlagen	Gesetzliche Grundlagen
....	....	....	....

2. a. Welche Voraussetzungen müssen vorliegen, damit grenzüberschreitende Rechtssachen im **Europäischen Verfahren für geringfügige Forderungen** geltend gemacht werden können?

(1) _____

(2) _____

(3) _____

(4) _____

Rechtsanwendung (LF 01, 02, 03, 04, 08, 09, 10, 11, 12, 13, 14)

b. In Art. 2 VO (EG) 861/2007 sind bestimmte Verfahren ausdrücklich aufgeführt, für die dieses vereinfachte Verfahren nicht anwendbar ist Nennen Sie vier wichtige.

(1) _____

(2) _____

(3) _____

(4) _____

c. Welches Gericht ist hierfür zuständig,

— in Deutschland, sofern der Antragsteller seinen Sitz in der EU hat:

_____

— im EU-Ausland, sofern der Gegner seinen Sitz in der EU hat:

_____

d. Kennzeichnen Sie kurz den Ablauf des Verfahrens

Einleitung des Verfahrens:

_____

_____

Durchführung:

_____

_____

_____

_____

_____

_____

_____

e. Rechtsmittel:

_____

_____

I. Wiederholungsfragen — 5. Zwangsvollstreckung

f. Welche Kosten Kosten entstehen?

_____

_____

g. Was ist hinsichtlich der Zwangsvollstreckung zu beachten?

_____

_____

3. **Europäischer Vollstreckungstitel für unbestrittene Forderungen**

   a. Welche Ansprüche können hierbei geltend gemacht werden?

   _____

   _____

   _____

   b. Die Vollstreckung aus unbestrittenen Forderungen im Sinne der EuVTVO lassen sich grob in zwei Fallkonstellationen unterteilen. Dies sind Fälle in denen der Schuldner ...

aktiv mitgewirkt hat	sich eher passiv verhalten hat
....	....
....	....
....	....
....	....
....	....

Rechtsanwendung (LF 01, 02, 03, 04, 08, 09, 10, 11, 12, 13, 14)

c. Welcher erste Schritt ist notwendig, um eine Bestätigung zu erhalten, die den inländischen Schuldtitel zu einem Europäischen Schuldtitel macht? Welche Mindestvoraussetzungen sind zu beachten?

```
                    ..............................
Zuständigkeit: ................................................................. oder

               ................................................................. oder

               .................................................................
```

⬇

Verfahrensrechtliche Mindestanforderungen

_____
_____
_____
_____
_____
_____
_____
_____
_____

d. Kann der Schuldner gegen die Ausstellung einer Bestätigung als Europäischer Vollstreckungstitel einen Rechtsbehelf einlegen?

_____

e. Hat der Gläubiger im Falle der Ablehnung seines Antrags auf Bestätigung als Europäischer Schuldtitel das Recht, den Antrag erneut zu stellen?

_____

f. Mit welchen Kosten muss der Gläubiger rechnen?'

_____
_____

I. Wiederholungsfragen — 5. Zwangsvollstreckung

g. Welche Unterlagen sind im Vollstreckungsstaat vorzulegen?

(1) _____

(2) _____

h. Kann sich der Schuldner gegen die Zwangsvollstreckung zur Wehr setzen?

_____

Voraussetzungen: (1) _____

(2) _____

(3) _____

Rechtsfolgen: _____

i. Wie kann das Gericht entscheiden, wenn der Schuldner Rechtsmittel gegen die als Europäischen Vollstreckungstitel bestätigte Entscheidung eingelegt?

(1) _____

(2) _____

(3) _____

4. **Verordnung über die gerichtliche Zuständigkeit und die Anerkennung und Vollstreckung von Entscheidungen in Zivil- und Handelssachen**

Rechtsanwendung (LF 01, 02, 03, 04, 08, 09, 10, 11, 12, 13, 14)

a. In dieser Verordnung werden Details zur allgemeinen, besonderen, ausschließlichen Zuständigkeit und zu Zuständigkeitsvereinbarungen getroffen. Welches Leitprinzip bei der Zuständigkeitsfrage lässt sich hieraus ableiten, wenn innerhalb der EU auf Zahlung einer Geldforderung geklagt wird?

> Wenn es um die Frage der Zuständigkeit des angerufenen Gerichts geht, was prüft das Gericht als erstes?
>
> ....

Falls vorhanden → .... / Falls nicht vorhanden → ....

b. Kennzeichnen Sie das Verfahren für einen deutschen Gläubiger auf **Anerkennung und Vollstreckung** in einem EU-Mitgliedsstaat.

1. Was benötigt der Gläubiger als Grundvoraussetzung?	
2. Was muss er sich ausstellen lassen, um in einem EU-Staat vollstrecken zu können?	
3. Wo muss er sich zu „Tz 2" hinwenden?	
4. Was muss er dabei beachten?	
5. Muss der Schuldner vor Ausstellung der Bescheinigung im Regelfall gehört werden?	
6. An wen wendet sich der Gläubiger zwecks Vollstreckung im EU-Mitgliedsstaat?	

I. Wiederholungsfragen — 5. Zwangsvollstreckung

c. Steht dem Schuldner ein Anfechtungsrecht zu?

d. Kann ein EU-Gläubiger aus einem ausländischen Vollstreckungstitel ohne Vollstreckungsklausel vollstrecken?

e. Welche Möglichkeiten stehen einem deutschen Schuldner zu, das heißt, welcher „Verteidigungs"-Antrag, sich gegen die Vollstreckung eines EU-Gläubigers zur Wehr zu setzen, könnte eingelegt werden, sofern ...

(1) ... gegen ihn eine Versäumnisentscheidung ergangen ist und er infolge verspäteter Zustellung des verfahrenseinleitenden Schriftsatzes keine Chance hatte, sich vorzubereiten und zu verteidigen

Antrag: _____ § _____ ZPO

Zuständigkeit: _____

(2) ... eine Entscheidung aus einem EU-Land eine dem deutschen Recht unbekannte Maßnahme oder Anordnung enthält. Sie soll daher an eine deutsche Maßnahme oder Anordnung, mit ähnlicher Wirkung angepasst werden. Allerdings geht diese Eu-Maßnahme in ihrer Wirkung über die der deutschen hinaus. Es handelt sich hierbei um eine Maßnahme

– des Gerichtsvollziehers oder Vollstreckungsgerichts, Antrag: _____

– Entscheidung des Vollstreckungsgerichts oder Vollstreckungsmaßnahmen des Prozessgerichts:

Antrag: _____

– Vollstreckungsmaßnahme des Grundbuchamtes, Antrag: _____

(3) ... der Schuldner eine Entscheidung aus dem entsprechenden EU-Land des vollstreckenden Gläubigers vorlegen kann, aus dem sich die Nichtvollstreckbarkeit oder die Beschränkung der Vollstreckbarkeit ergibt.

Antrag: _____

5. **Verordnung (EU) Nr. 655/2014 zur Einführung eines Verfahrens für einen europäischen Beschluss zur vorläufigen Kontenpfändung (Arrestbeschluss)**

a. Nennen Sie zwei zentrale Ziele dieser Verordnung.

Rechtsanwendung (LF 01, 02, 03, 04, 08, 09, 10, 11, 12, 13, 14)

b. Nennen Sie die Voraussetzungen für einen Europäischen Arrestbeschluss.

(1) _____

_____

(2) _____

_____

(3) _____

_____

(4) _____

_____

c. Kennzeichnen Sie das Verfahren zum Erlass eines Europäischen Beschluss zur vorläufigen Kontenpfändung (EuBvKpf).

	Verfahren zum Erlass eines EuBvKpf
1. Wodurch wird das Verfahren in Gang gesetzt?	
2. Besteht Anwaltszwang?	
3. Wo ist der Antrag einzureichen?	
4. Sofern die Voraussetzungen erfüllt sind, was hat das Gericht innerhalb welcher Frist zu tun?	
5. Was kann der Gläubiger tun, wenn ihm die Angabe der kontoführenden Bank nicht möglich ist, wenn er aber die Vermutung hat, dass der Schuldner ein oder mehrere Bankkonten in einem anderen Mitgliedstaat hat?	
6. Wie wird im Vollstreckungsstaat vollstreckt, wenn sich das Ursprungsgericht im selben Mitgliedstaat befindet wie die im EuBvKpf aufgeführte Bank?	
7. Wie wird bei einer grenzüberschreitenden Vollstreckung verfahren (sofern der EuBvKpf einer Bank eines anderen Mitgliedstaates als dem des erlassenden Gerichts zugestellt wird)?	
8. Wie verfährt die Bank, wenn sie den EuBvKpf erhält?	

II. Prüfungsaufgaben 1. Anwaltliches Aufforderungsschreiben und Klageverfahren

II. Prüfungsaufgaben

1. Anwaltliches Aufforderungsschreiben und Klageverfahren

1.1 Anwaltliches Aufforderungsschreiben; Zuständigkeiten und Prozessparteien

1. Wo können die folgenden Erkundigungen eingezogen werden über:

Sachverhalt	Zuständige Stelle
a. Personen, die der Verpflichtung zur Abgabe der Vermögensauskunft nicht nachgekommen sind	
b. Eigentümer eines bestimmten Grundstücks	
c. Geschäftsführer der XY-GmbH	
d. Vorsitzenden eines eingetragenen Vereins	

2. Rechtsanwalt Schlau hat soeben ein anwaltliches Aufforderungsschreiben diktiert, es endet mit dem abschließenden Satz: „Sollten Sie nicht bis zum ... Zahlung geleistet haben, werde ich namens meines Mandanten Klage erheben". Um welche Art von Aufforderungsschreiben handelt es sich hierbei und welche gebührenrechtlichen Konsequenzen ergeben sich hieraus?

Aufforderungsschreiben: _____

Gebühr: _____

3. Sofern für die folgenden Sachverhalte jeweils anwaltliche Aufforderungsschreiben gefertigt werden müssten, wie hoch wäre jeweils der Zinssatz bei der Berechnung etwaig entstehender gesetzlicher Verzugszinsen? Unterstellen Sie einen Basiszinssatz von 3 %.

Sachverhalt	Höhe des Zinssatzes
a. Honorarforderung des Steuerberaters gegenüber Peter Müller eKfm	
b. Honorarforderung des Rechtsanwalts gegenüber einer Rentnerin	
c. Rechtsgeschäft zwischen der Krause & Müller OHG und einem Zahnarzt wegen eines Behandlungsstuhls für die Zahnarztpraxis	
d. Rechtsgeschäft zwischen der XY-GmbH mit einem freiberuflich tätigen Architekten über einen Aktenschrank für sein Büro	
e. Ein Gewerbetreibender und seine nicht berufstätige Ehefrau leasen gemeinsam einen Pkw, den der Gewerbetreibende geschäftlich und die Ehefrau privat nutzt. Es besteht gesamtschuldnerische Haftung.	

4. Welche Gerichtsbarkeit ist in den folgenden Fällen jeweils zuständig?

Sachverhalt	Gerichtsbarkeit
a. Karl Bösebrecht schlug auf dem Jahrmarkt Herrn Pech einen Zahn aus. Dieser zeigt ihn wegen Körperverletzung an.	
b. W. Kleinlich streitet mit dem Finanzamt vor Gericht um die Anerkennung von bestimmten Werbungskosten.	
c. B. Trug hatte 7 Millionen Euro Steuern hinterzogen. Er wird deswegen angeklagt.	
d. Die Stadt Hamburg hat für die Verwaltung 5 neue PC gekauft. Sie wird von der Büro-GmbH auf Zahlung verklagt.	

Rechtsanwendung (LF 01, 02, 03, 04, 08, 09, 10, 11, 12, 13, 14)

Sachverhalt	Gerichtsbarkeit
e. Die zuständige Behörde hatte den Bauantrag von Herrn Schnell abgelehnt. Er will Klage erheben.	
f. Der bei der XY-GmbH angestellte J. Müller erleidet während der Arbeitszeit einen Unfall. Er will auf Anerkennung als Arbeitsunfall klagen.	
g. Dem seit Jahren tadellos arbeitenden Herrn Klein wurde gekündigt. Er will Klage erheben.	

5. Bestimmen Sie für die folgenden Fälle das jeweils **sachlich und örtlich zuständige Gericht**. Geben Sie dabei eine Kurzbegründung und auch die maßgeblichen Paragrafen an:

    a. Herr Müller, aus Wiesbaden, verkaufte sein Schlagzeug-Set für 2.500,00 Euro an einen Bekannten aus Mainz. Nachdem die Übergabe bereits erfolgte, weigert sich sein Bekannter mit immer neuen Ausreden den geschuldeten Kaufpreis zu zahlen. Herr Müller möchte den Kaufpreis einklagen.

    Sachlich: _____

    Örtlich: _____

    b. T. Sauber aus Köln möchte Herrn Mullig aus Düsseldorf wegen einer Darlehensforderung über 17.000,00 Euro verklagen.

    Sachlich: _____

    Örtlich: _____

    c. Herr Klein aus Bonn besitzt in Mainz ein Haus, das er an Herrn Groß vermietet hat. Aufgrund verschiedener Vorkommnisse möchte Herr Klein Räumungsklage erheben. Die monatliche Kaltmiete beträgt 800,00 Euro. Bestimmen Sie auch den Gebührenstreitwert.

    Sachlich: _____

    Örtlich: _____

    Gebührenstreitwert: _____

    d. Herr Huber aus Hamburg verursacht in Mainz einen Unfall, bei dem er Herrn Schneider aus München schwer verletzt. Da Herr Schneider eine bleibende körperliche Beeinträchtigung zurückbehalten wird, möchte er auf Zahlung einer lebenslangen Rente über monatlich 400,00 Euro klagen. Herr Huber ist bei der XY-Versicherungs-AG aus Frankfurt versichert. Bestimmen Sie auch den Zuständigkeitsstreitwert.

    Sachlich: _____

    Örtlich: _____

    Zuständigkeitsstreitwert: _____

    e. Herr Klos aus Augsburg, Eigentümer und Vermieter eines in München gelegenen Geschäftsraums, möchte gegen seinen Mieter auf Mietrückstände über sieben Monate klagen. Die Monatsmiete beträgt 1.000,00 Euro.

    Sachlich: _____

    Örtlich: _____

II. Prüfungsaufgaben   1. Anwaltliches Aufforderungsschreiben und Klageverfahren

f. Die Klunker-GmbH aus Mainz verkaufte an Albert Müller eKfm, Duisburg, Schmuck im Wert von 4.500,00 Euro. Im Vertrag wurde das AG Mainz als Gerichtsstand vereinbart. Ist die Gerichtsstandsvereinbarung zulässig?

_____

_____

_____

g. Herbert Klapp aus Hamburg verkauft an Herrn Schnell aus Köln sein Mountainbike für 1.300,00 Euro. Im Vertrag legt Herr Klapp fest, dass für eventuelle Streitigkeiten das AG Hamburg zuständig sein soll. Nachdem Herr Schnell den Kaufpreis nicht innerhalb der gesetzten Fristen zahlte, möchte Herr Klapp Klage erheben.

_____

_____

h. Vermieter Huber aus München vermietet in Köln eine Wohnung an Norbert Made. Da Herr Made die Mietzahlungen über monatlich jeweils 500,00 Euro seit 4 Monaten eingestellt hat, möchte Herr Huber auf Zahlung der Mietrückstände und Räumung der Wohnung klagen. Da er in München wohnt und ihm die Anreise nach Köln zu weit ist, trifft er mit Herrn Made nach Entstehung der Streitigkeit eine Vereinbarung, dass das zuständige Gericht in München Gerichtsstand für den Rechtsstreit sein soll.

_____

_____

i. Die XY- GmbH mit Sitz in Düsseldorf verklagt die WV- GmbH mit Sitz in Hamburg auf 23.000,00 Euro Kaufpreisforderung. Geben Sie zusätzlich auch die funktionelle Zuständigkeit an.

Sachlich: _____

Örtlich: _____

Funktionell: _____

j. Holger Groß hat in Freiburg (Deutschland) den Geschäftssitz seines Handwerksbetriebes. Er hatte bei dem in Colmar (Frankreich) wohnenden Buchhändler Pierre Livre an Ostern einen Wasserrohrbruch behoben. Da dieser auf alle Mahnungen nicht reagierte, muss Groß ihn auf Zahlung von 2.000,00 Euro verklagen. Als Gerichtsstand wurde Freiburg schriftlich vereinbart.

_____

_____

k. Steuerberater Krause aus Heilbronn hatte bei der RENO-Fix-GmbH mit Sitz in Köln zwei Bürostühle für sein Büro gekauft. Da er mit beiden nicht zufrieden ist, verweigert er die Zahlung. Da bei Vertragsschluss Köln als Gerichtsstand vereinbart war, möchte die RENO-Fix-GmbH ihn auf Kaufpreiszahlung über 1.450,00 Euro in Köln verklagen.

_____

_____

_____

Rechtsanwendung (LF 01, 02, 03, 04, 08, 09, 10, 11, 12, 13, 14)

6. Kreuzen Sie an, ob die jeweilige Person parteifähig ist oder nicht.

Person	Parteifähig	Nicht parteifähig
a. Der vier Wochen alte Säugling		
b. Die Gesellschaft bürgerlichen Rechts		
c. Der rechtsfähige Verein		
d. Der nicht rechtsfähige Verein		
e. Die Schmidt & Mayer OHG		
f. Die XY- GmbH		
g. Der Rentner Rudi Rostig		
h. Die Stadt Berlin		

7. Kreuzen Sie für die folgenden Personen jeweils an, ob es sich um eine natürliche Person, eine Personengesellschaft, eine juristische Person oder um einen nicht rechtsfähigen Verein handelt. Kreuzen Sie ebenfalls an, ob die betreffende Person parteifähig ist oder nicht.

Person	Natürliche Person	Personengesellschaft	Juristische Person	Nicht rechtsfähiger Verein	Parteifähig	Nicht parteifähig
a. Turnverein Mainz e.V.						
b. Winzergenossenschaft (e.G.)						
c. Müller & Mayer OHG						
d. Toni Mayer						
e. Hubert & Klein KG						
f. Kaninchenzüchterverein Kleinklickersdorf						
g. Minimax- GmbH						
h. High- Tec – AG						
g. Wolfgang Schmitt, GbR, Rechtsanwälte						
h. Tim Strupp & Partner, Rechtsanwälte						

8. Wer vertritt die folgenden prozessunfähigen Personen?

Person	Vertretung erfolgt durch:
a. Die Stadt Mainz	
b. Säugling Eva	
c. Die Aktiengesellschaft	
d. Die Kommanditgesellschaft (KG)	
e. Die GmbH	
f. Die Offene Handelsgesellschaft (OHG)	

II. Prüfungsaufgaben 1. Anwaltliches Aufforderungsschreiben und Klageverfahren

9. Der 17-jährige Tobias Müller verursacht mit seinem Mountainbike einen Unfall. Der Geschädigte fordert deswegen 700,00 Euro Schadensersatz von Tobias.

   a. Ist Tobias parteifähig?

   b. Ist Tobias prozessfähig?

   c. Gegen wen ist die Klage einzureichen?

10. Kreuzen Sie an, ob die jeweilige Aussage richtig oder falsch ist.

Aussage	richtig	falsch
a. Die Rechtsfähigkeit nach BGB ist gleichzusetzen mit der Prozessfähigkeit nach ZPO.		
b. Ein 17 Jähriger ist stets postulationsfähig.		
c. Wer parteifähig ist, ist auch immer prozessfähig.		
d. Eine OHG kann nicht Partei in einem Prozess sein.		
e. Wer prozessfähig ist, ist auch parteifähig.		

11. Rechtsanwalt Schlau hat von Herrn Schröder Prozessvollmacht nach § 81 ZPO erteilt bekommen. Ist Rechtsanwalt Schlau auch hierdurch befugt, den Streitgegenstand in Empfang nehmen zu dürfen?

12. Der Geschäftsführer der Mainzel- GmbH, Dr. Schnell, wendet sich in einer Kaufpreisangelegenheit an Rechtsanwalt Braun, Mainz. Ein Kunde weigert sich hartnäckig den vertraglich festgelegten Kaufpreis von 4.500,00 Euro zu zahlen. In dieser durchschnittlichen Angelegenheit erteilt er Rechtsanwalt Braun den Auftrag, in einem anwaltlichen Schreiben den Schuldner zur Zahlung aufzufordern. Dieses Schreiben endet mit der Formulierung: „Sofern Sie den geforderten Kaufpreis nebst Verzugszinsen nicht bis zum 15.05. .... zahlen sollten, werde ich meinem Mandanten empfehlen, Klage gegen Sie zu erheben."

   a. Um welche Art von anwaltlichem Aufforderungsschreiben handelt es sich hierbei?

   b. Welche Gebühr darf Rechtsanwalt Braun hierfür abrechnen? (mit Angabe der Vorschrift)

   c. Sofern keine abweichende Regelung besteht, welche Verzugszinsen dürfen nach BGB angesetzt werden, sofern es sich bei dem Geschäftspartner um einen Verbraucher handelt?

   d. Die Adresse des Schuldners ist dem Mandanten nicht bekannt, da er vermutlich nach Düsseldorf verzogen ist. Nennen Sie drei sinnvolle Möglichkeiten die Adresse ausfindig zu machen.

Rechtsanwendung (LF 01, 02, 03, 04, 08, 09, 10, 11, 12, 13, 14)

e. Rechtsanwalt Braun wird beauftragt, für seinen Mandanten Klage zu erheben. Kreuzen Sie hierzu die richtige Lösung an. Ist die Mainzel – GmbH .....

	JA	NEIN
Rechtsfähig?		
Prozessfähig?		
Geschäftsfähig?		
Parteifähig?		

f. Wie lautet die korrekte Parteienbezeichnung auf der Klägerseite?

g. Bei welchem Gericht wird die Klage erhoben?

Sachlich:

Örtlich:

h. Wäre vor Entstehung der Streitigkeit eine Gerichtsstandsvereinbarung möglich?

i. In welcher Höhe müssten Gerichtskosten eingezahlt werden? (mit Vorschriften)

j. Wie sieht die Gebührenrechnung von Rechtsanwalt Braun aus, sofern er die Klage auftragsgemäß eingereicht hat und nach einem Verhandlungstermin Urteil zugunsten seines Mandanten erging?

Gebührenrechnung

II. Prüfungsaufgaben 1. Anwaltliches Aufforderungsschreiben und Klageverfahren

13. In der Kanzlei von Rechtsanwalt Streit ist folgender Sachverhalt mit unten stehenden Aufgabenstellungen zu bearbeiten.

Sachverhalt

Gläubiger:	Theo Klein, Obstgasse 9, 55122 Mainz
Rechtsanwalt:	Ludwig Streit, Glockenstraße 7, 55120 Mainz
	Telefon: 06131 4040567
	Telefax: 06131 4040568
Schuldner:	Olaf Schröder, Obstweg 19, 55122 Mainz

05.05.20xx	Verkaufsannonce des Gläubigers mit Bildern über ein gebrauchtes Mountainbike für 1.000,00 Euro
07.05.20xx	Antwort des Schuldners auf die Annonce mit dem Hinweis, dass er bereit sei, das Fahrrad für 800,00 Euro zu kaufen
08.05.20xx	Antwort des Gläubigers lautend über 900,00 Euro als äußerstes Preislimit
09.05.20xx	Schuldner teilt mündlich mit, dass er das Fahrrad für 900,00 Euro kaufe.
21.05.20xx	Schuldner holt das Fahrrad beim Gläubiger mit der Bitte ab, den Kaufpreis erst am 30.05.20xx zahlen zu müssen, da dann sein Maigehalt auf dem Konto sei und er derzeit den Kaufpreis nicht aufbringen könne. Der Gläubiger akzeptiert dies und es wird der 30.05.20xx als Kaufpreisdatum vereinbart. Die wichtigsten Vertragsbestandteile werden kurz schriftlich festgehalten und von beiden unterschrieben.

14.06.20xx und 30.06.20xx Mahnschreiben des Gläubigers, letzter Zahlungstag: 15.07.20xx, allerdings erfolgte kein Zahlungseingang; hierfür entstanden Zinsen in Höhe von 9,00 Euro und Kosten in Höhe von 5,00 Euro.

20.07.20xx	Herr Klein schaltet Rechtsanwalt Streit ein und beauftragt diesen, den Sachverhalt zu prüfen und Herrn Schröder außergerichtlich schriftlich aufzufordern, den Kaufpreis nebst entstandener Zinsen zu zahlen.

Hinweis:	Es handelt sich um eine durchschnittliche Angelegenheit.

Aufgabenstellungen:

1. Erstellen Sie einen für den Sachverhalt zutreffenden Schriftsatz.
2. Formulieren Sie dabei einen passenden Briefschluss.
3. Geben Sie auch die angefallenen Kosten an.
4. Das Datum kann von Ihnen gewählt werden.

Bearbeitungszeit: 60 Minuten

Rechtsanwendung (LF 01, 02, 03, 04, 08, 09, 10, 11, 12, 13, 14)

14. **Sachverhalt mit englischem Bezug**

In der Kanzlei von Rechtsanwalt Dr. Specht ruft der Inhaber eines schottischen Unternehmens, Herr Bunnahabhain, an. Er befindet sich zur Zeit in Frankfurt und ruft vom Hotel aus in der Kanzlei in Wiesbaden an. Frau Klein am Empfang nimmt das Gespräch entgegen.

Frau Klein: Anwaltskanzlei Dr. Specht, mein Name ist Christina Klein, was kann ich für sie tun?

a. Nehmen Sie die Rolle von Frau Klein ein und führen Sie das Gespräch auf englisch, in dem Sie die deutschen Antworten ins englische übersetzen.

Mr Bunnahabhain: My name is Bunnahabhain. May I talk to you in english?

(1) Frau Klein: Ja, natürlich. Ich habe Ihren Namen nicht verstanden. Könnten Sie ihn bitte buchstabieren?

Mr. Bunnahabhain: That`s B U N N A H A B H A I N and my first name ist Steve.

(2) Frau Klein: Oh ... Herr Bunnahabhain ... bitte entschuldigen sie ... . Ich habe nicht realisiert, dass sie es sind. Wie geht es ihnen? Schön, dass sie wieder einmal in Deutschland sind. Kann ich ihnen helfen?

Mr Bunnahabhain: Yes .... Unfortunately I have some problems with a customer, who recently lives in Wiesbaden. I sold 50 umbrellas to him but he did not pay and he does not react to any reminders. Could I talk to Dr. Specht because of that?

(3) Frau Klein: Könnten sie bitte einen Moment in der Leitung bleiben? Ich stelle sie zu ihm durch.

(4) Frau Klein (nach einem Moment): Herr Bunnahabhain? Danke, dass sie gewartet haben. Ich befürchte Dr. Specht ist momentan nicht erreichbar. Möchten sie eine Nachricht hinterlassen?

Mr Bunnahabhain: Yes, sure. Please tell him to call me back on 069 4711. I`d like to discuss the matter with him.

(5) Frau Klein: Ja natürlich, ich leite ihm die Nachricht weiter. Es war schön, wieder einmal etwas von ihnen gehört zu haben. Vielen Dank, dass sie angerufen haben, Herr Bunnahabhain. Auf wiederhören.

Mr Bunnahabhain: Good bye.

II. Prüfungsaufgaben   1. Anwaltliches Aufforderungsschreiben und Klageverfahren

b. Nachdem Herr Bunnahabhain zwischenzeitlich mit Dr. Specht gesprochen hat, ist ein außergerichtliches anwaltliches Aufforderungsschreiben in englisch für folgenden Sachverhalt zu erstellen:

Herr Bunnahabhain erteilt der Kanzlei Dr. Specht die Vollmacht, den seit kurzem in Wiesbaden wohnenden und nur englisch sprechenden Kunden John Smith, Hauptstraße 9, 65185 Wiesbaden im Namen der Bunnahabhain Ltd, Academy Street, Inverness, Highland, IV2 3PY, Scotland, vertreten durch ihren Geschäftsführer Steve Bunnahabhain, außergerichtlich zur Zahlung von 1.000,00 Euro nebst Verzugszinsen in Höhe 23,00 Euro aufzufordern. Der Kaufvertrag über 50 Regenschirme der Marke RAIN XL wurde am 21. Mai 20 .. geschlossen, die Lieferung erfolgte am 23. Mai 20 .. und der Kaufpreis war am 2. Juni 20 .. fällig. Auf die Rechnung und auf die Mahnschreiben vom 20. Juni und 10. Juli 20 .. erfolgte keine Reaktion. Es wird jetzt eine letzte Zahlungsfrist bis zum 10. August 20 .. gesetzt.

Hinweis: Hinsichtlich der Gebühren ist nur ein kurzer Hinweis aufzunehmen. Das Tagesdatum für das Schreiben darf frei gewählt werden.

15. **Sachverhalt mit englischem Bezug**

In der Rechtsanwaltskanzlei von Dr. Streit & Partner, Rechtsanwälte geht die folgende Email ein:

Eingang

From: tony-wiliams@drummegastore-london.com
To: info@rechtsanwaltstreit-mainz.de
Subject: Appointment
Date: 10 July 20 ..

Dear Sir or Madam
I am running a business in London and I am engaged in promising contract negotiations with a new potential partner in Mainz. I have some questions about German company and contract law.

Thus, I would like to arrange an appointment with one of your solicitors. As I am in Mainz next week it would be great, if we could find a convenient time.

Yours faithfully
Tony Wiliams

---

a. Fassen Sie den Inhalt auf einer Notiz für Ihren Chef, Dr. Streit, in deutsch zusammen.

Notiz

Email von Herrn Tony Wiliams, London
Eingang 10. Juli 20 ..

Rechtsanwendung (LF 01, 02, 03, 04, 08, 09, 10, 11, 12, 13, 14)

b. Sie erhalten von Dr. Streit als Antwort folgende Notiz:

Notiz

Email von Herrn Tony Wiliams, London
Eingang 10. Juli 20 ..

Bitte Termin für Mittwoch, den 14. Juli 20 .. , 14:00 Uhr vereinbaren,

ich werde mich selbst um diese Angelegenheit kümmern und den Termin wahrnehmen,

fragen Sie ihn nach dem geschätzten zeitlichen Umfang des Termins und
ob er mir bereits zwecks Vorbereitung Informationen zumailen könnte.

S.

Formulieren Sie hieraus eine passende Email-Antwort auf englisch.

Senden

Von: info@rechtsanwaltstreit-mainz.de
An: tony-wiliams@drummegastore-london.com
Betreff: Appointment
Datum: 11. Juli 20 ..

II. Prüfungsaufgaben 1. Anwaltliches Aufforderungsschreiben und Klageverfahren

1.2 Zustellung

1. An wen hat die Zustellung zu erfolgen, sofern der Zustellungsadressat nicht prozessfähig ist?

   _____

2. Herr Müller wird in einem Prozess durch Rechtsanwalt Schlau vertreten. An wen hat die Zustellung zu erfolgen?

   _____

3. Die dreijährige Klara erhält keine Unterhaltszahlungen, so dass sie Klage gegen ihren Vater erheben muss. An wen ist auf der Klägerseite zuzustellen?

   _____

4. Peter Pleite, der bisher von Rechtsanwalt Dr. Streit vertreten wurde, soll die Ladung zur Abgabe der Vermögensauskunft zugestellt werden. An wen hat die Zustellung zu erfolgen?

   _____

5. Toni Huber soll ein Urteil zugestellt werden, er wird aber zu Hause nicht angetroffen. Wie kann in diesem Fall dennoch wirksam zugestellt werden?

   _____

6. Peter Panzer befindet sich gerade im Manöver, als ihm eine gerichtliche Ladung zugestellt werden soll. An wen kann ersatzweise zugestellt werden?

   Ersatzzustellung an: _____

7. Frau Klein und ihr Mann leben seit einem Jahr in getrennten Wohnungen desselben Mietshauses. Mittlerweile hat Frau Klein gegen ihren Mann die Scheidung eingereicht. Als die Antragsschrift Herrn Klein zugestellt werden soll und dieser zu diesem Zeitpunkt beruflich unterwegs ist, befindet sich Frau Klein zufälligerweise in dessen Wohnung, ihrer ehemaligen gemeinsamen Wohnung, um noch ein paar Sachen abzuholen. Frau Klein nimmt das Schreiben an. Ist hier rechtswirksam zugestellt worden (mit Paragrafenangabe)?

   _____ § _____

8. Die Herren Grün und Blau haben einen Prozessvergleich geschlossen. Wie wird hier die Zustellung veranlasst und durchgeführt?

   _____

9. Kreuzen Sie für die folgenden Fälle an, ob rechtswirksam zugestellt wurde.

Fall	Zustellung wirksam	Zustellung unwirksam
a. Frau Schön wird ein an sie adressiertes Schriftstück an der Bushaltestelle übergeben. Sie weigert sich dies anzunehmen.		
b. Der Zustellungsadressat wird in seiner Wohnung nicht angetroffen. Deshalb wird das Schriftstück dem Klempner übergeben, der vom Hausmeister beauftragt wurde, in der Wohnung den Wasserrohrbruch zu beseitigen.		
c. Ein Prozessvergleich soll zugestellt werden. Da der Zustellungsadressat auf Geschäftsreise ist, wird der Schriftsatz in den Geschäftsräumen einem Mitarbeiter des Adressaten übergeben.		

10. Eine Terminsladung soll Bodo Wüterich zugestellt werden. Er wird zwar zu Hause angetroffen, ist aber nicht bereit, das Schriftstück anzunehmen. Wie kann hier rechtswirksam zugestellt werden?

    _____

Rechtsanwendung (LF 01, 02, 03, 04, 08, 09, 10, 11, 12, 13, 14)

1.3 Klage

1. Worauf kann der Klageantrag bei der Feststellungsklage gerichtet sein?

2. Welche Wirkung hat eine Feststellungsklage?

3. Welche Arten von Feststellungsklagen gibt es?

4. Worauf ist der Klageantrag bei einer Gestaltungsklage gerichtet?

5. Bertram Laut übt bevorzugt in den Sommermonaten nachts um 03:00 Uhr bei offenem Fenster Tuba. Sein Nachbar möchte deshalb auf Unterlassung klagen. Kreuzen Sie in dem folgenden Schema die zutreffende Klageart an.

Klage	Zutreffende Klagebezeichnung
a. Feststellungsklage	
b. Stufenklage	
c. Widerklage	
d. Leistungsklage	
e. Gestaltungsklage	

6. Geben Sie für die folgenden Sachverhalte an, welche Klageart jeweils vorliegt.

Sachverhalt	Klageart
a. Der Arbeitnehmer klagt gegen seinen Arbeitgeber auf Feststellung, dass die Kündigung unwirksam ist und das Arbeitsverhältnis weiter bestehe.	
b. Herr Eitel klagt gegen die Journalistin Schnell darauf, dass ihr verboten werden soll, weiter zu behaupten, dass seine Haare gefärbt seien.	
c. Vermieter V klagt auf Räumung der Wohnung.	
d. Klage auf Auflösung einer KG.	
e. A klagt gegen B darauf, dass B der Löschung einer Grundschuld im Grundbuch zustimmt.	
f. K klagt gegen B auf Herausgabe eines Fahrrades.	

II. Prüfungsaufgaben 1. Anwaltliches Aufforderungsschreiben und Klageverfahren

7. Bei einer Leistungsklage muss grundsätzlich Fälligkeit des zugrunde liegenden Anspruchs vorliegen. Sind Ihnen Ausnahmen bekannt?

8. Was ist unter einer Stufenklage zu verstehen?

9. Herr Klein möchte Frau Gemein auf 2.000,00 Euro Kaufpreiszahlung verklagen. Außerdem hat er auch noch einen Anspruch aus Werkvertrag über 500,00 Euro gegen sie. Kann er die Ansprüche in einer Klage miteinander verbinden? Begründen Sie kurz.

10. Herr Müller hat gegen seinen Arbeitgeber, Rechtsanwalt Hurtig, einen unstreitigen Anspruch auf 1.500,00 Euro rückständigen Arbeitslohn. Außerdem hatte Herr Müller Herrn Hurtig privat seinen gebrauchten PKW für 11.000,00 Euro verkauft. Die Kaufpreiszahlung steht seit drei Monaten und etlichen Mahnungen noch aus. Kann Herr Müller die beiden Ansprüche zu einer Klage gegen Herrn Hurtig verbinden? Begründen Sie kurz.

11. Rechtsanwalt Schlau klagt für seinen Mandanten auf Unterlassung rufschädigender Behauptungen gegenüber seinem Mandanten. Nachdem die Klageschrift dem Beklagten zugestellt wurde, setzt das Gericht einen Termin fest, in dem streitig verhandelt wird. Im Termin erklärt die Klägerpartei, dass sie ab jetzt nicht mehr auf Unterlassung, sondern auf 10.000,00 Euro Schadensersatz klage. Ist dies möglich? Begründen Sie kurz.

12. Rechtsanwalt Schlau vertritt den Mandanten Huber in einem Schadensersatzprozess über 1.500,00 Euro. Nachdem im ersten Termin die streitigen Anträge gestellt wurden und seine zwei Zeugen in der Beweisaufnahme nur sehr diffuse Angaben zum Unfallhergang machten, bittet Herr Huber Rechtsanwalt Schlau die Klage zurückzunehmen. Der Beklagte widerspricht diesem Anliegen, da er ein Urteil möchte. Kann die Klage zurückgenommen werden? Begründen Sie kurz.

Rechtsanwendung (LF 01, 02, 03, 04, 08, 09, 10, 11, 12, 13, 14)

13. Herr Grün, mit Wohnsitz in Mainz, wird von Möbelhändler Huber, Wiesbaden, auf Zahlung eines Restkaufpreises in Höhe von 3.000,00 Euro verklagt. Herr Grün wiederum erhebt Widerklage, das heißt, er beantragt Klageabweisung und die Rückzahlung der Anzahlung in Höhe von 800,00 Euro.

    a. Unter welchen Voraussetzungen ist eine Widerklage nach ZPO zulässig?

    b. Vor welchem sachlich und örtlich zuständigem Gericht findet der Prozess statt?

    Sachlich: _____

    Örtlich: _____

    c. Wie hoch ist der Gebührenstreitwert?

14. Herr Huber hatte Herrn Klein einen 90-tägigen Wechselkredit eingeräumt, worüber auch formgerecht ein Wechsel nach WechselG gezogen wurde. Als Herr Huber diesen nach 90 Tagen einlösen lässt, stellt sich leider heraus, dass der Wechsel mangels Deckung nicht eingelöst werden kann. Der Wechselprotest wird formell korrekt durch eine entsprechende Protesturkunde dokumentiert.

    a. Welche besondere Klage kann hier vom Rechtsanwalt eingereicht werden?

    b. Welches besondere formale Erfordernis ist hierbei auf der Klageschrift zu beachten?

    c. Welche Beweismittel sind zugelassen (mit Paragrafenangabe)?

    d. Welche Besonderheiten sind hinsichtlich der Ladungsfristen zu beachten?

    e. Welche Besonderheiten sind hinsichtlich der örtlichen Zuständigkeit zu beachten?

    f. Welche Ansprüche können generell bei dieser besonderen Klageart geltend gemacht werden?

II. Prüfungsaufgaben 1. Anwaltliches Aufforderungsschreiben und Klageverfahren

g. Welche Vorteile bietet dieses Verfahren für Herrn Huber?

_____

_____

15. L. Günther, wohnhaft in Wiesbaden, ist bei der XY- GmbH in Mainz als Buchhalter angestellt. Am 21. November wurde ihm von seinem Arbeitgeber die Kündigung zugestellt.

   a. Sofern Herr Günther der Kündigung widersprechen möchte, bis wann muss er Kündigungsschutzklage einreichen?

   _____

   b. Welches Gericht ist sachlich und örtlich hierfür zuständig?

   _____

   c. Besteht für Herrn Günther Anwaltszwang?

   _____

   d. Sofern Herr Günther sich erstinstanzlich von einem Anwalt vertreten lässt, welche gebührenrechtliche Konsequenz ergibt sich?

   _____

   e. Mit welchem „besonderen Termin" beginnt das Verfahren? Nehmen Sie auch zur Besetzung des Gerichts Stellung.

   _____

   f. Nachdem der „besondere Termin" ergebnislos verlief, setzt das Gericht einen weiteren Termin an. Wie ist das Gericht hier besetzt?

   _____

   g. Das Gericht stellt fest, dass die Kündigung nicht gerechtfertigt ist. Wann hat die Urteilsverkündung zu erfolgen?

   _____

16. Frau Simon wohnt seit zwei Jahren in der vormalig von ihrem Mann und ihr gemeinsam bewohnten Wohnung in Mainz. Ihr seit zwei Jahren getrennt lebender Ehegatte lebt in seiner eigenen Wohnung in Frankfurt. Frau Simon begehrt die Scheidung.

   a. Wie wird das Scheidungsbegehren und wie werden die Parteien im Scheidungsverfahren bezeichnet?

   _____

   _____

   b. Bei welchem sachlich und örtlich zuständigen Gericht ist das Begehren auf Scheidung einzureichen?

   Sachlich: _____

   Örtlich: _____

Rechtsanwendung

Rechtsanwendung (LF 01, 02, 03, 04, 08, 09, 10, 11, 12, 13, 14)

c. Besteht für Frau Simon Anwaltszwang?

_____ § _____

d. Durch welche Entscheidung des Gerichts wird die Ehe geschieden?

_____

e. Welche(r)/s Rechtsbehelf/Rechtsmittel könnte gegebenenfalls innerhalb welcher Frist eingelegt werden?

Rechtsmittel/ Rechtsbehelf: _____

Frist: _____

1.4 Beginn des Klageverfahrens

1. Nennen Sie zwei echte Prozessvoraussetzungen.

   - _____

   - _____

2. In einem Rechtsstreit lässt der Richter den vom Kläger benannten Zeugen ohne jegliche Begründung nicht zu. In dem Prozess wurde von keiner Partei der Ausschluss der Öffentlichkeit beantragt. Dennoch wird eine über die Geschäftsstelle zuvor angemeldete Schulklasse vom Richter ohne Begründung zu Prozessbeginn aus dem Gerichtssaal entfernt. Gegen welche Verhandlungsgrundsätze wurde hier insbesondere verstoßen?

   _____

   _____

3. Nennen Sie zwei prozessuale Wirkungen der Rechtshängigkeit.

   - _____

   - _____

4. Welche Möglichkeiten hat das Gericht nach der Klagezustellung, den ersten Termin zur mündlichen Verhandlung vorzubereiten?

   _____

   _____

II. Prüfungsaufgaben   1. Anwaltliches Aufforderungsschreiben und Klageverfahren

5. Geben Sie sechs Beispiele, in denen das Gericht ohne mündliche Verhandlung entscheiden kann.

   - _____
   - _____
   - _____
   - _____
   - _____
   - _____

6. Kreuzen Sie an, ob die jeweilige Aussage zutreffend ist oder nicht.

Aussage	Zutreffend	Nicht zutreffend
a. Der Richter soll versuchen, in möglichst jeder Phase des Prozesses auf eine gütliche Einigung hinzuwirken.		
b. Gegen den Beklagten kann im schriftlichen Vorverfahren ein Anerkenntnisurteil ergehen, wenn er sich nicht fristgemäß gegen die Klage verteidigt.		
c. In einem Rechtsstreit beträgt der Streitwert 450,00 Euro. Das Gericht kann hier ohne mündliche Verhandlung entscheiden.		
d. Im schriftlichen Vorverfahren muss die Verteidigungsabsicht innerhalb einer zweiwöchigen Frist angezeigt werden, die Klageerwiderung hat dann innerhalb einer Notfrist von zwei Wochen zu erfolgen.		

7. In einem Prozess wird ein Termin zur mündlichen Verhandlung angesetzt. Welche streitigen Anträge stellen die Vertreter der Parteien?

   Rechtsanwalt des Klägers: _____

   _____

   Rechtsanwalt des Beklagten: _____

   _____

8. In einem Prozess wurde dem Beklagten die Klageschrift am 13.03. mit einem Beschluss, in dem das schriftliche Vorverfahren angeordnet wurde, zugestellt.

   a. Wann läuft die Verteidigungsfrist ab?

   _____

   b. Kann diese Frist verlängert werden?

   _____

   c. Wann läuft die Klageerwiderungsfrist ab, wenn der Beklagte seine Verteidigungsbereitschaft am 25.03. angezeigt hat?

   _____

   d. Welcher Zeitraum muss mindestens zwischen Klagezustellung und Termin liegen?

   _____

Rechtsanwendung (LF 01, 02, 03, 04, 08, 09, 10, 11, 12, 13, 14)

9. Anton verklagt Berthold auf Zahlung von 2.000,00 Euro. Im ersten Termin bemüht sich der Richter, die Parteien zu einer gütlichen Einigung zu bewegen, was jedoch nicht gelingt. Kurz vor dem zweiten Termin teilt der Kläger mit, dass er die Klage zurücknehme. Ist dies möglich?

10. W. Pech aus Mainz hatte seinem Schwager, wohnhaft in Frankfurt, sein Mountainbike, das er zuvor von seiner Mutter geschenkt bekam, für 700,00 Euro verkauft. Da sein Schwager die Zahlung verweigert, überlegt er, wie er ihn auf Zahlung verklagen könnte, ohne dabei ein finanzielles Risiko einzugehen. Er verfügt über kein Vermögen und kein regelmäßiges Einkommen.

   a. Welche „Hilfsmaßnahme" besteht hier nach ZPO?

   b. Was müsste Herr Pech tun, um diese zu erhalten?

   c. Welches Organ ist sachlich, örtlich und funktionell für sein Anliegen zuständig?

   Sachlich: _____

   Örtlich: _____

   Funktionell: _____

   d. Welche Voraussetzungen müssen geprüft werden, damit die Hilfsmaßnahme aus Teilziffer „a" gewährt werden kann?

   e. Besteht durch die Gewährung der Hilfsmaßnahme ein „rundum Sorglospaket" für Herrn Pech, so dass er mit der Klage überhaupt kein finanzielles Risiko eingeht?

11. Im frühen ersten Termin eines Rechtsstreits vor dem Landgericht sind die Parteien ohne ihre Anwälte anwesend. Wie wird das Gericht verfahren?

II. Prüfungsaufgaben 1. Anwaltliches Aufforderungsschreiben und Klageverfahren

1.5 Beweisverfahren

1. Welchen Inhalt hat ein Beweisbeschluss?

   - _____

   - _____

   - _____

2. In einem Schadensersatzprozess wird in der Beweisaufnahme eine Videoaufzeichnung einer Ladenkamera vom Gericht angeschaut, auf der sich ein Unfallhergang befindet. Um welches Beweismittel handelt es sich hierbei?

   _____

3. Sofern die Videoaufzeichnung aus Aufgabe 2 völlig verzerrt und damit als Beweismittel unbrauchbar wäre und der Kläger über keine weiteren Beweismittel verfügen würde, welche Möglichkeit des Beweises gäbe es noch für ihn?

   _____

4. Was geschieht, wenn ein ordnungsgemäß geladener Zeuge nicht zum Termin erscheint?

   _____

   _____

5. In einem Rechtsstreit werden folgende Zeugen geladen:

   – der Vetter des Beklagten,

   – sein Schwiegersohn,

   – seine Ehefrau,

   – sein Onkel.

   Wem steht ein Zeugnisverweigerungsrecht zu? Begründen Sie kurz.

   Vetter: _____

   Schwiegersohn: _____

   Ehefrau: _____

   Onkel: _____

6. Paul Dunkel hat dank eines Informanten für seine Zeitung eine Top-Story veröffentlicht. Die von dem Artikel betroffene Umweltschmutz-GmbH möchte den Informanten auf Schadensersatz verklagen. P. Dunkel weigert sich den Namen im Prozess bekannt zu geben. Zu Recht?

   _____

7. Pfarrer German sieht, wie ein betrunkenes Gemeindemitglied nach einem Schützenfest, den Gartenzaun von Herrn Müller beschädigt. Herr Müller klagt nach zwei Monaten gegen das Gemeindemitglied auf Schadensersatz. Pfarrer German soll in dem Prozess als Zeuge aussagen. Er weigert sich jedoch gegen sein Gemeindemitglied auszusagen. Zu Recht?

   _____

Rechtsanwendung (LF 01, 02, 03, 04, 08, 09, 10, 11, 12, 13, 14)

8. Rechtsanwalt Schlau erhebt für seine Mandantin Klage wegen einer Kaufvertragsforderung über 1.500,00 Euro. Der Beklagte bestreitet in seiner Klageerwiderung, dass überhaupt ein Kaufvertrag abgeschlossen worden sei. Er behauptet, dass ihm das Mountainbike, wegen dem die Kaufpreisforderung geltend gemacht wird, geschenkt worden sei. Welche Beweismittel könnten hier in Betracht kommen? Geben Sie auch die maßgeblichen Vorschriften an.

9. Kreuzen Sie an, ob die jeweilige Aussage richtig oder falsch ist:

Aussage	richtig	falsch
a. Ein Ortstermin ist als Beweismittel nur zulässig, wenn dieser im Zusammenhang mit einem Sachverständigengutachten durchgeführt wird.		
b. Der Verlobten des Klägers steht ein Zeugnisverweigerungsrecht zu.		
c. Beweiskraft haben in einem Prozess nur solche Urkunden, die von einem Notar notariell beurkundet sind.		
d. Als Zeugen können grundsätzlich auch alle Minderjährigen vereidigt werden, sofern ihre geistige Reife dies zulässt.		

10. Welche Beweismittel sind im selbstständigen Beweisverfahren zugelassen?

11. Welches Gericht ist für die Durchführung des selbstständigen Beweisverfahrens zuständig?

12. In welcher Form ergeht die Entscheidung über die Zulässigkeit des selbstständigen Beweisverfahrens?

13. Wer trägt die Kosten des selbstständigen Beweisverfahrens, wenn die Klage zur Hauptsache später gar nicht eingereicht wird?

14. Ein Prozess ist beim Amtsgericht in Mainz anhängig. Trotz mehrerer Verhandlungstermine gelang es dem Kläger bis dahin nicht, sein Klagebegehren schlüssig zu beweisen. Ein wichtiger Zeuge war bisher unauffindbar. Dem Kläger wird bekannt, dass sich der Zeuge in Berlin aufhält, von wo aus er innerhalb der nächsten vier Tage nach Kanada auswandern wird. Es ist weder für das Mainzer Gericht noch für den Zeugen so kurzfristig möglich, einen Termin in Mainz zu realisieren. Welche Möglichkeit gäbe es hier für den Kläger?

II. Prüfungsaufgaben 1. Anwaltliches Aufforderungsschreiben und Klageverfahren

15. Die Eheleute Klein aus Bad Kreuznach beauftragen Rechtsanwalt Dr. Schnell Klage wegen drei ausstehender Monatsmieten (Mai, Juni und Juli) gegen ihren Mieter, Herrn Grün, wohnhaft in dem vermieteten Haus in Mainz-Gonsenheim, einzureichen. Die Monatsmiete beträgt 1.800,00 Euro und ist jeweils bis zum dritten Werktag eines Monats im Voraus zu zahlen.

Rechtsanwalt Dr. Schnell schreibt den Mieter vor Klageeinreichung zunächst noch einmal außergerichtlich an und setzt ihm eine letzte Zahlungsfrist. Das Schreiben endet mit dem Satz:" Sofern sie nicht bis zum .... Zahlung geleistet haben sollten, werde ich im Auftrag meiner Mandanten Klage erheben."

a. Um welche Art von Schreiben handelt es sich dabei und welche Gebühr dürfte Rechtsanwalt Dr. Schnell abrechnen, sofern Herr Grün nach Erhalt des Schreibens direkt zahlen würde?

b. Darf der Vermieter die Miete im Voraus verlangen?

c. Muss oder soll der Streitwert in einer Klageschrift angegeben werden? Begründen Sie kurz.

d. In welcher Höhe muss der Gerichtskostenvorschuss eingezahlt werden?

e. Bei welchem Gericht wird die Klage eingereicht?

   Sachlich: _____ §§ _____

   Örtlich: _____ §§ _____

   Ist eine Gerichtsstandsvereinbarung möglich? _____

f. Formulieren Sie den zentralen Klageantrag.

g. Die Eheleute stützen ihre Beweismittel auf zwei Zeugen. Wäre eine Klage im Urkundenprozess möglich?

Rechtsanwendung (LF 01, 02, 03, 04, 08, 09, 10, 11, 12, 13, 14)

h. Herr Grün behauptet, dass ein Mietvertrag niemals bestanden habe. Er überlegt, dies gegebenenfalls gerichtlich klären zu lassen. Könnte er Widerklage erheben?

_____

_____

i. Die Klageschrift wird auftragsgemäß von Dr. Schnell am 1. August bei Gericht eingereicht und am 5. August dem Beklagten zugestellt. Wann ist die Klage ....

anhängig: _____ und wann

rechtshängig _____ ?

j. Der Richter ordnet das schriftliche Vorverfahren an und fordert den Beklagten mit Zustellung der Klage am 5. August auf, binnen zwei Wochen seine Verteidigungsabsicht anzuzeigen. Erläutern Sie diese Frist allgemein.

_____

k. Wie viel Zeit hat der Beklagte allgemein, um seine schriftliche Klageerwiderung bei Gericht einzureichen?

_____

l. Der Beklagte zeigt am 20. August bei Gericht seine Verteidigungsabsicht an. Nehmen Sie hierzu Stellung.

Fristberechnung: _____

Handlungsmöglichkeit Kläger: _____

Gebührenrechtliche Auswirkung für den Kläger-Anwalt: _____

m. Welche Möglichkeit hat der Beklagte sich gegen die „Handlungsmöglichkeit des Klägers" zur Wehr zu setzen (innerhalb welcher Frist)?

_____

16. In der Kanzlei von Rechtsanwalt Schlau ist für folgenden Sachverhalt die Klageschrift DIN gerecht zu erstellen. Bearbeitungszeit: 60 Minuten

   Erstellen Sie die Klageschrift.

   Landgericht Mainz, Diether-von-Isenburg-Straße 7, 55116 Mainz

   Sachverhalt

   Kläger: Schneider & Müller KG, Fachhandel für Elektrogeräte

                          Komplementär: Sebastian Schneider

                          Hauptstraße 9, 55122 Mainz

II. Prüfungsaufgaben   1. Anwaltliches Aufforderungsschreiben und Klageverfahren

Prozessbevollmächtigter: Rechtsanwalt
Theodor Schlau
Große Beinde 2, 55123 Mainz

Beklagter: Rüdiger Gemein
Kleine Aue 9, 55119 Mainz

Die Schneider & Müller KG betreibt in Mainz einen Elektrofachhandel. Am 15.07.20xx betrat Herr Gemein (Bürokaufmann) die Räumlichkeiten der KG und unterzeichnete nach eingehender Beratung durch Herrn Schneider am selben Tag einen Kaufvertrag über ein Homecinema-Soundsystem. Der Kaufpreis betrug 5.900,00 Euro, wobei dieser vereinbarungsgemäß bis zum 01.08.20xx gestundet wurde.

Trotz Mahnschreiben vom 15.08.20xx, 03.09.20xx und 19.09.20xx (letzte Frist bis zum 30.09.20xx) zahlte Herr Gemein den vereinbarten Kaufpreis nicht. Um die ausbleibenden 5.900,00 Euro zu kompensieren, arbeitet die KG mit Bankkredit. Über die zugrunde liegenden 100,00 Euro Zinsen liegt eine entsprechende Bankbescheinigung vor.

Der KG ist sehr daran gelegen, die Angelegenheit möglichst in einem frühen ersten Termin zu erledigen.

Ein Gütetermin wird von Seiten der KG abgelehnt, da bereits ein erfolgloser Versuch vor einer Schlichtungsstelle stattfand und entsprechend dokumentiert wurde.

Die Klägerin ist mit der Übertragung auf den Einzelrichter einverstanden.

1.6 Das Urteil

1. Wie kann ein Erkenntnisverfahren generell beendet werden? Nennen Sie vier Möglichkeiten.

   - _____
   - _____
   - _____
   - _____

2. In welchen Situationen kann eine Partei bei Säumnis des Gegners ein Versäumnisurteil beantragen?

   _____
   _____
   _____
   _____

Rechtsanwendung (LF 01, 02, 03, 04, 08, 09, 10, 11, 12, 13, 14)

3. Geben Sie für die folgenden Sachverhalte an, welche Urteilsarten jeweils vorliegen. Tragen Sie hierzu die zutreffenden Ziffern ein.

   1 Anerkenntnisurteil
   2 Verzichtsurteil
   3 Grundurteil
   4 Schlussurteil
   5 Teilurteil
   6 Vorbehaltsurteil
   7 Zwischenurteil

Sachverhalt	Ziffer
a. Das Gericht entscheidet gemäß § 241 ZPO über die Unterbrechung des Verfahrens.	
b. In einem Rechtsstreit macht Adam eine Darlehensforderung über 2.000,00 Euro und einen Kaufpreisanspruch über 1.500,00 Euro gegenüber Berthold geltend. Auf Antrag des Adam wird über die Darlehensforderung per Urteil vorab entschieden.	
c. Fortsetzung des Sachverhalts b.: Es wird jetzt über den Kaufpreisanspruch durch ein Urteil entschieden.	
d. Müller klagt gegen Mayer auf Zahlung von 2.000,00 Euro Werklohnforderung. Mayer rechnet mit einer Schadensersatzforderung auf. Das Gericht verurteilt Mayer vorbehaltlich der Entscheidung über die Aufrechnung. In einem Nachverfahren wird die Aufrechnungsforderung geprüft.	
e. In einer Unfallsache ergeht auf Antrag des Klägers ein Urteil, durch welches das Verschulden des Beklagten und somit seine Schadensersatzpflicht festgestellt wird. Über die Schadensersatzhöhe soll in einem Nachverfahren entschieden werden.	

4. Peter hatte seiner ehemaligen Freundin ein Darlehen über 2.000,00 Euro gewährt. Nachdem die Freundschaft in die Brüche ging, erhob er Klage auf Rückzahlung des Darlehens. Da mittlerweile die Freundschaft wieder auflebte, verzichtet Peter auf den geltend gemachten Anspruch und es ergeht ein entsprechendes Urteil.

   a. Welche Urteilsart liegt hier vor?

   b. Welche prozessualen Wirkungen ergeben sich im Hinblick auf den Darlehensanspruch?

   c. Wer trägt die Kosten des Rechtsstreits?

II. Prüfungsaufgaben   1. Anwaltliches Aufforderungsschreiben und Klageverfahren

5. Nennen Sie drei Möglichkeiten einen Prozess ohne Urteil zu beenden. Geben Sie auch jeweils an, welche Kostenentscheidungen damit verbunden sind.

Beendigungsmöglichkeiten	Kostentragung
(1)	
(2)	
(3)	

6. Ab wann ist ein Urteil rechtskräftig?

7. Im Urteil des Amtsgerichts sollte dem Kläger Schadensersatz in Höhe von 3.200,00 Euro zugesprochen wurden. In der Ausfertigung des Urteils stehen versehentlich nur 2.300,00 Euro. Inwiefern gibt es hier die Möglichkeit, dies richtig zu stellen?

8. Susi Ratlos ist etwas durcheinander. In welcher Reihenfolge sind Rechtskraftzeugnis, Zustellungsbescheinigung und Notfristzeugnis anzufordern? Geben Sie die Reihenfolge an, indem Sie entsprechend dem Arbeitsablauf die Ziffern 1 bis 3 in die Klammerfelder eintragen.

   ( ) Rechtskraftzeugnis
   ( ) Zustellungsbescheinigung
   ( ) Notfristzeugnis

9. Wie nennt man das letzte Teilurteil in einem Prozess? _____

10. Aufgrund wiederholten Säumnisses in einem Klageverfahren erging gegen Herrn Trödel ein zweites Versäumnisurteil. Welchen Rechtsbehelf bzw. welches Rechtsmittel könnte er gegebenenfalls hier einlegen?

11. Wie lautet der Urteilstenor, sofern der Kläger im Termin nicht erscheint und gegen ihn ein Versäumnisurteil ergeht?

Rechtsanwendung (LF 01, 02, 03, 04, 08, 09, 10, 11, 12, 13, 14)

12. Paul Säumig wurde von Herrn Klein auf Zahlung von 2.000,00 Euro Werklohnforderung verklagt. Da Herr Säumig nicht im Termin erscheint, ergeht gegen ihn ein Versäumnisurteil. Dieses wird am 7. November verkündet und am 14. November zugestellt.

    a. Durch welchen Rechtsbehelf bzw. welches Rechtsmittel kann er sich zur Wehr zu setzen?

    Rechtsbehelf / Rechtsmittel: _____

    b. Welche Frist ist hierbei zu beachten? _____
    (mit genauer Fristberechnung)

13. Kreuzen Sie in den folgenden Fällen an, ob das jeweilige Versäumnisurteil zulässig oder unzulässig ist. Geben Sie auch eine kurze Begründung an.

Sachverhalt	VU zulässig	VU unzulässig	Begründung
a. Der Beklagte erscheint vor dem Landgericht ohne Rechtsanwalt, der auf dem Weg zum Gericht einen Unfall hatte.			
b. Der Beklagte erscheint nicht zum Termin. Der Richter stellt fest, dass er nicht ordnungsgemäß geladen war.			
c. Der Beklagte erscheint im Termin vor dem AG, verhandelt aber nicht.			
d. Der Kläger und der Beklagte erscheinen nicht im Termin.			
e. Im Termin beim LG treten auf: der Rechtsanwalt des Klägers mit seinem Mandanten und Herr Müller (Beklagter). Der Anwalt des Klägers beantragt VU.			
f. Der Beklagte erscheint nicht zum Termin vor dem AG. Der Kläger beantragt VU. Er hatte in seiner Klageschrift die Rückzahlung eines Darlehens zuzüglich 26 % Zinsen gefordert.			

II. Prüfungsaufgaben   1. Anwaltliches Aufforderungsschreiben und Klageverfahren

14. Herr Klein möchte am Rhein ein Gebäude für ein Ausflugslokal bauen lassen. Da das Gelände nicht zu Bebauungszwecken von der Gemeinde ausgewiesen wurde, wird ihm die Baugenehmigung versagt. Er erhebt daraufhin Klage beim Amtsgericht. Im Termin erscheint Herr Klein ohne Rechtsbeistand, er wird vom Richter über die Zuständigkeiten belehrt. Für die Gemeinde erscheint niemand, so dass Herr Klein Antrag auf Versäumnisurteil stellt. Geben Sie mit Begründung an, wie das Gericht entscheiden wird.

15. In einem Rechtsstreit über einen Werklohnanspruch über 4.000,00 Euro gelingt es dem Richter, die Parteien zu einem gerichtlichen Vergleich zu bewegen. In diesem Vergleich wird schriftlich protokolliert, dass sich der Beklagte verpflichtet, 3.300,00 Euro an den Kläger zu zahlen. Es wird ein zweiwöchiger Widerrufsvorbehalt bis 26.11. vereinbart.

    a. Wie lautet hier die Kostenregelung?

    b. Ab wann könnte hier frühestens vollstreckt werden, sofern alle Zwangsvollstreckungsvoraussetzungen vorliegen würden?

1.7 Rechtsbehelfe und Rechtsmittel

1. K. Huber hatte vor dem Amtsgericht in Frankfurt Klage über 3.600,00 Euro erhoben. Im Urteil vom 7. Januar wurde dem Kläger ein Betrag über 700,00 Euro zugesprochen, ansonsten wurde die Klage abgewiesen. Das Urteil wurde dem Kläger am 12. Januar und dem Beklagten am 15. Januar zugestellt.

    a. Wie lautet die Kostenentscheidung?

    b. Wer könnte in die Berufung gehen?

    c. Wann endet die Berufungsfrist für den Kläger?

    d. Bis wann wäre die Berufung zu begründen?

Rechtsanwendung (LF 01, 02, 03, 04, 08, 09, 10, 11, 12, 13, 14)

2. Anton klagte gegen Berthold beim Amtsgericht Mainz auf Zahlung einer Kaufpreisforderung über 2.500,00 Euro. Nachdem in einem Termin streitig verhandelt und Beweis erhoben wurde, erfolgte die Urteilsverkündung am 7. Mai. Im Urteil wurde Anton ein Betrag von 500,00 Euro zugesprochen. Im Übrigen wurde die Klage abgewiesen. Die Zustellung des Urteils erfolgte am 14. Mai an den Anwalt von Anton und an den Anwalt von Berthold am 15. Mai.

   a. Welches Rechtsmittel könnte hier in Betracht kommen?

   b. Wo wäre das Rechtsmittel einzulegen?

   c. Wer kann dieses Rechtsmittel einlegen (kurze Begründung)?

   d. Innerhalb welcher Frist ist das Rechtsmittel einzulegen?

   e. Innerhalb welcher Frist ist das Rechtsmittel zu begründen?

   f. Nachdem der Rechtsanwalt des Berufungsklägers den Schriftsatz für die Einlegung der Berufung fertig hatte, beschloss er, mit dem zu diesem Zeitpunkt (13. Juni) in seiner Kanzlei anwesenden Berufungskläger den Schriftsatz noch schnell mit dem Pkw beim zuständigen Gericht vorbeizubringen. Auf dem Weg dorthin werden sie in einen unverschuldeten, schweren Unfall verwickelt. Beide müssen ins Krankenhaus und werden erst am 16. Juni wieder entlassen. Geben Sie mit Fristberechnung an, was hier veranlasst werden könnte.

3. Rechtsanwalt Schlau hatte am 05.07. für seinen Mandanten Müller gegen Herrn Mayer Klage auf Zahlung einer Kaufpreisforderung über 3.000,00 Euro und Schadensersatz in Höhe von 1.370,00 Euro erhoben. Im Termin zur mündlichen Verhandlung erkennt der Beklagte den Kaufpreisanspruch an. Es ergeht hierüber Urteil.

   a. Um was für ein Urteil handelt es sich hierbei? Alle zutreffenden Begriffe für die Urteilsarten sind aufzuzählen.

   b. Über den Schadensersatz wird in einem weiteren Termin streitig verhandelt. Danach ergeht Urteil, demzufolge der Beklagte 600,00 Euro (außer den bereits von ihm anerkannten 3.000,00 Euro) an den Kläger zu zahlen hat. Für wen besteht die Möglichkeit, Berufung einlegen zu können?

II. Prüfungsaufgaben   1. Anwaltliches Aufforderungsschreiben und Klageverfahren

4. Herr Peters hatte erstinstanzlich durch seinen Rechtsanwalt Klage erhoben über 3.600,00 Euro. Die Klage wurde über 1.000,00 Euro abgewiesen, der Beklagte wurde verurteilt, 2.600,00 Euro an den Kläger zu zahlen. Das Urteil wurde am 7. April verkündet und am 11. April zugestellt.

   a. Wer kann Berufung einlegen?

   b. Bis wann?

   c. Der Beklagte legte am 11. Mai Berufung ein. Herr Peters, der auch mit dem Gedanken spielte, eventuell in die Berufung zu gehen, erfährt am 15. Mai von der eingelegten Berufung des Gegners. Er ist hierüber sehr verärgert, da er gleichzeitig von seinem Rechtsanwalt erfahren hat, dass für ihn die Berufungsfrist abgelaufen sei und er aber unter diesen veränderten Umständen auch gerne Berufung eingelegt hätte. Gibt es dennoch eine Möglichkeit für Herrn Peters Rechtsmittel einlegen zu können? Kennzeichnen Sie diese Möglichkeit auch hinsichtlich ihrer Rechtswirksamkeit.

5. **Revision**

   a. Gegen welche Urteile ist die Revision statthaft?

   b. Gibt es hiervon Ausnahmen?

   c. Bei der Berufung stellt die Berufungssumme eine wichtige Zulassungsvoraussetzung dar. Kennzeichnen Sie kurz, wie dies bei der Revision geregelt ist.

   d. Wo ist die Revision einzulegen?

   e. Sofern die Revision nicht zugelassen wird, gibt es eine Möglichkeit, sich hiergegen zur Wehr zu setzen? Erläutern Sie kurz.

   f. Kennzeichnen Sie kurz die Revisions- und die Revisionsbegründungsfristen.

      Revisionsfrist:

      Begründungsfrist:

Rechtsanwendung (LF 01, 02, 03, 04, 08, 09, 10, 11, 12, 13, 14)

6. Unter welchen Voraussetzungen ist es möglich, gegen ein erstinstanzliches Endurteil des Amts- oder Landgerichts unmittelbar Revision beim Bundesgerichtshof einzulegen? Begründen Sie kurz.

   _____

   _____

7. Herrn König wurde eine Kostenentscheidung gemäß §§ 308 Abs. 2, 567 Abs. 2 ZPO über 500,00 Euro zugestellt.

   a. Innerhalb welcher Frist kann er hier welchen Rechtsbehelf/Rechtsmittel einlegen?

   _____

   b. Wo ist dieser/dieses einzulegen?

   _____

   c. Ist Ihnen innerhalb der ZPO auch eine längere Frist für diesen Rechtsbehelf/Rechtsmittel bekannt?

   _____

1.8 Fristen

1. Tragen Sie für die folgenden Rechtsbehelfe / Rechtsmittel die jeweils zutreffenden Fristen ein.

Rechtsbehelf/Rechtsmittel/Rechtshandlung	Frist
a. Berufung gegen ein erstinstanzliches Urteil	
b. Einspruch gegen Versäumnisurteil	
c. Anzeige der Verteidigungsabsicht	
d. Revision gegen ein Urteil des OLG	
e. Widerspruch gegen einen Mahnbescheid	
f. Berufungsbegründung	
g. Wiedereinsetzung in den vorigen Stand	
h. Sofortige Beschwerde (Regelfall)	
i. Revisionsbegründung	

2. Worin liegt der zentrale Unterschied zwischen richterlichen und gesetzlichen Fristen?

   Gesetzliche Fristen: _____

   Richterliche Fristen: _____

3. Herrn Kollwitz wurde ein erstinstanzliches Urteil am 3. September zugestellt; Verkündungstermin war der 26. August. Wann endet die Berufungsfrist?

II. Prüfungsaufgaben 1. Anwaltliches Aufforderungsschreiben und Klageverfahren

4. Geben Sie für die folgenden Sachverhalte jeweils den zutreffenden Rechtsbehelf bzw. das zutreffende Rechtsmittel an. Tragen Sie auch das für die jeweilige Einlegung zutreffende Fristende ein.

Sachverhalt	Rechtsmittel/-behelf	Fristende
a. Zustellung des Urteils des AG Mainz vom 07.03. am 13.03.		
b. Beschluss des OLG Koblenz vom 07.01., durch den der Klägerin Prozesskostenhilfe versagt wurde. Zustellung erfolgte am 12.01..		
c. Mahnbescheid des Amtsgerichts Mayen wird dem Antragsgegner am 01.06. zugestellt.		
d. Zustellung des Kostenfestsetzungsbeschlusses über 890,00 Euro des AG Köln am 09.10.		
e. Zustellung eines Vollstreckungsbescheids des Amtsgerichts am 10.10.		
f. Das Berufungsurteil des OLG Koblenz vom 09.05. wurde am 15.05. zugestellt.		
g. Bis wann ist das Rechtsmittel zu „f." zu begründen?		
h. Herrn Schmitt wurde am 13.03. die Kündigung durch seinen Arbeitgeber übergeben.		
i. Entscheidung des AG Wiesbaden über Ablehnung der PKH, zugestellt am 03.07.		
j. Versäumnisurteil vom 27.08. gegen Herrn Klein, zugestellt am 02.09.		

Rechtsanwendung (LF 01, 02, 03, 04, 08, 09, 10, 11, 12, 13, 14)

5. Wiedereinsetzung in den vorigen Stand

    a. Bei welchen Fristen kann Wiedereinsetzung in den vorigen Stand beantragt werden?

    b. Bei welchem Gericht kann Wiedereinsetzung in den vorigen Stand beantragt werden?

6. Beim LG Köln wird Wechselklage eingereicht. Der Beklagte und sein Prozessbevollmächtigter wohnen außerhalb des Gerichtsortes, aber noch im Bezirk des Prozessgerichts. Das Gericht stellt die Ladung am 15.05. zu. Wann läuft die Ladungsfrist ab?

7. Herrn Scheu wurde am 04.10. eine Klage wegen Zahlung von 1.500,00 Euro Schadensersatz zugestellt.

    a. Wann kann frühestens Termin beim Amtsgericht sein?

    b. Das Gericht legt den ersten Termin auf den 10. November fest. Wann musste seinem Anwalt spätestens zugestellt worden sein?

    c. Welche Ladungsfrist ist allgemein zu beachten, sofern es sich nicht um einen Anwaltsprozess handelt?

2. Inländisches und europäisches gerichtliches Mahnverfahren

1. Welche der folgenden Ansprüche können im gesetzlichen Mahnverfahren geltend gemacht werden? Kreuzen Sie die jeweils zutreffende Lösung an.

Sachverhalt	Ja	Nein
a. Herausgabeanspruch wegen eines Notebooks, Verkehrswert 200,00 Euro		
b. Im Januar die Miete für den März desselben Jahres		
c. Unterlassung der Ruhestörung		
d. Kaufpreiszahlung über in Euro umgerechnete 200,00 US-Dollar		
e. Darlehensforderung aus einem Verbraucherkredit, der ein effektiver Jahreszins von 13 % über dem Basiszins zugrunde gelegt wird		

2. Pierre Lafitte, Installateur aus Wissembourg (Frankreich), hatte bei Herrn Kauzig in Pirmasens einen Wasserrohrbruch behoben. Nachdem Herr Kauzig auf mehrere Mahnschreiben nicht reagierte, möchte Herr Lafitte seinen Anspruch über 1.600,00 Euro im gerichtlichen Mahnverfahren geltend machen.

    a. Erläutern Sie kurz, ob er als Franzose überhaupt in Deutschland einen Mahnbescheid erwirken kann?

II. Prüfungsaufgaben 2. Inländisches und europäisches gerichtliches Mahnverfahren

b. Muss Herr Lafitte einen Rechtsanwalt hinzuziehen?

c. Bis zu welchem Zeitpunkt kann Herr Kauzig gegen den vom Gericht am 03.07. erlassenen und ihm am 04.07. zugestellten Mahnbescheid Widerspruch einlegen?

d. Wann kann der Antragsteller Lafitte frühestens den Vollstreckungsbescheid beantragen?

e. Der Vollstreckungsbescheid wurde am 26.07. erlassen und am 27.07. zugestellt. Welcher Rechtsbehelf bzw. welches Rechtsmittel kann hier eingelegt werden?

f. Innerhalb welcher Frist ist der zu „e" aufgeführte Rechtsbehelf bzw. das Rechtsmittel einzulegen?

g. Welches Gericht ist bei Erhebung des Widerspruchs gegen den Mahnbescheid für die Durchführung des Rechtsstreits sachlich und örtlich zuständig?

Sachliche Zuständigkeit: _____ § _____

Örtliche Zuständigkeit: _____ § _____

h. Kann die Zwangsvollstreckung aus dem Vollstreckungsbescheid, gegen den fristgemäß Einspruch eingelegt wurde, bereits vor Abschluss des Rechtsstreits betrieben werden?

3. Herr Mayer hat gegen Herrn Schneider einen Mahnbescheid beantragt, der auch bereits zugestellt wurde.

   a. Sofern der Antragsgegner Widerspruch einlegt, welche Voraussetzungen müssen beim Übergang in das streitige Verfahren vom Antragsteller erfüllt werden?

   b. Sofern der Widerspruch erst nach Ablauf von 2 Wochen eingelegt würde, wäre dies noch möglich? Erläutern Sie kurz.

4. Herr Müller hat Einspruch gegen den Vollstreckungsbescheid eingelegt und die Angelegenheit ist ins streitige Verfahren übergegangen.

   a. Formulieren Sie die Anträge für den Antragsteller/Kläger und den Antragsgegner/Beklagten.

   Kläger: _____

   Beklagter: _____

Rechtsanwendung (LF 01, 02, 03, 04, 08, 09, 10, 11, 12, 13, 14)

b. Welche verfahrensmäßigen Besonderheiten sind bei der Abgabe/Weiterführung ins/im streitigen Verfahren zu beachten, sofern der Beklagte im ersten Termin nicht erscheint?

5. Der Freiburger Unternehmer Alfons Huber lieferte aus einem Kaufvertrag Baumaterial im Wert von 1.680,00 Euro an den Schweizer Unternehmer Sebastian Rütli, nach Zürich. Trotz mehrfacher Mahnungen zahlte Rütli nicht. Bisher sind 21,00 Euro Verzugszinsen und 7,00 Euro Mahnkosten aufgelaufen. Huber möchte einen Europäischen Zahlungsbefehl beantragen, weiß aber nicht, ob dies möglich ist. Nehmen Sie hierzu Stellung

6. Ludwig Mayer aus Köln hat eine Forderung aus einem Kaufvertrag über 2.500,00 gegen den Franzosen Jean Corbin, Rentner aus Metz. Nachdem Corbin auf mehrfache Mahnungen nicht reagierte, möchte Mayer einen Europäischen Zahlungsbefehl beantragen.

   a. Wie bzw. wo kann er den europäischen Zahlungsbefehl beantragen?

   b. Innerhalb welcher Frist wird der Europäische Zahlungsbefehl vom zuständigen Gericht an den Schuldner zugestellt?

   c. Kann ab Zustellung sofort aus dem Titel vollstreckt werden?

7. **Sachverhalt mit englischem Bezug**

   Der irische Mandant Jack McClary, Dublin, richtet folgende Email an Rechtsanwalt Herbert Klein, Mainz.

   Dear Mr Klein
   how are you? I haven`t seen you for ages. May be I`m coming to Germany next year.

   Unfortunately I have a problem with a customer in Germany. I sold a drum set to him for 3.500,00 Euro and he did not pay although I sent him several reminders. As far as I know, you have that „gerichtliches Mahnverfahren" in Germany. Can I use it to get my money and what do I have to do?

   Yours sincerely
   Jack McClary

   Diese Email ist zu beantworten, in dem Mr McClary kurz dargestellt wird, ob diese Möglichkeit für ihn besteht und an welches Gericht er sich hierfür wenden müsste. Selbstverständlich bietet ihm die Kanzlei hierfür ihre Dienste an.

II. Prüfungsaufgaben — 3. Zwangsvollstreckung

3. Zwangsvollstreckung

3.1 Zwangsvollstreckung in das bewegliche Vermögen und in Forderungen

1. Nennen Sie die Voraussetzungen der Zwangsvollstreckung.

2. Herr Groß hatte Herrn Klein auf Zahlung von 5.300,00 Euro verklagt. Das Gericht gab ihm Recht und verurteilte Herrn Klein zur Zahlung der 5.300,00 Euro. Das Urteil ist vorläufig vollstreckbar gegen Sicherheitsleistung in Form einer selbstschuldnerischen Bürgschaft. Herr Groß erhält eine vollstreckbare Ausfertigung des Urteils.

   a. Wann ist ein Urteil rechtskräftig?

   b. Was bedeutet es allgemein, wenn ein Urteil vorläufig vollstreckbar ist?

   c. Nennen Sie allgemein zwei Beispiele (Urteilsarten), bei denen eine vorläufige Vollstreckbarkeit nicht in Betracht kommen kann.

   d. Herr Groß möchte jetzt vollstrecken. Welche Voraussetzung(en) muss/müssen im Sachverhalt noch erfüllt sein, damit er dies tun kann?

3. Geben Sie für die folgenden Sachverhalte jeweils an, ob der Gerichtsvollzieher (GV), das Vollstreckungsgericht (VG), das Prozessgericht (PG) oder das Grundbuchamt (GBA) zuständig sind (mit Angabe der zutreffenden Vorschriften).

Sachverhalt	Organe der ZV / §§
a. Das Organ pfändet bei dem Schuldner eine goldene Armbanduhr.	
b. Der Pfändungs- und Überweisungsbeschluss wird auf Antrag des Gläubigers vom Organ erlassen.	

Rechtsanwendung (LF 01, 02, 03, 04, 08, 09, 10, 11, 12, 13, 14)

Sachverhalt	Organe der ZV / §§
c. Das Organ trägt auf Antrag des Gläubigers eine Sicherungshypothek auf das Grundstück des Schuldners ein.	
d. Beim Organ wird auf Erteilung der Vollstreckungsklausel geklagt.	
e. Es soll ein Grundstück des Schuldners versteigert werden. Der Gläubiger stellt hierzu den Antrag beim zuständigen Organ. Dieses ordnet per Beschluss die Zwangsversteigerung an.	
f. Das Organ ordnet die Haft zur Erzwingung der Vermögensauskunft an.	
g. Das Organ nimmt die Vermögensauskunft ab.	
h. Das Organ verhaftet den Schuldner zur Erzwingung der Vermögensauskunft.	
i. Der Mieter ist vom AG verurteilt worden, die Wohnung neu zu tapezieren, er erfüllt dies jedoch nicht. Der Vermieter stellt deshalb Antrag beim zuständigen Organ, das Tapezieren selbst vornehmen zu dürfen und auf Kosten des Schuldners einen Malermeister damit zu beauftragen.	
j. Der Gläubiger betreibt gegen den Schuldner die Räumung der Wohnung, der Gerichtsvollzieher hat den Räumungstermin deshalb bereits genau bestimmt. Da der Schuldner schwer erkrankt ist, stellt er Räumungsschutzantrag beim zuständigen Organ.	
k. Das Organ pfändet einen Wechsel beim Schuldner.	
l. Das Organ pfändet einen geliehenen Pkw beim Schuldner und bringt diesen dem Gläubiger zurück.	
m. Das Organ nimmt der Mieterin die Wohnungsschlüssel weg und übergibt diese dem Vermieter.	
n. Schuldnerin A besitzt einen hochwertigen Pelzmantel im Wert 10.000,00 Euro. Der GV findet bei ihr keine lohnenden Pfandsachen vor. Obwohl der Pelzmantel gem. § 811 Abs. 1 Nr. 1 ZPO zu den unpfändbaren Sachen gehört, möchte der Gläubiger beim zuständigen Organ Antrag auf Austauschpfändung stellen.	

II. Prüfungsaufgaben — 3. Zwangsvollstreckung

4. Im Rechtsstreit Müller gegen Mayer über 7.000,00 Euro einigen sich die Parteien auf Abschluss eines Prozessvergleichs. Es wird eine zweiwöchige Widerspruchsfrist vereinbart, von der allerdings keine Partei Gebrauch macht.

   a. Kann aus einem Prozessvergleich die Zwangsvollstreckung betrieben werden?

   b. Wie erfolgt beim Prozessvergleich die Zustellung?

   c. Wer trägt beim Prozessvergleich die Kosten?

5. Der Beklagte (bzw. Schuldner) wurde vom Amtsgericht zur Zahlung von 2.100,00 Euro verurteilt. Das Urteil ist ohne Sicherheitsleistung vorläufig vollstreckbar.

   a. Was bedeutet es, wenn ein Urteil ohne Sicherheitsleistung für vorläufig vollstreckbar erklärt wird?

   b. Nennen Sie drei Beispiele für Urteile, die ohne Sicherheitsleistung vorläufig vollstreckbar sind.

6. Kreuzen Sie an, ob eine Vollstreckungsklausel (im Regelfall) notwendig ist oder nicht.

Vollstreckungstitel	Vollstreckungsklausel ist notwendig	Vollstreckungsklausel ist nicht notwendig
a. Endurteil des Amtsgerichts		
b. Einfacher Kostenfestsetzungsbeschluss		
c. Prozessvergleich der Parteien		
d. Vollstreckungsbescheid		
e. Anerkenntnisurteil		
f. Einstweilige Verfügung		
g. Arrestbeschluss		

7. Gläubiger Müller hat einen vorläufig vollstreckbaren Titel und möchte daraus die Zwangsvollstreckung betreiben. Leider ist es ihm nicht möglich, die erforderliche Sicherheitsleistung zu erbringen.

   a. Gibt es eine Möglichkeit, wie er dennoch pfänden könnte?

   b. Welche Zustellungsfrist ist hier zu beachten?

Rechtsanwendung (LF 01, 02, 03, 04, 08, 09, 10, 11, 12, 13, 14)

8. Obergerichtsvollzieher Gnadenlos hat zwei verschiedene Pfändungsaufträge, die ihm etwas Probleme bereiten. In dem einen Pfändungsauftrag konnte er den Schuldner nicht in seiner Wohnung antreffen. Der Nachbar des Schuldners teilte ihm mit, dass der Schuldner Fernfahrer sei und nur am Wochenende nach Hause käme.

   a. Welcher Antrag wäre hier sinnvollerweise zu stellen?

   _____

   b. Bei dem anderen Auftrag, aufgrund dessen er bei dem Schuldner E. Rüpel pfänden wollte, verweigerte ihm dieser den Zutritt zu seiner Wohnung. Welcher Antrag wäre hier sinnvollerweise zu stellen?

   _____

9. Gerichtsvollzieher Max Streng möchte in der Wohnung der Schuldnerin Elvira Schön eine Sachpfändung vornehmen. Frau Schön ist selbstständige Handelsvertreterin.

   a. Tragen Sie für die folgenden Gegenstände jeweils ein:
      - In Lösungsspalte 1, ob der Gegenstand pfändbar ist oder nicht (ja / nein), falls der Gegenstand unpfändbar sein sollte, so ist in Lösungsspalte 2 die Vorschrift, aus der sich die Unpfändbarkeit ergibt, einzutragen.
      - In Lösungsspalte 3 tragen Sie mit einem „ja" die Fälle ein, bei denen eine Austauschpfändung möglich ist; in der letzten Spalte ist dann auch die zutreffende Vorschrift, aus der sich die Austauschpfändung ergibt, einzutragen.

Gegenstand	(1) Pfändbar? (Ja / nein)	(2) Falls unpfändbar, hier zutreffenden Paragraf eintragen	(3) Austauschpfändung möglich? (Ja / Nein)	(4) Falls ja, Paragraf eintragen
a. Bargeld				
b. Schmuck				
c. Pelzmantel im Wert von 2.000,00 Euro (ist der einzige Mantel der Schuldnerin)				
d. Laptop auf neuestem High-Tech-Level, Wert: 4.000,00 Euro, benötigt zur Berufsausübung				
e. Klavier, Wert: 3.000,00 Euro				
f. Wertvolle Bibel				
g. Ehering				
h. Wasserbett				

II. Prüfungsaufgaben 3. Zwangsvollstreckung

Gegenstand	(1) Pfändbar? (Ja / nein)	(2) Falls unpfändbar, hier zutreffenden Paragraf eintragen	(3) Austauschpfändung möglich? (Ja / Nein)	(4) Falls ja, Paragraf eintragen
i. Alter Staubsauger				
j. Das wertvollste ihrer Fernsehgeräte				

b. Wie würde der Gerichtsvollzieher das Geld pfänden?

c. Wie würde er das Klavier pfänden?

d. Auf welche allgemeinen Grundsätze muss der Gerichtsvollzieher insbesondere achten, wenn er die Sachpfändung vornimmt?

e. Welche Frist muss der Gerichtsvollzieher beachten, wenn er für die gepfändeten Gegenstände einen Termin zur Versteigerung bestimmt?

f. Wo würde die Versteigerung der Gegenstände stattfinden (allgemeine Regelung)?

g. Wie hoch wäre allgemein das Mindestgebot bei dem Schmuck?

h. Wie hoch wäre allgemein das Mindestgebot bei dem Fernseher?

i. Sofern sich für das Klavier am Ort der Schuldnerin kein Interessent fände, wäre gegebenenfalls auch eine andere Art der Verwertung, beispielsweise an einem anderen Ort möglich?

j. Welche Voraussetzungen wären bei einer Austauschpfändung zu beachten?

Rechtsanwendung (LF 01, 02, 03, 04, 08, 09, 10, 11, 12, 13, 14)

10. Der Gerichtsvollzieher hatte bei dem Schuldner Listig ein Klavier und ein sperriges Bild gepfändet, das heißt mit einem Pfandsiegel versehen. Listig zerschneidet daraufhin das Bild damit „es der Gläubiger nicht in die Finger kriegt". Bei dem Klavier kratzt er vorsichtig das Pfandsiegel ab, um es anderweitig verkaufen zu können. Nehmen Sie zu diesen Handlungen Stellung.

11. Der Gerichtsvollzieher pfändet in der Wohnung des Schuldners 5.000,00 Euro, von denen der Schuldner behauptet, dass sie seiner Frau gehören.

    a. Nehmen Sie hierzu Stellung.

    b. Außerdem möchte er eine teure Skulptur pfänden, von der der Schuldner behauptet, sie stehe im Vorbehaltseigentum der Creative-Design-Studio GmbH. Darf der Gerichtsvollzieher diese pfänden?

12. Der Gerichtsvollzieher klingelt an der Wohnungstür des Schuldners, um die Pfändung bei ihm durchzuführen. Nachdem der Gerichtsvollzieher ihn letztmalig zur Zahlung auffordert, bietet der Schuldner ihm unerwartet einen Teilzahlungsbetrag an, weitere Zahlungen schließt er aus. Wie wird der Gerichtsvollzieher sinnvollerweise verfahren?

13. Der Gerichtsvollzieher pfändet bei dem Schuldner Dr. Arm. In der Wohnung fallen ihm ein uralter Staubsauger, ein älterer, leicht defekter Fernsehsessel und ein leicht defektes Bildröhrenfernsehgerät aus den 70er Jahren auf. Wird der Gerichtsvollzieher eine Pfändung vornehmen? Begründen Sie kurz.

14. Im Versteigerungstermin sollte eine teure Vase aus dem Vermögen des Schuldners versteigert werden, es wurde jedoch kein Gebot abgegeben, so dass der Gläubiger diese selbst erwerben möchte. Ist dies möglich, begründen Sie kurz.

II. Prüfungsaufgaben — 3. Zwangsvollstreckung

15. Im Versteigerungstermin sollen folgende Sachen zum Aufruf kommen:
    - eine Goldkette mit Verkaufswert 1.000,00 Euro und Materialwert (Gold) 600,00 Euro,
    - eine Vase mit Verkaufswert 300,00 Euro.

    a. Mit welchem Wertansatz wird das Mindestgebot für die beiden jeweils angesetzt?

    b. Wer erhält bei einer Versteigerung den Zuschlag?

    c. Was ist bei der Aushändigung der Gegenstände zu beachten?

    d. Nachdem Frau Ehrlich im Versteigerungstermin die Vase ersteigert hatte, wird ihr bekannt, dass die Vase möglicherweise gestohlen war. Sie fürchtet, dass sie die Vase wieder herausgeben muss. Wie ist die Rechtslage?

16. Gerichtsvollzieher Streng hatte am 12. Juli beim Schuldner die Pfändung durchgeführt. Aus dem Pfändungsprotokoll ergeben sich folgende Gegenstände:
    - Eine Stereo Anlage mit einem Verkaufswert von 900,00 Euro,
    - ein Goldarmband mit Verkaufswert 1.400,00 Euro, der persönliche Liebhaberwert beträgt 2.000,00 Euro, der Materialwert beträgt 800,00 Euro,
    - ein sehr seltener Teppich mit Verkaufswert 8.000,00 Euro.

    a. Ab wann kann die Versteigerung frühestens erfolgen?

    b. Bestimmen Sie die Mindestgebote für die oben genannten Gegenstände:

    c. Da es sich bei dem Teppich um ein sehr ausgefallenes und exotisches Stück handelt befürchtet der Gläubiger, dass sich in dem Versteigerungstermin niemand dafür interessieren wird und somit kein angemessener Erlös zu erwarten ist. Er möchte daher den Teppich in der nächstgelegenen Großstadt versteigern lassen. Geht dies? Begründen Sie kurz.

    d. Wäre bei der Vorgehensweise zu „c" allgemein eine Frist zu beachten?

Rechtsanwendung (LF 01, 02, 03, 04, 08, 09, 10, 11, 12, 13, 14)

17. Beim Schuldner wurde ein Pkw gepfändet, der nun versteigert werden soll. Der Pkw wurde vor einem Jahr zu 35.000,00 Euro neu angeschafft, der Verkehrswert (Verkaufswert) wurde vom Gerichtsvollzieher mit 25.000,00 Euro angesetzt. Wie hoch ist der Mindestbetrag, mit dem der Wagen angesetzt wird?

18. Gerichtsvollzieher Streng hatte beim Schuldner eine Stereoanlage für mehrere Gläubiger gepfändet:
    - am 1. März für den Gläubiger Anton wegen einer Forderung über 700,00 Euro,
    - am 2. März für den Gläubiger Berthold wegen einer Forderung über 300,00 Euro,
    - am 3. März für den Gläubiger Cäsar wegen einer Forderung über 500,00 Euro.

    Der Versteigerungserlös der Anlage erbrachte 1.200,00 Euro, an Gerichtsvollzieherkosten entstanden insgesamt 100,00 Euro. Wie ist der Erlös zu verteilen?

19. G. Born hatte gegen U. Fröhlich auf Zahlung von 10.000,00 Euro vor dem Landgericht Mainz geklagt. G. Born gewann den Prozess in allen Punkten, so dass das Urteil gegen Sicherheitsleistung in Höhe von 11.500,00 Euro für vorläufig vollstreckbar erklärt wurde. Herr Fröhlich hat gegen das Urteil Berufung eingelegt. G. Born möchte zwar vollstrecken, sieht aber nicht ein, dass er dies jetzt nur gegen Sicherheitsleistung tun kann.

    a. Welche Möglichkeit gäbe es für ihn?

    b. Welche Frist muss Herr Born hierbei beachten?

    c. Wann könnte Herr Born verwerten?

    d. Nach Rücksprache mit seinem Rechtsanwalt entschließt sich Herr Born doch Sicherheit zu leisten, um die Pfändung und die Verwertung nicht hinauszuzögern. In welcher Form kann Sicherheit geleistet werden?

    e. Welche Unterlagen müssen dem Vollstreckungsauftrag zu Teilziffer „d" beigefügt werden?

    f. Der Gerichtsvollzieher pfändet beim Schuldner und findet einen größeren Bargeldbetrag vor. Wie wird hier gepfändet und verwertet?

    g. Die Ehefrau des Schuldners gibt an, dass das Geld ihr gehöre. Der Gerichtsvollzieher bezweifelt, dass diese Angabe der Wahrheit entspricht, kann der Ehefrau aber auch nicht das Gegenteil beweisen. Wie wird er sich verhalten?

II. Prüfungsaufgaben — 3. Zwangsvollstreckung

20. Nachdem Gläubiger Strobel, Mainz, nach gewonnenem Prozess nunmehr einen vollstreckbaren und bereits zugestellten Titel gegen den Schuldner hat, beauftragt er Gerichtsvollzieher Gnadenlos mit der Pfändung. Es besteht allerdings Unklarheit, wo der Schuldner wohnt.

   a. Welche Maßnahme würden Sie hierzu ergreifen?

   b. Nachdem der Wohnsitz des Schuldners in Wiesbaden geklärt ist, unternimmt der Gerichtsvollzieher einen Pfändungsversuch. Er trifft den Schuldner zwar in seiner Wohnung an, dieser verweigert ihm jedoch den Zutritt. Welche Maßnahme sollte jetzt sinnvollerweise ergriffen werden?

   c. Beim zweiten Pfändungstermin erklärt sich der Schuldner sofort bereit, den Gerichtsvollzieher hereinzulassen. Nachdem sich der Gerichtsvollzieher in der Wohnung umgesehen hat stellt er fest, dass sich nur älterer Hausrat in der Wohnung befindet. Sollte er diesen pfänden?

   d. Beim Verlassen der Wohnung in Wiesbaden erfährt der Gerichtsvollzieher zufällig, dass der Schuldner ein teures Einzelkomponenten-Mountainbike (Verkehrswert: 6.000,00 Euro) bei seinem Kumpel Paul Hehler in Frankfurt untergestellt hat. Kann der Gerichtsvollzieher das Rad bei Herrn Hehler pfänden?

   e. Welche Möglichkeiten gäbe es für Herrn Strobel an das Fahrrad heranzukommen, falls Herr Hehler nicht zur Herausgabe bereit ist? Nennen Sie auch die hierfür zuständigen Organe der Zwangsvollstreckung.

   f. Nachdem sich herausgestellt hatte, dass das Fahrrad des Schuldners doch nicht bei Herrn Hehler befindet, welche Möglichkeit bliebe für Herrn Strobel, um den Verbleib des Fahrrades zu klären?

21. Was ist unter einer Vorwegpfändung zu verstehen?

Rechtsanwendung (LF 01, 02, 03, 04, 08, 09, 10, 11, 12, 13, 14)

3.2 Zwangsvollstreckung in das unbewegliche Vermögen und wegen anderer Ansprüche

1. Geben Sie drei Vollstreckungsmaßnahmen der Immobilienvollstreckung an. Nennen Sie auch die jeweils hierfür zuständigen Organe (mit Angabe der Paragrafen).

   (1) _____ § _____

   (2) _____ § _____

   (3) _____ § _____

2. Herr Brösel, wohnhaft in Düsseldorf, hat gegen Herrn Werner, Frankfurt, einen vollstreckbaren Titel über eine Werkvertragsforderung in Höhe von 36.000,00 Euro zuzüglich 123,00 Euro Zinsen. Die festgesetzten Kosten beziffern sich auf 950,00 Euro. Der Rechtsanwalt von Herrn Brösel konnte ermitteln, dass Herr Werner ein Grundstück in Mainz besitzt. Nach eingehender Beratung mit seinem Anwalt möchte Herr Brösel an diesem Grundstück eine Sicherheit, die ihm seinen Rang sichert. In die Verwertung möchte er noch nicht hinein.

   a. Welche Maßnahme empfehlen Sie ihm?

   b. Welches Organ der Zwangsvollstreckung ist hierfür zuständig?

   c. Ist bei dieser Vorgehensweise eine betragsmäßige Untergrenze zu beachten?

   d. Da bekannt wird, dass Herr Brösel außerdem noch ein vermietetes Mehrparteienhaus in Mainz besitzt, überlegt Herr Brösel, ob es auch noch andere Vollstreckungsmöglichkeiten im Gesetz über die Zwangsversteigerung und die Zwangsverwaltung (ZVG) gäbe, bei denen auch verwertet werden könnte?

   e. Welche Möglichkeit würden Sie für ihn am sinnvollsten erachten?

3. Aus welcher Abteilung des Grundbuchauszuges ist ersichtlich, ob bereits ein Zwangsversteigerungsverfahren des betreffenden Grundbesitzes anhängig ist?

4. Gläubiger Mayer möchte aus einem vollstreckbaren Titel über 28.000,00 Euro gegen Herrn Müller vollstrecken. Rechtsanwalt Schlau, der von Herrn Mayer eingeschaltet wurde, konnte im Grundbuch feststellen, dass Herr Müller als Eigentümer eines Grundstücks bei Wuppertal eingetragen ist.

   a. In welcher Abteilung des Grundbuchblattes ist der Eigentümer eingetragen?

   b. Der kürzlich neu ermittelte Verkehrswert des Hauses beträgt 250.000,00 Euro, im Grundbuch sind verschiedene Hypotheken bzw. Grundschulden eingetragen. In welcher Abteilung des Grundbuchblattes werden Grundschulden und Hypotheken eingetragen?

II. Prüfungsaufgaben — 3. Zwangsvollstreckung

c. Tragen Sie ein:

Frage	Antwort
a. Durch welches formale Erfordernis wird das Zwangsversteigerungsverfahren in Gang gesetzt?	
b. Welche Person der Rechtspflege ist beim Vollstreckungsgericht funktionell hierfür zuständig?	
c. Durch wen wird der Verkehrswert des Grundstücks üblicherweise ermittelt?	
d. In welcher Form wird der Verkehrswert festgesetzt?	

5. Herr Strauß ist Eigentümer eines in Hamburg gelegenen Mehrfamilienhauses. Gläubiger Schmitt hat eine titulierte Forderung über 80.000,00 Euro gegen Herrn Strauß. Da andere Vollstreckungsmöglichkeiten ausscheiden, möchte Herr Schmitt in die Mieteinnahmen vollstrecken. Welche Möglichkeiten bieten sich für Herrn Schmitt?

___

___

6. Tragen Sie in dem folgenden Schema die jeweils zutreffenden Lösungen ein.

Sachverhalt	Welche Vollstreckungsmaßnahme / Art?	Wie wird vollstreckt?	Vollstreckungsorgan	§§
a. Herrn Laut wurde gerichtlich untersagt, nachts bei geöffnetem Fenster Geige zu üben.				
b. Der Vermieter wurde verurteilt, die Reparaturen am Aufzug vornehmen zu lassen.				
c. Eine Journalistin wurde verurteilt, keine Äußerungen mehr zu veröffentlichen, dass die Haare einer bestimmten Person gefärbt seien.				
d. Mieter M wurde verurteilt, die Wohnung zu räumen und an den Vermieter herauszugeben.				
e. Die XY-Bank wurde verurteilt, die Löschung einer Grundschuld zu bewilligen.				

Rechtsanwendung (LF 01, 02, 03, 04, 08, 09, 10, 11, 12, 13, 14)

Sachverhalt	Welche Vollstreckungsmaßnahme / Art?	Wie wird vollstreckt?	Vollstreckungsorgan	§§
f. Herr Kunz wurde verurteilt, Herrn Witt die Überquerung seines Grundstücks während der Reparaturarbeiten an seinem Kanal zu dulden.				
g. Frau Quer ist verurteilt worden, eine wertvolle Schale an Frau Schön zurückzugeben.				

3.3 Vermögensauskunft und eidesstattliche Versicherung

1. Welches Organ ist zuständig für die Abnahme der Vermögensauskunft?

2. Welches Organ ist zuständig für den Erlass eines Haftbefehls zur Erzwingung der Abgabe der Vermögensauskunft?

3. Gerichtsvollzieher Herbert Gnadenlos versuchte auftragsgemäß beim Schuldner W. Pleite einen Vollstreckungsversuch durchzuführen. Dieser verlief allerdings ohne Erfolg. Gläubiger Dörtel möchte W. Pleite daher zum Termin zur Abgabe der Vermögensauskunft laden lassen.

    a. Welches Organ der Zwangsvollstreckung ist hierfür zuständig?

    b. Welche Angaben muss Herr Pleite im Termin machen?

    c. In welcher Form werden die Angaben des Schuldners dokumentiert?

    d. Da im Termin offenbart wurde, dass bei Herrn Pleite kein pfändbares Vermögen oder Einkommen vorhanden ist, möchte Herr Dörtel wissen, wann er Herrn Pleite erneut zur Abgabe der Vermögensauskunft vorladen kann?

    e. Muss Herr Pleite jetzt ins Schuldnerverzeichnis eingetragen werden?

II. Prüfungsaufgaben — 3. Zwangsvollstreckung

4. Gerichtsvollzieher Werner Streng hatte für Herrn Mayer beim Schuldner S. Arm einen vergeblichen Pfändungsversuch unternommen. Außer der Unpfändbarkeitsbescheinigung ergibt sich aus dem Protokoll, dass Herr Arm vor einem Jahr die Vermögensauskunft abgegeben hatte. Herrn Mayer wurde zudem bekannt, dass Herr Arm nach Jahren der Arbeitslosigkeit, seit einem Monat wieder eine feste Vollzeit-Arbeitsstelle hat. Nähere Einzelheiten, insbesondere zum Arbeitgeber, sind nicht bekannt.

   a. Von welcher Vollstreckungsmaßnahme ist hier sinnvollerweise Gebrauch zu machen?

   b. Muss Herr Mayer hierzu beweisen, dass ein neues Arbeitsverhältnis vorliegt?

5. Der Gerichtsvollzieher hatte beim Schuldner einen Sachpfändungsauftrag ausgeführt. Die beim Schuldner vorgefundenen Gegenstände reichen jedoch nicht aus, um die Forderung des Gläubigers zu befriedigen. Der Gläubiger beantragt daher, dem Schuldner die Vermögensauskunft abzunehmen.

   a. Was ist das Ziel dieser Maßnahme?

   b. Was kann der Gläubiger unternehmen, wenn der Schuldner nicht zum Termin der Abgabe der Vermögensauskunft erscheint?

6. Unter welchen Voraussetzungen kann ein Schuldner erreichen, dass ihm der Gerichtsvollzieher Zahlungsaufschub gewährt?

7. Gerichtsvollzieher Hart teilt Herrn Pech mit, dass die Zwangsvollstreckung gegen Herrn Gemein ergebnislos verlaufen sei. Herr Gemein gab an, dass er nicht wisse, wo sich das von Herrn Pech geliehene und an ihn herauszugebende Soundsystem befinde.

   a. Welche Maßnahme ist sinnvollerweise zu ergreifen?

   b. Was muss Herr Gemein versichern?

   c. Erfolgt eine Eintragung im Schuldnerverzeichnis?

8. Herrn Mayer soll die Vermögensauskunft abgenommen werden.

   a. Ist es von der Reihenfolge her zwingend, dass zuerst ein erfolgloser Pfändungsversuch erfolgt sein muss, um den Schuldner anschließend zur Vermögensauskunft zwingen zu können?

   b. Wo wird das Schuldnerverzeichnis geführt?

Rechtsanwendung (LF 01, 02, 03, 04, 08, 09, 10, 11, 12, 13, 14)

c. Wie wäre die Sachlage, wenn der Schuldner bereits vor einem Jahr eine Vermögensauskunft abgegeben hätte?

d. Wann wird die Eintragung im Schuldnerverzeichnis spätestens gelöscht?

e. Besteht die Möglichkeit, dass die Eintragung auch schon vorher gelöscht wird?

9. Wann endet die Haft zur Erzwingung der Abgabe der Vermögensauskunft?

10. Nach fruchtlosem Pfändungsverlauf beantragt der Gläubiger die Abnahme der Vermögensauskunft.

    a. Nennen Sie alle notwendigen Voraussetzungen hierfür.

    b. Der Schuldner erscheint im Termin zur Abnahme der Vermögensauskunft und erklärt, dass ihm der Vollstreckungstitel nicht zugestellt worden sei. Steht ihm das Recht zu, sich per Widerspruch der Verpflichtung zur Vermögensauskunft zu entziehen?

11. Der in Wiesbaden wohnende Gläubiger T. Herzog hat gegen den in Mainz wohnenden U. Wolf einen vollstreckbaren Titel. Er beauftragt daher den Gerichtsvollzieher G. Schreck in das Vermögen des Schuldners zu pfänden. G. Schreck teilt ihm kurz darauf mit, dass U. Wolf bereits vor einem Monat die Vermögensauskunft abgegeben habe. Welche Möglichkeit besteht für Herrn Herzog, die notwendigen Informationen zu den offengelegten Vermögensverhältnissen zu erhalten?

12. Gerichtsvollzieher Herbert Gnadenlos möchte den Schuldner im Auftrag des Gläubigers wegen 350,00 Euro (= Haupt- + Nebenforderung) zum Termin zur Abnahme der Vermögensauskunft laden.

    a. Welche Möglichkeiten hat der Gläubiger bzw. der Gerichtsvollzieher, den Wohnsitz bzw. den Aufenthaltsort des Schuldners herauszufinden? Geben Sie an, bei welchen Behörden nach ZPO angefragt werden kann.

    b. Der Gerichtsvollzieher hat im Rahmen der Abgabe der Vermögensauskunft ein elektronisches Vermögensverzeichnis erstellt und dem Schuldner vorgelesen. Der Schuldner weigert sich jedoch, das Vermögensverzeichnis zu unterschreiben. Ist das Dokument dennoch gültig? Begründen Sie kurz.

II. Prüfungsaufgaben — 3. Zwangsvollstreckung

c. Der Schuldner offenbarte, dass bei ihm kein pfändbares Vermögen vorhanden ist. Kann der Gläubiger wegen eines vermutlich verschwiegenen Arbeitsverhältnisses eine Drittauskunft beim Träger der gesetzlichen Rentenversicherung einholen?

13. In der Kanzlei von Dr. Stein sind im Rahmen der Zwangsvollstreckung mehrere Maßnahmen für verschiedene Mandanten einzuleiten bzw. Anträge zu stellen. Geben Sie diese im Einzelfall an:

   a. Der Gerichtsvollzieher wurde beauftragt, gegen den Schuldner Müller zu vollstrecken. Obwohl der Gerichtsvollzieher sich zuvor schriftlich angekündigt hatte, wurde der Schuldner nie angetroffen. Geben Sie auch an, wo dieser Antrag zu stellen ist.

   b. Der Schuldner Mayer verweigerte nach entsprechender Belehrung durch den Gerichtsvollzieher grundlos den Zutritt zu seiner Wohnung, wo der Gerichtsvollzieher die Pfändung durchführen wollte.

   c. Der beabsichtigten Pfändung des neuwertigen Mercedes mit geschätztem Wert von 40.000,00 Euro hat der Schuldner mit der Behauptung widersprochen, dass er dieses Fahrzeug zur Ausübung seines Berufs als Gebietsleiter einer Einzelhandelskette benötige. Geben Sie auch an, welche Gebühr Dr. Stein für dieses Verfahren „als besondere Angelegenheit" abrechnen darf.

   d. Es wurde bekannt, dass der Schuldner Schneider bei der XY- GmbH beschäftigt ist. Geben Sie mehrere sinnvolle Möglichkeiten der Vorgehensweise an.

   e. Der Schuldner Klein gab die Vermögensauskunft ab. Im Vermögensverzeichnis gab er an, bei einer Bank ein Sparbuch zu haben. Es ist jedoch unklar bei welcher Bank.

   f. Es wurde kurzfristig bekannt, dass der Schuldner Schröder bei der ABC- Bank ein Konto hat.

Rechtsanwendung (LF 01, 02, 03, 04, 08, 09, 10, 11, 12, 13, 14)

g. Der Gläubiger möchte nach einem Monat, ohne dass Berufung gegen sein obsiegende Urteil eingelegt worden wäre, das bei der Hinterlegungsstelle zur Zwangsvollstreckung hinterlegte Geld zurück.

h. Der Schuldner kommt der Verpflichtung zur Abgabe der Vermögensauskunft wegen eines vollstreckbaren Urteils über 2.600,00 Euro nicht nach. Auch der mittlerweile erlassene Haftbefehl kann nicht vollstreckt werden, weil der Schuldner nie angetroffen wird. Welche Möglichkeit(en) gibt es, außerhalb vom Schuldner, an wichtige Informationen zur Zwangsvollstreckung zu gelangen?

i. Bei einem Zwangsvollstreckungsauftrag über 1.600,00 Euro ist der Aufenthaltsort des Schuldners nicht bekannt. Bei welchen ausdrücklich in der ZPO aufgeführten Stellen darf der Gerichtsvollzieher aufgrund des Vollstreckungsauftrags Einkünfte einholen?

j. Der Schuldner hatte die Vermögensauskunft abgegeben. Nach 13 Monaten wird bekannt, dass er einen größeren Lotteriegewinn erzielt hat.

k. Rechtsanwalt Dr. Stein hatte für Gläubiger Groß bei Schuldner Huber im Rahmen einer Sicherungsvollstreckung gem. § 720a ZPO am 15.09., unmittelbar nach Erhalt der für vorläufig vollstreckbar erklärten Ausfertigung des Urteils, durch den Gerichtsvollzieher die Pfändung in das bewegliche Vermögen betreiben. Da der Gläubiger selbst wiederum kein Geld zwecks Sicherheitsleistung hat, ruft er am 15. 10. bei Dr. Stein an und weist auf die finanziell dringende Notwendigkeit der Verwertung hin.

II. Prüfungsaufgaben — 3. Zwangsvollstreckung

3.4 Einwendungen im Rahmen der Zwangsvollstreckung

1. Tragen Sie für die folgenden Fälle ein, welcher Rechtsbehelf bzw. welches Rechtsmittel jeweils eingelegt werden kann. Geben Sie auch an, wer diesen/dieses einlegt. Die zutreffenden Vorschriften sind ebenfalls anzugeben.

Sachverhalt	Rechtsmittel / Rechtsbehelf	Rechtsmittel- / Rechtsbehelfsführer	§§
a. Der GVZ pfändet den einzigen Mantel der Schuldnerin.			
b. Der Gerichtsvollzieher pfändet ein Bild, obwohl der Schuldner die zugrunde liegende Forderung bereits an den Gläubiger gezahlt hat (Quittung liegt vor).			
c. Der Gerichtsvollzieher weigert sich einen Pfändungsauftrag auszuführen, weil er Mitleid mit dem Schuldner hat.			
d. Die Schuldnerin erhob Erinnerung gegen die Pfändung ihres Laptops. Der Erinnerung wird nicht stattgegeben.			
e. Der Gerichtsvollzieher hat den Auftrag, die teure Hi-Fi-Anlage des Schuldners zu pfänden. Diese befindet sich allerdings in der Reparaturwerkstatt des Radiohändlers U. Der Gerichtsvollzieher pfändet die Anlage dort, obwohl der Händler nicht zur Herausgabe bereit war.			
f. Der Gerichtsvollzieher pfändet beim Schuldner ein Ölgemälde, von dem der Schuldner behauptet, es gehöre seiner Frau, was sich nachträglich als zutreffend erweist.			
g. Gläubiger A betreibt die Zwangsvollstreckung gegenüber dem Schuldner S. S ist gegenüber seinem Vermieter V mit fünf Mietzahlungen im Rückstand. V möchte daher, dass er aus dem Versteigerungserlös zuerst sein Geld erhält. A ist damit nicht einverstanden.			

Rechtsanwendung (LF 01, 02, 03, 04, 08, 09, 10, 11, 12, 13, 14)

2. Geben Sie für die folgenden Fälle an, ob die jeweilige Maßnahme im Sachverhalt zulässig oder unzulässig ist. Außerdem ist anzugeben, welcher Rechtsbehelf bzw. welches Rechtsmittel jeweils eingelegt werden kann. Tragen Sie auch die jeweils zutreffenden Vorschriften ein.

Sachverhalt	Maßnahme zulässig oder unzulässig (mit §§)	Rechtsmittel / Rechtsbehelf	§§
a. Der Gerichtsvollzieher pfändet den Herd des Schuldners.			
b. Der Gerichtsvollzieher pfändet beim Schuldner ein teures Sound-System. Der Schuldner behauptet, dass dieses seiner ebenfalls in der Wohnung lebenden Ehefrau gehöre, was sich nachträglich bewahrheitet.			
c. Der Gerichtsvollzieher erscheint mit einem Pfändungsauftrag aus einem vollstreckbaren Titel beim Schuldner und verlangt die Zahlung von 2.000,00 Euro. Der Schuldner hat die komplette Summe aber bereits gezahlt.			

3. Alfons Starke, wohnhaft in Wiesbaden, hat gegen Günther Dansen, wohnhaft in Mainz, einen vollstreckbaren Titel des Amtsgerichts Wiesbaden. Er beauftragt Gerichtsvollzieher Ungemach mit der Mobiliarpfändung eines Notebooks mit einem Verkaufswert in Höhe von 1.000,00 Euro. Geben Sie für die folgenden Variationen des Sachverhaltes jeweils an: Rechtsbehelf/Rechtsmittel (mit Paragraf), wer diesen einlegen kann und wo er dies tun muss

Sachverhalt	Rechtsmittel / Rechtsbehelf (mit §§)	Rechtsmittel- / Rechtsbehelfsführer	Zuständigkeit (sachlich, örtlich)
a. Dansen behauptet, er benötige das Notebook dringend zur Ausübung seiner beruflichen Tätigkeit als Handelsreisender eines namhaften Lebensmittelherstellers.			
b. Dansen behauptet, das Notebook sei finanziert und stehe daher im Vorbehaltseigentum der Firma Medienmarkt.			
c. Dansen behauptet, er habe den Betrag nach Rechtskraft des Urteils gezahlt.			

3.5 Arrest und einstweilige Verfügung

1. Welche Arten des Arrestes werden unterschieden?

   _____

2. Welche Arten der einstweiligen Verfügung werden unterschieden?

   _____

3. Geben Sie für die folgenden Fälle an, von welcher vorläufigen Rechtsschutzmaßnahme jeweils Gebrauch gemacht werden sollte:

Sachverhalt	Maßnahme
a. Die geschiedene Elvira Kraft lebt mit ihren zwei Kindern, drei Monate und zwei Jahre alt, in einer einfachen Zweizimmerwohnung. Der Vermieter möchte ihr im Dezember Wasser und Heizung abstellen.	
b. Kücheneinzelhändler Herdfix verkaufte und lieferte an Herrn Schröder eine Einbauküche im Wert von 9.000,00 Euro. Trotz mehrfacher Mahnungen zahlte Herr Schröder nicht den Kaufpreis. Durch einen Zufall erfährt Herr Herdfix, dass Herr Schröder gerade dabei ist, das gesamte Inventar seiner Wohnung schnellstmöglich zu „verscherbeln", da er nach Südamerika auswandern möchte.	
c. Journalist Lug verbreitet über eine überregionale Zeitung, dass die Produkte eines Lebensmittelherstellers bestimmte Giftstoffe enthalten, die für den Menschen gefährlich seien. Beweise gab er keine an. Der Absatz der Produkte nahm daraufhin schlagartig ab.	
d. In einem Mehrfamilienhaus ist im Außenbereich der Kanal defekt, sodass im gesamten Haus die Toiletten nicht mehr benutzt werden können. Es ist daher sehr dringlich, die Reparatur schnellstmöglich vorzunehmen. Hierzu ist es jedoch zwingend erforderlich, dass ein Kleinbagger das Nachbargrundstück befahren darf. Der Nachbar verweigert dies.	
e. Vermieter Gemein hatte sich mehrfach aus verschiedenen Gründen über seinen Mieter geärgert. Er tauscht daraufhin kurzer Hand die Schlösser an der Außen- und Wohnungstür aus, so dass der Mieter nicht mehr hinein kann.	

Rechtsanwendung (LF 01, 02, 03, 04, 08, 09, 10, 11, 12, 13, 14)

4. Welche Besonderheiten gelten für die vorläufigen Rechtsschutzmaßnahmen Arrest und einstweilige Verfügung im Vergleich zum normalen Klageverfahren?

   a. Hinsichtlich der Parteienbezeichnung?

   b. Welche besonderen Voraussetzungen müssen erfüllt sein, um eine dieser beiden vorläufigen Rechtsschutzmaßnahmen geltend machen zu können?

   c. Besteht Anwaltszwang?

5. Fahrradhersteller Felge, Frankfurt, lieferte Fahrräder im Wert von 15.000,00 Euro an den Fahrradeinzelhändler Krause, Mainz. Die Lieferung erfolgte am 15.05., Fälligkeit der Zahlung war laut Vertrag am 25.05. Trotz mehrfacher Mahnungen seit dem Fälligkeitszeitpunkt zahlte Krause die Räder nicht. Durch ein Inserat in der Zeitung erfährt die Firma Felge zufällig, dass Krause übermorgen im Rahmen eines eintägigen Räumungsverkaufs seine gesamten Fahrräder, Zubehör etc. einschließlich Inventar zu Schleuderpreisen verramschen will. Von einem Nachbar erfährt er, dass Krause ab übernächster Woche in Kanada Snow-Board Events berufsmäßig veranstalten möchte.

   a. Von welcher rechtlichen Maßnahme sollte die Firma Felge jetzt sinnvollerweise Gebrauch machen?

   b. Welches Gericht ist für diese Maßnahme zuständig?

   c. Innerhalb welcher Frist ist diese vorläufige Rechtsschutzmaßnahme zu vollziehen?

   d. Bedarf die vorläufige Rechtsschutzmaßnahme einer Vollstreckungsklausel?

   e. Ist eine Vollziehung der vorläufigen Rechtsschutzmaßnahme bereits vor Zustellung möglich?

   f. Welche beiden Fristen sind bei „e" zu beachten?

II. Prüfungsaufgaben — 3. Zwangsvollstreckung

3.6 Zwangsvollstreckung innerhalb der EU

1. Tragen Sie durch „ja" oder „nein" die richtigen Lösungen in der folgenden Tabelle ein.

Kriterium \ EU-Instrument	Klage auf Geldleistung, Brüssel-Ia-VO	EU-Vollstreckungstitel-EuVTVO	EU-Mahnverfahren	EU-Verfahren für geringfügige Forderungen
Geeignet für strittige Forderungen?				
Obergrenze für Höhe der Geldforderung?				
Rechtsanwaltspflicht?				
Verfahrensablauf EU-weit standardisiert?				
EU-weit einheitliche Fristenregelung?				
EU-weit einheitliche Grundsätze für Verfahrenskosten?				
EU-weit einheitliche Kostentragungspflicht der unterlegenen Partei?				

2. Das Finanzamt Bad Homburg möchte gegen den Schuldner Eric Le Blanc eine Umsatzsteuerforderung über 1.000,00 Euro in Frankreich durchsetzen. Die Forderung ist unstreitig, so dass der Sachbearbeiter des Finanzamtes einen Europäischen Vollstreckungstitel für unbestrittene Forderungen erwirken möchte. Nehmen Sie zu dieser Vorgehensweise Stellung.

_____

_____

3. Kreuzen Sie an, welche Forderung im EU-Verfahren für unbestrittene Forderungen geltend gemacht werden kann, wenn sie auf folgenden Entscheidungen beruht:

Entscheidung	EU-Verfahren für unbestrittene Forderungen	
	ja	nein
a. Anerkenntnisurteil		
b. Prozessvergleich		
c. Urteil im streitigen Verfahren, in dem der Beklagte widersprochen hat		
d. Kostenfestsetzungsbeschluss		
e. Versäumnisurteil		

4. Wo wird die Bestätigung als Europäischer Vollstreckungstitel beantragt?

_____

Rechtsanwendung (LF 01, 02, 03, 04, 08, 09, 10, 11, 12, 13, 14)

5. Rechtsanwalt Schlau, Mainz, möchte die Zwangsvollstreckung in Dijon, Frankreich betreiben. Er hat allerdings noch keine diesbezügliche Gerichtsentscheidung. Aus zeitlichen Gründen beantragt er die Bestätigung als Europäischer Vollstreckungstitel bereits mit Einreichung der Klageschrift bei Gericht. Ist dies möglich?

6. Der Schuldner hat gegen eine als Europäischer Vollstreckungstitel für unbestrittene Forderungen bestätigte Entscheidung Rechtsbehelf eingelegt. Welche Anträge kann der Schuldner stellen, um die volle Wirkung der Zwangsvollstreckung zumindest abzumildern?

7. a. Rechtsanwalt Dr. Schnell vertritt einen deutschen Gläubiger gegen einen belgischen Schuldner in einer zivilrechtlichen Angelegenheit über 900,00 Euro im Verfahren über geringfügige Forderungen. Dr. Schnell hatte das Klageformblatt beim zuständigen Gericht eingereicht. Das Antwortformular des Beklagten ist dem Gericht zwischenzeitlich auch zugegangen, ein Verhandlungstermin findet nicht statt. Innerhalb welcher Frist ist mit der Entscheidung des Gerichts zu rechnen?

   b. Wann erginge das Urteil, wenn ein Verhandlungstermin stattgefunden hätte?

8. a. Das Amtsgericht in Mainz war als zuständiges Gericht im Verfahren für geringfügige Forderungen wegen einer Forderung über 1.100,00 Euro eines französischen Klägers gegen Herrn Schulz, aus Mainz tätig. In welcher Sprache war die Klage einzureichen?

   b. Es erging Urteil zugunsten des französischen Klägers. Steht Herrn Schulz ein Rechtsmittel zu? Begründen Sie kurz.

9. Ein deutscher Gläubiger möchte gegen einen dänischen Schuldner wegen 1.200,00 Euro über das Europäische Verfahren für geringfügige Forderungen die Zwangsvollstreckung betreiben. Nehmen Sie kurz hierzu Stellung.

10. Gläubiger Remis möchte seinen in Frankreich erwirkten EuBvKpf in Deutschland gegen Herrn Schmitz, Frankfurt, ausführen. An welche Stelle hat das französische Gericht den EuBvKpf zuzustellen und wie ist der weitere Verlauf, wenn die von der Kontenpfändung betroffene Bank in Frankfurt ihren Sitz hat.

II. Prüfungsaufgaben — 3. Zwangsvollstreckung

11. Gläubiger Groß hat einen vollstreckbaren Titel über 1.600,00 Euro gegen den nach Frankreich verzogenen Schuldner Courbier (Verbraucher). Herr Groß weiß allerdings nicht, wie er diesen vollstrecken soll. Er hat jedoch erfahren, dass Herr Courbier in Frankreich ein Konto hat und vermutlich auch Sparguthaben. Es wäre Herrn Groß sehr daran gelegen dieses Guthaben zu sichern, ohne dass Herr Courbier zuvor informiert oder gar angehört werden muss.

   a. Welche Vorgehensweise würden Sie ihm empfehlen?

   b. Welche Schritte wären als erste einzuleiten?

Vergütung und Kosten (LF 04, 09, 10, 11, 12, 13, 14)

I. Wiederholungsfragen

1. Begriffe und allgemeine Grundlagen

1. Nennen Sie sechs Gesetze, die für die Berechnung der Gebühren der Rechtsanwälte, Gerichte, Notare, Gerichtsvollzieher und Zeugen wichtig sind.

    1. _____
    2. _____
    3. _____
    4. _____
    5. _____
    6. _____

2. Was ist im rechtlichen Bereich unter Kosten zu verstehen? Gehen Sie auch auf die Zusammensetzung der Kosten ein.

    Definition: _____

    _____

    Struktur: _____

3. Erläutern Sie den Begriff Pauschgebühren.

    _____

    _____

    _____

    _____

I. Wiederholungsfragen   1. Begriffe und allgemeine Grundlagen

4. Welche Gebührenarten lassen sich unterscheiden? Vervollständigen Sie hierzu das folgende Schaubild.

```
                    Gebühren
                       |
                  Pauschgebühren
          ┌────────────┼────────────┐
```

1. _____   2. _____   3. _____

Erläuterung: **Erläuterung:**   **Erläuterung:**
Die Höhe richtet sich nach:

_____   _____   _____

_____   _____   _____

                                _____   _____

                                Es lassen sich unterscheiden: _____

Hierauf wird der jeweilige   1. _____

_____   2. _____

gerechnet.

                                Bei der Festlegung der Gebüh-
                                renhöhe sind gemäß
Der Eurobetrag der jeweiligen Ge-   § ____ RVG folgende **Kriterien**
bühr ergibt sich aus der: zu beachten:

_____   - _____

                                - _____

                                - _____

                                - _____

                                - _____

                                Berechnung der **Mittelgebühr**:

                                Mittelgebühr =

                                _____

5. Was ist unter einer sogenannten „Schwellengebühr" zu verstehen? Erläutern Sie diese an einem Beispiel Ihrer Wahl.

_____

_____

_____

_____

Vergütung und Kosten (LF 04, 09, 10, 11, 12, 13, 14)

6. Wie oft darf ein Rechtsanwalt eine Gebühr pro Angelegenheit abrechnen? Erläutern Sie kurz.

7. Sofern in einer zivilrechtlichen Streitigkeit eine Gebühr zweimal abgerechnet werden soll, enthält § 15 RVG eine wichtige Regelung zur Gebührenobergrenze. Erläutern Sie diese.

8. **Auslagen**

   a. Was soll durch die Gebühren und was soll durch die Auslagen abgegolten werden?

   b. Welche Auslagen kann ein Rechtsanwalt gemäß RVG generell geltend machen?

   c. Dokumentenpauschale:

Fragen	Antworten
Bei welchen Kopien rechnet der Rechtsanwalt ab der ersten und bei welchen rechnet er erst ab der 100. Kopie ab?	
In welcher Höhe kann der Rechtsanwalt generell Kopien abrechnen?	
In welcher Höhe darf der Rechtsanwalt eine Datei abrechnen?	

   d. Entgelte für Post- und Telekommunikationsdienstleistungen:

Fragen	Antworten
Nennen Sie Beispiele für Post- und Telekommunikationsdienstleistungen.	

I. Wiederholungsfragen 1. Begriffe und allgemeine Grundlagen

Fragen	Antworten
In welcher Höhe kann der Rechtsanwalt diese Dienstleistungen abrechnen?	
Geben Sie Beispiele, wann innerhalb eines Rechtszuges, sofern mehrere Angelegenheiten vorliegen, mehrfach die Postentgeltpauschale gemäß Nr. 7002 VV RVG angesetzt werden darf.	

e. Reisekosten:

Fragen	Antworten
Erläutern Sie den Begriff Geschäftsreise.	
Inwiefern können Fahrtkosten abgerechnet werden?	
In welcher Höhe kann der Rechtsanwalt ein Tages- und Abwesenheitsgeld erhalten?	
Welche sonstigen Auslagen können im Rahmen der Reisekosten zusätzlich abgerechnet werden?	

f. Welche sonstigen Auslagen können abgerechnet werden?

_____

_____

g. Berechnen Sie die Auslagen für die folgenden Sachverhalte:

Sachverhalte	Auslagen in Euro
1. Der Rechtsanwalt fertigt 40 abzurechnende Schwarz-Weiß Kopien und 20 Farbkopien.	
2. Der Rechtsanwalt fertigt 70 abzurechnende Schwarz-Weiß Kopien und 40 Farbkopien.	

Vergütung und Kosten (LF 04, 09, 10, 11, 12, 13, 14)

Sachverhalte	Auslagen in Euro
3. Der Rechtsanwalt fertigt 60 abzurechnende Schwarz-Weiß Kopien und 70 Farbkopien.	
4. Der Rechtsanwalt war für seinen Mandanten zuerst im Wechselprozess und dann im anschließenden ordentlichen Verfahren tätig. In beiden wurden Post- und Telekommunikationsdienstleistungen in Anspruch genommen.	
5. Der Anwalt war in einem Strafrechtsmandat zunächst im vorbereitenden und anschließend im erstinstanzlichen Verfahren tätig. In beiden wurden Post- und Telekommunikationsdienstleistungen in Anspruch genommen.	
6. Der Anwalt hatte für seinen Mandanten einen gerichtlichen Mahnbescheid erwirkt. Nachdem der Gegner Widerspruch eingelegt hatte, vertrat er ihn im anschließenden streitigen Verfahren. Für beides wurden Post- und Telekommunikationsdienstleistungen in Anspruch genommen.	

9. Welche Angaben muss eine Vergütungsrechnung nach RVG enthalten?

10. Welche formalen Bestandteile sind bei einer Honorarvereinbarung zu beachten?

11. Gibt es nach RVG die Möglichkeit ein Erfolgshonorar zu vereinbaren?

12. Wann wird die Vergütung des Rechtsanwalts fällig?

I. Wiederholungsfragen 1. Begriffe und allgemeine Grundlagen

_____
_____

13. Wann kann der Rechtsanwalt einen Kostenvorschuss verlangen?

    In allen Verfahren?   – _____

                             – _____

    In gerichtlichen Verfahren: – _____

                             – _____

                             – _____

14. Was ist unter der Kostenfestsetzung zu verstehen?

_____
_____
_____

15. Kennzeichnen Sie die Struktur des Kostenfestsetzungsverfahrens, in dem Sie für die folgenden Fragen die Schlüsselwörter bzw. sofern vorgesehen auch die zutreffende(n) Vorschrift(en) eintragen.

Kostentragungspflicht:

    Hauptverfahren

a. Wer trägt grundsätzlich die Kosten eines Prozesses?

    zu a _____, § ___

b. Wer trägt die Kosten bei teilweisem Obsiegen?

    zu b _____, § ___
    _____

c. Wer trägt die Kosten bei sofortigem Anerkenntnis, sofern der Beklagte durch sein Verhalten keinen Anlass für eine Klage gegeben hat?

    zu c _____, § ___

d. Was versteht man unter der **Kostengrundentscheidung** und wer erlässt diese?

    zu d _____
    _____, § ___

e. In welcher Form erfolgt diese in der Regel?

    zu e _____
    _____

↓

Vergütung und Kosten

Vergütung und Kosten (LF 04, 09, 10, 11, 12, 13, 14)

Kostenfestsetzungsverfahren:

Nachverfahren

f. Nach welchen Vorschriften richtet sich die Kostenfestsetzung?

zu f _____

g. Wer bringt das Kostenfestsetzungsverfahren in Gang?

zu g _____

h. Wodurch wird das Verfahren in Gang gesetzt?

zu h _____

i. Welche Kosten können geltend gemacht werden?

zu i _____

j. Wo wird das Verfahren in Gang gesetzt?

zu j _____

k. Welches Organ der Rechtspflege entscheidet in bürgerlichen Rechtsstreitigkeiten?

zu k _____

l. Über was wird hier im Gegensatz zur Kostengrundentscheidung entschieden?

zu l _____

m. Entstehen in diesem Verfahren zusätzliche Gerichtskosten?

zu m _____

n. In welcher Form ergeht die Entscheidung?

zu n _____

Rechtsmittel/Rechtsbehelf:

Rechtsbehelfsverfahren

o. Welches Rechtsmittel / welcher Rechtsbehelf kann gegen die Entscheidung nach ZPO bzw. RPflG eingelegt werden?

zu o _____

16. In welcher Höhe sind Gerichtskosten vorauszuzahlen beim:

   a. Klageverfahren: Gebühr: _____   Gesetzliche Grundlage: _____

   b. Mahnverfahren: Gebühr: _____   Gesetzliche Grundlage: _____

2. Gegenstandswert

1. Was ist nach RVG unter dem Begriff „Gegenstandswert" zu verstehen?

_____

_____

I. Wiederholungsfragen — 2. Gegenstandswert

2. Nach welchen Vorschriften wird der **Gebührenstreitwert** in bürgerlichen Rechtsstreitigkeiten berechnet und nach welchen der **Gegenstandswert** der Rechtsanwaltsgebühren? Erläutern Sie kurz den Zusammenhang anhand der Vorschriften im RVG, GKG und der ZPO.

___

___

___

___

___

3. Was ist unter der sachlichen Zuständigkeit eines Gerichtes zu verstehen und nach welchen Vorschriften wird der Zuständigkeitsstreitwert ermittelt?

   Sachliche Zuständigkeit: ___

   Vorschriften für den Zuständigkeitsstreitwert: ___

4. Geben Sie für den folgenden Fall den Gebührenstreitwert und den Zuständigkeitsstreitwert an:

   G. Pech wurde durch das Verschulden des T. Raser bei einem Verkehrsunfall schwer verletzt. Rechtsanwalt Dr. Streit klagt daher für G. Pech auf Zahlung einer monatlichen Geldrente in Höhe von 500,00 Euro.

   Gebührenstreitwert: ___   Zuständigkeitsstreitwert: ___

5. Ermitteln Sie die Gegenstandswerte für die folgenden Fälle:

   a. Rechtsanwalt Groß erhebt für seinen Mandanten Klage wegen eines Kaufpreisanspruches über 2.500,00 Euro und wegen 1.600,00 Euro Schadensersatz gegen Herrn Müller.

      Gegenstandswert: ___

   b. Rechtsanwalt Klein erhebt für seinen Mandanten Huber Räumungsklage gegen den Mieter Schneider, da dieser die Miete nicht mehr zahlt. Die ausstehenden Mietzahlungen von Februar bis Juni werden daher ebenfalls mit eingeklagt. Die monatliche Miete beträgt 500,00 Euro.

      Gegenstandswert: ___

   c. Rechtsanwalt Schnell klagte für Herrn Baum erstinstanzlich wegen eines Kaufpreisanspruches über 7.500,00 Euro nebst 67,00 Euro Verzugszinsen gegen Herrn Mayer. Im anschließenden Urteil wurde der Beklagte Mayer verurteilt, 6.000,00 Euro an den Kläger zu zahlen, ansonsten wurde die Klage abgewiesen. Herr Mayer ist nicht bereit diesen Betrag zu zahlen und lässt daher durch seinen Rechtsanwalt hierüber Berufung einlegen. Geben Sie die Gegenstandswerte für die erste und zweite Instanz an.

      1. Instanz: ___   2. Instanz: ___

   d. Die kinderlosen Eheleute Schmitt beantragen die Ehescheidung. Herr Schmitt verdient brutto 2.000,00 Euro. An Steuer und Sozialversicherung entstehen 500,00 Euro. Frau Schmitt verdient 1.600,00 Euro brutto, bei ihr betragen Steuer und Sozialversicherung insgesamt 350,00 Euro.

      Gegenstandswert: ___

   e. T. Treu hatte seiner leicht behinderten Schwester vertraglich eine lebenslange monatliche Unterstützung von 300,00 Euro zugesagt. Nachdem seine Schwester nach jahrelang vergeblicher Suche endlich einen Arbeitsplatz gefunden hat und nunmehr selbst Geld verdient, stellt er die Zahlungen ein. Seine Schwester lässt durch ihren Anwalt Klage auf Einhaltung des Vertrages erheben.

      Gegenstandswert: ___

Vergütung und Kosten (LF 04, 09, 10, 11, 12, 13, 14)

f. Frau Klein hatte ihrer Nachbarin anlässlich der Konfirmation der Tochter ihr teures, 70 Jahre altes Porzellan ausgeliehen. Die Nachbarin weigert sich anschließend das Porzellan wieder herauszugeben. Frau Klein lässt durch Rechtsanwalt Schlau Klage auf Herausgabe erheben. Das Porzellan hat einen Verkehrswert von 3.500,00 Euro, der Liebhaberwert für Frau Klein beträgt 10.000,00 Euro.

Gegenstandswert: _____

g. RA Dr. Streit beantragt für seine Mandantin beim Familiengericht die Festsetzung von monatlichem Unterhalt in Höhe von 400,00 Euro gegenüber ihrem Vater. Da der Vater auch vor Antragstellung keine Zahlungen mehr leistete, werden 5 rückständige Unterhaltsraten mit beantragt.

Gegenstandswert: _____

7. Höchstwert für den Gegenstandswert:

Fragen	Antwort
a. Wie hoch ist die betragsmäßige Obergrenze für den Gegenstandswert bei einem Auftraggeber in derselben Angelegenheit?	
b. Wie hoch ist der maximal zulässige Wert in derselben Angelegenheit bei mehreren Auftraggebern?	

3. Allgemeine und außergerichtliche Gebühren

1. **Aufbau des Vergütungsverzeichnisses:**

   a. Was wird allgemein in den Teilen (Nummernkreisen) 1, 2, 3, 4, 5, 6 und 7 des Vergütungsverzeichnisses zum RVG geregelt?

   Teil 1: _____

   Teil 2: _____

   Teil 3: _____

   Teile 4 und 5: _____

   Teil 6: _____

   Teil 7: _____

2. Lassen sich die Gebühren der Teile 1, 2 und 3 des Vergütungsverzeichnisses des RVG beliebig miteinander kombinieren?

   _____

3. Für welche Tätigkeiten darf der Rechtsanwalt nach § 34 RVG abrechnen?

   _____

I. Wiederholungsfragen — 3. Allgemeine und außergerichtliche Gebühren

4. In welcher Höhe darf der Rechtsanwalt eine Beratungsgebühr abrechnen? Vervollständigen Sie hierzu das folgende Schaubild:

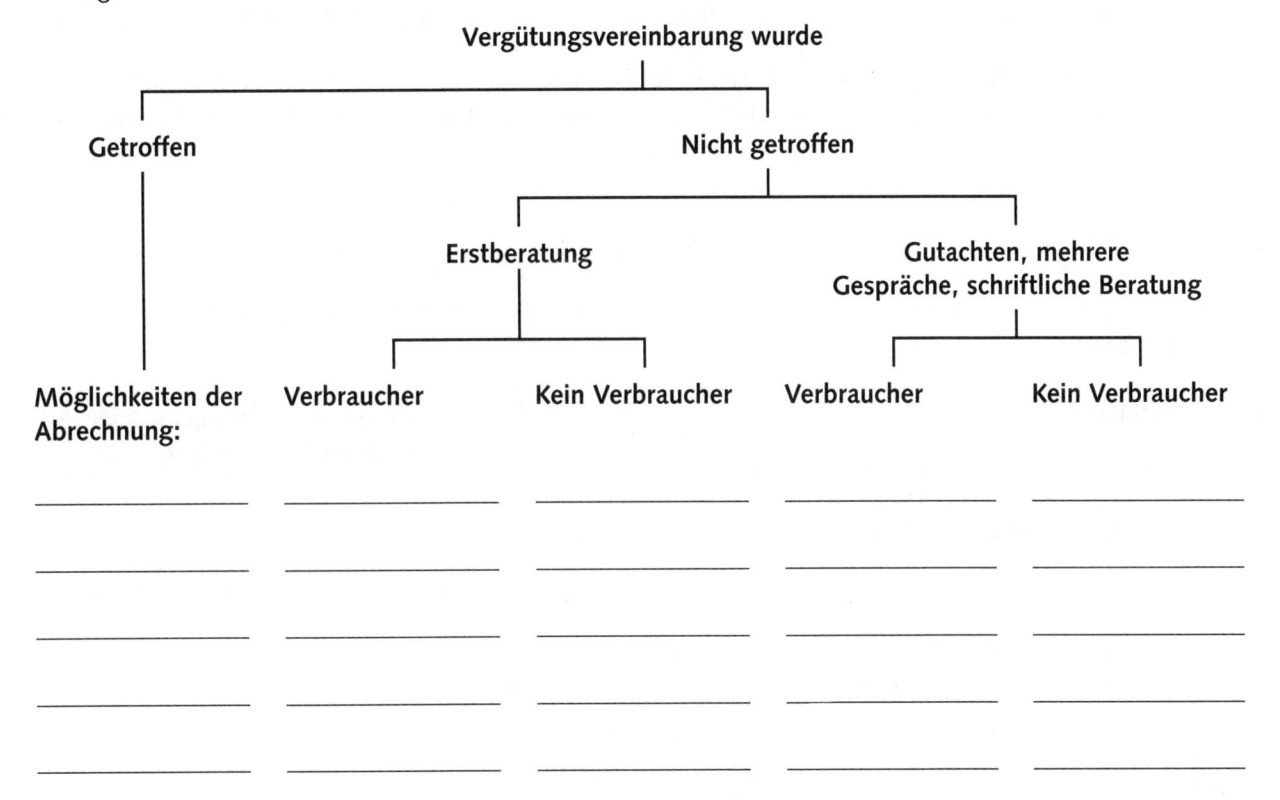

Vergütungsvereinbarung wurde

- **Getroffen**
  - Möglichkeiten der Abrechnung: _____
- **Nicht getroffen**
  - **Erstberatung**
    - Verbraucher: _____
    - Kein Verbraucher: _____
  - **Gutachten, mehrere Gespräche, schriftliche Beratung**
    - Verbraucher: _____
    - Kein Verbraucher: _____

5. **Die Einigungsgebühr**

   a. Für welche Tätigkeiten darf der Rechtsanwalt eine Einigungsgebühr abrechnen? Tragen Sie ein:

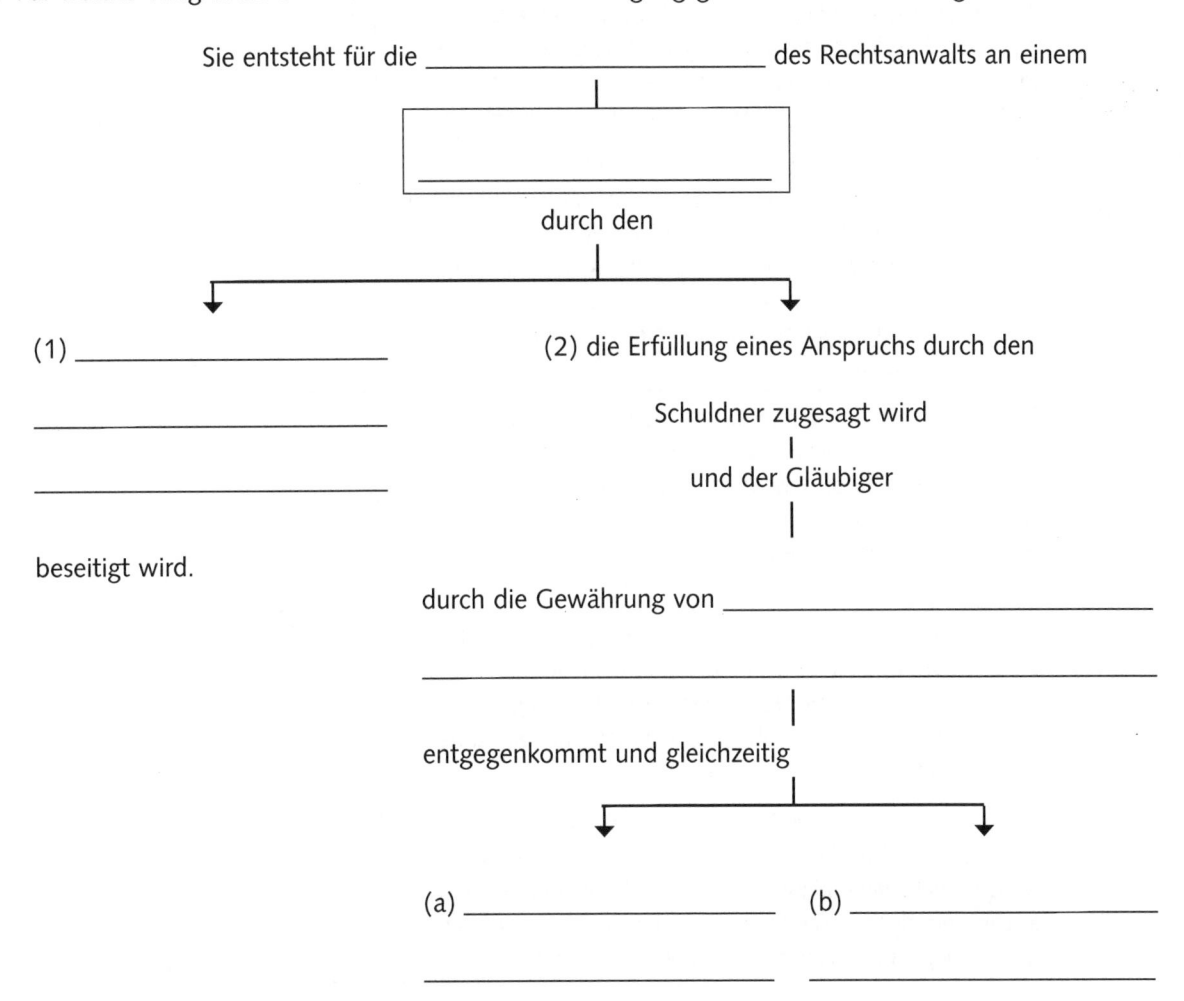

   Sie entsteht für die _____ des Rechtsanwalts an einem

   [_____]

   durch den

   (1) _____ beseitigt wird.

   (2) die Erfüllung eines Anspruchs durch den Schuldner zugesagt wird
   und der Gläubiger
   durch die Gewährung von _____
   entgegenkommt und gleichzeitig

   (a) _____   (b) _____

Vergütung und Kosten (LF 04, 09, 10, 11, 12, 13, 14)

b. Geben Sie die unterschiedlichen Sätze der Einigungsgebühr für folgende Bereiche an:

Außergerichtlich: _____ 1. Instanz: _____ Rechtsmittelinstanz: _____

c. Nach welchem Gegenstandswert wird die Einigungsgebühr berechnet, wenn es dem Anwalt gelingt, einen Vertrag abzuschließen, durch den der Streit oder die Ungewissheit über ein Rechtsverhältnis beseitigt wird?

_____

_____

d. Geben Sie für die folgenden Fälle den Gebührensatz für die Einigungsgebühr und den jeweiligen Gegenstandswert an.

Sachverhalt	Gebührensatz bzw. „keine"	Gegenstandswert in Euro
1. In einer Berufungsangelegenheit über 12.000,00 Euro einigen sich die Parteien auf 10.000,00 Euro, die auch gerichtlich protokolliert und wirksam werden.		
2. Nach streitiger Verhandlung in der ersten Instanz über 4.500,00 Euro erkennt der Beklagte den Anspruch an und zahlt den kompletten Betrag an den Kläger.		
3. In einer außergerichtlichen durchschnittlichen Angelegenheit über 2.500,00 Euro vertritt RA Schlau Herrn Gut. Nachdem verschiedene Schriftsätze ausgetauscht wurden, wurde ein wirksamer Vergleich über 1.500,00 Euro geschlossen.		
4. RA Schlau erhebt im Namen seines Mandanten Klage wegen 3.000,00 Euro Kaufpreisforderung. Kurz bevor er die Klage einreichen möchte ruft sein Mandant an und teilt ihm mit, dass er verzichten möchte. Die Klage wird nicht eingereicht.		
5. Nach streitiger Verhandlung in einem gerichtlichen Termin über 6.000,00 Euro gelingt den Rechtsanwälten ein gerichtlich protokollierter Vergleich über 5.000,00 Euro mit einer Widerrufsfrist von einer Woche. Da Herr Huber, der Kläger, im Termin nicht persönlich anwesen war, ist er mit diesem Vergleich nicht einverstanden und lässt diesen nach drei Tagen durch seinen Anwalt widerrufen.		
6. RA Schlau erhebt im Namen seines Mandanten Räumungsklage gegen seinen Mieter Schneider. Die monatliche Miete beträgt 500,00 Euro. Außerdem klagt er die Miete von Februar bis Juni desselben Jahres mit ein. Es wird ein wirksamer Vergleich geschlossen: Herr Schneider räumt die Wohnung und zahlt zwei Monatsmieten.		
7. Herr Schneider wurde von Herrn Huber bei einem Verkehrsunfall schwer verletzt und klagt daher auf eine Rente über 500,00 Euro monatlich. Nach streitiger Verhandlung einigt man sich in einem gerichtlich protokollierten und wirksamen Vergleich auf Zahlung von 25.000,00 Euro.		
8. Der Kläger hat gegen den Beklagten ein rechtskräftiges Urteil über 2.000,00 Euro. Nach Androhung der Zwangsvollstreckung (aufgelaufene Zinsen 100,00 Euro) wird ein Vergleich geschlossen, demzufolge Ratenzahlung vereinbart wird und der Gläubiger auf Vollstreckungsmaßnahmen verzichtet.		

I. Wiederholungsfragen   3. Allgemeine und außergerichtliche Gebühren

Sachverhalt	Gebührensatz bzw. „keine"	Gegenstandswert in Euro
9. Der Kläger hat gegen den Beklagten ein rechtskräftiges Urteil über 1.500,00 Euro. Während des bereits eingeleiteten Vollstreckungsverfahrens (aufgelaufene Zinsen 100,00 Euro) wird ein Vergleich geschlossen, wonach der Beklagte die Forderung nebst Zinsen in Raten tilgt und der Gläubiger auf Vollstreckungsmaßnahmen verzichtet.		

6. Für welche Tätigkeiten erhält der Rechtsanwalt eine Aussöhnungsgebühr? Geben Sie auch die Höhe der Gebühr an.

   Tätigkeiten: _____

   _____

   _____

   _____

   Höhe: Außergerichtlich: _____

   Gerichtliches Verfahren: _____

7. **Gebührenerhöhung wegen mehrerer Auftraggeber**

   a. Welche Gebühren können sich erhöhen, sofern ein Rechtsanwalt für mehrere Auftraggeber tätig wird?

   _____

   _____

   b. Welche Voraussetzung muss allgemein vorliegen, damit eine Gebührenerhöhung vorgenommen werden kann?

   _____

   c. Welche weitere Voraussetzung muss bei Wertgebühren hinzukommen?

   _____

8. Erläutern Sie allgemein, wie eine Erhöhung bei den folgenden Gebührenarten vorzunehmen ist. Gehen Sie dabei auch jeweils auf die maximal zulässige Obergrenze der Erhöhung ein.

   Wertgebühren: _____

   _____

   Festgebühren: _____

   _____

   Betragsrahmengebühren: _____

   _____

Vergütung und Kosten (LF 04, 09, 10, 11, 12, 13, 14)

9. Prüfen Sie für die folgenden Fälle, ob jeweils eine Gebührenerhöhung nach Nr. 1008 VV RVG möglich ist. Falls ja, geben Sie auch den erhöhten Gebührensatz an:

   a. Rechtsanwalt Schlau vertritt 9 Auftraggeber erstinstanzlich in einem Zivilprozess.

   b. Die Krause & Schneider OHG, vertreten durch ihre beiden Gesellschafter Krause und Schneider, erteilt Rechtsanwalt Dr. Streit Klageauftrag gegenüber einem Kunden.

   c. Rechtsanwalt Schlau vertritt zwei Gesamtschuldner in einer durchschnittlichen außergerichtlichen Angelegenheit.

10. Geben Sie für die folgenden Sachverhalte jeweils an, wie viele Auftraggeber vorliegen und wie hoch der zutreffende Gebührensatz der Verfahrensgebühr ist.

Sachverhalt	Anzahl Auftraggeber	Gebührensatz Verfahrensgebühr
1. Die drei Vorstandsmitglieder der Mumpiz- AG beauftragen Rechtsanwalt Schlau mit der Vertretung der AG in der ersten Instanz.		
2. Müller, Mayer, Schulze und die XY- GmbH werden als Gesamtschuldner von Herrn Rot verklagt.		
3. Die Eheleute beauftragen Rechtsanwalt Schnell mit der erstinstanzlichen Vertretung ihrer drei Kinder wegen desselben Gegenstandes.		
4. Eine Erbengemeinschaft bestehend aus 11 Personen wird in der Berufung vertreten.		

11. Wie hoch ist die Geschäftsgebühr in der Beratungshilfe nach Nr. 2503 VV RVG bei 11 Auftraggebern?

12. Wie hoch ist die erhöhte Mittelgebühr in Strafsachen für den Wahlanwalt nach Nr. 4102 VV RVG bei zwei Auftraggebern?

13. Erläutern Sie kurz, wofür der Rechtsanwalt eine Hebegebühr abrechnen darf und stellen Sie auch allgemein dar, wie die Gebühr berechnet wird:

    Entstehung:

    Berechnung der Höhe:

I. Wiederholungsfragen 3. Allgemeine und außergerichtliche Gebühren

14. Wie hoch ist die Hebegebühr für einen vom Anwalt weitergeleiteten Betrag in Höhe von 12.000,00 Euro?

_____

_____

15. Wie darf ein Rechtsanwalt abrechnen, wenn er für einen Mandanten die Berufungsaussichten prüft?

Prüfung der Berufungsaussichten

(1) Rechtsanwalt hat noch keinen Auftrag, Berufung einzulegen:

(a) Er prüft mündlich oder schriftlich (Gebührensatz angeben):

_____

(b) Er erstellt hierzu ein schriftliches Gutachten (Gebührensatz angeben):

_____

(c) zu beachtende Anrechnungen:

_____

(2) Rechtsanwalt hat bereits den Auftrag, Berufung einzulegen:

(a) Berufung wird nicht eingelegt (Gebührensatz angeben):

_____

(b) Berufung wird eingelegt (Gebührensatz angeben):

_____

16. Wofür erhält der Rechtsanwalt eine Geschäftsgebühr? Gehen Sie dabei auch auf die Höhe der Gebühr ein.

Erläuterung: _____

_____

_____

_____

Höhe allgemein (Rahmen): _____

Höhe in einer durchschnittlichen Angelegenheit: _____

Kriterien für eine nicht durchschnittliche Angelegenheit: _____

17. Geben Sie an, welche Gebühr in den folgenden Fällen anzusetzen ist.

Sachverhalt	Gebühr
1. Vermieter V ist sich hinsichtlich eines Details zum bestehenden Mietvertrag mit seinem Mieter unsicher. Er lässt sich daher von Rechtsanwalt Huber in einem kurzen Gespräch dazu beraten.	
2. Vermieter W möchte seinem Mieter kündigen. Um dem Schreiben mehr Nachdruck zu verleihen, möchte er dies nicht selbst tun, sondern beauftragt Rechtsanwalt Schlau hiermit. Es sind keinerlei rechtliche Prüfungen oder Ausarbeitungen hierzu notwendig, Rechtsanwalt Schlau verfasst nur ein kurzes Kündigungsschreiben.	

Vergütung und Kosten (LF 04, 09, 10, 11, 12, 13, 14)

Sachverhalt	Gebühr
3. Im Mietverhältnis zwischen Vermieter P und seinem Mieter hat der Mieter mit Verweis auf vermeintlich nicht erfüllte Vertragspflichten durch den Vermieter die Mietzahlungen eingestellt. Rechtsanwalt Dr. Streit prüft für P den Sachverhalt sorgfältig und schickt M ein außergerichtliches anwaltliches Aufforderungsschreiben mit Fristsetzung.	
4. Da der Mieter Mayer mit 5 Mietzahlungen im Rückstand ist und trotz mehrerer Mahnungen nicht zahlte, erteilt Vermieter Schneider Rechtsanwalt Smart Klageauftrag. Bevor die Klage eingereicht wird, übersendet Rechtsanwalt Smart Herrn Mayer ein anwaltliches Aufforderungsschreiben. Daraufhin zahlt Mayer sofort.	

18. Wonach berechnet sich der Gegenstandswert bei der Geschäftsgebühr?

___
___
___
___
___
___

4. Gebühren im zivilgerichtlichen Bereich und in der Zwangsvollstreckung

4.1 Verfahrens- und Terminsgebühr

1. **Die Verfahrensgebühr**

    a. Erläutern Sie kurz, wofür der Anwalt diese erhält.

    ___
    ___

    b. In welchen Fällen kann der Rechtsanwalt eine Verfahrensgebühr wegen vorzeitiger Beendigung abrechnen?

    ___
    ___
    ___
    ___

I. Wiederholungsfragen 4. Gebühren im zivilgerichtlichen Bereich/Zwangsvollstreckung

c. Nennen Sie die Voraussetzungen, damit ein Rechtsanwalt eine sogenannte „Differenzverfahrensgebühr" abrechnen darf.

Voraussetzungen gemäß Nr. _____ VV RVG:

| (1) _____ | + | (2) _____ |

↓ ↓

(3) _____

d. Tragen Sie für die folgenden Sachverhalte die entstehenden Gebühren und ihre Gegenstandswerte ein.

Sachverhalte	Gebühren und Gegenstandswerte
1. Rechtsanwalt Schlau hat für seinen Mandanten Klage über 8.000,00 Euro eingereicht. Im Termin versuchen sich die Parteien unter Mitwirkung ihrer Anwälte hierüber und über weitere, nicht anhängige Ansprüche in Höhe von 3.000,00 Euro zu einigen.* Die Einigung kommt aber nicht zustande.	
2. Rechtsanwalt Grün hat für seinen Mandanten Klage über 8.000,00 Euro eingereicht. Unter Mitwirkung der Anwälte einigen sich die Parteien hierüber und lassen diese protokollieren. Gleichzeitig lassen die Parteien weitere, nicht rechtshängige Ansprüche in Höhe von 2.000,00 Euro* protokollieren. Hierüber hatten sich die Parteien zuvor, ohne Mitwirkung ihrer Anwälte, geeinigt.	
3. Rechtsanwalt Dr. Smart hat für seinen Mandanten Klage über 8.000,00 Euro eingereicht. Im Termin einigen sich die Parteien, unter Mitwirkung ihrer Anwälte, hierüber, wobei in die Einigung noch weitere, nicht anhängige Ansprüche in Höhe von 4.000,00 Euro*, einbezogen werden.	

* Es kann unterstellt werden, dass über die nicht anhängigen Ansprüche Prozessauftrag vorliegt.

e. Wonach bestimmt sich der Gegenstandswert bei der Verfahrensgebühr?

_____
_____
_____
_____

Vergütung und Kosten (LF 04, 09, 10, 11, 12, 13, 14)

f. Gibt es Anrechnungsvorschriften zu beachten, sofern ein Mandat außergerichtlich beginnt und dann ins Klageverfahren übergeht?

_____

_____

_____

g. Ein Rechtsanwalt vertritt fünf Erben in einer durchschnittlichen Erbschaftsangelegenheit, in der er zunächst außergerichtlich tätig war, anschließend Klageauftrag erhielt und dann die Vertretung im Prozess vornahm. Erläutern Sie kurz, ob bzw. in welcher Höhe hier eine Anrechnung zu erfolgen hat.

_____

_____

_____

2. **Die Terminsgebühr**

   a. Für welche Tätigkeiten bekommt der Rechtsanwalt eine Terminsgebühr? Tragen Sie ein:

   Grundsatz. _____

                                    Termine

   (1) _____   (2) _____

   Beispiele: _____   Beispiele: _____

   _____   _____

   _____   _____

   _____   _____

   b. In welchen Fällen bekommt der Rechtsanwalt eine Terminsgebühr, ohne dass überhaupt ein Termin stattgefunden hat?

   _____

   _____

   _____

   _____

I. Wiederholungsfragen 4. Gebühren im zivilgerichtlichen Bereich/Zwangsvollstreckung

c. Für welche Fälle bekommt der Rechtsanwalt eine verminderte Terminsgebühr?

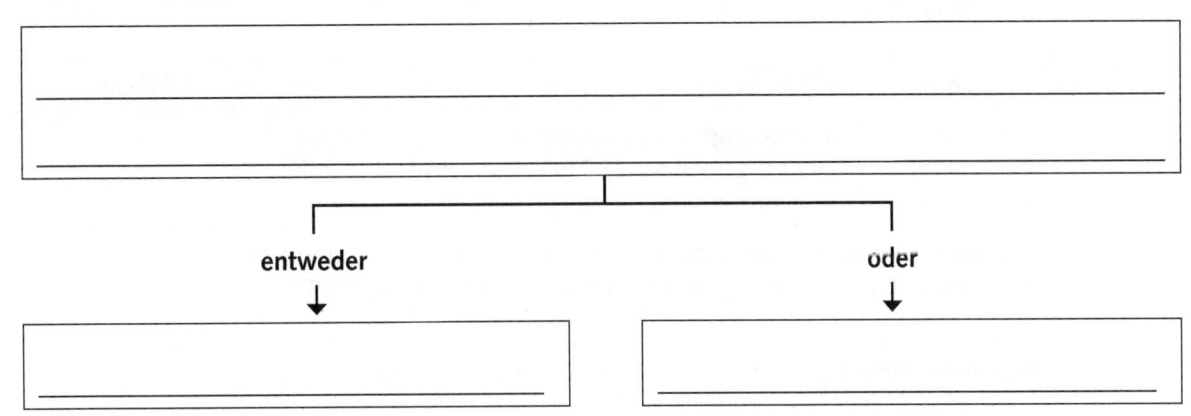

```
┌─────────────────────────────────────────────────┐
│                                                 │
└─────────────────────────────────────────────────┘
                        │
          ┌─────────────┴─────────────┐
       entweder                      oder
          ↓                            ↓
   ┌──────────────┐            ┌──────────────┐
   │              │            │              │
   └──────────────┘            └──────────────┘
```

d. Tragen Sie die jeweils anzusetzende Terminsgebühr für den anwesenden Rechtsanwalt, das heißt für den Rechtsanwalt, der Antrag auf Versäumnisurteil stellt, ein. Geben Sie auch die jeweils zutreffende Nummer im Vergütungsverzeichnis an:

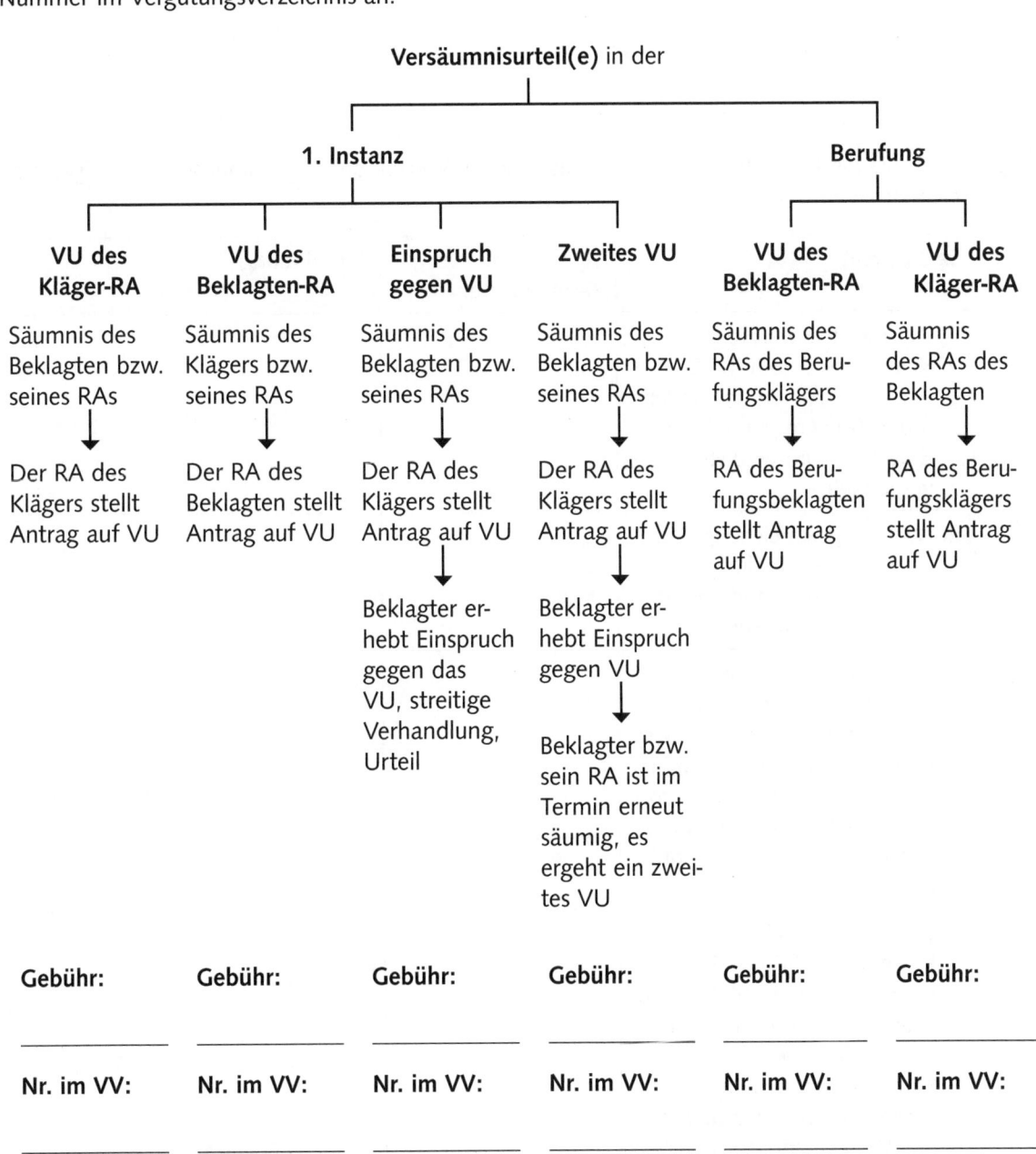

Versäumnisurteil(e) in der

1. Instanz				Berufung	
VU des Kläger-RA	**VU des Beklagten-RA**	**Einspruch gegen VU**	**Zweites VU**	**VU des Beklagten-RA**	**VU des Kläger-RA**
Säumnis des Beklagten bzw. seines RAs	Säumnis des Klägers bzw. seines RAs	Säumnis des Beklagten bzw. seines RAs	Säumnis des Beklagten bzw. seines RAs	Säumnis des RAs des Berufungsklägers	Säumnis des RAs des Beklagten
↓	↓	↓	↓	↓	↓
Der RA des Klägers stellt Antrag auf VU	Der RA des Beklagten stellt Antrag auf VU	Der RA des Klägers stellt Antrag auf VU	Der RA des Klägers stellt Antrag auf VU	RA des Berufungsbeklagten stellt Antrag auf VU	RA des Berufungsklägers stellt Antrag auf VU
		↓	↓		
		Beklagter erhebt Einspruch gegen das VU, streitige Verhandlung, Urteil	Beklagter erhebt Einspruch gegen VU		
			↓		
			Beklagter bzw. sein RA ist im Termin erneut säumig, es ergeht ein zweites VU		
Gebühr:	Gebühr:	Gebühr:	Gebühr:	Gebühr:	Gebühr:
_____	_____	_____	_____	_____	_____
Nr. im VV:	Nr. im VV:	Nr. im VV:	Nr. im VV:	Nr. im VV:	Nr. im VV:
_____	_____	_____	_____	_____	_____

Vergütung und Kosten

Vergütung und Kosten (LF 04, 09, 10, 11, 12, 13, 14)

e. Geben Sie für die folgenden Fälle an, ob bzw. in welcher Höhe Rechtsanwalt Schlau eine Terminsgebühr abrechnen darf.

Sachverhalt	Gebühr
1. Rechtsanwalt Schlau beantragt in einem erstinstanzlichen Termin in Abwesenheit des Gegners gemäß § 227 ZPO eine Terminsänderung. Vor dem folgenden Termin erledigt sich die Angelegenheit.	
2. Im Termin sind beide Seiten nicht erschienen. Das Gericht bestimmt daher einen neuen Termin. Die Angelegenheit erledigt sich vor diesem Termin.	
3. Beide Rechtsanwälte erscheinen im Termin. Der gegnerische Anwalt erklärt jedoch nicht verhandeln zu wollen, worauf Rechtsanwalt Schlau Versäumnisurteil beantragt.	

f. Wonach bestimmt sich grundsätzlich der Gegenstandswert bei der Terminsgebühr?

_____

_____

g. Geben Sie mit kurzer Begründung an, aus welchen Werten der Gegenstandswert in folgenden Fällen berechnet wird:

Sachverhalt	Gegenstandswert Terminsgebühr	Begründung
1. Der Rechtsanwalt reicht Klage über 10.000,00 Euro ein. Vor dem Termin werden 4.000,00 Euro gezahlt, über 6.000,00 Euro wird streitig verhandelt.		
2. Nach Klageeinreichung und streitiger Verhandlung über 7.000,00 Euro zahlt der Beklagte 2.000,00 Euro.		
3. Im Termin wird außer gerichtlich eingereichter 2.000,00 Euro auch über weitere, nachträglich im Termin vorgebrachte 1.000,00 Euro verhandelt. Danach wird ein Vergleich über beide Ansprüche geschlossen.		
4. Der Rechtsanwalt reicht Klage über 1.500,00 Euro Kaufpreis- und 2.000,00 Euro Werklohnanspruch ein. Im ersten Termin wird über den Kaufpreisanspruch und im zweiten Termin wird über den Werklohnanspruch verhandelt.		

I. Wiederholungsfragen 4. Gebühren im zivilgerichtlichen Bereich/Zwangsvollstreckung

Sachverhalt	Gegenstandswert Terminsgebühr	Begründung
5. Der Rechtsanwalt reicht wegen einer Forderung über 20.000,00 Euro Klage ein. Es wird streitig verhandelt, danach wird der Rechtsstreit wegen 15.000,00 Euro für erledigt erklärt. Im zweiten Termin wird wieder streitig verhandelt. Im dritten Termin erhöht der Kläger die Klage um 3.000,00 Euro, anschließend wird streitig verhandelt.		

h. Zusatzgebühr

ha. Unter welchen Voraussetzungen kann der Rechtsanwalt eine Zusatzgebühr abrechnen?

(1) _____

(2) _____

hb. In welcher Höhe kann er dies tun? _____

hc. Aus welchem Gegenstandswert? _____

3. Geben Sie den zutreffenden Gebührensatz und die jeweilige Nummer im Vergütungsverzeichnis an:

Gebührenhöhe	1. Instanz		2. Instanz (Berufung)		3. Instanz (Revision) BGH-Anwalt	
	VerfG	TermG	VerfG	TermG	VerfG	TermG
Volle Gebühr						
Verminderte Gebühr						

4.2 Besondere Verfahren und Gebührentatbestände

4.2.1 Gerichtliches Mahnverfahren

1. Geben Sie jeweils an, welche Gebühren für die folgenden Tätigkeiten im gerichtlichen Mahnverfahren entstehen:

   a. Vertretung des Antragstellers und Beantragung des Mahnbescheids beim zuständigen Gericht, wobei der Mahnbescheid erlassen wird.

   Gebühr: _____

   b. Sachverhalt wie bei „a", allerdings wird der Mahnbescheid nicht erlassen.

   Gebühr: _____

Vergütung und Kosten (LF 04, 09, 10, 11, 12, 13, 14)

c. Sachverhalt wie „a", allerdings vertritt der Rechtsanwalt in derselben Angelegenheit acht Auftraggeber.

Gebühr: _____

d. Der Rechtsanwalt hat den Auftrag zur Beantragung eines Mahnbescheids. Bevor er den Antrag beim Mahngericht einreichen kann, ruft ihn sein Mandant an und teilt ihm mit, dass sich die Angelegenheit erledigt hat.

Gebühr: _____

e. Vertretung des Antragsgegners, der Rechtsanwalt legt fristgerecht Widerspruch für ihn ein.

Gebühr: _____

f. Der Rechtsanwalt vertritt den Antragsteller im Verfahren über den Antrag auf Erlass eines Vollstreckungsbescheids.

Gebühr: _____

g. Sachverhalt wie „f", allerdings vertritt der Rechtsanwalt als Antragsteller die Eheleute Huber.

Gebühr: _____

h. Der Rechtsanwalt beantragte auftragsgemäß für seinen Mandanten einen Mahnbescheid. Nach erfolgtem Widerspruch geht die Angelegenheit ins streitige Verfahren über. Nach streitiger Verhandlung vor dem Amtsgericht ergeht Urteil.

Gebühr im Mahnverfahren: _____

_____

Gebühren im streitigen Verfahren: _____

_____

2. Welche Anrechnungsvorschriften sind beim gerichtlichen Mahnverfahren zu beachten?

_____

_____

_____

_____

3. **Gegenstandswert**

a. Worin besteht grundsätzlich der Gegenstandswert im gerichtlichen Mahnverfahren?

_____

_____

_____

b. Aus welchem Gegenstandswert erfolgt die Anrechnung der (Mahn-)Verfahrensgebühr, sofern in einem anschließenden gerichtlichen Verfahren ein niedrigerer Gegenstandswert zu Grunde gelegt wird?

_____

_____

I. Wiederholungsfragen 4. Gebühren im zivilgerichtlichen Bereich/Zwangsvollstreckung

4. Erstellen Sie zu den bisher wiederholten Grundlagen als Zwischenfazit eine Zusammenstellung, sortiert nach den wichtigsten Gebühren im außergerichtlichen und gerichtlichen Bereich für alle drei Instanzen, einschließlich gerichtlichem Mahnverfahren. Gehen Sie dabei auf die folgenden inhaltlichen Aspekte ein:
   - Wofür entstehen die jeweiligen Gebühren?
   - In welcher Höhe entstehen sie?
   - Sind Anrechnungen zu beachten?
   - Kann die jeweilige Gebühr bei mehreren Auftraggebern erhöht werden?
   - Wie hoch wäre im Falle einer Einigung jeweils die Einigungsgebühr?

4.2.2 Verweisung, Abgabe und Zurückverweisung

1. In §§ 20, 21 Abs. 1 RVG werden drei verschiedene Möglichkeiten zur Verweisung, Abgabe bzw. Zurückverweisung aufgeführt. Erläutern Sie kurz die Unterschiede und geben Sie auch jeweils an, wie viele Rechtszüge betroffen sind.

_____
_____
_____
_____
_____
_____
_____

2. Geben Sie für die folgenden Sachverhalte an, wie viele Rechtszüge vorliegen und ob bzw. welche Anrechnungen vorzunehmen sind.

Sachverhalt	Anzahl Rechtszüge?	Anrechnung gem. Nr. im VV RVG?
a. Verweisung vom Arbeitsgericht an das Amtsgericht in Zivilsachen		
b. Verweisung vom AG an das LG 1. Instanz		
c. Verweisung vom LG 1. Instanz an das AG		
d. Es wird Klage beim LG Mainz eingereicht mit anschließender streitiger Verhandlung. Danach wird Berufung beim OLG Koblenz eingelegt. Dort wird im Termin festgestellt, dass nicht das LG Mainz sondern das LG Hamburg zuständig gewesen wäre. Die Sache wird dorthin verwiesen, wo nach streitiger Verhandlung Urteil ergeht.		
e. Ein Prozess beginnt beim LG Hamburg, wo nach streitiger Verhandlung Urteil ergeht. Danach erfolgt Berufung beim OLG Hamburg, wo nach erfolgtem Termin eine Zurückverweisung an des LG Hamburg erfolgt. Hier ergeht nach einem Termin Endurteil.		

Vergütung und Kosten (LF 04, 09, 10, 11, 12, 13, 14)

4.2.3 Urkunden- und Wechselprozess

1. Erläutern Sie kurz das Wesen des Urkunden-, Scheck- und Wechselprozesses.

   _____

   _____

   _____

2. **Urkundenprozess und Nachverfahren: Tragen Sie die richtigen Lösungen im Schaubild bei der jeweils der Fragestellung entsprechenden Teilziffer ein.**

   a. Welche Beweismittel sind im Urkundenprozess erlaubt? Geben Sie auch den zutreffenden Paragrafen an.
   b. Welche Beweismittel sind im anschließenden Nachverfahren zugelassen?
   c. Welches Urteil ergeht, wenn es zum Beispiel dem Beklagten nicht gelingt, seine Rechte mit den im Urkundenprozess zugelassenen Beweismitteln geltend zu machen? Geben Sie auch den zutreffenden Paragrafen an.
   d. Stellen der Urkundenprozess und das anschließende Nachverfahren nach ZPO einen oder zwei Prozesse dar? Geben Sie auch die zutreffende Vorschrift an.
   e. Stellen Urkundenprozess und Nachverfahren gebührenrechtlich eine oder zwei Angelegenheiten dar? Geben Sie auch den zutreffenden Paragrafen an.
   f. Wie wirkt sich die zutreffende Lösung zu „e" auf die Gebühren des Rechtsanwalts aus?

   Zu c Urteilsart: _____ § _____ ZPO

   Urkundenprozess
   Zu a Zugelassene Beweismittel:

   _____
   _____
   _____
   _____
   _____

   § _____ ZPO

   → **Nachverfahren**
   Zu b Zugelassene Beweismittel:

   _____
   _____
   _____
   _____
   _____

   Zu d ZPO: Ein oder zwei Prozesse? _____ § _____ ZPO

   Zu e RVG: Eine oder zwei besondere Angelegenheiten? _____ § _____ RVG

   Zu f Anwaltsgebühren:

   _____ § _____ RVG

   _____

   Zu beachten: Anmerkung _____ VV RVG

I. Wiederholungsfragen 4. Gebühren im zivilgerichtlichen Bereich/Zwangsvollstreckung

4.2.4 Selbstständiges Beweisverfahren

1. Was ist unter einem selbstständigen Beweisverfahren zu verstehen und worin besteht der zentrale Zweck?

2. Geben Sie mit kurzer Begründung an, ob das selbstständige Beweisverfahren gebührenrechtlich eine eigenständige Angelegenheit darstellt.

3. Welche Gebühren können im selbstständigen Beweisverfahren normalerweise entstehen und wonach bemisst sich der Gegenstandswert?

4. Selbstständiges Beweisverfahren mit bzw. ohne anhängigen Prozess: Tragen Sie die entstandenen Gebühren für die Sachverhalte in die vorgesehenen Lösungsfelder ein.

Sachverhalt	Gebühren im selbstständigen Beweisverfahren	Gebühren des Hauptprozesses
1. Im selbstständigen Beweisverfahren, welches der Rechtsanwalt beantragt hatte, gelingt es in einem Termin mit der Gegenseite einen rechtsgültigen Vergleich zu schließen und ein Hauptverfahren somit abzuwenden.		
2. Der Rechtsanwalt beantragt ein selbstständiges Beweisverfahren, das auch zugelassen wird. Hierin findet anschließend ein Sachverständigentermin mit den Parteien statt. Im folgenden Hauptprozess wird in einem Gerichtstermin auf dessen Gutachten zurückgegriffen. In einem zweiten Termin einigen sich die Parteien rechtsverbindlich.		

Vergütung und Kosten (LF 04, 09, 10, 11, 12, 13, 14)

Sachverhalt	Gebühren im selbstständigen Beweisverfahren	Gebühren des Hauptprozesses
3. In einem Rechtsstreit wird während des Hauptprozesses und zwar noch vor dem ersten Verhandlungstermin ein selbstständiges Beweisverfahren durchgeführt. Hierin einigen sich die Parteien in einem Termin rechtsgültig, so dass sich der Hauptprozess erledigt.		

5. Sind die Kosten des selbstständigen Beweisverfahrens erstattungsfähig?

___

4.2.5 Verkehrsanwalt und Terminsvertreter

1. Kennzeichnen Sie kurz, wann es sinnvoll sein könnte, einen Verkehrsanwalt (Korrespondenzanwalt) einzuschalten.

___

2. Das Einschalten eines Verkehrsanwaltes bedeutet, dass jeweils ein Rechtsanwalt am Wohnsitz des Mandanten und ein Rechtsanwalt am Gerichtsort tätig wird. Grenzen Sie die beiden voneinander ab, indem Sie das folgende Schema ausfüllen.

	Rechtsanwalt am Wohnsitz des Mandanten	Rechtsanwalt am Gerichtsort
1. Stellung im Verfahren?		
2. Tätigkeiten?		

I. Wiederholungsfragen 4. Gebühren im zivilgerichtlichen Bereich/Zwangsvollstreckung

	Rechtsanwalt am Wohnsitz des Mandanten	Rechtsanwalt am Gerichtsort
3. Nach welchem Teil bzw. Abschnitt im VV erfolgt jeweils die Gebührenabrechnung im ersten Rechtszug?		
4. Welche Gebühren können im Normalfall jeweils entstehen?		
5. Welche Gebühren können jeweils bei vorzeitiger Beendigung entstehen?		
6. Welche Möglichkeit der Abrechnung im Innenverhältnis zwischen den Anwälten eröffnet § 49b Abs. 3 BRAO?		
7. Welche Probleme bei der Kostenerstattung beinhaltet die Einschaltung eines Verkehrsanwaltes?		

3. Zeigen Sie kurz auf, wann die Einschaltung eines Terminsvertreters sinnvoll ist.

_____

_____

_____

_____

4. Das Einschalten eines Terminsvertreters bedeutet, dass ein Rechtsanwalt am Wohnsitz des Mandanten und ein Rechtsanwalt am Gerichtsort tätig wird. Grenzen Sie die beiden voneinander ab, indem Sie das folgende Schema ausfüllen.

	Rechtsanwalt am Wohnsitz des Mandanten	Rechtsanwalt am Gerichtsort
1. Stellung im Verfahren?		
2. Tätigkeiten?		

Alle Rechte vorbehalten: Kopieren nur mit Genehmigung des Herausgebers

Vergütung und Kosten (LF 04, 09, 10, 11, 12, 13, 14)

	Rechtsanwalt am Wohnsitz des Mandanten	Rechtsanwalt am Gerichtsort
3. Nach welchem Teil bzw. Abschnitt im VV erfolgt jeweils die Gebührenabrechnung im ersten Rechtszug?		
4. Welche Gebühren können jeweils entstehen?		
5. Welche Gebühren können jeweils bei vorzeitiger Beendigung entstehen?		
6. Nehmen Sie kurz zur Kostenerstattung und der Möglichkeit einer Gebührenteilung Stellung.		

4.2.6 Prozesskosten- und Beratungshilfe

1. Was ist der Zweck der Prozesskostenhilfe?

___

___

2. Tragen Sie ein, in welchen Vorschriften der ZPO und des RVG die Grundlagen zur Prozesskostenhilfe jeweils geregelt sind.

Grundlagenvorschriften:

ZPO:	RVG:

3. Welche Kosten werden im Rahmen der Prozesskostenhilfe von der Staatskasse übernommen, wenn der Prozess verloren wird?

___

___

4. Wonach richtet es sich, ob Prozesskostenhilfe in vollem Umfang, teilweise oder gar nicht gewährt wird?

___

___

I. Wiederholungsfragen 4. Gebühren im zivilgerichtlichen Bereich/Zwangsvollstreckung

5. Gebührenrechtliche Grundlagen zum Prozesskostenhilfebewilligungsverfahren und Rechtsmittel-/Rechtsbehelfsverfahren: Tragen Sie die entsprechenden Lösungen in die Lösungsfelder ein.

Das Bewilligungsverfahren:

a. Welche Gebühren können üblicherweise im Bewilligungsverfahren entstehen?

Zu a _____

b. Aus welchem Gegenstandswert werden die Gebühren im Bewilligungsverfahren berechnet?

Zu b _____

c. Nach welcher Vorschrift bzw. Tabelle des RVG richtet sich die Höhe der abzurechnenden Gebühren im Bewilligungsverfahren?

Zu c _____ VV RVG

d. Wer trägt die Kosten, sofern die Prozesskostenhilfe abgelehnt wird?

Zu d _____

Rechtsmittel-/Rechtsbehelfsverfahren

e. Welcher Rechtsbehelf bzw. welches Rechtsmittel kann gegen die Ablehnung der Prozesskostenhilfe eingelegt werden?

Zu e _____

f. Welche Gebühren können in diesem Verfahren entstehen?

Zu f _____

g. Stellt dieses Verfahren gebührenrechtlich eine besondere Angelegenheit dar?

Zu g _____

6. Gebührenrechtliche Grundlagen zum Hauptverfahren, sofern Prozesskostenhilfe bewilligt wurde: Tragen Sie die entsprechenden Lösungen in die Lösungsfelder ein.

Das Hauptverfahren

a. Stellen Bewilligungs- und Hauptverfahren ein oder zwei gebührenrechtliche Angelegenheiten dar? Geben Sie zur Begründung den maßgeblichen Paragraf im RVG an.

Zu a _____ § _____

b. Welche Gebühren kann der beigeordnete Rechtsanwalt grundsätzlich abrechnen? Sind Anrechnungen zu beachten?

Zu b _____

c. Für die Gebühren des beigeordneten Rechtsanwalts einhält § 49 RVG eine gesonderte Tabelle für die verminderten Gebühren. Welche markanten Besonderheiten sind hier hervorzuheben?

Zu c _____

Vergütung und Kosten (LF 04, 09, 10, 11, 12, 13, 14)

    d. **Sofern die PKH-Partei den Prozess verliert bedeutet dies ...**

    da ... für die PKH-Partei bezüglich der eigenen Kosten?

Zu da _____

_____

    db ... für die PKH-Partei bezüglich der gegnerischen Kosten?

Zu db _____

_____

    dc ... für die Gebühren des beigeordneten Rechtsanwalts, sofern die PKH-Partei keine Raten zahlen muss?

Zu dc _____

_____

    dd ... für die Gebühren des beigeordneten Rechtsanwalts, sofern die PKH-Partei Raten zahlen muss?

Zu dd _____

_____

    e. **Sofern die PKH-Partei den Prozess gewinnt bedeutet dies ...**

    ea ... für die PKH-Partei?

Zu ea _____

_____

    eb ... für die Gebühren des beigeordneten Rechtsanwalts?

Zu eb _____

_____

7. Welche Gebühren und in welcher Höhe kann der Rechtsanwalt im Rahmen der Beratungshilfe abrechnen?

_____

_____

_____

_____

I. Wiederholungsfragen 4. Gebühren im zivilgerichtlichen Bereich/Zwangsvollstreckung

4.2.7 Familiensachen

1. Allgemeine Wertvorschriften zur Bestimmung des Verfahrenswertes

§§ 33 – 42 FamGKG	
(1) Sofern es sich um dasselbe Verfahren und dieselbe Instanz handelt, wie werden mehrere Verfahrensgegenstände bei der Wertermittlung behandelt?	
(2) Welcher Zeitpunkt ist für die Wertberechnung maßgeblich?	
(3) Was ist der Verfahrenswert bei Geldforderungen?	
(4) Werden Nebenforderungen bei der Wertermittlung berücksichtigt?	
(5) Wie erfolgt die Wertbestimmung bei einem Stufenklageantrag?	
(6) Wie erfolgt die Wertbestimmung im Rechtsmittelverfahren?	

2. Besondere Wertvorschriften: Geben Sie an, wie die Verfahrenswerte in den folgenden Angelegenheiten berechnet werden:

(1) **Ehesachen** (Scheidungen, nicht vermögensrechtliche Streitigkeiten)	
(2) **Kindschaftssachen** a. Im selbständigen Verfahren b. Im Scheidungsverbund c. Bei einstweiliger Anordnung	
(3) **Versorgungsausgleich**	
(4) **Unterhaltssachen** a. Gesetzlicher Unterhalt b. Vertraglicher Unterhalt	
(5) **Ehewohnungssachen** a. Bei Getrenntleben: b. Bei Scheidung: **Haushaltssachen** c. Bei Getrenntleben: d. Bei Scheidung:	
(6) **Güterrechtssachen**	

Vergütung und Kosten (LF 04, 09, 10, 11, 12, 13, 14)

3. **Gebühren**

   Welche Gebühren kann der Rechtsanwalt grundsätzlich in Familiensachen abrechnen?

   _____

   _____

   _____

   _____

4.2.8 Zwangsvollstreckung

Vorbemerkung

Da die Zwangsvollstreckung an das bereits abgeschlossene Klageverfahren als gebührenrechtlich eigenständige **Angelegenheit** anschließt ist es wichtig, die Schnittstelle zwischen Klageverfahren und Zwangsvollstreckung genau zu bestimmen. Hierzu legt § 19 RVG fest, welche Tätigkeiten noch zum Rechtszug gehören, wobei die Aufzählung leider nicht abschließend ist. Die in § 19 RVG aufgeführten Handlungen stellen gebührenrechtlich **keine besonderen Angelegenheiten** dar, für sie dürfen **keine gesonderten Gebühren** abgerechnet werden. Sie gehören noch zum Klageverfahren.

Wenn eine Maßnahme nicht mehr in den Regelungsbereich des § 19 Abs. 1 RVG fällt und auch den dort aufgeführten Maßnahmen nicht ähnlich ist, so ist zu klären, ob sie unter § 18 RVG fällt. Dieser bestimmt zunächst in § 18 Abs. 1 Nr. 1 RVG grundsätzlich, was unter einer Angelegenheit der Zwangsvollstreckung zu verstehen ist. Außerdem legt er in aufzählender Form fest, welche Angelegenheiten des Weiteren einzeln als Angelegenheiten der Zwangsvollstreckung gesondert abgerechnet werden dürfen. Zu beachten ist dabei, dass § 19 Abs. 2 auf § 18 Abs. 1 Nr. 1 und 2 RVG, also auf die Angelegenheiten verweist, die nicht mehr zum Rechtszug gehören. Aus Gründen der Zeitökonomie in Prüfungen wäre es ratsam, eine Maßnahme zunächst in § 18 RVG zu suchen und erst für den Fall, dass sie dort nicht steht, auf § 19 RVG zurückzugreifen.

Als Weiteres gilt es zu klären, aus welchem **Gegenstandswert** in der Zwangsvollstreckung die Gebühren berechnet werden. Dies ist insofern von besonderer Bedeutung, da es hierfür insbesondere § 25 RVG als eigenständige Vorschrift im RVG gibt und somit nicht wie im Klageverfahren auf das GKG zurückgegriffen werden muss. Außerdem kann es durchaus sein, dass ein Rechtsanwalt mehrere Angelegenheiten der Zwangsvollstreckung mit unterschiedlichen Gegenstandswerten abrechnet.

Die Bestimmung der eigentlichen **Gebühren**, als letzter Schritt, ist im Vergleich zu den oben aufgeführten dann der einfachste.

1. Schnittstelle Klageverfahren – Zwangsvollstreckung

   Kreuzen Sie jeweils an, ob die folgenden Sachverhalte unter den Regelungsbereich des § 19 Abs. 1 RVG fallen und damit noch zum Rechtszug gehören oder nicht. Geben Sie zur Begründung die maßgebliche Vorschrift (mit Angabe des Absatzes und der Nummer) an:

Sachverhalt	§ 19 Abs.1 ja	§ 19 Abs.1 nein	Vorschrift Genaue Bezeichnung
1. Antrag auf richterliche Anordnung der Wohnungsdurchsuchung			
2. Anträge auf Erteilung des Notfristzeugnisses und des Rechtskraftzeugnisses			

I. Wiederholungsfragen 4. Gebühren im zivilgerichtlichen Bereich/Zwangsvollstreckung

Sachverhalt	§ 19 Abs.1 ja	§ 19 Abs.1 nein	Vorschrift Genaue Bezeichnung
3. Antrag auf Zulassung der Zwangsvollstreckung zur Nachtzeit und an Sonn- und Feiertagen			
4. Erinnerung gegen die Art und Weise der Zwangsvollstreckung			
5. Vollstreckungsauftrag an den Gerichtsvollzieher			
6. Antrag auf erstmalige Erteilung der Vollstreckungsklausel			
7. Antrag auf Zulassung der Austauschpfändung			
8. Die Aufhebung einer Vollstreckungsmaßnahme			

2. **Angelegenheiten der Zwangsvollstreckung**

   a. Allgemeine Begriffsbestimmung und Abgrenzung

   aa. Erläutern Sie allgemein, was der Gesetzgeber gebührenrechtlich unter einer Angelegenheit der Zwangsvollstreckung versteht.

   _____

   _____

   ab. Was ist in diesem Zusammenhang unter einer Vollstreckungsmaßnahme zu verstehen?

   _____

   _____

   _____

   _____

   ac. Was ist unter Vollstreckungshandlungen zu verstehen?

   _____

   _____

   _____

   _____

   _____

Vergütung und Kosten (LF 04, 09, 10, 11, 12, 13, 14)

b. Geben Sie in dem Lösungsfeld an, wie viele Angelegenheiten der Zwangsvollstreckung jeweils vorliegen. Bezeichnen Sie diese kurz.

Sachverhalt	Angelegenheiten
a. Kombinierter Zwangsvollstreckungsauftrag mit Antrag/Auftrag zur Abnahme der Vermögensauskunft.	
b. Zwangsvollstreckungsauftrag, Antrag auf Zulassung der Austauschpfändung, Vollstreckungsauftrag an den Gerichtsvollzieher zur Durchführung der Austauschpfändung.	
c. Der Rechtsanwalt lässt ein vorläufiges Zahlungsverbot durch den Gerichtsvollzieher an den Drittschuldner zustellen. Anschließend stellt er Antrag auf Pfändungs- und Überweisungsbeschluss.	
d. Der Rechtsanwalt beauftragt den Gerichtsvollzieher mit der Sachpfändung. Da der Schuldner den Zutritt zur Wohnung verweigert, wird Antrag auf Erlass einer Durchsuchungsanordnung gestellt. Es erfolgt ein erfolgloser Pfändungsversuch, die Fruchtlosigkeitsbescheinigung liegt vor. Daraufhin wird die Abnahme der Vermögensauskunft beantragt und durchgeführt. Hieraus wird bekannt, dass ein Guthaben bei einer Bank besteht. Es wird Pfändungs- und Überweisungsbeschluss beantragt.	
e. Einholung des Rechtskraftszeugnisses. Dann erteilt der Rechtsanwalt Vollstreckungauftrag an den Gerichtsvollzieher. Da der Schuldner als Fernfahrer nur an den Wochenenden zu Hause ist, wird Antrag nach § 758a Abs. 4 ZPO gestellt. Es folgt ein fruchtloser Pfändungsversuch. Es wird die Abnahme der Vermögensauskunft beantragt, wobei der Schuldner unentschuldigt im Termin nicht erscheint. Es ergeht Haftbefehl. Nach der Verhaftung stellt der Schuldner das Vermögensverzeichnis auf.	
f. Der Rechtsanwalt erteilt Vollstreckungsauftrag an den Gerichtsvollzieher mit anschließender fruchtloser Pfändung. Nach zwei Monaten ergeht erneuter Pfändungsauftrag. Die Pfändung wird durchgeführt. Es wird Antrag auf anderweitige Verwertung nach § 825 Abs. 1 ZPO gestellt. Da diese abgelehnt wird, wird hiergegen Erinnerung gemäß § 766 ZPO eingelegt.	
g. Der Rechtsanwalt erteilt Vollstreckungsauftrag an den Gerichtsvollzieher, dieser nimmt eine vorläufige Austauschpfändung vor.	

I. Wiederholungsfragen 4. Gebühren im zivilgerichtlichen Bereich/Zwangsvollstreckung

3. **Gegenstandswert**

§ 25 RVG enthält die Regelungen zur Bestimmung des Gegenstandswertes in der Zwangsvollstreckung. Tragen Sie in dem folgenden Schema zu den jeweiligen Angelegenheiten die zutreffenden Gegenstandswerte ein (allgemein):

Angelegenheiten	Gegenstandswerte
1. Vollstreckung wegen einer Geldforderung:	
2. Pfändung eines bestimmten Gegenstandes, wobei dieser einen geringeren Wert hat als der Betrag der beizutreibenden Forderung:	
3. Vollstreckung wird wegen eines Teilbetrags der titulierten Forderung betrieben (Teilforderung):	
4. Gegenstandswert im Verteilungsverfahren gem. § 858 Abs. 5, §§ 872 – 877 und 882 ZPO; § 25 Abs. 1 Nr. 1 RVG:	
5. Vollstreckung wegen Herausgabeanspruch von Sachen:	
6. Verfahren zur Ausführung der ZV auf Vornahme einer vertretbaren Handlung:	
7. Verfahren zur Abnahme der Vermögensauskunft §§ 802 f und 802 g ZPO):	
8. Pfändung in künftiges Arbeitseinkommen wegen wiederkehrenden Leistungen aus einer Schadensersatzrente:	

4. Gegenstandswerte: Tragen Sie für die jeweiligen Sachverhalte die Gegenstandswerte ein (in Euro).

Sachverhalte	Gegenstandswerte
1. Der Gläubiger A hat eine titulierte Forderung über 3.000,00 Euro; außerdem: festgesetzte Kosten in Höhe von 100,00 Euro und aufgelaufene Zinsen in Höhe von 50,00 Euro.	
2. Sachverhalt wie 1, allerdings wird nur ein Vollstreckungsauftrag über 1.500,00 Euro erteilt.	
3. Sachverhalt wie 1, allerdings ergeht nur Vollstreckungsauftrag wegen Pfändung eines Flat Screen Fernsehers mit geschätztem Verkehrswert in Höhe von 700,00 Euro.	

Vergütung und Kosten (LF 04, 09, 10, 11, 12, 13, 14)

Sachverhalte	Gegenstandswerte
4. Sachverhalt wie 1, wobei Vollstreckungsauftrag wegen der Gesamtforderung in das gesamte Schuldnervermögen ergeht. Wegen eines Bildes mit Verkehrswert in Höhe von 1.600,00 Euro stellt der Rechtsanwalt Antrag auf anderweitige Verwertung gemäß § 825 ZPO.	
5. Sachverhalt wie 1, wobei der Rechtsanwalt für den Gläubiger das Arbeitseinkommen des Schuldners pfänden möchte. Er erwirkt daher einen Pfändungs- und Überweisungsbeschluss. Bei Antragstellung geht er bzw. der Gläubiger davon aus, dass diese Maßnahme zu einer vollständigen Befriedigung führen wird. Es stellt sich nachträglich heraus, dass dies nicht der Fall ist, da der Schuldner nur noch Teilzeit arbeitet und mit seinem geringen Verdienst sogar vollständig unter die Pfändungsgrenzen rutscht.	

5. **Gebühren in der Zwangsvollstreckung**

   a. Welche Gebühren können in der Zwangsvollstreckung abgerechnet werden?

   _____

   _____

   _____

   b. Wie darf der Rechtsanwalt bei 8 Auftraggebern abrechnen?

   _____

   c. Wie rechnet der Rechtsanwalt ab, sofern er für einen Mandanten aus einem vollstreckbaren Titel gegen zwei Schuldner tätig wird?

   _____

   d. Wie rechnet der Rechtsanwalt ab, sofern ein Zwangsvollstreckungsauftrag vorzeitig beendet ist?

   _____

II. Prüfungsaufgaben

1. Außergerichtliche Tätigkeit

Erstellen Sie die Kostennote des Rechtsanwaltes.

1. Die 80-jährige Elfriede Kreutzer wendet sich erstmalig in einer Mietangelegenheit an Rechtsanwalt Dr. Schnell, der sie in seiner Kanzlei hierzu berät. Rechtsanwalt Dr. Schnell nimmt üblicherweise für eine Beratung einen Stundensatz von 150,00 Euro. Die Beratung dauert genau 60 Minuten.

2. Rechtsanwalt Borger berät den Rentner Herbert Klein erstmalig in seiner Kanzlei wegen eines Kaufpreisanspruches in Höhe von 20.000,00 Euro. Es handelt sich um eine durchschnittliche Angelegenheit, eine konkrete Vereinbarung über Stundensätze wurde nicht getroffen.

3. Fortsetzung zu Sachverhalt „2":
Zwei Monate, nachdem Rechtsanwalt Borger Herrn Klein beraten hatte, wendet er sich erneut in dieser Angelegenheit an ihn. Die Beratung wird diesmal schriftlich fixiert.

4. Herr Müller hatte sich erstinstanzlich wegen einer Schadensersatzforderung über 2.500,00 Euro vor dem Amtsgericht in Zivilsachen selbst verteidigt. Da er den Prozess verlor, schaltet er Rechtsanwalt Dr. Braun ein, um die Berufungsaussichten prüfen zu lassen. Dr. Braun rät schriftlich von der Berufung ab, sie wird auch nicht eingelegt.

5. Rechtsanwalt Schwarz vertrat seinen Mandanten Schneider erstinstanzlich wegen einer Schadensersatzforderung über 11.000,00 Euro. Da der Prozess verloren wurde, erteilt Herr Schneider Rechtsanwalt Schwarz den Auftrag, Berufung einzulegen. Nachdem Rechtsanwalt Schwarz die Berufungsaussichten intensiver geprüft hat, rät er seinem Mandanten von weiteren gerichtlichen Schritten ab. Die Berufung wird auch nicht eingelegt.

6. Rechtsanwalt Dr. Streit, der Herrn Groß bereits erstinstanzlich vertrat, erhält von diesem den Auftrag, die Aussichten der Berufung zu prüfen. Dr. Streit tut dies im Rahmen eines Gespräches mit Herrn Groß in seiner Kanzlei. Aufgrund der günstigen Prognose, wird die Berufung über 17.500,00 Euro von Dr. Streit eingelegt. Im ersten Termin vergleichen sich die Parteien darauf, dass der Berufungsbeklagte 16.000,00 Euro an Herrn Groß zahlt.

7. Rechtsanwalt Dr. Smart übersendet im Auftrag seines Mandanten Schneider Herrn Grün ein außergerichtliches anwaltliches Aufforderungsschreiben, in dem er ihn zur Zahlung von 1.500,00 Euro auffordert. Nach Erhalt des Schreibens zahlt Herr Grün sofort.

8. Rechtsanwalt Sauber erhält von seinem Mandanten Klageauftrag wegen einer Werklohnforderung über 7.250,00 Euro gegen Frau Haas. Rechtsanwalt Sauber übersendet Frau Haas zunächst ein anwaltliches Aufforderungsschreiben, in dem er ihr für den Fall des Nichtzahlens die Klage androht. Daraufhin zahlt Frau Haas sofort.

9. Rechtsanwalt Schlau erhält von Vermieter Huber den Auftrag, 3.020,00 Euro Mietrückstände zunächst außergerichtlich von seinem Mieter einzufordern. Da der Mieter auf das anwaltliche Aufforderungsschreiben nicht reagiert, erteilt Herr Huber Rechtsanwalt Schlau den Auftrag, Klage einzureichen, was dieser auch umgehend tut. Im darauffolgenden ersten Termin einigen sich die Parteien auf Zahlung von 2.500,00 Euro.

10. In einer Erbrechtsangelegenheit gelingt es Rechtsanwalt Dr. Streit für seine Mandanten A, B und C einen außergerichtlichen Vergleich zu erwirken. Eingefordert waren 6.100,00 Euro, das Ergebnis des Vergleichs beträgt 5.700,00 Euro.

11. Herr Schnell befindet sich auf einem längeren Auslandsaufenthalt und beauftragt daher Rechtsanwalt Hurtig, seinen Darlehensvertrag über 5.000,00 Euro für ihn zu kündigen, was dieser auch in einem dreizeiligen Schreiben tut. Es sind dabei keine schwierigen Ausführungen oder Prüfungen vorzunehmen.

Vergütung und Kosten (LF 04, 09, 10, 11, 12, 13, 14)

2. Gerichtliche Tätigkeit

Erstellen Sie die Kostennote des Rechtsanwaltes.

1. Rechtsanwalt Dr. Klein erhält Klageauftrag über 7.000,00 Euro. Nach Einreichung der Klage und Terminfestsetzung wird im ersten Termin streitig verhandelt. Im zweiten Termin wird ein Zeuge vernommen. Anschließend schließen die Parteien einen rechtswirksamen Vergleich, demzufolge der Beklagte 5.500,00 Euro an den Kläger zu zahlen hat. Eine besonders umfangreiche Beweisaufnahme hat nicht vorgelegen.

2. Rechtsanwalt Schlau vertritt seinen Mandanten in einem Schadensersatzprozess. Er reicht beim zuständigen Gericht Klage über 2.500,00 Euro ein. Nach dem ersten Termin erhöht Rechtsanwalt Schlau die Klage um 1.000,00 Euro. In einem zweiten Termin wird erneut streitig verhandelt, danach ergeht Urteil.
   a. Erstellen Sie die Kostennote.
   b. Dem ersten Termin folgen noch drei weitere Termine mit einer sehr umfangreichen Beweisaufnahme, in denen Zeugen und Sachverständige vernommen werden. Wie wirkt sich dies auf die Kostennote zu „a" aus?

3. Rechtsanwalt Dr. Streit erhebt für seinen Mandanten Klage in Höhe von 21.000,00 Euro. Es erfolgt eine streitige Verhandlung, in der Dr. Streit die Klage um 4.000,00 Euro erhöht. Nach einer weiteren streitigen Verhandlung zahlt der Beklagte 2.500,00 Euro, worauf die Parteien den Rechtsstreit hierüber für erledigt erklären. Über den Restbetrag wird erneut streitig verhandelt. In dem Termin wird auch ein Sachverständiger gehört. Danach ergeht Urteil. Dr. Streit fertigte aus Behördenakten hierzu 60 Schwarz-Weiß-Kopien. Eine besonders umfangreiche Beweisaufnahme fand nicht statt.

4. Rechtsanwalt Smart erhält von Herrn Born Klageauftrag über 2.700,00 Euro. Am Vorabend, bevor die Klageschrift von Rechtsanwalt Smart bei Gericht eingereicht werden sollte, ruft Herr Born an und teilt ihm mit, dass der Gegner soeben 1.100,00 Euro gezahlt habe. Rechtsanwalt Smart ändert die Klageschrift entsprechend ab und reicht über den Restbetrag Klage ein. Nach streitiger Verhandlung ergeht Urteil.

5. Rechtsanwalt Grün reicht für seinen Mandanten Klage über 1.600,00 Euro beim zuständigen Amtsgericht ein. Im ersten Termin wird Beweis erhoben und streitig verhandelt. Während des zweiten Termins signalisiert die Gegenseite die Bereitschaft, einen Vergleich abschließen zu wollen. Um endgültig Rechtsfrieden zu schaffen wird vereinbart, dass in dem Vergleich weitere, bisher nicht in dem Prozess geltend gemachte Ansprüche in Höhe von 400,00 Euro mit verglichen werden. In einem gerichtlich protokollierten Vergleich einigen sich die Parteien letztlich darauf, dass der Beklagte 1.800,00 Euro an den Kläger zahlt.

6. Nachdem Rechtsanwalt Pech erstinstanzlich den Prozess für seinen Mandanten verloren hatte, legt er nunmehr für diesen Berufung über 5.200,00 Euro ein. Im Verhandlungstermin einigen sich die Parteien darauf, dass der Berufungsbeklagte zur Abgeltung aller Ansprüche 7.000,00 Euro an den Kläger zahlt. Hierin sind mit abgegolten weitere, bisher nicht rechtshängige Ansprüche in Höhe von 2.500,00 Euro.

7. Rechtsanwalt Schlau erhält von Herrn Strobel Klageauftrag wegen einer Forderung über 3.670,00 Euro. Kurz nachdem die Klage eingereicht wurde, erkennt der Beklagte einen Teilanspruch von 500,00 Euro an und zahlt diesen sofort. Im ersten Termin wird über den Restbetrag Beweis erhoben, danach ergeht Urteil. Da der Termin an einem auswärtigen Gericht stattfand, fuhr Rechtsanwalt Schlau mit dem eigenen Pkw dort hin, die einfache Strecke beträgt 80 km. Er fuhr morgens um 8:00 Uhr von seiner Kanzlei aus los und kehrte mittags um 12:30 Uhr dorthin zurück.

8. Rechtsanwalt Schlau vertritt Herrn Huber wegen einer Forderung über 5.500,00 Euro gegen Herrn Mayr, vertreten durch Rechtswalt Dr. Streit. Im ersten Termin vor dem Landgericht ist zwar Herr Mayr, nicht aber sein Prozessbevollmächtigter anwesend, sodass Rechtsanwalt Schlau Antrag auf Vertagung stellt. Zu Beginn des zweiten Termins erörtern die Parteien den Streitstoff mit dem Richter. Es gelingt dem Richter auf eine Einigung hinzuwirken, so dass ein gerichtlicher Vergleich geschlossen wird, demzufolge der Beklagte sich verpflichtet, 5.000,00 Euro an den Kläger zu zahlen.

9. Rechtsanwalt Kohl vertritt 7 Auftraggeber wegen einer Forderung über 8.500,00 Euro, er erhält hierüber Klageauftrag. Auf ein Schreiben von Rechtsanwalt Kohl zahlt der Gegner sofort 2.000,00 Euro, über den Restbetrag wird Klage eingereicht. Im ersten Termin erscheint der gegnerische Anwalt nicht, so dass antragsgemäß Versäumnisurteil ergeht. Nach Rücksprache mit seinem Mandanten legt der gegnerische Anwalt hiergegen Einspruch ein, dem auch stattgegeben wird. Im anschließenden Termin erörtern die Parteien die Angelegenheit und vergleichen sich auf Zahlung von 5.000,00 Euro.

II. Prüfungsaufgaben 2. Gerichtliche Tätigkeit

10. Die Eheleute Born sind gemeinschaftliche Eigentümer eines vermieteten Hauses in Wiesbaden. Die monatliche Miete beträgt 1.600,00 Euro. Da der Mieter die Miete von Februar bis Mai nicht zahlt, beauftragen die Eheleute Rechtsanwalt Ohmer, auf Zahlung der Rückstände und Räumung des Hauses zu klagen. Rechtsanwalt Ohmer schreibt zunächst den Mieter mit Fristsetzung nochmals an und fordert ihn zur Zahlung und Räumung auf. Da dieser nicht reagiert, wird Klage eingereicht. Nach streitiger Verhandlung ergeht antragsgemäß Urteil.
    a. Erstellen Sie die Kostennote für Rechtsanwalt Ohmer.
    b. In welche Höhe müssen die Gerichtskosten eingezahlt werden? Geben Sie auch die maßgebliche Vorschrift an.

11. Rechtsanwalt Dr. Streit erhält von den Eheleuten Schmitt den Auftrag, Räumungsklage gegen ihren Mieter Strobel zu erheben. Die monatliche Miete beträgt 600,00 Euro. Nach Einreichung der Klage findet ein Gütetermin statt. Nach ausgiebiger Erörterung des Streitstoffes werden im selben Termin Vergleichsverhandlungen geführt. Am Ende des Termins erkennt der Beklagte den Anspruch an, es ergeht ein Anerkenntnisurteil.
    a. Erstellen Sie die Kostennote für Dr. Streit.
    b. Sachverhalt wie oben, allerdings erkennt der Gegner den Anspruch an, nachdem Dr. Streit Klageauftrag erhielt und bevor er die Klage bei Gericht eingereicht hatte.

12. In einem Schadensersatzprozess wird die Schmitt & Schröder OHG auf Zahlung von 10.000,00 Euro verklagt, wobei sich die Klage sowohl gegen die OHG als auch gegen Schmitt und Schröder persönlich richtet. Rechtsanwalt Schnell ist ihr Prozessbevollmächtigter. Nach streitiger Verhandlung ergeht ein für die Klägerseite obsiegendes Urteil. Daraufhin legt Rechtsanwalt Schnell Berufung ein. Nach streitiger Verhandlung ergeht erneut zugunsten des Gegners Urteil.
    a. Erstellen Sie die Kostennote für Rechtsanwalt Schnell.
    b. Wie viele Auftraggeber lägen vor, sofern die Schmitt & Schröder OHG, vertreten durch ihre Gesellschafter Schmitt und Schröder, verklagt worden wäre?

13. Frau Kaiser beauftragt Rechtsanwalt Dr. Streit eine Darlehensforderung über 6.000,00 Euro und eine Schadensersatzforderung über 3.000,00 Euro gegen Herrn Mies einzuklagen. Nach streitiger Verhandlung ergeht Urteil, demzufolge Herr Mies 7.000,00 Euro an die Klägerin zahlen soll. Im Übrigen wird die Klage abgewiesen, womit Frau Kaiser überhaupt nicht einverstanden ist. Sie beauftragt daher Dr. Streit mit der Einlegung der Berufung. Kurz bevor Dr. Streit den Berufungsschriftsatz bei Gericht einreichen möchte, teilt ihm Frau Kaiser mit, dass die Angelegenheit erledigt sei, da Herr Mies gezahlt habe.

14. Rechtsanwalt Betzer erhält Klageauftrag über 64.000,00 Euro. Nach streitiger Verhandlung im ersten Termin zahlt der Beklagte 20.0000,00 Euro, der Rechtsstreit wird insofern für erledigt erklärt. Über den restlichen Betrag wird erneut streitig verhandelt, wobei in diesem Termin auch zwei Zeugen gehört werden. Daraufhin erhöht Rechtsanwalt Betzer die Klage um 12.000,00 Euro. Nach erneuter streitiger Verhandlung wird der Beklagte verurteilt, 25.000,00 Euro an den Kläger zu zahlen. Eine besonders umfangreiche Beweisaufnahme lag nicht vor. Da der Beklagte dieses Urteil nicht akzeptieren kann, lässt er durch seinen Anwalt hierüber Berufung einlegen. Nach streitiger Verhandlung in der Berufung vergleichen sich die Parteien auf Zahlung von 17.000,00 Euro, der Vergleich wird nicht widerrufen.

15. Rechtsanwalt Hurtig erhebt für seinen Mandanten wegen einer Forderung über 6.500,00 Euro Klage. Kurz nach Klageeinreichung zahlt der Beklagte sofort einen Teilbetrag von 1.000,00 Euro. Danach wird im ersten Termin streitig über den Restbetrag verhandelt und ein Zeuge vernommen. Es ergeht ein für den Kläger obsiegendes Urteil.
    a. Erstellen Sie die Kostennote für Rechtsanwalt Hurtig.
    b. Aus welchem Gegenstandswert würde die Terminsgebühr berechnet, sofern der Beklagte erst nach dem ersten Termin 1.000,00 Euro gezahlt hätte und danach über den restlichen Betrag in einem weiteren Termin erneut streitig verhandelt worden wäre?

16. Rechtsanwalt Dr. Streit erhebt für seinen Mandanten Klage wegen einer Werklohnforderung über 11.115,00 Euro gegen Herrn Roth. Auf Betreiben von Rechtsanwalt Schlau, der Herrn Roth vertritt, kommt es zu einem außergerichtlichen Gespräch. Nach kurzer Beratung mit seinem Anwalt erkennt Herr Roth die Forderung an und zahlt den kompletten Betrag. In einem kurzen Schriftsatz erklären die Parteien den Rechtsstreit für erledigt.

Vergütung und Kosten (LF 04, 09, 10, 11, 12, 13, 14)

17. Rechtsanwalt Straubig klagt für seinen Mandanten eine Forderung über 2.300,00 Euro ein. Nachdem weder der Beklagte noch sein Prozessbevollmächtigter Dr. Sauber im Termin erscheinen, beantragt Rechtsanwalt Straubig Versäumnisurteil, welches auch antragsgemäß ergeht.
    a. Erstellen Sie die Kostennote für Rechtsanwalt Straubig.
    b. Wie hoch wäre die Terminsgebühr, wenn Rechtsanwalt Straubig in der Berufung Antrag auf Versäumnisurteil gestellt hätte, sofern Rechtsanwalt Dr. Sauber nicht erschienen wäre?
    c. Wie hoch wäre die Terminsgebühr, wenn Rechtsanwalt Straubig in der Berufung säumig gewesen wäre und Rechtsanwalt Dr. Sauber Antrag auf Versäumnisurteil gestellt hätte?
    d. Sachverhalt wie bei 17a, allerdings erscheinen beide Anwälte im Termin. Nachdem der Richter Dr. Sauber allerdings die Aussichtslosigkeit seiner Klage andeutet, erklärt dieser, dass er nicht auftrete. Daraufhin beantragt Rechtsanwalt Straubig Versäumnisurteil, welches auch antragsgemäß ergeht. Welche Terminsgebühr darf Rechtsanwalt Straubig abrechnen?

18. Rechtsanwalt Schlau wird von Herrn Willms beauftragt, wegen einer Kaufpreisforderung über 4.500,00 Euro und aufgelaufener Verzugszinsen und Mahnkosten in Höhe von insgesamt 115,00 Euro Klage einzureichen. Rechtsanwalt Schlau tut dies auch auftragsgemäß. Im Termin zur mündlichen Verhandlung erscheint jedoch weder der Beklagte noch sein Prozessbevollmächtigter Dr. Lug. Es ergeht antragsgemäß Versäumnisurteil. Gegen dieses legt Dr. Lug fristgerecht Einspruch ein, dem auch stattgegeben wird. Am Ende der folgenden Hauptverhandlung einigen sich die Parteien nach ausgiebiger Verhandlung auf einen Vergleich, in dem eine Widerrufsfrist aufgenommen wurde. Nachdem der Beklagte den Vergleich fristgerecht widerrief, erfolgte eine erneute streitige Verhandlung. Anschließend erging Endurteil. Eine besonders umfangreiche Beweisaufnahme lag nicht vor.

19. Die Eheleute Hafemann beauftragen Rechtsanwalt Müller, Herrn Schneider zu veranlassen, 3.700,00 Euro Schadensersatz zu zahlen. Rechtsanwalt Müller schreibt daraufhin Herrn Schneider an. Nach Erhalt des Schreibens setzt dieser sich unverzüglich mit Rechtsanwalt Müller in Verbindung und bietet ihm an, 2.000,00 Euro zu zahlen. Dieses Angebot wird jedoch von den Eheleuten abgelehnt.

    Hierauf erteilen die Eheleute Rechtsanwalt Müller Klageauftrag über die kompletten 3.700,00 Euro. Mit Zustimmung der Parteien beschließt das Gericht, ohne mündliche Verhandlung gem. § 128 Abs. 2 ZPO zu verfahren. Das Gericht bestimmt eine Frist innerhalb derer die entsprechenden Schriftsätze einzureichen sind. Auf Veranlassung seines Mandanten unterbreitet der gegnerische Rechtsanwalt ein erneutes Vergleichsangebot, in dem sich der Beklagte bereit erklärt, 2.950,00 Euro zu zahlen. Da hierüber Einverständnis herrscht, stellt das Gericht das Zustandekommen eines rechtsgültigen Vergleichs mit diesem Inhalt formell fest.

20. Rechtsanwalt Schlau wird von den Eheleuten Huber beauftragt, eine Kaufpreisforderung über 23.000,00 Euro gegen Herrn Kosmus, vertreten durch Rechtsanwalt Dr. Klein gerichtlich geltend zu machen. Nachdem die Klage zugestellt wurde, ruft der Dr. Klein bei Rechtsanwalt Schlau an und bespricht mit ihm den Sachverhalt. Nach dem Telefonat teilt Dr. Klein die bestechenden Argumente der Gegenseite seinem Mandanten mit. Herr Kosmus zahlt daraufhin den gesamten Kaufpreis, die Klage wird zurückgenommen. Erstellen Sie die Vergütungsabrechnung für Rechtsanwalt Schlau.

    Abwandlung:
    Außer den von den Eheleuten gemeinsam eingeklagten 23.000,00 Euro macht Herr Huber in derselben Klage seinen (nur ihm zustehenden) Schadensersatzanspruch in Höhe von 1.500,00 Euro gegen Herrn Kosmus geltend. In welche Höhe könnte Rechtsanwalt Schlau die Verfahrensgebühr abrechnen?

21. Rechtsanwalt Schlau vertritt Herrn Grün wegen eines Kaufpreisanspruchs über 2.700,00 Euro, Zinsen in Höhe von 47,50 Euro und vorgerichtlicher Mahnkosten in Höhe von 15,00 Euro. Nach Klageeinreichung ordnet das Gericht das schriftliche Vorverfahren nach §§ 272, 276 ZPO an. Da der Beklagte seine Verteidigungsabsicht nicht anzeigt und insofern die gesetzlichen Fristen ohne eine Reaktion seinerseits verstreichen, ergeht Versäumnisurteil gegen ihn.

22. Rechtsanwalt Hagen vertritt Herrn Gruber wegen einer Forderung über 8.700,00 Euro und reicht auftragsgemäß für seinen Mandanten Klage ein. Da der gegnerische Rechtsanwalt infolge eines Verkehrsstaus nicht am ersten Termin teilnehmen kann, stellt Rechtsanwalt Hagen Antrag auf Vertagung. Kurz vor dem zweiten Termin zahlt der Beklagte 1.000,00 Euro. Im folgenden Termin wird über den Restbetrag streitig verhandelt. Es ergeht antragsgemäß Urteil.

II. Prüfungsaufgaben 2. Gerichtliche Tätigkeit

23. Rechtsanwalt Schnell vertrat erstinstanzlich Frau Schön wegen einer zu zahlenden Werklohnforderung über 7.000,00 Euro und eines zu zahlenden Schadensersatzanspruchs über 3.000,00 Euro. Nachdem der Prozess verloren und sie verurteilt wurde, 10.000,00 Euro an den Kläger zu zahlen, erteilt sie Rechtsanwalt Schnell den Auftrag, Berufung einzulegen. Nach eingehender Prüfung der Berufungsaussichten, rät Rechtsanwalt Schnell wegen der Berufung bezüglich des Werklohnanspruchs ab. Er legt insofern nur Berufung wegen des zu zahlenden Schadensersatzanspruchs ein. Nach streitiger Verhandlung ergeht ein obsiegendes Urteil.

24. Rechtsanwalt Dr. Streit vertritt seine Mandantin E. Schreck wegen einer Forderung über 3.100,00 Euro gegen Herrn Baum. Dr. Streit hatte mit Einreichen der Klageschrift vorsorglich mit beantragt, dass Versäumnisurteil für den Fall ergehen solle, dass der Beklagte seine Verteidigungsabsicht nicht rechtzeitig anzeige und insofern die gesetzlichen Fristen ohne Gegenreaktion verstreichen lasse. Da genau dieser Fall eintritt, ergeht antragsgemäß Versäumnisurteil, gegen das der Rechtsanwalt von Herrn Baum jedoch fristgerecht Einspruch einlegt. Im Einspruchstermin erscheinen weder Herr Baum noch sein Anwalt, so dass erneut Versäumnisurteil ergeht.

25. Der in rechtlichen Dingen unerfahrene Herr Karst wendet sich wegen eines Kaufpreisanspruchs über 8.500,00 Euro gegen Herrn Schwarz an Rechtsanwalt Dr. Streit. Es handelt sich dabei um eine mündliche Erstberatung, eine gesonderte Vergütungsvereinbarung wurde nicht getroffen. Normalerweise berechnet Dr. Streit bei einer einstündigen Beratung 300,00 Euro, wobei diese Beratung 45 Minuten dauerte. Dr. Streit berät ihn in seiner Kanzlei, wobei Herr Karst die Vergütungsabrechnung noch vor Verlassen der Kanzlei bezahlt.

Nach zwei Wochen wendet sich Herr Karst erneut an Rechtsanwalt Dr. Streit. Da der Schuldner die geforderten 8.500,00 Euro immer noch nicht gezahlt hat, bittet Herr Karst Dr. Streit den Schuldner anzuschreiben und zur Zahlung aufzufordern. Dr. Streit formuliert daraufhin ein anwaltliches Aufforderungsschreiben mit entsprechender Fristsetzung und sendet dies dem Schuldner zu. Es handelt sich um eine durchschnittliche Angelegenheit.

Nachdem der Gegner erneut nicht reagiert, erteilt Herr Karst Rechtsanwalt Dr. Streit Klageauftrag. Da Herr Karst noch eine weitere Forderung gegen Herrn Schwarz hat, wird die Klage über 11.700,00 Euro eingereicht. Nach streitiger Verhandlung ergeht allerdings Urteil zugunsten des Beklagten, da ein wichtiger Zeuge unbekannt verzogen war und somit nicht vernommen werden konnte. Herr Karst lässt deshalb durch Dr. Streit Berufung einlegen. Da zum Termin niemand für den Beklagten erscheint, ergeht antragsgemäß Versäumnisurteil gegen den Beklagten.

Abwandlung: Wie wäre der Sachverhalt in der Berufung gebührenrechtlich zu beurteilen, wenn Dr. Streit säumig gewesen wäre und der gegnerische Anwalt Versäumnisurteil beantragt hätte?

26. Rechtsanwalt Schlau erhebt für seinen Mandanten Klage über eine Teilforderung. Im Verhandlungstermin versucht Rechtsanwalt Schlau auf eine gütliche Einigung hinzuwirken. Es werden im Termin auch Verhandlungen über nicht rechtshängige Ansprüche geführt. Es wird ein Vergleich geschlossen. Das Gericht hat den Streitwert für das Verfahren auf 6.000,00 Euro und den Vergleich auf 8.000,00 Euro festgesetzt.

27. Rechtsanwalt Götz legt für seinen Mandanten Klage über 11.000,00 Euro gegen Herrn Klein ein. Im ersten Termin zur Güteverhandlung erörtern die Parteien ausgiebig den Streitstoff. Rechtsanwalt Götz weist daraufhin, dass dem Kläger noch ein weiterer, nicht rechtshängiger Anspruch über 3.000,00 Euro zustünde und dass sein Mandant zur Abgeltung aller Ansprüche bereit sei, eine Zahlung des Beklagten in Höhe 12.500,00 Euro zu akzeptieren. Nach Rücksprache mit seinem Anwalt akzeptiert Herr Klein diesen Vorschlag und es wird ein entsprechender Vergleich geschlossen. Die Kosten des Verfahrens werden entsprechend gequotelt. Erstellen Sie die Kostennote für Rechtsanwalt Götz.

28. Rechtsanwalt Schlau vertritt seinen Mandanten Klein außergerichtlich wegen einer Forderung über 17.300,00 Euro gegen Herrn Schneider, vertreten durch Rechtsanwalt Schaefer. Nachdem Rechtsanwalt Schlau Rechtsanwalt Schaefer angeschrieben hatte, schlägt dieser einen Gesprächstermin vor, um die Sache gütlich beizulegen. Die Parteien und ihre Rechtsanwälte treffen sich in den Kanzleiräumen von Rechtsanwalt Schlau, allerdings gelingt es nicht, eine Beilegung der Streitigkeit zu erwirken. Da die Angelegenheit überdurchschnittlichen Arbeitsaufwand für Rechtsanwalt Schlau bedeutet, rechnet er mit einem Gebührensatz von 1,9 ab.

Vergütung und Kosten (LF 04, 09, 10, 11, 12, 13, 14)

Aufgrund der fehlgeschlagenen Einigung erteilt Herr Klein Rechtsanwalt Schlau Klageauftrag über 25.000,00 Euro. Nach streitiger Verhandlung ergeht Urteil. Der Beklagte wird verurteilt, 12.000,00 Euro an den Kläger zu zahlen, im Übrigen wird die Klage abgewiesen.

Da Herr Klein das Urteil nicht akzeptieren kann, beauftragt er Rechtsanwalt Schlau wegen der abgewiesenen Ansprüche Berufung einzulegen. Bevor die Berufung tatsächlich eingelegt wird, prüft Rechtsanwalt Schlau sehr sorgfältig die Erfolgsaussichten der Berufung und legt daraufhin auch tatsächlich Berufung ein. Sofort nach Einlegung der Berufung zahlt Herr Schneider 1.500,00 Euro, der Rechtsstreit wird insoweit für erledigt erklärt. Nach streitiger Verhandlung über den Rest schlägt Rechtsanwalt Schlau einen Vergleich vor, demzufolge zur endgültigen Herstellung des Rechtsfriedens zwischen den Parteien weitere, nicht rechtshängige Ansprüche in Höhe von 4.000,00 Euro mit einbezogen werden sollen, für die er auch Klageauftrag hatte. Zur Abgeltung aller Ansprüche soll Herr Schneider 15.000,00 Euro an Herrn Klein zahlen. Der Vergleich wird von beiden Parteien akzeptiert und wird rechtsgültig.

3. Gerichtliches Mahnverfahren

Erstellen Sie die Kostennote des Rechtsanwaltes.

1. Rechtsanwalt Schlau beantragt für Frau Schön einen gerichtlichen Mahnbescheid über 2.300,00 Euro. Nachdem der Mahnbescheid zugestellt wurde, zahlt der Gegner sofort.
   a. Erstellen Sie die Kostennote für Rechtsanwalt Schlau.
   b. Sachverhalt wie bei a, allerdings informiert Frau Schön Rechtsanwalt Schlau kurz vor Beantragung des Mahnbescheids darüber, dass sie sich mit dem Gegner geeinigt habe und die Angelegenheit insofern erledigt sei. Mit welcher Gebühr darf Rechtsanwalt Schlau hier abrechnen?
   c. Sachverhalt wie bei a, allerdings zahlt der Gegner nicht, so dass Vollstreckungsbescheid ergeht. Welche Gebühren darf Rechtsanwalt Schlau in diesem Fall abrechnen?

2. Rechtsanwalt Schnell hat für seinen Mandanten gegen einen Mahnbescheid wegen einer Hauptforderung von 1.100,00 Euro und vorgerichtlicher Mahnkosten in Höhe 20,00 Euro Widerspruch eingelegt.

3a. Rechtsanwalt Hurtig wird von Herrn Braun beauftragt eine Forderung in Höhe von 4.755,00 Euro gegen Herrn Ewen geltend zu machen. In dieser durchschnittlichen Angelegenheit übersendet Rechtsanwalt Hurtig ein entsprechendes Aufforderungsschreiben an Herrn Ewen, der jedoch nicht darauf reagiert. Daraufhin erteilt Herr Braun Rechtsanwalt Hurtig den Auftrag, das gerichtliche Mahnverfahren einzuleiten. Rechtsanwalt Hurtig beantragt in dieser Angelegenheit sowohl den Mahnbescheid als auch später den Vollstreckungsbescheid.

3b. Sacherhalt wie 3a, allerdings mit dem Unterschied, dass Herr Braun Rechtsanwalt Hurtig in seiner Kanzlei aufsucht und ihm sofort Auftrag erteilt, das gerichtliche Mahnverfahren zu beantragen. Bevor der Mahnbescheid beantragt wird, schreibt Rechtsanwalt Hurtig Herrn Ewen an, um ihn zur Zahlung aufzufordern. Daraufhin zahlt Herr Ewen sofort.

4. Rechtsanwalt Schmitt legt für seinen Mandanten gegen den Vollstreckungsbescheid über 3.250,00 Euro fristgerecht Einspruch ein. Es kommt zu einer streitigen Verhandlung mit Beweisaufnahme. In dem folgenden Urteil wird der Einspruch des Beklagten gegen den Vollstreckungsbescheid zurückgewiesen, der Beklagte trägt die Kosten für den Rechtsstreit.
   a. Erstellen Sie die Kostennote für Rechtsanwalt Schmitt.
   b. Nach welchen Paragrafen des GKG sind die einzuzahlenden Gerichtskosten zu ermitteln?
   c. Nach welcher Nummer des Kostenverzeichnisses ist der Gebührensatz zu ermitteln?
   d. Welcher Gerichtskostenbetrag war im Antragsverfahren einzuzahlen?

5. Rechtsanwalt Schlau beantragt auftragsgemäß für seinen Mandanten Mayer einen Mahnbescheid über 14.000,00 Euro. Nachdem der Mahnbescheid zugestellt wurde, zahlt der Gegner eine Teilforderung von 3.000,00 Euro. Über die Restforderung stellt Rechtsanwalt Schlau Antrag auf Erlass eines Vollstreckungsbescheids. Hiergegen lässt der Gegner durch seinen Anwalt Einspruch einlegen. Nach streitiger Verhandlung ergeht antragsgemäß Urteil.

II. Prüfungsaufgaben — 4. Verweisung, Abgabe und Zurückverweisung

6. Rechtsanwalt Schnell beantragt für seinen Mandanten Klöbner einen Mahnbescheid über 3.500,00 Euro gegen Frau Schön. Nachdem der Mahnbescheid zugestellt wurde, bittet Frau Schön um ein Einigungsgespräch, was kurz darauf auch in der Kanzlei von Rechtsanwalt Schlau stattfindet. Da Herr Klöbner den Vergleichsvorschlag nicht annimmt, lässt Frau Schön durch ihren Anwalt Widerspruch einlegen. Das Verfahren geht somit ins streitige Verfahren über. Nach streitiger Verhandlung ergeht Urteil.

7. Rechtsanwalt Schlau beantragt für seinen Mandanten Schröder einen Mahnbescheid über 5.000,00 Euro. Nach Zustellung des Mahnbescheids an den Gegner legt dieser wegen eines Teilbetrages von 3.600,00 Euro Widerspruch ein, hierüber geht die Angelegenheit ins streitige Verfahren über. Über den Restbetrag ergeht antragsgemäß ein Vollstreckungsbescheid. Nach streitiger Verhandlung über die 3.600,00 Euro ergeht ein für Herrn Schröder obsiegendes Urteil.

8. Rechtsanwalt Dr. Streit beantragt für die Eheleute Huber einen gerichtlichen Mahnbescheid über 17.800,00 Euro gegen Herrn Schneider. Nachdem kein Widerspruch erhoben wurde, ergeht ein Vollstreckungsbescheid. Gegen diesen legt die Anwältin von Herrn Schneider fristgerecht Einspruch ein. Nachdem die Angelegenheit ins streitige Verfahren übergegangen ist, kommt es zu einer streitigen Verhandlung mit Beweisaufnahme. Anschließend ergeht Urteil zugunsten der Eheleute Huber. Herr Schneider ist mit dem Urteil nicht einverstanden und lässt durch seine Rechtsanwältin Berufung einlegen. Da Herr Schneider trotz mehrfacher Aufforderung die Gebühren bzw. den Gebührenvorschuss seiner Anwältin nicht zahlte, erscheint niemand für Herrn Schneider im Termin, so dass Versäumnisurteil gegen ihn ergeht. Erstellen Sie die Vergütungsabrechnung für Dr. Streit.

4. Verweisung, Abgabe und Zurückverweisung

Erstellen Sie die Kostennote des Rechtsanwaltes.

1. Rechtsanwalt Grün erhebt Klage vor dem Arbeitsgericht. Im ersten Termin weist das Arbeitsgericht darauf hin, dass es nicht zuständig ist. Beide Prozessbevollmächtigte beantragen daher Verweisung an das zuständige Amtsgericht, wo beide Anwälte weiter tätig sind. Nach streitiger Verhandlung ergeht Urteil, das Amtsgericht setzt den Streitwert auf 4.200,00 Euro fest.

2. Rechtsanwalt Dr. Streit vertritt seine Mandantin wegen eines Werklohnanspruchs über 23.000,00 Euro vor dem LG Mainz in einem Termin. Die Klage wird abgewiesen, worauf Dr. Streit Berufung beim OLG Koblenz einlegt. Im Termin vor dem OLG weist das Gericht darauf hin, dass das LG Mainz überhaupt nicht zuständig gewesen sei. Zuständig sei das LG Hamburg gewesen, an das der Rechtsstreit verwiesen wird. Rechtsanwalt Dr. Streit vertritt seine Mandantin auch vor dem LG Hamburg. Nach streitiger Verhandlung einigen sich die Parteien auf Abschluss eines Vergleichs über 21.000,00 Euro. Dr. Streit fährt mit dem eigenen PKW nach Hamburg, die einfache Entfernung beträgt 500 km. Er verlässt seine Kanzlei montags um 17:00 Uhr und kommt dienstags um 20:00 Uhr zurück in seine Kanzlei, wo er kurz noch die Akten deponiert. Die Übernachtung kostete brutto 120,00 Euro.

3. Rechtsanwalt Schnell reicht beim Landgericht Düsseldorf Klage über 21.000,00 Euro gegen Herrn Sauber ein. Nach streitiger Verhandlung ergeht Urteil, gegen das der erstinstanzlich Beklagte Berufung einlegt. Nach streitiger Verhandlung in der Berufung, in der auch ein neu aufgetauchtes Beweismittel angeführt wurde, erkennt Herr Sauber 5.000,00 Euro an, der Rechtsstreit wird hierüber insoweit für erledigt erklärt. Über den restlichen Betrag wird der Rechtsstreit an das ursprüngliche LG Düsseldorf zurückverwiesen. Nach streitiger Verhandlung vergleichen sich die Parteien dort auf Zahlung von 13.000,00 Euro.

Vergütung und Kosten (LF 04, 09, 10, 11, 12, 13, 14)

5. Urkunden und Wechselprozess

Erstellen Sie die Kostennote des Rechtsanwaltes.

1. Rechtsanwalt Schlau vertritt Herrn Reuther in einem Wechselprozess über 9.500,00 Euro gegen Herrn Schröder. Herr Schröder bestreitet die gegen ihn geltend gemachte Forderung. Da er zwei Zeugen benennen und auch die Echtheit der Unterschriften durch einen Sachverständigen überprüfen lassen möchte, beantragt er im Verhandlungstermin, die Geltendmachung seiner Rechte im Nachverfahren vorzubehalten. Daraufhin ergeht Vorbehaltsurteil. Im anschließenden Nachverfahren werden im Termin sowohl die Zeugen als auch der Sachverständige gehört. Es ergeht Urteil zugunsten von Herrn Reuther.

2. Rechtsanwalt Schnell erhebt für seinen Mandanten Baum Klage im Urkundenprozess über 7.000,00 Euro. Nachdem im Termin streitig verhandelt wurde, ergeht Vorbehaltsurteil. Im Nachverfahren fordert Herr Baum weitere 1.500,00 Euro. Nach streitiger Verhandlung mit Beweisaufnahme ergeht Urteil zugunsten von Herrn Baum.

3. Im Wechselprozess wurde von Rechtsanwalt Hurtig Klage über 13.000,00 Euro erhoben. Im Wechselprozess erkennt der Beklagte im ersten Termin 5.000,00 Euro an. Wegen der restlichen 8.000,00 Euro behält er sich vor, diese in einem Nachverfahren klären zu lassen. Es ergeht ein Teilanerkenntnisurteil über die 5.000,00 Euro, über die 8.000,00 Euro ergeht ein Vorbehaltsurteil. Im anschließenden Nachverfahren wird im Termin streitig verhandelt und Beweis erhoben, danach ergeht Endurteil.

6. Selbstständiges Beweisverfahren

Erstellen Sie die Kostennote des Rechtsanwaltes.

1. Rechtsanwalt Schlau beantragt für seinen Mandanten die Vernehmung des sechsundneunzigjährigen, schwer kranken Zeugen im selbstständigen Beweisverfahren, da zu befürchten steht, dass der Zeuge bald versterben könnte. Das Gericht erlässt ohne mündliche Verhandlung einen entsprechenden Beschluss, der Zeuge wird daraufhin im Beisein von Rechtsanwalt Schlau in einem Beweistermin vernommen. Anschließend reicht Rechtsanwalt Schlau für seinen Mandanten Klage über 11.370,00 Euro ein. Im ersten Termin wird streitig verhandelt und es ergeht ein Beweisbeschluss. Im folgenden Termin wird auf die Zeugenaussage des Zeugen zurückgegriffen. Danach ergeht Urteil

2. Herr Hahn hat gegen Herrn Groß eine Werklohnforderung über 5.700,00 Euro und außerdem auch einen Schadensersatzanspruch über 2.300,00 Euro. Herr Hahn beauftragt Rechtsanwalt Hurtig, für die Werklohnforderung das selbstständige Beweisverfahren zu beantragen. Dem Antrag wird ohne mündliche Verhandlung per Beschluss stattgegeben, so dass der sich gerade im Inland aufhaltende ausländische Zeuge in einem Beweistermin im Beisein von Rechtsanwalt Hurtig vernommen werden kann. Anschließend reicht Rechtsanwalt Hurtig die Klage über 8.000,00 Euro ein. Im ersten Termin wird der Streitstoff mit dem Ziel einer Einigung erörtert. Daraufhin erkennt der Beklagte die 2.300,00 Euro Schadensersatz an. Es ergeht insofern Anerkenntnisurteil. Wegen des Restbetrags kommt es zu einem zweiten Termin. Nach streitiger Verhandlung, in der auch die Zeugenaussage zu Beweiszwecken verwertet wird, schließen die Parteien einen rechtsgültigen Vergleich, demzufolge der Beklagte 5.000,00 Euro an den Kläger zu zahlen hat.

3. Herr Schneider möchte ein größeres Mehrparteienhaus erstellen lassen. Nachdem das Fundament und der Keller vom beauftragten Unternehmer im Rohbau fertiggestellt sind, stellt Herr Schneider fest, dass bei der bisherigen Bauausführung erheblich gepfuscht wurde. Nachdem der Bauunternehmer dies abstreitet beauftragt Herr Schneider Rechtsanwalt Schlau, in einem selbstständigen Beweisverfahren ein Sachverständigengutachten erstellen zu lassen. Das Gericht lädt die Parteien und den Gutachter zu einem Erörterungstermin ein, in dem nach ausgiebiger Erörterung ein Vergleich geschlossen wird. Der Streitwert wird auf 9.500,00 Euro festgesetzt.

4. Herr Seiler wird von Unternehmer Ulbrich wegen einer Werklohnforderung über 20.000,00 Euro verklagt. Herr Seiler beauftragt daraufhin Rechtsanwalt Dr. Streit mit der Klageerwiderung. Kurze Zeit danach stellt Rechtsanwalt Dr. Streit im Auftrag seines Mandanten den Antrag, das Werk durch einen Sachverständigen im selbstständigen Beweisverfahren begutachten zu lassen. Zur Entscheidung über diesen Antrag setzt das Gericht einen Termin an, in dem der Rechts- und Streitstoff ausgiebig erörtert wird. Es gelingt dem

II. Prüfungsaufgaben — 7. Einzeltätigkeiten des Rechtsanwalts

Gericht, die Parteien zu einem gerichtlich protokollierten Vergleich zu bewegen, demzufolge Herr Seiler 18.000,00 Euro an Unternehmer Ulbrich zu zahlen hat.

7. Einzeltätigkeiten des Rechtsanwalts

Erstellen Sie die Kostennoten für jeweils beide Rechtsanwälte.

1. Rechtsanwalt Schlau aus Mainz macht für Herrn Glunz vor dem Amtsgericht in Hamburg eine Forderung über 3.500,00 Euro geltend. Im Einverständnis mit Herrn Glunz beauftragt Rechtsanwalt Schlau den in Hamburg ansässigen Rechtsanwalt Dr. Fischer den vom AG anberaumten Termin wahrzunehmen, was dieser auch tut. Nach streitiger Verhandlung ergeht Urteil zugunsten von Herrn Glunz.

2. Rechtsanwalt Schlau aus Mainz erhält von Rechtsanwalt Dr. Hansen aus Hamburg den Auftrag, als Terminsvertreter einen Termin beim AG Mainz wahrzunehmen. Der Streitwert beträgt 4.900,00 Euro. Im ersten Termin erscheint der Beklagte nicht, so dass Rechtsanwalt Schlau Versäumnisurteil beantragt, welches auch rechtskräftig wird.

3. Frau Brombichler, München, wendet sich wegen einer Kaufpreisforderung über 6.800,00 Euro gegen Herrn Kölsch aus Köln an Rechtsanwalt Paulaner mit Kanzleisitz in München. Im Einverständnis mit seiner Mandantin beauftragt Rechtsanwalt Paulaner den in Köln ansässigen Rechtsanwalt Müngersdorf mit der Einreichung der Klage. Rechtsanwalt Paulaner regelt die Korrespondenz zwischen seiner Partei und Rechtsanwalt Müngersdorf. Nachdem im ersten Termin die streitigen Anträge gestellt und ein Zeuge vernommen wurden, gehen die Parteien zu Vergleichsverhandlungen über und schließen letztlich auf Drängen von Rechtsanwalt Müngersdorf einen unwiderruflichen Vergleich, demzufolge sich der Beklage zu einer Zahlung von 5.700,00 Euro verpflichtet.

4a. Rechtsanwalt Schlau, Mainz, erhält für die Eheleute Schröder Klageauftrag über 4.200,00 Euro gegen Herrn Strand aus Kiel. Im Einverständnis mit seinen Mandanten beauftragt Rechtsanwalt Schlau Rechtsanwalt Nord mit der Vertretung im Termin vor dem Amtsgericht Kiel. Im ersten Termin wird der Streitstoff zunächst erörtert. Da den Eheleuten an einer schnellen und gütlichen Beilegung gelegen ist, soll Rechtsanwalt Nord möglichst versuchen, einen Vergleich zu erwirken. Im zweiten Termin gelingt dies Rechtsanwalt Nord. Der Beklagte zahlt die gerichtlich protokollierten 3.150,00 Euro, auf die sich die Parteien geeinigt hatten.

4b. Sachverhaltsbeginn wie oben, allerdings mit folgender Abwandlung:
Im zweiten Termin wird nach streitiger Verhandlung und durchgeführter Beweisaufnahme vom Beklagten ein Vergleichsvorschlag eingebracht. Danach gibt das Gericht den Termin für den dritten Verhandlungstag bekannt. Rechtsanwalt Schlau bespricht den Vorschlag mit seinen Mandanten in seiner Kanzlei und weist Rechtsanwalt Nord an, den Vorschlag nicht zu akzeptieren. In dem dritten Termin wird letztlich doch ein Vergleich geschlossen, demzufolge der Beklagte 3.150,00 Euro an die Kläger zu zahlen hat. In dem Vergleich wird eine 14-tägige Widerrufsfrist aufgenommen. Rechtsanwalt Schlau bespricht den Vergleich mit seinen Mandanten in seiner Kanzlei und weist RA Nord an, den Vergleich nicht zu widerrufen. Nehmen Sie gebührenrechtlich kurz hierzu Stellung.

5. Der Geschäftsführer Dr. Lüdenscheid der XY-GmbH mit Sitz in Wiesbaden erteilt Rechtsanwalt Klug Klageauftrag wegen einer Forderung über 16.700,00 Euro gegenüber Herrn Schenk (Hamburg). Mit Zustimmung seines Mandanten beauftragt Rechtsanwalt Klug Rechtsanwalt Hansen, Hamburg, mit der Durchführung des Verfahrens am dortigen Landgericht. Rechtsanwalt Hansen reicht die Klage bei Gericht ein, Rechtsanwalt Klug führt den Schriftverkehr mit Rechtsanwalt Hansen und bespricht diesen falls notwendig mit seinem Mandanten in Wiesbaden.

Nachdem im ersten Termin vor dem LG Hamburg Beweisbeschluss erging, soll im Wege der Amtshilfe der ehemalige Buchhalter der XY-GmbH vor dem Wiesbadener Amtsgericht vernommen werden. Rechtsanwalt Klug nimmt diesen Termin selbst wahr. Anschließend bespricht er das Ergebnis dieses Termins mit Dr. Lüdenscheid in seiner Kanzlei. Die Aussage des Buchhalters untermauert nicht nur die Beweislage für die bereits eingeklagten 16.700,00 Euro, sondern durch sie lässt sich auch ein bisher noch nicht anhängig gemachter Schadensersatzanspruch über 3.000,00 Euro gegenüber Herrn Schenk belegen. Dr. Lüdenscheid erteilt Rechtsanwalt Klug den Auftrag, auch die 3.000,00 Euro einzuklagen bzw. sie im Rahmen eines Vergleichs einzubringen.

Vergütung und Kosten (LF 04, 09, 10, 11, 12, 13, 14)

Rechtsanwalt Klug bittet daraufhin Rechtsanwalt Hansen im Termin vor dem LG Hamburg einen Vergleichsvorschlag zu unterbreiten, demzufolge der Beklagte zur Abgeltung der anhängigen 16.700,00 Euro als auch der nicht anhängigen 3.000,00 Euro insgesamt einen Betrag von 18.700,00 Euro zu zahlen hat. Rechtsanwalt Hansen tut dies, der Beklagte akzeptiert und der Vergleich wird rechtswirksam.

8. Prozesskosten- und Beratungshilfe

Erstellen Sie die Kostennote des Rechtsanwaltes.

1. Rechtsanwalt Hurtig beantragt für seine Mandantin wegen eines Schadensersatzanspruchs über 1.400,00 Euro Prozesskostenhilfe. Das Amtsgericht fordert daraufhin den Gegner auf, hierzu eine schriftliche Stellungnahme abzugeben. Das Gericht entscheidet per Beschluss über den Antrag. Er wird abgelehnt.

2. Anton Tropf wird die Räumungsklage seiner Vermieter, der Eheleute Mayfeld, zugestellt. Die monatliche Kaltmiete beträgt 500,00 Euro, die Nebenkosten betragen 80,00 Euro monatlich, wobei diese jährlich abgerechnet werden. Da ihm Prozesskostenhilfe gewährt wurde, wird ihm Rechtsanwalt Schlau als Rechtsanwalt beigeordnet. Rechtsanwalt Schlau reicht die Klageerwiderung für ihn ein und vertritt ihn in der streitigen Verhandlung. Es ergeht Urteil zugunsten der Eheleute Mayfeld. Herr Tropf muss Prozesskosten in monatlichen Raten zahlen.
   a. Berechnen Sie die Vergütung, die Rechtsanwalt Schlau von der Staatskasse erhält.
   b. Berechnen Sie die „weitere Vergütung", auf die Rechtsanwalt Schlau einen Anspruch hat.
   c. Wie würde Rechtsanwalt Schlau abrechnen, wenn er den Prozess für seinen Mandanten gewonnen hätte?

3. Herr Hartz bekommt ein Mieterhöhungsschreiben seines Vermieters, demzufolge die monatliche Miete um 40,00 Euro erhöht werden soll. Mit einem vom zuständigen Gericht ausgestellten Berechtigungsschein sucht er Rechtsanwalt Hurtig in dessen Kanzlei auf. Rechtsanwalt Hurtig lässt sich den Sachverhalt schildern und schreibt den Vermieter außergerichtlich an und fordert ihn auf, die Mieterhöhung zurückzuziehen, was auch tatsächlich geschieht.

4. Rechtsanwalt Schlau wird von dem vermögenslosen W. Arm beauftragt, den Schriftverkehr mit der zuständigen ARGE (= Träger für Leistungen nach dem SGB II) zu führen, der Berechtigungsschein liegt vor. Nachdem Rechtsanwalt Schlau den entsprechenden Schriftverkehr für seinen Mandanten geführt hat, findet eine Einigung mit der ARGE statt, die auch schriftlich fixiert wird.

5. Herr Klein beauftragt Rechtsanwalt Schlau wegen eines Schadensersatzanspruchs über 700,00 Euro Prozesskostenhilfe für ihn zu beantragen. Kurz bevor der Antrag bei Gericht eingereicht wird ruft der Mandant an und erklärt, dass sich die Angelegenheit erledigt habe.

6. Frau Schnell wurde Prozesskostenhilfe bewilligt. Rechtsanwalt Schlau legt insofern auftragsgemäß Klage gegen Herrn Huber wegen eines Kaufpreisanspruchs über 950,00 Euro ein. Nach kurzer Erörterung mit dem Gegner vor Gericht akzeptiert dieser einen Vergleich auf Zahlung von 850,00 Euro. Der Vergleich wird rechtswirksam.

7. Rechtsanwalt Schlau soll für Herrn Müller Prozesskostenhilfe wegen einer Forderung über 2.100,00 Euro beantragen. Im Rahmen des Bewilligungsverfahrens kommt es zu einem Termin, an dem Rechtsanwalt Schlau ebenso teilnimmt wie der gegnerische Anwalt. Danach wird Prozesskostenhilfe gewährt. Nachdem Rechtsanwalt Schlau die Klage bei Gericht eingereicht hat, erkennt die gegnerische Seite kurz vor dem Termin den Anspruch unerwartet an und zahlt den kompletten Betrag.

9. Familiensachen

Erstellen Sie die Kostennote des Rechtsanwaltes.

1. Die Eheleute Mayer leben im Güterstand der Gütertrennung und wollen sich scheiden lassen. Frau Mayer beauftragt daher Rechtsanwalt Groß mit der Einreichung des Scheidungsantrags. Herr Mayer verdient 3.000,00 Euro brutto, wobei die Abzüge für Steuer und Sozialversicherung bei ihm 600,00 betragen. Frau Mayer verdient 2.100,00 Euro brutto, bei ihr betragen die Abzüge insgesamt 400,00 Euro. Im Scheidungstermin hört sich das Gericht das Vorbringen beider Eheleute an. Herr Mayer stimmt dem Scheidungsantrag zu, so dass die Ehe geschieden wird. Der Versorgungsausgleich bleibt außer Betracht.

2. Frau Kummer möchte sich scheiden lassen und beauftragt daher Rechtsanwalt Trost mit der Einreichung des Scheidungsantrags. Nach mehreren Gesprächen mit seiner Mandantin gelingt es Rechtsanwalt Trost, die Eheleute Kummer wieder zusammenzubringen, so dass der Scheidungsantrag nicht bei Gericht eingereicht wird. Herr Kummer arbeitet derzeit als Aushilfsfahrer bei einer Getränkefirma und verdient monatlich 600,00 Euro netto. Frau Kummer studiert noch und verfügt über kein Einkommen.

3. Rechtsanwalt Hurtig macht für seine Mandantin einen monatlichen gesetzlichen Unterhaltsanspruch in Höhe von 600,00 Euro gerichtlich geltend. Außerdem klagt er für sie die Unterhaltsrückstände für die Monate März bis September desselben Jahres ein. Nachdem das Gericht vergeblich versuchte im ersten Termin auf eine gütliche Einigung hinzuwirken, wurde im zweiten Termin streitig verhandelt. Danach ergeht Urteil zugunsten der Klägerin.

4. Der im Rahmen der Prozesskostenhilfe beigeordnete Rechtsanwalt Dr. Streit stellt Scheidungsantrag. Das Gericht hat den Streitwert für das Scheidungsverfahren auf 8.000,00 Euro und für den Versorgungsausgleich auf 1.700,00 Euro festgesetzt. Ratenzahlungen wurden keine auferlegt. Nach mündlicher Verhandlung wird die Ehe vom Gericht geschieden.

5. Die Eheleute Schneider leben getrennt, Frau Schneider hat die Ehescheidung beantragt. Sie beauftragt Rechtsanwalt Dr. Streit einen monatlichen Trennungsunterhalt in Höhe von 500,00 Euro zu beantragen. Dieser stellt unter Berufung auf § 246 FamFG einen entsprechenden Antrag. Da der Sachverhalt eilbedürftig und zudem eindeutig gelagert ist, entspricht das Gericht dem Anliegen ohne gesonderten Termin.
   a. Erstellen Sie die Kostennote für Dr. Streit.
   b. Geben Sie die Kostennote an, sofern der Trennungsunterhalt per einstweiliger Anordnung beantragt und bewilligt worden wäre.

6. Frau Schneider wendet sich an Rechtsanwalt Hurtig, damit dieser die alleinige Benutzung der Ehewohnung (§ 1361 b BGB) gegenüber dem getrennt lebenden Ehemann beantragt. Aufgrund der Eilbedürftigkeit der Angelegenheit beantragt er dies per einstweiliger Anordnung. Das Gericht setzt hierzu einen Termin an, an dem Rechtsanwalt Hurtig teilnimmt. Danach entscheidet das Gericht antragsgemäß per Beschluss.

10. Kostenfestsetzung

1. Zu einem Verfahren liegen folgende Angaben vor:
   - Gerichtskosten insgesamt: 1.400,00 Euro
   - Der Kläger hat hierauf gezahlt: 1.200,00 Euro
   - Anwaltskosten für den Kläger: 3.100,00 Euro
   - Anwaltskosten für den Beklagten: 2.400,00 Euro.

   Das Gericht traf hierzu folgende Kostenentscheidung: „Die Kosten des Verfahrens trägt der Kläger zu drei Teilen und der Beklagte zu einem Teil".

   Nehmen Sie den Kostenausgleich vor und berechnen Sie, in welcher Höhe gegen wen Kostenfestsetzungsbeschluss ergeht.

2. In einem Berufungsverfahren vor dem OLG wurde der Beklagte unter Aufhebung des erstinstanzlichen Urteils des Landgerichts verurteilt. Der Beklagte hat die Kosten für beide Rechtszüge zu tragen.

Vergütung und Kosten (LF 04, 09, 10, 11, 12, 13, 14)

    a. Wer ist für die Kostenfestsetzung zuständig?
    b. Nach welcher Vorschrift erfolgt die Kostenfestsetzung?

3. Was bedeutet im Kostenfestsetzungsverfahren die Erklärung: „Die Partei ist vorsteuerabzugsberechtigt"?

4. Im Klageverfahren vor dem Amtsgericht zahlt der Mandant nicht die anwaltliche Vergütung. Was ist zu veranlassen, damit der Anspruch tituliert wird? Geben Sie auch die maßgebliche Vorschrift im RVG an.

5. Rechtsanwalt Schlau vertritt einen Mandanten zunächst außergerichtlich in einer durchschnittlichen Angelegenheit wegen einer Forderung über 8.200,00 Euro. Nachdem der Gegner auf ein anwaltliches Aufforderungsschreiben nicht reagiert, erteilt ihm der Mandant Klageauftrag. Nach streitiger Verhandlung ergeht Urteil zugunsten seines Mandanten.
    a. Erstellen Sie die Kostennoten für Rechtsanwalt Schlau.
    b. Nehmen Sie die für das Kostenfestsetzungsverfahren erforderlichen Berechnungen und Zusammenstellungen unter Beachtung von § 15a RVG vor. Gehen Sie davon aus, dass Rechtsanwalt Schlau den außergerichtlichen Vergütungsanspruch nicht mit eingeklagt hat.

6. Rechtsanwalt Schnell wurde beauftragt für seinen Mandanten, Herrn Kaub, einen Zahlungsanspruch über 1.400,00 Euro gegen Frau Groß einzuklagen. Im Termin wurde streitig verhandelt und es erging ein obsiegendes Urteil zugunsten des Klägers.
    a. Erstellen Sie die Vergütungsrechnung für Rechtsanwalt Schnell.

Vergütungsrechnung

    b. Wer legt fest, wer die Kosten zu tragen hat und wie lautet die entsprechende Formulierung? Geben Sie auch die maßgebliche Vorschrift an.

_____

_____ § _____

II. Prüfungsaufgaben 10. Kostenfestsetzung

c. Geben Sie allgemein an, welche Kosten hierunter fallen.

_____

_____

d. Warum wird Rechtsanwalt Schnell die Kosten festsetzen lassen?

_____

_____

e. Entstehen im Kostenfestsetzungsverfahren zusätzliche Kosten für die Partei?

_____

_____

f. Formulieren Sie den Kostenfestsetzungsantrag.

Antrag auf Kostenfestsetzung

Vergütung und Kosten (LF 04, 09, 10, 11, 12, 13, 14)

g. Wird im Sachverhalt die Umsatzsteuer festgesetzt?

_____

_____

h. Wer ist funktionell bei Gericht für die Überprüfung der beantragten Kosten zuständig?

_____

7. Rechtsanwalt Dr. Stein reicht für seinen Mandanten Grün Klage über 5.000,00 Euro gegen Herrn Rot, vertreten durch Rechtsanwalt Schnell, ein. Im Termin wird streitig verhandelt und Beweis erhoben. Da sich im Termin die Beweislage nicht ganz eindeutig darstellt, wird der Klage nur zu 4.000,00 Euro stattgegeben. Im Übrigen wird die Klage abgewiesen.

   a. Wie lautet die Kostenquote, die das Gericht festsetzt? Erläutern Sie diese.

   _____

   _____

   _____

   b. Welcher Antrag wird in diesem Fall gestellt?

   _____ § _____

   c. Erläutern Sie das Verfahren zu „b" kurz allgemein.

   _____

   _____

   _____

   d. Formulieren Sie für den Sachverhalt einen Antrag auf Kostenausgleichung für Rechtsanwalt Dr. Stein.

   ```
   Antrag auf Kostenausgleichung
   ```

II. Prüfungsaufgaben — 10. Kostenfestsetzung

e. Nehmen Sie die Kostenausgleichung vor.

8. Herr Schmitt aus Frankfurt wendet sich wegen einer Kaufpreisforderung über 3.600,00 Euro gegen Herrn Huber aus München an Rechtsanwalt Dr. Klein mit Kanzleisitz in Frankfurt. In Absprache mit seinem Mandanten beauftragt Dr. Klein den in München ansässigen Rechtsanwalt Schlau mit der Wahrnehmung eines Termins vor dem Amtsgericht München. Herr Huber wird durch Rechtsanwalt Gunkel in München vertreten. Das Gericht entscheidet, dass der Hälfte des geltend gemachten Anspruchs stattgegeben wird.

   a. Welche zwei Möglichkeiten der Kostenentscheidung gibt es hier? Erläutern Sie kurz.

   b. Geben Sie für beide Parteien die angefallenen Kosten an.

Vergütung und Kosten (LF 04, 09, 10, 11, 12, 13, 14)

c. Nehmen Sie die Kostenaufteilung vor, wenn die Kostenentscheidung „die Kosten werden gegeneinander aufgehoben" lautet.

d. Nehmen sie die Kostenaufteilung vor, wenn die Entscheidung lautet: „Jede Partei trägt die Hälfte der Kosten des Rechtsstreits".

9. Rechtsanwalt Dr. Smart stellt Kostenfestsetzungsantrag über 3.950,00 Euro. Der Rechtspfleger setzt die Kosten aber nur auf 3.750,00 Euro fest.

   a. Welchen Rechtsbehelf bzw. welches Rechtsmittel kann Dr. Smart einlegen?

   _____ § _____

   b. Der Rechtspfleger hebt den angefochtenen Kostenfestsetzungsbeschluss auf und setzt die Kosten wie mit dem Rechtsbehelf/Rechtsmittel beantragt fest. Erstellen Sie die Vergütungsrechnung für Dr. Smart.

10. Rechtsanwalt Dr. Stein legt auftragsgemäß gegen einen Kostenfeststellungsbeschluss über 7.800,00 Euro Rechtsmittel/Rechtsbehelf ein. Er begehrt Festsetzung von 6.900,00 Euro.

    a. Welchen Rechtsbehelf bzw. welches Rechtsmittel kann Dr. Stein einlegen?

    _____ § _____

    b. Nach einer mündlichen Verhandlung weist das Beschwerdegericht den Antrag zurück. Erstellen Sie die Vergütungsrechnung für Rechtsanwalt Dr. Stein.

II. Prüfungsaufgaben — 11. Zwangsvollstreckung

11. Zwangsvollstreckung

Erstellen Sie die Kostennote des Rechtsanwaltes.

1. Rechtsanwalt Schlau wird in einer Zwangsvollstreckungssache für Frau Zimmer tätig. Er erteilt dem Gerichtsvollzieher einen Vollstreckungsauftrag über eine Hauptforderung über 2.700,00 Euro und 46,73 Euro Zinsen. Nachdem der Gerichtsvollzieher vom Schuldner nicht in die Wohnung hereingelassen wurde, erfolgt Antrag auf Durchsuchungsanordnung. Daraufhin pfändet der Gerichtsvollzieher beim Schuldner.

2. Rechtsanwalt Holm beantragt am 05. November einen Pfändungs- und Überweisungsbeschluss wegen des seit 01.01. desselben Jahres rückständigen und zukünftig fällig werdenden Unterhalts von monatlich 500,00 Euro. Gepfändet wird das Arbeitseinkommen.

    a. Erstellen Sie die Kostennote. Geben Sie bei der Berechnung des Gegenstandswertes auch die maßgeblichen Vorschriften an.
    b. Wie hoch ist die Gerichtsgebühr? Aus welcher Vorschrift ergibt sie sich?
    c. Wie viele gebührenrechtliche Angelegenheiten würden vorliegen, sofern zunächst eine Vorpfändung und dann erst der Pfändungs- und Überweisungsbeschluss vorgenommen worden wären?

3. Rechtsanwalt Dr. Schnell stellt für seinen Mandanten wegen einer Forderung über 3.500,00 Euro Antrag auf Anordnung eines Arrests. Dieser ergeht per Beschluss.

4. Rechtsanwalt Schlau erhält den Auftrag wegen einer Hauptforderung über 4.500,00 Euro nebst 46,35 Euro an Kosten und Zinsen gegen die Eheleute Huber die Zwangsvollstreckung einzuleiten. Daraufhin erteilt Rechtsanwalt Schlau den Zwangsvollstreckungsauftrag an den Gerichtsvollzieher. Nachdem die Eheleute zunächst nicht in ihrer Wohnung angetroffen wurden, kann der Gerichtsvollzieher im zweiten Termin erfolgreich die Sachpfändung durchführen.

5. Rechtsanwalt Schlau erteilt dem Gerichtsvollzieher Pfändungsauftrag wegen eines rechtskräftig festgestellten Anspruchs über 2.500,00 Euro, entstandener Prozesskosten in Höhe von 550,00 Euro und entstandener Zinsen in Höhe von 135,00 Euro. Der Schuldner wurde wiederholt nicht in seiner Wohnung angetroffen. Nachdem bekannt wurde, dass er nur an den Wochenenden in seiner Wohnung anzutreffen sei, wird Antrag nach 758a ZPO gestellt. Daraufhin findet die Sachpfändung am Sonntag statt.

6. Die Eheleute Kleinschmitt beauftragen Rechtsanwalt Schlau, die Zwangsvollstreckung wegen einer Gesamtforderung über 11.317,23 Euro einzuleiten. Rechtsanwalt Schlau beauftragt daher Gerichtsvollzieher Gnadenlos mit einem „Kombi-Auftrag" (kombinierter Zwangsvollstreckungsauftrag mit Auftrag zur Abgabe der Vermögensauskunft nach §§ 802 f und 802 g ZPO). Da in den Räumlichkeiten des Schuldners keine verwertbaren Vermögensgegenstände vorgefunden werden, nimmt der Gerichtsvollzieher die Vermögensauskunft ab. Auf Wunsch der Eheleute Kleinschmitt nimmt Rechtsanwalt Schlau an diesem Termin teil.

7. Rechtsanwalt Schlau erteilt im Namen seines Mandanten dem Gerichtsvollzieher Pfändungsauftrag. Die titulierte Forderung einschließlich aufgelaufener Nebenkosten beläuft sich auf 1.711,56 Euro. Eine vom Gerichtsvollzieher durchgeführte Sachpfändung ergab, dass bis auf einen neuwertigen teuren Designer-Pelzmantel kein verwertbares Vermögen vorhanden ist (geschätzter Verkaufswert: 3.500,00 Euro). Da es sich um den einzigen und damit nach § 811 Abs. 1 Nr.1 ZPO unpfändbaren Mantel der Schuldnerin handelt, stellt Rechtsanwalt Schlau Antrag auf Austauschpfändung beim zuständigen Vollstreckungsgericht. Nachdem das Gericht die Austauschpfändung per Beschluss zugelassen hat, pfändet der Gerichtsvollzieher den Nerzmantel. Der Versteigerungserlös beläuft sich auf 2.000,00 Euro.

8. Rechtsanwalt Schlau erteilt dem Gerichtsvollzieher Streng einen Sachpfändungsauftrag über eine titulierte Forderung über 5.000,00 Euro nebst 56,00 Euro Kosten und Zinsen. Da der Gerichtsvollzieher den Schuldner mehrfach zur Tageszeit nicht in seiner Wohnung angetroffen hat, wird Antrag auf Zulassung der Pfändung zur Nachtzeit gem. § 758a ZPO gestellt. Daraufhin nimmt der Gerichtsvollzieher einen Pfändungsversuch in der Wohnung des Schuldners vor. Streng teilt Rechtsanwalt Schlau mit, dass dieser fruchtlos verlaufen sei. Rechtsanwalt Schlau beauftragt daraufhin Gerichtsvollzieher Streng, dem Schuldner die Vermögensauskunft gemäß §§ 802 f und 802 g ZPO abzunehmen, was auch geschieht. An diesem Termin nimmt Rechtsanwalt Schlau teil. Aus dem Vermögensverzeichnis ergibt sich überraschend, dass der Schuldner entgegen seiner vorherigen Äußerungen doch einen Arbeitsplatz hat. Rechtsanwalt Schlau beantragt einen Pfändungs- und Überweisungsbeschluss, der auch ergeht.

Vergütung und Kosten (LF 04, 09, 10, 11, 12, 13, 14)

12. Arbeitsgerichtsbarkeit

1. Geben Sie allgemein an, wie hoch in der Regel die Gegenstandswerte bei folgenden arbeitsrechtlichen Streitigkeiten sind:
   a. Streitigkeiten über das Bestehen, Nichtbestehen oder die Kündigung eines Arbeitsverhältnisses, sofern es länger als 1 Jahr bestanden hat.
   b. Zeugnisrechtsstreitigkeiten (Zeugnisausstellung)
   c. Zahlungsansprüche, z. B. rückständiger Lohn
   d. Aufhebungsvertrag

Erstellen Sie die Kostennote des Rechtsanwaltes.

2. Frau Sieglinde Redlich war bei einem Industriebetrieb angestellt. Ihr monatlicher Nettoverdienst betrug 2.400,00 Euro, an Abgaben für Steuer und Sozialversicherung entstanden insgesamt 600,00 Euro. Wegen stark rückläufiger Auftragseingänge wurde ihr ein Monatsgehalt nicht ausgezahlt. Außerdem gehörte sie zu dem Personenkreis, denen der Betrieb kündigte. Sie wendet sich jetzt an Dr. Schlaub, Fachanwalt für Arbeitsrecht, der sofort Kündigungsschutzklage einlegt. Außerdem klagt er auf Zahlung des nicht ausgezahlten Lohns in Höhe von 3.000,00 Euro. Da der Betrieb zwischenzeitlich infolge einer staatlichen Fördermaßnahme zu volleren Auftragsbüchern gekommen ist, wird die Kündigung im Gerichtstermin zurückgenommen und die ausstehende Gehaltszahlung unverzüglich nachgeholt.

3. Rechtsanwalt Dr. Schlaub reicht für Herrn Schneider Kündigungsschutzklage gegen den Arbeitgeber ein. Das monatliche Bruttoeinkommen beträgt 2.700,00 Euro. Außerdem klagt er auf Schadensersatz im Zusammenhang mit dem Arbeitsverhältnis in Höhe von 5.000,00 Euro. Im Gütetermin erscheint für den Beklagten niemand, so dass Versäumnisurteil ergeht. Hiergegen legt der Rechtsanwalt des Beklagten Einspruch ein. Das Gericht gibt dem Einspruch statt, so dass nach einer streitigen Verhandlung Urteil ergeht.

4. Gerlinde Klein wurde von ihrem Arbeitgeber gekündigt, so dass sie sich an Rechtsanwalt Dr. Schlaub wendet und ihm den Auftrag erteilt, sie zunächst außergerichtlich zu vertreten. Dr. Schlaub schreibt daraufhin ihren Arbeitgeber an und führt auch mehrere Telefonate mit diesem. Da all diese Maßnahmen erfolglos verlaufen, erteilt sie Dr. Schlaub Klageauftrag. Dieser erhebt daraufhin Kündigungsschutzklage. Da im Gütetermin keine Einigung erzielt werden konnte, kommt es zu einem Verhandlungstermin, in dem auch Zeugen gehört werden. Am Ende des Termins einigen sich die Parteien auf einen Vergleich. Die Kündigung bleibt rechtswirksam, allerdings erhält Frau Klein eine Abfindung in Höhe von drei Monatsgehältern. Außerdem wird in den Vergleich ein Schadensersatzanspruch in Höhe von 1.200,00 Euro, resultierend aus dem Arbeitsverhältnis mit einbezogen. Das monatliche Bruttoeinkommen beträgt 3.000,00 Euro und das Nettoeinkommen 2.400,00 Euro.

… I. Wiederholungsfragen … 1. Allgemeines Beurkundungs- und Berufsrecht

Notariatsrecht, Kosten- und Gebührenrecht des Notars

A. Notariatsrecht: Freiwillige Gerichtsbarkeit

I. Wiederholungsfragen und Prüfungsaufgaben

Vorbemerkungen

Die nachfolgenden Fallgestaltungen bilden lediglich eine Auswahl typischerweise in Betracht kommender Prüfungsaufgaben. Sie sind schwerpunktmäßig dem allgemeinen Beurkundungsrecht entnommen. Bitte beachten Sie, dass die nachfolgende Auswahl damit keine erschöpfende Erörterung für Sie prüfungsrelevanter Themengebiete darstellt.

Bei der Lösung der Fälle begründen Sie bitte mit wenigen Worten das von Ihnen gefundene Ergebnis. Soweit möglich nennen Sie dabei bitte die einschlägigen gesetzlichen Vorschriften, die Sie bitte so genau wie möglich zitieren (Bsp.: § 311b Abs. 1 Satz 1 BGB). Wenn Ihnen Daten im Sachverhalt fehlen (Namen, Geburtsdaten, Adressen etc.), sind diese in der Lösung frei zu wählen oder mit „***" zu kennzeichnen.

Bitte beachten Sie abschließend, dass es insbesondere bei den Gestaltungsaufgaben in der Regel nicht „die" richtige Lösung gibt, sondern teilweise verschiedene Gestaltungsvarianten möglich sind. Die in diesem Buch enthaltenen Lösungsvorschläge sind deshalb in den von der Aufgabenstellung gesteckten Grenzen als eine von verschiedenen Gestaltungsmöglichkeiten zu verstehen.

1. Allgemeines Beurkundungs- und Berufsrecht

1. a. N ist Notar mit Amtssitz in Düsseldorf. Am 6. Februar 2013 bespricht er mit Herrn T in seinen Amtsräumen dessen Testament und fertigt einen entsprechenden Urkundenentwurf. Am 10. Februar 2013 erkrankt T schwer und zieht zu seiner Tochter nach Mönchengladbach. Weil T nicht mehr in der Lage ist, das Bett zu verlassen, soll N am 13. Februar 2013 das Testament in der Wohnung der Tochter des Herrn T in Mönchengladbach beurkunden.

    Darf Notar N die Beurkundung vornehmen? *(Anm.: Sowohl Mönchengladbach als auch Düsseldorf haben ein eigenes Amtsgericht und Landgericht, beide liegen aber im Bezirk des Oberlandesgerichts Düsseldorf)*

    b. Abwandlung: Herr T ist nicht zu seiner Tochter nach Mönchengladbach, sondern zu seinem Sohn nach Köln gezogen. Darf N die Beurkundung in diesem Fall vornehmen? *(Anm.: Köln und Düsseldorf haben jeweils ein eigenes Amtsgericht, Landgericht und Oberlandesgericht)*

Notariatsrecht, Kosten- und Gebührenrecht des Notars

2. Notar N soll das Testament seiner Nichte beurkunden, in welchem diese ihren guten Freund F als Alleinerben einsetzt.

   Darf N die Beurkundung vornehmen und wäre das von ihm beurkundete Testament wirksam?

3. Mandant M hat bei Notar N ein Einzeltestament beurkunden lassen. Einige Wochen später ruft die Ehefrau des M im Notariat an und bittet, ihr eine Abschrift des Testaments zukommen zu lassen. Sie wolle schließlich wissen, was ihr Mann „da wieder gemacht habe."

   Wie verhalten Sie sich?

4. Herr Viktor Vitz (geboren am 11.11.1965, wohnhaft Elisabethstraße 83 in 40545 Düsseldorf) als Verkäufer und Frau Karla Knigge geborene Müller (geboren am 12.12.1967, wohnhaft Lindenstraße 13 in 41199 Mönchengladbach) wollen vor Notar Dr. Norbert Nöthe mit Amtssitz in Düsseldorf einen Grundstückskaufvertrag miteinander schließen. Bei der Beurkundung soll Herr Vitz durch Herrn Holger Humboldt (geboren am 10.10.1973, wohnhaft Leostraße 55 in 40227 Düsseldorf) aufgrund notariell beurkundeter Vollmacht vom 15. Februar 2013 (UR-Nr. 1234/2013 der Notarin Dr. Ulrike Jansen in Köln) vertreten werden.

   Bitte verfassen Sie den Urkundseingang bis „*Die Erschienenen, handelnd wie angegeben, erklärten zur Beurkundung folgenden Grundstückskaufvertrag:*".

5. Sind die folgenden Aussagen zutreffend?

I. Wiederholungsfragen ... 1. Allgemeines Beurkundungs- und Berufsrecht

Bei der Beurkundung eines Grundstückskaufvertrages
a. können die Beteiligten vom Notar auch anhand ihres Führerscheins identifiziert werden;
b. ist die Vorlage eines Ausweises entbehrlich, wenn der Notar die Beteiligten persönlich kennt;
c. können sich die Beteiligten grundsätzlich auch durch Vorlage eines Personalausweises, dessen Gültigkeit abgelaufen ist, ausweisen;
d. darf der Notar die Beurkundung ablehnen, wenn einer der Beteiligten kein gültiges Ausweispapier vorlegen kann, aber verspricht, dies unverzüglich nachzureichen, und alle Beteiligten auf eine sofortige Beurkundung bestehen.

a. _____

b. _____

c. _____

d. _____

6. Die Eheleute A und B möchten an ihren minderjährigen Sohn S ein Grundstück verkaufen.

   a. Wer vertritt den S bei der Beurkundung?

   _____

   b. Ändert sich etwas, wenn A und B das Grundstück an S verschenken wollen?

   _____

7. Bitte formulieren Sie eine Vertretungsbescheinigung im Sinne des § 21 Abs. 1 Satz 1 Nr. 1 BNotO für die im Handelsregister des Amtsgerichts Düsseldorf unter HRB 1234 eingetragene ABC GmbH mit Sitz in Düsseldorf, als deren einziger stets einzelvertretungsberechtigter und von den Beschränkungen des § 181 BGB befreiter Geschäftsführer Herr H, geboren am 12.12.1965, wohnhaft in Düsseldorf, eingetragen ist.

_____

Notariatsrecht, Kosten- und Gebührenrecht des Notars

8. Herr H bittet Sie um die Vorbereitung eines Grundstückskaufvertrages. Er gibt an, hörunfähig zu sein, möchte aber soweit wie möglich auf die Hinzuziehung weiterer Personen als der Vertragsparteien bei der Beurkundung verzichten.

   a. Welche Besonderheiten müssen Sie bei der Vorbereitung des Kaufvertrages aufgrund der Hörunfähigkeit des Herrn H beachten?

   b. Abwandlung: Herr H ist nicht hörunfähig, sondern kann weder lesen noch schreiben. Insbesondere kann er seine Unterschrift unter dem Kaufvertrag nicht leisten. Welche Besonderheiten sind hier zu beachten?

9. Ausländer A ist Beteiligter eines Grundstückskaufvertrages. A spricht nur Finnisch und hat seinen Nachbarn N mitgebracht, der für ihn übersetzen soll, aber nicht allgemein vereidigt ist.

   Bitte entwerfen Sie sämtliche Passagen der Urkunde, die aufgrund der Hinzuziehung des N als Dolmetscher erforderlich sind. Alle Beteiligten wollen soweit wie möglich auf alle Formalien verzichten.

10. Herr V ist Eigentümer eines 1.500 qm großen Grundstücks, das mit einem Wohngebäude bebaut ist. Er möchte von diesem Grundstück eine Teilfläche von ca. 750 qm, auf der sich das aufstehende Wohngebäude befindet, an Herrn K verkaufen. Die Vermessung der Teilfläche soll nach Vertragsschluss erfolgen. Außerdem sollen sämtliche in dem Gebäude befindlichen Möbel mitverkauft werden, die Herr V alle einzeln in einer Liste aufgeführt hat. Zur Beurkundung bringt Herr V einen amtlichen Lageplan, auf dem die zu verkaufende Teilfläche rot eingezeichnet ist, und die Liste über das mitverkaufte Mobiliar mit.

I. Wiederholungsfragen ... 1. Allgemeines Beurkundungs- und Berufsrecht

Wie werden der Lageplan und die Liste über das mitverkaufte Mobiliar beurkundungsrechtlich zum Inhalt des notariellen Kaufvertrages gemacht? Muss die Liste vorgelesen werden?

11. Sind die folgenden Aussagen zutreffend?

    Bei der Beglaubigung einer Unterschrift
    a. ist es auch zulässig, wenn der Klient, der durch Personalausweis ordnungsgemäß ausgewiesen ist, ein bereits unterschriebenes Dokument zum Notar mitbringt und vor dem Notar erklärt, die Unterschrift stamme von ihm (dem Klienten). Eine erneute Unterschrift, die vor dem Notar vollzogen wird, ist dann nicht erforderlich;
    b. ist es auch zulässig, wenn der Klient ein bereits unterschriebenes Dokument per Post an den Notar sendet und dem Notar telefonisch erklärt, die Unterschrift stamme von ihm (dem Klienten). Dies gilt jedenfalls dann, wenn der Klient und der Notar sich sehr gut kennen und der Notar daher die Stimme des Klienten eindeutig identifizieren kann;
    c. braucht der Notar den Inhalt der Erklärung, unter der die Unterschrift beglaubigt werden soll, in keiner Hinsicht zu überprüfen. Der Notar darf die Beglaubigung in keinem Fall aufgrund des Inhalts der Erklärung verweigern.

    a.

    b.

    c.

12. Bitte stellen Sie Gemeinsamkeiten und wesentliche Unterschiede zwischen der Urschrift, einer beglaubigten Abschrift, einer Ausfertigung und der vollstreckbaren Ausfertigung einer Urkunde dar.

Notariatsrecht, Kosten- und Gebührenrecht des Notars

13. Herr Michels bittet um die Erstellung einer beglaubigten Abschrift seines Abiturzeugnisses.

    Bitte entwerfen Sie den Beglaubigungsvermerk.

14. Bitte erläutern Sie die Begriffe „Apostille" und „Legalisation" und erklären insbesondere, wozu man diese benötigt und wie sie erteilt werden.

15. Bitte legen Sie eine Urkundenrolle an und tragen Sie folgende Vorgänge in diese Urkundenrolle ein:

    a. Am 13. März 2013 wurde zwischen Peter Müller und seiner Tochter Klara Müller, beide wohnhaft in Köln, ein Grundstücksübertragungsvertrag beurkundet, bei dem Peter Müller durch seine Tochter Klara vollmachtlos vertreten wurde.
    b. Am 14. März 2013 wurde durch den Notar die Unterschrift von Herrn Thorsten Meyer aus Bonn unter einem von diesem mitgebrachten Vollmachtstext beglaubigt.
    c. Am 14. März 2013 wurde durch den Notar die Unterschrift von Peter Müller unter der von dem Notar entworfenen Genehmigungserklärung zum vorgenannten Grundstücksübertragungsvertrag (vgl. a.) zwischen Peter Müller und seiner Tochter Klara Müller beglaubigt. Hierzu begab sich der Notar in das Pflegeheim, in dem Herr Müller derzeit untergebracht ist. Die Genehmigungserklärung soll beim Grundstücksübertragungsvertrag aufbewahrt werden.
    d. Am 14. März 2013 wurden durch den Notar die Unterschriften von Jörg Schmitz aus Troisdorf und Konrad Heuss aus Siegburg unter einer vom Notar entworfenen Handelsregisteranmeldung beglaubigt. Angemeldet wird das Ausscheiden des weiteren Geschäftsführers Peter Müller aus Bergisch Gladbach bei der 1a Grundbesitz GmbH. Für die Beglaubigung begab sich der Notar in die Geschäftsräume der GmbH.

I. Wiederholungsfragen ... 1. Allgemeines Beurkundungs- und Berufsrecht

16. Welche Bücher und Akten muss der Notar zwingend führen? Bitte beschreiben Sie diese in kurzen Worten.

_____
_____
_____
_____
_____
_____
_____
_____
_____

Notariatsrecht, Kosten- und Gebührenrecht des Notars

17. Welche Veröffentlichungsblätter und Zeitschriften muss der Notar beziehen?

2. Grundstücksrecht

1. a. Was versteht man unter einem Grundstück

    (1) im natürlichen Sinne,
    (2) im katastertechnischen Sinne und
    (3) im Rechtssinne?

    (1)

    (2)

    (3)

    b. Welche Arten der rechtlichen Verbindung von Grundstücken gibt es und wie muss die Verbindung zweier Grundstücke gewählt werden, damit die auf einem Grundstück lastende Grundschuld nach der Verbindung auch auf dem anderen Grundstück lastet?

2. Bitte beantworten Sie die folgenden Fragen/lösen Sie die folgenden Aufgaben:

    a. Bitte beschreiben Sie den Aufbau des Grundbuches.

I. Wiederholungsfragen und Prüfungsaufgaben — 2. Grundstücksrecht

b. Was versteht man unter dem „öffentlichen Glauben" des Grundbuchs?

c. Was ist unter (1) dem Bewilligungsprinzip und (2) dem Voreintragungsgrundsatz zu verstehen?

d. Bitte beschreiben Sie die wesentlichen Unterschiede zwischen einer Grunddienstbarkeit und einer beschränkten persönlichen Dienstbarkeit.

e. Bitte beschreiben Sie die wesentlichen Unterschiede zwischen einer Grundschuld und einer Hypothek.

f. Was ist eine Nachverpfändung?

g. Wonach richten sich die Rangverhältnisse im Grundbuch?

3. Bitte beschreiben Sie, wie in einem typischen Grundstückskaufvertrag Käufer und Verkäufer abgesichert werden, um deren jeweiligen Vertragsrisiken (Käufer: Verlust des Kaufpreises ohne Erhalt des Eigentums; Verkäufer: Verlust des Eigentums ohne Erhalt des Kaufpreises) so gering wie möglich zu halten.

Notariatsrecht, Kosten- und Gebührenrecht des Notars

4. a. Bitte erläutern Sie unter Angabe einer Begründung, was Verkäufer und Käufer in einem Grundstückskaufvertrag typischerweise zur Gewährleistung des Verkäufers für Sachmängel am Grundstück (einschließlich Gebäude) vereinbaren.

   b. Was ist im Rahmen der Gewährleistungsregelung im Grundstückskaufvertrag zu beachten, wenn der Verkäufer ein Unternehmer im Sinne von § 14 BGB, der Käufer hingegen ein Verbraucher im Sinne von § 13 BGB ist?

5. Makler M ruft Sie im Notariat wegen eines von Ihnen vorbereiteten Grundstückskaufvertrages an und berichtet, die Käufer (Eheleute), die den Grundbesitz gerne zu Miteigentumsanteilen von je ½ erwerben möchten, seien entgegen seiner ursprünglichen Annahme nicht deutscher Staatsangehörigkeit, sondern seien beide schon immer spanische Staatsangehörige. Einen Ehevertrag haben die Käufer nicht abgeschlossen.

   a. Kann dies Auswirkungen auf den von Ihnen vorbereiteten Vertrag haben? Wenn ja, welche?

I. Wiederholungsfragen und Prüfungsaufgaben 2. Grundstücksrecht

b. Wie wäre die Situation zu beurteilen, wenn nur der Ehemann schon immer spanischer Staatsangehöriger wäre, die Ehefrau aber schon immer deutsche Staatsangehörige, und die Eheleute zum Zeitpunkt der Eheschließung beide ihren gewöhnlichen Aufenthalt in Deutschland hatten?

6. Welche Abwicklungsschritte sind nach Beurkundung eines Grundstückskaufvertrages über ein im innerstädtischen Bereich gelegenes Grundstück regelmäßig vorzunehmen?

7. Bitte erläutern Sie kurz den Begriff des „Übertragungsvertrages" und einige typische Regelungsgegenstände.

8. Bitte formulieren Sie die zu nachstehendem Sachverhalt passende Urkunde:

Herr Netzer und Frau Heynckes sind jeweils Alleineigentümer zweier benachbarter Grundstücke. Das Grundstück von Frau Heynckes ist nur über das Grundstück von Herrn Netzer mit der öffentlichen Straße verbunden. Frau Heynckes darf deshalb schon seit Jahren einen kleinen mit dem Auto befahrbaren Weg über das Grundstück des Herrn Netzer benutzen, den sie zu pflegen hat und für dessen Nutzung sie Herrn

Notariatsrecht, Kosten- und Gebührenrecht des Notars

Netzer ein jährliches Entgelt von 500,00 Euro zahlt. Außerdem schneidet Herr Netzer jedes Jahr mindestens zweimal die an den Weg angrenzende Hecke, um diesen dauerhaft befahrbar zu halten. Herr Netzer und Frau Heynckes möchten „das Ganze jetzt mal in eine rechtlich dauerhaft bindende Form" bringen. Schließlich könne es ja sein, dass einer der beiden sein Eigentum verkaufe, und man wisse ja nicht, ob sich auch der neue Eigentümer an ihre Übereinkunft halte. Zum Termin werden Herr Netzer und Frau Heynckes einen Lageplan mitbringen, auf dem der Verlauf des Weges rot schraffiert eingezeichnet ist.

9. Im Grundbuch des Amtsgerichts Düsseldorf, Grundbuch von Bilk Blatt 1234, ist in Abteilung III unter der lfd. Nr. 1 eine Buchgrundschuld in Höhe von 50.000,00 Euro zugunsten von Frau F eingetragen. Eigentümer des Grundstückes ist Herr H. Das der Grundschuld zugrunde liegende Darlehen ist von Herrn H mittlerweile an Frau F zurückgezahlt.

Nunmehr erscheinen Herr H und Frau F in Ihrem Büro und möchten die Löschung der Grundschuld im Grundbuch veranlassen. Bitte entwerfen Sie die erforderliche Urkunde.

I. Wiederholungsfragen und Prüfungsaufgaben   3. Familien- und Erbrecht

10. Bitte erläutern Sie die Begriffe

    a. Wohnungseigentum

    b. Teileigentum

    c. Erbbaurecht

    d. Wohnungs- bzw. Teilerbbaurecht

3. Familien- und Erbrecht

1. Bitte erläutern Sie den Unterschied zwischen einer General- und Vorsorgevollmacht einerseits und einer Patientenverfügung andererseits.

2. Bitte nennen Sie die typischen Regelungsgegenstände

    a. eines (vorsorgenden) Ehevertrages
    b. einer Scheidungsfolgenvereinbarung

    a.

Notariatsrecht, Kosten- und Gebührenrecht des Notars

b. _____

3. Herr Max Meier, geboren am 13. Mai 1922, deutscher Staatsangehöriger, ist am 15. Mai 2013 in Köln mit letztem Wohnsitz in Düsseldorf verstorben. Er war mit Maria Meier geborene Müller, geboren am 14. Juli 1924, in erster und einziger Ehe im gesetzlichen Güterstand der Zugewinngemeinschaft verheiratet. Herr Meier hinterlässt neben seiner Ehefrau einen Sohn, Herrn Michael Meier, geboren am 18. Oktober 1948, und eine Tochter, Frau Marlene Witzgall geborene Meier, geboren am 5. April 1951. Eine Verfügung von Todes wegen hat Herr Meier nicht errichtet.

   a. Frau Meier bittet Sie um die Erstellung eines Erbscheinsantrags, den sie insbesondere bei der Hausbank ihres Mannes vorweisen müsse. Alle Erben haben die Erbschaft angenommen, ein Rechtsstreit über das Erbrecht ist ebensowenig anhängig wie ein Antrag auf Scheidung oder Aufhebung der Ehe der Eheleute Meier.

   b. Welche Unterlagen müssen dem Gericht für die Erteilung des Erbscheins vorgelegt werden?

4. Die Eheleute Horst Hecht und Frieda Hecht geborene Fitzen bitten um die Vorbereitung eines „Berliner Testaments". Sie haben zwei gemeinsame Kinder, Henrik Hecht und Henriette Hecht.
   Beide sind bereits volljährig und haben jeweils zwei eigene Kinder.

I. Wiederholungsfragen und Prüfungsaufgaben   3. Familien- und Erbrecht

Bitte entwerfen Sie die entsprechende Urkunde (ohne Urkundseingang).

_____

5. Bitte erläutern Sie den Unterschied zwischen einer Erbeinsetzung und der Aussetzung eines Vermächtnisses.

_____

6. a. Was bedeutet die Anordnung von „Testamentsvollstreckung"?

_____

b. Bitte nennen Sie typische Situationen, in denen oftmals Testamentsvollstreckung angeordnet wird.

_____

c. Wie weist sich der Testamentsvollstrecker im Rechtsverkehr als solcher aus?

_____

Notariatsrecht, Kosten- und Gebührenrecht des Notars

7. Welche Beurkundungsvorgänge müssen dem Zentralen Testamentsregister gemeldet werden?

8. Herr H sucht Sie in Ihrem Notariat auf. Er erklärt ihnen, dass vor fünf Wochen sein Vater Herr V in seiner Wohnung in Düsseldorf verstorben sei. Herr V sei bei seinem Tod nicht verheiratet gewesen und habe nur ihn (Herrn H) als einziges Kind hinterlassen. Ein Testament habe Herr V nicht errichtet. Er (Herr H) selber habe zwei schon erwachsene Söhne. Da sein Vater überschuldet gewesen sei, wolle er nun das Erbe ausschlagen.

   Bitte entwerfen Sie a) die erforderliche Ausschlagungserklärung (ohne Beglaubigungsvermerk) und formulieren Sie b) ein Schreiben, mit dem der Ausschlagende den Empfang der Urschrift der Ausschlagungserklärung und derjenigen Hinweise bestätigt, die der Notar an Herrn H richten sollte.

   a.

   b.

4. Handels- und Gesellschaftsrecht

1. In welchem Register werden die folgenden Gesellschaften/Unternehmen eingetragen?

Gesellschaft / Unternehmen	Register
- Gesellschaft bürgerlichen Rechts (GbR)	
- Eingetragener Kaufmann (e.K.)	
- Offene Handelsgesellschaft (OHG)	
- Kommanditgesellschaft (KG)	
- Gesellschaft mit beschränkter Haftung (GmbH)	

I. Wiederholungsfragen ...   4. Handels- und Gesellschaftsrecht

Gesellschaft / Unternehmen	Register
– GmbH & Co. KG	
– Aktiengesellschaft (AG)	
– Eingetragener Verein (e.V.)	
– Genossenschaft	
– Partnerschaftsgesellschaft	

2. Mandant M und sein Geschäftspartner G erscheinen in Ihrem Notariat und wünschen eine kurze Beratung. Da der Notar in einer langwierigen Beurkundung steckt, sollen Sie die Beratung durchführen. M und G berichten, dass sie gemeinsam eine Werbeagentur betreiben möchten. Ihr Steuerberater habe ihnen empfohlen, die Werbeagentur entweder in der Rechtsform einer OHG, einer KG oder einer GmbH zu betreiben.

   Bitte beschreiben Sie M und G die wesentlichen Unterschiede der genannten Rechtsformen.

3. Herr Müller ist einzelvertretungsberechtigter Geschäftsführer der im Handelsregister des Amtsgerichts Düsseldorf unter HRB 1234 eingetragenen XY GmbH mit Sitz in Düsseldorf. Herr Müller hat Herrn Max Meier, geboren am 21. September 1978, wohnhaft in Düsseldorf, Prokura erteilt. Herr Meier ist berechtigt, die XY GmbH gemeinsam mit einem Geschäftsführer oder in Gemeinschaft mit einem weiteren Prokuristen zu vertreten. Herr Meier darf dabei auch Grundstücke veräußern und belasten.

   Bitte erstellen Sie den Entwurf der entsprechenden Handelsregisteranmeldung (ohne Beglaubigungsvermerk).

4. Mit notarieller Urkunde des Notars N mit dem Amtssitz in Düsseldorf hat Herr Hans Hoch als bisher einziger Gesellschafter der im Handelsregister des Amtsgerichts Düsseldorf unter HRB 1234 eingetragenen XY GmbH mit Sitz in Düsseldorf, deren Stammkapital 25.000,00 Euro beträgt, seinen einzigen Geschäftsanteil mit der lfd. Nr. 1 im Nennbetrag von 25.000,00 in 25.000 Euro Geschäftsanteile im Nennbetrag von jeweils 1,00 Euro geteilt. Sodann hat Herr Hans Hoch mit sofortiger Wirkung die ersten 12.500 neuen Geschäftsanteile an seine Tochter Tina Hoch und die zweiten 12.500 neuen Geschäftsanteile an seinen Sohn Sebastian Hoch übertragen.

Notariatsrecht, Kosten- und Gebührenrecht des Notars

Bitte fertigen Sie die auf Grundlage der vorgenannten Urkunde zu erstellende Gesellschafterliste, die sämtliche in der Urkunde enthaltenen relevanten Änderungen berücksichtigt.

5. Herr H und Frau F sind gemeinsam vertretungsberechtigte Vorstandsmitglieder des Dackelzuchtverein Kalk-Süd e.V. mit Sitz in Köln. Auf der letzten Mitgliederversammlung des Vereins wurde eine komplette Neufassung der Vereinssatzung beschlossen. Dies wollen Herr H und Frau F nunmehr zum Vereinsregister anmelden.

   a. Bitte entwerfen Sie die entsprechende Vereinsregisteranmeldung (ohne Beglaubigungsvermerk).

   b. Welche Unterlagen sind der Anmeldung beizufügen?

I. Wiederholungsfragen und Prüfungsaufgaben

B. Kosten- und Gebührenrecht des Notars

I. Wiederholungsfragen und Prüfungsaufgaben

1. Von welchen zwei Umständen hängt die Notargebühr ab?

2. Welche Gebühren können z. B. bei einem Kaufvertrag für fördernde oder überwachende Tätigkeiten des Notars anfallen?

3. Wann entsteht eine Vollzugsgebühr?

4. Was versteht man unter dem Prinzip der Summierung?

5. Wie viel Euro darf maximal die Vollzugsgebühr betragen?

6. Unterstellt sei, dass für ein zugrundeliegendes Beurkundungsverfahren eine 2,0-fache Gebühr anfällt. Wie hoch ist die maximale Vollzugsgebühr?

7. Nennen Sie drei Beispiele für Betreuungstätigkeiten eines Notars, für die eine Betreuungsgebühr anfallen.

8. Warum fällt für die Beurkundung einer Grundschuld im Regelfall nach Nr. 21200 des Kostenverzeichnisses eine 1,0-fache Gebühr und bei der Schenkung eines Grundstückes nach Nr. 21100 des Kostenverzeichnisses eine 2,0-fache Gebühr an?

Notariatsrecht, Kosten- und Gebührenrecht des Notars

9. Warum ist das Gebührensystem des Notarkostengesetzes Ausfluss des Sozialstaatsprinzips?

10. Die Notarkostenberechnung muss (§ 19 Abs. 2 Nr. 2 GNotKG) die fünfstellige Nummer des Kostenverzeichnisses für jeden einzelnen Gebühren- oder Auslagentatbestand enthalten.

   a. Erläutern Sie den Aufbau des Kostenverzeichnisses.

   b. Erklären Sie den Aufbau der Nummer 21100 KV GNotKG.

   c. Erklären Sie den Aufbau der Nummer 32000 KV GNotKG.

I. Wiederholungsfragen und Prüfungsaufgaben

11. Ergänzen Sie folgende Tabelle.

Verfahren	Gebührensätze	Mindestbetrag
Kaufvertragsangebot		
Vertragsaufhebung		
Auflassung, die nicht von demselben Notar beurkundet wird, der das zugrundeliegende Rechtsgeschäft beurkundet hat.		
Auflassung: Beurkundung erfolgt bei demselben Notar, der das zugrundeliegende Rechtsgeschäft beurkundet hat, bei seinem Amtsnachfolger oder bei seinem Sozius.		
Vermächtniserfüllung		
Vollmacht und Zustimmungserklärung oder Widerruf einer Vollmacht		
Erbscheinsantrag und Erbausschlagung		
Rückgabe eines Erbvertrags aus der notariellen Verwahrung		
Unterschriftsbeglaubigung		
Rangbescheinigung		

12. A verkauft B ein Grundstück zum Kaufpreis von 195.000,00 Euro. Die Maklerkosten betragen 4 % vom Kaufpreis zuzüglich 19 % Umsatzsteuer (Maklerbeteiligung mit Maklerklausel).

    a. Wie viel Euro beträgt der Verfahrenswert?

    _____

    b. Wie hoch ist der Gebührensatz nach GNotKG – Gebührentabelle für Notare (Gebührentabelle – B nach § 34 Abs. 1 GNotKG gem. Anlage 2)?

    _____

13. Wie können Entgelte für Post und Telekommunikationsdienstleistungen abgerechnet werden?

    _____

    _____

    _____

14. X verkauft Y ein Grundstück zum Kaufpreis von 260.000,00 Euro. Die Auflassung wird erklärt. Der Notar wird beauftragt, eine Negativbescheinigung nach § 28 Abs. 1 BauGB einzuholen. Der Notar wird des Weiteren beauftragt und bevollmächtigt, sowohl die Fälligkeit des Kaufpreises nach Fälligkeitsvoraussetzungen mitzuteilen als auch den Auflassungsvollzug zu überwachen. Vom Kaufvertrag (12 Seiten) wurde an X und Y jeweils ein Entwurf versandt und sechs weitere beglaubigte Abschriften gefertigt. Auslagen für Abruf des elektronischen Grundbuchs: 16,00 Euro.

    Erstellen Sie die Kostenrechnung.

Notariatsrecht, Kosten- und Gebührenrecht des Notars

15. Es wird eine Grundschuld im Nennbetrag von 170.000,00 Euro für die Volksbank bestellt. Der Eigentümer gibt ein Schuldanerkenntnis ab und unterwirft sich dinglich und persönlich der sofortigen Zwangsvollstreckung. Der Notar fertigt zwei Ausfertigungen sowie eine beglaubigte und zwei einfache Abschriften der Urkunde (10 Seiten).

    Erstellen Sie eine Kostenrechnung.

16. Die Ehegatten A und B vereinbaren in einem Ehevertrag Gütertrennung. Der Ehemann verfügt über ein Aktivvermögen von 300.000,00 Euro und Verbindlichkeiten von 160.000,00 Euro, die Ehefrau von 160.000,00 Euro und 60.000,00 Euro Verbindlichkeiten. Von der Urkunde (3 Seiten) werden 2 beglaubigte Abschriften gefertigt. Der Notar fertigt von der Urkunde (5 Seiten) 2 Entwürfe und zwei beglaubigte Abschriften an. Er registriert sie im ZTR.

    a. Berechnen Sie in einer Übersicht den Geschäftswert nach § 100 Abs. 1 GNotKG für das Beurkundungsverfahren und
    b. die Höhe der Notarrechnung.

17. A und B sind zu Erben zu je ½ berufen. Sie wollen die Erbschaft ausschlagen, weil sie glauben, dass der Nachlass überschuldet sei. Die Zusammensetzung der Erbschaft ist also unklar. Der Notar entwirft die Ausschlagungserklärung und beglaubigt die Unterschriften von A und B.. Der Notar reicht die zweiseitige Ausschlagungserkärung (A erhält einen Entwurf vorab per E-Mail und B einen Entwurf per Post, 3 Abschriften) beim zuständigen Nachlassgericht ein.

    Erstellen Sie die Kostenrechnung.

18. Die Brüder A und B verkaufen ein Haus, das sie je zu ½ geerbt haben, zum Kaufpreis von 260.000,00 Euro. Der Bruder A handelt für seinen Bruder vorbehaltlich Genehmigung. Der Notar entwirft die Nachgenehmigungserklärung und beglaubigt die Unterschrift des Bruders B. Er versendet die Urkunde (4 Seiten) an den Notar, der den Kaufvertrag beurkundet hatte. B erhält eine beglaubigte Abschrift.

    Erstellen Sie die Kostenrechnung.

19. Erläutern Sie § 17 Abs. 1 Satz 1 Bundesnotarordnung.

20. Aus welchen zwei Parametern bestehen grundsätzlich Kostenrechnungen aller Notare in Deutschland?

21. Wonach richtet sich grundsätzlich der Geschäftswert?

22. Welcher Geschäftswert wird bei einer Schenkung unterstellt?

I. Wiederholungsfragen und Prüfungsaufgaben

23. Erklären Sie den Zusammenhang zwischen Geschäftswert und modifiziertem Reinvermögen.

24. Im Zusammenhang mit dem Kauf einer Sache wird der Kaufpreis als Regelbewertung herangezogen. Erklären Sie in diesem Zusammenhang den Begriff Geschäftswert.

25. Wonach richtet sich der Geschäftswert bei Fehlen konkreter Anhaltspunkte in der Urkunde?

26. Ordnen Sie den folgenden Tätigkeiten eines Notars die entsprechenden Gebührensätze zu.

    Beurkundung einer einseitigen Erklärung, eines Kaufvertrages, eines Testamentes, einer zweiseitigen Erklärung, einer Grundschuld, einer Schenkung eines Grundstücks,

    Beglaubigung einer Unterschrift.

einseitige Erklärung	
Kaufvertrag	
Testament	
Zweiseitige Erklärung	
Schenkung eines Grundstücks	
Beglaubigung einer Unterschrift	

27. Welche Gebühr fällt für ein Angebot auf Abschluss eines Kaufvertrags nach Nr. 21100 KV GNotKG an?

28. Welche Gebühr fällt für eine Vertragsaufhebung eines schuldrechtlichen Vertrages, eines familienrechtlichen Vertrages und eines Erbvertrages an?

Notariatsrecht, Kosten- und Gebührenrecht des Notars

29. Welche Gebühr fällt für eine Auflassung, die nicht von demselben Notar beurkundet wird, der das zugrundeliegende Rechtsgeschäft (z. B. Kaufvertrag) beurkundet hat, an?

    _____
    _____
    _____

30. Welche Gebühr fällt für eine Auflassung, die von demselben Notar beurkundet wird, der das zugrundeliegende Rechtsgeschäft (z. B. Kaufvertrag) beurkundet hat, an?

    _____
    _____
    _____

31. Welche Gebühr fällt für die Erteilung oder den Widerruf einer Vollmacht an?

    _____
    _____
    _____

32. Welche Gebühr fällt für Anträge an das Nachlassgericht (z. B. Erbscheinsantrag) bzw. für Erklärungen, die gegenüber dem Nachlassgericht abzugeben sind (z. B. Erbausschlagung), an?

    _____
    _____
    _____

33. Welche Gebühr fällt für die Beglaubigung einer Unterschrift an?

    _____
    _____

34. Welche Gebühr fällt für die Erteilung oder den Widerruf einer Vollmacht an?

    _____
    _____

35. Welche Gebühr fällt für eine Rangbescheinigung an?

    _____
    _____

36. Welche Gebühr fällt für die Beglaubigung von Dokumenten (z. B. Abschriften oder Ablichtungen) an?

    _____
    _____
    _____

I. Wiederholungsfragen und Prüfungsaufgaben

37. Bestimmen Sie jeweils die Festgebühren nach GNotKG für folgende Angelegenheiten:
    a. Vorzeitige Beendigung des Beurkundungsverfahrens vor Versendung oder Übermittlung eines Entwurfs
    b. Übermittlung von Anträgen, Erklärungen oder Unterlagen an ein Gericht, eine Behörde oder einen Dritten
    c. Isolierte Grundbuch-, Register- oder Akteneinsicht einschließlich der Mitteilung des Inhalts an den Beteiligten
    d. Vornahme einer Tätigkeit auf Verlangen eines Beteiligten außerhalb der Geschäftsstelle (Auswärtsgebühr)

    a. _____
    b. _____
    c. _____
    d. _____

38. Bestimmen Sie jeweils die Mindestgebühren
    a. für eine Unterschriftsbeglaubigung,
    b. für die Beglaubigung von Dokumenten.

    a. _____
    b. _____

39. Bestimmen Sie jeweils die Höchstgebühren für folgende Angelegenheiten:

    a. Erzeugung von XML-Strukturdaten

    _____

    b. Unterschriftsbeglaubigung

    _____

40. Was ist eine Rechtsbehelfsbelehrung nach § 7a GNotKG?

    _____
    _____
    _____
    _____

41. Zu welchem Zeitpunkt entsteht grundsätzlich die Verfahrensgebühr?

    _____
    _____

42. Bestimmen Sie für folgende Tätigkeiten eines Notars, ob eine Vollzugsgebühr oder eine Betreuungsgebühr anfällt.
    a. die Einholung einer Bescheinigung der Gemeinde darüber, dass kein gesetzliches Vorkaufsrecht besteht
    b. die Erteilung einer Bescheinigung über den Eintritt der Wirksamkeit eines Vertrages
    c. die Prüfung und Mitteilung des Vorliegens von Fälligkeitsvoraussetzungen einer Leistung oder Teilleistung
    d. die Änderung oder Ergänzung einer Gesellschafterliste
    e. die Fertigung einer Liste der Personen, welche neue Gesellschaftsanteile übernommen haben

Notariatsrecht, Kosten- und Gebührenrecht des Notars

a. _____

b. _____

c. _____

d. _____

e. _____

43. A kauft von B ein Einfamilienhaus für 250.000,00 Euro. Sein Notar muss noch Löschungsunterlagen einholen, weil im Grundbuch noch eine Grundschuld von B eingetragen ist, die gelöscht werden soll. Ferner überprüft der Notar, wann der Kaufpreis fällig wird und teilt dies A mit. Schließlich überwacht der Notar, ob das Eigentum schon umgeschrieben werden kann.

    a. Wie viel Euro beträgt die Gebühr?

    b. Wie viel Euro beträgt die Vollzugsgebühr?

    c. Wie viel Euro beträgt die Betreuungsgebühr?

44. Eine Mutter setzt ihre Tochter testamentarisch zur Alleinerbin ein und lässt das Testament notariell beurkunden. Bestimmen Sie jeweils die Gebühr für folgende Geschäftswerte:

200.000,00 Euro.	
500.000,00 Euro	
1 Mio. Euro.	

45. Wie hoch ist der Geschäftswert für die Anmeldungen eines Einzelkaufmanns zum Handelsregister?

46. Ein Notar meldet eine Kommanditgesellschaft, die aus einem Kommanditisten mit einer Kommanditeinlage in Höhe von 10.000,00 Euro und einem weiteren persönlich haftenden Gesellschafter besteht, zum Handelsregister (erste Anmeldungen) an.

    a. Wie hoch ist der Geschäftswert?

    b. Wie hoch ist der Gebührensatz?

    c. Wie hoch ist die Gebühr?

I. Wiederholungsfragen und Prüfungsaufgaben

47. Ergänzen Sie folgende Tabelle.

Geschäftswert	anfallende Gebühr	GNotKG
Kauf eines Einfamilienhauses für 400.000,00 Euro		
Schenkungsvertrag 60.000,00 Euro		
Gründung einer GmbH 50.000,00 Euro		

48. Was versteht man unter dem Zitiergebot?

49. Welche zwingenden Inhalte muss eine Kostenberechnung eines Notars enthalten?

50. Welche Ausnahme erfährt das Gebührenvereinbarungsverbot durch § 126 GNotKG?

51. Warum stellen Vermerkurkunden i.S.d. §§ 39 ff. BeurkG (z. B. Unterschriftsbeglaubigung, Abschriftsbeglaubigung) kein Beurkundungsverfahren im kostenrechtlichen Sinne dar?

Notariatsrecht, Kosten- und Gebührenrecht des Notars

52. Warum darf bei einer GmbH-Gründung die Vertragsgebühr für die Satzungsfestlegung und die Beschlussgebühr für die Geschäftsführerbestellung nicht getrennt angesetzt werden?

_____

_____

_____

_____

_____

_____

53. Der Notar wird beauftragt, eine beglaubigte Masterurkunde (2 Seiten) zu fertigen. Der Beglaubigungsvermerk soll auf Französisch sein. Ermitteln Sie den Rechnungsbetrag.

_____

54. Der Notar beglaubigt die Unterschrift des Eigentümers unter einem ausgefüllten Grundschuldformular. (Nennbetrag 80.000,00 Euro). Der Notar reicht die vierseitige Urkunde beim Grundbuchamt ein. Er versendet eine beglaubigte und eine einfache Abschrift an den Eigentümer.

    Erstellen Sie die Kostenrechnung.

55. Der Notar fertigt für einen Einzelunternehmer den Entwurf (2 Seiten) zur Handelsregisteranmeldung an. Er beglaubigt die Unterschrift des Einzelunternehmers und reicht die Handelsregisteranmeldung in elektronischer Form ein.

    Ermitteln Sie den Rechnungsbetrag für den Notar.

56. Der Notar beurkundet die Gründung einer Einpersonen-GmbH (Stammkapital 25.000,00 Euro) und den Beschluss über die Bestellung des Geschäftsführers. Er entwirft ferner die Gesellschafterliste und die Handelsregisteranmeldung. Er reicht alles in elektronischer Form einschließlich eines Einzelnachweises (1 Seite) beim Handelsregister ein.

    Von der Gründungsurkunde (8 Seiten) werden zwei beglaubigte Abschriften erstellt, von der Handelsregisteranmeldung (3 Seiten) und der Gesellschafterliste (1 Seite) je eine.

    Erstellen Sie die Kostenrechnung
    a. zur Gründung einer Einpersonen-GmbH und
    b. zur Handelsregisteranmeldung.

57. Der Notar beurkundet die Gründung einer Zwei-Personen-GmbH (Stammkapital 25.000,00 Euro). Berechnen Sie die Kosten für die zweiseitige Erklärung, für den Beschluss über die Bestellung der ersten Geschäftsführer und die Vollzugsgebühr für die Gesellschafterliste.

58. Überprüfen Sie folgende Kostenrechnung auf ihre Wirksamkeit.

I. Wiederholungsfragen und Prüfungsaufgaben

Heinz Müller, Notar

Rechnungsnummer: (Kostenregister Nr. 991/2013) Euro
Eheleute
Hannelore und Gerhard Bauherr

(Adresse)

USt-IdNr.: ....
(Datum/Adresse)

Kostenberechnung (§ 19 GNotKG)
Beurkundung des Kaufvertrages der Eheleute Bauherr vom 23.11.2013
(UR-Nr. 987/2013 B) einschließlich Vollzug und Betreuungstätigkeit.

Sehr geehrte Eheleute Bauherr,

für meine Amtstätigkeit berechne ich meine Kosten nach dem Gerichts- und Notarkostengesetz (GNotKG).

Gebühren und Auslagen nach GNotKG – Kostenverzeichnis – KV GNotKG :

21100 (Beurkundungsverfahren)	
Geschäftswert 320.000,00 Euro (§§ 47, 50 Nr. 3 Buchstabe a, § 97 Absatz 3)	1.270,00 Euro
22110, 22112 (Vollzugsgebühr)	
Geschäftswert 320.000,00 Euro (§ 112 Satz 1)	50,00 Euro
22200 (Betreuungsgebühr, Nummern 2 und 3 der Anmerkung)	
Geschäftswert 320.000,00 Euro (§ 113 Abs. 1, §§ 47, 50 Nr. 3 Buchstabe a)	317,50 Euro
32001 (Dokumentenpauschale)	15,00 Euro
32005 (Telekommunikations- und Postpauschale)	20,00 Euro
32011 (Grundbuchabrufgebühren)	8,00 Euro
Zwischensumme	1.680,50 Euro
32014 Umsatzsteuer, 19 %	319,29 Euro
32015 Verauslagte Kosten für Negativbescheinigung gemäß § 28 des Baugesetzbuchs	20,00 Euro
Rechnungsbetrag	2.019,79 Euro

Bitte überweisen Sie den Rechnungsbetrag unter Angabe der Rechnungsnummer auf eines der angegebenen Konten.

....
Notar

Bankverbindung: ....

Rechtsbehelfsbelehrung: Gegen diese Kostenberechnung einschließlich der Verzinzungspflicht, die Zahlungspflicht und gegen die Erteilung der Vollstreckungsklausel kann die Entscheidung des Landgerichts (…) schriftlich oder zur dortigen Niederschrift beantragt werden.

Notariatsrecht, Kosten- und Gebührenrecht des Notars

59. Die Gerichtsgebühren für die Eintragungen ins Handelsregister sind in der Handelsregistergebührenverordnung geregelt.

    Ermitteln Sie die Gesamtkosten für die folgenden Handelsregisterverfahren:

	Handelsregister	Notar: Anmeldung	Gesamtkosten
I. Einzelkaufmann (e.K.)			
1) Erstanmeldung	70,00 Euro		
2) Eintragung einer ersten Zweigniederlassung	40,00 Euro		
II. Offene Handelsgesellschaft (OHG) (Gründung ohne Grundstück)			
1) 2 Gesellschafter	100,00 Euro		
2) 5 Gesellschafter	180,00 Euro		
III. Kommanditgesellschaft (KG) (Gründung ohne Grundstück)			
1) 2 Gesellschafter; davon 1 Kommanditist, Einlage 5.000,00 Euro	100,00 Euro		
2) 2 Gesellschafter; davon 1 Kommanditist, Einlage 25.000,00 Euro	100,00 Euro		
IV. Einzelprokura (Eintragung, Änderung, Erlöschen)	40,00 Euro		

60. Ermitteln Sie die Gesamtkosten für das Handelsregisterverfahren.

	Handelsregister	Notar: Handelsregisteranmeldung	Notar: Beurkundung Gesellschaftervertrag	Notar: Beurkundung Geschäftsführerbestellung	Gesamtkosten
V. Gesellschaft mit beschränkter Haftung (GmbH)					
1. Gründung (mind. 2 Gesellschafter)					
1) Stammkapital 25.000,00 Euro, keine Sacheinlage	150,00 Euro				
2) Stammkapital 25.000,00 Euro, mind. 1 Sacheinlage	240,00 Euro				
2. Gründung (Ein-Mann-GmbH)					
1) Stammkapital 25.000,00 Euro, keine Sacheinlage	150,00 Euro				
2) Stammkapital 25.000,00 Euro, mit Musterprotokoll	150,00 Euro				
3. Gesellschafterwechsel, Wert 25.000,00 Euro	70,00 Euro				
4. Geschäftsführerwechsel	70,00 Euro				

I. Wiederholungsfragen und Prüfungsaufgaben

	Handels-register	Notar Handels-registeran-meldung	Notar Beurkundung Gesellschaf-tervertrag	Notar Beurkundung Geschäfts-führerbe-stellung	Gesamt-kosten
5. Kapitalerhöhung					
1) um 25.000,00 Euro; keine Sacheinlage	70,00 Euro				
2) um 25.000,00 Euro; durch Sacheinlage	210,00 Euro				

61. Welcher Geschäftswert wird in den folgenden Fällen für die Gebührenberechnung herangezogen?

Art des Geschäfts	Geschäftswert
Kauf von Grundstück, Haus oder Eigentumswohnung	
Grundstücksschenkung	
Firmengründung:	
Handelsregisteranmeldungen	
Erbschaftsausschlagung wegen Überschuldung	
Ehevertrag oder Testament	
Wert nicht feststellbar	

62. Ordnen Sie jeweils nach Art der Beurkundung die entsprechenden Gebühren zu: Festgebühr, 0,2 Gebühr, 0,5 Gebühr, 1,0 Gebühr, 2,0 Gebühr

Art der Beurkundung	Gebühr
Beglaubigter Grundbuchauszug	
Unterschriftsbeglaubigung der Eigentümer-zustimmung zur Löschung einer Grundschuld	
Unterschriftsbeglaubigung	
Grundbuch-Eintragungsantrag	
Vollzugsgebühr bei Verträgen	
Einzeltestament (auch dessen Entwurf)	
gemeinschaftliches Testament, Erbvertrag	
Grundstückskaufvertrag (wo aber weitere Kosten für die Abwicklung hinzukommen	
Betreuungsgebühr bei Verträgen	
Grundschuldbestellung mit Zwangsvollstreckungs-unterwerfung	

63. Ergänzen Sie die Übersicht der Notargebühren bei der Grundbucheintragung.

Vorgang	Verweis § 34 GNOtKG	Gebühr
Einseitige Erklärungen		
Verträge		
Vertragsangebot		

Notariatsrecht, Kosten- und Gebührenrecht des Notars

Vorgang	Verweis § 34 GNOtKG	Gebühr
Vertragsannahme		
Vollmacht und Widerruf einer Vollmacht		
Anträge auf Eintragung im Grundbuch sowie Eintragsbewilligungen		
Anträge auf Löschung im Grundbuch sowie Löschungsbewilligungen		
Auflassung		
Beglaubigung von Unterschriften		
Beglaubigung von Abschriften		

64. Herr Kraus und Frau Braun gründen eine GmbH mit einem Stammkapital von 25.000,00 Euro. Jeder Gesellschafter/in übernimmt eine Stammeinlage von 12.500,00 Euro. Die beiden Stammeinlagen sind in Geld zu leisten. In gleicher Urkunde wurde eine Gesellschafterversammlung zum Zwecke der Geschäftsführerbestellung von Frau Braun aufgenommen.

    Wie hoch ist die Gebühr für die Gründungsurkunde einschließlich der Bestellung des Geschäftsführers?

Geschäftswert	GNotKG	anfallende Gebühr

    Bestimmen Sie für diesen Fall weiterhin die Vollzugsgebühr, die Gebühr für Anmeldung zum Handelsregister und elektronischer Vollzug.

65. Frau Lehnen gründet eine Ein-Personen-GmbH mit einem Stammkapital von 25.000,00 Euro. Die Stammeinlage von 25.000,00 Euro ist sofort in bar zu erbringen. In der Gründungsurkunde beschließt Frau Lehman ihre Bestellung zur Geschäftsführerin unter Befreiung von den Beschränkungen des § 181 BGB (Insichgeschäft)

    Ermitteln Sie die Kosten für die Gründungsurkunde.

Geschäftswert	GNotKG	anfallende Gebühr

66. In welchem Fall gilt der gebührenrechtliche Mindestwert von 30.000,00 Euro nach § 105 Abs. 1 GNotKG nicht?

I. Wiederholungsfragen und Prüfungsaufgaben

67. Wie hoch ist die Gebühr nach GNotKG für die Beurkundung eines Einzeltestamentes bei einem Reinvermögen von 50.000,00 Euro?

68. Wie hoch ist die Gebühr nach GNotKG für die Beurkundung eines gemeinschaftlichen Testamentes bzw. eines Erbvertrages bei einem Reinvermögen von 90.000,00 Euro?

69. Wie hoch ist die Gebühr nach GNotKG bei einem Nachlasswert von 100.000,00 Euro?

70. Die Eheleute Amelie Kasper und Daniel Knurr verfügen über ein Reinvermögen von 40.000,00 Euro und möchten den bestehenden Güterstand der Zugewinngemeinschaft ändern. Wie hoch ist die Gebühr nach KV Nr. 21100 GNotKG?

71. Frau Baier verfügt über einen Anteil an einem ETW (anteiliger Wert 100.000,00 Euro), sowie über sonstiges Vermögen im Wert von 50.000,00 Euro. Sie möchte eine Vorsorgevollmacht beurkunden lassen, in welcher sie ihre beiden Kinder zu Bevollmächtigten ernennt. Des Weiteren möchte sie zusammen mit der Vorsorgevollmacht eine Patientenverfügung errichten. Der Notar berät sie hinsichtlich der Ausgestaltung der Vollmacht und Patientenverfügung, entwirft den Text und beurkundet die Vollmacht zusammen mit der Patientenverfügung.

    Lösungshinweis: Der Geschäftswert für eine Patientenverfügung ist gem. § 36 Abs. 2 GNotKG nach billigem Ermessen zu bestimmen. Im Regelfall dürfte ein Geschäftswert von 5.000,00 Euro angemessen sein. Der Geschäftswert für die Vorsorgevollmacht beträgt je nach Ausgestaltung zwischen 30 und 50 Prozent des Vermögens.

    a) Wie hoch ist der Geschäftswert für die Vorsorgevollmacht?

    b) Wie hoch ist der Geschäftswert, der für die Beurkundung der Patientenverfügung hinzukommt?

72. Ein Notar entwirft den Wortlaut für die Einräumung eines Wegerechtes mit einem Wert von 5.000,00 Euro, beglaubigt die Unterschriften der Beteiligten und sorgt für die Eintragung der Grunddienstbarkeit im Grundbuch.

    Wie viel Euro beträgt die Notargebühr?

Notariatsrecht, Kosten- und Gebührenrecht des Notars

73. Wie viel kosten folgende Beglaubigungen von Kopien?

    a) 1 Vertrag mit 15 Seiten

    b) 3 Zeugnisse mit 4 Seiten

    c) 6 Zeugnisse mit 1 Seite

    d) 7 verschiedene Zeugnisse mit 1 Seite, zusammengesiegelt und mit einer Unterschrift beglaubigt

Kommunikation und Büroorganisation/Geschäfts- und Leistungsprozesse (LF 01, 02, 03, 04, 05, 06)

A. Aufgaben aus dem Bürobereich

Vorbemerkung

Der Bereich der Büroorganisation im weitesten Sinne ist sowohl in der Zwischen- als auch in der Abschlussprüfung Gegenstand. Die Inhalte setzen sich weitgehend aus den Lernfeldern 01, 02, 03, 04, 05 und 06 zusammen.

In der Zwischenprüfung trägt das sechzigminütige Prüfungsfach die Überschrift „Kommunikation und Büroorganisation", in der Abschlussprüfung „Geschäfts- und Leistungsprozesse". Bedingt durch die zugrunde liegende Materie, kommt es hierbei zu inhaltlichen Überschneidungen. Daher werden in diesem Buch die bürobezogenen Vorgänge, die schwerpunktmäßig beim LF 02 legen, inhaltlich aber auch teilweise in die LF 01 (Konflikte), 03 Termine und Fristen: (Angebotsvergleiche), 04 (Registerauskünfte), 05 (Personalangelegenheiten) hineingehen, gliederungsmäßig zu einem Punkt zusammengezogen. Die zusätzlich für die Abschlussprüfung relevanten Aufgaben, vor allem im Bereich des Rechnungs- und Finanzwesens (Buchführung, Einnahmenüberschussrechnung, Zahlungsverkehr und Steuerermittlung) werden sowohl gliederungs- als auch aufgabenmäßig gesondert berücksichtigt. Siehe hierzu auch die schematische Darstellung der Abschluss- und Zwischenprüfungsinhalte zu Beginn des Buches.

In diesem Buch werden sowohl die klassische Buchführung, die Einnahmenüberschussrechnung als auch das Fachrechnen ausführlich mit Aufgaben dargestellt. Dies heißt allerdings nicht, dass diese alle drei in jedem Bundesland geprüft werden. Hier scheint es zwischen den Bundesländern und Rechtsanwaltskammern Unterschiede zu geben. Dies begründet sich dadurch, dass im Lernfeld 06 die Einnahmenüberschussrechnung ausdrücklich angesprochen ist, während in der Anlage zu § 3 Abs. 1 der Verordnung über die Berufsausbildung zum Rechtsanwaltsfachangestellten und zur Rechtsanwaltsfachangestellte (...) zusätzlich die Buchung von Geschäftsvorfällen nach Handels- und Steuerrecht und das kaufmännische Rechnen aufgeführt sind. Da diese drei Bereiche nicht in einem zeitlichen Umfang von 40 Stunden in diesem Lernfeld unterrichtet werden können und dort auch im Übrigen gar nicht alle vorgesehen sind, wird jede Kammer für sich entscheiden, welche Inhalte in der jeweiligen Prüfung aufgenommen werden. Da dieses Buch zur Vorbereitung für Prüflinge aus allen Bundesländern vorgesehen ist, werden demzufolge auch alle Bereiche dargestellt.

I. Wiederholungsfragen und gebundene Aufgaben

1. Wiederholungsfragen

1. Erläutern Sie kurz den Begriff Organisation.

2. Worin besteht der Unterschied zwischen der Aufbau- und der Ablauforganisation?

Kommunikation und Büroorganisation/Geschäfts- und Leistungsprozesse

3. Innerhalb der Aufbauorganisation lassen sich verschiedene Leitungssysteme unterscheiden, wie Anordnungen an Mitarbeiter gegeben werden können. Erläutern Sie hierzu:

   a. Einliniensystem: _____

   _____

   _____

   b. Mehrliniensystem: _____

   _____

   _____

4. Nach welchen Ordnungskriterien können Akten angelegt werden?

   _____

   _____

   _____

5. Als Ordnungsmittel können unterschieden werden: Karteien, Formulare und Dateien. Erläutern Sie diese Begriffe und gehen Sie dabei auf jeweilige Unterteilungsmöglichkeiten ein.

   Karteien: _____

   _____

   Formulare: _____

   _____

   Dateien: _____

   _____

6. Die Gestaltung der Ablage kann nach unterschiedlichen Kriterien erfolgen. Nennen Sie die wichtigsten.

   _____

   _____

   _____

   _____

7. Aufbewahrungsfristen: Die Abgabenordnung (§ 147 AO für steuerliche Unterlagen), das Handelsgesetzbuch (§ 257 HGB für Unterlagen nach Handelsrecht) und die Bundesrechtsanwaltsordnung (§ 50 BRAO) sehen für bestimmte Unterlagen unterschiedliche Fristen vor. Geben Sie diese an für:

   a. Bilanzen, Handelsbücher, Inventare, Buchungsbelege: _____
   b. Empfangene Handelsbriefe, sonstige Unterlagen, die für die Besteuerung notwendig sind (weniger wichtigere)

   _____

   c. Handakten des Rechtsanwalts: _____

I. Wiederholungsfragen und gebundene Aufgaben — 1. Wiederholungsfragen

8. Für welche Gerichte stehen die folgenden Aktenzeichen?

Aktenzeichen	Gericht
B	
C	
DR	
F	
M	
O	
S	
T	
U	
W	

9. Geben Sie an, nach welcher DIN-Norm die Papierformate in Deutschland genormt sind.

10. Geben Sie die beim Posteingang entstehenden einzelnen ablauforganisatorischen Arbeitsschritte an.

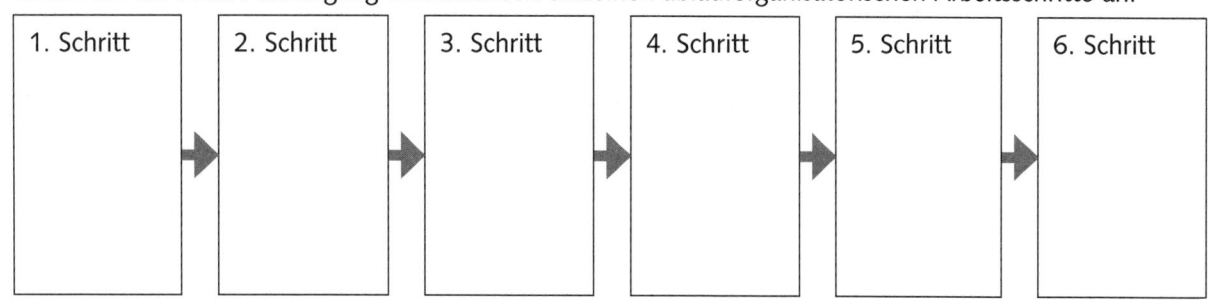

1. Schritt	2. Schritt	3. Schritt	4. Schritt	5. Schritt	6. Schritt

11. Geben Sie die beim Postausgang entstehenden einzelnen ablauforganisatorischen Arbeitsschritte an.

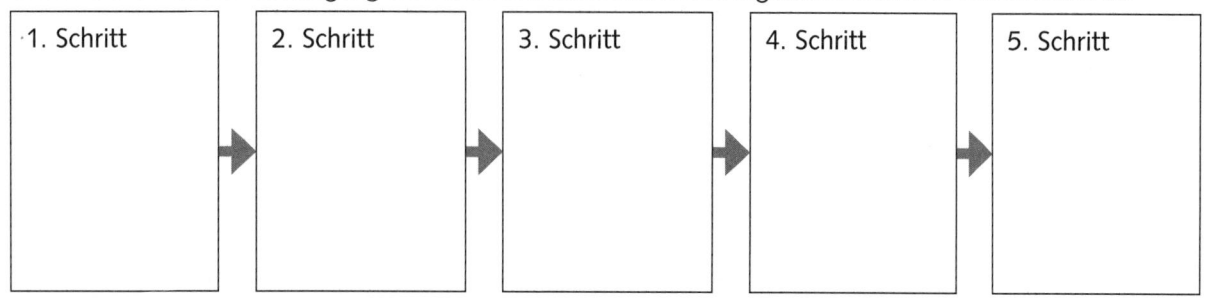

1. Schritt	2. Schritt	3. Schritt	4. Schritt	5. Schritt

Kommunikation und Büroorganisation/Geschäfts- und Leistungsprozesse

12. Welches maximal zulässige Maß hat ein Standardbrief?

    Länge: _____

    Breite: _____

    Dicke: _____

    Gewicht: _____

13. Worin sehen Sie die Vor- und die Nachteile eines Postfaches?

    Vorteile: _____

    _____

    Nachteile: _____

    _____

14. Der Begriff „Kommunikation" ist ein sehr vielschichtiger. Erläutern Sie den Begriff und nennen Sie jeweils drei Beispiele für direkte und indirekte Kommunikation.

    Kommunikation

    Begriff: _____

    Direkte Kommunikation   **Indirekte Kommunikation**

    _____   _____

    _____   _____

    _____   _____

15. Nennen Sie drei Gründe, warum die Kommunikation im rechtsanwaltlichen Bereich häufig nur schriftlich stattfindet.

    Gründe: (1) _____

    (2) _____

    (3) _____

16. Welche Faktoren sollten bei der Gestaltung eines Büros beachtet werden?

    _____

    _____

    _____

2. Gebundene Aufgaben

1. Leitungssysteme

   a. Welches Leitungssystem verwendet die unten abgebildete Kanzlei? _____

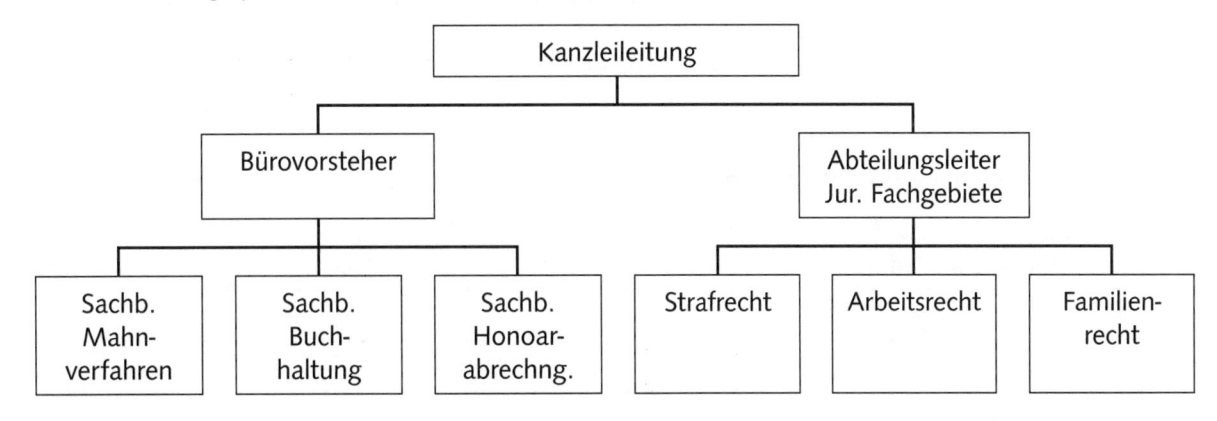

   ```
                        Kanzleileitung
                       /              \
              Bürovorsteher       Abteilungsleiter
                                  Jur. Fachgebiete
              /     |     \       /      |       \
         Sachb.  Sachb.  Sachb.  Strafrecht  Arbeitsrecht  Familien-
         Mahn-   Buch-   Honoar-                           recht
         verfahren haltung abrechng.
   ```

   b. Nennen Sie jeweils zwei Vor- und Nachteile dieses Leitungssystems.

   _____

   _____

   _____

   _____

2. Kreuzen Sie an, welche Aussage auf die Ablauforganisation zutrifft.

Aussage	richtig
a. Durch sie wird der Aufbau einer Organisation in seiner Struktur festgelegt.	
b. Durch sie wird festgelegt, wer innerhalb einer Organisation wem Anweisungen geben darf.	
c. Sie erfasst die Reihenfolge der Arbeitsabläufe.	
d. Sie regelt durch welchen Führungsstil ein Unternehmen geleitet wird.	
e. Sie bestimmt die mit einer Stelle verbundenen Entscheidungsbefugnisse.	

3. Nennen Sie jeweils zwei Vor- und Nachteile einer Loseblattablage.

   _____

   _____

   _____

   _____

Kommunikation und Büroorganisation/Geschäfts- und Leistungsprozesse

4. Nennen Sie jeweils zwei Vor- und Nachteile einer gehefteten Ablage.

5. Kreuzen Sie an, für welche der folgenden Einsatzmöglichkeiten eine Hängeregistratur am besten geeignet ist.

Einsatzmöglichkeiten	Lösung
a. Zwischenablage	
b. Endablage / Archiv	
c. Gebundene Ablage	
d. Akten mit wenig Zugriff	

6. Für welche Einsatzmöglichkeiten halten Sie eine Pendelregistratur für am besten geeignet?

7. Ordnen Sie die folgenden beiden Beschreibungen den im Schema aufgeführten Ordnungssystemen zu, indem Sie die jeweils zutreffende Ziffer in die Lösungsspalte eintragen.
   (1) Schriftstücke werden nach der ABC-Ordnung und dem Dezimalsystem geordnet.
   (2) Schriftstücke werden nach Fachgebieten geordnet.

Ordnungssysteme	Lösungen
a. Chronologische Ordnung	
b. Alphanumerische Ordnung	
c. Sachliche Ordnung	
d. Alphabetische Ordnung	
e. Numerische Ordnung	

8. Kreuzen Sie an, welches der folgenden Ordnungssysteme alphanumerisch aufgebaut ist.

Ordnungssystem	Lösung
a. 1. Mai, 2. Mai, 3. Mai, 4. Mai	
b. A, B, C, D, E, F, ...	
c. 1, 2, 3, 4, 5, ...	
d. A1, A2, A3, A4, A5, ...	

9. Tragen Sie ein, welche Mindestaufbewahrungsfrist jeweils einzuhalten ist.

Unterlagen	Aufbewahrungsfrist
a. Bilanz	
b. Buchungsbeleg	
c. Handakte des Rechtsanwalts	

I. Wiederholungsfragen und gebundene Aufgaben   2. Gebundene Aufgaben

10. Geben Sie für die folgenden Formate Beispiele.

Format	Beispiele
A0	
A1	
A2	
A3	
A4	

11. Geben Sie für die folgenden Versendungsformen jeweils an, ob eher
    (1) eine beschleunigte oder
    (2) eine gesicherte Zustellung
    bei den folgenden Zustellungsformen im Vordergrund steht. Tragen Sie die zutreffende Ziffer in der Lösungsspalte ein.

Versendungsformen	Lösung
a. Eilzustellung	
b. Persönliche Übergabe	
c. Rückschein	
d. Luftpost	
e. Übergabeeinschreiben	

12. Geben Sie fünf Möglichkeiten an, wie im Rahmen des Posteingangs Schriftverkehr in die Kanzlei gelangen kann.

    _____

    _____

13. Bei den Kommunikationsnetzen werden lokale Netze und Fernnetze unterschieden. Ordnen Sie diesen beiden Begriffen die folgenden Abkürzungen zu. Tragen Sie die jeweils zutreffenden Ziffern in die Lösungsspalte ein. Außerdem ist jeder Abkürzung die jeweils zutreffende Erläuterung zuzuordnen. Tragen Sie hierzu den Buchstaben der zutreffenden Erläuterung zusammen mit der Ziffer der Abkürzung in die Lösungsspalte ein.

    (1) WAN   (a) Global Area Network
    (2) LAN   (b) Lokal Area Network
    (3) GAN   (c) Wide Area Network
    (4) WLAN   (d) Metropolitan Area Network
    (5) MAN   (e) Wireless Local Area Network

Kommunikations-netze	Lösungsspalte: Ziffer der Abkürzung und Buchstabe der Erläuterung
Lokale Netze:	Ziffer _____ Buchstabe _____ Ziffer _____ Buchstabe _____

Kommunikation und Büroorganisation/Geschäfts- und Leistungsprozesse

Kommunikations-netze	Lösungsspalte: Ziffer der Abkürzung und Buchstabe der Erläuterung
Fernnetze:	Ziffer _____ Buchstabe _____ Ziffer _____ Buchstabe _____ Ziffer _____ Buchstabe _____

14. Kreuzen Sie an, welche Taste für eine Konferenzschaltung zu drücken wäre.

Tasten	richtig
a. Lautstärkentaste	
b. Sammelruftaste	
c. Trenntaste	
d. Ziffernwähltaste	
e. Abschalttaste für das Mikrofon	

15. Tragen Sie die Ziffer der zutreffenden Erläuterung dem jeweiligen Tarifbereich zu.
    (1) Ferngespräche ins Ausland
    (2) Gespräche innerhalb desselben Ortsnetzes
    (3) Gespräche in die verschiedenen Mobilfunknetze
    (4) Gespräche in ein angrenzendes Ortsnetz
    (5) Ferngespräche in alle anderen Ortsnetze

Tarifbereich	Ziffer
a. Mobilfunk- Gespräche	
b. Deutschland Gespräche	
c. City-/Ortsgespräche	
d. Auslandsgespräche	
e. Nah-Gespräche	

16. Ordnen Sie den angegebenen Nummern die jeweils zutreffende Erläuterung zu. Tragen Sie hierzu die entsprechende Ziffer in der Lösungsspalte ein.

    (1) Mobilfunknummer
    (2) Durchwahlnummer einer Telefonnebenstelle
    (3) Hotline Rufnummer
    (4) Gebührenfreie Rufnummer
    (5) Zentrale Vermittlung

Telefonnummer	Ziffer
a. 0180	
b. 0800	
c. 0176	
d. 201-123	
e. 201-0	

II. Übergreifende Fälle im büroorganisatorischen Kontext

17. Welche Bestandteile sollte eine Gesprächsnotiz zu einem eingegangenen Anruf enthalten?

18. Kreuzen Sie an, welche beiden Begriffe nach der Buchstabiertafel DIN 5009 zum Buchstabieren verwendet werden.

Begriffe	richtig
a. I – Ida	
b. S – Stefan	
c. V – Volker	
d. R – Richard	
e. O – Onkel	

19. Bei der räumlichen Gestaltung einer Kanzlei können, je nachdem wie viele Personen in einem Büro sitzen, drei verschiedene Büro-/Raumformen unterschieden werden. Nennen Sie diese.

20. Was bedeutet die Abkürzung „beA"?

II. Übergreifende Fälle im serviceorientierten, büroorganisatorischen Kontext

Fall 1 (LF 02)

Nach einem zweiwöchigen Urlaub kommen Sie montags in die Kanzlei zurück. Sie erfahren gleich am Eingang, dass Ihre Vertretung seit einer Woche krank ist und sich nicht nur Ihre Arbeit auftürmt, sondern auch jede Menge Vertretungsaufgaben anstehen, zumal auch noch eine andere Kollegin kurzfristig ins Krankenhaus kam.

a. Stellen Sie allgemein dar, in welchen Schritten Sie unter dem Aspekt des Zeitmanagements vorgehen.
   -
   -
   -
   -

Kommunikation und Büroorganisation/Geschäfts- und Leistungsprozesse

-
-

b. Nennen Sie vier Methoden des Zeitmanagements.
-
-
-
-

c. Da der 65-jährige Senior-Chef der Kanzlei mit seinem PC und den ständigen Programmänderungen nicht zurecht kommt, bittet er Sie, ihm andere (nicht digitale) Vorschläge zu machen, wie für seinen Bereich Termine auf traditionellem Weg fixiert werden könnten. Erläutern Sie Ihre Vorschläge kurz.
-
-
-
-
-

d. Da der Posteingang krankheitsbedingt unbesetzt ist, müssen Sie hier an dem Montagmorgen kurzfristig einspringen. Warum ist es trotz Zeitnot extrem wichtig, die eingehenden Schriftstücke mit einem Eingangsstempel zu versehen und welche weiteren Tätigkeiten stehen hiermit in unmittelbarem Zusammenhang?

e. Ihre erkrankte Kollegin hat eine Notiz hinterlassen, dass Ende nächster Woche ein Meeting mit einem großen Mandanten stattfinden soll. Es werden hierzu auch noch andere, mit ihm in Geschäftsbeziehung stehende Mandanten eingeladen. Hierzu wurde noch nichts unternommen, es bestehe aber dringender Handlungsbedarf. Welche Schritte stehen zwecks Vorbereitung als erste an?

II. Übergreifende Fälle im büroorganisatorischen Kontext

f. Ihr Chef teilt Ihnen mit, dass Sie in dem Meeting Protokoll führen sollen. Welche Protokolltypen lassen sich unterscheiden? Erläutern Sie kurz.

___

Fall 2 (LF 02, 04)

An einem ganz normalen Bürotag stehen verschiedene Arbeiten an:

a. In einer Zivilrechtsangelegenheit ist der Schuldner umgezogen, ohne seine neue Anschrift bekannt zu geben. Ihr Mandant hat herausgefunden, dass der Schuldner jetzt vermutlich in Hamburg wohnt. Welche Behördenanfrage wäre hier sinnvollerweise vorzunehmen und welche Angaben zum Schuldner könnten Sie hierdurch erhalten? Welche Angaben müssten Sie wiederum der Behörde machen, damit sie eine korrekte personelle Identifizierung vornehmen kann? Nennen Sie auch noch andere Möglichkeiten, um an die gewünschte Auskunft zu kommen.

___

b. In einem anderen Mandat sollen Sie ebenfalls eine Behördenanfrage bezüglich dem aktuellen Wohnort eines Schuldners machen. Ihr Mandant hatte ihm oder ihr über das Internet sein Fahrrad verkauft, ohne jedoch die Zahlung erhalten zu haben. Der oder die Schuldner(in) heißt Uli Müller. Außer der Adresse möchten Sie auch anfragen, ob es sich bei dem oder der Schuldner(in) um eine Frau oder einen Mann handelt. Kann diese Information erfragt werden? Erläutern Sie kurz.

___

c. Ist es möglich über diese Behördenanfrage das Geburtsdatum einer Person zu erfragen, um ihr zum Geburtstag zu gratulieren?

___

Kommunikation und Büroorganisation/Geschäfts- und Leistungsprozesse

d. In einer Arbeitsrechtsangelegenheit soll dem Abteilungsleiter eines größeren Betriebes gekündigt werden, da er Gelder unterschlagen hat. Welche Form(en) der Zustellung der Kündigung würden Sie wählen, um 100 Prozent sicher zu sein, dass diese enorm wichtige Kündigung nicht an formalen Zustellungsmängeln scheitert?

Fall 3 (LF 02, 04)

In Ihrer Kanzlei erscheint wort- und gestenreich ein Mandant und beschwert sich über eine seiner Meinung nach zu hohe und daher falsche Kostennote. Er spricht Sie auf dem Flur direkt an der Eingangstür an. Die gesamte Kanzlei einschließlich anwesender anderer Mandanten wird zwischenzeitlich auf diesen Zwischenfall aufmerksam. Ihrer Einschätzung nach ist kein anderer Kanzleimitarbeiter frei, um sich um diesen Mandanten zu kümmern.

a. Welche Phasen sollte ein Beschwerdegespräch idealtypischerweise allgemein durchlaufen, damit es für beide Seiten zu einem möglichst zufriedenstellenden Ergebnis führt?

b. Welche Verhaltensmaßnahmen sind im Sachverhalt sinnvoll, um deeskalierend auf den Mandanten einzuwirken und das Gespräch auf eine normale Ebene zu bringen?

c. Im Gespräch stellt sich heraus, dass der Mandant pensionierter Musiklehrer ist und ihm für ein Erstberatungsgespräch eine Bruttorechnung in Höhe von 260,00 Euro zugeschickt wurde. Eine gesonderte Honorarvereinbarung wurde mit ihm nicht vereinbart. Bei den für ihn im PC hinterlegten Daten stellen Sie fest, dass Ihre Kollegin ihn mit einem namensgleichen Inhaber eines Autohauses verwechselt hat und ihn irrtümlich als Gewerbetreibenden in der Akte hinterlegt hat. Wirkt sich diese Verwechslung auf seine Rechnung aus? Begründen Sie kurz.

II. Übergreifende Fälle im büroorganisatorischen Kontext

d. Wie sollte dieses Gespräch sinnvollerweise abgeschlossen werden?

___

Fall 4 (LF 02)

In der Kanzlei von Dr. Streit werden Sie gebeten, sich um die neue Auszubildende zu kümmern und ihr für Fragen zur Verfügung zu stehen. In der Kanzlei hat der neue Junior Chef die Maxime ausgegeben „weg vom Papier". In diesem Zusammenhang tauchen die folgenden Fragen auf:

a. Der Schriftverkehr soll elektronisch archiviert werden. Geben Sie die Arbeitsschritte an, um ein Originalschriftstück in ein elektronisches Dokument zu verwandeln.

___

b. Welche Vor- und Nachteile bestehen bei dieser Form der Archivierung?

___

c. Was ist unter einem Dokumentenmanagementsystem verstehen?

___

d. Was ist unter einem Speichermedium zu verstehen? Geben Sie auch drei Beispiele hierfür (Oberbegriffe, denen sich einzelnen Medien zuordnen lassen).

___

Kommunikation und Büroorganisation/Geschäfts- und Leistungsprozesse

    (1) _____

    (2) _____

    (3) _____

e. Nennen Sie allgemein die wichtigsten Aufgaben der Datensicherung.

_____

_____

_____

f. Nennen Sie zwei wichtige Maßnahmen, wie die Daten eines Anwenders im Bereich der Software gesichert werden können.

    1. _____

    2. _____

g. In welchem Gesetz sind die gesetzlichen Grundlagen des Datenschutzes geregelt?

_____

h. Was ist unter dem Begriff „elektronischer Rechtsverkehr" zu verstehen?

_____

_____

_____

Fall 5 (LF 02)

Im Tagesgeschäft an Ihrem Arbeitsplatz in der Kanzlei stehen folgende Vorgänge bzw. Fragen an:

a. Ein wichtiger Mandant ruft gleich morgens früh an, um Ihren Chef in einer wichtigen Angelegenheit zu sprechen. Ihr Chef ist allerdings noch nicht im Büro. Welche Bestandteile muss eine Telefonnotiz enthalten?

_____

_____

_____

_____

II. Übergreifende Fälle im büroorganisatorischen Kontext

b. Nachdem Ihr Chef einen Mandanten in einer familienrechtlichen Angelegenheit vertreten hatte erhalten Sie von ihm den Auftrag, die vom Mandanten im Original übergebenen persönlichen Urkunden, Dokumente, Zeugnisse etc. an diesen zurückzuschicken. Erläutern Sie kurz, für welche Versandart Sie sich entscheiden würden.

c. Ihr Chef hat im Auftrag seines Mandanten einem Schuldner eine Zahlungsfrist gesetzt. Er legt Ihnen die Akte auf den Tisch und murmelt nur „Wiedervorlage". Welche Eintragungen sind von Ihnen mindestens vorzunehmen?

d. Ihr Chef möchte Ihnen als Zeichen für Ihre absolute Zuverlässigkeit die Führung seines Fristenkalenders übertragen. Welche Aufgaben sind hiermit allgemein verbunden?

e. Warum ist es sinnvoll nicht nur die eigentliche Frist zu notieren, sondern auch eine sogenannte „Vorfrist"?

Fall 6 (LF 02)

An einem Büroalltag in einer Kanzlei in Mainz stehen folgende Vorgänge bzw. Fragen an:

a. In der Kanzlei erscheint um neun Uhr ein neuer Mandant, der für diese Zeit einen Termin mit Ihrem Chef hat. Ihr Chef hat kurz zuvor angerufen und Bescheid gegeben, dass er noch im Stau steht und sich verspäten wird. Wie gehen Sie serviceorientiert mit dieser Situation um, ohne dass der Mandant sich zurückgesetzt oder gar verärgert fühlt?

Kommunikation und Büroorganisation/Geschäfts- und Leistungsprozesse

b. Im Terminkalender sehen Sie, dass nach diesem Termin um 10:30 Uhr ein halbstündiger Besprechungstermin mit einem anderen Mandanten in der Kanzlei notiert ist. Von 11:00 bis 12:00 Uhr ist der nächste Termin mit einem Mandanten im 100 km entfernten Koblenz eingetragen. Was ist hier sinnvollerweise zu tun?

c. In der Kanzlei gab es bei Anrufen wiederholt Beschwerden von Mandanten, weil sie häufig ergebnislos hin- und her verbunden bzw. zu lange in der Warteschleife gehalten wurden. Diese Zeiten „der Stille" wurden regelrecht als Ewigkeiten empfunden. Außerdem kam es öfters vor, dass die Mitarbeiterin am Telefon genervt und gestresst klang. Es wurde auch als störend empfunden, dass jedesmal eine andere Mitarbeiterin am Telefon war, der der Mandant immer wieder sein Anliegen aufs Neue vortragen musste. Des Öfteren beschwerten sich Mandanten, dass sie die Mitarbeiterin am Telefon nicht richtig verstehen konnten, weil Störgeräusche z. B. vom Kopierer, Kaffeemaschine, Teller, Tastaturklappern etc. im Hintergrund zu hören waren. Wie schätzen Sie diese Situation bezogen auf das Kanzleiimage ein?

d. Nennen Sie organisatorische Maßnahmen zur Verbesserung dieser Situation.

e. Ihr Chef möchte einen Telefonleitfaden einführen, in dem für alle Mitarbeiter verbindlich festgelegt ist, wie ein Telefonat serviceorientiert mit einem Mandanten zu erfolgen hat. Er beauftragt Sie, eine solche Checkliste zu erstellen. Welche Aspekte sollten darin aufgeführt sein?

II. Übergreifende Fälle im büroorganisatorischen Kontext

f. Nach Einführung dieser Maßnahmen sollte deren Wirksamkeit überprüft werden. Welche Überprüfungskriterien könnten hier herangezogen werden?

Fall 7 (LF 02, 06, Fachrechnen)

In der Kanzlei, in der Sie arbeiten, soll unter anderem das Archiv neu gestaltet werden. In diesem Zusammenhang werden Sie mit folgenden Aufgaben bzw. Fragen konfrontiert.

Beim Kopierer geht das Kopierpapier zur Neige. Es sollen 20.000 Blätter gekauft werden. Hierzu liegen zwei Angebote vor.
(1) Ein Papierpacken (= 500 Blätter) kostet 3,10 Euro brutto, wobei der Händler einen Sofortrabatt von 3 % gewähren würde.
(2) Ein Papierpacken kostet 2,50 Euro netto zuzüglich 19 % USt.

Außerdem muss ein neues Tonerset zu 414,36 Euro brutto bestellt werden. Da die alten Tonerboxen zurückgegeben werden, dürfen 5,00 Euro vom (brutto) Kaufpreis abgezogen werden.

Darüber hinaus sollen drei Lampen gekauft werden. Hierzu liegen drei Angebote vor:
(1) Bei einer teuren und nur noch als Einzelstück vorhandenen Leuchte handelt es sich um ein Auslaufmodell. Der Nettolistenpreis beträgt 210,00 Euro. Hierauf gibt der Händler einen Rabatt von 30 %.
(2) Bei einer anderen Leuchte beträgt der Nettolistenpreis 160,00 Euro. Hierauf gibt der Händler einen Sofortrabatt von 5 %. Außerdem gewährt er 2 % Skonto vom Restbetrag, sofern die Zahlung innerhalb von 10 Tagen erfolgt.
(3) In einer Sonderaktion wird eine andere Leuchte zu 178,50 Euro brutto angeboten.

Hinweis: Bei Ihrer Berechnung sind Zahlungsziele einzuhalten.

a. Ermitteln Sie für alle Positionen die jeweiligen Netto- und die Bruttopreise. Bei mehreren Angeboten wählen Sie das günstigste aus und geben Sie den insgesamt zu zahlenden brutto Überweisungsbetrag an.
Hinweis: Rundungen sind bis auf zwei Kommastellen vorzunehmen.

Kommunikation und Büroorganisation/Geschäfts- und Leistungsprozesse

b. Wirken sich diese Ausgaben auf die Steuererklärung des Rechtsanwalts aus? Begründen Sie kurz. Hinweis: Er macht eine Einnahmenüberschussrechnung.

c. Obige Anschaffungen bzw. Ausgaben sind im Monat Juli noch getätigt bzw. gezahlt worden, ordnungsgemäße Rechnungen liegen noch im Juli vor. Ermitteln Sie für den Juli die Umsatzsteuerzahllast. Legen Sie dabei für Juli 1.000,00 Euro USt aus Honorarrechnungen zugrunde. Geben Sie auch an, bis zu welchem Zeitpunkt die Umsatzsteuervoranmeldung für Juli für den Rechtsanwalt beim Finanzamt sein muss. Hinweis: Der Rechtsanwalt ist Monatszahler und hat keine Fristverlängerung beantragt.

d. Ihrem Chef schwebt im Archiv eine liegende Registratur vor, das heißt, er schlägt aus Vereinfachungsgründen vor, die Akten aufeinandergestapelt in Regalsysteme zu legen. Wie beurteilen Sie diesen Vorschlag?

II. Übergreifende Fälle im büroorganisatorischen Kontext

Fall 8 (LF 02 + 03 Angebotsvergleich, 06 Rechnungswesen)

In der Kanzlei von Rechtsanwalt Dr. Klein in Mainz werden Sie beauftragt, für den Besprechungsraum sechs Stühle zu kaufen.

Ihre Vorgaben sind: Keine Billigware, mindestens gute Qualität, möglichst Bevorzugung einer Firma, mit der in der Vergangenheit gute Erfahrungen gemacht wurden, möglichst vorhandener Liefer- und Reparaturservice und jederzeitige Beratungsmöglichkeit am Ort.

Sie holen hierzu bei drei Anbietern erstmals Angebote ein, da Ihr bisher präferierter Büroladen bedauerlicherweise Insolvenz angemeldet hat:

Fa. Büro – Service GmbH, Mainz

Nettopreis pro Stuhl: 250,00 Euro, bei Abnahme von mehr als 4 Stühlen wird ein Rabatt von 10 Prozent auf den Nettowarenwert gewährt, hervorragende Qualität, ergonomisch mit Note „sehr gut" getestete Stühle (Stiftung Warentest), ein problemloser Beratungs-, Liefer- und Reparatur- bzw. Abholservice ist vor Ort vorhanden, die Büro – Service GmbH genießt in Mainz einen guten Ruf. Die Verpackungs- und Transportpauschale beträgt insgesamt 20,00 Euro.

Fa. Office – Today GmbH, Frankfurt

Nettopreis pro Stuhl 230,00 Euro, bei Abnahme von 6 Stühlen wird ein Rabatt von 5 % auf den Nettowarenwert gewährt, bei Zahlung innerhalb von 10 Tagen ab Rechnungszugang werden zusätzlich 2 % Skontoabzug vom Restbetrag gewährt.

Die Produkteigenschaften bzw. Informationen: Gute Qualität, Testergebnisse liegen allerdings nicht vor, die Firma befindet sich in Frankfurt und hat einen guten Ruf hinsichtlich Kundenbetreuung, eine Beratung ist nur telefonisch oder in Frankfurt möglich, im Falle einer Reparatur gibt es einen Kundendienst, der gegen eine Pauschale von 40,00 Euro die Stühle vor Ort begutachten und mitnehmen würde, diese müssen danach allerdings in der Hauptzentrale in Hamburg repariert werden, was Verzögerungen von bis zu drei Wochen mit sich bringen könnte. Die Liefer- und Transportpauschale beim Kauf beträgt insgesamt 30,00 Euro.

Fa. Internet – Office GmbH

Der Nettopreis pro Stuhl beträgt 200,00 Euro. Angaben zur Qualität und Belastbarkeit der Bezüge bzw. neutrale Testergebnisse liegen nicht vor. Allerdings gaben drei Kunden gute bis mittlere Zufriedenheitskommentare auf der Homepage des Shops zu den Stühlen ab. Der Internetshop ist dienstags und donnerstags in einem Zeitfenster von 16:00 Uhr bis 18.00 Uhr auch telefonisch unter einer Handynummer erreichbar. Bei Vorkasse wird ein Sofortabzug vom Nettowarenwert in Höhe von 3 % eingeräumt. Es bestehen wie bei den anderen Stühlen auch, die im Kaufrecht verankerten Gewährleistungsrechte. Ein gesonderter Beratungs- oder Reparaturservice besteht allerdings nicht. Die Transportpauschale beträgt 5,00 Euro pro Stuhl.

a. Vergleichen Sie die Angebote in preislicher Hinsicht.

	Büro – Service GmbH	Office-Today GmbH	Internet-Office GmbH
Nettopreis pro Stuhl x 6 Stühle			
= Netto-Zieleinkaufspreis			
= Netto-Bareinkaufspreis			
= **Netto-Bezugspreis (Einstandspreis)**			

Kommunikation und Büroorganisation/Geschäfts- und Leistungsprozesse

b. Vergleichen Sie die Stühle in qualitativer Hinsicht (Nutzwertanalyse). Benutzen Sie dabei das folgende Schema, indem Sie auf einer Skala von 1 (niedrig) bis 5 (am höchsten) Ihre Gewichtungsfaktoren und Ihre Bewertung vornehmen:

Hinweis: In der ersten Gewichtungsspalte wird auf einer Skala von 1 bis 5 angegeben, wie wichtig die drei Merkmale vom Käufer eingestuft werden. In der Bewertungsspalte gibt der Käufer an, wie hoch der jeweilige Shop das Merkmal erfüllt.

Merkmal	Gewichtungsfaktor	Büro - Service GmbH		Office - Today GmbH		Internet- Office GmbH	
		x Bewertung	= Gewichtete Bewertung	x Bewertung	= Gewichtete Bewertung	x Bewertung	= Gewichtete Bewertung
Produktqualität							
Liefer-/Reparaturservice, Beratung, Betreuung							
Ruf, Seriosität des Shops, Kundenbetreuung							
Summe							

Entscheidung insgesamt (Begründung) _____

_____

_____

_____

c. Nehmen Sie die Buchung für den Kauf vor (Bilanzierer).

_____

_____

d. Wie wird der Kauf in der Einnahmenüberschussrechnung erfasst?

_____

_____

II. Übergreifende Fälle im büroorganisatorischen Kontext

Fall 9 (LF 02, Schwerpunkt: LF 06)

Die Rechtsanwälte Schröder, Müller und Mayer betreiben in Mainz eine gut gehende Kanzlei mit Schwerpunkt Zivilrecht. Da die Anfragen nach strafrechtlichen und arbeitsrechtlichen Mandaten deutlich zugenommen hat, beabsichtigen sie, im nächsten Jahr für jedes Fachgebiet einen Rechtsanwalt in ihre Sozietät aufzunehmen.

Angaben zur Kanzlei:

- Frau Klein arbeitet halbtags für Rechtsanwalt Schröder, sie geht Ende des Jahres in Rente.
- Frau Rot arbeitet ganztags für Rechtsanwalt Müller.
- Frau Grün arbeitet halbtags für Rechtsanwalt Schröder, sie zieht Ende des Jahres nach Stuttgart und wird deshalb die Kanzlei dann verlassen müssen.
- Frau Groß arbeitet ganztags für Rechtsanwalt Mayer. Sie geht voraussichtlich am 2. Januar nächsten Jahres in Mutterschutz und möchte anschließend für zwei Jahre Elternzeit nehmen, um sich ausschließlich um ihr Kind zu kümmern.
- Frau Huber managt die Zentrale und die allgemeinen Büroaufgaben. Sie steht in Stoßzeiten allen Rechtsanwälten für Schreibarbeiten zur Verfügung.

Es ist zunächst geplant, dass sich die beiden neuen Rechtsanwälte eine neu einzustellende Rechtsanwaltsfachangestellte als Halbtagskraft zur Erledigung ihrer Arbeiten teilen sollen.

a. Welche Arten von Personalbedarf lassen sich allgemein unterscheiden? Erläutern Sie kurz.

1. _____

2. _____

3. _____

b. Übertragen Sie diese Begriffe auf die Mitarbeitersituation (nicht Rechtsanwälte) im Sachverhalt.

Zu 1 _____

Zu 2 _____

Zu 3 _____

c. Wie hoch ist der Mitarbeiterbedarf (nicht Rechtsanwälte) im nächsten Jahr?

d. Welche arbeitsvertragliche Besonderheit sollte bei der Nachfolgerin von Frau Groß beachtet werden?

e. Welche stellenbesetzungsmäßigen Möglichkeiten gäbe es, um die Nachfolge der ausscheidenden Frau Klein und Frau Grün für Rechtsanwalt Schröder zu regeln?

Kommunikation und Büroorganisation/Geschäfts- und Leistungsprozesse

f. Welche Probleme sehen Sie bei der Personalplanung für das nächste Jahr?

g. Für die neuen Stellen sollen Stellenbeschreibungen erstellt werden. Welche Aspekte sind allgemein in einer Stellenbeschreibung zu fixieren?

h. Für die neuen Stellen müssen auch bald Stellenanzeigen geschaltet werden. Kennzeichnen Sie allgemein den Aufbau (Pflichtangaben) einer Stellenanzeige.

B. Rechnungswesen und Finanzwesen

I. Wiederholungsfragen

1. Allgemeine Grundlagen der Buchführung

1. Sind Rechtsanwälte oder Notare handelsrechtlich bzw. steuerrechtlich buchführungspflichtig? Erläutern Sie kurz.

   Handelsrechtlich: _____

   Steuerrechtlich: _____

2. Wofür wird ein Kassenbuch benötigt?

   _____

   _____

3. Was ist ein Kostenverrechnungsblatt?

   _____

   _____

4. **Wichtige Gewinnermittlungsarten**
   a. Einnahmenüberschussrechnung
      aa. Erläutern Sie die Begriffe Betriebseinnahmen und Betriebsausgaben.

      Betriebseinnahmen: _____

      Betriebsausgaben: _____

      ab. Wie wird bei der Einnahmenüberschussrechnung der Gewinn bzw. der Verlust ermittelt?

      ....

      ./. ....

      = ...

   b. Erläutern Sie kurz, wie der Gewinn beim Betriebsvermögensvergleich ermittelt wird.

      ....

      ./. ....

      = ...

      + ...

      ./. ....

      = ...

Kommunikation und Büroorganisation/Geschäfts- und Leistungsprozesse

5. Was versteht man unter den Grundsätzen ordnungsmäßiger Buchführung?

   _____

   _____

   _____

6. **Inventur**
   a. Was ist unter einer Inventur zu verstehen?

   _____

   _____

   b. Nach der Art der Durchführung können unterschieden werden:

Begriffe	Erläuterungen
(1) _____ _____	
(2) _____ _____	

7. Was ist ein Inventar?
   Begriff: ....

   Aufbau: .... (geordnet nach : ....)

   ./. .... (unterteilt in: ....)

   = ...

8. Was ist eine Bilanz und wie ist sie grob gegliedert? Ergänzen Sie die Fachbegriffe.

   Begriff: _____

   Aufbau:

   Aktiva Bilanz Passiva
   _____

   _____ | _____

   _____ | _____

9. **Zusammenhang zwischen Inventar und Bilanz**
   a. Nennen Sie allgemein zwei wichtige Unterschiede zwischen einem Inventar und einer Bilanz.

   - _____

   - _____

I. Wiederholungsfragen   1. Allgemeine Grundlagen der Buchführung

b. Nehmen Sie die begrifflichen Zuordnungen vom Inventar zur Bilanz vor.

$$\boxed{\text{Inventar}}$$

$$
\begin{aligned}
&\text{Vermögen} \\
-\,&\underline{\text{Schulden}} \\
=\,&\text{Reinvermögen}
\end{aligned}
$$

Aktiva	Bilanz	Passiva
....	....	
....	....	
Summe der Aktivpositionen	Summe der Passivpositionen	

c. Kennzeichnen Sie schlagwortartig, worüber die beiden Seiten der Bilanz jeweils Auskunft geben.

⬆ ⬆

_____   _____

_____   _____

_____   _____

10. Erläutern Sie folgende Begriffe und geben Sie jeweils ein Beispiel aus der anwaltlichen Praxis:
    a. Aktivtausch

    _____
    _____

    b. Passivtausch

    _____
    _____

    c. Aktiv-Passiv-Mehrung

    _____
    _____

    d. Aktiv-Passiv-Minderung

    _____
    _____

11. **Bestandskonten**
    a. Was versteht man unter einem Bestandskonto?

    _____
    _____

Kommunikation und Büroorganisation/Geschäfts- und Leistungsprozesse

b. Was ist ein Eröffnungsbilanzkonto (= Konto Saldenvorträge)?

_____

_____

_____

c. **Buchungsregel zur Kontoeröffnung**
   Auf welcher Seite steht der Anfangsbestand bei:

   – aktiven Bestandskonten: _____

   – passiven Bestandskonten: _____

d. **Buchungsregel zu Zugängen und Abgängen**
   Auf welche Seite eines Bestandskontos kommen die:

   – Zugänge: _____

   – Abgänge: _____

e. Wo stehen bei einem Aktiv- bzw. bei einem Passivkonto die Schlussbestände und über welches Konto werden sie abgeschlossen?

   Schlussbestand bei Aktivkonto: _____

   Schlussbestand bei Passivkonto: _____

   Kontenabschluss erfolgt über: _____

f. Was ist ein Buchungssatz?

_____

_____

g. Zusammenfassung
   – Tragen Sie die Begriffe in das Schaubild ein:
   – Anfangsbestand
   – Zugänge
   – Abgänge
   – Saldo
   – Anlagevermögen
   – Umlaufvermögen
   – Eigenkapital
   – Verbindlichkeiten

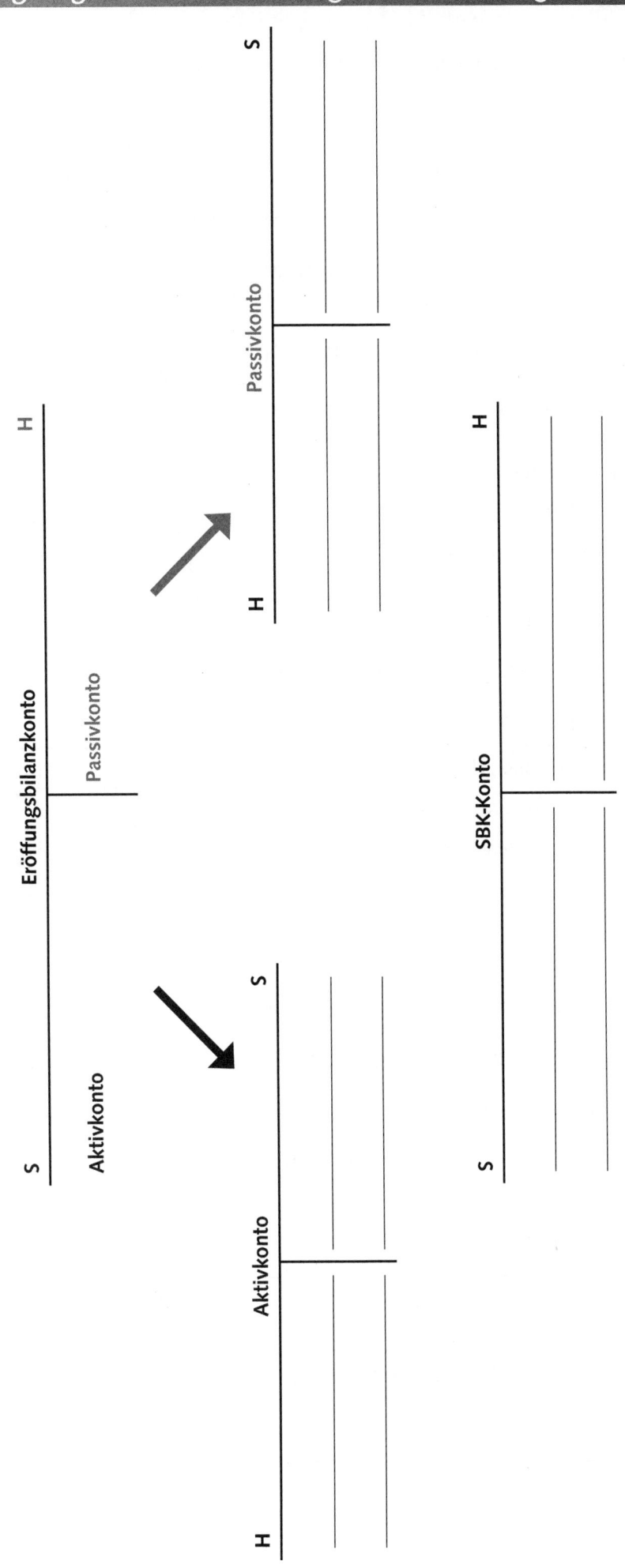

I. Wiederholungsfragen 1. Allgemeine Grundlagen der Buchführung

Eröffnungsbilanzkonto

Aktivkonto | Passivkonto

→ Passivkonto (S | H)

→ Aktivkonto (S | H)

SBK-Konto (S | H)

Kommunikation und Büroorganisation/Geschäfts- und Leistungsprozesse

12. **Erfolgskonten**

    a. Was ist unter einem Erfolgskonto zu verstehen?

    _____

    _____

    b. Auf welches Bestandskonto wirken sich erfolgswirksame Vorgänge aus? _____

    c. Geben Sie für die folgenden Sachverhalte jeweils an, ob sie sich erfolgswirksam auswirken.
       - Bei Gewinnerhöhung kreuzen Sie + an.
       - Bei Gewinnminderung kreuzen Sie – an.
       - Bei keiner Gewinnauswirkung kreuzen Sie 0 an.

       Geben Sie auch an, auf welche Konten die Sachverhalte gebucht werden.

Beispiel	+	–	0	Konto
1. Kauf von Büromaterial				
2. AfA für den betrieblichen Pkw				
3. Kauf einer Schreibtischlampe zu 130,00 Euro, netto				
4. Zahlung der Bezinrechnung für den betrieblichen Pkw				
5. Zahlung der Raummiete				
6. Zahlung der Personalkosten				
7. Mandant zahlt Honorarforderung				
8. Miete für vermietete Kanzleiräume				
9. Kauf einer Schreibtischleuchte zu 500,00 Euro, netto				
10. Zahlung der Reinigungskosten für die Kanzleiräume				

    d. **Buchungsregel für die Aufwands- und Ertragsbuchungen**

       – Was wird im Soll gebucht? _____

       – Was wird im Haben gebucht? _____

    e. Was ist unter dem Gewinn- und Verlustkonto (GuV) zu verstehen?

    _____

    _____

    _____

    f. Auf welcher Seite des GuV-Kontos wird der Gewinn und auf welcher Seite wird der Verlust ausgewiesen?

       Gewinn: _____

       Verlust: _____

I. Wiederholungsfragen 1. Allgemeine Grundlagen der Buchführung

g. Über welches Konto werden die Bestandskonten und über welches werden die Erfolgskonten abgeschlossen?

Bestandskonten: _____

Erfolgskonten: _____

h. Zusammenfassung
Ergänzen Sie die fehlenden Begriffe.

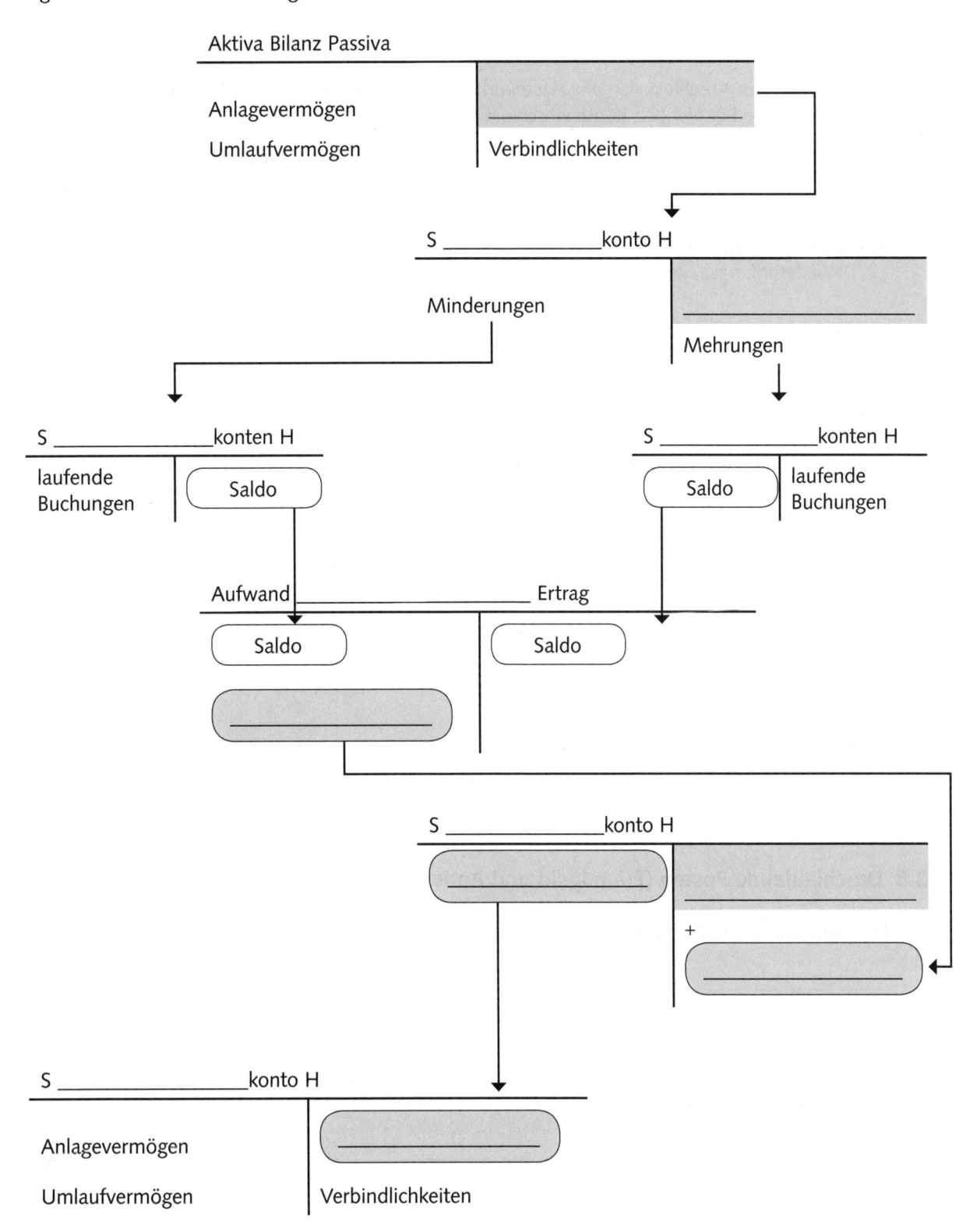

Aktiva Bilanz Passiva

Anlagevermögen
Umlaufvermögen | _____ | Verbindlichkeiten

S _____ konto H

Minderungen | _____ | Mehrungen

S _____ konten H
laufende Buchungen | Saldo

S _____ konten H
Saldo | laufende Buchungen

Aufwand | Ertrag
Saldo | Saldo

_____

S _____ konto H
_____ | _____
  | +
  | _____

S _____ konto H
Anlagevermögen | _____ |
Umlaufvermögen | Verbindlichkeiten

Kommunikation

Kommunikation und Büroorganisation/Geschäfts- und Leistungsprozesse

2. Ausgewählte Buchungen

2.1 Umsatzsteuer

1. Wie wirken sich die Umsatzsteuer und die Vorsteuer bei bilanzierenden Unternehmern auf die Gewinnberechnung aus?

   _____

   _____

2. Erläutern Sie den Abschluss der Umsatzsteuerkonten bei bilanzierenden Unternehmern. Nehmen Sie dazu für das folgende Beispiel den Kontenabschluss vor.

S Vorsteuer H		S Umsatzsteuer H	
5.000,00			12.000,00

   Anmerkung: Einzelheiten zur Umsatzsteuer werden im Kapitel III „Zahlungsverkehr und Steuern" unter „2.1 Wiederholungsfragen" dargestellt.

2.2 Rabatte und Skonti

1. Erläutern Sie die Begriffe Rabatt und Skonto und stellen Sie dar, wie sich diese auf die Anschaffungskosten auswirken.

   Rabatt: _____

   Skonto: _____

2. Welche Auswirkung haben der Rabatt- bzw. Skontoabzug auf die Bemessungsgrundlage der Umsatzsteuer?

   _____

   _____

2.3 Durchlaufende Posten (Fremdgeld und Anderkonto)

1. Erläutern Sie, was unter vorgelegten Kosten zu verstehen ist.

   _____

   _____

2. Im Umsatzsteuerrecht als auch im Rechnungswesen gibt es durchlaufende Posten. Erläutern Sie diesen Begriff in beiderlei Hinsicht.

   Im Rechnungswesen: _____

   Bei der Umsatzsteuer: _____

1. Wiederholungsfragen 2. Ausgewählte Buchungen

3. Um die Interessen seines Mandanten wahrnehmen zu können, kommt es vor, dass dem Rechtsanwalt Gebühren für die Aktenanforderung entstehen und er eine Aktenversendungspauschale in Höhe von 12,00 Euro zahlen muss. Wovon hängt es ab, ob der Rechtsanwalt die Pauschale mit oder ohne Umsatzsteuer an den Mandanten weiterberechnen muss?

   _____

   _____

4. Wie wird das Konto vorgelegte Kosten am Jahresende abgeschlossen?

   _____

5. Kennzeichnen Sie, was auf dem Konto Gerichtskostenkasse gebucht wird und um was für ein Konto es sich handelt.

   Was wird gebucht: _____

   Kontenart: _____

6. Erläutern Sie den Begriff Fremdgelder und geben Sie an, wie diese gebucht werden.

   Begriff: _____

   _____

   Buchung (Kontenart): _____

7. Was ist unter einem Anderkonto zu verstehen?

   _____

   _____

2.4 Privatentnahmen und Privateinlagen

1. Erläutern Sie den Begriff Privatentnahmen.

   _____

   _____

   _____

2. Erläutern Sie den Begriff Privateinlagen.

   _____

   _____

   _____

3. Wie werden Privatentnahmen und Privateinlagen gebucht?

   a. Welches Bestandskonto wird durch Privatentnahmen und Privateinlagen verändert?

   _____

Kommunikation und Büroorganisation/Geschäfts- und Leistungsprozesse

b. Auf welcher Seite des Privatkontos werden die Privatentnahmen und auf welcher die Privateinlagen gebucht?

Soll: _____ Haben: _____

c. Über welches Konto wird das Privatkonto abgeschlossen?

_____

4. Wieso unterliegen Privatentnahmen der Umsatzsteuer?

_____

_____

_____

5. Der Rechtsanwalt entnimmt der Kanzleikasse Geld zu privaten Zwecken. Ist die Geldentnahme umsatzsteuerpflichtig?

_____

6. Welche drei Schritte sind im Rechnungswesen zu beachten und gesondert zu buchen, wenn der Rechtsanwalt bzw. Notar einen Gegenstand des abnutzbaren Anlagevermögens für private Zwecke dem Betriebsvermögen entnimmt?
Hinweis: Bedenken Sie, dass der Gegenstand das Jahr über noch betrieblich genutzt wurde und insofern auch Abschreibungen angefallen sind. Außerdem steht er noch auf einem aktivem Bestandskonto, wo er nach dem Entnahmevorgang nicht mehr steht. Des Weiteren unterliegt der Entnahmevorgang auch der Umsatzsteuer.

(1) _____

(2) _____

(3) _____

7. Welche zwei steuerlichen Möglichkeiten hat ein Rechtsanwalt oder Notar, um die Kosten der privaten Nutzung seines dem Betriebsvermögen zugeordneten Pkws zu ermitteln?

(1) _____

(2) _____

8. Stellen Sie die umsatzsteuerliche und buchungstechnische Handhabung dar, sofern eine gekaufte betriebliche **Telefonanlage** vom Rechtsanwalt oder Notar auch privat genutzt wird.

a. Voller Vorsteuerabzug möglich? _____

b. Buchung der Privatnutzung? _____

_____

9. Wie stellt sich die umsatzsteuerliche und buchungstechnische Handhabung der **Gesprächsgebühren** dar, wenn die über die Kanzlei gebuchte Telefonrechnung auch einen privaten Telefonanteil enthält?

a. Voller Vorsteuerabzug möglich? _____

b. Buchung der Privatnutzung? _____

_____

1. Wiederholungsfragen   2. Ausgewählte Buchungen

10. **Zusammenfassung**

    Tragen Sie die folgenden Begriffe in das Schaubild ein (auch Mehrfachnennungen möglich):
    - Saldo
    - neues Eigenkapital
    - Privatkonto
    - Eigenkapitalkonto
    - Anfangsbestand
    - Privatentnahmen
    - Privateinlagen
    - Mehrungen durch Privateinlagen
    - Minderungen durch Privatentnahmen
    - GuV-Gewinn
    - Eigenkapital

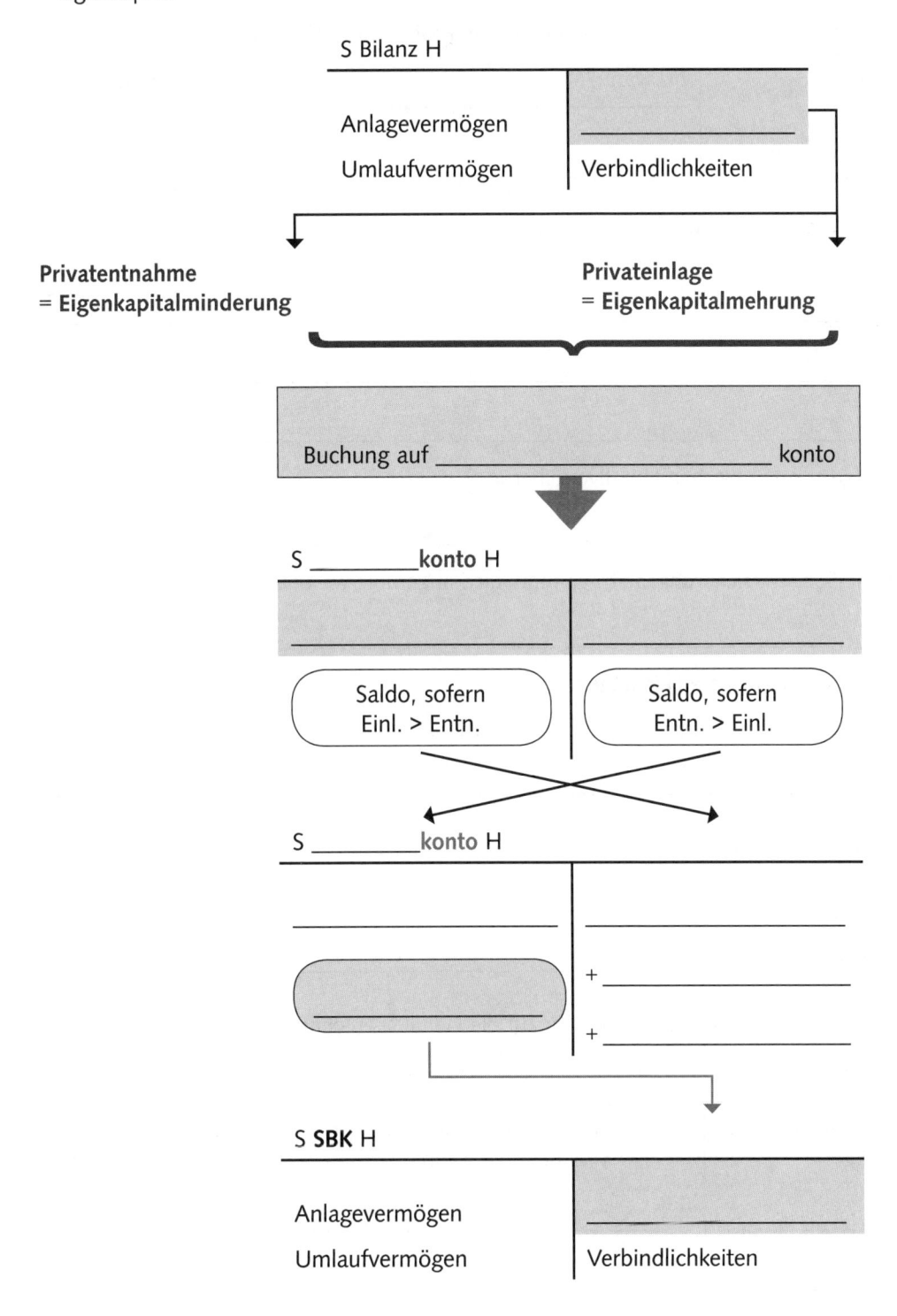

S Bilanz H

| Anlagevermögen | _____ |
| Umlaufvermögen | Verbindlichkeiten |

Privatentnahme
= Eigenkapitalminderung

Privateinlage
= Eigenkapitalmehrung

Buchung auf _____ konto

S _____ konto H

| Saldo, sofern Einl. > Entn. | Saldo, sofern Entn. > Einl. |

S _____ konto H

+ _____
+ _____

S SBK H

| Anlagevermögen | _____ |
| Umlaufvermögen | Verbindlichkeiten |

Kommunikation und Büroorganisation/Geschäfts- und Leistungsprozesse

2.5 Personalkosten

1. Worin besteht der Unterschied zwischen dem Brutto- und dem Nettogehalt, vervollständigen Sie das Berechnungsschema.
   Ausgangsgröße:

   ....

   ./. ....

   ./. ....

   = ...

2. Wer führt die Lohnsteuer an das Finanzamt ab und welche Frist ist hierbei zu beachten?

Abführende Stelle	bis wann? →	**Finanzamt**

3. Wie wirken sich der Kinder- und Betreuungsfreibetrag auf die Besteuerung im Rahmen der Gehaltsabrechnung aus?

   _____

   _____

   _____

4. Wer trägt die Beiträge zur gesetzlichen Unfallversicherung?

   _____

5. Bis wann müssen die Sozialversicherungsbeiträge monatlich abgeführt werden?

   _____

6. Erläutern Sie zu vermögenswirksame Leistungen:

   a. Begriff: _____

   _____

   zu beachtende Einkommensgrenzen: _____

   b. Anlageformen: (1) _____

   (2) _____

   c. Auswirkungen auf die Gehaltsabrechnung?

(1) Arbeitgeber übernimmt vwl- Beiträge:	(1) Arbeitnehmer trägt die vwl- Beiträge allein:	(1) Arbeitgeber übernimmt teilweise vwl- Beiträge:

1. Wiederholungsfragen		2. Ausgewählte Buchungen
_____ _____ _____	_____ _____ _____	_____ _____ _____

7. Personalkosten können nach der Bruttomethode oder nach der Nettomethode gebucht werden. Erläutern Sie den Unterschied.

   Bruttomethode: _____

   _____

   Nettomethode: _____

   _____

8. Wie wird ein Gehaltsvorschuss gebucht nach der

   Bruttomethode: _____

   _____

   Nettomethode: _____

   _____

2.6 Sachanlagen

1. Erläutern Sie den Begriff „Anlagevermögen" und geben Sie Beispiele.

   Begriff: _____

   _____

   Beispiele: _____

   _____

2. Mit welchem Wertansatz wird die Anschaffung eines Sachanlagengutes gebucht und wie setzt er sich zusammen?

   ....

   \+   ....

   ./. ....

   = ...

Kommunikation und Büroorganisation/Geschäfts- und Leistungsprozesse

3. Erläutern Sie kurz zu Abschreibungen:

   a. Begriff: _____

   _____

   b. Steuerlich zulässige Abschreibungsmethode: _____

   c. Linearer AfA-Satz: _____

   d. Berechnung des jährlichen AfA-Betrags: _____

   _____

   e. Mit welchem Wertansatz wird ein Wirtschaftgut in den Büchern geführt, wenn es bereits komplett abgeschrieben ist aber immer noch im Betrieb verbleibt und genutzt wird?

   _____

   f. Wie lauten die AfA-Vereinfachungsregeln beim Anlagenzu- bzw. beim Anlagenabgang, wenn dieser im Laufe eines Monats geschieht?

   Monat des Anlagenzugangs: _____

   Monat des Anlagenabgangs: _____

4. Erläutern Sie kurz zu geringwertigen Wirtschaftsgütern:

   a. Begriff: _____

   _____

   b. Kennzeichnen Sie die hierzu bestehenden rechtlichen Regelungen, indem Sie für die drei Euro-Kategorien bei den Anschaffungskosten eintragen, welche Möglichkeiten der Behandlung im Rechnungswesen bestehen. Sofern eine Möglichkeit zutrifft, tragen Sie ein „ja" ein, wenn z. B. in der Kategorie bis 150,00 Euro die Sofortabschreibung möglich sein sollte, so tragen Sie dort ein „ja" ein.

Anschaffungskosten (Euro-Kategorien)	Aktivierung und Abschreibung	Sofortabzug	Sammelposten
Bis 150,00 Euro			
150,01 – 410,00 Euro			
410,01 – 1.000,00 Euro			

I. Wiederholungsfragen — 2. Ausgewählte Buchungen

c. Tragen Sie ein, welche Buchungsmöglichkeiten jeweils bestehen.

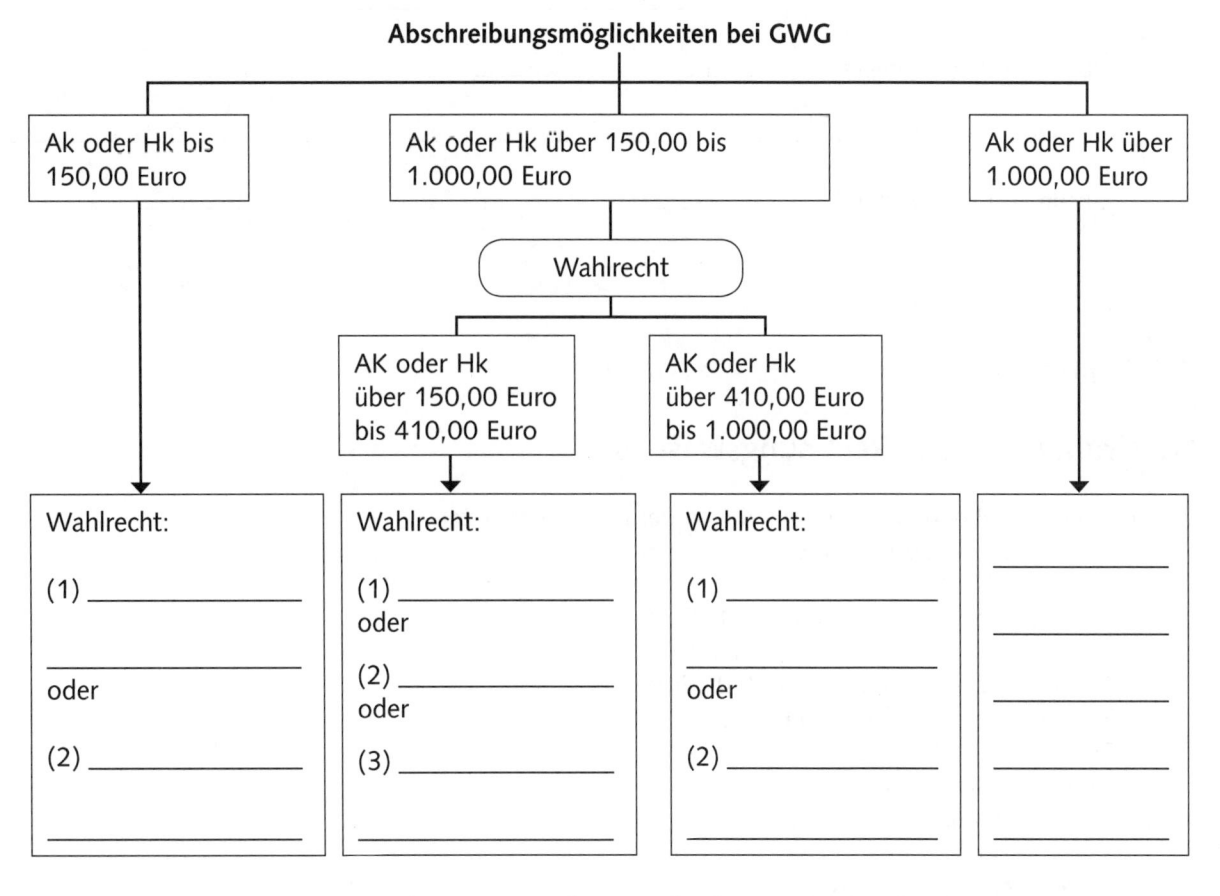

Abschreibungsmöglichkeiten bei GWG

- Ak oder Hk bis 150,00 Euro
- Ak oder Hk über 150,00 bis 1.000,00 Euro
  - Wahlrecht
    - AK oder Hk über 150,00 Euro bis 410,00 Euro
    - AK oder Hk über 410,00 Euro bis 1.000,00 Euro
- Ak oder Hk über 1.000,00 Euro

Wahlrecht:
(1) _____
oder
(2) _____

Wahlrecht:
(1) _____
oder
(2) _____
oder
(3) _____

Wahlrecht:
(1) _____
oder
(2) _____

_____
_____
_____

5. Erläutern Sie, welche Schritte im Rechnungswesen beim Sachanlagenverkauf zu beachten sind.

   1. Schritt: _____

   Buchungssatz (allgemein) _____

   2. Schritt: _____

   Buchungssatz (allgemein) _____

   3. Schritt: _____

   Buchungssatz (allgemein) _____

6. Geben Sie an, welcher Schritt bei der Inzahlunggabe eines Sachanlagengutes im Rahmen eines Neukaufs zusätzlich zu den Schritten bei Frage 5 hinzukommt.

   4. Schritt: _____

   Buchungssatz (allgemein) _____

7. Erläutern Sie, welche Schritte bei der Entnahme eines Sachanlagengutes im Rechnungswesen zu beachten sind.

   1. Schritt: _____

   Buchungssatz (allgemein) _____

Kommunikation und Büroorganisation/Geschäfts- und Leistungsprozesse

2. Schritt: _____

   Buchungssatz (allgemein) _____

3. Schritt: _____

   Buchungssatz (allgemein) _____

II. Prüfungsaufgaben

1. Grundlagen des Rechnungswesens

1. Folgende Positionen wurden im Rahmen der Inventur ermittelt:
   - Grundstück: 50.000,00 Euro
   - Gebäude: 90.000,00 Euro
   - Darlehen Deutsche Bank: 70.000,00 Euro
   - Darlehen Sparkasse: 100.000,00 Euro
   - 3 Schreibtische, insgesamt: 2.000,00 Euro
   - 3 Schreibtischstühle, insgesamt: 1.200,00 Euro
   - Regalwand: 1.200,00 Euro
   - Pkw: 25.000,00 Euro
   - Kassenbestand: 1.000,00 Euro
   - Bankguthaben: 2.000,00 Euro
   - Regalsystem: 3.600,00 Euro
   a. Ermitteln Sie das Reinvermögen.
   b. Erstellen Sie das Bilanzkonto.

2. Zur Bilanz liegen folgende Angaben vor:

Langfristige Verbindlichkeiten:	100.000,00 Euro
Kurzfristige Verbindlichkeiten:	50.000,00 Euro
Grundstücke:	80.000,00 Euro
Gebäude:	110.000,00 Euro
Praxisausstattung:	70.000,00 Euro
Bank- und Kassenbestände:	10.000,00 Euro

   Wie hoch ist das Eigenkapital?

3. Tragen Sie in dem Schema jeweils durch Angabe der zutreffenden Ziffer ein, welche Wertveränderung durch den jeweiligen Geschäftsvorfall in einer Bilanz ausgelöst wird.
   1. Aktivtausch
   2. Passivtausch
   3. Aktiv-Passiv-Mehrung
   4. Aktiv-Passiv-Minderung

Geschäftsvorfälle	Ziffer
a. Pkw- Kauf per Banküberweisung	
b. Bezahlung einer Verbindlichkeit gegenüber einem Lieferanten per Postbank	
c. Umschuldung einer kurzfristigen Verbindlichkeit in ein längerfristiges Darlehen	
d. Pkw-Verkauf gegen Zahlung per Banküberweisung	
e. Rückzahlung eines Darlehens per Banküberweisung	
f. Der Rechtsanwalt nimmt ein Darlehen für seine Kanzlei auf, das Geld wird auf dem Bankkonto zur Verfügung gestellt	

II. Prüfungsaufgaben — 1. Grundlagen des Rechnungswesens

4. Kreuzen Sie an, ob die folgenden Aussagen richtig oder falsch sind.

Aussagen	richtig	falsch
a. Bei aktiven Bestandskonten steht der Schlussbestand immer auf der Sollseite.		
b. Bei einer Aktiv-Passiv-Minderung bleibt die Bilanzsumme gleich.		
c. Auf der Aktivseite einer Bilanz stehen die Vermögensgegenstände gegliedert nach der Flüssigkeit.		
d. Die Bilanz ist eine ausführliche Einzelaufstellung von Vermögen und Kapital.		
e. Die Inventur ist ein Verzeichnis, in dem die Vermögensgegenstände und die Schulden eines Betriebes einzeln aufgeführt sind.		
d. Die Aktivseite einer Bilanz betrifft die Vermögensgegenstände und die Passivseite die Vermögensquellen.		
e. Die Positionen auf der Passivseite sind nach der „Flüssigkeit" der Mittel gegliedert.		
f. Beim Passivtausch vermindert sich die Bilanzsumme.		
g. Reinvermögen und Eigenkapital sind wertmäßig identisch.		
h. Bei Aktivkonten stehen die Zugänge im Haben.		
i. Ein Verlust wird in der GUV auf der Aufwandsseite ausgewiesen.		
j. Der in der GUV ermittelte Gewinn wird über das Konto Eigenkapital abgeschlossen.		
k. Das Privatkonto wird über die GUV abgeschlossen.		
l. Die Vermögenspositionen des Anlagevermögens bleiben über die Jahre immer mit einem identischen Wertansatz in der Bilanz stehen, da sie dauerhaft dem Betriebsvermögen zugeordnet sind und nur das Umlaufvermögen Wertveränderungen unterliegt.		

5. Am Jahresende stehen nach durchgeführten Abschlussbuchungen folgende Beträge auf folgenden Konten:
   - Auf dem Eigenkapitalkonto im Haben (= ursprünglicher Anfangsbestand vom 01.01.) 50.000,00 Euro
   - In der GuV wird nach erfolgtem Kontenabschluss ein Saldo auf der Aufwandsseite in Höhe von 30.000,00 Euro ausgewiesen.
   - Auf dem Bankkonto wurde ein Habensaldo in Höhe von 10.000,00 Euro ermittelt.
   - Auf dem Privatkonto wird ein Habensaldo in Höhe von 5.000,00 Euro ausgewiesen.
   - Ermitteln Sie das aktuelle Eigenkapital zum 31.12.:
   a. rechnerisch

   b. auf dem Eigenkapitalkonto

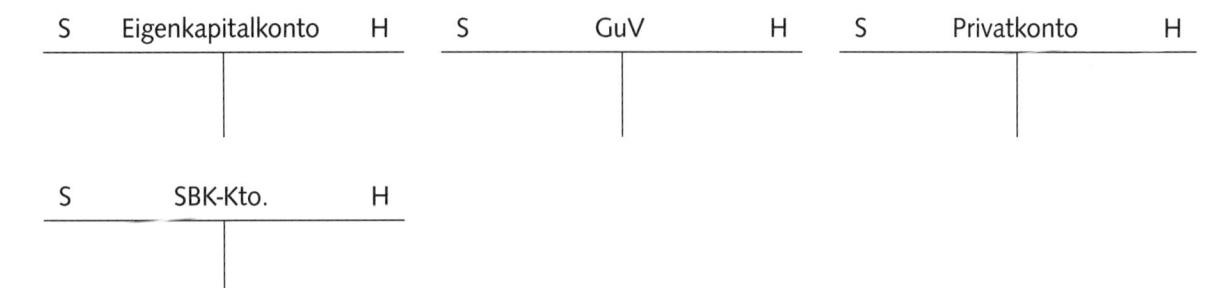

   S   Eigenkapitalkonto   H   S   GuV   H   S   Privatkonto   H

   S   SBK-Kto.   H

Kommunikation und Büroorganisation/Geschäfts- und Leistungsprozesse

6. Ermitteln Sie, in welcher Höhe für den Rechtsanwalt eine Umsatzsteuerzahllast oder ein Vorsteuerüberhang besteht. Hierzu folgende Angaben:
   Auf dem Vorsteuerkonto sind im Soll 15.000,00 Euro gebucht, im Haben 2.000,00 Euro. Auf dem Umsatzsteuerkonto sind im Haben 23.000,00 Euro gebucht.

S	Vorsteuer	H	S	Umsatzsteuer	H

7. **Erfolgskonten**

   a. Warum werden bei Erfolgskonten keine Anfangsbestände bei den Eröffnungsbuchungen zum Jahresbeginn vorgetragen?

   _____

   _____

   b. Über welches Konto werden die Erfolgskonten abgeschlossen?

   _____

   c. Auf welcher Seite der GuV steht ein Verlust? _____

   d. Über welches Konto wird das GuV-Konto abgeschlossen? _____

8. Bei welchen Geschäftsvorfällen liegt eine Aktiv-Passiv-Minderung vor? Kreuzen Sie die richtigen Lösungen an.

Geschäftsvorfälle	richtig
a. Der Rechtsanwalt bezahlt die monatliche Kanzleimiete per Bank.	
b. Der Rechtsanwalt leitet Fremdgeld per Bank weiter.	
c. Der Rechtsanwalt entnimmt 1.000,00 Euro der Kasse und zahlt sie auf dem Kanzlei-Bankkonto ein.	
d. Der Rechtsanwalt nimmt bei seiner Bank einen Kredit auf, die Gutschrift erfolgt auf dem Bankkonto.	
e. Der Rechtsanwalt zahlt einen Bankkredit zurück.	

9. Welcher der folgenden Vermögensgegenstände gehört zum Umlaufvermögen. Kreuzen Sie die richtige Lösung an.

Vermögensgegenstände	richtig
a. Pkw	
b. kurzfristige Verbindlichkeiten	
c. Praxisausstattung	
d. Kasse	
e. Eigenkapital	

10. Kreuzen Sie an, worüber die Aktivseite einer Bilanz Auskunft gibt.

Aussage	richtig
a. Sie gibt Auskunft über die Mittelherkunft.	
b. Sie gibt Auskunft über das Reinvermögen.	

II. Prüfungsaufgaben   1. Grundlagen des Rechnungswesens

Aussage	richtig
c. Sie gibt Auskunft über die Mittelverwendung.	
d. Sie gibt Auskunft über die langfristige Finanzierung.	
e. Sie gibt Auskunft über die Höhe des Betriebsvermögens.	

11. Kreuzen Sie die zutreffende Aussage zur Umsatzsteuerzahllast an.

Aussage	richtig
a. Zur Ermittlung der Umsatzsteuerzahllast ist das Umsatzsteuerkonto über das Vorsteuerkonto abzuschließen.	
b. Die Umsatzsteuerzahllast entspricht der Umsatzsteuertraglast.	
c. Die Umsatzsteuerzahllast stellt sich als eine Forderung gegenüber dem Finanzamt dar.	
d. Umsatzsteuertraglast – Vorsteuer = Umsatzsteuerzahllast	
e. Umsatzsteuerzahllast – Vorsteuer = Umsatzsteuertraglast	

12. Kreuzen Sie die zutreffende Aussage zur GuV an.

Aussage	richtig
a. Ein Gewinn wird auf der Aufwandsseite ausgewiesen.	
b. Ein Gewinn wird auf der Ertragsseite ausgewiesen.	
c. Das Privatkonto wird über die GuV abgeschlossen.	
d. Der GuV-Gewinn wird direkt über das Bilanzkonto abgeschlossen.	
e. Bei Kontoeröffnung zu Jahresbeginn stehen die Aufwendungen auf der Habenseite.	

13. Kreuzen Sie die richtige Aussage zur Bilanz an.

Aussage	richtig
a. Der Gewinn wird in der Bilanz auf der Aktivseite ausgewiesen.	
b. Die Abschreibungen werden in einer Zahl auf der Aktivseite im Anlagevermögen ausgewiesen.	
c. Geringwertige Wirtschaftsgüter gehören wegen der sofortigen Ausbuchungsmöglichkeit zum Umlaufvermögen.	
d. Bei der 150-Euro GWG-Grenze handelt es sich um einen Bruttobetrag.	
e. Grundstücke sind nicht abnutzbare Wirtschaftsgüter des Anlagevermögens und werden daher nicht planmäßig abgeschrieben.	

14. Kreuzen Sie die richtige Aussage zu den Privatentnahmen und Privateinlagen an.

Aussage	richtig
a. Die Entnahme des 2.000,00 Euro teuren Schreibtisches aus dem Betriebsvermögen der Kanzlei durch den Rechtsanwalt stellt umsatzsteuerrechtlich eine unentgeltliche Lieferung dar.	
b. Die Privatnutzung des betrieblichen Pkws (Neufahrzeug) durch die Frau des Rechtsanwalts ist umsatzsteuerrechtlich nicht zu beachten.	
c. Sofern der Rechtsanwalt beim Autohändler einen Pkw für seine Kanzlei kauft und diesen anschließend zu 20 % auch privat nutzt, ist der Vorsteuerabzug beim Neukauf nicht möglich.	

Kommunikation und Büroorganisation/Geschäfts- und Leistungsprozesse

Aussage	richtig
d. Die Privatentnahme ist auf dem Privatkonto im Haben zu buchen.	
e. Die Privatnutzung des Kanzlei-Pkws durch den Rechtsanwalt stellt umsatzsteuerrechtlich eine unentgeltliche Lieferung dar.	

Zu 15 Kreuzen Sie die richtige Aussage zu den durchlaufenden Posten an.

Aussage	richtig
a. Das Bankkonto gehört zu den durchlaufenden Posten.	
b. Durchlaufende Posten sind dadurch gekennzeichnet, dass Beträge im Namen und für Rechnung des Mandanten vereinnahmt oder verausgabt werden.	
c. Durchlaufende Posten sind dadurch gekennzeichnet, dass Beträge im Namen des Rechtsanwalts und für Rechnung des Rechtsanwalts vereinnahmt und verausgabt werden.	
d. Fremdgelder sind Aktivkonten, die nur in Verbindung mit einer Hebegebühr als durchlaufender Posten angesehen werden können.	
e. Das Konto Fremdgelder hat die Minderungen im Haben.	

16. Kreuzen Sie die richtige Aussage zu den Sachanlagen an.

Aussage	richtig
a. Alle Wirtschaftsgüter des Anlagevermögens unterliegen der linearen Abschreibung.	
b. Ein zu 20 % privat genutzter Kanzlei-Pkw darf nicht im Anlagevermögen ausgewiesen werden.	
c. Die mit 410,00 Euro abgeschriebenen geringwertigen Wirtschaftsgüter werden im Anlagevermögen unter der Position Sammelposten in einer Summe ausgewiesen.	
d. Ein im letzten Jahr der amtlichen AfA-Tabelle komplett abgeschriebenes Wirtschaftsgut des Anlagevermögens ist stets als Anlagenabgang zu buchen.	
e. Gebäude gehören zum abnutzbaren Anlagevermögen und unterliegen insofern der jährlichen Abschreibung.	

17. Kreuzen Sie die richtige Lösung zu den Personalkosten an.

Aussage	richtig
a. Der vom Arbeitgeber getragene Teil an den vermögenswirksamen Leistungen wirkt sich nicht auf das Bruttogehalt aus.	
b. Der Solidaritätszuschlag wird bei der Gehaltsabrechnung nicht abgezogen, da er keine Steuer darstellt.	
c. Bei den Konten der Personalkosten handelt es sich um aktive Bestandskonten.	
d. Der vom Arbeitgeber getragene Teil an den vermögenswirksamen Leistungen wirkt sich nur auf die Steuer (LSt, KiSt, SolZ) aus.	
e. Der vom Arbeitgeber getragene Teil an den vermögenswirksamen Leistungen erhöht die Bemessungsgrundlage für die Lohnsteuer und die Sozialversicherung.	

II. Prüfungsaufgaben — 2. Aufgaben mit Buchungssätzen

18. Geben Sie an, ob sich die jeweiligen Geschäftsvorfälle erfolgswirksam auf den Jahresabschluss (GuV) auswirken. Tragen Sie ein:
    + für gewinnerhöhend
    − für gewinnmindernd
    +/− erfolgsneutral

Geschäftsvorfall	Erfolgswirksamkeit
a. Der Notar überweist das Gehalt der Angestellten in Höhe von 2.000,00 Euro.	
b. Der Rechtsanwalt überweist die Miete für die Kanzleiräume 2.500,00 Euro.	
c. Ein kurzfristiger Kredit wird in einen langfristigen umgeschuldet, 20.000,00 Euro.	
d. Der Notar kauft bar für sein Notarbüro eine neue Aktenstellwand, 1.500,00 Euro brutto.	
e. Der Rechtsanwalt erhält 500,00 Euro auf das Kanzleibankkonto für vermietete Kanzleiräume.	

2. Aufgaben mit Buchungssätzen

Sachverhalt 1

a. Rechtsanwalt Dr. Hurtig kauft für seine Kanzlei einen Schreibtisch zu 1.200,00 Euro zuzüglich USt. Er zahlt per Postank.
b. Außerdem kauft er 12 Kartons Kopierpapier. In jedem Karton befinden sich 5 Packen mit Kopierpapier, wobei jeder einzeln verpackte Packen 500 Blätter enthält. Er zahlt hierfür insgesamt 180,00 Euro zuzüglich 34,20 Euro USt bar.
   ba. Wie viel kostet ein Blatt Kopierpapier netto?
   bb. Geben Sie die Buchungssätze an.
c. Für die Angestellte Müller überweist er das Gehalt per Bank, 2.000,00 Euro.
d. Dr. Hurtig überweist die Miete für die Kanzleiräume in Höhe von 1.500,00 Euro an den Vermieter.
e. Mandant Müller überweist die Honorarforderung in Höhe von 1.000,00 Euro zuzüglich 19 % USt auf das Postbankkonto.
f. Mandant Schneider hatte vor drei Monaten einen Honorarvorschuss in Höhe von 800,00 Euro zuzüglich 152,00 Euro USt an Dr. Hurtig überwiesen. Die Endabrechnung ergibt jetzt eine Honorarforderung in Höhe von 700,00 Euro netto. Nehmen Sie die notwendigen Buchungen vor, wobei die Rücküberweisung über das Kanzleibankkonto erfolgte.
g. Am 15.07. hatte Dr. Hurtig für seine Kanzlei eine Regalwand in Höhe von 4.500,00 Euro zuzüglich 19 % USt gekauft. Die Zahlung erfolgte per Bankkonto und ist bereits gebucht. Nach zwei Wochen stellte sich ein zunächst nicht ersichtlicher Mangel heraus. Dr. Hurtig moniert diesen beim Händler. Es wurde daraufhin ein Preisnachlass in Höhe von 200,00 Euro zuzüglich 19 % USt vereinbart, den der Händler auf das Postbankkonto überwies. Die Buchung ist noch nicht erfolgt.

Sachverhalt 2

Rechtsanwalt Schlau kauft sich am 3. Dezember einen neuen Pkw für seine Kanzlei, der Kaufpreis beträgt 30.000,00 Euro zuzüglich USt. Beim Kauf nimmt der Händler den gebrauchten Pkw für 15.000,00 Euro zuzüglich USt in Zahlung. Die Restzahlung erfolgt per Postbank. Der alte Pkw wurde am 5. Januar des Vorjahres mit Anschaffungskosten in Höhe von 20.000,00 Euro netto angeschafft, die Nutzungsdauer beträgt ebenso wie beim neuen Pkw 5 Jahre.

a. Nehmen Sie alle erforderlichen Buchungen für den Neukauf mit Inzahlungnahme vor.
b. Am 4. Dezember tankt Rechtsanwalt Schlau für 60,00 Euro zuzüglich USt, er zahlt bar. Außerdem überweist er am 30.11. die Versicherungsprämie für den Monat Dezember in Höhe von 100,00 Euro per Bank. Die Kfz-Steuer in Höhe von 70,00 Euro zahlt er per Postbank. Nehmen Sie die entsprechenden Buchungen vor.
c. Buchen Sie die Jahresabschreibung für den neuen Pkw zum 31.12..

Kommunikation und Büroorganisation/Geschäfts- und Leistungsprozesse

Sachverhalt 3

a. Rechtsanwalt Schlau nutzt den neuen Pkw aus Fall 1 im gesamten Folgejahr auch zu privaten Fahrten. Der Privatanteil für das gesamte Jahr soll nach der Fahrtenbuchmethode berechnet und gebucht werden. Er macht hierzu folgende Angaben:

Kfz-Versicherung Jahresbetrag:	1.200,00 Euro
Kfz- Steuer Jahresbetrag:	840,00 Euro
laufende Kosten mit Vorsteuerabzug insgesamt:	2.000,00 Euro
Jahresabschreibung:	?

Rechtsanwalt Schlau fuhr mit dem Pkw im gesamten Jahr 20.000 km, wovon 4.000 km auf private Fahrten entfielen.

b. Nehmen Sie die erforderlichen Berechnungen und Buchungen für die 1 %-Methode vor.

Sachverhalt 4

Für die Kanzlei von Rechtsanwalt Schlau sind folgende Sachverhalte zu buchen (siehe hierzu auch nachfolgenden Kontoauszug):

a. Telefonrechnung für den Monat Juli.
b. Zahlungseingang in Sachen Müller gegen Mayer: 7.600,00 Euro
   davon entfallen auf:

Gebühren und Auslagen	1.100,00 Euro
Umsatzsteuer	209,00 Euro
vorgelegte Gerichtskosten	250,00 Euro
	1.559,00 Euro
verbleiben für Mandant:	6.041,00 Euro

   Dem Mandanten wird der Restbetrag drei Tage später überwiesen.
c. Kauf eines neuen Bürostuhles.
d. Überweisung der Gerichtskosten in Sachen Blau gegen Grün.
e. Rücküberweisung von zu viel gezahlten Honorars an den Mandanten Schneider.
f. Vortrag im Rahmen einer Fortbildungsveranstaltung der Rechtsanwaltskammer.
g. An das Finanzamt wurde für folgende Einzelpositionen eine Überweisung getätigt:

Lohnsteuer	1.200,00 Euro
Einkommensteuer	2.000,00 Euro
Umsatzsteuerzahllast	2.450,00 Euro

Kontoauszug XY-Bank

Datum	Erläuterungen	Wert	Betrag	
05.08.	Telefonrechnung Re-Nr. 1234	05.08.	213,45 -	
06.08.	Sonnenscheinversicherung Schadensregulierung Müller/Mayer	06.08.		7.600,00 +
07.08.	Büroausstatter Müller eKfm, Bürostuhl Trulleberg, Re. 407	07.08.	119,00 -	
08.08.	Überweisung Gerichtskosten Blau/Grün	08.08.	350,00 -	
08.08.	Rücküberweisung Honorar, H. Schneider	08.08.	238,00 -	
09.08.	Vortragsvergütung RA-Kammer	09.08.		357,00 +
10.08.	Überweisung Finanzamt Steuernummer 12345678	10.08.	5.650,00 -	

II. Prüfungsaufgaben — 2. Aufgaben mit Buchungssätzen

Sachverhalt 5

In der Kanzlei von Dr. Streit werden die Buchungen im Rahmen der Gehaltsabrechnung für seine Angestellten vorgenommen; folgende Positionen wurden dabei noch nicht gebucht:

Lohnsteuer insgesamt: 3.600,00 Euro
Kirchensteuer: 288,00 Euro
Solidaritätszuschlag: ?
Sozialversicherungsbeiträge insgesamt: 7.300,00 Euro

Außerdem geht eine Einkommensteuerrückerstattung für den Anwalt in Höhe von 2.100,00 Euro auf das Kanzleibankkonto ein.

Sachverhalt 6

Die folgende Eingangsrechnung wurde noch nicht gebucht, die Zahlung erfolgt per Bankkonto. Hinweis: Rechtsanwalt Schlau hatte im laufenden Jahr bisher mehrfach Wirtschaftsgüter auf das Konto **Sammelposten** gebucht.

Büro- Schmitt OHG
Hauptstraße 9
12345 Überzwerg

RA Schlau
Am Judensand 8
55122 Mainz

Re-Nr.: 1357   Re.-datum: 08.08.
                                              Steuernummer 47110815

Wir lieferten Ihnen

1 Aktenvernichter	netto Listenpreis	157,00 Euro
	Einführungsrabatt: 5 % ./.	7,85 Euro
1 Regalsystem „Conti"	netto Listenpreis	870,00 Euro
1 Schreibtisch „Stabilo"	netto Listenpreis	1.050,00 Euro
17.000 Blatt Kopierpapier, Din A 4	netto Listenpreis	120,00 Euro
	Rechnungsbetrag netto	2.189,15 Euro
	+ 19 % USt	415,94 Euro
	Bitte überweisen Sie	2.605,09 Euro

Sachverhalt 7

In der Kanzlei von Rechtsanwalt Schnell sind folgende Geschäftsvorfälle zu buchen:

a. Mandant Müller hatte einen Vorschuss in Höhe von 500,00 Euro + 95,00 Euro USt gezahlt, der auch bereits gebucht wurde. Nach Ausgang des Prozesses belaufen sich die Anwaltsgebühren und Auslagen auf 400,00 Euro + 76,00 Euro USt. Die Erstattung erfolgt auf das Postbankkonto.
b. Die gegnerische Versicherung überweist in einer Unfallsache für den Mandanten Mayer 11.250,00 Euro.
c. Der unter Teilziffer b eingegangene Betrag wird auf das Anderkonto gebucht.
d. Das in der Versicherungszahlung von Teilziffer b enthaltene Honorar von Rechtsanwalt Schlau in Höhe von 800,00 Euro netto wird umgebucht.
e. Das Honorar aus Teilziffer d wird vom Anderkonto auf das Bankkonto gebucht.
f. Der Restbetrag wird dem Mandanten überwiesen.
g. Für den Mandanten Rot werden 300,00 Euro Gerichtskosten bar vorgelegt.

Kommunikation und Büroorganisation/Geschäfts- und Leistungsprozesse

h. Bei der XY-Bauträger AG, Mandantin von Rechtsanwalt Schnell, wurde das Insolvenzverfahren mangels Masse nicht eröffnet. Die bereits für sie vorgelegten Gerichtskosten in Höhe von 500,00 Euro müssen insofern als uneinbringlich angesehen werden.
i. Der Rechtsanwalt verkauft seinen bereits vollständig abgeschriebenen Kanzlei- PC bar für 50,00 Euro zuzüglich 19 % USt an einen Rechtsreferendar, der ihn dringend für sein Referendariat benötigt.
j. Rechtsanwalt Schnell kauft für seine Kanzlei ein Regalsystem. Der Nettolistenpreis beträgt 1.600,00 Euro zuzüglich 19 % USt, hierauf gewährt der Händler einen Sofortrabatt von 10 %. Die Banküberweisung erfolgt zwei Tage später unter Abzug von 2 % Skonto.
k. Überweisung der USt-Zahllast an das Finanzamt in Höhe von 5.000,00 Euro.

Sachverhalt 8

Im Dezember stehen für die Kanzlei von Dr. Recht die folgenden Buchungen offen. Sofern möglich, ist von der Sammelpostenregelung Gebrauch zu machen.

a. Am 15. Dezember kauft Dr. Recht für den Besprechungsraum seiner Kanzlei Stühle. Der Einzelpreis pro Stuhl beträgt 160,00 Euro netto, bei Abnahme von 10 Stühlen erhält er einen Stuhl gratis zusätzlich hinzu. Dr. Streit nimmt das Angebot an, die Überweisung der 1.600,00 Euro zuzüglich 304,00 Euro USt erfolgt per Bank.
b. Am 16. Dezember kauft Dr. Recht für seine Kanzlei einen neuen PC zu einem Kaufpreis von 470,00 Euro zuzüglich 19 % USt. Die Überweisung erfolgt unter Abzug von 2 % Skonto.
c. Auf dem Konto **Sammelposten aktuelles Jahr** wurden bis zum 15. Dezember insgesamt 4.000,00 Euro gebucht. Nehmen Sie die Abschreibung zum 31.12. hierfür vor. Sofern notwendig, sind hierbei Ihre Lösungen zu Teilziffer „a" und „b" zu berücksichtigen.
d. Auf dem Konto **Sammelposten Vorjahr** stehen zum 31.12. noch 3.000,00 Euro.
Mit wie viel Euro wurde der Sammelposten letztes Jahr gebildet? Nehmen Sie auch hier die Abschreibung zum 31.12. des aktuellen Jahres vor.
e. Am 17. Dezember wurde ein neuer Schreibtisch zu einem Kaufpreis von 1.200,00 Euro zuzüglich 19 % USt gekauft. Die Zahlung erfolgte per Postbank, Abschreibungen sind noch nicht vorgenommen worden. Der Schreibtisch hat eine Nutzungsdauer von 13 Jahren. Buchen Sie den Kauf sowie die Abschreibung am Jahresende.

Sachverhalt 9

In der Kanzlei von Rechtsanwalt Huber stehen für die folgenden Geschäftsvorfälle die Buchungen noch aus:

a. Im Rahmen der monatlichen Gehaltsabrechnung sind noch folgende Überweisungen vorzunehmen:
   aa. Zum 25. des Monats sind die Sozialversicherungsbeiträge in Höhe von 4.000,00 Euro zu überweisen.
   ab. Zum 30. des Monats sind die Gehälter in Höhe von 10.000,00 Euro zu überweisen.
   ac. Zum 10. des Folgemonats ist die Lohnsteuer in Höhe von 3.500,00 Euro an das Finanzamt zu überweisen.
b. Im Rahmen des Mandats „Mayer" sind die folgenden Buchungen vorzunehmen:
   ba. Die Versicherung überweist für den Mandanten Mayer auf das Anderkonto 3.750,00 Euro.
   bb. In diesem Betrag stecken 250,00 Euro Gerichtskosten, 312,00 Euro Rechtsanwaltsgebühren und 20,00 Euro Telekom-Pauschale zuzüglich der USt. Diese Beträge werden verrechnet.
   bc. Der Gesamtbetrag zu Teilziffer bb wird auf das Bankkonto umgebucht.
   bd. Der verbleibende Betrag wird an den Mandanten überwiesen.
c. Die Prämie für die Lebensversicherung von Rechtsanwalt Huber wird zum 01. des Monats überwiesen, 200,00 Euro.
d. Für ein für die Kanzlei aufgenommenes Darlehen stehen folgende Überweisungen an:
   da. Tilgungsrate in Höhe von 1.000,00 Euro
   db. Zinsen in Höhe von 112,30 Euro
   dc. Kontoführungsgebühren in Höhe von 23,50 Euro

Sachverhalt 10

Nehmen Sie die Buchungen für die folgenden Geschäftsvorfälle für die Kanzlei von Dr. Klein vor:

a. Dr. Klein hatte am 15. Januar einen Schreibtisch für sein Büro in der Kanzlei zu einem Kaufpreis in Höhe von 1.224,50 Euro zuzüglich 19 % USt erworben. Die Zahlung erfolgte unter Abzug von 2 % Skonto per Banküberweisung. Buchen Sie den Kauf.
b. Am 01. November desselben Jahres schenkt er den Schreibtisch aus Teilziffer a seinem Sohn zum Geburtstag, der Teil- bzw. Zeitwert zum Zeitpunkt der Entnahme beträgt 1.000,00 Euro netto. Der Schreibtisch hat eine Nutzungsdauer von 13 Jahren.

II. Prüfungsaufgaben — 2. Aufgaben mit Buchungssätzen

c. Folgende Zahlungsvorgänge sind zu buchen:
   ca. Überweisung der Umsatzsteuerzahllast an das Finanzamt, 4.500,00 Euro.
   cb. Die Kranken- und Pflegeversicherungsbeiträge des Kanzleiinhabers werden über das Kanzleibankkonto gezahlt, 450,00 Euro.
   cc. Der Mandant erstattet die vom Rechtsanwalt vorgelegten Gerichtskosten bar, 250,00 Euro.
   cd. das Finanzamt erstattet die zuviel gezahlte Einkommensteuer von Dr. Klein in Höhe von 1.223,00 auf das Kanzleikonto.
   ce. Die Angestellte Schröder erhält einen Gehaltsvorschuss bar in Höhe von 500,00 Euro.
   cf. Die vermögenswirksame Leistung der Angestellten Schröder für diesen Monat in Höhe von 40,00 Euro wird auf ihren Vwl-Vertrag überwiesen.
   cg. Dr. Klein entnimmt der Kasse 300,00 Euro, um seine Frau zum Essen einzuladen.

Zu Sachverhalt 11

Nehmen Sie die Buchungen für die Kanzlei von Dr. Groß vor. Sofern im Einzelfall ein GWG-Wahlrecht in Betracht kommen sollte, so kann dies frei ausgeübt werden.

a. Dr. Groß kaufte für seine Kanzlei ein Regalsystem zu 3.500,00 Euro zuzüglich 19 % USt. Der Händler gewährt einen Rabatt von 10 %, die Zahlung erfolgt per Bank.
b. Nach dem Aufbau des Regals aus Teilziffer a stellt Dr. Groß fest, dass einige Bretter leicht verzogen sind. Er reklamiert dies sofort und es erfolgt eine Preisminderung in Höhe von 200,00 Euro brutto, die ihm sofort auf sein Bankkonto überwiesen werden.
c. Für die Kanzlei wird Kopierpapier zu einem Nettoeinkaufspreis von 155,00 Euro gekauft. Der Verkäufer gewährt einen Stammkundenrabatt in Höhe von 5 %, die Zahlung erfolgt per Postbank.
d. Außerdem werden für die Kanzlei folgende Wirtschaftsgüter angeschafft (Nettowerte):
   - 1 Rollregal für Akten: 390,00 Euro
   - 1 Kasse für Portogelder   110,00 Euro
   - 1 Bürodrehstuhl   425,00 Euro, hierauf gewährt der Händler 5 % Rabatt
   - 20 Kugelschreiber, insgesamt   26,30 Euro
   - 1 Schreibtischleuchte   151,00 Euro

   Die Zahlung erfolgt per Banküberweisung.
e. Dr. Groß veröffentlichte in einer juristischen Fachzeitschrift. Der Verlag zahlt ihm hierfür 3.000,00 Euro brutto auf das Bankkonto.

Sachverhalt 12

Nehmen Sie die Buchungen für die Kanzlei von Rechtsanwalt Grün vor:

a. Lastschrift der Bank für die Kanzleimiete in Höhe von 1.800,00 Euro und für die Telefonkosten in Höhe von 595,00 Euro brutto; der Privatanteil an den Telefonkosten beträgt 20 %.
b. Die Abschlagszahlung für Strom wird überwiesen, 130,00 Euro brutto.
c. Der Auszubildenden wird ihre Ausbildungsvergütung in Höhe 460,00 Euro überwiesen.
d. Ein kurzfristiges Darlehen in Höhe von 30.000,00 Euro wird umgeschuldet in ein langfristiges Darlehen.
e. Für das langfristige Darlehen aus Teilziffer d werden 250,00 Euro Tilgung und 32,50 Euro Zinsen per Postbank überwiesen.
f. Mandant Müller hatte einen Vorschuss in Höhe von 1.500,00 Euro (inclusive USt) überwiesen. Dieser wurde auch ordnungsgemäß gebucht. Die Abschlussrechnung lautet über 1.200 Euro zuzüglich 19 % USt. Nehmen Sie die notwendige(n) Korrekturbuchung(en) vor.
g. Auf dem Kontoauszug sind folgende, noch zu buchende Gutschriften ersichtlich:
   - zuviel gezahlte Einkommensteuer   900,00 Euro
   - juristischer Fachvortrag an der VHS   500,00 Euro
   - Honorar in Sachen Müller / Mayer   2.261,00 Euro
   - Mandant Schneider erstattet vorgelegte Gerichtskosten   350,00 Euro.
h. Die Kanzlei von Rechtsanwalt Grün befindet sich in einem eingeschossigen Hauses mit 260 qm Grundfläche. 140 qm entfallen auf die Kanzleiräume und 120 qm auf die räumlich abgetrennten Privaträume der Familie Grün. Rechtsanwalt Grün lässt sowohl die Geschäftsräume als auch die Wohnung mit neuem Teppichboden verlegen. Die hierfür berechneten 3.900,00 Euro zuzüglich USt bezahlt er vom Kanzleibankkonto.
i. Die Teppich-Rein GmbH reinigte die kompletten 260 qm Teppichboden aus Teilziffer „h". Hierfür stellte sie 520,00 Euro zuzüglich USt in Rechnung, die Rechtsanwalt Grün per Kanzlei- Postbankkonto zahlte.

Kommunikation und Büroorganisation/Geschäfts- und Leistungsprozesse

Sachverhalt 13

Nehmen Sie die Buchungen für die Kanzlei von Dr. Hurtig vor:

a. Auf einem Kontoauszug des Kanzleikontos sind folgende Zahlungen ersichtlich, aber noch nicht in der Kanzlei gebucht:

– Banklastschrift für USt-Zahllast	2.300,00 Euro	Soll
– Beitrag Rechtsanwaltskammer	100,00 Euro	Soll
– Bürohaus Klein, Rollcontainer	177,90 Euro	Soll
– Erstattung private Krankenversicherung	670,00 Euro	Haben

b. Dr. Hurtig hatte mit dem zu 100 % im Betriebsvermögen der Kanzlei befindlichen Pkw einen Unfall, die Rechnung der Werkstatt über 1.071,00 Euro brutto beglich er per Postbank.

c. Für die Reinigung des Pkw's aus Teilziffer b zahlte er bar 21,42 Euro. Die Tankrechnung über 83,30 Euro zahlte er ebenfalls bar.

d. Der Mandant Müller überweist auf das Anderkonto:

Gebühren	820,00 Euro
Auslagen	65,00 Euro
USt	168,15 Euro
vorgelegte Kosten	170,00 Euro
Fremdgeld	3.950,00 Euro

e. Kauf eines juristischen Fachbuches in der Buchhandlung bar, 126,00 Euro brutto.

Sachverhalt 14

a. Rechtsanwalt Hurtig wird in einer Erbschaftsangelegenheit als Testamentsvollstrecker tätig. Die Erbmasse besteht aus einem Barvermögen in Höhe von 158.950,00 Euro, welches Rechtsanwalt Hurtig auf sein Kanzleikonto überwiesen wird.

b. Gehen Sie davon aus, dass sich die Angelegenheit länger hinziehen wird. Welche Buchung hat dann zu erfolgen?

c. Die 158.950,00 Euro sollen sollen wie folgt verteilt werden:

A: 1/6
B: 1/6
C: 1/5
D: 1/5

Der Rest soll an eine kirchliche Stiftung gehen.

Aus den 158.950,00 Euro soll auch das brutto Honorar in Höhe 5.950,00 Euro gezahlt werden.

Nehmen Sie die Aufteilungen vor und buchen Sie die Überweisungen an die Beteiligten unter Berücksichtigung des Honorars von Rechtsanwalt Hurtig.

d. Welche Umbuchung muss Rechtsanwalt Hurtig anschließend noch vornehmen?

C. Einnahmenüberschussrechnung

I. Wiederholungsfragen

1. In welcher Einkunftsart muss der Gewinn eines Rechtsanwalts angegeben werden?

2. Muss ein Rechtsanwalt seinen Gewinn zwingend anhand der Einnnahmenüberschussrechnung ermitteln?

I. Wiederholungsfragen

3. Erläutern Sie den Begriff „Einnahmenüberschussrechnung" nach § 4 Abs. 3 EStG. Geben Sie in diesem Zusammenhang auch an, was das Einkommensteuergesetz unter Betriebseinnahmen und und Betriebsausgaben versteht.

_____

_____

_____

_____

Betriebseinnahmen: _____

_____

Betriebsausgaben: _____

_____

4. Geben Sie allgemein die wichtigsten Positionen bei den Betriebseinnahmen und bei den Betriebsausgaben im Rahmen der Einnahmenüberschussrechnung an:

Betriebseinnahmen	Betriebsausgaben

5. Erläutern Sie die Funktion des Zufluss-/Abflussprinzips gemäß § 11 EStG im Rahmen der Einnahmenüberschussrechnung.

_____

_____

_____

Kommunikation und Büroorganisation/Geschäfts- und Leistungsprozesse

6. Welche Besonderheiten gelten für regelmäßig wiederkehrenden Leistungen, die am Ende des Kalenderjahres vorliegen?

_____

_____

_____

7. Ein Rechtsanwalt kann bei den Wirtschaftsgütern, deren Anschaffungskosten über 150,00 Euro bis 410,00 Euro liegen ein Wahlrecht ausüben und sie als geringwertige Wirtschaftsgüter sofort als Betriebsausgaben behandeln. Welches formale Erfordernis muss er dann allerdings beachten?

_____

_____

II. Prüfungsfragen

1. Kreuzen Sie an, ob der jeweilige Vorgang innerhalb der Einnahmenüberschussrechnung als Betriebseinnahme (BE) oder als Betriebsausgabe (BA) oder gar nicht (N) in der Gewinnermittlung erfasst werden muss.

	BE	BA	N
Rückzahlung einer Tilgungsrate für ein Darlehen in Höhe von 500,00 Euro			
Zahlung von 50,00 Euro Zinsen für ein aufgenommenes Darlehen			
Verkauf eines zur Kanzlei gehörenden Grundstücks zu 80.000,00 Euro (ehemaliger Parkplatz); Buchwert: 60.000,00 Euro.			
Kauf eines neuen Grundstücks für Mandantenparkplätze			
Zahlung der Novembergehälter			
Kauf von Kopierpapier			

II. Prüfungsfragen

	BE	BA	N
Kauf eines neuen PKW für die Kanzlei: netto Kaufpreis 18.000,00 + 19 % USt 3.420,00 = insges. 21.420,00 Jahres-AfA = 3.000,00			
Der Rechtsanwalt entnimmt einen für die Kanzlei angeschafften PC und schenkt ihn seiner Frau zum Geburtstag			
Zahlung der Kanzleimiete			
Der Rechtsanwalt zahlt 600,00 Euro in die Bürokasse ein			

2. Rechtsanwalt Dr. Klein kauft sich für sein Büro eine neue Schreibtischleuchte zu einem brutto Kaufpreis von 505,75 Euro. Der Händler gewährt ihm einen Sofortrabatt in Höhe von 5 %. Dr. Klein zahlt den verminderten Kaufpreis per Banküberweisung. Wie ist der Vorgang bei seiner Gewinnermittlung zu berücksichtigen? Hinweis: Sofern ein Wahlrecht bestehen sollte, ist ein möglichst geringer Gewinn (= weniger Steuern) anzustreben. Die Nutzungsdauer für die Lampe beträgt 6 Jahre.

3. Rechtsanwalt Schlau kauft sich am 28.12. einen neuen Kopierer für sein Büro und erhält hierüber folgende Rechnung:

    Kopierer Xs 600   410,00 Euro
    + 19 % USt   77,90 Euro
    zu zahlen   487,90 Euro

Er stellt den Kopierer noch am 28.12. auf und schließt ihn auch an. Die Rechnung bezahlt er am 15.01. des folgenden Jahres. Wie ist dieser Vorgang bei seiner Einnahmenüberschussrechnung zu berücksichtigen?

Kommunikation und Büroorganisation/Geschäfts- und Leistungsprozesse

4. Rechtsanwalt Schmitt kauft am 12.06. für seine Kanzlei einen PKW, den er zu 100 % dem Betriebsvermögen zuordnet. Die Nutzungsdauer beträgt 6 Jahre. Rechtsanwalt Schmitt erhält folgende Rechnung:

PKW GLS 200		26.000,00	Euro
Rabatt	−	2.000,00	Euro
netto	=	24.000,00	Euro
19 % USt	+	4.560,00	Euro
zu zahlen		28.560,00	Euro

   Rechtsanwalt Schmitt zahlt die Rechnung am 16.06. per Banküberweisung. Zwecks Finanzierung des PKW nahm er am 01.06. bei seiner Bank einen Kredit über 29.000,00 Euro auf. Die Tilgung für das Anschaffungsjahr beträgt insgesamt 3.700,00 Euro und die Zinsen 350,00 Euro. Geben Sie an, wie sich der gesamte Vorgang zum 31.12. des Anschaffungsjahres auf seine Einnahmenüberschussrechnung auswirkt.

5. Folgende Geschäftsvorfälle sind für die Einnahmenüberschussrechnung zum 31.12. von Rechtsanwalt Dr. Schlau zu berücksichtigen:

   − Gezahlte Personalkosten: 63.000,00 Euro
   − Honorareinnahmen: 174.000,00 Euro zzgl. 19 % USt
   − Büromaterial: 11.000,00 Euro zzgl. 19 % USt
   − Kopierpapier: 3.689,00 Euro brutto
   − Gezahlte Miete für Kanzleiräume: 15.000,00 Euro (keine USt)
   − Kauf einer Regalwand am 12.10.: 2.000,00 Euro netto zzgl. 19 % USt, die Nutzungsdauer beträgt 10 Jahre

   a. Ermitteln Sie den Gewinn.
   b. In welcher Einkunftsart muss der Gewinn versteuert werden?

Vorgänge	Betriebseinnahmen	Betriebsausgaben

II. Prüfungsfragen

Vorgänge	Betriebseinnahmen	Betriebsausgaben
Summen (beider Spalten)		
Gewinn		

6. Folgende Geschäftsvorfälle sind für die Einnahmenüberschussrechnung zum 31.12. von Rechtsanwalt Dr. Blümlich zu berücksichtigen:

   – Personalkosten 84.000,00 Euro
   – Honorareinnahmen brutto 274.000,00 Euro
   – Miete für Kanzleiräume 21.000,00 Euro brutto (Option zur USt gem. § 9 UStG erfolgte)
   – Kosten für Bürobedarf, Telekomgebühren etc. 19.000,00 Euro brutto
   – Zinsgutschrift von der Bank 200,00 Euro (Kapitalertragsteuer und Solidaritätszuschlag bleiben außer Betracht)
   – Barkauf einer Aktentasche 150,00 Euro zzgl. 19 % USt
   – Anzahlung für den neuen Kanzlei-PKW in Höhe von 2.000,00 Euro zuzüglich 19 % USt; Anzahlungsrechnung mit Vorsteuerausweis liegt vor; der Kauf erfolgt erst im folgenden Jahr
   – Schuldzinsen für ein Darlehen 500,00 Euro

   Ermitteln Sie den Gewinn durch Einnahmenüberschussrechnung.

Vorgänge	Betriebseinnahmen	Betriebsausgaben
Summen (beider Spalten)		
Gewinn		

Kommunikation und Büroorganisation/Geschäfts- und Leistungsprozesse

7. Ermittlung des Gewinns durch Einnahmenüberschussrechnung (Bruttomethode):

Vorgänge	Betriebseinnahmen	Betriebsausgaben
Personalkosten		144.000,00
Honorareinnahmen brutto	344.000,00	
Miete für Kanzleiräume (brutto)		22.000,00
Kosten für Bürobedarf, Telekom etc. (brutto)		20.000,00
Einlage aus Privatvermögen (keine BE)	—	—
Einnahmen aus Autorentätigkeit (brutto)	6.300,00	
Kauf Kanzlei-PKW: AfA (20.000,00 / 6 Jahre × 1/12)		277,78
Vorsteuer PKW (sofort abziehbare BA)		3.800,00
Verkauf PC (brutto 600,00 + 114,00 USt)	714,00	
Anteilige AfA PC bis Verkauf		200,00
Restbuchwert PC (Abgang)		300,00
Summen (beider Spalten)	**351.014,00**	**190.577,78**
Gewinn		**160.436,22**

8. In der Kanzlei von Rechtsanwalt Dr. Schneider erstellt üblicherweise Frau Klein im Dezember bereits die vorläufige Einnahmenüberschussrechnung und Dr. Schneider ergänzt bzw. überarbeitet diese dann im Folgejahr. Bedauerlicherweise musste Frau Klein ihre Vorarbeiten kurzfristig abbrechen, da sie wegen Schwangerschaftskomplikationen länger in der Kanzlei ausfällt. Dr. Schneider kann sich wegen eines großen Mandates ebenfalls nicht wie gewohnt um die Gewinnermittlung kümmern, so dass Sie beauftragt werden, den endgültigen Gewinn zu ermitteln. Hierzu liegen folgende Angaben vor:

Die vorläufig ermittelten Betriebseinnahmen betragen 270.000,00 Euro und die vorläufigen Betriebsausgaben 140.000,00 Euro.

Die folgenden Vorgänge sind zu prüfen, ggf. noch zu berücksichtigen oder ggf. zu korrigieren. Hinweis: Bei Wahlrechten ist ein möglichst geringer Gewinn anzustreben.

1. Nicht erfasst wurde eine Honorarabrechnung über 1.190,00 Euro, wobei der Mandant am 28.12. per Bank zahlte.

II. Prüfungsfragen

2. Ebenfalls nicht berücksichtigt wurde eine Honorarrechnung über 2.380,00 Euro, die am 27.12. an den Mandanten geschickt und am 05.01. des Folgejahres bezahlt wurde.
3. Die am 31.12. fällige Dezembermiete für die Kanzleiräume in Höhe von 1.200,00 Euro (keine USt) überwies Dr. Schneider erst am 03.01.. Dieser Vorgang wurde nicht erfasst.
4. Der Lohn für eine Aushilfskraft in Höhe von 390,00 Euro wurde am 27.12. überwiesen, aber nicht in der Gewinnermittlung erfasst.
5. Am 27.12. kaufte Dr. Schneider einen Aktenvernichter für 154,00 Euro zzgl. 19 % USt. Rechnungseingang und Bezahlung erfolgten am 05.01. des Folgejahres. Die Nutzungsdauer beträgt 6 Jahre. Der Vorgang wurde nicht erfasst.
6. Am 01.12. buchte die Bank für ein Darlehen 200,00 Euro Zinsen und 300,00 Tilgung vom Bankkonto ab. Die Zinsen wurden noch nicht und die Tilgung wurde als Betriebsausgabe erfasst.
7. Am 15.12. verkaufte Dr. Schneider den 10 Jahre alten und auf 1,00 Euro Erinnerungswert abgeschriebenen Kanzlei-PKW für 1.000,00 Euro zzgl 19 % USt. Der Vorgang wurde noch nicht erfasst.
8. Am 17.12. kaufte er für seine Kanzlei einen neuen PKW für 21.500,00 Euro zzgl. 19 % USt. Der PKW hat eine Nutzungsdauer von 6 Jahren. Lediglich die 21.500,00 Euro wurden als Betriebsausgaben erfasst.
9. Für den PKW, der nur für betriebliche und nicht für private Fahrten genutzt wird, tankte er am 18.12. für 65,45 Euro brutto und zahlte bar. Der ordnungsgemäße Tankbeleg wurde noch nicht erfasst.
10. Da die betriebliche Kasse einen Tiefstand hatte, zahlte er am 01.12. aus seinem Privatvermögen 500,00 Euro ein. Der Vorgang wurde als Betriebseinnahme erfasst.
11. Am 16.12. wurde in seiner Kanzlei ein Laptop gestohlen. Er hatte diesen letztes Jahr als GWG (400,00 Euro + 19 % USt) als Betriebsausgabe behandelt. Im Zeitpunkt des Diebstahls hatte der Laptop noch einen Wert von 210,00 Euro; dieser wurden jetzt als Betriebsausgabe behandelt.

Hinweis: Da in den oben aufgeführten Vorgängen auch Korrekturen vorzunehmen sind, sind in dem Gewinnermittlungsschema vier Spalten erforderlich:

- Bei Betriebseinnahmen + sind die Zugänge zu den Betriebseinnahmen zu erfassen.
- Bei Betriebseinnahmen − sind die Betriebseinnahmen zu korrigieren, das heißt dort sind die Beträge einzutragen, die zu Unrecht zuvor in den Betriebseinnahmen erfasst wurden.
- Bei Betriebsausgaben + sind die Beträge aufzuführen, die von Ihnen als Betriebsausgaben erfasst werden.
- Bei Betriebsausgaben − werden die Betriebsausgaben eingetragen und damit aus den Betriebsausgaben herausgenommen, die zuvor zu Unrecht in den Betriebsausgaben erfasst wurden.

Vorgänge	Betriebseinnahmen +	−	Betriebsausgaben +	−
Vorläufige Betriebseinnahmen bzw. Betriebsausgaben				
1.				
2.				
3.				
4.				
5.				
6.				

Kommunikation und Büroorganisation/Geschäfts- und Leistungsprozesse

Vorgänge	Betriebseinnahmen + −		Betriebsausgaben + −	
7.				
8.				
9.				
10.				
11.				
Summen (alle Spalten aufaddieren)				
Ermittlung der tatsächlichen (saldierten) Betriebseinnahmen und Betriebsausgaben	⬇ .... − .... = ...		⬇ .... − .... = ...	
Gewinn	⬇			

D. Zahlungsverkehr und Steuern

I. Wiederholungsfragen

1. Zahlungsverkehr

1. Erläutern Sie kurz die Einteilung der Zahlungsmittel.

   _____

   _____

2. Bei den Zahlungsformen werden Barzahlungen, halbbare Zahlungen und bargeldlose Zahlungen unterschieden. Erläutern Sie kurz die Unterschiede.

   Barzahlung: _____

   _____

   Halbbare Zahlung: _____

   _____

I. Wiederholungsfragen — 1. Zahlungsverkehr

Bargeldlose
Zahlung: _____

_____

3. Nennen Sie die Vor- und Nachteile einer Barzahlung.

Vorteile	Nachteile

4. Was ist unter einer Quittung zu verstehen?

_____

_____

5. Welche Bestandteile muss eine Quittung enthalten?

- _____
- _____
- _____
- _____
- _____
- _____

6. Welche Möglichkeiten gibt es eine Quittung zu erteilen?

_____

_____

7. Wer muss die Kosten für eine Quittung übernehmen (mit Angabe des zutreffenden Paragrafen)?

Kostenübernahme: _____ § _____

8. Nennen Sie zwei wichtige Gründe für die Notwendigkeit, im Rechts- und Wirtschaftsverkehr bei Barzahlungen Quittungen zu verwenden.

- _____
- _____

9. Was ist unter einer Inkassovollmacht zu verstehen?

_____

Kommunikation und Büroorganisation/Geschäfts- und Leistungsprozesse

10. Was versteht man unter einem Zahlschein?

11. Was ist unter einer Sendung per Nachnahme zu verstehen?

12. Was ist ein Konto bei einer Bank?

13. Erläutern Sie den Begriff Gironetz.

14. Welche Möglichkeiten der Auftragserteilung für eine Überweisung gibt es?

    -
    -
    -

15. Erläutern Sie die folgenden Begriffe zum Zahlungsverkehr:

    SEPA =

    IBAN =

    BIC =

I. Wiederholungsfragen　　　　　　　　　　　　　　　1. Zahlungsverkehr

16. Nennen Sie die Bestandteile einer SEPA-Überweisung.

    (1) _____ (2) _____

    (3) _____ (4) _____

    (5) _____ (6) _____

    (7) _____ (8) _____

17. Innerhalb welcher Frist müssen Überweisungen im SEPA-Raum von den Banken ausgeführt werden?

    _____

18. Was ist unter einem Dauerauftrag zu verstehen?

    _____

    _____

    _____

19. **Lastschriftverfahren**

    a. Erläutern Sie kurz allgemein den Begriff.

       _____

    b. Kennzeichnen Sie das SEPA-Lastschriftverfahren.

    Allgemein:

    Welche Verfahren werden unterschieden?

    Gemeinsamkeiten dieser Verfahren:

Kommunikation

Kommunikation und Büroorganisation/Geschäfts- und Leistungsprozesse

Wichtige Unterschiede zwischen den Verfahren:

20. Welche Vorteile beinhaltet das Lastschriftverfahren für den Zahlungspflichtigen und den Zahlungsempfänger?

Vorteile für Zahlungspflichtigen	Vorteile für Zahlungsempfänger

21. **Der Scheck**

    a. Was ist ein Scheck?

    _____

    _____

    b. Welche Scheckarten lassen sich unterscheiden nach ...

      (1) der Art der Einlösung:

      _____

      _____

      (2) der Form der Weitergabe:

      _____

      _____

    c. Wann ist ein Scheck fällig?

    _____

22. Was ist ein Wechsel?

    _____

    _____

I. Wiederholungsfragen

23. Welche Funktionen kann eine Girokarte erfüllen?

2. Steuern

1. Erläutern Sie kurz die Unterschiede zwischen Gebühren, Beiträgen und Steuern.

   Gebühren: _____

   Beiträge: _____

   Steuern: _____

2. Erläutern Sie kurz vier wichtige steuerliche Nebenleistungen.

   (1) Verspätungszuschlag: _____

   (2) Säumniszuschlag: _____

   (3) Zinsen: _____

   (4) Zwangsgeld: _____

Kommunikation und Büroorganisation/Geschäfts- und Leistungsprozesse

3. Steuern können nach verschiedenen Kriterien eingeteilt werden. Nennen Sie die jeweiligen Fachbegriffe und geben Sie immer ein Beispiel dazu.

Einteilung der Steuern

a. Einteilung nach der Ertragshoheit (wem fließt das Steueraufkommen zu?)	(1) _____, _____ (2) _____, _____ (3) _____, _____ (4) _____, _____
b. Einteilung nach der Überwälzbarkeit der Steuer (auf andere)	(1) _____, _____ (2) _____, _____
c. Einteilung nach der Art der Erhebungsform	(1) _____, _____ (2) _____, _____
d. Einteilung nach dem Gegenstand der Besteuerung	(1) _____, _____ (2) _____, _____ (3) _____, _____ (4) _____, _____

4. Kennzeichnen Sie kurz die folgenden Steuerarten:
   a. Umsatzsteuer

   _____

   _____

   _____

   _____

   b. Körperschaftsteuer

   _____

   _____

   _____

   _____

I. Wiederholungsfragen — 2. Steuern

c. Gewerbesteuer

_____

_____

_____

_____

d. Lohnsteuer

_____

_____

_____

_____

e. Erbschaft-/Schenkungsteuer

_____

_____

_____

_____

5. Kennzeichnen Sie kurz das Wesen der Einkommensteuer anhand der Einteilungskriterien (siehe Frage 3).

- _____

- _____

- _____

- _____

6. Die Einkommensteuer setzt voraus, dass jemand steuerpflichtig ist. Erläutern Sie kurz, was unter der persönlichen und was unter der sachlichen Steuerpflicht zu verstehen ist.

Persönliche Steuerpflicht: _____

_____

_____

Sachliche Steuerpflicht: _____

_____

Kommunikation und Büroorganisation/Geschäfts- und Leistungsprozesse

7. Stellen Sie das Berechnungsschema der Einkommensteuer bis zum versteuernden Einkommen dar.

   1. ....
   2. ....
   3. ....
   4. ....
   5. ....
   6. ....
   7. ....
   = ...
   − ....
   − ....
   − ....
   = ...
   − ....
   − ....
   − ....
   = ...
   − ....
   − ....
   = ...

8. Durch welches zentrale Merkmal unterscheiden sich die ersten drei Einkunftsarten von den Einkunftsarten vier bis sieben?

   Einkunftsarten 1 bis 3: _____

   Einkunftsarten 4 bis 7: _____

9. Im Rahmen der Ermittlung der Einkünfte sind bei der Einkommensteuer die Begriffe Betriebseinnahmen und Betriebsausgaben, Einnahmen und Werbungskosten und Aufwendungen für die Lebensführung von großer Bedeutung. Erläutern Sie diese kurz.

   (1) Betriebseinnahmen: (2) Betriebsausgaben:

I. Wiederholungsfragen 2. Steuern

(3) Einnahmen:

_____

_____

_____

(4) Werbungskosten:

_____

_____

_____

(5) Aufwendungen für die Lebensführung:

_____

_____

10. Erläutern Sie kurz die Lohnsteuerklassen.

    I _____

    II _____

    III _____

    IV _____

    V _____

    VI _____

11. Geben Sie an, welche Abzüge bei einer Gehaltsabrechnung vorzunehmen sind.

    Ausgangsgröße: ....

    - .... beiträge:

        ....

        ....

        ....

        ....

    - .... :

        ....

        ....

        ....
        _____

    = ...

Kommunikation und Büroorganisation/Geschäfts- und Leistungsprozesse

12. Umsatzsteuer

   a. Kennzeichnen Sie das Wesen der Umsatzsteuer, geben Sie hierzu mit kurzer Begründung an:
      a. Ist sie eine Verbrauchsteuer oder eine Verkehrsteuer?

      _____

      b. Ist sie eine direkte oder eine indirekte Steuer?

      _____

   b. Auf welchen Stufen des Wirtschaftsverkehrs entsteht sie?

      _____

   c. Welche Voraussetzungen (Tatbestandsmerkmale) müssen vorliegen, damit ein wirtschaftlicher Vorgang der deutschen Umsatzsteuer unterliegt? Tragen Sie die notwendigen Begriffe ein.
      a. Welche beiden Umsatzarten fallen unter den Oberbegriff „Leistung"?

      _____

      b. Wer erbringt die Leistung? _____

      c. Wo erbringt er sie? _____

      d. Welche Gegenleistung erhält er für die Leistung? _____

      e. In was für einem Rahmen wird die Leistung erbracht? _____

      wenn a bis e erfüllt sind, unterliegt ein Vorgang der deutschen Umsatzsteuer.

   d. Sofern bei einem wirtschaftlichen Vorgang alle Tatbestandsmerkmale wie sie in Frage 3 abgefragt wurden vorliegen und der Umsatz somit steuerbar ist, bedeutet dies zwingend, dass der Unternehmer auch tatsächlich Umsatzsteuer zahlen muss?

      _____

      _____

   e. Welche Steuersätze werden bei der Umsatzsteuer unterschieden?

      Regelsteuersatz: _____

      Ermäßigter Steuersatz: _____   Beispiele:

      _____

   f. Was ist im Regelfall die Bemessungsgrundlage bei der Umsatzsteuer?

      Bemessungsgrundlage: _____

I. Wiederholungsfragen — 2. Steuern

g. Erläutern Sie kurz den Begriff Umsatzsteuerzahllast, tragen Sie ein:

   ....

./.   ....

=   ....

h. Nennen Sie die Voraussetzungen für den Vorsteuerabzug, tragen Sie hierzu ein:

Person 1 (= ....) ⟶ Person 2 (= ....)

.... +

[..................]

⬇

....

i. Erläutern Sie kurz das Prinzip der Umsatzsteuervoranmeldung und geben Sie auch die Umsatzsteuervoranmeldungszeiträume an.

_____

_____

_____

_____

_____

_____

j. Wann entsteht die Umsatzsteuer?

Enstehung der USt

Sollbesteuerung:	Istbesteuerung
....	....
....	....
....	....
....	....

Kommunikation und Büroorganisation/Geschäfts- und Leistungsprozesse

k. Welche Rechnungsbestandteile sind nach § 14 UStG zwingend einzuhalten, damit der Leistungsempfänger die Vorsteuer aus der Rechnung ziehen kann?

a. _____
b. _____
c. _____
d. _____
e. _____
f. _____
g. _____
h. _____
i. _____
j. _____

II. Prüfungsaufgaben

1. Zahlungsverkehr

1. Ordnen Sie die folgenden Zahlungsformen korrekt zu, in dem Sie die Ziffer der jeweils zutreffenden Zahlungsform in das jeweils richtige Lösungsfeld eintragen. Auch Mehrfachnennungen sind möglich.
   (1) Barzahlung durch Noten und Münzen
   (2) Zahlschein
   (3) Barscheck des Zahlungspflichtigen
   (4) Überweisung
   (5) Lastschrift
   (6) Verrechnungsscheck
   (7) Kartenzahlung

Zahlungspflichtiger zahlt	Zahlungsempfänger erhält	Zahlungspflichtiger veranlasst Zahlung	Zahlungsempfänger Veranlasst Zahlung	Lösung (Ziffern)
bar	bar	ja	nein	
unbar	unbar	ja	nein	
bar	unbar	ja	nein	
unbar	bar	ja	nein	
unbar	unbar	nein	ja	

2. Kreuzen Sie für die folgenden Zahlungsformen jeweils an, welche der im Schema aufgeführten Kriterien auf Zahlschein, Überweisung, Dauerauftrag, Nachnahmesendung und Einzugsermächtigung jeweils zutreffen.

Kriterien / Zahlungsform	Barzahlung	Halbbare Zahlung	Bargeldlose Zahlung	Zahlungspflichtiger benötigt Konto	Zahlungsempfänger benötigt Konto
Zahlschein					
Überweisung					
Dauerauftrag					
Nachnahmesendung					
Lastschrift					

II. Prüfungsaufgaben — 1. Zahlungsverkehr

3. Kreuzen Sie die Vorgänge an, die dem bargeldlosen Zahlungsverkehr zugeordnet werden können.

Vorgänge	Lösung
a. Zahlung mit einem Verrechnungsscheck	
b. Es wird per Dauerauftrag gezahlt	
c. Es wird mittels Zahlschein gezahlt	
d. Die Zahlung erfolgt per Homebanking	
e. Die Zahlung erfolgt mit Kreditkarte	

4. Welche Nachteile hat die Zahlung mit Bargeld im Geschäftsverkehr?

_____

_____

_____

5. Die Rechtsanwaltsfachangestellte Sabine Schlau prüft den von ihr ausgefüllten Überweisungsträger. Welcher zur Überweisung notwendige Bestandteil fehlt in der folgenden Aufzählung?
   (1) IBAN und BIC des Empfängers
   (2) Verwendungszweck
   (3) Kontoinhaber / Auftraggeber
   (4) IBAN des Auftraggebers
   (5) Unterschrift, Datum

   _____

6. Kreuzen Sie an, für welchen der folgenden Geschäftsvorfälle der Dauerauftrag sinnvoll ist.

Geschäftsvorfall	Lösung
a. Zahlung des neuen PC für die Kanzlei	
b. Zahlung der USt-Zahllast im Rahmen der USt-Voranmeldung	
c. Zahlung des Gerichtskostenvorschusses	
d. Zahlung der monatlichen Miete für die Praxisräume	
e. Zahlung der Telefongebühren (keine Gesamtflatrate)	

7. Ordnen Sie jedem Sachverhalt den/die jeweils zutreffenden Begriff(e) zu. Tragen Sie hierzu die Ziffern der jeweiligen Begriffe in die hinter jedem Sachverhalt befindliche Lösungsspalte ein.
   (1) Dauerauftrag
   (2) SEPA-Firmenlastschrift
   (3) SEPA-Basislastschrift

Sachverhalt	Lösung
a. Es soll auch der Widerruf einer bereits ausgeführten Abbuchung möglich sein.	
b. Der Kontoinhaber ermächtigt den Zahlungsempfänger, den fälligen Betrag direkt von seinem Konto abzubuchen.	
c. Der Zahlungspflichtige kann nur künftigen Abbuchungen widersprechen.	
d. Der Rechtsanwalt möchte monatlich die Abonnementgebühr für eine bestimmte Fachzeitschrift überweisen.	
e. Der Rechtsanwalt möchte die Abbuchungen für die monatliche Telefonrechnung vornehmen lassen.	

Kommunikation und Büroorganisation/Geschäfts- und Leistungsprozesse

8. SEPA-Firmenlastschrift: Kreuzen Sie unter den folgenden Aussagen die zwei richtigen an.

Aussage	richtig
a. Das Kreditinstitut prüft bei jeder Lastschrift, ob ein Mandat vorliegt.	
b. Eine erfolgte Abbuchung kann innerhalb von zwei Wochen widerrufen werden.	
c. Eine erfolgte Belastung kann nicht rückgängig gemacht werden.	
d. Einer erfolgten Abbuchung kann man grundsätzlich widersprechen.	
e. Das SEPA-Firmenlastschriftverfahren ist besonders sinnvoll bei Kleinstbeträgen im Massenverfahren.	

9. Erläutern Sie kurz, ob es beim SEPA-Basislastschriftverfahren für den Zahlungspflichtigen möglich ist, eine Lastschrift zurückzugeben.

_____

_____

10. Kreuzen Sie die drei zutreffenden Aussagen zu den Zahlungsarten bzw. Zahlungsmitteln an.

Aussage	richtig
a. Bei einem bestätigten Bundesbankscheck gibt die Deutsche Bundesbank eine Einlösungsgarantie.	
b. Bei einem Barscheck wird der Geldbetrag ausschließlich dem Empfänger auf seinem Konto gutgeschrieben	
c. Ein Dauerauftrag eignet sich für die regelmäßige Abbuchung von Beträgen in gleicher und unterschiedlicher Höhe.	
d. Beim Lastschriftverfahren können Beträge in gleicher oder unterschiedlicher Höhe vom Konto des Zahlungsverpflichteten abgebucht werden.	
e. Ein Indossament ist beim Orderscheck zur Übertragung des Eigentums zusätzlich erforderlich.	

11. Wer ist Bezogener bei einem Scheck? Kreuzen Sie die richtige Lösung an.

Personen / Institutionen	richtig
a. Der Aussteller des Schecks	
b. Der Scheckempfänger	
c. Das Kreditinstitut, bei dem das Konto des Ausstellers geführt wird	
d. Das Kreditinstitut, bei dem der Scheck zur Gutschrift eingereicht wird	

12. Wann ist ein Scheck zur Zahlung fällig? Kreuzen Sie die zutreffende Lösung an

Aussage	richtig
a. 3 Werktage nach Ausstellung	
b. 3 Tage nach Vorlage	
c. Bei Sicht	
d. Am Ausstellungstag	

II. Prüfungsaufgaben — 1. Zahlungsverkehr

13. Wann gilt bei Zahlung mit Scheck eine offene Schuld als bezahlt? Kreuzen Sie die richtige Lösung an.

Aussage	richtig
a. Am Tag der Ausstellung	
b. Am Tag der Einreichung	
c. 3 Tage nach Einreichung bei unserer Bank	
d. Mit Gutschrift auf dem Konto des Zahlungsempfängers	

14. Kreuzen Sie bei den folgenden Zahlungsarten diejenige an, bei der der Absender eine Transaktions-Nummer (TAN) benötigt.

Möglichkeiten	notwendig
a. Barzahlung per Scheck	
b. Zahlung per Wechsel	
c. Zahlung per Überweisungsträger am Bankschalter	
d. Beim Online Banking	

15. Was bedeuten folgende Abkürzungen im Rahmen des Zahlungsverkehrs?

Abkürzung	Bedeutung
POS	
PIN	
TAN	
IBAN	
BIC	

16. Sofern jemand eine Kreditkarte beantragt, müssen bestimmte Voraussetzungen erfüllt sein. Kreuzen Sie die richtige Aussage an.

Aussage	richtig
a. Er benötigt eine TAN-Nummer.	
b. Er benötigt ein Girokonto, über das sein Kreditkartenkonto abgewickelt (abgebucht) werden kann.	
c. Er benötigt ein Lesegerät.	
d. Er benötigt die Zustimmung des Leasinggebers.	

Kommunikation und Büroorganisation/Geschäfts- und Leistungsprozesse

17. Nennen Sie Vorteile der Kreditkarten.

2. Steuern

1. Tragen Sie in dem folgenden Schema ein, welches Kriterium aus der Kopfzeile für die jeweilige Steuerart zutrifft.

Steuerart	Ertragshoheit: Bundes-, Landes-, Gemeinschafts- oder Gemeindesteuer?	Überwälzbarkeit: direkte Steuer oder indirekte Steuer?	Steuergegenstand: Besitz-, Verkehr-, Verbrauchssteuer oder Zoll?	Realsteuer? Ja oder nein eintragen.
Körperschaftsteuer				
Gewerbesteuer				
Energiesteuer				
Umsatzsteuer				
Einkommensteuer				

II. Prüfungsaufgaben — 2. Steuern

2. Kreuzen Sie die richtige Aussage an.

Aussage	richtig
a. Die Lohnsteuer kann vom Steuerschuldner auf den Steuerträger weiter gewälzt werden.	
b. Die Lohnsteuer wird zur Hälfte vom Arbeitgeber und zur Hälfte vom Arbeitnehmer getragen.	
c. Das Aufkommen aus der Lohnsteuer fließt nur dem Bund zu.	
d. Die Lohnsteuer ist eine besondere Erhebungsart der Einkommensteuer.	

3. Kreuzen Sie die richtige Aussage an.

Aussage	richtig
a. Die Umsatzsteuer ist eine Verbrauchssteuer.	
b. Der Rechtsanwalt erbringt mit seiner Tätigkeit eine sonstige Leistung und ist daher von der Umsatzsteuer befreit.	
c. Die Umsatzsteuer ist eine indirekte Steuer.	
d. Die Ertragshoheit bei der Umsatzsteuer liegt ausschließlich beim Bund.	
e. Wenn der Rechtsanwalt einen dem Betriebsvermögen zugeordneten Gegenstand ins Privatvermögen entnimmt, unterliegt dies grundsätzlich nicht der Umsatzsteuer.	

4. Kreuzen Sie die richtige Aussage an.

Aussage	richtig
a. Die Einkommensteuer ist eine indirekte Steuer.	
b. Die Einkommensteuer ist eine Veranlagungssteuer.	
c. Die Einkommensteuer wird als Quellensteuer direkt beim Arbeitgeber abgeführt.	
d. Die Einkommensteuer darf als betriebliche Steuer gewinnmindernd gebucht werden.	
e. Die Einkommensteuer entfällt grundsätzlich bei Familien mit mehr als drei Kindern.	

5. Tragen Sie für die folgenden Beispiele durch Angabe der Ziffer ein, ob es sich jeweils um eine Steuer, einen Beitrag oder eine Gebühr handelt.
   1. Steuer
   2. Gebühr
   3. Beitrag

Beispiele	Ziffer
a. Abgaben des Arbeitnehmers für die Sozialversicherung	
b. Abgabe für die Benutzung der städtischen Bibliothek	
c. Kurtaxe	
d. Zoll	
e. Abgabe für die Kanalbenutzung	
f. Abgabe an die Rechtsanwaltskammer	
g. Grundsteuer	

Kommunikation und Büroorganisation/Geschäfts- und Leistungsprozesse

6. Was ist Berechnungsgrundlage für die tarifliche Einkommensteuer? Kreuzen Sie die richtige Lösung an.

Begriff	richtig
a. Gesamtbetrag der Einkünfte	
b. Einkommen	
c. Summe der Einkünfte	
d. Zu versteuerndes Einkommen	

7. Ergänzen Sie die fehlenden Begriffe in dem folgenden Berechnungsschema zur Ermittlung der Einkommensteuer.

    Einkünfte aus Land- und Forstwirtschaft

    + Einkünfte aus Gewerbebetrieb

    + ...

    + Einkünfte aus nichtselbstständiger Arbeit

    + Einkünfte aus Kapitalvermögen

    + ...

    + Sonstige Einkünfte im Sinne des § 22 EStG

    = ...

    ./. Altersentlastungsbetrag

    ./. Entlastungsbetrag für Alleinerziehende

    ./. Freibetrag für Land- und Forstwirte

    = ...

    ./. Verlustabzug nach § 10d EStG

    ./. Sonderausgaben

    ./. außergewöhnliche Belastungen

    ./. sonstige Abzugsbeträge

    = ...

    ./. Freibeträge für Kinder

    ./. Härteausgleich nach § 46 (3) EStG, § 70 EStDV

    = ...

II. Prüfungsaufgaben — 2. Steuern

8. Der Gewerbetreibende Schröder erzielte im Veranlagungszeitraum Betriebseinnahmen in Höhe von 500.000,00 Euro. Die Betriebsausgaben betrugen 400.000,00 Euro. Außerdem hat er im Privatvermögen ganzjährig ein Haus an einen Rentner vermietet. Die monatlichen Mieteinnahmen hieraus betragen 1.000,00 Euro. An Werbungskosten macht er 7.000,00 Euro geltend. Wie hoch ist die Summe der Einkünfte?

9. Rechtsanwalt Schlau verdiente im Veranlagungszeitraum 350.000,00 Euro Honorar. Für die Kanzlei sind ihm Betriebsausgaben in Höhe von 280.000,00 Euro entstanden. An Sonderausgaben sind ihm nachweislich 1.500,00 Euro entstanden. Für außergewöhnliche Belastungen weist er unstreitig 1.000,00 Euro nach. Wie hoch ist das zu versteuernde Einkommen?

10. In der Kanzlei von Dr. Streit ist die Bürovorsteherin unfallbedingt für längere Zeit ausgefallen. Sie war bisher allein für die Berechnung der USt-Zahllast und der USt-Voranmeldung zuständig. Ihr Chef überträgt diese Aufgabe jetzt auf Sie. In diesem Zusammenhang sind zunächst die grundlegenden Rahmenbedingungen zu klären.

    a. Ihr Chef teilt Ihnen auf Nachfrage mit, dass die Umsatzsteuervoranmeldung immer monatsweise und ohne Fristverlängerung abgegeben würde. Er unterliege der Sollbesteuerung. Bis zu welchem Tag muss die Anmeldung beim Finanzamt sein?

    b. In welcher Form muss die Anmeldung erfolgen?

    c. Was passiert, wenn die Zahlung der Zahllast verspätet beim Finanzamt eingeht?

    d. Für den Monat Juli liegen die folgende Angaben vor, ermitteln Sie die Umsatzsteuerzahllast:

    – Einnahmen aus Honoraren: 24.990,00 Euro brutto,
    – der Kanzlei Pkw wurde für 3.570,00 Euro brutto an einen Kfz- Händler verkauft,
    – bei einer im Juli durchgeführten und bereits in Rechnung gestellten Beratung in Höhe von 226,10 Euro brutto ist im Juli noch kein Zahlungseingang erfolgt,
    – Kauf einer neuen Schreibtischlampe für 310,00 Euro netto zuzüglich 19 % USt,
    – Kauf eines neue Schreibtischstuhls für 321,30 Euro brutto,
    – Kauf von diversen Büromaterialien zu 140,00 Euro zzgl. 19 % USt,
    – Kauf eines neuen Kommentars zu 203,30 Euro.

Kommunikation und Büroorganisation/Geschäfts- und Leistungsprozesse

11. Eine Rechtsanwaltsfachangestellte verdient monatlich 2.700,00 Euro brutto. Sie ist 25 Jahre alt, ohne Kinder und unverheiratet. Ihre Lohnsteuer beträgt 450,00 Euro, der Kirchensteuersatz beträgt 9 %. Die vollen Sozialversicherungsbeiträge (ohne gesonderte Arbeitnehmerzuschläge) lauten:

    - Rentenversicherung: 504,90 Euro
    - Krankenversicherung: 394,20 Euro; ihre Krankenkasse erhebt für sie einen Zusatzbeitrag in Höhe von 1,1 %
    - Pflegeversicherung: 68,85 Euro
    - Arbeitslosenversicherung: 81,00 Euro.

    Wie hoch ist ihr Nettogehalt?

    Gehaltsabrechnung

    Netto: .... Euro

12. Rechtsanwalt Dr. Specht war für einen Unternehmer tätig, er vertrat dessen Unternehmen vor Gericht. In der dem Unternehmer zugeschickten Vergütungsabrechnung wurden alle Rechnungsbestandteile des § 10 RVG aufgeführt. Es wurde allerdings die Nettogesamtsumme und der Umsatzsteuersatz nicht gesondert ausgewiesen, sondern nur die zu zahlende Bruttoendsumme. Hat dies irgendwelche Auswirkungen? Begründen Sie kurz.

E. Kaufmännisches Rechnen

I. Wiederholungsfragen und Prüfungsaufgaben

1. Ein Rechtsanwalt kauft in einer Fachbuchhandlung für seine Kanzlei:

   3 Fachzeitschriften zum Erbrecht, Preis pro Stück 8,90 Euro,
   2 Fachzeitschriften zum Familienrecht, Preis pro Stück 9,10 Euro,
   5 Fachzeitschriften zum Arbeitsrecht, Preis pro Stück 11,20 Euro,
   11 Ausbildungszeitschriften für Rechtsanwalts-und Notarfachangestellte, Preis pro Stück 5,90 Euro.
   a. Wie viel kostet durchschnittlich eine Fachzeitschrift?
   b. Buchen Sie die Überweisung für die Zeitschriften.

2. Im aktuellen Jahr betragen die Gebühreneinnahmen eines Rechtsanwalts 395.000,00 Euro. Im Vergleich zum Vorjahr bedeutet dies einen Rückgang um 13 %. Wie hoch waren die Einnahmen im Vorjahr?

3. Im Schadensersatzprozess Grün / Blau sind die Prozesskosten gemäß § 92 ZPO anteilig zu verteilen. Grün hat 2/5 der Prozesskosten (= 360,00 Euro) zu tragen.

   a. Wie hoch sind die gesamten Prozesskosten?
   b. Wie viel muss Blau zahlen?

4. Der Rechtsanwalt kauft eine Schrankwand für seine Kanzlei, der Nettolistenpreis beträgt 3.250,00 Euro zuzüglich 19 % USt. Der Händler gewährt einen Einführungsrabatt in Höhe von 12 %. Bei Bezahlung wird die Möglichkeit eines 2 %igen Skontoabzugs in Anspruch genommen.

   a. Wie viel muss der Rechtsanwalt dem Händler überweisen?
   b. Buchen Sie den Kauf.

5. Rechtsanwalt Schlau, mit Kanzleisitz in Mainz, ist an einem Tag für drei verschiedene Mandanten unterwegs. Für Mandant A muss er nach Koblenz, für B nach Ludwigshafen und für C nach Kaiserslautern. Insgesamt entstehen ihm hierfür Aufwendungen in Höhe von 264,00 Euro. Die Einzelkosten hätten betragen:

   - für A: 130,00 Euro
   - für B: 110,00 Euro
   - für C: 90,00 Euro.

   Teilen Sie die Gesamtkosten verhältnismäßig auf die Mandanten auf.

6. A und B sind Komplementäre einer KG. A und B erhalten vertragsgemäß einen Vorabgewinn in Form einer monatlichen Vergütung in Höhe von 3.000,00 Euro. C ist lediglich Kommanditist.

   Die Kapitalanteile betragen:
   A: 110.000,00
   B: 90.000,00
   C: 40.000,00

   Die Kapitaleinlagen werden mit 4 % verzinst und der Restgewinn wird im Verhältnis der Kapitalanteile verteilt. Der Gewinn beträgt 273.600,00 Euro. Ermitteln Sie den Gewinnanteil eines jeden Gesellschafters.

7. Für die Auszubildende erhöht sich die Ausbildungsvergütung um 10,00 Euro auf 460,00. Wie viel Prozent beträgt die Erhöhung?

8. Einem Rechtsanwalt liegt für seine neu eröffnete Kanzlei ein Angebot für eine Büroausstattung in Verbindung mit Ratenzahlung vor. Der Kaufpreis beträgt bei Sofortzahlung 21.500,00 Euro. In dem Angebot würde eine Anzahlung in Höhe von 15 % des Kaufpreises sofort fällig und der Rest wäre in 12 gleichen Raten zu 1.600,00 Euro monatlich abzuzahlen.

   a. Wie viel zahlt der Rechtsanwalt insgesamt, sofern er das Angebot annimmt?
   b. Um wie viel Euro übersteigt die Ratenzahlung die sofortige Zahlung?
   c. Wie viel Prozent würde der Rechtsanwalt mehr zahlen?

Kommunikation und Büroorganisation/Geschäfts- und Leistungsprozesse

9. Ein Rechtsanwalt hatte im abgelaufenen Jahr Papierkosten in Höhe von 7.500,00 Euro, dies waren 5 % seiner Betriebsausgaben. Wie hoch waren seine Betriebsausgaben?

10. Die Gebühren für die jährliche Telefonrechnung sind in diesem Jahr um 4 % auf 2.600,00 Euro gestiegen. Wie hoch waren die Telefongebühren im letzten Jahr?

11. Die Honorareinnahmen eines Notars betragen 375.000,00 Euro. Sie sind 11 % niedriger als im vorangegangenen Jahr.
    a. Um wie viel Euro verminderten sich die Honorareinnahmen?
    b. Wie hoch waren die Honorareinnahmen im letzten Jahr in Euro?

12. Ein Notar kauft einen PC zu einem Bruttolistenpreis von 714,00 Euro. Der Händler gewährt einen Sofortrabatt in Höhe von 5 %, außerdem zieht der Notar bei Zahlung vereinbarungsgemäß 2 % Skonto ab.
    a. Wie viel zahlte der Notar?
    b. Wie hoch sind die Nettoanschaffungskosten und wie viel Vorsteuer kann er geltend machen?

13. Ein Rechtsanwalt muss für einen Mandanten einen Termin in London wahrnehmen. Er tauscht daher 200,00 Euro. Wie viel britische Pfund (GBP) erhält er?

    Kurs: 1,00 Euro = 0,808 GBP

14. Ein Rechtsanwalt möchte einen Pkw für seine Kanzlei anschaffen. Hierzu wird ihm folgendes Finanzierungsmodell angeboten:

    Sofortige Anzahlung: 5.000,00 Euro
    Restlicher Kaufpreis: Kreditfinanzierung
    Monatliche Zinsbelastung: 100,00 Euro (diese entsprechen einer Verzinsung von 5 %)
    Wie viel kostet der Pkw?

15. Die Kostenstruktur einer Kanzlei stellt sich wie folgt dar:

    Miete: 1/3
    Personalkosten: 2/7
    laufende Kosten: 2/9
    sonstige Kosten: 15.700,00 Euro.
    Stellen Sie in einer übersichtlichen Aufstellung die Kosten in Euro dar.

16. Nachdem ein Betrieb Insolvenz angemeldet hatte, beziffert sich die insgesamt den Gläubigern zur Verfügung stehende Insolvenzmasse auf 76.000,00 Euro. Die Forderungen der nicht bevorrechtigten Gläubiger belaufen sich auf 470.000,00 Euro.
    a. Wie viel Prozent ihrer Forderung erhalten die Gläubiger?
    b. Gläubiger Klein hat eine Forderung in Höhe von 1.270,00 Euro. Wie viel Euro verliert er?

17. Ein Rechtsanwalt möchte sich selbstständig machen. Ein von ihm beauftragter Makler vermittelt ihm ein entsprechendes Objekt zum Kaufpreis von 650.000,00 Euro. Er erhält hierfür eine Maklergebühr in Höhe von 7.800,00 Euro. 210.000,00 Euro können aus eigenen Mitteln aufgebracht werden, über den restlichen Kaufpreis muss er ein Darlehen zu einem Zinssatz von 3,25 % pro Jahr aufnehmen.
    a. Wie viel Promille des Kaufpreises beträgt die Maklerprovision?
    b. Wie viel Euro Zinsen muss der Rechtsanwalt monatlich zahlen?
    c. Sofern er ein vergleichbares Objekt mieten würde, müsste er laut Mietpreisspiegel 2.200,00 Euro monatlich zahlen. Wie hoch würde sich sein Eigenkapital verzinsen, wenn hierfür die monatliche Ersparnis zugrunde gelegt würde?

18. Für eine Büroetage mit 290 qm Fläche benötigen drei Reinigungskräfte vier Arbeitstage zu je fünf Stunden. Wie viele Arbeitsstunden pro Tag werden für eine Etage mit 360 qm benötigt, wenn sechs Arbeitskräfte diese in drei Tagen reinigen?

19. Herr Huber überweist für eine Rechnung nach Abzug von 2 % Skonto 735,00 Euro brutto (19 % USt).
    a. Wie hoch war die Nettorechnung ursprünglich?
    b. Wie hoch war die ursprüngliche Umsatzsteuer?
    c. Wie viel Umsatzsteuer zahlt er nach Skontoabzug?

I. Wiederholungsfragen und Prüfungsaufgaben

20. Ein Mandant wurde in einer Schadensersatzangelegenheit am 29. Juli zur Zahlung einer Restforderung verurteilt, die am 20. März fällig war. Er überweist am 11. Oktober desselben Jahres einen Betrag in Höhe von 2.541,00 Euro. Hierin sind 263,00 Euro Mahn- und Zwangsvollstreckungskosten und 135,50 Euro Verzugszinsen enthalten. Wie hoch ist der zugrundeliegende Zinssatz, die Zinstage sind nach der kaufmännischen Zinsrechnung zu berechnen?

21. Der verstorbene Herr Klein hinterlässt seine Ehefrau, die beiden Söhne Till und Max und die Tochter Eva. Zwischen den Eheleuten bestand Zugewinngemeinschaft. Er hinterlässt ein Vermögen in Höhe von 120.000,00 Euro. In seinem Testament verfügt er, dass der Anteil seiner Ehefrau der gesetzlichen Regelung nach BGB entsprechen soll. Eva soll dreimal soviel erben wie Till und Till soll halb soviel erben wie Max. Wie viel Euro bekommt jeder?

22. Ein Rechtsanwalt hat einen Kredit in Höhe von 4.000,00 Euro zur Finanzierung seiner Büroeinrichtung aufgenommen. Der Zinssatz beträgt 7,9 %. Er zahlt den Kredit am 10. Mai einschließlich Zinsen in Höhe von 4.105,33 Euro zurück. Wann wurde der Kredit aufgenommen?

23. Ein Rechtsanwalt möchte monatlich 500,00 Euro Zinsen aus einem Kapital erzielen. Wie viel muss er bei einem Zinssatz von 3,5 % anlegen?

24. Rechtsanwalt Rot wachsen die Kosten über den Kopf. Sein Stromanbieter kündigt eine Strompreiserhöhung um 9 % an. Er hat ausgerechnet, dass die Erhöhung 23,50 Euro monatlich ausmacht. Wie hoch ist die monatliche Stromrechnung vor und nach der Preiserhöhung?

25. Herr Großzügig möchte insgesamt 165.000,00 Euro im Wege der Schenkung auf seine Kinder und seine Frau verteilen. Hierbei sind zunächst 3.600,00 Euro Verwaltungs-/Bank-/Notarkosten zu berücksichtigen. Sein Sohn A soll ein Drittel erhalten, seine Tochter B ein Viertel, sein Adoptivsohn C ein Achtel, seine Tochter D ein Zwölftel und der Rest soll an seine Frau gehen. Wie viel Euro erhält jeder?

26. Rechtsanwalt Klein möchte am Ende des Jahres wissen, wie hoch die monatlichen Kosten für seinen Pkw waren. Ihm liegen hierzu folgende Angaben vor:

    - Abschreibung: der Pkw wurde am 01.07. desselben Jahres mit Anschaffungskosten in Höhe von 36.000,00 Euro gekauft, die Nutzungsdauer beträgt 6 Jahre,
    - der Pkw verbrauchte im Durchschnitt 7,00 Liter auf 100 km, die Fahrleistung lag bei 15.000,00 km, ein Liter Benzin kostete im Durchschnitt 1,45 Euro,
    - Kfz-Steuer: 309,00 Euro,
    - Kfz-Versicherung: 470,00 Euro.
    - Die Umsatzsteuer muss bei den Berechnungen nicht beachtet werden.

27. Rechtsanwalt Klein möchte den Zahlungsmodus für die Autoversicherung abändern. Bei halbjährlicher Zahlungsweise berechnet die Versicherung 3 % mehr, das heißt er zahlte bisher halbjährlich 309,00 Euro. Wie viel zahlt er bei jährlicher Zahlungsweise?

28. Ein Mandant schuldet dem Rechtsanwalt einen Geldbetrag in Höhe von 2.300,00 Euro. Der Betrag wird seit dem 17. Juli verzinst, der Zinssatz beträgt 8 %. Am 27. September desselben Jahres stellt der Anwalt fest, dass immer noch kein Zahlungseingang zu verzeichnen ist. Wie viel Zinsen schuldet der Mandant bis zu diesem Tag, wenn die Zinsen nach den Bestimmungen des Bürgerlichen Rechts berechnet werden sollen.

29. Ein Notar nimmt vom 10. März bis zum 10. Dezember desselben Jahres einen Kredit über 16.000,00 Euro auf. Die Bank berechnet 8 % Zinsen und eine Bearbeitungsgebühr in Höhe von 140,00 Euro.

    a. Wie hoch sind die Kosten (Zinsen und Gebühr) für den Kredit?
    b. Welchem Zinssatz entsprechen die Kosten?

30. Ein Rechtsanwalt leitet 11.250,00 Euro an seinen Mandanten weiter. Wie hoch ist die Hebegebühr?

Kommunikation und Büroorganisation/Geschäfts- und Leistungsprozesse

31. Ein Notar zahlt die Rechnung für den neuen PC unter Abzug von 10 % Rabatt und 2 % Skonto. Er überweist 565,00 Euro brutto.

    a. Wie hoch sind die Nettoanschaffungskosten?
    b. Wie hoch ist die Umsatzsteuer?
    c. Wie viel Euro Skonto (netto) hat der Notar abgezogen?
    d. Wie viel Euro hätte der Notar ohne den Skontoabzug netto zahlen müssen?
    e. Wie viel Euro Rabatt konnte der Notar netto abziehen?
    f. Wie hoch war der ursprüngliche Nettolistenpreis?
    g. Wie hoch war der ursprüngliche Bruttolistenpreis?

32. Ein Rechtsanwalt hatte im August Gebühreneinnahmen in Höhe 23.550,00 Euro. Diese lagen damit 3 % unter den Einnahmen des Monats Juli. Wie hoch waren die Einnahmen im Juli?

33. Ein Rechtsanwalt möchte eine Prämie von 3.000,00 Euro an seine Mitarbeiter verteilen. Er möchte dies entsprechend der Kanzleizugehörigkeit tun. Herr A ist seit 7 Jahren dort beschäftigt, Frau B 3,5 Jahre und Frau C 2 Jahre. Wie viel Euro erhält jeder Mitarbeiter?

34. Ein Rechtsanwalt erledigt vier Termine auf einer Geschäftsreise. Bei Einzelabrechnung wären folgende Kosten entstanden:

    - für Mandant A: 140,00 Euro
    - für Mandant B: 135,00 Euro
    - für Mandant C: 210,00 Euro
    - für Mandant D: 60,00 Euro

    Insgesamt sind 436,00 Euro Kosten entstanden. Teilen Sie die Gesamtkosten auf die Mandanten auf.

35. Am Ende des Monats September stellt der Rechtsanwalt seine Hotelübernachtungen zusammen:

    - in Frankfurt: 3 zu jeweils 136,00 Euro,
    - in Essen: 4 zu jeweils 212,50 Euro,
    - in Düsseldorf: 2 zu jeweils 190,00 Euro,
    - in Hamburg: 3 zu jeweils 160,00 Euro.
        a. Wie hoch sind die Übernachtungskosten im Durchschnitt pro Übernachtung?
        b. Wie hoch sind die Übernachtungskosten durchschnittlich pro Aufenthalt?
        c. Wie hoch ist die Umsatzsteuer aus allen Rechnungen?
        d. Wie viele Nächte blieb der Rechtsanwalt im Durchschnitt in einer Stadt?

36. In einer Zwangsvollstreckungsangelegenheit werden für drei Gläubiger drei Pfändungen gegen den Schuldner gleichzeitig vorgenommen. Gläubiger Anton hat eine Forderung über 775,00 Euro, Gläubiger Bertram über 465,00 Euro und Gläubiger Cäsar über 155,00 Euro. Die Zwangsversteigerung erbrachte einen Erlös in Höhe von 1.160,00 Euro. Die Kosten der Zwangsversteigerung belaufen sich auf 80,00 Euro. Berechnen Sie den prozentualen und den betragsmäßigen Anteil, der auf jeden Gläubiger entfällt.

37. Ein Rechtsanwalt nimmt einen Kleinkredit in Höhe von 7.000,00 Euro mit einer Laufzeit von 18 Monaten zu folgenden Konditionen auf:

    - 10,5 % Zinsen
    - 0,2 % Bearbeitungsgebühr

    Außerdem: 30,00 Euro Auslagenersatz. Wie hoch ist der Effektivzinssatz?

38. Ein Rechtsanwalt erhält einen neuen Schreibtisch mit Schreibtischstuhl, die Rechnung lautet insgesamt auf 1.500,00 Euro. Die Zahlungsbedingungen lauten:

    „Zahlbar innerhalb von 10 Tagen mit 2 % Skonto oder Zahlungsziel 30 Tage rein netto". Welchem Zinssatz entspricht der gewährte Skonto von 2 %?

I. Wiederholungsfragen und Prüfungsaufgaben

39. Die XY-Bank bietet Rechtsanwalt Schlau einen Kleinkredit zu folgenden Konditionen an:
    - 0,7 % Zinsen monatlich
    - Inkassospesen in Höhe von 1,00 Euro monatlich
    - einmalige Bearbeitungsgebühr in Höhe von 1,3 %.

    Der Kredit in Höhe von 5.000,00 Euro dient zur Finanzierung der neuen Büroeinrichtung und soll innerhalb von 18 Monaten zurückgezahlt werden.
    a. Ermitteln Sie den Gesamtrückzahlungsbetrag.
    b. Erstellen Sie einen Tilgungsplan. Er soll 17 durch 10 teilbare Raten (dabei ist aufzurunden) und eine Ausgleichsrate enthalten.
    c. Wie hoch sind die Jahreskosten des Kredits?

40. Die Rechtsanwälte Blau, Grün und Rot betreiben eine Kanzlei als Gesellschaft bürgerlichen Rechts. Im Gesellschaftsvertrag ist geregelt, dass ihr eingesetztes Kapital jährlich mit 5 % verzinst werden soll. Blau ist mit 55.000,00 Euro beteiligt, Grün mit 20 % und Rot erhielt letztes Jahr aus seiner Kapitalbeteiligung 3.950,00 Euro als Verzinsung.
    a. Wie hoch sind die Kapitalanteile von Grün und Rot?
    b. In diesem Jahr wurde ein Gewinn in Höhe von 248.375,00 Euro erzielt. Im Gesellschaftsvertrag wurde für die Restgewinnverteilung ein fester Verteilungsschlüssel festgelegt:
       Blau: 2
       Grün: 1
       Rot: 3
    Nehmen Sie die Gewinnverteilung vor und geben Sie an, wie viel dabei auf den einzelnen Rechtsanwalt entfällt.

41. Rechtsanwalt Schnell kauft sich einen Pkw, den er dem Betriebsvermögen der Kanzlei zuordnet. Der Nettolistenpreis des Wagens beträgt 49.500,00 Euro. Der Händler gewährt hierauf einen Einführungsrabatt in Höhe von 10 %. Außerdem gewährt er bei Zahlung innerhalb von 10 Tagen 2 % Skonto.
    a. Ermitteln Sie die Nettoanschaffungskosten und die Umsatzsteuer.
    b. Buchen Sie den Kauf, die Zahlung erfolgt per Bankkonto.
    c. Rechtsanwalt Schnell muss das Auto versichern, die Versicherungsbeiträge möchte er monatlich zahlen. Da die Versicherung normalerweise nur die jährliche Abbuchung vorsieht, würde bei einer monatlichen Abbuchung ein Aufschlag von 6 % erhoben werden, der monatliche Beiträge beliefe sich somit auf 100,00 Euro. Geben Sie an, um wie viel Euro die monatliche Abbuchung auf das Jahr gerechnet teurer wäre.

42. Rechtsanwalt Schlau möchte einen Geldbetrag kurzfristig anlegen. Die XY-Bank bietet ihm einen Zinssatz von 2 % an, sofern er mindestens 5.000,00 Euro für 90 Tage dort anlegt. Dies wäre auch genau der Betrag, der ihm momentan zur Geldanlage zur Verfügung steht. Die ABC-Bank bietet ihm für jeden beliebigen Geldbetrag einen Zinssatz von 3,5 % an, die Mindestlaufzeit beträgt hier 60 Tage. Da das zweite Angebot zweifelsohne günstiger ist und er auch noch von den 5.000,00 Euro einen Aktenvernichter kaufen möchte, entscheidet er sich für das zweite Kreditinstitut.
    a. Welchen Betrag muss er bei der ABC-Bank anlegen, um die gleichen Zinsen zu erhalten wie bei der XY-Bank.
    b. Wie teuer dürfte der Aktenvernichter höchstens sein?

Kommunikation und Büroorganisation/Geschäfts- und Leistungsprozesse

43. Rechtsanwalt Dr. Streit kaufte ein Zweifamilienhaus für 550.000,00 Euro, das er ganzjährig an zwei Rechtsanwälte vermietete. Die monatliche Miete beträgt jeweils 1.500,00 Euro. Er übernahm eine Hypothek in Höhe von 120.000,00 Euro, die mit 6 % zu verzinsen ist. Den restlichen Kaufpreis zahlte er aus eigenen Mitteln.

    An Ausgaben sind entstanden:
    - Zinsen für das übernommene Darlehen (Hypothekenzinsen),
    - die halbjährlichen laufenden Ausgaben für das Haus betragen 4.300,00 Euro,
    - die jährliche Abschreibung für das Gebäude 9.000,00 Euro.
        a. Wie hoch ist der Jahresüberschuss aus der Vermietung?
        b. Wie viel Eigenkapital hat er für das Gebäude aufgewendet?
        c. Wie hoch ist die Eigenkapitalrentabilität?

44. Die Rechtsanwälte A, B und C betreiben eine Kanzlei in der Rechtsform einer Gesellschaft bürgerlichen Rechts. Rechtsanwalt A ist an der Kanzlei mit 25 % beteiligt, B ist mit 2/5 und C mit 42.000,00 Euro. Geben Sie die Beteiligungen von A und B in Euro-Beträgen an.

45. Rechtsanwalt Schlau nimmt an einem Tag drei Termine für drei verschiedene Mandanten in drei verschiedenen Städten war. Da er diese drei Termine fahrtechnisch miteinander verbindet, entstehen ihm insgesamt 360,00 Euro an Auslagen. Würde er jeden Termin einzeln abrechnen, so entstünden folgende Kosten:

    - für A: 150,00 Euro
    - für B: 210,00 Euro
    - für C: 180,00 Euro

    In welcher Höhe kann er die tatsächlichen Auslagen jeweils in Rechnung stellen?

46. In einem Insolvenzverfahren wurde die Insolvenzquote auf 16 % festgestellt. Gläubiger A erhält 1.200,00 Euro ausgezahlt. Wie hoch war seine ursprüngliche Forderung?

47. Rechtsanwalt Schlau hatte Herrn Mayer in einem Prozess vertreten, dieser wurde allerdings verloren. Die Honorarforderung in Höhe von 1.070,00 Euro war am 25.05. fällig, der Mandant zahlte allerdings nicht. Am 21.08. desselben Jahres überweist der Mandant 1.120,00 Euro einschließlich Mahnkosten in Höhe von 12,00 Euro und Verzugszinsen. Wie hoch ist der Zinssatz für die Verzugszinsen? Die Berechnung erfolgt nach der kaufmännischen Zinsberechnung.

48. Bei einem anderen Mandanten von Rechtsanwalt Schlau war die Honorarrechnung in Höhe von 1.350,00 Euro am 22.06. fällig. Da kein Zahlungseingang erfolgte entstanden Mahnkosten in Höhe von 10,00 Euro und Verzugszinsen in Höhe von 8,5 % bis einschließlich 19.09.. Wie viel Euro muss der Mandant jetzt überweisen? Die Berechnung erfolgt nach der kaufmännischen Zinsberechnung.

49. A, B und C sind Gesellschafter einer OHG. Der Gewinn beträgt 193.500,00 Euro.

    Die Beteiligungsverhältnisse sehen wie folgt aus:
    - A ist mit 120.000,00 Euro,
    - B mit 60.000,00 Euro und
    - C mit 90.000,00 Euro beteiligt.

    Im Gesellschaftsvertrag ist geregelt, dass jeder 5 % auf seinen Kapitalanteil erhält. Der Rest wird entsprechend den Beteiligungsverhältnissen verteilt.
    a. Nehmen Sie die Gewinnverteilung vor.
    b. Mit wie viel Prozent hat sich die Kapitaleinlage von Gesellschafter A verzinst?

50. In einem Insolvenzverfahren beträgt die Insolvenzmasse 6.000,00 Euro. Die Forderungen gegenüber dem Schuldner belaufen sich auf 120.000,00 Euro.

    a. Wie hoch ist die Insolvenzquote?
    b. Wie viel Euro erhält Gläubiger A, dessen Forderung 3.600,00 Euro beträgt?
    c. Wie viel Euro verliert Gläubiger A?

I. Wiederholungsfragen und Prüfungsaufgaben

51. Die Praxisräume einer Anwaltssozietät wurden renoviert.
    a. Die Renovierung der Räume kostete 13.500,00 Euro. Der Kostenvoranschlag wurde um 10 % unterschritten. Über wie viel Euro lautete der Kostenvoranschlag?
    b. Die Praxisräume werden wie folgt genutzt:
       - 2/5 durch Rechtsanwalt A
       - 1/3 durch Rechtsanwalt B
       - die restlichen Räume durch Rechtsanwalt C.
    Nehmen Sie Verteilung der Kosten vor.

52. Rechtsanwalt Schlau möchte für seine Kanzlei einen neuen Schreibtisch kaufen.
    a. Der Verkäufer bietet ihm hierzu ein Sonderangebot an, bei dem der Preis um 19 % gesenkt wurde, dadurch würde er 159,00 Euro sparen. Wie hoch war der ursprüngliche Preis?
    b. Ein anderer Händler macht ihm folgendes Alternativangebot: 16 % Sofortrabatt und 3,5 % Skonto bei Zahlung innerhalb von 10 Tagen. Weisen sie rechnerisch nach, welches Angebot für Rechtsanwalt Schlau günstiger ist.

53. Rechtsanwalt Dr. Schnell hält im Betriebsvermögen seiner Kanzlei ein Baugrundstück.
    a. Der Wert des Bauplatzes stieg vor 6 Jahren um 25 % und vor einem Jahr nochmals um 10 %. Wie teuer war der Bauplatz ursprünglich, wenn er heute 220.000,00 Euro kostet?
    b. Wie hoch wäre der Veräußerungsgewinn, wenn das Grundstück verkauft würde?
    c. Dr. Schnell behält den Bauplatz und möchte ein Gebäude mit Kanzleiräumen darauf errichten. Zwecks Finanzierung muss er bei seiner Bank ein Darlehen über 110.000,00 Euro aufnehmen. Er wird ein Disagio in Höhe von 2 % vereinbart. Wie hoch ist der Auszahlungsbetrag?
    d. Wie hoch sind die Zinsen für das erste Jahr, wenn der Zinslauf am 01.03. beginnt und das Darlehen mit 6 % verzinst wird?

54. Rechtsanwalt Brauer nahm am 24. Mai bei seiner Bank einen Kredit in Höhe von 75.000,00 Euro auf. Der Zinssatz beträgt 8 %, die Rückzahlung erfolgt am 19. September. Wie viel Zinsen muss Rechtsanwalt Brauer zahlen? Die Berechnung der Tage erfolgt nach der kaufmännischen Zinsmethode.

55. Ein PC-Fachgeschäft berechnet Notar Dr. Pech 56,30 Euro Verzugszinsen für einen Zahlungsaufschub von 80 Tagen. Den Verzugszinsen wird ein Zinssatz von 8 % zu Grunde gelegt. Es entstanden Mahnkosten in Höhe von 5,00 Euro.
    a. Auf wie viel Euro belief sich die ursprüngliche Forderung?
    b. Wie hoch ist der Rückzahlungsbetrag?

56. Die Rechtsanwälte Blau, Grün und Rot hatten das an ihr Kanzleigrundstück angrenzende Mehrparteienhaus gekauft. Die Mieteinnahmen sind nach dem jeweiligen Bruchteilseigentum zu verteilen. Es liegen hierzu folgende Angaben vor:

    - Blau besitzt einen Bruchteil von 2/5,
    - Grün von 2/7 und
    - Rot erhält von den jährlichen Mieteinnahmen anteilig 22.000,00 Euro.

    Wie hoch sind die Mieteinnahmen für Blau und Grün?

57. Im Notariat von Dr. Recht sollen die jährlichen Kopierkosten besser erfasst und kontrolliert werden. Es liegen folgende Zahlen vor:

    - Erstes Quartal: 83.500 Blätter
    - Zweites Quartal: 71.000 Blätter
    - Drittes Quartal: 112.000 Blätter
    - Viertes Quartal: 123.600 Blätter
        a. Berechnen Sie den durchschnittlichen Verbrauch pro Quartal.
        b. Berechnen Sie den durchschnittlichen Verbrauch pro Monat.
        c. Berechnen Sie die Gesamtkosten, wenn der Papierpreis pro Blatt 2,1 Cent beträgt.
        d. Die zu Teilziffer c ausgerechneten Gesamtkosten liegen um 6 % höher als die Kosten des Vorjahres. Wie hoch waren die Kosten letztes Jahr?
        e. Die Kopien werden auf drei Kopierern angefertigt, hierzu liegen folgende Angaben vor:
            - Kopierer 1 verursachte 540,00 Euro Kosten pro Jahr,

Kommunikation und Büroorganisation/Geschäfts- und Leistungsprozesse

- Kopierer 2 480,00 Euro und
- Kopierer 3 450,00 Euro.

Wie hoch sind die Kopiererkosten pro Jahr?

f. Wie hoch sind die durchschnittlichen Kopiererkosten pro Kopie?
g. Wie hoch sind die jährlichen Gesamtkosten, wenn der Jahresstromverbrauch für die drei Kopierer bei 300,00 Euro liegt.
h. Wie hoch sind die endgültigen Durchschnittskosten pro Kopie?

58. Rechtsanwalt Schlau kauft bei einem Kfz-Händler einen Pkw, den er zu 100 % dem Betriebsvermögen seiner Kanzlei zuordnet. Er erhält einen Rabatt von 8 % auf den Bruttolistenpreis von 50.000,00 Euro. Außerdem zieht er vereinbarungsgemäß 2 % Skonto bei Zahlung ab. Nach einem Monat erhält Rechtsanwalt Schlau die Information, dass der Wagen bereits ein dreiviertel Jahr beim Händler unter Wettereinfluss auf dem Hof stand. Daher wird eine nachträgliche Kaufpreisminderung von 15 % vereinbart.

   a. Wie viel hat Rechtsanwalt Schlau endgültig für den Wagen gezahlt?
   b. Zur Finanzierung des Wagens möchte Rechtsanwalt Schlau ein Bankdarlehen über 40.000,00 Euro aufnehmen. Ihm liegen hierzu zwei Angebote vor:
   Angebot 1: Disagio von 2 %, laufender Zinssatz 2 %, Laufzeit 5 Jahre, monatliche Tilgung, im ersten Jahr Zinsbelastung für 9 Monate.
   Angebot 2: Laufender Zinssatz 4 %, Laufzeit 5 Jahre, monatliche Tilgung, im ersten Jahr Zinsbelastung für 9 Monate.
   Ermitteln Sie das Angebot, bei dem die Zinsbelastung im ersten Jahr am niedrigsten ist.

59. In einer Fachkanzlei für Steuerrecht hat ein Steuerberater den Jahresabschluss für einen Mandanten erstellt. Er berechnet sein Honorar als Promillesatz von der Höhe der Bilanzsumme. Dem Mandanten werden 1.650,00 Euro in Rechnung gestellt, die Bilanzsumme beträgt 410.000,00 Euro. Welchem Promillesatz entspricht dieses Honorar?

60. Notar Dr. Klein bezahlt 123,00 Euro Versicherungsprämie für die Fensterglasfront seines Notarbüros, der Prämiensatz beträgt 7 o/oo. Wie hoch ist der Versicherungswert?

61. In der vorliegenden GUV sind alle Buchungen vorgenommen worden, sie muss nur noch abgeschlossen werden.

Soll		G U V	Haben
AVK	8.450,00	Honorar	121.000,00
Personalkosten	43.000,00	Nebentätigkeiten	11.000,00
Raumkosten	9.000,00	Hilfsgeschäfte	2.000,00
Kfz-Kosten	8.000,00		

   a. Wie hoch ist der Gewinn?
   b. Auf welches Konto und auf welcher Seite dieses Kontos wird der Gewinn gebucht?
   c. Wie hoch ist der prozentuale Anteil der Personalkosten an den Betriebsausgaben?
   d. Wie hoch ist der prozentuale Anteil der Hilfsgeschäfte an den Betriebseinnahmen?

I. Wiederholungsfragen und Prüfungsaufgaben

62. Ein Erblasser hinterlässt ein Vermögen in Höhe von 160.000,00 Euro. Dies soll auf die vier Erben wie folgt verteilt werden:

    Jeder Erbe erhält vorab 10.000,00 Euro. Der restlichen Verteilung soll folgender Verteilungsschlüssel zu Grunde gelegt werden:
    - A erhält 1/5,
    - B erhält 1/3,
    - C erhält 1/6 und
    - D erhält den Rest.

    Nehmen Sie die Verteilung vor.

63. Die Gesellschafter A, B, C und D haben sich zu einer OHG zusammengeschlossen. Die Beteiligungsverhältnisse sehen wie folgt aus:
    - A ist mit 1/9 beteiligt,
    - B mit 2/5,
    - C mit 1/3 und
    - D mit 210.000,00 Euro (= Rest).

    Wie hoch ist das Gesamtkapital der OHG?

64. In einer Rechtsanwaltssozietät soll der Verteilungsschlüssel für die Heizkosten erneuert werden.

    Für die Verteilung der Heizkosten sollen jetzt die Quadratmeter der genutzten Räume als Verteilungsschlüssel genommen werden:
    - Rechtsanwalt A nutzt 60 qm,
    - Rechtsanwalt B nutzt 70 qm,
    - Rechtsanwalt C nutzt 50 qm.

    Das Archiv und der Empfang haben insgesamt 40 qm und werden von ihnen gleichermaßen genutzt. Die Heizkosten betragen insgesamt 2.200,00 Euro. Nehmen Sie die Aufteilung vor.

65. In der Kanzlei von Dr. Specht ist die Anzahl der Kopien im Oktober im Vergleich zum September um 6.500 auf 14.000 angestiegen. Im November ging sie auf 7.000 zurück, da die Schriftsätze überwiegend als Datei verschickt wurden.

    a. Um wie viel Prozent ist die Anzahl der Kopien im Oktober im Vergleich zum Vormonat gestiegen?
    b. Um wie viel Prozent ging die Kopienanzahl im Vergleich zwischen Oktober und November zurück?

66. Die gegnerische Partei zahlt eine am 24. September fällige Rechnung über 6.100,00 Euro am 23. Dezember desselben Jahres zuzüglich 7,5 % Zinsen. Welcher Betrag ist zu überweisen (kaufmännische Zinsmethode)?

67. Ein Darlehen bringt in 160 Tagen bei einem Zinssatz von 8 % 220,00 Euro Zinsen. Bei welchem Zinssatz würde das Darlehen in der gleichen Zeit 250,00 Euro Zinsen bringen?

68. Rechtsanwalt Dr. Streit kaufte für seine Kanzlei ein Aktenregal für 490,00 Euro. Das Regal wurde mit Rechnungsdatum 10. März geliefert. Da die Buchhalterin erkrankt war und die Rechnung nebst folgender Mahnschreiben irrtümlich falsch abgeheftet wurden, entstanden Mahnkosten in Höhe von 5,00 Euro und Verzugszinsen. Am 28. Juni überwies Dr. Streit 515,00 Euro an das Möbelhaus. Mit welchem Zinssatz wurden die Verzugszinsen berechnet (kaufmännische Zinsmethode)?

Kommunikation und Büroorganisation/Geschäfts- und Leistungsprozesse

69. Notar Dr. Treu kauft am 15.09. für sein Büro einen neuen Schreibtisch für 1.547,00 Euro brutto. Die Nutzungsdauer beträgt 13 Jahre. Wie hoch ist der Abschreibungsbetrag im Jahr der Anschaffung?

70. Frau Trödel war eine Zeit lang im Ausland. Daher bezahlt sie eine Rechnung über 2.100,00 Euro erst am 05. Dezember. Außerdem muss sie 42,00 Euro Verzugszinsen bezahlen, wobei der Zinsberechnung ein Zinssatz von 4 % zu Grunde gelegt wurde. Wann war die Rechnung fällig?

71. Ein Notar kauft für sein Notariat eine neue Schrankwand, diese kostet 10.000,00 Euro brutto. Mit dem Händler ist vereinbart, dass der Kaufpreis innerhalb von 2 Monaten zu zahlen ist. Sofern dies innerhalb von 10 Tagen geschieht, darf ein Skontoabzug von 2 % vorgenommen werden. Damit der Notar den Skontoabzug ausnutzen kann, müsste er einen Bankkredit zu 12 % Zinsen aufnehmen.

    a. Welche Alternative soll er wählen? Begründen Sie Ihren Vorschlag rechnerisch. Gehen Sie bei Ihren Überlegungen davon aus, dass der Notar den Skontoabzug so spät wie möglich vornehmen möchte.
    b. Welchem effektiven (Jahres-)Zinssatz entspricht der Skonto?

72. Die Gesellschafter Müller, Mayer und Schmitt sind an einer OHG wie folgt beteiligt:

	Beteiligung (Kapitalkonto) in Euro	Vorab Euro	Restgewinn Euro	Gewinn insges. Euro
Müller	200.000,00			
Mayer	150.000,00			
Schmitt	100.000,00			
Insgesamt				

Der zu verteilende Jahresgewinn der OHG beträgt 228.000,00 Euro. Die Gewinnverteilung soll nach HGB vorgenommen werden, gesonderte Vereinbarungen im Gesellschaftsvertrag bestehen nicht. Nehmen Sie die Gewinnverteilung vor.

I. Wiederholungsfragen

Wirtschafts- und Sozialkunde
(LF 01, 02, 05, 07, Sozialkunde/-politik)

A. Grundlagen des Wirtschaftens

I. Wiederholungsfragen

1. Erläutern Sie den Begriff Bedürfnis.

   _____

   _____

2. Einteilung der Bedürfnisse nach der Dringlichkeit:
   Nennen Sie diese, geben Sie jeweils eine kurze Erläuterung und ein Beispiel.

   (1) _____ Beispiel: _____

   Erläuterung: _____

   (2) _____ Beispiel: _____

   Erläuterung: _____

   (3) _____ Beispiel: _____

   Erläuterung: _____

3. Einteilung der Bedürfnisse nach der Art bzw. Möglichkeit der Befriedigung:
   Nennen Sie diese, geben Sie jeweils eine kurze Erläuterung und ein Beispiel.

   (1) _____ Beispiel: _____

   Erläuterung: _____

   (2) _____ Beispiel: _____

   Erläuterung: _____

4. Welche Bedürfnisse lassen sich nach der Bewusstheit des Bedürfnisses einteilen? Erläutern Sie kurz.

   (1) _____

   (2) _____

5. Was ist volkswirtschaftlich unter Bedarf zu verstehen?

   _____

   _____

6. Was ist unter dem Begriff Nachfrage zu verstehen?

   _____

   _____

Wirtschafts- und Sozialkunde (LF 01, 02, 05, 07, Sozialkunde /-politik)

7. Was ist im volkswirtschaftlichen Sinne unter Gütern zu verstehen?

   _____

   _____

8. Die Volkswirtschaftslehre unterteilt Güter nach unterschiedlichen Kriterien. Geben Sie hierfür fünf Einteilungskriterien nebst ihrer weiteren Unterteilungen mit Kurzerläuterungen an.

Einteilung	(1) _____	(2) _____	(3) _____	(4) _____	(5) _____
Weitere Unterteilung					

9. Was ist unter dem Handeln nach dem ökonomischen Prinzip zu verstehen? Erläutern Sie auch die beiden hierzu bestehenden Strategien.

   Erläuterung: _____

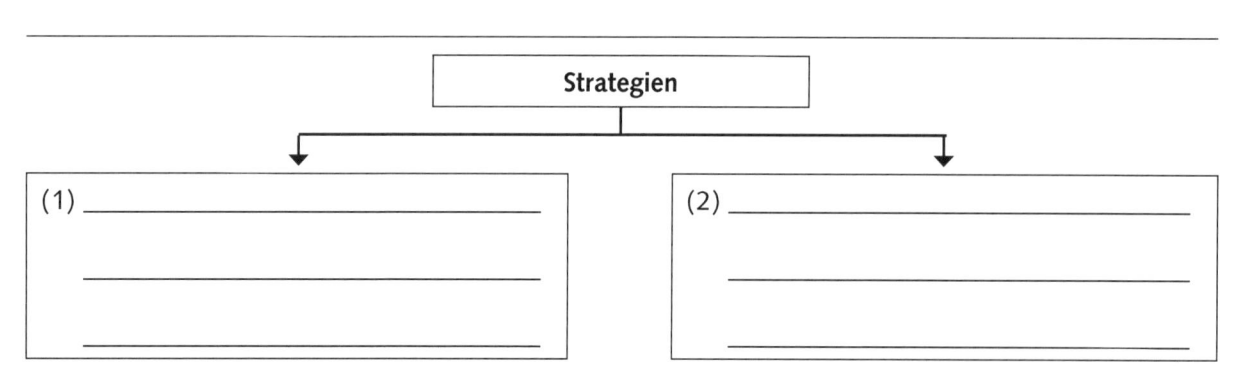

   _____

   Strategien

   (1) _____   (2) _____

10. Nennen und erläutern Sie kurz die volkswirtschaftlichen Produktionsfaktoren.

Produktionsfaktoren	(1) _____	(2) _____	(3) _____
Erläuterungen			

I. Wiederholungsfragen

11. Nennen Sie die betriebswirtschaftlichen Produktionsfaktoren. Geben Sie auch jeweils ein Beispiel.

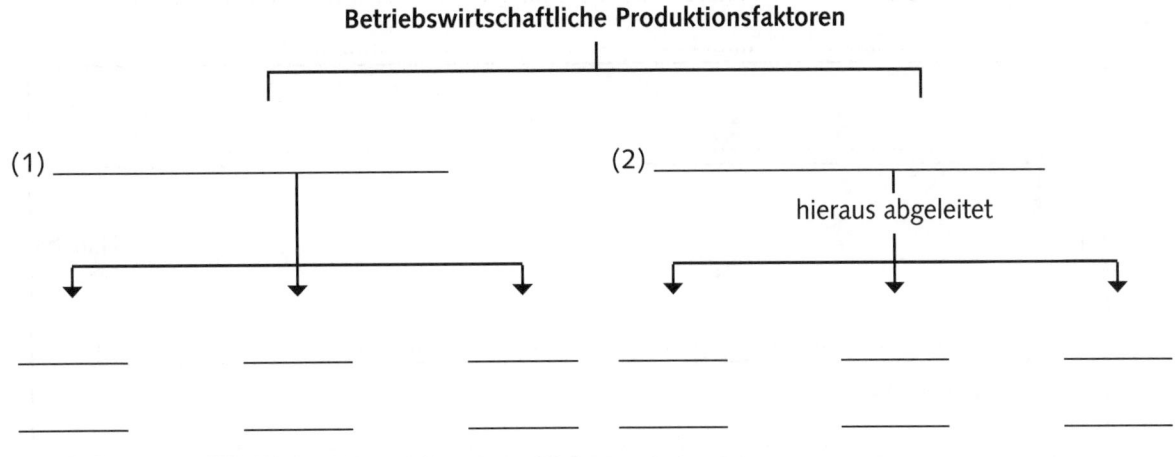

Betriebswirtschaftliche Produktionsfaktoren

(1) _____   (2) _____
                                          hieraus abgeleitet

___ ___ ___   ___ ___ ___
___ ___ ___   ___ ___ ___

12. Der Begriff Arbeitsteilung ist sehr vielschichtig. Erläutern Sie:
    a. Allgemein den Begriff Arbeitsteilung

    _____
    _____

    b. Überbetriebliche Arbeitsteilung

    _____
    _____

    c. Betriebliche Arbeitsteilung

    _____
    _____

    d. Volkswirtschaftliche Arbeitsteilung

    _____

    Hierbei wird unterschieden in:

    (1) _____

    (2) _____

    (3) _____

    e. Internationale Arbeitsteilung

    _____
    _____

13. Kennzeichnen Sie kurz die Funktionen der beiden Wirtschaftssubjekte Unternehmen und Haushalte im einfachen Wirtschaftskreislauf.

    Unternehmen: _____

    Private Haushalte: _____

Wirtschafts- und Sozialkunde (LF 01, 02, 05, 07, Sozialkunde /-politik)

14. Im einfachen Wirtschaftskreislauf unterscheidet man volkswirtschaftlich einen Güter- und einen Geldkreislauf. Kennzeichnen Sie diese beiden kurz, indem Sie die zur Kennzeichnung fehlenden Begriffe eintragen.

```
        ............................................................................
        
        ............................................................................
        ↓                                                                          ↓
Unternehmen                                                              Haushalte
        ↑                                                                          ↑
        ............................................................................
        = Güterkreislauf
        ............................................................................
= Geldkreislauf
```

15. Welche beiden Wirtschaftssubjekte kommen beim erweiterten Wirtschaftskreislauf noch zusätzlich hinzu?

    (1) _____

    (2) _____

16. Erläutern Sie die folgenden zentralen Begriffe zur volkswirtschaftlichen Preisbildung:

    a. Angebot → ← b. Nachfrage

    = _____   = _____
    _____   _____

    ↓
    c. Markt

    = _____
    _____

17. Je nach Art der angebotenen und nachgefragten Güter lassen sich verschiedene Märkte unterscheiden. Nennen Sie Beispiele.

    _____

    _____

18. Je nachdem wie viele Anbieter bzw. Nachfrager auf einem Markt auftreten, lassen sich verschiedene Marktformen unterscheiden. Tragen Sie die jeweils zutreffende Marktform ein.

Anbieter / Nachfrager	Viele	Wenige	Einer
Viele			
Wenige			
Einer			

I. Wiederholungsfragen

19. Erläutern Sie kurz drei zentrale Funktionen des Marktpreises in einer Volkswirtschaft.

Funktionen	(1) _____	(2) _____	(3) _____
Erläuterungen			

20. Erläutern Sie kurz drei zentrale Funktionen des Geldes.

Funktionen	(1) _____	(2) _____	(3) _____
Erläuterungen			

21. Beim Begriff „Geld" lassen sich Bar- und Buchgeld unterscheiden. Erläutern Sie kurz den Unterschied.

Bargeld: _____

Buchgeld: _____

22. Was ist unter dem Begriff „Währung" zu verstehen?

_____

_____

23. Bei den Währungssystemen wird zwischen gebundenen und freien Währungen unterschieden. Erläutern Sie diese.

Gebundene Währung: _____

Freie Währung: _____

Wirtschafts- und Sozialkunde (LF 01, 02, 05, 07, Sozialkunde /-politik)

24. Erläutern Sie im Rahmen der Geldformen folgende Begriffe:

    a. Münzregal

    _____

    b. Notenprivileg

    _____

    c. Gesetzliches Zahlungsmittel

    _____

25. Nennen Sie drei zentrale Aufgaben der Europäischen Zentralbank.

    (1) _____

    (2) _____

    (3) _____

26. Nennen Sie drei zentrale Aufgaben der Deutschen Bundesbank.

    (1) _____

    (2) _____

    (3) _____

II. Prüfungsaufgaben

1. Tragen Sie die der **Maslow'schen Bedürfnispyramide** zugrunde liegenden Bedürfnisse in das Schaubild ein.

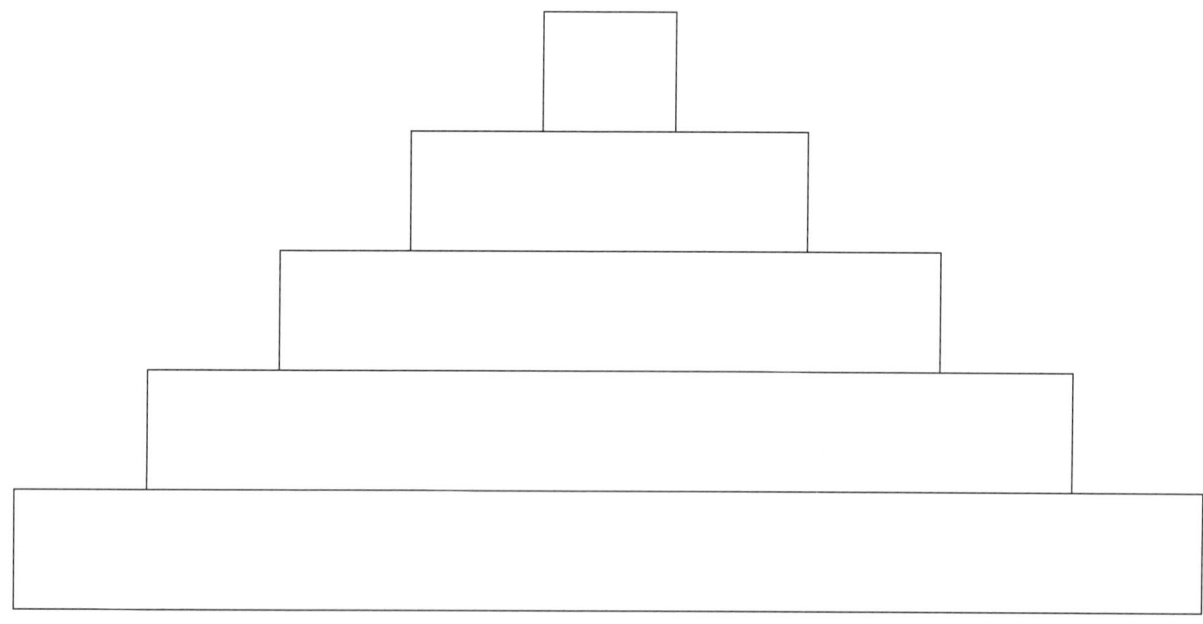

2. Kreuzen Sie bei den folgenden Fragen die jeweils richtige Lösung an:
    a. Welche Aussage über Bedürfnisse ist richtig?

Aussage	richtig
1. Der Wunsch nach einer Privatjacht und einem Privatjet ist ein Existenzbedürfnis.	
2. Das Bedürfnis nach einem 3D- Fernsehgerät ist ein Kollektivbedürfnis.	

II. Prüfungsaufgaben

Aussage	richtig
3. Die Summe aller Bedürfnisse wird Bedarf genannt.	
4. Essen und Trinken sind Luxusbedürfnisse.	
5. Bedürfnisse sind Mangelgefühle, verbunden mit dem Streben, den Mangel zu beheben.	

b. Welche Erklärung für den Zusammenhang zwischen Bedürfnis und Bedarf ist richtig?

Aussage	richtig
1. Die Summe der Luxusbedürfnisse nennt man Bedarf.	
2. Die Summe der Individualbedürfnisse nennt man Bedarf.	
3. Die Summe der Existenzbedürfnisse nennt man Bedarf.	
4. Die Summe aus allen Bedürfnissen und dem Bedarf nennt man Kaufkraft.	
5. Die Summe der mit Kaufkraft versehenen Bedürfnisse nennt man Bedarf.	

3. Vervollständigen Sie die folgende Übersicht.

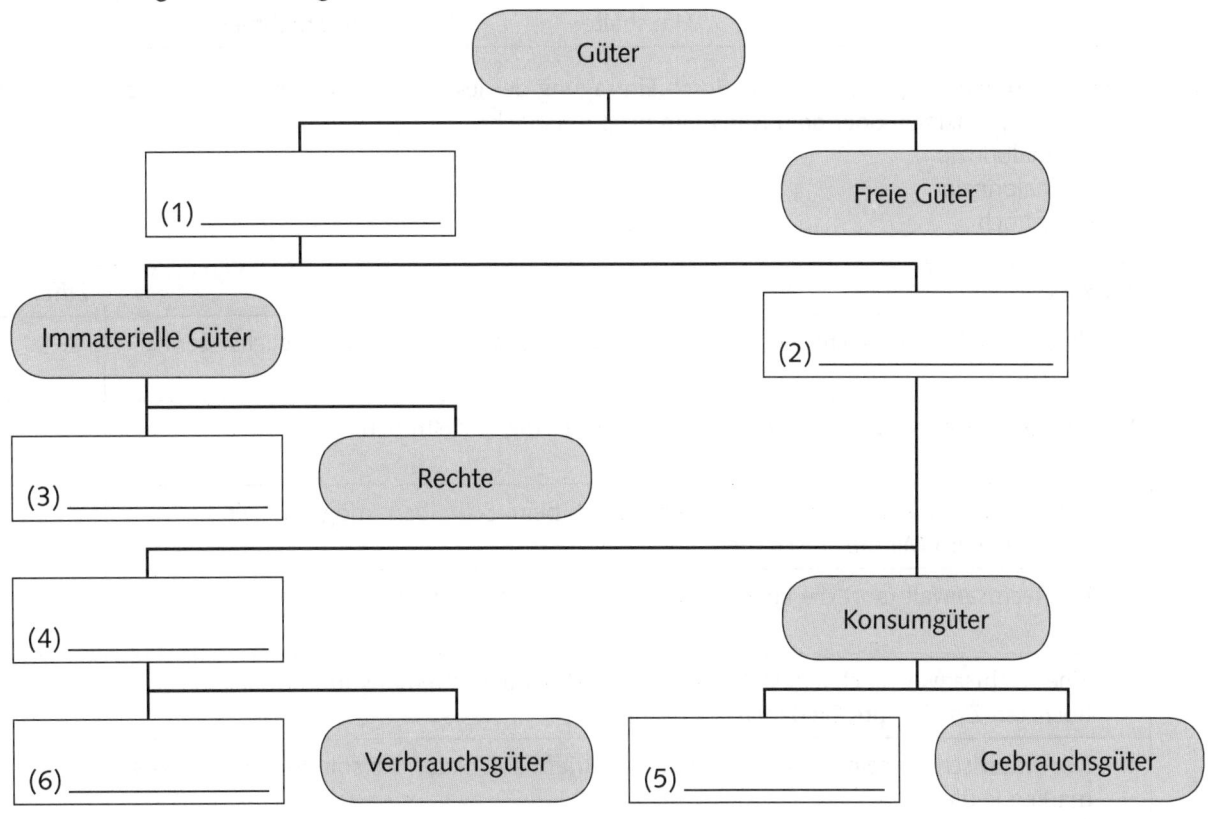

```
                          Güter
                ┌───────────┴───────────┐
           (1) _____              Freie Güter
        ┌──────┴──────┐
  Immaterielle Güter   (2) _____
    ┌────┴────┐         ┌─────┴─────┐
 (3)___    Rechte       │           │
    │                Konsumgüter
 (4)___                  ┌────┴────┐
  ┌──┴──┐            (5)___   Gebrauchsgüter
(6)___  Verbrauchsgüter
```

4. Kreuzen Sie an, bei welchen beiden Begriffspaaren Substitutionsgüter vorliegen.

Güter	Ziffer
a. Milch/Benzin	
b. Butter/Margarine	
c. Tee/Stuhl	
d. Kohle/Heizöl	

Wirtschafts- und Sozialkunde (LF 01, 02, 05, 07, Sozialkunde /-politik)

5. Kreuzen Sie die richtigen Aussagen an (2 Antworten).

Güter	Lösung
a. Ein Patent ist ein materielles Gut.	
b. Dienstleistungen und Rechte sind immaterielle Güter.	
c. Produktionsgüter dienen der ausschließlichen Bedürfnisbefriedigung.	
d. Konsum- und Produktionsgüter können Gebrauchs- oder Verbrauchsgüter sein.	
e. Freie Güter gehören zu den immateriellen Gütern.	

6. Bringen Sie die folgenden Begriffe in die richtige Reihenfolge:
   - Güter
   - Nachfrage
   - Bedarf
   - Angebot
   - Bedürfnisse

   _____ → _____ → _____ → Markt ← _____ ← _____

   Haushalte   Unternehmen

7. Geben Sie in dem folgenden Schema durch Eintragung der jeweils zutreffenden Ziffer an, ob die einzelne Aussage dem Maximal- oder dem Minimalprinzip entspricht.
   (1) Maximalprinzip
   (2) Minimalprinzip
   (3) weder noch

Aussage	Ziffer
a. Eine Schulklasse versucht die Kosten für die Klassenfahrt nach Rom möglichst gering zu halten.	
b. Mit gegebenen Mitteln ist ein größtmöglicher Erfolg anzustreben.	
c. Eine Rechtsanwaltsfachangestellte bemüht sich beim Schreiben, möglichst viele Anschläge pro Minute zu schaffen.	
d. Ein Rechtsanwalt fährt die kürzeste Strecke, um ans Gericht zu gelangen.	
e. Eine Rechtsanwaltsfachangestellte legt ihr Geld bei dem Kreditinstitut an, das ihr den höchsten Zins für ihre Geldanlage anbietet.	
f. Der Notar schickt seine Auszubildende zum Briefmarkenkauf, sie soll 20 Ein-Euro-Briefmarken kaufen.	

8. Welche Aussage zu den betriebswirtschaftlichen Produktionsfaktoren ist zutreffend? Kreuzen Sie die richtige Lösung an.

Aussage	Lösung
a. Bei den betriebswirtschaftlichen Produktionsfaktoren wird unterschieden in Arbeit, Boden und Kapital.	
b. Bei dem Produktionsfaktor Arbeit geht es nur um Einkommenserzielung, eine Unterscheidung in ausführende und leitende Arbeit ist daher nicht notwendig.	
c. Die betriebswirtschaftlichen Produktionsfaktoren setzen sich zusammen aus Boden, Betriebsmitteln und Kapital.	

II. Prüfungsaufgaben

Aussage	Lösung
d. Die Betriebsmittel setzen sich zusammen aus Roh-, Hilfs- und Betriebsstoffen.	
e. Bei den betriebswirtschaftlichen Produktionsfaktoren wird unterschieden in weisungsgebundene Arbeit und leitende Arbeit.	

9. Kreuzen Sie die zutreffende Aussage an: Der volkswirtschaftliche Produktionsprozess vollzieht sich durch Kombination von ...

Aussage	Lösung
a. Boden, Betriebsmitteln und Bedürfnissen	
b. Kapital, Organisation und Arbeit	
c. Werkstoffe, Betriebsmittel und Arbeit	
d. Arbeit, Boden und Kapital	

10. Was ist unter betrieblicher Arbeitsteilung zu verstehen? Kreuzen Sie die zutreffende Aussage an.

Aussage	Lösung
a. Das Weisungsrecht des Unternehmers gegenüber seinem Mitarbeiter	
b. Die Erhöhung der Produktivität	
c. Die Herstellung eines Gutes in mehreren Teilverrichtungen	
d. Die Herstellung eines Gutes mit dem geringstmöglichen Mitteleinsatz	
e. Handeln nach dem Wirtschaftlichkeitsprinzip	

11. Der einfache Wirtschaftskreislauf: Kreuzen Sie den in dem Kreislaufschaubild fehlenden, zutreffenden Begriff an.

   a. Staat
   b. Banken
   c. Ersparnisse
   d. Subventionen
   e. Konsumgüter

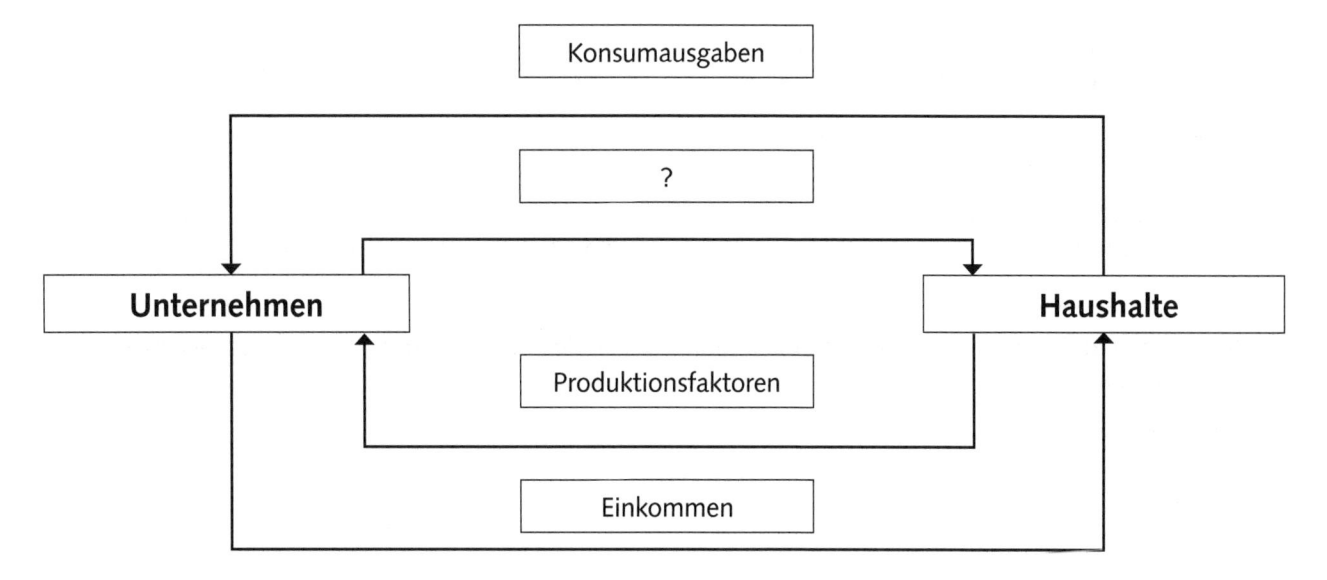

```
                    ┌─────────────────────┐
                    │   Konsumausgaben    │
                    └─────────────────────┘
         ┌──────────────────┬──────────────────┐
         │                  ▼                  │
         │            ┌─────────┐              │
         │            │    ?    │              │
         │            └─────────┘              │
         │                  │                  │
  ┌──────────────┐          │          ┌──────────────┐
  │ Unternehmen  │          │          │  Haushalte   │
  └──────────────┘          ▼          └──────────────┘
         ▲     ┌─────────────────────┐       ▲
         │     │ Produktionsfaktoren │       │
         │     └─────────────────────┘       │
         │                                   │
         │          ┌─────────────┐          │
         └──────────│  Einkommen  │──────────┘
                    └─────────────┘
```

Wirtschafts- und Sozialkunde (LF 01, 02, 05, 07, Sozialkunde /-politik)

12. Tragen Sie in die drei leeren Kästchen die zutreffenden Wirtschaftssubjekte ein.

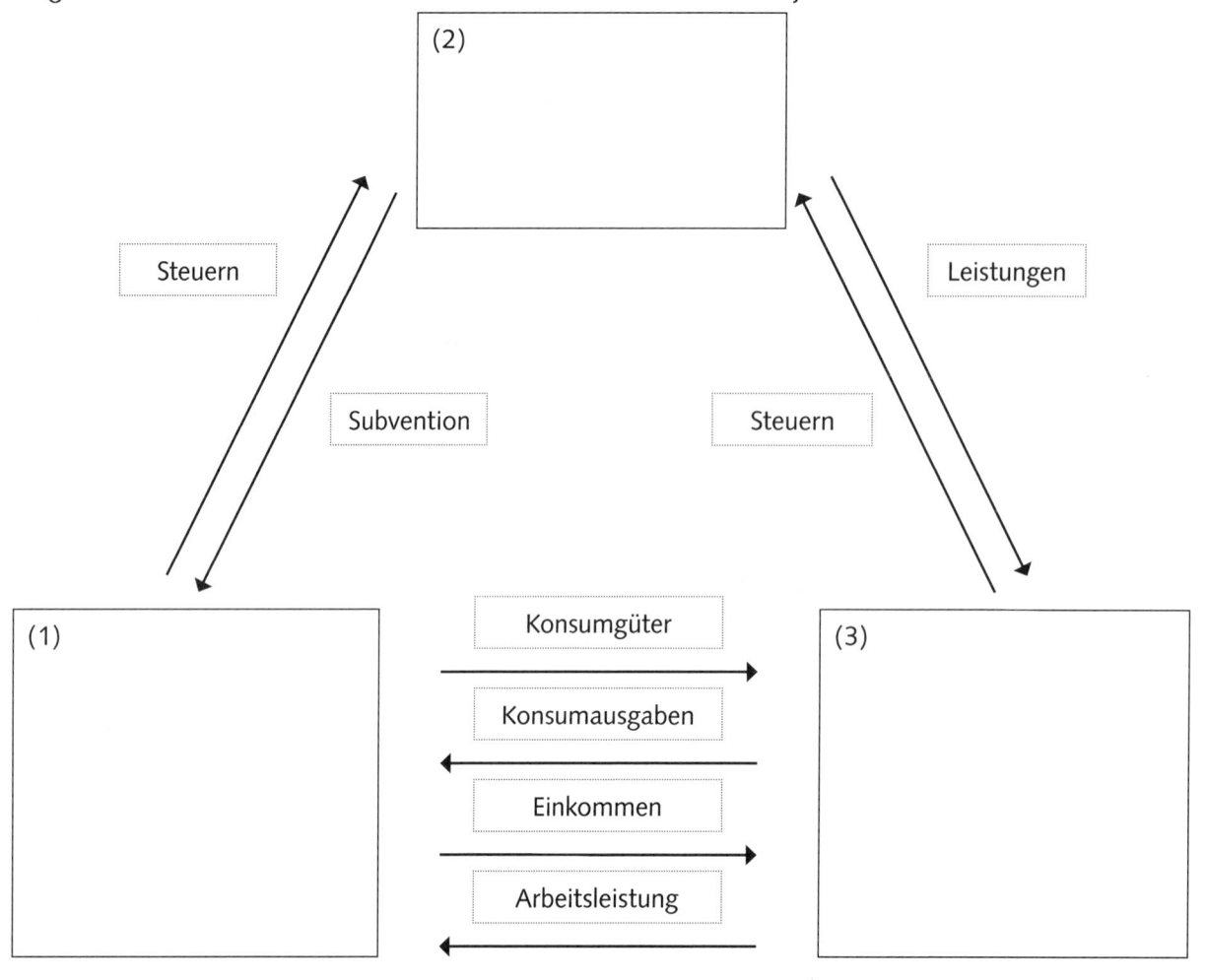

```
              (2)
     ↑ ↓              ↓ ↑
  Steuern           Leistungen
     Subvention      Steuern

(1)                              (3)
        Konsumgüter →
        ← Konsumausgaben
        ← Einkommen
        Arbeitsleistung →
```

13. Angebot und Nachfrage: Kreuzen Sie die zutreffenden Aussagen an.

Aussage	Lösung
a. Wenn der Preis fällt, steigt die Nachfragemenge.	
b. Steigt der Preis, steigt auch das Angebot.	
c. Sinkt der Preis, steigt die Nachfrage.	
d. Fällt der Preis, sinkt das Angebot.	
e. Zwischen Angebot und Nachfrage kann niemals eine Wechselwirkung bestehen.	

14. Welche Kurzdefinition passt zu welchen Begriffen? Tragen Sie die zutreffende Ziffer in das jeweils zutreffende Lösungsfeld.

(1) Bedürfnis
(2) Wirtschaften
(3) Güter
(4) Markt

I. Wiederholungsfragen

Kurzdefinition	Ziffer
a. Ein Mangel wird empfunden	
b. Zusammentreffen von Angebot und Nachfrage	
c. Mittel zur Bedürfnisbefriedigung	
d. Planvolle menschliche Tätigkeit zur Bedürfnisbefriedigung	

15. Marktformen: Ergänzen Sie die fehlenden Begriffe.

Anbieter / Nachfrager	Viele	Wenige	Einer
Viele	(1)	(2)	(3)
Wenige	Nachfrageoligopol	Zweiseitiges Oligopol	Beschränktes Angebotsmonopol
Einer	(4)	Beschränktes Nachfragemonopol	(5)

B. Arbeitsrechts-, Personal- und Sozialbereich

I. Wiederholungsfragen

1. **Berufsausbildungsvertrag**
   a. Kennzeichnen Sie diesen kurz hinsichtlich Vertragsparteien, Formalien, Probezeit (einschließlich Kündigungsmöglichkeiten).

   _____
   _____
   _____
   _____
   _____
   _____

Wirtschafts- und Sozialkunde (LF 01, 02, 05, 07, Sozialkunde /-politik)

b. Geben Sie jeweils für Auszubildenden und Ausbilder die wichtigsten Pflichten an.

Pflichten

für den Auszubildenden	für den Ausbilder

2. Kennzeichnen Sie kurz die folgenden im Jugendarbeitsschutzgesetz befindlichen Regelungen für Jugendliche und Auszubildende.

Arbeitszeiten: _____

Ruhepausen: _____

Freizeit: _____

Berufsschule: _____

Urlaub: _____

Gesundheitliche Betreuung: _____

Beschäftigungsverbote/ -beschränkungen: _____

I. Wiederholungsfragen

3. Überblick zu den gesetzlichen Arbeitsschutzvorschriften:
   Tragen Sie zu den allgemeinen Schutzvorschriften und den Sonderschutzvorschriften die Ihnen bekannten Gesetze ein. Tragen Sie außerdem unter „c" die Überwachungsorgane ein.

   a. Allgemeine Schutzvorschriften:

   b. Sonderschutzvorschriften:

   c. Überwachungsorgane:

4. Ist das deutsche Arbeitsrecht dem öffentlichen oder dem Privatrecht zuzuordnen? Erläutern Sie kurz.

Wirtschafts- und Sozialkunde (LF 01, 02, 05, 07, Sozialkunde /-politik)

5. Da das Arbeitsrecht ein sehr verzweigtes und damit auch teilweise unübersichtliches Rechtsgebiet darstellt, ist es wichtig, bei arbeitsrechtlichen Regelungen die Stellung im Normensystem einschätzen zu können.

   a. Geben Sie die im Arbeitsrecht bestehende Normenpyramide an.

   Normenpyramide

   b. Sofern ein arbeitsrechtlicher Sachverhalt in den Regelungsbereich zweier (auf verschiedenen Stufen) stehender arbeitsrechtlicher Regelungen fallen sollte und sich unterschiedliche Konsequenzen hieraus für den Arbeitnehmer ergeben würden, welcher zentrale Grundsatz des Arbeitsrechts kommt dann zum Tragen?

I. Wiederholungsfragen

6. **Arbeitsvertrag**
   a. Erläutern Sie die Begriffe:

   Arbeitnehmer   **Arbeitgeber**

   ⬇   ⬇

   Arbeitsvertrag

   b. Erläutern Sie den Begriff „Arbeitsvertrag"

   c. Ist Schriftform zwingend?
      Beim unbefristeten Arbeitsvertrag _____

      Beim befristeten Arbeitsvertrag _____

   d. Welche Vertragsangaben sind wichtig?

   ⬇

   e. Welche Pflichten ergeben sich für den

   ⬇   ⬇

   Arbeitnehmer   **Arbeitgeber**

7. **Das Ende des Arbeitsverhältnisses**
   a. Welche Gründe können zur Beendigung eines Arbeitsverhältnisses führen?

Wirtschafts- und Sozialkunde (LF 01, 02, 05, 07, Sozialkunde /-politik)

b. Erläutern Sie den Begriff „Abmahnung".

_____

_____

c. Welche Kündigungsfristen zu beachten, sofern keine Sonderregelungen bestehen?

Arbeitnehmer: _____

_____

Arbeitgeber: _____

_____

Während der Probezeit: _____

d. Welche Kündigungsarten können unterschieden werden? Erläutern Sie kurz.

(1) _____

_____

(2) _____

_____

(3) _____

_____

e. Nennen Sie die formalen Voraussetzungen, damit das Kündigungsschutzgesetz zur Anwendung kommt.

_____

_____

_____

f. Wann ist inhaltlich eine Kündigung nach dem Kündigungsschutzgesetz möglich?

Gründe: _____

_____

_____

g. Kündigungsschutzklage
   ga. Innerhalb welcher Frist ist diese einzureichen? _____

   gb. Gilt die Frist sowohl für die ordentliche als auch für die außerordentliche Kündigung? _____

   gc. Worauf ist die Klage gerichtet und wer trägt die Beweislast?

   _____

I. Wiederholungsfragen

h. Was ist unter einem Aufhebungsvertrag zu verstehen?

8. Erläutern Sie kurz den Unterschied zwischen Individual- und Kollektivarbeitsrecht.

   Individualarbeitsrecht: _____

   Kollektivarbeitsrecht: _____

9. **Tarifvertrag**
   a. Nennen Sie die Vertragsparteien:

   (1) _____ (2) _____

   ↓ ↓

   Tarifvertrag

   b. Inhalt eines Tarifvertrages?

   c. Welche Form? _____

   d. Welche Tarifvertragsarten lassen sich unterscheiden?

10. Erläutern Sie den Begriff „Tarifautonomie".

11. Erläutern Sie den Begriff „Betriebsvereinbarung".

Wirtschafts- und Sozialkunde (LF 01, 02, 05, 07, Sozialkunde /-politik)

12. Geben Sie an, inwieweit für Mitarbeiter Mitwirkungs- und Mitbestimmungsrechte bestehen, auf
    a. der Ebene des Arbeitsplatzes,

    _____

    _____

    b. der Ebene des Betriebes,

    _____

    _____

    c. der Ebene der Unternehmensleitung.

    _____

    _____

13. Sozialversicherung: Vervollständigen Sie das folgende Schema.

Zweige der Sozialver-sicherung	Versicherungsträger	Pflicht-versicherte	Beitragshöhe	Beitragsauf-bringung	Beispiele für Leistungen
Gesetzliche Krankenver-sicherung					
Gesetzliche Rentenver-sicherung					
Gesetzliche Arbeitslosen-versicherung					
Gesetzliche Pflegeversi-cherung					

I. Wiederholungsfragen

Zweige der Sozialversicherung	Versicherungsträger	Pflichtversicherte	Beitragshöhe	Beitragsaufbringung	Beispiele für Leistungen
Gesetzliche Unfallversicherung					

14. Welche Arten von Personalbedarf lassen sich unterscheiden? Erläutern Sie kurz.

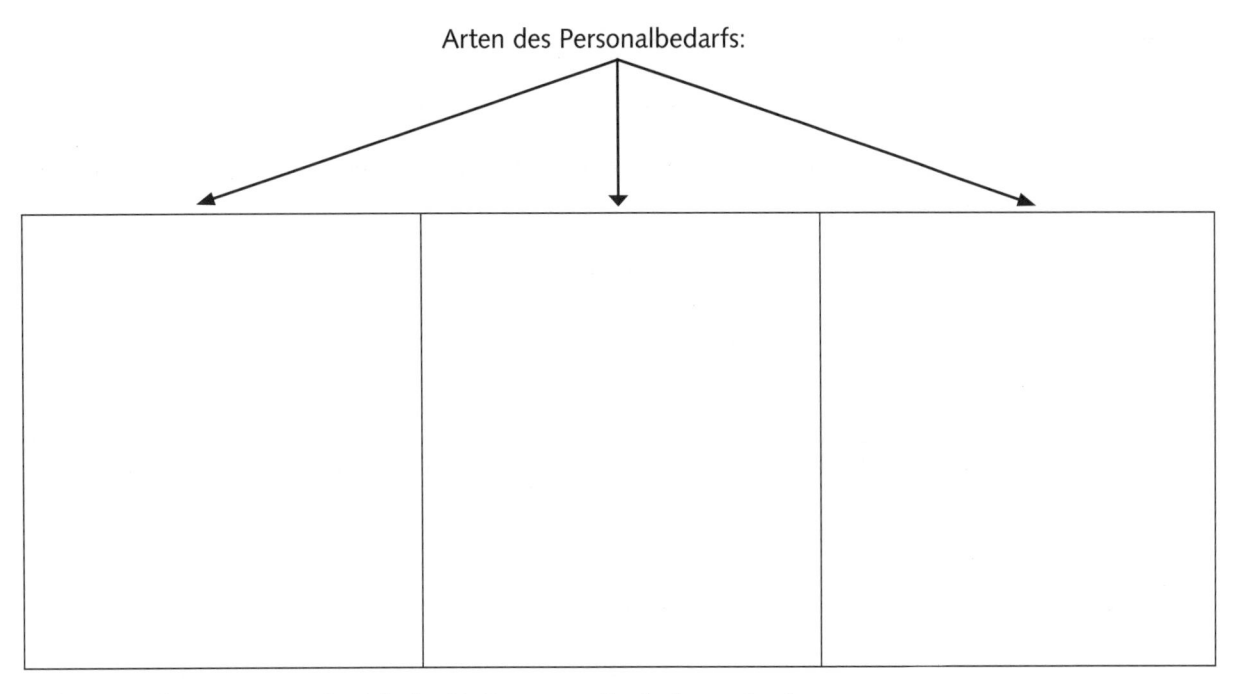

Arten des Personalbedarfs:

15. Geben Sie allgemein an, wie sich der Nettopersonalbedarf errechnet.

   ....

 − ....

 = ...

 + ...

 − ....

 = **Nettopersonalbedarf**

16. Welche Bestandteile sollte eine Stellenbeschreibung aufweisen?

_____

_____

_____

Wirtschafts- und Sozialkunde (LF 01, 02, 05, 07, Sozialkunde /-politik)

7. _____

17. Welche Bestandteile sollten in einer Stellenanzeige berücksichtigt werden?

_____

_____

_____

_____

_____

18. Erläutern Sie kurz den zentralen Unterschied (Mindestangaben) zwischen einem einfachen und einem qualifizierten Arbeitszeugnis.

Arbeitszeugnis

Einfaches Arbeitszeugnis	Qualifiziertes Arbeitszeugnis
....	....
....	....
....	....

19. Kennzeichnen Sie in groben Zügen den Aufbau eines qualifizierten Arbeitszeugnisses.

Bestandteile:

	Zeugnis
1.	...
2.	
3.	
4.	
5.	
6.	
7.	

II. Prüfungsaufgaben

1. Stefanie Mayer beginnt am 08. August, eine Ausbildung zur Rechtsanwaltsfachangestellten in einer Rechtsanwaltskanzlei. Am 10. August desselben Jahres wird sie 17 Jahre alt.

   a. Geben Sie an, welche formalen Erfordernisse für das Zustandekommen eines gültigen Ausbildungsvertrags zwingend sind.

   b. In diesem Zusammenhang möchte sie wissen,
      ba. Welche Kündigungsfristen während der Probezeit zu beachten sind,

      bb. Wie viele Urlaubstage ihr zustehen.

      bc. Ob ihre tägliche Arbeitszeit 9 Stunden beträgt?

      bd. Ihr ist außerdem unklar, ob die Kanzlei sie für die Berufsschultage freizustellen hat bzw. ob sie, bei einem um 8:15 Uhr beginnenden Berufsschultag vorher noch einmal für eine Stunde in die Kanzlei muss, da dort Gleitzeit-Arbeitsbeginn 7:00 Uhr ist.

      be. Ob der Nachweis einer ärztlichen Untersuchung notwendig ist?

   c. Nachdem Stefanie die Prüfung mit Erfolg bestanden hat, möchte sie ein qualifiziertes Zeugnis von ihrem Ausbilder. Dieser weigert sich. Muss er ein Zeugnis ausstellen? Begründen Sie kurz.

   d. Nach Bestehen der mündlichen Prüfung wird Stefanie weiter beschäftigt, ohne dass hierzu eine ausdrückliche Vereinbarung getroffen wurde. Wie ist hierzu die Rechtslage?

Wirtschafts- und Sozialkunde (LF 01, 02, 05, 07, Sozialkunde /-politik)

2. Thea Klein soll innerhalb der Probezeit gekündigt werden. Da ihr Ausbilder wegen Arbeitsüberlastung bisher nicht dazu kam, die Kündigung auszusprechen und zuzustellen, überlegt der Bürovorsteher am letzten Tag der Probezeit, wie die Kündigung am sinnvollsten zugestellt werden könnte und ob die Kündigungsgründe aufzunehmen sind. Er verschickt das Schreiben noch am selben Tag mit normaler Post. Nehmen Sie kurz hierzu Stellung.

3. Simone Schnell wird am 2. Januar 18 Jahre alt. Wie viele Urlaubstage stehen ihr zu?

4. In der Müller & Mayer OHG herrscht eine anhaltend stark rückläufige Auftragslage. Sie beschäftigt 12 Mitarbeiter, die in Vollzeit arbeiten. Aufgrund dieser Umstände sieht sich die Geschäftsführung gezwungen, am 06. Mai betriebsbedingte Kündigungen auszusprechen. Hiervon betroffen sind folgende Mitarbeiter:

   a. Eva Klein, 24 Jahre alt und seit einem Jahr bei der Müller & Mayer OHG beschäftigt,
   b. Thorsten Groß, 36 Jahre alt, verheiratet und seit 9 Jahren bei der Müller & Mayer OHG beschäftigt, er ist Betriebsratmitglied.
   c. Max Müller, 28 Jahre alt und seit 6 Jahren bei der Müller & Mayer OHG beschäftigt.

   Prüfen Sie, ob den drei Mitarbeitern gekündigt werden kann bzw. sofern möglich, wann dies frühest möglich geschehen könnte.

   d. Sebastian Mittel ist verheiratet und seit 10 Jahren ebenfalls in dem Betrieb beschäftigt. Auch ihm soll gekündigt werden. Er hat sich aber bereits bei einem anderen Arbeitgeber beworben und möchte zum 01. Juli dort sein neues Arbeitsverhältnis beginnen. Wann müsste er spätestens bei der Müller & Mayer OHG deshalb kündigen und in welcher Form müsste die Kündigung erfolgen?

5. Die Schmidt KG beschäftigt 16 Mitarbeiter. Alle Arbeitsverträge in diesem Betrieb wurden mit einer sechsmonatigen Probezeit abgeschlossen. Aufgrund der anhaltend stark rückläufigen Auftragslage müssen betriebsbedingte Kündigungen zum 31.10. ausgesprochen werden. Folgenden Mitarbeitern soll gekündigt werden:
   – Toni Schneider, ein Kind, verheiratet und seit 23 Jahren im Betrieb beschäftigt.
   – Beate Müller, seit 4 Monaten im Betrieb beschäftigt.
   a. Prüfen Sie, ob das KSchG bei beiden zur Anwendung kommt.

   b. Zu welchem Datum müsste beiden jeweils gekündigt werden, wenn die Kündigung zum 31. Oktober erfolgen soll?

II. Prüfungsaufgaben

c. Tim Klex, seit 7 Jahren im Betrieb beschäftigt, möchte zum 01. August eine neue Stelle antreten. Bis wann muss er spätestens kündigen?

d. Gäbe es auch eine Möglichkeit für Tim Klex, sein bestehendes Arbeitsverhältnis vor Ablauf der Kündigungsfrist zu beenden?

6. Die Metallwaren GmbH hat 30 Mitarbeiter. Ein Mitarbeiter in der Buchhaltung arbeitet fehlerhaft. In dem von ihm verfassten Schriftverkehr und in seinen Abrechnungen befinden sich ständig viele Fehler. Wie kann der Arbeitgeber das Arbeitsverhältnis beenden? Begründen Sie kurz.

7. Susi Müller fängt am 01.07. bei einem Industriebetrieb als Sachbearbeiterin an. Ihre Eingruppierung und demzufolge auch ihre Gehaltshöhe bestimmen sich nach Tarifvertrag.
   a. Was versteht man unter einem Tarifvertrag?

   b. Nennen Sie die Vertragspartner, die einen solchen Vertrag abschließen.

   c. Werden die Lohn- und Urlaubsfragen im schuldrechtlichen oder im normativen Teil eines Tarifvertrages geregelt?

   d. Sofern Tarifverhandlungen gescheitert sind, auf welche letzte Möglichkeit, um einen Streik zu vermeiden, kann hier zurückgegriffen werden?

   e. Sofern in einer Urabstimmung für einen Streik gestimmt werden soll, wie viele Gewerkschaftsmitglieder müssten hierzu zustimmen?

   d. Welche Möglichkeit haben Arbeitgeber, auf die Streikmaßnahmen zu reagieren?

   e. Sofern es nach einem Streik erneut zu Verhandlungen und letztlich zu einer Einigung kommt, wie viele Mitglieder müssen dem Verhandlungsergebnis zustimmen?

Wirtschafts- und Sozialkunde (LF 01, 02, 05, 07, Sozialkunde /-politik)

8. Kreuzen Sie die beiden zutreffenden Aussagen an

Aussagen	richtig
a. Bei einer verhaltensbedingten Kündigung ist ein Mitarbeiter zuvor abzumahnen.	
b. Bei einer personenbedingten Kündigung muss stets eine Abmahnung vorausgegangen sein.	
c. Eine betriebsbedingte Kündigung ist ohne vorherige Abmahnung nicht möglich.	
d. Bei einer schweren Verfehlung kann einem Mitarbeiter nur entweder ordentlich oder außerordentlich gekündigt werden.	
e. Bei einer schweren Verfehlung kann einem Mitarbeiter außerordentlich und hilfsweise ordentlich gekündigt werden.	

9. Welche der folgenden Personen genießt einen besonderen Kündigungsschutz (außer dem KSchG)? Kreuzen Sie die richtigen Lösungen an.

Personen	richtig
a. Mütter, drei Monate nach der Geburt	
b. Mitarbeiter, mit 11 Jahren Betriebszugehörigkeit	
c. Ein vom Versorgungsamt anerkannter Schwerbehinderter nach 4 monatiger Tätigkeit während der Probezeit	
d. Herr Schnell, zwei Wochen vor Beginn der Elternzeit.	
e. Ein ehemaliges Betriebsratmitglied, das seit 1 ½ Jahren aus dem Betriebsrat ausgeschieden ist.	

10. Für welche Personengruppe gilt ein besonderer gesetzlicher Kündigungsschutz?

Personengruppe	richtig
a. Sicherheitsbeauftragter	
b. Vorarbeiter	
c. Jugendvertreter nach dem Betriebsverfassungsgesetz	
d. Auszubildende in der Probezeit	
e. Der angestellte Geschäftsführer einer GmbH	

11. In einem Betrieb werden neue Sicherheits- und Brandschutzmaßnahmen eingeführt. Hierzu soll eine Betriebsvereinbarung geschlossen werden. Kreuzen Sie an, wer Betriebsvereinbarungen be- bzw. abschließt?

Person bzw. Organ	
a. Gewerkschaft und Arbeitgeber	
b. Arbeitgeber	
c. Arbeitgeber und der zuständige Vertreter der Unfallversicherung	
d. Arbeitgeber und Sicherheitsbeauftragter	
e. Arbeitgeber und Betriebsrat	

II. Prüfungsaufgaben

12. Für die folgenden Vereinbarungen, Anweisungen und Verträge ist durch Eintragen der jeweils zutreffenden Ziffer anzugeben, ob Sie per
    (1) Individualarbeitsvertrag
    (2) Betriebsvereinbarung
    (3) Tarifvertrag
    (4) in anderer Art und Weise zustandekommen.

Vereinbarungen / Anweisungen / Verträge	Ziffer
a. ... kommt durch Vereinbarung zwischen Gewerkschaften und Arbeitgeberverband zustande.	
b. ... kommt durch Vereinbarung zwischen Arbeitgeber und Betriebsrat zustande.	
c. ... kommt durch Vereinbarung zwischen Arbeitgeber und Arbeitnehmer zustande.	
d. ... kommt durch Anweisung des Arbeitgebers zustande.	

13. Herr Schnell arbeitet in einem Industriebetrieb mit 120 Mitarbeitern. Er überlegt, ob er sich für die Wahl zum Betriebsrat aufstellen lassen soll. Dabei interessieren ihn folgende Fragen:

    a. In welchem Gesetz sind die Grundlagen für die betriebliche Mitbestimmung gelegt?

    b. Wie lange müsste er im Betrieb gearbeitet haben, um sich aufstellen lassen zu können?

    c. Wie lang wäre seine normale Amtszeit?

    d. Da der Anteil der Jugendlichen an der Belegschaft hoch ist, fragt er sich, ob für diesen Personenkreis eine gesonderte Vertretung eingerichtet werden müsste. Erläutern Sie kurz.

14. S. Müller wurde von seinem Arbeitgeber gekündigt. Im Unternehmen gibt es einen Betriebsrat. Welche Möglichkeiten hat er, sich gegen die Kündigung zur Wehr zu setzen und welche Fristen sind hierbei zu beachten?

15. Frau Müller arbeitet in der Kanzlei Dr. Streng. Seit drei Tagen ist sie krank und arbeitsunfähig gemeldet. Sie hatte auf dem Weg zum Arbeitsplatz einen Unfall. Kreuzen Sie die vom Arbeitgeber zu veranlassende Handlung an.

Handlungen	richtig
a. Sie machen eine Unfallanzeige an den Träger der Unfallversicherung.	
b. Sie machen eine Unfallanzeige an die zuständige Krankenkasse.	
c. Eine Anzeigepflicht besteht nicht, da der Unfall sich nicht im Betrieb ereignete.	
d. Sie stellen die Gehaltszahlung ein, da die Mitarbeiterin von der Krankenkasse ein Entgelt bekommt.	
e. Sie benachrichtigen die Pflegeversicherung.	

Wirtschafts- und Sozialkunde (LF 01, 02, 05, 07, Sozialkunde /-politik)

16. Tina Müller ist unklar, welche Sozialversicherungsbestandteile ihr bei ihrer Gehaltsabrechnung abgezogen werden. Geben Sie diese an.

17. Welche Funktion hat die Beitragsbemessungsgrenze in der Krankenversicherung für die Berechnung der Krankenversicherungsbeiträge?

18. Wonach bemisst sich die Höhe der Beiträge zur gesetzlichen Unfallversicherung?

19. Geben Sie für die folgenden Versicherungen durch Eintragen des jeweils zutreffenden Buchstabens an, ob Sie
    (1) vom Arbeitgeber allein,
    (2) vom Arbeitnehmer allein
    (3) von Arbeitgeber und Arbeitnehmer hälftig oder
    (4) grundsätzlich von Arbeitgeber und Arbeitnehmer hälftig, wobei auf den Arbeitnehmer ein zusätzlicher Zuschlag zukommt bzw. zukommen kann.

Versicherungen	Lösung
a. Krankenversicherung	
b. Unfallversicherung	
c. Pflegeversicherung	
d. Rentenversicherung	
e. Arbeitslosenversicherung	

20. Kreuzen Sie die richtige Aussage zur Rentenversicherung an

Aussagen	richtig
a. Der Beitrag wird allein vom Arbeitgeber getragen.	
b. In der Rentenversicherung gibt es keine Beitragsbemessungsgrenze.	
c. Der Träger der Rentenversicherung ist die Bundesagentur für Arbeit.	
d. Die Beiträge werden hälftig von Arbeitgeber und Arbeitnehmer getragen.	
e. Die Beiträge richten sich nach den beruflichen Gefahrenklassen.	

21. Kreuzen Sie die richtige Aussage zur Krankenversicherung an.

Aussagen	richtig
a. Leitende Angestellte müssen immer Mitglied einer privaten Krankenversicherung sein.	
b. Zu den Leistungen gehört die Zahlung einer Verletztenrente nach einem Betriebsunfall.	
c. Die Beitragssätze in der gesetzlichen Krankenversicherung richten sich nicht nach dem Einkommen des Versicherten.	

II. Prüfungsaufgaben

Aussagen	richtig
d. In der gesetzlichen Krankenversicherung besteht die Möglichkeit der Familien-(mit)-versicherung vom Ehegatten und der Kinder.	
e. Träger sind die Pflegekassen.	

22. Kreuzen Sie die richtige Aussage zur Pflegeversicherung an.

Aussagen	richtig
a. Träger sind die Pflegekassen.	
b. Der Beitragszuschlag ist für alle Arbeitnehmer verbindlich und zu zahlen.	
c. Zu den Leistungen gehört die Zahlung von Arbeitslosengeld I und II.	
d. Privatversicherte Personen müssen keine Pflegeversicherungsbeiträge zahlen.	
e. Die Höhe der Beiträge ist einkommensunabhängig.	

23. Kreuzen Sie die richtige Aussage zur gesetzlichen Unfallversicherung an

Aussagen	richtig
a. Die Beitragshöhe hängt vom Einkommen des Mitarbeiters ab.	
b. Beiträge werden von Arbeitgeber und Arbeitnehmer hälftig getragen.	
c. Für Arbeitnehmer gibt es einen 0,9 %-igen Beitragszuschlag.	
d. Die Leistungen werden in drei Pflegestufen eingeteilt.	
e. Zu den Leistungen gehört auch die Zahlung einer Hinterbliebenenrente.	

24. Kreuzen Sie die richtige Lösung für die Arbeitslosenversicherung an.

Aussagen	richtig
a. Zu den Leistungen gehört die Zahlung einer Erwerbsunfähigkeitsrente.	
b. Die Höhe der Beiträge ergibt sich aus dem individuellen Versicherungsvertrag.	
c. Zu den Leistungen gehört ein Arbeitslosengeld I und II.	
d. Bei der Arbeitslosenversicherung gibt es keine Beitragsbemessungsgrenze.	
e. Versicherungsträger sind die Berufsgenossenschaften.	

25. Welche Leistungen erfolgen durch die Bundesagentur für Arbeit (mehrere richtige Lösungen)?

Leistungen	Lösung
a. Schlechtwettergeld	
b. Berufsberatung	
c. Erteilung der Pflegestufe 1	
d. Heilbehandlung	
e. Hinterbliebenenrente	

Wirtschafts- und Sozialkunde (LF 01, 02, 05, 07, Sozialkunde /-politik)

26. Eine Arbeitnehmerin hat einen neuen Arbeitsplatz in einem Kaufhaus angenommen. Zu welchen Leistungen ist ihr Arbeitgeber gesetzlich verpflichtet?

Leistungen	Lösung
a. Zahlung der monatlichen Beiträge im Rahmen der vermögenswirksamen Leistungen	
b. Gewährung eines Personalrabattes bei verbilligten Personalkäufen	
c. Zahlung eines Weihnachtsgeldes	
d. Zahlung der Beiträge für die gesetzliche Unfallversicherung	
e. Zahlung einer Verkaufsprämie	

27. Susi Pech erleidet im Büro während der Arbeitszeit einen Arbeitsunfall. Sie ist daraufhin eine Zeit lang arbeitsunfähig. Kreuzen Sie an, wer die Heilungskosten trägt.

Kostenträger	Lösung
a. Die Pflegeversicherung	
b. Die Krankenkasse	
c. Gesetzliche Unfallversicherung	
d. Der Arbeitgeber	
e. Die Rentenversicherung	

28. Tragen Sie in der Lösungsspalte jeweils ein, welcher Sozialversicherungsträger die folgenden Leistungen übernimmt.

Leistungen	Lösungsspalte
a. Rente wegen Berufskrankheit	
b. Krankengeld	
c. Sachleistungen bei Pflegestufe I	
d. Gesetzliche Rente	
e. Kurzarbeitergeld	

II. Prüfungsaufgaben

29. Welches Organ ist gesetzlich für die Einhaltung der Arbeitssicherheitsvorschriften zur Unfallverhütung zuständig in den Betrieben?

Organe	richtig
a. Die Verkehrsschutzpolizei	
b. Das Gewerbeaufsichtsamt	
c. Die örtliche Krankenkasse	
d. Die Industrie- und Handelskammer in Verbindung mit der Rechtsanwaltskammer	
e. Die Kommune	

30. Tragen Sie für die folgenden Sachverhalte ein, ob es sich um
    1. Ersatzbedarf oder
    2. Überbrückungsbedarf oder
    3. Neubedarf handelt.

Sachverhalt	Art des Bedarfs (Nr. eintragen)
1. In der Kanzlei muss eine Mitarbeiterin für die Zeit des Erziehungsurlaubs ersetzt werden.	
2. In der Kanzlei soll nächstes Jahr eine neue Mitarbeiterin für den neu eingerichteten zentralen Schreibdienst eingestellt werden.	
3. Der Rechtsanwalt muss für die Schreibarbeiten im Rahmen eines großen Mandats für sechs Monate drei Schreibkräfte einstellen.	
4. Für die verstorbene Sekretärin muss eine neue Sekretärin eingestellt werden.	
5. Der Rechtsanwalt möchte in einer anderen Stadt einen zweiten Kanzleistandort eröffnen. Hierfür benötigt er drei Rechtsanwaltsfachangestellte.	
6. Der Sekretärin wurde fristlos gekündigt. Zum nächsten Monatsersten soll ihre Nachfolgerin eingestellt werden.	
7. Am Jahresende sind sehr viele Kopierarbeiten vorzunehmen. Hierfür wird ein Student für einen Monat eingestellt.	

Wirtschafts- und Sozialkunde (LF 01, 02, 05, 07, Sozialkunde /-politik)

31. Die Rechtsanwaltsfachangestellte Eva Klein kündigt ihre bisherige Stelle, um bei einer neuen Kanzlei zu beginnen. In ihrem Arbeitszeugnis finden sich u.a. folgende Formulierungen:

    > Arbeitszeugnis
    >
    > ....
    >
    > Frau Klein besitzt solides Fachwissen in dem ihr übertragenen Fachgebiet der Zwangsvollstreckung. Sie hat die ihr übertragenen Aufgaben zu unserer Zufriedenheit erledigt. Ihr Verhalten gegenüber Vorgesetzten, Kollegen und Mandanten war korrekt und ohne Beanstandungen.
    >
    > ....
    >
    > Wir bedanken uns für ihre Mitarbeit und wünschen ihr für ihren weiteren Berufsweg alles Gute.
    >
    > ....

    Wie schätzen Sie das Zeugnis (notenmäßig) ein? Begründen Sie kurz.

32. Rechtsanwalt Schlau möchte einer Mitarbeiterin kündigen, da sie ihre Arbeit nur unzureichend erledigte und es insofern schon mehrfach zu Problemen mit Vorgesetzten, Kollegen, Mandanten und Gerichten kam. Da er einen möglichen Kündigungsschutzprozess vermeiden möchte, schließt er mit der Mitarbeiterin einen Auflösungsvertrag. Hierin wird u.a. geregelt, dass ihr ein Monatsgehalt als Abfindung gezahlt wird. Ein „wichtiger Grund" wird für den Aufhebungsvertrag nicht angegeben. Die Mitarbeiterin hat keine neue Stelle.

    a. Ist hierbei eine gesetzliche Kündigungsfrist zu beachten?

    _____

    b. Wie wirkt sich diese Kündigung für Frau Klein finanziell aus?

    (1) _____

    (2) _____

    c. In dem Arbeitszeugnis steht folgende Formulierung: „Sie hat die ihr übertragenen Aufgaben stets zu unserer vollsten Zufriedenheit erfüllt." Nehmen Sie hierzu kurz Stellung.

    _____

    _____

    _____

I. Wiederholungsfragen

C. Grundlagen der Wirtschafts- und Sozialpolitik

I. Wiederholungsfragen

1. Bei den Wirtschaftsordnungen werden die freie Marktwirtschaft, die soziale Marktwirtschaft und die Zentralverwaltungswirtschaft unterschieden. Welche würden Sie der Bundesrepublik Deutschland zuordnen?

   _____

2. Unterscheiden Sie die drei Wirtschaftsordnungen anhand der vorgegebenen Unterscheidungskriterien.

	Zentralverwaltungswirtschaft	Freie Marktwirtschaft	Soziale Marktwirtschaft
Eingriffe des Staates			
Produktionsfreiheit, Gewerbefreiheit			
Konsumfreiheit			
Vertragsfreiheit			
Eigentumsverhältnisse			
Berufs- und Arbeitsplatzwahl			
Preisbildung			
Lohnfindung			

3. Im Theoriegebäude der freien Marktwirtschaft kann der Unternehmer frei über den Faktor Arbeit bestimmen, solange sich aus dem Wechselspiel zwischen Angebot und Nachfrage für ihn keine Einschränkungen ergeben. Dies bedeutet zum Beispiel, dass er keine Kündigungsfristen, Lohnfortzahlungen im Krankheitsfall oder Lohnmindestgrenzen beachten muss. Nennen Sie fünf Maßnahmen in der Bundesrepublik Deutschland, durch die die Arbeitnehmerrechte gestärkt werden.

   – _____

   – _____

   – _____

   – _____

Wirtschafts- und Sozialkunde (LF 01, 02, 05, 07, Sozialkunde /-politik)

4. Nennen Sie das im Stabilitätsgesetz formulierte Oberziel der Wirtschaftspolitik und geben Sie die hieraus abgeleiteten vier Unterziele an.

Oberziel

↓ ↓ ↓ ↓

Weitere, in diesem Zusammenhang geforderte Ziele:

5. Erläutern Sie kurz die folgenden Arten von Arbeitslosigkeit.

Arten	Erläuterungen
saisonale	
friktionelle	
strukturelle	
konjunkturelle	

I. Wiederholungsfragen

6. **Inflation**
   a. Erläutern Sie kurz den Begriff „Inflation".

   > Inflation
   >
   > Begriff Inflation: _____

   b. Ursachen? Erläutern Sie kurz.

Über die Nachfrage ausgelöste Inflation:	Über die Angebotsseite ausgelöste Inflation:

   c. Formen von Inflation?

Formen der Inflation	Erläuterungen
offene	
verdeckte	
schleichende	
galoppierende	

   d. Auswirkungen? Erläutern Sie kurz.

Wer profitiert von einer Inflation?	Wer wird von einer Inflation benachteiligt?

7. **Deflation**
   a. Erläutern Sie kurz den Begriff „Deflation"

   Begriff: _____

Wirtschafts- und Sozialkunde (LF 01, 02, 05, 07, Sozialkunde /-politik)

b. Welche Ursachen können zu einer Deflation führen? Nennen Sie vier.

- _____
- _____
- _____
- _____

8. Wann spricht man von einem außenwirtschaftlichen Gleichgewicht?

   _____ = _____

9. Beim Wirtschaftswachstum wird ein quantitatives und ein qualitatives Wachstum unterschieden. Erläutern Sie kurz den Unterschied und geben Sie jeweils zwei Indikatoren an.

   Quantitatives Wachstum: _____

   Indikatoren: _____

   Qualitatives Wachstum: _____

   Indikatoren: _____

10. Bei den wirtschaftspolitischen Beziehungszusammenhängen kann es zu Zielharmonie, Zielkonflikten und Zielneutralität kommen. Erläutern Sie die Begriffe und geben Sie jeweils ein Beispiel.

    Zielharmonie: _____

    Beispiel: _____

    Zielkonflikt: _____

    Beispiel: _____

    Zielneutralität: _____

    Beispiel: _____

11. **Konjunktur**
    a. Erläutern Sie kurz den Begriff.

    _____

I. Wiederholungsfragen

b. Ein Konjunkturzyklus lässt sich in vier Konjunkturphasen unterteilen. Erläutern Sie die beiden Begriffe.

Konjunkturphasen:

(1) ───────────────────────────────

(2) ───────────────────────────────

(3) ───────────────────────────────

(4) ───────────────────────────────

Konjunkturzyklus: ───────────────────────────────

───────────────────────────────

c. Erläutern Sie kurz den Begriff „Konjunkturindikatoren" und geben Sie Beispiele.

Begriff: ───────────────────────────────

───────────────────────────────

Beispiele: ───────────────────────────────

───────────────────────────────

12. Erläutern Sie kurz den Begriff „Fiskalpolitik".

───────────────────────────────

───────────────────────────────

13. Innerhalb der fiskalpolitischen Steuerungskonzepte wird eine prozyklische und eine antizyklische Fiskalpolitik unterschieden. Geben Sie kurz an, wie sich der Staat hierin jeweils verhält.

Fiskalpolitische Steuerungskonzepte

prozyklische Fiskalpolitik	antizyklische Fiskalpolitik

Wirtschafts- und Sozialkunde (LF 01, 02, 05, 07, Sozialkunde /-politik)

14. **Geldpolitik**
    a. Erläutern Sie den Begriff.

    Begriff: _____

    _____

    b. Wer ist in Europa hierfür zuständig? _____

    c. Nennen Sie die Instrumente der Geldpolitik.

    (1) _____

    (2) _____

    (3) _____

15. Bei den Regierungssystemen wird unter anderem in parlamentarische und präsidentielle unterschieden. Erläutern Sie kurz den Unterschied.

    ```
                          Regierungssysteme
                                 |
                 ↓                              ↓
          parlamentarische                 präsidentielle
    ```

    _____   _____

    _____   _____

    _____   _____

    _____   _____

16. Erläutern Sie kurz den Begriff „Demokratie".

    _____

    _____

17. Worin besteht der Unterschied zwischen Einspruchs- und Zustimmungsgesetzen?

    Einspruchsgesetze: _____

    _____

    Zustimmungsgesetze: _____

    _____

18. Erläutern Sie kurz die Begriffe „Legislative", „Exekutive" und „Judikative".

    Legislative: _____

    Exekutive: _____

    Judikative: _____

I. Wiederholungsfragen

19. Vervollständigen Sie das folgende Schema zum Ablauf des Gesetzgebungsverfahrens (vereinfachte Darstellung).

Gesetzgebungsverfahren

Gesetzesinitiative
kann erfolgen durch:

(1) _____

(2) _____

(3) _____

↓

_____

Anzahl der Lesungen: _____

↓

_____

Bei Zustimmung _____

(falls nicht _____)

↓

_____

Aufgaben bzgl. Gesetz: _____

(1) _____

(2) _____

(3) _____

Inkrafttreten (Frist) _____

20. Erläutern Sie kurz die Begriffe:
    a. Bundestag

    _____

    _____

    b. Bundesrat

    _____

    _____

Wirtschafts- und Sozialkunde (LF 01, 02, 05, 07, Sozialkunde /-politik)

c. Bundesregierung

d. Bundeskanzler

e. Bundespräsident

f. Bundesversammlung

II. Prüfungsaufgaben

1. Kreuzen Sie die richtige Aussage an.

Aussage	richtig
a. Dem Modell der freien Marktwirtschaft wird vorgeworfen, zu einseitiger Vermögensbildung mit unsozialen Auswirkungen zu führen. Die soziale Marktwirtschaft versucht dem durch strenge Planvorgaben in allen wirtschaftlichen Bereichen entgegenzuwirken.	
b. Im Modell der Zentralverwaltungswirtschaft sind die Grundsätze der Vertrags- und Konsumfreiheit als zentrale Prinzipien für das wirtschaftliche Handeln verankert.	
c. Im Modell der sozialen Marktwirtschaft bedarf die sich aus dem Wettbewerb ergebende Einkommensverteilung einer ordnungspolitischen Korrektur für Haushalte mit geringem Einkommen.	
d. In der Zentralverwaltungswirtschaft plant jedes Unternehmen für sich. Das Angebot richtet sich nach der am Markt geäußerten Nachfrage.	
e. Im Modell der sozialen Marktwirtschaft übernimmt der Staat die Funktion eines reinen „Nachtwächterstaates", der überhaupt nicht in das Wirtschaftsgeschehen eingreift.	

2. In dem folgenden Schema sind verschiedene staatliche Handlungen aufgeführt. Ordnen Sie jeder Handlung die für die jeweilige Handlung passende Wirtschaftsordnung durch Eintragen der entsprechenden Ziffer zu.
   (1) Zentralverwaltungswirtschaft
   (2) Freie Marktwirtschaft
   (3) Soziale Marktwirtschaft

Staatliche Handlungen	Ziffer
a. Im Steuersystem werden größere Einkommen höher besteuert als niedrige. Bei der Besteuerung werden neben der individuellen Leistungsfähigkeit auch die persönlichen Verhältnisse des Steuerpflichtigen berücksichtigt.	

II. Prüfungsaufgaben

Staatliche Handlungen	Ziffer
b. Verbot von Kartellen.	
c. Zahlung von Subventionen an förderungswürdige Wirtschaftszweige	
d. Die Planungsbehörde plant die Produktionsmengen.	
e. Der Staat greift überhaupt nicht in das Wirtschaftsgeschehen ein.	

3. In dem folgenden Schema sind verschiedene Handlungen der Wirtschaftssubjekte aufgeführt. Ordnen Sie jeder Handlung die für die jeweilige Handlung passende Wirtschaftsordnung durch Eintragen der entsprechenden Ziffer zu. Auch Mehrfachnennungen sind möglich.
   (1) Zentralverwaltungswirtschaft
   (2) Freie Marktwirtschaft
   (3) Soziale Marktwirtschaft

Handlungen der Wirtschaftssubjekte	richtig
a. Herr Huber kauft sich beim Autohändler einen neuen Pkw. Als Ergebnis zäher Vertragsverhandlungen wird in das Auto kostenlos ein Schiebedach und eine Klimaanlage eingebaut.	
b. Herr Schmitt engagiert sich seit 10 Jahren im Betriebsrat der Müller OHG.	
c. Herr Müller arbeitete 10 Jahre im Bau- und Montagekombinat Kohle und Energie, Hoyerswerda.	
d. Unternehmer Huber beschäftigt Herrn Klein. Ein Anspruch auf feste Arbeitszeiten, Mindesturlaub und Übernahme von Sozialversicherungsbeiträgen existiert nicht.	
e. Unternehmer Groß schließt mit einer Gewerkschaft für sein Unternehmen einen Haustarifvertrag ab.	

4. In der sozialen Marktwirtschaft besteht unter anderem der Grundsatz der Vertragsfreiheit.
   a. Erläutern Sie diesen Grundsatz.

   _____

   _____

   b. Nennen Sie zwei Beispiele, in denen dieser Grundsatz von Seiten des Staates eingeschränkt wurde.

   _____

   _____

   c. Nennen Sie drei Leistungen, durch die in Deutschland dem Gedanken der Sozialen Marktwirtschaft („Sozialleistungen") besonders Rechnung getragen wurde.

   _____

   _____

   _____

5. Kreuzen Sie an, welches der folgenden Ziele in den sechsziger Jahren nicht im Stabilitäts- und Wachstumsgesetz aufgenommen wurde.

Ziel	Falsch
a. Außenwirtschaftliches Gleichgewicht	

Wirtschafts- und Sozialkunde (LF 01, 02, 05, 07, Sozialkunde /-politik)

Ziel	Falsch
b. Lebenswerte Umwelt	
c. Stabilität des Preisniveaus	
d. Hoher Beschäftigungsstand	
e. Angemessenes, stetiges Wirtschaftswachstum	

6. Ordnen Sie die folgenden Begriffe den jeweils zutreffenden Sachverhalten durch Eintragen der entsprechenden Ziffer zu.
   1. Strukturelle Arbeitslosigkeit
   2. Konjunkturelle Arbeitslosigkeit
   3. Saisonale Arbeitslosigkeit
   4. Friktionelle Arbeitslosigkeit

Sachverhalt	Ziffer
a. Bauunternehmer U kann infolge eines harten Winters 10 seiner Mitarbeiter im Januar und Februar nicht beschäftigen.	
b. Herr Klein wechselt den Arbeitgeber. Zwischen seinem Kündigungstermin und dem Termin Arbeitsaufnahme beim neuen Arbeitgeber liegt ein Monat Arbeitslosigkeit.	
c. Infolge hoher Benzinpreise geht die Nachfrage nach Autos stark zurück, so dass in den Pkw-Produktionsstätten Arbeitnehmer entlassen werden müssen.	
d. Toni Brombichler arbeitet von Dezember bis April als angestellter Skilehrer bei einer Skischule, in der restlichen Zeit ist er arbeitslos.	
e. Durch Verlagerung eines großen Teils der Schuhproduktion ins Ausland ist in einer Region Deutschlands die Arbeitslosigkeit drastisch angestiegen.	

7. In einer Region herrscht hohe Arbeitslosigkeit aufgrund des Weggangs eines hier ursprünglich ansässigen Industriezweigs. Nennen Sie drei geeignete Maßnahmen, wie der Staat versuchen könnte, diese Gegend für Unternehmen wieder interessanter zu machen, um damit letztlich auch die dortige Arbeitslosigkeit zu senken.

___

___

___

8. Kreuzen Sie die richtige Aussage zur Inflation an.

Aussage	richtig
a. Inflation bedeutet angemessenes und stetiges Wirtschaftswachstum.	
b. Die Preise sinken und die Kaufkraft steigt.	
c. Die Erhöhung des Bargeldumlaufs wirkt einer Inflation entgegen.	
d. Die Inflation führt zu einer Flucht in Sachwerte.	
e. Bei einer Inflation steigt die Kaufkraft.	

9. Nennen Sie vier mögliche Auswirkungen einer Deflation

___

___

___

II. Prüfungsaufgaben

10. Welche der folgenden Maßnahmen wirkt einer Inflation entgegen?

Maßnahme	richtig
a. Steuersenkung	
b. Subventionen zur Exportförderung	
c. Ausweitung der staatlichen Kreditaufnahme	
d. Erhöhung der staatlichen Ausgaben	
e. Erhöhung der Steuern	

11. Welche der folgenden Aussagen zur Deflation ist sinnvoll?

Aussagen	richtig
a. Die Preise sinken, Haushalte und Unternehmen nehmen eine abwartende Haltung ein, die Unternehmen investieren weniger, die Arbeitslosigkeit steigt.	
b. Deflation bedeutet ständig ansteigendes Preisniveau.	
c. Eine Hauptursache für Deflation besteht darin, dass die Betriebe nicht in der Lage sind, die starke Nachfrage der privaten Haushalte zu befriedigen.	
d. Zur Vermeidung einer Deflation ist es sinnvoll, wenn der Staat seine Aufträge an den privaten Sektor senkt.	
e. Hohe Kreditzinsen setzen einen wichtigen Impuls, um eine Deflation schnell zu überwinden.	

12. Geben Sie durch Eintragen der entsprechenden Ziffer an, in welcher Zielbeziehung die folgenden wirtschaftlichen Situationen zueinander stehen.
    1. Zielharmonie
    2. Zielneutralität
    3. Zielkonflikt

Wirtschaftliche Situationen	Ziffer
a. Vollbeschäftigung und Preisniveaustabilität	
b. Preisniveaustabilität und Wirtschaftswachstum	
c. Wirtschaftswachstum und Vollbeschäftigung	
d. Außenwirtschaftliches Gleichgewicht und gerechte Einkommensverteilung	

13. Ordnen Sie durch Eintragen der entsprechenden Ziffer die richtigen Konjunkturphasen den folgenden Aussagen zu.
    (1) Expansion
    (2) Boom
    (3) Rezession
    (4) Depression

Aussagen	richtig
a. Die Nachfrage ist auf ihrem Tiefpunkt, es gibt sehr viele Betriebsstilllegungen und hohe Arbeitslosigkeit.	
b. Es herrscht fast 100 %ige Vollbeschäftigung, die Produktionskapazitäten sind voll ausgelastet, es gibt demzufolge sowohl Lohn- als auch Preissteigerungen.	
c. Die gesamtwirtschaftliche Nachfrage steigt nach Überwindung des Tiefpunktes wieder an, die Auftragsbestände nehmen zu, Arbeitskräfte werden zunehmend mehr eingestellt, die Einkommen steigen wieder an.	
d. Die gesamtwirtschaftliche Nachfrage nimmt nach Überschreiten des Höhepunktes ab, Rückgang der Produktion, Anstieg der Arbeitslosigkeit, Abnahme der Kreditnachfrage.	

Wirtschafts- und Sozialkunde (LF 01, 02, 05, 07, Sozialkunde /-politik)

14. Nennen Sie vier wichtige Konjunkturindikatoren, durch die Rückschlüsse auf die jeweilige wirtschaftliche Lage gezogen werden können.

_____

_____

_____

_____

15. Nennen Sie zwei Maßnahmen wie der Staat im Rahmen der antizyklischen Wirtschaftspolitik versuchen kann, eine Rezession bzw. Depression abzuwenden.

_____

16. Durch welche Maßnahme kann der Staat zunehmender Arbeitslosigkeit entgegentreten?

Maßnahmen	richtig
a. Steuererhöhungen	
b. Verbesserte Abschreibungsmöglichkeiten und Gewährung von Investitionszulagen für die Betriebe	
c. Verlängerung der Lebensarbeitszeit	
d. Verringerung der Abschreibungsmöglichkeiten für Betriebe	
e. Verringerung der Aufträge der öffentlichen Hand an private Betriebe	

17. Welche Behörde veröffentlicht in regelmäßigen Zeitabständen die aktuellen Zahlen zur Arbeitslosigkeit?

_____

18. Kreuzen Sie an, welche der folgenden Indikatoren auf eine Rezession hindeuten könnten.

Informationen	richtig
a. Die Auslandsexporte nehmen stark zu.	
b. Die Investitionen der Betriebe nehmen zu.	
c. Die Arbeitslosigkeit nimmt ab.	
d. Die Auftragseingänge in der Industrie nehmen zu.	
e. Die Auslandsexporte nehmen stark ab.	

19. Kreuzen Sie an, welche der folgenden Aussagen zur Fiskalpolitik zutreffend ist.

Aussagen	richtig
a. Fiskalpolitik bedeutet, dass der Staat die Regulierung von Konjunkturzyklen ausschließlich den freien Kräften des Marktes überlässt.	
b. Im Rahmen der antizyklischen Fiskalpolitik erhöht der Staat in der Hochkonjunktur die Steuern und senkt die Staatsausgaben.	
c. Im Rahmen der antizyklischen Fiskalpolitik senkt der Staat in der Hochkonjunktur die Steuern und erhöht die Staatsausgaben.	
d. Im Rahmen der prozyklischen Fiskalpolitik steigert der Staat in der Depression seine Ausgaben.	
e. Im Rahmen der antizyklischen Fiskalpolitik senkt der Staat in der Depression seine Ausgaben.	

II. Prüfungsaufgaben

20. Geben Sie fünf mögliche Ursachen an, warum Maßnahmen, die auf eine antizyklisch ausgerichtete Fiskalpolitik ausgerichtet sind, nicht die erhoffte Wirkung zeigen.

21. Ordnen Sie die folgenden Aussagen „a bis e" dem jeweils zutreffenden fiskalpolitischen Steuerungskonzept zu. Tragen Sie hierzu die entsprechende Ziffer ein.
    (1) Prozyklische Fiskalpolitik
    (2) Antizyklische Fiskalpolitik

Aussagen	Ziffer
a. Der Haushalt des Staates soll stets ausgeglichen zu sein, die Steuereinnahmen entsprechen den Staatsausgaben.	
b. In der Depression sinken die Steuereinnahmen und insofern auch die Staatsausgaben.	
c. Der Staat betreibt eine Politik der Nachfragedämpfung, wenn die gesamtwirtschaftliche Nachfrage größer ist als das gesamtwirtschaftliche Angebot.	
d. In der Rezession oder Depression erhöht der Staat die Staatsausgaben.	
e. In der Hochkonjunktur sollen Haushaltsüberschüsse zur Schuldentilgung und zur Überführung in eine Konjunkturausgleichsrücklage verwendet werden.	

22. Worin besteht der zentrale Vorteil und worin der zentrale Nachteil der prozyklischen Fiskalpolitk?

23. Tragen Sie in dem Schema ein, wie der Staat jeweils dämpfend bzw. belebend auf die Konjunktur Einfluss nehmen kann.

	Nachfrage ankurbeln	Nachfrage dämpfen
Maßnahmen der Einnahmepolitik		
Maßnahmen der Ausgabepolitik		

Wirtschafts- und Sozialkunde (LF 01, 02, 05, 07, Sozialkunde /-politik)

24. Die Europäische Zentralbank (EZB) wurde 1998 als gemeinsame Währungsbehörde der Mitgliedsstaaten der Europäischen Währungsunion gegründet und bildet mit den nationalen Zentralbanken der EU- Staaten das Europäische System der Zentralbanken.
    a. Wo hat die EZB ihren Sitz?

    b. Nennen Sie das Hauptziel der EZB.

    c. Nennen Sie die Organe der EZB.

    d. Nennen Sie vier Aufgaben der EZB.

25. Kreuzen Sie die richtige Lösung an.

		richtig
a.	Der/die Bundeskanzler(in) regiert nicht, er/sie repräsentiert das Land.	
b.	Der/die Bundeskanzler(in) ernennt die Bundesrichter.	
c.	Der/die Bundeskanzler(in) hat das Recht Kriminelle zu begnadigen.	
d.	Erst wenn der/die Bundeskanzler(in) im Gesetzgebungsverfahren ein Gesetz abschließend geprüft und unterschrieben hat, ist es gültig.	
e.	Aufgabe des Bundeskanzlers bzw. der Bundeskanzlerin ist es, die Bundesregierung zu organisieren.	

26. Kreuzen Sie die richtigen Lösungen an.

		richtig
a.	Der Bundespräsident wird von der Bundesversammlung für 4 Jahre gewählt.	
b.	Der Bundespräsident ist der Regierungschef.	
c.	Der Bundespräsident wird von der Bundesversammlung für 5 Jahre gewählt.	
d.	Der Bundespräsident muss die vom Bundeskanzler bzw. der Bundeskanzlerin vorgeschlagenen Minister ernennen.	
e.	Der Bundeskanzler bzw. die Bundeskanzlerin ernennt die vom Bundespräsidenten vorgeschlagenen Minister.	

II. Prüfungsaufgaben

27. Kreuzen Sie die richtige Lösung an.

		richtig
a.	Die Bundesregierung ist gegenüber dem Bundespräsidenten weisungsgebunden.	
b.	Die Ernennung und Entlassung von Ministern ist Aufgabe des Vermittlungsausschusses.	
c.	Der Bundesrat ist ein Verfassungsorgan, durch das die Länder u.a. bei der Gesetzgebung mitwirken können.	
d.	Der Bundestag ist das wichtigste Organ der Judikative.	
e.	Die Bundesregierung setzt sich zusammen aus dem/der Bundeskanzler(in), den Ministern und dem Bundespräsidenten.	

28. Kreuzen Sie die richtige Lösung an.

		richtig
a.	Die gesetzgebende Gewalt liegt bei der Judikative.	
b.	Aufgabe der Legislative ist es, die erlassenen Gesetze durch Gerichte zu kontrollieren.	
c.	Gesetzesentwürfe werden vom Bundespräsidenten ins Gesetzgebungsverfahren eingebracht.	
d.	Der Bundestag berät über einen eingebrachten Gesetzesentwurf in drei Lesungen und stimmt dann darüber ab.	
e.	Der Bundesrat hat im Gesetzgebungsverfahren lediglich ein Recht auf Kenntnisnahme.	

29. Kreuzen Sie die richtige Lösung an.

		richtig
a.	Das Recht auf Gesetzesinitiative steht ausschließlich der Bundesregierung zu.	
b.	Das Recht auf Gesetzesinitiative steht der Bundesregierung und dem Bundesrat zu, außerdem kann ein Gesetz auch aus den Reihen des Bundestages eingebracht werden.	
c.	Ein neu einzubringendes Gesetz ist zunächst dem Bundesrat zur Stellungnahme vorzulegen.	
d.	Der Vermittlungsausschuss entscheidet darüber, welche Gesetze eingebracht werden können.	
e.	Ein neu einzubringendes Gesetz muss zunächst vom Bundespräsidenten unterschrieben werden, damit es dem Bundestag vorgelegt werden kann.	

Mandantenbetreuung (LF 01, 02, 03, 04, 08, 09, 10, 11, 12, 13, 14)

I. Vorbemerkung und Prüfungstipps

Im Lehrplan und in der Ausbildungsverordnung wird der Serviceorientierung ein hoher Stellenwert zugesprochen. Daher enthalten manche der folgenden Sachverhalte auch zwei Komponenten: Zum einen wird eine Situation aus dem Kanzleialltag beschrieben, auf die Sie serviceorientiert eingehen sollen. Zum anderen enthalten die Situationen fachliche Problemstellungen, die Sie nicht nur lösen, sondern einem fiktiven Mandanten (Prüfer) in einem Fachgespräch verständlich erläutern sollen.

Im Gegensatz zur schriftlichen Prüfung liegt es ein Stück weit auch in Ihrer Hand, den Verlauf des Gesprächs zu steuern. Bei den Lösungen handelt es sich lediglich um Vorschläge, wie in dem jeweiligen Sachverhalt vorgegangen werden könnte und welche Aspekte aufzuführen wären. Da die mündliche Prüfung als fallbezogenes Fachgespräch vorgesehen ist, wird der endgültige Verlauf sicherlich auch davon bestimmt, wo der Prüfer die Schwerpunkte setzt, welche Aspekte er noch prüfen möchte und welche sich einfach auch aus dem Gesprächsverlauf heraus ergeben. Manchmal hängt der weitere Gesprächsverlauf auch von einem Detail ab, das sich erst im Gesprächsverlauf ergibt. Insofern sind die Stichworte und Tipps in den Lösungsskizzen lediglich als Orientierungsraster zu sehen.

Hier ein paar Tipps aus langjähriger Prüfungstätigkeit, zusammengefasst in einem kleinen Ablaufschema zur mündlichen Prüfung. Da Sie am Tag der mündlichen Prüfung sicher sehr nervös sein werden, ist es hilfreich, wenn Sie sich bereits im Vorfeld ein Schema zur Vorgehensweise zurechtgelegt haben, auf das Sie quasi als „Geländer" in dieser Prüfungssituation zurückgreifen können. Dies wird Sie in der Vorbereitung und im Gespräch selbst entlasten.

Der Sachverhalt

Allgemein

Die folgenden Tipps beziehen sich auf einen schriftlich vor Prüfungsbeginn ausgeteilten Sachverhalt. Es ist dabei, wie von verschiedenen Kammern vorgeschlagen, eine gesonderte Bearbeitungszeit zugrunde gelegt. Die folgenden Tipps lassen sich aber auch analog auf Situationen übertragen, in denen beispielsweise dem Prüfling zu Prüfungsbeginn ein kurzer Sachverhalt vom Prüfer vorgetragen wird und er anschließend darauf eingehen soll.

Für das Fachgespräch bzw. den Sachverhalt können Themen aus den Fachgebieten Zivilrecht, Zwangsvollstreckung, Vergütung und Kosten oder Zahlungsverkehr Prüfungsgegenstand
sein, wobei die fachbezogene Anwendung der englischen Sprache zu berücksichtigen ist. Für das Gespräch ist eine Prüfungszeit von 15 Minuten vorgesehen.

Außerdem müssen Sie auch damit rechnen, dass Ihr Sachverhalt eine „serviceorientierte Komponente" enthält, auf die Sie ebenso eingehen müssen.

Es ist daher sehr wichtig, wenn Sie gleich beim ersten Lesen des Sachverhalts erkennen und vorsortieren, ob Sie nur auf fachliche Probleme eingehen müssen oder ob auch andere Aspekte anzusprechen sind.

Sofern Ihnen eine Vorbereitungszeit eingeräumt wird, nutzen Sie diese, um eine kleine Gliederung für Ihren Vortrag bzw. Ihren Leitfaden für das Gespräch zu erstellen. Ordnen Sie die inhaltlichen Aspekte, auf die Sie eingehen möchten, Ihren Gliederungspunkten zu. Sie können hierzu auch eine Mindmap verwenden. Machen Sie nicht den Fehler, Ihre Vorbereitungszeit dafür zu verwenden, vollständig ausformulierte Sätze zu Papier zu bringen, um Ihren Vortrag komplett ablesen zu können. Zum einen wird Ihnen die Vorbereitungszeit hierfür nicht genügen und Ihr Vortrag wäre vermutlich nach einer halben Minute bereits zu Ende. Zum anderen würde dies dem Zweck der Prüfung zuwiderlaufen, da hier der Gesprächsgedanke im Vordergrund steht.

I. Vorbemerkung und Prüfungstipps

Der Sachverhalt

Die Serviceorientierung
Hierbei können sehr unterschiedliche Aspekte im Sachverhalt auf Sie zukommen:

- Im „harmlosesten" Fall kann eine einfache Alltagssituation beschrieben sein, in der Sie zu erkennen geben sollen, dass und wie Sie sie meistern, z. B. was Sie beachten, wenn Sie mit einem Mandanten oder einer Rechtsschutzversicherung serviceorientiert telefonieren, wie Sie mit einem Mandanten am Empfang umgehen, wie Sie ein Mandat anlegen, welche Vorschläge Sie zur Gestaltung oder Verbesserung von Büroabläufen einbringen könnten (z. B. zum Telefonleitfaden, Gestaltung des Empfangs, Posteingang, Vorbereitung eines Meetings bzw. Mandantengesprächs, Präsentation der Kanzlei gegenüber einem neuen Mandanten oder dem Einholen von Auskünften im Rahmen eines Mandats), wie Sie mit einer Panne innerhalb der Kanzlei, z. B. im Terminkalender oder gegenüber einem Mandanten umgehen.

- In einer gesteigerten Sachverhaltsvariante könnten auch konfliktträchtige Elemente eingebaut sein.
  - Dies kann zum einen das Verhältnis zum Mandanten oder auch zu einem anderen Dritten (Rechtspfleger, Rechtsschutzversicherung etc.) betreffen. Hier kann es beispielsweise um die Frage gehen, wie Sie mit einem aus unterschiedlichsten Gründen heraus aufgebrachten Mandanten umgehen, das heißt, welche Vorschläge Sie einbringen, um die Situation möglichst zu deeskalieren und wie Sie zu einer sachlichen Lösung finden. Hier muss Ihr Ziel sein, zu verhindern, dass sich der Mandant im schlimmsten Fall verärgert abwendet und möglicherweise als Negativ-Multiplikator dem Ruf der Kanzlei schadet. Sie möchten Ihn als zufriedenen Mandanten behalten.
  - Es ist aber auch denkbar, dass Sie mit einem kanzleiinternen Problem am Arbeitsplatz konfrontiert werden. Je nach Art und Intensität des Konflikts müssten Sie hier ggf. sogar den Konflikt als solchen zum Thema machen, z. B. auf Konfliktarten und -ursachen eingehen. In jedem Fall sollten Sie auf Strategien eingehen, wie der Konflikt im Gespräch und in der Kanzlei gelöst werden könnte, wie Sie z. B. im Hinblick auf andere Kollegen und Kolleginnen (ggf. auch Mandanten) damit umgehen und vor allem, welche Möglichkeit Sie sehen, ihn durch eine „neutrale" Person (Stichworte: Mediation, Vorgesetzter) lösen zu können. Je nach Schwere des Konflikts und der Verfehlung können hier auch arbeitsrechtliche Bezüge hineinspielen. Ihr Ziel sollte sein, dazu beizutragen, den „Kanzleifrieden" an dieser Stelle wiederherzustellen. Hier gilt der Grundsatz: „Man muss nicht jeden mögen, aber man muss respektvoll miteinander umgehen und zusammenarbeiten". Gerade in Rechtsberufen, in denen sehr sensible Daten und Sachverhalte behandelt werden, ist eine vertrauensvolle Zusammenarbeit unabdingbar.

Wichtig:
Sofern Sie einen Sachverhalt erhalten, in denen ein Problem bzw. eine Störung auftaucht, gilt der Grundsatz: „Beseitigen Sie zunächst die Störung und gehen Sie erst dann auf die fachlichen Inhalte ein". Sie müssen zuerst eine vernünftige Gesprächsgrundlage herstellen, um anschließend fachliche Inhalte besprechen zu können.

Mandantenbetreuung

Der Sachverhalt

Die fachlichen Inhalte
Sofern Ihnen die Möglichkeit gewährt wird, zwischen zwei Sachverhalten, möglicherweise sogar aus zwei verschiedenen Rechtsgebieten, zu wählen, treffen Sie Ihre Entscheidung schnell, notfalls intuitiv aus dem Bauch heraus, damit nicht wertvolle Vorbereitungszeit verloren geht.

Bauen Sie Ihren Vortrag bzw. Ihre Gesprächsführung so auf, dass Sie zur Lösung hinführen, aber nicht sofort damit beginnen; gehen Sie vom allgemeinen zum spezielleren vor. Vermeiden Sie es, sofort zu Vortragsbeginn mitten ins „Detail zu springen„. Zum einen wird Ihnen dann nur noch wenig Stoff zum Vortragen bleiben und zum anderen wird Ihnen der Prüfer durch quälende Rückfragen die nicht angesprochenen Aspekte „aus der Nase ziehen„.

Stellen Sie zu Beginn Ihres Vortrags dem Prüfungsausschuss Ihre Vorgehensweise bzw. Gliederung kurz vor, damit er z. B. weiß, dass Sie zunächst einen Überblick über die generellen Lösungsmöglichkeiten geben und dann erst zum Schluss Ihren Lösungsweg mit Lösung präsentieren. Sie vermeiden dadurch, dass ein ungeduldiger Prüfer Sie unnötig aus dem Konzept bringt, weil er voreilig auf die seiner Meinung nach richtige Lösung hinaus möchte.

Sofern ein markanter Rechtsbegriff im Sachverhalt auftaucht, z. B. Prorogation, kann es nicht nur sinnvoll, sondern sogar geboten sein, ihn kurz zu erläutern. Vermeiden Sie es aber, an dieser Stelle zu sehr vom Sachverhalt abzuschweifen.

Sofern unterschiedliche Rechtsprobleme im Sachverhalt auftauchen, stellen Sie diese in einer sinnvollen Reihenfolge dar.
- Dies kann zum einen rein chronologisch geschehen. Am Beispiel des Kaufvertrags könnte dies so aussehen, dass beispielsweise zunächst der Zugang der Willenserklärung am 01.07. als erstes Problem zu thematisieren wäre, danach das Zustandekommen des Kaufvertrags am 02.07., anschließend das Erfüllungsgeschäft am 03.07. und letztlich die mangelhafte Lieferung. Dies entspräche auch zugleich der inhaltlich sinnvollsten Vorgehensweise.
- Es kann aber auch sein, dass Probleme in einem Sachverhalt eher parallel nebeneinander stehen, z. B. könnte es zu erörtern sein, ob ein Richter im Sachverhalt befangen ist, ob ein entfernterer Verwandter ein Zeugnisverweigerungsrecht beanspruchen kann und ob im Sachverhalt ein selbstständiges Beweisverfahren möglich bzw. sinnvoll wäre. Hier steht jedes Problem für sich relativ losgelöst da, so dass es sich anbietet, eines nach dem anderen abzuarbeiten (also nach Inhalten gegliedert) und auch auf die unterschiedlichen Rechtswirkungen hinzuweisen.

Der englische Bezug
Sie können beruhigt davon ausgehen, dass die Wahrscheinlichkeit, dass Ihr Prüfungsgespräch komplett auf englisch geführt wird, extrem niedrig ist. Sie müssen aber schon damit rechnen, dass Ihr Gesprächspartner vielleicht in einem Gesprächsteil einmal ins englische hinüber „switched„ oder Sie gleich zu Beginn des Gesprächs auf englisch begrüßt.

Denkbar wäre auch, dass Ihr Sachverhalt einen kleinen deutschen oder englischen Bezug enthält und Sie hierauf auf englisch eingehen müssen oder ein in englisch formuliertes Problem dem Prüfer gegenüber ins deutsche übersetzt und/oder auf deutsch thematisiert werden soll.

I. Vorbemerkung und Prüfungstipps

Die Gesprächseröffnung

Üblicherweise stellt sich der aus drei Prüfern/Prüferinnen bestehende Prüfungsausschuss zunächst vor. Vermutlich wird für das Prüfungsgespräch zunächst nur ein Prüfer Ihr Ansprechpartner sein. Gegen Ende des Gesprächs ist es durchaus üblich, dass sich die anderen Prüfer auch einschalten und ergänzende Fragen stellen.

Sofern dies aus dem Sachverhalt bzw. der Situation nicht eindeutig hervorgeht, vergewissern Sie sich im Zweifel, ob das Gespräch quasi als Simulation im Sinne eines richtigen Rollenspiels gedacht ist oder ob es auch legitim ist, das Gespräch auf der Basis von „ich würde dies, ich würde jenes tun oder empfehlen„ zu führen. Vielen Prüflingen fällt es leichter, wenn Sie in diesem Gespräch über die Handlungsmöglichkeiten sprechen können und sie dies nicht in der simulierten Rollenspiel- / Mandantensituation aktiv umsetzen müssen.

Wenn Ihr Sachverhalt an einer Stelle oder sogar insgesamt nicht eindeutig ist und immer wieder mehrere Vorgehensweisen und Lösungswege zulässt, ist es durchaus legitim, zunächst zu klären, ob Sie auf alle denkbaren Möglichkeiten eingehen oder ob Sie sich aufgrund der zeitlichen Restriktion nur auf die Ihrer Meinung nach wichtigsten konzentrieren sollen.

Stellen Sie dem Prüfer zu Vortragsbeginn kurz Ihre Vorgehensweise (Gliederung) vor.

Das Gespräch und seine Vorbereitung im Vorfeld

Sie haben es durch Ihre Darstellung bzw. Ihren Vortrag ein Stück weit selbst in der Hand, den Gesprächsverlauf zu steuern. Je mehr sachlich – fachlich sinnvolle und gebotene Gesprächsanteile auf Ihre Darstellung bzw. Ihren Vortrag entfallen, desto weniger Zeit hat ein Prüfer, selbst wiederum Fragen zu stellen. Der eigentliche Gesprächsverlauf hängt aber erfahrungsgemäß von sehr vielen Faktoren ab, so dass auch an dieser Stelle nur allgemeine Tipps gegeben werden können:

- Versuchen Sie, den Umständen entsprechend, natürlich aufzutreten und frei und offen mit dem Prüfer das Gespräch zu führen. Es ist in einer Prüfungssituation manchmal gar nicht so einfach, einen sachlich, freundlichen Ton zu treffen.
- Lassen Sie sich auch von der Gesprächsführung des Prüfers nicht aus dem Konzept bringen. Vielleicht möchte Sie ein Prüfer auch nur testen, wie Sie sich in einem Gespräch mit einem unbequemen Mandanten verhalten. Bleiben Sie unbedingt freundlich und sachlich.
- Fühlen Sie sich auf keinen Fall durch Rückfragen persönlich angegriffen. Dies auch dann nicht, wenn Sie sie als bohrend bzw. quälend empfinden. Bleiben Sie Ihrer freundlich, sachlichen Gesprächslinie unbedingt treu.
- Vermeiden Sie es zu leise zu sprechen oder gegen Ende des Satzes langsam mit der Stimme herunterzugehen. Dies wirkt unsicher.
- Vermeiden Sie es auch, am Ende eines Satzes (allzu oft) ein an den Prüfer gerichtetes „oder„? an das Satzende anzuhängen oder über Gebühr nichts sagende Füllwörter zu benutzen. Auch dies wirkt unsicher.
- Jeder weiß, dass Sie sehr nervös sind, vermeiden Sie es daher, dies übermäßig oder gar bewusst zu betonen.
- Im Gegensatz zu einer schriftlichen Prüfung haben Sie die Möglichkeit zurückzufragen, wenn Sie etwas nicht verstanden haben. Es ist durchaus legitim zuzugeben, dass Sie eine Frage nicht verstanden haben und darum bitten, sie noch einmal anders zu stellen. Dies ist sicher geschickter, als vorschnell die Formulierung „weiß ich nicht„ zu verwenden. Vielleicht gibt Ihnen der Prüfer eine Hilfsfrage, die Sie auf die richtige Spur bringt.
- Vermeiden Sie es „ohne Not„ Fachbegriffe ins Spiel zu bringen, wenn Ihnen die Bedeutung selbst nicht klar ist oder, sofern sie aufgegriffen werden, auf ein Fachgebiet überleiten, das Sie nicht gelernt haben.
- Manchmal kann aber auch ein geschickt eingestreuter Begriff genau auf das Fachgebiet überleiten, das Ihnen sehr liegt.

Mandantenbetreuung

Das Gespräch und seine Vorbereitung im Vorfeld

- Benutzen Sie die Fälle in diesem Buch, um sich selbst zu testen, ob Sie es geschafft hätten, aus den Sachverhalten unter Zeitdruck eine sinnvolle Struktur für ein Mandantengespräch zu entwerfen.
- Scheuen Sie sich nicht, Ihre Darstellung und Argumentation in Partnerarbeit und/oder vor dem Spiegel im Sinne eines kleinen Vortrags zu üben. Tragen Sie sich gegenseitig vor und geben Sie sich dabei konstruktive Kritik. Benutzen Sie Ihr Gespräch auch, um zu erkennen, wie Sie selbst im Gespräch wirken, ob Sie z. B. zu viele Füllwörter benutzen, ob Sie zu laut, zu leise, zu schnell, zu undeutlich sprechen oder ob Sie sich hinsichtlich Gestik und Mimik (teilweise) ungeschickt verhalten. Auch von der Körpersprache gehen Impulse aus. Ein Verschränken der Arme lässt eher auf eine verschlossene, abwehrende Haltung schließen. Vermeiden Sie dies. Versuchen Sie mit einer offenen Körpersprache, freundlich, sachlich und der Situation angemessen, den Prüfer von Ihrem Vortrag und Ihrer Argumentation zu überzeugen. Es verleiht auch einen Eindruck der Unsicherheit, wenn ein Prüfling ständig auf seinem Stuhl hin und her rutscht oder durch überflüssige Gesten seine Nervosität in den Vordergrund stellt.
- Häufig wird die Frage nach der richtigen Kleidung gestellt. Natürlich ist es sinnvoll sich an den kleidungsmäßigen Erwartungen Ihres Prüfungsausschusses zu orientieren. Es sollte aber immer so sein, dass sie sich nicht verkleidet vorkommen und sich nicht schon allein wegen der ungewohnt zu „feierlichen Verkleidung„ unwohl fühlen. Dies würde Ihr Prüfungsunwohlsein an einer Stelle steigern, die unnötig ist. Faustregel: Nicht zu fein und nicht zu salopp; sondern möglichst authentisch.

II. Sachverhalte

1. Situation

Ihr Chef hat mit einem neuen Mandanten mit Wohnsitz in Wiesbaden morgens um 8:30 Uhr einen Termin in seiner Kanzlei in Mainz. Da der Mandant bisher noch nicht in der Kanzlei war, ist er überpünktlich, während der Anwalt um 8:45 Uhr immer noch nicht da ist. Er steckt vermutlich im morgendlichen Berufsverkehr fest. Der Mandant wird unruhig, weil er selbst wiederum einen Anschlusstermin hat und gerne zuvor gewusst hätte, wo er gegen eine Privatperson aus Frankfurt wegen einer Kaufvertragsforderung über 4.500,00 Euro nebst 63,00 Euro Verzugszinsen und 500,00 Euro Schadensersatz Klage erheben soll. Ihm ist das gesamte Procedere der anwaltlichen Vertretung, beginnend von der Mandatsübernahme bishin zur Klage einschließlich Kosten und Kostenrisiko unklar. Er bittet Sie, ihm hierzu Erläuterungen zu geben.

2. Situation

Dem arbeits- und vermögenslosen Herrn Kunz droht von seinem Vermieter die Kündigung des Mietverhältnisses, was bedeuten würde, dass Herr Kunz, seine Frau und die beiden 4 und 7 Jahre alten Kinder innerhalb kurzer Zeit auf der Straße säßen. Er kommt aufgebracht unmittelbar nach Erhalt des Kündigungsschreibens ohne Terminvereinbarung in die Kanzlei und möchte den Rechtsanwalt sprechen, was allerdings nicht sofort möglich ist. Da er bisher noch nichts mit gerichtlichen Dingen zu tun hatte ist ihm unklar, welche Schritte in diesem Fall unternommen werden könnten. Am vordringlichsten möchte er von Ihnen dargestellt bekommen, ob und in welchem Umfang es hier auch finanzielle Unterstützung gäbe, da er sich einen Anwalt nicht leisten könne.

3. Situation

Der Geschäftsführer, Dr. Maurer, der Mountainbike GmbH hatte Herrn Schnell ein Mountainbike für 2.500,00 Euro verkauft. Die Lieferung ist bereits erfolgt, der Kunde zahlte jedoch weder bei Fälligkeit noch nach Erhalt der Mahnschreiben. Mittlerweile sind 27,00 Euro Verzugszinsen entstanden. Dr. Maurer ist ein langjähriger Mandant, der an diesem Tag ohne Terminvereinbarung anruft und bereits telefonisch einen ersten Überblick über die Möglichkeiten der Vorgehensweisen von Ihnen wünscht. Ihm wäre eine schnelle, aber dennoch gerichtliche Vorgehensweise am liebsten; diese bittet er sie, ihm ausführlicher darzustellen. Ihn interessiert dabei auch der weitere Verlauf, sofern der Gegner Rechtsbehelfe bzw. Rechtsmittel einlegt. In diesem Zusammenhang möchte er auch von Ihnen wissen, ob die GmbH überhaupt partei- und rechtsfähig ist bzw. welche Rolle ihm in diesem Verfahren zukommen wird.

II. Sachverhalte

4. Situation

Sie kommen morgens an Ihren Doppelschreibtisch, den sie mit ihrer älteren Kollegin teilen. Sie stört schon einiger Zeit, dass sich ihre Kollegin immer wieder in Ihre Telefonate einmischt und Sie zu bevormunden versucht. Dies stört im Mandantengespräch und verunsichert die Gesprächspartner, da sie teilweise unfreiwillig in den Dialog/Streit mit ihrer Kollegin eingebunden werden. Bisherige Klärungsgespräche zwischen ihnen beiden blieben ohne Erfolg. An diesem Tag ruft ein Mandant an, der gegen einen Schuldner die Zwangsvollstreckung betreiben möchte und teilt Ihnen mit, dass er vor 10 Minuten erfahren habe, dass der Schuldner ein Sparguthaben bei der XY- Bank habe. Er möchte am Telefon wissen, welche Möglichkeiten der Vorgehensweise generell bestehen und welche Sie ihm empfehlen würden. Er ist sich auch unsicher, welche Unterlagen er für Zwangsvollstreckung eigentlich braucht. Sie empfehlen ihm eine Vorpfändung, während Ihre Kollegin, die sich störend in das Gespräch einschaltet, auf die Beantragung eines Pfändungs- und Überweisungsbeschlusses drängt. Die Situation droht zu eskalieren. Nehmen Sie hierzu Stellung.

5. Situation

Die Eheleute Schmitt hatten Rechtsanwalt Dr. Streit wegen eines gemeinsamen Schadensersatzanspruchs über 4.500,00 Euro gegen Herrn Huber außergerichtlich in Anspruch genommen. In dieser durchschnittlichen Angelegenheit besprach Dr. Streit den Sachverhalt in seiner Kanzlei mit den Eheleuten, prüfte ihn und forderte Herrn Huber per Aufforderungsschreiben zur Zahlung auf, was dieser auch nach Erhalt des Schreibens tat. Die Eheleute kommen aufgebracht in die Kanzlei, weil sie zum einen die Gebührenabrechnung überhaupt nicht nachvollziehen können und weil sie Sorge haben, dass sie für die Einschaltung eines Anwalts 600,71 Euro zahlen müssen. Klären Sie bitte die Eheleute hierüber auf. Da Herr Schmitt außerdem behauptet, dass es billiger gewesen wäre, Herrn Huber sofort zu verklagen, gehen Sie auch auf diese Möglichkeit ein.

6. Situation

Um 10:00 Uhr hat Ihr Chef, Dr. Streit, in seiner Kanzlei einen Termin mit einem ausschließlich englisch sprechenden Mandanten (Verbraucher). Dieser erscheint pünktlich und spricht Sie an:

„Hello my name is John Smith and I have a meeting at 10.00 o'clock with Dr. Streit„.

Dr. Streit hat Ihnen eine Notiz hinterlassen, derzufolge Sie dem Mandanten mitteilen sollen, dass er voraussichtlich 10 Minuten später kommen wird und dass ihm die Verspätung leid tut, aber er muss heute leider noch einen unerwarteten Gerichtstermin wahrnehmen. Sie sollen Mr. Smith in Dr. Streits Besprechungszimmer führen und ihm etwas zu trinken anbieten, z. B. Tee, Kaffee, Wasser und etwas Gebäck. Außerdem sollen Sie ihn fragen, wie lange er voraussichtlich in Frankfurt bleiben wird. Sie sollen ihm auch einen Bogen zur Aufnahme der persönlichen Angaben geben und ihn bitten, diesen auszufüllen (Sie sind sich nicht sicher, ob sie ihm bereits einen Bogen gegeben hatten). Dr. Streit wird sicherlich gleich kommen.

Dr. Streit bittet Sie, dem Mandanten dies alles in englischer Sprache mitzuteilen.

Am Ende der Angelegenheit macht Dr. Streit Ihnen stichwortartig folgende Angaben:

- Einstündige mündliche Erstberatung am 20.09., ohne Vergütungsvereinbarung, der Stundensatz beträgt normalerweise 200,00 Euro (ohne USt),
- 01.10. weiterer Beratungstermin mit dem Mandanten, Dauer: 45 Minuten,
- 10.10. Aufforderungsschreiben an den Schuldner; Tätigkeit war schwieriger,
- 15.10. Telefonat mit dem Schuldner mit Terminvereinbarung,
- 19.10. Termin mit beiden Parteien, außergerichtlicher Vergleich geschlossen.

Nehmen Sie hierzu in gebührenrechtlicher Hinsicht Stellung (in deutsch).

7. Situation

Der 16 jährige Sebastian, wohnhaft bei seinen Eltern in Köln, kommt mit seinen Eltern in die Kanzlei und schildert folgenden Sachverhalt: Am 15.05. kaufte er sich in einem Second-Hand-Laden in Düsseldorf 5 DVD zum Preis von 30,00 Euro. Er zahlte die DVD sofort bar. Sein Taschengeld beträgt 50,00 Euro monatlich. Da die DVD-Hüllen im Ausstellungsraum leer waren und die DVD erst noch herausgesucht werden mussten, wurde vereinbart, dass die Übergabe der DVD erst am folgenden Tag erfolgen solle. Als Sebastian am nächsten Tag in den Laden kommt verweigert der Verkäufer mit unterschiedlichen Ausreden sowohl die Übergabe der DVD

Mandantenbetreuung

als auch die Rückzahlung des Kaufpreises. Auch auf verschiedene Mahnschreiben, u. a. auch von seinem Vater, reagierte er nicht. Nehmen Sie zu folgenden Aspekten Stellung:

- Rechtliche Würdigung nach BGB
- Möglichkeiten der Vorgehensweise
- Der Vater möchte auch wissen, ob eine Klage überhaupt möglich wäre, weil sein Sohn noch minderjährig ist und der Betrag ja auch sehr niedrig sei.

8. Situation

Ein Mandant, der sich vor dem Amtsgericht selbst vertreten wollte, war beim Verhandlungstermin vor Gericht nicht anwesend, weil er den Termin verschlafen hatte. Der gegnerische (Kläger-)Anwalt telefonierte mit ihm zwei Tage nach dem Termin und sprach von Säumnis .... Urteil ....., dass er selbst Schuld sei und er jetzt die Kosten tragen müsse. Der Mandant versteht dies alles nicht und bittet Sie, ihm dies zu erklären. Insbesondere interessiert ihn, welche Gründe im rechtlichen Sinne zur Säumnis führen können und welche Konsequenzen sich hieraus ergeben bzw. welche Möglichkeiten es gäbe, sich hiergegen zu wehren. Ihn interessiert auch, was denn passiert wäre, wenn beide Seiten nicht zum Termin erschienen wären.

9. Situation

Ihr Chef hatte einen Mandanten in einer durchschnittlichen Angelegenheit zunächst außergerichtlich vertreten. Nachdem der Gegner nicht zahlte, erhielt ihr Chef Klageauftrag und legte die Klage auch ordnungsgemäß ein. Nach streitiger Verhandlung erging Urteil zugunsten ihres Mandanten. Dieser wünscht darüber informiert zu werden, welche Gebühren und Auslagen entstanden sind und wie es jetzt kostenmäßig weitergeht. Ihn interessiert dabei vor allem auch, ob es sein kann, dass er trotz gewonnenen Prozess auf einem Teil der Gebühren „sitzen bleibt„ bzw. welche Möglichkeiten es gibt, sich gegen eine Kostenfestsetzung zu wehren.

10. Situation

Ihr Chef hatte einen Mandanten erstinstanzlich wegen 2.300,00 Euro vertreten und den Prozess auch für ihn gewonnen. Der Mandant ist irritiert über die Formulierung: „Das Urteil ist gegen Sicherheitsleistung von 2.600,00 vorläufig vollstreckbar.„ Er versteht diesen Satz nicht. Außerdem hat er auch keine 2.600,00 Euro. Er dachte immer, man könne aus einem Urteil sofort nach der Verkündung vollstrecken, weil es dann rechtskräftig sei. Ihm ist auch unklar, wie er jetzt am besten vorgehen soll. Schließlich wolle er ja vollstrecken, um an sein Geld zu kommen. Er habe aber nicht die geringste Ahnung, ob der Schuldner Vermögen oder Einkommen habe.

A. Bürgerliches Recht

Rechtsanwendung (LF 01, 02, 03, 04, 08, 09, 10, 11, 12, 13, 14)

A. Bürgerliches Recht

I. Wiederholungsfragen

1. Rechtliche Grundlagen

Zu 1 **Abgrenzungen**

- Sitte:
  Die in der Gemeinschaft geltenden Anstandsregeln und Gebräuche.
- Moral:
  Die Ordnung menschlichen Zusammenlebens aufgrund des inneren Verhaltens.
- Recht:
  Ordnung des menschlichen Zusammenlebens durch Gebote, Gewährungen und Verbote. Das Recht regelt das äußere Verhalten des Menschen. Unter Recht im objektiven Sinne ist die Rechtsordnung, d. h. die Gesamtheit der Rechtsvorschriften zu verstehen. Im subjektiven Sinne ist unter Recht eine Befugnis zu verstehen, die sich aus dem objektiven Recht unmittelbar ergibt oder aufgrund des objektiven Rechts erworben wird.

Zu 2 **Rechtsquellen**

Geschriebenes Recht:
- Gesetze = allgemein gültige Regeln der Legislative
- Rechtsverordnungen = allgemeingültige Regeln der Exekutive
- Satzungen = eigenes Recht einer öffentlich-rechtlichen Selbstverwaltung

Gewohnheitsrecht = von Generation zu Generation überlieferte Rechtsanschauung

Zu 3 **Rechtssubjekte und Rechtsobjekte**

Rechtssubjekte: alle natürlichen oder juristischen Personen; Frage: Wer?
Rechtsobjekte: Sachen und Rechte; Frage: Wen oder was?

Zu 4 **Einteilung des Rechts**

a. Objektives und subjektives Recht:
   Objektives Recht: Gesamtheit aller geltenden Rechtssätze, Vorschriften und Regeln eines Staates, diese haben für alle gleichermaßen Gültigkeit.
   Das subjektive Recht gewährt dem einzelnen Menschen rechtliche Befugnisse für sein Tun oder Unterlassen.
b. Privatrecht und öffentliches Recht:
   Privatrecht:
   Hier stehen sich die Rechtssubjekte gleichberechtigt auf der gleichen Ebene gegenüber. Kommen Rechtsbeziehungen freiwillig zustande, so sind sie grundsätzlich dem Privatrecht zuzuordnen. Maßgebliches Gesetz ist das BGB.
   Öffentliches Recht:
   Hier stehen sich der Staat und einzelne Bürger gegenüber, es besteht ein Über- und Unterordnungsverhältnis. Werden Rechtsbeziehungen vom Staat erzwungen, so sind sie dem öffentlichen Recht zuzuordnen.
c. Materielles und formelles Recht:
   - Materielles Recht:
     Es enthält die Bestimmungen, die den Inhalt der Rechtsordnung betreffen, d. h. dies beinhaltet die Gesamtheit der Rechtsnormen, die das Recht als solches ordnen (z. B. das bürgerliche Recht).
   - Formelles Recht:
     Dies betrifft die Normen, die der Durchsetzung des materiellen Rechts dienen (z. B. die Zivilprozessordnung).
d. Zwingendes und dispositives Recht:
   - Zwingendes Recht:
     Hier lässt das Gesetz dem Richter oder den Beteiligten keinen Ermessens- oder Abänderungsspielraum. Es ist zwingend anzuwenden.
   - Nachgiebiges (dispositives) Recht:
     Hier kann die rechtlich vorgeschriebene Regelung durch die Beteiligten geändert werden, z. B. Vertragsrecht im BGB.

Zu 5 Personen der Rechtspflege

Personen	Kennzeichnung
Richter	Ihm obliegt die Rechtsprechung, Interessenausgleich unparteiisch und unabhängig, es gibt Berufsrichter und auch Laienrichter bei bestimmten Gerichten. Voraussetzung für Berufsrichter: erstes und zweites juristisches Staatsexamen.
Staatsanwalt	Beamter der staatlichen Strafverfolgungs-, Anklage- und Strafvollstreckungsbehörde, im Prozess ist er der Vertreter der Anklage (= Anwalt des Staates), er ist im Rahmen der Justizbehörden weisungsgebunden. Voraussetzung: erstes und zweites juristisches Staatsexamen.
Rechtsanwalt	Er ist unabhängiger Berater und Vertreter in allen Rechtsangelegenheiten, er wird von der Justizverwaltung bei einem bestimmten Gericht der ordentlichen Gerichtsbarkeit zugelassen. Als praktizierender Rechtsanwalt übt er einen freien Beruf aus, kein Gewerbe, mit der Zulassung im Bezirk eines Oberlandesgerichts wird er automatisch Mitglied in der für diesen Bezirk zuständigen Rechtsanwaltskammer, Voraussetzung: erstes und zweites juristisches Staatsexamen.
Patentanwalt	Tätigkeitsspektrum im Rahmen der Erteilung, Erhaltung oder Anfechtung eines Patents, Gebrauchsmusters, Geschmacksmusters oder Urheberrechts, Voraussetzung: Abgeschlossenes naturwissenschaftliches oder technisches Studium, praktisch-technische Berufserfahrung und nachgewiesene juristische Kenntnisse (es gibt mehrere Ausbildungswege, um als Patentanwalt zugelassen zu werden).
Notar	Er ist unabhängiger Träger eines öffentlichen Amtes, seine Tätigkeit umfasst, Rechtsvorgänge zu beurkunden, zu beglaubigen und andere Aufgaben der Rechtspflege zu übernehmen. Voraussetzung: erstes und zweites juristisches Staatsexamen.
Rechtspfleger	Er nimmt die nach dem Rechtspflegergesetz übertragenen Aufgaben im Rahmen des gehobenen Justizdienstes selbstständig wahr, insbesondere im Bereich der Zivilprozessordnung, der freiwilligen Gerichtsbarkeit und des Straf- und Bußgeldverfahrens. Voraussetzung: Fachhochschulstudium.
Urkundsbeamter	Auch als Justizsekretäre bezeichnet; sie nehmen als Justizbeamte die Aufgaben der Geschäftsstelle wahr, die nicht den Richtern, Staatsanwälten oder Rechtspflegern zugewiesen sind, z. B. Anlegen und Verwalten von Akten. Voraussetzung: zweijähriger Vorbereitungsdienst mit bestandener Prüfung für den mittleren Justizdienst.
Gerichtsvollzieher	Er ist Zustellungs- und Vollstreckungsbeamter, er handelt in seinem Zuständigkeitsbereich selbstständig. Voraussetzung: bestandene Laufbahnprüfung des mittleren Justizdienstes (unterschiedliche Voraussetzungen in den jeweiligen Bundesländern).

Zu 6 Zweige der Gerichtsbarkeit
Ordentliche Gerichtsbarkeit
(1) Zivilgerichtsbarkeit
   (a) Freiwillige Gerichtsbarkeit
   (b) Streitige Gerichtsbarkeit
(2) Strafgerichtsbarkeit

Besondere Gerichtsbarkeit
- Arbeitsgerichtsbarkeit
- Finanzgerichtsbarkeit
- Sozialgerichtsbarkeit
- Verwaltungsgerichtsbarkeit
- Disziplinargerichtsbarkeit
- Patentgerichtsbarkeit

A. Bürgerliches Recht

2. Allgemeiner Teil BGB

Zu 1 Aufbau BGB
1. Buch:
Allgemeiner Teil, der Grundsätze enthält, die für alle Bücher von Bedeutung sind.
2. Buch
- Allgemeines Schuldrecht
  (Begründung, Inhalt und Beendigung von Schuldverhältnissen)
- Besonderes Schuldrecht
  (einzelne vertragliche Schuldverhältnisse wie z. B. Kaufvertrag sowie gesetzliche Schuldverhältnisse wie z. B. Schadensersatzpflicht aus unerlaubter Handlung)

3. Buch
Sachenrecht, d. h. Rechtsbeziehungen zwischen Rechtssubjekten und Rechtsobjekten, z. B. Eigentum an Sachen

4. Buch
Familienrecht: Verwandtschaft, Verlöbnis, Ehe u.a.

5. Buch
Erbrecht: gesetzliche Erbfolge sowie gewillkürte Erbfolge (z. B. Testament) u.a.

Zu 2 Aufbau BGB
Im BGB gilt das Prinzip „vom Allgemeinen zum Besonderen", d. h. die generell geltenden Vorschriften des 1. Buches gelten für alle anderen Bücher des BGB (sog. Klammertechnik).

2.1 Rechtssubjekte und Rechtsobjekte

Zu 1 Rechtssubjekte
Natürliche und juristische Personen

Zu 2 Rechtsfähigkeit
Rechtsfähigkeit ist die Fähigkeit, Träger von Rechten und Pflichten zu sein.

Zu 3 Natürliche und juristische Personen
Natürliche Personen sind alle lebenden Menschen (unabhängig von ihrer Staatsangehörigkeit, ihrem Alter, ihrem Geschlecht und ihrem körperlichen oder geistigen Zustand).
Juristische Personen sind Vereinigungen von Personen oder Vermögensmassen, die aufgrund hoheitlicher Anerkennung rechtsfähig sind.

Zu 4 Verbraucher und Unternehmer
Verbraucher ist jede natürliche Person, die ein Rechtsgeschäft zu einem privaten Zwecke abschließt (vgl. § 13 BGB).
Unternehmer sind natürliche oder juristische Personen oder rechtsfähige Personengesellschaften, die bei Abschluss eines Rechtsgeschäfts in Ausübung ihrer gewerblichen oder selbstständigen beruflichen Tätigkeit handeln (vgl. § 14 BGB).

Zu 5 Rechtsfähigkeit natürlicher Personen
Beginn mit der Vollendung der Geburt (§ 1 BGB). Die erzeugte, aber noch ungeborene Leibesfrucht wird in einigen Vorschriften geschützt, z. B. ist das ungeborene Kind erbfähig (§ 1923 Abs. 2 BGB).
Ende der Rechtsfähigkeit mit dem Tod der natürlichen Person.

Zu 6 Rechtsfähigkeit juristischer Personen
Beginn durch Eintragung in ein Register (z. B. Vereins-, Handels-, Genossenschaftsregister) oder bei Stiftungen durch Genehmigung des Bundeslandes (§ 80 BGB).
Ende mit Löschung der Eintragung im Register.

Zu 7 Beispiele für juristische Personen
Beispiele für juristische Personen des Privatrechts:
1. rechtsfähige Vereine
- Idealvereine (z. B. Sportvereine)
- wirtschaftliche Vereine (z. B. AG)
2. privatrechtliche Stiftungen

Lösungen — Rechtsanwendung

Beispiele für juristische Personen des öffentlichen Rechts:
1. Körperschaften des öffentlichen Rechts
   - Gebietskörperschaften (z. B. Gemeinden, Landkreise)
   - Personalkörperschaften (z. B. Kammern)
2. öffentlich-rechtliche Anstalten (z. B. Rundfunkanstalten)

Zu 8 Geschäftsfähigkeit und Deliktsfähigkeit

Geschäftsfähigkeit ist die Fähigkeit einer Person, wirksame Willenserklärungen abzugeben.
Deliktsfähigkeit ist die Fähigkeit einer Person, eine zum Schadensersatz verpflichtende unerlaubte Handlung zu begehen und dafür Ersatz zu leisten.

Zu 9 Stufen der Geschäftsfähigkeit

Geschäftsunfähigkeit (§§ 104, 105 Abs. 2 BGB):
Unfähigkeit, Rechtsgeschäfte wirksam abzuschließen; die Willenserklärung eines Geschäftsunfähigen ist nichtig. Geschäftsunfähig sind Kinder, die noch nicht das 7. Lebensjahr vollendet haben (§ 104 Nr. 1 BGB) sowie dauernd Geisteskranke (§ 104 Nr. 2 BGB).
Vorübergehend Geistesgestörte (§ 105 Abs. 2 BGB) zählen zwar nicht zu den Geschäftsunfähigen, ihre Willenserklärung ist aber nichtig.

Beschränkte Geschäftsfähigkeit (§ 106 BGB):
Fähigkeit, Rechtsgeschäfte mit vorheriger Zustimmung (Einwilligung, § 107 BGB) oder nachträglicher Zustimmung (Genehmigung, § 108 BGB) des gesetzlichen Vertreters wirksam abzuschließen.
Beschränkt geschäftsfähig sind Minderjährige von 7 bis 17 Jahren.

Volle Geschäftsfähigkeit (vgl. § 2 BGB):
Fähigkeit, wirksam Rechtsgeschäfte abzuschließen; voll geschäftsfähig sind grundsätzlich alle Personen mit Vollendung des 18. Lebensjahres.

Zu 10 Rechtsfolgen der Geschäftsfähigkeit

Die Willenserklärung eines Geschäftsunfähigen ist **nichtig** (§ **105** Abs. **1** BGB).
Ein Geschäftsunfähiger kann aber als **Bote** eine fremde Willenserklärung übermitteln, der Vertrag kommt dann mit der Person zustande, die ihn als **Boten** geschickt hat.
Die Willenserklärung eines beschränkt Geschäftsfähigen ist **schwebend unwirksam**, (§ **108** BGB), das heißt die Wirksamkeit des Vertrages hängt von der Genehmigung des gesetzlichen Vertreters ab. Ausnahmsweise ist aber die Willenserklärung eines beschränkt Geschäftsfähigen auch ohne Zustimmung in folgenden Fällen wirksam:

§ **107** BGB
(Rechtsgeschäft hat lediglich rechtliche Vorteile, z. B. Annahme eines Geschenks)

§ **110** BGB
(sog. Taschengeldkauf, aber nicht Ratenkauf!)

§ **113** BGB
(Eingehen bzw. Abwickeln von Dienst- und Arbeitsverhältnissen der gestatteten Art, aber nicht Ausbildungsverhältnis!)

§ **112** BGB
(bei der selbstständigen Führung eines vormundschaftlich genehmigten Erwerbsgeschäftes).
Die Willenserklärung eines Geschäftsfähigen ist **wirksam**.

Zu 11 Stufen der Deliktsfähigkeit

Deliktsunfähigkeit (§§ 827, 828 Abs. 1, Abs. 2 BGB): Unfähigkeit einer Person, für unerlaubte Handlungen (§§ 823 ff. BGB) verantwortlich zu sein.
Deliktsunfähig sind Kinder, die das 7. Lebensjahr (bei Unfällen im Straßenverkehr das 10. Lebensjahr) noch nicht vollendet haben, krankhaft Geistesgestörte sowie vorübergehend Bewusstlose, die unverschuldet in diesen Zustand geraten sind.
Beschränkte Deliktsfähigkeit (§ 828 Abs. 3 BGB): Fähigkeit einer Person, für unerlaubte Handlungen (§§ 823 ff. BGB) verantwortlich zu sein, sofern sie im Tatzeitpunkt das Unrecht ihrer Tat einsehen konnte.
Beschränkt deliktsfähig sind Minderjährige ab 7 Jahren, die das 18. Lebensjahr noch nicht vollendet haben.
Volle Deliktsfähigkeit: Fähigkeit, für unerlaubte Handlungen (§§ 823 ff. BGB) in vollem Umfang verantwortlich zu sein.
Voll deliktsfähig sind grundsätzlich alle Personen mit Vollendung des 18. Lebensjahres.

A. Bürgerliches Recht

Zu 12 Rechtsobjekte
(1) Sachen
(2) Tiere
(3) absolute und relative Rechte

Zu 13 Sachen und Tiere
Sachen sind gemäß § 90 BGB körperliche Gegenstände.
Tiere sind gemäß § 90 a BGB keine Sachen. Sie werden durch besondere Gesetze (z. B. Tierschutzgesetz) geschützt.

Zu 14 Einteilung der Sachen (§§ 91 ff. BGB)
(1) *Unbewegliche Sachen* sind Immobilien, d. h. unbebaute oder bebaute Grundstücke.
(2) *Bewegliche Sachen* sind Mobilien, z. B. Möbel, Lebensmittel.
(3) *Vertretbare Sachen (§ 91 BGB)* sind Sachen, die im Rechtsverkehr nach Zahl, Maß oder Gewicht bestimmt werden, d. h. durch gleiche Sachen ersetzbar sind, z. B. Eier, Mehl, alle serienmäßig hergestellten Sachen, Geld.
(4) *Nicht vertretbare Sachen* sind individuelle, einmalige Gegenstände, die nicht durch gleiche Sachen ersetzt werden können, z. B. Maßanzug, Kunstwerk, gebrauchte Gegenstände.
(5) *Verbrauchbare Sachen (§ 92 BGB)* sind Sachen, deren bestimmungsgemäßer Gebrauch im Verbrauch (z. B. Nahrungs- und Genussmittel, Brennholz, Heizöl) oder in der Veräußerung (z. B. Geld, Wertpapiere, Schuhe im Warenlager) besteht.
(6) *Nicht verbrauchbare Sachen* sind zum Gebrauch, nicht zum Verbrauch bestimmt, z. B. Autos, Kleidung.

Zu 15 Bestandteile und Zubehör
(1) *Wesentliche Bestandteile einer Sache (§ 93 BGB)* sind solche, die von der Sache nicht getrennt werden können, ohne dass der abgetrennte Bestandteil oder der zurückbleibende Bestandteil zerstört oder in seinem Wesen verändert wird, z. B. eingemauerter Kamin, Tapeten an der Wand.
(2) *Wesentliche Bestandteile eines Grundstücks (§ 94 BGB)* sind solche, die mit dem Grund und Boden fest verbunden sind, z. B. Häuser, eingepflanzte Bäume.
(3) *Unwesentliche Bestandteile* sind solche, die nicht wesentlicher Bestandteil einer Sache sind, d. h. nach der Trennung vom zurückbleibenden Bestandteil noch für sich alleine brauchbar sind, z. B. Motor eines Autos, Matratze eines Bettes.
(4) *Scheinbestandteile (§ 95 BGB)* sind Sachen, die nur zu einem vorübergehenden Zweck mit dem Grund und Boden verbunden bzw. in ein Gebäude eingefügt sind, z. B. vom Mieter verlegter Teppichboden.
(5) *Zubehör (§§ 97, 98 BGB)* sind bewegliche Sachen, die, ohne Bestandteil zu sein, dem wirtschaftlichen Zweck der Hauptsache dienen und in einem bestimmten räumlichen Verhältnis zur Sache stehen, z. B. Warndreieck im Auto, Maschinen in einer Fabrik.

Zu 16 Absolute und relative Rechte

Absolute Rechte	Relative Rechte
= wirken gegenüber	= wirken nur gegenüber
jedermann	**bestimmten Personen**
z. B. Herrschaftsrechte an Sachen (Eigentum)	z. B. vertragliche Ansprüche

Zu 17 Unterschied Rechtssubjekte und Rechtsobjekte
Rechtsobjekte haben keine eigenen Rechte und Pflichten.

2.2 Rechtsgeschäfte

Zu 1 Abgrenzung Willenserklärungen, Rechtsgeschäfte und Verträge

Willenserklärung	Rechtsgeschäft	Vertrag
Eine Willenserklärung ist die **Äußerung** eines Willens, der auf eine **bestimmte rechtliche Wirkung** gerichtet ist.	Das Rechtsgeschäft besteht aus **mindestens einer Willenserklärung** zur Begründung, Änderung oder Auflösung eines Rechtsverhältnisses.	Der Vertrag besteht aus **mindestens zwei übereinstimmenden Willenserklärungen**: 1. Willenserklärung: Antrag 2. Willenserklärung: Annahme

Zu 2 Arten von Willenserklärungen
(1) nicht empfangsbedürftige Willenserklärungen, z. B. eigenhändiges Testament (§ 2247 BGB)
(2) empfangsbedürftige Willenserklärungen, z. B. Kündigung des Arbeitsverhältnisses (§ 622 BGB)

Zu 3 Arten der Rechtsgeschäfte

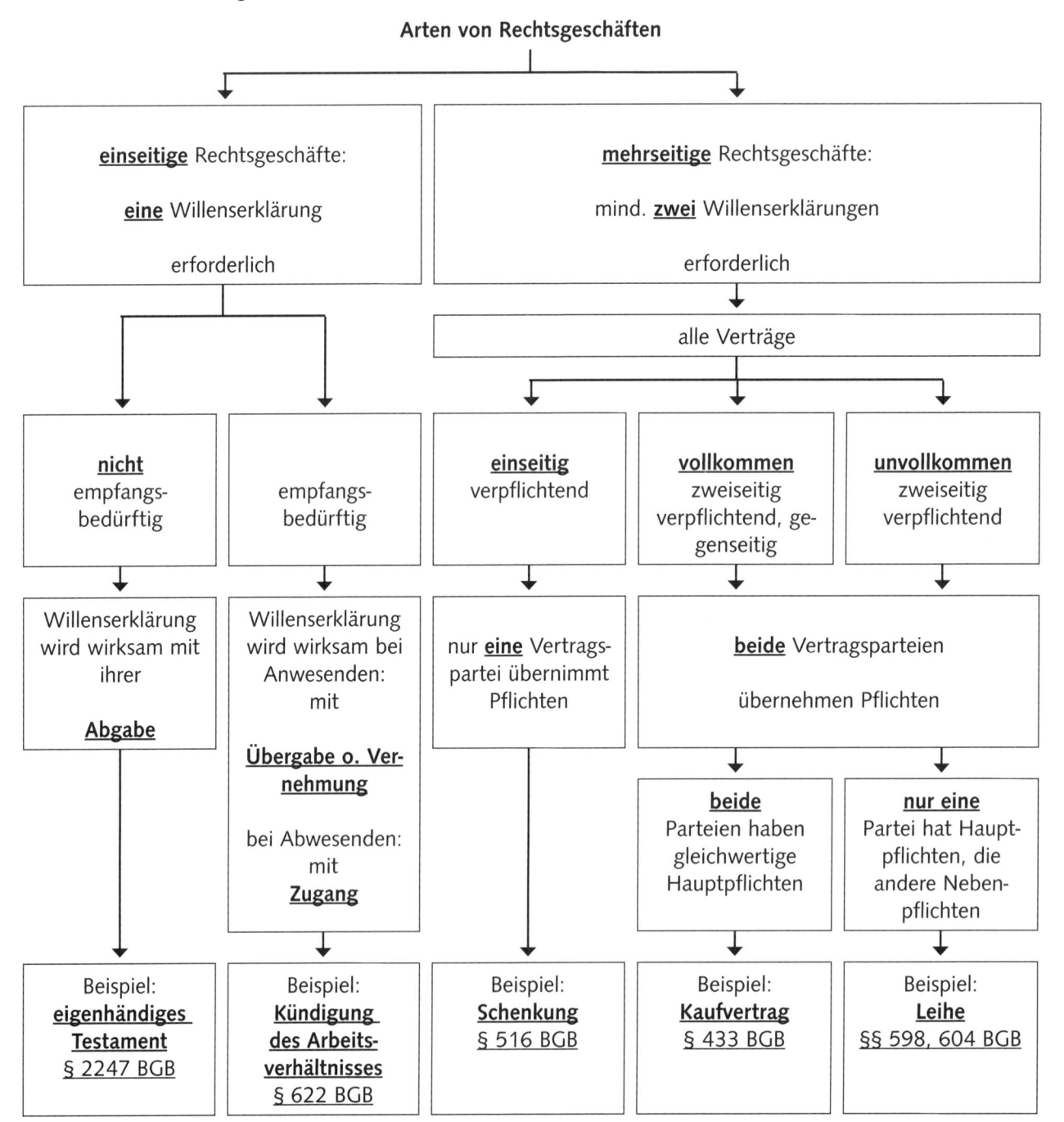

Arten von Rechtsgeschäften

- **einseitige** Rechtsgeschäfte: **eine** Willenserklärung erforderlich
  - **nicht** empfangsbedürftig
    - Willenserklärung wird wirksam mit ihrer **Abgabe**
    - Beispiel: **eigenhändiges Testament** § 2247 BGB
  - **empfangsbedürftig**
    - Willenserklärung wird wirksam bei Anwesenden: mit **Übergabe o. Vernehmung**
    - bei Abwesenden: mit **Zugang**
    - Beispiel: **Kündigung des Arbeitsverhältnisses** § 622 BGB

- **mehrseitige** Rechtsgeschäfte: mind. **zwei** Willenserklärungen erforderlich
  - alle Verträge
    - **einseitig** verpflichtend
      - nur **eine** Vertragspartei übernimmt Pflichten
      - Beispiel: **Schenkung** § 516 BGB
    - **vollkommen** zweiseitig verpflichtend, gegenseitig
      - **beide** Vertragsparteien übernehmen Pflichten
      - **beide** Parteien haben gleichwertige Hauptpflichten
      - Beispiel: **Kaufvertrag** § 433 BGB
    - **unvollkommen** zweiseitig verpflichtend
      - **beide** Vertragsparteien übernehmen Pflichten
      - **nur eine** Partei hat Hauptpflichten, die andere Nebenpflichten
      - Beispiel: **Leihe** §§ 598, 604 BGB

A. Bürgerliches Recht

Zu 4 Verpflichtungs- und Verfügungsgeschäfte
Verpflichtungsgeschäfte (auch: Kausalgeschäfte) sind Rechtsgeschäfte, durch die sich eine Person verpflichtet, einer anderen gegenüber eine Leistung zu erbringen. Verpflichtungsgeschäfte sind im Schuldrecht des BGB geregelt und bilden den rechtlichen Grund (lat.: causa) für den späteren Austausch, zum Beispiel der Kaufvertrag, § 433 BGB.

Verfügungsgeschäfte (auch: Erfüllungsgeschäfte) sind Rechtsgeschäfte, durch die ein Recht (z. B. Eigentum) übertragen, belastet, geändert oder aufgehoben wird. Erfüllungsgeschäfte findet man hauptsächlich im Sachenrecht des BGB. Das Verfügungsgeschäft verwirklicht den Austausch; Beispiel: Übereignung beweglicher Sachen, § 929 BGB.

Zu 5 Abstraktionsprinzip
Die juristische Trennung eines einheitlichen Lebenssachverhalts (Bargeschäfte des täglichen Lebens, z. B. Kauf von Brötchen beim Bäcker) in unterschiedliche und grundsätzlich unabhängig voneinander bestehende Verpflichtungs- und Verfügungsgeschäfte nennt man Abstraktionsprinzip.

Zu 6 Rechtsgeschäfte
- Verpflichtungsgeschäft : Kaufvertrag gemäß § 433 BGB
- 1. Erfüllungsgeschäft: Übereignung der Sache, hier: Brötchen
- 2. Erfüllungsgeschäft: Übereignung des Geldes

Zu 7 Abschluss des Vertrages
Ein Vertrag kommt zustande, wenn zwei oder mehrere Personen **übereinstimmende** Willenserklärungen abgeben. Die zeitlich vorangehende Erklärung nennt man **Antrag**, die zeitlich nachfolgende **Annahme**.
Ein Antrag muss so bestimmt sein, dass ein **„Ja"** als Annahme des Antrags ausreicht.
Gemäß § **145** BGB ist der Antragende an den Antrag **gebunden**, es sei denn, dass er die Gebundenheit ausgeschlossen hat.
Kein Antrag sind sog. Aufforderungen zur Abgabe eines Angebots (invitatio ad offerendum), z. B. **Schaufensterauslagen, Prospekte, Preisschilder etc**.
Der einem Anwesenden gemachte Antrag kann nur **sofort** angenommen werden (§ **147** Abs. **1** S. **1** BGB). Dies gilt auch für das Angebot, das am Telefon gemacht wird (§ **147** Abs. **1** S. **2** BGB).
Der einem **Abwesenden** gemachte Antrag (Beispiel: Brief, Fax, E-Mail) kann nur bis zu dem Zeitpunkt angenommen werden, in welchem der Antragende den Eingang einer Antwort unter **regelmäßigen** Umständen (grundsätzlich zweimal Beförderungszeit des gewählten Transportmittels zuzüglich angemessener Bedenkzeit) erwarten darf (§ **147** Abs. **2** BGB).
Hat der Antragende für die Annahme des Antrags eine **Frist** bestimmt, so kann die Annahme nur innerhalb der **Frist** erfolgen (§ **148** BGB).
Die verspätete Annahme gilt als **neuer** Antrag (§ **150** Abs. **1** BGB). Eine abgeänderte Annahme gilt als **Ablehnung** verbunden mit einem **neuen** Antrag (§ **150** Abs. **2** BGB).

Zu 8 Formfreiheit
Im Privatrecht herrscht grundsätzlich Formfreiheit. Dies dient der Erleichterung und der Beschleunigung im Rechtsverkehr.

Zu 9 Zweck der gesetzlichen Formvorschriften
(1) Beweissicherungsfunktion zur Vermeidung späterer Rechtsstreitigkeiten über Abschluss und Inhalt von Rechtsgeschäften.
(2) Warnfunktion verhindert den leichtfertigen Abschluss bestimmter Rechtsgeschäfte.
(3) Beratungsfunktion stellt die durch einen Notar vorgenommene sachkundige Beratung und Belehrung der Beteiligten über Konsequenzen bestimmter Rechtsgeschäfte sicher.

Lösungen — Rechtsanwendung

Zu 10 **Übersicht gesetzliche Formerfordernisse**

Arten gesetzlicher Formerfordernisse					
Textform § **126 b** BGB	Schriftform § **126** BGB	Elektronische Form § **126 a** BGB	Öffentliche Beglaubigung § **129** BGB, BeurkG	Notarielle Beurkundung § **128** BGB, BeurkG	Abgabe vor einer Behörde
Schriftstück **ohne** eigenhändige Unterschrift	Schriftstück **mit** eigenhändiger Unterschrift	Elektronisches Dokument mit qualifizierter elektronischer Signatur, ersetzt die **Schriftform**	öffentliche Beglaubigung der Echtheit einer **Unterschrift** durch einen **Notar**	Erklärung oder Niederschrift von **Willenserklärungen** in Gegenwart des **Notars** vorgelesen u. von den Erschienenen **genehmigt** u. **unterschrieben**	**Willenserklärung** wird vor der Behörde abgegeben
Beispiel: **Erklärung der Mieterhöhung** § 559b BGB	Beispiel: **Kündigung des Arbeitsverhältnisses** § 623 BGB	Beispiel: **grundsätzlich alle Rechtsgeschäfte**, es sei denn die Verwendung der elektronischen Form ist gesetzlich **ausgeschlossen** (z. B. Kündigung des Arbeitserhältnisses, § 623 BGB)	Beispiel: **Ausschlagung der Erbschaft** § 1945 BGB	Beispiel: **Erbvertrag** § 2276 BGB	Beispiel: **Eheschließung** § 1310 BGB

Zu 11 **Gewillkürte Schriftform**
§ 127 BGB: Nicht nur das Gesetz, sondern auch Vertragsparteien können für Rechtsgeschäfte eine bestimmte Form vereinbaren (sog. gewillkürte oder vereinbarte Form).

Zu 12 **Rechtsfolgen von Formmängeln**
Grundsätzlich führt die Nichtbeachtung von Formvorschriften zur **Nichtigkeit** (§ 125 BGB) des Rechtsgeschäfts. Ausnahmsweise gibt es sogenannte Heilungsvorschriften bei Erfüllung oder Bestätigung des Rechtsgeschäfts (z. B. § 518 Abs. 2 BGB: Bewirkung der versprochenen Leistung heilt einen Formmangel bei der Schenkung). Außerdem ersetzt die strengere Form (z. B. Beurkundung) die mildere Form (z. B. Schriftform).

A. Bürgerliches Recht

Zu 13 Nichtige und anfechtbare Rechtsgeschäfte

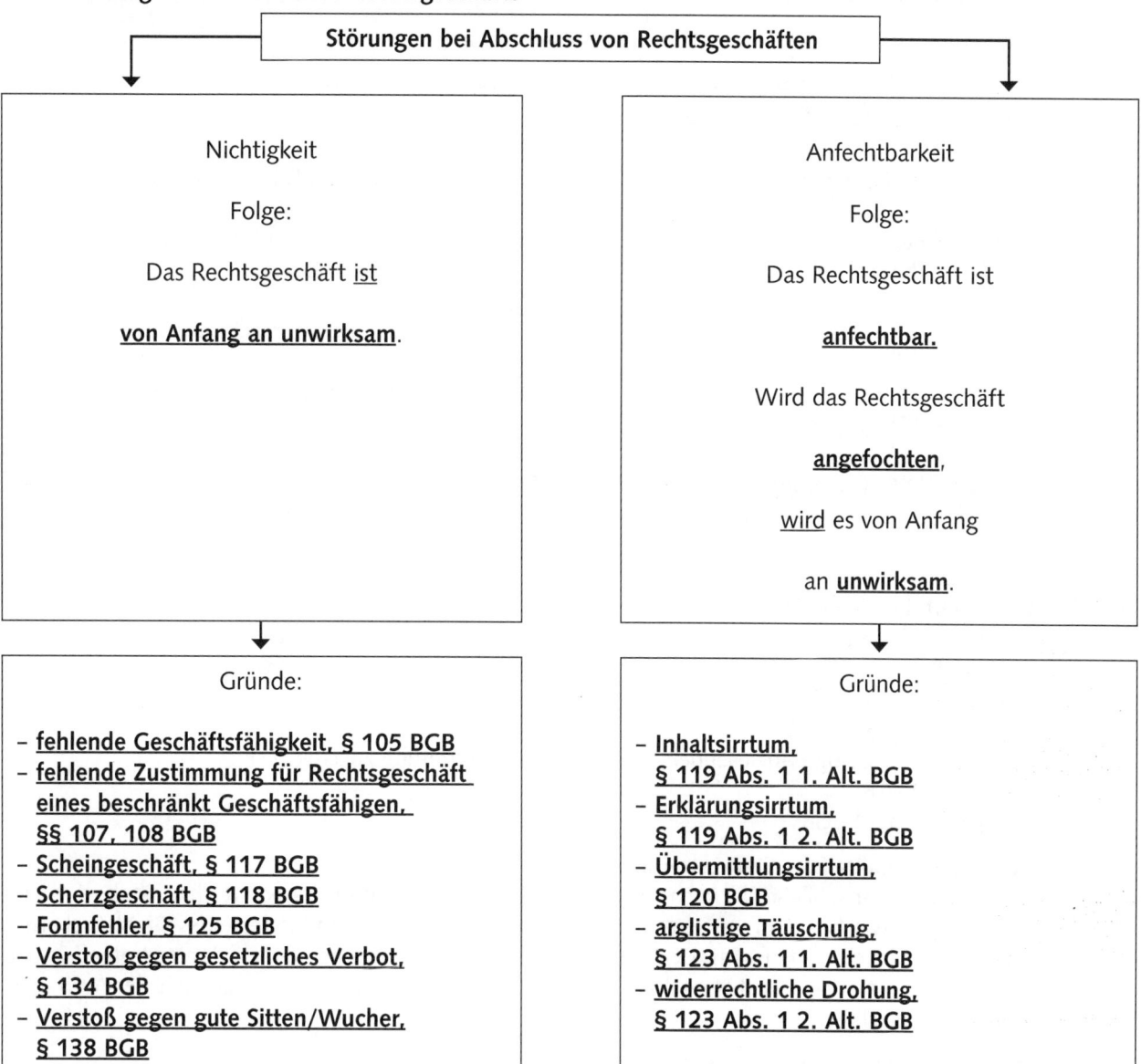

Störungen bei Abschluss von Rechtsgeschäften

Nichtigkeit

Folge:

Das Rechtsgeschäft <u>ist</u>

<u>**von Anfang an unwirksam**</u>.

Gründe:

- <u>**fehlende Geschäftsfähigkeit, § 105 BGB**</u>
- <u>**fehlende Zustimmung für Rechtsgeschäft eines beschränkt Geschäftsfähigen, §§ 107, 108 BGB**</u>
- <u>**Scheingeschäft, § 117 BGB**</u>
- <u>**Scherzgeschäft, § 118 BGB**</u>
- <u>**Formfehler, § 125 BGB**</u>
- <u>**Verstoß gegen gesetzliches Verbot, § 134 BGB**</u>
- <u>**Verstoß gegen gute Sitten/Wucher, § 138 BGB**</u>

Anfechtbarkeit

Folge:

Das Rechtsgeschäft ist

<u>**anfechtbar.**</u>

Wird das Rechtsgeschäft

<u>**angefochten**</u>,

<u>wird</u> es von Anfang

an <u>**unwirksam**</u>.

Gründe:

- <u>**Inhaltsirrtum, § 119 Abs. 1 1. Alt. BGB**</u>
- <u>**Erklärungsirrtum, § 119 Abs. 1 2. Alt. BGB**</u>
- <u>**Übermittlungsirrtum, § 120 BGB**</u>
- <u>**arglistige Täuschung, § 123 Abs. 1 1. Alt. BGB**</u>
- <u>**widerrechtliche Drohung, § 123 Abs. 1 2. Alt. BGB**</u>

2.3 Stellvertretung

Zu 1 Voraussetzungen der Stellvertretung (§§ 164 ff. BGB)
(1) Stellvertretung ist zulässig für das betreffende Rechtsgeschäft.
(2) Vertreter gibt eigene Willenserklärung ab.
(3) Vertreter handelt mit Vertretungsmacht (durch Rechtsgeschäft erteilt=Vollmacht oder aufgrund Gesetzes).
(4) Vertreter handelt ausdrücklich oder erkennbar in fremdem Namen.
(5) Vertreter ist mindestens beschränkt geschäftsfähig.

Zu 2 Arten der Stellvertretung

Arten der Stellvertretung

gesetzliche Vertretung	rechtsgeschäftliche Vertretung
Das Recht, einen anderen zu vertreten beruht auf **Gesetz** z. B. § 1626 BGB **Elterliche Sorge** § 1773 BGB **Vormund**.	Das Recht, einen anderen zu vertreten beruht auf **Rechtsgeschäft** Die rechtsgeschäftliche Vertretungsmacht entsteht durch **Erteilung einer Vollmacht (einseitige empfangsbedürftige Willenserklärung)**.

Zu 3 Unzulässigkeit der Stellvertretung

Die Stellvertretung ist bei Rechtsgeschäften des Familien- und Erbrechts, die höchstpersönlichen Charakter haben, unzulässig, z. B.
- Eheschließung, §§ 1310, 1311 BGB
- Testamentserrichtung, § 2064 BGB

Verlangt das Gesetz gleichzeitige Anwesenheit ist dagegen Stellvertretung zulässig, z. B.:
- Ehevertrag, § 1410 BGB
- Auflassung, § 925 Abs. 1 BGB

Zu 4 Mittelbare und unmittelbare Stellvertretung

Der mittelbare Stellvertreter schließt das Rechtsgeschäft im eigenen Namen für fremde Rechnung ab, d. h. das Rechtsgeschäft kommt zwischen dem Vertreter und dem Dritten zustande (= im Interesse des Geschäftsherrn). Der unmittelbare Stellvertreter (§§ 164 ff. BGB) schließt das Rechtsgeschäft im Namen des Vertretenden und für dessen Rechnung ab. Aus dem Rechtsgeschäft wird nicht der Vertreter, sondern unmittelbar der Auftraggeber berechtigt und verpflichtet.

Zu 5 Unterscheidung Stellvertreter und Bote

Der Stellvertreter gibt eine *eigene Willenserklärung* im Rahmen seines Auftrags ab. Daher muss der Stellvertreter mindestens beschränkt geschäftsfähig sein (§ 165 BGB).
Der Bote überbringt nur eine *fremde Willenserklärung*. Auch ein Geschäftsunfähiger kann daher Bote sein.

Zu 6 Vollmacht

Vollmacht ist die durch **Rechtsgeschäft** erteilte Vertretungsmacht (§ **166** Abs. **2** S. **1** BGB). Sie kann gegenüber dem zu **Bevollmächtigenden** (Innenverhältnis) oder dem **Dritten**, dem gegenüber die **Vertretung** (Außenverhältnis) stattfinden soll, erklärt werden (§ **167** Abs. **1** BGB). Die Vollmachtserteilung bedarf grundsätzlich keiner **Form**, d. h. sie kann **mündlich** oder **stillschweigend** erteilt werden.
Die **Prozessvollmacht** bedarf der Schriftform (§ 80 ZPO). Die Vollmacht erlischt mit **Erledigung** des Geschäfts, für das sie erteilt wurde oder mit dem **Tode** des Vertreters oder durch **Zeitablauf**, wenn sie befristet ist, oder durch **Widerruf**.

A. Bürgerliches Recht

Zu 7 **Arten der Vollmacht**

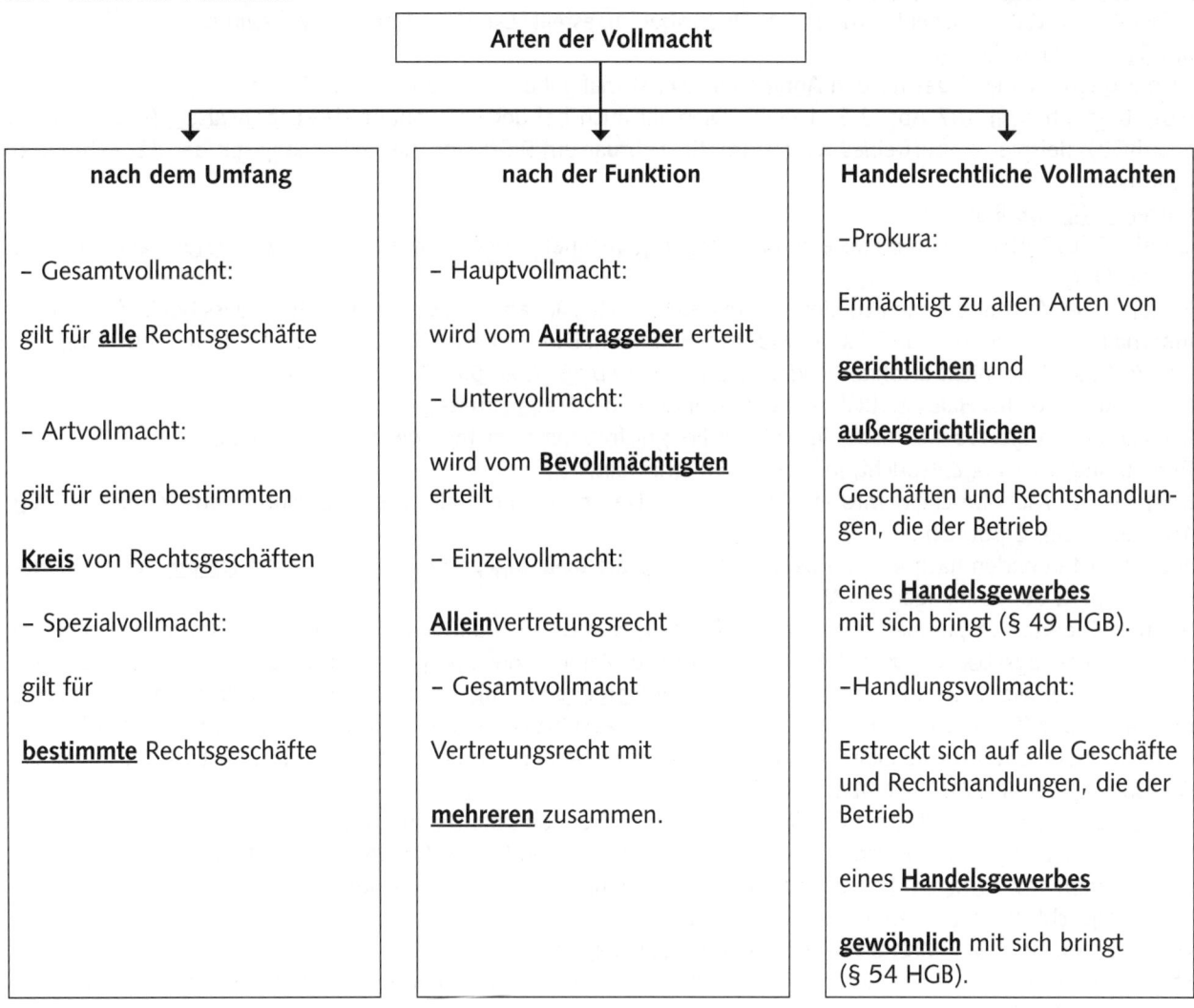

Arten der Vollmacht

nach dem Umfang

- Gesamtvollmacht:

gilt für **alle** Rechtsgeschäfte

- Artvollmacht:

gilt für einen bestimmten **Kreis** von Rechtsgeschäften

- Spezialvollmacht:

gilt für **bestimmte** Rechtsgeschäfte

nach der Funktion

- Hauptvollmacht:

wird vom **Auftraggeber** erteilt

- Untervollmacht:

wird vom **Bevollmächtigten** erteilt

- Einzelvollmacht:

Alleinvertretungsrecht

- Gesamtvollmacht

Vertretungsrecht mit **mehreren** zusammen.

Handelsrechtliche Vollmachten

- Prokura:

Ermächtigt zu allen Arten von **gerichtlichen** und **außergerichtlichen** Geschäften und Rechtshandlungen, die der Betrieb eines **Handelsgewerbes** mit sich bringt (§ 49 HGB).

- Handlungsvollmacht:

Erstreckt sich auf alle Geschäfte und Rechtshandlungen, die der Betrieb eines **Handelsgewerbes** **gewöhnlich** mit sich bringt (§ 54 HGB).

2.4 Fristen und Termine

Zu 1 Fristen und Termine
Frist ist ein Zeitraum, innerhalb oder nach dem ein bestimmtes Ereignis eintreten oder eine bestimmte Handlung vorgenommen werden soll.
Termin ist der Zeitpunkt des Fristablaufs.

Zu 2 Arten von Fristen
(1) gesetzliche Fristen
Beispiel: Kündigungsfrist für das Arbeitsverhältnis, § 622 BGB
(2) vertragliche Fristen
Beispiel: Vereinbarung über Verlängerung der Gewährleistungsfrist
(3) richterliche Fristen
Beispiel: Frist zur schriftlichen Klageerwiderung

Zu 3 Berechnung von Fristen
§ 222 Abs. 1 ZPO und §§ 186 ff. BGB

Zu 4 Ereignis- und Beginnfristen
Nach § 187 BGB unterscheidet man **Ereignisfristen** und **Beginnfristen**.
Fristbeginn (§ 187 BGB)
Ist für den Anfang einer Frist ein **Ereignis** oder ein in den Lauf eines Tages fallender **Zeitpunkt** maßgebend, so wird bei der **Berechnung** der Frist der **Tag** nicht mitgerechnet, in welchen das **Ereignis** oder der **Zeitpunkt** fällt (sog. Ereignisfrist: § 187 Abs. 1 BGB).
Die Frist beginnt mit dem nächsten **Tag** zu laufen, unabhängig davon, ob es sich um einen

Samstag, Sonntag oder Feiertag handelt.
Beispiel: Der Mahnbescheid wird am 31. Dezember zugestellt. Die Widerspruchfrist beginnt
am **01.** Januar zu laufen.
Ist der **Beginn** eines Tages für den **Anfang** einer Frist maßgebend, so zählt dieser Tag mit
(sog. Beginnfrist: § 187 Abs. 2 S. 1 BGB). Dies gilt auch bei der Berechnung des **Lebensalters** (§ 187 Abs. 1 S. 2 BGB). Beispiel: Geburt eines Kindes am 22. Februar um 9:00 Uhr. Als Geburtstag gilt der 22. Februar ab 0:00 Uhr.

Fristende (§ 188 BGB)
Gemäß § 188 Abs. 1 BGB endet eine nach Tagen gerechnete Frist mit dem Ablauf des **letzten** Tages der Frist (24:00 Uhr).
Beispiel: Die Vertragsparteien vereinbaren in dem am 15. Mai abgeschlossenen Vertrag, dass beide den Vertrag innerhalb von einer Frist von 3 Tagen widerrufen können. Die Widerrufsfrist endet am **18.** Mai, 24:00 Uhr, d. h. der Vertrag ist bei nicht erfolgter Widerrufserklärung ab **19.** Mai, **00:00** Uhr wirksam.
§ 188 Abs. 2 erster Halbsatz BGB findet Anwendung bei **Ereignisfristen**.
Danach enden die Wochenfristen im Fall der Ereignisfrist mit dem Tag, welcher durch seine
Benennung dem Tag entspricht, in den das Ereignis fällt.
Beispiel: Der Mahnbescheid wird am Montag, 02. Dezember zugestellt. Die Widerspruchsfrist endet **Montag**, 16. Dezember, 24:00 Uhr.
Monatsfristen enden nach § 188 Abs. 2 erster Halbsatz BGB dagegen mit dem gleichen **Datum** des folgenden Monats bzw. der nachfolgenden Monate.
Beispiel: Die Vertragsparteien haben im Kaufvertrag vom 06. Februar vereinbart, dass der Kaufpreis einen Monat nach Vertragsabschluss zu zahlen ist. Die Frist zur Zahlung des Kaufpreises endet am **06.** März, 24:00 Uhr.
Fehlt bei einer Monatsfrist im letzten Monat der **entsprechende Tag**, endet die Frist am **letzten Tag** des Monats um 24:00 Uhr (§ 188 Abs. 3 BGB). Beispiel: Die Vertragsparteien haben im Mietvertrag vom 31. Oktober vereinbart, dass die Mietsache einen Monat nach Vertragsabschluss zurückzugeben ist. Die Frist zur Rückgabe der Mietsache läuft am **30.** November, 24:00 Uhr ab.
§ 188 Abs. 2 zweiter Halbsatz BGB findet dagegen Anwendung bei **Beginnfristen**.
Danach enden im Fall der Beginnfrist die Wochen-, Monats- und Jahresfristen mit dem Tag, welcher dem Tag **vorhergeht,** der durch seine Benennung oder Zahl dem Anfangstag der Frist entspricht. Beispiel: Geburt des Kindes am 05. Mai 2004 um 13:00 Uhr. Das Kind vollendet am 04. Mai 2022, 24:00 Uhr sein 18. Lebensjahr.
Fällt das Ende einer Frist auf einen Samstag, Sonntag oder Feiertag, so endet die Frist mit Ablauf des nächsten **Werktages** (§ 193 BGB).

Zu 5 Gegenstand der Verjährung
Gegenstand der Verjährung sind alle Ansprüche, d. h. das Recht, von einem anderen ein Tun oder ein Unterlassen zu verlangen (§ 194 BGB).

Zu 6 Zweck der Verjährung
Mit der Verjährung bezweckt der Gesetzgeber die Herstellung der Rechtssicherheit nach Ablauf einer bestimmten Zeit und die Wahrung des Rechtsfriedens. Nach Ablauf einer gewissen Zeit (= Verjährungsfrist) soll ein Rechtsgeschäft abgeschlossen sein: Je länger der Anspruch zurückliegt, desto schwieriger wird die Beweislage für die Parteien. Durch die Verjährung wird der Gläubiger gezwungen, seine Ansprüche zügig durchzusetzen.

Zu 7 Rechtsfolgen der Verjährung
Für den Schuldner: Er kann unter Berufung auf die Verjährung (sog. Einrede der Verjährung) die Leistung gegenüber dem Gläubiger verweigern.
Für den Gläubiger: Er kann den Anspruch nicht mehr durchsetzen, wenn der Schuldner die Einrede der Verjährung erhebt.
Beachte: Der Anspruch ist aber nicht erloschen, das heißt er besteht noch. Das in Unkenntnis der Verjährung Geleistete kann der Schuldner nicht vom Gläubiger zurückfordern (vgl. § 214 Abs. 2 BGB).

Zu 8 Einrede der Verjährung
Der Schuldner bekommt ein (dauerndes) Leistungsverweigerungsrecht, die sog. Einrede der Verjährung (§ 214 Abs. 1 BGB). Einrede bedeutet, dass die Verjährung nicht von Amts wegen oder von Gerichts wegen berücksichtigt wird, sondern vom Schuldner geltend gemacht werden muss, d. h. der Schuldner kann selbst bestimmen, ob er sich auf die Verjährung beruft oder nicht.

A. Bürgerliches Recht

Zu 9 **Wichtige Verjährungsfristen**

Anspruch/ §§	Regelmäßige Verjährungsfrist	Ansprüche bei Grundstücksrechten	Herausgabeansprüche aus Eigentum sowie rechtskräftig festgestellte Ansprüche	Sonderverjährung bei Gewährleistungsfrist für den Kauf beweglicher Sachen
	§§ **195, 199** **BGB**	§§ **196, 200** **BGB**	§§ **197 Abs. 1 Nr. 1, 200** BGB sowie §§ **197 Abs. 1 Nr. 3-6, 201** BGB	§§ **438 Abs. 1 Nr. 3, Abs. 2** BGB
Dauer	**3** Jahre	**10** Jahre	**30** Jahre	**2** Jahre
Beginn	ab **Jahresschluss**, in dem der Anspruch **entstanden** ist	taggenau mit **Entstehung** des Anspruchs	taggenau mit **Entstehung** des Anspruchs bzw. taggenau ab **Rechtskraft**	mit **Ablieferung** der Sache

Zu 10 **Neubeginn und Hemmung**

<u>Neubeginn</u> bedeutet gemäß § 212 BGB, dass die bisher abgelaufene Zeit unberücksichtigt bleibt und die Verjährung **neu zu laufen beginnt**.

Wichtige Gründe des Neubeginns:
1. Schuldner erkennt Anspruch an durch Abschlagszahlung, Zinszahlung etc.
   (§ 212 Abs. 1 Nr. 1 BGB).
2. Gerichtliche oder behördliche Vollstreckungshandlung wird vorgenommen oder beantragt,
   (§ 212 Abs. 1 Nr. 2 BGB).

<u>Hemmung</u> bedeutet gemäß §§ 203, 209 BGB, dass der Zeitraum, währenddessen die Verjährung gehemmt ist, in die Verjährungsfrist nicht eingerechnet wird. Die Verjährungsfrist **verlängert sich um den gehemmten Zeitraum**.

wichtige Gründe der Hemmung:
1. Erhebung der Klage (§ 204 Abs. 1 Nr. 1 BGB)
2. Zustellung des Mahnbescheides (§ 204 Abs. 1 Nr. 3 BGB)
3. Geltendmachung der Aufrechnung im Prozess (§ 204 Abs. 1 Nr. 5 BGB)
4. Zustellung der Streitverkündung (§ 204 Abs. 1 Nr. 6 BGB)
5. Stundung (§ 205 BGB)
6. familiäre Gründe (§ 207 BGB)

3. Schuldrecht

3.1 Zustandekommen und Inhalt von Schuldverhältnissen (insbesondere Kaufvertrag)

Zu 1 **Begriff des Schuldverhältnisses**

Ein Schuldverhältnis ist ein Rechtsverhältnis zwischen mindestens zwei Personen, durch das die eine Person (=Gläubiger) von der anderen (=Schuldner) eine Leistung fordern kann (§ 241 BGB). Die Leistung kann dabei in einem Tun (z. B. Zahlung des Kaufpreises) oder in einem Unterlassen (z. B. Unterlassen von Ruhestörungen in der Nacht) bestehen.

Zu 2 Arten von Schuldverhältnissen

Vertragliche Schuldverhältnisse: entstehen durch einen Vertrag zwischen den Beteiligten, § 311 BGB (z. B. § 433 BGB – Kaufvertrag)

Gesetzliche Schuldverhältnisse: beruhen auf der Verwirklichung bestimmter gesetzlicher Tatbestände aufgrund eines konkreten Sachverhalts (z. B. § 823 Abs. 1 BGB – gesetzliches Schuldverhältnis aus unerlaubter Handlung)

Zu 3 Gesamt-(hands-)schuldner und Gesamt-(hands-)gläubiger

Gesamtschuldner: Mehrere Schuldner sind zu einer *gemeinsamen Leistung verpflichtet*, d. h. jeder haftet dem Gläubiger gegenüber für die *ganze* Schuld, so lange bis die ganze Schuld getilgt ist. Unter sich, d. h. im Innenverhältnis haften die Gesamtschuldner nach Kopfteilen. Der Gläubiger kann die Leistung aber nur einmal fordern (§ 421 BGB).

Gesamthandsschuldner: (z. B. Miterben bis zur Teilung des Nachlasses): Alle Schuldner haften *nur gemeinschaftlich* gegenüber dem Gläubiger und dieser kann nur *von allen gemeinsam* die Leistung verlangen.

Gesamtgläubiger: Jeder Gläubiger kann die *ganze Leistung* fordern, der Schuldner braucht sie aber *nur einmal* zu bewirken (§ 428 BGB).

Gesamthandsgläubiger: Jeder Gläubiger kann *nur Leistung an alle* Gläubiger fordern, der Schuldner darf *nur an alle Gläubiger gemeinsam* leisten.

Zu 4 Rechtsgrundsatz „Treu und Glauben" gemäß § 242 BGB

Nach § 242 BGB ist der Schuldner verpflichtet, die Leistung so zu bewirken, wie Treu und Glauben mit Rücksicht auf die Verkehrssitte es erfordern. Das bedeutet, dass der Schuldner Rücksicht nehmen muss auf berechtigte Interessen seines Vertragspartners. Ein Verhalten entspricht dann dem Grundsatz von Treu und Glauben, wenn ein redlich und anständig handelnder Mensch, sich so verhalten hätte.

Beispiel: Eine Leistung zur unpassenden Zeit (z. B. Nachtzeit) ist unzulässig. Wenn Lieferung am kommenden Montag vereinbart wurde und der Schuldner klingelt um 24:00 Uhr beim Gläubiger, um zu liefern, kann dieser die Leistung zulässigerweise ablehnen.

Zu 5 Stückschuld und Gattungsschuld

Eine Stückschuld liegt vor, wenn sich die Leistungspflicht des Verkäufers auf eine ganz **bestimmte, durch individuelle Merkmale** gekennzeichnete Sache bezieht (z. B. gebrauchte Sachen oder Einzelanfertigungen wie ein Maßanzug).

Eine Gattungsschuld liegt dagegen vor, wenn sich die Leistungspflicht des Verkäufers auf eine **nur der Art oder der Gattung** nach beschriebene Sache bezieht (z. B. Neuwagen der Marke XY, Sack Kartoffeln der Sorte Sieglinde). Wird eine Gattungsschuld geschuldet, hat der Schuldner eine Sache mittlerer Art und Güte zu leisten (§ 243 Abs. 1 BGB).

Beachte: Eine Gattungsschuld wird zur Stückschuld, wenn der Verkäufer seinerseits das zur Leistung Erforderliche getan hat (sog. Konkretisierung, § 243 Abs. 2 BGB).

Zu 6 Leistungsort und Erfolgsort

Leistungsort (auch Erfüllungsort genannt) ist der Ort, an dem der Schuldner die geschuldete Leistungshandlung vorzunehmen hat.

Erfolgsort ist der Ort, an dem der Leistungserfolg eintritt.

Zu 7 Bestimmung des Leistungsortes

Der Leistungsort wird von den Vertragsparteien bestimmt. Fehlt eine solche Bestimmung bzw. ist der Ort für die Leistung nicht aus den Umständen, insbesondere der Natur des Schuldverhältnisses, zu entnehmen (z. B. Reparaturarbeiten am Haus oder Theateraufführung), ist nach § 269 BGB der Leistungsort der Wohnsitz des Schuldners (sog. Holschuld).

Zu 8 Hol-, Bring-, und Schickschuld

Holschuld (gesetzlicher Leistungsort): Leistung- und Erfolgsort sind am Wohn- bzw. Geschäftssitz des Schuldners, vgl. § 269 Abs. 1 BGB.

Bringschuld (vertraglicher Leistungsort): Leistung- und Erfolgsort sind am Wohnsitz des Gläubigers.

Schickschuld (vertraglicher Leistungsort): Der Leistungsort ist am Wohn- bzw. Geschäftssitz des Schuldners, zusätzlich übernimmt der Schuldner die Versendung der Sache (beachte: allein der Umstand, dass der Schuldner die Transportkosten übernommen hat, genügt nicht für die Annahme einer Bringschuld, vgl. § 269 Abs. 3 BGB). Der Erfolgsort ist dagegen am Wohnsitz des Gläubigers.

A. Bürgerliches Recht

Zu 9 Konkretisierung der Gattungsschuld gemäß § 243 Abs. 2 BGB
Gemäß § 243 Abs. 2 BGB ist zur Konkretisierung erforderlich, dass der Schuldner das zur Leistung **seinerseits Erforderliche** getan hat. Bei der <u>Holschuld</u> hat der Schuldner den zu leistenden Gegenstand auszusondern und den Gläubiger darüber zu informieren, dass die Sache für ihn bereitsteht. Bei der <u>Bringschuld</u> muss der Schuldner die Sache dem Gläubiger an dessen Wohnsitz oder Geschäftssitz termingerecht anbieten. Bei der <u>Schickschuld</u> hat der Schuldner die Sache in ordnungsgemäßer Weise einer geeigneten Transportperson zu übergeben.

Zu 10 § 243 Abs. 2 BGB als Schutzvorschrift des Schuldners
Ohne die Schutzvorschrift des § 243 Abs. 2 BGB müsste der Schuldner beim Untergang einer Sache immer wieder erneut leisten, da die Leistung von Sachen gleicher Art bei der Gattungsschuld weiterhin möglich bleibt.

Zu 11 Gefahrübergang
<u>Gefahrübergang</u> beschreibt den Zeitpunkt, zu dem das Risiko der zufälligen (d. h. weder Schuldner noch Gläubiger haben die Leistungsstörung vorsätzlich oder fahrlässig verursacht) Verschlechterung oder des Verlusts der geschuldeten Sache vom Schuldner auf den Gläubiger übergeht.

Zu 12 Gefahrübergang bei Versendungskauf und Verbrauchsgüterverkauf

Versendungskauf	Verbrauchsgüterkauf
Gefahrübergang bei <u>Übergabe</u> an den Transporteur, § <u>447</u> Abs. <u>1</u> BGB	Gefahrübergang, wenn der Verbraucher die Sache <u>erhalten</u> hat, § <u>474</u> Abs. <u>2</u> BGB

Zu 13 Bedeutung des Leistungsortes bei der Warenschuld im Kaufvertrag
Gefahrübergang gemäß § 446 BGB
Gemäß 446 BGB geht mit der <u>Übergabe</u> der verkauften Sache die Gefahr des <u>zufälligen</u> Untergangs und der zufälligen <u>Verschlechterung</u> auf den <u>Verkäufer</u> über. Im Falle der (gesetzlichen) <u>Holschuld</u> hat damit der <u>Gläubiger</u> die Ware auf seine Gefahr beim Schuldner abzuholen. Bei der vertraglich vereinbarten <u>Bringschuld</u> muss dagegen der <u>Verkäufer</u> die Sache auf seine Gefahr an den Wohnort oder die Niederlassung des Käufers bringen.

Gefahrübergang beim Versendungsverkauf gemäß § 447 BGB
Ein Versendungskauf liegt gemäß § 447 BGB vor, wenn der Verkäufer auf <u>Verlangen</u> des Käufers die verkaufte Sache an einen anderen Ort als dem <u>Erfüllungsort (Leistungsort)</u> versendet. Abweichend von § <u>446</u> BGB geht beim Versendungsverkauf die Gefahr auf den <u>Käufer</u> über, wenn der Verkäufer die Sache, dem Spediteur, dem Frachtführer oder der sonst zur Ausführung der Versendung bestimmten <u>Person</u> oder Anstalt übergibt. Dies gilt grundsätzlich auch dann, wenn der <u>Verkäufer</u> den Transport selbst ausführt.
Fazit: Beim Versendungskauf reist die Ware gemäß § <u>447</u> Abs. <u>1</u> BGB auf Gefahr des <u>Käufers</u>.

Ausnahme: Gefahrübergang beim Verbrauchsgüterkauf gemäß § 474 Abs. 2 BGB
Kauft ein <u>Verbraucher</u> (§ 13 BGB) von einem <u>Unternehmer</u> (§ 14 BGB) eine bewegliche Sache zur Versendung, trägt nicht der <u>Käufer</u>, sondern der <u>Verkäufer</u> die Gefahr der Versendung, vgl. <u>474</u> Abs. <u>2</u> BGB.
Fazit: Beim Verbrauchsgüterkauf reist die Ware im Fall der Versendung auf Gefahr des <u>Verkäufers</u>.

Zu 14 Zahlungsort gemäß § 270 BGB
Der gesetzliche Leistungsort (Erfüllungsort) für Geldschulden ist der Wohnsitz des Schuldners (§§ 270 Abs. 4, 269 BGB). Gemäß § 270 Abs. 1 BGB hat der Schuldner Geld auf seine Gefahr und seine Kosten dem Gläubiger an dessen Wohnsitz zu übermitteln. Damit trägt der Schuldner die Kosten für die Übermittlung des Geldes sowie die Verlustgefahr für das Geld. Sollte das Geld bei der Übermittlung verloren gehen, muss der Schuldner nochmals leisten. Damit fallen Leistungsort (Erfüllungsort) und Erfolgsort bei der Geldschuld auseinander.

Zu 15 Leistungszeit gemäß § 271 BGB
Die *Leistungszeit* (= Fälligkeit) gibt den Zeitpunkt oder Zeitraum an, zu dem der Schuldner dem Gläubiger die Leistung zu erbringen hat bzw. der Gläubiger den Anspruch geltend machen kann. Die Fälligkeit hat Bedeutung für die Verjährung und den Verzugseintritt.

Zu 16 Kaufvertrag

Der Kaufvertrag kommt gemäß § **433** BGB durch zwei übereinstimmende **Willenserklärungen**, nämlich **Antrag** und **Annahme** zustande. Der Kaufvertrag kommt regelmäßig **formfrei** zustande, mit Ausnahme z. B. des **Immobilienkaufs** (§ 311 b) und des **Erbschaftskaufs** (§ 2371 BGB), die der **notariellen Beurkundung** bedürfen (§ 128 BGB).

Der Kaufvertrag ist ein **Verpflichtungsgeschäft**, das ein **gegenseitiges** Schuldverhältnis begründet: Der Verkäufer ist gemäß § **433** Abs. **1** BGB verpflichtet, dem **Käufer** die Kaufsache frei von **Sach-** und Rechtsmängeln zu übergeben und das **Eigentum** an der Sache zu verschaffen. Der Käufer ist gemäß § **433** Abs. 2 BGB dazu verpflichtet, den gekauften Gegenstand **abzunehmen** und den **Kaufpreis** zu zahlen.

Erfüllen die Kaufvertragsparteien ihre jeweiligen Verpflichtungen nicht, kommt der Verkäufer in **Lieferungsverzug**, der Käufer in **Annahmeverzug** oder in **Zahlungsverzug**.

Kaufgegenstand kann eine **Sache**, ein **Recht** oder eine Sach- bzw. Rechtsgesamtheit sein.

Zu 17 Besondere Arten des Kaufvertrages

Grundstückskaufvertrag (§ 311 b BGB): Kaufgegenstand ist ein Grundstück; dieser muss zur Wirksamkeit notariell beurkundet werden.

Verbundene Geschäfte (§ 358 BGB): Kaufvertrag wird verbunden mit einem Verbraucherdarlehensvertrag zur Finanzierung des Kaufpreises. Beide Geschäfte bilden eine wirtschaftliche Einheit.

Kauf unter Eigentumsvorbehalt (§ 449 BGB): Beim Kauf unter Eigentumsvorbehalt geht das Eigentum erst mit vollständiger Zahlung des Kaufpreises über. Zum Ausgleich steht dem Käufer vor dem Eigentumserwerb ein sog. Anwartschaftsrecht zu, das ihm gegenüber dritten Personen eine Rechtsstellung ähnlich der eines Eigentümers gewährt.

Kauf auf Probe oder auf Besichtigung (§ 454 BGB): Kauf unter der aufschiebenden Bedingung, dass der Käufer den gekauften Gegenstand innerhalb einer Frist billigt. Bis zur Billigung hat der Käufer nach seinem Belieben ein Rückgaberecht, wenn die Ware seinen Erwartungen nicht entspricht. Übergibt der Verkäufer dem Käufer die Ware zur Ansicht und lässt der Käufer die Probefrist ohne ausdrückliche Ablehnung der Ware vorübergehen, so gilt sein Schweigen als Billigung.

Wiederkauf (§ 456 BGB): Ist im Kaufvertrag ein Wiederkaufsrecht vereinbart, kann der Verkäufer durch Erklärung gegenüber dem Käufer das Wiederkaufsrecht ausüben. Der ursprüngliche Käufer (= Wiederverkäufer) ist also aufschiebend bedingt zur Rückübereignung gegen Zahlung des Wiederkaufpreises verpflichtet.

Vorkauf (§ 463 BGB): Das Vorkaufsrecht ist ein Recht, einen Gegenstand durch Kauf zu erwerben, wenn der aus dem Vorkaufsrecht verpflichtete Verkäufer mit einem Dritten einen Kaufvertrag über den Gegenstand schließt. Durch Ausübung des Vorkaufsrechts gegenüber dem Verkäufer kommt zwischen dem Vorkaufsberechtigten und dem Verkäufer ein Kaufvertrag mit gleichem Inhalt wie mit dem Dritten zustande.

Verbrauchsgüterkauf (§§ 474 ff. BGB): Verkauf von beweglichen Sachen von einem Unternehmer (§ 14 BGB) an einen Verbraucher (§ 13 BGB). Bei einem Verbrauchsgüterkauf finden ergänzend zum Kaufrecht Regelungen zum Schutz des Verbrauchers Anwendung.

Erbschaftskauf (§ 2371 BGB): Kaufvertrag über eine angefallene Erbschaft, der zu seiner Wirksamkeit der notariellen Beurkundung bedarf.

Zu 18 Verbrauchsgüterkauf

§ 475 Abs. 1 BGB: Abweichung von den Regelungen über Mängelansprüche ist nicht zulässig (z. B. Unzulässigkeit eines vertraglichen Haftungsausschluss bei gebrauchten und bei neuen Sachen).

§ 475 Abs. 2 BGB: Abweichung von den gesetzlichen Verjährungsfristen ist nicht zulässig.

§ 476 BGB: Beweislastumkehr zugunsten des Verbrauchers, d. h. der Verbraucher muss bei einem binnen sechs Monate nach Übergabe der Kaufsache aufgetretenen Mangel nicht beweisen, dass der Mangel bereits bei Gefahrübergang vorhanden war.

Zu 19 Beendigung von Schuldverhältnissen

durch
- Aufhebung des Schuldverhältnisses: z. B. durch Kündigung oder Rücktritt (§§ 346 ff. BGB)
- Erlöschen des Schuldverhältnisses: z. B. durch Erfüllung (§ 362 BGB), Hinterlegung (§§ 372 ff. BGB), Aufrechnung (§§ 387 ff. BGB), Erlass oder Verzicht (§ 397 BGB)

Zu 20 Handelskauf

Handelskauf ist ein Kauf, bei dem mindestens ein Vertragspartner Kaufmann ist. Der Kauf selbst ist ein Handelsgeschäft. Es gibt den ein- und zweiseitigen Handelskauf. Beim zweiseitigen Handelskauf sind beide Vertragspartner Kaufleute und beim einseitigen ist nur ein Vertragspartner Kaufmann.

A. Bürgerliches Recht

Hinweis:
Er ist in den §§ 373 - 382 HGB geregelt. Dies bedeutet, dass grundsätzlich die Vorschriften des BGB anzuwenden sind. Diese werden jedoch um speziell auf Handelsgeschäfte zugeschnittene Vorschriften des HGB ergänzt. Diese Verschärfungen nach HGB beziehen sich auf:
- Annahmeverzug, §§ 373, 374 HGB
- Bestimmungskauf/ Spezifikationskauf, § 375 HGB
- Fixhandelskauf, § 376 HGB
- Untersuchungs- und Rügeobliegenheit, §§ 377 - 379 HGB

Zu 21 Grenzüberschreitender Kaufvertrag
Man spricht von einem grenzüberschreitenden Kaufvertrag, wenn Käufer und Verkäufer ihren Wohn- bzw. Geschäftssitz in verschiedenen Staaten haben oder die Ware in ein anderes Land geliefert wird.

Zu 22 Klageerhebung
Das zuständige Gericht bestimmt sich nach:
- der Vereinbarung im Vertrag oder
- nach dem internationalen Zivilverfahrensrecht.

Innerhalb der EU gilt das Europäische Zivilverfahrensrecht (EuGVO). Nach der EuGVO kann jeder Vertragspartner an dem Ort verklagt werden, an dem
- er seine Hauptverwaltung bzw. –niederlassung hat (= Sitz),
- an den die Ware geliefert wurde oder hätte geliefert werden müssen (= Erfüllungsort).

Ein deutscher Verkäufer kann nur im Ausland klagen, soweit nicht die Lieferung nach Deutschland erfolgte. Sein Geschäftspartner kann ihn aber auch im Ausland verklagen, wenn dorthin geliefert wurde. Der deutsche Verkäufer hat damit keine Möglichkeit seinen Prozess in Deutschland zu führen.

Ein deutscher Käufer kann in Deutschland klagen (Erfüllungsort), wenn die Lieferung nach Deutschland erfolgte. Er kann auch nur in Deutschland verklagt werden.

Erfolgte die Lieferung direkt in ein drittes Land, dann kann jeder der Vertragspartner den anderen auch vor diesem Gericht verklagen (abweichender Erfüllungsort).

3.2 Leistungsstörungen

Zu 1 Arten von Leistungsstörungen

Leistungsstörungen			
Leistung kann nicht **erbracht** werden.	Leistung wird **schlecht** erbracht.	Leistung wird **zu spät** erbracht.	Leistung wird **nicht** angenommen.
Unmöglichkeit	Schlechtleistung o. positive Vertragsverletzung	Schuldnerverzug	Gläubigerverzug (auch: Annahmeverzug)
	Beim Kaufvertrag: Lieferungsverzug/Zahlungsverzug	Beim Kaufvertrag: Mangelhafte Lieferung	

Lösungen — Rechtsanwendung

Zu 2 Arten der Unmöglichkeit

Objektive Unmöglichkeit (§ 275 Abs. 1 BGB): Die Leistung kann von keinem Menschen erbracht werden.
Beispiel: Die zu liefernde Ware wird bei einem Brand zerstört.

Subjektive Unmöglichkeit (Unvermögen) (§ 275 Abs.1 BGB): Nur der Schuldner kann die Leistung nicht erbringen, einem anderen wäre die Leistungserbringung aber möglich.
Beispiel: Die zu liefernde Ware wird gestohlen.
Beachte bei Geldschulden: Zahlungsunfähigkeit führt nie zum Unvermögen („Geld hat man zu haben").

Anfängliche Unmöglichkeit (§ 311a BGB): Das Ereignis, das die Unmöglichkeit der Leistungserbringung hervorruft, tritt *vor* Vertragsabschluss ein.
Beispiel: Die zu liefernde Ware ist bereits vor Vertragsschluss bei einem Brand zerstört worden.

Nachträgliche Unmöglichkeit (§ 275 BGB): Das Ereignis, das die Unmöglichkeit der Leistungserbringung hervorruft, tritt *nach* Vertragsabschluss ein.
Beispiel: Die zu liefernde Ware wird nach Vertragsschluss bei einem Brand zerstört.

Faktische Unmöglichkeit (§ 275 Abs. 2 BGB): Diese liegt vor, wenn die Leistung des Verkäufers einen Aufwand erfordert, der in einem groben Missverhältnis zu dem Leistungsinteresse des Käufers steht.
Beispiel: Die zu liefernde Ware ist ins Meer gefallen.

Persönliche Unmöglichkeit (§ 275 Abs. 3 BGB): Diese liegt vor, wenn der Schuldner die Leistung persönlich zu erbringen hat und sie ihm aufgrund eines Hindernisses nicht zugemutet werden kann.
Beispiel: Theaterschauspielerin weigert sich aufzutreten, da ihr Kind lebensgefährlich erkrankt ist.

Zu 3 Rechtsfolgen der Unmöglichkeit

Im Fall der objektiven und subjektiven Unmöglichkeit wird der Schuldner gemäß § 275 Abs. 1 BGB von der Verpflichtung zur Leistung frei.

Im Fall der faktischen Unmöglichkeit (§ 275 Abs. 2 BGB) sowie der persönlichen Unmöglichkeit (§ 275 Abs. 3 BGB) erhält der Schuldner das Recht, die Leistung zu verweigern.

Falls der Schuldner die Unmöglichkeit zu vertreten hat, kann der Gläubiger vom Schuldner ggf. Schadensersatz statt der Leistung oder den Ersatz seiner vergeblichen Aufwendungen fordern.

Zu 4 Rechts- und Sachmangel

Ein Rechtsmangel liegt gemäß § 435 BGB immer dann vor, wenn ein Dritter gegenüber dem Käufer bezüglich des Kaufgegenstandes Rechte (z. B. Eigentum oder Pfandrechte) geltend machen kann. Beispiel: Verkauf eines gestohlenen Fahrzeugs.

Ein Sachmangel liegt gemäß § 434 Abs. 1 S. 1 BGB vor, wenn im Zeitpunkt des Gefahrübergangs die Ist-Beschaffenheit des verkauften Gegenstandes zuungunsten des Käufers von der vertraglich vereinbarten Soll-Beschaffenheit abweicht. Beispiel: Das als unfallfrei verkaufte Fahrzeug hat einen Unfallschaden.

A. Bürgerliches Recht

Zu 5 Arten von Sachmängeln beim Kauf

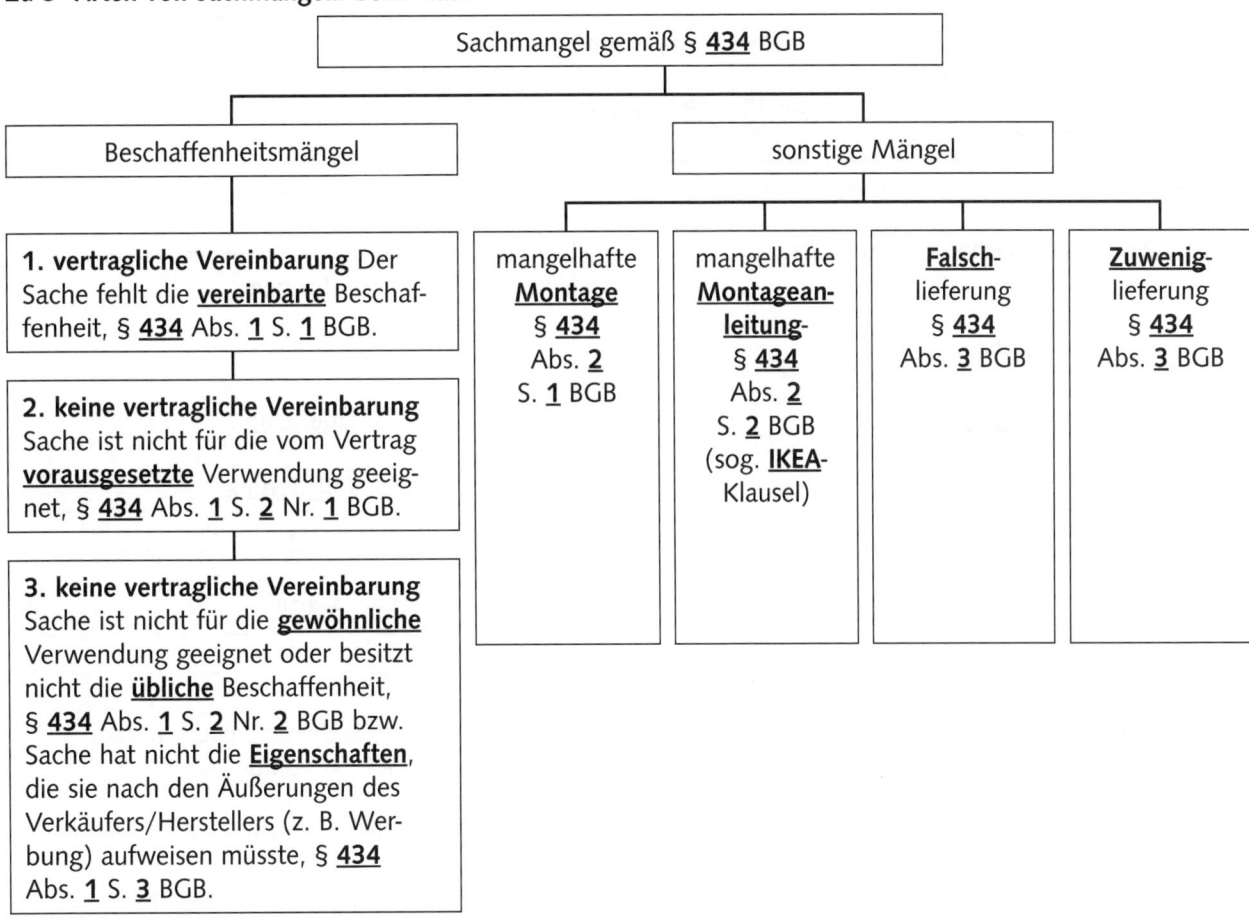

```
                        Sachmangel gemäß § 434 BGB
                        ┌──────────────┴──────────────┐
              Beschaffenheitsmängel              sonstige Mängel
```

Beschaffenheitsmängel:

1. **vertragliche Vereinbarung** Der Sache fehlt die **vereinbarte** Beschaffenheit, § **434** Abs. **1** S. **1** BGB.

2. **keine vertragliche Vereinbarung** Sache ist nicht für die vom Vertrag **vorausgesetzte** Verwendung geeignet, § **434** Abs. **1** S. **2** Nr. **1** BGB.

3. **keine vertragliche Vereinbarung** Sache ist nicht für die **gewöhnliche** Verwendung geeignet oder besitzt nicht die **übliche** Beschaffenheit, § **434** Abs. **1** S. **2** Nr. **2** BGB bzw. Sache hat nicht die **Eigenschaften**, die sie nach den Äußerungen des Verkäufers/Herstellers (z. B. Werbung) aufweisen müsste, § **434** Abs. **1** S. **3** BGB.

sonstige Mängel:

- mangelhafte **Montage** § **434** Abs. **2** S. **1** BGB
- mangelhafte **Montageanleitung** § **434** Abs. **2** S. **2** BGB (sog. **IKEA**-Klausel)
- **Falsch**lieferung § **434** Abs. **3** BGB
- **Zuwenig**lieferung § **434** Abs. **3** BGB

Zu 6 Vorliegen eines Mangels bei Gefahrübergang

Für die Geltendmachung von Ansprüchen des Käufers muss die Ware bei Gefahrübergang (vgl. § 434 Abs. 1 S. 1 BGB) mit einem Fehler behaftet sein.

Zu 7 Gewährleistungsansprüche bei mangelhafter Lieferung

- Nacherfüllung (Nachbesserung oder Ersatzlieferung), §§ 437 Nr. 1, 439 Abs. 1 BGB
- Rücktritt, §§ 437 Nr. 2 Alt. 1, 440, 323, 326 Abs. 5 BGB
- Minderung, §§ 437 Nr. 2 Alt. 2, 441 BGB
- Schadensersatz statt der Leistung, §§ 437 Nr. 3 Alt. 1, 440, 280, 281, 283, 311 a BGB
- Ersatz vergeblicher Aufwendungen, §§ 437 Nr. 3 Alt. 2, 284 BGB

Zu 8 Begriffe des Gewährleistungsrechts

- Nachbesserung: unentgeltliche Beseitigung des Mangels z. B. durch Reparatur
- Ersatzlieferung: unentgeltliche Lieferung einer gleichen, mangelfreien Sache
- Rücktritt: einseitige, empfangsbedürftige Willenserklärung, durch die der Kaufvertrag rückgängig gemacht wird
- Minderung: einseitige, empfangsbedürftige Willenserklärung, mit der der Käufer Herabsetzung des Kaufpreises gegenüber dem Käufer verlangt

Zu 9 Vorrangige und nachrangige Gewährleistungsrechte

Wenn der Käufer einen Mangel am Kaufgegenstand feststellt, muss er zunächst dem Verkäufer eine zweite Gelegenheit zur Erfüllung des Vertrages geben: die sog. Nacherfüllung (Nachbesserung oder Ersatzlieferung). Weitere, nachrangige Rechte wie Rücktritt, Minderung und Schadensersatz kommen erst in Betracht, wenn die Nacherfüllung unmöglich ist, nicht gelingt oder vom Verkäufer verweigert wird.

Zu 10 Unterschied Rücktritt und Umtausch

Als Umtausch bezeichnet man die auf freiwilliger Basis erfolgende Rückabwicklung des Kaufs eines nicht mängelbehafteten Gegenstands. Ein Umtausch ist freiwillig und obliegt ganz der Entscheidung des Verkäufers bzw. Unternehmers.

Zu 11 Gewährleistungsfristen im Kaufrecht

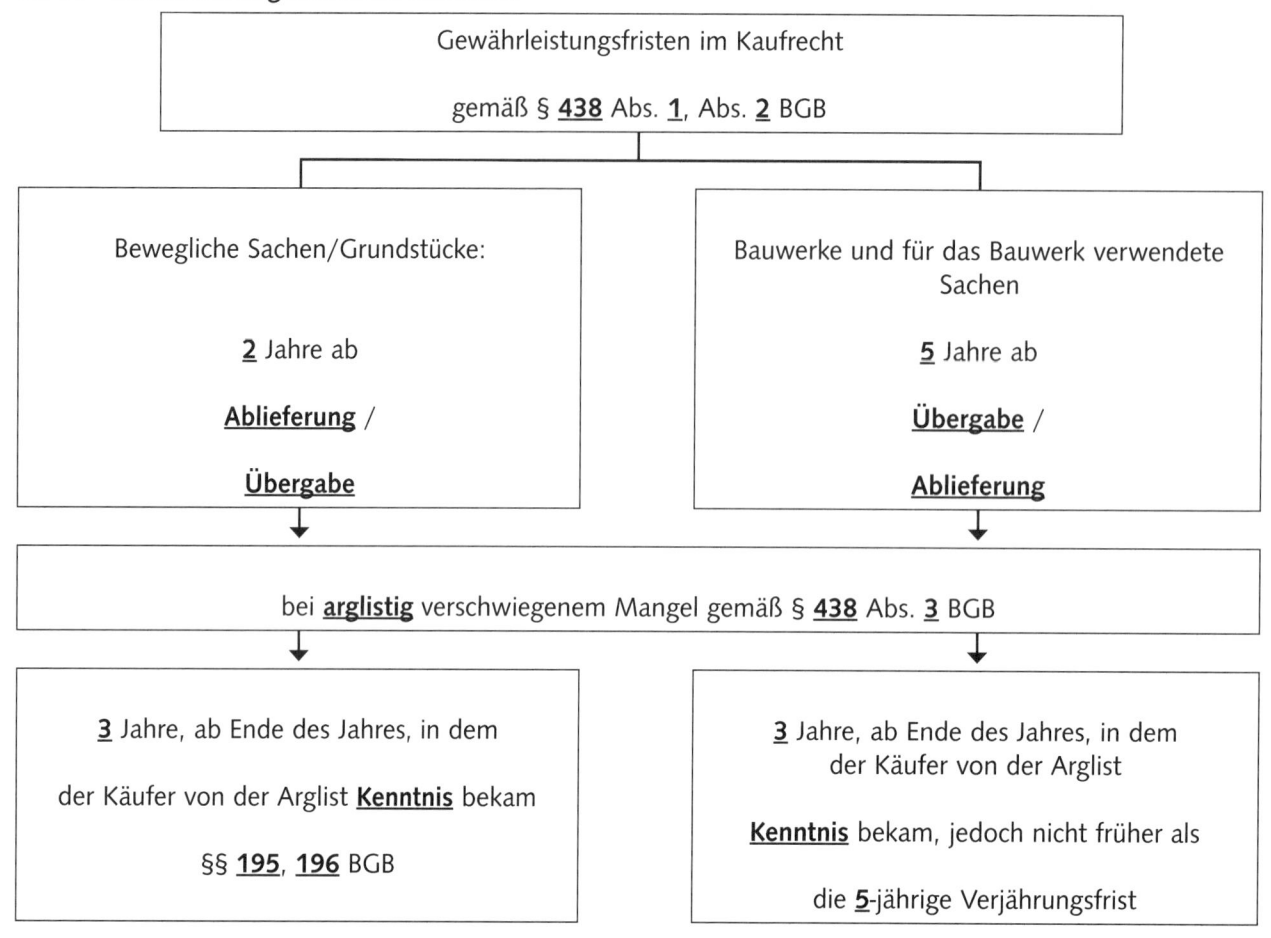

Gewährleistungsfristen im Kaufrecht

gemäß § **438** Abs. **1**, Abs. **2** BGB

Bewegliche Sachen/Grundstücke:

2 Jahre ab

Ablieferung /

Übergabe

Bauwerke und für das Bauwerk verwendete Sachen

5 Jahre ab

Übergabe /

Ablieferung

---

bei **arglistig** verschwiegenem Mangel gemäß § **438** Abs. **3** BGB

---

3 Jahre, ab Ende des Jahres, in dem der Käufer von der Arglist **Kenntnis** bekam

§§ **195**, **196** BGB

---

3 Jahre, ab Ende des Jahres, in dem der Käufer von der Arglist **Kenntnis** bekam, jedoch nicht früher als die **5**-jährige Verjährungsfrist

---

Zu 12 Verjährungsfristen beim Verbrauchsgüterkauf
Bei neuen Sachen: 2 Jahre (§ 475 Abs. 2 BGB)
Bei gebrauchten Sachen: mindestens 1 Jahr (§ 475 Abs. 2 BGB)

Zu 13 Voraussetzungen des Schuldnerverzugs §§ 280, 286 BGB
(1) Nichtleistung
(2) Fälligkeit
(3) Mahnung
(4) Verschulden

Zu 14 Entbehrlichkeit der Mahnung gemäß § 286 Abs. 2 BGB
(1) § 286 Abs. 2 Nr. 1 BGB: Leistungszeit nach dem Kalender bestimmt,
z. B. "Lieferung am 06.06."
(2) § 286 Abs. 2 Nr. 2 BGB: Leistungszeit ab einem vorauszugehenden Ereignis nach dem Kalender berechenbar,
z. B. „Zahlung innerhalb von drei Wochen nach Lieferung"
(3) § 286 Abs. 2 Nr. 3 BGB: endgültige Leistungsverweigerung des Schuldners,
z. B. Der Verkäufer teilt mit, dass er die bestellte Ware nicht mehr führt.
(4) § 286 Abs. 2 Nr. 4 BGB: besondere Gründe,
z. B. Selbstmahnung durch Schuldner, besondere Dringlichkeit der Leistung aus dem Vertragsinhalt (z. B. Reparatur Wasserrohrbruch)

Zu 15 Entbehrlichkeit der Mahnung gemäß § 286 Abs. 3 BGB
Gemäß § 286 Abs. 3 BGB kommt der Schuldner einer Geldforderung spätestens am 31. Tag nach Fälligkeit der Forderung und Zugang einer Rechnung oder gleichwertigen Zahlungsaufforderung in Verzug, ohne dass es einer Mahnung bedarf. Die 30-Tage-Bestimmung gilt gegenüber Verbrauchern (§ 13 BGB) nur, wenn der Unternehmer in der Rechnung einen entsprechenden Hinweis auf die Folgen des § 286 Abs. 3 BGB gegeben hat. Ist der Zugang der Rechnung unsicher, kommt der Schuldner, der Unternehmer (§ 14 BGB) ist (**nicht Verbraucher**), spätestens am 31. Tag nach Erhalt der Ware und Fälligkeit in Verzug.

A. Bürgerliches Recht

Zu 16 Rechte des Gläubigers beim Schuldnerverzug
(1) Schadensersatz neben der Leistung (§§ 280 Abs. 1, Abs. 2, 286 BGB):
 Gläubiger nimmt verspätete Leistung an, verlangt aber daneben Schadensersatz.
(2) Schadensersatz statt der Leistung (§§ 280 Abs. 3, 281, 282, 283 BGB):
 Gläubiger lehnt die Leistung ab und verlangt stattdessen Schadensersatz. Anstelle Schadensersatzes statt der Leistung kann der Gläubiger auch gemäß § 284 BGB den Ersatz vergeblicher Aufwendungen verlangen.
(3) Rücktritt (§§ 323 ff.): Gläubiger erklärt den Rücktritt.

Zu 17 Verzugszinsen gemäß § 288 BGB
Der Gläubiger einer Geldforderung kann neben dem Ersatz sonstiger Schäden im Falle des Zahlungsverzugs gemäß § 288 BGB, gleichgültig ob ihm ein Zinsverlust entstanden ist oder nicht, die gesetzlichen Verzugszinsen verlangen:
- Basiszinssatz + 5 %, bzw.
 Basiszinssatz + 8 % bei Geschäften, an denen ein Verbraucher nicht beteiligt ist.
- Höhere Zinsen kann der Gläubiger fordern, wenn sie vertraglich vereinbart wurden. Den Ausgleich eines weiteren Schadens kann der Gläubiger verlangen, wenn er seinen Schaden nachweist (z. B. Anwaltsgebühren).

Zu 18 Basiszinssatz gemäß § 247 BGB
Gemäß § 247 BGB ist der Basiszinssatz ein wechselnder Zinssatz, der, um eine feste Spanne erhöht, den Verzugszinssatz ergibt. Der Basiszinssatz ändert sich halbjährlich zum 01.01. und zum 01.07. Der jeweils geltende Basiszinssatz wird von der Bundesbank bekannt gegeben (http://www.bundesbank.de).

Zu 19 Voraussetzungen des Gläubigerverzugs (Annahmeverzugs) gemäß §§ 293 ff. BGB
(1) Leistungsfähigkeit des Schuldners, § 297 BGB
(2) Angebot der Leistung, §§ 294 – 295 BGB
(3) Ordnungsgemäßheit des Angebots (mangelfrei, vollständig, zur rechten Zeit, am rechten Ort)
(4) Nichtannahme der Leistung, § 293 BGB
Merke: Verschulden des Gläubigers ist keine Voraussetzung des Gläubigerverzugs!

Zu 20 Rechtsfolgen des Gläubigerverzugs
(1) Recht zur Hinterlegung auf Kosten und Gefahr des Käufers, §§ 372 ff. BGB
(2) Recht auf Selbsthilfeverkauf bei nicht hinterlegungsfähigen Sachen, §§ 383 ff. BGB
(3) Anspruch auf Ersatz der Mehraufwendungen für Aufbewahrung und Erhaltung der geschuldeten Sache, § 304 BGB
(4) Haftungsminderung für den Schuldner während des Annahmeverzugs, § 300 BGB
(5) Wegfall der Zinspflicht für Geldschuld, § 301 BGB

3.3 Weitere vertragliche Schuldverhältnisse

Zu 1 Gemeinsamkeit / Unterschiede Dienst-, Werkvertrag und Auftrag
Gemeinsamkeit: Leistung einer Arbeit für einen anderen;
Unterschiede: Beim Dienstvertrag (§§ 611 ff. BGB) wird die **bloße Tätigkeit** als solche geschuldet, beim Werkvertrag (§§ 631 ff. BGB) darüber hinaus ein **bestimmter Erfolg**, d. h. die Herbeiführung eines vereinbarten, greifbaren, gegenständlichen Arbeitsergebnisses. Beim Auftrag (§§ 662 ff. BGB) verpflichtet sich der Beauftragte ein ihm vom Auftraggeber übertragenes Geschäft für diesen **unentgeltlich** zu besorgen; der Beauftragte kann aber Ersatz seiner Aufwendungen (z. B. Fahrtkosten), die er zur Ausführung des Geschäfts tätigt, vom Auftraggeber zurückverlangen. Erhält der Beauftragte für seine Tätigkeit eine Vergütung, handelt es sich in der Regel um einen Geschäftsbesorgungsvertrag (§ 675 BGB).

Beispiel Dienstvertrag: Beratung in einer Steuersache durch einen Steuerberater
Beispiel Werkvertrag: Erstellung eines Gutachtens oder einer Vertragsurkunde durch einen freiberuflich tätigen Rechtsanwalt, Planung eines Hauses durch einen Architekten
Beispiel Auftrag: Besorgung von Eintrittskarten für ein Konzert, Mitnahme in einem Pkw

Zu 2 Abgrenzung Dienst- und Arbeitsvertrag
Der im Arbeitsvertrag Verpflichtete steht im Gegensatz zu dem im Dienstvertrag Verpflichteten in einer **sozial abhängigen** Stellung zum Dienstherrn. Für das Arbeitsverhältnis, eine Unterform des Dienstvertrages, gelten

neben den Vorschriften über den Dienstvertrag auch Tarifverträge, betriebliche Normen und spezialgesetzliche Vorschriften, wie z. B. das Mutterschutzgesetz, Kündigungsschutzgesetz, Entgeltfortzahlungsgesetz, Bundesurlaubsgesetz etc.

Zu 3 Gemeinsamkeit / Unterschiede Sachdarlehen, Leihe, Miete und Pacht
Gemeinsamkeit: Überlassung von Eigentum zur Nutzung für einen anderen.
Unterschiede:
Beim Sachdarlehen (§§ 607 ff. BGB) werden Sachen zum **Verbrauch** entgeltlich oder unentgeltlich überlassen, wobei eine **gleichartige** Sache zurückgegeben werden muss.
Bei Leihe (§§ 598 ff. BGB) und Miete (§§ 535 ff. BGB) werden Sachen zum **Gebrauch** überlassen, bei der Pacht (§§ 581 BGB) zusätzlich zum Gebrauch der **Genuss der Früchte** (§ 99 BGB). Bei Leihe, Miete und Pacht wird **dieselbe** Sache zurückgegeben, wobei bei der Leihe die Gegenleistung im Gegensatz zu Miete und Pacht **unentgeltlich** ist.

Zu 4 Unterschied Sach- und Gelddarlehen
Beim Sachdarlehen (§§ 607 ff. BGB) überlässt der Darlehensgeber eine **vertretbare** Sache (§ 91 BGB). Der Darlehensnehmer verpflichtet sich zur Rückerstattung von Sachen gleicher Art, Güte und Menge sowie zur Zahlung eines vereinbarten Darlehensentgelts.
Beim Gelddarlehen (§§ 488 ff. BGB) stellt der Darlehensgeber dem Darlehensnehmer einen **bestimmten Geldbetrag** zur Verfügung. Der Darlehensnehmer verpflichtet sich im Gegenzug zur Rückerstattung des fälligen Geldbetrages sowie Zahlung des vereinbarten Zinses.

Zu 5 Gemeinsamkeit/Unterschiede Kauf-, Tausch- und Schenkungsvertrag
Gemeinsamkeit: Übereignung von Sachen oder Rechten
Unterschied: Die Gegenleistung besteht beim Kauf (§§ 433 ff. BGB) in Geld und beim Tausch (§ 480 BGB) in einer anderen Sache.
Die Schenkung (§§ 516 ff. BGB) erfolgt ohne Gegenleistung.

Zu 6 Mietvertrag über Wohnraum
Die Vorschriften über das Wohnraummietverhältnis befinden sich im Schuldrecht: **§ 549** bis **§ 577 a** BGB.
Der Mietvertrag über Wohnraum ist grundsätzlich an keine **Form** gebunden, wird er jedoch für längere Zeit als **ein** Jahr nicht in **schriftlicher** Form geschlossen, gilt er für **unbestimmte** Zeit, § **550** S. **1** BGB. Gekündigt werden kann er jedoch frühestens zum Ablauf eines **Jahres** nach **Überlassung** des Wohnraumes.

Zu den Pflichten des Vermieters eines Wohnraumes gehören im Wesentlichen:
1. Überlassung und Erhaltung der Mietsache in einem zu dem **vertragsgemäßen** Gebrauch geeigneten Zustand (§ **535** Abs. **1** BGB).
2. Weiterhin hat er grundsätzlich die **notwendigen** Reparaturen zu tragen, z. B. Austausch schadhafter Fenster. Schönheitsreparaturen, wie z. B. Streichen von Wänden und Decken hat er grundsätzlich auch zu tragen, soweit dies nicht im Mietvertrag auf den **Mieter** übertragen wurde.

Zu den Pflichten des Mieters eines Wohnraumes gehören im Wesentlichen:
1. Zahlung der vereinbarten **Miete** (§ **535** Abs. **2** BGB),
2. sorgfältiger **Umgang** mit der Mietsache,
3. **Mängel** der Mietsache dem Vermieter anzuzeigen, ansonsten macht er sich schadensersatzpflichtig (§ **536 a** BGB),
4. die gemietete Sache nur mit **Erlaubnis** des Vermieters an einen Dritten zu überlassen (§ **540** BGB).
   Das Mietverhältnis endet durch **Zeitablauf** oder durch **Kündigung**. Der Vermieter darf ein Mietverhältnis über Wohnraum, das auf **unbestimmte** Zeit geschlossen ist, grundsätzlich nur kündigen, wenn er ein **berechtigtes** Interesse an der Beendigung des Mietverhältnisses hat (z. B. Eigenbedarf, vgl. § **573** BGB). Die Kündigung bedarf der **Schriftform**, § **568** BGB. Eine Kündigung zum Zwecke der **Mieterhöhung** ist ausgeschlossen, § 573 BGB.

Zu 7 Bürgschaft
Die Bürgschaft ist ein Vertrag zwischen **Gläubiger** und **Bürgen**, in dem sich der **Bürge** verpflichtet, für die Erfüllung der **Verbindlichkeit** des Schuldners einzustehen (§§ **765** ff. BGB).
Beispiel: Herr Klein muss einen Kredit aufnehmen, um seine Geschäftsverbindlichkeiten zahlen zu können. Die Kreissparkasse Großfeldern ist bereit, 50 000,00 Euro zur Verfügung zu stellen, verlangt aber als **Sicherheit** für die Rückzahlung des Darlehens eine **Bürgschaft**. Kleins Mutter gibt der Kreissparkasse Großfeldern folgende

A. Bürgerliches Recht

schriftliche Erklärung ab: „Für das Herrn Klein gewährte Darlehen in Höhe von 50 000,00 Euro nebst Zinsen übernehme ich die Bürgschaft."

Form der Bürgschaft:
Um den Bürgen vor einer **übereilten** Übernahme der Bürgschaft zu warnen, ist eine **schriftliche** Erteilung der Bürgschaftserklärung vorgeschrieben (§ **766** BGB). Dies gilt nicht bei der Bürgschaftsübernahme durch einen Vollkaufmann, da bei ihm die Kenntnis der Bedeutung einer Bürgschaftsübernahme vorausgesetzt wird.

Akzessorietät:
Die Bürgschaftsschuld ist vom **Bestehen** und **Umfang** der Hauptschuld abhängig (= akzessorisch). Das heißt, dass die Bürgschaft nicht besteht, wenn die Hauptschuld nicht entstanden ist (z. B. wegen Geschäftsunfähigkeit des Hauptschuldners) oder z. B. wegen **Erfüllung** erloschen ist. Befriedigt der **Bürge** den Gläubiger, so geht dessen Forderung gegen den **Hauptschuldner** kraft Gesetzes auf den Bürgen über (§ **774** BGB).

Einrede der Vorausklage:
Gemäß § **771** BGB kann der Bürge die Befriedigung des Gläubigers verweigern, solange nicht der **Gläubiger** die Zwangsvollstreckung gegen den **Hauptschuldner** ohne Erfolg versucht hat. Dies gilt nicht, wenn der Bürge eine sog. **selbstschuldnerische** Bürgschaft abgegeben hat, vgl. § 773 BGB.

3.4 Gesetzliche Schuldverhältnisse

Zu 1 Wichtige gesetzliche Schuldverhältnisse
(1) Ungerechtfertigte Bereicherung (§§ 812 ff. BGB): Erlangung von etwas ohne Rechtsgrund.
Beispiel: Mandant Maier überweist versehentlich Rechtsanwalt Rohr seine Vergütung doppelt.
(2) Unerlaubte Handlung (§§ 823 ff. BGB): Hierunter versteht man, die schuldhafte (vorsätzlich oder fahrlässig) und nicht gerechtfertigte Verletzung geschützter Rechtsgüter (z. B. Eigentum) eines anderen.
Beispiel: Autofahrer Andy fährt beim Einparken in den Pkw seines Nachbarn.
(3) Geschäftsführung ohne Auftrag (GoA): Handeln im Interesse eines anderen, ohne von ihm beauftragt zu sein.
Beispiel: Herr Neumann bemerkt einen Wasserrohrbruch in der Wohnung seines im Urlaub weilenden Nachbarn. Er bestellt ohne Auftrag, aber im Interesse seines Nachbarn einen Handwerker.

Zu 2 Schuldverhältnisse aus unerlaubten Handlungen
(1) Haftung für eigene schädigende Handlungen:
    z. B. § 823 BGB (Gastwirt K verschüttet beim Servieren die Suppe auf das Sakko des Gastes G.)
(2) Haftung für fremde schädigende Handlungen und für Tiere:
    z. B. § 832 BGB (Haftung des Aufsichtspflichtigen für Minderjährige)
(3) Haftung für den eigenen gefährlichen Betrieb:
    z. B. Kraftfahrzeughalter nach dem Straßenverkehrsgesetz
    Beachte: Bei (1) und (2) handelt es sich um sogenannte Verschuldenshaftungen, d. h. der Tatbestand der unerlaubten Handlung ist nur erfüllt, wenn Verschulden in Form von Vorsatz oder Fahrlässigkeit vorliegt. Dagegen handelt es sich bei (3) um eine sog. Gefährdungshaftung, d. h. hier kommt es gerade nicht auf ein Verschulden an.

Zu 3 Zweck der Vorschriften der unerlaubten Handlung
Wiedergutmachung des Schadens des Geschädigten

Zu 4 Unerlaubte Handlung – Straftat
Unerlaubte Handlung = Privatrecht
Straftat oder Ordnungswidrigkeit = öffentliches Recht

Zu 5 Verschulden
Eine Person handelt dann schuldhaft, wenn sie deliktsfähig (§§ 827 f. BGB) ist und vorsätzlich oder fahrlässig einen rechtswidrigen Erfolg herbeigeführt hat. Sie haftet dann für den Schaden, den sie verursacht hat (§ 276 BGB).

Lösungen — Rechtsanwendung

Zu 6 Vorsatz und Fahrlässigkeit
<u>Vorsatz</u>: Handeln mit Wissen und Wollen des rechtswidrigen Erfolges.
<u>Fahrlässigkeit</u>: Es handelt derjenige fahrlässig, der die im Verkehr erforderliche Sorgfalt außer Acht lässt (vgl. Legaldefinition in § 276 Abs. 2 BGB).

4. Sachenrecht

4.1 Besitz und Eigentum

Zu 1 Unterscheidung Besitz und Eigentum
<u>Besitz</u>: Der Besitzer hat die tatsächliche Herrschaft über eine Sache. Er hat demnach die Möglichkeit, mit der Sache zu tun, was er will, sie z. B. zu verkaufen, zu verschenken oder auch zu zerstören. Ob er das auch tatsächlich darf, hängt aber davon ab, ob der Eigentümer damit einverstanden ist bzw. der Besitzer auch gleichzeitig der Eigentümer ist.

<u>Eigentum</u>: Der Eigentümer hat die rechtliche Herrschaft über eine Sache. Er darf gemäß § 903 BGB mit der Sache nach Belieben verfahren und darf Einwirkungen anderer auf sein Eigentum grundsätzlich verbieten, soweit nicht das Gesetz oder Rechte Dritter entgegenstehen.

Zu 2 Arten des Besitzes

Unmittelbarer Besitz	Mittelbarer Besitz	Teilbesitz	Mitbesitz	Eigenbesitz	Fremdbesitz
§ **854** BGB	§ **868** BGB	§ **865** BGB	§ **866** BGB	§ **872** BGB	——
Unmittelbarer Besitzer ist derjenige, der die **tatsächliche** Gewalt über die Sache hat.	Mittelbarer Besitzer ist derjenige, der aufgrund eines **Besitzmittlungsverhältnisses**, z. B. Miete, Leihe, Pacht, Verwahrung, den unmittelbaren Besitz einem anderen überlässt.	Teilbesitzer ist derjenige, der nur einen **Teil** der Sache besitzt.	Mitbesitzer ist derjenige, der mit anderen Personen die Sache **gemeinschaftlich** besitzt.	Eigenbesitzer, ist derjenige, der eine Sache als ihm **gehörend** besitzt.	Fremdbesitzer ist derjenige, der die Sache als einer anderen Person **gehörend** besitzt und das Eigentum der anderen Person **anerkennt**.

Zu 3 Besitzdiener
Der Besitzdiener hat gemäß § 855 BGB:
- die tatsächliche Sachherrschaft über eine Sache, ohne dabei Besitzer zu sein (Besitzer ist der Besitzherr),
- übt den Besitz für jemand anderen (sog. Besitzherrn) aus und
- steht in einem sozialen Abhängigkeitsverhältnis zum Besitzherrn und ist seinen Weisungen unterworfen.
- Beispiel für einen Besitzdiener: Kassierer ist Besitzdiener des Kassenbestandes.

Zu 4 Erwerb und Verlust des Besitzes
<u>Erwerb des Besitzes</u>
Der unmittelbare Besitz an einer Sache kann durch Erlangen der **tatsächlichen** Gewalt gemäß **§ 854** Abs. **1** BGB erworben werden. Dabei ist es gleichgültig, auf welche Weise dies geschieht: z. B. durch widerrechtliche **Wegnahme** einer Sache, durch versehentliche Mitnahme einer Sache oder durch Vertauschen von Sachen.
Gemäß § **854** Abs. **2** BGB reicht es zum Erwerb des Besitzes auch aus, dass sich der bisherige Besitzer und der Erwerber über den Erwerb **einigen**, sofern der Erwerber in der Lage ist, die Gewalt über die Sache auszuüben.
Gemäß § **857** BGB wird der Erbe im Erbfall (= eine Person stirbt) Besitzer der Erbschaft.

A. Bürgerliches Recht

Verlust des Besitzes
Verlust des Besitzes an einer Sache bedeutet Verlust der **tatsächlichen** Gewalt über diese. Der Besitzer kann den Besitz **freiwillig** (z. B. durch Wegwerfen, Verschenken) oder **unfreiwillig** (z. B. durch endgültiges Verlieren, durch Diebstahl) aufgeben.

Zu 5 Abhandenkommen einer Sache
Eine Sache gilt als abhanden gekommen, wenn der unmittelbare Besitzer den Besitz an der Sache unfreiwillig verloren hat. Unfreiwillig ist der Verlust nicht nur dann, wenn er gegen den Willen des unmittelbaren Besitzers (z. B. bei Diebstahl) erfolgt, sondern auch wenn er ohne Willen des Besitzers (z. B. bei bloßem Verlieren) erfolgt ist.

Zu 6 Verbotene Eigenmacht und Selbsthilferecht des Besitzers
Verbotene Eigenmacht ist gemäß § 858 Abs. 1 BGB die Beeinträchtigung des Besitzes durch widerrechtliche Entziehung (z. B. durch Wegnahme) oder Störung (z. B.: Der Vermieter betritt ohne Erlaubnis des Mieters das vermietete Haus.).
Der Besitzer hat das Recht, sich gegen die verbotene Eigenmacht unmittelbar mit Gewalt zu wehren und sich die Sache wiederzubeschaffen (sog. Selbsthilferecht des Besitzers gemäß §§ 859, 861, 862 BGB). Gemäß § 860 BGB steht dem Besitzdiener auch das Selbsthilferecht zu.

Zu 7 Arten des Eigentums

Alleineigentum	Miteigentum nach Bruchteilen	Gesamthandseigentum	Wohnungseigentum nach WEG
Eine Person ist Eigentümerin einer Sache.	**Mehrere** Personen sind Eigentümer einer Sache, wobei die Sache nach **Bruchteilen** aufgeteilt ist. Jeder kann über seinen Anteil **alleine** verfügen.	**Mehrere** Personen sind Eigentümer einer Sache, wobei jede Person für sich Eigentümer der **ganzen** Sache ist. Alle Personen können daher nur **gemeinsam** über die Sache verfügen. z. B.: Erbengemeinschaft, eheliche Gütergemeinschaft.	Wohnungseigentum beinhaltet: **Sondereigentum** an den Räumen der Wohnung, das **Bruchteilseigentum** am Gemeinschaftseigentum (vor allem am Grundstück und am Verwaltungsvermögen) und das **Mitgliedschaftsrecht** in der Wohnungseigentümergemeinschaft.
§ **903** BGB	§§ **741**, **1008** ff. BGB	§ **2032** und § **1415** BGB	**WEG**

4.2 Eigentumserwerb an beweglichen und unbeweglichen Sachen

Zu 1 Arten des Eigentumserwerbs
(1) Erwerb durch Rechtsgeschäft (z. B. § 929 S. 1 BGB: Übereignung einer beweglichen Sache)
(2) Erwerb kraft Gesetzes (z. B. § 946 BGB Verbindung mit einem Grundstück)

Zu 2 Eigentumsübertragung von beweglichen Sachen durch Rechtsgeschäft
§ 929 S. 1 BGB: Die Übereignung erfolgt dadurch, dass der bisherige Eigentümer die Sache dem Erwerber übergibt (Übergabe) und beide darüber einig sind, dass das Eigentum auf den Erwerber übergehen soll (Einigung).

Zu 3 Trennungsprinzip / Abstraktionsprinzip
Das Rechtsgeschäft der Übereignung (= sachenrechtliches Verfügungsgeschäft) ist streng zu trennen vom vorausgehenden schuldrechtlichen Verpflichtungsgeschäft (z. B. Kaufvertrag gemäß § 433 BGB).
Das Abstraktionsprinzip besagt demnach, dass die Wirksamkeit einer Verfügung unabhängig von der Wirksamkeit des zugrundeliegenden Verpflichtungsgeschäfts eintritt.

Lösungen — Rechtsanwendung

Zu 4 Eigentumsübertragung ohne Übergabe
(1) § 929 S. 2 BGB: Die Übergabe entfällt, wenn der Erwerber bereits im Besitz der Sache ist. Beispiel: Der Mieter einer Sache erwirbt diese.
(2) § 930 BGB: Die Übergabe kann durch ein sog. Besitzmittlungsverhältnis (§ 868 BGB) ersetzt werden. Darunter versteht man eine Vereinbarung zwischen Eigentümer und Erwerber, aufgrund dieser der Eigentümer den unmittelbaren Besitz behält und der Erwerber mittelbarer Besitzer wird. Das Besitzmittlungsverhältnis ist dann Ersatz für Einigung und Übergabe, Beispiel: Sicherungsübereignung.
(3) 931 BGB: Wenn ein Dritter im Besitz der Sache ist, kann die Übergabe durch die Abtretung des Herausgabeanspruchs ersetzt werden.
Beispiel: Die verkaufte Sache ist vermietet; der bisherige Eigentümer tritt dem Erwerber seinen Herausgabeanspruch gegenüber dem Mieter ab.

Zu 5 Eigentumserwerb durch Rechtsgeschäft vom Nichteigentümer
Voraussetzung des gutgläubigen Erwerbs, §§ 929, 932 BGB:
- Einigung der Parteien über Eigentumsübertragung
- tatsächliche Übergabe der Sache
- fehlende Berechtigung des Veräußernden zur Eigentumsübertragung
- guter Glaube des Erwerbers
- Sache nicht gestohlen, nicht verloren oder sonst wie abhanden gekommen, § 935 BGB

Zu 6 Eigentumsübertragung von beweglichen Sachen kraft Gesetzes
(1) durch Ersitzung, §§ 937 ff. BGB
(2) durch Verbindung, §§ 946 f. BGB
(3) durch Vermischung, § 948 BGB
(4) durch Verarbeitung, § 950 BGB
(5) durch Aneignung, §§ 958 ff. BGB
(6) durch Fund, §§ 965 ff. BGB
(7) durch Erbfolge, § 1922 BGB
(8) durch den Zuschlag in der Zwangsversteigerung, § 817 ZPO

Zu 7 Eigentumsübertragung von Grundstücken durch Rechtsgeschäft
Einigung der Parteien über den Eigentumsübergang (sog. Auflassung) und Eintragung der Rechtsänderung ins Grundbuch, §§ 873, 925 BGB. Die Auflassung ist bei gleichzeitiger Anwesenheit beider Teile vor einer zuständigen Stelle (z. B. Notar) zu erklären.

Zu 8 Aufbau des Grundbuchblattes
(1) Aufschrift: angegeben sind das registerführende AG, der Grundbuchbezirk und die Grundbuchblattnummer
(2) Bestandsverzeichnis: angegeben sind Gemarkung, Parzelle oder Flur(stück), Größe, Lage, Bebauung und Rechte (z. B. Grunddienstbarkeit)
(3) Abteilung I: angegeben sind Name des Eigentümers, Grund des Erwerbs, z. B. Auflassung, Erbschein, Testament
(4) Abteilung II: angegeben sind alle Lasten und Beschränkungen mit Ausnahme der Grundpfandrechte, die auf dem Grundstück ruhen, z. B.: Dienstbarkeiten, Vorkaufsrecht, Zwangsversteigerungsvermerk, Wegerechte, Erbbaurechte, Nießbrauchsrecht etc.
(5) Abteilung III: angegeben sind die Grundpfandrechte wie Hypothek, Grund- und Rentenschulden

Zu 9 Pfandrechte an Grundstücken
Grundpfandrechte

Zu 10 Gemeinsamkeiten und Unterschiede Hypothek, Grundschuld und Rentenschuld
Gemeinsamkeiten
Hypothek, Grundschuld und Rentenschuld sind Grundpfandrechte, die der Sicherung einer Geldforderung an Grundstücken bzw. grundstücksgleichen Rechten dienen. Wird die gesicherte Forderung nicht erfüllt, so kann der Kreditgeber durch Vollstreckung in das Grundstück dessen Verwertungserlös zur Kreditrückzahlung heranziehen.

A. Bürgerliches Recht

Unterschiede

Die *Hypothek* (§§ 1113 ff. BGB) ist immer von der zu sichernden Forderung abhängig (akzessorisch), d. h. ohne Forderung entsteht keine Hypothek bzw. Forderung und Hypothek können nicht getrennt übertragen werden. Wird auf die Forderung gezahlt, erlischt insoweit die Hypothek.

Die *Grundschuld* (§§ 1191 ff. BGB) ist dagegen von der Forderung, die sie sichern soll, losgelöst. Daher entsteht die Grundschuld auch, wenn die Forderung noch nicht besteht bzw. sie bleibt bestehen, wenn die Forderung erlischt. Aufgrund dieser Flexibilität hat die Grundschuld auch größere Bedeutung im Rechts- bzw. Geschäftsverkehr als die Hypothek.

Die *Rentenschuld* (§§ 1199 ff. BGB) ist eine Sonderform der Grundschuld dergestalt, dass in regelmäßig wiederkehrenden Terminen eine bestimmte Geldsumme aus dem Grundstück zu zahlen ist, im Gegensatz zur Grundschuld, bei der ein bestimmtes Kapital einmal aus dem Grundstück zu zahlen ist.

Zu 11 Wesentliche Unterschiede zwischen Rentenschuld und Reallast

(1) Eintragung ins Grundbuch: Die Rentenschuld wird als Grundpfandrecht in *Abteilung III* des Grundbuchs eingetragen, die Reallast als selbstständige Grundstücksbelastung dagegen in *Abteilung II* des Grundbuchs.
(2) Inhalt: Bei der Rentenschuld ist eine *bestimmte Geldsumme* in regelmäßig wiederkehrenden Terminen aus dem Grundstück zu zahlen. Dagegen sind bei der Reallast an den Berechtigten wiederkehrende Leistungen *aller* Art zu leisten, d. h., die wiederkehrenden Leistungen müssen nicht in Geld bestehen und brauchen nicht regelmäßig zu sein.
(3) Haftung: Bei der Rentenschuld haftet *nur das Grundstück*, bei der Reallast dagegen das Grundstück und der jeweilige Eigentümer des Grundstücks *persönlich*.

Zu 12 Definition Dienstbarkeit
Nutzungsrecht an einem Grundstück

Zu 13 Übersicht Dienstbarkeiten

(1) <u>Nießbrauch</u> (§§ 1030 ff. BGB): Dingliches Recht auf Nutzung einer Sache (bewegliche Sache oder Grundstück)
(2) <u>Grunddienstbarkeit</u> (§§ 1018 ff. BGB): Belastung eines Grundstücks in der Weise, dass der jeweilige Eigentümer des Grundstücks verpflichtet ist, eine bestimmte *Benutzung* seines Grundstücks durch den jeweiligen Eigentümer eines anderen Grundstücks *zu dulden* (z. B. Wegerecht) oder eine *bestimmte Benutzung zu unterlassen* (z. B. Bebauung des Grundstücks).
(3) <u>beschränkt persönliche Dienstbarkeiten</u> (§§ 1090 ff. BGB): Im Unterschied zur Grunddienstbarkeit besteht die Belastung *nicht zugunsten des jeweiligen Eigentümers* eines Grundstücks, sondern *zugunsten einer bestimmten Person oder mehrerer Personen*.

4.3 Pfandrechte

Zu 1 Definition „Pfandrecht"
<u>Pfandrecht:</u> Dingliches (= absolute, d. h. auch gegenüber Dritten wirkende Rechtsposition) Recht des Pfandgläubigers an einer Sache oder einem Recht, welches in der Regel zur Sicherung einer Forderung bestellt wird.

Zu 2 Unterscheidung der Pfandrechte nach dem Gegenstand sowie nach der Entstehung
Unterscheidung nach dem Gegenstand:
- Pfandrechte an beweglichen Sachen (§§ 1204 ff. BGB)
- Pfandrechte an unbeweglichen Sachen, sog. Grundpfandrechte (§§ 1113 ff. BGB)
- Pfandrechte an Rechten und Forderungen (§§ 1273 ff. BGB).

Unterscheidung nach der Entstehung:
- Vertragliches Pfandrecht (§ 1205 BGB) entsteht durch Vertrag.
- Gesetzliches Pfandrecht (z. B. § 562 BGB – Vermieterpfandrecht) entsteht kraft Gesetzes.
- Pfändungspfandrecht (§ 804 ZPO) entsteht durch Pfändung im Wege der Zwangsvollstreckung.

Zu 3 Gesetzliche Pfandrechte
(1) Vermieterpfandrecht an den eingebrachten Sachen des Mieters (§ 562 BGB)
(2) Verpächterpfandrecht an den eingebrachten Sachen des Pächters sowie an den Früchten der Pfandsache (§ 592 BGB)
(3) Pächterpfandrecht am Inventar des Verpächters (§ 583 BGB)
(4) Pfandrecht des Gastwirts an den eingebrachten Sachen des Gastes (§ 704 BGB)

(5) Werkunternehmerpfandrecht an den von ihm hergestellten bzw. an den ausgebesserten beweglichen Sachen des Bestellers (§ 647 BGB)
(6) Pfändungspfandrecht (§ 804 ZPO)

Zu 4 Entstehung des vertraglichen Pfandrechts
Voraussetzungen für das Entstehen des vertraglichen Pfandrechts (§§ 1204 f. BGB):
- Bestehen einer Forderung des Gläubigers gegen den Schuldner
- Einigung zwischen Gläubiger und Schuldner über Bestellung des Pfandrechts
- Übergabe der Pfandsache

Zu 5 Pfandrecht an beweglichen Sachen und Sicherungsübereignung
Das Pfandrecht an beweglichen Sachen ist weitestgehend durch die Sicherungsübereignung in der Praxis verdrängt worden. Die Sicherungsübereignung ist nämlich im Gegensatz zum Pfandrecht an beweglichen Sachen ein „besitzloses Pfandrecht". Der Vorteil bei der Sicherungsübereignung besteht darin, dass der Sicherungsgeber unmittelbarer Besitzer der übereigneten Sache bleibt. Beim Pfandrecht an beweglichen Sachen muss die Sache dagegen übergeben werden.

5. Familienrecht

5.1 Nichteheliche Lebensgemeinschaft, Verlöbnis, Ehe und Lebenspartnerschaft

Zu 1 nichteheliche Lebensgemeinschaft
Eine nichteheliche Lebensgemeinschaft ist das auf Dauer angelegte, über eine bloße Haushaltsgemeinschaft hinausgehende Zusammenleben zweier Menschen. Die nichteheliche Lebensgemeinschaft lässt keine weitere Lebensgemeinschaft gleicher Art neben sich zu und verlangt ein gegenseitiges Einstehen der Partner füreinander.

Zu 2 Verlöbnis
Unter Verlöbnis versteht man das formlose gegenseitige Versprechen zweier Personen, miteinander die Ehe bzw. eine Lebenspartnerschaft nach dem LPartG eingehen zu wollen. Dieses Versprechen ist ein Vertrag, so dass Minderjährige die Zustimmung des gesetzlichen Vertreters zu einem Verlöbnis brauchen. Ein Verlöbnis ist rechtlich nicht bindend.

Zu 3 Ehe
Die Ehe ist ein Dauerschuldverhältnis, das durch **Vertrag** zwischen den Verlobten zustande kommt und auf **Lebenszeit** geschlossen wird (§ 1353 Abs. 1 S. 1 BGB).
Voraussetzungen der Eheschließung
1. Ehemündigkeit: Grundsätzlich soll eine Ehe nicht vor Eintritt der **Volljährigkeit** geschlossen werden (§ **1303** Abs. **1** BGB). Ausnahmen sind in § 1303 Abs. **2** bis **4** BGB geregelt.
2. Nichtvorliegen der **Geschäftsunfähigkeit** (§ **1304** BGB)
3. Nichtvorliegen von **Eheverboten**: Verbot der Doppelehe (§ **1306** BGB), Verbot der Heirat zwischen Verwandten in **gerader** Linie und zwischen voll- und **halbbürtigen** Geschwistern = Halbgeschwister (§ 1307 BGB), Eheverbot bei durch Adoption begründeter Verwandtschaft (§ **1308** BGB)
4. Verfahren der Eheschließung nach §§ **1310** ff. BGB:
    a. **Erklärung**, die Ehe miteinander eingehen zu wollen (§ 1310 BGB).
    b. Erklärungen müssen **persönlich** und bei **gleichzeitiger** Anwesenheit ohne Bedingung oder Zeitbestimmung abgegeben werden (§ 1311 BGB).
    c. Erklärung muss vor dem **Standesbeamten** abgegeben werden (§ 1310 BGB).

Auflösung der Ehe
Die Ehe wird aufgelöst durch den **Tod** eines Ehegatten, durch **Scheidung** oder Aufhebung.

Zu 4 Rechtliche Folgen der Ehe
(1) Eheliche Lebensgemeinschaft: Nach § 1353 Abs. 1 S. 2 BGB sind die Ehegatten zur ehelichen Lebensgemeinschaft verpflichtet (z. B.: häusliche Gemeinschaft, gegenseitige Rücksichtnahme und Achtung, eheliche Treue).
(2) Regelung des Familiennamens: Nach § 1355 Abs. 1 BGB sollen die Ehegatten einen gemeinsamen Familiennamen führen. Als Ehename kommt in Betracht:
- der Geburtsname des Mannes bzw. der Frau oder
- der Name, den der Mann oder die Frau zurzeit der Eheschließung führt.
    Außerdem gibt es die Regelung zum Begleitnamen: Der Ehegatte, dessen Name nicht Ehename wird, kann dem Ehenamen seinen Geburtsnamen bzw. den zur Zeit der Erklärung über die Bestimmung des Ehenamens geführten Namen voranstellen oder anfügen, § 1355 Abs. 4 BGB. Bestimmen die Eheleute keinen Namen, so führen sie ihren zur Zeit der Eheschließung geführten Namen weiter, § 1355 Abs. 1 BGB.

A. Bürgerliches Recht

(3) Erwerbstätigkeit und Haushaltsführung: Nach § 1356 Abs. 2 BGB sind beide Ehegatten berechtigt, erwerbstätig zu sein. Bei Wahl und Ausübung haben sie Rücksicht auf die Belange des anderen Ehegatten und der Familie zu nehmen. Die Haushaltsführung regeln die Ehegatten nach § 1356 Abs. 1 BGB im gegenseitigen Einvernehmen.

(4) Geschäfte zur Deckung des Lebensbedarfs: Geschäfte, die ein Ehegatte zur angemessenen Deckung des Lebensbedarfs der Familie abschließt, verpflichten auch den anderen Ehegatten, wenn die Ehegatten zusammen leben, § 1357 BGB.

(5) Unterhaltspflicht: Gemäß § 1360 BGB sind die Ehegatten einander verpflichtet, durch ihre Arbeit und mit ihrem Vermögen die Familie angemessen zu unterhalten. Der angemessene Unterhalt umfasst die Kosten des Haushalts, persönlichen Bedürfnisse der Ehegatten (Kleidung, Körperpflege, ärztliche Behandlung, Urlaub etc.) sowie den Lebensbedarf der gemeinsamen unterhaltsberechtigten Kinder.

Zu 5 Drei Güterstände im BGB
(1) Zugewinngemeinschaft
(2) Gütertrennung
(3) Gütergemeinschaft

Zu 6 Güterstand der Zugewinngemeinschaft als gesetzlicher Güterstand
Gemäß § 1363 Abs. 1 BGB gilt der Güterstand der Zugewinngemeinschaft, solange die Ehegatten nicht durch Ehevertrag etwas anderes vereinbart haben. Daher spricht man auch vom gesetzlichen Güterstand, da er kraft Gesetzes eintritt.

Zu 7 Auswirkungen der Zugewinngemeinschaft
– Während der Ehe gilt Gütertrennung, d. h. jeder Ehegatte verwaltet grundsätzlich sein Vermögen selbstständig und verfügt darüber gemäß § 1364 BGB allein. Er braucht die Zustimmung des anderen Ehegatten nur, wenn er über sein Vermögen als Ganzes (§ 1365 BGB) oder über ihm gehörende Haushaltsgegenstände (§ 1369 BGB) verfügen will.
– Mit Beendigung des Güterstandes durch Tod eines Ehegatten, Ehescheidung, Aufhebung, Nichtigkeit der Ehe oder durch Wahl eines anderen Güterstandes wird das während der Ehe erworbene Vermögen unter den Eheleuten ausgeglichen (sog. Zugewinnausgleich).

Zu 8 Erbrechtliche und güterrechtliche Lösung
(1) nach dem Tod eines Ehegatten: Zugewinnausgleich nach § 1371 BGB (erbrechtliche Lösung)
(2) alle anderen Fälle (Ehescheidung, Aufhebung, Nichtigkeit der Ehe oder durch Wahl eines anderen Güterstandes): Zugewinnausgleich nach §§ 1372 ff. BGB (güterrechtliche Lösung)

Zu 9 Wichtige Begriffe des Zugewinnausgleichs (güterrechtliche Lösung)
(1) Zugewinn: Nach § 1373 BGB ist Zugewinn der Betrag, um den das Endvermögen eines Ehegatten das Anfangsvermögen übersteigt.
(2) Anfangsvermögen: Nach § 1374 Abs. 1 BGB ist Anfangsvermögen das Vermögen, das einem Ehegatten nach Abzug der Verbindlichkeiten beim Eintritt in den Güterstand gehört. Hinzugezählt wird, was der Ehegatte von Todes wegen oder mit Rücksicht auf ein künftiges Erbrecht durch Schenkung oder als Ausstattung erwirbt (§ 1374 Abs. 2 BGB). Hat ein Ehegatte beim Eintritt in den Güterstand Schulden, sind diese über die Höhe des Vermögens hinaus abzuziehen (§ 1374 Abs. 3 BGB). Demnach kann das Anfangsvermögen auch ein negativer Betrag sein.
(3) Endvermögen: Nach § 1375 BGB ist Endvermögen das Vermögen, das einem Ehegatten nach Abzug der Verbindlichkeiten bei der Beendigung des Güterstands gehört. Verbindlichkeiten sind über die Höhe des Vermögens hinaus abzuziehen. Dem Endvermögen wird hinzugerechnet, was der Ehegatte verschenkt (mit Ausnahme von Anstandsschenkungen), verschwendet oder in der Absicht verbraucht, den anderen Ehegatten zu schädigen. Zeitpunkt für die Berechnung des Zugewinns und die Höhe der Ausgleichsforderung ist die Beendigung des Güterstandes oder im Fall der Scheidung der Zeitpunkt der Rechtshängigkeit des Scheidungsantrags (§ 1384 BGB).

Zu 10 Begründung der Gütergemeinschaft
Die Gütergemeinschaft wird gemäß § 1415 durch Ehevertrag begründet. Dieser muss gemäß § 1410 BGB bei gleichzeitiger Anwesenheit beider Teile zur Niederschrift eines Notars geschlossen werden.

Zu 11 Gütermassen
(1) Gesamtgut: Zum Gesamtgut gehört das gesamte Vermögen – mit Ausnahme von Sonder- und Vorbehaltsgut – das beide Ehegatten in die Ehe einbringen und während der Ehe erwerben, § 1416 Abs. 1 BGB.
(2) Sondergut: Alle Gegenstände, die nicht durch Rechtsgeschäft übertragen werden können (z. B.: Nießbrauch an einem Grundstück, unpfändbare Gehaltsforderungen), § 1417 Abs. 2 BGB.
(3) Vorbehaltsgut: Alle Gegenstände, die durch den Ehevertrag oder durch Verfügungen Dritter zum Vorbehaltsgut erklärt werden, § 1418 BGB.

Merke: Sondergut und Vorbehaltsgut sind vom Gesamtgut ausgeschlossen und werden von den Eheleuten selbstständig verwaltet.

Zu 12 Begründung der Gütertrennung
(1) ausdrückliche Vereinbarung der Gütertrennung im Ehevertrag
(2) vor der Heirat Ausschluss des Zugewinngemeinschaft im Ehevertrag
(3) Aufhebung der Zugewinngemeinschaft oder Gütergemeinschaft
(4) Ausschluss des Zugewinnausgleichs oder Versorgungsausgleichs im Ehevertrag

Zu 13 Rechtliche Folgen der Gütertrennung
Das Vermögen der Ehegatten bleibt getrennt, d. h. jeder verwaltet sein Gut selbst und verfügt frei darüber.

Zu 14 Begründung der Lebenspartnerschaft
§ 1 LPartG: Zwei Personen gleichen Geschlechts begründen eine Lebenspartnerschaft, wenn sie persönlich und bei gleichzeitiger Anwesenheit vor dem Standesbeamten erklären, miteinander eine Partnerschaft auf Lebenszeit führen zu wollen.

5.2 Verwandtschaft und Schwägerschaft

Zu 1 Unterschied Verwandtschaft und Schwägerschaft
– Verwandtschaft beruht auf der blutsmäßigen Abstammung (vgl. § 1589 BGB) bzw. auf Adoption, z. B.: Vater – Sohn
  nicht: Eheleute!
– Schwägerschaft besteht zwischen einer Person und den Verwandten ihres Ehegatten
  z. B.: Ehefrau (Schwiegertochter) – Vater des Ehemannes (Schwiegervater)
  nicht: Eheleute!

Zu 2 Verwandtschaft in gerader Linie
Personen, deren eine von der anderen abstammt, sind in gerader Linie verwandt (§ 1589 Abs. 1 S. 1 BGB)
Beispiel:

Großvater
↓
Vater
↓
Sohn
↓
Enkel

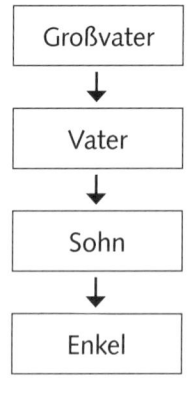

Zu 3 Verwandtschaft in der Seitenlinie
Personen, die nicht in gerader Linie verwandt sind, aber von derselben dritten Person abstammen, sind in der Seitenlinie verwandt (§ 1589 Abs. 1 S. 2 BGB).
Beispiel:

Bruder 1 → Bruder 2 → Schwester

A. Bürgerliches Recht

Zu 4 Grad der Verwandtschaft
Der Grad der Verwandtschaft ergibt sich aus der Zahl der Geburten, die die Verwandtschaft vermittelt, § 1589 Abs. 1 S. 3 BGB.

Zu 5 Linie und Grad bei der Schwägerschaft
Linie und Grad bestimmen sich nach der die Schwägerschaft vermittelnden Verwandtschaft.
Der Vater ist mit dem Sohn im 1. Grad in gerader Linie verwandt, daher ist der Schwiegervater mit der Schwiegertochter auch im 1. Grad in gerader Linie verschwägert.

zu 6 Rechtsfolgen der Verwandtschaft
(1) Ehehindernis bei Verwandten in gerader Linie und bei Geschwistern (§ 1307 BGB)
(2) Unterhaltspflicht der Verwandten in gerader Linie (§§ 1601 ff. BGB)
(3) gesetzliches Erbrecht nach der Erbordnung (§§ 1924 ff. BGB)
(4) Zeugnisverweigerungsrecht im Prozess im Fall naher Verwandtschaft (§ 52 StPO, § 383 ZPO)

Zu 7 Rechtsfolge der Schwägerschaft
Zeugnisverweigerungsrecht im Prozess im Fall naher Schwägerschaft (§ 52 StPO, § 383 ZPO)

Zu 8 Mutterschaft
Gemäß § 1591 BGB ist Mutter eines Kindes die Frau, die es geboren hat. Damit ist die Eispenderin (sog. genetische Mutter) nicht Mutter im familienrechtlichen Sinne.

Zu 9 Vaterschaft
Bei der Vaterschaft gibt es gemäß § 1592 BGB drei gesetzliche Möglichkeiten:
Demnach ist Vater eines Kindes der Mann,
1. der zum Zeitpunkt der Geburt mit der Mutter des Kindes verheiratet ist,
2. der die Vaterschaft anerkennt oder
3. dessen Vaterschaft gerichtlich festgestellt wird.

6. Erbrecht

6.1 Gesetzliche Erbfolge

Zu 1 Erbrechtliche Begriffe
(1) Erbfall: Tod einer natürlichen Person (Erblasser) vgl. § 1922 Abs. 1 BGB
(2) Erblasser: der Verstorbene
(3) Erbe: Rechtsnachfolger des Verstorbenen vgl. § 1922 Abs. 1 BGB
(4) Miterbe: Mehrere Erben sind Miterben.
(5) Nachlass oder Erbschaft: Vermögen des Erblassers, das mit dessen Tod auf die Erben übergeht vgl. § 1922 Abs. 1 BGB.
(6) Erbteil: Anteil eines Miterben am gemeinschaftlichen Nachlass § 1922 Abs. 2 BGB
(7) Gesamtrechtsnachfolge: Mit dem Tode einer Person (Erbfall) geht deren Vermögen (Erbschaft) als Ganzes auf eine oder mehrere andere Personen (Erben) über, § 1922 Abs. 1 BGB.

Zu 2 Grundsatz der Testierfreiheit
Testierfreiheit ist die gemäß § 1937 BGB bestehende Möglichkeit des Erblassers, durch einseitige Verfügung von Todes wegen (Testament) oder durch Erbvertrag den oder die Erben zu bestimmen (sog. gewillkürte Erbfolge).

Zu 3 Gesetzliche Erbfolge
Die gesetzliche Erbfolge tritt ein, wenn der Erblasser zu Lebzeiten von seiner Testierfreiheit keinen Gebrauch macht, indem er kein Testament oder keinen Erbvertrag errichtet.

Zu 4 Gesetzliches Erbrecht
Ein gesetzliches Erbrecht steht
- den Verwandten § 1930 BGB,
- dem überlebenden Ehegatten §§ 1932 ff. BGB bzw. dem Lebenspartner § 10 LPartG,
- dem Fiskus (Staat) § 1936 BGB zu.

Zu 5 Erbrecht der Verwandten
(1) Gesetzliche Erben der *ersten* Ordnung:
Abkömmlinge des Erblassers, z. B. Kinder und Enkelkinder (§ 1924 BGB)
(2) Gesetzliche Erben der *zweiten* Ordnung:
Eltern des Erblassers und deren Abkömmlinge, z. B. Geschwister (§ 1925 Abs. 1 BGB)
(3) Gesetzliche Erben der *dritten* Ordnung:
Großeltern des Erblassers und deren Abkömmlinge, z. B. Onkel und Tante (§ 1926 Abs. 1 BGB)
(4) Gesetzliche Erben der *vierten* Ordnung:
Urgroßeltern des Erblassers und deren Abkömmlinge (§ 1928 Abs. 1 BGB)

Zu 6 Berufung nach Stämmen
– In der ersten Ordnung entsprechen die Stämme der Zahl der Kinder des Erblassers, in den weiteren Ordnungen der Zahl der in die Ordnung fallenden Vorfahren.
– Innerhalb der einzelnen Stämme treten die Abkömmlinge an die Stelle ihrer Vorfahren, wenn diese bereits gestorben sind.

Zu 7 Ausschluss des Ehegattenerbrechts
Das Ehegattenerbrecht ist gemäß § 1933 BGB ausgeschlossen, wenn zur Zeit des Todes des Erblassers die Voraussetzungen für die Scheidung oder Aufhebung der Ehe gegeben waren und der Erblasser die Scheidung beantragt oder ihr zugestimmt hatte bzw. den Antrag auf Aufhebung gestellt hatte.

Zu 8 „Voraus"
Außer seinem Erbteil erhält der überlebende Ehegatte, wenn er neben Verwandten der zweiten Ordnung oder neben Großeltern gesetzlicher Erbe ist, den ehelichen Hausrat und die Hochzeitsgeschenke als großen Voraus, § 1932 Abs. 1 S. 1 BGB.
Erbt er neben Erben erster Ordnung, erhält er diese Gegenstände nur, soweit er sie zur eigenen Haushaltsführung benötigt (kleiner Voraus), § 1932 Abs. 1 S. 2 BGB.

Zu 9 Erbschein
Der Erbschein ist ein amtliches Zeugnis, das für den Rechtsverkehr feststellt, wer Erbe ist (öffentliche Urkunde, § 417 ZPO).

Zu 10 Auskunft des Erbscheins
– Bezeichnung des bzw. der Erben
– evtl. quotale Größe des Erbteils
– evtl. Beschränkungen des Erben

6.2 Gewillkürte Erbfolge

Zu 1 Verfügungen von Todes wegen
(1) Testament § 1937 BGB
(2) Erbvertrag § 1941 BGB

Zu 2 Testierfähigkeit
Testierfähigkeit ist die Fähigkeit, ein Testament zu errichten, zu ändern oder aufzuheben.

Zu 3 Stufen der Testierfähigkeit
Testierunfähigkeit:
Testierunfähig sind
  – Minderjährige unter 16 Jahren (vgl. § 2229 Abs. 1 BGB).
  – geistig Gestörte, Geistesschwache und im Bewusstsein Gestörte (§ 2229 Abs. 4 BGB).
Beschränkte Testierfähigkeit:
Beschränkt testierfähig sind
  – Minderjährige über 16 Jahren (§ 2233 Abs. 1 BGB)
  – Personen, die unfähig sind, Geschriebenes zu lesen (§ 2233 Abs. 2 BGB).
Unbeschränkte Testierfähigkeit:
Alle Volljährigen, die lesen und schreiben können und im Vollbesitz ihrer geistigen Kräfte sind.

A. Bürgerliches Recht

Zu 4 Formen des Testaments

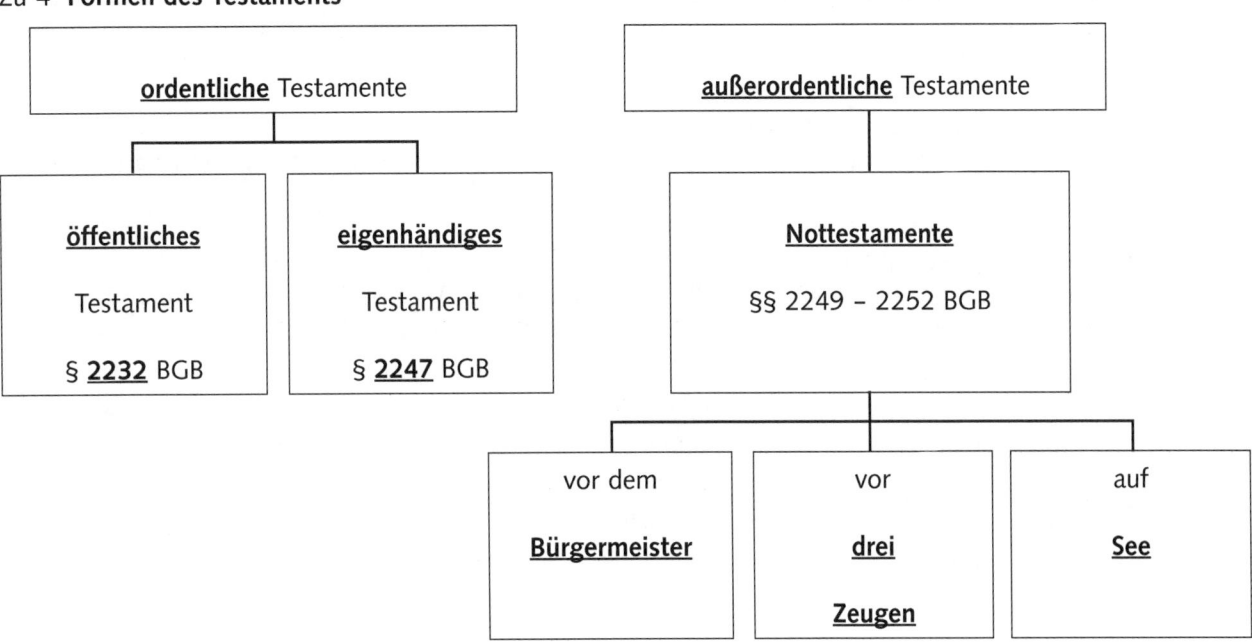

```
                    ordentliche Testamente                          außerordentliche Testamente
                    ┌──────────┴──────────┐                                    │
              öffentliches           eigenhändiges                      Nottestamente
               Testament              Testament                         §§ 2249 – 2252 BGB
               § 2232 BGB             § 2247 BGB
                                              ┌─────────────────┬─────────────────┐
                                          vor dem              vor               auf
                                        Bürgermeister          drei              See
                                                              Zeugen
```

Zu 5 Gemeinschaftliches Testament
Ehegatten (§ 2265 BGB) und Lebenspartner (§ 10 Abs. 4 LPartG) können ein gemeinschaftliches Testament errichten. Verlobte und Partner einer nichtehelichen Lebensgemeinschaft können kein gemeinschaftliches Testament errichten, aber einen Erbvertrag.

Zu 6 Widerruf ordentlicher Testamente
Ordentliche Testamente können
- durch Errichtung eines neuen Testaments,
- durch Vernichtung oder
- durch Rückgabe der Urkunde (öffentliches Testament)

widerrufen werden.

Zu 7 Erbvertrag
Einen Erbvertrag können alle testierfähigen Personen schließen.

Zu 8 Arten des Erbvertrages
(1) Einseitiger Erbvertrag (§ 2299 BGB), in welchem nur ein Vertragspartner Erblasser ist, der andere ist gewöhnlicher Vertragspartner.
Beispiel: Die Erblasserin setzt ihre Nichte zur Alleinerbin ein. Die Nichte verpflichtet sich, ihre Tante bis an ihr Lebensende zu unterhalten.
(2) Zweiseitiger Erbvertrag (§ 2298 BGB), in dem beide Vertragspartner als Erblasser verfügen.
Beispiel: Verlobte setzen sich gegenseitig als Alleinerben ein.

Zu 9 Pflichtteil
Abkömmlinge, die Eltern und der Ehegatte des Erblassers haben gemäß § 2303 BGB einen Pflichtteilsanspruch gegenüber den Erben, falls der Erblasser sie durch Verfügung von Todes wegen von der Erbschaft ausgeschlossen hat. Der Pflichtteilsanspruch besteht in der Hälfte des Wertes des gesetzlichen Erbteils.

Zu 10 Vermächtnis und Auflage
Durch das „Vermächtnis" (§§ 1939, 2147 ff. BGB) kann der Erblasser durch Testament oder Erbvertrag einzelne Vermögensgegenstände einem anderen zuwenden, ohne ihn als Erben einzusetzen. Der Bedachte hat nur einen schuldrechtlichen Anspruch gegen den Erben.
Die „Auflage" (§§ 1940, 2278 BGB) ist eine dem Erbe auferlegte Verpflichtung zu einer Leistung, ohne dass der Begünstigte einen Rechtsanspruch auf die Leistung erwirbt.

Zu 11 Erbverzicht und Ausschlagung der Erbschaft
(1) Erbverzicht: Durch notariell beurkundeten Vertrag mit dem Erblasser können Verwandte sowie der Ehegatte auf ihr gesetzliches Erbrecht verzichten (§§ 2346 ff. BGB). Der Erbverzicht erstreckt sich, sofern nicht etwas anderes bestimmt ist, auch auf die Abkömmlinge des Verzichtenden (§ 2349 BGB). Der Erbverzicht wird noch zu Lebzeiten des Erblassers geschlossen.

(2) **Ausschlagung der Erbschaft:** Der Erbe hat die Möglichkeit, das Erbe, z. B. bei Überschuldung des Nachlasses, auszuschlagen. Im Falle der Ausschlagung kommen die Abkömmlinge des Ausschlagenden zum Zuge (§ 1953 Abs. 2 BGB).

Zu 12 Form und Frist der Ausschlagung der Erbschaft
Die Ausschlagung der Erbschaft hat gemäß § 1945 BGB durch Erklärung gegenüber dem Nachlassgericht zu erfolgen:
- zur Niederschrift des Nachlassgerichtes oder
- in öffentlich beglaubigter Form.

Die Ausschlagungsfrist beträgt gemäß § 1944 BGB grundsätzlich sechs Wochen. Sie beginnt mit dem Zeitpunkt, in welchem der Erbe von dem Anfall und dem Grunde der Berufung Kenntnis erlangt.

Zu 13 Aufgaben des Testamentsvollstreckers
Der Testamentsvollstrecker hat den letzten Willen des Erblassers auszuführen, den Nachlass zu verwalten und, wenn mehrere Erben vorhanden sind, die Auseinandersetzung vorzunehmen (§§ 2203 ff. BGB).

Zu 14 Bestimmung des Testamentsvollstreckers
Der Testamentsvollstrecker kann gemäß §§ 2197 ff., BGB vom Erblasser testamentarisch oder auf Ersuchen des Erblassers von einem Dritten oder vom Nachlassgericht bestimmt werden.

II. Prüfungsaufgaben

1. Rechtliche Grundlagen und Allgemeiner Teil BGB

Zu 1 Materielles und formelles Recht
- materielles Recht: BGB, StGB
- formelles Recht: ZPO, StPO

Zu 2 Öffentliches und privates Recht

Sachverhalt	Öffentliches Recht	Privatrecht
a. Der Vorsteher des Finanzamtes kauft Heizöl für das Finanzamt beim Heizölhändler Krause.		X
b. Das Finanzamt erlässt einen Steuerbescheid in Sachen Einkommensteuer und schickt ihn dem Steuerpflichtigen zu.	X	
c. S. Böse wird vom Staatsanwalt wegen Totschlags angeklagt.	X	
d. Frau Klein kauft Heizöl beim Heizölhändler Krause.		X

Zu 3 Personen der Rechtspflege

Tätigkeit	Person
a. Erlass des Mahnbescheids	Rechtspfleger
b. Anklageerhebung wegen Diebstahls	Staatsanwalt
c. Verteidigung des Angeklagten im Strafprozess	Rechtsanwalt
d. Beurkundung eines Kaufvertrages über ein Grundstück	Notar
e. Erteilung des Rechtskraftzeugnisses	Urkundsbeamter
f. Verhaftung wegen verweigerter Abgabe der eidesstattlichen Versicherung	Gerichtsvollzieher

A. Bürgerliches Recht

Zu 4 Aufbau BGB

Rechtsbegriff	Buch des BGB
a. Verwandtschaft und Schwägerschaft	Familienrecht
b. Eigentum	Sachenrecht
c. Geschäftsfähigkeit	Allgemeiner Teil
d. Mietvertrag	Schuldrecht
e. Stellvertretung	Allgemeiner Teil
f. Testament	Erbrecht
g. Grundschuld	Sachenrecht
h. Verjährung	Allgemeiner Teil
i. Aufrechnung	Schuldrecht

Zu 5 Rechtsfähigkeit natürlicher und juristischer Personen

Beispiel	rechtsfähig	nicht rechtsfähig	Begründung
a. Neugeborenes	X		natürliche Person
b. Rechtsanwältin Maier	X		natürliche Person
c. Stiftung Warentest	X		juristische Person des Privatrechts (Stiftung)
d. Südwestrundfunk	X		juristische Person des öffentlichen Rechts (Anstalt des öffentlichen Rechts)
e. Berufsbildende Schule		X	nicht rechtsfähige Anstalt
f. Richter Rohr	X		natürliche Person
g. Katze Karo		X	Rechtsobjekt: § 90 a BGB
h. Tierschutzverein e. V.	X		juristische Person des Privatrechts (eingetragener Verein)
i. Gemeinde Ratshausen	X		juristische Person des öffentlichen Rechts (Gebietskörperschaft)
j. Universität	X		juristische Person des öffentlichen Rechts (Körperschaft)

Zu 6 Stufen der Geschäftsfähigkeit

Fall	geschäftsunfähig	beschränkt geschäftsfähig	voll geschäftsfähig
a. Ein Schulkind von 7 Jahren kauft sich von seinem Taschengeld ein Spielzeug.		X	
b. Ein 6-jähriger verschenkt seine Spielzeugautos.	X		
c. Alma (18 Jahre) kauft sich ein Smartphone für 800,00 Euro.			X
d. Arthur (30 Jahre), der an einer dauernden Geisteskrankheit leidet, kauft sich einen Hund.	X		

Lösungen — Rechtsanwendung

Zu 7 Geschäftsfähigkeit

Fall	wirksam	schwebend unwirksam	unwirksam
a. Der 5-jährige Martin kauft sich von seinem Taschengeld Süßigkeiten.			§ 105 Abs. 1 BGB (§ 110 BGB gilt nur für beschränkt Geschäftsfähige!).
b. Die 10-jährige Maria kauft sich gegen den Willen der Eltern ein Computerspiel.			§§ 106 ff. BGB beschränkte Geschäftsfähigkeit: keine Zustimmung
c. Die 16-jährige Sarah bestellt mit Einwilligung der Eltern in der Buchhandlung Maier das Lehrbuch „Rechtslehre".	§§ 106 ff. BGB beschränkte Geschäftsfähigkeit: hier vorliegende Zustimmung		
d. Der 8-jährige Tim verschenkt ohne Wissen der Eltern seine Geige.		§§ 106 ff. BGB beschränkte Geschäftsfähigkeit: ob das Geschäft wirksam ist, hängt von der Zustimmung der Eltern ab.	
e. Die 10-jährige Franka bekommt von ihren Großeltern 500,00 Euro geschenkt. Die Eltern wissen davon nichts.	§§ 106 ff. BGB, beschränkte Geschäftsfähigkeit, aber hier Ausnahme: trotz fehlender Zustimmung wirksam, da lediglich rechtlicher Vorteil.		
f. Von dem geschenkten Geld kauft sich die 10-jährige Franka ein Smartphone, obwohl die Eltern dies verboten haben.			§§ 106 ff. BGB, beschränkte Geschäftsfähigkeit: keine Zustimmung
g. Onkel August schenkt seiner Nichte Nadine (12 Jahre) einen Fotoapparat. Dafür soll Nadine zehnmal den Rasen des Onkels mähen.			§§ 106 ff. BGB, beschränkte Geschäftsfähigkeit, hier nicht lediglich rechtlicher Vorteil, da Schenkung unter Auflage.
h. Der 16-jährige Sören erhält von seinen Eltern die generelle Zustimmung, Zeitungen auszutragen. Nach einem Monat kündigt Sören das Arbeitsverhältnis, weil er morgens ausschlafen möchte.	§§ 106 BGB ff. BGB, beschränkte Geschäftsfähigkeit, hier Ausnahme: Abwickeln eines Arbeitsverhältnisses, § 113 BGB.		

A. Bürgerliches Recht

Fall	wirksam	schwebend unwirksam	unwirksam
i. Sabine, 16 Jahre, erhält von ihren Eltern die Zustimmung eine Ausbildung als Rechtsanwaltsfachangestellte zu machen. Nach drei Monaten kündigt sie das Ausbildungsverhältnis gegen den Willen ihrer Eltern.			§§ 106 BGB ff. BGB, beschränkte Geschäftsfähigkeit, aber § 113 BGB gilt nicht im Ausbildungsverhältnis, Grund: Wortlaut und unterschiedlicher Zweck von Arbeits- u. Ausbildungsverhältnis.

Zu 8 **Handlungsfähigkeiten in Abhängigkeit vom Lebensalter**

Handlungsfähigkeit	Lebensalter
a. Geschäftsunfähigkeit	0 bis 6 Jahre
b. beschränkte Geschäftsfähigkeit	7 bis 17 Jahre
c. volle Geschäftsfähigkeit	ab 18 Jahre
d. Deliktsunfähigkeit	0 bis 6 Jahre (im Straßenverkehr: 10 Jahre, sofern nicht vom Kind vorsätzlich herbeigeführt)
e. beschränkte Deliktsfähigkeit	7 bis 17 Jahre Der Minderjährige ist verantwortlich, sofern er zur Tatzeit das Unrecht seiner Tat einsieht.
f. volle Deliktsfähigkeit	ab 18 Jahre
g. Strafunfähigkeit	0 bis 13 Jahre
h. Straffähigkeit	ab 14 Jahre
i. Ehefähigkeit	ab 18 Jahre (ab 16 Jahre: mit Genehmigung des Familiengerichts)
j. Testierfähigkeit	ab 18 Jahre (ab 16 Jahre: nur öffentliches Testament)

Zu 9 **Einteilung der Rechtsobjekte**

Beispiel	Kategorie
a. Fensterrahmen in einem Haus eingebaut	f
b. Katze Minka	i
c. Kaufpreisanspruch	j
d. neuer Pkw der Marke xy	a, c
e. Pkw des Rechtanwalts Rohr	a
f. in der Bäckerei gekauftes Vollkornbrot	a, c, d
g. Warndreieck im Kofferraum des Pkw von Rechtsanwältin Reimann	a, h
h. Baum auf einem Grundstück	f
i. Windschutzscheibe eines Pkw	e
j. Eigentum am Pkw xy	k
k. Grundstück	b
l. Banknoten	a, c, d

Lösungen — Rechtsanwendung

Zu 10 Einseitige und zweiseitige Rechtsgeschäfte

Fall	Art des Rechtsgeschäfts
a. Frau Theis, deren Katze entlaufen ist, setzt durch Anschläge in der Nachbarschaft eine Belohnung in Höhe von 500,00 Euro aus.	d Auslobung
b. Karl schenkt seiner Verlobten eine Kette.	a Schenkung
c. Die Auszubildende Maria kauft sich ein Auto.	b Kaufvertrag
d. Der Käufer ficht den Kaufvertrag wegen arglistiger Täuschung an.	c Anfechtung einer Willenserklärung
e. Rechtsanwältin Raabe kündigt ihrem Auszubildenden.	c Kündigung eines Ausbildungsverhältnisses
f. Herr Schmidt errichtet ein Testament.	d Errichtung eines eigenhändigen Testaments

Zu 11 Formvorschriften

Fall	Form ja/nein?	§§	Heilung?
a. Großvater Peter verspricht seinem Enkel Erich 10.000,00 Euro zum 18. Geburtstag.	ja	§ 518 Abs. 1 BGB notarielle Beurkundung	§ 518 Abs. 2 BGB, Heilung durch Erfüllung
b. Martha kündigt ihrem Arbeitgeber im Streit mündlich.	ja	§ 623 BGB Schriftform	nein
c. Oma Else tippt ihr Testament auf einer alten Schreibmaschine und unterschreibt es.	ja	§ 2247 BGB eigenhändige Schriftform o. § 2232 BGB notarielle Beurkundung	nein
d. Die Vermieterin Krause teilt dem Vermieter die Erhöhung der Miete wegen Modernisierung der Miträume schriftlich mit.	ja	§ 558 a BGB Textform	strengere Form (hier: Schriftform) ersetzt mildere Form
e. Kunstsammler König schließt mit der Galerie Gerster einen mündlichen Kaufvertrag über ein wertvolles Gemälde (Kaufpreis: 10.000,00 Euro).	nein	—	—
f. Die Auszubildende Anna, 18 Jahre, schließt mit Rechtsanwalt Roller einen mündlichen Ausbildungsvertrag.	nein	—	—

Zu 12 Nichtigkeit und Anfechtbarkeit unterscheiden

Fall	wirksam	nichtig	anfechtbar	Begründung §§
a. Die Rechtsanwaltsfachangestellte Rosa bestellt für die Kanzlei Kopierpapier. Bei der Bestellung verschreibt sie sich und schreibt statt 10 Packungen à 500 Blatt 100 Packungen à 500 Blatt.			X	Erklärungsirrtum, § 119 Abs. 1 2. Alt. BGB

A. Bürgerliches Recht

Fall	wirksam	nichtig	anfechtbar	Begründung §§
b. Diesmal bestellt Rosa für die Kanzleitoiletten 7 Gros (1 Gros = 144 Stück) Toilettenpapier in der Annahme, es handele sich um sieben große Rollen.			X	Inhaltsirrtum § 119 Abs. 1 1. Alt. BGB
c. Rechtsanwalt Rohr stellt eine neue Mitarbeiterin ein. Nach kurzer Zeit stellt sich heraus, dass sie bereits im vierten Monat schwanger ist. Im Bewerbungsgespräch hatte sie die Frage nach einer möglichen Schwangerschaft verneint.	X			Keine arglistige Täuschung und auch kein Eigenschaftsirrtum
d. Rechtsanwältin Reimann kauft für die Kanzlei eine neue Telefonanlage und erfährt dann, dass die Telefonanlage bei der Konkurrenz bis zu 20 % günstiger ist.	X			Irrtum über Preis ist kein Eigenschaftsirrtum.
e. Herr Hauser kauft für seine Freundin einen Verlobungsring. Bevor es zur Verlobung kommt, trennen sich beide.	X			nur Motivirrtum (Irrtum im Beweggrund), der nicht zur Anfechtung berechtigt
f. Frau Frank kauft sich eine Perlenkette in der Annahme, es handelt sich um Naturperlen. Bei den Perlen handelt es sich aber um Zuchtperlen.			X	Irrtum über wesentliche Eigenschaft einer Sache § 119 Abs. 2 2. Alt. BGB
g. Herr Mann unterschreibt im Vollrausch einen Kaufvertrag über einen Porsche.		X		Vorübergehende geistige Störung § 105 Abs. 2 BGB
h. Familie Maier hat den Kaufvertrag über ein Baugrundstück schriftlich abgeschlossen.		X		Formmangel § 125 BGB (§ 311 b BGB)
i. Beim Bau des Hauses schließt Familie Maier mit einem Handwerker einen Auftrag, der „schwarz" ausgeführt werden soll.		X		Verstoß gegen gesetzliches Verbot (Gesetz zur Bekämpfung der Schwarzarbeit) § 134 BGB

Zu 13 **Verjährung**
a. Datum: 31. Dezember (01), 24:00 Uhr
b. Datum: 31. Dezember (04), 24:00 Uhr
c. Außerdem möchte Herr Weiß wissen, wie sich die folgenden Sachverhalte auf die Verjährung auswirken.

Sachverhalt	Auswirkung	§§
aa. Zustellung des Mahnbescheids im Mahnverfahren	Hemmung	§ 204 Abs. 1 Nr. 3 BGB
bb. Zwischen Gläubiger und Schuldner schweben Verhandlungen über den Anspruch oder die den Anspruch begründenden Umstände.	Hemmung	§ 203 BGB
cc. Der Schuldner leistet eine Teilzahlung.	Neubeginn	§ 212 Abs. 1 Nr. 1 BGB

Zu 14 **Laufzeit von Verjährungsfristen**

Anspruch	Laufzeit der Verjährungsfrist
a. Rechtskräftig festgestellte Ansprüche	**30 Jahre** § 197 Abs. 1 Nr. 3 BGB

Lösungen — Rechtsanwendung

Anspruch	Laufzeit der Verjährungsfrist
b. Sachmängelansprüche aus Kaufvertrag bei beweglichen Sachen	**2 Jahre** § 438 Abs. 1 Nr. 3 BGB
c. Ansprüche des Mieters auf Ersatz von Aufwendungen	**6 Monate** § 548 Abs. 2 BGB
d. Sachmängelhaftung aus Kaufvertrag bei beweglichen Sachen, wenn der Verkäufer den Mangel arglistig verschwiegen hat.	**3 Jahre** § 438 Abs. 3 BGB
e. Sachmängelansprüche an einem Bauwerk	**5 Jahre** § 438 Abs. 1 Nr. 2 a) BGB
f. Anspruch auf Übertragung des Eigentums an einem Grundstück	**10 Jahre** § 196 BGB

2. Schuldrecht

Zu 1 **Stück- oder Gattungsschuld**

Fall	Stück- oder Gattungsschuld?
a. eine Tonne Viehfutter	Gattungsschuld
b. Originalgemälde „Röhrender Hirsch"	Stückschuld
c. gebrauchtes Hochzeitskleid	Stückschuld
d. Neuwagen der Marke XY	Gattungsschuld
e. Maßschuhe	Stückschuld
f. Welpe Willi	Stückschuld
g. 15 beliebige Aquarienfische	Gattungsschuld
h. eine Jeans der Marke Bequem, Größe 40	Gattungsschuld
i. Rennrad der Marke Tour de France, für den Käufer im Lager zur vereinbarten Abholung bereitgestellt	Stückschuld *Ursprüngliche Gattungsschuld ist durch Konkretisierung zur Stückschuld geworden.*

Zu 2 **Leistungs- und Erfolgsort / Hol-, Bring- oder Schickschuld**

Fall	Leistungsort (=Erfüllungsort)	Erfolgsort	Hol-, Bring- oder Schickschuld?
a. Die Auszubildende Anna (20 Jahre) aus Mainz kauft von der Schülerin Simona (18 Jahre) aus Wiesbaden einen gebrauchten Laptop.	Wiesbaden	Wiesbaden	*(gesetzliche)* Holschuld
b. Wie Fall a), aber Anna und Simona vereinbaren, dass Simona den Laptop auf ihre Kosten nach Mainz mit der Post versendet.	Wiesbaden *vgl. 269 Abs. 3 BGB*	Mainz	*(vertragliche)* Schickschuld

A. Bürgerliches Recht

Fall	Leistungsort (=Erfüllungsort)	Erfolgsort	Hol-, Bring- oder Schickschuld?
c. Wie Fall a), aber Anna und Simona vereinbaren, dass Simona den Laptop nach Mainz bringt, wenn sie dort ihre Tante am Wochenende besucht.	Mainz	Mainz	*(vertragliche)* Bringschuld
d. Familie Brandt aus Düsseldorf bestellt für den Winter 2.000 Liter Heizöl bei der Müller GmbH in Köln.	Düsseldorf	Düsseldorf	Bringschuld *ergibt sich aus der Natur des Schuldverhältnisses*
e. Rechtsanwalt Carstens aus Trier kauft beim Computerhändler mit Sitz in Koblenz einen neuen PC.	Koblenz	Koblenz	*(gesetzliche)* Holschuld

Zu 3 Fälligkeit, Leistungsort, Geldschuld

a. Rechtsanwältin Maier kann gemäß § 271 Abs. 1 BGB die Übergabe des PC sofort verlangen. Die City-PC GmbH kann gemäß § 271 Abs. 1 BGB den PC sofort liefern.
b. 1. Gefahrübergang (§§ 446, 447 BGB)
   2. Kosten für Vertragsabwicklung (§ 448 BGB)
   3. Gerichtsstand (§ 29 ZPO)
c. *Leistungsort (Erfüllungsort) und Erfolgsort* für die <u>Lieferung des PC</u>:
   Ort der Niederlassung der City-PC GmbH in Koblenz (§ 269 Abs. 2 BGB),
   Leistungsort (Erfüllungsort) für die <u>Bezahlung des Kaufpreises</u>:
   Wohnsitz der Rechtsanwältin Maier in Montabaur (§§ 270 Abs. 4, 269 Abs. 1 BGB)
   Erfolgsort für die <u>Bezahlung des Kaufpreises</u>:
   Ort der Niederlassung der City-PC GmbH in Koblenz (§ 270 Abs. 2 BGB)

Zu 4 Gefahrübergang

a. die Käuferin Rechtsanwältin Maier (§ 447 Abs. 1 BGB)
b. die Verkäuferin City-PC GmbH (§§ 474 Abs. 2 S. 2, 447 BGB)

Zu 5 Erlöschen von Schuldverhältnissen

1. <u>Erfüllung</u>: Bewirken der geschuldeten Leistung (§ 362 Abs. 1 BGB)
2. <u>Hinterlegung</u>: Hinterlegung von geschuldeten, hinterlegungsfähigen Sachen bei einer öffentlichen Stelle, wenn der Gläubiger im Annahmeverzug ist bzw. wenn der Schuldner keine fahrlässige Unkenntnis über die Person des Gläubigers hat (§ 372 BGB).
3. <u>Aufrechnung</u>: Verrechnung zweier gegenüberstehender Forderungen durch einseitige, formlose und empfangsbedürftige Willenserklärung (§ 387 BGB)
4. <u>Erlass</u>: Vertrag zwischen Gläubiger und Schuldner mit dem Inhalt, dass der Schuldner dem Gläubiger die Schuld erlässt bzw. anerkennt, dass das Schuldverhältnis nicht besteht (§ 397 BGB).

Zu 6 Arten von Leistungsstörungen

Fall	Art der Leistungsstörung
a. Die Auszubildende Maja kauft sich einen neuen Schrank im Möbelhaus Meier. Als der Schrank zum vereinbarten Termin geliefert wird, ist sie nicht zu Hause, da sie den Termin vergessen hat.	e. Gläubigerverzug (Annahmeverzug)
b. Der Auszubildende Markus kauft am 10.06. von dem Studenten Fabian ein gebrauchtes Fahrrad. Als Übergabetermin vereinbaren beide den 12.06. In der Nacht auf den 12.06. wird das Fahrrad gestohlen.	a. Unmöglichkeit

Lösungen — Rechtsanwendung

Fall	Art der Leistungsstörung
c. Rechtsanwalt Schnell hat sich für die Kanzlei bei der Fax GmbH ein neues Faxgerät bestellt, das am 15.09. um 08:00 Uhr geliefert werden soll. Nachdem er am 15.09. vergeblich den ganzen Tag auf die Lieferung des Faxgeräts wartet, ruft ein Mitarbeiter der Fax GmbH an und teilt mit, dass das Faxgerät erst am 15.10. geliefert werden kann. Als Grund gibt er Lieferengpässe aufgrund der Beliebtheit des Gerätes an.	b. Lieferungsverzug
d. Rechtsanwältin Horch hat sich eine neue Spülmaschine für die Kanzlei gekauft. Nachdem das Gerät vereinbarungsgemäß in der Kanzleiküche durch den Verkäufer angeschlossen wurde, brennt die Gerätesicherung bald nach der Inbetriebnahme durch.	d. Schlechtleistung (mangelhafte Lieferung)
e. Die Rechtsanwaltsfachangestellte Rita hat sich im Internet das Lehrbuch „Das neue RVG" bestellt. Zahlungstermin für das Buch ist der 07.08. Über ihre Urlaubsvorbereitungen vergisst sie den Termin und fährt am 05.08. für zwei Wochen in Urlaub, ohne zu zahlen.	c. Zahlungsverzug

Zu 7 **Arten der Unmöglichkeit**

Fall	Art der Unmöglichkeit
a. Die weltberühmte Mezzosopranistin Maria weigert sich im Opernhaus aufzutreten und zu singen, da ihr Ehemann mit schweren Verletzungen nach einem Autounfall ins Krankenhaus eingeliefert wurde.	f. persönliche Unmöglichkeit
b. Das verkaufte Reitpferd verendet in der Nacht vor der Übergabe.	a. objektive Unmöglichkeit
c. Der Fabrikant Voss kauft eine speziell angefertigte Maschine. Die Maschine wird auf dem Seeweg befördert. Während des Transports geht das Schiff unter.	e faktische Unmöglichkeit
d. Der verkaufte Gebrauchtwagen wird kurz nach Vertragsschluss durch einen Verkehrsunfall völlig zerstört.	d. nachträgliche Unmöglichkeit
e. Nachdem Schreinerin Sommer den Auftrag angenommen hat, einen Tisch anzufertigen, wird sie ohne Verschulden aufgrund eines Unfalls arbeitsunfähig.	b. subjektive Unmöglichkeit (Unvermögen)
f. Über seine Urlaubsvorbereitungen vergisst der Verkäufer die Ware zum vereinbarten Termin zu liefern.	g. kein Fall der Unmöglichkeit *(Schuldnerverzug)*
g. Die Parteien schließen einen Kaufvertrag über ein gebrauchtes Wohnmobil, ohne zu wissen, dass dieses einen Tag vorher von unbekannten Tätern gestohlen wurde.	c. anfängliche Unmöglichkeit

A. Bürgerliches Recht

Zu 8 Arten von Sachmängeln / Gewährleistungsrechte

Fall	Welcher Sachmangel?	Rechte des Käufers?
a. Rechtsanwältin Schnell kauft sich einen neuen Pkw. Laut der bei Vertragsschluss ausgehändigten Werbebroschüre des Herstellers soll das Fahrzeug einen durchschnittlichen Dieselverbrauch von 4,5 Liter pro 100 Kilometer haben. Nach der Übergabe stellt Rechtsanwältin Schnell fest, dass der Pkw über 7 Liter pro 100 Kilometer verbraucht.	**Beschaffenheitsmangel wegen fehlender Eigenschaften aus Werbeaussagen des Herstellers** § 434 Abs. 1 S. 3 BGB	**Nacherfüllung** §§ 437 Nr. 1, 439 Abs. 1 BGB: Nachbesserung oder Ersatzlieferung, Rücktritt/Minderung/ Schadensersatz erst nach Fristsetzung und -ablauf
b. Rechtsanwalt Neumann bestellt für die Kanzlei 50 Pakete Kopierpapier. Geliefert werden aber nur 40 Pakete.	**Zuweniglieferung** § 434 Abs. 3 BGB	**Nacherfüllung** §§ 437 Nr. 1, 439 Abs. 1 BGB hier: Ersatzlieferung
c. Rechtsanwalt Eigner kauft ein Regal zum Selbstaufbau für die abgelegten Kanzleiakten. Aufgrund der fehlerhaften Montageanleitung baut er das Regal so zusammen, dass es bei der ersten Benutzung zusammenbricht.	**mangelhafte Montageanleitung** (sog. IKEA-Klausel), § 434 Abs. 2, S. 2 BGB	**Nacherfüllung,** §§ 437 Nr. 1, 439 Abs. 1 BGB: Nachbesserung oder Ersatzlieferung mit richtiger Montageanleitung, Rücktritt/Minderung/ Schadensersatz erst nach Fristsetzung und -ablauf
d. Die Auszubildende Sarah bestellt sich im Versandhandel das Lehrbuch „Das neue RVG". Nach 2 Tagen erhält sie mit der Post das Lehrbuch „Die neue ZPO".	**Falschlieferung** § 434 Abs. 3 BGB	**Nacherfüllung** §§ 437 Nr. 1, 439 Abs. 1 BGB hier: Ersatzlieferung
e. Rechtsanwältin Schöne hat sich für die Kanzlei einen neuen Kaffeevollautomaten gekauft. Nach Inbetriebnahme des Geräts stellt sie fest, dass der Kaffeevollautomat trotz Vereinbarung im Kaufvertrag kein automatisches Selbstreinigungsprogramm enthält.	**Beschaffenheitsmangel,** § 434 Abs. 1 S. 1 BGB	**Nacherfüllung** §§ 437 Nr. 1, 439 Abs. 1 BGB hier: Ersatzlieferung
f. Rechtsanwältin Horch hat sich eine neue Spülmaschine für die Kanzlei gekauft. Nachdem das Gerät vereinbarungsgemäß in der Kanzleiküche durch den Verkäufer angeschlossen wurde, brennt die Gerätesicherung bald nach der Inbetriebnahme durch.	**Mangelhafte Montage** § 434 Abs. 2 S. 1 BGB	**Nacherfüllung** §§ 437 Nr. 1, 439 Abs. 1 BGB: Nachbesserung oder Ersatzlieferung

Zu 9 Rücktritt / Umtausch
Nein, die Boutique ist nicht verpflichtet, das Kleid zurückzunehmen, da kein Sachmangel vorliegt. Wenn Geschäfte einen Umtausch innerhalb einer bestimmten Frist bei Nichtgefallen anbieten, ist dies auf freiwilliger Basis (Kulanzgründe).

Zu 10 Gewährleistungsansprüche bei reduzierter Ware
Auch für reduzierte Ware kann der Käufer bei Vorliegen eines Mangels Ansprüche aus Gewährleistung geltend machen, denn die Geltendmachung eines Mangels erfolgt völlig unabhängig vom Preis und der möglichen Reduzierung der Ware.

Lösungen — Rechtsanwendung

Zu 11 Gewährleistungsfristen
a. Beschaffenheitsmangel
b. Nacherfüllung
c. Die Verjährungsfrist für Mängelgewährleistungsansprüche beträgt bei beweglichen Sachen 2 Jahre. (§ 438 Abs. 1 Nr. 3 BGB). Sie beginnt nach § 438 Abs. 2 BGB mir der Übergabe der Sache. Demnach beginnt die Verjährung hier am 06.02.(01) 00:00 Uhr und endet am 05.02.(03) 24:00 Uhr. Der Verkäufer kann sich hier also nicht auf die Einrede der Verjährung berufen.
d. innerhalb von drei Jahren gemäß §§ 438 Abs. 3, 195 BGB

Zu 12 Zahlungsverzug
a. 16.01.(02) 0:00 Uhr
b. (1) sog. Schadensersatz *neben* der Leistung (§§ 280 Abs. 1, Abs. 2, 286 BGB):
Gläubiger nimmt verspätete Leistung an, verlangt aber daneben Schadensersatz
(2) sog. Schadensersatz *statt* der Leistung (§§ 280 Abs. 3, 281, 282, 283 BGB):
Gläubiger lehnt die Leistung ab und verlangt stattdessen Schadensersatz
(anstelle Schadensersatzes statt der Leistung kann der Gläubiger auch gemäß § 284 BGB den Ersatz vergeblicher Aufwendungen verlangen)
(3) Rücktritt (§§ 323 ff. BGB): Gläubiger erklärt den Rücktritt
(4) Verzugszinsen gemäß § 288 BGB
c. 3 Jahre gemäß § 195 BGB
d. Fünf Prozentpunkte über dem Basiszinssatz gemäß § 288 Abs. 1 S. 2 BGB

Zu 13 Verzugseintritt ohne Mahnung

Fall	Mahnung entbehrlich?
a. Obwohl der Verkäufer per Mail die Lieferung bestellter Ware für den nächsten Tag angekündigt hat, liefert er nicht.	**sog. Selbstmahnung,** § 286 Abs. 2 Nr. 4 BGB (besondere Gründe)
b. Die Parteien vereinbaren: „Lieferung am 05.03.20..".	**Leistungszeit nach dem Kalender bestimmt,** § 286 Abs. 2 Nr. 1 BGB
c. Der Käufer zieht um, ohne dem Gläubiger seine neue Adresse mitzuteilen oder einen Nachsendeantrag zu stellen.	**Schuldner verhindert durch sein Verhalten den Zugang einer Mahnung** § 286 Abs. 2 Nr. 4 BGB (besondere Gründe)
d. Zusage des Schuldners, die Reparatur wegen Dringlichkeit schnellstmöglich durchzuführen (z. B. Reparatur der Heizung im Winter).	**Besondere Dringlichkeit der Leistung** § 286 Abs. 2 Nr. 4 BGB (besondere Gründe)
e. Die Parteien vereinbaren, die Lieferung zwei Tage nach Beginn der Bauarbeiten vorzunehmen.	**Leistungszeit ab einem Ereignis nach dem Kalender berechenbar** § 286 Abs. 2 Nr. 2 BGB
f. Der Käufer teilt dem Verkäufer in einem Schreiben mit, dass er zahlungsunfähig ist.	**endgültige Leistungsverweigerung** § 286 Abs. 2 Nr. 3 BGB
g. Die Parteien haben im Vertrag vereinbart, dass die Lieferung circa am 15.05. erfolgen soll.	Termin nicht genau bestimmt, daher ist die **Mahnung hier nicht entbehrlich.**

Zu 14 Annahmeverzug

Fall	Annahmeverzug ja / nein?
a. Als der Verkäufer zum vereinbarten Termin die ordnungsgemäße Ware anliefern will, hat der Kunde kein Geld zur Hand, obwohl Barzahlung bei Lieferung vereinbart wurde.	**Ja**, da Nichtannahme auch vorliegt, wenn der Gläubiger zwar die angebotene Leistung anzunehmen bereit ist, aber nicht die verlangte Gegenleistung anbietet, § 298 BGB

A. Bürgerliches Recht

Fall	Annahmeverzug ja / nein?
b. Der Verkäufer liefert nur einen Teil der Ware. Der Käufer verweigert die Annahme der Ware mit der Begründung, dass sie nicht vollständig sei.	**Nein**, die Ware muss ordnungsgemäß angeboten werden, das heißt u. a. vollständig sein. Der Schuldner ist gemäß § 266 BGB nicht zu Teilleistungen berechtigt.
c. Die Parteien vereinbaren, dass die Ware drei Wochen nach Bestellung im Lager des Schuldners abzuholen ist. Der Gläubiger vergisst die Abholung aufgrund von Urlaubsvorbereitungen.	**Ja**, der Gläubiger gerät auch ohne Angebot des Schuldners in Annahmeverzug, wenn er eine Mitwirkungshandlung – hier Abholung – unterlässt, § 296 BGB.

Zu 15 **Vertragsarten**

Fall	Vertragsart / §§	Vertragsparteien
a. Herr Meier leiht sich bei der Nachbarin ein Dutzend Eier, um eine Geburtstagtorte zu backen.	Sachdarlehen §§ 607 ff. BGB	Darlehensnehmer – Darlehensgeber
b. Die Nachbarin gibt Herrn Meier zum Transport der 12 geliehenen Eier eine Schüssel mit, die er am nächsten Tag zurückbringt.	Leihe §§ 598 ff. BGB	Entleiher – Verleiher
c. Die Auszubildende Anna leiht sich von ihrem Freund zur Überbrückung eines finanziellen Engpasses 300,00 Euro.	Gelddarlehen, §§ 488 ff. BGB	Darlehensnehmer – Darlehensgeber
d. Familie Lustig schließt einen Vertrag mit einem Bauern über ein Stück Land, auf dem sie eigenes Obst und Gemüse anbauen und ernten darf.	Pachtvertrag §§ 581 ff. BGB	Pächter – Verpächter
e. Das Ehepaar Glücksmann bucht bei der Firma „Autoglück" für den Urlaub einen Pkw zum Preis von 400,00 Euro.	Mietvertrag §§ 535 ff. BGB	Mieter – Vermieter
f. Der Auszubildende Anton bittet seinen Kollegen Karsten wiederholt, ihm eine Zigarette zu leihen. Karsten gibt sie ihm mit den Worten: „Hier, nimm sie, auch wenn ich jetzt schon weiß, dass ich sie nicht zurückbekommen werde!"	Schenkung §§ 516 ff. BGB	Beschenkter – Schenker
g. Steuerberaterin Sauer berät Herrn Dreyer eine Stunde lang über Abschreibungsmöglichkeiten nach verschiedenen Rechtsvorschriften.	Dienstvertrag §§ 611 ff. BGB	Dienstverpflichteter – Dienstberechtigter
h. Gregor steht für eine Schuld seines Geschäftspartners Martin gegenüber der S-Bank ein.	Bürgschaft §§ 765 ff. BGB	Bürge – Gläubiger
i. Frau Müller bringt ihre neue Hose, die gekürzt werden soll, zur Schneiderin.	Werkvertrag §§ 631 ff. BGB	Besteller – Unternehmer
j. Der Auszubildende Tim bittet seine Nachbarin, seine Katze während seines Urlaubs zu füttern.	Auftrag §§ 662 ff. BGB	Auftraggeber- Auftragnehmer
k. Die Freundinnen Maria und Magdalene beschließen ihre Wintermäntel zu tauschen.	Tausch § 480 BGB	—
l. Für die Bedienung in seiner Gaststätte stellt Herr Fröhlich eine Kellnerin ein.	Arbeitsvertrag §§ 611 ff. BGB	Arbeitgeber – Arbeitnehmer
m. Rechtsanwalt Rudolf verkauft seinen privaten Pkw an die Eheleute Ernst.	Kaufvertrag §§ 433 ff. BGB	Käufer – Verkäufer

Lösungen — Rechtsanwendung

Zu 16 Vertragsinhalte unterschiedlicher Vertragstypen

Vertragstyp	Vertragsinhalt
a. Leihvertrag	Unentgeltliche Gebrauchsüberlassung einer Sache
b. Kaufvertrag	Entgeltlicher Erwerb einer Sache oder eines Rechts
c. Mietvertrag	Entgeltliche Gebrauchsüberlassung einer Sache
d. Pachtvertrag	Entgeltliche Gebrauchsüberlassung einer Sache mit der Möglichkeit der Fruchtziehung
e. Dienstvertrag	Entgeltliche Leistung von Diensten
f. Werkvertrag	Entgeltliche Herstellung eines Werkes
g. Schenkung	Unentgeltliche Vermögenszuwendung

Zu 17 Arten von Schuldverhältnissen

Fall	Entstehung des Schuldverhältnisses durch...
a. Rudi kauft seinem Nachbarn ein gebrauchtes Fahrrad ab.	Abschluss eines Rechtsgeschäfts
b. Rudi überweist versehentlich den Kaufpreis für das Fahrrad auf das Konto seines Bruders statt auf das Konto des Nachbarn.	ungerechtfertigte Bereicherung
c. Bei der ersten Fahrt mit dem Fahrrad fährt Rudi den Hund eines Passanten an und verletzt ihn.	unerlaubte Handlung
d. Ein Dieb stiehlt Rudis Fahrrad, das er vor dem Haus abgestellt hat.	unerlaubte Handlung
e. Als Rudi bei der Polizei den Diebstahl anzeigt, nimmt seine Nachbarin ein Paket mit Büchern für ihn an und zahlt eine Nachnahmegebühr in Höhe von 50,00 Euro.	Geschäftsführung ohne Auftrag

3. Sachenrecht

Zu 1 Arten des Besitzes

Fall	Art des Besitzes?
a. Herr Müller mietet von Frau Veith ein Reitpferd.	Herr Müller ist gemäß § **854** BGB **unmittelbarer** Besitzer. Frau Veith ist gemäß § **868** BGB **mittelbare** Besitzerin. Außerdem ist Frau Veith **Eigenbesitzerin** und Herr Müller **Fremdbesitzer**, solange er das Eigentumsrecht von Frau Veith anerkennt.
b. Die Auszubildenden Rosa und Lila wohnen in einer Wohngemeinschaft mit zwei anderen Auszubildenden. Jeder der Auszubildenden bewohnt ein eigenes Zimmer. Das Wohnzimmer und das Bad benutzen die Auszubildenden gemeinsam.	Die allein genutzten Zimmer der Auszubildenden sind **Teilbesitz**. Die gemeinsam genutzten Zimmer sind dagegen **Mitbesitz**.
c. Der Dieb verleiht das gestohlene Fahrrad an einen ahnungslosen Freund.	Der Dieb ist unrechtmäßiger **Eigenbesitzer**. Der Entleiher ist **Fremdbesitzer**.

A. Bürgerliches Recht

Zu 2 Erwerb den Eigentums an beweglichen Sachen

Fall	Lösung
a. Frau Hammer vermietet ihre Eigentumswohnung.	b. Eigentümer und mittelbarer Besitzer
b. Der Auszubildende Aaron kauft sich von seinem ersparten Geld ein Motorrad. Die Übergabe des Geldes und des Motorrades findet am 11.06. statt.	a. Eigentümer und unmittelbarer Besitzer
c. Die gutgläubige Maria kauft sich im Internet eine gebrauchte Armbanduhr, die von der Verkäuferin gestohlen wurde. Nach Zahlung des Kaufpreises wird ihr die Armbanduhr wie vereinbart von der Verkäuferin mit der Post zugeschickt.	c. kein Eigentümer, aber unmittelbarer Besitzer vgl. §§ 929, 932, 935 Abs. 1 BGB
d. Rechtsanwältin Reimann fährt mit einem Mietwagen zu einem Auswärtstermin.	c. kein Eigentümer, aber unmittelbarer Besitzer
e. Maximilian kauft von seinem Freund Moritz ein Fahrrad, ohne zu wissen, dass dieser das Fahrrad von seinem Onkel geliehen hat. Er erhält das Fahrrad, nachdem er den Kaufpreis gezahlt hat.	a. Eigentümer und unmittelbarer Besitzer vgl. §§ 929, 932 BGB
f. Frau Ehrlich findet auf dem Parkplatz eines Supermarktes eine Brillantbrosche. Da sie nicht weiß, wem das Schmuckstück gehört, liefert sie die Brillantbrosche beim Fundbüro ab. Nach Ablauf von sechs Monaten hat sich der Eigentümer nicht beim Fundbüro gemeldet.	b. Eigentümer und mittelbarer Besitzer vgl. § 973 Abs. 1 BGB
g. Der gutgläubige Gereon kauft sich im Internet einen gebrauchten Goldring, der vom Verkäufer gestohlen wurde. Gereon hat den Goldring 11 Jahre gutgläubig im Eigenbesitz, als sich der ursprüngliche Eigentümer des Goldrings bei ihm meldet.	a. Eigentümer und unmittelbarer Besitzer vgl. § 937 Abs. 1 BGB
h. Rechtsanwalt Alt hat sich einen neuen Drucker gekauft. Den alten Drucker stellt er zum Sperrmüll auf die Straße.	e. weder Eigentümer noch Besitzer vgl. § 959 BGB
i. Der bösgläubige Grundstückseigentümer Franke erwirbt zu einem sehr günstigen Preis einen gestohlenen Apfelbaum, den er sofort in seinen Garten einpflanzt.	a. Eigentümer und unmittelbarer Besitzer vgl. § 946 BGB
j. Tüftler Theo nimmt den von seinem Nachbarn zum Sperrmüll an die Straße gelegten kaputten Staubsauger mit, um ihn zu reparieren.	a. Eigentümer und unmittelbarer Besitzer vgl. § 958 BGB

Zu 3 Übungsfall zum gutgläubigen Erwerb vom Nichtberechtigten

Lösung Frage 1

Grundsätzlich wird Eigentum an beweglichen Sachen durch Einigung und Übergabe übertragen, § 929 Abs. 1 S. 1 BGB.

Ein Eigentumserwerb nach § 929 Abs. 1 S. 1 BGB an den 250,00 Euro ist hier aber zu verneinen, da der Veräußerer F nicht Eigentümer des Geldes ist.

Voraussetzung für einen gutgläubigen Erwerb vom Nichtberechtigten nach § 932 Abs. 1 S. 1 BGB ist der gute Glaube des Erwerbers S, der hier vorliegt.

Da es sich aber im vorliegenden Fall um eine verlorengegangene Sache handelt, ist § 935 Abs. 1 S. 1 BGB zu beachten, der einen gutgläubigen Erwerb an gestohlenen bzw. verlorengegangenen Sachen ausschließt. Für den gutgläubigen Erwerb verlorengegangenen Geldes bildet jedoch § 935 Abs. 2 BGB eine Ausnahme, wonach

§ 935 Abs. 1 S. 1 BGB keine Anwendung findet. Somit ist der gutgläubige S nach § 935 Abs. 2 BGB Eigentümer der 250,00 Euro geworden.

Lösung Frage 2

Hinsichtlich des Portemonnaies gilt die allgemeine Vorschrift des § 935 Abs. 1 S. 1 BGB, wonach der gutgläubige Erwerb von abhanden gekommenen Sachen ausgeschlossen ist.
Der gutgläubige V hat damit kein Eigentum am Portemonnaie erlangt.

Zu 4 **Gebäude als wesentlicher Bestandteil eines Grundstücks**

Aussage	Lösung
a. Das Gebäude ist Zubehör des Grundstücks.	
b. Das Gebäude ist einfacher Bestandteil des Grundstücks.	
c. Das Gebäude ist wesentlicher Bestandteil des Grundstücks.	X
d. Grundstück und Gebäude sind sachenrechtlich zwei getrennte Gegenstände.	

Zu 5 **Eigentumserwerb an unbeweglichen Grundstücken**
a. Wie wird das Eigentum an einem Grundstück übertragen?
   Einigung der Parteien über den Eigentumsübergang (sog. Auflassung) und Eintragung der Rechtsänderung ins Grundbuch, §§ 827, 925 BGB.
b. Was versteht man unter dem Begriff „Auflassung"?
   Auflassung nennt man die Einigung bei der Übereignung eines Grundstücks, die bei gleichzeitiger Anwesenheit vor einer zuständigen Stelle erklärt werden muss
c. Kann sich Herr Groß bei der Auflassung von seiner Ehefrau vertreten lassen oder muss er persönlich erscheinen?
   Ja, er kann sich vertreten lassen, da das Gesetz nur gleichzeitige, aber nicht persönliche Anwesenheit verlangt, § 925 BGB.
d. Welches Grundbuchamt ist hier zuständig?
   AG (Grundbuchamt) Koblenz, § 1 Abs.1 GBO (Grundbuchordnung)
e. Welche 3 Grundpfandrechte unterscheidet man?
   Hypothek, Grundschuld und Rentenschuld

Zu 6 **Akzessorietät**

Die Grundschuld (§§ 1191 ff. BGB), da sie von der Forderung, die sie sichern soll, losgelöst ist. Daher entsteht die Grundschuld auch, wenn die Forderung noch nicht besteht bzw. sie bleibt bestehen, wenn die Forderung erlischt.

Zu 7 **Aufbau des Grundbuchs**

Belastung	Abteilung?
a. Rentenschuld	Abteilung III
b. Nießbrauch	Abteilung II
c. Grundschuld	Abteilung III
d. Hypothek	Abteilung III

Zu 8 **Gesetzliche Pfandrechte**

Fall	Gesetzliches Pfandrecht?
a. Frau Jung mietet bei Herrn Alt eine 2-Zimmerwohnung. Nach einem Jahr ist Frau Jung mit drei Monatsmieten in Verzug.	**Vermieterpfandrecht** an den eingebrachten Sachen des Mieters gemäß § 562 BGB
b. Nach erfolgreicher Diät beauftragt Herr Groß die Schneiderin Klein, seine Anzüge zu kürzen. Dazu übergibt er ihr seine 20 Anzüge. Nach Erledigung des Auftrags holt Herr Groß die Anzüge nicht ab, da er sich neue gekauft hat.	**Werkunternehmerpfandrecht** an den von ihm hergestellten bzw. an den ausgebesserten beweglichen Sachen des Bestellers gemäß § 647 BGB

A. Bürgerliches Recht

Fall	Gesetzliches Pfandrecht?
c. Das Ehepaar Prell verbringt im Hotel Schönblick seinen Sommerurlaub. Schmuck und Wertsachen hat das Ehepaar im Safe des Hotels deponiert. Wegen eines finanziellen Engpasses ist das Ehepaar am Ende des Urlaubs nicht in der Lage die Hotelkosten zu zahlen.	**Pfandrecht des Gastwirts** an den eingebrachten Sachen des Gastes gemäß § 704 BGB
d. Frau Grün pachtet von Bauer Groß mehrere Wiesen mit Apfelbäumen. Frau Grün ist am Ende des Sommers mit mehreren Pachtzahlungen in Verzug.	**Verpächterpfandrecht** an den eingebrachten Sachen des Pächters sowie an den Früchten der Pfandsache gemäß § 592 BGB
e. Der Gläubiger Ganz betreibt wegen Zahlung einer Kaufpreisforderung in Höhe von 10.000,00 Euro gegen seinen Schuldner die Zwangsvollstreckung. Er beauftragt die Gerichtsvollzieherin Hart mit der Vollstreckung in das bewegliche Vermögen.	**Pfändungspfandrecht** gemäß § 804 ZPO

4. Familienrecht

Zu 1 Fall Verlöbnis bzw. Eheschließung

a. Bei dem Verlöbnis handelt es sich um einen formlos geschlossenen Vertrag, der auf die Eingehung der Ehe gerichtet ist. Zur Wirksamkeit des Verlöbnisses bräuchte Maria daher die Zustimmung ihres gesetzlichen Vertreters, also ihrer Eltern.
b. Grundsätzlich soll eine Ehe nicht vor Eintritt der Volljährigkeit geschlossen werden, § 1303 Abs. 1 BGB. Von diesem Grundsatz kann das Familiengericht aber auf Antrag eine Befreiung von der Altersbeschränkung erteilen, wenn der zukünftige Ehegatte volljährig ist.
c. Nein, er kann nicht auf die Eheschließung bestehen, da aus dem Verlöbnis nicht auf die Eingehung der Ehe geklagt werden kann, § 1297 Abs. 1 BGB.
d. Gemäß § 1298 BGB hat bei einem Rücktritt vom Verlöbnis ohne wichtigen Grund derjenige, der zurückgetreten ist, dem anderen Verlobten den Schaden zu ersetzen, der daraus entstanden ist, dass der andere Verlobte in Erwartung der Ehe Aufwendungen gemacht hat. Da Josef ohne wichtigen Grund (wichtiger Grund wäre z. B. Untreue von Maria) vom Verlöbnis zurückgetreten ist und Maria in Erwartung der Hochzeit das Hochzeitskleid gekauft hat, hat sie einen Schadensersatzanspruch gegenüber Josef. Dieser verjährt in drei Jahren ab Auflösung des Verlöbnisses, § 1302 BGB.
e. Gemäß § 1301 S. 1 BGB muss Maria den Verlobungsring an Josef zurückgeben.
f. Gemäß § 1307 BGB dürfen Verwandte in gerader Linie nicht heiraten. Da Cousin und Cousine in der Seitenlinie verwandt sind, dürfen Maria und Josef heiraten.

Zu 2 Voraussetzungen der Eheschließung

(1) zwei Personen verschiedenen Geschlechts
(2) Ehefähigkeit, d. h. Ehemündigkeit und Nichtvorliegen der Geschäftsunfähigkeit
(3) keine Eheverbote gemäß §§ 1306 ff. BGB
(4) Einhaltung des Verfahrens gemäß §§ 1310 ff. BGB

Zu 3 Namensrecht

(1) Sie können den Geburtsnamen bzw. den Namen, den der Mann oder die Frau zurzeit der Eheschließung führen, als Ehenamen wählen, § 1355 Abs. 2 BGB:
Müller, Maier oder Schmitt.
Der Ehegatte, dessen Name nicht Ehename wird, kann dem Ehenamen seinen Geburtsnamen bzw. den zur Zeit der Erklärung über die Bestimmung des Ehenamens geführten Namen voranstellen oder anfügen, § 1355 Abs. 4 BGB.
(2) Bestimmen die Eheleute keinen Namen, so führen sie ihren zur Zeit der Eheschließung geführten Namen weiter, § 1355 Abs. 1 BGB:
Herr Müller und Frau Maier

Zu 4 Zugewinn

	Herr Frank	Frau Frank
Anfangsvermögen	5 000,00 Euro −,00 Euro 5 000,00 Euro	20 000,00 Euro + 15 000,00 Euro 35 000,00 Euro
Endvermögen	25 000,00 Euro + 5 000,00 Euro 30 000,00 Euro	50 000,00 Euro −,00 Euro 50 000,00 Euro
Zugewinn	25 000,00 Euro	15 000,00 Euro

Ergebnis: Der Zugewinn von Herrn Frank übersteigt den von Frau Frank um 10 000,00 Euro. Frau Frank hat damit gegen ihren Mann eine Ausgleichsforderung in Höhe von 5 000,00 Euro.

Zu 5 Zerrüttungsprinzip
Zerrüttungsprinzip: Danach ist die Ehe gescheitert, wenn die Lebensgemeinschaft der Ehegatten nicht mehr besteht und nicht mehr erwartet werden kann, dass die Ehegatten sie wiederherstellen, § 1565 Abs. 1 BGB. Die Schuldfrage wird nicht geprüft.

Zu 6 Voraussetzungen der Ehescheidung
Das Scheitern der Ehe wird unwiderlegbar vermutet, wenn
die Ehegatten
- seit einem Jahr getrennt leben und beide die Scheidung wollen, § 1566 Abs. 1 BGB,
- die Ehegatten seit drei Jahren getrennt leben und ein Ehegatte die Scheidung will, § 1566 Abs. 2 BGB.
- Im Härtefall (z. B. schwere Erkrankung des Partners) soll die Ehe nicht geschieden werden, auch wenn sie gescheitert ist, § 1568 BGB.

Zu 7 Verwandtschaft, Schwägerschaft, Linie, Grad

Personen	verwandt oder verschwägert?	Linie?	Grad?
a. Großvater und Enkelin	verwandt	gerade Linie	2. Grad
b. Ehefrau und Vater des Ehemannes	verschwägert	gerade Linie	1. Grad
c. Cousin und Cousine	verwandt	Seitenlinie	4. Grad
d. Ehefrau und Bruder des Ehemannes	verschwägert	Seitenlinie	2. Grad
e. Onkel und Nichte	verwandt	Seitenlinie	3. Grad
f. Bruder und Schwester	verwandt	Seitenlinie	2. Grad
g. Ehemann und Ehefrau	weder verwandt noch verschwägert	———	———
h. Halbbruder und Halbschwester	verwandt	Seitenlinie	2. Grad

Zu 8 Adoption
Ein Verwandtschaftsverhältnis ohne blutsmäßige Abstammung kann durch Adoption Minderjähriger begründet werden, vgl. § 1755 f. BGB.

Zu 9 Unterhaltspflichten
Verwandte in gerader Linie (Großeltern – Eltern – Kinder) sind verpflichtet, im Fall der Bedürftigkeit einander Unterhalt zu gewähren, §§ 1601 ff. BGB.

A. Bürgerliches Recht

5. Erbrecht

Zu 1 **Gesetzliche Erbfolge**

Sachverhalt	richtig
a. Bruder und Schwester sind in gerader Linie miteinander verwandt und erben daher jeweils die Hälfte.	
b. Das Kind des Erblassers ist nicht zur Erbfolge berufen, solange ein Verwandter einer nachfolgenden Ordnung lebt.	
c. Die Erben innerhalb einer Ordnung teilen sich das Erbe zu gleichen Teilen.	X
d. Adoptierte Kinder sind grundsätzlich nicht erbberechtigt.	
e. Sofern der Erblasser mehrere Kinder hinterlässt, so ist nur das erstgeborene Kind pflichtteilsberechtigt.	

Zu 2 **Gesetzliche Erbfolge**

Sachverhalt	richtig
a. Rudi und Renate erben jeweils die Hälfte.	
b. Rudi, Renate und Tim erben jeweils zu einem Drittel.	
c. Rudi, Renate, Tim und Tom erben jeweils zu einem Viertel.	
d. Tom, Rudi und Renate erben jeweils zu einem Drittel.	
e. Rudi und Renate erben jeweils zu einem Drittel, Tim und Tom jeweils zu einem Sechstel.	X

Zu 3 **Gesetzliche Erbfolge**
- Die Großeltern erben allein, d. h. je 1/2 pro Großelternpaar, § 1926 Abs. 1 BGB.
- Tante und Onkel erben nichts.

Zu 4 **Gesetzliche Erbfolge**
- Die Eltern erben alles, d. h. pro Kopf 1/2, § 1925 Abs. 2 BGB.
- Geschwister, Nichte und Neffen erben nichts.

Zu 5 **Testierfähigkeit**
- eigenhändiges Testament muss eigenhändig geschrieben sein, § 2247 Abs. 1 BGB.
- Thomas ist noch minderjährig, daher kann er kein eigenhändiges Testament errichten, § 2247 Abs. 4 BGB.
- Ein öffentliches Testament wäre nach Maßgabe der §§ 2233 Abs. 1 möglich.

Zu 6 **Erbrecht des Ehegatten**
- Ehefrau: 1/4 aus § 1931 Abs. 1 BGB und 1/4 aus § 1371 Abs. 1 BGB = 1/2
- Kinder jeweils 1/4

Zu 7 **Pflichtteil**
Sofern ein Abkömmling durch Testament oder Erbvertrag enterbt wurde, so steht ihm dennoch der Pflichtteil zu, §§ 2303 ff. BGB. Dieser ist ein schuldrechtlicher Anspruch in Höhe der Hälfte des gesetzlichen Erbteils gegen den Erben.

Zu 8 **Unterschied zwischen Erbvertrag und Testament**

Testament:
- Es muss eigenhändig und leserlich geschrieben und unterschrieben sein.
- Widerruf ist jederzeit möglich, z. B. durch Verfassen eines neuen Testaments.

Erbvertrag
- Er muss bei gleichzeitiger Anwesenheit beider Teile zur Niederschrift eines Notars geschlossen werden, § 2276 Abs. 1 BGB. Der Erblasser muss ihn persönlich schließen, § 2274 BGB.
- Eine Aufhebung ist in der Regel nur möglich, wenn beide Teile darüber einig sind, § 2290 BGB. Ein einseitiger Rücktritt oder eine Anfechtung durch den Erblasser ist sehr schwierig, §§ 2281 ff., 2293 ff. BGB.

Lösungen — Rechtsanwendung

Zu 9 Erbvertrag
Ja, sie kann sich vertreten lassen. Die persönliche Anwesenheitspflicht bezieht sich nur auf ihre Mutter, § 2274 BGB.

Zu 10 Vermischtes

Aussage		richtig
a.	Ein Seetestament hat unbeschränkte Gültigkeitsdauer.	
b.	Ein Testament ohne Datum ist nicht rechtswirksam.	
c.	Bei mehreren Testamenten gilt das aktuellste Testament.	X
d.	Ein 16-jähriger kann grundsätzlich kein Testament errichten.	
e.	Ein Erbe kann grundsätzlich von den Abkömmlingen nicht ausgeschlagen werden, da sie in der gesetzlichen Erbfolge an erster Stelle stehen.	

Zu 11 Vermischtes

Aussage		richtig
a.	Wenn Personen in einem Testament ausdrücklich als Erben eingesetzt werden, so spricht man von einem Vermächtnis.	
b.	Ein Pflichtteilsanspruch ist vererblich und übertragbar.	X
c.	Beim Erbvertrag ist ein jederzeitiger Rücktritt des Erblassers möglich.	
d.	Der Pflichtteil besteht in einem Viertel des Wertes des gesetzlichen Erbteils.	
e.	Ein Erbschein ist nur ein vorläufiges Dokument und besitzt daher keinen öffentlichen Glauben.	

B. Handels- und Gesellschaftsrecht

I. Wiederholungsfragen

1. Handelsrecht

1.1 Handelsrechtliche Grundlagenbegriffe

Zu 1 Geltungsbereich des HGB
Während das BGB für alle „bürgerlichen" Personen gilt und somit die Grundlagen (-vorschriften) für die unterschiedlichsten Vertrags- und Rechtsgestaltungen enthält, ist das HGB als besonderes Recht für Kaufleute anzusehen. Um der Komplexität des Wirtschaftslebens Rechnung zu tragen und gleichzeitig das BGB nicht zu überfrachten, wurde das HGB mit seinen speziellen Regelungen für Kaufleute als eigenes Gesetz geschaffen. Um wiederum das HGB nicht zu überfrachten, gibt es für „besondere Kaufleute" wiederum eigene, noch speziellere Gesetze, zum Beispiel für die AG oder die GmbH.

Zu 2 Kaufmann
In § 1 HGB findet sich folgende Definition:
Absatz 1: Kaufmann im Sinne dieses Gesetzbuches ist, wer ein Handelsgewerbe betreibt.
Absatz 2: Handelsgewerbe ist jeder Gewerbebetrieb, es sei denn, dass das Unternehmen nach Art und Umfang einen in kaufmännischer Weise eingerichteten Geschäftsbetrieb nicht erfordert.
Erläuterungen:
Der Begriff Gewerbebetrieb wird im HGB nicht definiert. In § 15 Abs. 2 EStG finden sich Kriterien, die einen Gewerbebetrieb kennzeichnen. Auf diese wird hilfsweise zurückgegriffen:
- Selbstständigkeit der Tätigkeit,
- Nachhaltigkeit,
- Gewinnerzielungsabsicht,
- Beteiligung am allgemeinen wirtschaftlichen Verkehr,
- keine Land- und Forstwirtschaft, keine freie Berufstätigkeit und keine andere selbstständige Arbeit.

Außerdem ist nach § 1 Abs. 2 HGB erforderlich, dass das Unternehmen einen nach Art oder Umfang in kaufmännischer Weise eingerichteten Geschäftsbetrieb erfordert. Dies bedeutet, dass ein Kleinbetrieb zwar als Gewerbebetrieb angesehen werden kann, nicht jedoch zwingend als Kaufmann im Sinne des HGB. Hierzu muss das Unternehmen eine gewisse Größenordnung aufweisen. Eine klare Einteilung, wann ein Gewerbebetrieb eine solche Größenordnung erreicht hat, so dass er zwingend als Kaufmann anzusehen ist, gibt es jedoch nicht. Es gibt lediglich Kriterien, die zur Beurteilung herangezogen werden können, insbesondere sind dies:
- hoher Umsatz, Gewinn,
- hohe Mitarbeiterzahl,
- mehrere Filialen,
- hohes Warenangebot,
- vielfältige Geschäftskontakte.

Zu 3 Kaufmannseigenschaft und Rechtsanwälte
Freiberufler wie etwa Rechtsanwälte, Steuerberater, Ärzte etc. betreiben kein Handelsgewerbe. Ihre Tätigkeit besteht nicht darin, in irgendeiner Branche einen Handel zu betreiben, sondern sie sind aufgrund ihrer langen Ausbildung und ihres Fachwissens hoch spezialisierte Fachleute, die in ihrem Berufsfeld Dienstleistungen erbringen. Sie fallen auch nicht unter den steuerlichen Begriff des Gewerbebetriebs.
Merke: Rechtsanwälte fallen weder unter den handelsrechtlichen Begriff „Kaufmann", noch unter den steuerlichen Begriff „Gewerbetreibender".

Zu 4 Zusammenschlüsse von Rechtsanwälten
Nein, auch hierbei entsteht kein Gewerbebetrieb bzw. kein Kaufmann im Sinne des HGB.

Zu 5 Kaufmannsarten
(1) **Istkaufmann, § 1 HGB**
Siehe hierzu die ausführliche Darstellung bei Frage 2. Die Kaufmannseigenschaft nach § 1 HGB wird bereits dadurch begründet, dass eine (handels-)gewerbliche Tätigkeit aufgenommen wird und das Unternehmen eine Größenordnung aufweist, die einen in kaufmännischer Weise eingerichteten Geschäftsbetrieb erforderlich macht. Die Eintragung hat deklaratorische Wirkung (rechtsbekundend, feststellend).

(2) **Kannkaufmann, §§ 2, 3 HGB**
Durch § 2 HGB wird Kleingewerbetreibenden die Möglichkeit gegeben, sich freiwillig in das Handelsregister eintragen zu lassen und somit freiwillig die Kaufmannseigenschaft zu erwerben. Diese Möglichkeit hat der Gesetzgeber auch Betrieben der Land- und Forstwirtschaft über § 3 HGB eröffnet. Ab Eintragung ins Handelsregister erfüllen diese Betriebe die Kaufmannseigenschaft nach HGB, die Eintragung hat insofern konstitutive Wirkung (rechtsbegründend).

(3) **Formkaufmann, § 6 HGB**
Im Gegensatz zu natürlichen Personen, entstehen juristische Personen, wie insbesondere die GmbH oder AG, durch Eintragung in ein entsprechendes Register, hier also das Handelsregister. Ab Eintragung ins Handelsregister gelten diese Rechtsformen als Kaufleute, die Eintragung hat insofern konstitutive Wirkung. Weitere Beispiele sind die Kommanditgesellschaft auf Aktien KGaA, die Genossenschaft eG oder Versicherungsvereine auf Gegenseitigkeit VvaG, auch die Rechtsanwalts-GmbH muss ins Handelsregister eingetragen werden.

Abgrenzung:
Natürliche Personen, die bei einem Betrieb in einem Anstellungsverhältnis stehen, können niemals unter den handelsrechtlichen Kaufmannsbegriff fallen. Dies gilt auch dann nicht, wenn sie eine Ausbildung in einem kaufmännischen Beruf absolviert haben, zum Beispiel Bankkaufmann oder Industriekaufmann. Diese (Ausbildungs-)Berufsbezeichnung hat nichts mit dem handelsrechtlichen Kaufmannsbegriff zu tun. Ebenso wenig erfüllt der GmbH-Geschäftsführer als natürliche Person die handelsrechtliche Kaufmannseigenschaft wie der Vorstandsvorsitzende einer AG. Die GmbH oder die AG dagegen gelten als sogenannte Formkaufleute und fallen daher unter den handelsrechtlichen Kaufmannsbegriff.

Zu 6 Rechtswirkung der Handelsregistereintragung / Kaufmannseigenschaft
- Kaufleute unterliegen den verschärften Bestimmungen des HGB. Dies bedeutet unter anderem, dass sie buchführungspflichtig werden und somit den handelsrechtlichen Vorschriften für den Jahresabschluss unterliegen.
- Eine Bürgschaft ist stets selbstschuldnerisch. Im Rahmen eines Handelsgeschäfts kann sie auch mündlich abgegeben werden.
- Kaufleute können Prokura erteilen.
- Selbst ein Schweigen im Rahmen eines Vertragsabschlusses hat einen anderen Stellenwert als das Schweigen einer natürlichen Person, die nur den Bestimmungen des BGB unterliegt.
- Kaufleute haben den Wareneingang sofort zu untersuchen und etwaige Mängel unverzüglich zu rügen.

Zu 7 Firma
Firma ist der Name eines Kaufmanns, unter dem er seine Geschäfte betreibt, seine Unterschrift abgibt, sowie klagen und verklagt werden kann, § 17 HGB.

Firmenarten
Wichtiger Bestandteil ist der sogenannte Firmenkern. Hier hat der Kaufmann ein Wahlrecht, ob er
- eine Personenfirma, Name(n) natürlicher Person(en),
- eine Sachfirma, bezieht sich auf den Gegenstand des Unternehmens,
- einen Fantasienamen oder
- eine Mischfirma als Kombination der vorgenannten Möglichkeiten

wählt.
Außerdem ist ein entsprechender Rechtsformzusatz erforderlich.
Beispiele für Rechtsformzusätze:
bei Einzelkaufleuten e.Kfm. oder e.K.; bei der Offenen Handelsgesellschaft OHG; bei der Kommanditgesellschaft KG; bei der Gesellschaft mit beschränkter Haftung GmbH; bei der Aktiengesellschaft AG; bei der eingetragenen Genossenschaft e.G.

Zu 8 Firmengrundsätze
In §§ 17 ff HGB hat der Gesetzgeber die Firmengrundsätze aufgeführt:
(1) **Firmenausschließlichkeit**, das heißt, an einem Ort darf ein und dieselbe Firma nur einmal bestehen,
(2) **Firmenbeständigkeit**, hierdurch soll sicher gestellt werden, dass eine am Markt eingeführte Firma auch nach dem Tod des Firmeninhabers unter dem bisherigen Namen weitergeführt werden kann (z. B. durch Pacht). Für die Fortführung ist gemäß § 22 HGB ein entsprechender Zusatz aufzunehmen, zum Beispiel „Jakob Mayer Nachfolger" oder Jakob Mayer, Inhaber Willy Müller.
(3) **Firmenwahrheit, Firmenklarheit (Irreführungsverbot)**, Firmenwahrheit bedeutet, dass außenstehende Dritte wie etwa Geschäftspartner weder über die Rechtsform noch über die Unternehmensträger getäuscht werden dürfen. Durch den Rechtsformzusatz sollen die Gesellschafts- und Haftungsverhältnisse offen gelegt werden. Außerdem bestimmt der Grundsatz der Firmenklarheit, dass Firmenzusätze unzulässig sind, über die Außenstehende über Art und Umfang des Geschäfts getäuscht werden könnten.
(4) **Firmenöffentlichkeit**, dieser Grundsatz bedeutet, dass die Firma ins Handelsregister eingetragen werden muss.

B. Handels- und Gesellschaftsrecht

Zu 9 Unternehmens-/Firmenfortführung
Ein zentraler Vorteil ist sicherlich, dass er einen am Markt eingeführten Namen und damit einen Kundenstamm übernimmt.
Der Nachteil dabei ist, dass er auch für frühere Verbindlichkeiten einstehen muss, §§ 25 ff HGB.
Anmerkung:
Sofern er die Firma nicht fortführt, so haftet er für frühere Verbindlichkeiten nur im Rahmen des § 25 Abs. 3 HGB, das heißt, er haftet nur dann,
- wenn er sich dazu verpflichtet und
- wenn er dies den Gläubigern in handelsüblicherweise mitteilt.

Zu 10 Pflichtangaben bei Geschäftsbriefen
Gemäß § 37a HGB sind hier insbesondere notwendig:
- Firma
- Rechtsformbezeichnung
- Ort der Handelsniederlassung
- Bezeichnung des Registergerichts
- Eintragungsnummer beim Handelsregister

Zu 11 Personenstandsregister
Dies ist ein öffentliches Register, in dem die persönlichen Verhältnisse eines Menschen dokumentiert sind, zum Beispiel Geburt, Heirat. Dies wird bei den Standesämtern geführt.

Zu 12 Zu Handelsregister
zu a Begriff Handelsregister
Dies ist ein öffentliches, elektronisches Verzeichnis, in dem die wirtschaftlich-rechtlichen Verhältnisse von Kaufleuten aufgezeichnet sind. Es wird bei den Amtsgerichten geführt.
Anmerkung: Seit dem 01.01.2007 wurden die Handels-, Genossenschafts- und Partnerschaftsregister auf den elektronischen Betrieb umgestellt.

Zu b Einsichtnahme Handelsregister
Das Handelsregister ist ein öffentliches Verzeichnis, das bedeutet, dass grundsätzlich **jedermann** dort Einsicht nehmen kann, § 9 HGB.

Zu c Anmeldung zur Eintragung und Einreichung
Die Anmeldungen zur Eintragung in das Handelsregister sind **elektronisch in öffentlich beglaubigter Form** einzureichen. Die gleiche Form ist für eine Vollmacht zur Anmeldung erforderlich. Dokumente sind elektronisch einzureichen, § 12 HGB.
Handelsregistereintragungen werden auch elektronisch bekannt gemacht.

Zu d Aufbau Handelsregister

Abteilung A	Abteilung B
Einzelunternehmen, Personengesellschaften	Kapitalgesellschaften
Eintragungspflichtige Informationen:	
Firma	Firma
Name des Geschäftsinhabers bzw. des persönlich haftenden Gesellschafters	Name der Vorstandsmitglieder (bei der AG) bzw. Name der Geschäftsführer (bei der GmbH)
Ort der Niederlassung	Ort der Niederlassung
Bestellung bzw. Abberufung eines Prokuristen	Gegenstand des Unternehmens
Name des Kommanditisten	Höhe des Haftungskapitals
Einlage des Kommanditisten	Tag der Satzungsfeststellung (bei der AG) bzw. Abschluss des Gesellschaftsvertrags (bei der GmbH)
	Bestellung bzw. Abberufung eines Prokuristen

Außerdem: Hinterlegung der Unterschriften der Zeichnungsberechtigten beim Registergericht.

Zu e Wirkung der Handelsregistereintragung
Deklaratorisch:
Dies bedeutet, dass die Eintragung **rechtsbekundend** wirkt.
Anmerkung:
Wenn jemand bereits vor Handelsregistereintragung damit beginnt, ein Handelsgewerbe zu betreiben, dann gilt dies ab Aufnahme der Tätigkeit als begründet. Die Eintragung ins Handelsregister dokumentiert dann nur noch formell nach außen, dass jemand Kaufmann im Sinne des HGB ist. Dies ist beim Istkaufmann der Fall.
Konstitutiv:
Die Kaufmannseigenschaft wird hier erst durch die Eintragung ins Handelsregister begründet (**rechtsbegründend**), nicht bereits vorher. Dies ist bei den Kann- oder Formkaufleuten der Fall.

Zu f Publizität von Handelsregistereintragungen
Die Publizität der Handelsregistereintragung ergibt sich aus § 15 HGB.
Positive Publizität
Eine eingetragene und bekannt gemachte Tatsache muss ein Dritter gegen sich gelten lassen, auch wenn er sie nicht kannte oder nicht kennen musste, § 15 Abs. 2 HGB.
Negative Publizität
Solange eine Tatsache nicht eingetragen und nicht bekannt gegeben ist, kann sie einem Dritten nicht entgegengehalten werden, es sei denn, sie war ihm bekannt, § 15 Abs. 1 HGB.
Anmerkung:
Außerdem gibt es auch eine **fehlerhafte Publizität**
Ist eine Tatsache unrichtig bekannt gemacht worden, so kann sich ein Dritter hierauf berufen, es sei denn, dass er die Unrichtigkeit kannte, § 15 Abs. 3 HGB.

Zu 13 Unternehmensregister
Seit dem 01.01.2007 wurde unter der Internetadresse „www.unternehmensregister.de" ein zentrales Unternehmensregister geschaffen, in dem die wesentlichen publikationspflichtigen Daten eines Unternehmens (z. B. Registereintragung, Jahresabschlüsse) online abrufbar sind.

Zu 14 Bundesanzeiger
Hierbei handelt es sich um eine vom Bundesministerium der Justiz herausgegebene Internetplattform, auf der bestimmte Veröffentlichungen zu Unternehmen vorgenommen werden.

1.2 Stellvertretung

Zu 1 Stellvertretung
Stellvertretung liegt vor bei Abgabe einer Willenserklärung (= aktive Stellvertretung) oder deren Empfang (= passive Stellvertretung) für einen anderen in dessen Namen. Voraussetzung ist ein eigenverantwortliches Handeln in fremdem Namen und eine entsprechende Vertretungsmacht, § 164 BGB.

Zu 2 Abgrenzung Bote und Stellvertreter
Bote
Er überbringt quasi als bloßes Sprachrohr eine fremde Willenserklärung. Gleiches gilt für den Empfang, er empfängt lediglich eine fremde Willenserklärung.
Stellvertreter
Er erklärt einen eigenen Willen, er handelt eigenverantwortlich in fremden Namen, er ist nicht bloßes Sprachrohr.

Zu 3 Unterschied Stellvertretung nach BGB und nach HGB
Nach BGB ist der Umfang der Vollmacht frei bestimmbar. Es wird begrifflich unterschieden in
- Spezialvollmacht, zur Vornahme eines bestimmten Rechtsgeschäfts,
- Gattungsvollmacht, die sich auf eine bestimmte Gattung von Rechtsgeschäften bezieht und die
- Generalvollmacht, die sich ohne Beschränkung auf alle Rechtsgeschäfte bezieht.

Der Umfang der Vertretungsmacht nach HGB ist hier genau festgelegt. Das HGB unterteilt die Vertretungsmacht in die Handlungsvollmacht und die Prokura.

B. Handels- und Gesellschaftsrecht

Zu 4 Handlungsvollmacht

Zu a Erteilung Handlungsvollmacht
Die Handlungsvollmacht kann durch den Geschäftsinhaber oder einem gesetzlichen Vertreter bei Kapitalgesellschaften oder durch den Prokuristen erteilt werden.

Zu b Form
Sie kann schriftlich, mündlich oder durch konkludentes Handeln erteilt werden. Sie wird nicht in das Handelsregister eingetragen.

Zu c Vollmachtsarten
(1) **Einzelvollmacht**
   Sie wird nur für die Vornahme eines einzelnen Rechtsgeschäfts erteilt, zum Beispiel Kauf von fünf Büroordnern.
(2) **Artvollmacht (Spezialvollmacht)**
   Sie berechtigt zur Vornahme von Rechtsgeschäften, die in der gleichen Art im Betrieb vorkommen, zum Beispiel die Mitarbeiterin an der Kasse besitzt eine Artvollmacht.
(3) **Allgemeine Handlungsvollmacht**
   Sie erstreckt sich auf alle branchentypischen Geschäfte und Rechtshandlungen, die zum gewöhnlichen Betrieb dieses Handelsgewerbes gehören. Dies bedeutet im Umkehrschluss, dass er keine Rechtshandlungen und Geschäfte vornehmen darf, die dieses Handelsgewerbe nicht mit sich bringt.

Zu d Zeichnung des Handlungsbevollmächtigten
Einzelvollmacht: i.A. (im Auftrag)
Artvollmacht: i.A.
Allgemeine Handlungsvollmacht: i.V. (in Vollmacht)

Zu e Beschränkungen der Handlungsvollmacht
Hierzu sind einzelne Beschränkungen in § 54 HGB aufgeführt:
- Grundstücke belasten oder verkaufen,
- Wechselverbindlichkeiten eingehen,
- Darlehen aufnehmen,
- Prozesse im Namen des Unternehmers führen.

Außerdem:
Untersagt sind Rechtshandlungen und Geschäfte, die das Handelsgewerbe nicht mit sich bringt.
Auch wenn der Kauf von Grundstücken nicht ausdrücklich im Gesetz geregelt ist, so wird man ihn wohl verneinen müssen.

Des Weiteren sind Rechtsgeschäfte untersagt, bei denen es gesetzlich verboten ist, dass sich der Geschäftsinhaber vertreten lässt, das heißt, bei denen er sich auch nicht von einem Prokuristen vertreten lassen kann, zum Beispiel Bilanzen unterschreiben, Eid leisten etc.

Zu f Erlöschen der Handlungsvollmacht
- Beendigung des Auftrags bei Einzelhandlungsvollmacht
- Widerruf
- Beendigung des Arbeitsverhältnisses
- Auflösung des Handelsgewerbes
- Tod des Handlungsbevollmächtigten

Zu 5 Prokura

Zu a Erteilung Prokura
Die Prokura muss vom Geschäftsinhaber persönlich oder von seinem gesetzlichen Vertreter erteilt werden, zum Beispiel der eingetragene Einzelkaufmann, der Komplementär einer KG, der Vorstand einer AG.

Zu b Form
Sie muss mittels ausdrücklicher Erklärung erteilt werden, § 48 HGB. Die Prokura gilt ab Erteilung, die notwendige Handelsregistereintragung hat nur deklaratorische Wirkung.
Anmerkung:
Prokura ist die in das Handelsregister einzutragende umfassende Handlungsvollmacht mit gesetzlich festgelegtem, grundsätzlich unbeschränkbarem Umfang, §§ 48 ff HGB.

Zu c Arten der Prokura

(1) **Einzelprokura:** Der Prokurist ist allein berechtigt, den Geschäftsinhaber zu vertreten.
(2) **Gesamtprokura:** Die Prokura wurde mehreren gemeinschaftlich erteilt, das heißt, sie kann nur gemeinschaftlich ausgeübt werden.
(3) **Filialprokura**: Sie ist nur auf eine selbstständige Zweigniederlassung eines Betriebs beschränkt.

Zu d Unterschrift Prokurist

Nach § 51 HGB muss er so unterschreiben, dass er der Firma seinen Namen mit einem die Prokura andeutenden Zusatz beifügt, zum Beispiel ppa (per Prokura).

Zu e Umfang der Prokura

Der Umfang ergibt sich grundsätzlich aus § 49 HGB.
Die Prokura ermächtigt zu allen Arten von gerichtlichen und außergerichtlichen Geschäften und Rechtshandlungen, die der Betrieb eines Handelsgewerbes mit sich bringt.
Nicht erlaubte Rechtshandlungen sind:
- Grundstücke belasten oder verkaufen, § 49 Abs. 2 HGB, dies bezieht sich auf Grundstücke, die sich bereits im Eigentum des Geschäftsinhabers befinden,
- Gesellschafter aufnehmen,
- Erteilung oder Entzug einer Prokura,
- Anmeldung zur Eintragung ins Handelsregister,
- Bilanzen oder Steuererklärungen unterschreiben,
- Einstellung oder Veräußerung des Handelsgewerbes,
- Insolvenz beantragen,
- Eid leisten.

Anmerkung:
Der entscheidende Unterschied zur Handlungsvollmacht liegt darin, dass die Rechtsgeschäfte des Prokuristen nicht konkret in seinem Handelsgewerbe üblich sein müssen, sondern in irgendeinem Handelsgewerbe. Der Umfang der Prokura ist also wesentlich größer.

Zu f Beschränkung der Prokura

- Im Innenverhältnis: Im Verhältnis zwischen Geschäftsinhaber und Prokurist ist dies möglich, z. B. durch Dienst- oder Arbeitsvertrag.
- Im Außenverhältnis: Hier besteht keine Möglichkeit der Beschränkung, § 50 Abs. 1 HGB.

Zu g Erlöschen der Prokura

Das Erlöschen der Prokura ist gemäß § 53 Abs. 2 HGB im Handelsregister anzumelden.
Die Prokura erlischt (§§ 52, 53 HGB):
- durch Widerruf,
- Tod des Prokuristen,
- Beendigung des Arbeitsverhältnisses,
- Einstellung oder Veräußerung des Handelsgewerbes oder
- Insolvenz.

B. Handels- und Gesellschaftsrecht

2. Gesellschaftsrecht: Unternehmensformen

Zu 1 Überblick Unternehmensformen

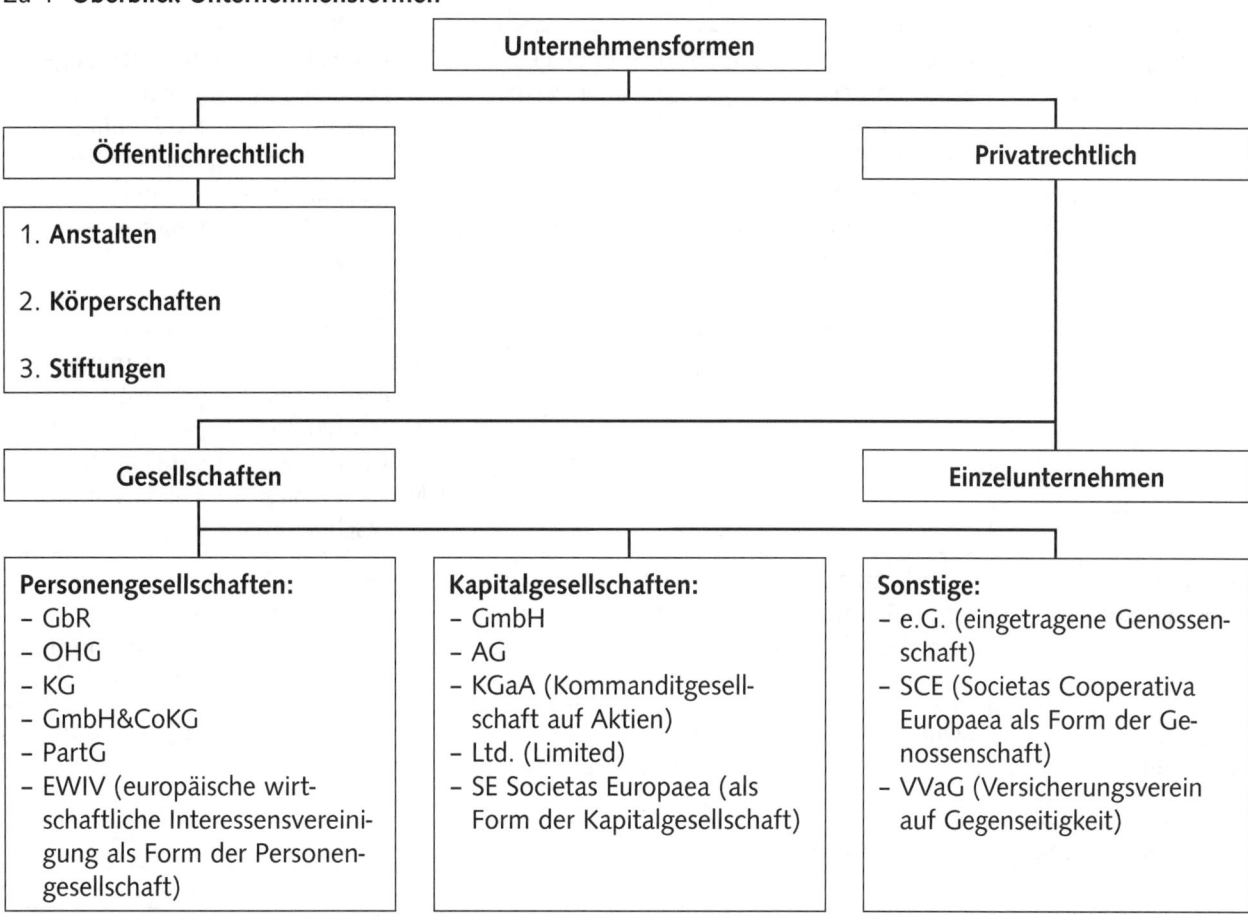

```
                          Unternehmensformen
                         /                   \
              Öffentlichrechtlich          Privatrechtlich
              1. Anstalten
              2. Körperschaften
              3. Stiftungen
                         /                   \
                  Gesellschaften         Einzelunternehmen
```

Personengesellschaften:	Kapitalgesellschaften:	Sonstige:
– GbR – OHG – KG – GmbH&CoKG – PartG – EWIV (europäische wirtschaftliche Interessensvereinigung als Form der Personengesellschaft)	– GmbH – AG – KGaA (Kommanditgesellschaft auf Aktien) – Ltd. (Limited) – SE Societas Europaea (als Form der Kapitalgesellschaft)	– e.G. (eingetragene Genossenschaft) – SCE (Societas Cooperativa Europaea als Form der Genossenschaft) – VVaG (Versicherungsverein auf Gegenseitigkeit)

Zu 2 Unterschied Personen- und Kapitalgesellschaften

Personengesellschaft	Kapitalgesellschaft
Die Eigentümer üben die Geschäftsführung und die Vertretung aus	Trennung zwischen Eigentum und Geschäftsführung/Vertretung, letzteres liegt oft bei Managern
Persönliche Haftung der einzelnen Mitglieder	Keine persönliche Haftung
Persönliche Arbeit der Mitglieder steht im Vordergrund	Unpersönliche Kapitalaufbringung steht im Vordergrund
Kapital wird von wenigen Mitgliedern aufgebracht, kein Mindestkapital	Kapital wird von vielen Mitgliedern aufgebracht, Mindestkapital vorgeschrieben
Geringerer Gründungsaufwand und geringere Kosten	Hoher Gründungsaufwand und höhere Kosten

Zu 3 Geschäftsführung und Vertretung
Geschäftsführung bezieht sich auf das Innenverhältnis.
Vertretung ist auf das Außenverhältnis gerichtet.

Zu 4 Einzelunternehmung
Bei der Einzelunternehmung ist der Unternehmer der alleinige Eigentümer des Unternehmens. Er bringt das notwendige Kapital auf und haftet mit dem Geschäfts- und Privatvermögen. Dafür muss er die Geschäftsführung, Vertretung und den Gewinn mit niemandem teilen, einen eventuellen Verlust muss er allerdings auch allein tragen. Die Gründung ist formlos. Eine Handelsregistereintragung ist nur dann zwingend, wenn er als Istkaufmann die Kriterien des § 1 HGB erfüllt bzw. sofern er sich als Kannkaufmann freiwillig ins Handelsregister eintragen lässt.

Zu 5 Personengesellschaften

Kriterien	GbR	Partnerschaftsgesellschaft	OHG	KG
Wesen / Mindestkapital	Gesellschaft des bürgerlichen Rechts Vertraglicher Zusammenschluss zwischen natürlichen (juristischen) Personen, kein Mindestkapital vorgeschrieben	Rechtsgrundlage: Gesetz über Partnerschaftsgesellschaften Angehöriger freier Berufe Rechtsform für Zusammenschlüsse von Freiberuflern, kein Mindestkapital vorgeschrieben	Offene Handelsgesellschaft nach HGB, Zusammenschluss von Gesellschaftern zum Zweck eines Handelsgewerbes oder der Verwaltung des eigenen Vermögens unter gemeinschaftlicher Firma, kein Mindestkapital vorgeschrieben	Kommandit-gesellschaft nach HGB, ähnlich wie bei OHG, wobei hier neben einem oder mehreren Vollhaftern (Komplementär) zumindest ein Teilhafter (Kommanditist) beteiligt ist, kein Mindestkapital vorgeschrieben
Form des Abschlusses	Grundsätzlich formfrei, sinnvoller schriftlich	Schriftlicher Partnerschaftsvertrag	Grundsätzlich formfrei, aber Schriftform sinnvoll	Grundsätzlich formfrei, aber Schriftform sinnvoll
HR-Eintragung	Keine	Keine, aber Eintragung ins Partnerschaftsregister	Ja (deklaratorisch), in Abteilung A	Ja (deklaratorisch), in Abteilung A
Gewerbeanmeldung	Nur bei gewerblicher Tätigkeit	Nein	Ja	Ja
Firma	Keine Firma, Vor- und Zunamen aller Gesellschafter	Name mindestens eines Partners mit Zusatz „und Partner" oder Partnerschaft sowie alle in der Partnerschaft vertretenen Berufe	Personen-, Sach-, Phantasiefirma bzw. Mischformen mit Zusatz OHG	Personen-, Sach-, Phantasiefirma bzw. Mischformen mit Zusatz KG
Geschäftsführung	Grundsätzlich alle Gesellschafter gemeinschaftlich	Alle Partner jeweils für ihre Tätigkeit, soweit der Partnerschaftsvertrag keine Bestimmungen enthält, gilt der Grundsatz der Einzelgeschäftsführung	Grundsätzlich Einzelgeschäftsführungsprinzip bei gewöhnlichen Geschäften, andere Regelungen sind vertraglich möglich	Nur Komplementär, vgl. OHG
Vertretung	Gesamtvertretungsmacht	Einzelvertretung, sofern keine vertraglichen Regelungen getroffen wurden	Einzelvertretungsprinzip, andere Regelungen können vertraglich vereinbart werden, eine Beschränkung im Außenverhältnis ist nicht möglich	Nur Komplementär, vgl. OHG

B. Handels- und Gesellschaftsrecht

Kriterien	GbR	Partnerschaftsgesellschaft	OHG	KG
Ergebnisverteilung	Ein Gesellschafter kann die Verteilung des Gewinns oder Verlusts erst nach der Auflösung der Gesellschaft verlangen. Sofern sie von längerer Dauer ist und keine gesonderte vertragliche Regelung getroffen wurde, so kann jeder Gesellschafter einen gleichen Anteil am Gewinn fordern, ohne Rücksicht auf die Höhe seiner Einlage § 722 BGB.	Es gelten die Regelungen zur BGB-Gesellschaft	Nach HGB: 4 % vom Kapitalanteil und der Rest wird nach Köpfen verteilt, ein Jahresverlust wird nach Köpfen verteilt, andere vertragliche Regelungen sind möglich, § 121 HGB	Nach HGB: 4 % vom Kapitalanteil, der Restgewinn wird in einem angemessenen Verhältnis verteilt, ein Jahresverlust wird in einem angemessenen Verhältnis verteilt, andere vertragliche Regelungen sind möglich, §§ 168 Abs. 1 i.V.m. § 121 HGB
Haftung	Mit Gesellschafts- und Privatvermögen	Gesellschaftsvermögen und gesamtschuldnerische Haftung mit dem Privatvermögen, allerdings Möglichkeit der Haftungsbeschränkung auf den Gesellschafter, der die Berufsausübung fehlerhaft erbracht hat Anmerkung: Durch die Partnerschaftsgesellschaft mit beschränkter Berufshaftung (PartG mbB) kann die Haftung bei beruflichen Fehlern auf das Gesellschaftsvermögen beschränkt werden. Voraussetzung ist der Abschluss einer Berufshaftpflichtver-sicherung, bei Anwälten beträgt die Mindestversicherungssumme 2,5 Mio Euro je Versicherungsfall	Neben dem **Gesellschaftsvermögen** jeder Gesellschafter unbeschränkt, unmittelbar und solidarisch	Komplementär wie bei OHG, Kommanditist haftet bis zur Höhe der im Handelsregister eingetragenen Kapitaleinlage, vor Eintragung haftet er in voller Höhe

Lösungen — Rechtsanwendung

Zu 6 **Kapitalgesellschaften**

Kriterien	AG	GmbH	UG
Wesen	Aktiengesellschaft nach AktG eigene Rechtspersönlichkeit. Aktionäre sind mit Einlagen auf das in Aktien zerlegte Grundkapital beteiligt, hierfür erhalten sie Dividenden	Gesellschaft mit beschränkter Haftung nach GmbHG. Sie gilt als Handelsgesellschaft und kann zu jedem gesetzlich zulässigen Zwecke gegründet werden	Unternehmergesellschaft, sie ist keine eigene Rechtsform, sondern eine Variante der GmbH, um Existenzgründern den Zugang zur Rechtsform einer Kapitalgesellschaft zu erleichtern
Gründung / Mindestkapital	Sehr formal geregelt: – Vorgesellschaft (Feststellung der Satzung) – Eintragung der Gesellschaft und Entstehung der AG Grundkapital: 50.000,00 Euro Mindestanteil: 1,00 Euro Einpersonengründung möglich	Sehr formal geregelt: – Vorgründungsgesellschaft (Gesellschafterbeschluss über GmbH-Gründung) – Vorgesellschaft (Erstellung notariell beurkundeten Gesellschaftervertrags) – GmbH Eintragung Stammkapital mindestens 25.000,00 Euro mindestens die Hälfte des Mindestkapitals muss vor Anmeldung erbracht werden, mindestens 12.500,00 Euro	mindestens 1 Gesellschafter. Unkomplizierte Standardgründungsmöglichkeiten für Einpersonen- und Mehrpersonengründungen. Stammkapital mindestens 1,00 Euro, Jahresüberschüsse sind zu 25 % in eine gesetzliche Rücklage einzustellen, bis ein Stammkapital von 25.000,00 Euro erreicht ist. Im Gegensatz zur GmbH nur Bareinlagen möglich
HR-Eintragung	Zwingend in Abteilung B. Konstitutive Wirkung, da Formkaufmann	Zwingend in Abteilung B. konstitutive Wirkung, da Formkaufmann	Zwingend in Abteilung B. konstitutive Wirkung, da Formkaufmann
Gewerbeanmeldung	ja	ja	ja
Firma	Namens-, Personen-, Sach-, Phantasiefirma bzw. Mischformen mit Zusatz AG	Namens-, Personen-, Sach-, Phantasiefirma bzw. Mischformen mit Zusatz GmbH	Namens-, Personen-, Sach-, Phantasiefirma bzw. Mischformen mit Zusatz UG (haftungsbeschränkt) oder Unternehmergesellschaft (haftungsbeschränkt)
Geschäftsführung	Vorstand. Gesamtgeschäftsführungsbefugnis. Änderungen und Beschränkungen sind in der Satzung möglich. Organe: Vorstand = Leitungsorgan Aufsichtsrat = Überwachungsorgan Hauptversammlung = Beschlussorgan	Geschäftsführer. Gesamtgeschäftsführungsbefugnis. Änderungen und Beschränkungen sind vertraglich möglich. Organe: Geschäftsführer = Leitungsorgan Gesellschafterversammlung = Beschlussorgan ggf. Aufsichtsrat = Kontrollorgan	Geschäftsführer. Gesamtgeschäftsführungsbefugnis. Änderungen und Beschränkungen sind vertraglich möglich. Organe: Geschäftsführer Gesellschafterversammlung

B. Handels- und Gesellschaftsrecht

Kriterien	AG	GmbH	UG
Vertretung	Vorstand Gesamtvertretungsbefugnis nicht einschränkbar im Umfang	Geschäftsführer Gesamtvertretungsbefugnis nicht einschränkbar im Umfang	Geschäftsführer Gesamtvertretungsbefugnis nicht einschränkbar im Umfang
Haftung	AG nur Gesellschaftsvermögen Aktionär nur mit Anteil am Grundkapital (zuzüglich Agio)	GmbH mit Gesellschaftsvermögen Gesellschafter mit Stammeinlage	GmbH mit Gesellschaftsvermögen Gesellschafter mit Stammeinlage

Zu 7 Voraussetzungen zur GbR – Gründung
Es gibt keine formalen Voraussetzungen, die zu beachten wären.
Anmerkung:
Eine GbR kann sehr einfach gegründet werden. Nach §§ 705 ff BGB genügt es, wenn mehrere Personen sich zur Erfüllung eines gemeinsamen (wirtschaftlichen) Zwecks zusammenschließen. Hieran kann auch eine juristische Person beteiligt sein. Der Zusammenschluss kann vorübergehender Art sein, wie zum Beispiel bei einer gemeinschaftlichen Heizölbestellung zwecks Erhaltes eines mengenmäßig abhängigen Rabattes, als auch auf Dauer angelegt sein, wie beispielsweise bei einer Kanzleigründung.

Zu 8 OHG und Rechtsanwälte
Da Rechtsanwälte kein Handelsgewerbe betreiben und somit keine Kaufleute im Sinne des HGB sind, kommt diese Rechtsform nicht in Betracht.

Zu 9 Parteifähigkeit der GbR
Ja, die (Außen-) GbR ist parteifähig gem. § 50 ZPO (BGH-Rechtsprechung).

Zu 10 Registereintragung GbR
Nein

Zu 11 Bürogemeinschaft und Sozietät
Sozietät
Mehrere Anwälte können sich zu einer Gemeinschaft (GbR) zwecks gemeinsamer Berufsausübung zusammenschließen. Der Mandant eines Sozius ist zugleich Mandant der Sozietät, da er das Mandatsverhältnis mit der Sozietät geschlossen hat. Sofern ein Sozius sich im Rahmen eines Mandats schadensersatzpflichtig macht, so haften die anderen Sozien ebenfalls.
Bürogemeinschaft
Hier besteht die Gemeinschaft nur im Hinblick auf die Nutzung der gemeinsamen Büroräume und gegebenenfalls der Ausstattung (hierüber besteht insofern eine GbR), allerdings schließt ein Mandant sein Mandatsverhältnis nur mit dem einzelnen Anwalt, sodass auch nur er bei einem Fehler schadensersatzpflichtig wird.

12. Parteifähigkeit der OHG
Gemäß § 124 Abs. 1 HGB kann die OHG unter ihrem Namen klagen und auch verklagt werden; gleiches gilt auch für die KG.

13. Stiller Gesellschafter
Ein stiller Gesellschafter kann in ein bestehendes Unternehmen aufgenommen werden, er fungiert insoweit als Kapitalgeber, hat aber nichts mit der Geschäftsführung oder Vertretung zu tun. Selbstverständlich ist dies auch bei der OHG möglich. Für seine Vermögenseinlage ist er im Gegenzug am Gewinn beteiligt (je nach vertraglicher Vereinbarung auch am Verlust). Der stille Gesellschafter haftet nicht mit seinem Privatvermögen.

Zu 14 Gesellschafter bei KG
Es sind mindestens zwei Personen notwendig:
Komplementär = Vollhafter
Kommanditist = Teilhafter

Zu 15 GmbH&CoKG
Insgesamt handelt es sich trotz Aufnahme einer GmbH immer noch um eine KG, das heißt also um eine Personengesellschaft. Komplementär der KG ist allerdings eine Kapitalgesellschaft, nämlich die GmbH. Diese bedarf

wiederum eines Geschäftsführers. Durch diese rechtliche Konstruktion ist die Haftung des Komplementärs beschränkt auf das Gesellschaftsvermögen der GmbH.

Zu 16 Ein-Personen-GmbH
Diese ist zulässig.

Zu 17 Rechtsfähigkeit eines eingetragenen Vereins
Ja, er steht auch im Vereinsregister.

Zu 18 GmbH für Rechtsanwälte
Die Ausübung der Rechtsanwaltstätigkeit in der Form der Gesellschaft mit beschränkter Haftung ist generell möglich. Der offizielle Name ist **Rechtsanwaltsgesellschaft**.
Anmerkung:
Der Unternehmensgegenstand muss gemäß § 59c BRAO die Beratung und Vertretung in Rechtsangelegenheiten sein. Die Firma muss den Namen mindestens eines Gesellschafters, der Rechtsanwalt ist, und den Zusatz „Rechtsanwaltsgesellschaft" enthalten. Die GmbH ist postulationsfähig. Sie handelt durch ihre Organe und Vertreter. Die Gesellschaft kann aber nicht die Verteidigung in einem Straf-, Ordnungswidrigkeits- oder Berufsgerichtsverfahren übernehmen. In diesen Fällen darf die Vollmacht nur auf den einzelnen Rechtsanwalt ausgestellt sein. Die Rechtsanwalts-GmbH ist in § 59 c ff BRAO geregelt.

Zu 19 Funktionen der Organe bei der AG
Vorstand:
- Ihm obliegt die Geschäftsführung und Vertretung.
- Er erstellt einen Vorschlag zur Gewinnverwendung.
- Er muss Sorge dafür tragen, dass alle erforderlichen Handelsbücher geführt werden.

Aufsichtsrat:
- Er bestellt den Vorstand.
- Er überwacht die Geschäftsführung und prüft den Jahresabschluss.
- Er erteilt den Auftrag zur Jahresabschlussprüfung.

Hauptversammlung:
- Sie wählt die Mitglieder des Aufsichtsrates.
- Sie stellt den Jahresabschluss fest und beschließt die Verwendung des Bilanzgewinns.
- Sie beschließt die Entlastung des Vorstands und der Aufsichtsratsmitglieder.

Hinweis:
Eine Anwalts-AG ist zwar möglich, ist aber als Rechtsform nicht unumstritten. Der Kreis der Aktionäre setzt sich hierbei aus den in der Gesellschaft tätigen Anwälten zusammen. Für die Gesellschaftsschulden haftet nur das Gesellschaftsvermögen.

Zu 20 Insolvenz
Hierunter ist die Zahlungsunfähigkeit bzw. die drohende Zahlungsunfähigkeit von Unternehmen oder Verbrauchern zu verstehen.

Zu 21 Gründe zur Eröffnung des Insolvenzverfahrens
- Zahlungsunfähigkeit
- Drohende Zahlungsunfähigkeit
- Überschuldung (juristische Personen)

Zu 22 Insolvenzgericht
Sachliche Zuständigkeit:
Für das Insolvenzverfahren ist zuständig das Amtsgericht, in dessen Bezirk ein Landgericht seinen Sitz hat, § 2 InsO.
Örtliche Zuständigkeit:
Insolvenzgericht, in dessen Bezirk der Schuldner seinen allgemeinen Gerichtsstand hat.
Liegt der Mittelpunkt einer selbstständigen wirtschaftlichen Tätigkeit des Schuldners an einem anderen Ort, so ist ausschließlich das Insolvenzgericht zuständig, in dessen Bezirk dieser Ort liegt, § 3 Abs. 1 InsO.

Zu 23 Eröffnung Insolvenzverfahren
Voraussetzungen:
- Eröffnungsantrag des Gläubigers oder des Schuldners
- Eröffnungsgrund
- Bei Antrag eines Gläubigers ein nachgewiesenes Interesse
- Ausreichende Vermögensmasse, um die Kosten des Verfahrens zu decken; ansonsten wird das Verfahren mangels Masse abgewiesen

B. Handels- und Gesellschaftsrecht

Zu 24 Vermögensrechtliche Auswirkungen für den Schuldner
Das Recht des Schuldners sein Vermögen zu verwalten und darüber zu verfügen, geht auf den Insolvenzverwalter über.

Zu 25 Einzelvollstreckungen während des Insolvenzverfahrens
Diese sind nicht zulässig, § 89 InsO.

Zu 26 Wohlverhaltensperiode
6 Jahre
Anmerkung:
Ab 01.07.2014 halbiert sich die Dauer von sechs auf drei Jahre, sofern der Schuldner in diesem Zeitraum mindestens 35 % seiner Schulden sowie die vollständigen Verfahrenskosten in diesem Zeitraum zahlen kann. Die Periode verkürzt sich auf fünf Jahre, sofern zumindest die Verfahrenskosten beglichen werden können. Ansonsten bleibt sie bei 6 Jahren.

3. Kreditarten und Kreditsicherung

Zu 1 Begriff Kredit
Entgeltliche Überlassung von Kapital bzw. Kaufkraft auf Zeit.

Zu 2 Kreditarten

Kriterien	Zuzuordnende Kreditarten	Erläuterungen
Laufzeit	1. Kurzfristiger	Laufzeit bis 12 Monate, z. B. Diskontkredite, Kontokorrentkredite
	2. Mittelfristiger	Laufzeit ab 1 Jahre bis 4 Jahre, z. B. Ratenkredit
	3. Langfristiger	Laufzeit über 4 Jahre, z. B. Hypothekarkredit, Bauspardarlehen
Kreditgeber	1. Bank-/ Sparkassenkredit	Kreditgewährung durch ein Kreditinstitut
	2. Lieferanten-/ Warenkredit	Zahlungsziel, das von einem Lieferanten gewährt wird
	3. Sonstige	z. B. öffentliche Darlehen, Arbeitgeberdarlehen, Darlehen unter Privatpersonen bzw. Verwandten, Anzahlungen
Verwendungszweck	1. Produktivkredit	Kredit zur Gütererzeugung; kann wiederum unterteilt werden in Betriebsmittelkredit und Investitionskredit
	2. Konsumkredit	Kredit, der für den privaten Verbrauch bestimmt ist
Verfügbarkeit und Rückzahlung	1. Kontokorrentkredit	Einräumung einer Kreditlinie auf einem Kontokorrentkonto, bis zu der das Konto jederzeit überzogen werden darf, Kreditbetrag unterliegt insofern Schwankungen
	2. Ratenkredit	Einmalige Auszahlung mit vereinbarter Tilgung, fallende Raten
	3. Annuitätendarlehen	Einmalige Auszahlung mit vereinbarter Tilgung, konstante Raten
	4. Festdarlehen	Bereitstellung und Tilgung des Kreditbetrags in einer Summe
Sicherheit	1. Blankokredit	Kredit ohne besondere Vereinbarung von Sicherheiten, reiner Personalkredit

Lösungen — Rechtsanwendung

Kriterien	Zuzuordnende Kreditarten	Erläuterungen
	2. Gesicherte Kredite	Es wird üblicherweise unterschieden: – verstärkter Personalkredit, z. B. Bürgschaftskredit, – dinglich gesicherter Kredit, z. B. Realkredit
Kreditnehmer	1. Kommunaldarlehen	Öffentliche Haushalte
	2. Geschäftskredit	Private Unternehmer
	3. Privatkredit	Private Haushalte

Zu 3 **Stufen bei der Kreditvergabe**

Kreditantrag:
Ausgangspunkt ist der Kreditantrag mit den persönlichen Angaben des Kreditnehmers.

⬇

Kreditprüfung:
Das Kreditinstitut überprüft die Angaben:
- **Kreditfähigkeit**, das heißt die Fähigkeit Kreditverträge rechtswirksam abschließen zu können,
- **Kreditwürdigkeit (Bonität):**
  - **sachliche bzw. materielle Kreditwürdigkeit,** d. h. Überprüfung der Einkommens- und Vermögensverhältnisse,
  - **persönliche Kreditwürdigkeit,** zum Beispiel berufliche Qualifikation, Zuverlässigkeit, Leumund etc..

⬇

Kreditzusage: Letztlich erfolgt die Kreditvergabe, das heißt der Kreditantrag wird bewilligt.

⬇

Kreditannahme: Der Kunde nimmt diese Bewilligung an und der Kredit wird bereitgestellt zu den vereinbarten Konditionen.

Zu 4 **Kontokorrentkredit**

Hierbei ist der Kreditnehmer berechtigt, sein Konto bis zu einer vereinbarten Kreditlinie zu überziehen. Die Rückzahlung erfolgt aus laufenden Zahlungseingängen auf das Konto. Es bestehen keine festen Tilgungsabsprachen. Die Inanspruchnahme schwankt je nach Ein- und Auszahlungen, es handelt sich insofern um einen kurzfristigen Kredit.

Anmerkung:
Je nach Verwendung des Kontokorrentkredits wird unterschieden in:
- **Dispositionskredit**, dieser beinhaltet eine Kontoüberziehung bis zu einem eingeräumten Überziehungslimit von Privatkunden zur Konsumfinanzierung, das Konto verfügt quasi über eine gewisse Geldreserve.
- **Betriebsmittelkredit**, er dient zur kurzfristigen Finanzierung des Umlaufvermögens.
- **Überbrückungskredit**, er dient zur Überbrückung von Liquiditätsengpässen.
- **Überziehungskredit**, dieser beinhaltet, dass der Kunde sein Konto belasten kann, ohne dass eine ausdrückliche Kreditvereinbarung besteht. Das Konto wird hier stärker überzogen als bei einem Dispositionskredit.

Zu 5 **Darlehen**

Begriff: Darlehen ist ein Vertrag, in dem der Darlehensnehmer die Verpflichtung übernimmt, die ihm vom Darlehensgeber überlassene Darlehensvaluta (Geld oder andere vertretbare Sachen), die in sein Eigentum übergeht, in Sachen von gleicher Art, Güte und Menge zurückzuerstatten, §§ 607 ff BGB, sowie ein Darlehensentgelt (Zinsen) zu zahlen.

Darlehensarten:
(1) **Festdarlehen (Fälligkeitsdarlehen):** Hierbei wird die Darlehenssumme in einem Betrag am Ende der Laufzeit zurückgezahlt. Während der Laufzeit muss der Kreditnehmer nur die Zinsen zahlen.
(2) **Abzahlungsdarlehen:** Bei dieser Darlehensart bleibt der Tilgungsbetrag über die gesamte Laufzeit gleich. Die Zinsbelastung nimmt jedoch ab, da der Restschuldbetrag durch die Tilgungen immer niedriger wird.

(3) **Annuitätendarlehen:** Der Kreditnehmer zahlt während der Laufzeit des Darlehens gleich hohe Raten (Annuitäten). Innerhalb dieser Annuitäten ist der Zinsanteil am Anfang sehr hoch und der Tilgungsanteil niedrig. Dieser Anteil verschiebt sich mit zunehmender Darlehenslaufzeit, da mit jeder Annuität eine Tilgung erfolgt und die Restschuld somit verkleinert wird. Gegen Ende der Laufzeit wird der Zinsanteil immer kleiner und der Tilgungsanteil innerhalb der Annuität immer größer.

Zu 6 Verbraucherdarlehen
- Begriff: Dies sind Kredite an natürliche Personen (Verbraucher) zu privaten Zwecken. Hierzu bestehen in §§ 491 ff BGB besondere Regelungen, durch die sichergestellt werden soll, dass Verbraucher ausreichend informiert und damit vor einer Überschuldung besser geschützt werden.
- Form: Schriftform ist zwingend.
- Widerrufsfrist: Der Verbraucher hat ein zweiwöchiges Widerrufsrecht.

Zu 7 Realkredit
Es handelt sich hierbei um einen durch ein Grundpfandrecht abgesicherten langfristigen Kredit, beispielsweise für Baumaßnahmen, betriebliche Investitionen.
Anmerkung:
Da sich während der Laufzeit das Zinsniveau verändern kann, unterscheidet man Darlehen mit Festzinsvereinbarung, die das Risiko einer nachteiligen Zinsveränderung ausschließen und Darlehen ohne Zinsfestschreibung, bei denen die Zinshöhe nach einem vereinbarten Zeitraum angepasst, das heißt neu festgelegt wird.

Zu 8 Kreditsicherheiten
Personensicherheiten: Bürgschaft, Wechselakzept, Schuldmitübernahme
Sachsicherheiten: (Grund-) Pfandrechte, Sicherungsübereignung, Zession, Eigentumsvorbehalt

Zu 9 Bürgschaft
Begriff: Sie ist ein Vertrag, durch den sich der Bürge gegenüber dem Gläubiger verpflichtet, für die Erfüllung der Verbindlichkeit eines Dritten (Schuldner) einzustehen, § 765 BGB.
Für die Bürgschaftserklärung ist Schriftform zwingend, § 766 BGB, Ausnahme bei Kaufleuten i.S.d. HGB.

Bürgschaftsarten:
(1) **Gewöhnliche Bürgschaft**, §§ 765 ff BGB: Hier hat der Bürge das Recht auf die Einrede der Vorausklage, das heißt, er ist erst dann zur Zahlung verpflichtet, wenn die rechtlichen Möglichkeiten des Kreditgebers ausgeschöpft sind, die Zwangsvollstreckung gegen den Hauptschuldner ergebnislos verlaufen ist. Solange dies nicht geschehen ist, kann der Bürge die Einrede der Vorausklage erheben.
(2) **Selbstschuldnerische Bürgschaft** § 773 BGB: Hierbei hat der Bürge bei Übernahme der Bürgschaft auf die Einrede der Vorausklage verzichtet, das heißt, er kann sofort in Anspruch genommen werden. Kaufleute fallen nach HGB unter diese strenge Form der Bürgschaft.
(3) **Ausfallbürgschaft:** Bei der Ausfallbürgschaft haftet der Bürge erst dann, wenn der Ausfall definitiv feststeht. Der Gläubiger muss nachweisen, dass ihm durch die Zahlungsunfähigkeit des Schuldners ein Verlust (Schaden) entstanden ist. Dafür muss der Gläubiger zunächst alle anderen ihm zur Verfügung stehenden Sicherheiten verwerten und die Zwangsvollstreckung in das Vermögen des Schuldners betrieben haben. Erst wenn dies geschehen ist und der Gläubiger immer noch einen Verlust nachweisen kann, muss der Bürge dafür aufkommen. Die Ausfallbürgschaft ist im BGB nicht geregelt, sie wird jedoch von der Rechtsprechung anerkannt.
Anmerkung:
Sicherungsbürgschaft bei vorläufig vollstreckbaren Urteilen:
Außer den oben aufgeführten „üblichen Bürgschaftsarten" gibt es bei für vorläufig vollstreckbar erklärten Urteilen die Möglichkeit, vor Eintritt der Rechtskraft die Zwangsvollstreckung zu betreiben. Dies kann geschehen, wenn der Gläubiger eine entsprechende Sicherheit stellt. Gemäß § 108 ZPO kann die Sicherheitsleistung auch in Form einer schriftlichen, unwiderruflichen, unbedingten und unbefristeten Bürgschaft eines im Inland zum Geschäftsbetrieb befugten Kreditinstituts geleistet werden.

Zu 10 Zession
Begriff:
Forderungsabtretung; das heißt, hier werden Forderungen, die der Kreditnehmer (Zedent) gegenüber Dritten hat, vertraglich an den Kreditgeber (Zessionar) abgetreten, § 398 BGB. Die Abtretung erfolgt zur Absicherung von Verbindlichkeiten. Der neue Gläubiger tritt an die Stelle des alten; Schriftform ist für diese Abtretung nicht erforderlich.

Zessionsarten:

Nach der Offenlegung:

(1) **Stille Zession**: Bei der stillen Zession weiß der Drittschuldner nicht, dass die Forderungen abgetreten wurden. Er zahlt also weiterhin an den ursprünglichen Gläubiger (Kreditnehmer).

(2) **Offene Zession**: Hier erfährt der Drittschuldner von der Forderungsabtretung. Er kann daher mit schuldbefreiender Wirkung nur noch den neuen und nicht mehr an den alten Gläubiger zahlen.

Nach den übertragenen Forderungen:

(1) **Einzelabtretung**: Hierbei wird nur eine einzelne Forderung abgetreten (dieser Fall kommt eher selten vor).

(2) **Globalzession**: Hier werden alle Forderungen z. B. von A bis K abgetreten. Alle bestehenden und künftigen Forderungen gehen mit Entstehung der Forderung auf den neuen Gläubiger (Kreditgeber) automatisch über.

(3) **Mantelzession**: Hier tritt der Kreditnehmer bestehende Forderungen laufend in Höhe einer bestimmten Summe ab. Bezahlte Forderungen werden somit laufend durch neue ersetzt.

Zu 11 Pfandrecht

Begriff: Dies ist ein zur Sicherung einer Forderung bestelltes, akzessorisches, das heißt an eine Forderung gebundenes, dingliches Recht, das dem Pfandgläubiger die Befugnis einräumt, unter bestimmten Voraussetzungen Befriedigung aus dem gepfändeten Gegenstand zu suchen, §§ 1204 ff BGB.

Vertragliches Pfandrecht: Das Pfandrecht entsteht durch einen Vertrag zwischen dem Verpfänder und dem Pfandgläubiger.

Gesetzliches Pfandrecht:

Begriff: Das Pfandrecht entsteht kraft Gesetzes. Dies geschieht, ohne dass die Parteien einen besonderen Vertrag schließen müssen.

Vorschriften hierzu finden sich sowohl im HGB als auch im BGB.

Beispiele:
- Vermieterpfandrecht, § 562 BGB; hier hat der Vermieter an den eingebrachten Sachen des Mieters ein Pfandrecht für die aus der Vermietung entstandenen Forderungen
- Verpächterpfandrecht, § 592 HGB
- Pfandrecht des Gastwirtes, § 704 BGB
- Pfandrecht des Kommissionärs, 397 HGB

Pfändungspfandrecht: Dies ist das Pfandrecht, das der Gläubiger durch die Pfändung erwirbt. Es ist öffentlich-rechtlicher Natur, was sich aus der Pfandverstrickung ergibt.

Das bedeutet, dass der Schuldner einen gepfändeten Gegenstand nicht dem Zugriff des Gläubigers entziehen darf, da er ansonsten mit dem Strafgesetzbuch in Kollision kommt, zum Beispiel bei Siegelbruch.

Zu 12 Voraussetzungen beim vertraglichen Pfandrecht

Voraussetzungen gemäß § 1205 BGB sind:
- die dingliche **Einigung** über die Bestellung
- und die **Übergabe** der Sache
- von dem **Eigentümer**
- an den Pfandgläubiger, der sodann **Besitzer** der Sache wird.

Zu 13 Faustpfand (Lombardkredit)

Die Vorschriften der §§ 1204 ff BGB beziehen sich auf bewegliche Sachen. Nach § 1204 Abs. 2 BGB fallen hierunter auch künftige oder bedingte Forderungen.

Für die Praxis bedeutsamere Beispiele sind:
- Pfändung von Wertpapieren; wobei Banken je nach Wertpapierart die Beleihungsgrenze zwischen 60 % – 80 % des Wertes des Wertpapiers festlegen,
- Pfandrecht an Forderungen, zum Beispiel bei einem Sparbuch.

Weniger gebräuchlich ist die tatsächliche Übergabe von Gegenständen. Auch bei Schmuck besteht das Problem der konkreten Wertermittlung.

Zu 14 Voraussetzungen für die Verwertung

Eine Sache kann grundsätzlich erst verwertet werden, wenn die Pfandreife eingetreten ist. Im Einzelnen ist erforderlich:
- Fälligkeit der Forderung, § 1228 Abs. 2 BGB
- Androhung der Pfandverwertung, § 1234 BGB

B. Handels- und Gesellschaftsrecht

- Einhaltung der Wartefrist, gemäß § 1234 Abs. 2 BGB mindestens 1 Monat bzw. gemäß § 368 Abs. 1 HGB 1 Woche
- weitere Einzelheiten zum Verkauf, siehe §§ 1235 ff. BGB

Beim gesetzlichen Pfandrecht ist eine Wartefrist nicht vorgesehen.

Zu 15 Möglichkeiten der Verwertung
- Öffentliche Versteigerung, § 1235 BGB
- Freihändiger Verkauf, §§ 1235 Abs. 2, 1221 BGB bei Wertpapieren

Zu 16 Sicherungsübereignung
Sie ist eine Eigentumsübertragung mit der Abrede, dass die zur Sicherung übereignete Sache nur bei Nichterfüllung der gesicherten Forderung verwertet werden darf.

Sie ist gesetzlich zwar nicht ausdrücklich geregelt, dennoch sind zur rechtlichen Wirksamkeit folgende Voraussetzungen zu beachten:
- Einigung und
- anstelle der tatsächlichen Übergabe der Sache, die Vereinbarung eines Besitzkonstitutes, § 930 BGB.

Zu 17 Unterschiede zwischen Faustpfand und Sicherungsübereignung
- Beim **Faustpfand** bleibt der Sicherungsgeber Eigentümer der verpfändeten Sache, der Sicherungsnehmer wird Besitzer.
- Bei der **Sicherungsübereignung** geht das (treuhänderische) Eigentum auf den Sicherungsnehmer über. Der Vorteil für den Sicherungsgeber besteht darin, dass er im Besitz der Sache bleibt.

Im Gegensatz zum Pfand ist das durch die Sicherungsübereignung erworbene Sicherungseigentum ein nichtakzessorisches, das heißt es ist nicht an den Bestand einer bestimmten Forderung gebunden.

Zu 18 Eigentumsvorbehalt
Begriff: Hierbei handelt es sich um eine aufschiebend bedingte Übereignung im Rahmen eines Kaufvertrages. Anders ausgedrückt: Beim Eigentumsvorbehalt behält sich der Verkäufer bis zur vollständigen Kaufpreiszahlung das Eigentum vor. Der Erwerber ist bereits berechtigt, die Sache in Besitz zu nehmen und zu nutzen. Mit Zahlung der letzten Kaufpreisrate geht das Eigentum auf den Käufer über, § 449 BGB.

Arten des Eigentumsvorbehalts

(1) **Einfacher Eigentumsvorbehalt**
Dieser entspricht der obigen Definition, das heißt diese Form der Kreditsicherung ist hauptsächlich dann sinnvoll, wenn der Sicherungsgegenstand auch beim Endverbraucher verbleibt und nicht zum Weiterverkauf bestimmt ist.

(2) **Verlängerter Eigentumsvorbehalt**
Bei diesem darf der Vorbehaltskäufer die unter Eigentumsvorbehalt erworbene Sache verkaufen oder verarbeiten. Er überträgt aber dafür die bei der Verarbeitung hergestellte Sache bzw. den durch den Verkauf erzielten Veräußerungserlös auf den Lieferanten oder er tritt die künftige Kaufpreisforderung bei einem Weiterverkauf auf ihn ab.

(3) **Erweiterter Eigentumsvorbehalt**
Bei diesem besteht die vertragliche Vereinbarung, dass der aus mehreren Sachen bestehende Eigentumsvorbehalt so lange fortbestehen bzw. erweitert werden soll, bis der Käufer alle Verbindlichkeiten beglichen hat. Erst wenn der Käufer alle Forderungen des Verkäufers bezahlt hat, geht das Eigentum über.

Zu 19 Grundpfandrecht
Begriff Grundpfandrecht
Hierbei handelt es sich um ein dingliches Recht, das zur Sicherung einer Forderung auf einem Grundstück ruht. Durch ein Grundpfandrecht kann ein Grundstück als Sicherungsmittel für einen Realkredit herangezogen werden. Durch Vollstreckung in das Grundstück kann der Verwertungserlös zur Kreditrückzahlung herangezogen werden. Das BGB unterscheidet hierbei in Hypotheken und Grundschulden.

Begriff Grundschuld
Der Begriff ist in § 1191 Abs. 1 BGB definiert. Eine Grundschuld ist ein Pfandrecht an einem Grundstück über eine bestimmte Geldsumme.

Begriff Hypothek
Sie ist in § 1113 Abs. 1 BGB geregelt. Die Hypothek ist ein Pfandrecht an einem Grundstück zur Sicherung einer bestimmten Forderung.

Lösungen — Rechtsanwendung

Unterschied zwischen Hypothek und Grundschuld
Grundschuld
- Die Grundschuld ist abstrakt, das heißt, sie ist nicht an eine Forderung gebunden. Sie bleibt deshalb in ihrer ursprünglichen Höhe bestehen (Merkesatz: „Grundschuld ohne Schuldgrund")
- Es besteht lediglich eine dingliche Haftung, das heißt, die Haftung erstreckt sich lediglich auf das Grundstück nebst Erzeugnissen und Zubehör.
- Sie kann mehrfach verwendet werden.

Hypothek
- Hier besteht Akzessorietät, das heißt, die Hypothek ist an das Vorhandensein einer bestimmten Forderung gebunden. Aus diesem Grund besteht sie auch immer nur in Höhe der zugrunde liegenden Forderung.
- Hier besteht die dingliche Haftung und die persönliche Sicherheit des Kreditnehmers.
- Sie erlischt mit Rückzahlung der Forderung.

Zu 20 Grundpfandrechte und Übertragbarkeit
Buchrechte
Sowohl Grundschulden als auch Hypotheken können als Buchrechte ausgestaltet sein. Diese werden in das Grundbuch eingetragen, die Übertragung erfolgt durch Abtretung und Eintragung.

Briefrechte
Sowohl Grundschulden als auch Hypotheken können als Briefrechte ausgestaltet sein. Neben der Eintragung ins Grundbuch ist hier die Ausstellung einer gesonderten Urkunde (Briefs) erforderlich. Bei der Übertragung ist daher zusätzlich die Übergabe des Briefs notwendig.

Zu 21 Grundbuch
Begriff: Das Grundbuch ist ein öffentliches Register, das beim Amtsgericht geführt wird. In diesem Register sind die rechtlichen Verhältnisse der zum Amtsgerichtsbezirk zugehörigen Grundstücke aufgeführt. Grundsätzlich kann jeder, der ein berechtigtes Interesse hat, in das Grundbuch Einsicht nehmen. Der Inhalt genießt öffentlichen Glauben. Das Grundbuch besteht aus Grundbuchblättern. Jedes Grundstück erhält im Grundbuch ein eigenes Grundbuchblatt. Bei elektronisch geführten Grundbüchern ermöglicht § 133 GBO ein automatisiertes Abrufverfahren.

Aufbau Grundbuchblatt

Aufschrift:	Amtsgericht, Grundbuchbezirk, Grundbuchblattnummer
Bestandsverzeichnis:	Angaben über technische Merkmale bzw. Eigenarten des Grundstücks, Lage
Erste Abteilung:	Enthält die Eigentumsverhältnisse
Zweite Abteilung:	Enthält Lasten und Beschränkungen, z. B. Dienstbarkeiten, Reallasten, Erbbaurechte, Vorkaufsrechte
Dritte Abteilung:	Grundpfandrechte: Hypothek, Grundschuld

II. Prüfungsaufgaben

1. Handelsrecht

1.1 Handelsrechtliche Grundlagenbegriffe

Zu 1 Kaufmann
b, g, h

Zu 2 Entstehung Kaufmannseigenschaft
Ja, dies ist möglich. Die Kaufmannseigenschaft beim Istkaufmann entsteht in dem Moment, indem er seine Geschäftstätigkeit aufnimmt.

Zu 3 Kein Kaufmann
c, d

Zu 4 Kaufmann
a = 1, b = 3, c = 3, d = 1, e = 4

B. Handels- und Gesellschaftsrecht

Zu 5 Begriff Firma
c

Zu 6 Firmenarten
a = 2, b = 5, c = 4, d = 1, e = 3

Zu 7 Firma
c

Zu 8 Kanzleibezeichnung
c, d

Zu 9 Firmengrundsätze
d

Zu 10 Handelsregistereintragung

Personen	deklaratorisch	konstitutiv	keine
a. OHG	X		
b. GmbH		X	
c. Willy Mayer, angestellter Industriekaufmann			X
d. Rechtsanwalt Müller			X
e. E. Schneider, eKfr.	X		
f. AG		X	
g. H. Schmitt, Betreiber eines Kiosks			X
h. Theaterbetriebs- GmbH		X	

1.2 Stellvertretung

Zu 1 Prokura
a

Zu 2 Prokura
e

Zu 3 Erlöschen Prokura
a

Zu 4 Vollmachten
a = 5, b = 1, c = 1, 2, d = 1, 2, 3, 4, e = 1

Zu 5 Vollmachten
a = 1, 2, b = 1, 2, 3, c = 1, 2, 3, 4

Zu 6 Handlungsvollmacht
d

Zu 7 Prokura
b

Zu 8 Vollmacht
a

2. Gesellschaftsrecht: Unternehmensformen

Zu 1 **Registereintragung**
a = 1, b = 2, c = 4, d = 3, e = 5, f = 2, g = 6, h = 1, i = 1

Zu 2 **Kaufmannseigenschaft und Rechtsform**
a = 3, b = 2, c = 1, d = 4, e = 4

Zu 3 **Rechtsform**
a = GbR, b = GmbH, c = Unternehmergesellschaft, d = AG, e = KG

Zu 4 **Leitungsorgane (gesetzliche Vertreter)**
a. OHG: Gesellschafter, b. GmbH: Geschäftsführer, c. KG: Komplementär, d. AG: Vorstand

Zu 5 **Rechtsform für Kanzleigründung**
b, d

Zu 6 **Einzelunternehmung**
c, e

Zu 7 **OHG**
a

Zu 8 **KG**
b

Zu 9 **Kapitalgesellschaften**
a, c

Zu 10 **Personengesellschaften**
e

Zu 11 **Haftung**
b, c

Zu 12 **Leitungsorgan bei der AG**
d

Zu 13 **Gewinnverteilungsschlüssel**
a = 1, d = 2

Zu 14 **Kapital**
b, e

Zu 15 **Aussagen zu Rechtsformen**
a = 3, b = 4, 5, 8, c = 4, 5, 8, d = 7, e = 1, 2, 3, 6, 7, f = 7, g = 5, h = 1, 2, 3, 4, 5, 8,

Zu 16 **Prokura und Handelsregister**
a. Abteilung B des Handelsregisters
b. Gesamtprokura
c. Deklaratorische Wirkung

Zu 17 **Partnerschaftsgesellschaft**
a. Partnerschaftsgesellschaft
b. Partnerschaftsregister
c. Der Name der Gesellschaft muss mindestens den Namen eines Partners, die Berufsbezeichnungen aller in der Partnerschaft vertretenen Berufe sowie den Zusatz "und Partner" bzw. "Partnerschaft" enthalten. Da dies der Fall ist, ist oben eingetragener Name nicht zu beanstanden.

Zu 18 **Prokura und Einzelunternehmung**
a. Die Prokura erlischt nicht mit dem Tod des Betriebsinhabers.
b. Gründe für ein Erlöschen: Widerruf, Kündigung des Prokuristen, Tod des Prokuristen

B. Handels- und Gesellschaftsrecht

Zu 19 Einzelunternehmung
a. Gemäß § 2 HGB wird er Kannkaufmann.
b. Mit der Kaufmannseigenschaft entsteht auch nach § 238 HGB die Buchführungspflicht, zu beachten: § 241a HGB.
c. Die Eintragung erfolgt in Abteilung A.
d. Konstitutive Wirkung
e. Firma: Personen-, Sach-, Gemischte- oder Fantasiefirma + Firmenzusatz, zum Beispiel eKfm

Zu 20 GbR, Partnerschaftsgesellschaft, GmbH
a. Die Anwälte betreiben kein Handelsgewerbe und da sie nicht unter das HGB fallen, kommt diese Rechtsform nicht in Frage.
b. Sowohl die GbR als auch die für Freiberufler speziell konzipierte Rechtsform der Partnerschaftsgesellschaft können gewählt werden. Die Partnerschaftsgesellschaft muss in das Partnerschaftsregister eingetragen werden, die GbR kann nicht eingetragen werden.
c. Müller und Partner, Rechtsanwälte
   Müller & Partner – GbR – Rechtsanwälte
d. Die GmbH als Rechtsform ist möglich, da sie zu jedem Zweck gegründet werden kann. Es muss sich nicht um ein Handelsgewerbe handeln.
e. Müller, Mayer & Schmitt Rechtsanwalts – GmbH
f. Im Gegensatz zur GbR ist bei der GmbH die Haftung auf das Gesellschaftsvermögen beschränkt, die Haftung der Gesellschafter beschränkt sich auf ihre Stammeinlagen, bei der GmbH beträgt das Mindeststammkapital 25.000,00 Euro, die GmbH steht im Handelsregister.

Bei GbR gibt es keine Mindesteinlage bzw. kein Mindeststammkapital, die Haftung umfasst sowohl das Gesellschafts- als auch das Privatvermögen, sie steht auch in keinem Register.

Zu 21 Gründe für Insolvenzverfahren
– Zahlungsunfähigkeit
– Drohende Zahlungsunfähigkeit
– Überschuldung

Zu 22 Insolvenzverfahren
d

Zu 23 Insolvenzverfahren
e

Zu 24 Insolvenzverfahren
Zu a
Die sachliche und örtliche Zuständigkeit ergeben sich aus §§ 2, 3 InsO: Amtsgericht, in dessen Bezirk der Schuldner seinen allgemeinen Gerichtsstand hat.
Anmerkung:
Sachliche Zuständigkeit: Amtsgericht, in dessen Bezirk ein Landgericht seinen Sitz hat. Die Landesregierungen können, zur sachdienlichen Förderung oder schnelleren Erledigung der Verfahren durch Rechtsverordnung andere oder zusätzliche Amtsgerichte zu Insolvenzgerichten bestimmen und die Bezirke der Insolvenzgerichte abweichend festlegen. Die Landesregierungen können die Ermächtigung auf die Landesjustizverwaltungen übertragen, § 2 InsO,
Örtliche Zuständigkeit: Insolvenzgericht, in dessen Bezirk der Schuldner seinen allgemeinen Gerichtsstand hat. Liegt der Mittelpunkt einer selbstständigen wirtschaftlichen Tätigkeit des Schuldners an einem anderen Ort, so ist ausschließlich das Insolvenzgericht zuständig, in dessen Bezirk dieser Ort liegt. Sind mehrere Gerichte zuständig, so schließt das Gericht, bei dem zuerst die Eröffnung des Insolvenzverfahrens beantragt worden ist, die übrigen aus, § 3 InsO.

Zu b
Eröffnungsbeschluss, § 27 InsO

Zu c
100.000,00 x 100 / 150.000,00 = 66,67 %
50.000,00 Euro x 66,67 % = 33.335,00 Euro.

3. Kreditarten und Kreditsicherung

Zu 1 Kreditarten
a = 4, b = 1, c = 2, d = 3, e = 4

Zu 2 Kontokorrentkredit
Der Kontokorrentkredit ist schwerpunktmäßig zur Abwicklung des Zahlungsverkehrs gedacht. Kurzfristige Schwankungen beim Kapitalbedarf können hierdurch aufgefangen werden. Der Nachteil besteht in den hohen Zinsen/Kosten. Außerdem ist er von der Laufzeit in der Regel als kurzfristiger Kredit mit einer Laufzeit zwischen 6 bis 12 Monaten ausgestaltet.

Zu 3 Kontokorrentkredit und Darlehen
b

Zu 4 Angaben im Kreditvertrag
- Vertragspartner
- Darlehensbetrag
- Höhe der Auszahlung, Disagio
- Höhe der Raten, Tilgungsart
- Fälligkeit der Raten
- Zinssatz, ggf. Zinsbindungsfrist, effektiver Zinssatz
- Laufzeit, Beginn, Ende
- Sicherheiten
- Kündigung

Zu 5 Kreditvertrag
Richtig: a, b, c, e, f, g.

Zu 6 Bürgschaft
e

Zu 7 Bürgschaft
a. Gemäß § 766 BGB gilt für das Bürgschaftsversprechen Formzwang: Schriftform.
b. Ja, die Bürgschaft ist forderungsabhängig (akzessorisch).
c. Die Bürgschaft erlischt, sobald der Kreditnehmer seine Zahlungsverpflichtungen erfüllt hat.
d. Nein, denn dabei hätte sie auf die Einrede der Vorausklage verzichtet. Der Gläubiger könnte sich somit direkt an den Bürgen wenden.

Zu 8 Bilanzaktiva und Kreditsicherheiten
a. Grundschuld oder Hypothek
b. Sicherungsübereignung
c. Sicherungsübereignung
d. Zession
e. Pfandrecht

Zu 9 Zession
d

Zu 10 Kreditarten
e

Zu 11 Kreditarten
a

Zu 12 Kreditarten
a = 6, b = 1, c = 3, d = 5, e = 4

Zu 13 Kreditsicherheiten
a. Sicherungsübereignung
b. Hypothek oder Grundschuld

B. Handels- und Gesellschaftsrecht

Zu 14 Forderungsabtretung
a. Zession, Forderungsabtretung
b. **Zessionar** = Kreditgeber = Gläubiger
   Zedent = Kreditnehmer = Schuldner
   Drittschuldner = Kunde
c. **Offene Zession**
   = Drittschuldner wird über die Forderungsabtretung informiert.
   Stille Zession
   = Die Forderungsabtretung wird dem Drittschuldner nicht mitgeteilt.

Zu 15 Zession
c

Zu 16 Lombardkredit und Sicherungsübereignung
a. Sicherungsübereignung:
   Eigentümer: Bank
   Besitzer: Unternehmer
b. Lombardkredit (Faustpfand)
   Eigentümer: Herr Schmitt
   Besitzer: Bank

Zu 17 Lombardkredit und Sicherungsübereignung
a. Diese Vereinbarung ist insofern nicht sinnvoll, da er dann den Pkw an die Bank verpfänden/übergeben müsste.
b. Sinnvoller wäre die Sicherungsübereignung, da er dann den Pkw als Besitzer nutzen könnte; die Bank würde Eigentümerin.

Zu 18 Sicherungsübereignung
d

Zu 19 Eigentumsvorbehalt
a. Einfacher Eigentumsvorbehalt,
b. Verlängerter Eigentumsvorbehalt,
c. Erweiterter Eigentumsvorbehalt.

Zu 20 Eigentumsvorbehalt
b.

Zu 21 Grundpfandrechte und Grundstückskauf
a. Realkredit (über Hypothek oder Grundschuld abgesicherter Kredit)
b. Grundpfandrechte: Grundschuld oder Hypothek
c. Auflassung und Grundbucheintragung
d. Abteilung III
e. Notarielle Beurkundung

Zu 22 Grundpfandrechte
Grundschuld:
Hier besteht keine Akzessorietät. Anders ausgedrückt, sie ist nicht an eine Forderung gebunden, sie ist abstrakt. Sie bleibt deshalb in ihrer ursprünglichen Höhe bestehen. Es besteht lediglich eine dingliche Haftung, das heißt, die Haftung erstreckt sich lediglich auf das Grundstück nebst Erzeugnissen und Zubehör. Sie kann mehrfach verwendet werden.

Hypothek:
Hier besteht Akzessorietät, das heißt, die Hypothek ist an das Vorhandensein einer Forderung gebunden. Aus diesem Grund besteht sie auch immer nur in Höhe der zugrunde liegenden Forderung. Hier besteht die dingliche Haftung und die persönliche Sicherheit des Kreditnehmers. Sie erlischt mit Rückzahlung der Forderung.

Zu 23 Aufbau Grundbuchblatt
Aufbau:
Aufschrift: Titelblatt,
Bestandsverzeichnis: Angaben über technische Merkmale bzw. Eigenarten des Grundstücks,
Erste Abteilung: Enthält die Eigentumsverhältnisse,
Zweite Abteilung: Enthält Lasten und Beschränkungen, z. B. Dienstbarkeiten, Reallasten, Erbbaurechte, Vorkaufsrechte,
Dritte Abteilung: Grundpfandrechte: Hypothek, Grundschuld.

Zu 24 Grundbuch

Einzutragende Positionen	Abteilung
a. Erbbaurecht	II
b. Eigentümer	I
c. Grundschuld	III
d. Zwangsversteigerungsvermerk	II
e. Hypothek	III
f. Auflassungsvormerkung	II
g. Reallast	II

Zu 25 Reihenfolge der Grundpfandrechte
Der Reihenfolge in der Abteilung III kommt insofern große Bedeutung zu, da im Falle der Zwangsversteigerung die eingetragenen Gläubiger in der Reihenfolge der Eintragung befriedigt werden. Wenn also der Versteigerungserlös nicht ausreicht, um alle eingetragenen Gläubiger zu befriedigen, muss der an letzter Stelle sitzende Gläubiger mit Einbußen rechnen.

Zu 26 Grundpfandrechte
b

Zu 27 Grundpfandrechte
b, e

Zu 28 Grundstückskauf
a. Persönliche und sachliche Kreditwürdigkeit / Bonität, Einkommensnachweise, Jahresabschluss / Gewinnermittlungen, Privatvermögen, Auftragslage etc.
b.
- Nettodarlehensbetrag
- Gesamter Rückzahlungsbetrag
- Rückzahlungsmodus, Beginn, Ende Laufzeit
- Zinssatz und alle Kosten, Disagio, Effektivzins
- Kosten der Restschuldversicherung
- Sicherheiten

c. Kreditsicherheiten:
- Hypothek,
- Grundschuld

d. Dies ist insofern von erheblicher Bedeutung, da der Vater auch im Fall des Verkaufs ein lebenslanges Nießbrauchsrecht hat. Das Haus kann demzufolge nicht in vollem Umfang frei genutzt werden. Dies hat zweifelsohne Auswirkungen auf den Kaufpreis.
e. Abteilung III: Grundpfandrechte
f. Steuer: Es entstehen je nach Bundesland 3,5 bis 5 % Grunderwerbsteuer, die der Käufer zu tragen hat.
g. Eigentumsübertragung bei Grundstücken: durch Auflassung und Eintragung im Grundbuch.

C. Zivilprozessordnung (einschl. Verfahren auf europäischer Ebene)

I. Wiederholungsfragen

1. Gerichtsbarkeiten

Zu 1a
Ordentliche Gerichtsbarkeit: Zivil- und Strafgerichtsbarkeit

Zu 1b
Zivilgerichtsbarkeit: Streitige und freiwillige Gerichtsbarkeit

Zu 1c
Besondere Gerichtsbarkeit: Arbeits-, Verwaltungs-, Sozial-, Finanz-, Disziplinar- und Patentgerichtsbarkeit

Zu 2 Gerichte innerhalb der ordentlichen Gerichtsbarkeit
§ 12 GVG: Amtsgerichte, Landgerichte, Oberlandesgerichte und Bundesgerichtshof

Zu 3 Besetzung der Zivilgerichte

Gerichte	Spruchkörper und Besetzung	§§ im GVG
Amtsgericht	Einzelrichter	§ 22
Landgericht	Kammern mit drei Richtern	§ 75
Kammer für Handelssachen	Ein Mitglied des LG als Vorsitzender und zwei ehrenamtliche Richter	§ 105
Oberlandesgericht	Senate mit drei Richtern	§ 122
Bundesgerichtshof	Senate mit fünf Richtern	§ 139

2. Anwaltliches Aufforderungsschreiben

Zu 1 Ziele des Aufforderungsschreibens:
- Schuldner soll aufgefordert werden, kurzfristig, freiwillig zu zahlen. Die Risiken eines oftmals schwer kalkulierbaren Klageverfahrens können somit vermieden werden.
- Sofern sich der Schuldner noch nicht in Verzug befindet, kann dies hierdurch bewirkt werden.
- Vermeidung die Kosten tragen zu müssen, sofern der Gegner sofort anerkennt. Sofern der Beklagte durch sein Verhalten zur Erhebung der Klage keine Veranlassung gegeben hat, muss er bei sofortigem Anerkenntnis nicht die Kosten tragen, § 93 ZPO. Genau dies kann durch das anwaltliche Aufforderungsschreiben vermieden werden.

Zu 2 Arten von Aufforderungsschreiben
Aufforderungsschreiben ohne Klageauftrag
Hier bringt der Rechtsanwalt für den Fall des Nichtzahlens zum Ausdruck, dass er seinem Mandanten empfehlen werde, Klage einzureichen.

1,3 Geschäftsgebühr (Satzrahmen von 0,5 bis 2,5 gemäß Nr. 2300 VV RVG)

Da er noch keinen Klageauftrag hat, kann er gebührenrechtlich in einer durchschnittlichen Angelegenheit eine 1,3 Geschäftsgebühr abrechnen, sofern der Schuldner anschließend zahlt und sich kein Klageverfahren anschließt. Im Falle eines anschließenden Klageverfahrens wäre dann die hälftige Anrechnung der Geschäftsgebühr auf die Verfahrensgebühr zu beachten.

Aufforderungsschreiben mit Klageauftrag
Hier gibt der Rechtsanwalt zu erkennen, dass er für den Fall, dass der Schuldner nicht leistet, für seinen Mandanten Klage erheben wird.

0,8 Verfahrensgebühr (Nr. 3101 Ziff. 1 VV RVG)

Da er bereits Klageauftrag hat, kann in diesem Fall die Geschäftsgebühr nicht mehr entstehen. Sofern der Schuldner auf das Schreiben hin zahlt, rechnet der Rechtsanwalt daher eine 0,8 Verfahrensgebühr ab. Sofern anschließend Klage eingereicht würde, würde die 0,8 Verfahrensgebühr gemäß Nr. 3100 VV RVG auf eine 1,3 Verfahrensgebühr anwachsen.

Zu 3 **Bestandteile des Aufforderungsschreibens:**

- Bezeichnung und Anschrift des Schuldners
- Bezeichnung und Anschrift des Gläubigers
- Anzeige der anwaltlichen Vertretung bzw. Bestellung, Vollmacht
- Darstellung des Sachverhalts
- Aufführung und Berechnung der geltend gemachten Ansprüche (Hauptforderung, Verzugszinsen, Verzugsschaden, einschließlich der angefallenen Rechtsanwaltskosten)
- Leistungsaufforderung mit Fristsetzung, einschließlich Verzugskosten
- Androhung der Konsequenzen für den Fall, dass der Schuldner nicht leistet
- Vergütungsberechnung mit Zahlungsaufforderung
- Unterschrift

Zu 4 **Verzugszinsen**

Fragen	Antworten
a. Wie hoch ist der Zinssatz im Rahmen der Berechnung der gesetzlichen Verzugszinsen bei Rechtsgeschäften zwischen Verbrauchern und Unternehmern?	**Höhe:** 5 % + Basiszinssatz **Paragraf(en), Gesetz:** §§ 288 Abs. 1, 247 BGB
b. Wie hoch ist der Zinssatz im Rahmen der Berechnung der gesetzlichen Verzugszinsen bei Rechtsgeschäften, an denen kein Verbraucher beteiligt ist, z. B. zwischen Unternehmern?	**Höhe:** 8 % + Basiszinssatz **Paragraf(en), Gesetz:** § 288 Abs. 2, 247 BGB
c. In welchen Vorschriften stehen die Definitionen von Verbraucher und Unternehmer?	**Paragraf(en), Gesetz:** §§ 13, 14 BGB
d. Hat der Rechtsanwalt auch die Möglichkeit bei der Zinsberechnung über die Höhe der gesetzlichen Zinsen hinauszugehen?	Ja, sofern - vertraglich vereinbart, - die tatsächlich gezahlten Zinsen, z. B. gegenüber einer Bank, höher sind, § 288 Abs. 3 BGB.

3. Klageverfahren

3.1 Zuständigkeiten

Zu 1 **Sachliche Zuständigkeit**
Zu a
Die sachliche Zuständigkeit regelt die Verteilung der Prozesse in der ersten Instanz.
Sie betrifft somit die Frage, wo beginnt ein Prozess, beim AG oder beim LG?
Anmerkung: OLG und BGH scheiden aus, da es sich hierbei um Rechtsmittelinstanzen

handelt. § 1 ZPO verweist bei der sachlichen Zuständigkeit auf die Vorschriften des GVG, diese sind insbesondere §§ 23, 71 GVG.

C. Zivilprozessordnung

Zu b bis e
Zur besseren Einprägsamkeit hier die Einzelheiten in Form einer Übersicht:

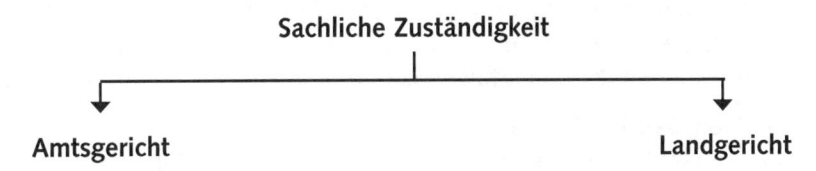

Sachliche Zuständigkeit

Amtsgericht

Grundsätzlich:
Streitigkeiten mit einem Streitwert bis 5.000,00 Euro, § 23 Nr. 1 GVG

Ohne Rücksicht auf den Wert des Streitgegenstandes, § 23 Nr. 2a bis g GVG:
- Streitigkeiten über Ansprüche aus Mietwohnraum (ausschließliche Zuständigkeit),
- Streitigkeiten zwischen Reisenden und Wirten etc.,
- Streitigkeiten nach § 43 Nr. 1 bis 4 und 6 Wohnungseigentumsgesetz (ausschließliche Zuständigkeit),
- Streitigkeiten wegen Wildschadens,
- Ansprüche aus einem mit der Überlassung eines Grundstücks in Verbindung stehenden Leibgedings-, Leibzuchts-, Altenteils- oder Auszugsvertrag.

Weitere ausschließliche Zuständigkeiten nach anderen Vorschriften, u.a.:
- Familiensachen, § 23 a GVG i.V.m. § 111 FamFG,
- Angelegenheiten der freiwilligen Gerichtsbarkeit, soweit nicht durch gesetzliche Vorschriften eine andere Zuständigkeit begründet ist,
- Gerichtliches Mahnverfahren § 689 ZPO,
- den Vollstreckungsgerichten zugewiesene Anordnungen von Vollstreckungshandlungen, § 764 ZPO,
- ...

Landgericht

Grundsätzlich:
Hierzu gehören, alle nicht den AG zugewiesenen Streitigkeiten, d. h. insbes. in vermögensrechtlichen Streitigkeiten mit einem Streitwert über 5.000,00 Euro, §§ 23 Nr. 1, 71 Abs. 1 GVG

Ausschließliche Zuständigkeit, § 71 Abs. 2 GVG, u.a.:
- Ansprüche, die auf Grund der Beamtengesetze gegen den Fiskus erhoben werden,
- Ansprüche gegen Richter und Beamte wegen Überschreitung ihrer amtlichen Befugnisse oder wegen pflichtwidriger Unterlassung von Amtshandlungen,
- für Schadensersatzansprüche auf Grund falscher, irreführender oder unterlassener öffentlicher Kapitalmarktinformationen,
- ...

Zu 2 Örtliche Zuständigkeit

Zu a Begriff
Die örtliche Zuständigkeit bestimmt den Gerichtsstand (= Gerichtsort). Dies betrifft die Frage, **wo** in örtlicher Hinsicht die Klage erhoben wird. Die Vorschriften hierzu befinden sich insbesondere in der ZPO, §§ 12 ff..

Zu b Allgemeiner Gerichtsstand bei natürlichen Personen
Der allgemeine Gerichtsstand besteht grundsätzlich bei allen Klagen gegen eine Person, § 12 GVG.

Bei natürlichen Personen:	**Wohnsitz des Beklagten**, § 13 ZPO oder
sofern wohnsitzlos:	Aufenthaltsort, § 16 ZPO oder
sofern weder noch bekannt:	letzter Wohnsitz, § 16 ZPO oder
bei exterritorialen Deutschen:	letzter inländischer Wohnsitz, ansonsten AG Schöneberg, Berlin, § 15 ZPO.

Zu c Allgemeiner Gerichtsstand bei juristischen Personen
Bei juristischen Personen bestimmt er sich nach ihrem **Sitz**, § 17 ZPO.

Zu d Besondere Gerichtsstände

Für bestimmte Arten von Klagen hat der Gesetzgeber die besonderen Gerichtsstände in die ZPO aufgenommen. Ihre große Zahl soll die Prozessführung des Klägers erleichtern. Es soll somit erreicht werden, dass ein dem Sachverhalt näher stehendes Gericht entscheidet, so z. B. wenn Großunternehmen etliche Filialen unterhalten, § 21 ZPO. Die einzelnen Beispiele können der unten folgenden Zusammenfassung entnommen werden.

Zu e Wahlrecht bei mehreren Gerichtsständen

Sofern der allgemeine Gerichtsstand und mehrere besondere Gerichtsstände in einem
Sachverhalt betroffen sind, so kann der Kläger nach seiner Wahl bei dem allgemeinen
Gerichtsstand des Beklagten oder bei einem der betroffenen besonderen Gerichtsstände Klage erheben, § 35 ZPO.

Zu f Ausschließlicher Gerichtsstand

Hier hat der Gesetzgeber nur einen ganz bestimmten Gerichtsstand vorgesehen, dieser kann auch nicht abgeändert werden, er ist zwingend. Dies bedeutet, dass eine Gerichtsstandsvereinbarung ist in diesem Fall nicht möglich ist. Im Einzelnen siehe die unten folgende Zusammenfassung.

Zu 3   **Gerichtsstandsvereinbarungen:**

a. Begriff:

= Prorogation; vertraglicher Gerichtsstand; vereinbarte Zuständigkeit.
Der Grundsatz lautet zunächst einmal, dass Zuständigkeitsvereinbarungen unzulässig sind. Unter bestimmten Voraussetzungen kann jedoch nach §§ 38 bis 40 ZPO eine Gerichtsstandsvereinbarung zwischen den Parteien geschlossen werden.

⬇

b. Voraussetzungen:

Gemäß § 40 ZPO:
- Es muss sich um eine vermögensrechtliche Streitigkeit handeln.
- Die Vereinbarung muss sich auf ein konkretes Rechtsverhältnis beziehen.
- Es darf für die Klage kein ausschließlicher Gerichtsstand begründet sein.

⬇

c. Zulässige Möglichkeiten nach ZPO:

| (1) **In Handelssachen**, § 38 Abs. 1 ZPO,

vor Entstehung einer Streitigkeit können nur folgende Vertragsparteien eine Gerichtsstandsvereinbarung abschließen: Kaufleute, juristische Personen des öffentlichen Rechts oder öffentlich-rechtliche Sondervermögen. | (2) **Eine Partei hat im Inland keinen allgemeinen Wohnsitz**, § 38 Abs. 2 ZPO | (3) **Zwischen Privatpersonen** (insbesondere), § 38 Abs. 3 ZPO,

- wenn die Vereinbarung **nach Entstehung der Streitigkeit** schriftlich geschlossen wurde oder
- wenn eine Partei ihren Wohnsitz nach Vertragsschluss ins Ausland verlegt oder
- wenn der Wohnsitz im Zeitpunkt der Klageerhebung nicht bekannt ist. |

C. Zivilprozessordnung

Zusammenfassung zu „2 und 3":

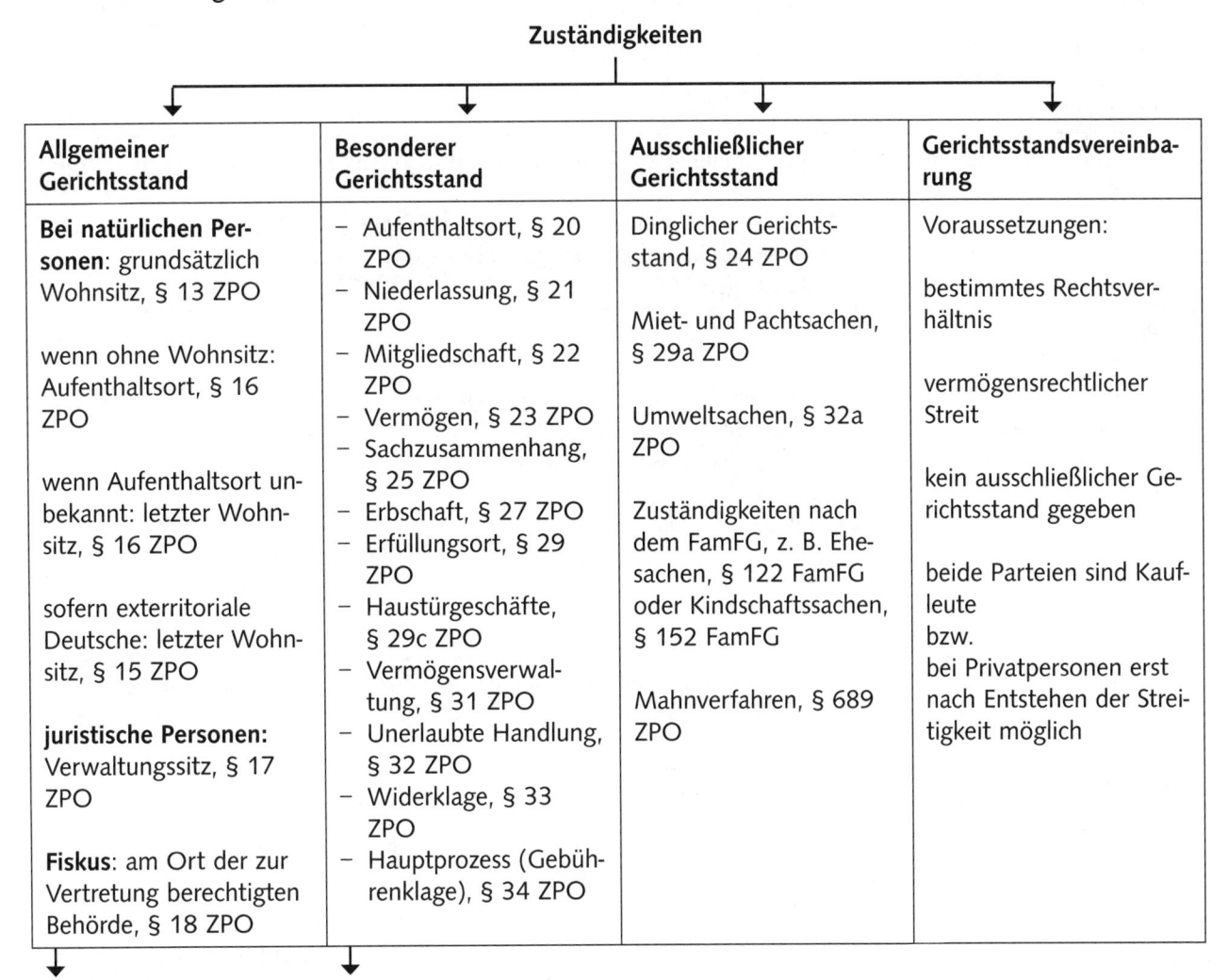

Zuständigkeiten

Allgemeiner Gerichtsstand	Besonderer Gerichtsstand	Ausschließlicher Gerichtsstand	Gerichtsstandsvereinbarung
Bei natürlichen Personen: grundsätzlich Wohnsitz, § 13 ZPO wenn ohne Wohnsitz: Aufenthaltsort, § 16 ZPO wenn Aufenthaltsort unbekannt: letzter Wohnsitz, § 16 ZPO sofern exterritoriale Deutsche: letzter Wohnsitz, § 15 ZPO **juristische Personen**: Verwaltungssitz, § 17 ZPO **Fiskus**: am Ort der zur Vertretung berechtigten Behörde, § 18 ZPO	– Aufenthaltsort, § 20 ZPO – Niederlassung, § 21 ZPO – Mitgliedschaft, § 22 ZPO – Vermögen, § 23 ZPO – Sachzusammenhang, § 25 ZPO – Erbschaft, § 27 ZPO – Erfüllungsort, § 29 ZPO – Haustürgeschäfte, § 29c ZPO – Vermögensverwaltung, § 31 ZPO – Unerlaubte Handlung, § 32 ZPO – Widerklage, § 33 ZPO – Hauptprozess (Gebührenklage), § 34 ZPO	Dinglicher Gerichtsstand, § 24 ZPO Miet- und Pachtsachen, § 29a ZPO Umweltsachen, § 32a ZPO Zuständigkeiten nach dem FamFG, z. B. Ehesachen, § 122 FamFG oder Kindschaftssachen, § 152 FamFG Mahnverfahren, § 689 ZPO	Voraussetzungen: bestimmtes Rechtsverhältnis vermögensrechtlicher Streit kein ausschließlicher Gerichtsstand gegeben beide Parteien sind Kaufleute bzw. bei Privatpersonen erst nach Entstehen der Streitigkeit möglich

Wahlrecht des Klägers bei mehreren Zuständigkeiten, § 35 ZPO

Zu 4 Funktionelle Zuständigkeit

Die funktionelle Zuständigkeit bezieht sich auf die innere Organisation und die Aufgabenverteilung auf die verschiedenen Rechtspflegeorgane.

Anmerkung: Beim Amtsgericht gehört hierzu die Abgrenzung, in welcher Funktion das Amtsgericht tätig wird, z. B. ob das AG in seiner Funktion als Prozess- oder als Vollstreckungsgericht tätig ist. Des Weiteren können genannt werden die Abgrenzung zwischen Richter und Rechtspfleger oder Rechtspfleger und Urkundsbeamter. Beim LG ist zu bestimmen, welcher Kammer die Angelegenheit zuzuordnen ist, z. B. Kammer für Handelssachen.

3.2 Prozessparteien und ihre Vertreter

Zu 1 Parteifähigkeit

Fragen	Antworten
a. Erläutern Sie den Begriff Parteifähigkeit.	Sie ist die Fähigkeit Partei, in einem Prozess sein zu können. Parteifähig ist, wer rechtsfähig ist, d. h. wer Träger von Rechten und Pflichten sein kann, § 50 ZPO.

Fragen	Antworten
b. Wann beginnt und wann endet sie bei natürlichen Personen.	Die Parteifähigkeit des Menschen beginnt mit der Geburt und endet mit Tod.
c. Sind juristische Personen parteifähig?	Ja, parteifähig sind alle natürlichen und juristischen Personen (z. B. GmbH, AG). Außerdem wird bei der OHG und der KG aus § 124(1) HGB für bestimmte Bereiche eine Rechtsfähigkeit abgeleitet (z. B. OHG gem. § 124 Abs. 1 HGB, KG gem. §§ 161 Abs. 2, 124 Abs. 1 HGB).
d. Parteienbezeichnung für die folgenden Verfahren: – Berufungsverfahren – Mahnverfahren – Scheidung – Zivilprozess – Zwangsvollstreckung	Berufungskläger und Berufungsbeklagter Antragsteller und Antragsgegner Antragsteller und Antragsgegner Kläger und Beklagter Gläubiger und Schuldner

Zu 2 **Prozessfähigkeit**

Fragen	Antworten
a. Erläutern Sie den Begriff Prozessfähigkeit.	Sie ist die Fähigkeit, einen Prozess für sich selbst oder einen anderen zu führen oder einen anderen mit der Führung des Prozesses zu beauftragen, §§ 51, 52 ZPO.
b. Sind juristische Personen prozessfähig?	Nein, sie sind rechtsfähig und damit parteifähig, sie sind aber nicht geschäftsfähig und damit auch nicht prozessfähig.
c. Sind Minderjährige prozessfähig?	Nein, sie sind nicht voll geschäftsfähig. Von der Prozessunfähigkeit Minderjähriger gibt es in den Fällen Ausnahmen, in denen der gesetzliche Vertreter den Minderjährigen ausdrücklich ermächtigt, Rechtsgeschäfte voll wirksam abzuschließen. Für diese Rechtsgeschäfte ist die minderjährige Person prozessfähig, z. B. in den Fällen des § 112 BGB „selbständiger Betrieb eines Erwerbsgeschäfts", hier ist auch die Genehmigung des Familiengerichts zusätzlich erforderlich oder 113 BGB „Dienst- oder Arbeitsverhältnis".
d. Gesetzliche Vertreter: – Minderjähriger – Gemeinde – Stadt – Landkreis – AG – GmbH – OHG – KG – eV	Eltern Bürgermeister Oberbürgermeister Landrat Vorstand Geschäftsführer Gesellschafter Komplementär (Vollhafter) Vorstand

Zu 3 **Postulationsfähigkeit**

Hierunter ist die Fähigkeit zu verstehen, vor einem Gericht aufzutreten und Prozesshandlungen wirksam vornehmen zu können.

Grundsätzlich ist jede prozessfähige Person auch postulationsfähig. Allerdings gibt es hier Einschränkungen, da beispielsweise im Instanzenzug der Zivilgerichtsbarkeit ab dem Landesgericht aufwärts (OLG, BGH) Anwaltszwang besteht. In diesen Fällen ist die Partei selbst nicht postulationsfähig, sie ist dies nur beim AG (wichtige Ausnahme: Familiengericht).

C. Zivilprozessordnung

Zu 4 Unterschied: Anwalts- und Parteiprozess

In einem Anwaltsprozess besteht für die Partei die zwingende Notwendigkeit, sich von einem zugelassenen Rechtsanwalt vertreten zu lassen, § 78 ZPO (siehe Postulationsfähigkeit).

Von einem Parteiprozess wird dann gesprochen, wenn die Partei den Prozess selbst führen darf, § 79 S. 1 ZPO, dies betrifft die Verfahren vor den AG. Vor dem LG, OLG und dem BGH besteht dagegen Anwaltszwang.

Zu 5 Prozessvollmacht

Fragen	Antworten
a. Wer ist ein Prozessbevollmächtigter?	Ein Prozessbevollmächtigter ist eine Person, die eine Partei rechtswirksam vertreten kann. Hierzu muss sie von der Partei durch eine Vollmacht legitimiert worden sein, § 80 ZPO. Der Prozessbevollmächtigte muss sowohl prozess- als auch postulationsfähig sein.
b. Zu welchen Prozesshandlungen ermächtigt die Prozessvollmacht?	Die Prozessvollmacht ermächtigt kraft Gesetz zu allen den Rechtsstreit betreffenden Prozesshandlungen, z. B. Einreichung oder Rücknahme der Klage, siehe hierzu im Einzelnen § 81 ZPO. Die Prozessvollmacht berechtigt nicht zur Inempfangnahme des Streitgegenstandes, hierfür benötigt der Rechtsanwalt eine gesonderte Inkassovollmacht. Nach § 80 ZPO ist die Vollmacht schriftlich zu den Gerichtsakten einzureichen.
c. Kann die Prozessvollmacht eingeschränkt werden?	Eine Beschränkung der Prozessvollmacht mit Wirkung gegenüber dem Prozessgegner ist nur insoweit zulässig, als sie die Beendigung des Prozesses durch Vergleich, Verzicht oder Anerkenntnis verbietet. Sie muss dem Gegner mitgeteilt werden, sonst ist sie ungültig, § 83 ZPO.
d. Wann endet die Prozessvollmacht?	Die Prozessvollmacht endet mit der rechtskräftigen Erledigung der Sache. Weitere Gründe sind der Widerruf durch den Vollmachtgeber oder wenn der Rechtsanwalt seine Postulationsfähigkeit verliert. Sie erlischt ebenfalls mit dem Tode des Bevollmächtigten. Nicht jedoch mit dem Tod des Vollmachtgebers, § 86 ZPO.

3.3 Zustellung

Zu 1 Begriff

Unter einer Zustellung versteht man die Bekanntgabe eines Schriftstückes in der vom Gesetz vorgeschriebenen bzw. in der gerichtlich angeordneten Form, § 166 ZPO.

Zu 2 Zweck der Zustellung

- **Kenntnisnahme durch den Empfänger**: Durch die Zustellung soll dem Empfänger ein Schriftstück zukommen, d. h. er soll über etwas in Kenntnis gesetzt werden.
- **Nachweisfunktion**: Eng hiermit verbunden steht gerade im rechtlichen Bereich oftmals die Notwendigkeit, die Zustellung eines Schriftstückes nachweisen zu müssen.

Beispiele für Rechtsfolgen:
- Damit eine gerichtliche Entscheidung überhaupt wirksam und bestandskräftig werden kann, muss sie zugestellt worden sein,
- Beginn eines Fristlaufs,
- Einleitung eines gerichtlichen Verfahrens,
- Begründung von Rechten.

Lösungen — Rechtsanwendung

Zu 3

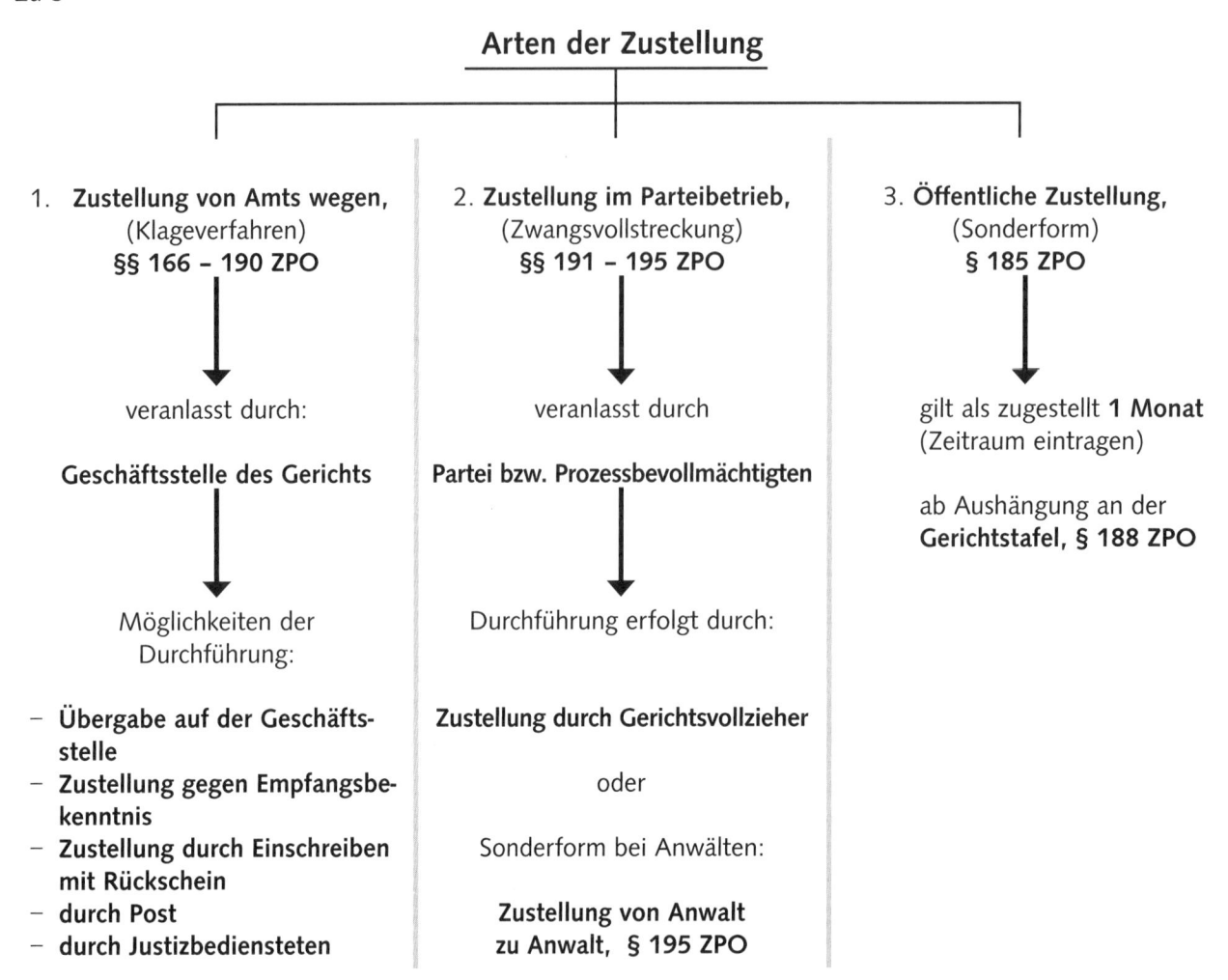

Arten der Zustellung

1. Zustellung von Amts wegen,
(Klageverfahren)
§§ 166 – 190 ZPO

↓

veranlasst durch:

Geschäftsstelle des Gerichts

↓

Möglichkeiten der Durchführung:

- Übergabe auf der Geschäftsstelle
- Zustellung gegen Empfangsbekenntnis
- Zustellung durch Einschreiben mit Rückschein
- durch Post
- durch Justizbediensteten

2. Zustellung im Parteibetrieb,
(Zwangsvollstreckung)
§§ 191 – 195 ZPO

↓

veranlasst durch

Partei bzw. Prozessbevollmächtigten

↓

Durchführung erfolgt durch:

Zustellung durch Gerichtsvollzieher

oder

Sonderform bei Anwälten:

Zustellung von Anwalt zu Anwalt, § 195 ZPO

3. Öffentliche Zustellung,
(Sonderform)
§ 185 ZPO

↓

gilt als zugestellt **1 Monat**
(Zeitraum eintragen)

ab Aushängung an der
Gerichtstafel, § 188 ZPO

Einzelheiten:
Zustellung von Amts wegen:
- die **Geschäftsstelle** kann die Durchführung selbst ausführen (§ 168 Abs. 1 S. 1 ZPO) durch
    - Übergabe auf der Geschäftsstelle, § 173 ZPO,
    - Zustellung gegen Empfangsbekenntnis, Zustellung durch Telefax gegen Empfangsbekenntnis, Zustellung eines elektronischen Dokuments, § 174 ZPO,
    - Zustellung durch Einschreiben mit Rückschein, § 175 ZPO oder
- sie beauftragt
    - die Post, § 168 Abs. 1 S. 2 ZPO oder
    - einen Justizbediensteten, § 168 Abs. 1 S. 2 ZPO.
- Verspricht eine solche Zustellung keinen Erfolg, so kann der Vorsitzende des Prozessgerichts oder ein von ihm bestimmtes Mitglied den Gerichtsvollzieher oder eine andere Behörde mit der Zustellung beauftragen, § 168 Abs. 2 ZPO.

Im Parteibetrieb erfolgt die Zustellung durch den **Gerichtsvollzieher,** § 192 Abs. 1 ZPO. Er kann entweder persönlich zustellen oder die Post mit der Zustellung beauftragen.

Zu 4 **Zustellung bei anwaltlicher Vertretung**
Grundsätzlich erfolgt die Zustellung zwar an die **Partei,** sofern die Partei jedoch anwaltlich vertreten wird, muss die Zustellung an den **Rechtsanwalt** erfolgen, § 172 ZPO.

Zu 5 **Zustellung gegen Empfangsbekenntnis**
Sie ist möglich bei Personen, bei denen auf Grund ihres Berufes von einer erhöhten Zuverlässigkeit ausgegangen werden kann, z. B. Notare, Rechtsanwälte, § 174 Abs. 1 ZPO.

C. Zivilprozessordnung

Zu 6 Ort und Zeit der Zustellung:
Überall dort, wo die Partei angetroffen wird, § 177 ZPO.

Zu 7 Ersatzzustellungen:
Gemäß § 178 ZPO durch Übergabe an andere Personen
- in der **Wohnung,** an erwachsene Familienangehörige, an eine in der Familie beschäftigte Person oder an erwachsene ständige Mitbewohner,
- in **Geschäftsräumen** an die dort beschäftigten Personen,
- in **Gemeinschaftseinrichtungen** an den Leiter bzw. dessen Vertreter (z. B. bei Kaserne an den Kompaniechef).

Gemäß § 180 ZPO durch Einlegen in den Briefkasten, sofern in den Wohn- bzw. Geschäftsräumen eine Zustellung nicht möglich war.

Gemäß § 181 ZPO durch Niederlegung,
sofern an den Leiter (Vertreter) einer Gemeinschaftseinrichtung nicht zugestellt werden konnte oder sofern ein Einlegen in den Briefkasten nicht möglich war. Die Niederlegung erfolgt auf der Geschäftsstelle des Amtsgerichts, in dessen Bezirk der Ort Zustellung liegt.

Zu 8 Unzulässigkeit der Ersatzzustellung
Die Zustellung an eine der in § 178 Abs. 1 ZPO genannten Personen ist unwirksam, wenn diese an dem Rechtsstreit als Gegner der Person, der zugestellt werden soll, beteiligt ist, § 178 Abs. 2 ZPO.

Zu 9 Zustellungsmöglichkeiten
a. Bei verweigerter Annahme
Verweigert der Zustellungsadressat unberechtigt die Annahme eines Schriftstückes in seiner Wohnung bzw. in seinen Geschäftsräumen, so erfolgt die Zustellung durch **Zurücklassen** des Schriftstückes (z. B. Einwerfen in den Briefkasten), § 179 S. 1 ZPO.
Verweigert der Zustellungsempfänger dies außerhalb seiner Räumlichkeiten, so ist das zuzustellende Schriftstück zurückzusenden, § 179 S. 2 ZPO.
In beiden Fällen ist die Zustellung durch die verweigerte Annahme im rechtlichen Sinne erfolgt.

b. Sofern der Aufenthaltsort des Adressaten unbekannt ist
Öffentliche Zustellung, § 185 ZPO.

Zu 10 Heilung von Zustellungsmängeln:
Im Rahmen des § 189 ZPO lassen sich Zustellungsmängel (z. B. Verletzung von Zustellungsvorschriften, fehlende Zustellungsnachweise) durch die tatsächlich erfolgte Zustellung heilen.

3.4 Klage

Zu 1 Klagearten
(1) **Leistungsklage,** sie zielt ab auf die Verurteilung zu einer Leistung, das heißt einem Tun, Unterlassen oder Dulden.
(2) **Feststellungsklage,** gemäß § 256 begehrt der Kläger die Feststellung, dass zwischen den Parteien ein Rechtsverhältnis besteht oder nicht besteht. Außerdem kann Klage auf Feststellung der Echtheit oder Unechtheit einer Urkunde erhoben werden.
(3) **Rechtsgestaltungsklage,** sie ist auf Begründung, Änderung oder Aufhebung eines Rechtsverhältnisses gerichtet.

Lösungen — Rechtsanwendung

Zu 2 **Bestandteile der Klageschrift,** § 253 i.V.m. § 130 ZPO

Muss-Bestandteile:	Soll-Bestandteile:
Parteien, Prozessbevollmächtigte	Streitwert
Gericht	Beweismittel (in Kopie)
Antrag (was möchte der Kläger?)	Erklärung über die Besetzung des Gerichts
Gegenstand (wegen?)	
Grund (warum?)	
Unterschrift (Partei, Vertreter oder Prozessbevollmächtigter), § 130 Nr. 6 ZPO	

Zu 3 **Klagehäufung**
Objektive Klagehäufung, § 260 ZPO
Begriff:
Der Kläger kann **mehrere Ansprüche** gegen den denselben Beklagten in einer Klage verbinden.

Voraussetzungen:
- Identität von Kläger und Beklagtem,
- für alle Ansprüche ist das **gleiche Prozessgericht** zuständig und
- die **gleiche Prozessart** zulässig.

Subjektive Klagehäufung, §§ 59 ff. ZPO
Begriff:
Hier besteht die Partei aus **mehreren Rechtssubjekten** (Streitgenossen). Sie können gemeinschaftlich klagen (aktive Streitgenossen) oder verklagt werden (passive Streitgenossen).

Voraussetzungen:
- Die Personen stehen hinsichtlich des Streitgegenstandes in einer Rechtsgemeinschaft (einheitliche Klage),
- derselbe Grund (Verfahrensgegenstand),
- gleichartige Ansprüche.

Zu 4 **Rechtswirkung der Klageerhebung**
Hierdurch wird die Rechtshängigkeit der Streitsache begründet, § 261 Abs. 1 ZPO.

Zu 5 **Wirkungen der Rechtshängigkeit**
(1) **Materiell-rechtlich** (Wirkungen, die den Anspruch betreffen):
- **Hemmung** der Verjährung, § 204 Abs. 1 Nr. 1 BGB i.V.m. § 262 ZPO,
- **Verzinsung** einer Geldschuld, § 291 BGB i.V.m. § 262 ZPO,
- **Haftungserweiterung** für den Beklagten, §§ 287, 292, 818 Abs. 4, 989 BGB.

(2) **Prozessual** (Wirkungen, die das Verfahren betreffen):
- Die Klage gilt als erhoben, §§ 253 Abs. 1, 261 Abs. 1 ZPO.
- Während der Dauer der Rechtshängigkeit kann die Streitsache von keiner Partei anderweitig anhängig gemacht werden, § 261 Abs. 3 Nr. 1 ZPO.
- Die Zuständigkeit des Prozessgerichts wird durch eine Veränderung der sie begründenden Umstände (z. B. Wohnortwechsel des Beklagten) nicht berührt, § 261 Abs. 3 Nr. 2 ZPO.
- Nach Eintritt der Rechtshängigkeit ist eine Klageänderung nur noch möglich, wenn der Beklagte einwilligt oder das Gericht sie für sachdienlich erachtet, § 263 ZPO.

Zu 6 **Unterschied zwischen Anhängigkeit und Rechtshängigkeit einer Klage**
- Eine Klage ist **anhängig** mit der Einreichung bei Gericht.
- Eine Klage ist **rechtshängig** mit der Zustellung an den Beklagten.

Zu 7 **Gerichtskostenvorschuss**
Der Kläger muss vor Klageeinreichung einen Gerichtskostenvorschuss zahlen, dieser beträgt drei volle Gebühren, Nr. 1210 der Anlage 1 KostV zum GKG.

C. Zivilprozessordnung

3.5 Gang des erstinstanzlichen Erkenntnisverfahrens

Zu 1 Verhandlungsgrundsätze (Prozessmaxime) des Erkenntnisverfahrens
1. **Dispositionsmaxime (Verfügungsgrundsatz):** Die Parteien bestimmen über den Streitgegenstand und können über ihn verfügen.
2. **Verhandlungsgrundsatz (Beibringungs- und Untersuchungsgrundsatz):** Die Tatsachen und Beweise werden nur von den Parteien beigebracht, nicht vom Gericht. Dabei ist zu beachten:
   – Wahrheitspflicht der Parteien, § 138 ZPO und
   – die richterliche Aufklärungs-, Hinweis- und Fragepflicht, § 139 ZPO.
3. **Rechtliches Gehör**
4. Für den Verhandlungstermin sind zu beachten die Grundsätze der:
   – **Mündlichkeit** (Ausnahme z. B. schriftliches Verfahren),
   – **Öffentlichkeit** (Ausnahme z. B. in Familiensachen),
   – **Unmittelbarkeit des Verfahrens** (Verhandlung und Beweisaufnahme müssen unmittelbar vor dem erkennenden Gericht stattfinden).
5. **Beschleunigungsgrundsatz (Konzentrationsmaxime):** Das Verfahren soll beschleunigt und möglichst in einem vorbereiteten Verhandlungstermin abgeschlossen werden.

Zu 2 Prozessvoraussetzungen
1. **Deutsche Gerichtsbarkeit**
2. **Rechtswegzuständigkeit**
3. **Obligatorische Streitschlichtung** (bei bestimmten Streitigkeiten muss vor Klageerhebung ein Streitschlichtungsversuch vor einer staatlich anerkannten Gütestelle erfolgt sein; in den meisten Bundesländern wird dies so gehandhabt)
4. **Zuständigkeiten der Zivilgerichte**
5. **Partei- und Prozessfähigkeit, gesetzliche Vertretung**
6. **Prozessführungsbefugnis** = Klage im eigenen Namen geltend machen
7. **Postulationsfähigkeit** (im Anwaltsprozess muss der Anwalt bei dem Gericht zugelassen sein, um wirksame Rechtshandlungen vornehmen zu können)
8. **Ordnungsgemäße Klageerhebung** (Klage muss den Ansprüchen des § 253 ZPO i.V.m. § 130 ZPO genügen)
9. **Rechtsschutzbedürfnis** (es muss ein berechtigtes Interesse an der Klageerhebung bestehen)
10. **Keine anderweitige Rechtshängigkeit** (eine Klage kann nur bei einem Gericht anhängig gemacht werden)
11. **Keine entgegenstehende Rechtskraft** (liegt eine rechtskräftige Entscheidung in der Angelegenheit vor, ist eine erneute Klage unzulässig)

➡ *Falls Hindernisse oder Nicht-Vorlage: Klage wird als unzulässig abgewiesen!*

➡ Sofern die Punkte 1–11 vorliegen und der Gerichtskostenvorschuss (in Höhe von 3,0 Gebühren) geleistet wurde

↓

Klage ist anhängig, sobald sie bei Gericht eingereicht ist
(falls Gerichtskostenvorschuss nicht eingezahlt wird, wird sie nicht bearbeitet)

Hinweis:
Wenn der Gerichtskostenvorschuss nicht gezahlt wird, legt das Gericht die Klage nach Ablauf von 6 Monaten automatisch ins Archiv. Die Klage gilt dann als zurückgenommen. Bei einer Klagerücknahme fällt jedoch eine Gerichtsgebühr an.

Zu 3 a Übersicht

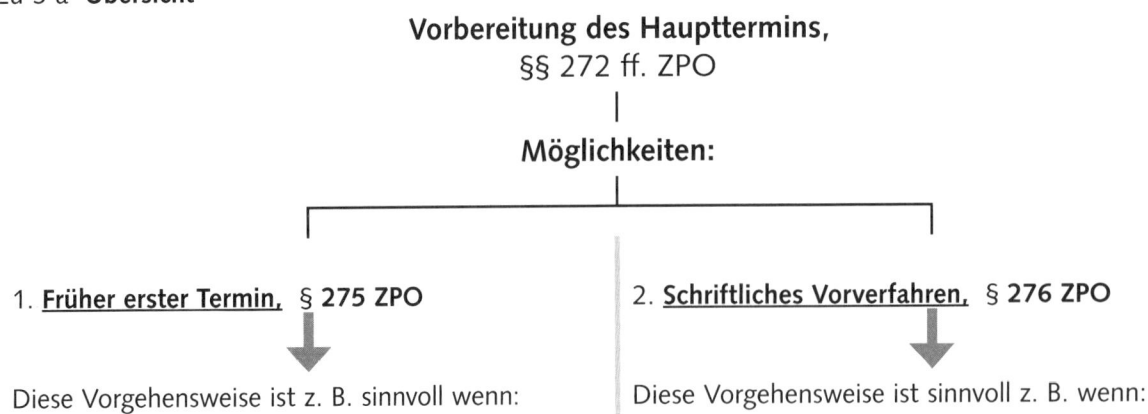

Vorbereitung des Haupttermins,
§§ 272 ff. ZPO

Möglichkeiten:

1. Früher erster Termin, § 275 ZPO

Diese Vorgehensweise ist z. B. sinnvoll wenn:

Diese Vorgehensweise ist z. B. sinnvoll, wenn die Streitsache einfach gelagert ist und der Richter mit einer schnellen Beilegung rechnet.

2. Schriftliches Vorverfahren, § 276 ZPO

Diese Vorgehensweise ist sinnvoll z. B. wenn:

Diese Vorgehensweise ist z. B. sinnvoll zwecks umfassender Vorbereitung des Haupttermins.

Zu 3 b Erläuterungen

Früher erster Termin, § 275 ZPO
Bei dieser Vorgehensweise setzt das Gericht möglichst schnell einen Termin fest und stellt dem Beklagten die Klageschrift einschließlich Ladung zum Termin zu. Dies geschieht verbunden mit der Aufforderung, auf die Klage binnen einer vom Gericht bestimmten Frist zu erwidern.

Im Einzelnen:
§ 272 Abs. 3 ZPO legt fest, dass die Güteverhandlung und die mündliche Verhandlung so früh wie möglich stattfinden sollen. Im Einzelnen bedeutet dies:
– Unverzügliche Bestimmung des Termins zur mündlichen Verhandlung durch das Gericht, § 216 Abs. 2 ZPO;
– Ladung und gleichzeitige Zustellung der Klageschrift, §§ 274 Abs. 1, Abs. 2 ZPO;
– zwischen Klagezustellung und mündlichem Verhandlungstermin müssen mindestens 2 Wochen liegen (Einlassungsfrist), § 274 Abs. 3 ZPO;
– zur Vorbereitung des Termins ist dem Beklagten eine Frist zur schriftlichen Klageerwiderung zu setzen, § 275 Abs. 1 S. ZPO. Gemäß § 275 Abs. 1 S. 2 sind Verteidigungsmittel unverzüglich mitzuteilen;
– außerdem kann das Gericht Anordnungen nach § 273 ZPO treffen;
– die Belehrung nach § 276 Abs. 2 ZPO hat zu erfolgen bezüglich Bestellung eines Rechtsanwalts und den Folgen eines Fristversäumnisses.

Schriftliches Vorverfahren, § 276 ZPO
Hierbei stellt das Gericht die Klage zu, dies verbunden mit der Aufforderung an den Beklagten,
a. innerhalb einer Notfrist von zwei Wochen seine Verteidigungsabsicht anzuzeigen, § 276 Abs. 1 ZPO,
b. sich innerhalb einer weiteren Frist von mindestens zwei Wochen seit Ablauf der Notfrist zur Klage zu äußern (Klageerwiderung), § 276 Abs. 1 ZPO.
Außerdem hat auch die Belehrung nach § 276 Abs. 2 ZPO zu erfolgen bezüglich der Bestellung eines Rechtsanwalts und den Folgen eines Fristversäumnisses.

Sofern der Beklagte seine Verteidigungsabsicht nicht rechtzeitig anzeigt, kann ein Versäumnisurteil gegen ihn ergehen, sofern der Kläger dies beantragt, § 331 Abs. 3 ZPO.

Zu 4 Beweismittel nach ZPO:
– **S**achverständigenbeweis, §§ 402 ff. ZPO
– **P**arteivernehmung, §§ 445 ff. ZPO
– **A**ugenschein, §§ 371 ff. ZPO
– **U**rkundenbeweis, §§ 415 ff. ZPO
– **Z**eugenbeweis, §§ 373 ff. ZPO

„Eselsbrücke" zum besseren Merken: **SPAUZ** oder **SAPUZ**.

C. Zivilprozessordnung

Zu 5 Beweisführung bzw. Beweisbeibringung
Im Zivilprozess ist es Aufgabe der Parteien, den Tatsachenstoff und die Beweise beizubringen (**Beibringungsgrundsatz**).
Da der **Kläger** etwas vom Beklagten möchte, muss er die Tatsachen **beweisen,** die seinen Anspruch begründen.
Der **Beklagte** muss die Tatsachen beweisen, die den Anspruch des Klägers **widerlegen**.

Zu 6 Arten von Beweisverfahren
- Beweisverfahren im Prozess
- Selbstständiges Beweisverfahren (vor oder auch während des Prozesses zulässig)

Zu 7 Beweisen und Glaubhaftmachung
Beweisen: Dies bedeutet, das Gericht von der Richtigkeit oder Unrichtigkeit einer behaupteten Tatsache durch Beweismittel überzeugen.
Glaubhaftmachen: Dies bedeutet, dem Gericht den Eindruck zu vermitteln, dass eine Behauptung wahrscheinlich wahr oder unwahr ist. Ausreichend ist die überwiegende Wahrscheinlichkeit.

Zu 8 Beweismittel im selbstständigen Beweisverfahren, § 485 ZPO
- Augenschein
- Zeugenbeweis
- Sachverständigengutachten

Zu 9 Zeugnisverweigerungsrecht
(1) Aus **persönlichen Gründen**, § 383 ZPO, z. B. bei Verlobten, Ehegatten, Verwandtschaft in gerader Linie, Seelsorgern, Rechtsanwälten.
(2) Aus **sachlichen Gründen**, § 384 ZPO, z. B. wenn dem Zeugen durch die Aussage ein Vermögensschaden entstehen könnte, er sich durch die Aussage einer Straftat bezichtigen oder er ein Gewerbegeheimnis offenbaren würde.

Zu 10 Pflichten eines Zeugen, §§ 377 ff. ZPO
- Er muss persönlich vor Gericht erscheinen und
- wahrheitsgemäß aussagen,
- ggf. auch unter Eid, §§ 391 ff. ZPO.

Zu 11 Inhalt des Beweisbeschlusses
Nach § 359 ZPO:
- Beweisthema
- Beweismittel
- Beweisführer

Oftmals enthält er des Weiteren Auflagen des Gerichts und/oder Fristen und Termine.

Zu 12 Erfordernis eines Beweisbeschlusses
Dieser ist notwendig,
- sofern die Beweisaufnahme in einem gesonderten Verfahren stattfinden soll, § 358 ZPO,
- wenn die Partei vernommen werden soll, § 450 ZPO.

Ansonsten kann die Beweiserhebung formlos erfolgen.

Zu 13 Sitzungsprotokoll
Über die Verhandlung und die Beweisaufnahme ist ein Protokoll aufzunehmen. Es wird in der Regel vom Vorsitzenden auf Tonträger diktiert oder von einem Urkundsbeamten aufgenommen. Inhalt und Form ergeben sich aus §§ 159 ff., 510 a ZPO.

Zu 14 Stillstand des Verfahrens, § 239 ff. ZPO
Erläuterung:
Während eines Prozesses können Ereignisse eintreten (z. B. Tod einer Partei, abgeschnittener Verkehr) die den weiteren Fortgang des Verfahrens aufhalten. Die Klage ist in diesen Fällen weiterhin rechtshängig, allerdings werden keine Prozesshandlungen vorgenommen.

Gründe:
- **Unterbrechung des Verfahrens** kraft Gesetz, insbesondere aufgrund bestimmter Ereignisse, die bei der Partei eintreten, z. B. Tod einer Partei
- **Aussetzung des Verfahrens**, insbesondere, wenn der Prozessbevollmächtigte verhindert ist
- **Ruhen des Verfahrens**, wenn das Gericht dies anordnet, z. B. wenn beide Parteien säumig sind

Zu 15 Schriftliches Verfahren
Nach § 128 ZPO ist auch ein Prozess ohne mündliche Verhandlung möglich,
- mit Zustimmung der Parteien oder
- wenn z. B. nur noch über die Kosten zu entscheiden ist oder
- bei Entscheidungen des Gerichts, die nicht Urteile sind.

In Verfahren nach „billigem Ermessen" gemäß § 495 a ZPO (bis 600,00 Euro Streitwert = Kleinbetragsverfahren) kann das Amtsgericht auf die mündliche Verhandlung verzichten.

Zu 16 Beendigung des Verfahrens durch Prozesshandlungen einer Partei
1. **Klagerücknahme**, § 269 ZPO
   = Erklärung des Klägers gegenüber dem Gericht, dass er die Klage zurücknimmt.
   Zu beachten ist dabei:
   - Nach Beginn der mündlichen Verhandlung ist die Einwilligung des Beklagten notwendig.
   - Der Rechtsstreit ist rückwirkend als nicht anhängig geworden anzusehen, Kläger trägt die Prozesskosten, § 269 Abs. 3 ZPO.
   - Der Kläger kann die Klage erneut erheben.
2. **Klageverzicht**, § 306 ZPO
   = teilweiser oder gänzlicher Verzicht des Klägers auf den geltend gemachten prozessualen Anspruch (nicht nur auf die Klage).
   Zu beachten ist dabei:
   - Es erfolgt keine Sachprüfung aufgrund des Verzichts.
   - Eine erneute Klage mit dem durch den Verzicht erledigten Anspruch ist nicht mehr möglich.
3. **Anerkenntnis**, § 307 ZPO
   = der Beklagte erklärt, dass der geltend gemachte prozessuale Anspruch besteht.
   Das Anerkenntnisurteil ergeht, sofern die Sachurteilsvoraussetzungen vorliegen (ansonsten Klageabweisung durch Prozessurteil) ohne Sachprüfung.
4. **Erledigung der Hauptsache**, § 91a ZPO
   Sie wird durch übereinstimmende Erledigungserklärung der Parteien erledigt. Dies bedeutet,
   - die Rechtshängigkeit wird durch die Erklärung der Parteien beendet.
   - Es ergeht gem. § 91 ZPO eine Kostenentscheidung per Beschluss.
   Hinweis: Die einseitige Erledigungserklärung des Klägers beendet nicht die Rechtshängigkeit, sie fällt nicht unter § 91a ZPO. Er begehrt in diesem Fall vielmehr eine Klageänderung (§ 264 Nr. 2 ZPO), durch die festgestellt werden soll, dass sich die Klage erledigt hat (durch Urteil). Die Kostenentscheidung ergeht gem. § 91 ZPO gegen die unterliegende Partei
5. **Prozessvergleich**, § 794 Abs. 1 Nr. 1 ZPO
   Die Parteien vereinbaren vor Gericht, dass der Rechtsstreit durch gegenseitiges Entgegenkommen und Nachkommen beendet werden soll.
   Zu beachten ist dabei,
   - dass der Prozessvergleich vor Gericht abgeschlossen und protokolliert wird,
   - dass er ein Vollstreckungstitel für die Zwangsvollstreckung ist.

Zu 17 Prozessbeendigung ohne Urteil
Durch:
- Erledigung der Hauptsache
- Klagerücknahme
- Prozessvergleich

Zu 18 Urteil
a. Begriff
Das Urteil ist eine Entscheidung eines Gerichts, durch die ein Rechtsstreit ganz oder teilweise beendet wird.

b. Das Urteil ist erlassen,
wenn es öffentlich verkündet wird.

C. Zivilprozessordnung

c. Das Urteil ist verkündet,
wenn die Urteilsformel vorgelesen wird.
- Man unterscheidet die Verkündung im **Schlusstermin** und die Verkündung in einem gesonderten **Verkündungstermin**, § 310 Abs. 1 ZPO.
- Bei Urteilen, die im schriftlichen Vorverfahren ohne mündliche Verhandlung ergehen, wird die Verkündung durch die Zustellung ersetzt.

Hinweis: Die Verlesung der Urteilsformel kann durch Bezugnahme auf die Formel ersetzt werden, wenn im Verkündungstermin von den Parteien niemand erschienen ist, § 311 Abs. 2 ZPO.

d. Bestandteile eines Urteils
Alle Urteile ergehen **im Namen des Volkes**, § 311 Abs. 1 ZPO.
Bestandteile gemäß §§ 313, 315 ZPO sind:
(1) **Rubrum** (Bezeichnung der Parteien, gesetzlicher Vertreter, Prozessbevollmächtigter, Bezeichnung des Gerichts und der Richter),
(2) **Urteilstenor** (Urteilsformel, Urteilsspruch),
(3) **Tatbestand** (Darstellung des Sach- und Streitgegenstands),
(4) **Entscheidungsgründe** (tatsächliche und rechtliche Gründe, warum das Gericht so entschieden hat),
(5) **Unterschrift** Richter.

Ausnahmen (Vereinfachungen):
Bei bestimmten Urteilen wie **Anerkenntnis-, Versäumnis-, Verzichtsurteilen** gem. §§ 313 a, 313 b Abs. 1 ZPO, Berufungsurteilen gemäß § 540 Abs. 2 ZPO oder bei Bagatellsachen gem. § 495 a ZPO bedarf es nicht des Tatbestands und der Entscheidungsgründe.

e. Urteilsarten
<u>Einteilung danach, ob in der Sache entschieden wurde oder nicht:</u>
(1) **Sachurteile**, wenn über den eingeklagten Anspruch entschieden wird.
(2) **Prozessurteile**, es ergeht keine Sachentscheidung, die Klage wird wegen Fehlens einer Prozessvoraussetzung abgewiesen.

<u>Urteile aufgrund nichtstreitiger Verhandlung:</u>
(1) **Anerkenntnisurteil**: Es ergeht, wenn der Beklagte den Anspruch anerkennt, § 307 ZPO, bei teilweisem Anerkenntnis ergeht ein Teilanerkenntnisurteil.
(2) **Verzichtsurteil**: Es ergeht, wenn der Kläger auf den geltend gemachten Anspruch verzichtet, § 306 ZPO.
(3) **Versäumnisurteil**: Sofern eine Partei säumig ist, kann die Gegenseite ein Versäumnisurteil beantragen, §§ 330 ff. ZPO.

<u>Urteile aufgrund streitiger Verhandlung:</u>
(1) **Endurteil**: Es ergeht, wenn über den Streitgegenstand endgültig entschieden wurde, § 300 Abs. 1 ZPO.
(2) **Vollurteil**: Es ergeht, wenn über den gesamten geltend gemachten Anspruch entschieden wird.
(3) **Teilurteil**: Es ergeht, wenn nur über einen Teilanspruch entschieden wird, § 301 ZPO.
(4) **Schlussurteil**: Wenn über den letzten Teilanspruch entschieden wird, so spricht man vom Schlussurteil.
(5) **Zwischenurteil**: Es ergeht, wenn nicht über den Streitgegenstand entschieden wird, sondern nur über Streitpunkte, die für die spätere Entscheidung wichtig sind, § 303 ZPO.
(6) **Grundurteil**: Man könnte dies als einen besonderen Fall des Zwischenurteils bezeichnen. Hier wird nur über den Grund eines streitigen Anspruchs entschieden. Die Höhe des Anspruchs wird erst im Nach- oder Betragsverfahren entschieden, § 304 ZPO.
(7) **Vorbehaltsurteil**: Hierbei handelt es sich um ein Endurteil, durch welches der Beklagte vorläufig verurteilt wird. Sie enthalten in der Urteilsformel den Vorbehalt, dass der Beklagte seine Einwendungen in einem Nachverfahren geltend machen kann, § 302 ZPO. Sie sind insbesondere zulässig:
– im Urkunden- und Wechselprozess, § 599 ZPO,
– wenn der Beklagte mit einer Gegenforderung aufrechnet, § 302 Abs. 1 ZPO.

f. Rechtskraft eines Urteils
Die formelle Rechtskraft tritt ein,
(1) mit der Verkündung, wenn es kein Rechtsmittel gibt,
(2) mit Ablauf der Rechtsmittelfrist, sofern kein Rechtsmittel oder Einspruch eingelegt wurde, § 705 ZPO,
(3) bei Rechtsmittelverzicht der Parteien.

Hinweis:
Es gibt auch noch die materielle Rechtskraft, §§ 322, 325 ZPO. Die formelle Rechtskraft macht ein Urteil unanfechtbar, die materielle Rechtskraft macht das Urteil für die Beteiligten verbindlich. Durch sie wird verhindert, dass der Inhalt eines formell rechtskräftigen Urteils Gegenstand eines neuen Verfahrens werden kann.

g. Urteilsberichtigung und -ergänzung
Eine **Berichtigung** des Urteils ist ausnahmsweise möglich,
bei offenbarer Unrichtigkeit gemäß § 319 ZPO, z. B. bei Schreibfehlern oder
- wenn der Tatbestand unrichtig ist gemäß § 320 ZPO.
- Eine **Ergänzung** des Urteils ist möglich, wenn in der Entscheidung ein Haupt- oder ein Nebenanspruch oder der Kostenpunkt ganz oder teilweise übergangen wurde, § 321 ZPO.

h. Durchbrechung der Rechtskraft
Durch **Wiederaufnahme des Verfahrens** (§ 578 ff. ZPO) in Form einer:
(1) **Nichtigkeitsklage**, wenn das Urteil auf schweren Verfahrensfehlern beruht, z. B. wenn das Gericht nicht ordnungsgemäß besetzt war, Befangenheit des Richters, § 579 ZPO.
(2) **Restitutionsklage**, wenn eine strafbare Handlung das Urteil beeinflusst hat oder wenn sich die Urteilsgrundlagen geändert haben, z. B. Falschaussage, gefälschte Urkunden, § 580 ZPO.

Des Weiteren möglich u.a.,
- durch Abänderungsklage, wenn sich bei laufenden Zahlungsverpflichtungen die Grundlagen des Urteils verändert haben, § 323 ZPO.
- bei sittenwidriger Erschleichung von Urteilen, § 826 BGB,
- durch eine Verfassungsbeschwerde.

i. Urteil, Beschluss und Verfügung
- *Verfügungen* sind Anordnungen zur Durchführung des Verfahrens.
- *Beschlüsse* sind Entscheidungen des Gerichts, die grundsätzlich ohne obligatorische Verhandlung ergehen und nicht der Urteilsform unterliegen.
- *Urteile* sind gerichtliche Entscheidungen, die in bestimmter Form (§ 313 ZPO) und in aller Regel aufgrund einer mündlichen Verhandlung ergehen.

j. Rechtskraftzeugnis und Notfristzeugnis
Rechtskraftzeugnis:
Ist die vom Urkundsbeamten der Geschäftsstelle auf Antrag zu erteilende Bescheinigung, dass eine Entscheidung formelle Rechtskraft erlangt hat, § 706 ZPO.
Notfristzeugnis:
Ist die vom Urkundsbeamten der Geschäftsstelle des nächst höheren Gerichts, auf Antrag zu erteilende Bescheinigung, dass bis zum Ablauf der Notfrist gegen eine bestimmte Entscheidung eine Rechtsmittelschrift nicht eingereicht wurde.

Zu 19 Versäumnisurteil

a. Eine Partei ist säumig, wenn
(1) sie einem Verhandlungstermin fernbleibt, §§ 330, 331 ZPO,
(2) sie erscheint, aber im Termin nicht verhandelt, § 333 ZPO,
(3) sie sich im schriftlichen Vorverfahren nicht innerhalb der zweiwöchigen Notfrist äußert, § 276 Abs. 1 ZPO,
(4) sie im Anwaltsprozess ohne Rechtsanwalt erscheint, § 276 Abs. 2 ZPO.

b. Voraussetzungen zum Erlass eines Versäumnisurteils:
- **Säumnis der Partei** (ohne Entschuldigungsgrund, § 227 Abs. 1 ZPO),
- **Termin, ordnungsgemäße Ladung, Zustellung, kein Vertagungsgrund, Aufruf des Rechtsstreits im Termin,**
- **Vorliegen der Prozessvoraussetzungen,** fehlt eine Voraussetzung und kann dieser Mangel auch nicht beseitigt werden, so wird die Klage durch ein sogenanntes unechtes Versäumnisurteil (= Prozessurteil) abgewiesen,
- **Schlüssigkeit der Klage,** falls diese nicht schlüssig ist, wird die Klage durch ein unechtes Versäumnisurteil abgewiesen,
- **der nicht erschienenen Partei muss das tatsächliche mündliche Vorbringen oder ein Antrag rechtzeitig mit Schriftsatz mitgeteilt worden sein** und zwar mindestens eine Woche vor dem Termin, § 132 Abs. 1 ZPO, es darf kein Vertagungsgrund vorliegen.

↓

auf Antrag der erschienenen Partei bzw. Rechtsanwalt ergeht

↓

Versäumnisurteil
= **Sachurteil**
= **echtes Versäumnisurteil**

c. **Maßnahmen des Gerichts bei Säumnis beider Parteien**
Das Gericht kann,
(1) vertagen, § 227 ZPO,
(2) nach Aktenlage entscheiden, sofern eine mündliche Verhandlung bereits stattfand, § 251 a ZPO,
(3) Ruhen des Verfahrens anordnen, §§ 251, 251 a Abs. 3 ZPO.

d. **Maßnahmen der anwesenden Partei bei Säumnis der gegnerischen Partei**
Die im Termin anwesende Partei kann,
(1) Versäumnisurteil beantragen, §§ 330, 331 ZPO,
(2) Vertagung beantragen, § 227,
(3) Entscheidung nach Lage der Akten beantragen, §§ 331a, 251a ZPO.

e. **Rechtsbehelf gegen Versäumnisurteil**
Die nicht erschienene Partei kann **Einspruch** innerhalb einer Notfrist von zwei Wochen ab Zustellung des Versäumnisurteils einlegen, §§ 338, 339 ZPO.

f. **Rechtsmittel bei zweitem Versäumnisurteil:**
– Ein zweiter Einspruch steht der säumigen Partei nicht zu, § 345 ZPO.
– Sofern keine schuldhafte Versäumung vorliegt, ist Berufung möglich, § 514 Abs. 2 ZPO.

3.6 Rechtsbehelfe und Rechtsmittel

Zu 1 Abgrenzung: Rechtsmittel und Rechtsbehelfe
Rechtsmittel
Durch die Einlegung eines Rechtsmittels soll erreicht werden, dass ein Gericht der höheren Instanz die angefochtene Entscheidung nachprüft.
Zwei Merkmale sind kennzeichnend:
– Der Rechtsstreit wird in eine höhere Instanz gebracht und dort anhängig (Devolutiveffekt).
– Die formelle Rechtskraft wird hinausgeschoben (Suspensiveffekt).
Rechtsbehelfe: Sie dienen der Nachprüfung einer Entscheidung in derselben Instanz.

Zu 2 Rechtsmittel und Rechtsbehelfe
Rechtsmittel:
– Berufung, §§ 511 ff. ZPO
– Revision, §§ 542 ff. ZPO
– Sofortige Beschwerde, §§ 567 ff. ZPO

Rechtsbehelfe:
– **Einspruch** gegen das Versäumnisurteil (§ 338 ZPO) oder gegen den Vollstreckungsbescheid (§§ 700, 338 ZPO),
– **Erinnerung** gegen den Kostenfestsetzungsbeschluss (§ 567 Abs. 2 ZPO i.V.m. § 11 Abs. 2 RPflG) bei einer Beschwer bis 200,00 Euro oder gegen die Art und Weise der Zwangsvollstreckung (§ 766 Abs. 1 ZPO),
– **Widerspruch** gegen den Mahnbescheid (§ 694 Abs. 1 ZPO).

Zu 3 Grundsätzliche Zulässigkeitsvoraussetzungen für die Berufung:
a. **Statthaftigkeit der Berufung**, das heißt, sie muss sich gegen ein **erstinstanzliches Endurteil** des AG oder des LG richten, § 511 Abs. 1 ZPO. Außerdem ist die Berufung statthaft gegen Zwischenurteile gemäß §§ 280 Abs. 2, 304 Abs. 2 ZPO, Vorbehaltsurteile gemäß § 302 Abs. 3 ZPO oder gegen ein zweites Versäumnisurteil gemäß § 514 Abs. 2 ZPO.

b. **Zulässigkeit der Berufung**
   Beschwer (der Berufungskläger muss beschwert sein):
   – **Berufungssumme**, das heißt, der Beschwerdewert von 600,00 Euro muss überschritten sein, § 511 Abs. 2 ZPO oder
   – **Zulassungsberufung**, das heißt, die Berufung muss durch das erstinstanzliche Gericht ausdrücklich zugelassen worden sein. Die vom Gericht zu beachtenden Kriterien für die sogenannte „Zulassungsberufung" ergeben sich aus § 511 Abs. 4 ZPO.

c. **Form**, die Berufung ist unter Beachtung der Formvorschriften der §§ 519, 130 Nr. 6 ZPO durch Einreichung der **Berufungsschrift** beim Berufungsgericht einzureichen. Die Berufung ist unter Beachtung von § 520 Abs. 3 ZPO **zu begründen**. Die Berufungsbegründungsschrift enthält die Berufungsanträge und die Berufungsgründe, § 520 Abs. 3 ZPO.

d. Frist
Für die Berufung: Notfrist von einem Monat ab Urteilszustellung. Sofern eine Zustellung nicht erfolgt ist, beträgt die Obergrenze insgesamt 6 Monate, § 517 ZPO.
Für die Berufungsbegründung: Frist von zwei Monaten ab Urteilszustellung.
Sie ist keine Notfrist und kann daher auch verlängert werden, § 520 Abs. 2 ZPO.

Zu 4 Berufungsgerichte
sind das:
- **LG**, sofern der Prozess beim AG begann,
- **OLG**, sofern der Prozess beim LG begann.

Zu 5 Anschlussberufung
Hierdurch wird dem Gegner des Berufungsklägers (Rechtsmittelführers) die Möglichkeit eingeräumt, seinerseits im Wege des Angriffs eine Änderung des Urteils zu bewirken, § 524 ZPO.

Im Einzelnen bedeutet dies:
- Die Anschlussberufung steht in Abhängigkeit zur eigentlichen Berufung, das heißt sie kann erst eingelegt werden, wenn die Berufung eingelegt wurde und sie verliert ihre Wirkung, wenn die Berufung zurückgenommen, verworfen oder durch Beschluss zurückgewiesen wird, § 524 Abs. 4 ZPO.
- Die Anschlussberufung kann trotz eines Rechtsmittelverzichts oder nach einer bereits verstrichenen Berufungsfrist eingelegt werden, § 524 Abs. 2 ZPO.
- Die Anschlussberufung ist beim Berufungsgericht einzureichen und ist in der Anschlussschrift zu begründen, § 524 Abs. 1, Abs. 3 ZPO.
- Sie ist zulässig bis zum Ablauf der dem Berufungsbeklagten gesetzten Frist zur Berufungserwiderung, § 524 Abs. 2 ZPO.

Zu 6 Unterschied zwischen erster, zweiter und dritter Instanz

Instanz	Gerichte	Funktion/Aufgabe
1. Instanz: Eingangsinstanz	AG oder LG	Tatsacheninstanz; hier werden die prozessbedeutsamen Tatsachen festgestellt, durch Rechtsanwendung steht am Ende das Urteil.
2. Instanz: Berufung	LG oder OLG	Sie ist keine vollständige zweite Tatsacheninstanz, sondern ist in erster Linie eine Kontrollinstanz zur Fehlerfeststellung und -beseitigung, sie dient auch der Rechtsfortbildung und der Rechtsvereinheitlichung. Erstinstanzliche Urteile werden ggf. bestätigt, aufgehoben oder abgeändert. Die Möglichkeit neue Angriffs- und Verteidigungsmittel vorzubringen ist gem. § 531 Abs. 2 ZPO beschränkt.
3. Instanz: Revision	BGH	Sie dient der Überprüfung von Urteilen auf Rechtsfehler, der Beseitigung von Rechtsfehlern und dem Zweck der Rechtsfortbildung und Rechtsvereinheitlichung. Die Revision findet gegen die in der Berufungsinstanz erlassenen Endurteile statt. Im Gegensatz zur Berufung eröffnet die Revision nur eine rechtliche Prüfung des Berufungsurteils, § 559 Abs. 1 ZPO, das heißt, das Revisionsgericht prüft zum Beispiel, ob eine oder mehrere Rechtsnormen nicht oder nicht richtig angewendet worden sind, §§ 545 Abs. 1, 546, 547 ZPO. Ein neues Vorbringen von Tatsachen oder Beweismitteln ist ausgeschlossen.

Zu 7 Revisionsgericht
Bundesgerichtshof (BGH) in Karlsruhe, §§ 123, 133 GVG

Zu 8 Urteile, gegen die Revision eingelegt werden kann
Die Revision ist das Rechtsmittel gegen die in der Berufungsinstanz erlassenen **Endurteile**, § 542 Abs. 1 ZPO. Hierunter fallen sowohl die
- Berufungsurteile der **Oberlandesgerichte** als auch die
- der **Landgerichte.**

C. Zivilprozessordnung

Zu 9 Revision nicht möglich
Die Revision ist gemäß § 542 Abs. 2 ZPO nicht möglich bei:
- Urteilen im Arrestverfahren,
- Urteilen über eine einstweilige Verfügung,
- Urteilen über die vorzeitige Besitzeinweisung im Enteignungsverfahren oder im Umlegungsverfahren.

Zu 10 Statthaftigkeit der Revision, § 543 Abs. 1 ZPO:
Die Revision ist nur statthaft, wenn sie **zugelassen** wurde.
Die Entscheidung über die Zulassung wird im Urteil des Berufungsgerichts oder im Rahmen der Nichtzulassungsbeschwerde von dem Revisionsgericht getroffen.

Zu 11 Zulassungsrevision
Die Revision ist unter folgenden Voraussetzungen vom Gericht zuzulassen, § 543 Abs. 2 ZPO:
- wenn die Rechtssache grundsätzliche Bedeutung hat,
- wenn die Fortbildung des Rechts oder
- die Sicherung einer einheitlichen Rechtsprechung eine Entscheidung des Revisionsgerichts erfordert.

Zu 12 Nichtzulassung der Revision
Die Partei kann sich durch **Nichtzulassungsbeschwerde beim Bundesgerichtshof**, § 544 ZPO gegen die Nichtzulassung zur Wehr setzen.
Das Revisionsgericht entscheidet über die Beschwerde durch Beschluss.

Zu 13 Fristen
(1) Revisionsfrist:
- Der Zeitraum beträgt 1 Monat,
- sie beginnt mit der Urteilszustellung,
- spätestens fünf Monate nach der Urteilsverkündung, sie beträgt also insgesamt maximal sechs Monate, § 548 ZPO,
- sie ist eine Notfrist.

(2) Revisionsbegründungsfrist:
- Der Zeitraum beträgt 2 Monate,
- der Fristlauf beginnt ab Urteilszustellung,
- sie beginnt spätestens fünf Monate nach der Verkündung, § 551 Abs. 2 ZPO,
- sie ist keine Notfrist, sie ist verlängerungsfähig, § 551 Abs. 2 ZPO.

Zu 14 Sprungrevision
Zu a Begriff
Durch die Sprungrevision ist es möglich, gegen ein Endurteil der ersten Instanz (AG oder LG) unmittelbar Revision beim BGH einzulegen. Die Berufungsinstanz wird dabei übersprungen, § 566 ZPO.

Zu b Voraussetzungen:
- Es muss ein **erstinstanzliches Urteil** vorhanden sein, gegen das sich die Sprungrevision richtet,
- **Antrag** der Sprungrevision beim Revisionsgericht,
- **Zulassung** der Sprungrevision durch das Revisionsgericht,
- **Einwilligung** des Gegners in die Übergehung der Berufungsinstanz.

Zu c Zulassung
Die Sprungrevision wird nur zugelassen, § 566 Abs. 4 ZPO,
- wenn die Rechtssache grundsätzliche Bedeutung hat,
- wenn die Fortbildung des Rechts oder
- die Sicherung einer einheitlichen Rechtsprechung eine Entscheidung des Revisionsgerichts erfordert.

Zu d
Die Sprungrevision kann nicht auf einen Fehler des Verfahrens gestützt werden, § 566 Abs. 4 S. 2 ZPO.

Zu 15 Sofortige Beschwerde
Zu a Zulässigkeit / Statthaftigkeit der sofortigen Beschwerde
Sie findet **gegen erstinstanzliche Entscheidungen** der Amtsgerichte und Landgerichte (§ 567 ZPO) statt, wenn
- dies im **Gesetz ausdrücklich bestimmt** ist oder
- es sich um Entscheidungen handelt, durch die ein das Verfahren betreffendes **Gesuch zurückgewiesen wird, ohne dass eine mündliche Verhandlung** notwendig war.
- Außerdem gegen Entscheidungen bezüglich **Prozesskosten**, wenn der Wert des Beschwerdegegenstands **200,00 Euro übersteigt**.

Zu b Wo ist die sofortige Beschwerde einzureichen?
Gemäß § 569 Abs. 1 ZPO ist sie einzureichen,
- bei dem Gericht, dessen Entscheidung angefochten wird (AG oder LG) oder
- bei dem Beschwerdegericht.

Der Beschwerdeführer kann zwischen diesen beiden Möglichkeiten wählen.

Zu c Frist
Gemäß § 569 Abs. 1 ZPO ist die sofortige Beschwerde innerhalb einer Frist von zwei Wochen ab Zustellung der Entscheidung einzulegen.

Zu d Fristverlängerung
Sie ist nicht möglich, da es sich um eine Notfrist handelt.

Zu e Form
Einzuhaltende Form gemäß § 569 Abs. 2 ZPO,
- durch Einreichung einer **Beschwerdeschrift** (Bezeichnung der angefochtenen Entscheidung, Erklärung der sofortigen Beschwerde, Begründung gem. § 571 ZPO = „Sollvorschrift") oder
- durch Erklärung **zu Protokoll der Geschäftsstelle** gemäß § 569 Abs. 3 ZPO.

Zu f Entscheidungsmöglichkeiten
- Das **erstinstanzliche Gericht** (je nachdem Richter oder Rechtspfleger) überprüft seine Entscheidung und kann sie gegebenenfalls **berichtigen oder zurücknehmen** oder
- sofern es zu dem Schluss kommt, dass es der sofortigen Beschwerde nicht abhelfen kann, so hat es die sofortige Beschwerde dem **Beschwerdegericht zur Entscheidung vorzulegen**, § 572 Abs. 1 ZPO.

Zu g Art der Entscheidung
Sie ergeht per Beschluss, § 572 Abs. 4 ZPO.

Zu h Aufschiebende Wirkung
Die sofortige Beschwerde hat nur dann aufschiebende Wirkung, wenn sie die Festsetzung eines Ordnungs- oder Zwangsmittels zum Gegenstand hat, § 570 Abs. 1 ZPO.

Zu 16 Rechtsbeschwerde
Sinn und Zweck der Rechtsbeschwerde ist es, Beschlüsse in rechtlicher Hinsicht überprüfen zu lassen. Sie ist daher der Revision nachgebildet.

Zu 17 Statthaftigkeit der Rechtsbeschwerde
Gemäß § 574 ZPO ist die Rechtsbeschwerde gegen Beschlüsse nur statthaft,
(1) wenn dies im Gesetz ausdrücklich bestimmt oder
(2) wenn das Beschwerdegericht, das Berufungsgericht oder das OLG im ersten Rechtszug sie in dem Beschluss zugelassen hat.

Zu 18 Wo und innerhalb welcher Frist ist die Rechtsbeschwerde einzureichen?
Wo, § 133 GVG: **Beim BGH**, dieser entscheidet per Beschluss, § 577 Abs. 6 ZPO.
Frist, § 575 Abs. 1 ZPO: Innerhalb einer **Notfrist von einem Monat** ab Zustellung des Beschlusses. Die Begründungsfrist beträgt einen Monat, § 575 (2) ZPO.

3.7 Fristen

Zu 1 Unterschied: Termin und Frist
Termin: Dies ist ein **bestimmter Zeitpunkt**, zu dem eine bestimmte Rechts- bzw. Prozesshandlung vorgenommen werden muss.
Frist: Dies ist ein **bestimmter Zeitraum**, in dem eine Rechts- bzw. Prozesshandlung vorgenommen werden muss.

C. Zivilprozessordnung

Zu 2 **Fristarten**

(1) <u>Eigentliche Fristen:</u>	(2) <u>Uneigentliche Fristen:</u>
Erläuterung: Hierzu zählen - Handlungsfristen der Prozessparteien und - Zwischenfristen im Sinne von Vorbereitungs-/Warte-/Überlegungszeiten.	Erläuterung: In vom Gesetz vorgeschriebenen Zeiträumen muss vom Gericht eine Amtshandlung vorgenommen werden. Beispiele: – Öffentliche Zustellung, § 188 ZPO, – unverzügliche Terminsbestimmung gemäß § 216 Abs. 2 ZPO

↓

(3) <u>Gesetzliche Fristen:</u>	(4) <u>Richterliche Fristen:</u>
Erläuterung: Fristdauer wird im Gesetz bestimmt.	Erläuterung: Fristdauer wird vom Richter bestimmt, Beispiele: – Schriftliche Klageerwiderung, § 276 Abs. 1 ZPO, – Beibringen einer Prozessvollmacht, § 89 Abs. 1 ZPO.

↓

(5) <u>Notfristen:</u>	(6) <u>Sonstige gesetzliche Fristen:</u>
Erläuterung: Sofern eine gesetzliche Frist ausdrücklich als Notfrist bezeichnet wird, kann sie **weder verlängert noch verkürzt** werden, § 224 ZPO.	Erläuterung: Sie können **verkürzt oder verlängert werden.** Beispiele: Verkürzbar sind gem. § 226 Abs. 1 ZPO: Ladungsfrist gem. § 217 ZPO, Einlassungsfrist gem. § 274 ZPO. Verlängerbar sind: Berufungs- oder Revisionsbegründungsfrist, §§ 520, 551 ZPO.

↓

Bei Versäumnis einer Notfrist kann **Wiedereinsetzung in den vorigen Stand** gewährt werden, § 233 ZPO

Zu 3 **Gesetzliche Grundlagen zur Fristberechnung bei ZPO-Fristen**
§ 222 Abs. 1 ZPO verweist auf die Vorschriften des BGB, insbes. §§ 187 ff. BGB.

Zu 4 **Fristbeginn bei gesetzlichen und richterlichen Fristen**
Fristbeginn ist mit der Zustellung des Dokuments, in dem die Frist festgesetzt ist, § 221 ZPO. Sofern keine Zustellung vorgesehen ist, beginnt die Frist mit der Verkündung der Entscheidung.

Zu 5 **Fristbeginn**
(1) Beginnfristen: Tag des Ereignisses wird mitgezählt, z. B. bei der Berechnung des Lebensalters, § 187 Abs. 2 BGB.
(2) Ereignisfristen: Tag des Ereignisses wird nicht mitgezählt, das heißt der Fristlauf beginnt erst am folgenden Tag um 0:00 Uhr, § 187 Abs. 1 BGB.
Anmerkung:
Unter die Berechnungsweise zu den Ereignisfristen fallen grundsätzlich die gesetzlichen und die richterlichen Fristen. Unter den Begriff Ereignis fällt in der Regel ein „rechtliches Ereignis", das den Fristlauf auslöst, z. B. die Zustellung eines Urteils.

Lösungen — Rechtsanwendung

Zu 6 Fristende
a. **Tagesfristen**: Sie endet mit dem Ablauf des letzten Tages der Frist, § 188 Abs. 1 BGB.
b. **Wochenfristen**: Sie enden mit dem gleichbenannten Tag der der folgenden Woche(n), § 188 Abs. 2 BGB.
c. **Monatsfristen**: Sie enden mit dem Ablauf des letzten Tages der Frist, § 188 Abs. 2 BGB.

Zu 7 Sonderfall bei Monatsfristen
Fehlt bei einer Monatsfrist im letzten Monat der für den Fristablauf maßgebliche Tag, so endet die Frist am letzten Tag dieses Monats, § 188 Abs. 3 BGB,
Bsp.: Fristbeginn: 31.01., dann ist Fristende am 28. oder am 29.02.

Zu 8 Letzter Tag des Fristlaufs
Fällt das Ende einer Frist auf einen Samstag, Sonntag oder einen allgemeinen Feiertag, so endet die Frist mit Ablauf des nächsten Werktages, § 222 Abs. 2 ZPO, § 193 BGB.

Zu 9 Folgen bei Fristversäumung
Die Versäumung einer Prozesshandlung hat allgemein zur Folge, dass die Partei mit der vorzunehmenden Prozesshandlung ausgeschlossen wird, § 230 ZPO.

Zu 10 Voraussetzungen der Wiedereinsetzung in den vorigen Stand:
a. **Antrag** der Partei auf Wiedereinsetzung
   – und Glaubhaftmachung der Gründe, § 236 ZPO,
   – Beachtung der Formvorschriften, die für die nachzuholende Rechtshandlung gelten.
b. Bei der versäumten Frist muss es sich um eine **Notfrist** oder eine der in § 233 ZPO aufgeführten **Begründungsfristen** (z. B. Berufungsbegründungsfrist) bzw. um die **Wiedereinsetzungsfrist** gem. § 234 Abs. 1 ZPO handeln.
c. Es darf **kein Verschulden** der Partei, des gesetzlichen Vertreters, des Prozessbevollmächtigten oder seiner Mitarbeiter vorliegen.
d. Einhaltung der **Wiedereinsetzungsfrist von 2 Wochen**, § 234 ZPO.
e. Außerdem ist **Antrag auf Nachholung der versäumten Rechtshandlung** z. B. Einlegung der Berufung zu stellen.

3.8 Besonderheiten ausgewählter Verfahrensarten (UrkP, BerH, PKH, selbstBewV, FamFG, ArbGG)

Zu 1 Zugelassene Ansprüche im Urkundenprozess, § 592 ZPO
   – Zahlung einer bestimmten Geldsumme,
   – Ansprüche auf Leistung einer bestimmten Menge vertretbarer Sachen oder
   – Wertpapiere.

Anmerkung:
Als ein Anspruch, welcher die Zahlung einer Geldsumme zum Gegenstand hat, gilt auch der Anspruch aus einer Hypothek, einer Grundschuld, einer Rentenschuld oder einer Schiffshypothek.

Zu 2 Zugelassene Beweismittel im Urkundenprozess
   – Urkunden, § 592 ZPO
   – Parteivernehmung bezüglich Echtheit oder Unechtheit einer Urkunde, § 595 Abs. 2 ZPO

Zu 3 Formerfordernis der Klageschrift
Im Urkundenprozess muss die Klage die Erklärung enthalten, dass im Urkundenprozess geklagt wird, § 593 Abs. 1 ZPO. Dies gilt analog für den Scheck- und den Wechselprozess, §§ 604 Abs. 1, 605 a ZPO.

Zu 4 Entscheidung
Vorbehaltsurteil, § 599 ZPO

Zu 5 Beratungshilfe und Prozesskostenhilfe
Prozesskostenhilfe: Durch sie soll es wirtschaftlich schwächer gestellten Personen ermöglicht werden, ihre Ansprüche bei möglichst geringem Kostenrisiko und möglichst geringer Kostenbelastung durchsetzen zu können.
Beratungshilfe: Sie umfasst die Unterstützung einer wirtschaftlich schwächer gestellten Person in außergerichtlichen Angelegenheiten.

C. Zivilprozessordnung

Zu 6 Beratungshilfe

Zu a Gesetz
Gesetz über Rechtsberatung und Vertretung für Bürger mit geringem Einkommen (Beratungshilfegesetz - BerHG)

Anmerkung:
In Berlin, Hamburg und Bremen gibt es von der Beratungshilfe, wie sie in den anderen Bundesländern gilt, abweichende Regelungen. In Berlin kann der Rechtsuchende zwischen Beratungshilfe und der dort eingeführten öffentlichen Rechtsberatung wählen. In Hamburg und Bremen gibt es keine Beratungshilfe, sondern nur die dort ebenfalls eingeführte öffentliche Rechtsberatung.

Zu b Voraussetzungen
- Der Rechtsuchende kann die erforderlichen Mittel nach seinen persönlichen und wirtschaftlichen Verhältnissen nicht aufbringen.
- Ihm stehen keine anderen, ihm zumutbaren Möglichkeiten für eine Hilfe zur Verfügung, z. B. Rechtsschutzversicherung, Verbraucherzentrale, Schuldnerberatungsstelle, Beratung durch Behörden wie etwa Jugendamt, unentgeltliche Beratung von Rechtsanwälten oder Anwaltsvereinen.
- Die Inanspruchnahme von Beratungshilfe darf nicht mutwillig sein. Hierbei wird der fiktive Vergleich angestellt, ob ein bemittelter Bürger unter Berücksichtigung der Kosten ebenfalls einen Rechtsanwalt eingeschaltet hätte.

Zu c Zuständigkeit
Amtsgericht, in dessen Bezirk der Rechtsuchende seinen allgemeinen Gerichtsstand hat.

Zu d Funktionelle Zuständigkeit
Rechtspfleger
Er prüft die persönlichen und wirtschaftlichen Verhältnisse und entscheidet über die Gewährung von Beratungshilfe.

Zu e Kosten
- Bei bewilligter Beratungshilfe werden die Kosten von der Landeskasse übernommen.
- Ausnahme: 15,00 Beratungshilfegebühr, diese muss der Mandant selbst tragen, sofern der Rechtsanwalt nicht hierauf verzichtet.

Zu 7 Prozesskostenhilfeverfahren, §§ 114 ff. ZPO

Zu a Voraussetzungen:
- **Prozesskosten können aufgrund der persönlichen und wirtschaftlichen Verhältnisse nicht oder nur zum Teil gezahlt werden**, §§ 114, 117 ZPO. Der Antragsteller muss hierzu Angaben machen, insbesondere zu den Einkommens- und Vermögensverhältnissen; ggf. wird Ratenzahlung auferlegt.
- Die **Klage** muss **Aussicht auf Erfolg** haben und
- darf **nicht mutwillig erscheinen**, § 114 ZPO.

Zu b Wo wird der Antrag gestellt?
Beim Prozessgericht, § 117 ZPO.

Zu c Entscheidung bei Prozesskostenhilfe
Sie ergeht per Beschluss, § 127 Abs. 1 ZPO.

Zu d Prozesskostenhilfeantrag im Rahmen der Zwangsvollstreckung
Er ist bei dem für die Zwangsvollstreckung zuständigen Gericht zu stellen, § 117 Abs. 1 S. 3 ZPO.

Zu e Rechtsbehelf
Sofortige Beschwerde, § 127 Abs. 2 ZPO

Zu f Wirkungen der gewährten Prozesskostenhilfe
Dies sind insbesondere:
- Falls der Antragsteller den Prozess verliert, wird er von den eigenen Gerichtskosten und den Rechtsanwaltsgebühren befreit, nicht jedoch von den gegnerischen Kosten und Gebühren.
- Ihm wird ein Wahlanwalt beigeordnet im Anwaltsprozess, § 121 ZPO. Im Parteiprozess vor dem Amtsgericht erfolgt die Beiordnung nur, wenn der Gegner anwaltlich vertreten ist, § 121 Abs. 2 ZPO.
- Der beigeordnete Rechtsanwalt erhält seine Vergütung von der Staatskasse, § 122 ZPO.
- Sofern die Partei, der Prozesskostenhilfe bewilligt wurde den Prozess gewinnt, so kann der beigeordnete Rechtsanwalt seine Gebühren und Auslagen im eigenen Namen vom Gegner beitreiben, § 126 Abs. 1 ZPO.

Zu 8 Selbstständiges Beweisverfahren

a. Zweck
Durch das selbstständige Beweisverfahren soll verhindert werden, dass jemandem ein rechtlicher Nachteil dadurch entsteht,
- dass die **Gefahr besteht, dass ein Beweismittel verloren geht** oder
- seine **Verwertung erschwert wird**, § 485 Abs. 1 ZPO.

Sofern ein Rechtsstreit noch nicht anhängig ist, besteht hierdurch die Möglichkeit, einen Prozess evtl. zu vermeiden, § 485 Abs. 2 ZPO. Dies dient der Entlastung der Gerichte.

b. Durchführung
Das selbstständige Beweisverfahren kann während oder außerhalb des Prozesses erfolgen, § 485 Abs. 1 ZPO.

c. Zugelassene Beweismittel
Diese sind gemäß § 485 Abs. 1 ZPO:
- Augenschein
- Zeugenvernehmung
- Sachverständigengutachten

d. Zuständigkeit
(1) Sofern der Rechtsstreit bereits anhängig ist, ist das **Prozessgericht** zuständig, § 486 Abs. 1 ZPO.
(2) Sofern der Antragsteller ein rechtliches Interesse nachweist (z. B. Zustand einer Person oder einer Sache), hat er bei dem Gericht, das nach seinem Vortrag zuständig wäre, den Antrag auf selbstständiges Beweisverfahren zu stellen, § 486 Abs. 2 ZPO.
(3) In Eilfällen ist das Amtsgericht zuständig, in dessen Bezirk die zu vernehmende oder zu begutachtende Person sich aufhält oder die in Augenschein zu nehmende oder zu begutachtende Sache sich befindet, § 486 Abs. 3 ZPO.

Zu 9 Verfahren nach FamFG

Zu a Unterschied Betreuungs- und Familiengericht

Familiengericht:
Das Familiengericht ist eine spezialisierte Abteilung des Amtsgerichts.
Mit der Reform des Familienverfahrensgesetzes zum 01.09.2009 wurde das „Große Familiengericht" gebildet, die Tätigkeiten umfassen insbesondere:
- Ehescheidung der Parteien einschließlich der Folgesachen; Unterhalt für Kinder und Ehegatten, Versorgungsausgleich, Zugewinnausgleich, Gewaltschutzverfahren, Wohnungszuweisung und Hausratsteilung (sog. Wohnungs- und Haushaltssachen).
- Weiterhin entscheidet das Familiengericht auch über den Entzug des Sorgerechts für Kinder, wenn die Eltern das Wohl ihrer Kinder gefährden und sie ihren Erziehungspflichten im weitesten Sinne nicht nachkommen.
- Aufhebung der eingetragenen Lebenspartnerschaften und den damit verbundenen Folgesachen.
- Des Weiteren ist es u.a. auch für die Adoption von Kindern oder die Vormundschaften für Minderjährige zuständig.

Betreuungsgericht:
Seit dem 01.09.2009 ist das **Betreuungsgericht** nach dem FamFG **zuständig für die rechtliche Betreuung und Unterbringung von Volljährigen**, eine Unterbringung nach dem jeweiligen Landesgesetz über die Unterbringung von psychisch Kranken sowie für betreuungsrechtliche Zuweisungssachen, z. B. Pflegschaften für Erwachsene. **Die Regelungen finden sich in den §§ 271 ff. FamFG sowie in § 23 a und § 23 c GVG. Das Betreuungsgericht ist in Deutschland eine Abteilung eines Amtsgerichts**, es entscheiden Einzelrichter oder Rechtspfleger.

Zu b Sachliche und örtliche Zuständigkeit des Familiengerichts

Sachliche Zuständigkeit:
Familiengericht, § 23 a GVG i.V.m. § 111 FamFG

Örtliche Zuständigkeit:
Im „Allgemeinen Teil" enthält das FamFG in § 2 den Grundsatz, dass das Gericht örtlich zuständig ist, das sich zuerst mit dem Antrag befasst. Die weiteren, spezielleren Zuständigkeitsregelungen, sind für die einzelnen Verfahren jeweils gesondert geregelt.

So zum Beispiel:
- **Ehesachen nach § 122 FamFG**, hierunter fallen insbesondere Scheidungen. Hier besteht im Gesetz eine feste Rangfolge von Kriterien für die Zuständigkeitsbestimmung. An erster Stelle ist in diesen Fällen das Gericht zuständig, in dessen Bezirk einer der Ehegatten mit allen gemeinschaftlichen Kindern seinen gewöhnlichen Aufenthalt hat.
- **Kindschaftssachen nach § 152 FamFG**, hierunter fallen beispielsweise das Sorgerecht, Umgangsrecht oder die Kindesherausgabe. Das Gesetz macht die Zuständigkeit an drei Anknüpfungspunkten fest:
  - Gericht, bei dem die Ehesache anhängig ist oder war,
  - Gericht, in dessen Bezirk das Kind den gewöhnlichen Aufenthalt hat,
  - Gericht, in dessen Bezirk das Fürsorgebedürfnis bekannt wird

Hinweis: Für Kindschaftssachen gilt aufgrund ihrer besonderen Bedeutung gemäß § 155 FamFG ein Vorrang- und Beschleunigungsgebot.

Zu c Verfahrenseinleitung im ersten Rechtszug
Es wird unterschieden:
- Verfahren auf Antrag, § 23 FamFG
- Verfahren von Amts wegen (durch Anregung eines Dritten), § 24 FamFG

Zu d Verfahrensgrundsatz
Nach §§ 26, 127 Abs. 1 FamFG gilt der **Amtsermittlungsgrundsatz (Untersuchungsgrundsatz)**
Hiernach hat das Gericht von Amts wegen die zur Feststellung der entscheidungserheblichen Tatsachen erforderlichen Ermittlungen durchzuführen. Dies geschieht entweder formlos gemäß § 29 FamFG (**Freibeweis**) oder durch förmliche Beweisaufnahme gemäß § 30 FamFG (**Strengbeweis**).
Es besteht dabei eine **Mitwirkungspflicht für die Beteiligten** bei der Ermittlung des Sachverhalts, § 28 FamFG.

Zu e Beteiligte
Antragsteller ist derjenige, der den ein Verfahren einleitenden Antrag stellt und durch die zu ergehende Entscheidung in seinen materiellen Rechten betroffen sein wird, § 7 Abs. 1 Nr. 1 FamFG.
Muss-Beteiligte sind diejenigen, die von einem Verfahren betroffen sind, ohne selbst Antragsteller zu sein, § 7 Abs. 1 Nr. 2 FamFG.
Kann-Beteiligte sind Personen, die auf Antrag oder von Amts wegen zu dem Verfahren hinzugezogen werden können. Das Gericht entscheidet nach Ermessen, § 7 Abs. 3 FamFG.

Zu f Entscheidung
Das Gericht entscheidet per Beschluss, § 38 FamFG.

Zu g Einstweilige Anordnung
Das Gericht kann hierdurch eine vorläufige Maßnahme treffen, soweit dies nach den für das Rechtsverhältnis maßgebenden Vorschriften gerechtfertigt ist und ein dringendes Bedürfnis für ein sofortiges Tätigwerden besteht, §§ 49 ff. FamFG. Die einstweilige Anordnung kann auch ohne Anhängigkeit einer Hauptsache beantragt werden.
Zu beachten:
- Es kommen nur vorläufige Maßnahmen in Betracht.
- Es gilt der Grundsatz des Verbots der Vorwegnahme der Hauptsache.

Zu h Rechtsmittel
Zu ha **Beschwerde**, §§ 58 ff. FamFG

Zu hb Frist:
Sie beträgt einen Monat ab der schriftlichen Bekanntgabe des Beschlusses an die Beteiligten, § 63 Abs. 1 FamFG. Bei einstweiligen Anordnungen beträgt die Frist zwei Wochen, § 63 Abs. 2 FamFG.

Zu hc Beschwerdeberechtigung
Dies ist nach § 59 Abs. 1 FamFG grundsätzlich, wer durch den Beschluss in seinen eigenen Rechten beeinträchtigt ist. Dies können im Einzelnen sein,
- im Antragsverfahren der Antragsteller, § 59 Abs. 2 FamFG,
- die Behörde, § 59 Abs. 3 FamFG,
- der Minderjährige, § 60 FamFG.

Hinweis: In vermögensrechtlichen Streitigkeiten ist die Beschwerde zulässig, sofern der Wert des Beschwerdegegenstands 600,00 Euro übersteigt (Beschwerdewert) oder das Gericht die Beschwerde zugelassen hat (Zulassungsbeschwerde), § 61 FamFG.

Lösungen — Rechtsanwendung

Zu hd Einlegung der Beschwerde
Sie erfolgt bei dem Gericht, dessen Entscheidung angefochten wird, § 64 FamFG.

Zu he Die Beschwerde **soll begründet** werden, § 65 FamFG.

Zu hf Entscheidung über die Beschwerde
Sie erfolgt grundsätzlich durch das **Beschwerdegericht** selbst, § 69 FamFG.
In Ausnahmefällen kann die Sache auch zurückverwiesen werden.

Zu hg Rechtsmittel gegen den Beschluss des Beschwerdegerichts
Dies ist die **Rechtsbeschwerde**, sofern sie zugelassen wurde (Zulassungsbeschwerde), § 70 FamFG. Vom Grundsatz der Zulassungsbeschwerde gibt es wiederum Ausnahmen, siehe § 70 Abs. 3 FamFG.
Rechtsbeschwerdeinstanz ist ausschließlich der **BGH**, § 133 GVG.
Die Rechtsbeschwerde ist **innerhalb eines Monats** ab schriftlicher Bekanntgabe der Entscheidung einzulegen, § 71 FamFG.

Zu hh Zusammenfassung

Amtsgericht ⟶ OLG ⟶ BGH
         Beschwerde   Rechtsbeschwerde

Zu i Familiensachen und Familienstreitsachen
Familiensachen: Siehe hierzu die Aufzählung in § 111 FamFG, so fallen hierunter u.a. Ehesachen, Kindschaftssachen, Abstammungssachen, Adoptionssachen, Ehewohnungs- und Haushaltssachen.
Familienstreitsachen: § 112 FamFG definiert diesen Begriff. Dies sind Teilbereiche von Unterhaltssachen (§ 231 FamFG), Güterrechtssachen (§ 261 FamFG), sonstigen Familiensachen (§ 269 FamFG) und den entsprechenden Lebenspartnerschaftssachen.

Zu j Begriffe nach § 113 Abs. 5 FamFG

Begriff nach ZPO	Begriff nach FamFG
Prozess / Rechtsstreit	Verfahren
Klage	Antrag
Kläger / Klägerin	Antragsteller / Antragstellerin
Beklagter / Beklagte	Antragsgegner / Antragsgegnerin
Partei	Beteiligter / Beteiligte

Zu k Vertretung
Nach § 114 FamFG müssen sich die Ehegatten in Ehesachen und Folgesachen, sowie die Beteiligten in selbstständigen Familienstreitsachen vor dem Familiengericht und vor dem Oberlandesgericht durch einen Rechtsanwalt vertreten lassen.
Vor dem BGH ist die Vertretung durch einen beim BGH zugelassenen Rechtsanwalt erforderlich.
Für Behörden ist eine besondere Form der Vertretung in § 114 Abs. 3 FamFG zulässig.
Ausnahmen vom Anwaltszwang bestehet z. B. in einstweiligen Anordnungsverfahren, § 114 Abs. 4 FamFG.

Zu l Ehesachen
Gemäß § 121 FamFG sind Ehesachen Verfahren
- auf Scheidung der Ehe, Nr. 1,
- auf Aufhebung der Ehe, Nr. 2,
- auf Feststellung des Bestehens oder Nichtbestehens einer Ehe zwischen den Beteiligten, Nr. 3.

Zu m Verfahrenseinleitung
Durch einen Antrag, § 124 FamFG

Zu n Folgesachen
Hierzu zählen nach § 137 Abs. 2 FamFG:
- Versorgungsausgleich
- Unterhaltsansprüche (Kindesunterhalt und Ehegattenunterhalt)
- Ehewohnungs- und Haushaltssachen
- Güterrechtssachen

C. Zivilprozessordnung

Über die Scheidung und die Folgesachen ist **zusammen zu verhandeln und zu entscheiden** (Verbund von Scheidungs- und Folgesachen), § 137 Abs. 1 FamFG.

§ 140 FamFG sieht die Abtrennung einer Unterhaltsfolgesache oder Güterrechtsfolgesache vor, wenn außer den Ehegatten eine weitere Person Beteiligte des Verfahrens im Sinne von § 7 FamFG geworden ist. Außerdem räumt § 140 Abs. 2 Nr. 4 FamFG eine erleichterte Abtrennungsmöglichkeit des Versorgungsausgleichs ein, sofern beide Ehegatten dies beantragen.

Zu o **Verfahren nach FamFG**
- Ehesachen (Scheidungssachen und Folgesachen)

Des Weiteren:
- Kindschaftssachen
- Abstammungssachen
- Adoptionssachen
- Ehewohnungs- und Haushaltssachen
- Gewaltschutzsachen
- Versorgungsausgleichssachen
- Unterhaltssachen (einschl. Unterhalt Minderjähriger)
- Güterrechtssachen
- Lebenspartnerschaftssachen

Zu 10 **Arbeitsgerichtsverfahren (besondere Gerichtsbarkeit)**

a. **Gericht in Arbeitssachen**

Die Rechtswegzuständigkeit der **Arbeitsgerichte** ergibt sich aus **§§ 2 bis 5 ArbGG**, wobei hier das Urteils- und das Beschlussverfahren unterschieden wird.

Im Urteilsverfahren sind die Arbeitsgerichte zuständig für Rechtsstreitigkeiten zwischen Arbeitgebern und Arbeitnehmern oder zwischen Tarifparteien, sowie für bürgerliche Rechtsstreitigkeiten, die in engem Zusammenhang zum Arbeitsverhältnis stehen, z. B. Kündigungsschutzverfahren, Entgeltzahlungen; im Einzelnen siehe die Auflistung in § 2 ArbGG.

Beschlussverfahren

Die hierzu gehörigen Angelegenheiten werden in § 2 a ArbGG aufgezählt. Dies sind insbesondere Angelegenheiten aus dem Betriebsverfassungsgesetz und dem Mitbestimmungsgesetz, Streitigkeiten über die Tariffähigkeit bzw. Tarifzuständigkeit einer Vereinigung.

b. **Instanzenzug**

1. Instanz:
- Arbeitsgerichte
- Spruchkörper: Kammern
- mit der Besetzung: Vorsitzender und zwei ehrenamtliche Richter (ein Arbeitgeber und ein Arbeitnehmer, mindestens 25 Jahre alt)

2. Instanz
= Berufung
- Landesarbeitsgerichte
- Spruchkörper: Kammern
- mit der Besetzung: Vorsitzender und zwei ehrenamtliche Richter (ein Arbeitgeber und ein Arbeitnehmer, mindestens 30 Jahre alt)

3. Instanz
= Revision,
- Bundesarbeitsgericht in Erfurt
- Spruchkörper: Senate
- mit der Besetzung: Vorsitzender, zwei Berufsrichter als Beisitzer, zwei ehrenamtliche Richter (ein Arbeitgeber und ein Arbeitnehmer; das Mindestalter für die Berufs- und ehrenamtlichen Richter beträgt 35 Jahre)

Zu c **Verfahrensablauf 1. Instanz:**

	Urteilsverfahren	Beschlussverfahren
In Gang gesetzt durch:	Klage	Antrag
Parteienbezeichnung:	Parteien, Kläger und Beklagter	Beteiligte
Anwaltspflicht:	Nein	Nein
Terminablauf:	Gütetermin (zwingend), sofern keine Einigung möglich: Kammertermin	(Erörterungs-)Termin, freiwilliger Gütetermin möglich

Lösungen — Rechtsanwendung

Verhandlungsgrundsätze:	Dispositionsgrundsatz	Amtsermittlungsgrundsatz
Gerichtskosten:	ja	nein, § 2 Abs. 2 GKG
Entscheidung:	Urteil	Beschluss
Rechtsmittelverfahren:		
Rechtsmittel:	Berufung	Beschwerde
Anwaltszwang:	ja (Rechtsanwalt)	ja (Rechtsanwalt oder Verbandsvertreter)

Zu d Arbeitsgerichtliches Mahnverfahren
Zu da Ansprüche
Beispiele: Arbeitsentgelt, Gratifikationen, Lohnfortzahlung im Krankheitsfall, Schadensersatz im Rahmen eines Arbeitsverhältnisses, Ansprüche aus Lohnüberzahlung

Zu db Abweichungen vom gerichtlichen Mahnverfahren
Vorbemerkung:
Für das arbeitsgerichtliche Mahnverfahren gelten zunächst einmal auch die maßgeblichen Vorschriften der ZPO. Allerdings bestehen nach § 46 a ArbGG in einigen Punkten wichtige verfahrensrechtliche Abweichungen:

Zuständigkeit: Sachlich: Arbeitsgericht
Örtlich: Arbeitsgericht, das für die im Urteilsverfahren erhobene Klage zuständig sein würde.

Widerspruchsfrist: Sie beträgt **1** Woche.

Kosten:
- Es besteht keine Kostenvorschusspflicht. Die Gerichtskosten werden erst nach Beendigung des Mahnverfahrens gezahlt.
- Sofern der Antragsteller sich durch einen Rechtsanwalt vertreten lässt, so zahlt er die Anwaltsgebühren in jedem Fall selbst, auch wenn der Antragsgegner die geltend gemachte Forderung vollständig zahlt.

4. Gerichtliches Mahnverfahren

4.1 Inländisches Mahnverfahren

Zu 1 Zweck des gerichtlichen Mahnverfahrens
- Der Gläubiger hat hierdurch die Möglichkeit, für eine ausstehende, unstreitige Geldforderung in Euro in einem vereinfachten, zeit- und kostensparenderen Verfahren, einen vollstreckbaren Titel zu erhalten.
- Entlastung der Gerichte in einfach gelagerten Fällen.

Zu 2 Zulässigkeit
Das Mahnverfahren ist nur zulässig, wenn die Zahlung eines **bestimmten Geldbetrages in Euro** verlangt wird, § 688 Abs. 1 ZPO.

Nicht hierunter fallen demzufolge alle
- nichtvermögensrechtlichen Ansprüche
- Herausgabeansprüche

etc.

Außerdem regelt **§ 688 Abs. 2 ZPO** ausdrücklich, dass das gerichtliche Mahnverfahren trotz einer zugrunde liegenden Geldforderung keine Anwendung findet:
- bei Rückforderungsansprüchen eines Unternehmers aus einem nach §§ 491 – 509 BGB geschlossenen Kreditvertrages, wenn der effektive oder anfängliche effektive Jahreszins den bei Vertragsschluss geltenden Basiszinssatz um 12 Prozentpunkte übersteigt,
- wenn die Geltendmachung des Anspruchs von einer nicht erbrachten Gegenleistung abhängig ist,
- wenn die Zustellung des Mahnbescheids durch öffentliche Bekanntmachung erfolgen müsste.

Zu 3 Zuständigkeit
Sachlich
Ausschließlich zuständig ist das **Amtsgericht**, § 689 Abs. 1 ZPO.

C. Zivilprozessordnung

Funktionell

Bei den Mahngerichten bestehen zentrale Mahnabteilungen bzw. es bestehen zentrale Mahngerichte, die für die Bearbeitung zuständig sind. Verantwortlich für die Abwicklung ist insbesondere der **Rechtspfleger**.

Örtlich

Grundsätzlich ist das Amtsgericht zuständig, in dessen Bezirk der **Antragsteller seinen allgemeinen Gerichtsstand** hat, § 689 Abs. 2 ZPO.

Zur Vereinheitlichung der Mahnverfahren sind von den Ländern jeweils **zentrale Mahngerichte** eingerichtet worden, § 689 Abs. 3 ZPO.

Anmerkung:

Beispiele für zentrale Mahngerichte: Für Baden-Württemberg das Amtsgericht Stuttgart, für Bayern das Amtsgericht Coburg, für Hessen das Amtsgericht Hünfeld, für Rheinland Pfalz das Amtsgericht in Mayen.

Sofern der Antragsteller im Inland keinen allgemeinen Gerichtsstand hat, ist das **Amtsgericht in Wedding in Berlin** zuständig, § 689 Abs. 2 ZPO.

Sofern der Antragsgegner im Inland keinen allgemeinen aber einen besonderen Gerichtsstand hat, so ist das Amtsgericht zuständig, in dessen Bezirk der **Antragsgegner den besonderen Gerichtsstand** hat, § 703 d ZPO.

Zu 4 Bezeichnung der Parteien im gerichtlichen Mahnverfahren

Antragsteller und Antragsgegner

Zu 5 Ablauf des gerichtlichen Mahnverfahrens:

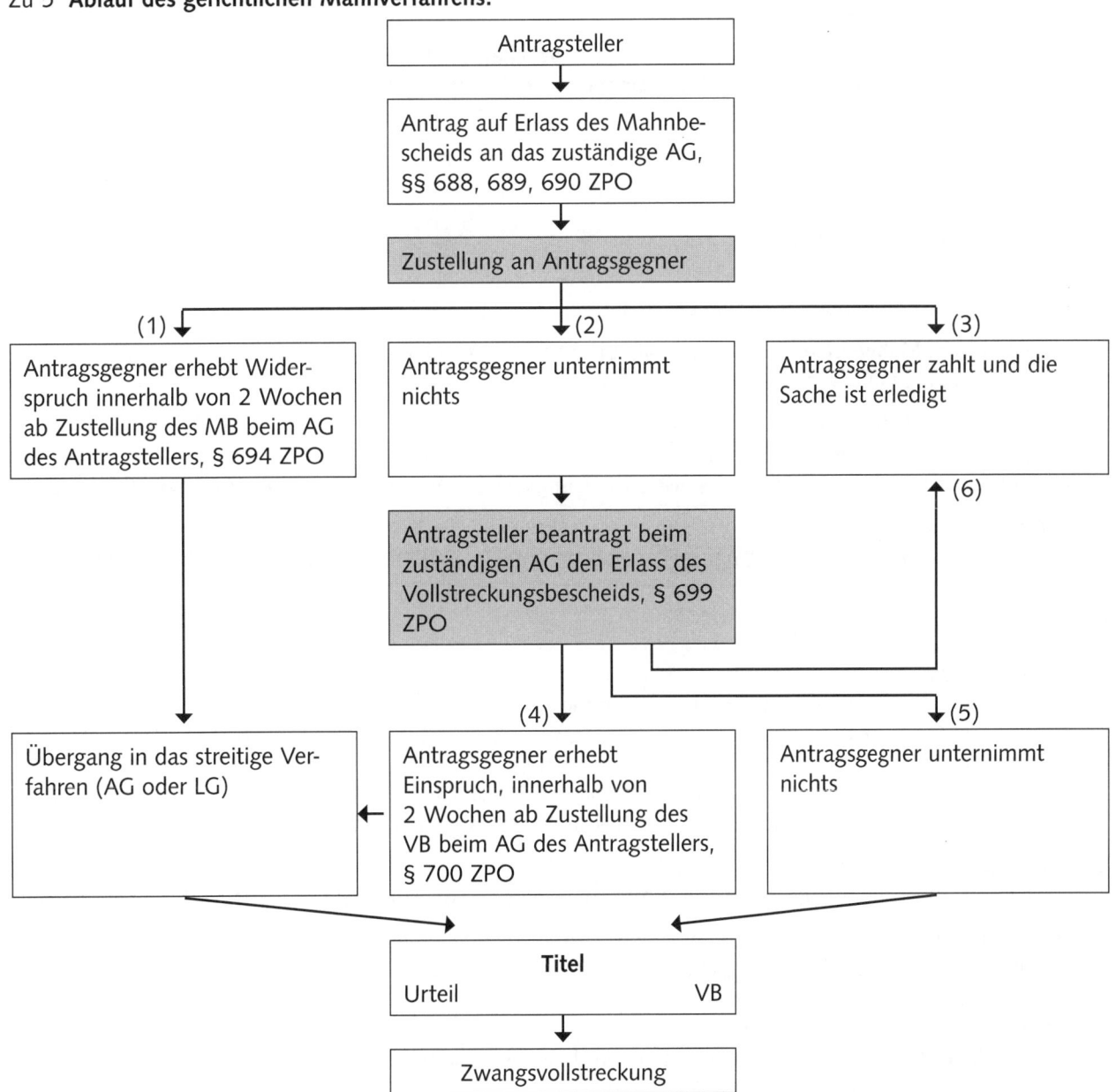

```
                          Antragsteller
                               ↓
               Antrag auf Erlass des Mahnbe-
               scheids an das zuständige AG,
                    §§ 688, 689, 690 ZPO
                               ↓
                   Zustellung an Antragsgegner
         ↓(1)                 ↓(2)                ↓(3)
  Antragsgegner erhebt   Antragsgegner       Antragsgegner zahlt
  Widerspruch innerhalb  unternimmt nichts   und die Sache ist
  von 2 Wochen ab                            erledigt
  Zustellung des MB
  beim AG des Antrag-
  stellers, § 694 ZPO
                               ↓
                   Antragsteller beantragt beim
                   zuständigen AG den Erlass des
                   Vollstreckungsbescheids, § 699 ZPO
                                                    ↑(6)
         ↓                    ↓(4)                 ↓(5)
  Übergang in das     Antragsgegner erhebt    Antragsgegner
  streitige Verfahren Einspruch, innerhalb    unternimmt nichts
  (AG oder LG)        von 2 Wochen ab
                      Zustellung des VB
                      beim AG des Antragstellers,
                      § 700 ZPO
                               ↓
                             Titel
                        Urteil      VB
                               ↓
                      Zwangsvollstreckung
```

Lösungen — Rechtsanwendung

Zu 6 Kosten
Nach Anlage 1 GKG, Kostenverzeichnis Nr. 1100 beträgt die Gebühr für das Verfahren über den Antrag auf Erlass eines Mahnbescheids oder eines Europäischen Zahlungsbefehls **0,5 Verfahrensgebühr, mindestens 32,00 Euro.**

Zu 7 Kosten bei Übergang in das streitige Verfahren
Sofern die Angelegenheit in das streitige Verfahren übergeht, entsteht gem. Anlage 1 GKG, Kostenverzeichnis Nr. 1210 eine 3,0 Gebühr, die jedoch vermindert wird um die bereits gezahlte 0,5 Gebühr für den Mahnantrag.

Zu 8 Zustellung
- Mahnbescheid: von Amts wegen, § 693 ZPO.
- Vollstreckungsbescheid: von Amts wegen oder im Parteibetrieb, § 699 Abs. 4 ZPO.

Zu 9 Rechtsbehelfe und Fristen
1. **Widerspruch** gegen den Mahnbescheid, § 694 ZPO; er ist einzulegen innerhalb einer Frist von **2 Wochen** ab Zustellung des Mahnbescheids. Ein verspätet eingelegter Widerspruch ist auch **nach Ablauf von 2 Wochen noch möglich, wenn der Vollstreckungsbescheid noch nicht verfügt ist**, § 694 Abs. 1 ZPO. Ein verspätet eingelegter Widerspruch wird als Einspruch gegen den Vollstreckungsbescheid behandelt, § 694 Abs. 2 ZPO.
2. **Einspruch** gegen den Vollstreckungsbescheid, § 700 Abs. 1 ZPO i.V.m. § 338 ZPO; der Vollstreckungsbescheid steht einem für vorläufig vollstreckbar erklärten Versäumnisurteil gleich. Der Einspruch ist innerhalb einer Notfrist von **2 Wochen** ab Zustellung des Vollstreckungsbescheids einzulegen, § 339 Abs. 1 ZPO.

Zu 10 Beantragung des Vollstreckungsbescheids
- Frühestens nach Ablauf der Widerspruchsfrist von **2 Wochen**, § 699 Abs. 1 S. 2 ZPO,
- spätestens **6 Monate** nach Zustellung des Mahnbescheids, § 701 ZPO.

4.2 Europäisches Mahnverfahren

Zu 1 Mahnverfahren im internationalen Bereich

Zu a Zuständiges Mahngericht für einen ausländischen Antragsteller
Amtsgericht Wedding in Berlin, § 688 Abs. 2 S. 2 ZPO

Zu b Gerichtliche Mahnverfahren im internationalen Bereich
- Das grenzüberschreitende Mahnverfahren, s. §§ 688 Abs. 3 ff. ZPO
- Das europäische Mahnverfahren (europäischer Zahlungsbefehl), VO (EG) Nr. 1896/2006, §§ 1087 ff. ZPO

Zu c Klageverfahren
Das europäische Verfahren für geringfügige Forderungen unter 2.000,00 Euro (ab 14.07.2017: 5.000,00 Euro), VO (EG) 861/2007

Zu 2 Europäischer Zahlungsbefehl

Zu a Voraussetzungen
- Anspruch auf Zahlung einer bestimmten Geldsumme
- Fälligkeit des Anspruchs
- Zivil- oder handelsrechtlicher Anspruch aus einem Vertrag
- Mindestens ein Vertragspartner muss in einem anderen EU-Mitgliedsstaat seinen Wohn- oder Geschäftssitz haben (dieses Verfahren bezieht sich auf alle EU-Mitgliedsstaaten, außer Dänemark)

Zu b Örtliche Zuständigkeit
Grundsatz: Die örtliche Zuständigkeit richtet sich nach dem Wohnsitz bzw. Geschäftssitz (bei Unternehmen)

Abweichungen sind möglich, wenn sich besondere Zuständigkeiten ergeben:
- Erfüllungs- /Leistungsort der vertraglichen Verpflichtung
- Wohnsitz des Unterhaltsberechtigten
- Ort des schädigenden Ereignisses bei unerlaubten Handlungen
- Rechts-/Wohnsitz des Versicherungsunternehmens bzw. Versicherten bzw. Begünstigten
- Gerichtsstandsvereinbarung zwischen den Parteien

C. Zivilprozessordnung

Ist der Antragsgegner Verbraucher und beruht die Schuld auf einem Vertrag, ist ausschließlich das Gericht am Wohnsitz des Schuldners zuständig.

Zu c Antrag
Auf der Homepage des Europäischen Mahngerichts für Deutschland, Amtsgericht in Wedding in Berlin, wird das Formular heruntergeladen, ausgefüllt und an das zuständige Mahngericht des betreffenden Mitgliedsstaates der EU zugesendet. Der Antrag kann Online, per Fax oder mit der Post übermittelt werden, Anwaltszwang besteht nicht. Außer in Dänemark kann somit in allen EU-Staaten eine Geldforderung per Mahnbescheid durchgesetzt werden.

Zu d Unterschiede
Beim Europäischen Zahlungsbefehl müssen im Gegensatz zum Mahnbescheid folgende Angaben gemacht werden:
- Der der Forderung zugrunde liegenden Sachverhalt muss begründet werden,
- die Beweise müssen genannt nennen,
- die gerichtliche Zuständigkeit muss begründet werden.

Hinweis:
Der Zahlungsbefehl wird nur auf der Grundlage der Angaben des Antragstellers erlassen, eine inhaltliche Überprüfung findet nicht vom Mahngericht statt.

Zu e Frist
Das zuständige Mahngericht erlässt den Europäischen Zahlungsbefehl
- sobald wie möglich und
- in der Regel binnen **30 Tagen** nach Einreichung des Antrags, Art. 12 , VO (EG) Nr. 1896/2006.

Zu f Zustellung
Mit Nachweis des Empfängers kann zugestellt werden
- durch persönliche Zustellung mit einer vom Antragsgegner unterschriebenen Empfangsbestätigung, unter Angabe des Empfangsdatums,
- durch persönliche Zustellung, bei der die zuständige Person, die die Zustellung vorgenommen hat, ein Dokument unterzeichnet, in dem angegeben ist, dass der Antragsgegner das Schriftstück erhalten hat oder dessen Annahme unberechtigt verweigert hat und an welchem Datum die Zustellung erfolgt ist,
- durch postalische Zustellung, bei der der Antragsgegner die Empfangsbestätigung unter Angabe des Empfangsdatums unterzeichnet und zurückschickt,
- durch elektronische Zustellung, bei der der Antragsgegner eine Empfangsbestätigung unter Angabe des Empfangsdatums unterschreibt und zurückschickt.

Ohne Nachweis des Empfangs durch den Antragsgegner kann in folgenden Formen zugestellt werden:
- Persönliche Zustellung an die Privatanschrift des Antragsgegners, dort an eine in der Wohnung des Antragsgegners lebende Person oder eine dort beschäftigte Person,
- bei Selbstständigen oder juristischen Personen kann die Zustellung in den Geschäftsräumen des Antragsgegners an eine dort beschäftigte Person erfolgen,
- Hinterlegung im Briefkasten des Antragsgegners,
- Hinterlegung beim Postamt oder bei den Behörden mit entsprechender Benachrichtigung im Briefkasten des Antragsgegners, wobei eindeutig darauf hingewiesen werden muss, dass es sich um ein gerichtliches Schriftstück handelt oder dass durch die Zustellung Fristen zu laufen beginnen,
- postalisch ohne Nachweis, wenn der Antragsgegner seine Anschrift im Ursprungsland hat,
- elektronisch, mit automatisch erstellter Sendebestätigung, sofern sich der Antragsgegner vorab ausdrücklich mit dieser Art der Zustellung einverstanden erklärt hat.

Zu g Reaktionsmöglichkeiten
- Sofern der Gegner zahlt ist das Ziel erreicht, das Verfahren wird beendet.
- Sofern der Gegner innerhalb der Einspruchsfrist von 30 Tagen ab dem Tag der Zustellung des Zahlungsbefehls auf gesondertem Vordruck bei dem Gericht, das den Zahlungsbefehl erlassen hat, Einspruch einlegt, geht das Verfahren in das nationale zivilrechtliche Verfahren des jeweiligen Staates über, sofern der Antragsteller dies nicht ausdrücklich ausgeschlossen hat (in bestimmten Fällen hat der Antragsgegner auch noch nach Ablauf der Einspruchsfrist die Möglichkeit, beim zuständigen Mahngericht eine Überprüfung des Europäischen Zahlungsbefehls unverzüglich zu beantragen, siehe Art. 20 VO (EG) 1896/2006.
- Sofern der Antragsgegner nichts unternimmt und die Einspruchsfrist reaktionslos verstreichen lässt, wird der Zahlungsbefehl direkt rechtskräftig und vollstreckbar, das heißt, das Mahngericht erlässt einen entsprechenden Zahlungstitel. Der erlassene Zahlungstitel kann dann vom Gläubiger per Zwangsvollstreckung gegen

den Schuldner durchgesetzt werden; er wird in den anderen Mitgliedstaaten jeweils anerkannt. Ein gesonderter Vollstreckungsbescheid wird demzufolge nicht zwischengeschaltet.

Zu h **Kosten**
Die Gebühren richten sich nach den nationalen Rechtsvorschriften, sie werden auf der Grundlage des jeweiligen Streitwerts berechnet.

- Die Gerichtskosten richten sich nach der Nr. 1100 der Anlage 1, Kostenverzeichnis zum Gerichtskostengesetz und betragen 0,5, mindestens 32,00 Euro. Außerdem entstehen im jeweiligen EU-Staat Zustellungsgebühren und ggf. Übersetzungskosten. Die Kosten entsprechen in etwa denen, des grenzüberschreitenden Mahnverfahrens, wobei beim Europäischen Zahlungsbefehl die Übersetzungskosten aufgrund der codierten Eingabe geringer sind.
- Sofern ein Rechtsanwalt für die Antragstellung eingeschaltet wird, richten sich dessen Gebühren ganz normal nach Nr. 3305 VV RVG.

Zu i **Vergleich**
Vorteile:
- Schneller
- Geringere Übersetzungskosten
- Es wird nur eine Zustellung benötigt, da ein gesonderter Vollstreckungsbescheid entfällt

Nachteil:
- Höherer Aufwand beim Antrag (Sachverhalt und Beweismittel sind anzugeben)

5. Zwangsvollstreckung

5.1 Grundlagen

Zu 1 **Begriff Zwangsvollstreckung**
Die Zwangsvollstreckung ist das Verfahren zur Befriedigung eines Anspruchs mithilfe staatlichen Zwangs.

Zu 2 **Unterschied Erkenntnisverfahren und Zwangsvollstreckung**
Erkenntnisverfahren: Feststellung und Durchsetzung privatrechtlicher Ansprüche mit dem Ziel, ein Urteil hierüber zu bekommen.
Zwangsvollstreckung: Durchsetzung bzw. Eintreibung der im Erkenntnisverfahren titulierten Ansprüche.

Zu 3 **Arten der Zwangsvollstreckung**
(1) **Zwangsvollstreckung wegen Geldforderungen**
 - in das bewegliche Vermögen, §§ 803 bis 863 ZPO
   - in körperliche Sachen, §§ 803 bis 807, 808 bis 827 ZPO
   - in Forderungen und andere Vermögensrechte, §§ 828 bis 863 ZPO
 - in das unbewegliche Vermögen, §§ 864 bis 871

(2) **Zwangsvollstreckung wegen anderer Ansprüche,** §§ 883 bis 898 ZPO
 - Herausgabe von beweglichen und unbeweglichen Sachen
 - Zwangsvollstreckung zur Erwirkung von Handlungen, Duldungen und Unterlassungen

Zu 4 **Voraussetzungen der Zwangsvollstreckung**
(1) **Titel,** d. h. Vollstreckungstitel; eine Urkunde, die die Zwangsvollstreckung zulässt.
(2) **Klausel,** d. h. die mit der Vollstreckungsklausel (Stempel auf dem Titel) versehene Ausfertigung des Vollstreckungstitels.
(3) **Zustellung**: Der mit der Vollstreckungsklausel versehene Vollstreckungstitel muss zugestellt worden sein.

Zu 5 **Vollstreckungstitel**
§ 704 ZPO: Vollstreckbare Endurteile
§ 794 ZPO: Prozessvergleiche, Vollstreckungsbescheide, Kostenfestsetzungsbeschlüsse, beschwerdefähige Entscheidungen, für vollstreckbar erklärte Schiedssprüche und schiedsrichterliche Vergleiche, vollstreckbare notarielle Urkunden
Außerdem wichtig: Arrestbefehle und einstweilige Verfügungen, §§ 916 ff., 935 ff. ZPO

C. Zivilprozessordnung

Zu 6 Zweck der vorläufigen Vollstreckbarkeit von Titeln
Sie dient dem Schutz des Gläubigers, damit er die Rechtskraft eines Titels nicht abzuwarten braucht. Es soll vermieden werden, dass der Schuldner die Zwangsvollstreckung durch sinnlose Rechtsmittel hinauszögert oder der Zwangsvollstreckung unterliegendes Vermögen beiseiteschafft.
Hinweis: Sofern das Urteil nach erfolgter Vollstreckung jedoch aufgehoben oder abgeändert wird, läuft der Gläubiger Gefahr, schadensersatzpflichtig gegenüber dem Schuldner zu werden, § 717 Abs. 2 ZPO.

Zu 7 Vorläufig vollstreckbare Urteile ohne Sicherheitsleistung
Die in § 708 ZPO aufgeführten Urteile sind ohne Sicherheitsleistung vorläufig vollstreckbar.
Beispiele aus der Aufzählung des § 708 ZPO:
- Anerkenntnis- und Verzichtsurteile
- Versäumnisurteile
- Räumungsurteile
- Unterhaltsurteile
- Berufungsurteile in vermögensrechtlichen Streitigkeiten
- Urteile in vermögensrechtlichen Streitigkeiten bei einem Gegenstand bis 1.250,00 Euro

Hinweis: Der Schuldner kann bei den in § 708 ZPO (außer den in § 708 Nr. 1 bis 3 ZPO genannten Urteilen) genannten Urteilen die Vollstreckung durch Sicherheitsleistung abwenden, sofern nicht der Gläubiger vor der Vollstreckung Sicherheit in gleicher Höhe leistet, § 711 ZPO.
Außerdem hat der Schuldner die Möglichkeit, einen Schutzantrag nach § 712 ZPO zu stellen, sofern es ein besonderes Schutzbedürfnis für seine Interessen gibt.

Zu 8 Vollstreckbare Urteile gegen Sicherheitsleistung
Nach § 709 ZPO sind grundsätzlich alle Urteile, die nicht in § 708 ZPO aufgeführt sind, gegen Sicherheitsleistung für vorläufig vollstreckbar zu erklären.
Hinweis 1: Die Sicherheitsleistung dient dem Schutz des Schuldners. Sofern ein Urteil zu seinen Gunsten abgeändert oder aufgehoben wird, der Gläubiger aber bereits vollstreckt hat, so könnte er Gefahr laufen, seinen Schadensersatzanspruch gegen den Gläubiger (§ 717 Abs. 2 ZPO) möglicherweise nicht mehr durchsetzen zu können. Um dies zu vermeiden, muss der Gläubiger entsprechende Sicherheit leisten, wenn er aus einem nicht rechtskräftigen Urteil vollstrecken möchte.
Hinweis 2: Der Gläubiger hat gemäß § 710 ZPO die Möglichkeit, einen Antrag auf Vollstreckung ohne Sicherheitsleistung zu stellen, wenn die Aussetzung der Vollstreckung ihm einen schwer zu ersetzenden oder abzusehenden Nachteil bringen würde oder aus einem sonstigen Grunde für ihn unbillig wäre.

Zu 9 Sicherheitsleistung
Sie kann gemäß § 108 Abs. 1 ZPO erfolgen durch:
(1) schriftliche, unwiderrufliche, unbedingte und unbefristete Bankbürgschaft eines im Inland zum Geschäftsbetrieb befugten Kreditinstituts (= banktaugliche Bürgschaft),
(2) Hinterlegung von Geld,
(3) oder Wertpapieren.

Die Hinterlegung von Geld oder Wertpapieren erfolgt bei der Hinterlegungsstelle des Amtsgerichts.
Die Höhe der Sicherheit liegt in der Regel 10 – 20 % über dem Wert des zu vollstreckenden Betrags.

Zu 10 Urteilstenor
Zu a Bei Urteilen ohne Sicherheitsleistung
„Das Urteil ist vorläufig vollstreckbar".

Zu b Bei Urteilen mit Sicherheitsleistung
„Das Urteil ist gegen Sicherheitsleistung in Höhe von … Euro vorläufig vollstreckbar."

Zu 11 Sicherungsvollstreckung
Gemäß § 720 a ZPO hat die Gläubiger die Möglichkeit, eine Sicherungsvollstreckung vorzunehmen.
Beim beweglichen Vermögen bedeutet dies, dass er zwar pfänden, allerdings noch nicht verwerten darf. Dies ist erst dann möglich, wenn er Sicherheit leistet oder der Titel rechtskräftig ist.
Beim unbeweglichen Vermögen kann er vollstrecken, indem er eine Sicherungshypothek auf dem Grundbesitz des Schuldners eintragen lässt.

Zu 12 Rechtskraft eines Urteils

Zu a
Ein Urteil ist rechtskräftig,
(1) wenn kein Rechtsmittel dagegen eingelegt werden kann,
(2) wenn ein mögliches Rechtsmittel innerhalb der Rechtsmittelfrist nicht eingelegt wurde,
(3) wenn die Parteien auf Rechtsmittel verzichtet haben.

Zu b
Der Nachweis erfolgt durch das **Rechtskraftzeugnis**.
Hierbei handelt es sich um eine Bescheinigung, dass eine gerichtliche Entscheidung Rechtskraft erlangt hat.

Zu c
Dieses wird ausgestellt von der **Geschäftsstelle des Prozessgerichts der ersten Instanz**, § 706 Abs. 1 ZPO.

Zu d
Dies wird dokumentiert durch das **Notfristzeugnis**, § 706 Abs. 2 ZPO.
Bei Endurteilen, bei denen Rechtsmittel möglich sind, bedarf es insofern eines Nachweises vom Rechtsmittelgericht, dass kein Rechtsmittel eingelegt wurde.

Zu 13 Zweck der Vollstreckungsklausel
Durch die Vollstreckungsklausel soll sichergestellt werden, dass selbst dann nur aus einem einzigen Titel vollstreckt werden kann, wenn mehrere Ausfertigungen dieses Titels im Umlauf sind. Hierdurch entfällt unnötige Überprüfungsarbeit für das Vollstreckungsorgan. Nach Zahlung der Forderung ist dem Schuldner der mit der Vollstreckungsklausel versehene Titel auszuhändigen, § 757 Abs. 1 ZPO. Eine missbräuchliche Mehrfachpfändung aus demselben Titel ist somit ausgeschlossen. Weitere vollstreckbare Ausfertigungen sind ausnahmsweise möglich, § 733 ZPO.

Zu 14 Wortlaut der Vollstreckungsklausel
„Vorstehende Ausfertigung wird dem ... (Bezeichnung der Partei) zum Zwecke der Zwangsvollstreckung erteilt", § 725 ZPO.

Zu 15 Vollstreckbare Titel ohne Vollstreckungsklausel
- Kostenfestsetzungsbeschlüsse im vereinfachten Verfahren, § 795 a ZPO
- Vollstreckungsbescheide, § 796 ZPO*
- Arreste und einstweilige Verfügungen, §§ 929, 936 ZPO*

* Sofern auf der Gläubiger- bzw. Schuldnerseite kein Personenwechsel (Rechtsnachfolger) vorliegt.

Zu 16 Rechtsbehelfe des Gläubigers
1. **Erinnerung** innerhalb einer Notfrist von zwei Wochen ab Zustellung der Entscheidung, § 573 Abs. 1 ZPO, sofern der Urkundsbeamte die Erteilung der einfachen Klausel verweigert.
   Hiergegen ist die sofortige Beschwerde möglich, sofern die Erinnerung abgewiesen wird, 573 Abs. 2 ZPO.
2. **Sofortige Beschwerde**, sofern der Rechtspfleger bei einer qualifizierten Klausel die Erteilung verweigert hat, § 567 Abs. 1 ZPO i.V.m. § 11 Abs. 1 RPflG.
3. **Klage auf Erteilung der Vollstreckungsklausel** gemäß § 731 ZPO, sofern der Gläubiger den Nachweis der Rechtsnachfolge nicht durch öffentliche oder öffentlich beglaubigte Urkunden erbringen kann, z. B. Erbschein.

Rechtsbehelfe des Schuldners
1. **Erinnerung** gegen Erteilung der Vollstreckungsklausel gemäß § 732 ZPO. Dies gilt in jedem Fall der Klauselerteilung. Hiergegen ist die sofortige Beschwerde möglich, § 567 Abs. 1 Nr. 2 ZPO.
2. **Klage gegen Vollstreckungsklausel** gemäß § 768 ZPO, sofern der Schuldner das Vorliegen der Voraussetzungen für die Klauselerteilung bestreitet.
   Gegebenenfalls Vollstreckungsabwehrklage gemäß § 767 ZPO, wenn sachliche Einwendungen gegen den Anspruch geltend gemacht werden.

Zu 17 Bedeutung der Zustellung
Nachweis der Bekanntgabe, da hieran wiederum wichtige Rechtsfolgen geknüpft sind.

Zu 18 Wartefristen bei der Zustellung
Regelfall:
Die Zustellung des vollstreckbaren Titels hat grundsätzlich vor, spätestens jedoch mit Beginn der Zwangsvollstreckung zu erfolgen, § 750 Abs. 1 ZPO.

C. Zivilprozessordnung

In bestimmten Fällen müssen Wartefristen eingehalten werden:
- Bei Kostenfestsetzungsbeschlüssen, die nicht auf das Urteil gesetzt sind, bei vollstreckbar erklärten Anwaltsvergleichen, notariellen Urkunden mit Unterwerfungsklausel, § 798 ZPO*,
- Bei der Sicherungsvollstreckung, §§ 720 a, 750 Abs. 3 ZPO*.

* Die Fristen betragen mindestens **zwei Wochen**.

Zu 19 **Eilverfahren**

Dies ist zulässig bei **Eilverfahren**, das heißt bei Arresten und einstweiligen Verfügungen. Gemäß §§ 929 Abs. 3, 936 ZPO kann auf eine vorherige Zustellung verzichtet werden. Sie muss allerdings **innerhalb einer Woche nachgeholt** werden.

Zu 20 **Organe der Zwangsvollstreckung**

Lösungen — Rechtsanwendung

Organe der Zwangsvollstreckung

Gerichtsvollzieher	Vollstreckungsgericht	Prozessgericht	Grundbuchamt
Die Regelbefugnisse des Gerichtsvollziehers sind in § 802a Abs. 2 ZPO aufgeführt: – Versuch einer gütlichen Einigung, – Vermögensauskunft des Schuldners einholen, – Auskünfte Dritter über das Vermögen des Schuldners einholen, – Pfändung und Verwertung körperlicher Sachen, – Vorpfändung durchführen. Voraussetzung hierfür ist, dass dem Gerichtsvollzieher ein Vollstreckungsauftrag und eine vollstreckbare Ausfertigung vorliegen. Es handelt sich bei § 802a Abs. 2 ZPO allerdings nicht um eine abschließende Aufzählung, so nimmt der Gerichtsvollzieher beispielsweise auch die eidesstattliche Versicherung nach § 883 ZPO ab oder er ist auch zuständig für die Verhaftung des Schuldners zur Erzwingung der Vermögensauskunft, § 802g ZPO.	**Zuständig:** Ist ausschließlich das AG, in dessen Bezirk die ZV stattfindet oder stattgefunden hat, §§ 764 Abs. 2, 802 ZPO. **Ausnahmen:** Bei ZV in Forderungen ist ausschließlich das AG zuständig, in dessen Bezirk der Schuldner seinen Wohnsitz hat, § 828 Abs. 2 ZPO; ebenso bei § 848 Abs. 1 ZPO =AG, in dessen Bezirk die Sache liegt. **Zuständig z. B. für:** – ZV in Forderungen und andere Vermögensrechte, §§ 828 ff. ZPO, – ZV in das unbewegliche Vermögen (Zwangsverwaltung, Zwangsversteigerung), § 1 ZVG, – Verteilungsverfahren bei Mehrfachpfändung, sofern der hinterlegte Betrag zur Befriedigung der Gläubiger nicht ausreicht, §§ 872 ff. ZPO, – Haftanordnung zur Erzwingung der Vermögensauskunft, § 802g ZPO, – Anordnung der Aussetzung der Verwertung, Einstellung oder Aufhebung der ZV in dringenden Fällen gem. §§ 765a Abs. 1, 769 Abs. 2 ZPO, – Zulassung der Austauschpfändung gem. § 811a, – Anordnung der Versteigerung einer gepfändeten Sache durch eine andere Person als den Gerichtsvollzieher gem. § 825 Abs. 2 ZPO.	PG = AG oder LG **Zuständig z. B. für:** – Für die ZV zur Erwirkung von Handlungen gem. §§ 887, 888 ZPO, Duldungen und Unterlassungen, § 890 ZPO, – für Klagen auf Erteilung der Vollstreckungsklausel, § 731 ZPO, – für Klagen wegen Unzulässigkeit der Vollstreckungsklausel, § 768 ZPO, sofern der Schuldner die Voraussetzungen für deren Erteilung bestreitet, – Vollstreckungsabwehrklage, §§ 767,785,786 ZPO.	**Zuständig insbes. für:** – Eintragung einer Zwangshypothek, §§ 866, 867 ZPO, – Eintragung der Pfändung einer Hypothekenforderung gemäß § 830 ZPO, einer Grund- oder Rentenschuld oder einer Reallast gemäß § 857 Abs. 6 ZPO.

C. Zivilprozessordnung

5.2 Zwangsvollstreckung in das bewegliche Vermögen

Zu 1 Zwangsvollstreckung in das bewegliche Vermögen
Sie erfolgt durch:
(1) **Pfändung,** das heißt Beschlagnahme durch einen hoheitlichen Akt und
(2) **Verwertung**, das heißt die Sache wird zu Geld „gemacht", z. B. durch Versteigerung.

Zu 2 Einleitung der Zwangsvollstreckung

Zu a Antrag
Sie wird durch einen **Antrag des Gläubigers** an den Gerichtsvollzieher eingeleitet.
Dies kann geschehen an den Gerichtsvollzieher, der für den Wohnsitz des Schuldners zuständig ist oder an die Verteilungsstelle für Gerichtsvollzieheraufträge beim Amtsgericht, in dessen Bezirk der Schuldner wohnt, §§ 753, 754, 802 a ZPO.

Zu b Formerfordernis
Formularzwang, § 753 Abs. 3 ZPO

Zu c Kombi-Auftrag
Wenn zwei Aufträge an den Gerichtsvollzieher miteinander kombiniert werden, so spricht man in der Praxis vom sogenannten Kombi-Auftrag.

Beispiele:
- Vermögensauskunft mit anschließender Mobiliarpfändung (Pfändung und Verwertung); dies ist in der Regel die zeitlich effizientere Vorgehensweise
- Pfändungsauftrag und bei (teilweiser) Fruchtlosigkeit Auftrag zur Vermögensauskunft

Zu 3 Zuständiges Organ
Gerichtsvollzieher

Zu 4 Ablauf der Zwangsvollstreckung
- Gerichtsvollzieher prüft die Vollstreckungsvoraussetzungen: Titel, Klausel, Zustellung,
- Zustellung des Titels vor oder bei Beginn der Zwangsvollstreckung,
- Aufforderung des Schuldners zur Zahlung:
  - Sofern er die gesamte Schuld zahlt, erteilt der Gerichtsvollzieher eine Quittung und händigt dem Schuldner die vollstreckbare Ausfertigung des Titels aus, § 757 Abs. 1 ZPO,
  - zahlt der Schuldner nur einen Teilbetrag, so stellt der Gerichtsvollzieher hierüber eine Quittung aus und vermerkt die Teilzahlung auf dem Titel, § 757 Abs. 1 ZPO,
  - sofern der Schuldner nicht zahlen kann, wird der Gerichtsvollzieher mit der Sachpfändung beginnen.
- Der Gerichtsvollzieher hat jede Vollstreckungshandlung in einem Protokoll zu vermerken, § 762 ZPO.

Zu 5 Durchführung der Mobiliarvollstreckung
Der Gerichtsvollzieher wird eine Sachpfändung vornehmen. Sie wird dadurch bewirkt, dass der Gerichtsvollzieher die Sachen in Besitz nimmt, das heißt, er nimmt sie dem Schuldner weg, § 808 Abs. 1 ZPO.
Die Beschlagnahme kann generell durch folgende Maßnahmen geschehen, § 808 ZPO:
- Inbesitznahme von Geld, Kostbarkeiten und Wertpapieren,
- Anbringen einer Pfandsiegelmarke, insbesondere bei sperrigen Gegenständen,
- Anbringen einer Pfandtafel mit Pfandanzeige.

Zu 6 Anfrage zum Aufenthaltsort

Zu a Voraussetzungen
Der Gerichtsvollzieher darf aufgrund
(1) des **Vollstreckungsauftrags** und
(2) der **Übergabe der vollstreckbaren Ausfertigung**
Fragen an bestimmte Behörden stellen, § 755 ZPO.

Zu b Auskunftsstellen/Behörden
Gemäß § 755 ZPO:
(1) Meldebehörde (diese ist an erster Stelle zu kontaktieren)
(2) Ausländerzentralregister (bei Ausländern ist dieses an zweiter Stelle zu kontaktieren)
(3) Träger der gesetzlichen Rentenversicherung (da die gesetzliche Rentenversicherung zur Datenübermittlung nicht verpflichtet ist, wenn diese auf andere Weise beschafft werden könnten, wird hier die Anfrage eher an letzter Stelle sinnvoll sein)
(4) Kraftfahrt-Bundesamt

Lösungen — Rechtsanwendung

Zu c Bagatellgrenze
Die Daten zur Auskunft dürfen beim Träger der gesetzlichen Rentenversicherung und beim Kraftfahrt-Bundesamt nur erhoben werden, wenn die zu vollstreckbaren Ansprüche mindestens **500,00 Euro** betragen, § 755 Abs. 2 ZPO.

Zu 7 Wirkung der Pfändung
Sie hat eine doppelte Wirkung:
(1) Zum einen wird dem Schuldner die Verfügungsmacht an dem gepfändeten Gegenstand entzogen und auf den Staat übertragen. Die Sache gilt als **staatlich beschlagnahmt**, mit der Konsequenz, dass bei bestimmten Verstößen nicht die ZPO sondern das StGB (Strafgesetzbuch) zur Anwendung kommt.
(2) Zum anderen erwirbt der Gläubiger ein **Pfändungspfandrecht** an der gepfändeten Sache, § 804 ZPO.

Zu 8 Prüfung der Eigentumsverhältnisse
Der Gerichtsvollzieher muss die Eigentumsverhältnisse des Schuldners nicht gesondert prüfen, § 119 GVGA (Geschäftsanweisung für Gerichtsvollzieher).

Anmerkungen:
Grundsätzlich darf der Gerichtsvollzieher nur das Eigentum des Schuldners pfänden. Wenn er die Wohnung des Schuldners betritt, kann er allerdings davon ausgehen, dass die in der Wohnung des Schuldners vorgefundenen Sachen auch ihm gehören. Es kann ihm nicht zugemutet werden, bei jedem Pfändungsauftrag die Eigentumsverhältnisse aufwendig prüfen zu müssen.
Bei Eheleuten gilt die Vermutung, dass der Schuldner der alleinige Gewahrsamsinhaber ist, § 739 ZPO.
Die Pfändung von Sachen hat der Gerichtsvollzieher zu unterlassen, wenn offensichtlich ist, dass sie nicht dem Schuldner gehören, § 119 GVGA.
Sofern der Gerichtsvollzieher Sachen pfändet, die einer anderen Person gehören, so kann diese Person ihr Eigentumsrecht im Wege einer Drittwiderspruchsklage geltend machen, § 771 ZPO.

Zu 9 Wegnahmebefugnis
Der Gerichtsvollzieher darf alle Sachen pfänden, die
- sich im Gewahrsam des Schuldners befinden, § 808 Abs. 1 ZPO,
- dem Schuldner gehören, sich aber beim Gläubiger oder bei einem zur Herausgabe bereiten Dritten befinden, § 809 ZPO.

Anmerkung: Widerspricht der Dritte der Pfändung, so hat sie zu unterbleiben. Pfändet der Gerichtsvollzieher dennoch, so kann der Dritte den Rechtsbehelf der Erinnerung gemäß § 766 ZPO einlegen, um die Aufhebung der Pfändung zu erreichen. Sofern der Dritte widerspricht, bleibt dem Gläubiger nichts anderes übrig, als den Herausgabeanspruch des Schuldners gegenüber dem Dritten zu pfänden.

Zu 10 Wohnungsdurchsuchung ohne Einverständnis des Schuldners
Grundsätzlich darf die Wohnung nur mit Einverständnis des Schuldners durchsucht werden, § 758 a Abs. 1 ZPO. Sofern der Schuldner diese verweigert, darf die Wohnung nur aufgrund einer richterlichen Anordnung durchsucht werden. Dies gilt nicht, wenn die Einholung der Anordnung den Erfolg der Durchsuchung gefährden würde, § 758 a Abs. 1 ZPO.

Zu 11 Ratenzahlung
Diese ist grundsätzlich möglich, § 802 b ZPO.
Der Gerichtsvollzieher soll in jeder Phase des Zwangsvollstreckungsverfahrens auf eine gütliche Einigung hinwirken. Dazu gehört die Vereinbarung von Ratenzahlungen, vorausgesetzt:
- der Schuldner macht sein Zahlungsversprechen glaubhaft,
- der Gläubiger hat eine Zahlungsvereinbarung nicht ausgeschlossen.

Zu 12 Vollstreckung zur Unzeit
Grundsatz:
Eine Pfändung **in der Wohnung** zur Nachtzeit, das heißt in der Zeit von 21.00 – 6:00 Uhr und eine Pfändung an Sonn- und Feiertagen darf der Gerichtsvollzieher nicht vornehmen.

Maßnahme:
In Wohnungen darf er nur aufgrund einer **besonderen richterlichen Anordnung** vollstrecken, § 758 a Abs. 4 ZPO. Hierzu ist insofern ein entsprechender **Antrag** zu stellen.

C. Zivilprozessordnung

Zu 13 Pfändungsbeschränkungen
Nach ZPO:
- **Verbot der Überpfändung**, § 803 Abs. 1 ZPO,
  das heißt keine Pfändung von Sachen, deren Wert den Wert der Forderung erheblich übersteigt.
- **Zwecklose Pfändung**, § 803 Abs. 2 ZPO,
  das heißt keine Pfändung von wertlosen Gegenständen, wenn ersichtlich ist, dass die Kosten der Zwangsvollstreckung und der Wert der Forderung nicht erreicht werden.
- **Unpfändbare Sachen (Kahlpfändung)**, § 811 ZPO,
  das heißt keine Pfändung von Sachen, die der Schuldner für eine bescheidene Lebens- und Haushaltsführung sowie die Ausübung seines Berufes braucht. § 811 ZPO enthält hierzu eine detaillierte Aufzählung. Zu beachten ist dabei, dass in bestimmten Fällen eine Austauschpfändung möglich ist, vgl. § 811 a Abs. 1 S. 1 ZPO.
- **Pfändung von Hausrat**, § 812 ZPO,
  sie hat zu unterbleiben, sofern dessen geringer Wert in keinem Verhältnis zum benötigten Erlös steht.
- **Pfändung von Früchten auf dem Halm**, § 810 ZPO,
  z. B. wenn der Vollstreckungsschuldner ein Landwirt ist. Grundsätzlich sind die Früchte wesentliche Bestandteile des Bodens. Sofern sie allerdings noch nicht im Rahmen einer angeordneten Zwangsverwaltung oder Zwangsversteigerung beschlagnahmt wurden, können sie im Rahmen der Pfändung körperlicher Gegenstände gesondert, das heißt frühestens einen Monat vor der Reife gepfändet werden. Dies erfolgt durch Aufstellen einer Pfandtafel.

Daneben sind bestimmte Gegenstände, die unter besondere nationale oder internationale Gesetze fallen, ebenfalls unpfändbar, z. B. urheberrechtlich geschützte Sachen.

Zu 14 Austauschpfändung
Die Austauschpfändung nach § 811 a ZPO bietet für den Gläubiger die Möglichkeit, bestimmte, nach **§ 811 Abs. 1 Nr. 1, Nr. 5 und Nr. 6 ZPO** unpfändbare, wertvolle Gegenstände trotz Unpfändbarkeit zu pfänden, sofern dem Schuldner ein entsprechender, aber weniger wertvoller Austauschgegenstand hierfür gegeben wird.

Die weiteren Voraussetzungen im Einzelnen:
- Gläubigerantrag auf Austauschpfändung beim Vollstreckungsgericht,
- Zwangsvollstreckungsvoraussetzungen sind erfüllt (Titel, Klausel, Zustellung),
- Austauschpfändung muss angemessen sein, das heißt, der Wert der zu pfändenden Sache übersteigt den Wert der Austauschsache erheblich,
- Ersatzleistung (Ersatzstück oder Geldbetrag).

Vorläufige Austauschpfändung:
Nach § 811 b ZPO kann eine Austauschpfändung auch vorläufig, das heißt ohne vorherige Entscheidung des Vollstreckungsgerichts ergehen, wenn zu erwarten ist, dass das Gericht die Austauschpfändung zulässt. Der Gläubiger muss allerdings innerhalb von 2 Wochen einen Antrag beim Vollstreckungsgericht stellen, da sonst die vorläufige Austauschpfändung aufgehoben wird.

Zu 15 Vorwegpfändung
Sie bietet die Möglichkeit, eine zurzeit unpfändbare Sache zu pfänden, sofern zu erwarten ist, dass sie demnächst pfändbar wird, § 811 d ZPO.
Sie ist aber noch im Gewahrsam des Schuldners zu belassen. Die Vollstreckung darf erst fortgesetzt werden, wenn die Sache pfändbar geworden ist.

Zu 16 Anschlusspfändung
Sachen, die bereits für einen Gläubiger gepfändet wurden, können erneut gepfändet werden. Hierzu genügt es, dass der Gerichtsvollzieher in das Protokoll die Erklärung aufnimmt, dass er die Sachen für einen anderen Auftraggeber pfändet, § 826 ZPO.

Zu 17 Ablauf der Verwertung
Zu a
Sie erfolgt in der Regel im Rahmen einer öffentlichen Versteigerung vor Ort oder gegebenenfalls auch über das Internet, § 814 ZPO.

Zu b
Sie erfolgt in der Gemeinde, in der die Pfändung geschehen ist

Zu c
oder an einem anderen Ort im Bezirk des Vollstreckungsgerichts, sofern sich nicht der Gläubiger und der Schuldner über einen dritten Ort einigen.

Zu d
Die einzuhaltende Wartefrist beträgt in der Regel mindestens eine Woche, § 816 Abs. 1 ZPO, sofern keine andere Vereinbarung zwischen Gläubiger und Schuldner getroffen wird oder unverhältnismäßig hohe Lagerkosten bzw. die Verderblichkeit der Ware der Einhaltung dieser Frist entgegenstehen.

Zu e
Ja, gemäß § 816 Abs. 4 ZPO i.V.m. § 1239 Abs. 1 S. 1 BGB ist dies möglich.

Zu f
Ja, öffentliche Bekanntgabe von Zeit und Ort, § 816 Abs. 3 ZPO.

Zu g
Mindestgebot: 50 % des gewöhnlichen Verkaufspreises, § 817 a ZPO.

Zu h
Zuschlag: Diesen erhält der Meistbietende nach dreimaligem Aufruf, § 817 ZPO.
Er bekommt die Sache nur gegen (Bar-)Zahlung ausgehändigt, ab diesem Zeitpunkt geht das Eigentum auf ihn über. Dies selbst dann, wenn die Sache gar nicht dem Schuldner gehörte, § 935 Abs. 2 BGB.
Die Empfangnahme des Erlöses durch den Gerichtsvollzieher gilt als Zahlung des Schuldners, § 819 ZPO. Die Versteigerung muss eingestellt werden, sobald der Erlös die Zwangsvollstreckungskosten und den Wert der Forderung des Gläubigers deckt.

Zu 18 Besondere Arten der Verwertung
Hier können insbesondere aufgeführt werden:
- Gepfändetes **Geld** ist dem Gläubiger abzugeben, § 815 Abs. 1 ZPO.
- **Gold- und Silbersachen** dürfen nicht unter ihrem Materialwert zugeschlagen werden, § 817 a Abs. 3 ZPO.
- Gepfändete **Wertpapiere** sind, sofern sie einen Börsen- oder Marktpreis haben, von dem Gerichtsvollzieher aus freier Hand zum Tageskurs zu verkaufen und, wenn sie einen solchen Preis nicht haben, nach den allgemeinen Bestimmungen zu versteigern, § 821 ZPO.
- Auf Antrag des Gläubigers oder des Schuldners kann der Gerichtsvollzieher eine gepfändete Sache **in anderer Weise** oder **an einem anderen Ort verwerten**, § 825 Abs. 1 ZPO. Der Gerichtsvollzieher darf die Sachen ohne Zustimmung des Schuldners nicht vor Ablauf von 2 Wochen nach Zustellung der Unterrichtung verwerten.

Zu 19 Gescheiterter Vollstreckungsaufschub
Sofern ein Vollstreckungsaufschub scheitert, so kann der Schuldner die Verwertung gepfändeter Sachen nur noch durch einen Vollstreckungsschutzantrag nach § 765 a ZPO (und eine einstweilige Anordnung, §§ 765 a Abs. 1 S. 2, 732 Abs. 2 ZPO) verhindern.

Zu 20 Verteilung des Versteigerungserlöses
Nach Durchführung der öffentlichen Versteigerung hat der Gerichtsvollzieher den verbleibenden Erlösüberschuss an den Gläubiger auszuzahlen, sofern nicht Rechte Dritter entgegenstehen:

    Versteigerungserlös
./. Zwangsvollstreckungskosten (Kosten des Gerichtsvollziehers)
= verbleibender Erlös (Erlösüberschuss)*

*Dieser Erlösüberschuss ist an den Gläubiger in Höhe seiner geltend gemachten Forderung auszuzahlen. Ein darüber hinaus erzielter Überschuss ist an den Schuldner auszuzahlen.

Anmerkungen:
Sofern der verbleibende Erlös nicht ausreicht um bei mehreren Anschlusspfändungen alle Gläubiger zu befriedigen, so erfolgt die Verteilung nach der Reihenfolge der Pfändungen. Sofern die Mehrfachpfändungen gleichzeitig erfolgt sind, so erfolgt die Verteilung im Verhältnis der Forderungen.
Des Weiteren gibt es die Möglichkeit im Falle der Nicht-Einigung seitens der Gläubiger nach §§ 827, 872 ff. ZPO ein besonderes Verteilungsverfahren zu beantragen.

C. Zivilprozessordnung

5.3 Zwangsvollstreckung in Forderungen und andere Vermögensrechte

Zu 1 Gegenstände der Forderungspfändung
Sie können sein:
- Geldforderungen, §§ 829 ff. ZPO
- Herausgabeansprüche, §§ 846 ff. ZPO
- Andere Vermögenswerte, §§ 857 ff. ZPO

Zu 2 Beteiligte
Dies sind:
(1) Gläubiger: Person, die vollstrecken lässt.
(2) Schuldner: Person gegen die vollstreckt wird.
(3) Drittschuldner: Person, gegen die der Schuldner einen Anspruch hat.

Zu 3 Zuständiges Organ
- **Sachliche Zuständigkeit**: Amtsgericht als Vollstreckungsgericht, § 828 Abs. 1 ZPO.
- **Örtliche Zuständigkeit**: Amtsgericht, bei dem der Schuldner im Inland seinen allgemeinen Gerichtsstand hat und sonst das Amtsgericht, bei dem nach § 23 ZPO gegen den Schuldner Klage erhoben werden kann, § 828 Abs. 2 ZPO.
- **Funktionelle Zuständigkeit**: Innerhalb des Vollstreckungsgerichts ist der Rechtspfleger im Rahmen des § 20 Nr. 17 RPflG zuständig.

Zu 4 Einleitende Maßnahme
Der Gläubiger muss einen Antrag auf Erlass eines Pfändungs- und Überweisungsbeschlusses beim zuständigen Vollstreckungsgericht stellen.

Anmerkung:
Dem Antrag sind insbesondere beizufügen:
- die vollstreckbare Ausfertigung des Titels,
- die Zustellungsurkunde,
- Belege über bisher entstandene Vollstreckungskosten.

Zu 5 Pfändungs- und Überweisungsbeschluss
- **Pfändungsbeschluss**: Hierdurch wird die Forderung beschlagnahmt.
- **Überweisungsbeschluss**: Hierdurch geschieht die Verwertung.

Wichtig: Auch wenn die beiden Beschlüsse in der Praxis formular-/schriftsatzmäßig miteinander verbunden sind, so stellen sie dennoch rechtlich gesehen zwei verschiedene Beschlüsse dar, die lediglich zur Verwaltungsvereinfachung zusammengefasst sind.

Zu 6 Rechtswirkung der Zustellung an den Drittschuldner
Mit der Zustellung des Beschlusses an den Drittschuldner gilt die Pfändung als bewirkt, § 829 Abs. 3 ZPO.

Anmerkung: Die Pfändung einer Forderung bewirkt zum einen eine Beschlagnahme der Forderung und sie begründet zum anderen auch ein Pfändungspfandrecht.

Zu 7 Anordnungen
Gemäß § 929 Abs. 1 ZPO sind dies:
- das **Verbot** an den Drittschuldner, an den Schuldner zu zahlen,
- das **Gebot** für den Schuldner, sich jeder Verfügung über die Forderung zu enthalten, insbesondere ihrer Einziehung.

Anmerkung: Leistet der Drittschuldner entgegen der Anordnung dennoch an den Schuldner, so wird er zwar hinsichtlich seiner Leistungspflicht gegenüber dem Schuldner frei, nicht jedoch gegenüber dem Gläubiger.

Zu 8 Zustellung
Sie erfolgt grundsätzlich **im Parteibetrieb**, § 829 Abs. 2 ZPO; der Gläubiger beauftragt den Gerichtsvollzieher (Gerichtsvollzieherverteilungsstelle).

Zu 9 Forderungsverwertung
Sie geschieht durch den **Überweisungsbeschluss**, § 835 ZPO.

Zu 10 Arten der Überweisung
Gemäß § 835 ZPO sind hier zu unterscheiden:
- **Überweisung zur Einziehung**, das heißt der Gläubiger zieht die Forderung an Stelle des Schuldners ein. Dies ist die übliche Vorgehensweise in der Praxis.

Lösungen — Rechtsanwendung

- **Überweisung an Zahlungs statt:** Hier wird unterstellt, der Gläubiger habe das Geld vom Schuldner erhalten; die Forderung geht auf den Gläubiger über. Das Risiko für den Gläubiger besteht darin, dass die Forderung ohne Rücksicht auf die tatsächliche Zahlung erlischt, § 835 Abs. 2 ZPO.

Hinweis: Ist die Pfändung wirksam und erfolgt die Überweisung nach § 835 Abs. 1 ZPO, so besteht nach § 836 Abs. 3 ZPO eine Auskunfts- und Herausgabepflicht für den Schuldner, das heißt, er muss den Gläubiger über alles informieren, was zur Geltendmachung der Forderung notwendig ist.

Zu 11 Erklärungspflicht des Drittschuldners
Gemäß § 840 ZPO hat der Drittschuldner auf Verlangen des Gläubigers binnen einer zweiwöchigen Frist folgende Angaben zu machen:
- Ob und inwieweit er die Forderung anerkenne und zahlungsbereit sei,
- ob und welche Ansprüche andere Personen an die Forderung machen,
- ob und wegen welcher Ansprüche die Forderung bereits für andere Gläubiger gepfändet sei,
- ob innerhalb der letzten zwölf Monate im Hinblick auf das Konto, dessen Guthaben gepfändet worden ist, nach § 850 l ZPO die Unpfändbarkeit des Guthabens angeordnet worden ist und
- ob es sich bei dem Konto, dessen Guthaben gepfändet worden ist, um ein Pfändungsschutzkonto im Sinne von § 850 k Abs. 7 ZPO handelt.

Hinweis: Der Drittschuldner haftet dem Gläubiger für den aus der Nichterfüllung seiner Verpflichtung entstehenden Schaden, § 840 Abs. 2 ZPO.

Zu 12 Möglichkeiten bei verweigerter Auskunft
Maßnahme gegenüber dem Drittschuldner:
Der Drittschuldner kann zur Abgabe der Erklärung nach § 840 ZPO nicht gezwungen werden. Wenn der Drittschuldner sich jedoch weigert, Zahlung zu leisten und dem Gläubiger die gewünschten Auskünfte zu erteilen, so bleibt letzterem nichts anderes übrig, als auf **Leistung zu klagen (Drittschuldnerklage)**.

Zuständigkeit:
Gericht, das bei einer Klage des Schuldners gegen den Drittschuldner zuständig wäre.

Maßnahme gegenüber dem Schuldner:
Er hat dabei dem **Schuldner den Streit zu verkünden**, § 841 ZPO. Dies bedeutet, dass der Schuldner dann die Möglichkeit hat, dem Rechtsstreit beizutreten.

Zu 13 Rechtsfolge bei unterbliebener Streitverkündung
Der Gläubiger riskiert in diesem Fall gegenüber dem Schuldner schadensersatzpflichtig zu werden, § 842 ZPO.

Zu 14 Vorpfändung
Sie bedeutet den Erlass eines vorläufigen Zahlungsverbots, § 845 ZPO.
Durch sie soll ein Anspruch möglichst schnell abgesichert, das heißt beschlagnahmt werden, bevor der Schuldner hierüber verfügt und ihn möglicherweise der Zwangsvollstreckung entzieht.

Hinweis: Andere Begriffe hierfür sind Pfändungsankündigung oder Pfändungsbenachrichtigung.

Zu 15 Vorpfändung und Pfändungs- und Überweisungsbeschluss

	Vorpfändung	Pfändungs- und Überweisungsbeschluss
Welche Unterlagen sind notwendig?	Schuldtitel (vollstreckbare Ausfertigung und Zustellung nicht erforderlich, § 802a Abs. 2 S. 1 Nr. 5 ZPO)	Vollstreckbare Ausfertigung und Zustellungsnachweis
Wie kommt die jeweilige Maßnahme bzw. das jeweilige Verfahren in Gang?	Gläubiger schreibt das vorläufige Zahlungsverbot selbst, ohne Vollstreckungsgericht, es erfolgt eine Benachrichtigung des Schuldners und des Drittschuldners über eine bevorstehende gerichtliche Pfändung	Antrag des Gläubigers beim Vollstreckungsgericht, es ergeht ein Pfändungs- und Überweisungsbeschluss

	Vorpfändung	Pfändungs- und Überweisungsbeschluss
Welche (Auf-) Forderungen bzw. Anordnungen ergeben sich jeweils?	**Benachrichtigung** gemäß § 845 ZPO mit: – **Aufforderung** an den Drittschuldner nicht an den Schuldner zu leisten – **Aufforderung** an den Schuldner, nicht über die Forderung zu verfügen – **Ankündigung** einer innerhalb eines Monats bevorstehenden gerichtlichen Pfändung	**Beschluss** mit: – **Verbot** an den Drittschuldner an den Schuldner zu leisten – **Gebot** für den Schuldner, nicht über die Forderung zu verfügen – **Aufforderung** zur Drittschuldnererklärung nach § 840 ZPO
Besteht die Möglichkeit einer Drittschuldnerklage?	Es besteht keine Erklärungspflicht, daher ist auch eine Drittschuldnerklage (noch) nicht möglich	Bei Weigerung des Drittschuldners sich gem. § 840 ZPO zu erklären, kann der Gläubiger eine Leistungsklage einreichen
Wann gelten die beiden jeweils als bewirkt?	Mit der Zustellung der Vorpfändung durch den Gerichtsvollzieher	Mit Zustellung des Beschlusses
Worin besteht der zentrale rechtliche Unterschied hinsichtlich Pfändung und Verwertung?	Rechtswirkung eines Arrestes, das heißt die Forderung ist beschlagnahmt, aber nicht verwertet. Der Pfändungs- und Überweisungsbeschluss muss innerhalb eines Monats nachgeholt werden, ansonsten wird die Vorpfändung wirkungslos	Forderung gilt als gepfändet und verwertet

Zu 16 Pfändungsschutzkonto
Nach § 850 k ZPO gibt es für den Schuldner die Möglichkeit, von einem Pfändungsschutzkonto Gebrauch zu machen. Es handelt sich hierbei um ein auf Guthabenbasis geführtes Girokonto einer Privatperson mit dem Zusatzvermerk „P-Konto". Es beinhaltet den Vorteil, dass ein bestimmter (Existenz-)Mindestbetrag monatlich automatisch geschützt ist, ohne dass hier jeweils gesonderte Anträge bei Gericht oder der pfändenden Behörde gestellt werden müssen.

Zu 17 Ende des Vollstreckungsverfahrens
Das Vollstreckungsverfahren ist beendet wenn:
(1) der Schuldner die Forderung bezahlt,
(2) der Drittschuldner leistet,
(3) der Gläubiger das Verfahren einstellen lässt.

5.4 Zwangsvollstreckung in das unbewegliche Vermögen und wegen anderer Ansprüche

Zu 1 Gegenstand der Zwangsvollstreckung
Nach §§ 864, 865 ZPO fallen hierunter insbesondere:
– Grundstücke und wesentliche Bestandteile
– grundstücksgleiche Rechte, z. B. Erbbaurecht
– eingetragene Schiffe
– Gegenstände (Zubehör), die von einer Hypothek mit erfasst werden

Zu 2 Gesetze
– ZPO, §§ 864 – 871
– ZVG (Gesetz über die Zwangsversteigerung und Zwangsverwaltung)

Zu 3 Voraussetzung
Der Schuldner muss Eigentümer sein.

Lösungen — Rechtsanwendung

Zu 4 Arten
Hier werden drei Arten unterschieden:
(1) Eintragung einer Zwangshypothek (Sicherungshypothek), §§ 866 ff. ZPO
(2) Zwangsverwaltung, § 869 ZPO i.V.m. §§ 146 ff. ZVG
(3) Zwangsversteigerung, § 869 ZPO i.V.m. §§ 15 ff. ZVG

Zu 5 Organe
(1) Für die Eintragung einer Zwangshypothek: Grundbuchamt, § 867 ZPO
(2) Zwangsverwaltung: Amtsgericht, in dessen Bezirk das Grundstück liegt, § 1 ZVG
(3) Zwangsversteigerung: Amtsgericht, in dessen Bezirk das Grundstück liegt, § 1 ZVG

Zu 6 Zweck
(1) Zwangshypothek: Sicherung der Forderung, keine Verwertung
(2) Zwangsverwaltung: Befriedigung aus den Erträgen des Grundstücks, z. B. Mieten
(3) Zwangsversteigerung: Befriedigung des Gläubigers aus dem Versteigerungserlös

Hinweis: Der Gläubiger kann zwischen diesen Maßnahmen wählen. Er kann auch verfahrenstaktisch zunächst mit einer Maßnahme beginnen und dann zur nächsten übergehen.

Zu 7 Euro-Untergrenze bei Zwangshypothek
Eine Sicherungshypothek darf nur für einen Betrag von **mehr als 750,00 Euro** eingetragen werden; Zinsen bleiben dabei unberücksichtigt, soweit sie als Nebenforderung geltend gemacht sind, § 866 Abs. 3 ZPO.

Zu 8 Zwangsvollstreckungsmaßnahmen ohne eine zugrunde liegende Geldforderung
Diese sind:
- Herausgabe beweglicher Sachen, §§ 883, 884 ZPO
- Räumung und Herausgabe unbeweglicher Sachen, § 885 ZPO
- Räumung und Herausgabe von Sachen im Gewahrsam eines Dritten, § 886 ZPO
- Zwangsvollstreckung zur Vornahme von vertretbaren und unvertretbaren Handlungen, §§ 887, 888 ZPO
- Zwangsvollstreckung wegen Duldung oder Unterlassung, § 890 ZPO
- Zwangsvollstreckung wegen Abgabe einer Willenserklärung, § 894 ZPO

Zu 9 Herausgabe einer beweglichen Sache
Die Vollstreckung erfolgt durch **Wegnahme der Sache** durch den Gerichtsvollzieher, § 883 Abs. 1 ZPO.

Zu 10 Räumung und Herausgabe einer unbeweglichen Sache
Gemäß § 885 Abs. 1 ZPO bestimmt der Gerichtsvollzieher einen Termin, an dem er den **Schuldner aus dem Besitz setzt und dem Gläubiger den Besitz einräumt**.

Zu 11 Pfändung bei einem Dritten
Sofern der Dritte zur Herausgabe bereit ist, nimmt der Gerichtsvollzieher diese mit, § 886 ZPO. Ist der Dritte nicht zur Herausgabe bereit, so hat die Pfändung zu unterbleiben. Der Gläubiger muss in diesem Fall den Herausgabeanspruch des Schuldners gegen den Dritten pfänden und ihn wie eine Geldforderung zur Einziehung überweisen lassen.

Zu 12 Zwangsvollstreckung zur Vornahme von vertretbaren bzw. nicht vertretbaren Handlungen und wegen Duldungen oder Unterlassungen

	Duldungen/ Unterlassungen	Vertretbare Handlungen	Nicht vertretbare Handlungen
Vorschrift?	§ 890 ZPO	§ 887 ZPO	§ 888 ZPO
Worauf zielt die jeweilige Maßnahme ab?	Duldung oder Unterlassung	Vornahme einer Handlung, die auch von einem Dritten ausgeführt werden kann.	Vornahme einer Handlung, die nur vom Schuldner selbst ausgeführt werden kann.
Welches Organ der ZV ist jeweils zuständig?	Prozessgericht des ersten Rechtszugs	Prozessgericht des ersten Rechtszugs	Prozessgericht des ersten Rechtszugs

C. Zivilprozessordnung

	Duldungen/ Unterlassungen	Vertretbare Handlungen	Nicht vertretbare Handlungen
Wie wird die Zwangsvollstreckung vollzogen?	Ordnungsgeld oder Ordnungshaft, das einzelne Ordnungsgeld darf 250.000,00 Euro, die Ordnungshaft insgesamt 2 Jahre nicht übersteigen.	Ersatzvornahme durch einen Dritten, der Gläubiger kann zugleich beantragen, den Schuldner zur Vorauszahlung der Kosten zu verurteilen.	Zwangsgeld oder Zwangshaft, das einzelne Zwangsgeld darf 25.000,00 Euro nicht übersteigen, Obergrenze für die Haft: 6 Monate, § 802j Abs. 1 ZPO.

Zu 13 Zwangsvollstreckung wegen Abgabe einer Willenserklärung

Wenn der Schuldner zur Abgabe einer Willenserklärung verurteilt wurde, so gilt die Willenserklärung als abgegeben, sobald das Urteil rechtskräftig ist, § 894 Abs. 1 ZPO, z. B. die Willenserklärung zur Erteilung einer Löschungsbewilligung gilt mit Rechtskraft des Urteils als erteilt.

Hinweis: Die Zwangsvollstreckung ist demzufolge nur wegen der Kosten möglich.

5.5 Regelbefugnisse des Gerichtsvollziehers, insbesondere Vermögensauskunft

Zu 1 Für den Gerichtsvollzieher zu beachtender Grundsatz
Bei seiner Vorgehensweise hat er den **Grundsatz der effizienten Vollstreckung** zu beachten, das heißt, die Zwangsvollstreckung hat zügig, vollständig und kostensparend zu erfolgen, § 802 a Abs. 1 ZPO.

Zu 2 Standardbefugnisse des Gerichtsvollziehers
Diese sind in § 802 a Abs. 2 ZPO aufgelistet:
- (1) gütliche Erledigung der Sache
- (2) Vermögensauskunft des Schuldners einholen
- (3) Auskünfte Dritter über das Vermögen des Schuldners einholen
- (4) Pfändung und Verwertung körperlicher Sachen
- (5) Vorpfändung durchführen

Hinweis: Die vom Gläubiger gewünschten Maßnahmen sind im Vollstreckungsauftrag zu bezeichnen.

Das Gebot der gütlichen Einigung gilt im Übrigen immer, das heißt auch dann, wenn der Auftrag des Gläubigers nicht ausdrücklich darauf gerichtet ist, § 802 b Abs. 1 ZPO.

Zu 3 Vollstreckungsaufschub
Zu a
Grundsätzlich: Der Gerichtsvollzieher kann jederzeit eine Zahlungsfrist setzen oder eine Tilgung durch Ratenzahlungen gestatten.
Voraussetzungen:
- Gläubiger hat Zahlungsvereinbarungen nicht ausgeschlossen und
- Schuldner macht seine Möglichkeit der Einhaltung glaubhaft.

Zu b Zahlungsplan und Frist
Vorgehensweise: Der Gerichtsvollzieher setzt Zahlungen (Raten) in einem **Zahlungsplan** fest.
Anmerkung:
Die Umstände für die glaubhafte Darlegung der Zahlungsunfähigkeit und der Teilzahlungsbereitschaft sowie die Einzelheiten des Zahlungsplans (Gründe, Höhe, Zeitpunkt, Zahlungsweg) werden vom Gerichtsvollzieher protokolliert.

Zeitlicher Rahmen: Die gesamten Schuld **soll innerhalb von 12 Monaten getilgt** sein.
Anmerkung:
Die Formulierung als „Soll-Vorschrift" räumt die Möglichkeit, in Ausnahmefällen längere Laufzeiten zu gestatten, ein (§ 802 b Abs. 2 S. 3 ZPO).

Zu c Aufschub der Vollstreckung

Gemäß § 802 b Abs. 2 S. 2 ZPO wird bei Vorlage eines Zahlungsplans die Zwangsvollstreckung aufgeschoben. Dies bedeutet, dass nicht gepfändet werden darf, kein Termin zur Vermögensauskunft angesetzt werden und keine Eintragung im Schuldnerverzeichnis veranlasst werden darf.

Anmerkung:
Materiell-rechtlich hat der Zahlungsaufschub keine Auswirkung, das heißt, die Verzugszinsen laufen trotzdem weiter.

Zu d Ende der Zahlungsvereinbarung und des Vollstreckungsaufschubs

Nach § 802 b Abs. 3 ZPO:
    (1) Bei Widerspruch des Gläubigers oder
    (2) Schuldner gerät mit seinen festgesetzten Zahlungen ganz oder teilweise länger als zwei Wochen in Rückstand.

Zu 4 Vermögensauskunft

Zu a Voraussetzungen
- schriftlicher Antrag des Gläubigers
- Vorliegen der allgemeinen und besonderen Voraussetzungen der Zwangsvollstreckung wegen einer Geldforderung (insbes. Titel, Klausel, Zustellung)
- Keine Vollstreckungshindernisse

Zu b Worauf erstreckt sich die Auskunft?
Gemäß § 802 c Abs. 1 ZPO erstreckt sie sich auf:
- Auskunft über das Vermögen und
- Geburtsname, Geburtsdatum und Geburtsort.

Zu c Zuständigkeit
Zuständig ist der Gerichtsvollzieher bei dem Amtsgericht, in dessen Bezirk der Schuldner im Zeitpunkt der Auftragserteilung seinen Wohnsitz oder in Ermangelung eines solchen seinen Aufenthaltsort hat, § 802 e ZPO

Zu d Verfahren der Vermögensauskunft
Ablauf gemäß § 802 f ZPO:

Zahlungsfrist
Der Gerichtsvollzieher muss zwingend eine letztmalige Zahlungsfrist von zwei Wochen bestimmen.

Terminsbestimmung, Ladung
Mit der Zahlungsfrist bestimmt der Gerichtsvollzieher zugleich einen Termin zur Abgabe der Vermögensauskunft alsbald nach Fristablauf.

Terminsort
Hier gilt grundsätzlich zunächst der **Geschäftsraum**, abweichend hiervon auch die **Wohnung des Schuldners**, hiergegen hat der Schuldner die Möglichkeit zu widersprechen.

Belehrungen
Hier sieht § 802 f eine umfangreiche Belehrung vor bezüglich:
- der nach § 802 c Abs. 2 ZPO erforderlichen Angaben, z. B. zu den anzugebenden Vermögensgegenständen,
- der Rechte und Pflichten, z. B. persönliches Erscheinen,
- der Folgen von unentschuldigtem Terminversäumnis oder Verletzung der Auskunftspflicht,
- der Möglichkeit der Einholung von Auskünften Dritter,
- der Eintragung in das Schuldnerverzeichnis.

Vermögensverzeichnis
- Erstellung in elektronischer Form,
- dieses muss nicht vom Schuldner unterschrieben werden,
- auf Verlangen erhält der Schuldner einen Ausdruck,
- dem Gläubiger wird unverzüglich ein Ausdruck zugeleitet,
- das Vermögensverzeichnis wird vom Gerichtsvollzieher beim zentralen Vollstreckungsgericht hinterlegt,
- gegen die Verpflichtung zur Vermögensauskunft gibt es keine Möglichkeit des Widerspruchs; ggf. Erinnerung gemäß § 766 ZPO.

Zu 5 Erneute Abgabe der Vermögensauskunft

Voraussetzungen:
    (1) Einhaltung der zweijährigen Sperrfrist, § 802 d ZPO oder
    (2) innerhalb der 2 Jahre, wenn sich die Vermögensverhältnisse wesentlich geändert haben.

C. Zivilprozessordnung

Zu 6 Weitere Auskunftsrechte des Gerichtsvollziehers
Voraussetzungen gemäß § 802 l ZPO:
  (1) Schuldner kommt der Verpflichtung zur Abgabe der Vermögensauskunft nicht nach
    oder
  (2) Vollstreckung in die der Selbstauskunft aufgeführten Gegenstände lässt eine vollständige Befriedigung nicht erwarten
    und
  (3) die zu vollstreckenden Ansprüche müssen mindestens 500,00 Euro betragen.

Anmerkungen:
Diese Auskünfte kann der Gerichtsvollzieher auch innerhalb der Zweijahresfrist des § 802 d ZPO einholen, da sich § 802 d ZPO nur auf die Selbstauskunft des Schuldners und nicht auf die Auskunftsrechte des Gerichtsvollziehers bezieht.
Die Fremdauskunft ist grundsätzlich subsidiär gegenüber der der Selbstauskunft. Anders ausgedrückt, der Gerichtsvollzieher muss zunächst die Vermögensauskunft des Schuldners versuchen und erst danach kann er eine Fremdauskunft bei Behörden einholen.

Auskunftsstellen:
(1) **Träger der gesetzlichen Rentenversicherung**, z. B. um die Arbeitgeberdaten eines rentenversicherungspflichtigen Beschäftigungsverhältnisses zu erfragen,
(2) **Bundeszentralamt für Steuern,** um bei den Kreditinstituten bestimmte Daten abrufen zu können, § 93 b Abs. 1 AO,
(3) **Kraftfahrt-Bundesamt**, um Fahrzeug- und Halterdaten zu erfragen.

Zu 7 Sofortige Abnahme der Vermögensauskunft
Zu a Voraussetzungen gemäß § 807 ZPO:
  – Antrag des Gläubigers,
  – der Schuldner hat die Durchsuchung verweigert oder
  – der Pfändungsversuch ergibt, dass der Gläubiger voraussichtlich nicht vollständig befriedigt werden kann.

Zu b **Rechtsbehelf / Rechtsmittel**
Der Schuldner kann Widerspruch einlegen, § 807 Abs. 2 ZPO.

Zu 8 Rechtsfolgen bei grundloser Verweigerung der Vermögensauskunft bzw. bei unentschuldigtem Fernbleiben vom Termin
  – Der Gläubiger kann Erzwingungshaftbefehl beantragen, § 802 g ZPO
  – Auf Antrag des Gläubigers Vermögensauskunft Dritter, § 802 l Abs. 1 ZPO
  – Auf Anordnung des Gerichtsvollziehers Eintragung in das Schuldnerverzeichnis beim zentralen Vollstreckungsgericht, § 882 Abs. 1 ZPO

Zu 9 Erzwingungshaft
Zu a **Formale Voraussetzung für Erzwingungshaft**
Der Gläubiger muss einen schriftlichen Antrag stellen, § 802 g ZPO.

Zu b **Entscheidungsorgan bezüglich Erzwingungshaft**
Das Vollstreckungsgericht, funktionell der Richter, § 802 g Abs. 1 ZPO

Zu c **Ausführendes Organ**
Der Gerichtsvollzieher, § 802 g Abs. 2 ZPO

Zu d **Zu beachtende Fristen**
  – Die Vollstreckung ist nicht statthaft, sofern seit dem Tage des Erlasses des Haftbefehls 2 Jahre vergangen sind, § 802 h Abs. 1 ZPO,
  – die Höchstdauer der Haft beträgt 6 Monate, § 802 j Abs. 1 ZPO.

Zu 10 Schuldnerverzeichnis
Zu a **Einzutragende Personen**
  (1) Im Rahmen der **zivilrechtlichen Zwangsvollstreckung** werden alle Personen eingetragen, deren **Eintragung der Gerichtsvollzieher angeordnet hat**, §§ 882 b Abs. 1 Nr. 1, 882 c Abs. 1 ZPO,
    – wenn der Schuldner seiner Pflicht zur Abgabe der Vermögensauskunft nicht nachgekommen ist,

- die Vollstreckung nach dem Inhalt des Vermögensverzeichnisses nicht zu einer vollständigen Befriedigung des Gläubigers führt oder
- der Schuldner nicht innerhalb eines Monats nach Abgabe der Vermögensauskunft oder der Bekanntgabe der Zuleitung nach § 802 d Abs. 1 S. 2 ZPO gegenüber dem Gerichtsvollzieher die vollständige Befriedigung des Gläubigers nachweist.

(2) Im Rahmen der **Verwaltungsvollstreckung** die Personen, deren Eintragung die Verwaltungsbehörde angeordnet hat, § 284 Absatz 9 AO.

(3) Sofern das **Insolvenzverfahren mangels Masse abgelehnt** wird die Personen, deren Eintragung das Insolvenzgericht angeordnet hat, § 26 Abs. 2 InsO.

Zu b Wo wird das Schuldnerverzeichnis geführt?
Dies wird für jedes Bundesland von einem zentralen Vollstreckungsgericht geführt, funktionell ist die Geschäftsstelle zuständig, § 882 h ZPO.

Zu c Einsichtnahme in das Schuldnerverzeichnis
Nach § 882 f ZPO ist die Einsicht jedem gestattet der darlegt, Angaben nach § 882 b ZPO zu benötigen, dies betrifft z. B. die Zwecke der Zwangsvollstreckung.

Zu d Rechtsbehelf / Rechtsmittel gegen Eintragung in das Schuldnerverzeichnis
Dem Schuldner steht ein Widerspruchsrecht gemäß § 802 d ZPO zu.

Anmerkung:
Der Widerspruch kann schriftlich beim Vollstreckungsgericht eingelegt werden oder auch bei der dortigen Geschäftsstelle zu Protokoll erklärt werden.

Zu e Löschung im Schuldnerverzeichnis
Die regelmäßige Löschung erfolgt nach Ablauf von 3 Jahren seit dem Tag der Anordnung der Eintragung, § 882 e Abs. 1 ZPO.

Weitere Löschungsgründe:
- Der Gläubiger wurde nachweislich voll befriedigt,
- die Eintragungsanordnung wird aufgehoben oder einstweilen eingestellt,
- Eintragungsvoraussetzungen fehlen oder sind nachträglich weggefallen.

5.6 Einwendungen im Rahmen der Zwangsvollstreckung

Zu 1 Rechtsbehelfe und Rechtsmittel
Dies sind insbesondere:
- Erinnerung
- Drittwiderspruchsklage
- Vollstreckungsabwehrklage
- Klage auf vorzugsweise Befriedigung
- Sofortige Beschwerde

Zu 2 Rechtsbehelfe und Rechtsmittel

	§§	Kennzeichnung	Organe der ZV	Zur Einlegung berechtigte Personen
Erinnerung	766	Sie richtet sich gegen die Art und Weise der Zwangsvollstreckung	Vollstreckungsgericht	**Schuldner**, z. B. bei unzulässiger Pfändung, **Gläubiger**, wenn z. B. ein Antrag zu Unrecht abgewiesen wurde, ein **Dritter**, wenn z. B. gegen seinen Willen eine in seinem Gewahrsam befindliche Sache gepfändet wurde.

C. Zivilprozessordnung

	§§	Kennzeichnung	Organe der ZV	Zur Einlegung berechtigte Personen
Drittwiderspruchsklage (Interventionsklage)	771	Sofern einem Dritten an dem Gegenstand der Zwangsvollstreckung ein die Veräußerung hinderndes Recht zusteht, z. B. wenn der zu pfändende Gegenstand nicht zum Vermögen des Schuldners gehört, sondern unter Eigentumsvorbehalt eines Dritten steht.	Gericht, in dessen Bezirk die Zwangsvollstreckung erfolgte	Der in seinem Recht beeinträchtigte Dritte
Vollstreckungsabwehrklage	767	Sie betrifft nicht das Verfahren, sondern den Anspruch selbst. Die Gründe, auf die diese Klage gestützt wird, dürfen erst nach Schluss der letzten Tatsachenverhandlung entstanden sein, sodass es dem Schuldner nicht möglich war, sie früher im Prozess geltend zu machen.	Prozessgericht des ersten Rechtszuges	Schuldner
Klage auf vorzugsweise Befriedigung	805	Sofern jemand ein gesetzliches Pfandrecht, z. B. ein Vermieterpfandrecht gem. § 562 BGB hat, kann er zwar der ZV eines Gläubigers nicht widersprechen, er kann aber darauf klagen, aus dem Versteigerungserlös als erster befriedigt zu werden.	Vollstreckungsgericht und, wenn der Streitgegenstand nicht zur Zuständigkeit der Amtsgerichte gehört, das Landgericht, in dessen Bezirk das Vollstreckungsgericht seinen Sitz hat.	Dritter
Sofortige Beschwerde	793, 567 ff.	Gegen: Beschlüsse des Richters im Vollstreckungsverfahren (ohne mündliche Verhandlung), Entscheidungen des Rechtspflegers im Vollstreckungsverfahren, zu beachten: Notfrist von zwei Wochen ab Zustellung des Beschlusses.	Vollstreckungsgericht (Ausgangsgericht) oder übergeordnetes Landgericht (Beschwerdegericht)	Gläubiger, Schuldner, Dritter, Drittschuldner

Zu 3 Stopp der Zwangsvollstreckungsmaßnahmen
Durch die Einlegung der Rechtsbehelfe werden die aktuellen Zwangsvollstreckungsmaßnahmen nicht sofort gestoppt. Daher ist es notwendig, zusätzlich einen Antrag auf einstweilige Einstellung der Zwangsvollstreckung zu stellen.

Zu 4 Frist bei Erinnerung
Die Einlegung der Erinnerung ist an keine Frist gebunden. Die Zwangsvollstreckung muss begonnen haben, darf aber noch nicht beendet sein. Gegen Entscheidungen eines Rechtspflegers ist § 11 RPflG zu beachten und somit eine zweiwöchige Notfrist.

Zu 5 Vollstreckungsschutz in Härtefällen
Begriff:
Durch die Härteklausel des § 765 a ZPO kann der Schuldner beim Vollstreckungsgericht einen Antrag stellen, die Zwangsvollstreckung ganz oder teilweise aufzuheben, zu untersagen oder einstweilen einzustellen.

Voraussetzungen:
- Die Maßnahme stellt unter Würdigung des Schutzbedürfnisses des Gläubigers unter ganz besonderen Umständen für den Schuldner eine Härte dar und
- diese Härte ist mit den guten Sitten nicht vereinbar.

Zu 6 Einstellung der Zwangsvollstreckung durch den Gerichtsvollzieher
In §§ 775, 776 ZPO sind die Gründe aufgeführt, z. B.:
- **Vorlage einer vollstreckbaren Entscheidung,** die das Urteil oder seine vorläufige Vollstreckbarkeit aufhebt oder die die Zwangsvollstreckung für unzulässig erklärt oder ihre Einstellung anordnet,
- **Vorlage einer Gerichtsentscheidung**, aus der sich ergibt, dass die einstweilige Einstellung der Zwangsvollstreckung angeordnet ist oder nur gegen Sicherheitsleistung vollstreckt werden darf,
- **Vorlage einer Bürgschaftserklärung oder einer Hinterlegungsquittung** für die geleistete Sicherheit,
- **Vorlage eines Dokuments** (öffentliche oder vom Gläubiger ausgestellte Urkunde, Einzahlungs- oder Überweisungsnachweis einer Bank), aus der sich die Zahlung oder Stundung ergibt.

5.7 Arrest und einstweilige Verfügung

Zu 1 Zweck von Arrest und einstweiliger Verfügung
Oftmals ist es ein langwieriger Prozess, bis ein Gläubiger einen Vollstreckungstitel erlangt. Wenn er Pech hat, ist es bis zur Zwangsvollstreckung dem böswilligen Schuldner bereits gelungen, das entsprechende Vermögen beiseite zu schaffen. Arrest und einstweilige Verfügung bieten dem Gläubiger als **vorläufige Rechtsschutzmaßnahmen** die Möglichkeit, einen Anspruch zu sichern, bevor er eingeklagt und somit ein vollstreckbarer Titel vorhanden ist.

Zu 2 Unterschied zwischen Arrest und einstweiliger Verfügung
Durch den **Arrest** wird die künftige Zwangsvollstreckung **wegen einer Geldforderung** gesichert, bei der **einstweiligen Verfügung** soll die künftige Zwangsvollstreckung wegen **anderer Ansprüche** abgesichert werden.

Zu 3 Arten des Arrestes
(1) Der **dingliche Arrest** richtet sich gegen das Vermögen des Schuldners, § 917 ZPO,
(2) der **persönliche Arrest** wird durch freiheitsbeschränkende Maßnahmen verhängt, z. B. Verhaftung, Wegnahme des Reisepasses, Sicherungsarrest, § 918 ZPO. Da er insofern einen nicht unerheblichen Eingriff in die persönliche Freiheit darstellt, wird er in der Praxis weniger verhängt.

Zu 4 Voraussetzungen für Arrest
Die für den Arrest speziellen Voraussetzungen stehen in §§ 916 ff. ZPO; im Einzelnen:
1. **Arrestgesuch** (Arrestantrag), in Form einer Klageschrift oder zu Protokoll der Geschäftsstelle, § 920 Abs. 3 ZPO,
2. **Arrestanspruch** (Anspruch auf einen Geldbetrag),
3. **Arrestgrund** (der Gläubiger hat darzulegen, warum in seinem Fall eine schnelle Sicherung des Anspruchs notwendig ist, wenn ansonsten die Vollstreckung des Urteils wesentlich erschwert oder vereitelt werden würde),
4. Glaubhaftmachung ist ausreichend,
5. Rechtsschutzbedürfnis (Gläubiger hat noch keinen Titel und könnte seinen Anspruch ansonsten nicht anders sichern),
6. Parteifähigkeit, Prozessfähigkeit, evtl. Postulationsfähigkeit.

Zu 5 Zuständiges Organ bei Arrestsachen
Gemäß § 919 ZPO kann sowohl
- das Gericht der Hauptsache
- als auch das Amtsgericht zuständig sein, in dessen Bezirk der mit Arrest zu belegende Gegenstand oder die in Freiheit zu beschränkende Person sich befinden.

Anmerkung:
Sofern das Gericht keine mündliche Verhandlung anordnet, ergeht ein Arrestbeschluss.
Sofern das Gericht mündliche Verhandlung anordnet, ergeht ein Arresturteil.
Arrestbeschluss und Arresturteil sind Arrestbefehle, in die der Geldbetrag (Lösungssumme und die Kostenentscheidung) aufzunehmen sind.

C. Zivilprozessordnung

Zu 6 **Bezeichnung der Parteien**
Antragsteller und Antragsgegner

Zu 7 **Rechtsbehelfe**

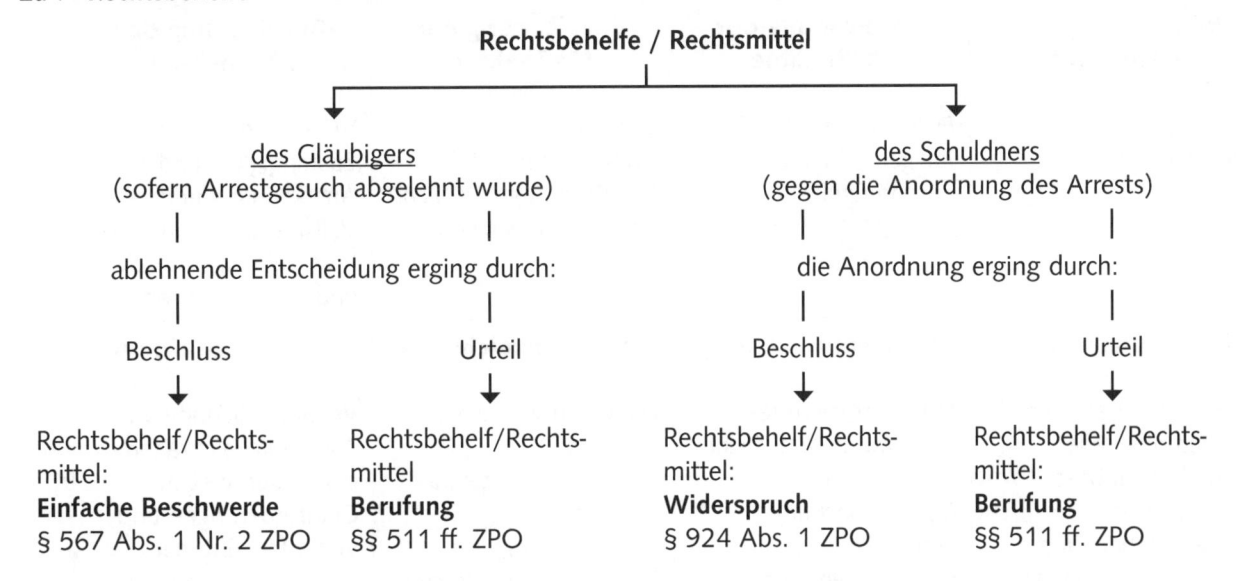

```
                        Rechtsbehelfe / Rechtsmittel
                                    |
               ┌────────────────────┴────────────────────┐
          des Gläubigers                            des Schuldners
    (sofern Arrestgesuch abgelehnt wurde)      (gegen die Anordnung des Arrests)
               |                                         |
    ablehnende Entscheidung erging durch:      die Anordnung erging durch:
          ┌────┴────┐                              ┌────┴────┐
      Beschluss   Urteil                       Beschluss   Urteil
          ↓         ↓                              ↓         ↓
  Rechtsbehelf/   Rechtsbehelf/              Rechtsbehelf/  Rechtsbehelf/
  Rechtsmittel:   Rechtsmittel:              Rechtsmittel:  Rechtsmittel:
  Einfache        Berufung                   Widerspruch    Berufung
  Beschwerde      §§ 511 ff. ZPO             § 924 Abs. 1   §§ 511 ff. ZPO
  § 567 Abs. 1                               ZPO
  Nr. 2 ZPO
```

Zu 8 **Vollzug des dinglichen Arrestes**
Bei körperlichen Sachen und bei Forderungen wird der Arrest durch Pfändung vollzogen, § 930 ZPO. Es erfolgt aber noch keine Verwertung bzw. Überweisung.
Bei körperlichen Sachen ist der Gerichtsvollzieher das zuständige Organ, §§ 808, 928 ZPO und bei Forderungen und Rechten ist es das Arrestgericht, § 930 Abs. 1 ZPO.

Beim unbeweglichen Vermögen wird der Arrest durch Eintragung einer Arresthypothek zur Sicherung der Forderung vollzogen, § 932 ZPO.
Organ: Grundbuchamt, §§ 866, 928 ZPO.

Anmerkung: Die Anordnung des Arrestes erstreckt sich immer auf das gesamte Vermögen des Schuldners. Die Beschränkung auf einzelne Vermögensgegenstände erfolgt erst bei der Pfändung.

Zu 9 **Vollzug des persönlichen Arrestes**
Das Gericht legt die Freiheitsbeschränkungen gegen den Schuldner fest, § 933 ZPO. Maßnahmen können sein: Wegnahme der Ausweispapiere durch den Gerichtsvollzieher, Hausarrest, Meldepflicht, Haftanordnung.

Zu 10 **Lösungssumme**
Im Arrestbefehl ist immer ein Geldbetrag aufzuführen, durch dessen Hinterlegung die Vollziehung des Arrestes gehemmt und der Schuldner zum Antrag auf Aufhebung des vollzogenen Arrestes berechtigt wird, § 923 ZPO.

Zu 11 **Einstweilige Verfügung**
Die einstweilige Verfügung sichert Ansprüche, die keine Geldansprüche sind.

Zu 12 **Arten der einstweiligen Verfügung**
(1) **Sicherungsverfügung**, zur Sicherung eines nicht auf Geld gerichteten Anspruchs, § 935 ZPO,
(2) **Regelungsverfügung**, zur Regelung eines einstweiligen Rechtsverhältnisses, § 940 ZPO,
(3) **Leistungsverfügung**, sie dient der vorläufigen Befriedigung des Gläubigers. Hierzu gibt es keine gesonderte gesetzliche Regelung, sie wird aus § 940 ZPO abgeleitet.

Zu 13 **Voraussetzungen für eine einstweilige Verfügung**
Es sind im Prinzip dieselben wie beim Arrest, da § 936 ZPO die Vorschriften für den Arrest auch für die einstweilige Verfügung für anwendbar erklärt. Insofern entspricht das Verfahren über die einstweilige Verfügung dem des Arrestverfahrens. Für die Gerichtsbarkeit gibt es eigene Vorschriften, §§ 937, 942 ZPO.

Zu 14 **Mögliche Rechtsfolgen bei ungerechtfertigtem Arrest oder einstweiliger Verfügung**
Schadensersatzpflicht gemäß § 945 ZPO

5.8 Zwangsvollstreckungsmaßnahmen innerhalb der EU

Zu 1 Forderungsbeitreibung innerhalb der EU:

Bezeichnung der Maßnahme	Bezeichnung der Maßnahme	Bezeichnung der Maßnahme	Bezeichnung der Maßnahme
Europäisches Mahnverfahren	Europäisches Verfahren für geringfügige Forderungen	Europäischer Vollstreckungstitel für Entscheidungen in Zivil- und Handelssachen	VO über die gerichtliche Zuständigkeit und die Anerkennung und Vollstreckung von Entscheidungen in Zivil- und Handelssachen
Kurzkennzeichnung	**Kurzkennzeichnung**	**Kurzkennzeichnung**	**Kurzkennzeichnung**
Dem deutschen Vorbild nachempfundenes, formulargestütztes europaweites Mahnverfahren und Erlass eines Europäischen Zahlungsbefehls	Stark formalisiertes europaweit einheitliches Verfahren zur Geltendmachung geringfügiger Forderungen bis zu einem Streitwert von 2.000,00 Euro (5.000,00 Euro)	Hierdurch wird ein europäischer Vollstreckungstitel für unbestrittene Geldforderungen in Zivil- und Handelssachen eingeführt	Vereinheitlichung von Zuständigkeitsfragen bei Klagen wegen Geldforderungen und Vereinfachung der grenzübergreifenden Vollstreckung in Europa aus gerichtlichen Entscheidungen, Vergleichen und öffentlichen Urkunden
Gesetzliche Grundlagen	**Gesetzliche Grundlagen**	**Gesetzliche Grundlagen**	**Gesetzliche Grundlagen**
EuMahnVO Verordnung (EG) Nr. 1896/2006 §§ 1087 ff. ZPO	EuGFVO = EuBagatellVO, = Eu-Small-Claims-VO Verordnung (EG) Nr. 861/2007 §§ 1097 ff. ZPO	EuVTVO Verordnung (EG) Nr. 805/2004 §§ 1079 ff. ZPO	Brüssel-Ia- VO (neue) EuGVVO Verordnung (EU) Nr. 1215/2012 §§ 1110 ff. ZPO

Diese Verfahren gelten für die EU-Mitgliedsstaaten. Besondere Regelungen bestehen für Dänemark.

Zu 2 Europäisches Verfahren für geringfügige Forderungen

Zu a Voraussetzungen
- Der Streitwert der Klage (ohne Kosten, Zinsen, Auslagen) darf bis Klageeingang 2.000,00 Euro (5.000,00 Euro ab dem 14.07.2017) nicht überschreiten.
- Das Verfahren gilt auch für nicht entgeltliche Ansprüche bis zu einem Streitwert von 2.000,00 Euro (ab 14.07.2017 5.000,00 Euro).
- Es muss sich um eine grenzüberschreitende Angelegenheit in Zivil- und Handelssachen handeln, das heißt, der Schuldner hat seinen Wohn- oder Geschäftssitz in einem EU-Mitgliedsstaat, außer Dänemark.
- Der Anspruch besteht aus einem Vertrag.

Zu b Ausnahmen vom Anwendungsbereich
- Arbeitsrecht
- Erbrecht
- Eheliche Güterstände und Unterhaltsrecht
- Wohnungsräumungen

Weitere Ausnahmebereiche, siehe Art. 2 Abs. 2 VO (EG) Nr. 861/2007

C. Zivilprozessordnung

Zu c Zuständigkeiten
In Deutschland, sofern der Antragsteller seinen Sitz in der EU hat:
Amtsgericht, in dessen Bezirk sich der Wohn- oder Geschäftssitz des Schuldners befindet.

Im EU-Ausland, sofern der Gegner seinen Sitz in der EU hat:
Das für den Schuldner zuständige Gericht im jeweiligen EU-Mitgliedsstaat.

Zu d Verfahrensablauf
Verfahrenseinleitung
Der Kläger leitet das Verfahren ein, indem er das vorgeschriebene Klageformblatt in der jeweiligen Landessprache ausgefüllt direkt beim zuständigen Gericht einreicht (auch per Fax, Post oder Email) Die Klage muss begründet sein und Beweismittel müssen hinzugefügt sein. Anwaltszwang besteht nicht.

Verfahrensdurchführung
- Das Gericht prüft den Antrag. Bei eher kleineren bzw. formellen Mängeln hat der Kläger Gelegenheit, diese zu beseitigen bzw. den Antrag zu vervollständigen, zu berichtigen oder zu ergänzen.
- Ist die Klage offensichtlich unbegründet, unzulässig oder wird das Formblatt nicht fristgerecht nachgebessert, so wird die Klage zurück- oder abgewiesen.
- Das Gericht stellt dem Beklagten innerhalb von 14 Tagen ab Eingang des Klageformblatts eine Kopie des Klageformblatts und ein Antwortformular zu.
- Der Beklagte muss das Antwortblatt innerhalb von 30 Tagen ab Zustellung des Klageformblatts und des Antwortformulars ausgefüllt und ggf. mit Beweisunterlagen an das zuständige Gericht zurückschicken.
- Das Gericht schickt eine Kopie des Antwortblatts innerhalb von 14 Tagen nach Eingang bei Gericht an den Kläger.
- Abschluss des Verfahrens:
  - Innerhalb von 30 Tagen nach Eingang des Antwortformulars des Beklagten erlässt das Gericht ein Urteil oder
  - fordert die Parteien auf, innerhalb einer Frist von 30 Tagen weitere, die Klage betreffende Angaben zu machen oder es bestimmt einen Termin zur mündlichen Verhandlung bzw. Beweisaufnahme.
    - Das Gericht erlässt das Urteil entweder 30 Tage nach Ende einer etwaigen mündlichen Verhandlung oder
    - nach Vorliegen sämtlicher Entscheidungsgrundlagen.
  - Das Urteil wird den Parteien zugestellt.

Zu e Rechtsmittel
In diesem Verfahren können die gleichen Rechtsmittel eingelegt werden, wie sie ansonsten in dem jeweiligen Staat zulässig sind.

Zu f Kosten
Die Kosten richten sich nach den jeweiligen Gesetzen des jeweiligen Staates. Die unterlegene Partei hat sie zu tragen. Es ist zu bedenken, dass zu den Gerichtskosten auch Übersetzungs- oder Reisekosten hinzukommen können.

Zu g Zwangsvollstreckung
Das Urteil ist ungeachtet eines möglichen Rechtsmittels vollstreckbar. Es darf keine Sicherheitsleistung verlangt werden.
Für die Zwangsvollstreckung gilt das jeweilige Recht des Vollstreckungsmitgliedsstaates. Das Urteil wird unter den gleichen Bedingungen vollstreckt wie ein im normalen Klageverfahren im jeweiligen EU-Staat ergangenes Urteil. Das Urteil wird anerkannt und vollstreckt, ohne dass es einer Vollstreckbarerklärung bedarf und ohne dass die Anerkennung angefochten werden kann.
Die vollstreckende Partei muss eine Ausfertigung des Urteils vorlegen, welches die Voraussetzungen für seine Echtheit erfüllt und eine vom Gericht ausgestellte Bestätigung zu einem im europäischen Verfahren für geringfügige Forderungen ergangenen Urteil (ggf. ist eine Übersetzung in die Amtssprache notwendig).

3. Europäischer Vollstreckungstitel für unbestrittene Forderungen (EuVTVO)

Zu a Ansprüche
- Ausschließlich fällige Geldforderungen
- Beschränkt auf Zivil- und Handelssachen (ausnahmsweise auch Unterhaltsvereinbarungen oder -verpflichtungen, die vor einer Verwaltungsbehörde geschlossen oder von ihr beurkundet wurden)
- Unbestrittene Forderungen

Lösungen — Rechtsanwendung

Zu b Unbestrittene Forderungen

Fälle, bei denen sich der Schuldner eher aktiv verhalten hat und dies zu
- einem Anerkenntnisurteil oder
- Prozessvergleich oder
- Schuldanerkenntnis

führte.

Fälle, in denen sich der Schuldner eher passiv verhalten hat, in dem er
- zu keiner Zeit im gerichtlichen Verfahren widersprochen hat oder
- nicht zum Gerichtstermin erschien oder dabei nicht vertreten wurde und dies zu einem Versäumnisurteil führte.

Bei allen anderen Urteilen muss der umständliche Weg über das Verfahren auf Anerkennung und Vollstreckbarkeitserklärung nach der EuGVO eingeschlagen werden.

Zu c Bestätigung

Notwendig ist ein **Antrag (auf vorgegebenem Formular)**
Zuständig ist ...
- das ursprünglich für die Entscheidung zuständige Gericht oder
- der Notar, der die Urkunde abgefasst hat oder
- bei Unterhaltstiteln der Jugendämter das zuständige Amt.

Verfahrensrechtliche Mindestanforderungen
- Der Vollstreckungstitel muss im Inland vollstreckbar sein, vorläufige Vollstreckbarkeit genügt.
- Die Entscheidung darf nicht im Widerspruch zu den Zulässigkeitsregeln der EuGVO stehen (dies betrifft die Zuständigkeit für Versicherungssachen oder z. B. die ausschließliche Zuständigkeit für Klagen hinsichtlich Miete oder Pacht).
- Die verfahrensrechtlichen Mindestanforderungen an die nationale Rechtsprechung für deren Umgang mit unbestrittenen Forderungen müssen erfüllt sein.
- Sofern die Forderung nicht ausdrücklich vom Schuldner anerkannt wurde, müssen Mindestanforderungen an die **Zustellung** (z. B. postalisch, elektronisch, persönlich) und das **Schriftstück** (z. B. Höhe der Forderung, Zins, Zinssatz, Frist, Folgen des Nichtbestreitens) gewahrt sein. Der Schuldner kann nur dann Stellung zu der Forderung nehmen, wenn er hierüber ordnungsgemäß in Kenntnis gesetzt wurde.

Hinweise:
- Unter bestimmten Umständen können diese Mängel auch geheilt werden.
- Bei Verbrauchern macht die Verordnung Einschränkungen. Sofern eine Forderung unbestritten ist, dann kann sie nur dann als Europäischer Vollstreckungstitel bestätigt werden, wenn sie in dem Mitgliedsstaat ergangen ist, in dem der Schuldner seinen Wohnsitz hat.
- Die Bestätigung wird in der Sprache der ursprünglichen Entscheidung abgefasst.
- Sofern von Vornherein eine Vollstreckung in einem EU-Mitgliedsstaat angestrebt wird, kann auch bereits während oder zu Beginn eines Gerichtsverfahrens die Bestätigung als Europäischer Vollstreckungstitel beantragt werden. Es muss nicht abgewartet werden, bis die Gerichtsentscheidung oder vollstreckbare Urkunde vorliegt.

Zu d Rechtsbehelf Schuldner

Nein, dem Schuldner steht kein Rechtsbehelf zu.

Er kann ihn bei Abweichungen zur ursprünglichen Entscheidung, z. B. Zahlendreher, jedoch berichtigen lassen. Sofern die Bestätigung als Europäischer Vollstreckungstitel fehlerhaft sein sollte, kann eine Berichtigung verlangt werden.

Zu e Rechte des Gläubigers

Ja, dieses Recht steht ihm zu.

Zu f Kosten
- Gem. Nr 1513 KV GKG: 20,00 Euro
- Ggf. Übersetzungskosten
- Zustellungskosten

Zu g Unterlagen
- Ausfertigung der Entscheidung, wobei eine Klausel nicht notwendig ist
- Ausfertigung der Bestätigung als Europäischer Vollstreckungstitel

C. Zivilprozessordnung

Hinweis:
Sofern die Sprache, in der die Bestätigung abgefasst ist, in dem Mitgliedsstaat als Amtssprache nicht bekannt ist, kann eine beglaubigte Übersetzung der Bestätigung gefordert werden.

Zu h Rechtsbehelf
Der Schuldner kann Antrag auf Verweigerung der Zwangsvollstreckung stellen, sofern im Vollstreckungsmitgliedsstaat ein zuständiges Gericht feststellt, dass die als Europäischer Vollstreckungstitel festgestellte Entscheidung mit einer in einem Mitgliedsstaat oder einem Drittland festgestellten Entscheidung nicht im Einklang steht.

Voraussetzungen
- Die früher ergangene Entscheidung ist zwischen denselben Parteien aufgrund desselben Streitgegenstands ergangen,
- die frühere Entscheidung ist im Vollstreckungsmitgliedsstaat ergangen oder die Voraussetzungen für die Anerkennung im Vollstreckungsmitgliedsstaats sind erfüllt und
- die Unvereinbarkeit ist im gerichtlichen Verfahren des Ursprungslands nicht geltend gemacht worden und konnte auch nicht geltend gemacht werden.

Rechtsfolgen
- Mit dem Antrag wird nicht die ursprüngliche Entscheidung überprüft.
- Die Rechtskraft der Bestätigung als Europäischer Vollstreckungstitel wird auch nicht überprüft.
- Sofern obige Voraussetzungen jedoch vorliegen, ist die ergangene Entscheidung in dem über die Bestätigung beabsichtigten Mitgliedsstaat nicht vollstreckbar.
- Sie ist allerdings im Ursprungsmitgliedsstaat weiterhin vollstreckbar.

Zu i Rechtsmittel
Das Gericht im Vollstreckungsmitgliedstaat kann auf Antrag des Schuldners gem. Art. 23 EuVTTO:
- das Vollstreckungsverfahren auf Sicherungsmaßnahmen beschränken oder
- die Vollstreckung von der Leistung einer von dem Gericht oder der befugten Stelle zu bestimmenden Sicherheit abhängig machen oder
- in Ausnahmefällen das Vollstreckungsverfahren aussetzen.

Zu 4 Verordnung über die gerichtliche Zuständigkeit und die Anerkennung und Vollstreckung von Entscheidungen in Zivil- und Handelssachen

Zu a Zuständigkeit
Das angerufenen Gericht prüft zunächst das Vorhandensein einer wirksamen **Zuständigkeitsvereinbarung:**
- Falls eine solche vorhanden ist, ist der vereinbarte Ort zuständig.
- Falls sie nicht geschlossen wurde, ist im Regelfall das Gericht am Wohn- bzw. Geschäftssitz im Mitgliedsstaat des Beklagten zuständig.

Zu b Verfahrensablauf

1. Was benötigt der Gläubiger als Grundvoraussetzung?	Ausfertigung der zu vollstreckenden Entscheidung
2. Was muss er sich ausstellen lassen, um in einem EU-Staat vollstrecken zu können?	Bescheinigung des Gerichts oder Notars
3. Wo muss er sich zu „Tz 2" hinwenden?	Gericht oder Notar
4. Was muss er dabei beachten?	Übertragung auf Formblatt notwendig, ggf. Übersetzung der ausgestellten Bescheinigung
5. Muss der Schuldner vor Ausstellung der Bescheinigung im Regelfall gehört werden?	Im Regelfall nein, lediglich in den Ausnahmefällen des § 1111 Abs. 1 ZPO
6. An wen wendet sich der Gläubiger zwecks Vollstreckung im EU- Mitgliedsstaat?	An das Vollstreckungsorgan

Zu c Anfechtungsrecht

Dem Schuldner steht nur dann ein Anfechtungsrecht zu, wenn er die Einhaltung eines ordnungsgemäßen und fairen Verfahrens einfordern kann. Die Zwangsvollstreckung darf nicht gegen Rechte in dem Mitgliedsstaat verstoßen, in dem vollstreckt werden soll.

Hinweise:
Versagungsgründe sind z. B., wenn das Urteil der Öffentlichen Ordnung widerspricht oder wenn bei einer Säumnisentscheidung das verfahrenseinleitende Schriftstück verspätet zugestellt wurde, so dass der Schuldner sich nicht mehr fristgerecht verteidigen konnte.
Außerdem kann das mit der Vollstreckung befasste Gericht das Verfahren aussetzen, wenn gegen die zu vollstreckende Entscheidung im Ursprungsland ein ordentlicher Rechtsbehelf eingelegt wurde oder die Frist für die Einlegung des Rechtsbehelfs noch nicht verstrichen ist.

Zu d Vollstreckungsklausel

Einer Vollstreckungsklausel bedarf es nicht, § 1112 ZPO.

Zu e Verteidigungsmittel

(1) Versagungsantrag bezüglich Anerkennung oder der Vollstreckung nach § 1115 ZPO; dieser ist ausschließlich einzulegen beim Landgericht am Wohnsitz des Schuldners.

(2) Anpassung eines ausländischen Titels i.S.v. § 1114 ZPO:
- Bei Maßnahme des Gerichtsvollziehers oder Vollstreckungsgerichts: Erinnerung, § 766 ZPO
- Bei Entscheidungen des Vollstreckungsgerichts oder von Vollstreckungsmaßnahmen des Prozessgerichts: Sofortige Beschwerde, § 793 ZPO
- Bei Vollstreckungsmaßnahme des Grundbuchamtes: Beschwerde gemäß § 71 Grundbuchordnung

(3) Schuldner kann die Einstellung oder Beschränkung der Zwangsvollstreckung gemäß § 1116 ZPO beantragen.

Zu 5 Verordnung (EU) Nr. 655/2014 zur Einführung eines Verfahrens für einen europäischen Beschluss zur vorläufigen Kontenpfändung (Arrestbeschluss)

Zu a Ziele

- Die Eintreibung grenzüberschreitender Forderungen für Bürgerinnen und Bürger und Unternehmen soll erleichtert und die Vollstreckung gerichtlicher Entscheidungen in Zivil- und Handelssachen in Streitfällen mit grenzüberschreitendem Bezug soll vereinfacht werden.
- Gläubiger sollen in die Lage versetzt werden, in allen EU-Mitgliedsstaaten unter denselben Bedingungen Beschlüsse zur vorläufigen Kontenpfändung zu erwirken.
- Durch diese Regelung kann vermieden werden, dass ein Schuldner frühzeitig gewarnt wird, wie dies bisher bei der Durchsetzung nationaler Vollstreckungsmaßnahmen innerhalb der EU geschah. Bisher musste der Schuldner zu dem Verfahren geladen werden und ihm musste die Entscheidung vor der Vollstreckung zugestellt werden. Dies entfällt nunmehr, da es gerade Sinn und Zweck eines Arrestbeschlusses ist, durch ein Überraschungsmoment gegen den Schuldner vorzugehen.

Hinweis: Die Verordnung findet ab dem 18. Januar 2017 in allen EU-Mitgliedsstaaten außer dem Vereinigten Königreich und Dänemark Anwendung.

Zu b Voraussetzungen

- Mindestangaben für den Antragsteller:
  - Vollständiger Name und Anschrift des Antragsgegners
  - Mitgliedsstaat, in dem sich das Bankkonto des Antragsgegners befindet.
- Es muss sich um eine grenzüberschreitende Rechtssache handeln, das heißt
  - entweder muss sich das mit dem Antrag befasste Gericht oder
  - der Wohnsitz des Gläubigers in einem anderen Mitgliedsstaat befinden als das zu pfändende Konto.
- Arrestanspruch, das heißt, Glaubhaftmachung des Bestands einer zivil- oder handelsrechtlichen (Geld-)Forderung, dieses Erfordernis entfällt, sofern bereits eine titulierte (Geld-)Forderung vorliegt.
- Arrestgrund, das heißt, es muss Eilbedürftigkeit, Gefährdung der Vollstreckung bestehen.

C. Zivilprozessordnung

Zu c **Verfahren**

	Verfahren zum Erlass eines EuBvKpf
1. Wodurch wird das Verfahren in Gang gesetzt?	**Antrag** (-sformular) in der Sprache des angerufenen Gerichts
2. Besteht Anwaltszwang?	nein
3. Wo ist der Antrag einzureichen?	Grundsätzlich bei dem **Gericht** des Mitgliedsstaates, das nach den einschlägigen EU-Regelungen in der **Hauptsache zuständig** ist. Hier gilt die EuGVVO, das heißt, in der Regel wird sich die Zuständigkeit nach dem Wohn- oder Unternehmersitz des Schuldners richten (bzw. Erfüllungsort oder Gerichtsstandsvereinbarung beachten). Bei Verbrauchern ist dies immer der Wohnsitz des Schuldners.
4. Sofern die Voraussetzungen erfüllt sind, was hat das Gericht innerhalb welcher Frist zu tun?	Das Gericht **erlässt den EuBvKpf** mittels eines Formblatts, sofern ein vollstreckbarer Titel vorliegt, innerhalb von 5 Arbeitstagen ab Einreichung bzw. Vervollständigung des Antragsformulars, ansonsten innerhalb von 10 Arbeitstagen.
5. Was kann der Gläubiger tun, wenn ihm die Angabe der kontoführenden Bank nicht möglich ist, wenn er aber die Vermutung hat, dass der Schuldner ein oder mehrere Bankkonten in einem anderen Mitgliedsstaat hat?	Er kann einen zusätzlichen **Antrag auf Konteninformation** stellen. Über diesen wird in einem Zwischenverfahren vor Erlass des EuBvKpf entschieden. Jeder Mitgliedsstaat hat hierfür eine zuständige Auskunftsbehörde (zu schaffen). Sofern der Antrag auf EuBvKpf abgelehnt wird, wird auch der Antrag auf Konteninformation abgelehnt. Der Gläubiger benötigt für die Konteninformation einen vollstreckbaren Titel, was den Grundgedanken der Eilbedürftigkeit erschwert, da der Gläubiger zunächst einen vollstreckbaren Titel haben muss. Bei vollstreckbaren öffentlichen Urkunden, bei denen sich der Schuldner der sofortigen Vollstreckung unterwirft, bestehen hier insofern klare zeitliche Vorteile.
6. Wie wird im Vollstreckungsstaat vollstreckt, wenn sich das Ursprungsgericht im selben Mitgliedsstaat befindet wie die im EuBvKpf aufgeführte Bank?	Der Beschluss ist nach denselben Verfahren zu vollstrecken, die für nationale Beschlüsse gelten. In **Deutschland** geschieht dies im **Parteibetrieb**, das heißt, der Gläubiger veranlasst die Zustellung eines Pfändungsbeschlusses an den Drittschuldner (durch den Gerichtsvollzieher).
7. Wie wird bei einer grenzüberschreitenden Vollstreckung verfahren (sofern der EuBvKpf einer Bank eines anderen Mitgliedsstaates als dem des erlassenden Gerichts zugestellt wird)?	Das Gericht übermittelt den Beschluss an eine zuständige Behörde im Vollstreckungsstaat. Diese leitet dann die Unterlagen an die jeweilige Bank weiter. Sofern ein ausländischer EuBvKpf in Deutschland ausgeführt werden soll, sind die Amtsgerichte, in deren Bezirk die Vollstreckung stattfinden soll, die zuständige Stelle. Sofern ein in Deutschland erlassener EuBvKpf an die zuständige Stelle im Ausland übermittelt wird, geschieht dies durch Parteizustellung durch den Gläubiger.
8. Wie verfährt die Bank, wenn sie den EuBvKpf erhält?	Sie ist verpflichtet den EuBvKpf unverzüglich auszuführen. Innerhalb von drei Arbeitstagen muss sie dem inländischen Gericht bzw. der Auskunftsbehörde mittels Formblatt anzuzeigen, ob und inwieweit Gelder vorläufig gepfändet werden.

Lösungen — Rechtsanwendung

II. Prüfungsaufgaben

1. Anwaltliches Aufforderungsschreiben und Klageverfahren

1.1 Anwaltliches Aufforderungsschreiben; Zuständigkeiten und Prozessparteien

Zu 1 Einzug von Erkundigungen

Sachverhalt	Zuständige Stelle
a. Personen, die der Verpflichtung zur Abgabe der Vermögensauskunft nicht nachgekommen sind.	Schuldnerverzeichnis
b. Eigentümer eines bestimmten Grundstücks.	Grundbuch
c. Geschäftsführer der XY-GmbH.	Handelsregister
d. Vorsitzenden eines eingetragenen Vereins.	Vereinsregister

Zu 2 Anwaltliches Aufforderungsschreiben mit Klageauftrag

Der Anwalt signalisiert durch diese Formulierung, dass er **Klageauftrag** hat.
Dies bedeutet, dass er gemäß Nr. 3101 Ziff. 1 VV RVG eine **0,8 Verfahrensgebühr** (+Auslagen + USt) abrechnen wird, sofern der Schuldner auf das Schreiben hin zahlt.
Sofern die Klage eingereicht würde, würde die volle Verfahrensgebühr in Höhe von 1,3 gemäß Nr. 3100 VV RVG ausgelöst.

Zu 3 Verzugszinsen

Sachverhalte	Höhe des Zinssatzes
a. Honorarforderung des Steuerberaters gegenüber Peter Müller eKfm.	9 % + 3 % = 12 %
b. Honorarforderung des Rechtsanwalts gegenüber einer Rentnerin.	5 % + 3 % = 8 %
c. Rechtsgeschäft zwischen der Krause & Müller OHG und einem Zahnarzt wegen eines Behandlungsstuhls für die Zahnarztpraxis.	9 % + 3 % = 12 %
d. Rechtsgeschäft zwischen der XY-GmbH mit einem freiberuflich tätigen Architekten über einen Aktenschrank für sein Büro.	9 % + 3 % = 12 %
e. Ein Gewerbetreibender und seine nicht berufstätige Ehefrau leasen gemeinsam einen Pkw, den der Gewerbetreibende geschäftlich nutzt und die Ehefrau privat nutzt. Es besteht gesamtschuldnerische Haftung.	Ansprüche gegen Ehemann: 12 % Ansprüche gegen Ehefrau: 8 % § 425 Abs. 1 BGB

Zu 4 Gerichtsbarkeiten

Sachverhalt	Gerichtsbarkeit
a. Karl Bösebrecht schlug auf dem Jahrmarkt Herrn Pech einen Zahn aus. Dieser zeigt ihn wegen Körperverletzung an.	Strafgerichtsbarkeit
b. W. Kleinlich streitet mit dem Finanzamt vor Gericht um die Anerkennung von bestimmten Werbungskosten.	Finanzgerichtsbarkeit
c. B. Trug hatte 7 Millionen Euro Steuern hinterzogen. Er wird deswegen angeklagt.	Strafgerichtsbarkeit
d. Die Stadt Hamburg hat für die Verwaltung 5 neue PC gekauft. Sie wird von der Büro-GmbH auf Zahlung verklagt.	Zivilgerichtsbarkeit
e. Die zuständige Behörde hatte den Bauantrag von Herrn Schnell abgelehnt. Er will Klage erheben.	Verwaltungsgerichtsbarkeit

C. Zivilprozessordnung

Sachverhalt	Gerichtsbarkeit
f. Der bei der XY-GmbH angestellte J. Müller erleidet während der Arbeitszeit einen Unfall. Er will auf Anerkennung als Arbeitsunfall klagen.	Sozialgerichtsbarkeit
g. Dem seit Jahren tadellos arbeitenden Herrn Klein wurde gekündigt. Er will Klage erheben.	Arbeitsgerichtsbarkeit

Zu 5 Zuständigkeiten

Zu a
Sachlich: AG, da der Streitwert unter 5.000,00 Euro liegt, § 23 GVG
Örtlich: Mainz, Wohnsitz des Beklagten, § 13 ZPO

Zu b
Sachlich: LG, da Streitwert über 5.000,00 Euro liegt, §§ 23, 71 GVG
Örtlich: Düsseldorf, Wohnsitz des Beklagten, § 13 ZPO

Zu c
Sachlich: AG ausschließlich, da es sich um Mietwohnraum handelt, § 23 Nr. 2 a RVG
Örtlich: Mainz ausschließlich, da Belegenheitsort des Hauses, § 29 a ZPO
Gebührenstreitwert: 12 x 800 = 9.600,00 Euro, § 41 Abs. 2 GKG

Zu d
Sachliche Zuständigkeit: LG, da Streitwert über 5.000,00 Euro, §§ 23, 71 GVG
Örtliche Zuständigkeit: Mainz, Ort der unerlaubten Handlung, § 32 ZPO oder
Hamburg, Wohnsitz des Beklagten, § 13 ZPO oder
Frankfurt, Sitz der Versicherung, § 17 ZPO
Gemäß § 35 ZPO hat der Kläger ein Wahlrecht unter diesen Gerichtsständen.
Zuständigkeitsstreitwert: 400 x 12 x 3,5 = 16.800,00 Euro, § 9 ZPO

Zu e
Sachlich: LG, da der Streitwert über 5.000,00 Euro liegt und es sich nicht um einen Mietwohnraum, sondern um einen Geschäftsrum handelt, §§ 23, 71 GVG
Örtlich: München ausschließlich, da Belegenheitsort gemäß § 29 a ZPO

Zu f
Sachlich und örtlich ist das AG Mainz zuständig. Eine Gerichtsstandsvereinbarung zwischen Kaufleuten ist gemäß § 38 Abs. 1 ZPO zulässig.

Zu g
Die Gerichtsstandsvereinbarung ist unzulässig, da sie von zwei Privatpersonen vor Entstehung der Streitigkeit getroffen wurde, § 38 Abs. 3 ZPO.
Sachliche Zuständigkeit: AG, da Streitwert unter 5.000,00 Euro, § 23 GVG
Örtliche Zuständigkeit: Köln, da Wohnsitz des Beklagten, § 13 ZPO

Zu h
Die Gerichtsstandsvereinbarung ist unzulässig, da es sich bei Mietwohnraum um eine ausschließliche Zuständigkeit handelt, bei der eine Gerichtsstandsvereinbarung nicht vorgenommen werden darf.
Sachliche Zuständigkeit: AG ausschließlich, da Mietwohnraum, § 23 Nr. 2a GVG
Örtliche Zuständigkeit: Köln ausschließlich, da Belegenheitsort, § 29a ZPO

Zu i
Sachlich: LG, da Streitwert über 5.000,00 Euro, §§ 23, 71 GVG
Örtlich: Hamburg, Sitz der beklagten GmbH, § 17 ZPO
Funktionell: Kammer für Handelssachen, §§ 94, 95 GVG

Zu j
Die Gerichtsstandsvereinbarung ist zulässig, da eine der beiden Parteien im Inland keinen allgemeinen Gerichtsstand hat, § 38 Abs. 2 ZPO, das heißt also das AG Freiburg ist sachlich und örtlich zuständig.

Lösungen — Rechtsanwendung

Zu k

Die Gerichtsstandsvereinbarung ist nicht gültig, da Steuerberater Krause kein Kaufmann ist, § 38 ZPO, das heißt, das Amtsgericht in Heilbronn ist zuständig, § 23 GVG, § 13 ZPO.

Zu 6 Parteifähigkeit

Person	Parteifähig	Nicht parteifähig
a. Der vier Wochen alte Säugling	x	
b. Die Gesellschaft bürgerlichen Rechts	x	
c. Der rechtsfähige Verein	x	
d. Der nicht rechtsfähige Verein	x	
e. Die Schmidt & Mayer OHG	x	
f. Die XY- GmbH	x	
g. Der Rentner Rudi Rostig	x	
h. Die Stadt Berlin	x	

Zu 7 Parteifähigkeit

Person	Natürliche Person	Personengesellschaft	Juristische Person	Nicht rechtsfähiger Verein	Parteifähig	Nicht parteifähig
a. Turnverein Mainz e.V.			x		x	
b. Winzergenossenschaft (e.G.)			x		x	
c. Müller & Mayer OHG		x			x	
d. Toni Mayer	x				x	
e. Hubert & Klein KG		x			x	
f. Kaninchenzüchterverein Kleinklickersdorf				x	x	
g. Minimax- GmbH			x		x	
h. High- Tec – AG			x		x	
g. Wolfgang Schmitt, GbR, Rechtsanwälte		x			x	
h. Tim Strupp & Partner, Rechtsanwälte		x			x	

Zu 8 Vertretung von natürlichen und juristischen Personen

Personen	Vertretung durch:
a. Die Stadt Mainz	Oberbürgermeister
b. Säugling Eva	Eltern
c. Die Aktiengesellschaft	Vorstand
d. Die Kommanditgesellschaft (KG)	Komplementär
e. Die GmbH	Geschäftsführer
f. Die Offene Handelsgesellschaft (OHG)	Gesellschafter

C. Zivilprozessordnung

Zu 9 Parteifähigkeit, Prozessfähigkeit und gesetzliche Vertretung

a. Parteifähigkeit: Tobias ist parteifähig, § 50 ZPO.
b. Prozessfähigkeit: Er ist allerdings noch nicht prozessfähig, da er das 18. Lebensjahr noch nicht vollendet hat. Er muss daher von seinen Eltern gesetzlich vertreten werden.
c. Die Klage ist gegen Tobias Müller, gesetzlich vertreten durch seine Eltern, einzureichen.

Zu 10 Partei-, Prozess-, Postulationsfähigkeit

Aussage	richtig	falsch
a. Die Rechtsfähigkeit nach BGB ist gleichzusetzen mit der Prozessfähigkeit nach ZPO.		X
b. Ein 17-jähriger ist stets postulationsfähig.		X
c. Wer parteifähig ist, ist auch immer prozessfähig.		X
d. Eine OHG kann nicht Partei in einem Prozess sein.		X
e. Wer prozessfähig ist, ist auch parteifähig.	X	

Zu 11 Prozessvollmacht

Um den Streitgegenstand in Empfang nehmen zu können, benötigt Rechtsanwalt Schlau eine gesonderte Inkassovollmacht.

Zu 12 Anwaltliches Aufforderungsschreiben und Klage

zu a außergerichtliches anwaltliches Aufforderungsschreiben

zu b 1,3 Geschäftsgebühr gemäß Nr. 2300 VV RVG

zu c 5 % über dem Basiszinssatz, § 288 Abs. 1 BGB

zu d Einwohnermeldeamtsanfrage, Handelsregister, Telefonbuch, Internet, Dedektei, Grundbuch, Kfz-stelle, Gericht/Gerichtsvollzieher

zu e

	JA	NEIN
Rechtsfähig?	X	
Prozessfähig?		X
Geschäftsfähig?		X
Parteifähig?	X	

Zu f Klägerin ist die Mainzel-GmbH
Gesetzlicher Vertreter ist der Geschäftsführer Dr. Schnell
Prozessbevollmächtigter ist Rechtsanwalt Braun

Zu g sachlich: AG, § 23 GVG
örtlich: Düsseldorf, §§ 12, 13 ZPO

Zu h Nein, da nicht beide Parteien Kaufleute sind, § 38 ZPO

Zu i 3,0 Gebühr gem. Nr. 1210 Kostenverzeichnis, Anl. 1 zum GKG; = 438,00 Euro

Zu j Gebührenrechnung
Gegenstandswert: 4.500,00 (ohne Verzugszinsen)

1,3 Verfahrensgebühr gem. §§ 2,13 i.V.m. Nr. 3100 VV RVG	393,90 Euro	
- 0,65 Geschäftsgebühr gem. Vorb. 3 Abs. 4 VV RVG	- 196,95 Euro	
		196,95 Euro
1,2 Terminsgebühr gem. §§ 2,13 i.V.m. Nr. 3104 VV RVG		363,60 Euro
Pauschale für Post- und Telekom.dienstleistungen gem. Nr. 7002 VV RVG		20,00 Euro
		580,55 Euro
19 % USt gem. Nr. 7008 VV RVG		110,30 Euro
		690,85 Euro

Lösungen — Rechtsanwendung

Zu 13 Außergerichtliches anwaltliches Aufforderungsschreiben

Rechtsanwalt Ludwig Streit

RA Ludwig Streit, Glockenstraße 7, 55120 Mainz

Herrn
Olaf Schröder
Obstweg 19
55122 Mainz

Ihr Zeichen:
Ihre Nachricht vom:
Unser Zeichen: st-Ihr Zeichen
Unsere Nachricht vom:

Name: eigener Name
Telefon: 06131 4040567
Telefax: 06131 4040568

Datum: selbst wählen

Kaufpreisforderung von Herrn Theo Klein, Mainz

Sehr geehrter Herr Schröder,

Herr Theo Klein, Obstgasse 9, 55122 Mainz, hat mich beauftragt, seine Kaufpreisforderung aus dem am 09.05.20xx mündlich geschlossenen und am 21.05.20xx schriftlich fixierten Kaufvertrag - lautend über 900,00 Euro - einzuziehen.

Trotz Mahnschreiben vom 14.06.20xx und 30.06.20xx mit letztmaliger Fristsetzung bis zum 15.07.20xx sind Sie Ihrer Zahlungsverpflichtung nicht nachgekommen.

Ich fordere Sie daher auf, den Kaufpreis in Höhe von 900,00 Euro zuzüglich Zinsen in Höhe von 9,00 Euro seit dem 30.05.20xx sowie die durch den Zahlungsverzug entstandenen Kosten in Höhe von 5,00 Euro umgehend, spätestens jedoch bis **30. Juli d. J.**, zu zahlen.

Kostenrechnung

Gegenstandswert: 900,00 Euro		
1,3 Geschäftsgebühr §§ 2, 13 i. V. m. Nr. 2300 VV RVG		104,00
Post- und Telekompauschale gem. Nr. 7002 VV RVG		20,00
	Zwischensumme:	124,00
19% USt gem. Nr. 7008 VV RVG		23,56
Rechnungsbetrag, zu zahlen		**147,56**

Sollten Sie Ihrer Zahlungsverpflichtung nicht fristgerecht nachkommen, werde ich meinem Mandanten empfehlen, Klage einzureichen.

Mit freundlichen Grüßen

Ludwig Streit
Rechtsanwalt

C. Zivilprozessordnung

Zu 14 **Englischer Sachverhalt**

Zu a **Telefonat**

(1) Yes, of course. I did not get your name. Could you please spell it?

(2) Oh .... Mr Bunnahabhain ... I`m sorry .... . I hadn`t realized that it is you. How are you? It`s nice that you are in Germany again. Can I help you?

(3) Could you hold the line, please? I`ll try to put you through to Dr. Specht.

(4) Mr Bunnahabhain? Thanks for holding. I´m afraid Dr. Specht is not available at the moment. Would you like to leave a message?

(5) Certainly. I`ll make sure that he gets the message. It was nice hearing from you. Thank you very much for calling, Mr Bunnahabhain. Good by.

Zu b **Außergerichtliches anwaltliches Aufforderungsschreiben**

Adresskopf
Kanzlei Dr. Specht

John Smith
Hauptstraße 9
65185 Wiesbaden   01. August 20..

Dear Mr Smith

Bunnahabhain Ltd vs John Smith

Our law office acts for Bunnahabhain Ltd, Academy Street, Inverness, Highland, IV2 3PY, Scotland represented by their director Mr Steve Bunnahabhain. We have been given power of attorney.

Bunnahabhain Ltd concluded a contract of sale for 50 umbrellas, RAIN XL on 21 May 20 .. , the umbrellas were delivered on 23 May 20 .. and the purchase price was due on 02 June 20 .. .

It seems that their invoice for 1.000,00 Euro has not been settled yet, although Bunnahabhain Ltd sent you two reminders on 20 June 20 .. and 10 July 20 .. .

We would ask you urgently to settle the account by 10 August 20 .. at the latest plus interest amounting to 23,00 Euro. Should you fail to meet this deadline, our client will initiate legal proceedings against you.

Please note that you are also liable for our fees which are detailed separately.

Please make litigation unnecessary by paying promptly.

Yours sincerely

Dr. Specht
Lawyer

Lawyer`s fees (...)

Lösungen — Rechtsanwendung

Zu 15 Englischer Sachverhalt

Zu a Notiz

> **Notiz**
>
> Email von Herrn Tony Wiliams, London
> Eingang 10. Juli 20 ..
>
> Er betreibt ein Geschäft in London und befindet sich in aussichtsreichen Vertragsverhandlungen mit einem potentiellen Geschäftspartner in Mainz. Er bittet um einen Gesprächstermin nächste Woche, da er sich dann in Mainz aufhält. Es geht um Fragen des deutschen Vertrags- und Firmenrechts.
>
> ....

Zu b Antwort

> **Senden**
>
> Von: info@rechtsanwaltstreit-mainz.de
> An: tony-wiliams@drummegastore-london.com
> Betreff: Appointment
> Datum: 11. Juli 20 ..
>
> Dear Mr Wiliams
> Thank you for your email enquiring about an appointment with one of our solicitors.
>
> Would 14 July, 20 .. at 14.00 hrs. be convenient to you? Dr. Streit will accept the matter and take part in that meeting. Could you assess how long the appointment will probably last? Can you perhaps sent us some informations before in order to prepare it?
>
> Yours sincerely
> ....

1.2 Zustellung

Zu 1 Zustellungsadressat nicht prozessfähig
Sofern der Zustellungsadressat nicht prozessfähig ist, weil er z. B. minderjährig oder weil er eine juristische Person ist, so muss an den gesetzlichen Vertreter zugestellt werden.

Zu 2 Zustellung bei anwaltlicher Vertretung
Die Zustellung hat an Rechtsanwalt Schlau zu erfolgen, § 172 Abs. 1 ZPO.

C. Zivilprozessordnung

Zu 3 Zustellung bei Minderjährigkeit
Die Zustellung hat an die sorgeberechtigte Mutter zu erfolgen, § 170 Abs. 1 ZPO.

Zu 4 Zustellung zur Abgabe der Vermögensauskunft
Die Ladung ist dem Schuldner persönlich zuzustellen, § 802f. Abs. 4 ZPO.

Zu 5 Ersatzzustellungen
Die Ersatzzustellung kann nach § 178 ZPO erfolgen:
- An einen erwachsenen Familienangehörigen,
- an eine in der Familie beschäftigte Person oder
- an einen erwachsenen ständigen Mitbewohner,
- sofern dies nicht möglich ist, kann das Schreiben in einem Briefkasten des Zustellungsadressaten eingeworfen werden, § 180 ZPO.
- Sofern auch kein Briefkasten vorhanden sein sollte, kann das Schriftstück nach § 181 ZPO auf der Geschäftsstelle des Amtsgerichts, in dessen Bezirk der Ort der Zustellung liegt, niedergelegt werden, § 181 ZPO.

Hinweis: Im Klageverfahren erfolgt die Zustellung von Amts wegen. Das Gericht hat im Rahmen der §§ 173 bis 175 ZPO mehrere Möglichkeiten, wie es die die Zustellung durchführen lassen möchte:
- Aushändigung an der Amtsstelle,
- Übermittlung gegen Empfangsbekenntnis oder
- Übermittlung gegen Empfangsbekenntnis mit Rückschein.

Außerdem räumt § 168 Abs. 1 ZPO die Möglichkeit ein, die Post oder einen Justizbediensteten mit der Zustellung zu beauftragen.

Sofern eine Zustellung nach § 168 Abs. 1 ZPO keinen Erfolg verspricht, kann der Vorsitzende des Prozessgerichts oder ein von ihm bestimmtes Mitglied einen Gerichtsvollzieher oder eine andere Behörde beauftragen, § 168 Abs. 2 ZPO.

Zu 6 Ersatzzustellung
Die Zustellung erfolgt gemäß § 178 Abs. 1 Nr. 3 ZPO an den Leiter der Gemeinschaftseinrichtung oder seinen Vertreter, hier also etwa an den Befehlshaber der Kaserne.

Zu 7 Zustellung an die gegnerische Partei
Die Zustellung ist nicht rechtswirksam, da hier an die Gegnerin im Rechtsstreit zugestellt wurde, § 178 Abs. 2 ZPO.

Zu 8 Zustellung bei Prozessvergleich
Ein Prozessvergleich wird im Parteibetrieb zugestellt, die Zustellung erfolgt durch den Gerichtsvollzieher, § 192 ZPO.

Zu 9 Rechtswirksamkeit der Zustellung

Fall	Zustellung wirksam	Zustellung unwirksam
a. Frau Schön wird ein an sie adressiertes Schriftstück an der Bushaltestelle übergeben. Sie weigert sich dies anzunehmen.	X § 177 ZPO	
b. Der Zustellungsadressat wird in seiner Wohnung nicht angetroffen. Deshalb wird das Schriftstück dem Klempner übergeben, der vom Hausmeister beauftragt wurde, in der Wohnung den Wasserrohrbruch zu beseitigen.		X § 178 Abs. 1 Nr. 1 ZPO greift nicht
c. Ein Prozessvergleich soll zugestellt werden. Da der Zustellungsadressat auf Geschäftsreise ist, wird der Schriftsatz in den Geschäftsräumen einem Mitarbeiter des Adressaten übergeben.	X § 178 Abs. 1 Nr. 2 ZPO	

Zu 10 Zustellung bei verweigerter Annahme
Gemäß § 179 ZPO ist das Schriftstück in der Wohnung oder in den Geschäftsräumen zurückzulassen, z. B. auch durch Einwurf in den Briefkasten.

Lösungen — Rechtsanwendung

1.3 Klage

Zu 1 Worauf ist der Klageantrag bei der Feststellungsklage gerichtet?
– Feststellung des Bestehens oder Nichtbestehens eines Rechtsverhältnisses zwischen dem Kläger und dem Beklagten oder
– auf Feststellung der Echtheit bzw. Unechtheit einer Urkunde, § 256 ZPO.

Zu 2 Welche Wirkung hat eine Feststellungsklage?
Sie hat rechtsbezeugende (deklaratorische) Wirkung.

Zu 3 Welche Arten von Feststellungsklagen gibt es?
Positive Feststellungsklage, wenn es um die Feststellung geht, dass zwischen den Parteien ein Rechtsverhältnis besteht und
negative Feststellungsklage, wenn festgestellt werden soll, dass ein solches nicht besteht.

Zu 4 Worauf ist der Klageantrag bei einer Gestaltungsklage gerichtet?
Auf Änderung einer bestehenden Rechtslage bzw. eines Rechtsverhältnisses.

Zu 5 Klageart bei Unterlassung

Klage	Zutreffende Klagebezeichnung
a. Feststellungsklage	
b. Stufenklage	
c. Widerklage	
d. Leistungsklage	X
e. Gestaltungsklage	

Zu 6 Klageart

Sachverhalt	Klageart
a. Der Arbeitnehmer klagt gegen seinen Arbeitgeber auf Feststellung, dass die Kündigung unwirksam ist und das Arbeitsverhältnis weiter bestehe.	Feststellungsklage
b. Herr Eitel klagt gegen die Journalistin Schnell darauf, dass ihr verboten werden soll, weiter zu behaupten, dass seine Haare gefärbt seien.	Leistungsklage
c. Vermieter V klagt auf Räumung der Wohnung.	Leistungsklage
d. Klage auf Auflösung einer KG.	Gestaltungsklage
e. A klagt gegen B darauf, dass B der Löschung einer Grundschuld im Grundbuch zustimmt.	Leistungsklage
f. K klagt gegen B auf Herausgabe eines Fahrrades.	Leistungsklage

Zu 7 Ausnahmen von der Fälligkeit bei Leistungsklagen
– Klage auf künftige Zahlung oder Räumung, § 257 ZPO
– Klage auf wiederkehrende Leistung, § 258 ZPO
– Klage wegen Besorgnis nicht rechtzeitiger Leistung, § 259 ZPO

Zu 8 Stufenklage
Hierbei handelt es sich um einen Sonderfall der objektiven Klagehäufung, § 254 ZPO, mit der der Kläger begehrt, dass nicht gleichzeitig, sondern stufenweise über seine Anträge entschieden wird.

Anmerkung:
Der Kläger kann somit in mehreren miteinander verbundenen Klageanträgen sein eigentliches Klageziel schrittweise vorbereiten. Alle Anträge werden sofort rechtshängig. So kann er z. B. zum Beispiel in der ersten Stufe einen Auskunftsanspruch geltend machen und in der zweiten Stufe einen konkreten Leistungsanspruch.

C. Zivilprozessordnung

Zu 9 Objektive Klagehäufung
Die beiden Ansprüche können gemäß § 260 ZPO miteinander verbunden werden. Die Voraussetzungen hierfür sind:
- Zuständigkeit desselben Prozessgerichts und
- dieselbe Prozessart.

Beide sind erfüllt.

Zu 10 Objektive Klagehäufung
Sie ist hier nicht möglich, da für die Lohnzahlung das Arbeitsgericht und für den Pkw das Zivilgericht (Landgericht) zuständig ist.

Zu 11 Klageänderung
Eine Klageänderung gemäß § 263 ZPO liegt insbesondere dann vor, wenn sich der Klagegrund oder der Klageantrag ändert.

Hier im Sachverhalt hat sich der Klageantrag geändert. Eine solche Änderung ist allerdings nach Eintritt der Rechtshängigkeit nur dann möglich, wenn der Beklagte damit einverstanden ist oder das Gericht die Klageänderung als sachdienlich ansieht.

Zu 12 Klagerücknahme
Gemäß § 269 Abs. 1 ZPO kann die Klage nur bis zum Beginn der mündlichen Verhandlung ohne Einwilligung des Beklagten zurückgenommen werden. Da der Beklagte nicht zustimmt, kann die Klage nicht zurückgenommen werden.

Hinweis: Sofern die Klage zurückgenommen würde, so wäre der Rechtsstreit als nicht anhängig anzusehen, § 269 Abs. 3 ZPO. Der Kläger wäre in diesem Fall verpflichtet, die Kosten zu tragen.

Zu 13 Widerklage, § 33 ZPO
Vorbemerkung zum Verständnis der Vorschrift:
Das Gericht soll Klagen, die in einem prozessualen Zusammenhang stehen, auch zusammen verhandeln und entscheiden können. Es sollen möglichst in einem Verfahren zwei Prozesse erledigt werden. Deshalb wurde hierfür in § 33 ZPO ein besonderer Gerichtsstand aufgenommen.

Zu a Voraussetzungen nach § 33 ZPO:
- Es muss sich um einen anderen als den in der Klage geltend gemachten Anspruch handeln und dieser muss mit dem Klageanspruch in einem Zusammenhang stehen,
- für Klage und Widerklage muss dieselbe Prozessart bestehen.

Die Voraussetzungen liegen im Sachverhalt vor.

Zu b Zuständigkeiten:
- Sachlich: Amtsgericht, § 23 GVG,
- Örtlich: Für die Klage ist der Wohnsitz des Beklagten in Mainz ausschlaggebend, § 13 ZPO und damit ist auch das AG Mainz für die Widerklage zuständig, § 33 ZPO.

Zu c Gebührenstreitwert:
Er beträgt 3.800,00 Euro.
Die Ansprüche werden gemäß § 45 Abs. 1 GKG zusammengerechnet.

Hinweis:
§ 5 ZPO verweist im Hinblick auf den Zuständigkeitsstreitwert ausdrücklich auf das Additionsverbot von Klage und Widerklage. § 45 GKG bezieht sich dagegen auf den Gebührenstreitwert und dies beinhaltet in bestimmten Fällen ein Additionsgebot. Dieses Additionsgebot kommt dann zum Tragen, wenn sich Klage und Widerklage auf verschiedene Gegenstände beziehen, so wie hier beispielsweise im Sachverhalt (Anspruch auf Kaufpreisrestzahlung und Anspruch auf Rückzahlung der Anzahlung). Für beide gibt es einen prozessualen Zusammenhang, da im Grunde der gesamte Kaufvertrag streitig ist. Sofern Klage und Widerklage jedoch denselben Streitgegenstand betreffen, so gilt der einfache Wert dieses Streitgegenstandes (z. B. der Kläger klagt auf Herausgabe eines neuen Notebooks mit Verkehrswert 300,00 Euro, der Beklagte klagt mit seiner Widerklage auf Feststellung, dass er der Eigentümer des Notebooks sei).

Zu 14 Urkunden- und Wechselprozess
Zu a Welche besondere Klage kann hier vom Rechtsanwalt eingereicht werden?
Klage im Wechselprozess

Lösungen — Rechtsanwendung

Zu b Formales Erfordernis auf Klageschrift
Der Zusatz, dass im Wechselprozess geklagt wird, muss in die Klage, § 604 ZPO.

Zu c Welche Beweismittel sind zugelassen?
- Urkunden, §§ 592 Abs. 1, 595 Abs. 2 ZPO
- Parteivernehmung, § 595 Abs. 2 ZPO

Zu d Welche Besonderheiten sind hinsichtlich der Ladungsfristen zu beachten?
Sie sind gemäß § 604 Abs. 2 ZPO verkürzt:
- Mindestens 24 Stunden, wenn die Ladung an dem Ort des Prozessgerichts zugestellt wird,
- in Anwaltsprozessen beträgt sie mindestens drei Tage, wenn die Ladung an einem anderen Ort zugestellt wird, der im Bezirk des Prozessgerichts liegt oder von dem ein Teil zu dessen Bezirk gehört.

Zu e Welche Besonderheiten sind hinsichtlich der örtlichen Zuständigkeit zu beachten?
Sie richtet sich nach § 603 ZPO:
- Gerichtsstand des Zahlungsortes oder
- allgemeiner Gerichtsstand des Beklagten.

Zu f Welche Ansprüche können bei dieser besonderen Klageart geltend gemacht werden?
Der Wechselprozess ist eine Sonderform des Urkundenprozesses, in welchem ein Anspruch aus einem Wechsel geltend gemacht wird.
Gemäß § 592 ZPO können im Urkundenprozess folgende Ansprüche geltend gemacht werden:
- Zahlung einer bestimmten Geldsumme,
- Ansprüche auf Leistung einer bestimmten Menge vertretbarer Sachen oder Wertpapiere.

Zu g Welche Vorteile bietet dieses Verfahren für Herrn Huber?
- Es ist schneller.
- Sofortige Vollstreckung, Vollstreckung ohne Sicherheitsleistung sind möglich.

Zu 15 Arbeitsrecht

Zu a Frist für Kündigungsschutzklage
Bis 12. Dezember, 24:00 Uhr (dreiwöchige Frist), §§ 4, 7 KSchG

Zu b Zuständigkeit
Arbeitsgericht, Mainz, §§ 2 ff. ArbGG

Zu c Besteht für Herrn Günther Anwaltszwang?
Nein, vor dem Arbeitsgericht besteht kein Anwaltszwang

Zu d Gebührenregelung bei erstinstanzlicher Vertretung durch Rechtsanwalt
- Jede Partei zahlt die Anwaltskosten selbst; keine Kostenerstattungspflicht.
- Die Gerichtskosten trägt die Partei, die den Kündigungsschutzprozess verloren hat.

Zu e Verfahrensbeginn und Besetzung des Gerichts
Gütetermin vor dem Vorsitzenden der Kammer

Zu f Besetzung des Gerichts bei Folgeterminen
- Arbeitgebervertreter (ehrenamtlicher Richter)
- Arbeitnehmervertreter (ehrenamtlicher Richter)
- Berufsrichter als Vorsitzender

Zu g Urteilsverkündung
Urteile sind im Termin zu verkünden, spätestens in den der Verhandlung folgenden drei Wochen.

Zu 16 Familienrecht

Zu a Wie wird das Scheidungsbegehren und wie werden die Parteien im Scheidungsverfahren bezeichnet?
- Scheidungsantrag
- Antragsteller und Antragsgegner

Zu b Zuständigkeit
Familiengericht Mainz

Zu c Besteht für Frau Simon Anwaltszwang?
Ja, gemäß § 114 FamFG

C. Zivilprozessordnung

Zu d **Durch welche Entscheidung des Gerichts wird die Ehe geschieden?**
Per Beschluss, § 38 FamFG

Zu e **Rechtsbehelf/Rechtsmittel und Frist**
- Rechtsmittel: Beschwerde, §§ 58 ff. FamFG
- Frist: 1 Monat, § 63 FamFG

1.4 Beginn des Klageverfahrens

Zu 1 **Echte Prozessvoraussetzungen**
- Gerichtskostenvorschuss
- Postulationsfähigkeit
- Deutsche Gerichtsbarkeit
- Ordnungsgemäße Klageschrift
- Sachliche Zuständigkeit des angerufenen Gerichts, 1. Instanz

Zu 2 **Verhandlungsgrundsätze, gegen die verstoßen wurde**
- Grundsatz der Öffentlichkeit, da im Zivilprozess öffentlich zu verhandeln ist.
- Grundsatz der Parteiherrschaft, da der Richter massiv in das Parteibegehren eingreift und dieses komplett ignoriert.

Zu 3 **Prozessuale Wirkungen der Rechtshängigkeit**
Diese sind in § 261 Abs. 3 ZPO geregelt:
- Während der Dauer der Rechtshängigkeit kann die Streitsache von keiner Partei anderweitig anhängig gemacht werden.
- Die Zuständigkeit des Prozessgerichts wird durch eine Veränderung der sie begründenden Umstände nicht berührt.

Zu 4 **Vorbereitung erster Termin**
- Entweder früher erster Termin, § 275 ZPO oder
- schriftliches Vorverfahren, § 276 ZPO

Zu 5 **Zulässigkeit des schriftlichen Vorverfahrens**
- Im Einverständnis mit beiden Parteien, § 128 Abs. 2 ZPO
- Entscheidungen über die Kosten, § 128 Abs. 3 ZPO
- Verfahren nach billigem Ermessen, § 495 a ZPO
- Bei Entscheidungen des Gerichts, die nicht Urteile sind
- Bei Anerkenntnis, § 307 ZPO
- Bei Versäumnisurteil, § 331 Abs. 3 ZPO

Zu 6 **Klageverfahren**

Aussage	Zutreffend	Nicht zutreffend
a. Der Richter soll versuchen, in möglichst jeder Phase des Prozesses auf eine gütliche Einigung hinzuwirken.	X	
b. Gegen den Beklagten kann im schriftlichen Vorverfahren ein Anerkenntnisurteil ergehen, wenn er sich nicht fristgemäß gegen die Klage verteidigt.		X
c. In einem Rechtsstreit beträgt der Streitwert 450,00 Euro. Das Gericht kann hier ohne mündliche Verhandlung entscheiden.	X	
d. Im schriftlichen Vorverfahren muss die Verteidigungsabsicht innerhalb einer zweiwöchigen Frist angezeigt werden, die Klageerwiderung hat dann innerhalb einer Notfrist von zwei Wochen zu erfolgen.		X

Lösungen — Rechtsanwendung

Zu 7 Streitige Anträge
- Kläger: Er beantragt den/die in der Klageschrift formulierten Antrag/Anträge.
- Beklagter: Er beantragt die Klage abzuweisen.

Zu 8a Ablauf der Verteidigungsfrist
Fristablauf: 27.03., 24:00 Uhr

Zu 8b Verlängerungsmöglichkeit für diese Frist
Nein, da Notfrist, § 276 Abs. 1 ZPO

Zu 8c Ablauf der Klageerwiderungsfrist
Ende Klageerwiderungsfrist: 10.04.

Zu 8d Einlassungsfrist
Mindestens zwei Wochen, Einlassungsfrist, § 274 Abs. 3 ZPO

Zu 9 Klagerücknahme
Ohne Einwilligung des Beklagten ist dies nur bis zum Beginn der mündlichen Verhandlung in der Hauptsache gemäß § 269 Abs. 1 ZPO möglich.

Zu 10a Prozesskostenhilfe
Gewährung von Prozesskostenhilfe, §§ 114 ff. ZPO

Zu b Antrag
Es muss ein formulargebundener Antrag gestellt werden, § 117 ZPO.

Zu c Zuständigkeit
- Sachlich: Amtsgericht, § 23 GVG
- Örtlich: Frankfurt, § 13 ZPO
- Funktionell: Rechtspfleger oder Richter

Zu d Zu prüfende Voraussetzungen
Gemäß § 114 ZPO:
- Die Partei kann aufgrund ihrer persönlichen und wirtschaftlichen Verhältnisse (z. B. Einkommen, Familienstand, Bestehen einer Rechtsschutzversicherung) die Kosten der Prozessführung nicht bzw. teil- / ratenweise tragen.
- Die Rechtsverfolgung darf nicht mutwillig erscheinen.
- Die Rechtsverfolgung muss hinreichend Aussicht auf Erfolg haben.

Zu e Finanzielle Risiken
- Durch die Gewährung von Prozesskostenhilfe werden zwar die eigenen Gerichts- und Anwaltskosten übernommen. Sofern aber der Prozess verloren wird, besteht das Risiko, die gegnerischen Kosten tragen zu müssen.
- Außerdem muss die PKH-Partei ebenfalls dann die Kosten selbst tragen, wenn die Prozesskostenhilfe bereits im PKH-Prüfungsverfahren abgelehnt wird.
- Die PKH-Partei muss auch damit rechnen, dass aufgrund ihrer Einkommens- und Vermögensverhältnisse Ratenzahlungen hinsichtlich der Prozesskosten vom Prozessgericht auferlegt werden, maximal bis zu vier Jahren, §§ 115, 120 ZPO.

Zu 11 Termin vor dem Landgericht ohne anwaltliche Vertretung der Parteien
Das Gericht wird anordnen:
- Ruhen des Verfahrens oder
- Vertagung des Termins.

1.5 Beweisverfahren

Zu 1 Inhalt des Beweisbeschlusses
Gemäß § 359 ZPO:
- Beweisthema
- Beweismittel
- Beweisführer

C. Zivilprozessordnung

Zu 2 Beweismittel Videoaufzeichnung
Augenschein, §§ 371 ff. ZPO

Zu 3 Letztes Beweismittel
Parteivernehmung, §§ 445 ff. ZPO

Zu 4 Konsequenzen, sofern ein Zeuge nicht erscheint
- Auferlegung der durch das Ausbleiben verursachten Kosten
- Ordnungsgeld und ggf. Ordnungshaft, § 380 Abs. 1 ZPO
  Bei wiederholtem Ausbleiben, kann auch die zwangsweise Vorführung angeordnet werden, § 380 Abs. 2 ZPO.

Zu 5 Zeugnisverweigerungsrecht
- **Vetter:** Nein, da er nur in der Seitenlinie, 4. Grad mit dem Beklagten verwandt ist, § 383 Abs. 1 Nr. 3 ZPO,
- **Schwiegersohn:** ja, da verschwägert, gerade Linie, 1. Grad,
- **Ehefrau:** ja, § 383 Abs. 1 Nr. 2 ZPO,
- **Onkel:** ja, da verwandt, Seitenlinie, 3 Grad.

Zu 6 Journalist und Zeugnisverweigerungsrecht
Zeugnisverweigerungsrecht gemäß § 383 Abs. 1 Nr. 5 ZPO

Zu 7 Zeugnisverweigerungsrecht bei Seelsorger
Er muss im Termin erscheinen und aussagen, da sich das Zeugnisverweigerungsrecht des § 383 Abs. 1 Nr. 4 ZPO nur auf die im Rahmen der Ausübung des Seelsorgeramtes erhaltenen Informationen bezieht.

Zu 8 Beweismittel
- Zeugenbeweis, §§ 373 ff.
- Urkundenbeweis, §§ 415 ff.
- Parteivernehmung, §§ 445 ff.

Zu 9 Beweismittel

Aussage	richtig	falsch
a. Ein Ortstermin ist als Beweismittel nur zulässig, wenn dieser im Zusammenhang mit einem Sachverständigengutachten durchgeführt wird.		X
b. Der Verlobten des Klägers steht ein Zeugnisverweigerungsrecht zu.	X § 383 Abs. 1 Nr.1	
c. Beweiskraft haben in einem Prozess nur solche Urkunden, die von einem Notar notariell beurkundet sind.		X
d. Als Zeugen können grundsätzlich auch alle Minderjährigen vereidigt werden, sofern ihre geistige Reife dies zulässt.		X § 393

Zu 10 Beweismittel im selbstständigen Beweisverfahrens
Gemäß § 485 Abs. 1 ZPO sind zugelassen:
- Einnahme des Augenscheins
- Zeugenvernehmung
- Begutachtung durch einen Sachverständigen

Zu 11 Zuständiges Gericht bei selbstständigem Beweisverfahren
Gemäß § 486 Abs. 1 ZPO:
- Zuständig ist das Prozessgericht, sofern der Rechtsstreit bereits anhängig ist,
- sofern der Rechtsstreit noch nicht anhängig ist, das Gericht, das in der Hauptsache zuständig wäre,
- in dringenden Fällen das Amtsgericht, in dessen Bezirk sich die zu vernehmende Person aufhält oder die zu begutachtende Sache sich befindet.

Zu 12 Entscheidung über die Zulässigkeit des selbstständigen Beweisverfahrens
Sie ergeht per Beschluss, § 490 Abs. 1 ZPO.

Lösungen — Rechtsanwendung

Zu 13 Kosten des selbstständigen Beweisverfahrens, sofern keine Klage erfolgt
In diesem Fall trägt der Kläger die Kosten.

Zu 14 Zeugenvernehmung im selbstständigen Beweisverfahren
Hier ist die Zeugenvernehmung in Berlin im Rahmen eines selbstständigen Beweisverfahrens möglich, da der Verlust des Beweismittels droht.

Zu 15 Umfangreicher Fall aus dem Mietrecht

Zu a Aufforderungsschreiben
- Außergerichtliches anwaltliches Aufforderungsschreiben mit Klageauftrag
- 0,8 Verfahrensgebühr nach Nr. 3101 VV RVG

Zu b Mietzahlung
Ja, gemäß gem. § 556b Abs. 1 BGB ist er hierzu berechtigt.

Zu c Angabe des Streitwerts
Er ist nach § 253 Abs. 2 ZPO ein Soll-Bestandteil der Klageschrift.

Zu d Gerichtskostenvorauszahlung
- 3,0 Gebühr gemäß Nr. 1210 KV, Anl. 1 zum GKG
- Streitwert: 5.4000,00 Euro = 495,00 Euro Gerichtskostenvorauszahlung

Zu e Zuständigkeit
- Sachlich: Amtsgericht, § 23 GVG, ausschließliche Zuständigkeit bei Mietwohnraum
- Örtlich: Mainz, § 29a ZPO, Belegenheitsort ist ausschließlich maßgeblich

Eine Zuständigkeitsvereinbarung ist nicht möglich, da ausschließliche Zuständigkeit vorliegt.

Zu f Klageantrag
Der Beklagte wird verurteilt, an die Kläger 5.400,00 Euro nebst Zinsen in Höhe von 5 Prozentpunkten über dem jeweiligen Basiszinssatz aus 1.800,00 Euro seit dem 04. Mai, aus weiteren 1.800,00 Euro seit dem 04. Juni und aus weiteren 1.800,00 Euro seit dem 04. Juli zu zahlen.

Zu g Urkundenprozess
Eine Klage im Urkundenprozess ist nicht möglich, da in diesem nur Urkunden oder Parteivernehmung als Beweismittel zugelassen sind, § 595 Abs. 2 ZPO.

Zu h Widerklage
- Er kann Widerklage erheben, da es sich um einen anderen als in der Klage geltend gemachten Anspruch handelt und dieser mit dem Klageanspruch im Zusammenhang steht.
- Außerdem wäre für die Klage und die Widerklage dieselbe Prozessart gegeben.

Zu i Anhängigkeit und Rechtshängigkeit
- Anhängigkeit: mit Einreichung der Klage bei Gericht am 1. August
- Rechtshängigkeit: am 5. August mit Zustellung an den Beklagten

Zu j Anzeige der Verteidigungsabsicht
Es handelt sich um eine Notfrist, die nicht verlängert werden kann, § 276 Abs. 1 ZPO.

Zu k Klageerwiderung
Hier stehen ihm zwei weitere Wochen zur Verfügung. Hierbei handelt es sich nicht um eine Notfrist.

Zu l Verteidigungsabsicht
- Die Frist läuft am 19. August ab, er zeigt seine Verteidigungsabsicht somit zu spät an.
- Der Kläger kann ein Versäumnisurteil beantragen.
- Der Anwalt des Klägers darf neben der Verfahrensgebühr nach Nr. 3100 VV RVG eine 0,5 Terminsgebühr nach Nr. 3105 VV RVG abrechnen.

Zu m Einspruch
Der Beklagte kann gem. § 338 ZPO Einspruch gegen das Versäumnisurteil innerhalb einer Notfrist von zwei Wochen einlegen, § 339 Abs. 1 ZPO.

Zu 16 **Klageschrift**

Rechtsanwalt Theodor Schlau

RA Theodor Schlau, Große Beinde 2, 55123 Mainz

Landgericht Mainz
Diether-von-Isenburg-Straße 7
55116 Mainz

Ihr Zeichen:
Ihre Nachricht vom:
Unser Zeichen: sch-Ihr Zeichen
Unsere Nachricht vom:

Name: eigener Name
Telefon: 06131 4040567
Telefax: 06131 4040568

Datum: selbst wählen

K l a g e

der Schneider & Müller KG, vertreten durch den persönlich haftenden Gesellschafter Sebastian Schneider, Hauptstraße 9, 55122 Mainz,

Klägerin

Prozessbevollmächtigter: Rechtsanwalt Theodor Schlau,
Große Beinde 2,
55123 Mainz

gegen

den Bürokaufmann Rüdiger Gemein, Kleine Aue 9, 55119 Mainz,

Beklagter

wegen: Kaufpreis

Streitwert: 5.900,00 Euro

Namens und in Vollmacht der Klägerin erhebe ich Klage und werde beantragen:

1. Der Beklagte wird verurteilt, an die Klägerin 5.900,00 Euro nebst Zinsen in Höhe von 10 % seit dem 01.08.20xx zu zahlen.
2. Der Beklagte trägt die Kosten des Rechtsstreits.
3. Das Urteil ist notfalls gegen Sicherheitsleistung vorläufig vollstreckbar.

Zudem wird beantragt, von einer Güteverhandlung abzusehen, weil bereits ein erfolgloser Gütetermin stattgefunden hat. Eine entsprechende Bescheinigung der Schlichtungsstelle liegt bei.

…

1.6 Das Urteil

Zu 1 Beendigungsmöglichkeiten des Erkenntnisverfahrens
Durch:
- Urteil
- Vergleich
- Klagerücknahme
- Erledigung der Hauptsache gemäß § 91 a ZPO

Zu 2 Gründe für ein Versäumnisurteil
- Die Partei bleibt unentschuldigt dem Termin fern, §§ 330, 331 ZPO,
- die erschienene Partei stellt keine Anträge und verhandelt somit nicht, § 333 ZPO,
- die Partei erscheint im Anwaltsprozess ohne Anwalt, § 276 Abs. 2 ZPO,
- der Beklagte zeigt im schriftlichen Vorverfahren seine Verteidigungsabsicht nicht innerhalb einer Notfrist von zwei Wochen an, § 276 ZPO.

Zu 3 Urteilsarten

Sachverhalt	Ziffer
a. Das Gericht entscheidet gemäß § 241 ZPO über die Unterbrechung des Verfahrens.	7
b. In einem Rechtsstreit macht Adam eine Darlehensforderung über 2.000,00 Euro und einen Kaufpreisanspruch über 1.500,00 Euro gegenüber Berthold geltend. Auf Antrag des Adam wird über die Darlehensforderung per Urteil vorab entschieden.	5
c. Fortsetzung des Sachverhalts b.: Es wird jetzt über den Kaufpreisanspruch durch ein Urteil entschieden.	4
d. Müller klagt gegen Mayer auf Zahlung von 2.000,00 Euro Werklohnforderung. Mayer rechnet mit einer Schadensersatzforderung auf. Das Gericht verurteilt Mayer vorbehaltlich der Entscheidung über die Aufrechnung. In einem Nachverfahren wird die Aufrechnungsforderung geprüft.	6
e. In einer Unfallsache ergeht auf Antrag des Klägers ein Urteil, durch welches das Verschulden des Beklagten und somit seine Schadensersatzpflicht festgestellt wird. Über die Schadensersatzhöhe soll in einem Nachverfahren entschieden werden.	3

Zu 4a Urteilsart
Verzichtsurteil, § 306 ZPO

Zu b Prozessualen Wirkungen
Durch das Verzichtsurteil erlischt der Anspruch, das heißt, Peter kann wegen dieses Anspruchs keine Klage mehr erheben. Anders ist dies bei Klagerücknahme, dort verzichtet der Kläger lediglich auf die Durchsetzung des Anspruchs.

Zu c Kosten des Rechtsstreits
Peter muss diese tragen, § 91 Abs. 1 ZPO.

Zu 5 Prozessbeendigungsmöglichkeiten ohne Urteil und Kostentragung
(1) **Klagerücknahme**, § 269 Abs. 1 ZPO; die Kosten trägt der Kläger, § 269 Abs. 3 ZPO.
(2) **Erledigung der Hauptsache**, § 91 a ZPO; das Gericht entscheidet nach billigem Ermessen, § 91 a Abs. 1 ZPO, das heißt, es wird nach dem voraussichtlichen Prozessausgang entschieden.
(3) **Prozessvergleich**, § 794 Abs. 1 Nr. 1 ZPO; die Kosten werden gegeneinander aufgehoben, § 98 ZPO.

Zu 6 Rechtskraft eines Urteils
Ein Urteil wird rechtskräftig,
- mit Ablauf der Rechtsmittelfrist, sofern kein Rechtsmittel eingelegt wurde,
- mit Verkündung des Urteils, wenn es kein Rechtsmittel gibt,
- mit Verkündung, wenn beide Parteien auf Rechtsmittel verzichtet haben.

Zu 7 Berichtigung des Urteils
Schreibfehler, Rechnungsfehler und ähnliche offenbare Unrichtigkeiten sind jederzeit vom Gericht zu berichtigen, auch von Amts wegen, § 319 Abs. 1 ZPO.

C. Zivilprozessordnung

Zu 8 Arbeitsschritte zum Rechtskraftvermerk
(1) Zustellungsbescheinigung, § 169 Abs. 1 ZPO
(2) Notfristzeugnis, § 706 Abs. 2 ZPO
(3) Rechtskraftzeugnis, § 706 Abs. 1 ZPO

Zu 9 Letztes Teilurteil
Dies ist ein Schlussurteil und zugleich ein Endurteil.

Zu 10 Rechtsmittel gegen zweites Versäumnisurteil
- Ein erneuter Einspruch ist nicht mehr möglich, sondern nur noch
- Berufung, sofern keine schuldhafte Versäumung vorliegt, § 514 Abs. 2 ZPO.

Zu 11 Urteilstenor bei Säumnis des Klägers
Die Klage wird abgewiesen, § 330 ZPO.

Zu 12 Rechtsbehelf
a. Einspruch, § 338 ZPO
b. Einspruchsfrist
Sie ist eine 14-tägige Notfrist und kann insofern nicht verlängert werden, Fristende: 28.11., 24:00 Uhr.

Zu 13 Versäumnisurteil

Sachverhalt	VU zulässig	VU unzulässig	Begründung
a. Der Beklagte erscheint vor dem Landgericht ohne Rechtsanwalt, der auf dem Weg zum Gericht einen Unfall hatte.		X	Kein schuldhaftes Säumnis, da entschuldigt, Vertagung, §§ 227, 337 ZPO.
b. Der Beklagte erscheint nicht zum Termin. Der Richter stellt fest, dass er nicht ordnungsgemäß geladen war.		X	Nicht ordnungsgemäß geladen, § 335 Abs. 1 Nr. 2 ZPO.
c. Der Beklagte erscheint im Termin vor dem AG, verhandelt aber nicht.	X		Gilt als nicht erschienen, § 333 ZPO.
d. Der Kläger und der Beklagte erscheinen nicht im Termin.		X	Niemand kann das VU beantragen, §§ 330, 331 ZPO.
e. Im Termin beim LG treten auf: der Rechtsanwalt des Klägers mit seinem Mandanten und Herr Müller (Beklagter). Der Anwalt des Klägers beantragt VU.	X		Vor dem LG herrscht Anwaltszwang, § 78 Abs. 1 ZPO.
f. Der Beklagte erscheint nicht zum Termin vor dem AG. Der Kläger beantragt VU. Er hatte in seiner Klageschrift die Rückzahlung eines Darlehens zuzüglich 26 % Zinsen gefordert.		X	Klage ist nicht schlüssig bezüglich der Zinsen, § 331 Abs. 2 ZPO.

Zu 14 Versäumnisurteil bei Unzuständigkeit
- Das Amtsgericht ist unzuständig,
- zuständig wäre das Verwaltungsgericht,
- die Klage wird durch ein unechtes Versäumnisurteil (Prozessurteil) abgewiesen, § 331 Abs. 2 ZPO,
- das Gericht kann nicht in der Sache entscheiden, da eine Sachurteilsvoraussetzung fehlt.

Zu 15 Kosten
Zu a Kostenregelung
Kläger trägt 17,5 %
Beklagter trägt 82,5 %

Zu b Frühester Vollstreckungszeitpunkt
Ab dem 27.11.

1.7 Rechtsbehelfe und Rechtsmittel

Zu 1 Kosten und Rechtsmittel
Zu a Kostenentscheidung
Der Beklagte trägt 19,44 % der Kosten und der Kläger 80,56 %.

Zu b Berufung
Sie ist für beide möglich, da beide mit dem Wert ihrer Beschwer über der Berufungssumme von 600,00 Euro liegen.

Zu c Ende Berufungsfrist für den Kläger
Fristende: 12. Februar, 24:00 Uhr

Zu d Berufungsbegründungsfrist
Fristende: 12. März, 24:00 Uhr

Zu 2 Berufung
Zu a Rechtsmittel
Berufung

Zu b Zuständigkeit
Landgericht Mainz, nächsthöhere Instanz

Zu c Wer kann dieses Rechtsmittel einlegen?
Nur Anton, da nur er mit mehr als 600,00 Euro (Berufungssumme) beschwert ist, § 511 Abs. 2 Nr. 1 ZPO.

Zu d Rechtsmittelfrist
Fristende: 14. Juni, 24:00 Uhr, einmonatige Notfrist, § 517 ZPO

Zu e Rechtsmittelbegründungsfrist
Fristende: 14. Juli, zweimonatige Frist, keine Notfrist, § 520 Abs. 2 ZPO

Zu f Wiedereinsetzung in den vorigen Stand
- Gemäß § 233 ZPO ist Wiedereinsetzung in den vorigen Stand möglich, da ohne Verschulden eine Notfrist versäumt wurde.
- Maßgeblich für den Fristbeginn ist der Tag, an dem das Hindernis behoben wurde. Dieser wird beim Abzählen der Tage nicht mitgerechnet, es handelt sich um eine Ereignisfrist.
- Sie muss gemäß § 234 ZPO innerhalb einer zweiwöchigen Frist beantragt sein, dies wäre im Sachverhalt bis zum 30.06., 24:00 Uhr.
- Mit dem Wiedereinsetzungsantrag ist auch das versäumte Rechtsschutzbegehren, hier die Berufung, zu beantragen.

Zu 3 Urteilsart und Berufung
Zu a Urteilsart
- Teil- / Anerkenntnisurteil
- Sachurteil
- Endurteil

Zu b Beschwer
Nur der Kläger kann Berufung einlegen, da bei ihm der Wert der Beschwer die Berufungssumme von 600,00 Euro übersteigt.

C. Zivilprozessordnung

Zu 4 Berufung und Anschlussberufung

Zu a Einlegung der Berufung
Beide, da der Wert der Beschwer bei beiden über 600,00 Euro liegt.

Zu b Bis wann?
Bis 11. Mai, Notfrist von einem Monat, § 517 ZPO

Zu c Anschlussberufung
- Trotz Fristablaufs kann Herr Peters Anschlussberufung einlegen, § 524 ZPO.
- Sie verliert allerdings ihre Wirkung, wenn die Berufung zurückgenommen, verworfen oder per Beschluss zurückgewiesen wird.

Zu 5 Revision

Zu a Statthaftigkeit
Grundsätzlich gegen die in der Berufungsinstanz erlassenen Endurteile, § 542 Abs. 1 ZPO

Zu b Ausnahmen, das heißt Revision ist nicht statthaft.
Diese sind in § 542 Abs. 2 ZPO aufgeführt, Urteile:
- Im Arrestverfahren
- im Verfahren über eine einstweilige Verfügung
- im Enteignungsverfahren
- im Umlegungsverfahren

Zu c Zulassung der Revision
- Es gibt keine bestimmte Zulassungssumme wie bei der Berufung, deren Überschreiten die Einlegung der Revision bereits ermöglicht.
- Bei der Revision gilt nur das Prinzip der Zulassungsrevision, § 543 ZPO.

Zu d Wo ist die Revision einzulegen?
Beim Bundesgerichtshof in Karlsruhe

Zu e Nichtzulassungsbeschwerde
- Sie ist gemäß § 544 ZPO innerhalb einer Notfrist von einem Monat beim Bundesgerichtshof einzulegen.
- Sofern der Beschwerde gegen die Nichtzulassung stattgegeben wird, so wird das Beschwerdeverfahren als Revisionsverfahren fortgesetzt.

Zu f Revisions- und die Revisionsbegründungsfristen
- Revisionsfrist: Notfrist von einem Monat, § 548 ZPO,
- Revisionsbegründungsfrist: Zwei Monate, § 551 Abs. 2 ZPO, kann verlängert werden.

Zu 6 Sprungrevision
Sie ist gemäß § 566 ZPO möglich sofern:
- Das Revisionsgericht die Sprungrevision zulässt,
- der Gegner schriftlich durch seinen Prozessbevollmächtigten seine Einwilligung erklärt, dass die Berufungsinstanz übersprungen werden soll.

Zu 7 Sofortige Beschwerde

Zu a Sofortige Beschwerde und Frist
Die sofortige Beschwerde ist gemäß §§ 567 ff. ZPO innerhalb einer Notfrist von zwei Wochen einzulegen, § 569 ZPO.

Zu b Wo einzulegen?
Beschwerdegericht ist das nächsthöhere Gericht, § 568 ZPO:
- Die sofortige Beschwerde kann bei dem Gericht eingelegt werden, dessen Entscheidung angefochten wird oder
- bei dem Beschwerdegericht (LG, OLG).

Zu c Besondere Frist
Im Verfahren auf Prozesskostenhilfe, hier beträgt die Frist für die sofortige Beschwerde gemäß § 127 Abs. 2 ZPO einen Monat.

Lösungen — Rechtsanwendung

1.8 Fristen

Zu 1 Tragen Sie für die folgenden Rechtsbehelfe / Rechtsmittel die jeweils zutreffenden Fristen ein.

Rechtsbehelf / Rechtsmittel / Rechtshandlung	Frist
a. Berufung gegen ein erstinstanzliches Urteil	1 Monat
b. Einspruch gegen Versäumnisurteil	2 Wochen
c. Anzeige der Verteidigungsabsicht	2 Wochen
d. Revision gegen ein Urteil des OLG	1 Monat
e. Widerspruch gegen einen Mahnbescheid	2 Wochen
f. Berufungsbegründung	2 Monate
g. Wiedereinsetzung in den vorigen Stand	2 Wochen
h. Sofortige Beschwerde (Regelfall)	2 Wochen
i. Revisionsbegründung	2 Monate

Zu 2 **Unterschied richterliche und gesetzliche Fristen**
- Bei gesetzlichen Fristen ist die Dauer per Gesetz bestimmt,
- bei richterlichen Fristen wird die Dauer vom Richter festgelegt, sie können daher in der Regel auch verlängert werden, was eine Wiedereinsetzung in den vorigen Stand von vornherein ausschließt, da diese nur bei Notfristen möglich ist.

Zu 3 **Berufungsfrist**
- Sie würde normalerweise bei dieser Monatsfrist am 3. Oktober enden.
- Da der dritte Oktober Feiertag ist, verschiebt sich das Fristende auf den nächstfolgenden Werktag, § 222 Abs. 2 ZPO.
- Sofern der 04. Oktober kein Samstag oder Sonntag ist, wäre dann am 04. Oktober, 24:00 Uhr Fristende.

Zu 4 **Fristen**

Sachverhalt	Rechtsmittel /-behelf /-handlung	Fristende
a. Zustellung des Urteils des AG Mainz vom 07.03. am 13.03.	Berufung	13.04.
b. Beschluss des OLG Koblenz vom 07.01., durch den der Klägerin Prozesskostenhilfe versagt wurde. Zustellung erfolgte am 12.01..	Gegen eine Entscheidung des OLG über PKH gibt es keinen Rechtsbehelf; ggf. Rechtsbeschwerde gemäß § 574 ZPO	
c. Mahnbescheid des Amtsgerichts Mayen wird dem Antragsgegner am 01.06. zugestellt.	Widerspruch	15.06., 24:00 Uhr, spätestens bis VB verfügt ist
d. Zustellung des Kostenfestsetzungsbeschlusses über 890,00 Euro des AG Köln am 09.10.	Sofortige Beschwerde (> 200,00 Euro), §§ 567 Abs. 2, 569 Abs. 1 ZPO	23.10., 24:00 Uhr
e. Zustellung eines Vollstreckungsbescheids des Amtsgerichts am 10.10.	Einspruch	24.10., 24:00 Uhr
f. Das Berufungsurteil des OLG Koblenz vom 09.05. wurde am 15.05. zugestellt.	Revison	15.06., 24:00 Uhr
g. Bis wann ist das Rechtsmittel „zu f." zu begründen?	Revisionsbegründungsfrist	15.07., 24:00 Uhr

C. Zivilprozessordnung

Sachverhalt	Rechtsmittel /-behelf /-handlung	Fristende
h. Herrn Schmitt wurde am 13.03. die Kündigung durch seinen Arbeitgeber übergeben.	Kündigungsschutzklage (drei Wochen)	03.04., 24:00 Uhr
i. Entscheidung des AG Wiesbaden über Ablehnung der PKH, zugestellt am 03.07.	Sofortige Beschwerde, §§ 127 Abs. 2 S. 3, 569 Abs. 1 S. 1 ZPO; ein Monat	03.08., 24:00 Uhr
j. Versäumnisurteil vom 27.08. gegen Herrn Klein, zugestellt am 02.09.	Einspruch	16.09., 24:00 Uhr

Zu 5 **Wiedereinsetzung in den vorigen Stand**
Zu a **Betroffene Fristen**
Nur bei Notfristen und den in § 233 ZPO genannten (Begründungs-/Wiedereinsetzungs-) Fristen.

Zu b **Zuständigkeit**
Zuständig ist das Gericht, dem die Entscheidung über die nachgeholte Prozesshandlung zusteht, § 237 ZPO.

Zu 6 **Ladungsfrist im Wechselprozess**
Hier gelten nach § 604 ZPO kürzere Ladungsfristen,
Ablauf Ladungsfrist: 18.05., 24:00 Uhr.

Zu 7 **Ladungsfrist**
Zu a **Wann kann frühestens Termin beim Amtsgericht sein?**
Es besteht eine zweiwöchige Einlassungsfrist, § 274 Abs. 3 ZPO, Termin wäre daher frühestens am 19.10.

Zu b **Zustellung**
– Die Frist beträgt bei Anwaltsprozessen mindestens eine Woche, § 217 ZPO.
– Die Zustellung müsste am 02.11. erfolgt sein.

Zu c **Ladungsfrist in anderen Prozessen**
In anderen Prozessen, außer Anwaltsprozessen, beträgt die Ladungsfrist drei Tage, § 217 ZPO.

2. Inländisches und europäisches gerichtliches Mahnverfahren

Zu 1 Welche der folgenden Ansprüche können im gesetzlichen Mahnverfahren geltend gemacht werden? Kreuzen Sie die jeweils zutreffende Lösung an.

Sachverhalt	Ja	Nein
a. Herausgabeanspruch wegen eines Notebooks, Verkehrswert 200,00 Euro		X
b. Im Januar die Miete für den März desselben Jahres		X
c. Unterlassung der Ruhestörung		X
d. Kaufpreiszahlung über in Euro umgerechnete 200,00 US Dollar	X	
e. Darlehensforderung aus einem Verbraucherkredit, der ein effektiver Jahreszins von 13 % über dem Basiszins zugrunde gelegt wird		X

Zu 2 **Französischer Antragsteller**
Zu a **Zuständigkeit**
Er kann einen Mahnbescheid beantragen.
– Das Amtsgericht ist ausschließlich zuständig.
– Da der Antragsteller seinen Wohnsitz nur im Ausland hat, ist das AG Wedding in Berlin zuständig, § 689 Abs. 2 ZPO.

Lösungen — Rechtsanwendung

Zu b Anwaltspflicht
Im gerichtlichen Mahnverfahren besteht keine Anwaltspflicht.

Zu c Widerspruchsfrist
Bis 18.07., 24:00 Uhr, Zwei-Wochen-Frist bzw. solange der Vollstreckungsbescheid noch nicht verfügt ist.

Zu d Frühest mögliche Beantragung des Vollstreckungsbescheids
Ab 19.07.

Zu e Rechtsbehelf
Einspruch

Zu f Rechtsbehelfsfrist bei Vollstreckungsbescheid
Fristende: 10.08.

Zu g Zuständigkeit bei Rechtsstreit
Sachlich: Amtsgericht, § 23 GVG
Örtlich: Pirmasens, § 13 ZPO

Zu h Zwangsvollstreckung bereits vor Abschluss des Rechtsstreits möglich?
- Ja, gemäß § 700 Abs. 1 ZPO,
- um dies abzuwenden, müsste er die einstweilige Einstellung der ZV beantragen, § 719 ZPO.

Zu 3 Mahnbescheid und Widerspruch
Zu a Voraussetzungen bzgl. streitiges Verfahren
- Antrag im Mahnbescheid
- Einzahlung der weiteren Gerichtsgebühr

Zu b Verspäteter Einspruch
Ja, ein verspätet eingelegter Widerspruch ist wie ein Einspruch gegen den Vollstreckungsbescheid zu behandeln, § 694 Abs. 2 ZPO.

Zu 4 a Streitige Anträge
Kläger: „Den Vollstreckungsbescheid vom ... aufrechtzuerhalten".
Beklagter: „ Der Vollstreckungsbescheid vom ... wird aufgehoben und die Klage abgewiesen".

Zu b Verfahrensmäßige Besonderheiten
Der Vollstreckungsbescheid steht einem für vorläufig vollstreckbar erklärten Versäumnisurteil gleich. Dies bedeutet, es ergeht ein zweites Versäumnisurteil gegen das ein Einspruch nicht möglich ist, §§ 700 Abs. 1, 345 ZPO.

Zu 5 Zahlungsbefehl: Schweiz
Sie Schweiz gehört nicht zu den EU-Mitgliedsstaaten, das heißt die VO (EG) 1896/2006 ist hier nicht anwendbar. Ein Europäischer Zahlungsbefehl ist nicht möglich. Allerdings könnte er einen Mahnbescheid im Rahmen des grenzüberschreitenden Mahnverfahrens gegen Herrn Rütli beantragen.

Zu 6a Zahlungsbefehl: Frankreich
Er füllt das auf der Homepage des Amtsgerichts in Wedding (Berlin) erhältliche Online Antragsformular aus. Der Antrag ist in Frankreich beim zuständigen Gericht einzureichen.

Zu b Frist für die Zustellung
innerhalb von 30 Tagen

Zu c Einspruch
Er kann nicht sofort vollstrecken. Der Antragsgegner hat ab Zustellung des Zahlungsbefehls 30 Tage Zeit, um dagegen Einspruch einzulegen. Je nach dessen Verhalten, bestimmt sich dann der weitere Verlauf.

Zu 7 Sachverhalt mit englischem Bezug
Dear Mr McClary

thanks for you email. You can use our „gerichtliches Mahnverfahren" for demanding the whole of the outstanding price. In Berlin Wedding we have our principal County Court which is responsable for all defedants living outside Germany. There you will need to fill in a form in order to start the automated debt collection procedure.

Naturally we will assist you in submitting that court order.

Yours sincerely

.....

C. Zivilprozessordnung

3. Zwangsvollstreckung

3.1 Zwangsvollstreckung in das bewegliche Vermögen und in Forderungen

Zu 1 **Voraussetzungen der Zwangsvollstreckung**
- Titel
- Klausel
- Zustellung

Zu 2 **Vorläufig vollstreckbares Urteil gegen Sicherheitsleistung in Form einer selbstschuldnerischen Bürgschaft**

Zu a **Rechtskraft eines Urteils**
Ein Urteil ist rechtskräftig,
- wenn die Rechtsmittelfrist abgelaufen ist und kein Rechtsmittel eingelegt wurde,
- bei Rechtsmittelverzicht der Parteien,
- wenn ein Rechtsmittel nicht statthaft ist.

Zu b **Vorläufige Vollstreckbarkeit**
Das Urteil kann vor Eintritt der Rechtskraft vollstreckt werden.

Zu c **Urteile ohne vorläufige Vollstreckbarkeit**
- **Gestaltungsurteile**, durch sie wird die erstrebte Rechtsänderung durch das rechtskräftige Urteil selbst herbeigeführt, so dass ein weiteres Vollstreckungsverfahren nicht erforderlich ist, sie haben keinen vollstreckbaren Inhalt.
- **Feststellungsurteile**, sie stellen nur das Bestehen oder Nichtbestehen eines Rechtsverhältnisses fest.

Zu d **Voraussetzung(en) für die Vollstreckung:**
- der Titel muss zugestellt sein,
- Urkunde über die Bankbürgschaft muss zugestellt werden.

Zu 3 **Organe der Zwangsvollstreckung**

Sachverhalt	Organe der ZV / §§
a. Das Organ pfändet bei dem Schuldner eine goldene Armbanduhr.	GV, § 808 ZPO
b. Der Pfändungs- und Überweisungsbeschluss wird auf Antrag des Gläubigers vom Organ erlassen.	VG, §§ 828 ff. ZPO
c. Das Organ trägt auf Antrag des Gläubigers eine Sicherungshypothek auf das Grundstück des Schuldners ein.	GBA, §§ 866, 867 ZPO
d. Beim Organ wird auf Erteilung der Vollstreckungsklausel geklagt.	PG, § 731 ZPO
e. Es soll ein Grundstück des Schuldners versteigert werden. Der Gläubiger stellt hierzu den Antrag beim zuständigen Organ. Dieses ordnet per Beschluss die Zwangsversteigerung an.	VG, gem. §§ 1 ff. ZVG
f. Das Organ ordnet die Haft zur Erzwingung der Vermögensauskunft an.	VG, § 802g ZPO
g. Das Organ nimmt die Vermögensauskunft ab.	GV, §§ 802c, 802 f ZPO
h. Das Organ verhaftet den Schuldner zur Erzwingung der Vermögensauskunft.	GV, § 802g ZPO
i. Der Mieter ist vom AG verurteilt worden, die Wohnung neu zu tapezieren, er erfüllt dies jedoch nicht. Der Vermieter stellt deshalb Antrag beim zuständigen Organ, das Tapezieren selbst vornehmen zu dürfen und auf Kosten des Schuldners einen Malermeister damit zu beauftragen.	PG, § 887 ZPO
j. Der Gläubiger betreibt gegen den Schuldner die Räumung der Wohnung, der Gerichtsvollzieher hat den Räumungstermin deshalb bereits genau bestimmt. Da der Schuldner schwer erkrankt ist, stellt er Räumungsschutzantrag beim zuständigen Organ.	VG, § 765a ZPO

Lösungen — Rechtsanwendung

Sachverhalt	Organe der ZV / §§
k. Das Organ pfändet einen Wechsel beim Schuldner.	GV, §§ 808, 831 ZPO
l. Das Organ pfändet einen geliehenen Pkw beim Schuldner und bringt diesen dem Gläubiger zurück.	GV, § 883 ZPO
m. Das Organ nimmt der Mieterin die Wohnungsschlüssel weg und übergibt diese dem Vermieter.	GV, § 885 ZPO
n. Schuldnerin A besitzt einen hochwertigen Pelzmantel im Wert 10.000,00 Euro. Der GV findet bei ihr keine lohnenden Pfandsachen vor. Obwohl der Pelzmantel gem. § 811 Abs. 1 Nr. 1 ZPO zu den unpfändbaren Sachen gehört, möchte der Gläubiger beim zuständigen Organ Antrag auf Austauschpfändung stellen.	VG, § 811a ZPO

Erläuterungen:
GBA = Grundbuchamt, GV = Gerichtsvollzieher, PG = Prozessgericht, VG = Vollstreckungsgericht.

Zu 4 Prozessvergleich

Zu a Kann aus einem Prozessvergleich die Zwangsvollstreckung betrieben werden?
Ja, er ist gemäß § 794 Abs. 1 Nr. 2 ZPO ein Vollstreckungstitel (im Gegensatz zum außergerichtlichen Vergleich).

Zu b Zustellung
Sie erfolgt im Parteibetrieb.

Zu c Wer trägt beim Prozessvergleich die Kosten?
- Die Kosten werden gegeneinander aufgehoben, das heißt
- jeder trägt seine Anwaltskosten,
- die Gerichtskosten werden geteilt.

Zu 5 Vorläufig vollstreckbares Urteil ohne Sicherheitsleistung

Zu a Rechtliche Bedeutung
Dies bedeutet, dass aus einem Urteil bereits vor Rechtskraft und ohne Sicherheit leisten zu müssen, vollstreckt werden kann.

Zu b Beispiele
§ 708 ZPO enthält hierzu eine Aufzählung, z. B.:
- Anerkenntnisurteil
- Verzichtsurteil
- Versäumnisurteil

Zu 6 Kreuzen Sie an, bei welchem Vollstreckungstitel keine Vollstreckungsklausel notwendig ist.

Vollstreckungstitel	Vollstreckungsklausel ist notwendig	Vollstreckungsklausel ist nicht notwendig
a. Endurteil des Amtsgerichts	X	
b. Einfacher Kostenfestsetzungsbeschluss		X
c. Prozessvergleich der Parteien	X	
d. Vollstreckungsbescheid		X
e. Anerkenntnisurteil	X	
f. Einstweilige Verfügung		X
g. Arrestbeschluss		X

Zu 7 Zwangsvollstreckung ohne Sicherheitsleistung

Zu a Sicherungsvollstreckung
Er könnte gemäß § 720 a ZPO eine Sicherungsvollstreckung vornehmen, das heißt er dürfte zwar pfänden, aber noch nicht verwerten.

C. Zivilprozessordnung

Zu b Zustellungsfrist
Zwei-Wochen-Frist gemäß § 750 Abs. 3 ZPO.

Zu 8 Anträge
Zu a
Antrag auf Zulassung der Zwangsvollstreckung am Wochenende, § 758 a ZPO

Zu b
Antrag auf richterliche Durchsuchungsanordnung, § 758 a ZPO

Zu 9 a Sachpfändung

Gegenstand	(1) Pfändbar? (Ja / nein)	(2) Falls unpfändbar, hier zutreffenden Paragraf eintragen	(3) Austauschpfändung möglich? (Ja / Nein)	(4) Falls ja, Paragraf eintragen
a. Bargeld	Ja			
b. Schmuck	Ja			
c. Pelzmantel im Wert von 2.000,00 Euro (ist der einzige Mantel der Schuldnerin)	Nein	§ 811 Abs. 1 Nr. 1 ZPO	Ja	§ 811 a ZPO
d. Laptop auf neuestem High-Tech-Level, Wert: 4.000,00 Euro, benötigt zur Berufsausübung	Nein	§ 811 Abs. 1 Nr. 5 ZPO	Ja	§ 811 a ZPO
e. Klavier, Wert: 3.000,00 Euro	ja			
f. Wertvolle Bibel	Nein	§ 811 Abs. 1 Nr. 10 ZPO		
g. Ehering	Nein	§ 811 Abs. 1 Nr. 11 ZPO		
h. Wasserbett	Nein	§ 811 Abs. 1 Nr. 1 ZPO		
i. Alter Staubsauger	Nein	§ 812 ZPO		
j. Das wertvollste ihrer Fernsehgeräte	Ja			

Zu b Pfändung von Geld
- Sie erfolgt durch Wegnahme, § 808 ZPO,
- das Geld ist dem Gläubiger abzuliefern, § 815 Abs. 1 ZPO.

Zu c Wie würde er das Klavier pfänden?
Durch Aufkleben des Pfandsiegels, § 808 Abs. 2 ZPO.

Zu d Grundsätze bei Sachpfändungen
- Verbot der Überpfändung, § 803 Abs. 1 ZPO,
- Verbot der Unterpfändung, § 803 Abs. 2 ZPO,
- Grundsatz der effizienten Vollstreckung, § 802a Abs. 1 ZPO.

Zu e Einzuhaltende Versteigerungsfrist
Eine Woche, § 816 Abs. 1 ZPO

Zu f Wo würde die Versteigerung der Gegenstände stattfinden?
- Öffentliche Versteigerung, § 816 ZPO
- in der Gemeinde, in der die Pfändung geschehen ist oder
- an einem anderen Ort im Bezirk des Vollstreckungsgerichts, sofern sich nicht der Gläubiger und der Schuldner über einen dritten Ort einigen.

Zu g Mindestgebot bei Schmuck
Dies darf nicht unter dem Materialwert versteigert werden, § 817 a Abs. 3 ZPO.

Zu h Mindestgebot bei dem Fernseher
Mindestens die Hälfte des gewöhnlichen Verkaufswertes, § 817 a Abs. 1 ZPO.

Zu i Versteigerung an einem anderen Ort
Ja, ist möglich, § 816 Abs. 2 ZPO.

Zu j Voraussetzungen bei einer Austauschpfändung gemäß § 811 a ZPO
- Voraussetzungen für die ZV sind erfüllt (Titel, Klausel, Zustellung)
- Antrag des Gläubigers an das Vollstreckungsgericht
- Bestimmte Bezeichnung der Ersatzsache mit Verweis auf § 811 Abs. 1 Nr. 1, Nr. 5 oder Nr. 6 ZPO
- Zulassung durch das Vollstreckungsgericht
- Ersatzlieferung oder Geldbetrag zur Verfügung stellen
- Der gepfändete Gegenstand muss im Wert deutlich höher sein als der Austauschgegenstand
- Beschluss des Vollstreckungsgerichts

Zu 10 Strafrechtliche Konsequenzen
Die Pfändung hat eine doppelte Wirkung. Zum einen entsteht ein zivilrechtliches Pfändungspfandrecht zugunsten des Gläubigers. Zum anderen besteht für die gepfändeten Gegenstände eine Pfandverstrickung, das heißt, die Verfügungsmacht wird dem Schuldner entzogen und auf den Staat übertragen.

Wirkung der Pfandverstrickung:
- Abkratzen des Pfandsiegels bedeutet Siegelbruch, § 136 Abs. 2 StGB.
- Zerstörung oder Beschädigung der Sache und damit Entziehen der Sache aus der Verstrickung bedeutet Verstrickungsbruch, § 136 Abs. 1 StGB.

Zu 11 Schutzbehauptungen des Schuldners
Zu a Geld des Ehepartners
- Der Gerichtsvollzieher darf grundsätzlich alles in Besitz nehmen, was er im Gewahrsam des Schuldners vorfindet, ohne jeweils die Eigentumsverhältnisse prüfen zu müssen, § 808 ZPO.
- Nur die Dinge, die ganz offensichtlich nicht dem Schuldner gehören, hat er zurückzulassen.
- Geld nimmt er in jedem Fall mit. Die Schutzbehauptung des Schuldners ist insofern irrelevant, zu beachten ist allerdings § 815 Abs. 2 ZPO.

Zu b Skulptur im Vorbehaltseigentum
- Auch hier gilt die Eigentumsvermutung zugunsten des Schuldners, das heißt der Gerichtsvollzieher darf pfänden, § 808 ZPO.
- Es liegt dann anschließend an der Firma Fernseh-Krause eK., die Eigentumsverhältnisse nachzuweisen und gegebenenfalls Drittwiderspruchsklage gemäß § 771 ZPO einzulegen.

Zu 12 Teilzahlung des Schuldners
- Der Gerichtsvollzieher erteilt eine Quittung über den gezahlten Betrag, §§ 754, 802 b ZPO.
- Er vermerkt die Teilzahlung auf dem Titel.
- Wegen des Restbetrages wird er pfänden.

Zu 13 Pfändung von Hausrat
- Sie hat gemäß § 812 ZPO zu unterbleiben, wenn Aufwand und Ertrag in keinem Verhältnis stehen, so wie dies bei altem Hausrat zu erwarten ist.
- Dies umso mehr, wenn von vornherein feststeht, dass die Kosten der Zwangsversteigerung niemals durch den Versteigerungserlös gedeckt werden können, § 803 Abs. 2 ZPO.

Zu 14 Anderweitige Verwertung
Der Gläubiger kann einen Antrag auf anderweitige Verwertung gemäß § 825 ZPO stellen und sich die Vase übereignen lassen.

Zu 15 Versteigerungstermin
Zu a Mindestgebot
- Mindestgebot Kette: 600,00 Euro, § 817 a Abs. 1 und Abs. 3 ZPO, da der Materialwert über der Hälfte des Verkehrswertes liegt.
- Mindestgebot Vase: 150,00 Euro, halber Verkehrswert.

C. Zivilprozessordnung

Zu b Wer erhält den Zuschlag?
Nach dreimaligem Aufruf geht die Sache an den Meistbietenden, § 817 Abs. 1 ZPO.

Zu c Was ist bei der Aushändigung der Gegenstände zu beachten?
Die zugeschlagene Sache darf nur abgeliefert werden, wenn das Kaufgeld gezahlt worden ist oder bei Ablieferung gezahlt wird, § 817 Abs. 2 ZPO.

Zu d Gutgläubiger Erwerb
Da sie die Vase innerhalb einer öffentlichen Auktion erworben hat, ist sie Eigentümerin geworden, § 935 Abs. 2 BGB.

Zu 16 Sachpfändung

Zu a Frist für Versteigerung
- Es ist eine Mindestfrist von einer Woche einzuhalten, § 816 Abs. 1 ZPO,
- frühester Termin: 20. Juli.

Zu b Mindestgebote, für:
- Stereoanlage: 450,00 Euro
- Armband: 800,00 Euro
- Teppich: 4.000,00 Euro

Zu c Anderweitige Verwertung
Der Gläubiger muss einen Antrag auf Versteigerung an einem anderen Ort stellen, § 825 ZPO.

Zu d Frist zu „c"
Zwei Wochen ab Zustellung der Unterrichtung des Schuldners, § 825 Abs. 1 ZPO

Zu 17 Mindestgebot für Pkw
12.500,00 Euro, § 817 a ZPO

Zu 18 Verteilung des Versteigerungserlöses
Berechnung:

	Versteigerungserlös:		1.200,00
./.	Gerichtsvollzieherkosten:		100,00
=	zu verteilen:		1.100,00
Forderung Anton (700,00)		./.	700,00
Forderung Berthold (300,00)		./.	300,00
Forderung Cäsar (500,00)		./.	100,00
			0,00

Gläubiger Cäsar kommt hier nur mit 100,00 Euro zum Zuge, da er sich von der zeitlichen Abfolge mit seinem Recht an dritter Stelle befand.

Zu 19 Sachpfändung
- Sicherungsvollstreckung nach § 720 a ZPO:
- Herr Born kann zwar pfänden, aber noch nicht verwerten.

Zu b Welche Frist muss Herr Born hierbei beachten?
Die Zwangsvollstreckung nach § 720 a ZPO darf nur beginnen, wenn das Urteil und die Vollstreckungsklausel mindestens zwei Wochen vorher zugestellt sind.

Zu c Wann könnte Herr Born verwerten?
- Nach Leistung der Sicherheit oder
- wenn das Urteil rechtskräftig ist.

Zu d Sicherheitsleistung
Sicherheitsleistung kann gemäß § 108 ZPO erfolgen in Form von:
- Hinterlegung bei der Hinterlegungsstelle des Amtsgerichts von Bargeld oder
- Wertpapieren oder Kostbarkeiten,
- schriftliche, unwiderrufliche, unbedingte und unbefristete Bankbürgschaft eines inländischen Kreditinstituts.

Zu e Erforderliche Unterlagen
- Titel
- Forderungsaufstellung
- öffentliche oder öffentlich beglaubigte Urkunde zwecks Nachweis der Sicherheitsleistung, z. B. Hinterlegungsschein, § 751 Abs. 2 ZPO

Lösungen — Rechtsanwendung

Zu f Pfändung und Verwertung von Bargeld
- Der Gerichtsvollzieher nimmt dem Schuldner das Geld weg und liefert es beim Gläubiger ab.
- Die Wegnahme gilt als Zahlung des Schuldners, § 815 Abs. 3 ZPO.

Zu g Eigentumsbehauptung des Ehepartners
- Der Gerichtsvollzieher wird das Geld mitnehmen und hinterlegen, § 815 Abs. 2 ZPO.
- Er wird die Ehefrau darauf hinweisen, dass sie beim Vollstreckungsgericht innerhalb von zwei Wochen einen Einstellungsbeschluss erwirken muss, um das Geld zurückzuerhalten.

Zu 20 Sachpfändung

Zu a Maßnahme zwecks Wohnsitzabfrage
Ermittlung des Aufenthaltsortes des Schuldners gemäß § 755 ZPO, das heißt hier wäre der erste Schritt, **bei der Meldebehörde anzufragen**; ansonsten ist die in § 755 ZPO vorgeschriebene Reihenfolge der Anfragen einzuhalten.

Zu b Eintrittsverweigerung bei Pfändungsversuch
Antrag auf richterliche Durchsuchungsanordnung, § 758 a ZPO.

Zu c Pfändung von älterem Hausrat
Pfändung hat zu unterbleiben, §§ 812, 803 Abs. 2 ZPO.

Zu d Pfändung von Sachen des Schuldners bei einem Dritten
Der Gerichtsvollzieher kann pfänden, sofern P. Hehler zur Herausgabe bereit ist.

Zu e Möglichkeiten des Gläubigers
- Pfändung des Herausgabeanspruchs durch einen Pfändungs- und Überweisungsbeschluss, § 886 ZPO. Zuständig ist das Vollstreckungsgericht beim Wohnsitz des Schuldners, § 828 Abs. 2 ZPO, hier also das Vollstreckungsgericht in Wiesbaden.
- Klage auf Herausgabe, zuständig ist das Landgericht Frankfurt.

Zu f Möglichkeit zur Auskunftserlangung
Abnahme der eidesstattlichen Versicherung beim Schuldner nach § 883 Abs. 2 ZPO, das heißt er muss eidesstattlich versichern, dass er das Fahrrad nicht habe und auch nicht wisse, wo es sich befinde.

Zu 21 Was ist unter einer Vorwegpfändung zu verstehen?
Gemäß § 811d ZPO besteht hierdurch die Möglichkeit, eine momentan noch unpfändbare Sache bereits zu pfänden, vorausgesetzt, dass sie demnächst pfändbar wird. Der Gläubiger darf allerdings noch nicht verwerten, das heißt, die Sache ist noch im Gewahrsam des Schuldners zu belassen.

3.2 Zwangsvollstreckung in das unbewegliche Vermögen und wegen anderer Ansprüche

Zu 1 Vollstreckungsmaßnahmen der Immobilienvollstreckung
(1) **Eintragung einer Sicherungshypothek:** Organ: Grundbuchamt, § 867 ZPO
(2) **Zwangsverwaltung:** Organ: Amtsgericht – Vollstreckungsgericht, § 869 ZPO i.V.m. §§ 1, 146 ZVG
(3) **Zwangsversteigerung:** Organ: Amtsgericht – Vollstreckungsgericht, § 869 ZPO i.V.m. §§ 1, 15 ZVG

Zu 2 Sicherungsmöglichkeit bei unbeweglichem Vermögen

Zu a Sicherungshypothek
Herr Brösel könnte gemäß § 866 ZPO eine Sicherungshypothek eintragen lassen.

Zu b Organ der Zwangsvollstreckung
Die Eintragung erfolgt durch Grundbuchamt, § 867 ZPO

Zu c Mindestbetrag
Die Sicherungshypothek darf nur für einen Betrag von mehr als 750,00 Euro eingetragen werden, § 866 Abs. 3 ZPO.

Zu d Andere Vollstreckungsmöglichkeiten
- Zwangsverwaltung
- Zwangsvollstreckung

C. Zivilprozessordnung

Zu e **Reihenfolge**
- Am sinnvollsten wäre es, wenn zunächst die Zwangsverwaltung gewählt würde.
- Als letzte Konsequenz könnte dann immer noch die Zwangsversteigerung in Betracht gezogen werden.

Zu 3 **Eintragung zu Zwangsversteigerungsverfahren?**
Abteilung 2

Zu 4 **Grundpfandrechte**
Zu a **Eigentümer**
Abteilung I

Zu b **Grundschulden**
Abteilung III

Zu c **Zwangsversteigerungsverfahren**
a. Antrag des Gläubigers   b. Rechtspfleger   c. Sachverständiger   d. Beschluss

Zu 5 **Vollstreckung in Mieteinnahmen**
- **Zwangsverwaltung**
  Hierzu müsste Herr Schmitt einen Antrag beim Vollstreckungsgericht stellen. Der Zwangsverwalter leitet den Überschuss der Mieteinnahmen an Herrn Schmitt weiter.
- **Pfändungs- und Überweisungsbeschluss**
  Durch Pfändungs- und Überweisungsbeschluss an jeden Mieter könnten die Mietzahlungen direkt an Herrn Schmitt gehen.

Zu 6 Tragen Sie in dem folgenden Schema die jeweils zutreffenden Lösungen ein.

Sachverhalt	Welche Art der Vollstreckung?	Wie wird vollstreckt?	Vollstreckungsorgan	§§
a. Herrn Laut wurde gerichtlich untersagt, nachts bei geöffnetem Fenster Geige zu üben.	ZV zur Erwirkung einer Duldung	Ordnungsgeld (max. 250.000,00 Euro für das einzelne) oder Zwangshaft (insgesamt max. 2 Jahre)	Prozessgericht 1. Instanz	§ 890 ZPO
b. Der Vermieter wurde verurteilt, die Reparaturen am Aufzug vornehmen zu lassen.	ZV wegen Vornahme einer vertretbaren Handlung	Ersatzvornahme (und Vorschusszahlung)	Prozessgericht 1. Instanz	§ 887 ZPO
c. Eine Journalistin wurde verurteilt, keine Äußerungen mehr zu veröffentlichen, dass die Haare einer bestimmten Person gefärbt seien.	ZV zur Erwirkung einer Unterlassung	Ordnungsgeld oder Ordnungshaft	Prozessgericht 1. Instanz	§ 890 ZPO
d. Mieter M wurde verurteilt, die Wohnung zu räumen und an den Vermieter herauszugeben.	ZV zur Erwirkung der Herausgabe einer unbeweglichen Sache	Zwangsräumung und Besitzübergabe der Wohnung an den Gläubiger	Gerichtsvollzieher	§ 885 ZPO
e. Die XY-Bank wurde verurteilt, die Löschung einer Grundschuld zu bewilligen.	ZV wegen Abgabe einer Willenserklärung	Erklärung gilt als abgegeben, sobald das Urteil rechtskräftig ist, eine ZV ist somit nur hinsichtlich der Kosten möglich	Kein gesondertes Vollstreckungsorgan notwendig	§ 894 ZPO

Lösungen — Rechtsanwendung

Sachverhalt	Welche Art der Vollstreckung?	Wie wird vollstreckt?	Vollstreckungsorgan	§§
f. Herr Kunz wurde verurteilt, Herrn Witt die Überquerung seines Grundstücks während der Reparaturarbeiten an seinem Kanal zu dulden.	ZV zur Erwirkung einer Duldung	Ordnungsgeld oder Ordnungshaft	Prozessgericht 1. Instanz	§ 890 ZPO
g. Frau Quer ist verurteilt worden, eine wertvolle Schale an Frau Schön zurückzugeben.	ZV zur Erwirkung der Herausgabe einer beweglichen Sache	Wegnahme und Übergabe an den Gläubiger	Gerichtsvollzieher	§ 883 ZPO

3.3 Vermögensauskunft und eidesstattliche Versicherung

Zu 1 Zuständiges Organ
Gerichtsvollzieher, § 802 e ZPO.

Zu 2 Zuständiges Organ für den Erlass eines Haftbefehls
Vollstreckungsgericht, § 802 g Abs. 1 ZPO.

Zu 3 Sachpfändung und Vermögensauskunft
Zu a Zuständiges Organ
Gerichtsvollzieher, in dessen Bezirk der Schuldner im Zeitpunkt der Auftragserteilung seinen Wohnsitz oder dauernden Aufenthaltsort hat, § 802 e ZPO.

Zu b Angaben
- Auskunft über sein Vermögen, er hat alle ihm gehörenden Vermögensgegenstände anzugeben, § 802 c ZPO,
- Geburtsname, Geburtsdatum, Geburtsort.

Zu c Form
Der Gerichtsvollzieher errichtet eine Aufstellung in Form eines elektronischen Dokuments (Vermögensverzeichnis), § 802 f Abs. 5 ZPO.

Zu d Erneute Abgabe der Vermögensauskunft
Gemäß § 802 d Abs. 1 ZPO:
- Nach 2 Jahren,
- vorher nur, sofern glaubhaft gemacht werden kann, dass sich die Vermögensverhältnisse des Schuldners wesentlich geändert haben.

Zu e Eintragung ins Schuldnerverzeichnis
Ja, gemäß § 882 c Abs. 1 ZPO

Zu 4 Neues Arbeitsverhältnis
Zu a Vollstreckungsmaßnahme
Er wird erneut die Abgabe der Vermögensauskunft beantragen.

Zu b Nachweis
Er muss dies nur glaubhaft machen; das Eingehen eines neuen Arbeitsverhältnisses fällt begrifflich unter veränderte Vermögensverhältnisse, § 802 d ZPO.

Zu 5 Vermögensauskunft nach teilweise fruchtlos verlaufenem Pfändungstermin
Zu a Ziel dieser Maßnahme
Offenlegung der Vermögensverhältnisse, § 802 c ZPO

C. Zivilprozessordnung

Zu b **Unentschuldigtes Fernbleiben**
- Er kann Haftbefehl gegen den Schuldner beantragen, § 802 g Abs. 1 ZPO,
- beim Vollstreckungsgericht,
- die Vornahme der Verhaftung erfolgt durch den Gerichtsvollzieher.

Zu 6 **Vermögensauskunft und Zahlungsaufschub**
Der Gerichtsvollzieher kann eine Zahlungsfrist setzen oder Ratenzahlungen vereinbaren, sofern:
- der Gläubiger eine Zahlungsvereinbarung nicht ausgeschlossen hat und
- der Schuldner die Einhaltung einer solchen Vereinbarung glaubhaft macht, § 802 b ZPO.

Zu 7 **Herausgabeansprüche**
Zu a **Eidesstattliche Versicherung**
Eidesstattliche Versicherung wegen der Herausgabe bzw. dem Verbleib einer beweglichen Sache, § 883 ZPO.

Zu b **Was muss Herr Gemein versichern?**
Er hat zu Protokoll an Eides statt zu versichern, dass er die Sache nicht besitze und auch nicht wisse, wo sich die Sache befinde, § 883 Abs. 2 ZPO.

Zu c **Eintragung im Schuldnerverzeichnis**
Nein, die Eintragung ins Schuldnerverzeichnis wird nicht vom Regelungsbereich der §§ 882 b, 882 c ZPO erfasst. Diese beziehen sich nur auf die Abgabe der Vermögensauskunft.

Zu 8 **Vermögensauskunft und Schuldnerverzeichnis**
Zu a Nein, die Vermögensauskunft kann auch als erster Schritt im Rahmen der Zwangsvollstreckung gewählt werden.

Zu b **Schuldnerverzeichnis**
Beim zentralen Vollstreckungsgericht, § 882 h ZPO

Zu c **Vorangegangene Vermögensauskunft**
Die Abnahme wäre nicht möglich, es sei denn, der Schuldner wäre zwischenzeitlich zu Vermögen gekommen, §§ 802 d ZPO.

Zu d **Regelmäßige Löschungsfrist**
Die Löschung erfolgt nach Ablauf von 3 Jahren seit dem Tag der Eintragungsanordnung, § 882 e ZPO.

Zu e **Weitere Löschungsgründe**
- Ja, sofern der Schuldner die Befriedigung des Gläubigers nachweist oder
- der Wegfall des Eintragungsgrundes dem Vollstreckungsgericht bekannt geworden ist oder
- eine vollstreckbare Entscheidung vorgelegt wird, aus der sich ergibt, dass die Eintragungsanordnung aufgehoben oder einstweilen eingestellt wurde.

Zu 9 **Haftende**
- Sie endet sobald der Schuldner die Vermögensauskunft abgibt § 802 i ZPO,
- mit Zahlung,
- nach sechs Monaten, § 802 j ZPO,
- keine Haftvollstreckung bei Haftunfähigkeit, § 802 h Abs. 2 ZPO.

Zu 10 **Fruchtloser Pfändungsverlauf und Vermögensauskunft**
Zu a **Voraussetzungen**
- Titel, Klausel, Zustellung
- keine Vermögensauskunft innerhalb der letzten 2 Jahre, es sei denn, der Schuldner ist zwischenzeitlich zu Vermögen gekommen

Zu b **Widerspruchsmöglichkeit**
Die Möglichkeit, Widerspruch einzulegen, gibt es nicht, er könnte ggf. Erinnerung einlegen, § 766 ZPO.

Zu 11 **Vermögensauskunft**
Antrag beim zentralen Vollstreckungsgericht auf Erhalt eines Ausdrucks des Vermögensverzeichnisses, § 882 g ZPO.

Zu 12 **Vermögensauskunft**
Zu a **Anfrage zu Aufenthaltsort**
Gemäß § 755 Anfrage bei:
- Meldebehörde
- Ausländerzentralregister / Ausländerbehörde

Bei der gesetzlichen Rentenversicherung und dem Kfz-Bundesamt nicht, da die zu vollstreckenden Ansprüche unter 500,00 Euro liegen

Zu b Unterschrift
Ja, nach § 802 f Abs. 5 ist die Unterschrift nicht ausdrücklich erforderlich.

Zu c Drittauskunft
Gemäß § 802 l ZPO ist dies nicht möglich, da die zu vollstreckenden Ansprüche unter 500,00 Euro liegen.

Zu 13 Übergreifender Fall mit verschiedenen Anträgen

Zu a
- Antrag auf Anordnung der Vollstreckung zur Nachtzeit und an Sonn- und Feiertagen, § 758a Abs. 4 ZPO
- Vollstreckungsgericht, in dessen Bezirk die Zwangsvollstreckung stattfindet

Zu b
Richterliche Durchsuchungsanordnung, § 758a Abs. 1

Zu c
- Antrag auf Austauschpfändung, § 811a ZPO
- 0,3 Verfahrensgebühr gem. § 18 Nr. 7 RVG

Zu d
- Vorpfändung und/ oder
- Beantragung eines Pfändungs- und Überweisungsbeschlusses
- ggf. Abnahme der Vermögensauskunft

Zu e
Antrag auf Ergänzung des Vermögensverzeichnisses unter eidesstattlicher Versicherung

Zu f
- Vorpfändung und/ oder
- Pfändungs- und Überweisungsbeschluss

Zu g
- Rechtskraftzeugnis (Notfristzeugnis) beantragen
- Rückgabe der Sicherheit nach § 109 ZPO beantragen

zu h
Es kann die Einholung von Drittauskünften bei den in § 802l im Absatz 1 aufgeführten Stellen durch den Gerichtsvollzieher beantragt werden, da die zu vollstreckenden Ansprüche über 500,00 Euro liegen und die (vorrangige) Abnahme der Vermögensauskunft nicht möglich ist.

Zu i
Da der Wert der Ansprüche über 500,00 Euro beträgt, darf gem. § 755 ZPO bei allen, der folgenden Stellen, angefragt werden:
- Zunächst bei der Meldebehörde, sofern dort nicht zu ermitteln, dann beim:
- Ausländerzentralregister
- Träger der Rentenversicherung
- Kraftfahrt-Bundesamt

Zu j
Erneute Abnahme der Vermögensauskunft, § 802d

Zu k
- Rechtskraftzeugnis nach Ablauf der Berufungsfrist (Notfristzeugnis) zwecks Nachweis der Rechtskraft beantragen
- Gerichtsvollzieher mit der Verwertung beauftragen

C. Zivilprozessordnung

3.4 Einwendungen im Rahmen der Zwangsvollstreckung

Zu 1 **Rechtsbehelf / Rechtsmittel**

Sachverhalt	Rechtsmittel / Rechtsbehelf	Rechtsmittel- / Rechtsbehelfsführer	§§
a. Der GVZ pfändet den einzigen Mantel der Schuldnerin.	Erinnerung	Schuldnerin	§ 766 ZPO
b. Der Gerichtsvollzieher pfändet ein Bild, obwohl der Schuldner die zugrunde liegende Forderung bereits an den Gläubiger gezahlt hat (Quittung liegt vor).	Vollstreckungsabwehrklage	Schuldner	§ 767 ZPO
c. Der Gerichtsvollzieher weigert sich einen Pfändungsauftrag auszuführen, weil er Mitleid mit dem Schuldner hat.	Erinnerung	Gläubiger	§ 766 ZPO
d. Die Schuldnerin erhob Erinnerung gegen die Pfändung ihres Laptops. Der Erinnerung wird nicht stattgegeben.	Sofortige Beschwerde	Schuldnerin	§ 793 ZPO
e. Der Gerichtsvollzieher hat den Auftrag, die teure Hi-Fi-Anlage des Schuldners zu pfänden. Diese befindet sich allerdings in der Reparaturwerkstatt des Radiohändlers U. Der Gerichtsvollzieher pfändet die Anlage dort, obwohl der Händler nicht zur Herausgabe bereit war.	Erinnerung	Dritter (Radiohändler U)	§ 766 ZPO
f. Der Gerichtsvollzieher pfändet beim Schuldner ein Ölgemälde, von dem der Schuldner behauptet, es gehöre seiner Frau, was sich nachträglich als zutreffend erweist.	Drittwiderspruchsklage	Dritte (Ehefrau)	§ 771 ZPO
g. Gläubiger A betreibt die Zwangsvollstreckung gegenüber dem Schuldner S. S ist gegenüber seinem Vermieter V mit fünf Mietzahlungen im Rückstand. V möchte daher, dass er aus dem Versteigerungserlös zuerst sein Geld erhält. A ist damit nicht einverstanden.	Klage auf vorzugsweise Befriedigung	Derjenige, der ein gesetzliches Pfandrecht hat (hier der Vermieter, Vermieterpfandrecht)	§ 805 ZPO

Zu 2 **Rechtsbehelf / Rechtsmittel**

Sachverhalt	Maßnahme zulässig oder unzulässig (mit §§)	Rechtsmittel / Rechtsbehelf	§§
a. Der Gerichtsvollzieher pfändet den Herd des Schuldners.	Unzulässig, § 811 Abs. 1 ZPO	Erinnerung	§ 766 ZPO
b. Der Gerichtsvollzieher pfändet beim Schuldner ein teures Sound- System. Der Schuldner behauptet, dass dieses seiner ebenfalls in der Wohnung lebenden Ehefrau gehöre, was sich nachträglich bewahrheitet.	Zulässig, §§ 739, 808 ZPO, § 1362 BGB	Drittwiderspruchsklage	§ 771 ZPO
c. Der Gerichtsvollzieher erscheint mit einem Pfändungsauftrag aus einem vollstreckbaren Titel beim Schuldner und verlangt die Zahlung von 2.000,00 Euro. Der Schuldner hat die komplette Summe aber bereits gezahlt.	Zulässig, § 808 ZPO	Vollstreckungsabwehrklage	§ 767 ZPO

Lösungen — Rechtsanwendung

Zu 3 **Rechtsbehelf / Rechtsmittel**

Sachverhalt	Rechtsmittel / Rechtsbehelf (mit §§)	Rechtsmittel- / Rechtsbehelfsführer	Zuständigkeit (sachlich, örtlich)
a. Dansen behauptet, er benötige das Notebook dringend zur Ausübung seiner beruflichen Tätigkeit als Handelsreisender eines namhaften Lebensmittelherstellers.	Erinnerung, § 766	Schuldner	Vollstreckungsgericht Mainz
b. Dansen behauptet, das Notebook sei finanziert und stehe daher im Vorbehaltseigentum der Firma Medienmarkt.	Drittwiderspruchsklage, § 771	Dritter (Fa. Medienmarkt)	AG Mainz
c. Dansen behauptet, er habe den Betrag nach Rechtskraft des Urteils gezahlt.	Vollstreckungsabwehrklage, § 767	Schuldner	AG Wiesbaden

3.5 Arrest und einstweilige Verfügung

Zu 1 **Arten des Arrestes**
Persönlicher und dinglicher Arrest

Zu 2 **Arten der einstweiligen Verfügung**
- Sicherungsverfügung
- Regelungsverfügung
- Leistungsverfügung

Zu 3 **Vorläufige Rechtsschutzmaßnahmen**

Sachverhalt	Maßnahme
a. Die geschiedene Elvira Kraft lebt mit ihren zwei Kindern, drei Monate und zwei Jahre alt, in einer einfachen Zweizimmerwohnung. Der Vermieter möchte ihr im Dezember in 5 Tagen Wasser und Heizung abstellen.	Antrag auf einstweilige Verfügung (Leistungsverfügung)
b. Kücheneinzelhändler Herdfix verkaufte und lieferte an Herrn Schröder eine Einbauküche im Wert von 9.000,00 Euro. Trotz mehrfacher Mahnungen zahlte Herr Schröder nicht den Kaufpreis. Durch einen Zufall erfährt Herr Herdfix, dass Herr Schröder gerade dabei ist, das gesamte Inventar seiner Wohnung schnellstmöglich zu „verscherbeln", da er nach Südamerika auswandern möchte.	Antrag auf dinglichen Arrest
c. Journalist Lug verbreitet über eine überregionale Zeitung, dass die Produkte eines Lebensmittelherstellers bestimmte Giftstoffe enthalten, die für den Menschen gefährlich seien. Beweise gab er keine an. Der Absatz der Produkte nahm daraufhin schlagartig ab.	Antrag auf einstweilige Verfügung (Sicherungsverfügung)

C. Zivilprozessordnung

Sachverhalt	Maßnahme
d. In einem Mehrfamilienhaus ist im Außenbereich der Kanal defekt, sodass im gesamten Haus die Toiletten nicht mehr benutzt werden können. Es ist daher sehr dringlich, die Reparatur schnellstmöglich vorzunehmen. Hierzu ist es jedoch zwingend erforderlich, dass ein Kleinbagger das Nachbargrundstück befahren darf. Der Nachbar verweigert dies.	Antrag auf einstweilige Verfügung (Regelungsverfügung)
e. Vermieter Gemein hatte sich mehrfach aus verschiedenen Gründen über seinen Mieter geärgert. Er tauscht daraufhin kurzer Hand die Schlösser an der Außen- und Wohnungstür aus, so dass der Mieter nicht mehr hinein kann.	Antrag auf einstweilige Verfügung (Leistungsverfügung)

Zu 4 Vergleich Arrest / einstweilige Verfügung und Klageverfahren
Zu a Parteienbezeichnung
Bei Arrest und einstweiliger Verfügung heißen die Parteien Antragsteller und Antragsgegner.

Zu b Besondere Voraussetzungen
Neben den normalen Voraussetzungen wie etwa Parteifähigkeit, Prozessfähigkeit, werden in §§ 916 ff. ZPO ausdrücklich genannt:
- Gesuch, Antrag
- Schriftform
- Rechtsschutzbedürfnis
- Arrest- bzw. Verfügungsanspruch
- Arrest- bzw. Verfügungsgrund
- Glaubhaftmachung

Zu c Anwaltszwang
Nein, es besteht kein Anwaltszwang, selbst beim Landgericht nicht, § 920 Abs. 3 ZPO.

Zu 5 Arrest
Zu a Rechtliche Maßnahme
Dinglicher Arrest

Zu b Gericht
- Gericht der Hauptsache, § 919 ZPO
- Hier: LG Mainz

Zu c Frist
Sie beträgt 1 Monat ab Verkündung des Befehls oder der Zustellung an den Antragsteller, § 929 Abs. 2 ZPO.

Zu d Vollstreckungsklausel
Da hier weder auf der Gläubiger- noch auf der Schuldnerseite ein Personenwechsel ersichtlich ist, bedarf es keiner Klausel, § 929 Abs. 1 ZPO.

Zu e Vollziehung vor Zustellung
Der Arrestbefehl darf bereits vor der Zustellung vollzogen werden, die Zustellung muss aber innerhalb einer Woche nach der Vollziehung nachgeholt werden, § 929 Abs. 3 ZPO.

Zu f Fristen zu „e"
- Der Arrestbefehl darf bereits vor der Zustellung vollzogen werden, die Zustellung muss aber innerhalb einer Woche nach der Vollziehung nachgeholt werden, § 929 Abs. 3 ZPO,
- außerdem ist die einmonatige Vollziehungsfrist gemäß § 929 Abs. 2 ZPO zu beachten.

3.6 Zwangsvollstreckung innerhalb der EU

Zu 1 Vergleich

Kriterium \ EU-Instrument	Klage auf Geldleistung, Brüssel-Ia-VO	EU-Vollstreckungstitel-EuVTVO	EU-Mahnverfahren	EU-Verfahren für geringfügige Forderungen
Geeignet für strittige Forderungen?	ja	nein	nein	ja
Obergrenze für Höhe der Geldforderung?	nein	nein	nein	ja
Rechtsanwaltspflicht?	ja	nein	nein	nein
Verfahrensablauf EU-weit standardisiert?	nein	ja	ja	ja
EU-weit einheitliche Fristenregelung?	nein	nein	ja	ja
EU-weit einheitliche Grundsätze für Verfahrenskosten?	nein	nein	ja	ja
EU-weit einheitliche Kostentragungspflicht der unterlegenen Partei?	nein	nein	nein	ja

Zu 2 Europäischer Vollstreckungstitel für unbestrittene Forderungen
Nein, dies kann er nicht. Steuer- und Zollsachen fallen nicht in den Anwendungsbereich der EuVTVO. Gleiches würde im Übrigen auch für die EU-Small-Claims-VO (EuGFVO) gelten.

Zu 3 Europäischer Vollstreckungstitel für unbestrittene Forderungen
Alle außer Tz c.

Zu 4 Bestätigung
Gemäß § 1079 ZPO ist dies die Stelle, die auch für die Erteilung einer vollstreckbaren Ausfertigung zuständig ist.

Zu 5 Bestätigung
Ja

Zu 6 Anträge
Art 23 VO (EG) Nr. 805/2004
Das Gericht kann auf Antrag des Schuldners …
- das Vollstreckungsverfahren auf Sicherungsmaßnahmen beschränken oder
- die Vollstreckung von der Leistung einer von dem Gericht oder der befugten Stelle zu bestimmenden Sicherheit abhängig machen oder
- unter außergewöhnlichen Umständen das Vollstreckungsverfahren aussetzen.

Zu 7a Frist
Innerhalb von 30 Tagen ab Eingang des Antwortformulars des Beklagten.

Zu b
30 Tage ab Ende der mündlichen Verhandlung

Zu 8a Sprache
Grundsatz: In der Sprache des angerufenen Gerichts; im Sachverhalt in deutsch.

Zu b Rechtsmittel
Grundsatz: Gegen ein Urteil können Rechtsmittel eingelegt werden, vorausgesetzt, dies ist im Verfahrensrecht des Ursprungslandes der Entscheidung vorgesehen.

In Deutschland wäre hier Berufung beim LG Mainz möglich.

C. Zivilprozessordnung

Zu 9 Dänemark
Die VO (EU) Nr. 2015/2421 ist nicht auf Dänemark anwendbar.

Zu 10 Kontenpfändung
Die Zustellung hat an das Amtsgericht in Frankfurt zu erfolgen. Dieses leitet dann die Unterlagen an die betroffene Bank weiter. Diese wiederum teilt auf einem Formblatt dem Amtsgericht Frankfurt innerhalb von drei Arbeitstagen mit, ob und inwieweit Gelder vorläufig gepfändet werden konnten.

Zu 11a Maßnahme
Europäischen Beschluss zur vorläufigen Kontenpfändung beantragen

Zu b Anträge
- Antrag auf Erhalt eines Europäischen Beschlusses zur vorläufigen Kontenpfändung beim zuständigen Gericht am Wohnsitz des Schuldners
- Antrag zur Einholung der Konteninformation

Vergütung und Kosten

I. Wiederholungsfragen

1. Begriffe und allgemeine Grundlagen

Zu 1 Gesetze
    (1) Rechtsanwaltsvergütungsgesetz (RVG)
    (2) Gerichtskostengesetz (GKG)
    (3) Gesetz über Gerichtskosten in Familiensachen (FamGKG)
    (4) Kostenordnung (KostO)
    (5) Gesetz über Kosten der Gerichtsvollzieher (GvKostG)
    (6) Justizvergütungs- und Entschädigungsgesetz (JVEG)

Zu 2 Kosten und Kostenzusammensetzung
Definition zu Kosten:
Aufwendungen, die einer Partei insbesondere für die Inanspruchnahme eines Gerichts, Rechtsanwalts oder eines Notars entstehen.
Kostenzusammensetzung:
Bei der Kostenstruktur wird in Gebühren und Auslagen unterschieden.

Anmerkung:
Diese vereinfachte Kostendefinition hat nichts mit der zu tun, die üblicherweise in der Betriebswirtschaftslehre verwendet wird.
Im Bereich der Personen der Rechtspflege, z. B. Rechtsanwälte, Notare, Justiz gibt es keine einheitliche Definition des Begriffes Kosten. In § 1 Abs. 1 GKG, § 1 KostO und § 1 GvKostG verwendet der Gesetzgeber den Begriff **Kosten**. Dies sind die Bereiche in denen das jeweilige Organ der Rechtspflege im Rahmen des öffentlichen Rechts tätig wird, z. B. das Gericht oder der Notar. Der Rechtsanwalt dagegen wird aufgrund eines privatrechtlich geschlossenen Vertrags tätig. In § 1 Abs. 1 RVG verwendet der Gesetzgeber daher nicht den Begriff Kosten, sondern spricht bei Rechtsanwälten von der zu erstattenden **Vergütung**. Die Kostenstruktur, bestehend aus Gebühren und Auslagen, ist für alle genannten Bereiche gleich.

Zu 3 Pauschgebühr
Für bestimmte Verfahrensabschnitte oder für bestimmte Handlungen werden Gebühren in pauschaler Form erhoben und dies auch grundsätzlich nur einmal. Dabei spielt der konkrete Arbeitsaufwand oder die besondere Schwierigkeit in der Regel keine Rolle. Bei bestimmten Gebühren hat der Gesetzgeber jedoch zur Berücksichtigung dieser besonderen Umstände eine Erhöhungsmöglichkeit vorgesehen.
Anmerkung:
Der Begriff Pauschgebühr wird im Gesetz nicht direkt verwendet bzw. definiert. In den Kostengesetzen finden sich lediglich Hinweise, insbesondere in §§ 15, 16, 19 RVG, in § 35 GKG bzw. in § 35 KostO.
Im Gegensatz zu einer Handwerkerrechnung, in der konkrete Leistungen und Materialien abgerechnet werden, steht der Begriff Gebühr für eine pauschale Abgeltung von Leistungen, ohne dass der zugrunde liegende Aufwand konkret abgerechnet wird. In den Kostengesetzen werden daher im Wesentlichen **Pauschgebühren** vorgeschrieben.

Zu 4 Gebührenarten

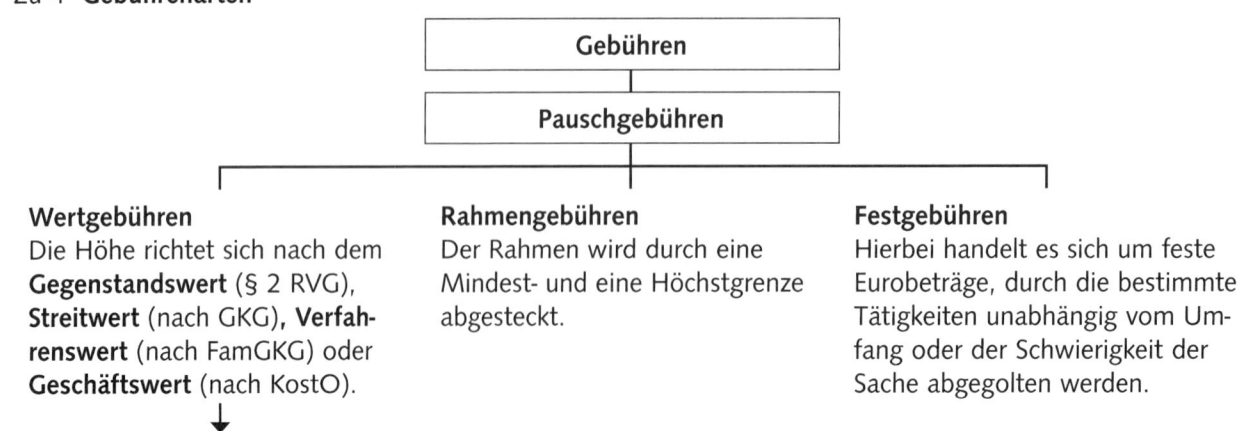

```
                    ┌──────────────┐
                    │   Gebühren   │
                    ├──────────────┤
                    │ Pauschgebühren│
                    └──────┬───────┘
          ┌────────────────┼────────────────┐
```

Wertgebühren	Rahmengebühren	Festgebühren
Die Höhe richtet sich nach dem **Gegenstandswert** (§ 2 RVG), **Streitwert** (nach GKG), **Verfahrenswert** (nach FamGKG) oder **Geschäftswert** (nach KostO). ↓	Der Rahmen wird durch eine Mindest- und eine Höchstgrenze abgesteckt.	Hierbei handelt es sich um feste Eurobeträge, durch die bestimmte Tätigkeiten unabhängig vom Umfang oder der Schwierigkeit der Sache abgegolten werden.

I. Wiederholungsfragen

Hierauf wird der jeweilige **Gebührensatz** gerechnet.

↓

Der Eurobetrag der jeweiligen Gebühr ergibt sich aus der **Gebührentabelle** (nach RVG: § 13 RVG bzw. Anlage 2 zu § 13 RVG).

Unterscheidung in:
1. Betragsrahmengebühren: Hier besteht die Mindest- und die Höchstgebühr jeweils aus einem Eurobetrag.

2. Satzrahmengebühr:
Hier wird der Rahmen durch einen niedersten und einen höchsten Gebührensatz abgegrenzt.

Bei der Gebührenhöhe sind zu beachten gem. § 14 RVG:
Bedeutung, Schwierigkeit und Umfang der Sache, Einkommens-/ Vermögensverhältnisse des Mandanten, Haftungsrisiko.

Mittelgebühr =

$$\frac{\text{Mindestgebühr} + \text{Höchstgebühr}}{2}$$

Anmerkungen zu Wertgebühren:
Da die Wertgebühren einen sehr hohen Stellenwert für die Tätigkeit des Anwalts in Zivilsachen einnehmen, sei hier der Zusammenhang der Gebührenrechtsvorschriften nach RVG etwas ausführlicher dargestellt:
- Die **Höhe der Vergütung** wird in **§ 2 RVG** geregelt. Hier wird klar gestellt, dass sich die Gebühren für die anwaltliche Tätigkeit nach dem Wert berechnen, den der Gegenstand der anwaltlichen Tätigkeit hat (Gegenstandswert). Absatz 2 Satz 1 dieser Vorschrift bestimmt, dass sich die dabei im Einzelnen zu beachtenden gesetzlichen Regelungen in einem gesonderten Teil des RVG, nämlich dem Vergütungsverzeichnis, befinden. Außerdem werden die bei der Gebührenberechnung zu beachtenden Rundungsregeln angegeben.
- **§ 13 RVG** ist die Vorschrift, in der der Gesetzgeber die wichtigen Eckdaten des Aufbaus der Gebührentabelle festschreibt. Man könnte diese Vorschrift als eine Art „Betriebsanleitung" zum Aufbau der Gebührentabelle bezeichnen. Aufbauend auf diesen „Minimalangaben" befindet sich in der Anlage 2 zu § 13 Abs. 1 RVG eine etwas komfortablere Tabelle, in der bis zu einem Gegenstandswert von 500.000,00 Euro die Euro-Beträge für eine 1,0 Gebühr dargestellt sind. Alle auf dem Markt erhältlichen Gebührentabellen machen letztlich nichts anderes, als die vom Gesetzgeber in § 13 RVG festgelegten Regelungen für alle erdenklichen Gebührensätze in Euro auszurechnen. Außerdem regelt § 13 Abs. 2 RVG, dass der Mindestbetrag der anwaltlichen Tätigkeit bei 15,00 Euro liegt.
- Da die §§ 2, 13 RVG, wie eben dargestellt, unmittelbar zusammengehören und sozusagen das Grundgerüst für die Ermittlung der Wertgebühren darstellen, ist es auch nachvollziehbar, warum in einer Vergütungsabrechnung in Zivilsachen, sofern Wertgebühren betroffen sind, diese beiden Vorschriften zitiert werden.
- In **Abschnitt 4 des RVG, §§ 22 bis 33 RVG** werden die zu beachtenden Wertvorschriften dargestellt, im Einzelnen siehe hierzu unten die Ausführungen zum **Gegenstandswert**.

Zu 5 **Schwellengebühr**
Hierbei handelt es sich zunächst nicht um eine Gebührenart im eigentlichen Sinne, wie sie etwa bei Frage 4 aufgeführt wurde.
Der Gesetzgeber hat vielmehr in bestimmten Fällen eine Gebührenschwelle ins Gesetz aufgenommen. Am Beispiel der Geschäftsgebühr nach Nr. 2300 VV RVG verdeutlicht bedeutet dies, dass ein Rechtsanwalt in einer durchschnittlichen Angelegenheit, die also weder schwierig noch umfangreich war, maximal mit einer („Schwellen"-) Gebühr in Höhe von 1,3 abrechnen darf. Möchte er diese Gebühr überschreiten, so kann er dies nur tun, wenn die Angelegenheit entweder schwieriger oder umfangreicher oder beides ist. Sofern lediglich die anderen in § 14 RVG genannten Kriterien, wie Vermögens-/ Einkommensverhältnisse, Haftung und Bedeutung erhöht sind, sollen diese zu keiner Erhöhung der 1,3 Geschäftsgebühr führen, da in der Anmerkung zu Nr. 2300 VV RVG ausdrücklich nur auf den Schwierigkeitsgrad und den Umfang abgestellt wird.

Ein Beispiel für eine Schwellengebühr bei einer Betragsrahmengebühr befindet sich in Nr. 2302 VV RVG. Ziffer 2 eröffnet dort einen Betragsrahmen in Höhe von 50,00 bis 640,00 Euro, wobei in der Anmerkung zu Ziffer 2 eine Schwellengebühr von 300,00 Euro verankert wurde.

Auch die Schwellengebühr erhöht sich bei mehreren Auftraggebern um 0,3 für jeden weiteren Auftraggeber, sofern der Gegenstand der anwaltlichen Tätigkeit derselbe ist, Nr. 1008 VV RVG.

Zu 6 Abrechnung
Nach § 15 Abs. 2 RVG darf der Rechtsanwalt die Gebühren in derselben Angelegenheit nur einmal fordern.

Erläuterung:
Dem Begriff Angelegenheit kommt im Gebührenrecht eine sehr zentrale Rolle zu. Da er im Gesetz nicht definiert wird, haben sich aus der Rechtsprechung bzw. Fachliteratur drei Voraussetzungen zum Vorliegen einer gebührenrechtlichen Angelegenheit herauskristallisiert:
- Es muss ein **einheitlicher Auftrag** vorliegen.
- Sofern verschiedene Gegenstände verfolgt werden, muss **derselbe Rahmen** eingehalten werden.
- Sofern verschiedene Gegenstände vorliegen, muss ein **innerer Zusammenhang** zwischen diesen vorliegen.

In den §§ 16 ff RVG hat der Gesetzgeber ausdrücklich geregelt, welche Tätigkeiten noch zum Rechtszug gehören und welche gebührenrechtlich als besondere Angelegenheiten anzusehen sind.

Zu 7 Gebührenbegrenzung nach § 15 (3) RVG
Sind für Teile eines Gegenstands verschiedene Gebührensätze anzuwenden, „entstehen für die Teile gesondert berechnete Gebühren, jedoch nicht mehr als die aus dem Gesamtbetrag der Wertteile nach dem höchsten Gebührensatz berechnete Gebühr", § 15 (3) RVG.

Erläuterung:
Diese auf den ersten Blick schwer verständliche Vorschrift lässt sich am besten an einem Beispiel erläutern:
Rechtsanwalt Klein soll in einer Klage 1.100,00 Euro Schadensersatz und 700,00 Euro Kaufpreisforderung geltend machen. Bevor die Klage eingereicht wird, zahlt der Gegner die 700,00 Euro Kaufpreis. Über die 1.100,00 Euro wird Klage eingereicht. Andere Gebühren außer der Verfahrensgebühr sollen außer Acht bleiben. Da über den Kaufpreisanspruch die Klage nicht eingereicht wurde, kann der Rechtsanwalt hier nur eine 0,8 Verfahrensgebühr aus 700,00 Euro abrechnen. Für die eingereichten 1.100,00 Euro darf der Rechtsanwalt eine 1,3 Verfahrensgebühr abrechnen. Um zu vermeiden, dass der Rechtsanwalt aufgrund der Euro-Sprünge in der Gebührentabelle somit mehr abrechnen würde als ein Rechtsanwalt, der die Klage über 1.800,00 Euro eingereicht hätte, muss eine Vergleichsrechnung durchgeführt werden.

0,8 Verfahrensgebühr	aus 700,00	64,00
1,3 Verfahrensgebühr	+ aus 1.100,00	+ 149,50
		= **213,50**

§ 15 (3) RVG Prüfung:
1,3 (= der höhere Satz)   aus 1.800,00 (= Gesamtbetrag)   = **195,00**

Der Rechtsanwalt darf nur die 195,00 Euro abrechnen. Dieser Betrag stellt die Obergrenze dar. Dies wäre auch der Betrag gewesen, den er hätte abrechnen dürfen, wenn die Klage, wie ursprünglich geplant, über 1.800,00 Euro eingereicht worden wäre. Diese Vergleichsrechnung ist demzufolge immer dann anzustellen, wenn für Wertteile des Gegenstandes unterschiedlich hohe Gebührensätze berechnet werden. Der höchste Gebührensatz aus dem Gesamtbetrag der Teilbeträge stellt dann die Gebührenobergrenze für die Abrechnung dar.

Zu 8 Auslagen
Zu a Begriffsabgrenzung
Mit den Gebühren sind die **allgemeinen Geschäftskosten** (z. B. Kanzleimiete, Büroeinrichtung, Angestelltengehälter) abgegolten.
Außerdem kann der Rechtsanwalt den Ersatz der **entstandenen Aufwendungen** verlangen. Die Auslagen sind im Teil 7, Nr. 7000 ff VV RVG im Einzelnen aufgeführt.

Zu b Überblick zu Auslagen (Schaubild = Lösungen zu Nr. 8b–8f)
Nr. 7000 ff VV RVG: Dokumentenpauschale, Entgelte für Post- und Telekommunikationsdienstleistungen, Reisekosten, Prämie für Haftpflichtversicherung bei Großmandaten, Umsatzsteuer (UStG beachten).

I. Wiederholungsfragen

Antworten zu Nr. 8b–8f

c. Dokumentenpauschale, Nr. 7000 VV	d. Post- und Telekommunikationsentgelte, Nr. 7001, 7002 VV	e. Reisekosten, Nr. 7003, 7004, 7005, 7006 VV	zu f. Prämie für Haftpflichtversicherung, Nr. 7007 VV	zu f. Umsatzsteuer, Nr. 7008 VV

Für Kopien:
1. Aus Behörden- und Gerichtsakten,
2. zur Zustellung/ Mitteilung an Gegner, Beteiligte oder Verfahrensbeteiligte aufgrund einer Rechtsvorschrift oder der sonst nach Aufforderung durch Gericht, Behörde oder die sonst das Verfahren führende Stelle, sofern **mehr als 100 Kopien** zu fertigen waren,
3. zur notwendigen Unterrichtung des Auftraggebers, sofern **mehr als 100 Kopien** zu fertigen waren,
4. sofern im Einverständnis mit dem Auftraggeber zusätzlich angefertigt, auch zur Unterrichtung Dritter.
 	
Höhe:
für die ersten 50 Seiten: 0,50 Euro,
für jede weitere: 0,15 Euro,
für die ersten 50 Farbkopien: 1,00 Euro,
für jede weitere Farbkopie 0,30 Euro.
 	
Übermittlung elektronischer Dateien:
je Datei: 1,50 Euro,
Höchstbetrag pro Arbeitsgang: 5,00 Euro; Nr. 7000 Ziff. 2 VV.
 	
Anmerkung:
(1) Die Übermittlung durch den Rechtsanwalt per Telefax steht der Herstellung einer Kopie gleich.
(2) Sofern Dokumente in Papierform erst noch in elektronische Form umgesetzt werden müssen, so beträgt die Dokumentenpauschale nach Nr. 7000 Ziff. 2 VV nicht weniger, als die Dokumentenpauschale im Fall der Nr. 7000 Ziff. 1 VV betragen würde.
	Anwendungsbereich:
	Z. B. für Briefporto, Einschreiben, Telefongebühren, Telefax.
	
	Höhe:
	– In Höhe der tatsächlichen (nachgewiesenen) Kosten oder
	– pauschal 20 % der Gebühren, max. 20,00 Euro.
	
	In demselben Rechtszug kann die Auslagenpauschale statt der tatsächlichen Auslagen mehrfach in Ansatz gebracht werden, wenn mehrere Angelegenheiten vorliegen, z. B. gemäß § 17 RVG im Mahn- und im anschließenden Klageverfahren, im Urkundenprozess und im anschließenden ordentlichen Verfahren, im Bußgeldverfahren vor der Verwaltungsbehörde und in nachfolgenden gerichtlichen Verfahren.
		Eine Geschäftsreise liegt vor, wenn das Reiseziel außerhalb der Gemeinde liegt, in der sich die Kanzlei oder die Wohnung des Rechtsanwalts befindet, Vorb. 7 Abs.2 VV RVG.
		
		Im Einzelnen:
		1. **Fahrtkosten** (Nr. 7003 VV):
		  a. **Kilometerpauschale** für geschäftliche Fahrten mit dem eigenen Pkw, 0,30 Euro pro gefahrenem Kilometer.
		  b. **Angemessene Fahrtkosten für die Benutzung anderer Verkehrsmittel.**
		2. **Tage- und Abwesenheitsgeld** (Nr. 7005 VV):
		Für eine Abwesenheit von
		nicht mehr als 4 Stunden: 25,00 Euro,
		mehr als 4 bis 8 Stunden: 40,00 Euro,
		mehr als 8 Stunden: 70,00 Euro.
		Bei Auslandsreisen kann zu diesen Beträgen ein Zuschlag von 50 % berechnet werden (Anm. zu Nr. 7005 VV).
		3. **Sonstige Auslagen i.S.v. Nr. 7006 VV:** Z. B. Gepäckaufbewahrung, Übernachtungskosten, soweit sie angemessen sind. Sofern ein Rechtsanwalt auf einer Geschäftsreise für mehre Mandaten tätig ist, so sind die tatsächlich entstandenen Auslagen nach Nr. 7003 bis Nr. 7006 VV in dem Verhältnis auf die Ausführung einzeln entstanden wären, Vorb. 7 Abs. 3 VV.
			Im Einzelfall gezahlte Prämie für eine Haftpflichtversicherung für Vermögensschäden, soweit sie auf Haftungsbeträge von mehr als 30 Mio Euro entfällt.	RA hat Anspruch auf Ersatz, der auf seine Vergütung entfallenden USt.

Lösungen — Vergütung und Kosten

Zu g

Sachverhalte	Auslagen in Euro
1. Der Rechtsanwalt fertigt 40 abzurechnende Schwarz-Weiß Kopien und 20 Farbkopien.	40 x 0,50 Euro = 20,00 Euro 20 x 1,00 Euro = 20,00 Euro Insgesamt 40,00 Euro
2. Der Rechtsanwalt fertigt 70 abzurechnende Schwarz-Weiß Kopien und 40 Farbkopien.	50 x 0,50 Euro = 25,00 Euro 20 x 0,15 Euro = 3,00 Euro 40 x 1,00 Euro = 40,00 Euro Insgesamt 68,00 Euro
3. Der Rechtsanwalt fertigt 60 abzurechnende Schwarz-Weiß Kopien und 70 Farbkopien.	50 x 0,50 Euro = 25,00 Euro 10 x 0,15 Euro = 1,50 Euro 50 x 1,00 Euro = 50,00 Euro 20 x 0,30 Euro = 6,00 Euro Insgesamt 82,50 Euro
4. Der Rechtsanwalt war für seinen Mandanten zuerst im Wechselprozess und dann im anschließenden ordentlichen Verfahren tätig. In beiden wurden Post- und Telekommunikationsdienstleitungen in Anspruch genommen.	2 x 20 Euro = 40 Euro § 17 Nr. 5 RVG
5. Der Anwalt war in einem Strafrechtsmandat zunächst im vorbereitenden und anschließend im erstinstanzlichen Verfahren tätig. In beiden wurden Post- und Telekommunikationsdienstleitungen in Anspruch genommen.	2 x 20 Euro = 40 Euro § 17 Nr. 10a RVG
6. Der Anwalt hatte für seinen Mandanten einen gerichtlichen Mahnbescheid erwirkt. Nachdem der Gegner Widerspruch eingelegt hatte, vertrat er ihn im anschließenden streitigen Verfahren. Für beides wurden Post- und Telekommunikationsdienstleitungen in Anspruch genommen.	2 x 20 Euro = 40 Euro § 17 Nr. 2 RVG

Zu 9 **Bestandteile einer Vergütungsrechnung**
Die Bestandteile nach § 10 RVG im Einzelnen:
- **Gegenstandswert bzw. Geschäftswert** bei Wertgebühren,
- für jede Gebühr der **Gebührensatz**,
- Bezeichnung des **Gebührentatbestandes**,
- die **Gebührenvorschriften**, das heißt Nennung der Paragrafen und Nummern im Vergütungsverzeichnis,
- die jeweiligen **Euro-Beträge**,
- die verschiedenen **Auslagen** mit Angabe der Nummern im Vergütungsverzeichnis und der Euro-Beträge,
- Vorgelegte Gerichtskosten, Vorschüsse, **Umsatzsteuer**,
- **Unterschrift** des Rechtsanwalts.

Anmerkung:
Wie eben dargestellt enthält § 10 RVG die für eine nach RVG wirksame Vergütungsabrechnung notwendigen Mindestbestandteile. In § 154 KostO sind diese Bestandteile für die Kostenrechnung eines Notars aufgeführt. Unabhängig von der dargestellten zivilrechtlichen Wirksamkeit sind aber auch die Vorschriften über die steuerrechtliche Wirksamkeit zu beachten. Sofern ein Unternehmer die Vorsteuer aus einer Rechnung geltend machen will, muss diese zwingend die formalen Rechnungsvorschriften des Umsatzsteuergesetzes erfüllen. § 14 UStG enthält einen langen Katalog von zwingend einzuhaltenden Rechnungsbestandteilen. §§ 14a, 14b, 14c UStG ergänzen diese ohnehin schon lange Vorschrift und regeln darüber hinaus die Aufbewahrungsfristen und die Handhabung bei unrichtigem oder unberechtigtem Steuerausweis.

Zu 10 **Honorarvereinbarung**
Die formalen Erfordernisse hierzu sind in §§ 3a, 4 RVG geregelt, insbes. in § 3a Abs. 1 RVG:
- **Textform** ist zwingend. Zu beachten ist § 126b BGB, im Gegensatz zur Schriftform ist die eigenhändige Unterschrift des Erklärenden nicht notwendig.
- **Bezeichnung Vergütungsvereinbarung** oder Bezeichnung in vergleichbarer Weise muss enthalten sein,
- sie muss von anderen Vereinbarungen mit Ausnahme der Auftragserteilung deutlich **abgesetzt** sein und
- sie darf **nicht in der Vollmacht enthalten** sein.

- **Hinweis bezüglich gegnerischer Kostenerstattungspflicht** auf Basis der gesetzlichen Vergütung muss erfolgen.

Anmerkungen:
- Grundsätzlich ist es unzulässig, geringere Gebühren und Auslagen zu fordern, als sie im RVG vorgesehen sind, § 49 Abs. 1 BRAO.
- Gemäß § 4 Abs. 1 RVG kann jedoch in außergerichtlichen Angelegenheiten eine niedrigere als die gesetzliche Vergütung vereinbart werden, z. B. Pauschalvergütungen, Zeitvergütungen.
- Da der Vertrag zwischen Rechtsanwalt und Mandant nach zivilrechtlichen Grundsätzen geschlossen wird, räumen ihm die §§ 3a, 4 RVG die Möglichkeit ein, über eine Honorarvereinbarung auch eine höhere als die gesetzliche Vergütung zu vereinbaren. Da dies für seinen Mandanten jedoch von vornherein bedeutet, dass er auch für den Fall, dass der Prozess gewonnen wird, in jedem Fall einen Teil der Vergütung selbst tragen muss, hat der Gesetzgeber zu dessen Schutz die oben dargestellten formalen Erfordernisse als Warnfunktion ins RVG aufgenommen.

Zu 11 Erfolgshonorar

Der Grundsatz lautet, dass Erfolgshonorare unzulässig sind. Um jedoch Härtefälle zu vermeiden, ist es unter den in § 4a Abs. 1 Satz 1 RVG eng gefassten Voraussetzungen ausnahmsweise erlaubt, ein sogenanntes Erfolgshonorar zu vereinbaren.

Die Voraussetzungen im Einzelnen:
- Zulässigkeit nur ausnahmsweise im Einzelfall.
- Dies darf nur dann vereinbart werden, wenn der Auftraggeber aufgrund seiner wirtschaftlichen Verhältnisse bei verständiger Betrachtung ohne die Vereinbarung eines Erfolgshonorares von der Rechtsverfolgung abgehalten würde.
- Im gerichtlichen Verfahren darf dabei für den Fall des Misserfolgs vereinbart werden, dass keine oder eine geringere als die gesetzliche Vergütung zu zahlen ist, wenn für den Erfolgsfall ein angemessener Zuschlag auf die Vergütung vereinbart wird.
- Außerdem muss der Rechtsanwalt verschiedene Aufklärungs- und Hinweispflichten beachten, siehe § 4a Abs. 2, (3) RVG.

Anmerkungen:
Durch das Gesetz zur Änderung des Prozesskostenhilfe- und Beratungshilferechts mit Wirkung vom 01.01.2014 kann der Rechtsanwalt ganz auf eine Vergütung verzichten, wenn die Voraussetzungen für die Bewilligung von Beratungshilfe vorliegen.
Außerdem besteht für den Rechtsanwalt die Möglichkeit, auch mit Mandanten, die grundsätzlich der Beratungshilfe und der Prozesskostenhilfe unterfallen, ein Erfolgshonorar zu vereinbaren.

Zu 12 Fälligkeit der Vergütung

Gemäß § 8 Abs. 1 RVG wird die Vergütung fällig:
In allen Verfahren, wenn
- der Auftrag erledigt oder
- die Angelegenheit beendet ist.

In gerichtlichen Verfahren, wenn
- eine Kostenentscheidung ergangen oder
- der Rechtszug beendet ist oder
- das Verfahren länger als drei Monate ruht.

Zu 13 Kostenvorschuss

Nach § 9 RVG kann der Rechtsanwalt für seine entstandenen und voraussichtlich entstehenden Gebühren und Auslagen einen angemessenen Vorschuss verlangen.

Zu 14 Kostenfestsetzungsverfahren

Zu a Begriff

Die Kostenfestsetzung ist das gerichtliche Verfahren, in dem die Kosten festgesetzt werden, die die eine Partei der anderen aufgrund der gerichtlichen Entscheidung zu zahlen hat. Die Kostenfestsetzung erfolgt nicht im ursprünglichen Hauptverfahren, sondern in einem gesonderten Nachverfahren, welches in den §§ 103 bis 107 ZPO ausdrücklich geregelt ist.

Lösungen — Vergütung und Kosten

Zu 15. Struktur des Kostenfestsetzungsverfahrens

Kostentragungspflicht:

a. Wer trägt grundsätzlich die Kosten eines Prozesses?

b. Wer trägt die Kosten bei teilweisem Obsiegen?

c. Wer trägt die Kosten bei sofortigem Anerkenntnis, sofern der Beklagte durch sein Verhalten keinen Anlass für eine Klage gegeben hat?

d. Was versteht man unter der **Kostengrundentscheidung** und wer erlässt diese?

e. In welcher Form erfolgt diese in der Regel?

Hauptverfahren

zu a Die unterlegene **Partei**, § 91 Abs. 1 ZPO.

zu b Kosten werden **gegeneinander aufgehoben** oder **verhältnismäßig geteilt**, § 92 Abs. 1 ZPO.

zu c Der **Kläger**, § 93 ZPO.

zu d **Ausspruch des Gerichts darüber, wer die Kosten zu tragen hat**, § 308 Abs. 2 ZPO (häufig Kostenentscheidung genannt).

zu e **Im Urteil** bzw. Beschluss; im Rechtszug ergeht sie von Amts wegen, in der Regel im Schlussurteil.

Kostenfestsetzungsverfahren:

f. Nach welchen Vorschriften richtet sich die Kostenfestsetzung?

g. Wer bringt das Kostenfestsetzungsverfahren in Gang?

h. Wodurch wird das Verfahren in Gang gesetzt?

i. Welche Kosten können geltend gemacht werden?

j. Wo wird das Verfahren in Gang gesetzt?

k. Welches Organ der Rechtspflege entscheidet in bürgerlichen Rechtsstreitigkeiten?

l. Über was wird hier im Gegensatz zur Kostengrundentscheidung entschieden?

m. Entstehen in diesem Verfahren zusätzliche Gerichtskosten?

n. In welcher Form ergeht die Entscheidung?

Nachverfahren

zu f §§ 103 – 107 ZPO.

zu g Die **Partei**, die sich durch ihren Rechtsanwalt vertreten lassen kann.

zu h Durch den **Antrag** der Partei.
Dem Kostenfestsetzungsantrag ist eine Berechnung der Kosten, einschließlich etwaiger Belege, mit je einer Abschrift für jeden Gegner beizufügen, § 103 Abs. 2 S. 2 ZPO. Die Kostenansätze sind glaubhaft zu machen, § 104 Abs. 2 ZPO.

zu i Nur die **Prozesskosten**, § 103 Abs. 1 ZPO.
Hierzu gehören allerdings auch die im Vorfeld zur Vorbereitung des Verfahrens entstandenen Kosten, § 19 Abs. 1 RVG.

zu j Beim **Gericht der ersten Instanz**, dies auch wegen der in den höheren Instanzen über die Rechtsmitteleinlegung entstandenen Kosten, §§ 103 Abs. 2 ZPO.

zu k **Rechtspfleger**

zu l **Höhe** des Betrags der zu erstattenden Kosten

zu m **Nein**

zu n **Beschluss**
Der Kostenfestsetzungsbeschluss ist gemäß § 794 Abs. 1 Nr. 2 ZPO ein Vollstreckungstitel, für den gemäß § 798 ZPO eine zweiwöchige Wartefrist zwischen Zustellung und Zwangsvollstreckung einzuhalten ist.
In der vereinfachten Kostenfestsetzung nach § 105 ZPO wird der Kostenfestsetzungsbeschluss direkt auf das Urteil und seine Ausfertigung gesetzt, sodass keine gesonderte Vollstreckungsklausel für den Beschluss notwendig ist, § 795a ZPO. Im Gegensatz zum Kostenfestsetzungsbeschluss nach § 794 Abs. 1 Nr. 2 ZPO kann bei der vereinfachten Kostenfestsetzung ohne zweiwöchige Wartefrist wegen der Hauptforderung und wegen der Verfahrenskosten vollstreckt werden.

I. Wiederholungsfragen

Rechtsmittel/Rechtsbehelf:

o. Welches Rechtsmittel / welcher Rechtsbehelf kann gegen die Entscheidung nach ZPO bzw. RPflG eingelegt werden?

Rechtsbehelfsverfahren

zu o Abhängig vom **Beschwerdewert**, § 567 Abs. 2 ZPO:
- **über 200,00 Euro:** Sofortige Beschwerde, § 104 Abs. 3 ZPO, § 11 Abs. 1 RPflG,
- **bis zu 200,00 Euro:** Sofortige Erinnerung, § 11 Abs. 2 RPflG.

Zu 16 Gerichtskosten
1. **Im Klageverfahren**: 3,0 Gebühr gem. Nr. 1210 des Kostenverzeichnisses zum GKG (= Anlage 1 zum GKG).
2. **Im Mahnverfahren:** 0,5 Gebühr, mindestens 32,00 Euro gem. Nr. 1100 des Kostenverzeichnisses zum GKG. Die Grundsätze für Vorschüsse und Vorauszahlungen bestimmen sich nach §§ 10 ff GKG, insbes. § 12 Abs. 1 GKG. Die Vorschriften für die Fälligkeit bestimmen sich nach § 6 GKG.

2. Gegenstandswert

Zu 1 Gegenstandswert
Der Gegenstandswert ist in § 2 Abs. 1 RVG definiert:
„Die Gebühren werden, soweit dieses Gesetz nichts anderes bestimmt, nach dem Wert berechnet, den der Gegenstand der anwaltlichen Tätigkeit hat"

Zu 2 Gegenstandswert
Der Zusammenhang sei hier in Form eines Schemas dargestellt:

Prüfungs-/Ablaufschema:

> **§ 23 Abs. 1 RVG**
> Das RVG verweist in dieser Vorschrift zur Berechnung des **Gegenstandswertes** der Rechtsanwaltsgebühren in gerichtlichen Verfahren auf die für die Gerichtsgebühren geltenden Wertvorschriften.* Maßgebliche Norm dort: § 48 Abs. 1 GKG, die Berechnung erfolgt nach:

⬇

> **§§ 39 bis 60 GKG [§ 48 Abs. 1 GKG]**
> Sowohl der **Gebührenstreitwert** des Gerichts als auch der **Gegenstandswert** für die Rechtsanwaltsgebühren werden grundsätzlich hiernach berechnet.

⬇

> **§§ 3 bis 9 ZPO**
> Diese Vorschriften sind nur dann heranzuziehen, wenn das GKG keine speziellen Regelungen enthält.

* Hierunter fallen auch die einem gerichtlichen Verfahren vorausgehenden Tätigkeiten, wie etwa Zahlungsaufforderungen, Mahnungen etc. Auch wenn es dem Anwalt gelingt, einen Rechtsstreit abzuwenden und letztlich gar kein Prozess zustande kommt, so sind auch hier die Vorschriften des GKG für die Bestimmung des Gegenstandswertes anzuwenden. In § 23 Abs. 1 S. 3 RVG ist ausdrücklich geregelt, dass die Wertvorschriften des GKG auch außerhalb eines gerichtlichen Verfahrens gelten sollen, wenn der Gegenstand der Tätigkeit auch Gegenstand eines gerichtlichen Verfahrens sein könnte.

Außerdem zu beachten:

§§ 22 bis 31 RVG
Hierbei handelt es sich um gesonderte Wertvorschriften innerhalb des RVG, z. B. regelt § 25 RVG die Ermittlung des Gegenstandswerts in der Zwangsvollstreckung. Diese Paragrafen sind als speziellere Regelungen gegenüber den anderen Wertvorschriften vorrangig.

§ 23 (3) RVG i.V.m. GNotKG

Die in Absatz 3 aufgeführten Vorschriften greifen, sofern die Tätigkeit des Rechtsanwalts keine Verbindung zu einem gerichtlichen Verfahren hat oder im GKG keine Wertvorschrift existiert.

Lösungen — Vergütung und Kosten

Familiensachen
Hier werden die Gegenstandswerte der Rechtsanwaltsgebühren nach den Vorschriften des FamGKG zum Verfahrenswert berechnet, § 23 Abs. 1 RVG, §§ 33 bis 52 FamGKG.

Zu 3 Sachliche Zuständigkeit und Zuständigkeitsstreitwert
Sachliche Zuständigkeit: = Zuständigkeit in erster Instanz (Frage: „Wo beginnt ein Prozess, beim AG oder beim LG?"). Hierbei sind insbesondere die §§ 23, 71 GVG zu beachten.
Zuständigkeitsstreitwert: Er wird nach den §§ 2 bis 9 ZPO berechnet.

Zu 4 Gebührenstreitwert und Zuständigkeitsstreitwert
Es handelt sich hierbei um eine Rente aus unerlaubter Handlung.

Gebührenstreitwert
Gemäß § 48 (1) S. 1 GKG i.V.m. § 9 ZPO: 500,00 Euro x 12 = 6.000,00 Euro x 3,5 = 21.000,00 Euro

Zuständigkeitsstreitwert
Gemäß § 9 ZPO: 500,00 Euro x 12 = 6.000,00 Euro x 3,5 = 21.000,00 Euro

Zu 5 Gegenstandswerte

a. **Gegenstandswert: 4.100,00 Euro**
Die Werte werden addiert, § 22 Abs. 1 RVG, § 39 Abs. 1 GKG.

b. **Gegenstandswert: 8.500,00 Euro**
Für die Räumung: 12 x 500,00 = 6.000,00 Euro
für die Rückstände: 5 x 500,00 = 2.500,00 Euro
insgesamt: = 8.500,00 Euro
Die Berechnung für die Räumung erfolgt nach § 41 Abs. 2 GKG.
Die rückständigen Beträge werden addiert, § 22 Abs. 1 RVG, § 39 Abs. 1 GKG.
Anmerkung:
Dieser Berechnung wird in der Regel die Kaltmiete zugrunde zu legen sein. Die Warmmiete (Miete + Nebenkosten) ist dann maßgeblich, wenn die Nebenkosten als Pauschale vereinbart sind und nicht gesondert abgerechnet werden, § 41 Abs. 1 S. 2 GKG. Bei Zahlungsklagen ist der eingeklagte Betrag einschließlich Nebenkosten zu nehmen.

c. **Gegenstandswert 1. Instanz: 7.500,00 Euro**
Es sind keine Nebenforderungen zu berücksichtigen, § 43 Abs. 1 GKG.
Gegenstandswert 2. Instanz: 6.000,00 Euro
Entscheidend ist der Antrag des Rechtsmittelführers, § 47 Abs. 1 GKG.

d. **Gegenstandswert: 8.250,00 Euro**
Dreifaches Nettoeinkommen der Eheleute ist maßgeblich, § 43 Abs. 2 FamGKG.

e. **Gegenstandswert:** 300,00 x 12 = **3.600,00 Euro**
Sowohl der gesetzliche als auch der vertragliche Unterhalt fallen unter § 51 Abs. 1 FamGKG.

f. **Gegenstandswert: 3.500,00 Euro**
Entscheidend ist der Verkehrswert, § 48 Abs. 1 S. 1 GKG i.V.m. §§ 3, 6 ZPO.

g. **Gegenstandswert: 6.800,00 Euro**
Es handelt sich hierbei um Unterhaltsansprüche gem. § 51 FamGKG.
Zukünftiger Unterhalt: 12 x 400,00 Euro = 4.800,00 Euro (gem. Abs. 1)
Rückstände: 5 x 400,00 Euro = 2.000,00 Euro (gem. Abs. 2)
Insgesamt: 6.800,00 Euro

Zu 7 Höchstwerte für Gegenstandswert
a. Gemäß § 22 Abs. 2 RVG: 30 Millionen Euro
b. Gemäß § 22 Abs. 2 RVG erfolgt hier eine Deckelung auf 100 Millionen Euro.

3. Allgemeine und außergerichtliche Gebühren

Zu 1 Aufbau des Vergütungsverzeichnisses (VV RVG)
Teil 1: Allgemeine Gebühren
Teil 2: Gebühren im außergerichtlichen Bereich
Teil 3: Gebühren bei gerichtlicher Tätigkeit des Rechtsanwaltes

I. Wiederholungsfragen

Teile 4 und 5: Straf- und Bußgeldsachen
Teil 6: Sonstige Verfahren
Teil 7: Auslagen

Zu 2 Aufbau des Vergütungsverzeichnisses (VV RVG)
Das Gesetz unterscheidet 7 Teile mit jeweils vierstelligen Nummern. Die Ziffer 1 bezeichnet den Teil des Vergütungsverzeichnisses, Ziffer 2 den Abschnitt und die Ziffern 3 und 4 die nummerische Reihenfolge von Unterabschnitten. Die allgemeinen Gebühren des Teil 1 können sowohl mit den Gebühren des Teil 2 und 3 kombiniert werden; 2 und 3 schließen sich grundsätzlich aus.

Erläuterungen:
Teil 1 enthält die allgemeinen Gebühren, bei denen insbesondere die Einigungsgebühr hervorzuheben ist. Sie kann sowohl im außergerichtlichen (Teil 2) als auch im gerichtlichen Bereich (Teil 3) entstehen. Des Weiteren sind hervorzuheben die Hebegebühr und die Erhöhungstatbestände der Nr. 1008 VV RVG. Beide sind ebenfalls in Verbindung mit Gebührentatbeständen der Teile 2 und 3 möglich.

Die Teile 2 und 3 schließen sich grundsätzlich aus. Die Gebühren nach Teil 3 setzen einen unbedingten Auftrag als Verfahrensbevollmächtigten für ein dort genanntes Verfahren voraus, z. B. Klageauftrag für den Rechtsanwalt des Klägers oder den Auftrag zur Klageverteidigung für den Rechtsanwalt des Beklagten. Dies kann im Einzelfall dazu führen, dass in einer Angelegenheit der eine Rechtsanwalt seine Gebühren nach Teil 3 VV RVG abrechnet, während der andere Rechtsanwalt, der bisher nur ausschließlich außergerichtlich tätig war, noch nach Teil 2 VV RVG abrechnet.

Die Auslagen können sowohl im außergerichtlichen als auch im gerichtlichen Bereich entstehen und abgerechnet werden.

Zu 3 § 34 RVG
Für Beratung, Gutachten und Mediation.

Zu 4 Höhe der Beratungsgebühr

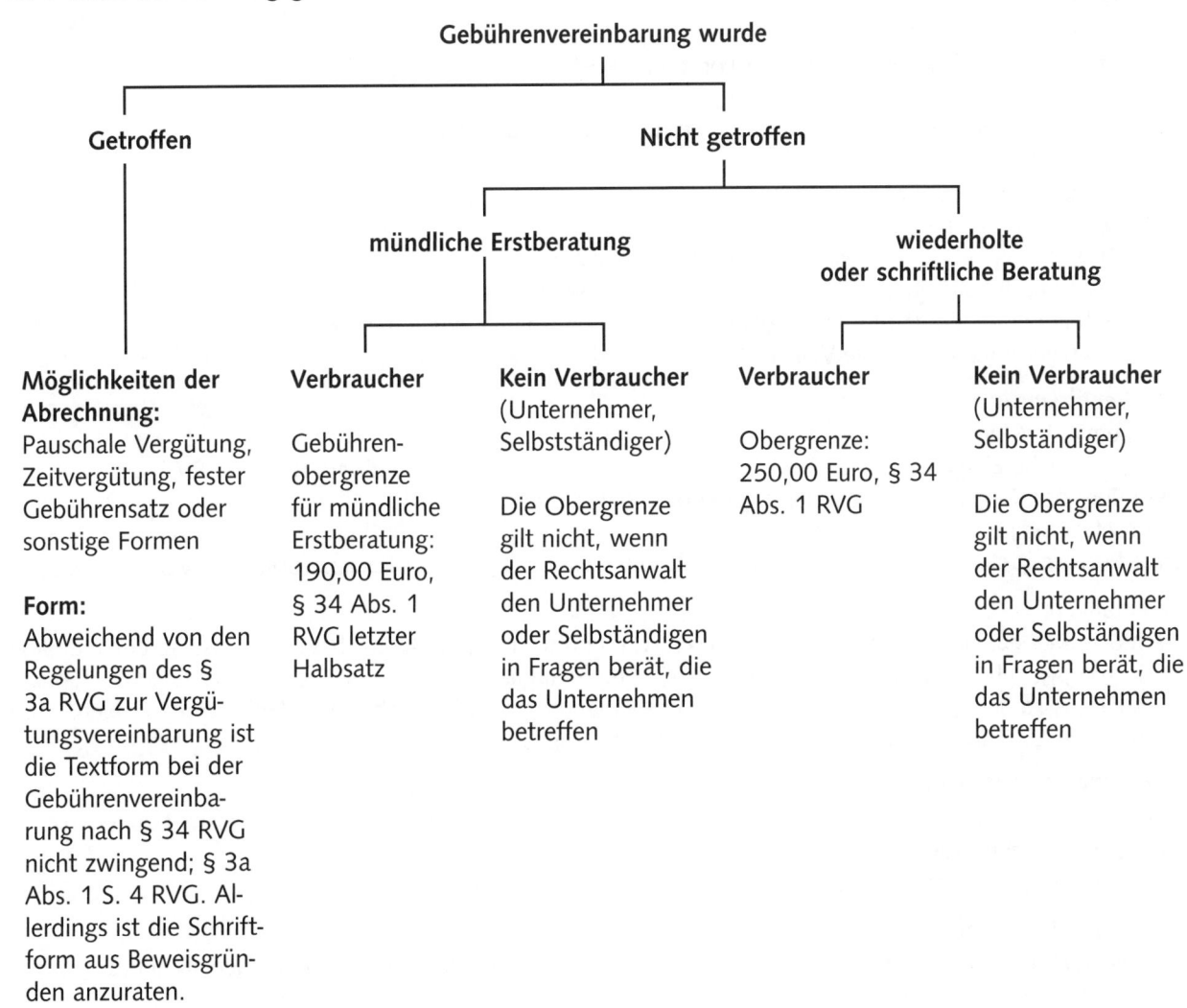

Gebührenvereinbarung wurde

Getroffen

Möglichkeiten der Abrechnung:
Pauschale Vergütung, Zeitvergütung, fester Gebührensatz oder sonstige Formen

Form:
Abweichend von den Regelungen des § 3a RVG zur Vergütungsvereinbarung ist die Textform bei der Gebührenvereinbarung nach § 34 RVG nicht zwingend; § 3a Abs. 1 S. 4 RVG. Allerdings ist die Schriftform aus Beweisgründen anzuraten.

Nicht getroffen

mündliche Erstberatung

Verbraucher
Gebührenobergrenze für mündliche Erstberatung: 190,00 Euro, § 34 Abs. 1 RVG letzter Halbsatz

Kein Verbraucher (Unternehmer, Selbstständiger)
Die Obergrenze gilt nicht, wenn der Rechtsanwalt den Unternehmer oder Selbständigen in Fragen berät, die das Unternehmen betreffen

wiederholte oder schriftliche Beratung

Verbraucher
Obergrenze: 250,00 Euro, § 34 Abs. 1 RVG

Kein Verbraucher (Unternehmer, Selbstständiger)
Die Obergrenze gilt nicht, wenn der Rechtsanwalt den Unternehmer oder Selbständigen in Fragen berät, die das Unternehmen betreffen

Lösungen — Vergütung und Kosten

Hinweis:
Die Beratungsgebühr ist auf Gebühren für sonstige Tätigkeiten anzurechnen, die mit der Beratung zusammenhängen. Dies kann allerdings vom Rechtsanwalt in der Vergütungsvereinbarung ausgeschlossen werden, § 34 Abs. 2 RVG.

Zu 5 Einigungsgebühr
Zu a Begriff
Sie entsteht für die **Mitwirkung** des Rechtsanwalts beim Abschluss eines **Vertrages**,
(1) durch den der **Rechtsstreit oder die Ungewissheit der Parteien über ein Rechtsverhältnis beseitigt** wird oder
(2) die Erfüllung eines Anspruchs durch den Schuldner zugesagt wird
   und
   der Gläubiger durch die Gewährung von **Ratenzahlung oder Stundung** entgegenkommt
   und gleichzeitig für diesen Zeitraum
   (a) **vorläufig auf die Titulierung verzichtet** bzw.
   (b) **vorläufig auf die Vollstreckung verzichtet**.

Anmerkungen:
Der Begriff der Einigung ist weiter gefasst als der des Vergleichs nach § 779 BGB. Die Einigung setzt im Gegensatz zum Vergleich kein gegenseitiges Nachgeben voraus. Sie umfasst jedoch nicht ein Anerkenntnis oder einen Verzicht, da diese einseitig erklärt werden. Der Rechtsanwalt muss an der Einigung mitgewirkt haben, sie darf auch nicht widerrufen werden. Die Einigungsgebühr kann für sich allein in der Regel nicht entstehen, das heißt sie entsteht grundsätzlich nur zusätzlich neben anderen Gebühren. Es muss zusätzlich zumindest eine Betriebsgebühr ausgelöst worden sein. Dies kann die Geschäftsgebühr im außergerichtlichen oder die Verfahrensgebühr im gerichtlichen Bereich sein.

Mit der RVG-Reform zum 01.07.2013 wurde der Anwendungsbereich der Einigungsgebühr vom Gesetzgeber noch weiter gezogen. Er umfasst jetzt auch den Bereich der Zahlungsvereinbarungen, Anm. Abs. 1 S. 1 Nr. 2 zu Nr. 1000 VV RVG.
Hierzu sind zwei Konstellationen im Gesetz aufgeführt:

(1) Vorläufiger Verzicht auf Titulierung
Dies betrifft die Fälle, in denen
– kein Streit (mehr) über den Bestand der Forderung besteht,
– die Forderung noch nicht tituliert ist,
– dem Schuldner die Forderung gestundet oder ihm Ratenzahlung eingeräumt wird,
– der Gläubiger vorläufig auf die Titulierung der Forderung verzichtet.

(2) Vorläufiger Verzicht auf Vollstreckung
Dies betrifft die Fälle, in denen
– kein Streit (mehr) über den Bestand der Forderung besteht,
– die Forderung bereits tituliert ist oder tituliert werden soll,
– dem Schuldner die Forderung gestundet oder ihm Ratenzahlung eingeräumt wird,
– der Gläubiger vorläufig auf die Vollstreckung der Forderung verzichtet.

Zu b Gebührensätze
Höhe gemäß VV RVG:

Außergerichtliche Einigung:	1,5, Nr 1000 VV RVG,
sofern über den Gegenstand ein anderes gerichtliches Verfahren als ein selbständiges Beweisverfahren anhängig ist:	1,0 Nr. 1003 VV RVG,
in den Rechtsmittelinstanzen:	1,3 Nr. 1004 VV RVG.

Anmerkungen:
Sofern eine **Ratenzahlungsvereinbarung** getroffen wird und die Hauptsache noch anhängig ist, so entsteht eine 1,0 Einigungsgebühr. Ist die Forderung dagegen nicht mehr anhängig und ist auch keine Vollstreckungsmaßnahme anhängig, so beträgt der Gebührensatz 1,5. Die Einigungsgebühr entsteht nur in Höhe von 1,0, wenn zum Zeitpunkt der Einigung ein Vollstreckungsverfahren anhängig ist.

In **Nr. 1004 VV RVG** wird auch der Gebührentatbestand erfasst bezüglich
– Verfahren über die Beschwerde gegen die Nichtzulassung der in Nr. 1004 und Anm. Absatz 1 zu Nr. 1004 genannten Rechtsmittel sowie
– Verfahren vor dem Rechtsmittelgericht auf Zulassung eines Rechtsmittels.

Zu c Gegenstandswert
Entscheidend für den Gegenstandswert ist der Wert, über den die Verhandlungen geführt werden, nicht das Ergebnis.
Merke: Entscheidend ist **worüber** und nicht **worauf** man sich einigt.

I. Wiederholungsfragen

Anmerkung:
Sofern Ratenzahlungen vereinbart werden gilt § 31b RVG, das heißt, dass der Gegenstandswert 20 % der Forderung beträgt.

Zu d **Gebührensätze und Gegenstandswerte**

Sachverhalt	Gebührensatz bzw. „keine"	Gegenstandswert in Euro
1. In einer Berufungsangelegenheit über 12.000,00 Euro einigen sich die Parteien auf 10.000,00 Euro, die auch gerichtlich protokolliert und wirksam werden.	1,3	12.000,00
2. Nach streitiger Verhandlung in der ersten Instanz über 4.500,00 Euro erkennt der Beklagte den Anspruch an und zahlt den kompletten Betrag an den Kläger.	keine	
3. In einer außergerichtlichen durchschnittlichen Angelegenheit über 2.500,00 Euro vertritt RA Schlau Herrn Gut. Nachdem verschiedene Schriftsätze ausgetauscht wurden, wurde ein wirksamer Vergleich über 1.500,00 Euro geschlossen.	1,5	2.500,00
4. RA Schlau erhebt im Namen seines Mandanten Klage wegen 3.000,00 Euro Kaufpreisforderung. Kurz bevor er die Klage einreichen möchte ruft sein Mandant an und teilt ihm mit, dass er verzichten möchte. Die Klage wird nicht eingereicht.	keine	
5. Nach streitiger Verhandlung in einem gerichtlichen Termin über 6.000,00 Euro gelingt den Rechtsanwälten ein gerichtlich protokollierter Vergleich über 5.000,00 Euro mit einer Widerrufsfrist von einer Woche. Da Herr Huber, der Kläger, im Termin nicht persönlich anwesen war, ist er mit diesem Vergleich nicht einverstanden und lässt diesen nach drei Tagen durch seinen Anwalt widerrufen.	keine	
6. RA Schlau erhebt im Namen seines Mandanten Räumungsklage gegen seinen Mieter Schneider. Die monatliche Miete beträgt 500,00 Euro. Außerdem klagt er die Miete von Februar bis Juni desselben Jahres mit ein. Es wird ein wirksamer Vergleich geschlossen: Herr Schneider räumt die Wohnung und zahlt zwei Monatsmieten.	1,0	6.000,00 + 2.500,00 = 8.500,00
7. Herr Schneider wurde von Herrn Huber bei einem Verkehrsunfall schwer verletzt und klagt daher auf eine Rente über 500,00 Euro monatlich. Nach streitiger Verhandlung einigt man sich in einem gerichtlich protokollierten und wirksamen Vergleich auf Zahlung von 25.000,00 Euro.	1,0	21.000,00 (= 500,00 x 12 x 3,5)
8. Der Kläger hat gegen den Beklagten ein rechtskräftiges Urteil über 2.000,00 Euro. Nach Androhung der Zwangsvollstreckung (aufgelaufene Zinsen 100,00 Euro) wird ein Vergleich geschlossen, demzufolge Ratenzahlung vereinbart wird und der Gläubiger auf Vollstreckungsmaßnahmen verzichtet.	1,5	420 (= 20 % von 2.100)
9. Der Kläger hat gegen den Beklagten ein rechtskräftiges Urteil über 1.500,00 Euro. Während des bereits eingeleiteten Vollstreckungsverfahrens (aufgelaufene Zinsen 100,00 Euro) wird ein Vergleich geschlossen, wonach der Beklagte die Forderung nebst Zinsen in Raten tilgt und der Gläubiger auf Vollstreckungsmaßnahmen verzichtet.	1	320 (= 20 % von 1.600,00)

Lösungen — Vergütung und Kosten

Zu 6 Aussöhnungsgebühr
Tätigkeiten: Die Aussöhnungsgebühr entsteht gem. Nr. 1001 VV RVG für die Mitwirkung des Rechtsanwalts bei der Aussöhnung, wenn der ernstliche Wille eines Ehegatten, eine Scheidungssache oder ein Verfahren auf Aufhebung der Ehe anhängig zu machen, hervorgetreten ist und die Ehegatten die eheliche Lebensgemeinschaft fortsetzen oder die eheliche Lebensgemeinschaft wieder aufnehmen.

Höhe:
- Bei einer außergerichtlichen Aussöhnung: 1,5 gem. Nr. 1001 VV RVG
- Sofern der Scheidungsantrag bereits bei Gericht eingegangen ist: 1,0 gem. Nr. 1003 VV RVG

Zu 7 Mehrere Auftraggeber

Zu a Zu erhöhende Gebühren
In Nr. 1008 VV RVG werden die **Geschäfts- bzw. die Verfahrensgebühr** als zu erhöhende Gebühren aufgeführt. In Absatz 4 der Anmerkung zu Nr. 1008 VV RVG wird ausdrücklich klar gestellt, dass die Schwellengebühr zur Geschäftsgebühr in Höhe von 1,3 bei mehreren Auftraggebern unter den Voraussetzungen der Nr. 1008 VV RVG um 0,3 pro weiteren Auftraggeber erhöht wird.

Zu b Voraussetzung für alle Erhöhungstatbestände
Voraussetzung ist, dass es sich um **dieselbe Angelegenheit** handelt, Nr. 1008 erster Halbsatz VV RVG.

Zu c Weitere Voraussetzung bei Wertgebühren
Bei Wertgebühren kommt zusätzlich hinzu, dass es sich um **denselben Gegenstand** handeln muss, Abs. 1 der Anmerkung zu Nr. 1008 VV RVG.

Zu 8 Gebührenarten

Wertgebühren:
Sie erhöhen sich für jeden weiteren Auftraggeber um 0,3, das heißt die maximal mögliche Erhöhung (nicht die Gesamtgebühr!) beträgt 2,0. Dies bedeutet z. B. bei einer 1,3 Verfahrensgebühr für 8 Auftraggeber, dass der Rechtsanwalt maximal eine Gesamtgebühr in Höhe von 1,3 + 2,0 = 3,3 abrechnen darf.

Festgebühren:
Sie erhöhen sich für jeden weiteren Auftraggeber um 30 %, wobei die maximale Erhöhung 200 % beträgt.

Betragrahmengebühren:
Hier erhöhen sich der Mindest- und der Höchstbetrag um 30 %, wobei auch hier die maximale Erhöhung bei 200 % liegt. Bei einem Rahmen von 30,00 bis 250,00 Euro und 8 Auftraggebern beträgt demzufolge die erhöhte Mittelgebühr 420,00 Euro.
Mittelgebühr = 90 + 750 / 2 = 420,00 Euro

Zu 9 Gebührenerhöhung bei mehreren Auftraggebern

Zu a
1,3 Verfahrensgebühr + 2,0 max. Erhöhung = 3,3 Verfahrensgebühr

Zu b
Nur 1 Auftraggeber, da die OHG gem. § 124 HGB parteifähig ist.

Zu c
Es liegen zwei Auftraggeber vor, die Schwellengebühr von 1,3 gemäß Nr. 2300 VV RVG wird um 0,3 auf 1,6 erhöht.

Zu 10 Gebührenerhöhung bei mehreren Auftraggebern

Sachverhalt	Anzahl Auftraggeber	Gebührensatz Verfahrensgebühr
1. Die drei Vorstandsmitglieder der Mumpiz-AG beauftragen Rechtsanwalt Schlau mit der Vertretung der AG in der ersten Instanz.	1	1,3
2. Müller, Mayer, Schulze und die XY-GmbH werden als Gesamtschuldner von Herrn Rot verklagt.	4	1,3 + 0,9 = 2,2
3. Die Eheleute beauftragen Rechtsanwalt Schnell mit der erstinstanzlichen Vertretung ihrer drei Kinder wegen desselben Gegenstandes.	3	1,3 + 0,6 = 1,9
4. Eine Erbengemeinschaft bestehend aus 11 Personen wird in der Berufung vertreten.	11	1,6 + 2,0 = 3,6

I. Wiederholungsfragen

Zu 11 Erhöhte Geschäftsgebühr in der Beratungshilfe bei 11 Auftraggebern

Ausgangsgebühr:	Erhöhung:	Insgesamt:
85,00 Euro	(10 x 30 % = 300 %) max. 200 % + 170,00 Euro	= 255,00 Euro

Zu 12 Mittelgebühr

Ausgangsgebühr:	Erhöhung:	Insgesamt:
40,00 – 300,00 Euro Mittelgebühr: 170,00 Euro	(30 %) + 51,00 Euro	= 221,00 Euro

Zu 13 Hebegebühr
Sie entsteht gem. Nr. 1009 VV RVG für die Weiterleitung von baren oder unbaren Zahlungen. Sie darf erst bei Ablieferung (Auszahlung) an den Auftraggeber abgerechnet werden.

Höhe:
Bis 2.500,00 Euro: 1 %
Bis zu 10.000,00 Euro: 0,5 %
Über 10.000,00 Euro: 0,25 %

Zu 14 Hebegebühr bei 12.000,00 Euro

Bis 2.500,00 Euro: 1 % von 2.500,00 =   25,00 Euro
Zwischen 2.500,00 und 10.000,00 Euro: 0,5 % von 7.500,00 = 37,50 Euro
Ab 10.000,00 Euro: 0,25 % von 2.000,00 =   5,00 Euro
Abzurechnende Hebegebühr: 67,50 Euro

Zu 15 Prüfung der Erfolgsaussicht eines Rechtsmittels
(1) Rechtsanwalt hat noch keinen Auftrag, Berufung einzulegen:
(a) Nr. 2100 VV RVG : Für die Prüfung der Erfolgsaussicht eines Rechtsmittels beträgt der vorgegebene Rahmen 0,5 – 1,0, die Mittelgebühr: **0,75.**
(b) Nr. 2101 VV RVG: Für die Erstellung eines schriftlichen Gutachtens für die Prüfung der Erfolgsaussicht eines Rechtsmittels: **1,3 Gebühr.**
(c) Gemäß Nr. 2100 VV RVG wird die Gebühr auf eine Gebühr eines später folgenden Rechtsmittelverfahrens angerechnet.

Anmerkungen:
Unerheblich ist dabei, ob der Rechtsanwalt den Mandanten zuvor bereits erstinstanzlich vertreten hatte oder ob der Rechtsanwalt neu, das heißt nur für die Prüfung der Berufungsaussichten eingeschaltet wurde.

(2) Rechtsanwalt hat den Auftrag Berufung einzulegen:
Sofern der Rechtsanwalt bereits den Auftrag hat Berufung einzulegen und im Rahmen dieses Auftrags die Berufungsaussichten prüft, so wird diese Tätigkeit von der Verfahrensgebühr der Berufung abgegolten. Die Gebühr nach Nr. 2100 VV RVG entsteht in diesem Fall nicht.
(a) Vorzeitige Beendigung: **1,1** Verfahrensgebühr gemäß Nr. 3201 VV RVG.
(b) Volle Verfahrensgebühr: **1,6** gemäß Nr. 3200 VV RVG.

Zu 16 Geschäftsgebühr
Gemäß Vorbemerkung 2.3 Abs. 3 VV RVG erhält der Rechtsanwalt eine Geschäftsgebühr **für das Betreiben des Geschäfts einschließlich der Information und für die Mitwirkung bei der Gestaltung eines Vertrags.**
Durch sie werden alle Tätigkeiten des Rechtsanwalts, die beim Betreiben des Geschäfts üblicherweise entstehen (z. B. Schriftsätze entwerfen, Informationen einholen, Termine mit der Gegenseite) abgegolten. Sie ist daher eine sogenannte „allgemeine Betriebsgebühr", vergleichbar der Verfahrensgebühr im gerichtlichen Verfahren.
Höhe allgemein: Der Gebührenrahmen reicht von   **0,5 bis 2,5**
Höhe in einer durchschnittlichen Angelegenheit (Schwellengebühr): **1,3**
Kriterien: **Umfang und Schwierigkeit** der Tätigkeit

Zu 17 Abgrenzung: Beratung, einfaches Schreiben und anwaltliches Aufforderungsschreiben
(Beratungsgebühr, (Geschäfts-)Gebühr für einfache Schreiben, Geschäftsgebühr und Verfahrensgebühr)

Sachverhalt	Gebühr
1. Vermieter V ist sich hinsichtlich eines Details zum bestehenden Mietvertrag mit seinem Mieter unsicher. Er lässt sich daher von Rechtsanwalt Huber in einem kurzen Gespräch dazu beraten.	**Beratungsgebühr**, gem § 34 RVG, da bloße Beratung, keine Prüfung, kein weiterführendes Mandat.
2. Vermieter W möchte seinem Mieter kündigen. Um dem Schreiben mehr Nachdruck zu verleihen, möchte er dies nicht selbst tun, sondern beauftragt RA Schlau hiermit. Es sind keinerlei rechtliche Prüfungen oder Ausarbeitungen hierzu notwendig, Rechtsanwalt Schlau verfasst nur ein kurzes Kündigungsschreiben.	**0,3 Geschäftsgebühr**, gem Nr. 2301 VV, da nur Schreiben einfacher Art, kein weiterführendes Mandat.
3. Im Mietverhältnis zwischen Vermieter P und seinem Mieter hat der Mieter mit Verweis auf vermeintlich nicht erfüllte Vertragspflichten durch den Vermieter die Mietzahlungen eingestellt. Rechtsanwalt Dr. Streit prüft für P den Sachverhalt sorgfältig und schickt M ein außergerichtliches anwaltliches Aufforderungsschreiben mit Fristsetzung.	**1,3 Geschäftsgebühr**, Nr. 2300 VV, da außergerichtliches anwaltliches Aufforderungsschreiben.
4. Da der Mieter Mayer mit 5 Mietzahlungen im Rückstand ist und trotz mehrerer Mahnungen nicht zahlte, erteilt Vermieter Schneider Rechtsanwalt Smart Klageauftrag. Bevor die Klage eingereicht wird, übersendet Rechtsanwalt Smart Herrn Mayer ein anwaltliches Aufforderungsschreiben. Daraufhin zahlt Mayer sofort.	**0,8 Verfahrensgebühr**, Nr. 3101, da bereits Klageauftrag bestand als das anwaltliche Aufforderungsschreiben verfasst und zugeschickt wurde.

Zu 18 Gegenstandswert der Geschäftsgebühr

Der Gegenstandswert der Geschäftsgebühr bestimmt sich nach § 23 Abs. 1 RVG. Über diesen Verweis auf die Vorschriften für die Gerichtsgebühren gelten für Zivilsachen die Wertvorschriften der §§ 39 ff GKG und §§ 2 ff ZPO. Für die Ermittlung des Verfahrenswertes in Familiensachen gelten die Vorschriften des FamGKG. In anderen als den in § 23 Abs. 1 S. 3 RVG bezeichneten Angelegenheiten, z. B. Vertragsentwürfe gelten die Vorschriften der KostO.

4. Gebühren im zivilgerichtlichen Bereich und in der Zwangsvollstreckung

4.1 Verfahrens- und Terminsgebühr

Zu 1 Verfahrensgebühr
Zu a Entstehung
Die Verfahrensgebühr entsteht nach Vorbemerkung 3 Abs. 2 VV RVG für das Betreiben des Geschäfts einschließlich der Information.
Sie ist damit ebenso wie die Geschäftsgebühr eine typische Betriebsgebühr, d. h. durch sie werden Tätigkeiten des Rechtsanwalts wie z. B. Informationen zum Streitstoff einholen, Schriftsätze anfertigen, Klage einreichen, Anträge stellen abgegolten.

Zu b Vorzeitige Beendigung
Diese Fälle werden in Nr. 3101 Ziff. 1 VV RVG aufgezählt, d. h. der RA bekommt die verminderte Verfahrensgebühr, wenn sich der Auftrag erledigt, bevor er eine der folgenden Handlungen ausführen konnte:
– Klage einreichen,
– einen das Verfahren einleitenden Antrag stellen,
– einen Schriftsatz, der Sachanträge, die Zurücknahme der Klage oder die Zurücknahme des Antrags enthält, einreichen oder
– einen gerichtlichen Termin wahrnehmen.

I. Wiederholungsfragen

Zu c Differenzverfahrensgebühr

Die Differenzverfahrensgebühr ist eine Gebühr, die zu der 1,3 Verfahrensgebühr zusätzlich entstehen kann. In der ersten Instanz beträgt sie 0,8. Die Voraussetzungen sind in Nr. 3101 Ziff. 2 VV RVG geregelt. Es müssen vorliegen:

(1) In der Klage **eingereichte Ansprüche**,
(2) **nicht rechtshängige Ansprüche**, die im Verlaufe des Verfahrens „nachgeschoben" werden (für die der Rechtsanwalt ebenfalls einen Klageauftrag hat) und
(3) der Rechtsanwalt hat den Auftrag, hierüber eine **Einigung** herbeizuführen.

Seine Tätigkeit kann sich darauf erstrecken, Einigungsverhandlungen zu führen, eine **Einigung** schriftlich zu Protokoll zu nehmen oder einen schriftlichen Vergleich nach § 278 Abs. 6 ZPO herbeizuführen.

Anmerkungen:

Die Differenzverfahrensgebühr kann auch dann abgerechnet werden, wenn die Einigung später doch nicht zustande kommt.

Zu beachten ist außerdem, dass beim Entstehen der 1,3 und der 0,8 Verfahrensgebühr eine Prüfung nach § 15 (3) RVG notwendig ist. Gleiches betrifft auch die in diesem Zusammenhang entstehenden 1,0 und 1,5 Gebühren der Einigungsgebühr.

Zu d

Sachverhalte	Gebühren und Gegenstandswerte
1. Rechtsanwalt Schlau hat für seinen Mandanten Klage über 8.000,00 Euro eingereicht. Im Termin versuchen sich die Parteien unter Mitwirkung ihrer Anwälte hierüber und über weitere, nicht anhängige Ansprüche in Höhe von 3.000,00 Euro zu einigen. Die Einigung kommt aber nicht zustande.	1,3 VerfG aus 8.000,00 0,8 VerfG aus 3.000,00 § 15 (3) RVG beachten 1,2 TermG aus 11.000,00
2. Rechtsanwalt Grün hat für seinen Mandanten Klage über 8.000,00 Euro eingereicht. Unter Mitwirkung der Anwälte einigen sich die Parteien hierüber und lassen diese protokollieren. Gleichzeitig lassen die Parteien weitere, nicht rechtshängige Ansprüche in Höhe von 2.000,00 Euro protokollieren. Hierüber hatten sich die Parteien zuvor, ohne Mitwirkung ihrer Anwälte, geeinigt.	1,3 VerfG aus 8.000,00 0,8 VerfG aus 2.000,00 § 15 (3) RVG beachten 1,2 TermG aus 8.000,00* 1,0 EinigG aus 8.000,00* *die 2.000 werden lediglich protokolliert, keine Mitwirkung der RAe.
3. Rechtsanwalt Dr. Smart hat für seinen Mandanten Klage über 8.000,00 Euro eingereicht. Im Termin einigen sich die Parteien, unter Mitwirkung ihrer Anwälte, hierüber, wobei in die Einigung noch weitere, nicht anhängige Ansprüche in Höhe von 4.000,00 Euro, einbezogen werden.	1,3 VerfG aus 8.000,00 0,8 VerfG aus 4.000,00 § 15 (3) RVG beachten 1,2 TermG aus 12.000,00 1,0 EinigG aus 8.000,00 1,5 EinigG aus 4.000,00 § 15 (3) RVG beachten

Zu e Gegenstandswert

Der Gegenstandswert bei der Verfahrensgebühr ist grundsätzlich der Streitwert, wegen dem der Rechtsanwalt Klageauftrag erhält, die Klage einreicht und anschließend im Prozess tätig wird.

Anmerkungen:

Zu beachten ist, dass der Klage nicht immer nur ein einzelner Anspruch zugrunde liegen muss, sondern dass dieser sich aus der Summe der gleichzeitig oder nacheinander im Verfahren geltend gemachten Ansprüche zusammensetzen kann.

Sofern im Prozess nachträglich der Gegenstandswert erhöht wird, z. B. durch Klageerweiterung, so wird die Verfahrensgebühr stets aus dem höchsten im Prozess ausgelösten Gegenstandswert berechnet.

Sofern nach eingereichter Klage der Gegenstandswert vermindert wird, z. B. durch Teilzahlung des Beklagten, so ist dies für die bereits bei Klageeinreichung ausgelöste höhere Verfahrensgebühr ohne Bedeutung.

Zu f Anrechnungsvorschriften

1. § 34 Abs. 2 RVG: Anrechnung der Beratungsgebühr auf die Verfahrensgebühr eines nachfolgenden Verfahrens.
2. Vorbemerkung 3 Abs. 4 VV RVG: Anrechnung der halben Geschäftsgebühr, maximal 0,75 auf die Verfahrensgebühr eines anschließenden gerichtlichen Verfahrens.

Zu g Anrechnung bei erhöhter Geschäfts- bzw. Verfahrensgebühr

Im außergerichtlichen Teil wurde eine 1,3 Geschäftsgebühr ausgelöst. Diese ist um 4 x 0,3 = 1,2 gem. Nr. 1008 VV RVG zu erhöhen, das heißt sie beträgt insgesamt 2,5.

Im anschließenden gerichtlichen Verfahren beträgt die Verfahrensgebühr ebenfalls 2,5. Hierauf wird die Geschäftsgebühr nur in Höhe von 0,75 angerechnet, da die für mehrere Auftraggeber erhöhte Geschäftsgebühr eine einheitliche Gebühr darstellt.

In diesem Zusammenhang sei darauf hingewiesen, dass die Auslagenpauschale nach Nr. 7002 VV RVG sowohl für den außergerichtlichen und gerichtlichen Teil angesetzt werden kann.

Zu 2 Terminsgebühr

Zu a Entstehung

Der Rechtsanwalt erhält die Terminsgebühr grundsätzlich für ein Tätigwerden in einem Termin.
Die Einzelheiten sind in Vorbemerkung 3 Abs. 3 VV RVG geregelt:

(1) Gerichtliche Termine

insbesondere:
- Verhandlungs-, Erörterungs,- Beweisaufnahmetermine,
- Anhörungstermine, z. B. Anhörung eines Ehegatten im Rahmen einer Scheidung,
- Protokollierungstermine zu einer Einigung,
- Termine zur Parteianhörung oder Entgegennahme von Parteierklärungen, z. B. bezüglich der Erklärung zur Echtheit einer Urkunde, § 439 ZPO.

Sie entsteht jedoch nicht bei der Teilnahme an reinen Verkündungsterminen.

(2) Außergerichtliche Termine

- Sachverständigentermine, die von einem gerichtlich bestellten Sachverständigen angesetzt werden,
- Mitwirkung an Besprechungen, die auf die Vermeidung oder Erledigung des Verfahrens gerichtet sind. Dies gilt unabhängig davon, ob für das Verfahren eine mündliche Verhandlung vorgeschrieben ist oder nicht.

Die Terminsgebühr entsteht nicht für Besprechungen mit dem Auftraggeber.

Zu b Terminsgebühr „ohne Termin"

Nach Nr. 3104 Anm. Abs. 1 Ziff. 1 VV RVG kann eine Terminsgebühr auch im schriftlichen Verfahren entstehen. Dies ist dann der Fall, wenn in einem Verfahren, für das die mündliche Verhandlung vorgeschrieben ist,
- im Einverständnis mit den Parteien oder
- gem. § 307 ZPO (Anerkenntnis) oder
- gem. § 495a ZPO (Verfahren nach billigem Ermessen)
- ohne mündliche Verhandlung entschieden oder in einem solchen Verfahren ein Vergleich geschlossen wird.

Zu c Verminderte Terminsgebühr

Die Anwendungsfälle ergeben sich aus Nr. 3105 VV RVG. Hierunter fällt die Wahrnehmung nur eines Termins, in dem eine Partei oder ein Beteiligter nicht erschienen oder nicht ordnungsgemäß vertreten ist und lediglich
- ein Antrag auf Versäumnisurteil, Versäumnisentscheidung oder
- zur Prozess- oder Sachleitung gestellt wird.

Anmerkung:

Die Anträge zur Prozess- oder Sachleitung betreffen nicht die Sache bzw. den Streitstoff selbst, sondern beziehen sich auf den Verfahrensablauf, z. B. Antrag auf Vertagung oder auf Aussetzung.

Außerdem entsteht diese Gebühr bei einem schriftlichen Versäumnisurteil nach § 331 (3) ZPO, wenn der Beklagte die rechtzeitige Verteidigungsanzeige unterlassen hat.

I. Wiederholungsfragen

Zu d **Versäumnisurteil**

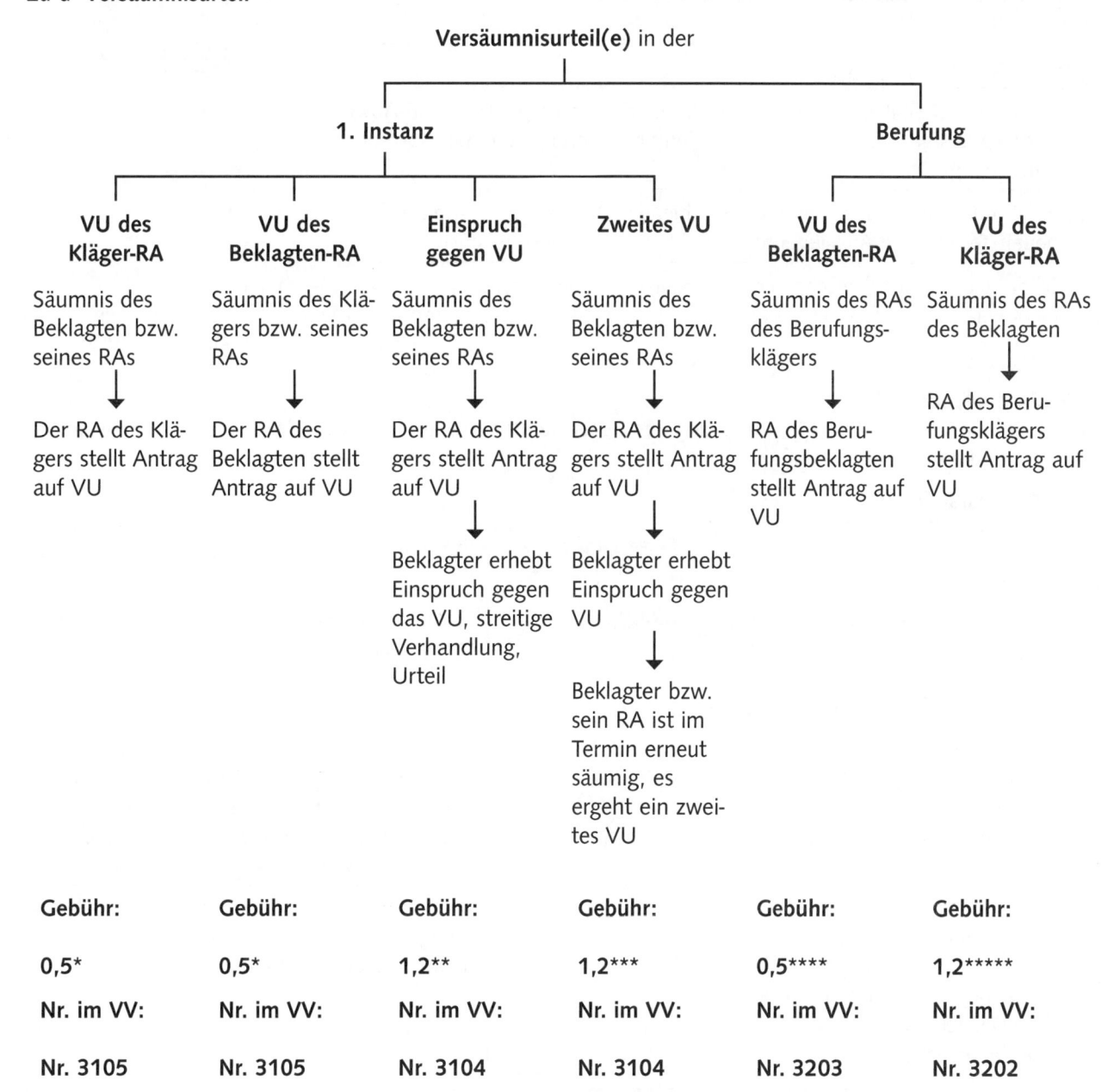

Versäumnisurteil(e) in der

1. Instanz

VU des Kläger-RA
Säumnis des Beklagten bzw. seines RAs

↓

Der RA des Klägers stellt Antrag auf VU

VU des Beklagten-RA
Säumnis des Klägers bzw. seines RAs

↓

Der RA des Beklagten stellt Antrag auf VU

Einspruch gegen VU
Säumnis des Beklagten bzw. seines RAs

↓

Der RA des Klägers stellt Antrag auf VU

↓

Beklagter erhebt Einspruch gegen das VU, streitige Verhandlung, Urteil

Zweites VU
Säumnis des Beklagten bzw. seines RAs

↓

Der RA des Klägers stellt Antrag auf VU

↓

Beklagter erhebt Einspruch gegen VU

↓

Beklagter bzw. sein RA ist im Termin erneut säumig, es ergeht ein zweites VU

Berufung

VU des Beklagten-RA
Säumnis des RAs des Berufungsklägers

↓

RA des Berufungsbeklagten stellt Antrag auf VU

VU des Kläger-RA
Säumnis des RAs des Beklagten

↓

RA des Berufungsklägers stellt Antrag auf VU

Gebühr:	Gebühr:	Gebühr:	Gebühr:	Gebühr:	Gebühr:
0,5*	0,5*	1,2**	1,2***	0,5****	1,2*****
Nr. im VV:	Nr. im VV:	Nr. im VV:	Nr. im VV:	Nr. im VV:	Nr. im VV:
Nr. 3105	Nr. 3105	Nr. 3104	Nr. 3104	Nr. 3203	Nr. 3202

* In der ersten Instanz erhält der Rechtsanwalt, der das Versäumniurteil beantragt, eine 0,5 Terminsgebühr. Dabei ist es egal, ob es sich um den Rechtsanwalt des Klägers oder des Beklagten handelt.

** Da eine streitige Verhandlung stattfand, wurde eine 1,2 Terminsgebühr ausgelöst, so dass die zuvor für das Versäumnisurteil ausgelöste 0,5 Terminsgebühr nicht anzusetzen ist.

*** Da hier zwei Termine stattfanden und Nr. 3105 VV RVG nur bei der Wahrnehmung **eines** Termins anwendbar ist, erfolgt die Abrechnung nach Nr. 3104 VV RVG mit einer vollen Terminsgebühr.

**** In der Rechtsmittelinstanz kommt es für das Entstehen der 0,5 Terminsgebühr darauf an, wer den Antrag auf Versäumnisurteil stellt. Nr. 3203 VV RVG regelt nur den hier vorliegenden Fall, dass dies der Rechtsanwalt des Beklagten bei Säumnis des Klägeranwalts tut.

***** Der Wortlaut der Nr. 3203 VV RVG bezieht sich nur auf das Versäumnisurteil des Beklagtenrechtsanwalts. Dies bedeutet, dass für ein vom Rechtsanwalt des Klägers beantragtes Versäumnisurteil nur noch Nr. 3202 VV RVG als anzuwendende Vorschrift verbleibt. Für die Revision gilt dies analog, siehe Nummern 3211 VV RVG und 3210 VV RVG.

Lösungen — Vergütung und Kosten

Zu e. Geben Sie für die folgenden Fälle an, ob bzw. in welcher Höhe Rechtsanwalt Schlau eine Terminsgebühr jeweils abrechnen darf.

Sachverhalt	Gebühr
1. Rechtsanwalt Schlau beantragt in einem erstinstanzlichen Termin in Abwesenheit des Gegners gemäß § 227 ZPO eine Terminsänderung. Vor dem folgenden Termin erledigt sich die Angelegenheit.	0,5
2. Im Termin sind beide Seiten nicht erschienen. Das Gericht bestimmt daher einen neuen Termin. Die Angelegenheit erledigt sich vor diesem Termin.	keine
3. Beide Rechtsanwälte erscheinen im Termin. Der gegnerische Anwalt erklärt jedoch nicht verhandeln zu wollen, woraufhin Rechtsanwalt Schlau Versäumnisurteil beantragt.	1,2 Nr. 3105 Anm. Abs.2 VV RVG

Zu f **Gegenstandswert**

Bei der Terminsgebühr ist für die Bemessung des Gegenstandswertes grundsätzlich der Wert des Gegenstandes, über den verhandelt wurde, maßgeblich.

Zu g **Gegenstandswert**

Sachverhalt	Gegenstandswert Terminsgebühr	Begründung
1. Der Rechtsanwalt reicht Klage über 10.000,00 Euro ein. Vor dem Termin werden 4.000,00 Euro gezahlt, über 6.000,00 Euro wird streitig verhandelt.	6.000,00	Nur der Teil ist maßgeblich, über den im Termin verhandelt wurde.
2. Nach Klageeinreichung und streitiger Verhandlung über 7.000,00 Euro zahlt der Beklagte 2.000,00 Euro.	7.000,00	Eine einmal ausgelöste Terminsgebühr ermäßigt sich auch nicht bei anschließender teilweiser Erledigung. Anders ausgedrückt der höchste, ausgelöste Wert ist maßgeblich.
3. Im Termin wird außer gerichtlich eingereichter 2.000,00 Euro auch über weitere, nachträglich im Termin vorgebrachte 1.000,00 Euro verhandelt. Danach ergeht ein Vergleich über beide Ansprüche.	3.000,00	Auch in diesem Sonderfall ist der Wert der insgesamt im Termin ausgelösten, zusammenaddierten Ansprüche maßgeblich.
4. Der Rechtsanwalt reicht Klage über 1.500,00 Euro Kaufpreis- und 2.000,00 Euro Werklohnanspruch ein. Im ersten Termin wird über den Kaufpreisanspruch und im zweiten Termin wird über den Werklohnanspruch verhandelt.	3.500,00	Mehrere Ansprüche, über die getrennt verhandelt wird, werden zusammengezählt.
5. Der Rechtsanwalt reicht wegen einer Forderung über 20.000,00 Euro Klage ein. Es wird streitig verhandelt, danach wird der Rechtsstreit wegen 15.000,00 Euro für erledigt erklärt. Im zweiten Termin wird wieder streitig verhandelt. Im dritten Termin erhöht der Kläger die Klage um 3.000,00 Euro, anschließend wird streitig verhandelt.	23.000,00	Der Rechtsanwalt bekommt nur ein einzige Terminsgebühr aus dem höchsten Wert, über den verhandelt wurde. Dies sind die 20.000,00 Euro und die 3.000,00 Euro, da der RA wegen dieser Beträge Anträge in der mündlichen Verhandlung stellte. Die 20.000,00 Euro waren ausgelöst, sodass die Erledigung von 15.000,00 Euro ohne Belang für den Gegenstandswert ist.

I. Wiederholungsfragen

Zu h Zusatzgebühr für besonders umfangreiche Beweisaufnahme, Nr. 1010 VV RVG

Zu ha Voraussetzungen

Voraussetzungen für die Zusatzgebühr sind:
(1) Besonders umfangreiche Beweisaufnahmen und
(2) mindestens drei gerichtliche Termine, in denen Sachverständige oder Zeugen vernommen werden.

Allgemeine Anmerkung

Die Zusatzgebühr steht zwar im Teil 1 VV RVG, sie findet jedoch nur Anwendung in Verfahren nach Teil 3 VV RVG. Systematisch gehört sie daher eigentlich in den Teil 3 VV RVG. Sie gilt sowohl für Verfahren mit Wertgebühren als auch für Verfahren mit Betragsrahmengebühren. Ihr Anwendungsbereich erstreckt sich nicht nur auf das Erkenntnisverfahren, sondern auch auf andere Verfahren, z. B. auf das selbstständige Beweisverfahren.

Anmerkung zu (1)

Der Gesetzgeber verlangt ausdrücklich eine besonders umfangreiche Beweisaufnahme, die zusätzlich zu den Voraussetzungen zu (2) vorhanden sein muss. Beispielsweise wird die Zusatzgebühr nicht zur Anwendung kommen können, wenn in einem Verfahren zwar drei Zeugentermine stattfinden, diese aber nur jeweils 10 Minuten dauern. Auch wenn drei Zeugentermine vorliegen, so kann wohl nicht von einer besonders umfangreichen Beweisaufnahme gesprochen werden.

Anmerkung zu (2)

Die Termine müssen in derselben Angelegenheit stattgefunden haben. Termine im Hauptverfahren und im selbstständigen Beweisverfahren stellen gesonderte Angelegenheiten dar und werden daher auch gesondert gezählt. Wird derselbe Zeuge oder derselbe Sachverständige in mehreren Terminen vernommen, so werden diese Termine gesondert gezählt. Werden dagegen Zeugen und Sachverständiger in einem Termin vernommen, so wird dies nur als ein Termin gezählt. Schriftliche Zeugenaussagen werden nicht hierzu gezählt.

Zu hb Höhe

Bei Wertgebühren beträgt sie 0,3, bei Betragsrahmengebühren erhöhen sich der Mindest- und der Höchstbetrag der Terminsgebühr um 30 %.

Anmerkung:

Die Zusatzgebühr wird nicht nach Nr. 1008 VV RVG erhöht, da dort nur eine Erhöhung für Geschäfts- oder Verfahrensgebühren vorgesehen ist.

Zu hc Gegenstandswert

Hier ist der Gesamtwert der Gegenstände maßgeblich, über die Beweis erhoben wurde.

Anmerkung:

Dieser kann auch unter dem Wert der Hauptsache liegen und ist dann auf Antrag gemäß § 33 RVG gesondert festzusetzen.

Zu 3 Gebührensätze

Gebührenhöhe	1. Instanz		2. Instanz (Berufung)		3. Instanz (Revision) BGH-Anwalt	
	VerfG	TermG	VerfG	TermG	VerfG	TermG
Volle Gebühr	1,3 Nr. 3100	1,2 Nr. 3104	1,6 Nr. 3200	1,2 Nr. 3202	2,3 Nr. 3208	1,5 Nr. 3210
Verminderte Gebühr	0,8 Nr. 3101	0,5 Nr. 3105	1,1 Nr. 3201	0,5 Nr. 3203	1,8 Nr. 3209	0,8 Nr. 3211

4.2 Besondere Verfahren und Gebührentatbestände

4.2.1 Gerichtliches Mahnverfahren

Zu 1 Gebührensätze

a. Für die Vertretung des Antragstellers und Einreichung des Mahnbescheids bei Gericht wird nach Nr. 3305 VV RVG eine Verfahrensgebühr ausgelöst, diese beträgt:
      1,0 Verfahrensgebühr

b. Die volle Verfahrensgebühr nach Nr. 3305 VV RVG ist bereits durch den Eingang des Antrags auf Mahnbescheid bei Gericht ausgelöst worden, daher:
      1,0 Verfahrensgebühr

c. Da es sich bei der Gebühr nach Nr. 3305 VV RVG um eine Verfahrensgebühr handelt, wird sie gemäß Nr. 1008 VV RVG für jeden weiteren Auftraggeber um 0,3 erhöht:
    1,0 Ausgangsgebühr + 2,0 Erhöhung = 3,0 erhöhte Verfahrensgebühr

d. Bei vorzeitiger Beendigung des Auftrags erhält der Rechtsanwalt nach Nr. 3306 VV RVG:
      0,5 Verfahrensgebühr

e. Bei der Vertretung des Antragsgegners, das heißt für die Einlegung des Widerspruchs erhält der Rechtsanwalt gem. Nr. 3307 VV RVG:
      0,5 Verfahrensgebühr

f. Im Verfahren über den Antrag auf Erlass eines Vollstreckungsbescheids wird eine Gebühr nach Nr. 3308 VV RVG ausgelöst, diese beträgt:
      0,5 Verfahrensgebühr

g. Die Gebühr nach Nr. 3308 VV RVG wird gemäß der Anmerkung Satz 2 nicht erhöht!
      0,5 Verfahrensgebühr

Wichtig: Mahn- und Vollstreckungsverfahren gelten als eine Angelegenheit, deshalb kann die Auslagenpauschale nach Nr. 7002 VV RVG in Höhe von 20,00 Euro insgesamt nur einmal erhoben werden.

h. Die (Mahn-) Verfahrensgebühr ist auf die Verfahrensgebühr des nachfolgenden streitigen Verfahrens anzurechnen, Anmerkung zu Nr. 3305 VV RVG.
Gebühr im Mahnverfahren: **1,0 Verfahrensgebühr**
Gebühren im streitigen Verfahren: **1,3 Verfahrensgebühr**
        ./. **1,0 (Mahn-)Verfahrensgebühr**
        1,2 Terminsgebühr

Zu 2 Anrechnungsvorschriften

1. Anmerkung zu Nr. 3305 VV RVG: Anrechnung der (Mahn-)Verfahrensgebühr auf die Verfahrensgebühr eines anschließenden gerichtlichen Verfahrens.
2. Zu beachten: Die 0,5 Verfahrensgebühr nach Nr. 3308 VV RVG für den Erlass des Vollstreckungsbescheids ist nicht auf andere Gebühren anzurechnen.
3. Nr. 3104 Anm. Abs. 4 VV RVG: Anrechnung einer im Mahnverfahren ausgelösten Terminsgebühr (siehe Vorbemerkung 3.3.2 VV RVG) auf die Terminsgebühr eines anschließenden gerichtlichen Verfahrens.

Zu 3 Gegenstandswert

Zu a Allgemeine Begriffsbestimmung

Gegenstandswert im gerichtlichen Mahnverfahren ist grundsätzlich die mit dem Mahnbescheid geltend gemachte Hauptforderung.

Zu b Änderung des Gegenstandswertes

Sofern der Gegenstandswert eines nachfolgenden gerichtlichen Verfahrens niedriger sein sollte als der des gerichtlichen Mahnverfahrens, so ist die (Mahn-)Verfahrensgebühr nur nach dem niedrigeren Wert des Prozesses anzurechnen.

I. Wiederholungsfragen

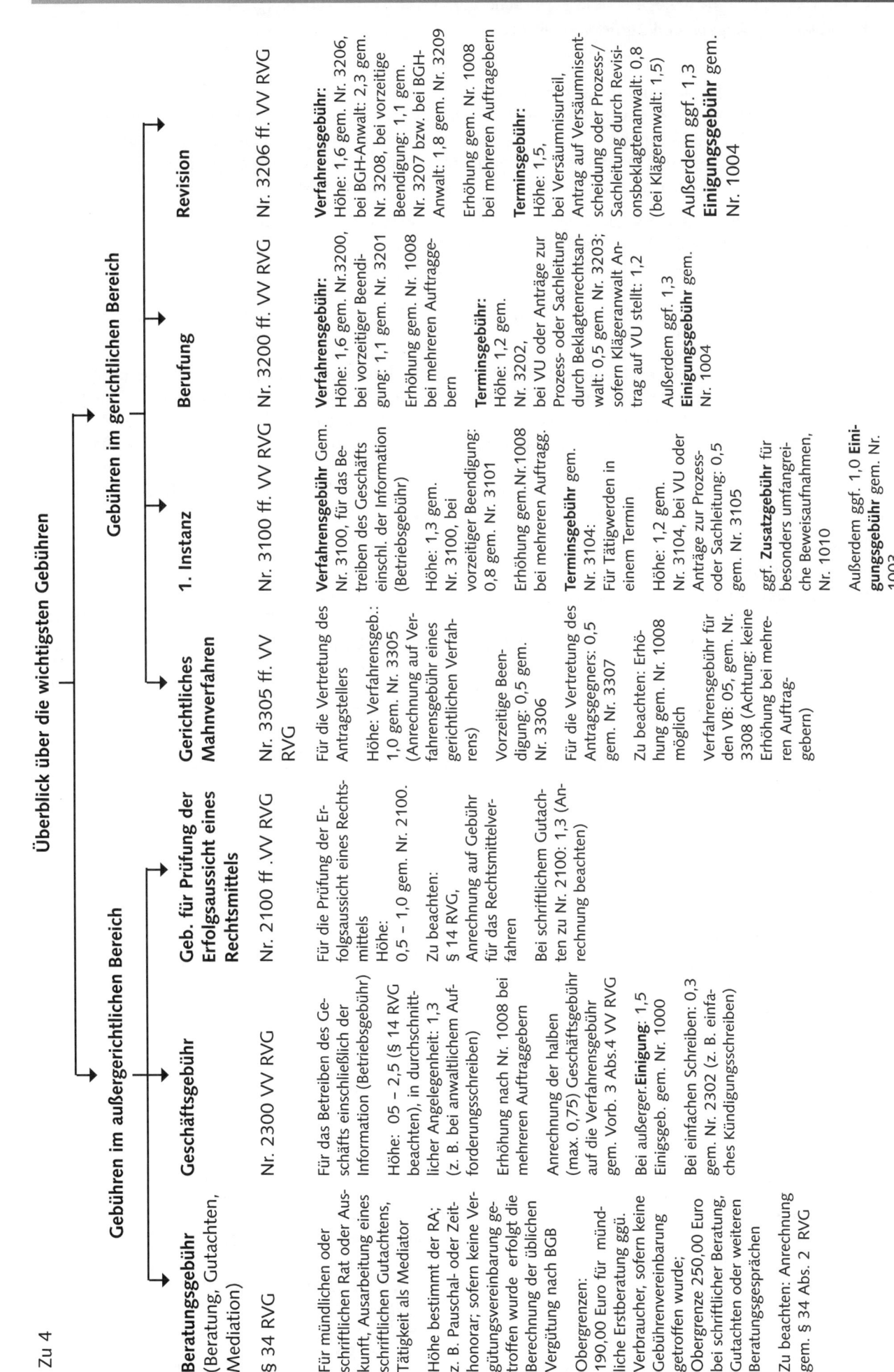

Zu 4

Überblick über die wichtigsten Gebühren

Gebühren im außergerichtlichen Bereich

Beratungsgebühr (Beratung, Gutachten, Mediation)	Geschäftsgebühr	Geb. für Prüfung der Erfolgsaussicht eines Rechtsmittels
§ 34 RVG	Nr. 2300 VV RVG	Nr. 2100 ff. VV RVG
Für mündlichen oder schriftlichen Rat oder Auskunft, Ausarbeitung eines schriftlichen Gutachtens, Tätigkeit als Mediator	Für das Betreiben des Geschäfts einschließlich der Information (Betriebsgebühr)	Für die Prüfung der Erfolgsaussicht eines Rechtsmittels
Höhe bestimmt der RA; z. B. Pauschal- oder Zeithonorar; sofern keine Vergütungsvereinbarung getroffen wurde erfolgt die Berechnung der üblichen Vergütung nach BGB	Höhe: 0,5 – 2,5 (§ 14 RVG beachten), in durchschnittlicher Angelegenheit: 1,3 (z. B. bei anwaltlichem Aufforderungsschreiben)	Höhe: 0,5 – 1,0 gem. Nr. 2100. Zu beachten: § 14 RVG, Anrechnung auf Gebühr für das Rechtsmittelverfahren
Obergrenzen: 190,00 Euro für mündliche Erstberatung ggü. Verbraucher, sofern keine Gebührenvereinbarung getroffen wurde; Obergrenze 250,00 Euro bei schriftlicher Beratung, Gutachten oder weiteren Beratungsgesprächen	Erhöhung nach Nr. 1008 bei mehreren Auftraggebern	Bei schriftlichem Gutachten zu Nr. 2100: 1,3 (Anrechnung beachten)
	Anrechnung der halben (max. 0,75) Geschäftsgebühr auf die Verfahrensgebühr gem. Vorb. 3 Abs.4 VV RVG	
	Bei außerger. **Einigung**: 1,5 Einigsgeb. gem. Nr. 1000	
	Bei einfachen Schreiben: 0,3 gem. Nr. 2302 (z. B. einfaches Kündigungsschreiben)	
Zu beachten: Anrechnung gem. § 34 Abs. 2 RVG		

Gebühren im gerichtlichen Bereich

Gerichtliches Mahnverfahren	1. Instanz	Berufung	Revision
Nr. 3305 ff. VV RVG	Nr. 3100 ff. VV RVG	Nr. 3200 ff. VV RVG	Nr. 3206 ff. VV RVG
Für die Vertretung des Antragstellers	**Verfahrensgebühr** Gem. Nr. 3100, für das Betreiben des Geschäfts einschl. der Information (Betriebsgebühr)	**Verfahrensgebühr:** Höhe: 1,6 gem. Nr.3200, bei vorzeitiger Beendigung: 1,1 gem. Nr. 3201	**Verfahrensgebühr:** Höhe: 1,6 gem. Nr. 3206, bei BGH-Anwalt: 2,3 gem. Nr. 3208, bei vorzeitige Beendigung: 1,1 gem. Nr. 3207 bzw. bei BGH-Anwalt: 1,8 gem. Nr. 3209
Höhe: Verfahrensgeb.: 1,0 gem. Nr. 3305 (Anrechnung auf Verfahrensgebühr eines gerichtlichen Verfahrens)	Höhe: 1,3 gem. Nr. 3100, bei vorzeitiger Beendigung: 0,8 gem. Nr. 3101	Erhöhung gem. Nr. 1008 bei mehreren Auftraggebern	Erhöhung gem. Nr. 1008 bei mehreren Auftragebern
Vorzeitige Beendigung: 0,5 gem. Nr. 3306	Erhöhung gem.Nr.1008 bei mehreren Auftragg.	**Terminsgebühr:** Höhe: 1,2 gem. Nr. 3202, bei VU oder Anträge zur Prozess- oder Sachleitung durch Beklagtenrechtsanwalt: 0,5 gem. Nr. 3203; sofern Klägeranwalt Antrag auf VU stellt: 1,2	**Terminsgebühr:** Höhe: 1,5, bei Versäumnisurteil, Antrag auf Versäumnisentscheidung oder Prozess-/Sachleitung durch Revisionsbeklagtenanwalt: 0,8 (bei Klägeranwalt 1,5)
Für die Vertretung des Antragsgegners: 0,5 gem. Nr. 3307	**Terminsgebühr** gem. Nr. 3104: Für Tätigwerden in einem Termin	Außerdem ggf. 1,3 **Einigungsgebühr** gem. Nr. 1004	Außerdem ggf. 1,3 **Einigungsgebühr** gem. Nr. 1004
Zu beachten: Erhöhung gem. Nr. 1008 möglich	Höhe: 1,2 gem. Nr. 3104, bei VU oder Anträge zur Prozess- oder Sachleitung: 0,5 gem. Nr. 3105		
Verfahrensgebühr für den VB: 05 gem. Nr. 3308 (Achtung: keine Erhöhung bei mehreren Auftraggebern)	ggf. **Zusatzgebühr** für besonders umfangreiche Beweisaufnahmen, Nr. 1010		
	Außerdem ggf. 1,0 **Einigungsgebühr** gem. Nr. 1003		

Lösungen — Vergütung und Kosten

4.2.2 Verweisung, Abgabe und Zurückverweisung

Zu 1 Begriffsklärungen

Verweisung oder Abgabe auf einer instanzlichen Ebene, § 20 Satz 1 RVG
Hier gelten die Verfahren vor dem verweisenden bzw. abgebenden Gericht und dem übernehmenden Gericht als ein Rechtszug. Das heißt der Rechtsanwalt, der den Mandanten vor beiden Gerichten vertritt, erhält die Gebühren insgesamt nur einmal. Da der Rechtsstreit in derselben Instanz, bildlich gesprochen sozusagen „auf dem Horizont bleibt", wird hier auch von einer sogenannten Horizontalverweisung gesprochen.

Verweisung bzw. Abgabe an ein Gericht eines niedrigeren Rechtszuges, § 20 Satz 2 RVG
Sofern eine Sache an ein niedrigeres Gericht abgegeben oder verwiesen wird, so gilt das weitere Verfahren vor diesem Gericht als ein neuer gebührenrechtlicher Rechtszug. Bildlich gesprochen erfolgt eine Diagonalverweisung. Der Rechtsanwalt kann die hier neu entstehenden Gebühren ebenfalls abrechnen, ohne dabei Gebühren anrechnen zu müssen. Es sind drei verschiedene Gerichte mit der Angelegenheit befasst worden.

Zurückverweisung, § 21 RVG
Diese liegt dann vor, wenn ein Rechtsmittelgericht (Berufungs-, Revisionsgericht) den Rechtszug durch Urteil beendet und die Sache anschließend an ein untergeordnetes Gericht zur abschließenden Entscheidung überträgt. Nach § 21 Abs. 1 RVG gilt das Verfahren vor dem untergeordneten Gericht dann als eigener Rechtszug mit der Konsequenz, dass nach der Zurückverweisung alle Gebühren neu entstehen können. Allerdings wird hier die Verfahrensgebühr, die vor der Zurückverweisung bei dem untergeordneten Gericht entstanden ist, angerechnet auf die Verfahrensgebühr des erneuten Verfahrens (Vorbemerkung 3 Abs. 6 VV RVG). Sofern das untergeordnete Gericht mit der Angelegenheit noch nicht befasst war, unterbleibt die Anrechnung.

Zu 2 Beispiele
Lösungen zu a, b und c
Der Prozess bleibt in einer Instanz, bildlich gesprochen auf dem Horizont.

Prozessbeginn	Verweisung / Abgabe	Prozessende
Zu a Arbeitsgericht	= ein Rechtszug ⟶	Amtsgericht
Zu b Amtsgericht	⟶	Landgericht 1. Instanz
Zu c Landgericht 1. Instanz	⟶	Amtsgericht

Die Gebühren entstehen nur einmal; kein Raum für eine Anrechnung.

Zu d:
3 Rechtszüge, keine Anrechnungen
Siehe hierzu folgendes Schaubild:

Berufung vor dem OLG Koblenz
= zweiter Rechtszug
1,6 Verfahrensgebühr, Nr. 3200 VV
1,2 Terminsgebühr, Nr. 3202 VV
+ Auslagen
+ USt

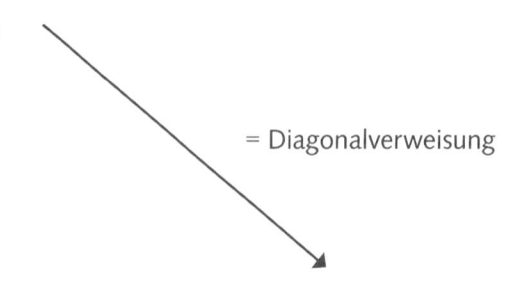

= Diagonalverweisung

Prozessbeginn: LG Mainz
= erster Rechtszug:
1,3 Verfahrensgebühr, Nr. 3100 VV
1,2 Terminsgebühr, Nr. 3104 VV
+ Auslagen
+ USt

LG Hamburg
= neuer Rechtszug gem. § 20 Satz 2 RVG
1,3 Verfahrensgebühr, Nr. 3100 VV
1,2 Terminsgebühr, Nr. 3104 VV
+ Auslagen
+ USt

Sofern der Rechtsanwalt in allen drei Rechtszügen tätig war, kann er hier dreimal komplett abrechnen.

I. Wiederholungsfragen

Zu e:
3 Rechtszüge, allerdings wird die Verfahrensgebühr angerechnet,
siehe hierzu folgendes Schaubild:

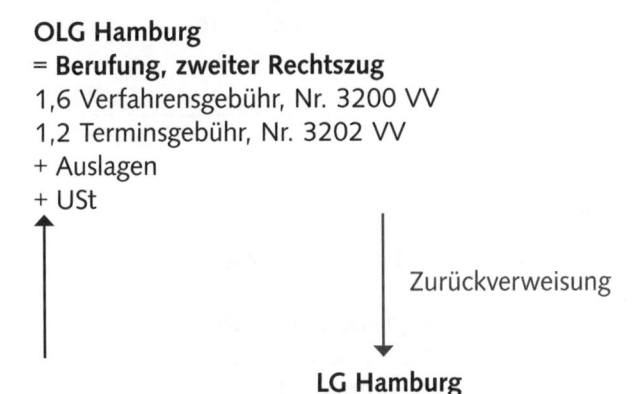

```
                    OLG Hamburg
                    = Berufung, zweiter Rechtszug
                    1,6 Verfahrensgebühr, Nr. 3200 VV
                    1,2 Terminsgebühr, Nr. 3202 VV
                    + Auslagen
                    + USt
         ▲
         │                      │ Zurückverweisung
         │                      ▼
LG Hamburg                   LG Hamburg
1. Instanz = erster Rechtszug  = erneuter Rechtszug gem. § 21 Abs. 1 RVG
1,3 Verfahrensgebühr, Nr. 3100 VV - - - - - ▶   *
1,2 Terminsgebühr, Nr. 3104 VV   1,2 Terminsgebühr, Nr. 3104 VV
+ Auslagen                       + Auslagen
+ USt                            + USt
```

Es liegen gebührenrechtlich drei Rechtszüge vor.

* Anrechnung der bereits entstandenen Verfahrensgebühr auf die erneut entstandene Verfahrensgebühr gemäß Vorbem. 3 Abs. 6 VV RVG.

4.2.3 Urkunden- und Wechselprozess

Zu 1 **Begriff**
Sofern der Kläger einen Anspruch aus einer Urkunde, einem Wechsel oder einem Scheck geltend macht (§§ 592 ff ZPO), kann er dies im Urkunden, Scheck- oder Wechselprozess tun, da er somit die Möglichkeit hat, seinen Anspruch schneller durchzusetzen.

Zu 2 **Urkundenprozess und Nachverfahren:**
Zu a **Beweismittel im Urkundenprozess**
– Urkunden, § 592 Abs. 1 ZPO
– Parteivernehmung, § 595 Abs. 2 ZPO

Zu b **Beweismittel im Nachverfahren**
Alle Beweismittel zulässig

Zu c **Urteilsart**
Vorbehaltsurteil, § 599 ZPO

Zu d **Urkundenprozess und Nachverfahren nach ZPO**
Das Nachverfahren bildet mit dem Vorverfahren einen einheitlichen Prozess, § 600 Abs. 1 ZPO. Das Nachverfahren dient dazu, eine im Vorverfahren unvollständige Klärung zu vervollständigen und an die Stelle der vorläufigen Vorbehaltsentscheidung eine endgültige zu setzen.

Zu e **Urkundenprozess und Nachverfahren nach RVG**
Gemäß § 17 Nr. 5 RVG stellen sie zwei verschiedene Angelegenheiten dar.

Zu f **Anwaltsgebühren**
– Die Gebühren und Auslagen des Rechtsanwalts können grundsätzlich zweimal entstehen und berechnet werden, § 17 Ziff. 5 RVG.
– Allerdings wird die Verfahrensgebühr des Urkundenprozesses auf die Verfahrensgebühr des Nachverfahrens angerechnet, Anmerkung Absatz 2 zu Nr. 3100 VV RVG.

Lösungen — Vergütung und Kosten

Die Zusammenhänge werden in folgender Übersicht noch einmal dargestellt:

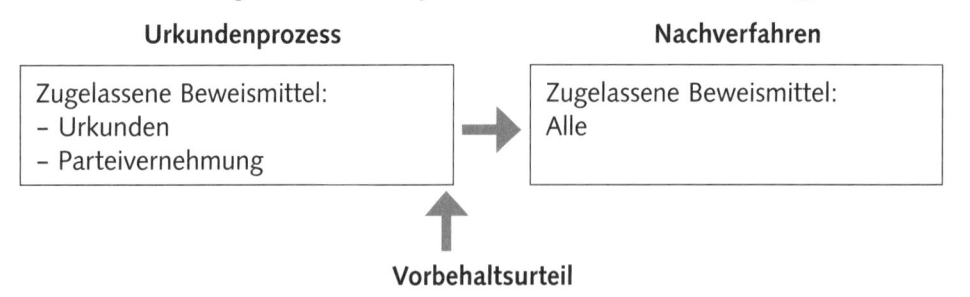

Urkundenprozess	Nachverfahren
Zugelassene Beweismittel: – Urkunden – Parteivernehmung	Zugelassene Beweismittel: Alle

Vorbehaltsurteil

Gebührenrechtlich zwei besondere Angelegenheiten, § 17 Nr. 5 RVG, daher zwei Vergütungsabrechnungen:

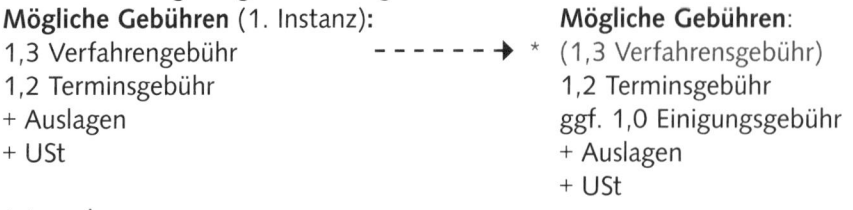

Mögliche Gebühren (1. Instanz):
1,3 Verfahrengebühr ------→ *
1,2 Terminsgebühr
+ Auslagen
+ USt

Mögliche Gebühren:
(1,3 Verfahrensgebühr)
1,2 Terminsgebühr
ggf. 1,0 Einigungsgebühr
+ Auslagen
+ USt

* Anrechnung

4.2.4 Selbstständiges Beweisverfahren

Zu 1 Wesen und Zweck

Das selbstststständige Beweisverfahren ist in den §§ 485 ff ZPO geregelt und kann sowohl vor als auch während eines Prozesses durchgeführt werden. Der Hauptzweck besteht darin, Beweismittel zu sichern, wenn die Gefahr besteht, dass diese verloren gehen könnten, wenn z. B. zu befürchten ist, dass ein gesundheitlich schwer angeschlagener 90 jähriger Zeuge zu versterben droht und dessen Aussage somit kurzfristig gesichert werden kann, ohne erst bis zur Eröffnung eines Prozesses warten zu müssen.

Zu 2 Anzahl der Angelegenheiten

Das selbstststständige Beweisverfahren stellt gebührenrechtlich eine eigenständige Angelegenheit dar.

Begründung:
In § 19 RVG sind alle Handlungen aufgeführt, die noch zum Rechtszug gehören. Da das selbstständige Beweisverfahren dort nicht aufgeführt ist, gehört es demzufolge nicht mehr zum Rechtszug und stellt eine eigenständige Angelegenheit dar. Außerdem ist in Vorbemerkung 3 Abs. 5 VV RVG ausdrücklich die Anrechnung der Verfahrensgebühr des selbstständigen Beweisverfahrens auf die des Rechtszuges geregelt. Dies setzt voraus, dass es sich beim selbstständigen Beweisverfahren um eine selbstständige Angelegenheit handelt. Zudem wird das selbstständige Beweisverfahren in Titel 12 der ZPO ausdrücklich als ein selbstständiges ausgewiesen.

Zu 3 Gebühren im selbstständigen Beweisverfahren

Sofern ein selbstständiges Beweisverfahren außerhalb eines Prozesses stattfindet, können grundsätzlich die normalen Regelgebühren nach Teil 3 VV RVG entstehen:

Die **Verfahrensgebühr** entsteht mit der Einreichung des Antrags auf Durchführung des selbstständigen Beweisverfahrens in Höhe von 1,3 nach Nr. 3100 VV RVG; bei vorzeitiger Beendigung beträgt sie 0,8 gemäß Nr. 3101 VV RVG. Zu beachten ist allerdings Absatz 5 der Vorbemerkung 3 VV RVG, demzufolge die Verfahrensgebühr des selbstständigen Beweisverfahrens auf die Verfahrensgebühr des Rechtszuges anzurechnen ist.

Die **Terminsgebühr** nach Nr. 3104 VV RVG entsteht, sofern ein mündlicher Termin stattgefunden hat, z. B. wenn ausnahmsweise eine mündliche Verhandlung über den Antrag stattfindet oder außergerichtliche Besprechungen stattfinden, die auf die Vermeidung eines Prozesses gerichtet sind. Auch eine Beweisgebühr nach Nr. 1010 VV RVG ist denkbar.

Die **Einigungsgebühr** kann auch entstehen. Ihre Höhe bestimmt sich danach, ob ein anderes als ein selbständiges Beweisverfahren anhängig ist oder nicht, Nr. 1000, 1003 VV RVG. Sofern also der Hauptprozess bereits anhängig ist und das selbstständige Beweisverfahren erst nach dessen Anhängigkeit eingeleitet wird, beträgt die Einigungsgebühr für eine im selbstständigen Beweisverfahren stattfindende Einigung lediglich 1,0.

Der **Gegenstandswert** richtet sich grundsätzlich nach dem Wert der Hauptsache.
Er kann aber auch niedriger sein, sofern nur über einen Teil der Hauptsache ein selbstständiges Beweisverfahren erfolgen soll.

I. Wiederholungsfragen

Anmerkung:
Da das selbstständige Beweisverfahren gebührenrechtlich als eigenständige Angelegenheit angesehen wird, kann die **Post- und Telekom-Pauschale** nach Nr. 7002 grundsätzlich hierfür berechnet werden.

Zu 4 **Selbstständiges Beweisverfahren mit bzw. ohne anhängigen Hauptprozess**

Sachverhalt	Gebühren im selbstständigen Beweisverfahren	Gebühren des Hauptprozesses
1. Im selbstständigen Beweisverfahren, welches der Rechtsanwalt beantragt hatte, gelingt es in einem Termin mit der Gegenseite einen rechtsgültigen Vergleich zu schließen und ein Hauptverfahren somit abzuwenden.	1,3 Verfahrensgebühr, Nr. 3100 VV 1,2 Terminsgebühr, Nr. 3104 VV 1,5* Einigungsgebühr, Nr. 1000 VV *Die Gebührenreduzierung auf 1,0 bezieht sich ausdrücklich auf Nr. 1003 VV. Da hier kein Hauptprozess anhängig ist, darf der Rechtsanwalt die 1,5 Einigungsgebühr abrechnen.	-,-
2. Der Rechtsanwalt beantragt ein selbstständiges Beweisverfahren, das auch zugelassen wird. Hierin findet anschließend ein Sachverständigentermin mit den Parteien statt. Im folgenden Hauptprozess wird in einem Gerichtstermin auf dessen Gutachten zurückgegriffen. In einem zweiten Termin einigen sich die Parteien rechtsverbindlich.	1,3 Verfahrensgebühr, Nr. 3100 VV 1,2 Terminsgebühr, Nr. 3104 VV	1,3 Verfahrensgebühr, Nr. 3100 VV aber Anrechnung: – 1,3 Verfahrensgebühr gem. Abs. 5 der Vorbemerkung 3 VV 1,2 Terminsgebühr, Nr. 3104 VV 1,0 Einigungsgebühr, Nr. 1003 VV
3. In einem Rechtsstreit wird während des Hauptprozesses und zwar noch vor dem ersten Verhandlungstermin ein selbstständiges Beweisverfahren durchgeführt. Hierin einigen sich die Parteien in einem Termin rechtsgültig, so dass sich der Hauptprozess erledigt.	1,3 Verfahrensgebühr, Nr. 3100 VV 1,2 Terminsgebühr, Nr. 3104 VV 1,0 Einigungsgebühr, Nr. 1003 VV* *Da zum Zeitpunkt der Durchführung des selbstständigen Beweisverfahrens der Prozess bereits anhängig war, darf der Rechtsanwalt nur eine auf 1,0 verminderte Einigungsgebühr abrechnen.	1,3 Verfahrensgebühr, Nr. 3100 VV – 1,3 Verfahrensgebühr, gem. Abs. 5 der Vorbemerkung 3 VV

Zu 5 **Erstattungsfähigkeit der Kosten**
Die Kosten für ein selbstständiges Beweisverfahren sind grundsätzlich erstattungsfähig. Die Kostenentscheidung des Gerichts umfasst auch die Kosten des selbstständigen Beweisverfahrens.

4.2.5 Verkehrsanwalt und Terminsvertreter

Zu 1 **Verkehrsanwalt**
Das Einschalten eines Verkehrsanwaltes könnte in Frage kommen, wenn z. B. eine in rechtlichen Dingen unerfahrene Person wegen eines an einem fernen Gerichtsort stattfindenden Rechtsstreites, von einem Rechtsanwalt am Wohnsitz zunächst beraten werden möchte und dieser dann mit der Führung der notwendigen Korrespondenz beauftragt wird. Der Verkehrsanwalt vermittelt zwischen Mandant und auswärtigem Prozessbevollmächtigten.

Lösungen — Vergütung und Kosten

Zu 2 Abgrenzung: Verkehrsanwalt und Prozessbevollmächtigter

	Rechtsanwalt am Wohnsitz des Mandanten	Rechtsanwalt am Gerichtsort
1. Stellung im Verfahren?	Verkehrsanwalt, kein Prozessbevollmächtigter	Prozessbevollmächtigter (PBV)
2. Tätigkeiten?	Führung des Schriftverkehrs, Information des Mandanten	alle Tätigkeiten, die zu denen eines PBV gehören
3. Nach welchem Teil bzw. Abschnitt im VV erfolgt jeweils die Gebührenabrechnung im ersten Rechtszug?	Teil 3, Abschnitt 4: **Einzeltätigkeiten**, grundsätzlich Nr. 3400, 3405 VV RVG	Teil 3, Abschnitt 1: Erster Rechtszug, Nr. 3100 ff VV RVG
4. Welche Gebühren können im Normalfall jeweils entstehen?	**Im Normalfall:** Verfahrensgebühr in Höhe der Verfahrensgebühr des PBV, max. 1,0 (diese Obergrenze gilt auch in den Rechtsmittelinstanzen), Nr. 3400 VV RVG. **Des Weiteren möglich:** Auch Termins- und Einigungsgebühr denkbar, sofern die jeweiligen Voraussetzungen vorliegen.	Regelgebühren der jeweiligen Instanz, z. B. in der 1. Instanz: 1,3 Verfahrensgebühr 1,2 Terminsgebühr ggf. 1,0 Einigungsgebühr bei anhängigen Ansprüchen.
5. Welche Gebühren können jeweils bei vorzeitiger Beendigung entstehen?	0,5 Verfahrensgebühr gem. Nr. 3405 VV, sofern der Auftrag endet, bevor der Verfahrensbevollmächtigte beauftragt oder der Rechtsanwalt gegenüber dem Verfahrensbevollmächtigten tätig geworden ist.	0,8 Verfahrensgebühr, Nr. 3101 VV, bei vorzeitiger Beendigung seines Auftrags innerhalb der ersten Instanz.
6. Welche Möglichkeit der Abrechnung im Innenverhältnis zwischen den Anwälten eröffnet § 49b Abs. 3 BRAO?	Gebührenteilung, das heißt die insgesamt entstandenen Gebühren werden in der Regel hälftig untereinander aufgeteilt.	
7. Welche Probleme bei der Kostenerstattung beinhaltet die Einschaltung eines Verkehrsanwaltes?	Die Kosten für den Verkehrsanwalt muss der unterlegene Gegner erstatten, wenn dies zur Rechtsverfolgung zwingend notwendig war (ist in der Praxis problematisch) zumindest Erstattung der ersparten Reisekosten, § 91 Abs. 2 ZPO.	

Zu 3 Terminsvertreter

Die Einschaltung eines Terminsvertreters betrifft insbesondere den Fall, dass in einem anhängigen Verfahren die Partei oder der Prozessbevollmächtigte einen Anwalt an einem auswärtigen Gericht mit der Wahrnehmung von einem oder mehreren Terminen beauftragt.

I. Wiederholungsfragen

Zu 4 **Abgrenzung: Terminsvertreter und Prozessbevollmächtigter**

	Rechtsanwalt am Wohnsitz des Mandanten	Rechtsanwalt am Gerichtsort
1. Stellung im Verfahren?	PBV	Terminsvertreter
2. Tätigkeiten?	Alle Tätigkeiten, die zu denen eines PBV gehören	Bloßer Terminsvertreter, (Unterbevollmächtigter, Beweisanwalt)
3. Nach welchem Teil bzw. Abschnitt im VV erfolgt jeweils die Gebührenabrechnung im ersten Rechtszug?	Teil 3, Abschnitt 1: Erster Rechtszug, Nr. 3100 ff VV RVG	Teil 3, Abschnitt 4: Einzeltätigkeiten, Nr. 3401, 3402, 3405 VV RVG
4. Welche Gebühren können jeweils entstehen?	Es können die Regelgebühren entstehen, sofern die jeweiligen Voraussetzungen erfüllt sind. Ihre Höhe richtet sich nach der jeweiligen Instanz. **Normalfall:** 1,3 Verfahrensgebühr in der ersten Instanz, Nr. 3100 VV RVG. **Des Weiteren:** 1,2 Terminsgebühr, sofern er an einem Termin teilgenommen hat, was jedoch eigentlich Aufgabe des Terminsvertreters sein soll, ggf. 1,0 Einigungsgebühr gem. Nr. 1003 VV RVG bei anhängigen Ansprüchen.	Hälftige Verfahrensgebühr gem. Nr. 3401 VV RVG, 1. Instanz: 0,65, volle Terminsgebühr 1,2 gem. Nr. 3104, 3402 VV RVG oder 0,5 gem. Nr. 3105, 3402 VV RVG, ggf. 1,0 Einigungsgebühr gem. Nr. 1003 VV RVG bei anhängigen Ansprüchen.
5. Welche Gebühren können jeweils bei vorzeitiger Beendigung entstehen?	0,8 Verfahrensgebühr, Nr. 3101 VV RVG (1. Instanz)	Max. 0,5 Verfahrensgebühr, Nr. 3405 VV RVG
6. Nehmen Sie kurz zur Kostenerstattung und der Möglichkeit einer Gebührenteilung Stellung.	Auch hier entsteht die Notwendigkeit, die Kosten für einen zweiten Anwalt zu begründen. Die ersparten Reisekosten stellen auch hier den Orientierungsrahmen dar, § 91 Abs. 2 ZPO. Eine Gebührenteilung zwischen den Anwälten ist möglich.	

4.2.6 Prozesskosten- und Beratungshilfe

Zu 1 **Zweck der Prozesskostenhilfe**
Durch die Prozesskostenhilfe sollen auch finanziell schlecht gestellte Bürger die Möglichkeit erhalten, ihnen zustehende Rechte einklagen zu können.

Zu 2 **Grundlagenvorschriften**
Vorschriften der ZPO: §§ 114 – 127 ZPO
Vorschriften des RVG: §§ 44 – 59 RVG

Zu 3 **Durch Prozesskostenhilfe abgedeckte Kosten**
Hierunter fallen insbesondere die Gerichtskosten und die Kosten für den eigenen Rechtsanwalt. Nicht jedoch die dem Gegner entstandenen Kosten, § 123 ZPO.

Zu 4 **Finanzielle Eigenbeteiligung**
Dies ist abhängig vom Nettoeinkommen und dem Vermögen der Partei und der Familiengröße, § 115 ZPO. Hiervon macht das Gericht die Höhe evtl. zu zahlender Raten abhängig, max. 48 Monate, § 115 Abs. 2 ZPO.

Lösungen — Vergütung und Kosten

Zu 5 Prozesskostenhilfebewilligungsverfahren und Beschwerdeverfahren

Das Bewilligungsverfahren:

a. Welche Gebühren können üblicherweise im Bewilligungsverfahren entstehen?

Zu a **1,0 Verfahrensgebühr** nach Nr. 3335 VV RVG
0,5 Verfahrensgebühr bei vorzeitiger Beendigung, Nr. 3337 VV RVG
Anmerkung:
Sofern ausnahmsweise auch ein Termin stattfindet, kann auch die 1,2 Terminsgebühr nach Nr. 3104 VV RVG entstehen; auch eine Einigung wäre denkbar, Nr. 1003 Anm. (1) VV RVG.

b. Aus welchem Gegenstandswert werden die Gebühren im Bewilligungsverfahren berechnet?

Zu b **Wert der Hauptsache**

c. Nach welcher Vorschrift bzw. Tabelle des RVG richtet sich die Höhe der abzurechnenden Gebühren im Bewilligungsverfahren?

Zu c **§ 13 RVG; normale Tabelle** für die Wertgebühren

d. Wer trägt die Kosten, sofern die Prozesskostenhilfe abgelehnt wird?

Zu d **Die Partei**, die Prozesskostenhilfe beantragt hat

Rechtsmittel-/Rechtsbehelfsverfahren

e. Welcher Rechtsbehelf bzw. welches Rechtsmittel kann gegen die Ablehnung der Prozesskostenhilfe eingelegt werden?

Zu e **Sofortige Beschwerde**
Zu beachten: Die Notfrist beträgt hier ausnahmsweise einen Monat, § 127 Abs. 2 ZPO.

f. Welche Gebühren können in diesem Verfahren entstehen?

Zu f **0,5 Verfahrensgebühr**, Nr. 3500 VV
0,5 Terminsgebühr, Nr. 3513 VV

g. Stellt dieses Verfahren gebührenrechtlich eine besondere Angelegenheit dar?

Zu g **ja**, dies bedeutet, die hier verdienten Gebühren müssen nicht angerechnet werden, § 18 Abs. 1 Ziff. 3 RVG.

Zu 6 Gebührenrechtliche Grundlagen zum Hauptverfahren, sofern Prozesskostenhilfe bewilligt wurde

Das Hauptverfahren

a. Stellen Bewilligungs- und Hauptverfahren ein oder zwei gebührenrechtliche Angelegenheiten dar? Geben Sie zur Begründung den maßgeblichen Paragraf im RVG an.

Zu a Anzahl: **Eine**, § 16 Nr. 2 RVG

b. Welche Gebühren kann der beigeordnete Rechtsanwalt grundsätzlich abrechnen? Sind Anrechnungen zu beachten?

Zu b Alle **Regelgebühren**, sofern deren gebührenrechtliche Voraussetzungen jeweils erfüllt sind. Zu beachten ist aber § 16 Nr. 2 RVG.

c. Für die Gebühren des beigeordneten Rechtsanwalts einhält § 49 RVG eine gesonderte Tabelle für die „verminderten Gebühren". Welche markanten Besonderheiten sind hier hervorzuheben?

Zu c Bis 4.000,00 Euro: Gebührenberechnung nach der Tabelle des § 13 RVG
Über 4.000,00 Euro: Verminderte Gebühren des § 49 RVG
Bei Gegenstandswerten über 30.000,00 Euro: Festgebühr in Höhe von 447,00 Euro bei einer 1,0 Gebühr)

d. **Sofern die PKH-Partei den Prozess verliert bedeutet dies ...**

da ... für die PKH-Partei bezüglich der eigenen Kosten?

Zu da **Staatskasse übernimmt** die Gerichtskosten und die Kosten für den eigenen Rechtsanwalt, nach der verminderten § 49-RVG-Tabelle.

db ... für die PKH-Partei bezüglich der gegnerischen Kosten?

Zu db PKH-Partei muss die **gegnerischen Kosten selbst tragen**.

dc ... für die Gebühren des beigeordneten Rechtsanwalts, sofern die PKH-Partei keine Raten zahlen muss?

Zu dc Anwalt bekommt die Gebühren nach der verminderten **§ 49-RVG-Tabelle**.

dd ... für die Gebühren des beigeordneten Rechtsanwalts, sofern die PKH-Partei Raten zahlen muss?

Zu dd Anwalt hat Anspruch auf die **„weitere Vergütung"**, § 50 RVG,
(= Differenz zwischen der Abrechnung nach der § 49 und der § 13 -RVG-Tabelle).

e. **Sofern die PKH-Partei den Prozess gewinnt bedeutet dies ...**

ea ... für die PKH-Partei?

Zu ea PKH-Partei hat einen **Kostenerstattungsanspruch gegenüber der unterlegenen Partei**, § 91 Abs. 2 ZPO, nach der § 13-RVG-Tabelle.

eb ... für die Gebühren des beigeordneten Rechtsanwalts?

Zu eb Normalerweise lässt er die Kosten im Namen seiner Partei festsetzen. Im Falle der Beiordnung kann er diese jedoch im eigenen Namen festsetzen lassen. Er kann die niedrigeren PKH-Gebühren gemäß § 55 RVG gegenüber der Staatskasse festsetzen lassen und die „weitere Vergütung" im Wege des Kostenfestsetzungsverfahrens.

Zu 7 Gebühren bei Beratungshilfe

Die Gebühren in der Beratungshilfe:
- Beratungshilfegebühr, Nr. 2500 VV   15,00 Euro
  (diese Gebühr wird vom Mandanten an den Rechtsanwalt gezahlt, sie kann von ihm auch erlassen werden)
- Beratungsgebühr, Nr. 2501 VV   35,00 Euro
- Geschäftsgebühr, Nr. 2503 VV   85,00 Euro
- Einigungsgebühr, Nr. 2508 VV   150,00 Euro

Anmerkung:
Ab 01.01.2014 kann der Rechtsanwalt ganz auf eine Vergütung verzichten, wenn die Voraussetzungen für die Bewilligung von Beratungshilfe vorliegen. Ab dem gleichen Zeitpunkt kann der Rechtsanwalt auch mit Mandanten, die grundsätzlich der Beratungshilfe und der Prozesskostenhilfe unterliegen, ein Erfolgshonorar abschließen.

4.2.7 Familiensachen

Zu 1 und 2 **Verfahrenswerte**
Lösungen, siehe folgendes Schaubild

Lösungen — Vergütung und Kosten

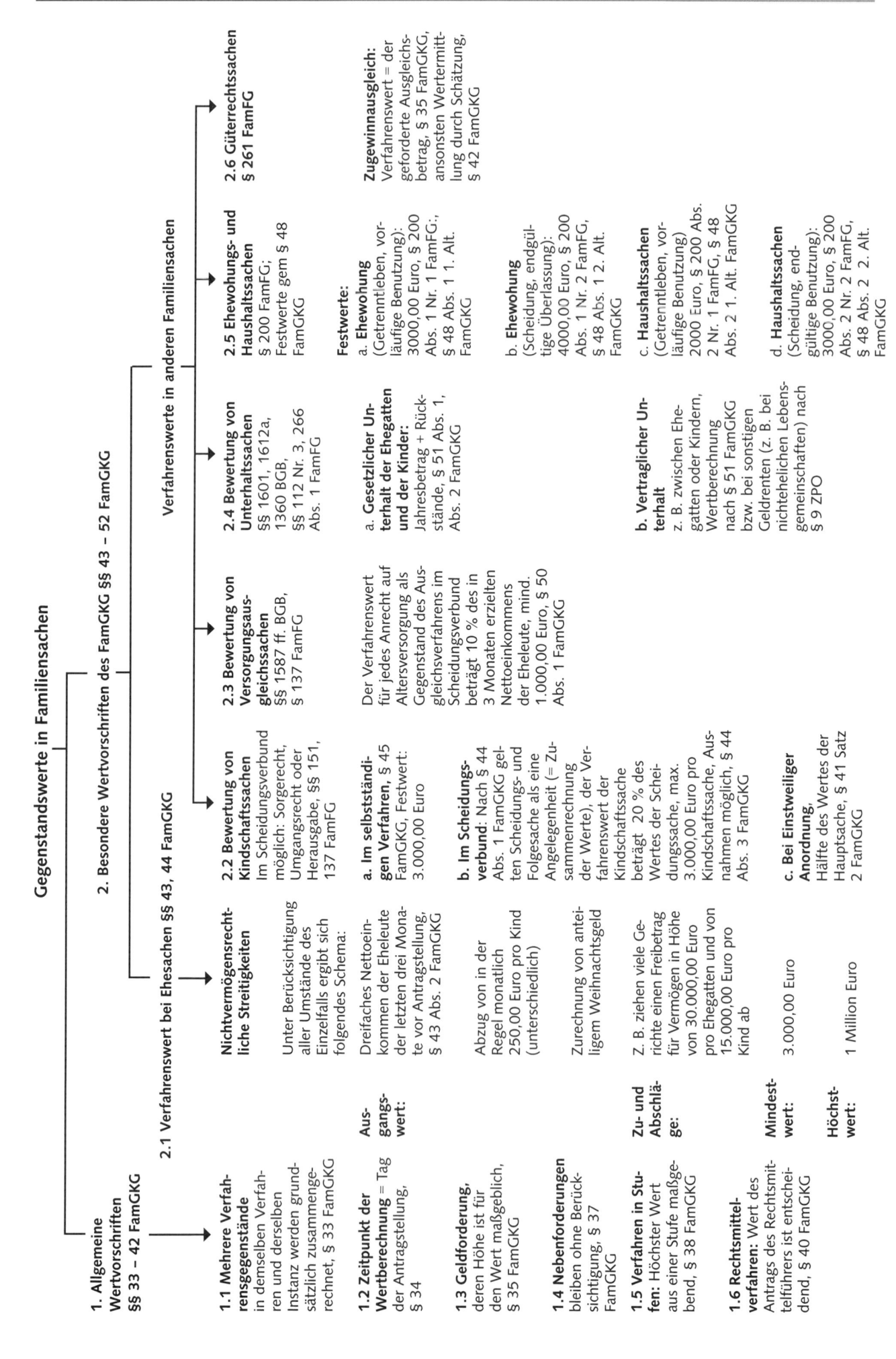

Gegenstandswerte in Familiensachen

1. Allgemeine Wertvorschriften §§ 33 – 42 FamGKG

- **1.1 Mehrere Verfahrensgegenstände** in demselben Verfahren und in derselben Instanz werden grundsätzlich zusammengerechnet, § 33 FamGKG
- **1.2 Zeitpunkt der Wertberechnung** = Tag der Antragstellung, § 34
- **1.3 Geldforderung**, deren Höhe ist für den Wert maßgeblich, § 35 FamGKG
- **1.4 Nebenforderungen** bleiben ohne Berücksichtigung, § 37 FamGKG
- **1.5 Verfahren in Stufen:** Höchster Wert aus einer Stufe maßgebend, § 38 FamGKG
- **1.6 Rechtsmittelverfahren:** Wert des Antrags des Rechtsmittelführers ist entscheidend, § 40 FamGKG

2. Besondere Wertvorschriften des FamGKG §§ 43 – 52 FamGKG

2.1 Verfahrenswert bei Ehesachen §§ 43, 44 FamGKG

Nichtvermögensrechtliche Streitigkeiten

Unter Berücksichtigung aller Umstände des Einzelfalls ergibt sich folgendes Schema:

- **Ausgangswert:** Dreifaches Nettoeinkommen der Eheleute der letzten drei Monate vor Antragstellung, § 43 Abs. 2 FamGKG
- Abzug von in der Regel monatlich 250,00 Euro pro Kind (unterschiedlich)
- Zurechnung von anteiligem Weihnachtsgeld
- **Zu- und Abschläge:** Z. B. ziehen viele Gerichte einen Freibetrag in Höhe von 30.000,00 Euro pro Ehegatten und von 15.000,00 Euro pro Kind ab
- **Mindestwert:** 3.000,00 Euro
- **Höchstwert:** 1 Million Euro

Verfahrenswerte in anderen Familiensachen

2.2 Bewertung von Kindschaftssachen

Im Scheidungsverbund möglich: Sorgerecht, Umgangsrecht oder Herausgabe, §§ 151, 137 FamFG

- **a. Im selbstständigen Verfahren**, § 45 FamGKG, Festwert: 3.000,00 Euro
- **b. Im Scheidungsverbund:** Nach § 44 Abs. 1 FamGKG gelten Scheidungs- und Folgesache als eine Angelegenheit (= Zusammenrechnung der Werte), der Verfahrenswert der Kindschaftssache beträgt 20 % des Wertes der Scheidungssache, max. 3.000,00 Euro pro Kindschaftssache, Ausnahmen möglich, § 44 Abs. 3 FamGKG
- **c. Bei Einstweiliger Anordnung,** Hälfte des Wertes der Hauptsache, § 41 Satz 2 FamGKG

2.3 Bewertung von Versorgungsausgleichssachen §§ 1587 ff. BGB, § 137 FamFG

Der Verfahrenswert für jedes Anrecht auf Altersversorgung als Gegenstand des Ausgleichsverfahrens im Scheidungsverbund beträgt 10 % des in 3 Monaten erzielten Nettoeinkommens der Eheleute, mind. 1.000,00 Euro, § 50 Abs. 1 FamGKG

2.4 Bewertung von Unterhaltssachen §§ 1601, 1612a, 1360 BGB, §§ 112 Nr. 3, 266 Abs. 1 FamFG

- **a. Gesetzlicher Unterhalt der Ehegatten und der Kinder:** Jahresbetrag + Rückstände, § 51 Abs. 1, Abs. 2 FamGKG
- **b. Vertraglicher Unterhalt** z. B. zwischen Ehegatten oder Kindern, Wertberechnung nach § 51 FamGKG bzw. bei sonstigen Geldrenten (z. B. bei nichtehelichen Lebensgemeinschaften) nach § 9 ZPO

2.5 Ehewohnungs- und Haushaltssachen § 200 FamFG; Festwerte gem § 48 FamGKG

Festwerte:

- **a. Ehewohnung** (Getrenntleben, vorläufige Benutzung): 3000,00 Euro, § 200 Abs. 1 Nr. 1 FamFG; § 48 Abs. 1 1. Alt. FamGKG
- **b. Ehewohnung** (Scheidung, endgültige Überlassung): 4000,00 Euro, § 200 Abs. 1 Nr. 2 FamFG, § 48 Abs. 1 2. Alt. FamGKG
- **c. Haushaltssachen** (Getrenntleben, vorläufige Benutzung) 2000 Euro, § 200 Abs. 2 Nr. 1 FamFG, § 48 Abs. 2 1. Alt. FamGKG
- **d. Haushaltssachen** (Scheidung, endgültige Benutzung): 3000,00 Euro, § 200 Abs. 2 Nr. 2 FamFG, § 48 Abs. 2 2. Alt. FamGKG

2.6 Güterrechtssachen § 261 FamFG

Zugewinnausgleich: Verfahrenswert = der geforderte Ausgleichsbetrag, § 35 FamGKG, ansonsten Wertermittlung durch Schätzung, § 42 FamFG

I. Wiederholungsfragen

Zu 3 **Gebühren:**
Der Rechtsanwalt kann grundsätzlich alle Gebühren, wie sie auch vor einem Gericht in Zivilsachen entstehen können, abrechnen. Dies gilt auch für den außergerichtlichen Bereich. Bei den hier angesprochenen Gebühren handelt es sich also im Wesentlichen um:
- **die Geschäftsgebühr gem. Nr. 2300 VV RVG: 0,5 – 2,5,**
- **die Verfahrensgebühr Nr. 3100 VV RVG: 1,3,**
- **die Terminsgebühr Nr. 3104 VV RVG: 1,2 und**
- **die Einigungsgebühr Nr. 1000 VV RVG: 1,5 bzw. nach Nr. 1003 VV RVG in Höhe von 1,0.**

Eine Besonderheit gibt es jedoch bei der Einigungsgebühr. Gemäß Anmerkung Abs. 5 zu Nr. 1000 VV RVG entsteht die Einigungsgebühr nicht in Ehe- und in Lebenspartnerschaftssachen, da es nach deutschem Recht nicht möglich ist, eine Ehe durch einen Vergleich zu beenden. In anderen Familiensachen kann die Einigungsgebühr jedoch entstehen.

Sofern der Rechtsanwalt erfolgreich an einer Aussöhnung mitgewirkt hat, kann er, neben den bis dahin ausgelösten Regelgebühren, eine gesonderte **Aussöhnungsgebühr** abrechnen.

Voraussetzungen:
- Wenn der ernstliche Wille eines Ehegatten, eine Scheidungssache oder ein Verfahren auf Aufhebung der Ehe anhängig zu machen hervorgetreten ist,
- die eheliche Lebensgemeinschaft fortgesetzt wird und
- der Rechtsanwalt an dieser Aussöhnung mitgewirkt hat.

Bei einer außergerichtlichen Aussöhnung entsteht eine 1,5 Aussöhnungsgebühr nach Nr. 1001 VV RVG, sofern die Aussöhnung erst nach Einreichung des Scheidungsantrags erfolgt entsteht eine 1,0 Gebühr nach Nr. 1003 VV RVG.

4.2.8 Zwangsvollstreckung

Zu 1 **Schnittstelle Klageverfahren – Zwangsvollstreckung**

Sachverhalt	§ 19 Abs.1 ja	§ 19 Abs.1 nein	Vorschrift Genaue Bezeichnung
1. Antrag auf richterliche Anordnung der Wohnungsdurchsuchung		X	§ 19 Abs. 2 Nr. 1*
2. Anträge auf Erteilung des Notfristzeugnisses und des Rechtskraftzeugnisses	X		§ 19 Abs. 1 Nr. 9
3. Antrag auf Zulassung der Zwangsvollstreckung zur Nachtzeit und an Sonn- und Feiertagen		X	§ 19 Abs. 2 Nr. 1*
4. Erinnerung gegen die Art und Weise der Zwangsvollstreckung		X	§ 19 Abs. 2 Nr. 2*
5. Vollstreckungsauftrag an den Gerichtsvollzieher		X	§ 18 Abs. 1 Nr. 1
6. Antrag auf erstmalige Erteilung der Vollstreckungsklausel	X		§ 19 Abs. 1 Nr. 13
7. Antrag auf Zulassung der Austauschpfändung		X	§ 18 Abs. 1 Nr. 7
8. Die Aufhebung einer Vollstreckungsmaßnahme		X	§ 19 Abs. 2 Nr. 6*

* § 19 Abs. 2 verweist auf § 18 Abs. 1 Nr. 1 und Nr. 2 RVG und somit gehören diese Maßnahmen nicht mehr zum Rechtszug.

Zu 2 **Angelegenheiten der Zwangsvollstreckung**
Zu a **Allgemeine Begriffsbestimmung und Abgrenzung**
Zu aa **Angelegenheit**
Nach § 18 Abs. 1 Nr. 1 RVG stellt jede **Vollstreckungsmaßnahme** zusammen mit den dazu notwendigen **Vollstreckungshandlungen** bis zur Befriedigung des Gläubigers oder einem sonstigen Abschluss, gebührenrechtlich eine besondere Angelegenheit dar.

Lösungen — Vergütung und Kosten

Zu ab Vollstreckungsmaßnahme

Vollstreckungsmaßnahme ist das konkrete, durch den Auftrag des Mandanten eingeleitete oder einzuleitende Verfahren.

Die einzelne Maßnahme **beginnt** mit der Erteilung des Auftrags und der ersten Tätigkeit zur Erledigung dieses Auftrags.

Sie ist **beendet,** wenn der gewünschte Erfolg eingetreten ist oder wenn feststeht, dass eine Befriedigung des Gläubigers endgültig nicht eintreten kann oder wird. Sie gilt ebenfalls als beendet, wenn die Zwangsvollstreckung endgültig eingestellt oder für unzulässig erklärt wird gemäß § 775 Nr. 1 ZPO, mit der Ablieferung des Erlöses an den Gläubiger, bei der Pfandverwertung in einer öffentlichen Versteigerung mit dem Zuschlag an den Gläubiger gemäß § 817 Abs. 4 ZPO, mit der Weiterleitung der Fruchtlosigkeitsbescheinigung des Gerichtsvollziehers an den Gläubiger und mit der Freigabe gepfändeter Gegenstände durch den Gläubiger.

Zu ac Vollstreckungshandlungen

Vollstreckungshandlungen sind einzelne Tätigkeiten, die zusammen eine Vollstreckungsmaßnahme bilden. Anders ausgedrückt könnte man sagen, dass die Vollstreckungsmaßnahme quasi die Klammer ist, die die einzelnen Vollstreckungshandlungen zu einer Angelegenheit zusammenfasst.

Zu b Einzelne Angelegenheiten der ZV:

Sachverhalt	Angelegenheiten
a. Kombinierter Zwangsvollstreckungsauftrag mit Antrag/Auftrag zur Abnahme der Vermögensauskunft.	Es liegen **zwei Angelegenheiten** vor: 1. Zwangsvollstreckungsauftrag, § 18 Abs. 1 Nr. 1 RVG, 2. Verfahren auf Abnahme der Vermögensauskunft, § 18 Abs. 1 Nr. 16 RVG. Rechtsfolge: Der Rechtsanwalt darf zweimal Gebühren und Auslagen abrechnen.
b. Zwangsvollstreckungsauftrag, Antrag auf Zulassung der Austauschpfändung, Vollstreckungsauftrag an den Gerichtsvollzieher zur Durchführung der Austauschpfändung.	**Drei Angelegenheiten:** 1. Zwangsvollstreckungsauftrag 2. Antrag für das Verfahren auf Zulassung der Austauschpfändung, § 18 Abs. 1 Nr. 7 RVG 3. Durchführungsauftrag
c. Der Rechtsanwalt lässt ein vorläufiges Zahlungsverbot durch den Gerichtsvollzieher an den Drittschuldner zustellen. Anschließend stellt er Antrag auf Pfändungs- und Überweisungsbeschluss.	**Eine Angelegenheit:** Vorpfändung und Antrag auf Pfändungs- und Überweisungsbeschluss stellen insgesamt eine Angelegenheit dar, § 18 Abs. 1 Nr. 1 RVG.
d. Der Rechtsanwalt beauftragt den Gerichtsvollzieher mit der Sachpfändung. Da der Schuldner den Zutritt zur Wohnung verweigert, wird Antrag auf Erlass einer Durchsuchungsanordnung gestellt. Es erfolgt ein erfolgloser Pfändungsversuch, die Fruchtlosigkeitsbescheinigung liegt vor. Daraufhin wird die Abnahme der Vermögensauskunft beantragt und durchgeführt. Hieraus wird bekannt, dass ein Guthaben bei einer Bank besteht. Es wird Pfändungs- und Überweisungsbeschluss beantragt.	**Drei Angelegenheiten:** 1. Vollstreckungsauftrag 2. Verfahren auf Abnahme der Vermögensauskunft, § 18 Abs. 1 Nr. 16 RVG 3. Antrag auf Pfändungs- und Überweisungsbeschluss, § 18 Abs. 1 Nr. 1 RVG
e. Einholung des Rechtskraftzeugnisses. Dann erteilt der Rechtsanwalt Vollstreckungauftrag an den Gerichtsvollzieher. Da der Schuldner als Fernfahrer nur an den Wochenenden zu Hause ist, wird Antrag nach § 758a Abs. 4 ZPO gestellt. Es folgt ein fruchtloser Pfändungsversuch. Es wird die Abnahme der Vermögensauskunft beantragt, wobei der Schuldner unentschuldigt im Termin nicht erscheint. Es ergeht Haftbefehl. Nach der Verhaftung stellt der Schuldner das Vermögensverzeichnis auf.	**Zwei Angelegenheiten:** 1. Vollstreckungsauftrag 2. Verfahren auf Abnahme der Vermögensauskunft, § 18 Abs. 1 Nr. 16 RVG (die Verhaftung etc. gehört noch hierzu)

I. Wiederholungsfragen

Sachverhalt	Angelegenheiten
f. Der Rechtsanwalt erteilt Vollstreckungsauftrag an den Gerichtsvollzieher mit anschließender fruchtloser Pfändung. Nach zwei Monaten ergeht erneuter Pfändungsauftrag. Die Pfändung wird durchgeführt. Es wird Antrag auf anderweitige Verwertung nach § 825 Abs. 1 ZPO gestellt. Da diese abgelehnt wird, wird hiergegen Erinnerung gemäß § 766 ZPO eingelegt.	**Drei Angelegenheiten:** 1. Erster Vollstreckungsauftrag 2. Zweiter Vollstreckungsauftrag 3. Antrag auf anderweitige Verwertung, § 18 Abs. 1 Nr. 8 RVG Die Erinnerung stellt gemäß § 19 Abs. 2 Nr. 2 RVG keine besondere Angelegenheit dar.
g. Der Rechtsanwalt erteilt Vollstreckungsauftrag an den Gerichtsvollzieher, dieser nimmt eine vorläufige Austauschpfändung vor.	**Eine Angelegenheit**, die vorläufige Austauschpfändung wird nicht in § 18 aufgeführt, d. h. sie ist gebührenmäßig durch den Vollstreckungsauftrag mit abgegolten.

Zu 3 **Gegenstandswert**

Angelegenheiten:	Gegenstandswerte:
1. Vollstreckung wegen einer Geldforderung:	Hauptforderung + Nebenforderung (Zinsen bis zum Tag der Vollstreckungsmaßnahme), festgesetzte Kosten sowie darauf entstandene Zinsen und die bisher angefallenen notwendigen Kosten früherer Zwangsvollstreckungsmaßnahmen.
2. Pfändung eines bestimmten Gegenstandes, wobei dieser einen geringeren Wert hat als der Betrag der beizutreibenden Forderung:	Der geringere Wert der herauszugebenden Sache ist maßgeblich, § 25 Abs. 1 Nr. 1 RVG.
3. Vollstreckung wird wegen eines Teilbetrags der titulierten Forderung betrieben (Teilforderung):	Die Höhe der Teilforderung ist maßgeblich, § 25 Abs. 1 Nr. 1 RVG.
4. Gegenstandswert im Verteilungsverfahren gem. § 858 Abs. 5, §§ 872 – 877 und 882 ZPO; § 25 Abs. 1 Nr. 1 RVG:	Maximal der zu verteilende Geldbetrag ist maßgeblich (nicht der Betrag der titulierten Forderung, sofern dieser höher ist), § 25 Abs. 1 Nr. 1 RVG.
5. Vollstreckung wegen Herausgabeanspruch von Sachen:	Verkehrswert der herauszugebenden Sache, § 25 Abs. 1 Nr. 2 RVG; bei Räumung oder Herausgabe von Mieträumen gilt jedoch maximal der nach § 41 Abs. 2 GKG ermittelte Jahresmietzins.
6. Verfahren zur Ausführung der ZV auf Vornahme einer vertretbaren Handlung :	Wert, den der Anspruch für den Gläubiger hat, § 25 Abs. 1 Nr. 3 RVG.
7. Verfahren zur Abnahme der Vermögensauskunft §§ 802 f und 802 g ZPO):	Betrag, den der Schuldner einschließlich Nebenforderungen aus dem Vollstreckungstitel noch schuldet; maximal: 2.000,00 Euro, § 25 Abs. 1 Nr. 4 RVG.
8. Pfändung in künftiges Arbeitseinkommen wegen wiederkehrenden Leistungen aus einer Schadensersatzrente:	3,5 facher Jahresbetrag, § 25 Abs. 1 Nr. 1 i.V.m. § 9 ZPO

Zu 4 **Gegenstandswerte:** Tragen Sie für die jeweiligen Sachverhalte die Gegenstandswerte ein

Sachverhalte	Gegenstandswerte
1. Der Gläubiger A hat eine titulierte Forderung über 3.000,00 Euro. Außerdem: Festgesetzte Kosten in Höhe von 100,00 Euro und aufgelaufene Zinsen in Höhe von 50,00 Euro.	**3.150,00 Euro** Hauptforderung + Nebenforderungen, § 25 Abs. 1 Nr. 1 RVG
2. Sachverhalt wie 1, allerdings wird nur ein Vollstreckungsauftrag über 1.500,00 Euro erteilt.	**1.500,00 Euro** Teilbetrag ist maßgeblich.

Lösungen — Vergütung und Kosten

Sachverhalte	Gegenstandswerte
3. Sachverhalt wie 1, allerdings ergeht nur Vollstreckungsauftrag wegen Pfändung eines Flat Screen Fernsehers mit geschätztem Verkehrswert in Höhe von 700,00 Euro.	**700,00 Euro** Der geringere Wert des gepfändeten Gerätes ist maßgeblich.
4. Sachverhalt wie 1, wobei Vollstreckungsauftrag wegen der Gesamtforderung in das gesamte Schuldnervermögen ergeht. Wegen eines Bildes mit Verkehrswert in Höhe von 1.600,00 Euro stellt der Rechtsanwalt Antrag auf anderweitige Verwertung gemäß § 825 ZPO.	Gegenstandswert für den Vollstreckungsauftrag: **3.150,00 Euro**. Gegenstandswert für den Antrag gemäß § 825 ZPO: **1.600,00 Euro.** Dies stellt gemäß § 18 Abs. 1 Nr. 8 RVG gebührenrechtlich eine besondere Angelegenheit dar.
5. Sachverhalt wie 1, wobei der Rechtsanwalt für den Gläubiger das Arbeitseinkommen des Schuldners pfänden möchte. Er erwirkt daher einen Pfändungs- und Überweisungsbeschluss. Bei Antragstellung geht er bzw. der Gläubiger davon aus, dass diese Maßnahme zu einer vollständigen Befriedigung führen wird. Es stellt sich nachträglich heraus, dass dies nicht der Fall ist, da der Schuldner nur noch Teilzeit arbeitet und mit seinem geringen Verdienst sogar vollständig unter die Pfändungsgrenzen rutscht.	**3.150,00 Euro** Diese Lösung ist nicht ganz unumstritten. Nach herrschender Meinung ist der Gesamtwert der Forderung maßgeblich. Dies soll jedoch nur dann nicht gelten, wenn der Gläubiger von vornherein weiß, dass der Betrag nicht zur vollständigen Befriedigung ausreichen wird. In diesem Fall sei dann der geringere Betrag maßgeblich.

Zu 5 Gebühren in der Zwangsvollstreckung
Zu a Gebühren in der Zwangsvollstreckung:
0,3 Verfahrensgebühr gem. Nr. 3309 VV RVG,
0,3 Terminsgebühr gem. Nr. 3310 VV RVG (bei Teilnahme an einem gerichtlichen Termin, einem Termin zur Abgabe der Vermögensauskunft oder einem Termin zur Abnahme der Eidesstattlichen Versicherung).

Zu b Abrechnung bei 8 Auftraggebern:
0,3 Ausgangsgebühr gem. Nr. 3309 VV + max. 2,0 Erhöhung = 2,3 Verfahrensgebühr

Zu c Zwangsvollstreckung gegen zwei Schuldner:
Für jeden Schuldner wird gesondert abgerechnet, da zwei Vollstreckungsmaßnahmen nach § 18 Nr. 1 RVG vorliegen.

Zu d Vorzeitig Beendigung:
Die bereits ausgelöste 0,3 Verfahrensgebühr bleibt stehen, das heißt sie wird nicht halbiert.

II. Prüfungsaufgaben

1. Außergerichtliche Tätigkeit

Vorbemerkung:
Alle ausgewiesenen Beträge in den Kostennoten beziehen sich auf Euro-Beträge.

Zu 1

Beratungsgebühr nach § 34 RVG	150,00
19 % USt gemäß Nr. 7008 VVRVG	28,50
	178,50

Anmerkung: Da die Beratung mündlich in der Kanzlei von Dr. Schnell stattfand, entsteht keine Auslagenpauschale nach Nr. 7002 VV RVG.

Zu 2

Gegenstandswert: 20.000,00

Beratungsgebühr nach § 34 RVG	190,00
19 % USt gemäß Nr. 7008 VV RVG	36,10
	226,10

Anmerkung: Da keine Vergütungsvereinbarung geschlossen wurde, ist dies die Obergrenze bei einer mündlichen Erstberatung bei Verbrauchern.

Zu 3

Beratungsgebühr nach § 34 RVG		250,00
Erstberatungsgebühr	./.	190,00
Post- und Telekommunikationspauschale gemäß Nr. 7002 VV RVG		20,00
		80,00
19 % USt gemäß Nr. 7008 VV RVG		15,20
		95,20

Anmerkung: Für die Berechnung der Anlagen(-pauschale) werden die 250,00 Euro zugrunde gelegt und nicht die verrechneten 60,00 Euro (250,00 – 190,00 = 60,00).

Zu 4

Gegenstandswert. 2.500,00

0,75 Prüfungsgebühr Berufungsaussichten §§ 2,13,14 RVG i.V.m. Nr. 2100 VV RVG	150,75
Post- und Telekommunikationspauschale gemäß Nr. 7002 VV RVG	20,00
	170,75
19 % USt gemäß Nr. 7008 VV RVG	32,44
	203,19

Zu 5

Gegenstandswert. 11.000,00

1,1 Verfahrensgebühr §§ 2, 13 RVG i.V.m Nr. 3200, 3201 VV RVG	664,40
Post- und Telekommunikationspauschale gemäß Nr. 7002 VV RVG	20,00
	684,40
19 % USt gemäß Nr. 7008 VV RVG	130,04
	814,44

Zu 6

Gegenstandswert: 17.500,00

1,6 Verfahrensgebühr §§ 2, 13 RVG i.V.m. Nr. 2100 Anm.*, 3200 VV RVG	1.113,60
1,2 Terminsgebühr §§ 2, 13 RVG i.V.m. Nr. 3202 VV RVG	835,20
1,3 Einigungsgebühr §§ 2, 13 RVG i.V.m. Nr. 1000, 1004 VV RVG	904,80
Post- und Telekommunikationspauschale gemäß Nr. 7002 VV RVG	20,00
	2.853,60
19 % USt gemäß Nr. 7008 VV RVG	542,18
	3.395,78

Lösungen — Vergütung und Kosten

Anmerkung:
Die Gebühr für Prüfung der Erfolgsaussichten der Berufung wurde zwar ausgelöst, sie wird aber nach Nr. 2100 S. 2 VV RVG komplett angerechnet. Eine Auslagenpauschale ist für das Gespräch in der Kanzlei nicht entstanden.

Zu 7
Gegenstandswert: 1.500,00

1,3 Geschäftsgebühr §§ 2, 13, 14 RVG i.V.m. Nr. 2300 VV RVG	149,50
Post- und Telekommunikationspauschale gemäß Nr. 7002 VV RVG	20,00
	169,50
19 % USt gemäß Nr. 7008 VV RVG	32,21
	201,71

Zu 8
Gegenstandswert: 7.250,00

0,8 Verfahrensgebühr §§ 2, 13 RVG Nr. 3100, 3101 VV RVG	364,80
Post- und Telekommunikationspauschale gemäß Nr. 7002 VV RVG	20,00
	384,80
19 % USt gemäß Nr. 7008 VV RVG	73,11
	457,91

Zu 9
Außergerichtliche Tätigkeit:
Gegenstandswert: 3.020,00

1,3 Geschäftsgebühr §§ 2, 13, 14 RVG i.V.m. Nr. 2300 VV RVG	327,60
Post- und Telekommunikationspauschale gemäß Nr. 7002 VV RVG	20,00
	347,60
19 % USt gemäß Nr. 7008 VV RVG	66,04
	413,64

Gerichtliche Tätigkeit:
Gegenstandswert: 3.020,00

1,3 Verfahrensgebühr §§ 2, 13 RVG i.V.m. Nr. 3100 VV RVG	327,60	
./. 0,65 Geschäftsgebühr gem. Vorbemerkung 3 Abs. 4 VV RVG	./. 163,80	
		163,80
1,2 Terminsgebühr §§ 2, 13 RVG i.V.m. Nr. 3104 VV RVG		302,40
1,0 Einigungsgebühr §§ 2, 13 RVG Nr. 1000, 1003 VV RVG		252,00
Post- und Telekommunikationspauschale gemäß Nr. 7002 VV RVG		20,00
		738,20
19 % USt gemäß Nr. 7008 VV RVG		140,26
		878,46

Zu 10
Gegenstandswert: 6.100,00

1,9 Geschäftsgebühr §§ 2, 7, 13, 14 RVG i.V.m. Nr. 2300, 1008 VV RVG	769,50
1,5 Einigungsgebühr §§ 2, 13 RVG i.V.m. Nr. 1000 VV RVG	607,50
Post- und Telekommunikationspauschale gemäß Nr. 7002 VV RVG	20,00
	1.397,00
19 % USt gemäß Nr. 7008 VV RVG	265,43
	1.662,43

Zu 11
Gegenstandswert: 5.000,00

0,3 Geschäftsgebühr §§ 2, 13 RVG i.V.m. Nr. 2300, 2301 VV RVG	90,90
Post- und Telekommunikationspauschale gemäß Nr. 7002 VV RVG	18,18
	109,08
19 % USt gemäß Nr. 7008 VV RVG	20,73
	129,81

II. Prüfungsaufgaben

2. Gerichtliche Tätigkeit

Zu 1
Gegenstandswert: 7.000,00

1,3 Verfahrensgebühr §§ 2, 13 RVG i.V.m. Nr. 3100 VV RVG	526,50
1,2 Terminsgebühr §§ 2, 13 RVG i.V.m. Nr. 3104 VV RVG	486,00
1,0 Einigungsgebühr §§ 2, 13 RVG i.V.m. Nr. 1000, 1003 VV RVG	405,00
Post- und Telekommunikationspauschale gemäß Nr. 7002 VV RVG	20,00
	1.437,50
19 % USt gemäß Nr. 7008 VV RVG	273,13
	1.710,63

Anmerkungen:
Es empfiehlt sich beim Lösen einer Aufgabe, das Entstehen einer jeden Gebühr für sich einzeln durchzuprüfen. Sie müssen also den Sachverhalt auf die jeweils gebührspezifischen Signalworte hin untersuchen und am besten auch markieren.
- Die Verfahrensgebühr entsteht im Grunde bereits mit Erteilung des Auftrags, allerdings noch nicht in der vollen Höhe von 1,3. Erst mit Klageeinreichung entsteht sie in voller Höhe und wird in der Vergütungsabrechnung dann auch mit diesem Satz abgerechnet. Das entscheidende Signalwort im Sachverhalt ist also die Einreichung der Klage.
- Für die Entstehung der Terminsgebühr ist maßgeblich, dass der Rechtsanwalt an einem Termin teilgenommen hat, sofern nicht einer der in Absatz 1 Ziffer 1 der Anmerkung zu Nr. 3104 VV RVG bezeichneten Sonderfälle vorliegt. Auch wenn hier im Sachverhalt zwei Termine stattfanden, so kann die Terminsgebühr dennoch nur einmal abgerechnet werden.
- Da die Einigung bei Gericht über eingereichte Ansprüche stattfand, entsteht die Einigungsgebühr nur mit dem verminderten Satz von 1,0. Sie wird nach den Ansprüchen gerechnet, die abgegolten werden, **nicht** jedoch auf das Ergebnis, worauf die Parteien sich einigen.

Zu 2a
Gegenstandswert: 3.500,00

1,3 Verfahrensgebühr §§ 2, 13 RVG Nr. 3100 VV RVG	327,60
1,2 Terminsgebühr §§ 2, 13 VV RVG i.V.m. Nr. 3104 VV RVG	302,40
Post- und Telekommunikationspauschale gemäß Nr. 7002 VV RVG	20,00
	650,00
19 % USt gemäß Nr. 7008 VV RVG	123,50
	773,50

Anmerkungen:
- Die Verfahrensgebühr wird aus 3.500,00 Euro gerechnet, weil dies der höchste im Prozess ausgelöste Gegenstandswert ist.
- Im zweiten Termin haben die Parteien wegen eines Gegenstandswertes von 3.500,00 Euro streitig verhandelt. Daher stellen diese 3.500,00 Euro den für die Terminsgebühr höchsten ausgelösten Gegenstandswert dar. Der im ersten Termin ausgelöste Gegenstandswert in Höhe von 2.500,00 Euro ist daher für die endgültige Abrechnung unmaßgeblich.

Zu 2b
Gemäß Nr. 1010 VV RVG darf der Rechtsanwalt zusätzlich zur 1,2 Terminsgebühr eine 0,3 Zusatzgebühr abrechnen.

Zu 3
Gegenstandswert: 25.000,00

1,3 Verfahrensgebühr §§ 2, 13 RVG i.V.m. Nr. 3100 VV RVG	1.024,40
1,2 Terminsgebühr §§ 2, 13 RVG i.V.m. Nr. 3104 VV RVG	945,60
Dokumentenpauschale gem. Nr. 7000 Tz.1a VV RVG	26,50
(50 x 0,50 Euro = 25,00 Euro + 15 x 0,15 Euro = 1, 50 Euro = 26,50 Euro)	
Post- und Telekommunikationspauschale gemäß Nr. 7002 VV RVG	20,00
	2.016,50
19 % USt gemäß Nr. 7008 VV RVG	383,14
	2.399,64

Anmerkung:
Nach der Streitwerterhöhung fand ein Termin über 25.000,00 Euro statt. Der hier im Prozess ausgelöste höchste Gegenstandswert ist daher sowohl für die Verfahrens- als auch die Terminsgebühr maßgeblich. Die anschließende Zahlung ist sowohl für die Verfahrensgebühr unmaßgeblich, da der Anwalt insgesamt 25.000,00 eingeklagt hat als auch für die Terminsgebühr, da bereits über 25.000,00 verhandelt wurde.

Zu 4
Gegenstandswert: 1.600,00, 1.100,00, 2.700,00

1,3 Verfahrensgebühr aus 1.600,00	§§ 2, 13 RVG i.V.m. Nr. 3100 VV RVG	195,00
0,8 Verfahrensgebühr aus 1.100,00	§§ 2,13 RVG i.V.m. Nr. 3100, 3101 VV RVG	92,00
(1,3) aus 2.700 = 261,30	⟵⟶	(287,00)
Gebührenbegrenzung nach § 15 Abs. 3 RVG, max. 1,3 Verfahrensgebühr aus 2.700,00		261,30
1,2 Terminsgebühr aus 1.600,00 §§ 2, 13 RVG i.V.m. Nr. 3104 VV RVG		180,00
Post- und Telekommunikationspauschale gemäß Nr. 7002 VV RVG		20,00
		461,30
19 % Auslagen gemäß Nr. 7008 VV RVG		87,65
		548,95

Anmerkungen:
In dem Moment, in dem dieselbe Gebühr mit zwei verschiedenen Gebührensätzen in einer Vergütungsabrechnung auftaucht, heißt dies § 15 Abs. 3 RVG prüfen!
Vorgehensweise:
1. Sie nehmen den höheren der beiden Gebührensätze, hier 1,3.
2. Sie addieren die beiden Teilbeträge auf, hier: 1.600,00 + 1.100,00 = 2.700,00 Euro und schauen in der Tabelle nach, wie viel der volle Satz (1,3) aus dem Gesamtbetrag (2.700,00) beträgt (= 261,30 Euro).
3. Anschließend vergleichen Sie diesen Betrag mit dem Betrag, den der Rechtsanwalt normalerweise abgerechnet hätte (195,00 + 92,00 = 287,00 Euro). Da § 15 Abs. 3 RVG die Gebührenobergrenze angibt, kann der Rechtsanwalt in diesem Fall nicht die 287,00 Euro, sondern nur die 261,30 Euro abrechnen.

Zu 5
Gegenstandswert: 1.600,00, 400,00, 2.000,00

1,3 Verfahrensgebühr aus 1.600,00	§§ 2, 13 RVG i.V.m. Nr. 3100 VV RVG	195,00
0,8 Verfahrensgebühr aus 400,00	§§ 2, 13 RVG i.V.m. Nr. 3100,3101 VV RVG	36,00
Gebührenbegrenzung nach § 15 Abs. 3 RVG, max. 1,3 Verfahrensgebühr aus 2.000,00		195,00
1,2 Terminsgebühr aus 2.000,00 §§ 2, 13 RVG i.V.m. Nr. 3104 VV RVG		180,00
1,0 Einigungsgebühr aus 1.600,00	§§ 2, 13 RVG i.V.m. Nr. 1000,1003 VV RVG	150,00
1,5 Einigungsgebühr aus 400,00	§§ 2, 13 RVG i.V.m. Nr. 1000 VV RVG	67,50
Obergrenze nach § 15 Abs. 3 RVG 1,5 aus 2.000,00 berücksichtigt		
Post- und Telekommunikationspauschale gemäß Nr. 7002 VV RVG		20,00
		612,50
19 % USt gemäß Nr. 7008 VV RVG		116,38
		728,88

Anmerkungen:
– Der Rechtsanwalt erhält hier für die nicht rechtshängigen, mit verglichenen 400,00 Euro die sogenannte „Differenzverfahrensgebühr" nach Ziffer 2 der Anmerkung zu Nr. 3101 VV RVG zusätzlich zur ursprünglichen 1,3 Verfahrensgebühr nach Nr. 3100 VV RVG.
– Da sowohl die Verfahrens- als die Einigungsgebühr jeweils zweifach mit unterschiedlichen Gebührensätzen auftauchen, muss bei beiden eine § 15 Abs. 3 RVG -Prüfung durchgeführt werden. Bei der Verfahrensgebühr hat eine Kürzung der Gebühren zu erfolgen, das heißt, der Anwalt darf nur eine 1,3 Verfahrensgebühr aus 2.000 Euro abrechnen.
– Bei der Einigungsgebühr liegt die Obergrenze (1,5 aus 2.000 = 225,00 Euro) über den abgerechneten 150 + 67,50 = 217,50 Euro Einigungsgebühr, so dass keine Kürzung gemäß § 15 Abs. 3 RVG erfolgt.

II. Prüfungsaufgaben

Zu 6

Gegenstandswert: 5.200,00, 2.500,00, 7.700,00		
1,6 Verfahrensgebühr aus 5.200,00	§§ 2, 13 RVG i.V.m. Nr. 3200 VV RVG	566,40
1,1 Verfahrensgebühr aus 2.500,00	§§ 2, 13 RVG i.V.m. Nr. 3200, 3201 VV RVG	221,10
Gebührenbegrenzung nach § 15 Abs. 3 RVG, max. 1,6 Verfahrensgebühr aus 7.700,00		729,60
1,2 Terminsgebühr aus 7.700,00	§§ 2, 13 RVG i.V.m. Nr. 3202 VV RVG	547,20
1,3 Einigungsgebühr aus 5.200,00	§§ 2, 13 RVG i.V.m. Nr. 1000,1004 VV RVG	460,20
1,5 Einigungsgebühr aus 2.500,00	§§ 2, 13 RVG i.V.m. Nr. 1000 VV RVG	301,50
Gebührenbegrenzung nach § 15 Abs. 3 RVG, max. 1,5 Einigungsgebühr aus 7.700,00		684,00
Post- und Telekommunikationspauschale gemäß Nr. 7002 VV RVG		20,00
		1.980,80
19 % USt gemäß Nr. 7008 VV RVG		376,35
		2.357,15

Zu 7

Gegenstandswert: 3.670,00, 3.170,00		
1,3 Verfahrensgebühr aus 3.670,00	§§ 2, 13 i.V.m. Nr. 3100 VV RVG	327,60
1,2 Terminsgebühr aus 3.170,00	§§ 2, 13 i.V.m. Nr. 3104 VV RVG	302,40
Fahrtkosten gem. Nr. 7003 VV RVG (160 km x 0,30 Euro =)		48,00
Tage- und Abwesenheitsgeld gem. Nr. 7005 VV RVG (4,5 Std)		40,00
Post- und Telekommunikationspauschale gemäß Nr. 7002 VV RVG		20,00
		738,00
19 % USt gemäß Nr. 7008 VV RVG		140,22
		878,22

Zu 8

Gegenstandswert: 5.500,00 Euro		
1,3 Verfahrensgebühr	§§ 2, 13 i.V.m. Nr. 3100 VV RVG	460,20
1,2 Terminsgebühr	§§ 2, 13 i.V.m. Nr. 3104 VV RVG	424,80
1,0 Einigungsgebühr	§§ 2, 13 i.V.m. Nr. 1000, 1003 VV RVG	354,00
Post- und Telekommunikationspauschale gemäß Nr. 7002 VV RVG		20,00
		1.259,00
19 % USt gemäß Nr. 7008 VV RVG		239,21
		1.498,21

Zu 9

Gegenstandswert: 2.000,00, 6.500,00, 8.500,00				
3,1 VerfG	aus 6.500,00	§§ 2, 7, 13	Nr. 1008, 3100 VV RVG	1.255,50
2,6 VerfG	aus 2.000,00	§§ 2, 7, 13	Nr. 1008, 3100, 3101 VV RVG	390,00
Gebührenbegrenzung nach § 15 Abs. 3, max. 3,1 Verfahrensgebühr aus 8.500,00				1.571,70
1,2 TermG	aus 6.500,00	§§ 2, 13	Nr. 3104 VV RVG	486,00
1,0 EinigG	aus 6.500,00	§§ 2, 13	Nr. 1000, 1003 VV RVG	405,00
Post- und Telekommunikationspauschale gemäß Nr. 7002 VV RVG				20,00
				2.482,70
19 % USt gemäß Nr. 7008 VV RVG				471,71
				2.954,41

Anmerkungen:
Die Aufgabe beinhaltet drei Problemkreise. Zum einen ist es die Klage bei teilweiser Erledigung, zum zweiten die damit im Zusammenhang stehende § 15 Abs. 3 -RVG- Prüfung und hier außerdem die Erhöhung wegen mehrerer Auftraggeber nach Nr. 1008 VV RVG.

Teilweise Erledigung:
- Die Verfahrensgebühr entsteht grundsätzlich ab Erhalt des Klageauftrages. Sofern die Klage anschließend nicht eingereicht wird, erhält der Anwalt für seine bis dahin aufgelaufene Tätigkeit eine 0,8 Verfahrensgebühr (hier im Sachverhalt erhöht wegen mehrerer Auftraggeber). Dies betrifft hier im Sachverhalt allerdings nur die vor Klageeinreichung vorzeitig erledigten Ansprüche in Höhe von 2.000,00 Euro.
- Bei der Terminsgebühr ist entscheidend, über welchen Gegenstandswert die Parteien im Termin verhandelt haben. Dies waren die 6.500,00 Euro.
- Auch die Einigungsgebühr kann nur aus den streitigen und eingereichten 6.500,00 Euro gerechnet werden, da die 2.000,00 Euro bereits erledigt waren.

§ 15 Abs. 3 RVG Prüfung:
Immer dann, wenn eine Gebühr mit zwei verschiedenen Sätzen zweimal in einer Kostennote auftaucht ist eine § 15 Abs. 3 Prüfung vorzunehmen.

Erhöhung wegen mehrerer Auftraggeber nach Nr. 1008 VV RVG:
- Die volle Verfahrensgebühr beträgt: 1,3 + (6 x 0,3) = 1,3 + 1,8 = 3,1. Die Erhöhung von 1,8 liegt noch unter der Maximalgrenze von 2,0.
- Die ermäßigte Verfahrensgebühr beträgt: 0,8 + (6 x 0,3) = 0,8 + 1,8 = 2,6.
- Die Terminsgebühr entsteht trotz Versäumnisurteil in voller Höhe, da ein Termin anschließend stattfand.

Zu 10a
Berechnung Gegenstandswert:
Räumung: 12 x 1.600,00 = 19.200,00
+ Rückstände   4 x 1.600,00 = 6.400,00
= Gegenstandswert insgesamt   25.600,00

Gegenstandswert: 25.600,00

1,3 Verfahrensgebühr §§ 2, 13 i.V.m. Nr. 3100 VV RVG	1.121,90
1,2 Terminsgebühr §§ 2, 13 i.V.m. Nr. 3104 VV RVG	1.035,60
Post- und Telekommunikationspauschale gemäß Nr. 7002 VV RVG	20,00
	2.177,50
19 % USt gemäß Nr. 7008 VV RVG	413,73
	2.591,23

Anmerkung:
Zum Zeitpunkt, als der Anwalt das außergerichtliche anwaltliche Aufforderungsschreiben verfasste und zuschickte, hatte er bereits Klageauftrag, so dass die 1,3 Geschäftsgebühr nicht ausgelöst wurde.

Zu 10b
Gerichtskosten: 1.218,00 Euro
3,0 Gebühr gemäß Nr. 1210 der Anlage 1 des KostV zum GKG

Zu 11a
Gegenstandswert: 7.200,00 (12 x 600 = 7.200,00)

1,6 Verfahrensgebühr §§ 2, 13 i.V.m. Nr. 1008, 3100 VV RVG	729,60
1,2 Terminsgebühr §§ 2, 13 i.V.m. Nr. 3104 VV RVG	547,20
Post- und Telekommunikationspauschale gemäß Nr. 7002 VV RVG	20,00
	1.296,80
19 % USt gemäß Nr. 7008 VV RVG	246,39
	1.543,19

Anmerkungen:
- Die Verfahrensgebühr in Höhe von 1,3 ist nach Nr. 1008 VV RVG auf 1,6 um 0,3 erhöht.
- Eine Einigungsgebühr kann in diesem Fall nicht entstehen, da ein einseitiges Anerkenntnis nicht als Einigung i.S.v. Nr. 1000 VV RVG gilt.

Zu 11b
Gegenstandswert: 7.200,00 (12 x 600,00 = 7.200,00)

1,1 Verfahrensgebühr §§ 2, 13 i.V.m. Nr. 1008, 3100, 3101 VV RVG	501,60
Post- und Telekommunikationspauschale gemäß Nr. 7002 VV RVG	20,00
	521,60
19 % USt gemäß Nr. 7008 VV RVG	99,10
	620,70

Anmerkungen:
- Da die Klage noch nicht eingereicht war, der Rechtsanwalt aber bereits Klageauftrag hatte, kann hier nur eine verminderte Verfahrensgebühr nach Nr. 3101 VV RVG entstehen.
- Die Verminderte Verfahrensgebühr wird nach Nr. 1008 VV RVG von 0,8 um 0,3 auf 1,1 erhöht.

II. Prüfungsaufgaben

Zu 12a
1. Instanz
Gegenstandswert: 10.000,00

1,9 Verfahrensgebühr §§ 2, 7, 13 i.V.m. Nr. 1008, 3100 VV RVG	1.060,20
1,2 Terminsgebühr §§ 2, 13 i.V.m. Nr. 3104 VV RVG	669,60
Post- und Telekommunikationspauschale gemäß Nr. 7002 VV RVG	20,00
	1.749,80
19 % USt gemäß Nr. 7008 VV RVG	332,46
	2.082,26

2. Instanz
Gegenstandswert: 10.000,00

2,2 Verfahrensgebühr §§ 2, 13 i.V.m. Nr. 1008, 3200 VV RVG	1.227,60
1,2 Terminsgebühr §§ 2, 13 i.V.m. Nr. 3202 VV RVG	669,60
Post- und Telekommunikationspauschale gemäß Nr. 7002 VV RVG	20,00
	1.917,20
19 % USt gemäß Nr. 7008 VV RVG	364,27
	2.281,47

Anmerkung:
Hier vertritt der Rechtsanwalt drei Auftraggeber, da sich die Klage sowohl gegen die Gesellschaft als auch gegen jeden der Gesellschafter richtet.

Zu 12b
1 Auftraggeber, da die OHG nach § 124 HGB parteifähig ist.

Zu 13
1. Instanz
Gegenstandswert: 9.000,00

1,3 Verfahrensgebühr §§ 2, 13 i.V.m. Nr. 3100 VV RVG	659,10
1,2 Terminsgebühr §§ 2, 13 i.V.m. Nr. 3104 VV RVG	608,40
Post- und Telekommunikationspauschale gemäß Nr. 7002 VV RVG	20,00
	1.287,50
19 % USt gemäß Nr. 7008 VV RVG	244,63
	1.532,13

2. Instanz
Gegenstandswert: 2.000,00

1,1 Verfahrensgebühr §§ 2, 13 i.V.m. Nr. 3200, 3201 VV RVG	165,00
Post- und Telekommunikationspauschale gemäß Nr. 7002 VV RVG	20,00
	185,00
19 % USt gemäß Nr. 7008 VV RVG	35,15
	220,15

Zu 14
1. Instanz
Gegenstandswert: 76.000,00

1,3 Verfahrensgebühr §§ 2, 13 i.V.m. Nr. 3100 VV RVG	1.732,90
1,2 Terminsgebühr §§ 2, 13 i.V.m. Nr. 3104 VV RVG	1.599,60
Post- und Telekommunikationspauschale gemäß Nr. 7002 VV RVG	20,00
	3.352,50
19 % USt gemäß Nr. 7008 VV RVG	636,98
	3.989,48

2. Instanz
Gegenstandswert: 25.000,00

1,6 Verfahrensgebühr §§ 2, 13 i.V.m. Nr. 3200 VV RVG	1.260,80
1,2 Terminsgebühr §§ 2, 13 i.V.m. Nr. 3202 VV RVG	945,60
1,3 Einigungsgebühr §§ 2, 13 i.V.m. Nr. 1000, 1004 VV RVG	1.024,40
Post- und Telekommunikationspauschale gemäß Nr. 7002 VV RVG	20,00
	3.250,80
19 % USt gemäß Nr. 7008 VV RVG	617,65
	3.868,45

Lösungen — Vergütung und Kosten

Zu 15a

Gegenstandswert: 6.500,00, 5.500,00

1,3 Verfahrensgebühr aus 6.500,00 §§ 2, 13 i.V.m. Nr. 3100 VV RVG	526,50
1,2 Terminsgebühr aus 5.500,00 §§ 2, 13 i.V.m. Nr. 3104 VV RVG	424,80
Post- und Telekommunikationspauschale gemäß Nr. 7002 VV RVG	20,00
	971,30
19 % USt gemäß Nr. 7008 VV RVG	184,55
	1.155,85

Anmerkungen:
- Da die Klage über 6.500,00 Euro eingereicht wurde, ist dies der höchste für die Verfahrensgebühr ausgelöste Gegenstandswert.
- Zum Zeitpunkt des Termins wurde die streitige Forderung bereits auf 5.500,00 Euro vermindert, so dass im Termin auch nur über diesen Betrag streitig verhandelt wurde.

Zu 15b

Hier würde die Terminsgebühr aus 6.500,00 Euro berechnet, da im ersten Termin über diesen Betrag streitig verhandelt wurde.

Zu 16

Gegenstandswert: 11.115,00

1,3 Verfahrensgebühr §§ 2, 13 i.V.m. Nr. 3100 VV RVG	785,20
1,2 Terminsgebühr §§ 2, 13 i.V.m. Nr. 3104 VV RVG	724,80
Post- und Telekommunikationspauschale gemäß Nr. 7002 VV RVG	20,00
	1.530,00
19 % USt gemäß Nr. 7008 VV RVG	290,70
	1.820,70

Anmerkungen:
- Die Verfahrensgebühr entsteht in voller Höhe, da die Klage eingereicht war.
- Die Terminsgebühr entsteht in voller Höhe, da die Parteien einen auf Prozessvermeidung ausgerichteten Termin wahrnahmen, Vorb. 3 Abs. 3 VV RVG.
- Die Einigungsgebühr darf nicht angesetzt werden, da ein einseitiges Anerkenntnis vorliegt.

Zu 17a

Gegenstandswert: 2.300,00

1,3 Verfahrensgebühr §§ 2, 13 i.V.m. Nr. 3100 VV RVG	261,30
0,5 Terminsgebühr §§ 2, 13 i.V.m. Nr. 3104, 3105 VV RVG	100,50
Post- und Telekommunikationspauschale gemäß Nr. 7002 VV RVG	20,00
	381,80
19 % USt gemäß Nr. 7008 VV RVG	72,54
	454,34

Anmerkung:
In der ersten Instanz ist es für das Entstehen der 0,5 Terminsgebühr für die Beantragung eines Versäumnisurteils egal, ob der Kläger oder Beklagte säumig ist. Der Anwalt, der Versäumnisurteil bei Säumnis des gegnerischen Anwalts beantragt, bekommt die 05, Gebühr. In der Berufung dagegen kommt es sehr genau darauf an, wer säumig ist und wer demzufolge das Versäumnisurteil beantragt.

Zu 17b

Da Nr. 3203 VV RVG nur den Fall der Säumnis des Berufungsklägers regelt, fällt dieser Sachverhalt nicht hierunter. Rechtsanwalt Straubig erhält daher eine volle Terminsgebühr nach Nr. 3202 VV RVG.

Zu 17c

Nach Nr. 3203 VV RVG erhält Dr. Sauber eine 0,5 Terminsgebühr.

Zu 17d

Es entsteht eine 1,2 Terminsgebühr.
Entscheidend für die Entstehung der Terminsgebühr ist, dass ein Termin stattfindet und der Anwalt diesen wahrnimmt. Als Rechtsanwalt Straubig Antrag auf Versäumnisurteil stellte, war die gegnerische Seite im Termin anwesend. Obwohl nach ZPO ein Versäumnisurteil erging, entsteht gebührenrechtlich die volle Terminsgebühr, siehe hierzu Abs. 2 der Anmerkung zu Nr. 3105 VV RVG.

II. Prüfungsaufgaben

Zu 18
Gegenstandswert: 4.500,00

1,3 Verfahrensgebühr	§§ 2, 13 i.V.m. Nr. 3100 VV RVG	393,90
1,2 Terminsgebühr	§§ 2, 13 i.V.m. Nr. 3104 VV RVG	363,60
Post- und Telekommunikationspauschale gemäß Nr. 7002 VV RVG		20,00
		777,50
19 % USt gemäß Nr. 7008 VV RVG		147,73
		925,23

Zu 19
Außergerichtliche Tätigkeit:
Gegenstandswert: 3.700,00

1,6 Geschäftsgebühr	§§ 2,7,13,14 i.V.m. Nr. 1008, 2300 VV RVG	403,20
Post- und Telekommunikationspauschale gemäß Nr. 7002 VV RVG		20,00
		423,20
19 % USt gemäß Nr. 7008 VV RVG		80,41
		503,61

Gerichtliche Tätigkeit:
Gegenstandswert: 3.700,00

1,6 Verfahrensgebühr	§§ 2,7,13 i.V.m. Nr. 1008, 3100 VV RVG		403,20
./. 0,75 Geschäftsgebühr gemäß Vorb. 3 Abs.4 VV RVG		./.	189,00
			214,20
1,2 Terminsgebühr	§§ 2, 13 i.V.m. Nr. 3104 VV RVG		302,40
1,0 Einigungsgebühr	§§ 2,13 i.V.m. Nr. 1000, 1003 VV RVG		252,00
Post- und Telekommunikationspauschale gemäß Nr. 7002 VV RVG			20,00
			788,60
19 % USt gemäß Nr. 7008 VV RVG			149,83
			938,43

Anmerkungen:
- Normalerweise wäre die Geschäftsgebühr mit der halben Gebühr anzurechnen. Da die Gebühr hier jedoch auf 1,6 erhöht wurde, werden nicht 0,8 sondern nur 0,75 als Obergrenze angerechnet, Vorb. 3 Abs. 4 VV RVG.
- Die Terminsgebühr entsteht nach Abs. 1 der Anmerkung zu Nr. 3104 VV RVG, obwohl überhaupt gar kein Termin stattgefunden hat. Insofern enthält diese Vorschrift wichtige Ausnahmen von den allgemeinen Grundsätzen zum Entstehen der Terminsgebühr.

Zu 20
Gegenstandswert: 23.000,00

1,6 VerfG	aus 23.000,00	§§ 2, 13	Nr. 1008, 3100 VV RVG	1.260,80
1,2 TermG	aus 23.000,00	§§ 2, 13	Nr. 3104 VV RVG	945,60
Post- und Telekommunikationspauschale gemäß Nr. 7002 VV RVG				20,00
				2.226,40
19 % USt gemäß Nr. 7008 VV RVG				423,02
				2.649,42

Anmerkungen:
Die Terminsgebühr entsteht hier, obwohl kein Gerichtstermin stattfand. Vorb. 3 Abs. 3 VV RVG regelt ausdrücklich, dass der Rechtsanwalt auch dann eine Terminsgebühr abrechnen darf, wenn es ihm in einem außergerichtlichen Termin gelingt, die Klage zu erledigen.

Abwandlung:
Gegenstandswert: 24.500,00, 23.000,00

1,3 Verfahrensgebühr aus 24.500,00	§§ 2, 13 i.V.m. Nr. 3100 VV RVG	1.024,40
0,3 Erhöhung aus 23.000,00	§§ 2, 7 13 i.V.m. Nr. 1008 VV RVG	236,40
		1.260,80

oder

1,6 Verfahrensgebühr aus 23.000,00	§§ 2, 13 i.V.m. Nr. 1008, 3100 VV RVG	1.260,80
1,3 Verfahrensgebühr aus 1.500,00	§§ 2, 13 i.V.m. Nr. 3100 VV RVG	149,50
Gebührenbegrenzung nach § 15 Abs. 3 RVG, max. 1,6 Verfahrensgebühr aus 24.500,00		1.260,80

Anmerkung:
Die Erhöhung ist hier schwierig, da nur für die von den Eheleuten gemeinschaftlich geltend gemachten 23.000,00 Euro eine Erhöhung vorgenommen werden darf. Nur in diesem Fall kann von derselben Angelegenheit und demselben Gegenstand gesprochen werden, wie dies in Nr. 1008 Satz 1 und Absatz 1 der Anmerkung zu Nr. 1008 VV RVG gefordert wird. Dies trifft nicht auf die 1.500,00 Euro Schadensersatz zu. Diese erhöhen lediglich den Streitwert für Herrn Huber, nicht aber die Zahl der Auftraggeber. Abs. 2 der Anmerkung zu Nr. 1008 VV RVG regelt ausdrücklich, dass die Erhöhung nur nach dem Betrag berechnet werden darf, an dem die Auftraggeber gemeinschaftlich beteiligt sind.

Zu 21
Gegenstandswert: 2.700,00

1,3 Verfahrensgebühr	§§ 2, 13 i.V.m. Nr. 3100 VV RVG	261,30
0,5 Terminsgebühr	§§ 2, 13 i.V.m. Nr. 3104, 3105 VV RVG	100,50
Post- und Telekommunikationspauschale gemäß Nr. 7002 VV RVG		20,00
		381,80
19 % USt gemäß Nr. 7008 VV RVG		72,54
		454,34

Anmerkung:
Ziff. 2 der Anmerkung zu Nr. 3105 VV RVG sieht ausdrücklich die 0,5 Terminsgebühr für das Verfahren nach § 331 ZPO vor, das heißt der Rechtsanwalt bekommt auch im schriftlichen Vorverfahren bei Versäumnisurteil die 0,5 Terminsgebühr.

Zu 22
Gegenstandswert: 8.700,00, 1.000,00, 7.700,00

1,3 Verfahrensgebühr aus 8.700,00	§§ 2, 13 i.V.m. Nr. 3100 VV RVG	659,10
0,5 Terminsgebühr aus 1.000,00	§§ 2, 13 i.V.m. Nr. 3104, 3105 VV RVG	40,00
1,2 Terminsgebühr aus 7.700,00	§§ 2, 13 i.V.m. Nr. 3104 VV RVG	547,20
Obergrenze § 15 Abs. 3 RVG 1,2 aus 8.700,00 berücksichtigt		
Post- und Telekommunikationspauschale gemäß Nr. 7002 VV RVG		20,00
		1.266,30
19 % USt gemäß Nr. 7008 VV RVG		240,60
		1.506,90

Anmerkungen:
Die Klage wurde über 8.700,00 Euro eingereicht, so dass die Verfahrensgebühr in voller Höhe über diesen Betrag ausgelöst wurde.

Diese ungewöhnliche Konstellation, dass die Terminsgebühr mit zwei verschiedenen Sätzen in einer Kostennote auftaucht, erklärt sich wie folgt: Der Rechtsanwalt erhält für den Vertagungsantrag eine 0,5 Terminsgebühr für die 8.700,00 Euro. Da über 1.000,00 Euro nicht mehr verhandelt wird, bleibt die 05, Terminsgebühr hierüber in der Vergütungsabrechnung stehen. Über die 7.700,00 Euro wird streitig verhandelt, so dass die Terminsgebühr hierüber auf 1,2 anwächst und mit diesem Satz abgerechnet werden darf.

Die Überprüfung gemäß § 15 Abs. 3 -RVG ergibt eine Obergrenze von 608,40 Euro. Da diese durch die Summe der Einzelbeträge nicht erreicht wird, können die einzeln ermittelten Beträge der Terminsgebühr abgerechnet werden.

Zu 23
Gegenstandswert: 3.000,00, 7.000,00

1,1 Verfahrensgebühr aus 7.000,00	§§ 2, 13 i.V.m. Nr. 3200, 3201 VV RVG	445,50
1,6 Verfahrensgebühr aus 3.000,00	§§ 2, 13 i.V.m. Nr. 3200 VV RVG	321,60
Obergrenze § 15 Abs. 3 RVG 1,6 aus 10.000,00 berücksichtigt		
1,2 Terminsgebühr aus 3.000,00	§§ 2, 13 i.V.m. Nr. 3201 VV RVG	241,20
Post- und Telekommunikationspauschale gemäß Nr. 7002 VV RVG		20,00
		1.028,30
19 % USt gemäß Nr. 7008 VV RVG		195,38
		1.223,68

Anmerkungen:
– Die gesonderte Gebühr für die Prüfung der Berufungsaussichten gemäß Nr. 2100 VV RVG entsteht hier nicht, da der Anwalt sofort den Auftrag erhielt, Berufung einzulegen. Im Rahmen dieses Auftrags prüfte er dann die Erfolgschancen.

II. Prüfungsaufgaben

– Da die Verfahrensgebühr zweimal mit einem unterschiedlichen Gebührensatz in der Kostennote auftaucht, ist auch hier eine § 15 Abs. 3 – RVG-Prüfung vorzunehmen. Da die vom Anwalt aufgestellten Gebühren niedriger sind als eine 1,6 Gebühr aus 10.000,00 Euro, bleibt es beim ursprünglichen Ansatz. § 15 Abs. 3 RVG legt lediglich die Obergrenze der abzurechnenden Gebühren fest, die hier im Sachverhalt jedoch nicht überschritten ist.

Zu 24
Gegenstandswert: 3.100,00

1,3 Verfahrensgebühr	§§ 2, 13 i.V.m. Nr. 3100 VV RVG	327,60
1,2 Terminsgebühr	§§ 2, 13 i.V.m. Nr. 3104 VV RVG	302,40
Post- und Telekommunikationspauschale gemäß Nr. 7002 VV RVG		20,00
		650,00
19 % USt gemäß Nr. 7008 VV RVG		123,50
		773,50

Anmerkung:
Nr. 3105 VV RVG regelt nur den Fall „Wahrnehmung nur **eines** Termins durch den Rechtsanwalt, in dem ...". Da der BGH entschieden hat, dass das Wort „eines" als Zahlwort anzusehen ist, fällt die Wahrnehmung von zwei Terminen nicht unter Nr. 3105 VV RVG. Folglich erhält der Rechtsanwalt im Sachverhalt eine volle Terminsgebühr nach Nr. 3104 VV RVG.

Zu 25
Beratung

Beratungsgebühr nach § 34 RVG	190,00
19 % USt gemäß Nr. 7008 VV RVG	36,10
	226,10

Anmerkungen:
– Da Herr Karst Verbraucher ist und keine gesonderte Vergütungsvereinbarung getroffen wurde, gilt die Obergrenze von 190,00 Euro. Selbst bei Zugrundelegung einer 0,55 Beratungsgebühr, wie sie nach altem Recht zur Beratungsgebühr abgerechnet wurde, darf nicht über die 190 Euro hinausgegangen werden.
– Auslagen dürfen nicht abgerechnet werden, da der Rat mündlich erfolgte und somit keine Post- und Telekommunikationsentgelte anfielen.

Außergerichtliche Tätigkeit: Aufforderungsschreiben
Gegenstandswert: 8.500,00

1,3 Geschäftsgebühr	§§ 2, 13 i.V.m. Nr. 2300 VV RVG		659,10
./. Beratungsgebühr gemäß §34 Abs. 2		./.	190,00
			469,10
Post- und Telekommunikationspauschale gemäß Nr. 7002 VV RVG			20,00
			489,10
19 % USt gemäß Nr. 7008 VV RVG			92,93
			582,03

1. Instanz
Gegenstandswert: 11.700,00

1,3 Verfahrensgebühr	§§ 2, 13 i.V.m. Nr. 3100 VV RVG	785,20
1,2 Terminsgebühr	§§ 2, 13 i.V.m. Nr. 3104 VV RVG	724,80
Post- und Telekommunikationspauschale gemäß Nr. 7002 VV RVG		20,00
		1.530,00
19 % USt gemäß Nr. 7008 VV RVG		290,70
		1.820,70

2. Instanz
Gegenstandswert: 11.700,00

1,6 Verfahrensgebühr	§§ 2, 13 i.V.m. Nr. 3200 VV RVG	966,40
1,2 Terminsgebühr	§§ 2, 13 i.V.m. Nr. 3202 VV RVG	724,80
Post- und Telekommunikationspauschale gemäß Nr. 7002 VV RVG		20,00
		1.711,20
19 % USt gemäß Nr. 7008 VV RVG		325,13
		2.036,33

Anmerkung:
Da im Sachverhalt der Rechtsanwalt des Beklagten säumig ist, ist Nr. 3203 VV RVG nicht anwendbar. Dies bedeutet, dass der Rechtsanwalt des Berufungsklägers die volle 1,2 Terminsgebühr nach Nr. 3202 VV RVG abrechnen darf.

Abwandlung:
Da der Berufungskläger säumig ist, greift Nr. 3203 VV RVG und die Terminsgebühr beträgt lediglich 0,5.

Zu 26
Gegenstandswert: 6.000,00, 2.000,00, 8.000,00

1,3 Verfahrensgebühr	aus 6.000,00	§§ 2, 13 i.V.m. Nr. 3100 VV RVG	460,20
0,8 Verfahrensgebühr	aus 2.000,00	§§ 2, 13 i.V.m. Nr. 3100, 3101 Ziff. 2 VV RVG	120,00

Obergrenze § 15 Abs. 3 RVG 1,3 aus 8.000,00 berücksichtigt

1,2 Terminsgebühr	aus 8.000,00	§§ 2, 13 i.V.m. Nr. 3104 VV RVG	547,20
1,0 Einigungsgebühr	aus 6.000,00	§§ 2, 13 i.V.m. Nr. 1000, 1003 VV RVG	354,00
1,5 Einigungsgebühr	aus 2.000,00	§§ 2, 13 i.V.m. Nr. 1000 VV RVG	225,00

Obergrenze § 15 Abs. 3 RVG 1,5 aus 8.000,00 berücksichtigt

Post- und Telekommunikationspauschale gemäß Nr. 7002 VV RVG   20,00
    1.726,40
19 % USt gemäß Nr. 7008 VV RVG   328,02
    2.054,42

Anmerkungen:
- Für die mit verglichenen, nicht rechtshängigen Ansprüche darf der Rechtsanwalt eine 0,8 Differenzverfahrensgebühr nach Nr. 3101 Ziff. 2 VV RVG abrechnen.
- Bei beiden Überprüfungen nach § 15 Abs. 3 RVG ergibt sich, dass keine Kürzungen vorzunehmen sind, da die Obergrenzen nicht überschritten sind.

Zu 27
Gegenstandswert: 11.000,00, 3.000,00, 14.000,00

1,3 Verfahrensgebühr	aus 11.000,00	§§ 2, 13 i.V.m. Nr. 3100 VV RVG	785,20
0,8 Verfahrensgebühr	aus 3.000,00	§§ 2, 13 i.V.m. Nr. 3100, 3101 Ziff.2 VV RVG	160,80
Gebührenbegrenzung nach § 15 Abs. 3, max. 1,3 Verfahrensgebühr aus 14.000,00			845,00
1,2 Terminsgebühr	aus 14.000,00	§§ 2, 13 i.V.m. Nr. 3104 VV RVG	780,00
1,0 Einigungsgebühr	aus 11.000,00	§§ 2, 13 i.V.m. Nr. 1000, 1003 VV RVG	604,00
1,5 Einigungsgebühr	aus 3.000,00	§§ 2, 13 i.V.m. Nr. 1000 VV RVG	301,50

Obergrenze § 15 Abs. 3 RVG 1,5 aus 14.000,00 berücksichtigt

Post- und Telekommunikationspauschale gemäß Nr. 7002 VV RVG   20,00
    2.550,50
19 % USt gemäß Nr. 7008 VV RVG   484,60
    3.035,10

Anmerkungen:
- Für die mit verglichenen, nicht rechtshängigen Ansprüche darf der Rechtsanwalt eine 0,8 Differenzverfahrensgebühr nach Nr. 3101 Ziff. 1 VV RVG abrechnen.
- Da die Gebührenobergrenze nach § 15 Abs. 3 RVG bei der Einigungsgebühr (1,5 aus 14.000,00 = 975,00) nicht überschritten wurde, ist keine Gebührenkürzung vorzunehmen.

Zu 28
Außergerichtliche Tätigkeit:
Gegenstandswert: 17.300,00

1,9 Geschäftsgebühr	§§ 2, 13, 14 i.V.m. Nr. 2300 VV RVG	1.322,40
Post- und Telekommunikationspauschale gemäß Nr. 7002 VV RVG		20,00
		1.342,40
19 % USt gemäß Nr. 7008 VV RVG		255,06
		1.597,46

II. Prüfungsaufgaben

1. Instanz
Gegenstandswert: 25.000,00

1,3 Verfahrensgebühr §§ 2, 13 i.V.m. Nr. 3100 VV RVG		1.024,40
./. 0,75 Geschäftsgebühr aus 17.300,00 gemäß Vorb. 3 Abs. 4 VV RVG	./. 522,00	
		502,40
1,2 Terminsgebühr §§ 2, 13 i.V.m. Nr. 3104 VV RVG		945,60
Post- und Telekommunikationspauschale gemäß Nr. 7002 VV RVG		20,00
		1.468,00
19 % USt gemäß Nr. 7008 VV RVG		278,92
		1.746,92

2. Instanz
Gegenstandswert: 13.000,00, 4.000,00, 17.000,00, 15.500,00, 11.500,00

1,6 Verfahrensgebühr aus 13.000,00 §§ 2, 13 i.V.m. Nr. 3200 VV RVG	966,40	
1,1 Verfahrensgebühr aus 4.000,00 §§ 2, 13 i.V.m. Nr. 3200, 3201 Ziff.2 VV RVG	277,20	
Gebührenbegrenzung nach § 15 Abs. 3 RVG, max.1,6 Verfahrensgebühr aus 17.000,00		1.113,60
1,2 Terminsgebühr aus 15.500,00 §§ 2, 13 i.V.m. Nr. 3202 VV RVG		780,00
1,3 Einigungsgebühr aus 11.500,00 §§ 2, 13 i.V.m. Nr. 1000, 1004 VV RVG	785,20	
1,5 Einigungsgebühr aus 4.000,00 §§ 2, 13 i.V.m. Nr. 1000 VV RVG	378,00	
Gebührenbegrenzung nach § 15 Abs. 3 RVG, max. 1,5 Einigungsgebühr aus 15.500,00		975,00
Post- und Telekommunikationspauschale gemäß Nr. 7002 VV RVG		20,00
		2.888,60
19 % USt gemäß Nr. 7008 VV RVG		548,83
		3.437,43

Anmerkungen:
- Eine gesonderte Gebühr für die Prüfung der Erfolgsaussichten der Berufung gem. Nr. 2100 VV RVG entsteht nicht, da der Rechtsanwalt bereits den Auftrag hatte, Berufung einzulegen. Unabhängig davon, wäre sie ohnehin gemäß der Anmerkung zu Nr. 2100 VV RVG angerechnet worden.
- Die 1,6 Verfahrensgebühr wird aus 13.000,00 Euro gerechnet, da dies der hierzu höchste im Prozess ausgelöste Gegenstandswert ist.
- Bei der 1,1 Verfahrensgebühr handelt es sich um die Differenzverfahrensgebühr nach Ziff. 2 der Anmerkung zu Nr. 3201 VV RVG. Ihr werden bei der Berechnung die nachgeschobenen, das heißt nicht rechtshängigen Ansprüche zu Grunde gelegt.
- Die Terminsgebühr wird aus 15.500,00 Euro gerechnet: 13.000,00 − 1.500,00 + 4000,00 = 15.500,00.
- Die Einigungsgebühr für die in der Berufung anhängigen Ansprüche erhöht sich nach Nr. 1004 VV RVG auf 1,3. Sie wird auf die streitigen Ansprüche gerechnet, das heißt 13.000,00 − 1.500,00 = 11.500,00 Euro.
- Für die 1,5 Einigungsgebühr sind die nicht rechtshängigen Ansprüche maßgeblich.

3. Gerichtliches Mahnverfahren

Zu 1a

Gegenstandswert: 2.300,00

1,0 Verfahrensgebühr §§ 2, 13 i.V.m. Nr. 3305 VV RVG	201,00
Post- und Telekommunikationspauschale gemäß Nr. 7002 VV RVG	20,00
	221,00
19 % USt gemäß Nr. 7008 VV RVG	41,99
	262,99

Zu 1b

0,5 Verfahrensgebühr gemäß Nr. 3306 VV RVG wegen vorzeitiger Beendigung.

Zu 1c

1,0 Verfahrensgebühr gemäß Nr. 3305 VV RVG und
0,5 Verfahrensgebühr für die Beantragung des Vollstreckungsbescheids gemäß Nr. 3308 VV RVG.

Zu 2

Gegenstandswert: 1.100,00

0,5 Verfahrensgebühr §§ 2, 13 i.V.m. Nr. 3307 VV RVG	57,50
Post- und Telekommunikationspauschale gemäß Nr. 7002 VV RVG	11,50
	69,00

Lösungen — Vergütung und Kosten

19 % USt gemäß Nr. 7008 VV RVG	13,11
	82,11

Zu 3a
Außergerichtliche Tätigkeit: Aufforderungsschreiben
Gegenstandswert: 4.755,00

1,3 Geschäftsgebühr §§ 2, 13, 14 i.V.m. Nr. 2300 VV RVG	393,90
Post- und Telekommunikationspauschale gemäß Nr. 7002 VV RVG	20,00
	413,90
19 % USt gemäß Nr. 7008 VV RVG	78,64
	492,54

Mahnverfahren
Gegenstandswert: 4.755,00

1,0 Verfahrensgebühr §§ 2, 13 i.V.m. Nr. 3305 VV RVG		303,00
./. 0,65 Geschäftsgebühr gemäß Vorb. 3 Abs. 4 VV RVG	./.	196,95
		106,05
0,5 Verfahrensgebühr für VB-Antrag §§ 2, 13 i.V.m. Nr. 3308 VV RVG		151,50
Post- und Telekommunikationspauschale gemäß Nr. 7002 VV RVG		20,00
		277,55
19 % USt gemäß Nr. 7008 VV RVG		52,73
		330,28

Zu 3b
Gegenstandswert: 4.755,00

0,5 Verfahrensgebühr §§ 2, 13 i.V.m. Nr. 3305, 3306 VV RVG	151,50
Post- und Telekommunikationspauschale gemäß Nr. 7002 VV RVG	20,00
	171,50
19 % USt gemäß Nr. 7008 VV RVG	32,59
	204,09

Anmerkungen:
- Im Fall 3a hatte der Rechtsanwalt zuerst den Auftrag, den Gegner anzuschreiben. Für dieses außergerichtliche Aufforderungschreiben erhielt er die 1,3 Geschäftsgebühr. Erst dann folgte der Auftrag, den Mahnbescheid zu beantragen.
- Im Fall 3b hatte der Rechtsanwalt sofort den Auftrag, den Mahnbescheid zu beantragen. Im Rahmen dieses Auftrags, hatte er zuerst den Gegner angeschrieben und als nächstes wäre die Beantragung des Mahnbescheids gekommen. Dieser wurde aber nicht beantragt, so dass die Mahnverfahrensgebühr nur mit 0,5 angesetzt werden kann. Für die Geschäftsgebühr bleibt hier kein Raum, da das Schreiben an den Gegner zum „Mahnbescheids-Auftrag" dazu gehörte.

Zu 4a
Gerichtliche Tätigkeit
Gegenstandswert: 3.250,00

1,3 Verfahrensgebühr §§ 2, 13 i.V.m. Nr. 3100 VV RVG	327,60
1,2 Terminsgebühr §§ 2, 13 i.V.m. Nr. 3104 VV RVG	302,40
Post- und Telekommunikationspauschale gemäß Nr. 7002 VV RVG	20,00
	650,00
19 % USt gemäß Nr. 7008 VV RVG	123,50
	773,50

Zu 4b
§§ 3, 34 GKG

Zu 4c
Anlage 1 zum GKG, KV Nr. 1100, 1210

Zu 4d
63,50 Euro gemäß Anlage 2 zu § 34 GKG

II. Prüfungsaufgaben

Zu 5
Mahnverfahren
Gegenstandswert: 14.000,00, 11.000,00

1,0 Verfahrensgebühr aus 14.000,00 §§ 2, 13 i.V.m. Nr. 3305 VV RVG	650,00
0,5 Verfahrensgebühr aus 11.000,00 §§ 2, 13 i.V.m. Nr. 3308 VV RVG	302,00
Post- und Telekommunikationspauschale gemäß Nr. 7002 VV RVG	20,00
	972,00
19 % USt gemäß Nr. 7008 VV RVG	184,68
	1.156,68

Zivilprozess
Gegenstandswert: 11.000,00

1,3 Verfahrensgebühr §§ 2, 13 i.V.m. Nr. 3100 VV RVG		785,20
./. 1,0 Verfahrensgebühr aus 11.000,00 gemäß Anm. zu Nr. 3305 VV RVG	./.	604,00
		181,20
1,2 Terminsgebühr §§ 2, 13 i.V.m. Nr. 3104 VV RVG		724,80
Post- und Telekommunikationspauschale gemäß Nr. 7002 VV RVG		20,00
		926,00
19 % USt gemäß Nr. 7008 VV RVG		175,94
		1.101,94

Zu 6
Mahnverfahren
Gegenstandswert: 3.500,00

1,0 Verfahrensgebühr §§ 2, 13 i.V.m. Nr. 3305 VV RVG	252,00
1,2 Terminsgebühr §§ 2, 13 i.V.m. Nr. 3104 VV RVG	302,40
Post- und Telekommunikationspauschale gemäß Nr. 7002 VV RVG	20,00
	574,40
19 % USt gemäß Nr. 7008 VV RVG	109,14
	683,54

Klageverfahren
Gegenstandswert: 3.500,00

1,3 Verfahrensgebühr §§ 2, 13 i.V.m. Nr. 3100 VV RVG		327,60
./. 1,0 Verfahrensgebühr gemäß Anm. zu Nr. 3305 VV RVG	./.	252,00
		75,60
1,2 Terminsgebühr §§ 2, 13 i.V.m. Nr. 3104 VV RVG		302,40
./. 1,2 Terminsgebühr gemäß Nr. 3104 Anm. Abs. 4 VV RVG	./.	302,40
		0,00
Post- und Telekommunikationspauschale gemäß Nr. 7002 VV RVG		20,00
		95,60
19 % USt gemäß Nr. 7008 VV RVG		18,16
		113,76

Anmerkung:
- Üblicherweise findet das gesetzliche Mahnverfahren ohne Termin statt. Falls ausnahmsweise, so wie hier, doch ein Termin stattfindet, so hat eine Anrechnung der Terminsgebühr zu erfolgen, Nr. 3104 Anm. Abs.4 VV RVG. Dieser Termin fand zur Vermeidung einer etwaigen Klage statt und löste deshalb eine 1,2 Terminsgebühr aus. Die Geschäftsgebühr kommt nicht zur Anwendung, da der Rechtsanwalt bereits den Auftrag für das Mahnverfahren hatte.
- Streitig ist, ob die Auslagen auf den Betrag der ausgelösten Gebühren oder nur auf die verrechneten Gebühren, also die kleine Zahl, gerechnet werden muss. Nach herrschender Meinung, dürfen die 20 % Auslagenpauschale (20,00 Euro) auf die ursprünglich ausgelösten Gebühren (327,60 + 302,40) gerechnet werden.

Zu 7
Mahnverfahren
Gegenstandswert: 5.000,00, 1.400,00

1,0 Verfahrensgebühr aus 5.000,00 §§ 2, 13 i.V.m. Nr. 3305 VV RVG	303,00
0,5 Verfahrensgebühr aus 1.400,00 §§ 2, 13 i.V.m. Nr. 3308 VV RVG	57,50
Post- und Telekommunikationspauschale gemäß Nr. 7002 VV RVG	20,00
	380,50
19 % USt gemäß Nr. 7008 VV RVG	72,30
	452,80

Lösungen — Vergütung und Kosten

Klageverfahren
Gegenstandswert. § 3.600,00

1,3 Verfahrensgebühr §§ 2, 13 i.V.m. Nr. 3100 VV RVG	327,60
./. 1,0 Verfahrensgebühr aus 3.600,00 gemäß Anm. zu Nr. 3305 VV RVG	./. 252,00
	75,60
1,2 Terminsgebühr §§ 2, 13 i.V.m. Nr. 3104 VV RVG	302,40
Post- und Telekommunikationspauschale gemäß Nr. 7002 VV RVG	20,00
	398,00
19 % USt gemäß Nr. 7008 VV RVG	75,62
	473,62

Anmerkung:
Die Anrechnung erfolgt aus dem niedrigeren Gegenstandswert von 3.600,00 Euro, da der Anwalt auch nur aus diesem bereits eine 1,0 Verfahrensgebühr verdient hat. Über die 1.400,00 Euro kann die 1,0 Mahnverfahrensgebühr aus der ersten Abrechnung also stehen bleiben.

Zu 8

Mahnverfahren
Gegenstandswert: 17.800,00

1,3 Verfahrensgebühr §§ 2, 13 i.V.m. Nr. 1008, 3305 VV RVG	904,80
0,5 Verfahrensgebühr §§ 2, 13 i.V.m. Nr. 3308 VV RVG	348,00
Post- und Telekommunikationspauschale gemäß Nr. 7002 VV RVG	20,00
	1.272,80
19 % USt gemäß Nr. 7008 VV RVG	241,83
	1.514,63

Anmerkungen
- Bei der Mahnverfahrensgebühr handelt es sich um die um 0,3 wegen eines weiteren Auftraggebers nach 1008 VV RVG erhöhte Gebühr.
- Die Gebühr für die Beantragung des Vollstreckungsbescheids nach Nr. 3308 VV RVG wird nicht erhöht, Nr. 3308 Anm. Satz 2 VV RVG.
- Für die Beantragung des Vollstreckungsbescheids gibt es keine gesonderte Auslagenpauschale.

Klageverfahren
Gegenstandswert: 17.800,00

1,6 Verfahrensgebühr §§ 2,13 i.V.m. Nr. 1008, 3100 VV RVG	1.113,60
./. 1,3 Verfahrensgebühr gemäß Anm. zu Nr. 3305 VV RVG	./. 904,80
	208,80
1,2 Terminsgebühr §§ 2, 13 i.V.m. Nr. 3104 VV RVG	835,20
Post- und Telekommunikationspauschale gemäß Nr. 7002 VV RVG	20,00
	1.064,00
19 % USt gemäß Nr. 7008 VV RVG	202,16
	1.266,16

Anmerkung:
Nach herrschender Meinung wird die erhöhte Mahnverfahrensgebühr angerechnet und nicht nur die 1,0 Gebühr. Dies wird dadurch begründet, dass es sich bei einer erhöhten Gebühr um eine einheitliche und nicht um zwei verschiedene Gebühren handelt. Auch inhaltlich würde eine andere Anrechnung dem Sinn der Nr. 3305 entgegenlaufen, da der Gesetzgeber ausdrücklich wünscht, dass die im Mahnverfahren verdiente Gebühr, egal ob erhöht oder nicht, angerechnet wird auf die Verfahrensgebühr des nachfolgenden Rechtsstreits.

Berufungsverfahren
Gegenstandswert: 17.800,00

1,9 Verfahrensgebühr §§ 2, 13 i.V.m. Nr. 1008, 3200 VV RVG	1.322,40
0,5 Terminsgebühr §§ 2, 13 i.V.m. Nr. 3202, 3203 VV RVG	348,00
Post- und Telekommunikationspauschale gemäß Nr. 7002 VV RVG	20,00
	1.690,40
19 % USt gemäß Nr. 7008 VV RVG	321,18
	2.011,58

II. Prüfungsaufgaben

Anmerkungen:
- Bei der 1,9 Verfahrensgebühr handelt es sich um die 1,6 Verfahrensgebühr nach Nr. 3200 VV RVG, die für einen weiteren Auftraggeber um 0,3 erhöht wurde.
- Da der Berufungskläger säumig ist, erhält der Anwalt des Beklagten für den Antrag auf Versäumnisurteil gem. Nr. 3203 VV RVG eine 0,5 Terminsgebühr.

4. Verweisung, Abgabe und Zurückverweisung

Zu 1
Gegenstandswert: 4.200,00

1,3 Verfahrensgebühr	§§ 2, 13 i.V.m. Nr. 3100 VV RVG	393,90
1,2 Terminsgebühr	§§ 2, 13 i.V.m. Nr. 3104 VV RVG	363,60
Post- und Telekommunikationspauschale gemäß Nr. 7002 VV RVG		20,00
		777,50
19 % USt gemäß Nr. 7008 VV RVG		147,73
		925,23

Anmerkung:
Da es sich hier um eine sogenannte Horizontalverweisung handelt, bleibt die Angelegenheit im selben Rechtszug anhängig. Dies bedeutet, alle Gebühren dürfen nur einmal abgerechnet werden, § 20 S. 1 RVG.

Zu 2
1. Rechtszug: LG Mainz
Gegenstandswert: 23.000,00

1,3 Verfahrensgebühr	§§ 2, 13 i.V.m. Nr. 3100 VV RVG	1.024,40
1,2 Terminsgebühr	§§ 2, 13 i.V.m. Nr. 3104 VV RVG	945,60
Post- und Telekommunikationspauschale gemäß Nr. 7002 VV RVG		20,00
		1.990,00
19 % USt gemäß Nr. 7008 VV RVG		378,10
		2.368,10

2. Rechtszug: OLG Koblenz
Gegenstandswert: 23.000,00

1,6 Verfahrensgebühr	§§ 2, 13 i.V.m. Nr. 3200 VV RVG	1.260,80
1,2 Terminsgebühr	§§ 2, 13 i.V.m. Nr. 3202 VV RVG	945,60
Post- und Telekommunikationspauschale gemäß Nr. 7002 VV RVG		20,00
		2.226,40
19 % USt gemäß Nr. 7008 VV RVG		423,02
		2.649,42

1. Rechtszug: LG Hamburg
Gegenstandswert: 23.000,00

1,3 Verfahrensgebühr	§§ 2, 13 i.V.m. Nr. 3100 VV RVG	1.024,40
1,2 Terminsgebühr	§§ 2, 13 i.V.m. Nr. 3104 VV RVG	945,60
1,0 Einigungsgebühr	§§ 2, 13 i.V.m. Nr. 100, 1003 VV RVG	788,00
Post- und Telekommunikationspauschale gemäß Nr. 7002 VV RVG		20,00
Fahrtkosten (1.000 x 0,30 = 300,00) gemäß Nr. 7003 VV RVG		300,00
Abwesenheitsgeld (1. Tag: 7 Std = 40,00 Euro 2. Tag: 20 Std = 70,00 Euro insgesamt: 110,00 Euro) gemäß Nr. 7005 VV RVG		110,00
		3.188,00
19 % USt gemäß Nr. 7008 VV RVG		605,72
		3.793,72
Übernachtung, brutto gemäß Nr. 7006 VV RVG		120,00
		3.913,72

Lösungen — Vergütung und Kosten

Anmerkungen:
- Da drei Rechtszüge vorliegen erfolgt keine Anrechnung der Verfahrensgebühr, § 20 S. 2 RVG (Diagonalverweisung).
- Da die Übernachtungsrechnung bereits 7 % USt enthält, darf sie nicht nochmals mit 19 % USt abgerechnet werden.

Zu 3

1. Instanz: LG Düsseldorf
Gegenstandswert: 21.000,00

1,3 Verfahrensgebühr	§§ 2, 13 i.V.m. Nr. 3100 VV RVG	964,60
1,2 Terminsgebühr	§§ 2, 13 i.V.m. Nr. 3104 VV RVG	890,40
Post- und Telekommunikationspauschale gemäß Nr. 7002 VV RVG		20,00
		1.875,00
19 % USt gemäß Nr. 7008 VV RVG		356,25
		2.231,25

2. Instanz: OLG Düsseldorf
Gegenstandswert: 21.000,00

1,6 Verfahrensgebühr	§§ 2, 13 i.V.m. Nr. 3200 VV RVG	1.187,20
1,2 Terminsgebühr	§§ 2, 13 i.V.m. Nr. 3202 VV RVG	890,40
Post- und Telekommunikationspauschale gemäß Nr. 7002 VV RVG		20,00
		2.097,60
19 % USt gemäß Nr. 7008 VV RVG		398,54
		2.496,14

1. Instanz: LG Düsseldorf
Gegenstandswert: 16.000,00
*

1,2 Terminsgebühr	§§ 2, 13 i.V.m. Nr. 3100 VV RVG	780,00
1,0 Einigungsgebühr	§§ 2, 13 i.V.m. Nr. 1000, 1003 VV RVG	650,00
Post- und Telekommunikationspauschale gemäß Nr. 7002 VV RVG		20,00
		1.450,00
19 % USt gemäß Nr. 7008 VV RVG		275,50
		1.725,50

Anmerkungen:
* Gemäß § 21 RVG liegen auch in diesem Fall drei Rechtszüge vor, allerdings sieht Vorb. 3 Abs. 6 VV RVG bei der Zurückverweisung ausdrücklich eine Anrechnung der Verfahrensgebühr vor.

5. Urkunden und Wechselprozess

Zu 1
Wechselprozess
Gegenstandswert: 9.500,00

1,3 Verfahrensgebühr	§§ 2, 13 i.V.m. Nr. 3100 VV RVG	725,40
1,2 Terminsgebühr	§§ 2, 13 i.V.m. Nr. 3104 VV RVG	669,60
Post- und Telekommunikationspauschale gemäß Nr. 7002 VV RVG		20,00
		1.415,00
19 % USt gemäß Nr. 7008 VV RVG		268,85
		1.683,85

Nachverfahren
Gegenstandswert: 9.500,00

1,3 Verfahrensgebühr	§§ 2, 13 i.V.m. Nr. 3100 VV RVG		725,40
./. 1,3 Verfahrensgebühr gemäß Abs. 2 Anm. zu Nr. 3100 VV RVG		./.	725,40
			0,00
1,2 Terminsgebühr	§§, 2, 13 i.V.m. Nr. 3104 VV RVG		669,60
Post- und Telekommunikationspauschale gemäß Nr. 7002 VV RVG			20,00
			689,60
19 % USt gemäß Nr. 7008 VV RVG			131,02
			820,62

Anmerkungen:
- Gebührenrechtlich gelten der Urkunden-, Wechsel- oder Scheckprozess und das Nachverfahren als jeweils eine gebührenrechtlich besondere Angelegenheit, § 17 Nr. 5 RVG.
- Dies bedeutet:
  - Der Rechtsanwalt darf die Terminsgebühr zweimal abrechnen.
  - Die Verfahrensgebühr des Wechselprozesses ist jedoch auf die Verfahrensgebühr des anschließenden Nachverfahrens anzurechnen, Abs. 2 Anm. zu Nr. 3100 VV RVG.
  - Die Auslagen dürfen ebenfalls zweimal abgerechnet werden.

Zu 2
Urkundenprozess
Gegenstandswert: 7.000,00

1,3 Verfahrensgebühr §§ 2, 13 i.V.m. Nr. 3100 VV RVG	526,50
1,2 Terminsgebühr §§ 2, 13 i.V.m. Nr. 3104 VV RVG	486,00
Post- und Telekommunikationspauschale gemäß Nr. 7002 VV RVG	20,00
	1.032,50
19 % USt gemäß Nr. 7008 VV RVG	196,18
	1.228,68

Nachverfahren
Gegenstandswert: 8.500,00

1,3 Verfahrensgebühr aus 8.500,00 §§ 2, 13 i.V.m. Nr. 3100 VV RVG		659,10
./. 1,3 Verfahrensgebühr aus 7.000,00 gemäß Abs. 2 Anm. zu Nr. 3100 VV RVG	./.	526,50
		132,60
1,2 Terminsgebühr §§ 2, 13 i.V.m. Nr. 3104 VV RVG		608,40
Post- und Telekommunikationspauschale gemäß Nr. 7002 VV RVG		20,00
		761,00
19 % USt gemäß Nr. 7008 VV RVG		144,59
		905,59

Anmerkungen:
- Eine Klageerweiterung im Nachverfahren ist zulässig.
- Die Anrechnung der Verfahrensgebühr erfolgt im Nachverfahren nur aus dem geringeren Wert, da die anzurechnende 1,3 Verfahrensgebühr aus dem Urkundenprozess auch nur aus 7.000,00 Euro entstanden ist.

Zu 3
Wechselprozess
Gegenstandswert: 13.000,00

1,3 Verfahrensgebühr §§ 2, 13 i.V.m. Nr. 3100 VV RVG	785,20
1,2 Terminsgebühr §§ 2,13 i.V.m. Nr. 3104 VV RVG	724,80
Post- und Telekommunikationspauschale gemäß Nr. 7002 VV RVG	20,00
	1.530,00
19 % USt gemäß Nr. 7008 VV RVG	290,70
	1.820,70

Nachverfahren
Gegenstandswert: 8.000,00

1,3 Verfahrensgebühr §§ 2, 13 i.V.m. Nr. 3100 VV RVG		592,80
./. 1,3 Verfahrensgebühr gemäß Abs. 2 Anm. zu Nr. 3100 VV RVG	./.	592,80
		0,00
1,2 Terminsgebühr §§ 2,13 i.V.m. Nr. 3104 VV RVG		547,20
Post- und Telekommunikationspauschale gemäß Nr. 7002 VV RVG		20,00
		567,20
19 % USt gemäß Nr. 7008 VV RVG		107,77
		674,97

Anmerkung:
Da der Gegenstandswert im Nachverfahren geringer ist, muss sich der Rechtsanwalt auch nur die 1,3 Verfahrensgebühr aus den 8.000,00 Euro anrechnen lassen. Die 1,3 Verfahrensgebühr aus den anerkannten 5.000,00 Euro darf er behalten, da diese nicht Gegenstand des nachfolgenden Verfahrens sind.

6. Selbstständiges Beweisverfahren

Zu 1
Selbstständiges Beweisverfahren
Gegenstandswert: 11.370,00

1,3 Verfahrensgebühr	§§ 2, 13 i.V.m. Nr. 3100 VV RVG	785,20
1,2 Terminsgebühr	§§ 2, 13 i.V.m. Nr. 3104 VV RVG	724,80
Post- und Telekommunikationspauschale gemäß Nr. 7002 VV RVG		20,00
		1.530,00
19 % USt gemäß Nr. 7008 VV RVG		290,70
		1.820,70

Hauptprozess
Gegenstandswert: 11.370,00

1,3 Verfahrensgebühr §§ 2, 13 i.V.m. Nr. 3100 VV RVG			785,20
./. 1,3 Verfahrensgebühr gemäß Vorb.3 Abs. 5 VV RVG		./.	785,20
			0,00
1,2 Terminsgebühr §§ 2, 13 i.V.m. Nr. 3104 VV RVG			724,80
Post- und Telekommunikationspauschale gemäß Nr. 7002 VV RVG			20,00
			744,80
19 % USt gemäß Nr. 7008 VV RVG			141,51
			886,31

Zu 2
Selbstständiges Beweisverfahren
Gegenstandswert: 5.700,00

1,3 Verfahrensgebühr §§ 2, 13 i.V.m. Nr. 3100 VV RVG		460,20
1,2 Terminsgebühr §§ 2, 13 i.V.m. Nr. 3104 VV RVG		424,80
Post- und Telekommunikationspauschale gemäß Nr. 7002 VV RVG		20,00
		905,00
19 % USt gemäß Nr. 7008 VV RVG		171,95
		1.076,95

Hauptverfahren
Gegenstandswert: 8.000,00, 5.700,00

1,3 Verfahrensgebühr aus 8.000,00 §§ 2, 13 i.V.m. Nr. 3100 VV RVG		592,80
./. 1,3 Verfahrensgebühr aus 5.700,00 gemäß Vorb. 3 Abs. 5 VV RVG	./.	460,20
		132,60
1,2 Terminsgebühr aus 8.000,00 §§ 2, 13 i.V.m. Nr. 3104 VV RVG		547,20
1,0 Einigungsgebühr aus 5.700,00 §§ 2, 13 i.V.m. Nr. 1000, 1003 VV RVG		354,00
Post- und Telekommunikationspauschale gemäß Nr. 7002 VV RVG		20,00
		1.053,80
19 % USt gemäß Nr. 7008 VV RVG		200,22
		1.254,02

Anmerkung:
Die Anrechnung der Verfahrensgebühr erfolgt aus einem Gegenstandswert von 5.700,00 Euro, da nur die 5.700,00 Euro zweimal Gegenstand eines Verfahrens sind.

II. Prüfungsaufgaben

Zu 3
Selbstständiges Beweisverfahren
Gegenstandswert: 9.500,00

1,3 Verfahrensgebühr	§§ 2,13 i.V.m. Nr. 3100 VV RVG		725,40
1,2 Terminsgebühr	§§ 2,13 i.V.m. Nr. 3104 VV RVG		669,60
1,5 Einigungsgebühr	§§ 2,13 i.V.m. Nr. 1000 VV RVG		837,00
Post- und Telekommunikationspauschale gemäß Nr. 7002 VV RVG			20,00
			2.252,00
19 % USt gemäß Nr. 7008 VV RVG			427,88
			2.679,88

Anmerkung:
Da noch kein gerichtliches Verfahren anhängig ist, darf die Einigungsgebühr in Höhe von 1,5 gem. Nr. 1000 VV RVG abgerechnet werden.

Zu 4
Hauptverfahren
Gegenstandswert: 20.000,00

1,3 Verfahrensgebühr	§§ 2, 13 i.V.m. Nr. 3100 VV RVG		964,60
./. 1,3 Verfahrensgebühr gemäß Vorb. 3 Abs. 5 VV RVG		./.	964,60
			0,00
Post- und Telekommunikationspauschale gemäß Nr. 7002 VV RVG			20,00
			20,00
19 % USt gemäß Nr. 7008 VV RVG			3,80
			23,80

Selbstständiges Beweisverfahren
Gegenstandswert: 20.000,00

1,3 Verfahrensgebühr	§§ 2,13 i.V.m. Nr. 3100 VV RVG		964,60
1,2 Terminsgebühr	§§ 2, 13 i.V.m. Nr. 3104 VV RVG		890,40
1,0 Einigungsgebühr	§§ 2, 13 i.V.m. Nr. 1000, 1003 VV RVG		742,00
Post- und Telekommunikationspauschale gemäß Nr. 7002 VV RVG			20,00
			2.617,00
19 % USt gemäß Nr. 7008 VV RVG			497,23
			3.114,23

Anmerkungen:
- Da die 1,3 Verfahrensgebühr sowohl im selbstständigen Beweisverfahren als auch im Hauptprozess ausgelöst war, erfolgt die Anrechnung nach den Grundsätzen der Vorb. 3 Abs. 5 VV RVG.
- Der Termin fand im selbstständigen Beweisverfahren statt, so dass hier nur die 1,2 Terminsgebühr abgerechnet werden darf.
- Da die Einigung stattfand, während über die Werklohnforderung bereits ein gerichtliches Verfahren anhängig war, kann sie nur in Höhe von 1,0 entstehen, Nr. 1003 VV RVG.
- Da die Auslagenpauschale für das Hauptverfahren gerechnet wird als 20 % von 964,60 Euro, maximal jedoch 20,00 Euro, kann sie in voller Höhe angesetzt werden. Nach herrschender Meinung darf sie aus den ausgelösten Gebühren berechnet werden, auch wenn diese im Extremfall wie hier, anschließend durch die Anrechnung auf Null gebracht werden.

7. Einzeltätigkeiten des Rechtsanwalts

Zu 1
Hauptbevollmächtigter (Rechtsanwalt Schlau, Mainz)
Gegenstandswert: 3.500,00

1,3 Verfahrensgebühr §§ 2, 13 i.V.m. Nr. 3100 VV RVG		327,60
Post- und Telekommunikationspauschale gemäß Nr. 7002 VV RVG		20,00
		347,60
19 % USt gemäß Nr. 7008 VV RVG		66,04
		413,64

Lösungen — Vergütung und Kosten

Terminsvertreter (Rechtsanwalt Dr. Fischer)
Gegenstandswert: 3.500,00

0,65 Verfahrensgebühr §§ 2, 13 i.V.m. Nr. 3100, 3401 VV RVG	163,80
1,2 Terminsgebühr §§ 2, 13 i.V.m. Nr. 3104, 3402 VV RVG	302,40
Post- und Telekommunikationspauschale gemäß Nr. 7002 VV RVG	20,00
	486,20
19 % USt gemäß Nr. 7008 RVG	92,38
	578,58

Zu 2

Terminsvertreter (Rechtsanwalt Schlau, Mainz)
Gegenstandswert: 4.900,00

0,65 Verfahrensgebühr §§ 2, 13 i.V.m. Nr. 3100, 3401 VV RVG	196,95
0,5 Terminsgebühr §§ 2, 13 i.V.m. Nr. 3104, 3105, 3402 VV RVG	151,50
Post- und Telekommunikationspauschale gemäß Nr. 7002 VV RVG	20,00
	368,45
19 % USt Gemäß Nr. 7008 VV RVG	70,01
	438,46

Hauptbevollmächtigter (Rechtsanwalt Dr. Hansen)
Gegenstandswert: 4.900,00

1,3 Verfahrensgebühr §§ 2, 13 i.V.m. Nr. 3100 VV RVG	393,90
Post- und Telekommunikationspauschale gemäß Nr. 7002 VV RVG	20,00
	413,90
19 % USt gemäß Nr. 7008 VV RVG	78,64
	492,54

Zu 3

Verkehrsanwalt (Rechtsanwalt Paulaner, München)
Gegenstandswert: 6.800,00

1,0 Verfahrensgebühr §§ 2, 13 i.V.m. Nr. 3100, 3400 VV RVG	405,00
Post- und Telekommunikationspauschale gemäß Nr. 7002 VV RVG	20,00
	425,00
19 % USt gemäß Nr. 7008 VV RVG	80,75
	505,75

Hauptbevollmächtigter (Rechtsanwalt Müngersdorf, Köln)
Gegenstandswert: 6.800,00

1,3 Verfahrensgebühr §§ 2, 13 i.V.m. Nr. 3100 VV RVG	526,50
1,2 Terminsgebühr §§ 2, 13 i.V.m. Nr. 3104 VV RVG	486,00
1,0 Einigungsgebühr §§ 2, 13 i.V.m. Nr. 1000, 1003 VV RVG	405,00
Post- und Telekommunikationspauschale gemäß Nr. 7002 VV RVG	20,00
	1.437,50
19 % USt gemäß Nr. 7008 VV RVG	273,13
	1.710,63

Zu 4a

Hauptbevollmächtigter (Rechtsanwalt Schlau, Mainz)
Gegenstandswert: 4.200,00

1,6 Verfahrensgebühr §§ 2, 13 i.V.m. Nr. 1008, 3100 VV RVG	484,80
Post- und Telekommunikationspauschale gemäß Nr. 7002 VV RVG	20,00
	504,80
19 % USt gemäß Nr. 7008 VV RVG	95,91
	600,71

Terminsvertreter (Rechtsanwalt Nord, Kiel)
Gegenstandswert: 4.200,00

0,95 Verfahrensgebühr §§ 2, 13 i.V.m. Nr. 1008, 3100, 3401 VV RVG	287,85
1,2 Terminsgebühr §§ 2, 13 i.V.m. Nr. 3104 VV RVG	363,60
1,0 Einigungsgebühr §§ 2, 13 i.V.m. Nr. 1000, 1003 VV RVG	303,00
Post- und Telekommunikationspauschale gemäß Nr. 7002 VV RVG	20,00

II. Prüfungsaufgaben

	974,45
19 % USt gemäß Nr. 7008 VV RVG	185,15
	1.159,60

Anmerkung:
Bei beiden Anwälten wurde jeweils die Verfahrensgebühr um 0,3 für einen weiteren Auftraggeber erhöht (bei Rechtsanwalt Nord: 0,65 + 0,3 = 0,95).

Zu 4b
Die Einigungsgebühr entsteht in diesem Fall ausnahmsweise zweimal, da beide Rechtsanwälte an dem Vergleich mitgewirkt haben. Rechtsanwalt Nord hat aktiv im Termin daran mitgewirkt. Für Rechtsanwalt Schlau hätte die bloße Besprechung des Vergleichs mit seinem Mandanten nicht ausgereicht, um die Einigungsgebühr abrechnen zu können. Da er jedoch einen Vorschlag mit seinem Mandanten besprochen hat und Rechtsanwalt Nord ausdrücklich angewiesen hat, den Vergleich zu akzeptieren bzw. nicht zu widerrufen, kann er also die Einigungsgebühr abrechnen.

Zu 5
Hauptbevollmächtigter (Rechtsanwalt Hansen, Hamburg)
Gegenstandswert: 16.700,00, 3.000,00, 19.700,00

1,3 Verfahrensgebühr	aus 16.700,00 §§ 2, 13 i.V.m. Nr. 3100 VV RVG	904,80	
0,8 Verfahrensgebühr	aus 3.000,00 §§ 2, 13 i.V.m. Nr. 3100, 3101 VV RVG	160,80	
Gebührenbegrenzung gemäß § 15 Abs. 3 RVG, max. 1,3 Verfahrensgebühr aus 19.700,00			964,60
1,2 Terminsgebühr	aus 19.700,00 §§ 2, 13 i.V.m. Nr. 3104 VV RVG		890,40
1,0 Einigungsgebühr	aus 16.700,00 §§ 2, 13 i.V.m. Nr. 1000, 1003 VV RVG		696,00
1,5 Einigungsgebühr	aus 3.000,00 §§ 2, 13, 15 (3) i.V.m. Nr. 1000 VV RVG		301,50
Post- und Telekommunikationspauschale gemäß Nr. 7002 VV RVG			20,00
			2.872,50
19 % USt gemäß Nr. 7008 VV RVG			545,78
			3.418,28

Anmerkungen:
- Die Anzahl der Auftraggeber erhöht sich nicht nach Nr. 1008 VV RVG, da der Geschäftsführer für die rechts- und parteifähige GmbH handelt. Er zählt nicht als zweiter Auftraggeber.
- Da der Prozessbevollmächtigte Rechtsanwalt Hansen am Vergleich über anhängige und nicht anhängige Ansprüche mitgewirkt hat, steht ihm nach Nr. 3101 Nr. 2 VV RVG die 0,8 Differenzverfahrensgebühr zusätzlich zur 1,3 Verfahrensgebühr zu.
- Da die § 15 Abs. 3 RVG-Prüfung bei der Einigungsgebühr zu dem Ergebnis führt, dass die abzurechnenden Beträge bei der 1,0 und 1,5 Einigungsgebühr unter der Obergrenze von der 1,5 Einigungsgebühr aus 19.700,00 Euro (= 1.113,00 Euro) liegen, dürfen diese abgerechnet werden.
- Die Terminsgebühr wird aus dem gesamten Wert aller anhängigen und nicht anhängigen Ansprüche gerechnet, über die im Termin verhandelt bzw. sich verglichen wurden.

Verkehrsanwalt (RA Klug, Wiesbaden)
Gegenstandswert: 16.700,00, 3.000,00, 19.700,00

1,0 Verfahrensgebühr	aus 16.700,00 §§ 2, 13 i.V.m. Nr. 3100, 3400 VV RVG	696,00	
0,8 Verfahrensgebühr	aus 3.000,00 §§ 2, 13 i.V.m. Nr. 3100, 3101, 3400 VV RVG	160,80	
Gebührenbegrenzung nach § 15 Abs. 3 RVG, max. 1,0 Verfahrensgebühr aus 19.700,00			742,00
1,2 Terminsgebühr	aus 16.700,00 §§ 2, 13 i.V.m. Nr. 3104, 3400 VV RVG		835,20
1,0 Einigungsgebühr	aus 16.700,00 §§ 2, 13 i.V.m. Nr. 1000, 1003 VV RVG		696,00
1,5 Einigungsgebühr	aus 3.000,00 §§ 2, 13, 15 Abs. 3 i.V.m. Nr. 1000 VV RVG		301,50
Post- und Telekommunikationspauschale gemäß Nr. 7002 VV RVG			20,00
			2.594,70
19 % USt gemäß Nr. 7008 VV RVG			492,99
			3.087,69

Anmerkungen:
- Die Anzahl der Auftraggeber erhöht sich nicht nach Nr. 1008 VV RVG, da der Geschäftsführer für die rechts- und parteifähige GmbH handelt. Er zählt nicht als zweiter Auftraggeber.
- Da der Verkehrsanwalt Rechtsanwalt Klug am Vergleich über anhängige und nicht anhängige Ansprüche mitgewirkt hat, steht ihm nach Nr. 3101 Nr. 2 VV RVG die 0,8 Differenzverfahrensgebühr zusätzlich zur 1,3 Verfahrensgebühr zu.

- Da die § 15 Abs. 3 RVG-Prüfung bei der Einigungsgebühr zu dem Ergebnis führt, dass die abzurechnenden Beträge bei der 1,0 und 1,5 Einigungsgebühr unter der Obergrenze von 1,5 Einigungsgebühr aus 19.700,00 Euro (= 1.113,00 Euro) liegen, dürfen diese abgerechnet werden.
- Die Terminsgebühr wird nur aus dem Wert der anhängigen Ansprüche in Höhe von 16.700,00 Euro gerechnet, da nur über diese der Beweistermin in Wiesbaden stattfand.

8. Prozesskosten- und Beratungshilfe

Zu 1
Gegenstandswert: 1.400,00 Euro

1,0 Verfahrensgebühr §§ 2, 13 i.V.m. Nr. 3335 VV RVG	115,00
Post- und Telekommunikationspauschale gemäß Nr. 7002 VV RVG	20,00
	135,00
19 % USt gemäß Nr. 7008 VV RVG	25,65
	160,65

Anmerkung:
Da die Prozesskostenhilfe abgelehnt wurde, trägt die PKH-Partei die Kosten für das Bewilligungsverfahren selbst. Diese werden auch nicht nach der Tabelle des § 49 RVG, sondern nach der Gebührentabelle des § 13 RVG berechnet.

Zu 2a
Gegenstandswert: 6.000,00 (12 x 500,00 = 6.000,00)

1,3 Verfahrensgebühr §§ 2, 49 i.V.m. Nr. 3100 VV RVG	347,10
1,2 Terminsgebühr §§ 2, 49 i.V.m. Nr. 3104 VV RVG	320,40
Post- und Telekommunikationspauschale gemäß Nr. 7002 VV RVG	20,00
	687,50
19 % USt gemäß Nr. 7008 RVG	130,63
	818,13

Zu 2b
Gegenstandswert: 6.000,00

1,3 Verfahrensgebühr §§ 2, 13 i.V.m. Nr. 3100 VV RVG	460,20
1,2 Terminsgebühr §§ 2, 13 i.V.m. Nr. 3104 VV RVG	424,80
Post- und Telekommunikationspauschale gemäß Nr. 7002 VV RVG	20,00
	905,00
19 % USt gemäß Nr. 7008 VV RVG	171,95
	1.076,95

Berechnung der „weiteren Vergütung" gemäß § 50 RVG:

Regelvergütung gem. § 13 RVG	1.076,95
PKH-Vergütung gem. § 49 RVG ./.	818,13
	258,82

Zu 2c
Wie bei „2b", das heißt er hat Anspruch auf die Regelgebühren berechnet nach der Tabelle des § 13 RVG.

Zu 3

Geschäftsgebühr §§ 2, 44 i.V.m. Nr. 2503 VV RVG	85,00
Post- und Telekommunikationspauschale gemäß Nr. 7002 VV RVG	17,00
	102,00
19 % USt gemäß Nr. 7008 VV RVG	19,38
Vergütung von Staatskasse:	121,38

Außerdem stehen dem Rechtsanwalt 15,00 Euro Beratungshilfegebühr gem. 2500 VV RVG gegenüber dem Mandanten zu. Der Rechtsanwalt kann hierauf aber auch verzichten.

II. Prüfungsaufgaben

Zu 4

Geschäftsgebühr	§§ 2, 44 i.V.m. Nr. 2503 VV RVG	85,00
Einigungsgebühr	§§ 2, 44 i.V.m. Nr. 2510 VV RVG	150,00
Post- und Telekommunikationspauschale gemäß Nr. 7002 VV RVG		20,00
		255,00
19 % USt gemäß Nr. 7008 VV RVG		48,45
Vergütung von Staatskasse:		303,45

Außerdem stehen dem Rechtsanwalt 15,00 Euro Beratungshilfegebühr gem. 2500 VV RVG gegenüber dem Mandanten zu. Der Rechtsanwalt kann hierauf aber auch verzichten.

Zu 5

Gegenstandswert: 700,00

0,5 Verfahrensgebühr	§§ 2, 13 i.V.m. Nr. 3335, 3337 Anm. Nr. 1 VV RVG	40,00
Post- und Telekommunikationspauschale gemäß Nr. 7002 VV RVG		8,00
		48,00
19 % USt gemäß Nr. 7008 VV RVG		9,12
		57,12

Zu 6

Gegenstandswert: 950,00

1,3 Verfahrensgebühr	§§ 2, 13, i.V.m. Nr. 3100 VV RVG	104,00
1,2 Terminsgebühr	§§ 2, 13, i.V.m. Nr. 3104 VV RVG	96,00
1,0 Einigungsgebühr	§§ 2, 13, i.V.m. Nr. 1000, 1003 VV RVG	80,00
Post- und Telekommunikationspauschale gemäß Nr. 7002 VV RVG		20,00
		300,00
19 % USt gemäß Nr. 7008 VV RVG		57,00
		357,00

Zu 7

Gegenstandswert: 2.100,00

1,3 Verfahrensgebühr	§§ 2, 13 i.V.m. Nr. 3100 VV RVG	261,30
1,2 Terminsgebühr	§§ 2, 13 i.V.m. Nr. 3104 VV RVG	241,20
Post- und Telekommunikationspauschale gemäß Nr. 7002 VV RVG		20,00
		522,50
19 % USt gemäß Nr. 7008 VV RVG		99,28
		621,78

Anmerkung:
Die Terminsgebühr ist zwar im Bewilligungsverfahren entstanden, da aber im Hauptverfahren kein Termin stattfand, darf der Rechtsanwalt die 1,2 Terminsgebühr aus dem Bewilligungsverfahren behalten.

9. Familiensachen

Zu 1

Berechnung Gegenstandswert gemäß § 43 Abs. 2 FamGKG:
2.400,00 netto + 1.700,00 netto = 4.100,00 netto x 3 = 12.300,00 Euro

Gegenstandswert: 12.300,00

1,3 Verfahrensgebühr	§§ 2, 13 i.V.m. Nr. 3100 VV RVG	785,20
1,2 Terminsgebühr	§§ 2, 13 i.V.m. Nr. 3104 VV RVG	724,80
Post- und Telekommunikationspauschale gemäß Nr. 7002 VV RVG		20,00
		1.530,00
19 % USt gemäß Nr. 7008 VV RVG		290,70
		1.820,70

Lösungen — Vergütung und Kosten

Zu 2
Berechnung Gegenstandswert: 3 x 600,00 = 1.800,00 Euro,
aber Mindestwert 3.000,00 Euro gem. § 43 Abs. 1 FamGKG

Gegenstandswert: 3.000,00		
0,8 Verfahrensgebühr	§§ 2, 13 i.V.m. Nr. 3100, 3101 VV RVG	160,80
1,5 Aussöhnungsgebühr §§ 2, 13 i.V.m. Nr. 1001 VV RVG		301,50
Post- und Telekommunikationspauschale gemäß Nr. 7002 VV RVG		20,00
		482,30
19 % USt gemäß Nr. 7008 VV RVG		91,64
		573,94

Zu 3
Berechnung Gegenstandswert:
Jahresunterhalt: 12 x 600,00 = 7.200,00 gem. § 51 Abs. 1 FamGKG
Rückstände: 7 x 600,00 = 4.200,00 gem. § 51 Abs. 2 FamGKG
                                      11.400,00   Euro

Gegenstandswert: 11.400,00		
1,3 Verfahrensgebühr	§§ 2, 13 i.V.m. Nr. 3100 VV RVG	785,20
1,2 Terminsgebühr	§§ 2, 13 i.V.m. Nr. 3104 VV RVG	724,80
Post- und Telekommunikationspauschale gemäß Nr. 7002 VV RVG		20,00
		1.530,00
19 % USt gemäß Nr. 7008 VV RVG		290,70
		1.820,70

Zu 4

Gegenstandswert: 9.700,00		
1,3 Verfahrensgebühr	§§ 2, 49 i.V.m. Nr. 3100 VV RVG	399,10
1,2 Terminsgebühr	§§ 2, 49 i.V.m. Nr. 3104 VV RVG	368,40
Post- und Telekommunikationspauschale gemäß Nr. 7002 VV RVG		20,00
		787,50
19 % USt gemäß Nr. 7008 VV RVG		149,63
		937,13

Zu 5a

Gegenstandswert: 6.000,00 (§ 51 Abs. 1 FamGKG)		
1,3 Verfahrensgebühr	§§ 2, 13 i.V.m. Nr. 3100 VV RVG	460,20
Post- und Telekommunikationspauschale gemäß Nr. 7002 VV RVG		20,00
		480,20
19 % USt gemäß Nr. 7008 VV RVG		91,24
		571,44

Zu 5b

Gegenstandswert: 3.000,00 (§§ 51 Abs. 1 , 41 FamGKG)		
1,3 Verfahrensgebühr	§§ 2, 13 i.V.m. Nr. 3100 VV RVG	261,30
Post- und Telekommunikationspauschale gemäß Nr. 7002 VV RVG		20,00
		281,30
19 % USt gemäß Nr. 7008 VV RVG		53,45
		324,75

Anmerkung:
Im Verfahren der einstweiligen Anordnung ist hinsichtlich des Gegenstandswertes von der Hälfte des für die Hauptsache bestimmten Wertes auszugehen.

Zu 6

Gegenstandswert: 1.500,00 (§§ 48 Abs. 1 , 41 FamGKG, § 200 FamFG)		
1,3 Verfahrensgebühr	§§ 2, 13 i.V.m. Nr. 3100 VV RVG	149,50
1,2 Terminsgebühr	§§ 2, 13 i.V.m. Nr. 3104 VV RVG	138,00
Post- und Telekommunikationspauschale gemäß Nr. 7002 VV RVG		20,00
		307,50
19 % USt gemäß Nr. 7008 VV RVG		58,43
		365,93

II. Prüfungsaufgaben

10. Kostenfestsetzung

Zu 1
Gerichtskosten

insgesamt:	1.400,00
davon trägt der Kläger ¾	1.050,00
bereits gezahlt vom Kläger:	./. 1.200,00
vom Beklagten an den Kläger zu erstatten:	150,00

Anwaltskosten

dem Kläger entstanden:	3.100,00
dem Beklagten entstanden:	+ 2.400,00
insgesamt:	= 5.500,00
hiervon trägt der Kläger ¾:	4.125,00
Kosten des Klägers:	./. 3.100,00
Vom Kläger an den Beklagten zu erstatten:	1.025,00

Kostenfestsetzungsbeschluss gegen den Kläger:

	1.025,00
	./. 150,00
=	**875,00 Euro**

Zu 2
Zu a
Zuständig für die Kostenfestsetzung ist das Gericht des ersten Rechtszugs, § 103 Abs. 2 ZPO.

Zu b
Die Kostenfestsetzung erfolgt nach § 104 ZPO.

Zu 3
Es wird keine Umsatzsteuer festgesetzt.

Zu 4
Festsetzung nach § 11 RVG.

Zu 5a
Außergerichtliche Tätigkeit
Gegenstandswert: 8.200,00

1,3 Geschäftsgebühr §§ 2, 13, 14 i.V.m. Nr. 2300 VV RVG	659,10
Post- und Telekommunikationspauschale gemäß Nr. 7002 VV RVG	20,00
	679,10
19 % USt gemäß Nr. 7008 VV RVG	129,03
	808,13

Klageverfahren
Gegenstandswert: 8.200,00

1,3 Verfahrensgebühr §§ 2, 13 i.V.m. Nr. 3100 VV RVG		659,10
./. 0,65 Geschäftsgebühr gemäß Vorb. 3 Abs. 4 VV RVG ./.	./.	329,55
		329,55
1,2 Terminsgebühr §§ 2, 13 i.V.m. Nr. 3104 VV RVG		608,40
Post- und Telekommunikationspauschale gemäß Nr. 7002 VV RVG		20,00
		957,95
19 % USt gemäß Nr. 7008 VV RVG		182,01
		1.139,96
Insgesamt:		**1.948,09**

Lösungen — Vergütung und Kosten

Zu 5b

Da der Rechtsanwalt die außergerichtliche Vergütung nicht mit eingeklagt hatte, kann er nach § 15a RVG die volle Verfahrensgebühr ansetzen und muss sich nicht die hälftige Geschäftsgebühr anrechnen lassen.

Dies ergibt folgende Erstattungen:

Gegenstandswert: 8.200,00

1,3 Verfahrensgebühr	§§ 2, 13 i.V.m. Nr. 3100 VV RVG	659,10
1,2 Terminsgebühr	§§ 2, 13 i.V.m. Nr. 3104 VV RVG	608,40
Post- und Telekommunikationspauschale gemäß Nr. 7002 VV RVG		20,00
		1.287,50
19 % USt gemäß Nr. 7008 VV RVG		244,63
		1.532,13

Der Beklagte hat die zur Kostenfestsetzung angemeldete Vergütung in Höhe von 1.532,13 Euro zu erstatten.

Nach § 15a RVG nicht im Kostenfestsetzungsverfahren anzumelden:

```
        1.948,09
    ./. 1.532,13
    =     415,96 Euro
```

Probe:

0,65 GeschG	329,55
Auslagen	20,00
19 % USt	66,41
	415,96 Euro

Zu 6a Vergütungsabrechnung in Euro

Gegenstandswert: 1.400,00

1,3 Verfahrensgebühr	§§ 2, 13 i.V.m. Nr. 3100 VV RVG	149,50
1,2 Terminsgebühr §§ 2, 13 i.V.m. Nr. 3104 VV RVG		138,00
Post- und Telekommunikationspauschale gemäß Nr. 7002 VV RVG		20,00
		307,50
19 % USt gemäß Nr. 7008 VV RVG		58,43
		365,93

zu b Kostengrundentscheidung

Das **Gericht** legt in seiner Entscheidung in der Hauptsache fest, wer die Kosten zu tragen hat.
Da der Kläger den Prozess gewonnen hat, lautet die Kostengrundentscheidung:

„Die Kosten des Verfahrens trägt der Beklagte".
§ 91 Abs. 1 ZPO

Zu c Kosten

- Kosten für den eigenen und den gegnerischen Rechtsanwalt und
- Gerichtskosten, § 91 ZPO

Zu d Zweck

Falls die Kosten im Wege der Zwangsvollstreckung gegen Frau Groß eingetrieben werden müssten, benötigt Herr Kaub einen Vollstreckungstitel. Diesen erhält er über das Kostenfestsetzungsverfahren. Es wäre nicht zulässig, wegen der Kosten nochmals Klage gegen Frau Groß zu erheben.

Zu e Kosten im Kostenfestsetzungsverfahren

- Keine, § 11 Abs. 2 RVG
- Das Kostenfestsetzungsverfahren gehört zum ersten Rechtszug dazu, § 19 Abs. 1 Nr. 14 RVG

Anmerkung

Sofern der seltene Fall eintreten sollte, dass ein Rechtsanwalt nicht im Hauptverfahren, sondern nur im Kostenfestsetzungsverfahren tätig war, erhält er eine 0,8 Verfahrensgebühr gemäß Nr. 3403 VV RVG.

II. Prüfungsaufgaben

Zu f Kostenfestsetzungsantrag

An das Amtsgericht
....

In dem Rechtsstreit Kaub ./. Groß
Aktenzeichen ....

wird beantragt, die nachstehend ausgeführten Kosten sowie hier nicht erfassten Gerichtskosten und Auslagenvorschüsse festzusetzen und ab Antragseingang mit 5 Prozentpunkten über dem Basiszinssatz zu verzinsen. Außerdem wird beantragt, dass dem Antragsteller eine vollstreckbare Ausfertigung des Kostenfestsetzungsbeschlusses erteilt wird.

Streitwert: 1.400,00 Euro

1,3 Verfahrensgebühr Nr. 3100 VV RVG	149,50 Euro
1,2 Terminsgebühr Nr. 3104 VV RVG	138,00 Euro
Post- und Telekom.pauschale Nr. 7002 VV RVG	20,00 Euro
Zwischensumme	307,50 Euro
19 % USt Nr. 7008	58,43 Euro
Zwischensumme	365,93 Euro
Gerichtskosten	213,00 Euro
Summe	578,93 Euro

Unterschrift
....

Zu g Umsatzsteuer
Ja, da es sich bei Herrn Kaub um keinen Unternehmer handelt und er somit nicht vorsteuerabzugsberechtigt ist, wird die USt mit festgesetzt.

Zu h Funktionelle Zuständigkeit
Rechtspfleger

Zu 7 Kostenausgleichung

Zu a Quote
Dem Kläger wurden 4.000,00 Euro von den ursprünglich eingeklagten 5.000,00 Euro zugesprochen, das heißt, er hat einen Anspruch gegen den Beklagten in Höhe von 4.000,00 Euro = 80 %.

Da die Klage über 1.000,00 abgewiesen wurde, hat Herr Rot wiederum einen Anspruch gegen Herrn Grün über 1.000,00 Euro = 20 %.

Zu b Antrag
Antrag auf Kostenausgleichung gemäß § 106 ZPO

Zu c Erläuterung
Der Rechtspfleger wird tätig, sobald eine Partei einen Antrag auf Kostenausgleichung gestellt hat. Er fordert dann die gegnerische Partei auf, ihre Kostenberechnung innerhalb einer Woche einzureichen. Beide Parteien melden ihre Kosten in voller Höhe an, die Ausgleichsberechnungen nimmt der Rechtspfleger vor.

Zu d Formulierung des Antrags

An das Amtsgericht
....

In dem Rechtsstreit Grün ./. Rot
Aktenzeichen ....

wird beantragt, bezüglich den im Folgenden aufgeführten Kosten sowie hier nicht erfassten Gerichtskosten und Auslagenvorschüsse die Kostenausgleichung gemäß § 106 ZPO durchzuführen und auszusprechen, dass der festzusetzende Betrag ab Antragseingang mit 5 Prozentpunkten über dem Basiszinssatz zu verzinsen ist. Außerdem wird beantragt, dass dem Antragsteller eine vollstreckbare Ausfertigung des Kostenfestsetzungsbeschlusses erteilt wird.

Lösungen — Vergütung und Kosten

Streitwert: 5.000,00 Euro	
1,3 Verfahrensgebühr Nr. 3100 VV RVG	393,90 Euro
1,2 Terminsgebühr Nr. 3104 VV RVG	363,60 Euro
Post- und Telekom.pauschale Nr. 7002 VV RVG	20,00 Euro
Zwischensumme	777,50 Euro
19 % USt Nr. 7008 VV RVG	147,73 Euro
Zwischensumme	925,23 Euro
Gerichtskosten	438,00 Euro
Gesamtsumme	1.363,23 Euro

Zu e Berechnung

Kosten RA Dr. Stein (RA- Gebühren u. Auslagen):	925,23 Euro
Gerichtskostenvorschuss	438,00 Euro
Kosten RA Schnell (RA- Gebühren u. Auslagen):	925,23 Euro
Gesamtkosten	2.288,46 Euro

hiervon trägt Herr Grün 20 %: 457,69 Euro
hiervon trägt Herr Rot 80 %: 1.830,77 Euro

Da Herr Grün bereits 1.363,23 Euro verauslagt hat, muss Herr Rot noch 905,54 an ihn zahlen (1.363,23 – 457,69 = 905,54). Herr Grün erhält demzufolge einen Kostenfestsetzungsbeschluss gegen Herrn Rot in Höhe von 905,54 Euro.

Probe:
RA-Kosten: 925,23 x 2 = 1.850,46 Euro
davon trägt Rot 80 % = 1.480,37 Euro
eigene Kosten von Rot − 925,23 Euro
von Rot an Grün zu erstatten 555,14 Euro

Gerichtskosten: 438,00 Euro
davon trägt Rot 80 %, an Grün zu erstatten 350,454 Euro
insgesamt von Rot an Grün zu erstatten 905,54 Euro

Zu 8 Kostenaufteilung 50 : 50

Zu a Möglichkeiten der Kostenentscheidung

(1) **Die Kosten werden gegeneinander aufgehoben.**
Hierbei trägt jede Partei ihre Anwaltskosten und Auslagen selbst und die Gerichtskosten werden geteilt.
(2) **Von den Kosten des Rechtsstreits trägt jede Partei die Hälfte.**
Dies bedeutet, dass die Gesamtkosten des Prozesses geteilt werden.

Zu b Kostenaufstellung

Kostenzusammenstellung Herr Schmitt:

Prozessbevollmächtigter

Streitwert: 3.600,00 Euro		
1,3 Verfahrensgebühr Nr. 3100 VV RVG	327,60 Euro	
Post-u. Telekom.pauschale Nr. 7002 VV RVG	20,00 Euro	
Zwischensumme	347,60 Euro	
19 % USt Nr. 7008 VV RVG	66,04 Euro	
Zwischensumme		413,64 Euro

Terminsvertreter

Streitwert: 3.600,00 Euro		
0,65 Verfahrensgebühr Nr. 3100, 3401 VV RVG	163,80 Euro	
1,2 Terminsgebühr Nr. 3402, 3104 VV RVG	302,40 Euro	
Post- und Telekom.pauschale Nr. 7002 VV RVG	20,00 Euro	
Zwischensumme	486,20 Euro	
19 % USt Nr. 7008 VV RVG	92,38 Euro	
Zwischensumme		578,58 Euro
Gerichtskosten		381,00 Euro
Gesamtsumme		1.373,22 Euro

II. Prüfungsaufgaben

Kostenzusammenstellung Herr Huber

<u>Prozessbevollmächtigter</u>
Streitwert: 3.600,00 Euro

1,3 Verfahrensgebühr Nr. 3100 VV RVG	327,60 Euro
1,2 Terminsgebühr Nr. 3104 VV RVG	302,40 Euro
Post- und Telekom.pauschale Nr. 7002 VV RVG	<u>20,00 Euro</u>
Zwischensumme	650,00 Euro
19 % USt Nr. 7008 VV RVG	<u>123,50 Euro</u>
Gesamtsumme	773,50 Euro

Zu c Die Kosten werden gegeneinander aufgehoben
Kosten Kläger:

RA- Kosten	992,22 Euro	
hälftige Gerichtskosten	<u>190,50 Euro</u>	
Summe		1.182,72 Euro

Kosten Beklagter

RA- Kosten	773,50 Euro	
hälftige Gerichtskosten	<u>190,50 Euro</u>	
Summe		964,00 Euro

Dem Kläger fällt somit eine höhere Kostenbelastung zu.

Zu d Jede Partei trägt die Hälfte der Kosten des Rechtsstreits

RA- Kosten Kläger	992,22 Euro	
RA- Kosten Beklagter	773,50 Euro	
Gerichtskosten	<u>381,00 Euro</u>	
Summe	2.146,72 Euro	
	hälftig: 1.073,36 Euro	
	Jede Partei trägt	1.073,36 Euro Kosten.

Zu 9 Rechtsbehelfs-/Rechtsmittelverfahren
Zu a Beschwerde oder Erinnerung
Erinnerung, § 567 Abs. 2 ZPO i.V.m. § 11 Abs. 2 RPflG

Zu b Vergütung
Gegenstandswert: 200,00

0,5 Verfahrensgebühr §§ 2, 13 i.V.m. Nr. 3500 VV RVG	22,50
Post- und Telekommunikationspauschale Nr. 7002 VV RVG	<u>4,50</u>
	27,00
19 % USt Nr. 7008 VV RVG	<u>5,13</u>
	32,13

Zu 10 Rechtsbehelfs-/Rechtsmittelverfahren
Zu a Beschwerde oder Erinnerung
Beschwerde, § 567 Abs. 2 ZPO

Zu b Vergütung
Gegenstandswert: 900,00

0,5 Verfahrensgebühr §§ 2, 13 i.V.m. Nr. 3500 VV RVG	40,00
0,5 Terminsgebühr §§ 2, 13 i.V.m. Nr. 3513 VV RVG	40,00
Post- und Telekommunikationspauschale Nr. 7002 VV RVG	<u>16,00</u>
	96,00
19 % USt Nr. 7008 VV RVG	<u>18,24</u>
	114,24

11. Zwangsvollstreckung

Zu 1
Gegenstandswert: 2.746,73

0,3 Verfahrensgebühr §§ 2, 13, 18 Nr. 1 i.V.m. Nr. 3309 VV RVG	60,30
Post- und Telekommunikationspauschale gemäß Nr. 7002 VV RVG	12,06
	72,36
19 % USt gemäß Nr. 7008 VV RVG	13,75
	86,11

Anmerkung:
Die Verfahrensgebühr entsteht für den Zwangsvollstreckungsauftrag, das heißt gebührenrechtlich liegt nur eine Angelegenheit im Sachverhalt vor. Der Antrag auf Durchsuchungsanordnung stellt lediglich eine Vollstreckungshandlung innerhalb des Vollstreckungsauftrags dar.

Zu 2a
Gegenstandswert gem. § 25 Abs. 1 RVG i.V.m. § 51 Abs. 1 , Abs. 2 FamGKG

Rückstand:	11 x 500,00 =	5.500,00
Jahresunterhalt:	12 x 500,00 =	6.000,00
Insgesamt:		11.500,00

Gegenstandswert: 11.500,00

0,3 Verfahrensgebühr §§ 2, 13, 18 Nr. 1 i.V.m. Nr. 3309 VV RVG	181,20
Post- und Telekommunikationspauschale gemäß Nr. 7002 VV RVG	20,00
	201,20
19 % USt gemäß Nr. 7008 VV RVG	38,23
	239,43

Zu 2b
20,00 Euro gemäß Nr. 2111 Anl. 1 KostV zum GKG (§ 829 Abs. 1 ZPO)

Zu 2c
Die Vorpfändung stellt gebührenrechtlich keine zusätzliche Angelegenheit dar. Sie stellt quasi den „rechtlichen Auftakt" im Zusammenhang mit dem Pfändungs- und Überweisungsbeschluss dar. Insgesamt handelt es sich somit gebührenrechtlich nur um eine Angelegenheit.

Zu 3
Gegenstandswert: 3.500,00

0,3 Verfahrensgebühr §§ 2, 13, 18 Nr. 2 i.V.m. Nr. 3309 VV RVG	75,60
Post- und Telekommunikationspauschale gemäß Nr. 7002 VV RVG	15,12
	90,72
19 % USt gemäß Nr. 7008 VV RVG	17,24
	107,96

Zu 4
Gegenstandswert: 4.546,35

0,3 Verfahrensgebühr §§ 2, 13, 18 Nr. 1 i.V.m. Nr. 3309 VV RVG	90,90
Post- und Telekommunikationspauschale gemäß Nr. 7002 VV RVG	18,18
	109,08
19 % USt gemäß Nr. 7008 VV RVG	20,73
	129,81
Für den zweiten Schuldner	+ 129,81
Insgesamt:	= 259,62

Zu 5
Gegenstandswert: 3.185,00

0,3 Verfahrensgebühr §§ 2, 13, 18 Nr. 1 i.V.m. Nr. 3309 VV RVG	75,60
Post- und Telekommunikationspauschale gemäß Nr. 7002 VV RVG	15,12
	90,72
19 % USt gemäß Nr. 7008 VV RVG	17,24
	107,96

II. Prüfungsaufgaben

Zu 6
Pfändungsauftrag
Gegenstandswert: 11.317,23

0,6 Verfahrensgebühr §§ 2, 13, 18 Nr. 1 i.V.m. Nr. 1008, 3309 VV RVG	362,40
Post- und Telekommunikationspauschale gemäß Nr. 7002 VV RVG	20,00
	382,40
19 % USt gemäß Nr. 7008 VV RVG	72,66
	455,06

Abgabe der Vermögensauskunft
Gegenstandswert: 2.000,00   gem. § 25 Abs. 1 Nr. 4 RVG

0,6 Verfahrensgebühr §§ 2, 13, 18 Nr. 16 i.V.m. Nr. 3309 VV RVG	90,00
0,3 Terminsgebühr §§ 2, 13 i.V.m. Nr. 3310 VV RVG	45,00
Post- und Telekommunikationspauschale gemäß Nr. 7002 VV RVG	20,00
	155,00
19 % USt gemäß Nr. 7008 VV RVG	29,45
	184,45

Zu 7
Sachpfändungsauftrag
Gegenstandswert: 1.711,56

0,3 Verfahrensgebühr §§ 2, 13, 18 Nr. 1 i.V.m. Nr. 3309 VV RVG	45,00
Post- und Telekommunikationspauschale gemäß Nr. 7002 VV RVG	9,00
	54,00
19 % USt gemäß Nr. 7008 VV RVG	10,26
	64,26

Antrag auf Zulassung der Austauschpfändung
Gegenstandswert: 1.775,82   (= 1.711,56 + 64,26)

0,3 Verfahrensgebühr §§ 2, 13, 18 Nr. 7 i.V.m. Nr. 3309 VV RVG	45,00
Post- und Telekommunikationspauschale gemäß Nr. 7002 VV RVG	9,00
	54,00
19 % USt gemäß Nr. 7008 VV RVG	10,26
	64,26

Austauschpfändung
Gegenstandswert: 1.840,08 (= 1.775,82 + 64,26)

0,3 Verfahrensgebühr §§ 2, 13, 18 Nr. 1 i.V.m. Nr. 3309 VV RVG	45,00
Post- und Telekommunikationspauschale gemäß Nr. 7002 VV RVG	9,00
	54,00
19 % USt gemäß Nr. 7008 VV RVG	10,26
	64,26

Anmerkung:
Da gebührenrechtlich drei Angelegenheiten vorliegen, darf der Rechtsanwalt auch dreimal abrechnen. Die Kosten des jeweils zuvor abgeschlossenen Auftrags erhöhen dabei den Gegenstandswert des nachfolgenden Auftrags, da sie zu den Zwangsvollstreckungskosten der bis dahin abgeschlossenen Aufträge zählen.

Zu 8
Sachpfändungsauftrag
Gegenstandswert: 5.056,00

0,3 Verfahrensgebühr §§ 2, 13, 18 Nr. 1 i.V.m. Nr. 3309 VV RVG	106,20
Post- und Telekommunikationspauschale gemäß Nr. 7002 VV RVG	20,00
	126,20
19 % USt gemäß Nr. 7008 VV RVG	23,98
	150,18

Lösungen — Vergütung und Kosten

Abnahme der Vermögensauskunft
Gegenstandswert: 2.000,00 gemäß § 25 Abs. 1 Nr. 4 RVG

0,3 Verfahrensgebühr §§ 2, 13, 18 Nr. 16 i.V.m. Nr. 3309 VV RVG	45,00
0,3 Terminsgebühr §§ 2, 13 i.V.m. Nr. 3310 VV RVG	45,00
Post- und Telekommunikationspauschale gemäß Nr. 7002 VV RVG	18,00
	108,00
19 % USt gemäß Nr. 7008 VV RVG	20,52
	128,52

Pfändungs- und Überweisungsbeschluss
Gegenstandswert: 5.334,70 (5.056,00 + 150,18 + 128,52)

0,3 Verfahrensgebühr §§ 2, 13, 18 Nr.1 i.V.m. Nr. 3309 VV RVG	106,20
Post- und Telekommunikationspauschale gemäß Nr. 7002 VV RVG	20,00
	126,20
19 % USt gemäß Nr. 7008 VV RVG	23,98
	150,18

12. Arbeitsgerichtsbarkeit

Zu 1
Zu a   Vierteljahresbruttogehalt
Zu b   Bis zu einem Monatsbruttogehalt
Zu c   Höhe des eingeklagten Betrags
Zu d   Vierteljahresbruttogehalt

Zu 2
Gegenstandswert:

Rückständiger Lohn:	3.000,00	Wert der Rückstände
Kündigungsschutz:	9.000,00	dreifaches Monatseinkommen, § 42 Abs. 3 GKG
	12.000,00	

Gegenstandswert: 12.000,00

1,3 Verfahrensgebühr §§ 2, 13 i.V.m. Nr. 3100 VV RVG	785,20
1,2 Terminsgebühr §§ 2, 13 i.V.m. Nr. 3104 VV RVG	724,80
Post- und Telekommunikationspauschale gemäß Nr. 7002 VV RVG	20,00
	1.530,00
19 % USt gemäß Nr. 7008 VV RVG	290,70
	1.820,70

Zu 3
Gegenstandswert:

Kündigungsschutz:	8.100,00
Schadensersatz:	5.000,00
	13.100,00

Gegenstandswert: 13.100,00

1,3 Verfahrensgebühr §§ 2, 13 i.V.m. Nr. 3100 VV RVG	845,00
1,2 Terminsgebühr §§ 2, 13 i.V.m. Nr. 3104 VV RVG	780,00
Post- und Telekommunikationspauschale gemäß Nr. 7002 VV RVG	20,00
	1.645,00
19 % USt gemäß Nr. 7008	312,55
	1.957,55

Zu 4
Außergerichtliche Tätigkeit
Gegenstandswert: 9.000,00

1,3 Geschäftsgebühr §§ 2, 13, 14 i.V.m. Nr. 2300 VV RVG	659,10
Post- und Telekommunikationspauschale gemäß Nr. 7002 VV RVG	20,00
	679,10
19 % USt gemäß Nr. 7008 VV RVG	129,03
	808,13

II. Prüfungsaufgaben

Gerichtliche Tätigkeit
Gegenstandswert: 9.000,00, 1.200,00, 10.200,00

1,3 Verfahrensgebühr aus 9.000,00 §§ 2, 13 i.V.m. Nr. 3100 VV RVG	659,10
./. 0,65 Geschäftsgebühr aus 9.000,00 gemäß Vorb. 3 Abs. 4 VV RVG	./. 329,55
	329,55
0,8 Verfahrensgebühr aus 1.200,00 §§ 2, 13 i.V.m. Nr. 3100, 3101 Nr.2 VV RVG	92,00
Obergrenze § 15 Abs. 3 RVG 1,3 aus 10.200,00 berücksichtigt	
1,2 Terminsgebühr aus 10.200,00 §§ 2, 13 i.V.m. Nr. 3104 VV RVG	724,80
1,0 Einigungsgebühr aus 9.000,00 §§ 2, 13 i.V.m. Nr. 1000, 1003 VV RVG	507,00
1,5 Einigungsgebühr aus 1.200,00 §§ 2, 13 i.V.m. Nr. 1000 VV RVG	172,50
Obergrenze § 15 Abs. 3 RVG 1,5 aus 10.200,00 berücksichtigt	
Post- und Telekommunikationspauschale gemäß Nr. 7002 VV RVG	20,00
	1.845,85
19 % USt gemäß Nr. 7008 VV RVG	350,71
	2.196,56

Anmerkungen:
- Da sowohl die Verfahrensgebühr als auch die Einigungsgebühr zweimal in der Kostennote auftauchen, ist zweimal die Gebührenbegrenzung gem. § 15 Abs. 3 RVG zu prüfen. Da in beiden Fällen die zulässigen Obergrenzen nicht überschritten werden, können die einzeln ermittelten Wertansätze übernommen werden.
- Da hier im Sachverhalt neben den rechtshängigen auch nicht rechtshängige Ansprüche in den Vergleich einbezogen wurden, darf der Anwalt neben der 1,3 Verfahrensgebühr eine zusätzliche 0,8 Differenzverfahrensgebühr nach Nr. 3101 Nr. 2 RVG abrechnen.

Notariatsrecht, Kosten- und Gebührenrecht des Notars

A. Notariatsrecht: Freiwillige Gerichtsbarkeit
I. Wiederholungsfragen und Prüfungsaufgaben

1. Allgemeines Beurkundungs- und Berufsrecht

Zu 1 (Zuständigkeit)
Ausgangsfall:
Grundsätzlich soll der Notar seine Urkundstätigkeit nur innerhalb seines Amtsbereichs ausüben, § 10a Abs. 2 BNotO. Amtsbereich des Notars ist gemäß § 10a Abs. 1 Satz 1 BNotO der Bezirk des Amtsgerichts, in dem er seinen Amtssitz hat. Amtssitz wiederum ist nach § 10 Abs. 1 Sätze 1 und 2 BNotO die politische Gemeinde (bzw. in Städten von mehr als hunderttausend Einwohnern auch ein bestimmter Stadtteil oder Amtsgerichtsbezirk), die dem Notar als Amtssitz zugewiesen ist. N ist Notar mit Amtssitz in Düsseldorf, soll also seine Urkundstätigkeit ausschließlich im Bezirk des Amtsgerichts Düsseldorf ausüben. Ausnahmsweise darf er auch außerhalb des Bezirks des Amtsgerichts Düsseldorf tätig werden, sofern besondere berechtigte Interessen der Rechtsuchenden ein Tätigwerden außerhalb des Amtsbereichs gebieten (§ 10a Abs. 2 Hs. 2 BNotO).
Ein solcher Ausnahmefall ist hier zu bejahen. Denn N hat das Testament des T in seinen Amtsräumen besprochen und sodann einen Urkundsentwurf gefertigt. Erst danach hat sich aus unvorhersehbaren Gründen ergeben, dass die Beurkundung außerhalb des Amtsbereichs erfolgen muss [*nachzulesen in Abschnitt IX. Ziffer 1 lit. b) der Richtlinienempfehlung der Bundesnotarkammer vom 29. Januar 1999, zuletzt geändert durch Beschluss vom 28. April 2006 – DNotZ 2006, 561*].
Im Ergebnis darf N die Beurkundung in der Wohnung der Tochter des T in Mönchengladbach vornehmen. Er muss dies allerdings der für ihn zuständigen Rheinischen Notarkammer nachträglich unverzüglich und unter Angabe der Gründe mitteilen, § 10a Abs. 3 BNotO iVm § 3 Abs. 1 AVNot NRW.

Abwandlung:
In der Abwandlung soll die Beurkundung nicht nur außerhalb des Amtsbereichs des N, sondern sogar außerhalb von dessen Amtsbezirk stattfinden. Amtsbezirk des Notars ist gemäß § 11 Abs. 1 BNotO der Oberlandesgerichtsbezirk, in dem der Notar seinen Amtssitz hat. Außerhalb seines Amtsbezirks darf der Notar gemäß § 11 Abs. 2 BNotO Urkundstätigkeiten aber nur vornehmen, wenn Gefahr im Verzuge ist oder die Aufsichtsbehörde es genehmigt hat. Gefahr im Verzuge läge vor, wenn die Beurkundung des Testamentes so dringend wäre, dass sie nicht durch einen ortsnahen Notar erledigt werden könnte.
Dafür bietet der Sachverhalt keine Anhaltspunkte. Die im Ausgangsfall einschlägigen Argumente (Entwurfsfertigung, dann unvorhersehbare Gründe für Beurkundung außerhalb des Amtsbereichs) können hier nicht herangezogen werden. Auch sind keine gewichtigen Gründe ersichtlich, die die Erteilung einer Ausnahmegenehmigung durch die für N zuständige Präsidentin des Oberlandesgerichts Düsseldorf wahrscheinlich machen.
N darf die Beurkundung also nicht vornehmen. Tut er dies dennoch, so berührt der Verstoß gegen § 11 Abs. 2 BNotO zwar die Wirksamkeit der Amtshandlung nicht, das Testament wäre also gültig, allerdings verstieße N gegen seine Amtspflichten. Dies könnte für ihn jedenfalls aufsichtsrechtliche Konsequenzen zur Folge haben.

Zu 2 (Mitwirkungsverbote)
Gegenstand der Aufgabe sind die Mitwirkungsverbote der §§ 3, 6 und 7 BeurkG. Grundsätzlich zu unterscheiden sind dabei § 3 BeurkG einerseits und §§ 6 und 7 BeurkG andererseits. Letztere gelten nur für die Beurkundung von Willenerklärungen, während § 3 BeurkG für alle Beurkundungen gilt. Nur ein Verstoß gegen die §§ 6 und/oder 7 BeurkG führt zur Unwirksamkeit der Beurkundung. Ein Verstoß gegen § 3 BeurkG stellt dagegen zwar eine Amtspflichtverletzung des Notars dar, lässt aber die Wirksamkeit der Beurkundung unberührt.
Die Beurkundung des Testaments seiner Nichte durch Notar N verstößt gegen § 3 Abs. 1 Satz 1 Nr. 3 BeurkG, denn die Nichte ist mit N in der Seitenlinie im dritten Grade verwandt, vgl. § 1589 Abs. 1 Sätze 2 und 3 BGB. Ein Verstoß gegen die §§ 6 oder 7 BeurkG liegt demgegenüber nicht vor. Insbesondere ist § 7 Nr. 3 BeurkG nicht verletzt. Denn die Beurkundung ihres Testaments ist nicht darauf gerichtet, der Nichte des N einen rechtlichen Vorteil zu verschaffen. Anders wäre der Fall etwa dann zu beurteilen, wenn umgekehrt F bei N ein Testament errichten würde, in welchem F die Nichte des N als Alleinerbin einsetzt.
N darf die Beurkundung im Ergebnis wegen § 3 Abs. 1 Satz 1 Nr. 3 BeurkG nicht vornehmen. Nimmt er sie unter Verletzung seiner Amtspflichten dennoch vor, wäre das Testament aber wirksam beurkundet.

A. Notariatsrecht: Freiwillige Gerichtsbarkeit

Zu 3 (Verschwiegenheit)

Gemäß § 18 BNotO ist der Notar zur Verschwiegenheit verpflichtet. Diese Amtspflicht gilt über § 26 BNotO, wonach der Notar die bei ihm beschäftigten Personen bei der Einstellung nach § 1 des Verpflichtungsgesetzes förmlich zu verpflichten hat, auch für seine Mitarbeiter.

Der Ehefrau des M darf ohne das vorherige Einverständnis des M deshalb keine Abschrift des Testamentes zur Verfügung gestellt werden. Im Gegenteil, ihr darf noch nicht einmal mitgeteilt werden, ob M überhaupt als Klient im Büro des N bekannt ist. Denn schon dies unterfällt der Schweigepflicht.

Zu 4 (Urkundseingang; rechtsgeschäftliche Vertretung eines Beteiligten)

UR-Nr. 337/2013
Verhandelt zu Düsseldorf am 22. Februar 2013.
Vor Notar Dr. Norbert Nöthe mit dem Amtssitz in Düsseldorf
erschienen:

1. Herr Holger Humboldt, geboren am 10.10.1973, wohnhaft Leostraße 55 in 40227 Düsseldorf, hier handelnd nicht im eigenen Namen, sondern aufgrund notarieller Vollmacht vom 15. Februar 2013 (UR-Nr. 1234/2013 der Notarin Dr. Ulrike Jansen in Köln), die bei Beurkundung in Ausfertigung vorlag, von welcher eine beglaubigte Abschrift dieser Urkunde beigefügt ist, für Herrn Viktor Vitz, geboren am 11.11.1965, wohnhaft Elisabethstraße 83 in 40545 Düsseldorf – Herr Vitz nachfolgend auch „Verkäufer" genannt -,

2. Frau Karla Knigge geborene Müller, geboren am 12.12.1967, wohnhaft Lindenstraße 13 in 41199 Mönchengladbach – Frau Knigge nachfolgend auch „Käuferin" genannt –.

Die Erschienenen wiesen sich dem Notar gegenüber aus durch die Vorlage ihrer Bundespersonalausweise.
Die Erschienenen, handelnd wie angegeben, erklärten zur Beurkundung folgenden Grundstückskaufvertrag:
[Es folgt der Vertragstext]

Zu 5 (Identifizierung der Beteiligten)

a) Nein – Nach den Vorschriften des Geldwäschegesetzes (§§ 2 Abs. 1 Nr. 7, 3 Abs. 1 Nr. 1, 4 Abs. 4 Satz 1 Nr. 1 GwG) ist die Identifizierung der Beteiligten bei Kaufverträgen über Immobilien anhand des Führerscheins nicht zulässig. Anderes würde etwa für die Beurkundung eines Ehevertrages gelten. Hier gilt das Geldwäschegesetz nicht, die Identifizierungspflicht folgt allein aus § 10 Abs. 2 Satz 1 BeurkG, in dessen Rahmen die Zulässigkeit der Identifizierung anhand des Führerscheins allgemein anerkannt ist.

b) Ja – Gemäß § 4 Abs. 2 GwG und § 10 Abs. 2 Satz 1 1. HS BeurkG kann der Notar von einer Identifizierung absehen, vorausgesetzt, dass der Verpflichtete den zu Identifizierenden bereits bei früherer Gelegenheit anhand eines zulässigen Ausweispapiers identifiziert hat.

c) Nein – Gemäß § 4 Abs. 4 Satz 1 Nr. 1 GwG muss das vorgelegte Ausweisdokument gültig sein. Anderes gilt erneut für Beurkundungen außerhalb des Anwendungsbereichs des Geldwäschegesetzes, wenn der Notar den Erschienenen auch anhand des ungültigen Ausweisdokumentes unzweifelhaft identifizieren kann.

d) Nein – Der Notar darf die Beurkundung nicht ablehnen. Er soll gemäß § 10 Abs. 2 Satz 2 BeurkG in der Niederschrift vermerken, dass einer der Beteiligten kein gültiges Ausweispapier vorlegen konnte, aber versprach, dieses unverzüglich nachzureichen, und alle Beteiligten auf eine sofortige Beurkundung bestanden. Zudem empfiehlt es sich darauf hinzuweisen, dass der Notar die Urkunde erst vollziehen wird, wenn ihm das entsprechende Ausweispapier nachgereicht worden ist. Wird es nachgereicht, hat der Notar dies mit Unterschrift und Siegel auf der Urschrift der Urkunde zu vermerken.

Zu 6 (Vertretung Minderjähriger)

a) Grundsätzlich wird ein Minderjähriger durch seine Eltern vertreten, § 1629 Abs. 1 Satz 2 BGB. Allerdings dürfen die Eltern den Minderjährigen gemäß §§ § 1629 Abs. 2 Satz 1, 1795 Abs. 2, 181 BGB nicht vertreten, wenn sie zugleich in seinem Namen und für sich selbst handeln (Selbstkontrahierungsverbot). In einem solchen Fall ist zur Vertretung des Minderjährigen ein Ergänzungspfleger zu bestellen, § 1909 Abs. 1 Satz 1 BGB.

So liegen die Dinge hier. A und B möchten im Namen des S als Käufer mit sich im eigenen Namen als Verkäufer einen Grundstückskaufvertrag schließen. Deshalb sind sie gemäß §§ § 1629 Abs. 2 Satz 1, 1795 Abs. 2, 181 BGB an der Vertretung des S gehindert. S würde gemäß § 1909 Abs. 1 Satz 1 BGB bei Abschluss des Vertrages von einem Ergänzungspfleger vertreten.

b) Auch hier könnten die Eltern an der Vertretung des S gemäß §§ § 1629 Abs. 2 Satz 1, 1795 Abs. 2, 181 BGB gehindert sein, weil sie als Vertreter des S als Beschenkter mit sich im eigenen Namen als Schenker einen Schenkungsvertrag abzuschließen beabsichtigen. Jedoch wird die Vorschrift des § 181

BGB nicht angewendet, wenn der zu Vertretende (der S) aus dem abzuschließenden Vertrag keinen rechtlichen Nachteil erwirbt. Denn § 181 BGB soll den Vertretenen vor einem Interessenkonflikt des Vertreters schützen. Im Falle der Schenkung ist ein Interessenkonflikt zulasten des Minderjährigen aber ausgeschlossen, da S von dem Vertragsschluss nur profitiert, seinerseits aber keine Pflichten übernimmt. Deshalb können A und B den S hier trotz §§ 1629 Abs. 2 Satz 1, 1795 Abs. 2, 181 BGB vertreten; ein Ergänzungspfleger wird nicht benötigt.

Zu 7 (Vertretungsbescheinigung)

Aufgrund Einsichtnahme in das Handelsregister des Amtsgerichts Düsseldorf vom heutigen Tage bescheinige ich, dass dort unter HRB 1234 die ABC GmbH mit Sitz in Düsseldorf und Herr H, geboren am 12.12.1965, wohnhaft in Düsseldorf, als deren stets einzelvertretungsberechtigter und von den Beschränkungen des § 181 BGB befreiter Geschäftsführer eingetragen sind.

Ort, Datum

Unterschrift des Notars   Siegel

Zu 8 (Beteiligung körperlich Eingeschränkter)

a) Gemäß § 22 Abs. 1 BeurkG soll zu der Beurkundung ein Zeuge oder ein zweiter Notar zugezogen werden, wenn ein Beteiligter nicht hinreichend zu hören vermag, es sei denn, dass alle Beteiligten darauf verzichten. Außerdem soll der Notar auf Verlangen eines hörbehinderten Beteiligten einen Gebärdensprachdolmetscher hinzuziehen. In der Beurkundung muss dem Hörbehinderten die Niederschrift gemäß § 23 Satz 1 BeurkG anstelle des Vorlesens zur Durchsicht vorgelegt werden. Diese Umstände sollen in der Niederschrift festgestellt werden.
In dem Entwurf des Kaufvertrages ist somit zunächst die Hörbehinderung des Herrn H festzustellen. Da Herr H die Hinzuziehung weiterer Personen ablehnt, ist sodann im Vertragsentwurf festzuhalten, dass auf die Hinzuziehung eines Zeugen oder zweiten Notars verzichtet wurde. Dies ist aber nur dann möglich, wenn auch alle anderen an der Urkunde Beteiligten hiermit einverstanden sind. Auch der Verzicht auf einen Gebärdendolmetscher ist in der Urkunde zu vermerken. Hierfür spielt keine Rolle, ob alle Urkundsbeteiligten einverstanden sind, das Hinzuziehen eines Gebärdendolmetschers unterliegt der alleinigen Entscheidungsbefugnis des Hörunfähigen. Schließlich ist in der Niederschrift zu vermerken, dass diese Herrn H anstelle des Vorlesens zur Durchsicht vorgelegt worden ist.

b) Im Falle des Schreibunfähigen gilt § 25 BeurkG. Danach muss immer dann, wenn ein Beteiligter seinen Namen nicht zu schreiben vermag, beim Vorlesen und der Genehmigung ein Zeuge oder ein zweiter Notar zugezogen werden. Dieser muss die Niederschrift anstelle des Schreibunfähigen unterschreiben. Diese Tatsachen sollen in der Niederschrift festgestellt werden. Weil es sich hierbei um eine „Muss-Vorschrift" handelt, steht die Hinzuziehung eines Zeugen oder zweiten Notars im Falle des Schreibunfähigen auch nicht zur Disposition der Beteiligten. Dem Wunsch des Herrn H, die Hinzuziehung weiterer Personen möglichst zu vermeiden, kann deshalb in der Abwandlung nicht entsprochen werden.

Zu 9 (Dolmetscher)

[Nach: „Die Erschienenen wiesen sich aus durch...":]

Herr A ist nach seinen Angaben der deutschen Sprache nicht hinreichend mächtig. Er spricht nur Finnisch. Es wurde deshalb im Einverständnis aller Beteiligten Herr N, geboren am ***, wohnhaft ***, ausgewiesen durch ***, als Dolmetscher zu dieser Verhandlung hinzugezogen. Herr N ist von der Mitwirkung an dieser Verhandlung nicht ausgeschlossen [vgl. § 16 Abs. 3 Satz 2 BeurkG]. Er erklärte, als Dolmetscher nicht allgemein vereidigt zu sein. Alle Beteiligten verzichten jedoch auf eine Vereidigung des Dolmetschers durch den Notar. Herr A wurde darauf hingewiesen, dass er eine schriftliche Übersetzung verlangen könne, worauf er jedoch ebenfalls verzichtete.

[Als Niederschriftvermerk:]

Diese Niederschrift wurde den Erschienenen von dem Notar in deutscher Sprache vorgelesen und von dem Dolmetscher sodann mündlich in die finnische Sprache übersetzt, von den Erschienenen genehmigt und von ihnen, dem Dolmetscher und dem Notar eigenhändig wie folgt unterschrieben:

Zu 10 (Anlagen zur Urkunde)

Der Lageplan wird gemäß § 13 Abs. 1 Satz 1 aE BeurkG zum Inhalt der Urkunde, indem in der notariellen Niederschrift auf ihn verwiesen und er den Beteiligten anstelle des Vorlesens zur Durchsicht vorgelegt und von

A. Notariatsrecht: Freiwillige Gerichtsbarkeit

ihnen genehmigt wird (dass dies geschehen ist, soll in der Niederschrift vermerkt werden). Außerdem muss er der Niederschrift beigefügt werden.

Die Liste über das mitverkaufte Mobiliar muss ebenso der Urkunde beigefügt werden. Sie muss als Bestandsverzeichnis gemäß § 14 BeurkG aber nicht vorgelesen werden, wenn alle Beteiligten auf das Vorlesen verzichten. Anstelle des Vorlesens soll sie den Beteiligten zur Kenntnisnahme vorgelegt und von ihnen unterschrieben werden; besteht sie aus mehreren Seiten, soll jede einzelne Seite von ihnen unterzeichnet werden. In der Niederschrift muss auf die Liste verwiesen und festgestellt werden, dass die Beteiligten auf das Vorlesen verzichtet haben; es soll festgestellt werden, dass sie ihnen zur Kenntnisnahme vorgelegt worden ist.

Zu 11 (Unterschriftsbeglaubigung)
a) Ja – Ausreichend ist nach § 40 Abs. 1 BeurkG, dass die Unterschrift vor dem Notar anerkannt wird, es muss nicht vor dem Notar unterschrieben werden.
b) Nein – Gemäß § 40 Abs. 1 BeurkG soll eine Unterschrift nur beglaubigt werden, wenn sie in Gegenwart des Notars vollzogen oder anerkannt wird. Eine sogenannte „Fernbeglaubigung" ist nicht zulässig und stellt eine schwere Dienstpflichtverletzung des Notars dar.
c) Nein – Gemäß § 40 Abs. 2 BeurkG hat der Notar die Urkunde darauf zu prüfen, ob Gründe bestehen, seine Amtstätigkeit zu versagen.

Zu 12 (Urschrift / beglaubigte Abschrift / Ausfertigung)
Die Urschrift einer Urkunde ist das Original der im Beurkundungstermin errichteten notariellen Urkunde. Sie kann mit handgeschriebenen Änderungen, Streichungen und Zusätzen versehen sein und enthält die Originalunterschriften aller Beteiligten und des Notars.

Die beglaubigte Abschrift ist wie die (vollstreckbare) Ausfertigung eine Kopie der Urschrift, in die zumeist die während der Beurkundung vorgenommenen Änderungen eingearbeitet sind (Reinschrift). Sie ist mit einem von dem Notar unterzeichneten Vermerk ergänzt, mit dem dieser die Übereinstimmung der Kopie mit dem Original bescheinigt.

Die Ausfertigung, die von dem Notar als solche zu kennzeichnen ist, vertritt die (grundsätzlich in der Urkundensammlung des Notar verbleibende) Urschrift der Urkunde im Rechtsverkehr, § 47 BeurkG. Sie ist nicht nur eine bestätigte wörtliche Wiedergabe des Urkundentextes (wie die beglaubigte Abschrift), sondern sie transportiert auch die Willenserklärungen der Beteiligten. Handelt etwa ein Bevollmächtigter aufgrund einer in notarieller Niederschrift errichteten Vollmacht, so muss er als Vollmachtsnachweis eine Ausfertigung der Vollmacht vorlegen; die Vorlage einer beglaubigten Abschrift genügt als Vollmachtsnachweis nicht.

Die vollstreckbare Ausfertigung ist die mit einer Vollstreckungsklausel versehene Ausfertigung einer Urkunde, die als Vollstreckungstitel (§ 794 Abs. 1 Nr. 5 ZPO) gleich einem vollstreckbaren Urteil dem Gläubiger die Zwangsvollstreckung aus der Urkunde ohne vorheriges Gerichtsverfahren ermöglicht.

Zu 13 (Abschriftsbeglaubigung)
Hiermit beglaubige ich die Übereinstimmung der vorstehenden Ablichtung mit der mir vorliegenden Urschrift.

Ort, Datum

Unterschrift des Notars   Siegel

Zu 14 (Apostille / Legalisation)
Soll eine notarielle Urkunde im Ausland verwendet werden, so genügt es oft nicht, dort lediglich die nach den Bestimmungen des deutschen Rechts errichtete Urkunde vorzulegen. Vielmehr verlangen viele Staaten eine Art amtliche Bestätigung, dass es sich bei der Urkunde um ein von einem Notar als Amtsträger errichtetes und mit seinem Siegel versehenes Dokument handelt. Diese Art der Echtheitsbestätigung gewähren die Apostille bzw. die Legalisation.

Die Apostille als vereinfachte Form der Echtheitsbestätigung wird durch den für den Notar zuständigen Landgerichtspräsidenten erteilt und in allen Staaten anerkannt, die dem sog. Haager Übereinkommen beigetreten sind.

Die Legalisation hingegen wird von der zuständigen Vertretung (Botschaft, Konsulat) desjenigen Staates erteilt, in dem die notarielle Urkunde verwendet werden soll. Zuvor bedarf es zusätzlich einer Vor- bzw. Zwischenbeglaubigung durch den Präsidenten des Landgerichts. Einige Staaten verlangen darüber hinaus sogar noch eine weitere sog. Endbeglaubigung durch das Bundesverwaltungsamt in Köln.

[*Eine aktuelle Übersicht darüber, ob und in welcher Form derjenige Staat, in dem die Urkunde verwendet werden soll, eine Echtheitsbestätigung verlangt, bietet das Deutsche Notarinstitut auf seiner Homepage unter der Rubrik „Arbeitshilfen".*]

Lösungen — Notariatsrecht, Kosten- und Gebührenrecht des Notars

Zu 15 (Urkundenrolle)

Jahr 2013   Urkundenrolle des Notars *** in ***

Lfd. Nr.	Tag der Ausstellung der Urkunde	Ort des Amtsgeschäfts	Name, Wohnort oder Sitz der nach § 8 Abs. 5 DONot aufzuführenden Personen	Gegenstand des Geschäfts	Bemerkungen
1	2	2a	3	4	5
123	13. März	Geschäftsstelle	Klara Müller, Köln; Peter Müller, Köln, vertreten durch: Klara Müller, Köln	Grundstücksübertragungsvertrag	vgl. Nr. 125
124	14. März	Geschäftsstelle	Thorsten Meyer, Bonn	Unterschriftsbeglaubigung ohne Entwurf	
125	14. März	St. Anna-Stift, Herderstr. 43, 50935 Köln	Peter Müller, Köln	Entwurf einer Genehmigungserklärung und Unterschriftsbeglaubigung	verwahrt bei Nr. 123
126	14. März	Geschäftsräume der 1a Grundbesitz GmbH, Konrad Adenauer-Ufer 76, 50674 Köln	1a Grundbesitz GmbH, Köln; Jörg Schmitz, Troisdorf; Konrad Heuss, Siegburg	Entwurf einer Handelsregisteranmeldung und Unterschriftsbeglaubigung	

Zu 16 (Bücher und Akten)

Bücher:

- Urkundenrolle (§ 8 DONot)
  Die Urkundenrolle ist ein mit laufenden Nummern versehenes Register über die in § 8 Abs. 1 DONot genannten notariellen Urkunden. Sie besteht aus den folgenden sechs Spalten: (1) Laufende Nummer des Urkundsgeschäfts; (2) Tag der Ausstellung der Urkunde; (2a) Ort des Amtsgeschäfts; (3) Name, Wohnort oder Sitz der nach § 8 Abs. 5 DONot aufzuführenden Personen; (4) Gegenstand des Urkundsgeschäfts; (5) Bemerkungen
- Erbvertragsverzeichnis (§ 9 DONot)
  Der Notar hat gemäß § 9 DONot über alle Erbverträge, die er in seine Verwahrung nimmt, ein mit laufenden Nummern versehenes Verzeichnis zu führen. In dieses sind einzutragen: (1) die Namen der Erblasserinnen und Erblasser; (2) ihr Geburtsdatum; (3) der Tag der Beurkundung; (4) die Nummer der Urkundenrolle. Anstelle des Verzeichnisses können gemäß § 9 Abs. 2 DONot auch Ausdrucke der Bestätigungen der Registerbehörde über die Registrierungen der Erbverträge im Zentralen Testamentsregister in einer Kartei in zeitlicher Reihenfolge geordnet und mit laufenden Nummern versehen aufbewahrt werden.
- Verwahrungsbuch (§§ 10, 11 DONot)
  Gemäß § 10 Abs. 1 Satz 1 DONot sind sämtliche Verwahrungsmassen, welche der Notar entgegennimmt (insbesondere auf Anderkonto hinterlegte Gelder), in das Verwahrungsbuch einzutragen. Einzutragen sind dabei alle Ein- und Ausgänge zu sämtlichen Massen in ihrer zeitlichen Reihenfolge.
- Massenbuch (§§ 10, 12 DONot)
  Zusätzlich zum Verwahrungsbuch muss der Notar für jede Verwahrungsmasse ein separates Massenbuch anlegen, in welchem alle der konkreten Masse zuzuordnenden Ein- und Ausgänge verzeichnet werden.
- Anderkontenliste (§ 12 Abs. 5 DONot)
  Ferner hat der Notar ein Verzeichnis der Kreditinstitute zu führen, bei denen Anderkonten oder Anderdepots eingerichtet sind. Bei Anlegung einer Masse sind in die Anderkontenliste einzutragen: (1) die Anschrift des Kreditinstituts; (2) die Nummer des Anderkontos bzw. Anderdepots; (3) die Nummer der Masse; (4) der Zeitpunkt des Beginns des Verwahrungsgeschäfts; (5) die Nummer eines Festgeldanderkontos; (6) der Zeitpunkt der Beendigung des Verwahrungsgeschäfts.

A. Notariatsrecht: Freiwillige Gerichtsbarkeit

- Namensverzeichnis zu Urkundenrolle und Massenbuch (§ 13 DONot)
  Notare haben zu Urkundenrolle und Massenbuch alphabetische Namensverzeichnisse zu führen, die das Auffinden der Eintragungen ermöglichen. Anzugeben sind dabei grundsätzlich Familienname und Wohnort oder Sitz der Beteiligten.
- Dokumentationen zur Einhaltung von Mitwirkungsverboten (§ 15 DONot)
  Der Notar muss dokumentieren, dass die Mitwirkungsverbote von ihm und seinen Mitarbeitern beachtet werden. Die Dokumentation muss zumindest die Identität der Personen, für welche der Notar oder eine Person i. S. v. § 3 Abs. 1 Nr. 4 BeurkG außerhalb ihrer Amtstätigkeit bereits tätig war oder ist oder welche der Notar oder eine Person i. S. v. § 3 Abs. 1 Nr. 4 BeurkG bevollmächtigt haben, zweifelsfrei erkennen lassen und den Gegenstand der Tätigkeit in ausreichend kennzeichnender Weise angeben. Die Angaben müssen einen Abgleich mit der Urkundenrolle und den Namensverzeichnissen im Hinblick auf die Einhaltung der Mitwirkungsverbote ermöglichen.
- Kostenregister (§ 16 DONot)
  Das Kostenregister wird nur von Notaren im Bereich der Notarkasse in München und der Ländernotarkasse in Leipzig geführt. Es richtet sich nach einem vorgegebenen Muster und enthält Eintragungen über sämtliche Gebühren und Auslagen des Notars zu dessen Urkundsgeschäften.

Akten:

- Urkundensammlung (§ 18 DONot)
  Die Urkundensammlung beinhaltet grundsätzlich sämtliche von dem Notar verwahrten Urschriften von Urkunden. Hinzu kommen (1) Ausfertigungen derjenigen Urkunden, deren Urschrift der Notar zur Verwendung im Ausland ausgehändigt hat; (2) Vermerkblätter für bzw. beglaubigte Abschriften von Verfügungen von Todes wegen, die der Notar in die amtliche Verwahrung gegeben bzw. dem Nachlassgericht zur Eröffnung eingereicht hat; (3) Abschriften von unterschriftsbeglaubigten Urkunden, wobei bei Unterschriftsbeglaubigungen ohne Entwurf, Zeugnissen und Bescheinigungen auch ein Vermerkblatt in der Urkundensammlung aufbewahrt werden darf.
- Sammelband für Wechsel- und Scheckproteste (§ 21 DONot)
  In der Praxis nur noch wenig relevant, sind in den Sammelband für Wechsel- und Scheckproteste die bei der Aufnahme von Wechsel- und Scheckprotesten zurückbehaltenen beglaubigten Abschriften der Protesturkunden und die über den Inhalt aufgenommenen Vermerke aufzubewahren.
- Nebenakten (§ 22 DONot)
  Über Verwahrungsgeschäfte muss der Notar zwingend eine Nebenakte anlegen. Aber auch für die sonstigen Geschäftsvorgänge wird der Notar Vorgangs- bzw. Nebenakten anlegen, in denen die nicht zur Urkundensammlung zu nehmenden Schriftstücke, z. B. Schriftwechsel mit den Beteiligten sowie mit Gerichten und Behörden, enthalten sind. Nebenakten sind gemäß § 5 Abs. 4 DONot grundsätzlich sieben Jahre aufzubewahren und dann zu vernichten.
- Generalakten (§ 23 DONot)
  In die Generalakten werden sämtliche Vorgänge, die die Amtsführung im Allgemeinen betreffen, geführt. Hierzu gehören etwa Schriftverkehr mit den Aufsichtsbehörden, die Berichte über die Prüfung der Amtsführung und den dazugehörenden Schriftwechsel oder auch Schriftverkehr mit der Notarkammer.

Zu 17 (Bezug von Pflichtblättern)

Gemäß § 32 BNotO hat der Notar (a) das Bundesgesetzblatt Teil I, (b) das Gesetzblatt des Landes (in NRW: Gesetz- und Verordnungsblatt für das Land Nordrhein-Westfalen), (c) das Bekanntmachungsblatt der Landesjustizverwaltung (in NRW: Justizministerialblatt für das Land Nordrhein-Westfalen) und (d) das Verkündungsblatt der Bundesnotarkammer (DNotZ) zu beziehen.

2. Grundstücksrecht

Zu 1 (Grundstücksbegriffe / Verbindung von Grundstücken)

a) (1) Ein Grundstück im natürlichen Sinne ist ein räumlich abgegrenzter Teil der Erdoberfläche.
(2) Ein Grundstück im katastertechnischen Sinne sind ein oder mehrere Grundstücke im natürlichen Sinne, die unter einer Flurstücksnummer in einer Flurkarte geführt werden.
(3) Ein Grundstück im Rechtssinne sind ein oder mehrere Grundstücke im katastertechnischen Sinne, die unter einer laufenden Nummer im Grundbuch gebucht sind.

b) Neben der oft genannten katastertechnischen „**Verschmelzung**" von zwei Grundstücken im katastertechnischen Sinne zu einem Grundstück im katastertechnischen Sinne, die eigentlich keine rechtliche Verbindung von Grundstücken darstellt, besteht die Möglichkeit der „**Vereinigung**" von Grundstücken gemäß § 890 Abs. 1 BGB sowie die Möglichkeit der „**Bestandteilzuschreibung**" gemäß § 890 Abs. 2 BGB. Nur bei der Bestandteilzuschreibung gemäß § 890 Abs. 2 BGB erstrecken sich auf dem (vom Eigentümer frei wählbaren) Hauptgrundstück lastende Grundpfandrechte nach Zuschreibung auf das zuzuschreibende Grundstück, § 1131 Satz 1 BGB.

Zu 2 (Grundbuch)

a) Das Grundbuch besteht aus fünf Teilen: (1) Deckblatt mit Angabe des zuständigen Amtsgerichts, des Grundbuchbezirks, der Nummer des Bandes und Blattes, ggf. Angabe, ob es sich um Wohnungs- oder Teileigentum oder ein Erbbaurecht oder einen Hof im Sinne der Höfeordnung handelt; (2) Bestandsverzeichnis mit Angaben zu den betreffenden Grundstücken, ggf. Miteigentumsanteile (§ 3 Abs. 4 GBO) und Herrschvermerke; (3) Abteilung I (Eigentumsverhältnisse); (4) Abteilung II (Lasten und Beschränkungen mit Ausnahme von Grundpfandrechten, Widersprüche und Vermerke); (5) Abteilung III (Grundpfandrechte: Hypotheken, Grundschulden und Rentenschulden einschließlich diesbezüglicher Veränderungen, Vormerkungen und Widersprüche).

b) Der öffentliche Glaube des Grundbuches (§§ 892, 893 BGB) bewirkt, dass der Rechtsverkehr sich grundsätzlich auf die Richtigkeit der im Grundbuch eingetragenen Tatsachen bzw. das Nichtbestehen eintragungsfähiger Rechte und Verfügungsbeschränkungen bei Nichteintragung oder Löschung verlassen darf, selbst wenn diese nicht mit der materiellen Rechtslage übereinstimmen. Ist z. B. Herr H als Eigentümer eines Grundstücks im Grundbuch eingetragen, so darf sich ein Käufer auf die Richtigkeit dieser Eintragung verlassen. Stellt sich nach Eigentumsumschreibung auf den Käufer heraus, dass in Wahrheit nicht Herr H, sondern Frau F ursprüngliche Eigentümerin des Grundstücks war, so ändert das an der Wirksamkeit des Eigentumserwerbs des Käufers von Herrn H grundsätzlich nichts, soweit ihm die Unrichtigkeit zum Zeitpunkt der Eintragung der Eigentumsübertragungsvormerkung nicht bekannt oder ein Widerspruch gegen die Richtigkeit im Grundbuch eingetragen war. Der öffentliche Glaube erstreckt sich nicht auf die im Bestandsverzeichnis angegebene Größe, Art und Lage des Grundbesitzes.

c) (1) Das Bewilligungsprinzip hat seine Grundlage in § 19 GBO. Danach erfolgt eine Eintragung in das Grundbuch grundsätzlich nur, wenn derjenige sie bewilligt, dessen Recht von ihr betroffen wird. Betroffen ist derjenige, dessen Recht durch die Eintragung eingeschränkt oder aufgehoben wird, beispielsweise der Nießbrauchsberechtigte bei der Löschung des Nießbrauchs. Die Bewilligung des Betroffenen ist dabei nicht nur notwendige, sondern (neben Antrag nach § 13 GBO und ggf. Zustimmung nach § 27 GBO) auch hinreichende Voraussetzung für die Grundbucheintragung (formelles Konsensprinzip). Das Grundbuchamt prüft (außer bei der Auflassung und der Bestellung, Übertragung oder Inhaltsänderung eines Erbbaurechts) nicht nach, ob die für die Eintragung erforderlichen materiell-rechtlichen Voraussetzungen erfüllt sind. (2) Der Voreintragungsgrundsatz ist in § 39 Abs. 1 GBO geregelt. Danach soll eine Eintragung in das Grundbuch nur erfolgen, wenn die Person, deren Recht durch sie betroffen wird, als der Berechtigte eingetragen ist. Wichtige Ausnahmen vom Voreintragungsgrundsatz finden sich in § 39 Abs. 2 GBO für Briefgrundpfandrechte und in § 40 Abs. 1 GBO für Erben des Eingetragenen.

d) Der wesentliche Unterschied zwischen der Grunddienstbarkeit und der beschränkten persönlichen Dienstbarkeit liegt in der Person des Berechtigten. Während bei der beschränkten persönlichen Dienstbarkeit – wie der Name nahe legt – eine konkret zu bezeichnende Person Berechtigter ist (§ 1090 BGB), ist dies bei der Grunddienstbarkeit der jeweilige Eigentümer eines bestimmten Grundstücks (§ 1018 BGB). Entsprechend kann nur bei der Grunddienstbarkeit ein Herrschvermerk gemäß § 9 GBO in das Grundbuch des herrschenden Grundstücks eingetragen werden. Weiterer Unterschied beider Rechte ist, dass die Grunddienstbarkeit für die Benutzung des herrschenden Grundstücks vorteilhaft sein muss, § 1019 BGB. Ein entsprechendes Erfordernis besteht bei der beschränkten persönlichen Dienstbarkeit nicht.

e) Sowohl die Hypothek als auch die Grundschuld dienen der dinglichen Absicherung einer schuldrechtlichen Zahlungsverpflichtung, meist einer Darlehensverpflichtung des Eigentümers gegenüber einer Bank. Im Unterschied zur Grundschuld ist die Hypothek jedoch vom Bestand der schuldrechtlichen Verpflichtung abhängig („Akzessorietät"). Das bedeutet, ist beispielsweise das der Hypothek zugrunde liegende Darlehen vollständig zurückgezahlt, erlischt auch die Hypothek. Die Grundschuld dagegen ist ein abstraktes Sicherungsmittel und bleibt auch dann bestehen, wenn die zugrunde liegende Verpflichtung erloschen ist. Sie kann dann etwa für ein weiteres Darlehen erneut verwendet werden.

f) Nachverpfändung ist die Begründung oder Erweiterung eines Gesamtgrundpfandrechts, indem ein weiteres Grundstück in die Haftung für ein auf einem oder mehreren anderen Grundstücken bereits lastendes Grundpfandrecht einbezogen wird.

A. Notariatsrecht: Freiwillige Gerichtsbarkeit

g) Gemäß § 879 Abs. 1 BGB bestimmt sich das Rangverhältnis bei mehreren Rechten, die in derselben Abteilung des Grundbuchs eingetragen sind, nach der Reihenfolge der Eintragungen. Sind die Rechte in verschiedenen Abteilungen eingetragen, so hat das unter Angabe eines früheren Tages eingetragene Recht den Vorrang, Rechte, die unter Angabe desselben Tages eingetragen sind, haben gleichen Rang. Es ist jedoch stets möglich, durch entsprechende Rangerklärungen eine abweichende Bestimmung zu den Rangverhältnissen zu treffen. Eine solche bedarf der Eintragung in das Grundbuch, § 879 Abs. 3 BGB.

Zu 3 (Sicherung von Käufer und Verkäufer beim Grundstückskaufvertrag)
Zur Absicherung des Käufers wird in einem typischen Grundstückskaufvertrag die Zahlung des Kaufpreises von dem Eintritt bestimmter sog. Fälligkeitsvoraussetzungen abhängig gemacht. Grob gesprochen muss der Käufer den Kaufpreis erst dann zahlen, wenn der Notar ihm in der sog. Fälligkeitsmitteilung mitgeteilt hat, dass – vertragsgemäße Zahlung des Kaufpreises, der Gerichtskosten und der Grunderwerbsteuer vorausgesetzt – alle Erfordernisse erfüllt sind, um ohne weiteres Zutun des Verkäufers oder anderer Dritter das Eigentum an dem erworbenen Grundbesitz auf den Käufer umzuschreiben. Wohl wichtigstes Sicherungsmittel für den Käufer ist, dass zu seinen Gunsten eine Eigentumsübertragungsvormerkung zulasten des zu erwerbenden Grundbesitzes in das Grundbuch eingetragen worden ist, die den Käufer gemäß § 883 Abs. 2 BGB vor weiteren (vertragswidrigen) Verfügungen über das Grundstück schützt

Der Verkäufer wiederum wird im typischen Grundstückskaufvertrag dadurch geschützt, dass der Notar die Umschreibung des verkauften Grundbesitzes auf den Käufer beim Grundbuchamt erst dann veranlassen darf, wenn ihm die Zahlung des gesamten Kaufpreises nachgewiesen wird. Regelmäßig wird der Notar dem Verkäufer neben einer Kopie der vorstehend erläuterten Fälligkeitsmitteilung den Vordruck einer Quittung übersenden verbunden mit der Bitte, hiermit den Erhalt des Kaufpreises dem Notar schriftlich zu bestätigen. Erst dann wird der Notar den Eigentumswechsel beim Grundbuchamt in die Wege leiten.

Zu 4 (Gewährleistungsregelung im Grundstückskaufvertrag für Sachmängel)
a) Nach der gesetzlichen Regelung des § 433 Abs. 1 Satz 2 BGB hat der Verkäufer dem Käufer die Kaufsache – das Grundstück nebst Gebäude – frei von Sachmängeln zu verschaffen. Liegt ein Sachmangel vor, hat der Käufer die in § 437 BGB bestimmten Rechte. Diese gesetzliche, dem Verkäufer die Haftung für Sachmängel auferlegende Regelung wird in der Praxis für nicht sachgerecht erachtet. Denn zum einen wird es als Sache des Käufers angesehen, sich durch eine Besichtigung (ggf. unter Hinzuziehung eines Bausachverständigen) über den Zustand des Kaufobjektes Kenntnis zu verschaffen und diesen bei der Kaufpreisfindung zu berücksichtigen. Zum anderen erscheint es verständlich, dass der Verkäufer nach der Veräußerung des Grundbesitzes mit diesem nichts mehr zu tun haben, insbesondere nicht einige Zeit nach dem Verkauf für etwaige Mängel zur Verantwortung gezogen werden möchte. Vor diesem Hintergrund werden Gewährleistungsansprüche des Käufers gegen den Verkäufer im Grundstückskaufvertrag regelmäßig ausgeschlossen. Ausgenommen von einem solchen Haftungsausschluss ist aber stets die Haftung für Vorsatz und Arglist (§§ 444, 276 Abs. 3 BGB), beispielsweise für den Fall, dass Verkäufer gravierende Mängel des Kaufobjektes kennt, diese dem Käufer aber bewusst verschweigt.

b) Im Verbrauchervertrag zwischen einem Unternehmer als Verkäufer und einem Verbraucher als Käufer engt das Gesetz die vertragliche Gestaltungsmacht ein. Zwar bleibt es prinzipiell dabei, dass die Haftung des Unternehmer-Verkäufers für Sachmängel zulasten des Verbraucher-Käufers regelmäßig ausgeschlossen wird. Jedoch müssen von dem Haftungsausschluss verschiedene Tatbestände explizit ausgenommen werden. Diese nicht zu vergessen ist deshalb besonders wichtig, weil ansonsten der gesamte Haftungsausschluss unwirksam sein kann – ein Haftungsfall für den Notar. Im Einzelnen sind auszunehmen: (a) die Haftung bei Verletzung von Leben, Körper und Gesundheit sowie bei grobem Verschulden, §§ 310 Abs. 3, 309 Nr. 7 BGB; (b) die Haftung beim Verkauf einer neu hergestellten Sache (Beispiel: Verkauf eines Grundstückes mit Neubau durch den Bauträger), §§ 310, 309 Nr. 8 b; die Haftung für mitverkaufte bewegliche Sachen (Beispiel: die mitverkaufte Einbauküche), § 475 Abs. 1 BGB.

Zu 5 (Erwerbsverhältnis bei Eheleuten)
a) Ja, die Information, dass die Käufer spanische Staatsangehörige sind, kann für den vorbereiteten Grundstückskaufvertrag relevant sein. Grund hierfür ist, dass nach einigen ausländischen Rechtsordnungen der Erwerb von Grundbesitz durch Eheleute zu Miteigentumsanteilen, die ja jeder für sich im Alleineigentum nur eines Ehegatten stehen, nicht zulässig ist, sondern der Erwerb von (Grund-)Vermögen nur durch die Eheleute gemeinsam erfolgen kann. Um dies beurteilen zu können, muss der Notar zunächst den für die Ehe der Käufer maßgeblichen Güterstand feststellen. Welche Rechtsordnung hierüber entscheidet, bemisst sich grundsätzlich nach Art. 14, 15 EGBGB. Unterliegen die Ehegatten – wie hier – zum Zeitpunkt ihrer Eheschließung einer gemeinsamen Staatsangehörigkeit, so gilt für die güterrechtlichen Wirkungen ihrer Ehe gemäß Art. 15 Abs. 1, 14 Abs. 1 Nr. 1 EGBGB das Recht dieses Staates – im konkreten Fall also spanisches

Recht. Da das spanische Recht als Güterstand die Gütergemeinschaft vorsieht (dies wird der Notar im Zweifel nachschlagen müssen), ist hier ein Erwerb der Eheleute zu je ½ Miteigentumsanteil nicht möglich. Der Vertragsentwurf müsste insoweit abgeändert werden, als dass die Käufer den Grundbesitz „in Gütergemeinschaft spanischen Rechts" erwerben.

b) Da die Eheleute in diesem Fall keine gemeinsame Staatsangehörigkeit besitzen, kann das für die güterrechtlichen Wirkungen ihre Ehe geltende Recht nicht über die Art. 15 Abs. 1, 14 Abs. 1 Nr. 1 EGBGB ermittelt werden. Welches Recht hier zur Anwendung gelangt, ergibt sich vielmehr aus Art. 15 Abs. 1, 14 Abs. 1 Nr. 2 EGBGB. Entscheidend ist danach bei unterschiedlichen Nationalitäten, in welchem Staat beide Ehegatten zum Zeitpunkt der Eheschließung ihren gewöhnlichen Aufenthalt hatten. Dies war laut Angaben des Maklers Deutschland. Damit gilt für die güterrechtlichen Wirkungen der Ehe der Käufer hier deutsches Recht (Zugewinngemeinschaft), so dass ein Erwerb zu je ½ Miteigentumsanteil möglich ist.

Zu 6 (Abwicklung eines Grundstückskaufvertrages)
- Übersendung von Reinschriften des Vertrages an alle Vertragsbeteiligten
- Anzeige des Grundstückskaufvertrages an die Grunderwerbsteuerstelle innerhalb von zwei Wochen nach Beurkundung, § 18 GrEStG
- Anzeige des Grundstückskaufvertrages an den Gutachterausschuss, § 195 BauGB
- Einholung aller erforderlichen Genehmigungen (z. B. bei vollmachtloser Vertretung, bei Minderjährigen oder Betreuten, bei in einem Umlegungs-, Sanierungs- oder Entwicklungsgebiet liegenden Grundstücken, nach dem Grundstücksverkehrsgesetz)
- Veranlassen der Eintragung der Eigentumsübertragungsvormerkung im Grundbuch
- Einholen der Vorkaufsrechtsverzichtserklärung der Gemeinde, §§ 24 ff. BauGB
- Anfordern der Löschungsunterlagen für nicht übernommene im Grundbuch eingetragene Belastungen, insbesondere für nicht übernommene Grundpfandrechte

Zu 7 (Übertragungsvertrag)
Unter einem Übertragungsvertrag versteht man einen Vertrag, mit dem der Übertragende einen bestimmten Gegenstand (meist Grundbesitz) auf einen anderen ohne (gleichwertige) Gegenleistung überträgt. In der Praxis häufig sind Übertragungsverträge zwischen Ehegatten oder zwischen Eltern und ihren Kindern, sehr selten dagegen Übertragungen zwischen nicht miteinander verwandten Personen. Grund für einen Übertragungsvertrag sind meist entweder die angemessene Verteilung des Vermögens zwischen Ehegatten oder die Vorwegnahme der Erbfolge gegenüber Abkömmlingen, insbesondere zur Ausnutzung steuerlicher Freibeträge.

Neben der Übertragung des jeweiligen Zuwendungsgegenstandes enthält der Übertragungsvertrag oft die Vereinbarung von Rechten, die sich der Übertragende an dem Übertragungsgegenstand vorbehält. Insbesondere zu nennen sind der Vorbehalt eines Nießbrauches (§§ 1030 ff. BGB) oder eines Wohnungsrechtes (§ 1093 BGB). Auch wird regelmäßig vereinbart, dass der Übertragende den Übertragungsgegenstand in bestimmten Fällen vom Zuwendungsempfänger (bzw. dessen Rechtsnachfolgern) zurückverlangen kann, etwa für den Fall, dass der Zuwendungsempfänger vor dem Übertragenden verstirbt, – bei Eheleuten – dass die Ehe geschieden wird, der Zuwendungsempfänger insolvent wird etc. Zumeist wird darüber hinaus bestimmt, dass der Zuwendungsempfänger über den Übertragungsgegenstand nicht ohne die Zustimmung des Übertragenden verfügen, ihn also insbesondere nicht verkaufen oder belasten darf. Erfolgt die Übertragung im Wege der vorweggenommenen Erbfolge auf eines von mehreren Kindern, so finden sich regelmäßig Klauseln, mit denen der Zuwendungsempfänger sich verpflichtet, seine Geschwister auszuzahlen, oder aber jedenfalls auf seine Erb- bzw. Pflichtteilsrechte nach seinen Eltern verzichtet.

Zu 8 (Grunddienstbarkeit)
UR-Nr. 1234/2013
Vertrag über die Einräumung einer Grunddienstbarkeit
zwischen
1. Herrn *** Netzer, geboren am ***, wohnhaft ***, und
2. Frau *** Heynckes, geboren am ***, wohnhaft ***.

I. Grundbuchstand
1. Herr *** Netzer ist eingetragener Eigentümer des im Grundbuch des Amtsgerichts *** von *** Blatt *** eingetragenen Grundstücks der Gemarkung ***, Flur *** Flurstück ***, Gebäude- und Freifläche, ***, groß *** qm (nachstehend auch „dienendes Grundstück" genannt).
2. Frau *** Heynckes ist eingetragene Eigentümerin des im Grundbuch des Amtsgerichts *** von *** Blatt *** eingetragenen Grundstücks der Gemarkung ***, Flur *** Flurstück ***, Gebäude- und Freifläche, ***, groß *** qm (nachstehend auch „herrschendes Grundstück" genannt).
3. Das dienende Grundstück ist in Abteilung II und III des Grundbuchs jeweils lastenfrei.

A. Notariatsrecht: Freiwillige Gerichtsbarkeit

II. Grunddienstbarkeit
1. Herr Netzer und Frau Heynckes sind sich darüber einig, dass hiermit zulasten des dienenden Grundstücks und zugunsten des jeweiligen Eigentümers des herrschenden Grundstücks eine Grunddienstbarkeit gemäß § 1018 BGB mit folgendem Inhalt bestellt wird:
   a) Der jeweilige Eigentümer des herrschenden Grundstücks ist berechtigt, das dienende Grundstück zu begehen und mit Fahrzeugen aller Art zu befahren.
   b) Die Ausübung der Dienstbarkeit ist auf den in dem beiliegenden Lageplan rot schraffiert eingezeichneten Bereich beschränkt. Auf den Lageplan wird verwiesen.
   c) Die Kosten für die Instandhaltung und -setzung des Weges hat der Eigentümer des herrschenden Grundstücks allein zu tragen.
2. Rein schuldrechtlich wird weiterhin folgendes vereinbart:
   a) Als Gegenleistung verpflichtet sich Frau Heynckes, an Herrn Netzer ein nicht wertgesichertes Nutzungsentgelt in Höhe von jährlich 500,00 Euro zu zahlen. Dieser Betrag ist jeweils im Voraus fällig zum 15. Januar eines jeden Jahres.
   b) Herr Netzer verpflichtet sich, die an den Weg angrenzende Hecke mindestens zweimal jährlich zurückzuschneiden, um den Weg befahrbar zu halten.
   Herr Netzer und Frau Heynckes sind jeweils verpflichtet, ihre schuldrechtlichen Pflichten an einen etwaigen Sonderrechtsnachfolger mit Weitergabeverpflichtung weiterzugeben.

III. Grundbucherklärungen / Vollzug
1. Herr Netzer bewilligt und Frau Heynckes beantragt die Eintragung der vorstehend bestellten Grunddienstbarkeit zulasten des dienenden Grundstücks und zugunsten des jeweiligen Eigentümers des herrschenden Grundstücks im Grundbuch des dienenden Grundstücks. Die Eintragung eines Herrschvermerks im Grundbuch des herrschenden Grundstücks wird ebenfalls beantragt.
2. Der beglaubigende Notar wird zur umfassenden Vertretung im grundbuchlichen Verfahren ermächtigt, insbesondere Bewilligungen zu ändern und zu ergänzen, Anträge einzeln und eingeschränkt zu stellen und in gleicher Weise zurückzuziehen, Rangbestimmungen zu treffen und grundbuchliche Bezeichnungen richtigzustellen.

IV. Schlussbestimmungen
Die Kosten dieser Urkunde und ihres Vollzuges trägt Frau Heynckes.

Ort, Datum

_____   _____
(Netzer)   (Heynckes)

Hiermit beglaubige ich die vorstehenden, vor mir vollzogenen Unterschriften von Herrn *** Netzer, geboren am ***, wohnhaft ***, und Frau *** Heynckes, geboren am ***, wohnhaft ***, beide ausgewiesen durch Vorlage ihrer deutschen Personalausweise.

Ort, Datum

Unterschrift des Notars   Siegel

Zu 9 (Löschung von Grundpfandrechten)
Löschungsbewilligung, -zustimmung und -antrag
Im Grundbuch des Amtsgerichts Düsseldorf, Grundbuch von Bilk Blatt 1234, ist in Abteilung III unter der lfd. Nr. 1 eine Buchgrundschuld in Höhe von 50.000,00 Euro zugunsten von Frau F, geboren am ***, wohnhaft *** eingetragen. Frau F bewilligt die gänzliche Löschung dieser Grundschuld im Grundbuch, § 19 GBO.
Herr H, geboren am ***, wohnhaft ***, stimmt der Löschung gemäß § 27 Satz 1 GBO zu und beantragt die Löschung der Grundschuld im Grundbuch, § 13 Abs. 1 GBO.

_____   _____
(Unterschrift Frau F)   (Unterschrift Herr H)

UR-Nr. 1313/2013

Hiermit beglaubige ich die Echtheit der vorstehenden, vor mir vollzogenen Unterschriften von Frau F, geboren am ***, wohnhaft ***, und Herrn H, geboren am ***, wohnhaft ***, beide ausgewiesen durch amtlichen deutschen Lichtbildausweis.

Ort, Datum

Unterschrift des Notars   Siegel

Zu 10 (Wohnungseigentum / Erbbaurecht)

a) **Wohnungseigentum**:
Wohnungseigentum ist gemäß § 1 Abs. 2 WEG das Sondereigentum an einer Wohnung in Verbindung mit dem Miteigentumsanteil an dem gemeinschaftlichen Eigentum, zu dem es gehört. Das bedeutet, dass ein Grundstück mit Gebäude in mehrere Teileinheiten unterteilt und für jede Einheit ein separates Grundbuchblatt gebildet wird. Die so neu gebildeten Wohnungseigentumseinheiten können wie jede andere Immobilie veräußert oder belastet werden.

b) **Teileigentum**:
Das Teileigentum ist mit dem Wohnungseigentum vergleichbar. Unterschied ist lediglich, dass hier Sondereigentum an nicht zu Wohnzwecken dienenden Räumen eines Gebäudes gebildet wird (§ 1 Abs. 3 WEG); Beispiel: Garage.

c) **Erbbaurecht**:
Das Erbbaurecht ist eine in Abteilung II des Grundbuches an erster Rangstelle (vgl. § 10 Abs. 1 Satz 1 ErbbauRG) einzutragende Belastung eines Grundstücks, die den Erbbauberechtigten – meist gegen an den Grundstückseigentümer zu zahlendes Entgelt = Erbbauzins – dazu berechtigt, auf oder unter der Oberfläche des Grundstücks ein Bauwerk zu haben, § 1 Abs. 1 ErbbauRG. Über das Erbbaurecht wird ein weiteres, gesondertes Grundbuchblatt angelegt, so dass das Erbbaurecht eigenständig veräußert und belastet werden kann. Das Erbbaurecht bewirkt als Ausnahme von § 94 BGB eine Trennung des Eigentums an Grundstück und Bauwerk.

d) **Wohnungs- bzw. Teilerbbaurecht**:
Das Wohnungs- bzw. Teilerbbaurecht ist eine Art Kombination von Wohnungs- bzw. Teileigentum und Erbbaurecht. § 30 Abs. 1 WEG bestimmt hierzu: Steht ein Erbbaurecht mehreren gemeinschaftlich nach Bruchteilen zu, so können die Anteile in der Weise beschränkt werden, dass jedem der Mitberechtigten das Sondereigentum an einer bestimmten Wohnung oder an nicht zu Wohnzwecken dienenden bestimmten Räumen in einem auf Grund des Erbbaurechts errichteten oder zu errichtenden Gebäude eingeräumt wird (Wohnungserbbaurecht, Teilerbbaurecht).

3. Familien- und Erbrecht

Zu 1 (General- und Vorsorgevollmacht / Patientenverfügung)

Die General- und Vorsorgevollmacht ist eine umfassende Vollmacht in vermögensrechtlichen und persönlichen Angelegenheiten. Das bedeutet, der Vollmachtgeber erteilt einer oder mehreren in der Vollmacht genannten Personen die Befugnis, in seinem Namen Erklärungen für ihn abzugeben. Dies gilt insbesondere für den Fall, dass der Vollmachtgeber selbst aufgrund einer Erkrankung oder eines Unfalls nicht mehr geschäftsfähig ist. Besteht bei Eintritt der Geschäftsunfähigkeit keine General- und Vorsorgevollmacht, so wird das zuständige Gericht stets eine Betreuung anordnen.

Mit der Patientenverfügung hingegen überträgt der Verfügende keine Rechtsmacht auf andere Personen, sondern legt rechtsverbindlich fest, wie er in bestimmten Situationen medizinisch betreut zu werden wünscht. Auch wenn General- und Vorsorgevollmacht und Patientenverfügung häufig in einem Atemzug genannt werden, so regeln sie mithin völlig unterschiedliche Dinge.

Zu 2 (Ehevertrag / Scheidungsfolgenvereinbarung)

a) Regelungen (1) zum Güterstand wie (Modifizierung der) Zugewinngemeinschaft, Vereinbarung der Gütergemeinschaft oder der Gütertrennung; (2) zum Versorgungsausgleich; (3) zum nachehelichen Unterhalt

b) Regelungen (1) zum Güterstand (regelmäßig Vereinbarung der Gütertrennung); (2) zur Auseinandersetzung des Vermögens, insbesondere zu einer gemeinsamen Immobilie (zumeist Übertragung des Miteigentumsanteils des einen auf den anderen Ehegatten gegen Übernahme der Verbindlichkeiten und Zahlung eines finanziellen Ausgleichs), zu gemeinsamen Verbindlichkeiten, zu Gegenständen des gemeinsamen Haushalts; (3) zum Versorgungsausgleich; (4) zum nachehelichen Unterhalt; (5) zum Kindesunterhalt sowie zum Sorge- und Umgangsrecht; (6) zu Erb- und Pflichtteilsrechten; (7) zur Einleitung und Durchführung des gerichtlichen Scheidungsverfahren; (8) zu steuerrechtlichen Fragen wie etwa eine gemeinsame Veranlagung; (9) dass mit dem Vollzug der Urkunde alle wechselseitigen Ansprüche endgültig erledigt sind (Abgeltungsklausel)

A. Notariatsrecht: Freiwillige Gerichtsbarkeit

Zu 3 (Erbscheinsantrag)
a) Erbscheinsantrag

UR-Nr. 1235/2013

Verhandelt zu Düsseldorf, am 27. Mai 2013
Vor Notar Dr. Norbert Nöthe mit dem Amtssitz in Düsseldorf
erschien:
Frau Maria Meier geborene Müller, geboren am 14. Juli 1924, wohnhaft Joachimstraße 11 in 40545 Düsseldorf.
Die Erschienene wies sich dem Notar gegenüber aus durch Vorlage ihres deutschen Personalausweises.
Sie erklärte folgenden

Erbscheinsantrag

I. Erbfolge
1. Am 15. Mai 2013 ist mein Ehemann Herr Max Meier, geboren am 13. Mai 1922, (nachstehend auch „Erblasser" genannt), in Köln verstorben. Letzter Wohnsitz des Erblassers war Düsseldorf.
2. Der Erblasser war deutscher Staatsangehöriger. Er hat keine Verfügungen von Todes wegen hinterlassen. Er lebte mit mir, seiner Ehefrau, im gesetzlichen Güterstand der Zugewinngemeinschaft.
3. Aufgrund der gesetzlichen Erbfolge wurde der Erblasser beerbt von mir, der Antragstellerin, zu ½ Anteil und von seinen Kindern, Herrn Michael Meier, geboren am 18. Oktober 1948, wohnhaft Leostraße 36 in 40545 Düsseldorf, und Frau Marlene Witzgall geborene Meier, geboren am 5. April 1951, wohnhaft Cheruskerstraße 27 in 40545 Düsseldorf, zu je ¼ Anteil.
4. Personen, durch welche die vorgenannten Erben von der Erbfolge ausgeschlossen würden oder deren Erbteil gemindert würde, sind und waren nicht vorhanden.
5. Alle Erben haben die Erbschaft angenommen, ein Rechtsstreit über das Erbrecht ist ebensowenig anhängig wie ein Antrag auf Scheidung oder Aufhebung unserer Ehe.

II. Versicherung an Eides statt / Antrag
1. Nachdem ich von dem Notar über die Bedeutung einer eidesstattlichen Versicherung und die Strafbarkeit einer falschen eidesstattlichen Versicherung belehrt worden bin, versichere ich hiermit an Eides statt, dass mir nichts bekannt ist, was der Richtigkeit meiner Angaben entgegensteht.
2. Ich beantrage gemäß § 343 Abs. 1 FamFG gegenüber dem Amtsgericht Düsseldorf, Nachlassgericht, die Erteilung eines gemeinschaftlichen Erbscheins nach dem Erblasser mit dem Inhalt, dass er beerbt worden ist von mir, der Antragstellerin, zu ½ Anteil und von seinen vorgenannten Kindern, Herrn Michael Meier und Frau Marlene Witzgall geborene Meier, zu je ¼ Anteil, und die Zusendung einer Erbscheinsausfertigung an den beurkundenden Notar.

Diese Niederschrift wurde der Erschienenen in Gegenwart des Notars vorgelesen, von ihr genehmigt und von ihr und dem Notar eigenhändig wie folgt unterschrieben:

b) Vorzulegende Unterlagen:
  – Sterbeurkunde des Erblassers
  – Heiratsurkunde des Erblassers und seiner Ehefrau Maria Meier
  – Abstammungsurkunden der Kinder Michael Meier und Marlene Witzgall sowie deren Heiratsurkunde, aus der die Änderung ihrer Geburtsnamen in den Ehenamen hervorgeht

Zu 4 (Erbvertrag)
UR-Nr. 1236/2013

[*Urkundseingang*]

Die Erschienenen erklärten:
Wir schließen den nachstehenden

Erbvertrag

der unverschlossen in der amtlichen Verwahrung des Notars bleiben soll.
Hieran sind wir durch frühere Verfügungen von Todes wegen nicht gehindert. Wir besitzen beide ausschließlich die deutsche Staatsangehörigkeit. Wir verlangen keine Zuziehung von Zeugen.
Der Notar überzeugte sich durch die Verhandlung von der erforderlichen Geschäftsfähigkeit der Erblasser.
Die Erschienenen erklärten dem Notar mündlich ihren letzten Willen wie folgt:

I. Widerruf/Aufhebung
Wir widerrufen hiermit sämtliche früheren Verfügungen von Todes wegen, die wir allein oder gemeinsam errichtet haben, und heben diese auf.

II. Gegenseitige Erbeinsetzung
Wir setzen uns hiermit gegenseitig, der Erststerbende den Überlebenden von uns, zu alleinigen unbeschränkten Erben ein.

III. Schlusserbeneinsetzung
Schlusserben beim Tod des Längerlebenden von uns und Erben im Fall unseres gleichzeitigen Versterbens sollen sein unsere gemeinschaftlichen Kinder,
Henrik Hecht, geboren am ***, derzeit wohnhaft ***, und
Henriette Hecht, geboren am ***, derzeit wohnhaft ***,
zu gleichen Teilen.
Ersatzerben unserer Kinder sollen jeweils sein deren Abkömmlinge, innerhalb der Stämme entsprechend der Regeln der gesetzlichen Erbfolge. Sind solche Abkömmlinge nicht vorhanden, wächst deren Anteil den anderen Schlusserben an.

IV. Bindungswirkung
Wir nehmen die gegenseitige Erbeinsetzung mit erbvertraglicher Wirkung wechselseitig an. Alle übrigen Verfügungen von Todes wegen, insbesondere die Schlusserbeneinsetzung, werden nur mit einseitiger testamentarischer Wirkung getroffen, können also von dem Überlebenden von uns auch nach dem Tod des Erststerbenden jederzeit frei abgeändert werden.

V. Schlussbestimmungen
Jeder von uns behält sich den jederzeit möglichen einseitigen Rücktritt von diesem Erbvertrag vor. Der Notar hat darauf hingewiesen, dass die Rücktrittserklärung der notariellen Beurkundung bedarf und dem anderen Teil in Ausfertigung zugehen muss.
Wir sind von dem Notar ferner auf die erbvertragliche Bindungswirkung sowie auf etwa bestehende Pflichtteilsrechte hingewiesen worden.

Diese Niederschrift wurde den Erschienenen in Gegenwart des Notars vorgelesen, von ihnen genehmigt und von ihnen und dem Notar eigenhändig wie folgt unterschrieben:

Zu 5 (Erbeinsetzung / Vermächtnis)
Der als Erbe Eingesetzte tritt – allein oder anteilig mit weiteren Erben – gemäß § 1922 BGB als Gesamtrechtsnachfolger in die Rechtsstellung des Erblassers ein („Universalsukzession"). Das bedeutet, sämtliche nicht erlöschenden Rechte und Verbindlichkeiten des Erblassers gehen grundsätzlich als Gesamtheit auf den oder die Erben über.
Im Wege der Aussetzung eines Vermächtnisses kann der Erblasser hingegen dem Vermächtnisnehmer einzelne Vermögensgegenstände zuwenden. Der Vermächtnisnehmer wird nicht Gesamtrechtsnachfolger des Erblassers, sondern erlangt lediglich einen schuldrechtlichen Anspruch gegen den oder die Erben auf Erfüllung des Vermächtnisses, sprich Übertragung des konkret zugewendeten Nachlassgegenstandes, § 2174 BGB.

Zu 6 (Testamentsvollstreckung)
a) Ordnet der Erblasser in einer Verfügung von Todes wegen „Testamentsvollstreckung" an, so bedeutet dies, dass die als Testamentsvollstrecker eingesetzte Person gemäß § 2203 BGB die letztwilligen Verfügungen des Erblassers (oder einen Teil derselben) zur Ausführung zu bringen hat. Der Testamentsvollstrecker erhält nach § 2205 BGB die Verwaltungs- und Verfügungsbefugnis über den Nachlass (bzw. den betroffenen Teil des Nachlasses) und verfügt hierüber entsprechend der letztwilligen Verfügungen des Erblassers. Dies umfasst regelmäßig die Erfüllung von noch ausstehenden Verbindlichkeiten des Erblassers, die Erfüllung von Vermächtnissen, die Veräußerung von Nachlassgegenständen und die Auseinandersetzung des Nachlassvermögens unter den Erben, § 2204 BGB. Dem Testamentsvollstrecker kann auch die auf eine bestimmte Zeit begrenzte Dauervollstreckung über den Nachlass aufgetragen werden, § 2209 BGB.
b) Typischerweise wird insbesondere in den folgenden Fällen häufig eine Testamentsvollstreckung angeordnet: (a) die Erben sind minderjährig oder nicht geschäftserfahren; (b) bei Vorhandensein eines umfangreichen, nur schwer zu verteilenden Nachlasses (Unternehmen etc.); (c) bei Anordnung von Vermächtnissen, deren Erfüllung der Erblasser durch einen unabhängigen Dritten sicherstellen möchte; (d) bei Vorhandensein vieler Erben; (e) wenn Gläubigern der Erben der Zugriff auf Nachlassgegenstände erschwert werden soll, § 2214 BGB.
c) Grundsätzlich weist sich der Testamentsvollstrecker im Rechtsverkehr durch ein vom Nachlassgericht ausgestelltes Testamentsvollstreckerzeugnis aus, § 2368 BGB. Wird die Testamentsvollstreckung in einer notariellen Verfügung von Todes wegen angeordnet, genügt gemäß § 35 Abs. 2 iVm Abs. 1 Satz 2 GBO gegenüber dem Grundbuchamt die Vorlage dieser Verfügung verbunden mit der Niederschrift über deren Eröffnung in Ausferti-

A. Notariatsrecht: Freiwillige Gerichtsbarkeit

gung oder beglaubigter Abschrift nebst Nachweis darüber, dass der Testamentsvollstrecker sein Amt angenommen hat. Dieser Nachweis kann durch eine Bestätigung des Nachlassgerichtes geführt werden, wonach dort die Erklärung über die Annahme des Amtes in öffentlich beglaubigter Form eingegangen ist (§ 2202 BGB).

Zu 7 (Zentrales Testamentsregister)
Grundsätzlich müssen gemäß § 34a Abs. 1 Satz 1 BeurkG die Verwahrangaben zu sämtlichen erbfolgerelevanten Urkunden dem Zentralen Testamentsregister übermittelt werden. Dies sind gemäß § 78b Abs. 2 BeurkG neben Testamenten und Erbverträgen alle weiteren Urkunden mit Erklärungen, welche die Erbfolge beeinflussen können, insbesondere Aufhebungsverträge zu Erbverträgen, Rücktritts- und Anfechtungserklärungen zu gemeinschaftlichen Testamenten und Erbverträgen, Erb- und Zuwendungsverzichtsverträge, Ehe- und Lebenspartnerschaftsverträge sowie Urkunden, in denen eine erbrechtliche Rechtswahl getroffen wurde. Ferner ist dem Zentralen Testamentsregister gemäß § 34a Abs. 2 BeurkG mitzuteilen, wenn ein Erbvertrag aus der amtlichen Verwahrung des Notars genommen und damit unwirksam wird.

Zu 8 (Erbausschlagung)
a) An das Amtsgericht Düsseldorf – Nachlassgericht –
Am *** ist mein Vater *** mit letztem Wohnsitz in Düsseldorf verstorben. Er war verwitwet und hat als einziges Kind mich, den Antragsteller, hinterlassen. Der Nachlass nach meinem Vater ist meiner Kenntnis nach überschuldet.
Ich schlage hiermit als Alleinerbe die Erbschaft nach meinem Vater *** aus allen Berufungsgründen aus.
Aufgrund dieser Ausschlagung fällt der Nachlass meinen Söhnen ***, geboren am ***, wohnhaft ***, und ***, geboren am ***, wohnhaft ***, als gesetzliche Erben an.
[*Unterschrift, Beglaubigungsvermerk*]

b) Sehr geehrter Herr Notar,
hiermit bestätige ich den Empfang der Urschrift der Erbausschlagungserklärung vom ***, Ihre UR-Nr. ***/2013.
Sie haben mich darauf hingewiesen, dass
(1) die Ausschlagung der Erbschaft gemäß § 1944 BGB innerhalb einer Frist von sechs Wochen seit Kenntnis über den Anfall der Erbschaft und den Grund der Berufung dem für meinen derzeitigen oder den letzten Wohnsitz des Erblassers zuständigen Nachlassgericht (§§ 343, 344 Abs. 7 FamFG) zugegangen sein muss;
(2) infolge meiner Ausschlagungserklärung gemäß § 1953 Abs. 2 BGB der Nachlass meinen Abkömmlingen als gesetzliche Erben anfällt, es sei denn, diese schlagen die Erbschaft ebenfalls fristgerecht aus.

Mit freundlichen Grüßen

_____
(Herr H)

4. Handels-, Gesellschafts- und Vereinsrecht

Zu 1 (Register)

Gesellschaft / Unternehmen	Register
– Gesellschaft bürgerlichen Rechts (GbR)	– die GbR wird in keinem Register eingetragen
– Eingetragener Kaufmann (e.K.)	– Handelsregister Abteilung A
– Offene Handelsgesellschaft (OHG)	– Handelsregister Abteilung A
– Kommanditgesellschaft (KG)	– Handelsregister Abteilung A
– Gesellschaft mit beschränkter Haftung (GmbH)	– Handelsregister Abteilung B
– GmbH & Co. KG	– Handelsregister Abteilung A
– Aktiengesellschaft (AG)	– Handelsregister Abteilung B
– Eingetragener Verein (e.V.)	– Vereinsregister
– Genossenschaft	– Genossenschaftsregister
– Partnerschaftsgesellschaft	– Partnerschaftsregister

Zu 2 (OHG / KG / GmbH)

Grundlegender Unterschied zwischen der OHG (Offene Handelsgesellschaft) und der KG (Kommanditgesellschaft) auf der einen Seite und der GmbH (Gesellschaft mit beschränkter Haftung) auf der anderen Seite ist, dass erstere Personengesellschaften sind, letztere eine Kapitalgesellschaft. Deutlichster Gegensatz zwischen Personen- und Kapitalgesellschaft ist, dass bei der Kapitalgesellschaft grundsätzlich kein Gesellschafter für die Schulden der Gesellschaft persönlich haftet, während bei der Personengesellschaft immer mindestens ein Gesellschafter auch mit seinem gesamten Vermögen persönlich für die Verbindlichkeiten der Gesellschaft einzustehen hat.

Das bedeutet, gründen M und G eine GmbH, so müssen sie der Gesellschaft zwar das gesetzliche Mindeststammkapital von 25.000,00 Euro (§ 5 Abs. 1 GmbHG) zur Verfügung stellen, haften aber im Übrigen nicht mehr für Schulden, die bei der GmbH im Zuge ihrer Geschäftstätigkeit anfallen. Gründen sie hingegen eine OHG, so müssen sie der Gesellschaft zwar kein Mindestkapital zur Verfügung stellen, haften aber für alle Verbindlichkeiten der Gesellschaft mit ihrem gesamten (Privat-) Vermögen, § 128 HGB. Auch bei der KG müsste einer von ihnen die Rolle des persönlich mit seinem gesamten Vermögen haftenden Gesellschafters („Komplementär") übernehmen, während der andere als Kommanditist vergleichbar einem GmbH-Gesellschafter gemäß § 171 Abs. 1 HGB nur mit seiner im Handelsregister einzutragenden Einlage haften würde (§ 161 Abs. 1 HGB). Um das Haftungsrisiko für M und G so gering wie möglich zu halten, wird sich die Rechtsform der GmbH im Ergebnis also am ehesten anbieten.

Über die vorstehend beschriebenen Gegensätze in der Haftung der Gesellschafter hinaus bestehen noch eine Fülle weiterer Unterschiede, von denen hier nur einige wenige kurz genannt sein sollen. Ein in der Praxis wichtiger Grund, sich unabhängig von den Haftungsunterschieden für die eine oder die andere Rechtsform zu entscheiden, besteht in der unterschiedlichen steuerlichen Behandlung der Personengesellschaft einerseits und der Kapitalgesellschaft andererseits. Für den Notar nicht ganz unwichtig ist auch, dass sowohl die Gründung der Gesellschaft als auch spätere Änderungen des Gesellschaftsvertrages bei der GmbH der notariellen Beurkundung bedürfen, §§ 2 Abs. 1, 53 Abs. 2 Satz 1 GmbHG, während diese bei OHG und KG grundsätzlich formfrei möglich sind (nur die entsprechenden Anmeldungen zum Handelsregister bedürfen der notariellen Beglaubigung, § 12 Abs. 1 Satz 1 HGB). Schließlich soll hier noch Erwähnung finden, dass bei der GmbH die organschaftliche Vertretung der Gesellschaft auch einem Nicht-Gesellschafter überlassen werden kann, während dies bei der Personengesellschaft prinzipiell nicht zulässig ist („Prinzip der Selbstorganschaft").

Zu 3 (Handelsregisteranmeldung Prokura)

An das
Amtsgericht Düsseldorf
- Handelsregister -

HRB 1234 – XY GmbH

Der Unterzeichnende meldet zur Eintragung in das Handelsregister an:

Herrn Max Meier, geboren am 21. September 1978, wohnhaft in Düsseldorf, ist Prokura erteilt. Herr Meier ist berechtigt, die XY GmbH gemeinsam mit einem Geschäftsführer oder in Gemeinschaft mit einem weiteren Prokuristen zu vertreten.

Herr Meier ist befugt, Grundstücke zu veräußern und zu belasten.

Düsseldorf, den 21. Mai 2013

_____
(Müller)

Zu 4 (Gesellschafterliste GmbH)

**Liste der Gesellschafter der XY GmbH
mit dem Sitz in Düsseldorf**

lfd. Nr.	Name, Vorname	Geburtsdatum	Wohnort	Nennbetrag	hervorgegangen aus	Summe der Nennbeträge
1	~~Hans Hoch~~	***	***	~~25.000,00~~	–	~~25.000,00~~
2-12.501	Tina Hoch	***	***	1,00 Euro	lfd. Nr. 1	12.500,00 Euro
12.502-25.001	Sebastian Hoch	***	***	1,00 Euro	lfd. Nr. 1	12.500,00 Euro

Summe: 25.000,00 Euro

A. Notariatsrecht: Freiwillige Gerichtsbarkeit

Hiermit bescheinige ich, dass die geänderten Eintragungen in der vorstehenden Liste den Veränderungen entsprechen, die sich aufgrund meiner Urkunde UR-Nr. ***/2013 vom *** ergeben. Die übrigen Eintragungen stimmen mit dem Inhalt der zuletzt im Handelsregister aufgenommenen Liste überein.

Ort, Datum

Unterschrift des Notars   Siegel

Zu 5 (Vereinsregisteranmeldung – Neufassung Satzung)

a) An das
   Amtsgericht Köln
   – Vereinsregister

   Dackelzuchtverein Kalk-Süd e.V. – VR 1234

   Wir, die Unterzeichnenden, melden zur Eintragung in das Vereinsregister an:

   Die Mitgliederversammlung vom *** hat eine gänzliche Neufassung der Vereinssatzung beschlossen. Eine Abschrift des Protokolls der Versammlung vom *** nebst Einladungsschreiben vom *** sowie der neue Wortlaut der Satzung sind beigefügt.

   Die Vereinsanschrift ist unverändert.

   Köln den ***

   _____   _____
   (Herr H)   (Frau F)

b) Wie aus Vorstehendem bereits ersichtlich, sind der Anmeldung zum Vereinsregister gemäß § 71 Abs. 1 Satz 3 und 4 BGB beizufügen (a) eine Abschrift des Beschlusses über die Satzungsänderung nebst Einladungsschreiben zur Mitgliederversammlung und (b) der vollständige Wortlaut der neuen Satzung.

B. Kosten- und Gebührenrecht
I. Wiederholungsfragen und Prüfungsaufgaben

Zu 1 Notargebühr
Die Höhe der konkret in einem Fall entstehenden Notargebühren hängt von der **Art des Geschäfts** und dem **Geschäftswert** (wirtschaftliche Bedeutung des beurkundeten Geschäfts oder der beglaubigten Erklärung) ab.

Zu 2 Gebühr für fördernde oder überwachende Tätigkeiten
Übernimmt der Notar beim Kaufvertrag über die bloße Beurkundung des Vertrags hinaus weitere fördernde oder überwachende Tätigkeiten, so können **Vollzugsgebühr** und **Betreuungsgebühr anfallen** (Nrn. 22110 ff. bzw. 22200 18 KV GNotKG).

Für Betreuungstätigkeiten können zum einen die **Betreuungsgebühr** nach Nr. 22200 KV GNotKG und zum anderen die **Treuhandgebühr** nach Nr. 22201 KV GNotKG anfallen.

Für die ein Geschäft vorbereitende oder **fördernde Tätigkeit** (z. B. Raterteilung, Einsicht des Grundbuchs, öffentlicher Register oder von Akten) erhält der Notar die Gebühr des Absatzes 1 oder 2 nur, wenn diese Tätigkeit nicht schon als Nebengeschäft (§ 35) durch eine dem Notar für das Hauptgeschäft oder für erfolglose Verhandlungen (§ 57) zustehende Gebühr abgegolten wird.

Zu 3 Vollzugsgebühr
Eine **Vollzugsgebühr** entsteht, wenn der Notar eine **Gebühr** für ein **Beurkundungsverfahren** oder die **Fertigung eines Entwurfs** erhält.

Zu 4 Prinzip der Summierung
Nach § 35 Abs. 1 GNotKG werden in demselben Beurkundungsverfahren die Werte mehrerer Beurkundungsgegenstände grundsätzlich zusammengerechnet.

Zu 5 Vollzugsgebühr
Die Vollzugsgebühr darf höchstens 50,00 Euro betragen.

Zu 6 Vollzugsgebühr
Sie darf maximal eine 0,5-fache Gebühr sein.

Zu 7 Betreuungsgebühr
Die Betreuungstätigkeiten, für die eine Betreuungsgebühr anfallen soll, sind in dem GNotKG-E abschließend aufgezählt.
Beispiele:
- Erteilung einer Bescheinigung über den Eintritt der Wirksamkeit von Verträgen,
- Erklärungen und Beschlüssen
- Prüfung und Mitteilung des Vorliegens von Fälligkeitsvoraussetzungen einer Leistung oder Teilleistung

Zu 8 Grundschuld
Bei einer Grundschuld handelt es sich um eine abgegebene "**sonstige Erklärung**". Die Schenkung eines Grundstücks erfolgt dagegen durch **Vertrag** zwischen Schenker und Beschenktem. Deswegen fällt nach Nr. 21100 des Kostenverzeichnisses eine **2,0-fache Gebühr** an.

Zu 9 Gebührensystem des Notarkostengesetzes
Die Gebühren bemessen sich nach dem wirtschaftlichen Wert und somit nach der Leistungsfähigkeit des Gebührenschuldners. Der Notar muss auch Amtstätigkeiten durchführen, ohne dass ihm eine kostendeckende Gebühr zufließt, da er als Träger eines öffentlichen Amts keine Beurkundung aufgrund mangelnder Kostendeckung ablehnen darf.

Zu 10 Kostenverzeichnis
a. Das Kostenverzeichnis ist in drei Teile gegliedert.
   Teil 1 Gerichtsgebühren
   Teil 2 Notargebühren
   Teil 3 Auslagen (Hauptabschnitt 2 für die Auslagen der Notare)
   Jeder Teil ist untergliedert in Hauptabschnitte, Abschnitte und ggf. Unterabschnitte.
b. Die erste Ziffer verweist auf den Teil des Kostenverzeichnisses, die zweite Ziffer auf den Hauptabschnitt und die dritte Ziffer auf den Abschnitt des Kostenverzeichnisses.
   Nummer 21100 KV GNotKG fällt also konkret an für die Beurkundung eines Grundstückskaufvertrags, da dieser Gebührentatbestand in Teil 2 (Notargebühren) unter Hauptabschnitt 1 (Beurkundungsverfahren) Abschnitt 1 (Verträge) zu finden ist.

B. Kosten- und Gebührenrecht

c. Der Notar erhält für die Herstellung und Überlassung von Ausfertigungen und Kopien, die auf besonderen Antrag angefertigt worden sind, eine Dokumentenpauschale nach Nummer 32000 KV GNotKG. Dieser Auslagentatbestand ist in Teil 3 (Auslagen) unter Hauptabschnitt 2 (Auslagen des Notars) geregelt ist.

Zu 11

Verfahren	Gebührensätze	Mindestbetrag
Kaufvertragsangebot	2,0-Gebühr nach Nr. 21100 KV GNotKG	120,00 Euro
Vertragsaufhebung	1,0-Gebühr nach Nr. 21102 KV GNotKG	60,00 Euro
Auflassung, die nicht von demselben Notar beurkundet wird, der das zugrundeliegende Rechtsgeschäft beurkundet hat.	1,0-Gebühr nach Nr. 21101 KV GNotKG	60,00 Euro
Auflassung: Beurkundung erfolgt bei demselben Notar, der das zugrundeliegende Rechtsgeschäft beurkundet hat, bei seinem Amtsnachfolger oder bei seinem Sozius.	0,5-Gebühr nach Nr. 21101 KV GNotKG	30,00 Euro
Vermächtniserfüllung	1,0-Gebühr nach Nr. 21102 KV GNotKG	60,00 Euro
Vollmacht und Zustimmungserklärung oder Widerruf einer Vollmacht	1,0-Gebühr nach Nr. 21200 KV GNotKG	Geschäftswert ist auf die Hälfte begrenzt (§ 98 GNotKG).
Erbscheinsantrag und Erbausschlagung	0,5-Gebühr nach Nr. 21201 Nrn. 6 und 7 KV GNotKG	30,00 Euro
Rückgabe eines Erbvertrags aus der notariellen Verwahrung	0,3-Gebühr nach Nr. 23100 KV GNotKG	15,00 Euro (§ 34 Abs. 5 GNotKG).
Unterschriftsbeglaubigung	0,2-Gebühr nach Nr. 25100 KV GNotKG	20,00 Euro
Rangbescheinigung	0,3-Gebühr nach Nr. 25201 KV GNotKG	15,00 Euro (§ 34 Abs. 5 GNotKG).

Zu 12 Verfahrenswert und Gebührensatz
a. 195.000,00 Euro + 9.282,00 Euro (7.800,00 Euro + 1.482,00 Euro) = 204.282,00 Euro
b. 1.170,00 Euro

Zu 13 Abrechnung Entgelte für Post und Telekommunikationsdienstleistungen
Entgelte für Post und Telekommunikationsdienstleistungen können konkret in voller Höhe nach Nr. 32004 (ohne Einzelnachweispflicht nach § 19 Abs. 2 Nr. 4 GNotKG oder pauschal nach Nr. 32005 mit 20 % der Gebühren und höchstens mit 20,00 Euro abgerechnet werden.

Zu 14 Kaufvertrag

KV Nr. 21100	Beurkundungsverfahren	Geschäftswert nach §§ 97, 47 GNotKG 260.000,00 Euro	1.070,00 Euro
KV Nr. 22110 /22112	Vollzugsgebühr	Geschäftswert nach § 112 GNotKG 260.000,00 Euro	50,00 Euro

Lösungen — Notariatsrecht, Kosten- und Gebührenrecht des Notars

KV Nr. 22200	Betreuungsgebühr	Geschäftswert nach § 113 Abs. 1 GNotKG 260.000,00 Euro	267,50 Euro
KV Nr. 32001	Dokumentenpauschale Papier (s/w)	96 Seiten	14,40 Euro
KV Nr. 32005	Auslagenpauschale Post und Telekommunikationsdienstleistungen		20,00 Euro
KV Nr. 32011	Auslagen für Abruf des elektr. Grundbuchs (je 8,00 Euro)	2 Einsichten	16,00 Euro
Bemessungsgrundlage Umsatzsteuer			1.437,90 Euro
KV Nr. 32014	19 % Umsatzsteuer		273,21 Euro
Rechnungsbetrag			1.711,11 Euro

Zu 15 Grundschuldbestellung

KV Nr. 21200	Beurkundungsverfahren	Geschäftswert nach §§ 97, 53 GNotKG 170.000,00 Euro	381,00 Euro
KV Nr. 32001	Dokumentenpauschale Papier (s/w)	50 Seiten	7,50 Euro
KV Nr. 32005	Auslagenpauschale Post und Telekommunikationsdienstleistungen		20,00 Euro
Bemessungsgrundlage Umsatzsteuer			408,50 Euro
KV Nr. 32014	19 % Umsatzsteuer		77,61 Euro
Rechnungsbetrag			486,11 Euro

Zu 16
a. **Berechnung des Geschäftswerts** nach § 100 Abs. 1 GNotKG

Aktivvermögen des Ehemannes:	300.000,00 Euro
hälftiges Aktivvermögen 150.000,00 Euro	
abzüglich Verbindlichkeiten von 160.000,00 Euro, höchstens in Höhe des hälftigen Aktivvermögens von	150.000,00 Euro
modifiziertes Reinvermögen des Ehemannes:	**150.000,00** Euro
Aktivvermögen der Ehefrau	160.000,00 Euro
hälftiges Aktivvermögen: 80.000,00 Euro	
abzüglich Verbindlichkeiten, da geringer als hälftiges Aktivvermögen, in voller Höhe von	60.000,00 Euro

B. Kosten- und Gebührenrecht

Reinvermögen der Ehefrau:	100.000,00 Euro
Geschäftswert nach § 100 Abs. 1 GNotKG:	250.000,00 Euro

b. **Berechnung der Höhe der Notarrechnung**:

Nr. 21100	Beurkundungsverfahren	Geschäftswert nach § 100 GNotKG 250.000,00 Euro	1.070,00 Euro
Nr. 32001	Dokumentenpauschale Papier (s/w)	20 Seiten	3,00 Euro
Nr. 32005	Auslagenpauschale Post und Telekommunikationsdienstleistungen		20,00 Euro
Bemessungsgrundlage Umsatzsteuer			1.093,00 Euro
Nr. 32014	19 % Umsatzsteuer		207,67 Euro
Nr. 32015	Registrierung im Testamenten-Register (je 15,00 Euro)		30,00 Euro
Rechnungsbetrag			1.330,67 Euro

Zu 17   Erbausschlagung

KV Nr. 24102	Fertigung des Entwurfes	Geschäftswert nach §§ 119, 103, 36 Abs. 3 GNotKG 5.000,00 Euro Geschäftswert nach §§ 119, 103, 36 Abs. 3 GNotKG 5.000,00 Euro Summe: Geschäftswert nach § 35 GNotKG 10.000,00 Euro	37,50 Euro
KV Nr. 22111	Vollzugsgebühr	Geschäftswert nach § 112 GNotKG 10.000,00 Euro	22,50 Euro
KV Nr. 32000	Dokumentenpauschale Papier (s/w)	6 Seiten	3,00 Euro
KV Nr. 32002	Dokumentenpauschale Daten	1 Datei	1,50 Euro

Lösungen — Notariatsrecht, Kosten- und Gebührenrecht des Notars

KV Nr. 32005	Auslagenpauschale Post und Telekommunikationsdienstleistungen		12,00 Euro
Bemessungsgrundlage Umsatzsteuer			76,50 Euro
KV Nr. 32014	19 % Umsatzsteuer		14,53 Euro
Rechnungsbetrag			91,03 Euro

Zu 18 Zustimmungserklärung (Nachgenehmigung)

KV Nr. 24101	Fertigung des Entwurfes	Geschäftswert nach §§ 119 Abs.1, 98 GNotKG 65.000,00 Euro	192,00 Euro
KV Nr. 32000	Dokumentenpauschale Papier (s/w)	4 Seiten	2,00 Euro
KV Nr. 32005	Auslagenpauschale Post und Telekommunikationsdienstleistungen		20,00 Euro
Bemessungsgrundlage Umsatzsteuer			214,00 Euro
KV Nr. 32014	19 % Umsatzsteuer		40,66 Euro
Rechnungsbetrag			254,66 Euro

Zu 19 Erläuterung § 17 Abs.1 Satz1 Bundesnotarordnung
Der Notar ist nach § 17 Abs. 1 Satz 1 Bundesnotarordnung verpflichtet, für seine Tätigkeit die gesetzlich vorgeschriebenen Gebühren zu erheben. **Gebührenvereinbarungen sind nach § 125 GNotKG dementsprechend verboten.**

Zu 20 Parameter der Kostenrechnung
Kostenrechnungen aller Notare in Deutschland bestehen grundsätzlich aus der Bestimmung des Geschäftswertes und der Gebührentatbestände nebst Auslagen.

Zu 21 Geschäftswert
Der Geschäftswert richtet sich grundsätzlich nach dem wirtschaftlichen Wert.

Zu 22 Schenkung
Der Verkehrswert wird grundsätzlich bei einer Schenkung unterstellt.

Zu 23 Geschäftswert – modifiziertes Reinvermögen
Für ein Testament, einen Ehevertrag oder Erbvertrag zählt das sogenannte modifizierte Reinvermögen. (Vermögen minus Schulden, die bis zur Hälfte des Vermögens abgezogen werden.)

Zu 24 Geschäftswert – Kauf einer Sache
Der Geschäftswert entspricht in diesem Fall dem Kaufpreis (Nennwert), § 47 S. 1 GNotKG.

Zu 25 Geschäftswert – Fehlen von Angaben
Der Geschäftswert richtet sich bei Fehlen konkreter Anhaltspunkte in der Urkunde selbst in der Regel nach einer Selbsteinschätzung der Beteiligten.

Zu 26 Zuordnung von Gebührensätzen

einseitige Erklärung	Gebührensatz von 1,0
Kaufvertrag	Gebührensatz von 2,0
Testament	Gebührensatz von 1,0

B. Kosten- und Gebührenrecht

Zweiseitige Erklärung	Gebührensatz von 2,0
Grundschuld	Gebührensatz von 1,0
Schenkung eines Grundstücks	Gebührensatz von 2,0
Beglaubigung einer Unterschrift	Gebührensatz von 0,2

Zu 27 Angebot
Für ein **Angebot** auf Abschluss eines Kaufvertrags fällt eine 2,0-Gebühr nach Nr. 21100 KV GNotKG an, mindestens 120,00 Euro.

Zu 28 Vertragsaufhebung
Für eine **Vertragsaufhebung** fällt eine 1,0-Gebühr nach Nr. 21102 KV GNotKG an. Dies gilt unabhängig davon, ob ein schuldrechtlicher Vertrag, ein familienrechtlicher Vertrag oder ein Erbvertrag aufgehoben wird. Mindestens fällt für eine Vertragsaufhebung eine Gebühr von 60,00 Euro an.

Zu 29 Auflassung
Für eine **Auflassung**, die nicht von demselben Notar beurkundet wird, der das zugrundeliegende Rechtsgeschäft (z. B. Kaufvertrag) beurkundet hat, fällt eine 1,0-Gebühr nach Nr. 21101 KV GNotKG an. Mindestens fällt eine Gebühr von 60,00 Euro an.

Zu 30 Auflassung
Für eine **Auflassung, die** von demselben Notar beurkundet wird, der das zugrundeliegende Rechtsgeschäft (z. B. Kaufvertrag) beurkundet hat, fällt eine 0,5-Gebühr an, mindestens jedoch eine Gebühr von 30,00 Euro.

Zu 31 Vollmacht
Für die Erteilung oder den Widerruf einer **Vollmacht** fällt eine 1,0-Gebühr nach Nr. 21200 KV GNotKG an.

Zu 32 Nachlassgericht
Für Anträge an das Nachlassgericht und für Erklärungen, die gegenüber dem Nachlassgericht abzugeben sind, fällt eine 0,5-Gebühr nach Nr. 21201 Nrn. 6 und 7 KV GNotKG an. Mindestens fällt eine Gebühr von 30,00 Euro an.

Zu 33 Beglaubigung einer Unterschrift
Für die **Beglaubigung einer Unterschrift** fällt eine 0,2-Gebühr nach Nr. 25100 KV GNotKG an, Mindestens fällt eine Gebühr von 20,00 Euro und höchstens fällt eine Gebühr von 70,00 Euro an.

Zu 34 Vollmacht
Für die Erteilung oder den Widerruf einer **Vollmacht** fällt eine 1,0-Gebühr nach Nr. 21200 KV GNotKG an.

Zu 35 Rangbescheinigung
Für eine **Rangbescheinigung** fällt eine 0,3-Gebühr nach Nr. 25201 KV GNotKG an.

Zu 36 Beglaubigung von Dokumenten
Für die Beglaubigung von Dokumenten (Abschriften oder Ablichtungen) fällt nach Nr. 25102 KV GNotKG eine Gebühr von 1,00 Euro für jede angefangene Seite an; dafür wird neben dieser Gebühr keine Dokumentenpauschale erhoben.

Zu 37 Festgebühren nach GNotKG
a. 20,00 Euro (Nr. 21300 KV GNotKG)
b. 20,00 Euro (Nr. 22124 KV GNotKG)
c. 15,00 Euro (Nr. 25209 KV GNotKG)
d. 50,00 Euro für jede angefangene halbe Stunde der Abwesenheit (Nr. 26002 KV GNotKG)
Anmerkung: Isolierte Angelegenheiten stehen in keinem Zusammenhang mit einer späteren Beurkundung.

Zu 38 Mindestgebühr
a. 20,00 Euro (Nr. 25100 KV GNotKG)
b. 10,00 Euro (Nr. 25102 KV GNotKG)

Zu 39 Höchstgebühr
a. 250,00 Euro (Nrn. 22114 und 22125 KV GNotKG)
b. Unterschriftsbeglaubigung 70,00 Euro (Nr. 25100 KV GNotKG)
Anmerkung: XML-Strukturdaten sind **strukturierte Daten** in Form der Extensible Markup Language (XML) oder in einem nach dem Stand der Technik vergleichbaren Format für eine automatisierte Weiterbearbeitung.

Lösungen — Notariatsrecht, Kosten- und Gebührenrecht des Notars

Zu 40 Rechtsbehelfsbelehrung
§ 7a GNotKG: Jede Kostenrechnung, jede anfechtbare Entscheidung und jede Kostenberechnung eines Notars hat eine Belehrung über den statthaften Rechtsbehelf sowie über die Stelle, bei der dieser Rechtsbehelf einzulegen ist, über deren Sitz und über die einzuhaltende Form und Frist zu enthalten.

Zu 41 Verfahrensgebühr
Die **Verfahrensgebühr** entsteht mit Beurkundungsauftrag, d. h. zu Beginn des Beurkundungsverfahrens.

Zu 42 Vollzugsgebühr – Betreuungsgebühr
a. Vollzugsgebühr
b. Betreuungsgebühr
c. Betreuungsgebühr
d. Vollzugsgebühr
e. Vollzugsgebühr

Zu 43 Kaufvertrag
a. 1.070,00 Euro
b. 50,00 Euro
c. 267,50 Euro

Zu 44 Gebührenbestimmung Testament

200.000,00 Euro.	435,00 Euro
500.000,00 Euro	935,00 Euro
1 Mio. Euro.	1.1735,00 Euro

Zu 45 Eintragung Einzelhandelskaufmann
Der Geschäftswert für die Eintragung eines Einzelkaufmanns beträgt 30.000,00 Euro (§ 105 GNotKG).

Zu 46 Kommanditgesellschaft
a. 40.000 Euro (= 10.000,00 Euro + 30.000,00 Euro)
b. 0,5 Gebühr
c. 72,50 Euro

Zu 47

Geschäftswert	anfallende Gebühr	GNotKG
Kauf eines Einfamilienhauses für 400.000,00 Euro	2,0	1.570,00 Euro
Schenkungsvertrag 60.000,00 Euro	2,0	384,00 Euro
Gründung einer GmbH 50.000,00 Euro	2,0	330,00 Euro

Zu 48 Zitiergebot
Formelle Anforderungen an die **Kostenberechnung** eines Notars. (§ 19 GNotKG)

Zu 49 Inhalte einer Kostenberechnung
Zwingender Inhalt nach § 19 Abs. 2 GNotKG sind:
- eine Bezeichnung des Verfahrens oder Geschäfts,
- die angewandten Nummern des Kostenverzeichnisses,
- der Geschäftswert bei Gebühren, die nach dem Geschäftswert berechnet sind,
- die Beträge der einzelnen Gebühren und Auslagen, wobei bei den jeweiligen Dokumentenpauschalen (Nrn. 32000 bis 32003 KV) und bei den Entgelten für Post- und Telekommunikationsdienstleistungen (Nr. 32004 KV) die Angabe des Gesamtbetrags genügt,
- und die gezahlten Vorschüsse.

Zu 50 Gebührenvereinbarungsverbot
Über einen so genannten öffentlich-rechtlichen Vertrag nach § 126 GNotKG ist es möglich, dass für die Tätigkeit des Notars als Mediator oder Schlichter (Abs. 1 Satz 1) oder für notarielle Amtstätigkeiten, für die im GNotKG

B. Kosten- und Gebührenrecht

keine Gebühr bestimmt ist und die nicht mit anderen gebührenpflichtigen Tätigkeiten zusammenhängen (Abs. 1 Satz 2), eine Gegenleistung in Geld vereinbart werden kann.

Zu 51 Vermerkurkunden

Das Beurkundungsverfahren ist auf die Errichtung einer Niederschrift nach den §§ 8 ff. BeurkG oder den §§ 36 ff. BeurkG gerichtet (§ 85 Abs. 2 GNotKG), sodass jede Urkunde ein eigenständiges Beurkundungsverfahren darstellt. Vielmehr handelt es sich bei Vermerkurkunden um sonstige Geschäfte.

Zu 52 GmbH-Gründung

Es gilt der Grundsatz des Einmalanfalls der Beurkundungsverfahrensgebühr, der Vollzugsgebühr und der Betreuungsgebühr, (§ 93 Abs. 1 GNotKG). Die Werte für die Errichtung des Gesellschaftsvertrags und für die Geschäftsführerbestellung sind zusammenzurechnen; aus dem zusammengerechneten Wert ist eine 2,0-Verfahrensgebühr nach Nr. 21100 KV GNotKG zu erheben.

Zu 53 Masterurkunde

KV Nr. 25102	Beglaubigung von Dokumenten	10,00 Euro
KV Nr. 26001	Fremde Sprache	3,00 Euro
KV Nr. 32014	19 % Umsatzsteuer	2,47 Euro
Rechnungsbetrag		15,47 Euro

Zu 54 Notarrechnung Grundschuld

KV Nr. 25100	Unterschriftsbeglaubigung	Geschäftswert nach §§ 121, 97, 53 GNotKG 80.000,00 Euro	43,80 Euro
KV Nr. 25102	Beglaubigung von Dokumenten		10,00 Euro
KV Nr. 22124	Übermittlung an Gericht, Behörde oder Dritten		20,00 Euro
KV Nr. 32000	Dokumentenpauschale Papier (s/w)	8 Seiten	4,00 Euro
KV Nr. 32005	Auslagenpauschale Post und Telekommunikationsdienstleistungen		14,76 Euro
Bemessungsgrundlage Umsatzsteuer			92,56 Euro
KV Nr. 32014	19 % Umsatzsteuer		17,59 Euro
Rechnungsbetrag			110,15 Euro

Zu 55 Notarrechnung Handelsregisteranmeldung

KV Nr. 24102	Handelsregisteranmeldung	Geschäftswert nach §§ 119 Abs. 1, 92 Abs. 2, 105 Abs. 2, Abs. 3 Nr. 1, 106 GNotKG 30.000,00 Euro	62,50 Euro
KV Nr. 22114	Erstellung der XML-Strukturdaten und die elektronische Übermittlung an das Handelsregister	Geschäftswert nach § 112 GNotKG 30.000,00 Euro	37,50 Euro

Lösungen — Notariatsrecht, Kosten- und Gebührenrecht des Notars

KV Nr. 32002	Dokumentenpauschale Daten	1 Datei/ 3 Scanseiten	1,50 Euro
KV Nr. 32005	Auslagenpauschale Post und Telekommunikationsdienstleistungen		20,00 Euro
Bemessungsgrundlage Umsatzsteuer			121,50 Euro
KV Nr. 32014	19 % Umsatzsteuer		23,08 Euro
Rechnungsbetrag			144,58 Euro

Zu 56 Notarrechnung Einpersonen-GmbH und Handelsregisteranmeldung
Kostenberechnung Notar:

KV Nr.21200 1,0-Gebühr	einseitige Erklärung	Geschäftswert nach §§ 97, 107 GNotKG 30.000 Euro (Mindestgeschäftswert)	125,00 Euro
KV Nr.21100 2,0-Gebühr	Vertragsgebühr	§§ 97, 108, 105 GNotKG 30.000Euro	250,00 Euro
KV Nr.22110, 21111, 22113 0,3-Gebühr	Vollzugsgebühr	Geschäftswert nach § 112 GNotKG 60.000,00 Euro	57,50 Euro
KV Nr. 32001	Dokumentenpauschale Papier (s/w)	17 Seiten	2,55 Euro
KV Nr. 32005	Auslagenpauschale Post und Telekommunikationsdienstleistungen		20,00 Euro
Bemessungsgrundlage Umsatzsteuer			455,05 Euro
KV Nr. 32014	19 % Umsatzsteuer		86,45 Euro
Rechnungsbetrag			541,50 Euro

Kostenberechnung zur Handelsregisteranmeldung:

KV Nr.24102 0,5-Gebühr	**Handelsregisteranmeldung**	Geschäftswert nach §§119 Abs. 1, 92 Abs.2, 105, 106 GNotKG 30.000,00 Euro	62,50 Euro
KV Nr.22114 0,3-Gebühr	Erstellung der XML-Strukturdaten und die elektronische Übermittlung an das Handelsregister	Geschäftswert nach § 112 GNotKG 30.000,00 Euro	37,50 Euro

B. Kosten- und Gebührenrecht

Nr. 32000	Dokumentenpauschale Papier (s/w)	3 Seiten	1,50 Euro
Nr. 32002	Dokumentenpauschale Daten	4 Dateien/13 Scanseiten	6,50 Euro
Nr. 32005	Auslagenpauschale Post und Telekommunikationsdienstleistungen		20,00 Euro
Bemessungsgrundlage Umsatzsteuer			128,00 Euro
KV Nr. 32014	19 % Umsatzsteuer		24,32 Euro
Rechnungsbetrag			152,32 Euro

Zu 57 Notarrechnung Zwei-Personen-GmbH

KV Nr. 21100	zweiseitige Erklärung	Geschäftswert nach §§ 97 Abs. 1, 107 Abs. 1 GNotKG 30.000,00 Euro Geschäftswert nach §§ 97, 108, 105 Absatz 1 Satz 2 GNotKG 30.000,00 Euro Summe nach § 35 Abs. 1 60.000,00 Euro	
			384,00 Euro
KV Nr. 22110	Vollzugsgebühr für die Gesellschafterliste (22113)	Geschäftswert nach § 112 GNotKG 60.000,00 Euro	96,00 Euro

Die Gebühren betragen insgesamt 480,00 Euro (netto).

Zu 58 Kostenprüfung

Nach § 19 Abs. 4 GNotKG ist eine Berechnung nur dann unwirksam, wenn sie nicht den Vorschriften der Absätze 1 und 2 entspricht. Somit führt nur die fehlende Unterschrift des Notars oder die Verletzung einer Muss-Vorschrift zur Unwirksamkeit der Kostenberechnung. Die Kostenrechnung ist wirksam, sofern der Notar sie unterzeichnet.

Lösungen — Notariatsrecht, Kosten- und Gebührenrecht des Notars

Zu 59

	Handelsregister	Notar: Anmeldung	Gesamtkosten
I. Einzelkaufmann (e.K.)			
1) Erstanmeldung	**70,00 Euro**	62,50 Euro	132,50 Euro
2) Eintragung einer ersten Zweigniederlassung	**40,00 Euro**	62,50 Euro	102,50 Euro
II. Offene Handelsgesellschaft (OHG) (Gründung ohne Grundstück)			
1) 2 Gesellschafter	**100,00 Euro**	77,50 Euro	177,50 Euro
2) 5 Gesellschafter	**180,00 Euro**	123,00 Euro	303,00 Euro
III. Kommanditgesellschaft (KG) (Gründung ohne Grundstück)			
1) 2 Gesellschafter; davon 1 Kommanditist, Einlage 5.000,00 Euro	**100,00 Euro**	67,50 Euro	167,50 Euro
2) 2 Gesellschafter; davon 1 Kommanditist, Einlage 25.000,00 Euro	**100,00 Euro**	96,00 Euro	196,00 Euro
IV. Einzelprokura (Eintragung, Änderung, Erlöschen)	**40,00 Euro**	62,50 Euro	102,50 Euro

Zu 60

Ermitteln Sie die Gesamtkosten für das Handelsregisterverfahren.

	Handelsregister	Notar Handelsregisteranmeldung	Notar Beurkundung Gesellschaftervertrag	Notar Beurkundung Geschäftsführerbestellung	Gesamtkosten
V. Gesellschaft mit beschränkter Haftung (GmbH)					
1. Gründung (mind. 2 Gesellschafter)					
1) Stammkapital 25.000,00 Euro, keine Sacheinlage	**150,00 Euro**	62,50 Euro	250,00 Euro	250,00 Euro	712,50 Euro
2) Stammkapital 25.000,00 Euro, mind. 1 Sacheinlage	**240,00 Euro**	62,50 Euro	250,00 Euro	250,00 Euro	802,50 Euro
2. Gründung (Ein-Mann-GmbH)					
1) Stammkapital 25.000,00 Euro, keine Sacheinlage	150,00 Euro	62,50 Euro	125,00 Euro	250,00 Euro	587,50 Euro
2) Stammkapital 25.000,00 Euro, mit Musterprotokoll	150,00 Euro	57,50 Euro	115,00 Euro	_____	322,50 Euro
3. Gesellschafterwechsel, Wert 25.000,00 Euro	70,00 Euro	62,50 Euro	250,00 Euro	_____	382,50 Euro
4. Geschäftsführerwechsel	70,00 Euro	62,50 Euro	_____	250,00 Euro	382,50 Euro
5. Kapitalerhöhung					
1) um 25.000,00 Euro; keine Sacheinlage	70,00 Euro	62,50 Euro	250,00 Euro	_____	382,50 Euro
2) um 25.000,00 Euro; durch Sacheinlage	210,00 Euro	62,50 Euro	250,00 Euro	_____	522,50 Euro

B. Kosten- und Gebührenrecht

Zu 61

Art des Geschäfts	Geschäftswert
Kauf von Grundstück, Haus oder Eigentumswohnung	Kaufpreis
Grundstücksschenkung	Verkehrswert
Firmengründung:	Deren Stammkapital (bei der GmbH mindestens 30.000,00 Euro, ausgenommen die mit Musterprotokoll gegründete haftungsbeschränkte UG)
Handelsregisteranmeldungen	Stammkapital, mindestens 30.000,00 Euro, für jeden Anmeldungsgegenstand gesondert (Bsp.: Abberufung eines und gleichzeitige Bestellung zweier Geschäftsführer: 90.000,00 Euro mindestens)
Erbschaftsausschlagung wegen Überschuldung	Mindestwert = Gebühr 30,00 Euro
Ehevertrag oder Testament	Vermögen der Beteiligten, wobei Verbindlichkeiten bis max. zur Hälfte des Vermögens abzuziehen sind. Für weitere Regelungen im Ehevertrag über die Güter-rechtsvereinbarung hinaus erhöht sich der Wert, meist um 5.000,00 Euro je Gegenstand. Beschränkt sich der Ehevertrag auf den Ausschluss des Versorgungsausgleiches, häufig zur Beschleunigung einer Scheidung: Wert 5.000,00 Euro
Wert nicht feststellbar	5.000,00 Euro

Zu 62

Art der Beurkundung	Gebühr
Beglaubigter Grundbuchauszug	Festgebühr 15,00 Euro
Unterschriftsbeglaubigung der Eigentümerzustimmung zur Löschung einer Grundschuld	Festgebühr 20,00 Euro
Unterschriftsbeglaubigung	0,2 Gebühr, min. 20,00 Euro, max. 70,00 Euro
Grundbuch-Eintragungsantrag	0,5 Gebühr, Mindestgebühr: 30,00 Euro
Vollzugsgebühr bei Verträgen	0,5 Gebühr, Mindestgebühr: 30,00 Euro
Einzeltestament (auch dessen Entwurf)	1,0 Gebühr: Beurkundung von sonstigen Erklärungen Mindestgebühr: 60,00 Euro außer bei der eidesstattlichen Versicherung
gemeinschaftliches Testament, Erbvertrag	2,0 Gebühr: Beurkundung von Verträgen
Grundstückskaufvertrag (wo aber weitere Kosten für die Abwicklung hinzukommen	2,0 Gebühr: Beurkundung von Verträgen
Betreuungsgebühr bei Verträgen	0,5 Gebühr Mindestgebühr: 30,00 Euro
Grundschuldbestellung mit Zwangsvollstreckungsunterwerfung	1,0 Gebühr: Beurkundung von sonstigen Erklärungen Mindestgebühr: 60,00 Euro außer bei der eidesstattlichen Versicherung

Lösungen — Notariatsrecht, Kosten- und Gebührenrecht des Notars

Zu 63

Vorgang	Verweis § 34 GNOtKG	Gebühr
Einseitige Erklärungen	21200	1,0 mind. 60,00 Euro
Verträge	21100	2,0 mind. 120,00 Euro
Vertragsangebot	21100	2,0 mind. 120,00 Euro
Vertragsannahme	21101	0,5
Vollmacht und Widerruf einer Vollmacht	21200	1,0
Anträge auf Eintragung im Grundbuch sowie Eintragsbewilligungen	14110	1,0
Anträge auf Löschung im Grundbuch sowie Löschungsbewilligungen	14140	0,5
Auflassung	21101	0,5
Beglaubigung von Unterschriften	25100	0,2, mind. 20,00 Euro max. 70,00 Euro
Beglaubigung von Abschriften	25102	je Seite 1,00 Euro, mind. 10,00 Euro

Zu 64

Geschäftswert	GNotKG	anfallende Gebühr
Pos. 1 Geschäftswert Gesellschaftsvertrag = 30.000,00 Euro (Mindesgebühr)	§§ 97, 107 GNotKG (2,0)	
Pos. 2 Geschäftswert Beschluss Bestellung Geschäftsführer	§§ 97, 108, 105 (2,0) = 30.000,00 Euro (Mindesgebühr)	
Pos. 1 und 2 zusammen 2,0 - Gebühr aus 60.000,00 Euro		384,00 Euro

Bestimmen Sie für diesen Fall weiterhin die Vollzugsgebühr, die Gebühr für Anmeldung zum Handelsregister und elektronischer Vollzug.

Erstellung der Gesellschafterliste = Vollzugsgebühr = 96,- Euro. Gebühr für Anmeldung zum Handelsregister = 62,50 Euro und elektronischer Vollzug = 37,50 Euro.

Hinzuzurechnen sind Schreibauslagen, Postentgelte und Umsatzsteuer.

Zu 65

Geschäftswert	GNotKG	anfallende Gebühr
Geschäftswert Gesellschaftsvertrag 30.000,00 Euro (Mindeswert)	§§ 97, 108, 105 GNotKG	1,0 - Gebühr = 125,00 Euro.
Beschluss Bestellung Geschäftsführer 30.000,00 Euro (Mindeswert)	§§ 97, 108, 105 GNotKG	2,0 - Gebühr = 250,00 Euro.

Zu 66
Nur für die mit Musterprotokoll ohne Änderung gegründete haftungsbeschränkte Unternehmergesellschaft gilt die Gebührenvorschrift nach § 105 Abs. 1 GNotKG nicht.

Zu 67
Für die Beurkundung eines Einzeltestamentes erhält der Notar bei einem Reinvermögen von 50.000,00 Euro eine volle Gebühr nach KV 21200 GNotKG in Höhe von 165,00 Euro.

B. Kosten- und Gebührenrecht

Zu 68

Bei Beurkundung eines gemeinschaftlichen Testamentes bzw. eines Erbvertrages fällt bei einem Reinvermögen von 90.000,00 Euro eine doppelte Gebühr nach KV 21100 GNotKG in Höhe von 492,00 Euro an

Zu 69

Der Notar erhält für die Aufnahme des Antrags eine 1,0-Gebühr nach KV Nr. 23300 GNotKG in Höhe von 273,00 Euro.

Zu 70

Bei einem angenommenen Reinvermögen der Eheleute von 40.000,00 Euro erhält der Notar eine doppelte Gebühr gem. KV Nr. 21100 GNotKG in Höhe von 290,00 Euro.

Zu 71

a) Der Geschäftswert für die Vorsorgevollmacht beträgt je nach Ausgestaltung zwischen 30 und 50 Prozent des Vermögens, hier also zwischen 45.000,00 und 75.000,00 Euro. Wie hoch ist der Geschäftswert, der für die Beurkundung der Patientenverfügung hinzukommt?

b) Für die Beurkundung der Patientenverfügung kommt ein weiterer Geschäftswert in Höhe von regelmäßig 5.000,00 Euro hinzu.

Die 1,0 Gebühr gem. KV-Nr. 21200 GNotKG aus einem Geschäftswert von 50.000 Euro (45.000,00 Euro Vollmacht und 5.000,00 Euro Patientenverfügung) beträgt 165,00 Euro. Bei einem Geschäftswert von 80.000,00 Euro würde die Gebühr 219,00 Euro betragen.

Zu 72

Für die Einräumung eines Wegerechtes mit einem Wert von 5.000,00 Euro erhält der Notar eine halbe Gebühr nach KV Nr. 21201 Nr. 5 GNotKG in Höhe von 30,00 Euro.

Hinzu kommen für die Schreibauslagen (Dokumentenpauschale) 0,15 Euro pro Seite (Faustregel) und die Auslagen wie Telefon und Porto, Grundbucheinsichten etc. sowie die Umsatzsteuer von derzeit 19 %.

Zu 73

a) 1 Vertrag mit 15 Seiten: 15,00 Euro

b) 3 Zeugnisse mit 4 Seiten: 30,00 Euro

c) 6 Zeugnisse mit 1 Seite: 60,00 Euro

d) 7 verschiedene Zeugnisse mit 1 Seite, zusammengesiegelt und mit einer Unterschrift beglaubigt: 10,00 Euro (jeweil zuzüglich die Mehrwertsteuer.)

Kommunikation und Büroorganisation/Geschäfts- und Leistungsprozesse

A. Aufgaben aus dem Bürobereich

I. Wiederholungsfragen und gebundene Aufgaben

1. Wiederholungsfragen

Zu 1 Organisation
Hierunter kann zum einen der Prozess des organisatorischen Gestaltens (Methodik und Technik) als auch zum anderen das Ergebnis des Gestaltens, das heißt die Organisationsstruktur, verstanden werden.

Zu 2 Unterschied Aufbau- und Ablauforganisation
Aufbauorganisation: Sie umfasst das organisatorische Gefüge ausgehend von der kleinsten organisatorischen Einheit, der Stelle, über die Zusammenfassung von Gruppen bis hin zu Abteilungen. In diesem Rahmen werden letztlich dann die Aufgaben und Kompetenzen auf die einzelne Stellen bzw. Mitarbeiter verteilt.
Ablauforganisation: Hier steht nicht der hierarchische Aufbau des Unternehmens bzw. der Kanzlei im Vordergrund, sondern wie Aufgaben in räumlicher und zeitlicher Hinsicht erfüllt werden.

Zu 3 Unterschied zwischen Einlinien- und Mehrliniensystem
Je nachdem wie die einzelnen Stellen in der organisatorischen Gesamtstruktur miteinander verbunden, sind unterscheidet man unter anderem folgende Leitungssysteme:
- **Einliniensysteme**, bei denen die einzelnen Stellen von der obersten bis zur untersten Stelle straff organisiert durch eine eindeutige Linie der Auftragserteilung miteinander verbunden sind, z. B. eine kleinere Kanzlei mit einem Rechtsanwalt als Vorgesetzten und mehreren unterstellten Fachangestellten. Gegebenenfalls können hier auch noch Stabsstellen zur Unterstützung der oberen Führungsebene eingerichtet werden, diese haben aber kein Weisungsrecht (z. B. Innenrevision).
- **Mehrliniensystemen**, bei denen untergeordnete Stellen mehreren Instanzen unterstellt sein können, so kann ein Mitarbeiter in einer größeren Kanzlei mehreren Anwälten unterstellt sein.

Zu 4 Ordnungsmöglichkeiten von Akten
- Alphabetisch, ABC gemäß DIN 5007
- Numerisch, nach Ziffern und Zahlen
- Alphanumerisch, Kombination zwischen Buchstaben und Zahlen
- Chronologisch, nach Datum
- Sachlich, nach Farben, Symbolen oder anderen Kriterien

Zu 5 Ordnungsmittel
Karteien
Ordnungssystem, bei dem die Abmessungen und Behältnisse genau genormt sind. Es wird unterschieden in:
- Steilkartei, in der die einzelnen Karteiblätter aufrecht in einem Karteikasten stehen,
- Flachkartei / Streifenkartei, Aufbau wie z. B. beim Telefonbuch, das heißt die Karteikarten befinden sich schuppenförmig übereinander.

Formulare
Standardisierte Vordrucke, es kann unterschieden werden in:
- Einzelformulare
- Durchschreibesätze
- Buchform

Dateien
Informationsspeicherung mittels EDV-Dateien
- auf einem internen Speicher (Festplatte)
- auf externen Speichern, externe Festplatte, USB-Sticks etc.

Zu 6 Gestaltung der Ablage
In zeitlicher Hinsicht:
- Aktuelle Ablage
- Zugriffsablage

A. Aufgaben aus dem Bürobereich

- Altablage
- Archivablage

Nach der Art und Weise wie die Schriftstücke abgelegt werden:
- Stehende Ablage
- Hängende Ablage
- Pendelregistraturmappe

Nach der Art und Weise wie die Schriftstücke miteinander verbunden sind:
- Loseblatt Ablage
- Geheftete Ablage
- Gebundene Ablage

Zu 7 **Fristen**
a. Wichtige Unterlagen des Handels- oder Steuerrechts: 10 Jahre
b. Weniger wichtigere Schriftstücke des Handels- oder Steuerrechts: 6 Jahre
c. Handakten: 5 Jahre

Anmerkung zu c:
Die Frist von 5 Jahren kann aber auch schon vorher erlöschen, wenn der Rechtsanwalt den Auftraggeber aufgefordert hat, die Handakten in Empfang zu nehmen und der Auftraggeber dieser Aufforderung binnen sechs Monaten, nachdem er sie erhalten hat, nicht nachgekommen ist.

Zu 8 **Aktenzeichen**

Aktenzeichen	Gericht
B	Mahnverfahren Amtsgericht
C	Allgemeine Zivilsachen Amtsgericht
DR	Aufträge an Gerichtsvollzieher
F	Familiensachen Amtsgericht
M	Zwangsvollstreckungssachen Amtsgericht
O	Allgemeine Zivilsachen 1. Instanz Landgericht
S	Berufung in Zivilsachen Landgericht
T	Beschwerden in Zivilsachen Landgericht
U	Berufung in Zivilsachen Oberlandesgericht
W	Beschwerden in Zivilsachen Oberlandesgericht

Zu 9 **Papiernormung**
Die Standardgrößen für Papierformate sind in Deutschland, die in der DIN-Norm 476 festgelegten Formate. Das europäische bzw. internationale Äquivalent ist die EN ISO 216.

Zu 10 **Arbeitsschritte beim Posteingang**
- Eingegangene Post sortieren
- Öffnen
- Inhalt entnehmen
- Kontrollieren
- Stempeln
- Verteilen

Zu 11 **Arbeitsschritte beim Postausgang**
- ggf. letzte Kontrolle bzgl. Vollständigkeit, Anlagen, Unterschrift etc.,
- Postausgangsschriftverkehr sortieren,

- Schriftverkehr zum Versenden fertig machen (adressieren, benötigte Bestandteile zusammentragen, kontrollieren, ggf. falzen oder falten, kuvertieren, schließen, ggf. wiegen),
- Zustellungsform wählen, ggf. frankieren, Eintrag im Postausgangsbuch,
- Aufgabe zur Post oder andere Zustellung.

Zu 12 Maße Standardbrief
Bis 23,5 (Länge) x 12,5 cm (Breite); Dicke bis 5 Millimeter; Gewicht: bis 20 g.

Zu 13 Postfach
Vorteile:
- Eingangspost kann bereits am frühen Morgen abgeholt werden,
- die Post kann ggf. mehrfach am Tag abgeholt werden.

Nachteile:
- Es wird eine weitere Postleitzahl notwendig,
- es muss jemand zum Postfach gehen und die Post abholen.

Zu 14 Kommunikation
Begriff: Austausch oder Übertragung von Informationen durch Menschen
Direkte Kommunikation:
- Telefon
- Meeting, Mandantengespräch, Gerichtstermine etc.
- Video-Konferenz

Indirekte Kommunikation:
- Brief
- Fax
- Email, Internetforen etc.

Zu 15 Notwendigkeit der Schriftform
(1) Gesetzliche Zwänge
(2) Beweisfunktion
(3) Dokumentationsfunktion

Zu 16 Zu beachtenden Faktoren bei der Bürogestaltung
- Personenanzahl im Büro
- Wahl der Arbeitsmittel, Gestaltung der Arbeitsplätze (funktional, farblich, materialmäßig, ergonomisch, technisch)
- Licht, Beleuchtung
- Raumklima
- Farbwahl, Raumschmuck
- Geräuschpegel, Lärmfaktoren
- Schadstoffemissionen
- Unfallverhütung
- Soziale Aspekte bei der Frage, wer mit wem in einem Zimmer sitzt

2. Gebundene Aufgaben

Zu 1 Leitungssysteme
Zu a Einliniensystem

Zu b Vor- und Nachteile des Einliniensystems
Vorteile:
- Klare Entscheidungs- und Weisungsstruktur, klare Organisationsabläufe
- Keine Kompetenzüberschneidungen
- Gute Kontrollmöglichkeiten

Nachteile:
- Lange und schwerfällige Dienstwege
- Überlastung der Instanzen, da die Dienstwege immer über sie laufen
- Keine Spezialisierung der Instanzen

A. Aufgaben aus dem Bürobereich

Zu 2 Ablauforganisation
c

Zu 3 Vor- und Nachteile einer Loseblattablage
Vorteile:
- Schriftgut muss nicht extra gelocht werden
- Zeitersparnis bei der Ablage

Nachteile:
- Es ist schwierig, Ordnung einzuhalten, ggf. Verlust von Unterlagen
- Längere Suchzeiten

Zu 4 Vor- und Nachteile einer gehefteten Ablage
Vorteile:
- Geordnete Aufbewahrung
- Besseres Wiederauffinden von Unterlagen
- Weniger Zeitverlust durch suchen

Nachteile:
- Unterlagen müssen gelocht werden
- Mehr Zeitaufwand bei der Ablage

Zu 5 Einsatz Hängeregistratur
a

Zu 6 Pendelregistratur
Sie ist insbesondere geeignet für:
- Stärkere Einzelakten
- Größere Aktenmengen

Zu 7 Ordnungssysteme
a = 1   b = 1   c = 2   d = 1   e = 1

Zu 8 Ordnungssysteme
d

Zu 9 Aufbewahrungsfristen

Unterlagen	Aufbewahrungsfrist
a. Bilanz	10 Jahre
b. Buchungsbeleg	10 Jahre
c. Handakte des Rechtsanwalts	5 Jahre

Zu 10 DIN A Formate

Format	Beispiele
A0	Landkarte, Poster
A1	Poster
A2	Tageszeitung
A3	Zeichenblock
A4	Schreibpapier

Zu 11 Versendungsformen
a = 1   b = 2   c = 2   d = 1   e = 2

Zu 12 Möglichkeiten des Posteingangs
- Zustellung per Post, Briefträger, Briefkasten
- Postfach
- Gerichtsfach
- Bote
- Fax
- Email

Lösungen — Kommunikation und Büroorganisation

Zu 13 Kommunikationsnetze

Kommunikationsnetze	Lösungsspalte: Ziffer der Abkürzung und Buchstabe der Erläuterung
Lokale Netze:	Ziffer **2** Buchstabe **b** Ziffer **4** Buchstabe **e**
Fernnetze:	Ziffer **5** Buchstabe **d** Ziffer **1** Buchstabe **c** Ziffer **3** Buchstabe **a**

Zu 14 Telefontaste bei Konferenzschaltung
b

Zu 15 Tarifbereiche
a = 3
b = 5
c = 2
d = 1
e = 4

Zu 16 Telefonnummern
a = 3
b = 4
c = 1
d = 2
e = 5

Zu 17 Bestandteile einer Telefongesprächsnotiz
- Datum und Uhrzeit
- Gesprächspartner, Name, Firma etc.
- Kontaktmöglichkeit: Telefonnummer, Faxnummer, Email-Adresse etc.
- Inhalt, Fragen, Terminvorgaben, gewünschte Unterlagen etc.
- Unterschrift (sofern nicht eindeutig ist, wer das Gespräch angenommen hat)

Zu 18 Buchstabiertafel nach DIN 5009
a. I – Ida
d. R – Richard

Zu 19 Büro-/Raumformen
- Einpersonenbüro
- Mehrpersonenbüro
- Großraumbüro

Zu 20 beA
Besonderes elektronisches Anwaltspostfach

Dieses soll durch das Gesetz zur Förderung des elektronischen Rechtsverkehrs (ERV- Gesetz) mit den Gerichten stufenweise bis 2022 endgültig eingeführt werden. Hierdurch soll jeder Rechtsanwalt ein elektronisches Anwaltspostfach erhalten, über das er mit Justiz und Kollegen kommunizieren kann.

II. Übergreifende Fälle im serviceorientierten, büroorganisatorischen Kontext

Zu 1a Schritte beim Zeitmanagement

1. Aufgabe und Tätigkeiten zusammenstellen
2. Nach Wichtigkeit und Dringlichkeit einteilen
3. Arbeits-/Ablaufplan erstellen
4. Aufgaben und Tätigkeiten ausführen
5. Ablaufplan kontrollieren
6. Unerledigte Aufgaben und Tätigkeiten ermitteln

A. Aufgaben aus dem Bürobereich

zu 1b **Methoden des Zeitmanagements**

1. Pareto-Prinzip
2. ABC-Analyse
3. Eisenhower-Prinzip
4. Smart-Methode

zu 1c **Fristenkalender**

- Papierkalender in der Form eines Tisch-, Wand- oder Buchkalenders
- Terminmappen, in der die einzelnen Tage von 1 bis z. B. 31 durch Trennblätter getrennt sind
- Planungstafeln für Wände
- Terminkartei: Karteikasten, in dem die Monate und Tage durch Trennblätter eingeteilt sind
- Terminlisten: Papierlisten zum Eintragen von Terminen

Zu 1d **Posteingang und Fristen**

Durch die Zustellung eines Schriftstücks wird sehr oft ein Fristlauf ausgelöst. Teilweise handelt es sich dabei sogar um Notfristen, die nicht verlängert werden können. Daher kommt gerade in den Rechtsberufen der Dokumentation des Zugangs, insbes. durch den Eingangsstempel und dem Notieren der Frist oder des Termins in der Akte und im Termin-/Fristenkalender eine extrem hohe Bedeutung zu. An diese Frist sind oftmals Rechtshandlungen gebunden, z. B. die Einlegung eines Rechtsmittels oder eines Rechtsbehelfs, dessen Versäumnis für den Anwalt gegenüber dem Mandanten einen Haftungsfall auslösen kann.

Zu 1e **Konferenz / Meeting vorbereiten**

- Teilnehmeranzahl ermitteln, das heißt, wie viele interne und externe Teilnehmer teilnehmen.
- Die Frage klären, worum es in dem Meeting geht, ob es z. B. sich um einen formellen Anlass oder einen eher informellen Anlass handelt.
- Räumlichkeiten mit Bestuhlung und ggf. notwendige Medien festlegen; Überblick verschaffen, welche Vorbereitungsmaßnahmen notwendig sind z. B. Raum herrichten.
- Tagesordnung klären und gegebenenfalls auch zusenden.
- Termin und Uhrzeit klären.
- Einladungen klären, telefonisch, per Email oder offiziell per Post; Rückmeldungsmodus festlegen.

zu 1f **Protokolltyp**

- Ergebnisprotokoll:
  Es enthält die Ergebnisse und Beschlüsse.
- Kurzprotokoll:
  Hier werden die wesentlichen Teile der Konferenz wiedergegeben.
- Verlaufsprotokoll:
  Der Konferenzablauf wird hier sachlich in chronologischer Reihenfolge zusammengefasst.

zu 2a **Melderegisterauskunft**

Einfache Melderegisterauskunft beim Melderegister in Hamburg

Benötigte Angaben:
Je nach Behörde sind drei oder vier Merkmale notwendig. In der Regel sind hierfür Angaben zu Vor- und Nachnamen sowie zur zuletzt bekannten Anschrift und/oder zum Geburtsdatum der gesuchten Person notwendig. Welche Angaben das Einwohnermeldeamt für ein Auskunftsersuchen benötigt, kann auf der jeweiligen Internetseite nachgelesen oder telefonisch nachgefragt werden.

Angaben von der Behörde: Vor- und Familienname, Doktorgrad und gegenwärtige Anschrift

Außerdem: (Online-) Telefonbuch, Internet-Suchanbieter z. B. Supercheck, Suchanfrage über eine Internetsuchmaschine z. B. Google, Anfragen bei Gerichten oder Behörden, Wohnungsverwaltung, Grundbuchamt, Gewerbeamt, Handelsregister, Kfz-Zulassungsstelle, Anfrage bei einer berufsständischen Kammer, z. B. IHK, Schuldnerverzeichnis, ggf. Dedektei,

zu 2b **Erweiterte Melderegisteranfrage**

Dies ist durch eine erweiterte Melderegisteranfrage möglich.

Lösungen — Kommunikation und Büroorganisation

Zu 2c Geburtsdatum
Das Geburtsdatum kann prinzipiell über eine erweiterte Melderegisteranfrage erfragt werden. Dies allerdings nur, wenn ein berechtigtes Interesse besteht, z. B. eine Forderung oder ein Schuldtitel. Private Gründe wie Geburtstagsgrüße oder -feiern zählen nicht hierzu.

Zu 2d Kündigung
Um ganz sicher zu sein, dass eine Kündigung rechtswirksam zugestellt wurde, kann es sinnvoll sein, sogar dreifach zuzustellen:
- Mit der Zustellung mittels einfachem Brief gilt der Brief als zugestellt, wenn er in die Rechtssphäre des Empfängers gelangt, sie haben aber keinen Nachweis.
- Beim Einschreiben mit Rückschein haben sie zwar einen Nachweis, dies aber nur dann, wenn das Schreiben angenommen wurde.
- Eine persönliche Zustellung durch zwei Kanzleimitarbeiter hat den Vorteil, dass einer den Brief zustellt, z. B. der Person übergibt oder in den Briefkasten einwirft und der andere dies bezeugen kann.

Zu 3a Beschwerdegespräch
Phasen:
- Entschuldigung und Verständnis bekunden.
- Suche nach Gründen für das Beschwerdegespräch bzw. die Beschwerde.
- Lösung finden.
- Gespräch abschließen; Interesse bekunden, ihn als zufriedenen Mandanten behalten zu wollen.

Zu 3b Situationsgerechtes Verhalten
- Den Mandant ernst nehmen, nicht abwimmeln.
- Das Gespräch entzerren, in dem der Mandant zum Gespräch z. B. an einen separaten Tisch gebeten wird, ihm Kaffee angeboten wird.
- Freundlich auf ihn eingehen, zuhören.
- Sachlich reagieren, den Konflikt nicht persönlich nehmen, keinen Streit anfangen, Auseinandersetzung vermeiden.
- Schnell handeln; signalisieren, dass Sie schnell seinem Anliegen nachgehen, eine Lösung suchen bzw. einen Fehler möglichst schnell beheben werden (sofern möglich).

zu 3c Vergütungsrechnung
Bei dem Mandant handelt es sich offenkundig um einen Verbraucher, mit dem keine gesonderte Vergütungsvereinbarung geschlossen wurde und dem in der Kanzlei eine mündliche Erstberatung zuteil wurde. § 34 Abs. 1 RVG sieht für diesen Fall vor, dass die Beratungsgebühr maximal 190,00 Euro (+ ggf. Auslagen und USt) betragen darf. Bei einem Unternehmer hätte auch über diesen Betrag hinausgegangen werden können. Insofern hat der Mandant Recht mit seiner Beschwerde.

Zu 3d Gesprächsabschluss
- Fehler zugeben.
- Ihm eine neue und korrigierte Rechnung ausstellen.
- Sich bei dem Mandanten im Namen der Kanzlei entschuldigen.
- Dem Mandanten für seine Offenheit und seine ehrliche Rückmeldung danken, nur so können Fehler sofort behoben und künftig besser vermieden werden.
- Interesse an einer weiteren Zusammenarbeit bekunden, ihn als Mandant behalten zu wollen.

Zu 4 Elektronischer Schriftverkehr
Zu a Elektronische Archivierung
- Einlesen der Papierdokumente (Lesegerät, Scanner)
- Aufnahme der Daten und Verarbeitung am PC; ggf. Großrechner
- Speichern der Daten, z. B. auf CD-ROM
- Betrachten (Kontrolle) der gespeicherten Dokumente auf dem Bildschirm, ggf. Druck

Zu b Vor- und Nachteile
Vorteile:
- Raum-/ Kostenersparnis
- Schnelleres Auffinden der Dokumente (daher ist die Ablagestruktur und die richtige Einordnung wichtig)
- Schnellere Zugriffszeiten

Nachteile:
- Haltbarkeit, Lebensdauer, Störanfälligkeitsgrad von Datenträgern
- Systeme und Neuerungen müssen kompatibel sein

Zu c Dokumentenmanagementsystem
Hierunter sind technische Systeme zu verstehen, die gespeicherte Informationen verwalten, langfristig sicher und unveränderbar aufbewahren und jederzeit wieder reproduzieren.

Zu d Speichermedien
Hierunter sind Stoffe oder Objekte zu verstehen, die zum Speichern von Daten und Informationen verwendet werden.

Beispiele
- Magnetspeicher, hierzu gehören Festplatten, Disketten, Magnetbänder
- Optische Speicher, diese werden durch einen Laser beschrieben bzw. abgetastet, z. B. Blu-ray-Disc (BD), Compact Disc (CD)
- Digitale Speicher, z. B. USB- Datenspeicher

Zu e Datensicherung
- Schutz vor unberechtigtem Zugriff
- Schutz vor Datenverlust oder -zerstörung
- Schutz vor Störungen aus externen Quellen
- Bewahrung der Richtigkeit und Genauigkeit der Daten

Zu f Datensicherung
- Persönliches Passwort
- Regelmäßige Datensicherung auf Datenträgern, z. B. täglich

Zu g Gesetzliche Grundlage
Bundesdatenschutzgesetz

Zu h Elektronischer Rechtsverkehr
Dies ist der Überbegriff für die elektronischen Kommunikationsmöglichkeiten zwischen Gerichten und Behörden, sowie Rechtsanwälten, Notaren, Bürgern und Unternehmen.

Es handelt sich hierbei um die rechtsverbindliche, dem Erklärenden nach rechtlichen und technischen Regeln sicher zuzuordnende elektronische Übermittlung von Prozesserklärungen und anderen Dokumenten in gerichtlichen und strafrechtlichen Verfahren.

Zu 5a Telefonnotiz
Die wichtigsten Merkmale bzw. Notizen:
- Datum und Uhrzeit des Telefonats
- Name und ggf. Firmenzugehörigkeit oder Kanzlei des Anrufers
- Telefonnummer des Anrufenden
- Grund des Anrufes
- Welcher Anwalt oder Mitarbeiter ggf. zu sprechen versucht wurde
- Welche Handlungen nun erfolgen müssen

Die Daten sind kurz und aussagekräftig zu verfassen und es muss eine Prioritätenliste nach Wichtigkeit und Dringlichkeit bestehen. Dies insbesondere dann, wenn mehrere Telefonnotizen abgearbeitet werden müssen.

Zu b Versandart
Einschreiben bzw. Einschreiben mit Rückschein (die Deutsche Post bietet hierzu auch noch weitere Produktvarianten zum Einschreiben an)
Vorteil:
- Erhalt einer Zustellbestätigung
- Sendungsverfolgung möglich

Zu c Wiedervorlage
Orientiert an der gesetzten Frist ist die Wiedervorlage
- in der Akte zu notieren und
- im Wiedervorlagenkalender.

Zu d Aufgaben bei Fristenkalenders
- Eintragung der Frist und der Vorfrist
- Tägliche Kontrolle des Kalenders
- Hinweis auf die Vorfrist
- Hinweis auf die Frist
- Kontrolle hinsichtlich der zu erledigenden Tätigkeit innerhalb der Frist

Zu e Ziel einer Vorfrist
- Erinnerung an die Erledigung der Frist; durch eine Vorfrist soll sicher gestellt werden, dass dem Rechtsanwalt ausreichende Zeit für die Bearbeitung einer Rechtsmittelbegründung bleibt.
- Zeitraum zur Erledigung der vor Fristablauf notwendigen Arbeiten schaffen.
- Zeitpunkt festlegen, an dem überprüft wird, ob die angeforderten Unterlagen und Informationen vorliegen.
- Zeitpunkt festlegen, an dem an die Übersendung von Unterlagen bzw. Informationen erinnert wird.

Zu 6a Serviceorientierte Betreuung
- Freundlich begrüßen.
- Den unvorhergesehenen Grund für die Verspätung erklären, Bedauern ausdrücken, um Verständnis bitten.
- Sofern angebracht und möglich, sich mit dem Mandanten unterhalten, Gespräch aufbauen, damit keine Verärgerung wegen des Wartens aufkommt.
- Ihm einen Sitzplatz anbieten, ggf. etwas anbieten, z. B. Kaffee, Wasser, Gebäck.
- Sofern möglich und sinnvoll, bereits für das Gespräch bzw. Mandat vorbereitende Tätigkeiten aufnehmen, z. B. persönliche Daten aufnehmen.
- Gegebenenfalls nochmals bei ihrem Chef wegen der voraussichtlichen Ankunft anrufen.

Zu b Terminkollision
Der Rechtsanwalt kann beide Termine unmöglich unter diesen zeitlichen Vorgaben wahrnehmen.
Maßnahmen:
- Eine Partei um Terminverschiebung bitten.
- Abstimmung mit dem Rechtsanwalt, ob er sich selbst darum kümmert oder ob Sie dies übernehmen sollen.
- Rückmeldung an den Rechtsanwalt wegen des neuen Termins.

Zu c Auswirkung auf Kanzleiimage
Anrufer schätzen Freundlichkeit, Verbindlichkeit und Einfachheit, das gilt für Erstanrufer genauso wie für bestehende Mandanten. Sie haben keine Lust, ihr jeweiliges Anliegen mehrfach erklären zu müssen und zwischen Anwälten und Mitarbeitern hin und her verbunden zu werden. Sie möchten mit ihrem Anliegen ernst genommen werden und möglichst schnell mit ihrem Anruf zum Ziel kommen.

Wird dies nicht ernst genommen oder der Mandant durch ein ungeschicktes Verhalten des Mitarbeiters am Telefon verärgert, möglicherweise sogar wiederholt, so kann dies unter Umständen so weit gehen, dass der Mandant abspringt. Auf jeden Fall wird er aber seinem Unmut freien Lauf lassen und diese Negativerfahrung auch in seinem Bekannten- und Kollegenkreis weiterkommunizieren, was den Ruf einer Kanzlei beschädigt.

Zu d Organisatorische Maßnahmen
- Neuorganisation der Telefonzentrale, sofern räumlich möglich, getrennt von geräuschverursachenden Gerätschaften
- Anweisung an die Mitarbeiter, Störgeräusche dort zu vermeiden
- Untermalung von Wartezeiten am Telefon mit Musik oder kanzleibezogenen Ansagen, dies wirkt professioneller und lockert die Wartezeit etwas auf, ggf. wäre eine neue Telefonanlage notwendig
- Am besten ist es, wenn eine einzelne Person für die Telefonzentrale verantwortlich ist und als kommunikative Schnittstelle zwischen dem Anwalt und den Anrufern fungiert. Dann erkennen die Anrufer beim zweiten Mal auch die Stimme bzw. die Person wieder und haben das Gefühl, wieder anknüpfen zu können. Das ist eine wichtige Basis für Vertrauen und Zuverlässigkeit.
- Organisatorisch kann es je nach Größe der Kanzlei sinnvoll sein, dass der Mitarbeiter in der Telefonzentrale auch die Termine des Chefs verwaltet und freie Termine direkt vergeben kann. Anrufer akzeptieren es, wenn nicht gleich der gewünschte Ansprechpartner zu sprechen ist. Dies aber nur dann, wenn sie den Eindruck haben, dass ihr Anliegen in guten Händen ist.

A. Aufgaben aus dem Bürobereich

Zu e Telefonleitfaden
Wichtige Aspekte:
- Lächeln, freundlich begrüßen, die freundliche Körpersprache muss über das Telefon vom Mandanten wahrgenommen werden
- Zuerst Kanzleinamen nennen, dann den eigenen
- Anrufer beim Namen nennen, damit Interesse bekunden
- Positiv beginnen, z. B. mit „Was kann ich für Sie tun?"
- Die richtigen Erstfragen stellen und ggf. festlegen, in welchen Fällen ein Rückruf erfolgen kann und soll und wie bestimmte Formalien zu behandeln sind
- Niemanden in der Warteschleife vergessen
- Dem Mandanten zuhören, ausreden lassen
- Deutlich sprechen, keine Worte verschlucken
- Nur ein Gespräch führen, nicht parallel telefonieren
- Vermeidung von Störgeräuschen, nicht parallel arbeiten, auf das Telefonat konzentrieren
- Telefonnotiz anfertigen, nichts Wichtiges vergessen, nicht beim telefonieren essen oder trinken
- Bei Terminvereinbarungen o. ä. die Vereinbarung bestätigen lassen
- Versprechungen wie Rückrufe, Terminvereinbarungen oder das Übersenden von Unterlagen müssen eingehalten werden

Zu f Überprüfung
- Durch die in der Kanzlei und im Verhältnis zu den Mandanten wahrgenommene Atmosphäre
- Vergleich der Neumandate nach Einführung des Leitfadens mit der Zahl der Mandate in einem entsprechenden vorherigen Zeitraum
- Gespräche mit den Mandanten in der Kanzlei bewusster wahrnehmen und analysieren
- Stichprobenartig Mandanten fragen; damit diese Frage vom Mandant nicht als irritierend empfunden wird, sollte als Grund für die Nachfrage darauf hingewiesen werden, dass die Qualität und der wertschätzende Umgang in dieser Kanzlei sehr ernst genommen werden

zu 7a Kostenermittlung
Papier: 3,10 Euro – 3 % = 3,01 Euro br. : 1,19 = 2,53 Euro netto pro Packen
2,50 Euro netto (ist günstiger) x 40 Packen = 100,00 Euro netto + 19 % USt = **119,00 Euro br.**
Toner: 414,36 Euro br. - 5,00 Euro = **409,36 Euro br.**
409,36 Euro : 1,19 = 344,00 Euro netto
Leuchten: 210,00 Euro – 30 % = 147,00 Euro netto + 19 % USt = **174,93 Euro br.**
160,00 Euro – 5 % = 152,00 Euro – 2 % = 148,96 Euro netto + 19 % USt = 177,26 Euro br.
178,50 Euro br. : 1,19 = 150,00 Euro netto

703,29 Euro br.

Zu b Einnahmenüberschussrechnung
Die Ausgaben als solche tauchen nicht gesondert in seiner Steuererklärung auf. Sie gehen jedoch als (brutto) Betriebsausgaben in seine Einnahmenüberschussrechnung ein und vermindern somit den Gewinn, der den Einkünften aus selbstständiger Arbeit gemäß § 18 EStG zugrunde gelegt wird. Letztlich vermindert sich dadurch auch die zu zahlende Einkommensteuer.

Zu c USt-Zahllast
Der Rechtsanwalt muss als Monatszahler für seine Juli-Umsätze die Umsatzsteuervoranmeldung spätestens bis zum 10. des Folgemonats, das heißt, bis 10. August abgeben. Innerhalb der Ermittlung der Umsatzsteuerzahllast kann er die Vorsteuer aus den Kanzleiausgaben geltend machen:

        Umsatzsteuer   1.000,00 Euro
-      Vorsteuer   -   112,29 Euro (19 % aus 703,29)
=   USt- Zahllast   =   887,71 Euro

Hinweis: Die USt-Voranmeldung ist in elektronischer Form an das Finanzamt zu übermitteln. Für die verspätete Übermittlung entsteht ein Verspätungszuschlag und für die verspätete Zahlung der Steuer ein Säumniszuschlag. Diese werden vom Finanzamt erhoben.

Zu d Registratur
Diese Form der Ablage mag für Akten, die selten gebraucht werden, sinnvoll sein. Die Materialkosten sind auch niedriger, da keine aufwändigeren Aufbewahrungssysteme angeschafft werden müssten. Allerdings ist diese Form der Aufbewahrung sehr unübersichtlich, umständlich und auch unflexibel, so dass insgesamt gesehen eher abzuraten wäre.

Lösungen — Kommunikation und Büroorganisation

zu 8 **Angebotsvergleich**
zu a. **Preisvergleich**

	Büro – Service GmbH	Office-Today GmbH	Internet-Office GmbH
Nettopreis pro Stuhl x 6 Stühle	1.500,00	1.380,00	1.200,00
	- 150,00	- 69,00	- 36,00
= Netto-Zieleinkaufspreis	1.350,00	1.311,00	1.164,00
	-,-	- 26,22	-,-
= Netto-Bareinkaufspreis		1.284,78	
	+ 20,00	+ 30,00	+ 30,00
= **Netto-Bezugspreis** (Einstandspreis)	**1.370,00**	**1.314,78**	**1.194,00**

Hiernach wäre das Angebot der Internet – GmbH das günstigste und aus rein preislicher Sich zu präferieren.

Zu b. **Qualitativer Vergleich (Nutzwertanalyse)**
Vorbemerkung
Die Merkmale und die Bewertungen können subjektiv differieren. Aufgrund des Ausgangssachverhalts, könnte eine Dreiteilung in der vorgeschlagenen Form sinnvoll sein.
In der ersten Gewichtungsspalte wird auf einer Skala von 1 bis 5 angegeben, wie wichtig die drei Merkmale vom Käufer eingestuft werden. Die Produktqualität wurde mit drei als am höchsten eingestuft, die anderen Merkmale sind nachgelagert.
In der Bewertungsspalte gibt der Käufer an, wie hoch der jeweilige Shop das Merkmal erfüllt.

		Büro - Service GmbH		Office - Today GmbH		Internet- Office GmbH	
Merkmal	Gewichtungsfaktor	x Bewertung	= Gewichtete Bewertung	x Bewertung	= Gewichtete Bewertung	x Bewertung	= Gewichtete Bewertung
Produktqualität	3	5	15	4	12	3	9
Liefer-/Reparaturservice, Beratung, Betreuung	2	5	10	3	6	1	2
Ruf, Seriosität des Shops, Kundenbetreuung	1	5	5	5	5	1	1
Summe			**30**		**21**		**12**

Bei dieser subjektiven Nutzwertanalyse liegt die Büro - Service GmbH deutlich vorne.

Insgesamt betrachtet, macht die Büro – Service GmbH den preislichen Nachteil durch ein gutes Service- und Kundenbetreuungsangebot vor Ort wett, zumal der Preisunterschied zur Office – Today GmbH in Frankfurt nur relativ gering ist. Sofern nicht nur der Preis ausschlaggebendes Argument für den Kauf sein soll, sondern auch Service, Beratung und Kundenbetreuung vom Entscheider als wichtig eingestuft werden, scheidet das Internetangebot aus. Im Hinblick auch auf die Vorgaben im Sachverhalt und möglicherweise weitere Bürokäufe, wäre das Angebot der Büro – Service GmbH vor Ort zu präferieren.

A. Aufgaben aus dem Bürobereich

Zu c. Buchung

AVK	1.370,00			
Vorsteuer	260,30	an	Bank	1.630,00

Hinweis:
Da es sich bei den Stühlen um geringwertige Wirtschaftsgüter handelt (Anschaffungskosten liegen unter 410,00 Euro), werden sie sinnvollerweise nicht auf Praxisausstattung (Wahlrecht), sondern auf allgemeine Verwaltungskosten gebucht. Der Kauf erfolgt üblicherweise per Bank.

Die Vorsteuer stellt hier keine Betriebsausgabe dar. Der Rechtsanwalt hat hieraus den Vorsteuerabzug und kann sie gegenüber dem Finanzamt geltend machen (im Rahmen der USt-Voranmeldung).

Zu d. Einnahmenüberschussrechnung

Geringwertige Wirtschaftsgüter stellen hier sowohl mit ihren (Netto-) Anschaffungskosten als auch mit der Vorsteuer Betriebsausgaben dar.

Hinweis:
Bei der rechnerischen Überprüfung, ob ein Wirtschaftsgut ein GWG darstellt, das heißt, ob es unterhalb oder über der 410-Euro Grenze liegt, wird auf die (Netto-) Anschaffungskosten abgestellt. In den Betriebsausgaben werden dann jedoch sowohl die (Netto-) Anschaffungskosten als auch die Vorsteuer berücksichtigt.

Zu 9a Personalbedarf

- Ersatzbedarf: Bereits vorhandene Stellen werden wieder besetzt
- Überbrückungsbedarf: Zusatzbedarf in Spitzenzeiten oder Bedarf bei befristeten Ausfällen, z. B. wegen Großauftrag, Mutterschutz
- Neubedarf: Zusätzliche Schaffung von Stellen

Zu 9b Personalbedarf

- Ersatzbedarf: Würde bei Frau Klein und Frau Grün vorliegen, da sie ersetzt werden müssen.
- Überbrückungsbedarf: Dies würde bei Frau Groß vorliegen, da sie nach der Elternzeit wiederkommt.
- Neubedarf: Dies würde bei der Rechtsanwaltsfachangestelltenstelle für die beiden neuen Rechtsanwälte vorliegen.

Zu 9c Personalbedarf im Sachverhalt

Aktuelles Jahr:
Sollstellen: 0,5 + 0,5 + 1,0 + 1,0 + 1,0 =		4,0 Stellen

(im aktuellen Jahr ist Soll = Ist, das heißt, alle Stellen sind besetzt)

Planung nächstes Jahr
Abgänge nächstes Jahr: 0,5 + 0,5 + 1,0 befristet =		2,0 Stellen
neue (halbe) Stelle	+	0,5 Stelle
Personalbedarf nächstes Jahr	=	2,5 Stellen

Zu 9d Arbeitsvertrag

Es sollte ein am Mutterschutz bzw. der Elternzeit von Frau Groß orientiert befristeter Arbeitsvertrag vereinbart werden.

Zu 9e Nachfolgerin

Es wäre zu überlegen, ob anstatt zwei Teilzeitkräften eine Vollzeitkraft eingestellt werden sollte.

Zu 9f Beurteilung

- Eine Halbtagskraft zur Sachbearbeitung für zwei Rechtsanwälte könnte in organisatorischer und in überlastungsmäßiger Hinsicht zu Überschneidungen und Engpässen führen.
- Außerdem muss auch damit gerechnet werden, dass über zwei neue Anwälte mit zwei für die Kanzlei neuen Fachgebieten die Auslastung in der Zentrale bzw. des Schreibdienstes deutlich zunehmen wird und diese Mitarbeiterin somit auch bald überlastet sein könnte und für andere Tätigkeiten nicht mehr zur Verfügung steht. Auch dies könnte auf einen höheren Personalbedarf als den geplanten hindeuten.

Zu 9g Stellenbeschreibung

- Tätigkeitsbezeichnung der Stelle
- Organisatorische Eingliederung des Stelleninhabers in die Gesamtstruktur
- Die dem Stelleninhaber unterstellten Mitarbeiter
- Der Vorgesetzte des Stelleninhabers
- Die Abwesenheitsvertretung für den Stelleinhaber
- Entscheidungsbefugnisse, Vollmachten und Ziele

Lösungen — Kommunikation und Büroorganisation

Zu 9h **Stellenanzeige**

Festgemacht an den „Fünf-W-Fragen" lässt sich aufführen:
- **Wer** inseriert (Kanzlei, Name, Adresse)?
- **Wen** sucht die Kanzlei (genaue Beschreibung der angebotenen Stelle)?
- **Was** wird seitens der Kanzlei vom Bewerber erwartet (Ausbildung, Qualifikation, Berufserfahrung etc.)?
- **Was** bietet die Kanzlei dem Bewerber (finanziell, Zusatzleistungen etc.)?
- **Worum** bittet die Kanzlei den Bewerber (Bewerbungsunterlagen, Referenzen etc.)?

B. Rechnungswesen und Finanzwesen

I. Wiederholungsfragen

1. Allgemeine Grundlagen der Buchführung

Zu 1 Buchführungspflicht
- **Handelsrechtlich** besteht keine Buchführungspflicht, da nach dem HGB nur Kaufleute buchführungspflichtig sind. Rechtsanwälte fallen nicht unter den handelsrechtlichen Begriff Kaufmann.
- **Auch steuerrechtlich** besteht keine Buchführungspflicht, da Rechtsanwälte weder Kaufleute noch Gewerbetreibende sind.

Anmerkung:
Hier wären §§ 140, 141 AO zu prüfen.
- § 140 AO erklärt die nach Handelsrecht buchführungspflichtigen Kaufleute auch steuerrechtlich für buchführungspflichtig. Da Rechtsanwälte keine Kaufleute sind, sind sie folglich auch nicht nach § 140 AO buchführungspflichtig.
- § 141 AO erklärt Gewerbetreibende oder Land- und Forstwirte unter bestimmten Voraussetzungen für buchführungspflichtig. Auch diese Vorschrift trifft nicht auf Rechtsanwälte zu, da sie weder Gewerbetreibende noch Land- und Forstwirte sind.

Gleiches gilt auch für Notare.

Zu 2 Kassenbuch
In einem Kassenbuch sind die täglichen Bareinnahmen und Barausgaben aufzuzeichnen.

Zu 3 Kostenverrechnungsblatt
Das Kostenverrechnungsblatt stellt die Grundlage der Vergütungsrechnung eines Rechtsanwalts gegenüber seinem Mandanten dar. Hierauf werden fortlaufend und übersichtlich alle den Auftrag betreffenden Zahlungsvorgänge eingetragen. Gegenüber dem Finanzamt kommt dem Kostenblatt eine wichtige Dokumentationsfunktion zu.

Zu 4 Wichtige Gewinnermittlungsarten
Zu a Einnahmenüberschussrechnung
Zu aa Betriebseinnahmen und Betriebsausgaben
- **Betriebseinnahmen**: Dies sind alle Zugänge in Geld oder Geldeswert, die durch den Betrieb bzw. die Kanzlei veranlasst sind.
- **Betriebsausgaben**: Dies sind Aufwendungen, die durch den Betrieb bzw. die Kanzlei veranlasst sind.

Zu ab Gewinn-/ Verlustermittlung bei Einnahmenüberschussrechnung
Der Rechtsanwalt oder Notar hat nach § 4 Abs. 3 EStG die Möglichkeit, seinen Gewinn durch eine Einnahmenüberschussrechnung zu ermitteln:

    Betriebseinnahmen
./.   <u>Betriebsausgaben</u>
=   Gewinn oder Verlust

Zu b Betriebsvermögensvergleich
Der Rechtsanwalt oder Notar hat das Wahlrecht, ob er seinen Gewinn durch Einnahmenüberschussrechnung gemäß § 4 Abs. 3 EStG oder durch Betriebsvermögensvergleich nach § 4 Abs. 1 EStG ermitteln möchte.

Gewinnermittlung durch Betriebsvermögensvergleich:

    Betriebsvermögen (= Eigenkapital) am Schluss des gerade abgelaufenen Jahres
./.   <u>Betriebsvermögen (= Eigenkapital) am Schluss des Vorjahres</u>
=   Unterschiedsbetrag
+   Entnahmen*
./.   <u>Einlagen*</u>
=   Gewinn oder Verlust

Anmerkung:
*Da der von privaten Entnahme- und Einlagevorgängen unverfälschte betriebliche Jahresgewinn ermittelt werden soll, werden die Entnahmen hinzugerechnet, da ansonsten der Gewinn durch private Entnahmen gemindert worden wäre. Gleiches gilt analog für die Herausnahme der Einlagen, da ansonsten der betriebliche Gewinn durch private Einlagen zu hoch ausfiele.

Exkurs:
Bei der **Einnahmenüberschussrechnung** werden für die steuerliche Gewinnermittlung nur die tatsächlich im Wirtschaftsjahr gebuchten Einnahmen und Ausgaben erfasst. Gemäß § 11 EStG interessiert nur der tatsächliche Mittelzu- und abfluss. Sofern beispielsweise im Dezember noch Honorarforderungen gegenüber einem Mandanten bestehen, die erst im folgenden Jahr von ihm bezahlt werden, so dürfen diese erst im folgenden Jahr als Einnahmen (= Mittelzufluss) steuerlich erfasst werden, nicht jedoch schon im alten Jahr.

Dem **Betriebsvermögensvergleich** liegt über das Rechnungswesen (mit Bilanz und GuV) eine andere Betrachtungsweise zugrunde. Hier interessiert die periodengerechte Gewinnermittlung. Dies bedeutet, dass Aufwendungen und Erträge in dem Jahr gebucht werden, in dem sie wirtschaftlich verursacht wurden und zwar unabhängig vom Zahlungszeitpunkt. Wenn z. B. ein Einzelhändler im Dezember Waren verkauft, dann ist der Verkauf im Dezember verursacht und demzufolge im Dezember als Ertrag zu buchen. Gleichzeitig hat der Einzelhändler über den Bilanzstichtag eine Forderung gegenüber dem Kunden, die dieser erst im folgenden Jahr bezahlt. Hier wird zum 31.12., anders als bei der Einnahmenüberschussrechnung, eine Forderung gegenüber dem Kunden gebucht. Aus diesem Grund sind der Einnahmenüberschussrechnung Bilanzpositionen wie etwa Forderungen, Verbindlichkeiten, Rückstellungen, Rechnungsabgrenzungsposten etc. völlig fremd. Diese gibt es dort nicht, weil dort nur das Mittelzufluss- bzw. Mittelabflussprinzip gilt.

Obwohl Rechtsanwälte und Notare nur zu einer einfachen Einnahmenüberschussrechnung einkommensteuerrechtlich verpflichtet sind, ist es dennoch sinnvoll, die Geschäftsvorfälle entsprechend den Grundsätzen der doppelten Buchhaltung zu buchen und somit einfacher und übersichtlicher zu dokumentieren. Allerdings dürfen dann in dieser doppelten Buchhaltung nur die Mittelzu- und abflüsse gebucht werden. Anders ausgedrückt, es gibt keine Buchungen über Forderungs- oder Verbindlichkeitskonten, sondern Zahlungsvorgänge werden direkt über das Kassen- oder Bankkonto gebucht. Dies ist dem kaufmännischen Rechnungswesen, wie es normalerweise an kaufmännischen Berufsschulen vermittelt wird, etwas fremd.

Zu 5 Grundsätze ordnungsmäßiger Buchführung

Die Grundsätze ordnungsmäßiger Buchführung (abgekürzt GOB) sind, nachdem sie Jahrzehnte lang nicht kodifiziert waren, insbesondere im HGB und der AO gesetzlich festgelegt.

Es handelt sich hierbei um Ordnungsvorschriften, die dem Buchführungspflichtigen vorschreiben, wie seine Buchhaltung beschaffen sein muss. Eine Buchführung ist ordnungsgemäß, wenn
- alle erforderlichen Bücher geführt werden,
- die Bücher formal in Ordnung sind,
- der Inhalt sachlich richtig ist.

Im Einzelnen bedeutet dies z. B:
- Übersichtlichkeit der Aufzeichnung
- keine Verrechnung von Aufwands- und Ertragskonten
- das Verbot, Buchungen unleserlich zu machen
- richtige und zeitnahe Buchung
- keine Buchung ohne Beleg
- Einhaltung der Aufbewahrungsfristen

Zu 6 Inventur
Zu a Begriff
Sie ist die mengen- und wertmäßige Bestandsaufnahme aller Vermögensgegenstände und Schulden zu einem bestimmten Stichtag.

Zu b Durchführungsmöglichkeiten
(1) Die **körperliche Inventur** erfolgt durch Zählen, Wiegen, Messen und Bewerten.
(2) Daneben gibt es eine **Buchinventur**, in der der Wert der körperlich nicht erfassbaren Wirtschaftsgüter ermittelt wird. Bei Forderungen oder Verbindlichkeiten erfolgt beispielsweise die Buchinventur durch die Aufnahme von Belegen.

Zu 7 Inventar
Dies ist ein Verzeichnis, in dem alle Vermögensgegenstände und Schulden nach Art, Menge und Wert erfasst sind.

Aufbau: Vermögen
        ./. Schulden
         = Reinvermögen

Erläuterungen
- Das Vermögen wird nach der „**Flüssigkeit**" (Liqidität) geordnet, das heißt nach dem Grad, wie es in Geld umgesetzt werden kann. Die weniger flüssigen Vermögensgegenstände wie z. B. Grundstücke werden daher zuerst aufgeführt und die Bank- oder Kassenbestände „als flüssigste Form" zuletzt.

B. Rechnungswesen und Finanzwesen

- Die Schulden werden nach ihrer **Fälligkeit** unterteilt in langfristige Schulden und kurzfristige Schulden.
- Das Reinvermögen entspricht betragsmäßig dem in der Bilanz ausgewiesenen Eigenkapital.

Zu 8 Bilanz
Sie stellt eine zusammengefasste Gegenüberstellung von Vermögen und Kapital in Kontenform dar.

Auf der Aktivseite stehen die Vermögensposten, gegliedert in **Anlagevermögen** und **Umlaufvermögen**.

Die Passivseite betrifft die Mittelherkunft mit **Eigenkapital** und **Fremdkapital**.

Die Bilanz ist Pflichtbestandteil des Jahresabschlusses.

Zu 9 Zusammenhang zwischen Bilanz und Inventar
Zu a Unterschiede
Die Bilanz ist
- eine Kurzfassung des ausführlich aufgestellten Inventars
- in Kontenform.

Zu b Zuordnungen

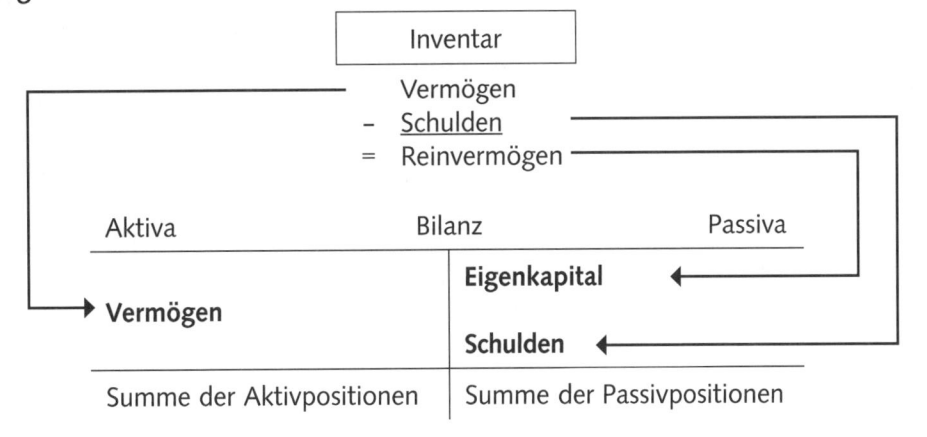

```
                        Inventar
                        Vermögen
                      - Schulden
                      = Reinvermögen

        Aktiva          Bilanz          Passiva
                        Eigenkapital  ←
    →  Vermögen
                        Schulden      ←

    Summe der Aktivpositionen  |  Summe der Passivpositionen
```

Zu c Kennzeichnung der Bilanzseiten

Vermögen
Kapitalverwendungsseite
Investitionsseite

Kapital
Kapitalherkunftsseite
Finanzierungsseite

Zu 10 Wertveränderungen in der Bilanz
Zu a Aktivtausch
Zwei Aktivposten ändern sich, das heißt ein Aktivposten wird vermehrt und ein anderer um den gleichen Betrag vermindert. Die Bilanzsumme bleibt dabei gleich.
Beispiel: 500,00 Euro werden aus der Kasse auf das Bankkonto eingezahlt.

Zu b Passivtausch
Zwei Passivposten ändern sich, das heißt ein Passivposten wird vermehrt und ein anderer um den gleichen Betrag vermindert. Die Bilanzsumme bleibt gleich.
Beispiel: Ein kurzfristiges Darlehen über 10.000,00 Euro wird in ein langfristiges umgeschuldet.

Zu c Aktiv- Passiv- Mehrung
Ein Aktiv- und ein Passivposten nimmt jeweils um den gleichen Betrag zu und die Bilanzsumme erhöht sich. Man spricht in diesem Fall von einer Bilanzverlängerung.
Beispiel: Der Rechtsanwalt nimmt ein Darlehen über 20.000,00 Euro auf, die Darlehenssumme wird auf dem Bankkonto bereit gestellt.

Zu d Aktiv- Passiv- Minderung
Ein Aktiv- und ein Passivposten vermindert sich jeweils um den gleichen Betrag und die Bilanzsumme nimmt ab. Man spricht hierbei von einer Bilanzverkürzung.
Beispiel: Der Rechtsanwalt zahlt ein kurzfristiges Darlehen über 2.000,00 Euro durch Banküberweisung.

Zu 11 Bestandskonten

Zu a Begriff

Hierbei handelt es sich um Konten, die aus der Bilanz abgeleitet werden. Jeder Bilanzposition wird ein eigenes Bestandskonto zugeordnet. Im Gegensatz zu den Erfolgskonten weisen sie zu Jahresbeginn einen Anfangsbestand auf und am Jahresende werden die Salden in die Schlussbilanz übertragen.

Auf den aktiven Bestandskonten (Aktivkonten) werden die Vermögenswerte erfasst und auf den passiven Bestandskonten (Passivkonten) das Kapital, insbesondere Eigenkapital und Verbindlichkeiten.

Zu b Eröffnungsbilanzkonto

Das Eröffnungsbilanzkonto dient der Eröffnung der Bestandskonten. Es ist im Grunde nichts anderes als das spiegelverkehrte Abschlussbilanzkonto des Vorjahres. Es wird benötigt, um die Anfangsbestände der Eröffnungsbilanz auf die Aktiv- und Passivkonten zu übertragen. Buchungstechnisch könnten die Eröffnungsbuchungen im System der doppelten Buchführung „Soll an Haben" ohne Eröffnungsbilanzkonto nicht ausgeführt werden.

Zu c Buchungsregel zur Kontoeröffnung

Bei Aktivkonten wird der Anfangsbestand im Soll des zu eröffnenden Kontos vorgetragen und bei Passivkonten im Haben des zu eröffnenden Kontos.

Wichtig: Sofern Sie bei Buchungen und Buchungssätzen immer noch Soll und Haben verwechseln, sollten Sie sich unbedingt als ersten Schritt einprägen, wie eine komplette Bilanz aussieht Sie sollten sehr genau wissen, welche Positionen auf der Aktiv- und welche auf der Passivseite stehen. Jede dieser Positionen erhält bei der Kontoeröffnung ein eigenes Konto, auf dem Sie die Bestände unter Anwendung obiger Buchungsregel eintragen.

Zu d Buchungsregel „Zugänge und Abgänge"

Zugänge kommen immer unter die Anfangsbestände, Abgänge werden demzufolge auf der anderen Kontenseite erfasst.

Steht der Anfangsbestand auf der Sollseite, so kommen die Zugänge ebenfalls auf die Sollseite, Abgänge kommen demzufolge auf die Habenseite, dies gilt für die Aktivkonten.

Steht der Anfangsbestand auf der Habenseite, so kommen die Zugänge ebenfalls auf die Habenseite, Abgänge kommen demzufolge auf die Sollseite, dies gilt für die Passivkonten.

Zu e Schlussbestände

- Bei aktiven Bestandskonten steht der Schlussbestand immer auf der Habenseite.
- Bei passiven Bestandskonten steht er immer auf der Sollseite.
- Die Schlussbestände werden über das Schlussbilanzkonto abgeschlossen.

Zu f Buchungssatz

= Buchungsformel, Kontenaufruf
= Aussage darüber, wie ein Geschäftsvorfall zu buchen ist

Das Konto mit der Sollbuchung wird zuerst genannt und das Konto, auf dem die Habenbuchung erfolgen soll (in der Regel ist das die Gutschrift) als zweites. Beide werden durch das Wörtchen „an" miteinander verbunden, vereinfacht ausgedrückt: Soll an Haben.

Anmerkungen

(1) System der doppelten Buchführung

Wie bereits erläutert, spricht jede durch einen Geschäftsvorfall ausgelöste und aufgrund eines Belegs vorgenommene Buchung mindestens zwei Konten an. Diese werden im Buchungssatz benannt und mit dem Zusatz „an" miteinander verbunden.

Hinweis:

Der Begriff doppelte Buchführung wird aber auch, bezogen auf die Gewinnermittlung, in einem anderen Sinne gebraucht:

- Der Gewinn kann zum einen über den Vergleich der Aufwendungen und der Erträge innerhalb der Gewinn- und Verlustrechnung des aktuellen Wirtschaftsjahres ermittelt werden,
- er kann aber auch über den Betriebsvermögensvergleich, das heißt durch Vergleich des Betriebsvermögens (= Eigenkapital) zu Beginn und zum Ende des Jahres, korrigiert um Entnahmen und Einlagen, bestimmt werden.

(2) Grund- und Hauptbuch

Die laufend anfallenden Geschäftsvorfälle werden nicht sofort auf den entsprechenden Konten gebucht, sondern zunächst in Form von Buchungssätzen im Buchführungsgrundbuch (Journal) in zeitlicher Reihenfolge erfasst. Die Geschäftsvorfälle werden danach aus dem Grundbuch ins Hauptbuch übertragen. Dort erfolgt eine sachliche Ordnung aller Buchungen auf Sachkonten. Wenn Sie also im Unterricht auf T-Konten buchen, dann machen Sie nichts anderes, als eine Sortierung nach Sachkonten, wie etwa bei Kasse- oder Bankkonten, vorzunehmen (die Sachkonten bilden das Hauptbuch).

Zu g Zusammenfassung Bestandskonten

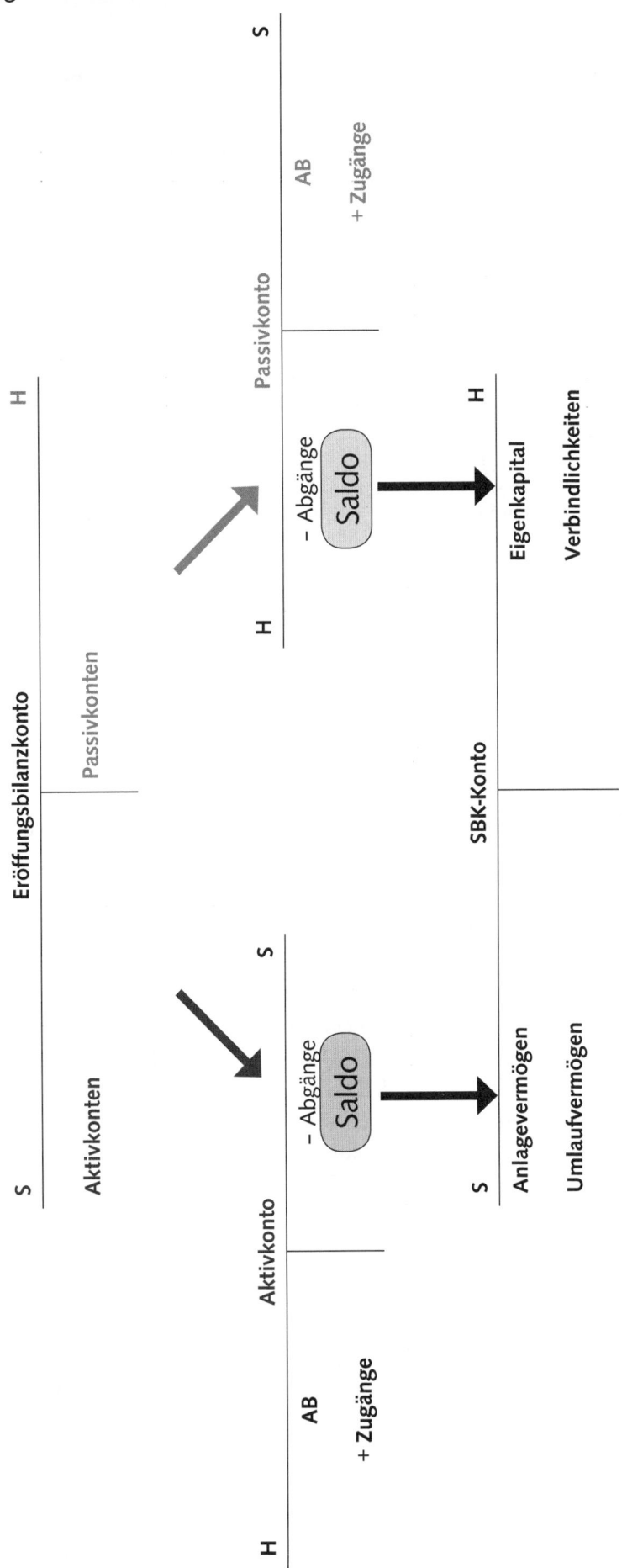

Eröffnungsbilanzkonto

Aktivkonten | Passivkonten

Aktivkonto

S | H
AB
+ Zugänge | − Abgänge
Saldo

Passivkonto

S | H
− Abgänge | AB
+ Zugänge
Saldo

SBK-Konto

S | H
Anlagevermögen | Eigenkapital
Umlaufvermögen | Verbindlichkeiten

Lösungen — Kommunikation und Büroorganisation

Zu 12 Erfolgskonten

Zu a Begriff
Ganz allgemein definiert sind Erfolgskonten solche Konten, über die Geschäftsvorfälle gebucht werden, die als Aufwand oder Ertrag den Erfolg des Unternehmens berühren und über das Gewinn- und Verlustkonto (GuV) abgeschlossen werden.

Zu b Eigenkapitaländerungen
Durch erfolgswirksame Vorgänge wird das Eigenkapital verändert, das heißt Erträge mehren das Eigenkapital und Aufwendungen mindern das Eigenkapital.

Anmerkung
Aus Gründen der Kontrolle und der Transparenz werden die erfolgswirksamen Vorgänge eines Geschäftsjahres nicht direkt über das Eigenkapitalkonto gebucht, sondern auf gesonderten Aufwands- und Ertragskonten.

Zu c Erfolgswirksame Vorgänge mit Konten

Beispiel		+	–	0	Konto
1.	Kauf von Büromaterial		x		Allgemeine Verwaltungskosten (AVK)
2.	AfA für den betrieblichen Pkw		x		Abschreibungen
3.	Kauf einer Schreibtischlampe zu 130,00 Euro, netto		x		AVK (GWG-Regelung)
4.	Zahlung der Bezinrechnung für den betrieblichen Pkw		x		Kfz-Kosten
5.	Zahlung der Raummiete		x		Raumkosten (Mietaufwand)
6.	Zahlung der Personalkosten		x		Personalkosten
7.	Mandant zahlt Honorarforderung	x			Honorar
8.	Miete für vermietete Kanzleiräume	x			Mieterträge
9.	Kauf einer Schreibtischleuchte zu 500,00 Euro, netto			x	Sammelposten oder Praxisausstattung
10.	Zahlung der Reinigungskosten für die Kanzleiräume		x		Raumkosten

Zu d Buchungsregel bei Aufwands- und Ertragsbuchungen
Der Aufwand wird im Soll und der Ertrag im Haben gebucht. Hieraus abgeleitet ergibt sich folgende Kurzformel: „Aufwand an Ertrag" (dies entspricht Soll an Haben).

Zu e Gewinn- und Verlustrechnungskonto
Die Gewinn- und Verlustrechnung (GuV) beinhaltet eine Gegenüberstellung von Aufwendungen und Erträgen zur Ermittlung des Unternehmensergebnisses. Die Aufwendungen stehen auf der Aufwandsseite (Soll) des GuV-Kontos und die Erträge auf der Ertragsseite (Haben).

Zu f Gewinn und Verlust
- Gewinn: Er steht auf der Aufwandsseite.
- Verlust: Er steht auf der Ertragsseite.

Anmerkung
Der Gewinn wird im Eigenkapitalkonto erhöhend im Haben gebucht, ein Verlust im Soll. Das Konto Eigenkapital wird über das Schlussbilanzkonto abgeschlossen. Dort wird somit auf der Passivseite das endgültige Eigenkapital ausgewiesen.

Zu g Kontenabschluss
- Bestandskonten: Abschluss über das Schlussbilanzkonto
- Erfolgskonten: Abschluss über das GuV-Konto

B. Rechnungswesen und Finanzwesen

Zu h Zusammenfassung Erfolgskonten

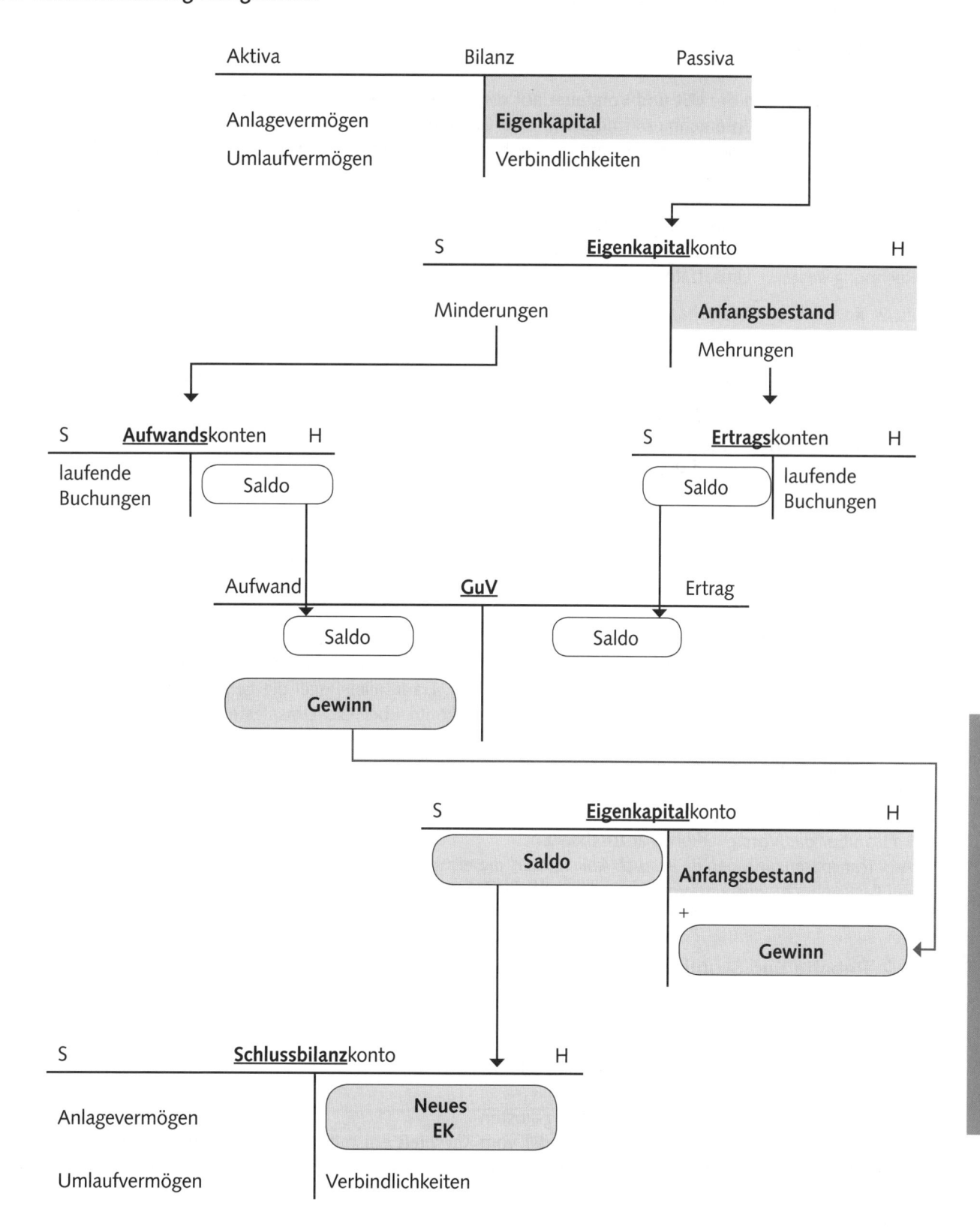

Aktiva	Bilanz	Passiva
Anlagevermögen	**Eigenkapital**	
Umlaufvermögen	Verbindlichkeiten	

S **Eigenkapital**konto H

Minderungen	**Anfangsbestand**
	Mehrungen

S **Aufwands**konten H

| laufende Buchungen | Saldo |

S **Ertrags**konten H

| Saldo | laufende Buchungen |

Aufwand **GuV** Ertrag

| Saldo | Saldo |

Gewinn

S **Eigenkapital**konto H

Saldo	**Anfangsbestand**
	+
	Gewinn

S **Schlussbilanz**konto H

| Anlagevermögen | **Neues EK** |
| Umlaufvermögen | Verbindlichkeiten |

Anmerkung:
Problematisch wird es, wenn der Rechtsanwalt oder Notar dem Betriebsvermögen der Kanzlei zugeordnete Gegenstände für den Privatgebrauch entnimmt. Obwohl diese Gegenstände ohne Geldzahlung entnommen werden, so entsteht dennoch Umsatzsteuer, da der Rechtsanwalt bzw. Notar beim Kauf den Vorsteuerabzug aus der Eingangsrechnung hatte. Hier stellen die **Wiederbeschaffungskosten** im Zeitpunkt des Umsatzes die

2. Ausgewählte Buchungen

2.1 Umsatzsteuer

Zu 1 Auswirkungen der USt und Vorsteuer auf die Gewinnermittlung (Bilanzierer)
Bei bilanzierenden Unternehmern (mit Bilanz und GuV) wirken sich Umsatzsteuer und Vorsteuer nicht gewinnwirksam aus, sie werden nicht über die GuV gebucht. Das Vorsteuerkonto hat Forderungscharakter, das Umsatzsteuerkonto hat Verbindlichkeitscharakter. Sie stellen Bestandskonten dar.
Hinweis zur Einnahmenüberschussrechnung:
Hier stellt sich die Behandlung grundsätzlich anders dar. Die vom Rechtsanwalt oder Notar in Rechnung gestellte Umsatzsteuer stellt eine Betriebseinnahme dar. Die dem Rechtsanwalt oder Notar z. B. von Lieferanten in Rechnung gestellte Umsatzsteuer (Vorsteuer) stellt eine Betriebsausgabe dar.

Zu 2 Kontenabschluss (bilanzierende Unternehmer)

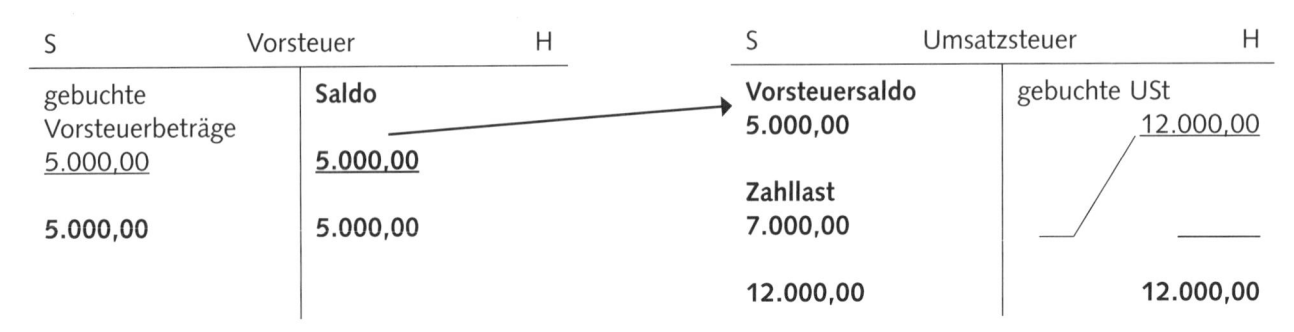

S	Vorsteuer	H		S	Umsatzsteuer	H
gebuchte Vorsteuerbeträge 5.000,00	Saldo 5.000,00		→	Vorsteuersaldo 5.000,00 Zahllast 7.000,00	gebuchte USt 12.000,00	
5.000,00	5.000,00			12.000,00	12.000,00	

Anmerkungen:
Am Ende des Voranmeldungszeitraumes muss der Rechtsanwalt bzw. Notar die Umsatzsteuerzahllast ermitteln. Bei der Lösung zu Frage 7 wurde dies bereits rechnerisch dargestellt. Beim Kontenabschluss geschieht dies durch Abschluss der Umsatzsteuerkonten (= Bestandskonten). Da in aller Regel die gebuchten Umsatzsteuerbeträge die Vorsteuerbeträge übersteigen, wird das Vorsteuerkonto über das Umsatzsteuerkonto abgeschlossen. Der Habensaldo des Vorsteuerkontos wird auf die Sollseite des Umsatzsteuerkontos gebucht. Auf dem Umsatzsteuerkonto stellt sich die Umsatzsteuerzahllast als Saldo im Soll dar. Sofern dieser Betrag beim Jahresabschluss nicht mehr im alten Jahr bezahlt wird, so ist er bei den Verbindlichkeiten in der Bilanz auszuweisen.
Sofern die Vorsteuer die Umsatzsteuer übersteigt (z. B. im Jahr der Kanzleigründung), so ist das Umsatzsteuerkonto über das Vorsteuerkonto abzuschließen.
Aus Transparenzgründen ist es auch üblich, dass die ermittelte Zahllast auf ein gesondertes Verrechnungskonto Zahllast gebucht wird und von diesem aus an das Finanzamt überwiesen wird.

2.2 Rabatte und Skonti

Zu 1 Rabatt und Skonto
Rabatt:
mindert die Anschaffungskosten (Sofortabzug)
Skonto:
= nachträgliche Minderung der Anschaffungskosten
Hierbei handelt es sich um einen Nachlass, der vom Kaufpreis entsprechend den Zahlungsbedingungen auf den Rechnungsbetrag bei Zahlung binnen einer bestimmten Frist gewährt wird. Dies führt bei einem Anschaffungsvorgang auch zu einer nachträglichen Minderung der Anschaffungskosten.
Hinweis:
Da bei Buchungen im anwaltlichen Bereich ein Skontoabzug direkt über das Sollkonto und das Bank- oder Kassenkonto im Haben berücksichtigt und gebucht wird, unterscheidet sich dieser Buchungssatz nicht von dem beim Rabattabzug.

Zu 2 Auswirkungen auf die Bemessungsgrundlage
Durch den sofortigen Rabattabzug vermindert sich auch sofort das zu zahlende Entgelt als Bemessungsgrundlage für die Umsatzsteuer.
Der Skontoabzug mindert nachträglich die Bemessungsgrundlage für die Umsatzsteuer.

B. Rechnungswesen und Finanzwesen

Da die Buchung bei der Einnahmenüberschussrechnung erst mit dem Zahlungsvorgang erfolgt, entspricht sie der Buchung des Rabattes.

2.3 Durchlaufende Posten (Fremdgeld und Anderkonto)

Zu 1 **Vorgelegte Kosten**
Hierbei handelt es sich um Kosten und Gebühren (z. B. Gerichtskostenvorschuss, Zeugengebühren), die ein Rechtsanwalt bzw. Notar für seinen Mandanten vorlegen muss, z. B. an Behörden, Gerichte, Gerichtsvollzieher.

Zu 2 **Durchlaufende Posten**
Im **Rechnungswesen** werden Beträge, die zwar in der Kanzlei eingehen, jedoch in gleicher Höhe an einen Dritten weitergegeben werden, ohne den eigentlichen Kanzleizweck zu berühren, auf einem gesonderten Konto gebucht.
In der **Umsatzsteuer** gehören Beträge, die der Unternehmer im Namen und für Rechnung eines anderen vereinnahmt und verausgabt, nicht zum Entgelt und unterliegen damit nicht der Umsatzsteuer, § 10 Abs. 1 S. 6 UStG.
Anmerkung zur Buchung:
- Hierfür ist das Konto **Vorgelegte Kosten** als Durchgangskonto vorgesehen. Dieses kann sowohl den Charakter eines Aktivkontos (Vermögenskontos) als auch eines Passivkontos (Schuldenkontos) haben.
- Sofern der Rechtsanwalt bzw. Notar Kosten vorlegt, steht ihm eine Forderung gegenüber dem Mandanten zu. Bei der Buchung hat das Konto insofern Aktivcharakter.
- Sofern der Mandant Kosten vorgelegt hat, so hat der Rechtsanwalt bzw. Notar eine Verbindlichkeit gegenüber seinem Mandanten. Das Konto hat insofern Passivcharakter.

Das anzusprechende Gegenkonto ist das Kassenkonto oder ein Bankkonto.

Zu 3 **Vorgelegte Kosten**
Die umsatzsteuerliche und buchungstechnische Handhabung hängt davon ab, wer der Kostenschuldner ist.
Anmerkung:
- Wenn z. B. der Rechtsanwalt die Versendung einer Akte beantragt, so entsteht hier gemäß KV Nr. 9003 GKG eine 12,00 Euro Aktenversendungspauschale. Da der Rechtsanwalt die Versendung der Akte beantragt, ist er Kostenschuldner. Der BGH hat hierzu klargestellt, dass die Aktenversendungspauschale zur gesetzlichen Vergütung des Rechtsanwalts gehört und der Umsatzsteuer unterliegt. Es liegt umsatzsteuerlich kein durchlaufender Posten vor. Das bedeutet, dass der Rechtsanwalt die Pauschale dem Mandanten gegenüber mit Umsatzsteuer in Rechnung stellen muss. Die vom Rechtsanwalt gezahlte Versendungspauschale ist dann als Betriebsausgabe zu buchen („Allgemeine Verwaltungskosten" = AVK) und die in Rechnung gestellte und erhaltene Zahlung stellt als Teil des Honorars eine Betriebseinnahme dar.
- Wenn z. B. der Rechtsanwalt für seinen Mandanten bei Gericht den Gerichtskostenvorschuss einzahlt, so ist er hier nicht der Kostenschuldner, sondern dies ist der Mandant. Der Rechtsanwalt übernimmt hier lediglich eine Vermittlungs- / Servicefunktion für seinen Mandanten. Aus der Sicht des Rechtsanwalts hat dieser Vorgang, den Charakter eines durchlaufenden Postens. Er legt für seinen Mandanten einen Geldbetrag vor, den er anschließend vom Mandanten wieder erstattet bekommt. Im Grunde genommen ist der Vorgang neutral. Da zwischen Vorlage und Erstattung aber eine gewisse Zeitspanne liegt, ist er aufgrund des Forderungscharakters auf der Sollseite des Kontos **Vorgelegte Kosten** zu erfassen.

Zu 4 **Vorgelegte Kosten**
Bei bilanzierenden Steuerpflichtigen wird das Konto vorgelegte Kosten über die Bilanz abgeschlossen.
Anmerkung:
Sofern der Rechtsanwalt bei der Gewinnermittlung nach § 4 Abs. 1 EStG eine Bilanz erstellen muss, so ist ein eventueller Saldo auf der Habenseite des Kontos **Vorgelegte Kosten,** das heißt es wurde mehr vorgelegt als erstattet, in der Bilanz als Forderung auszuweisen. Umgekehrt ist ein Saldo auf der Sollseite in der Bilanz als Verbindlichkeit auszuweisen. Inhaltlich bedeutet dies, dass der Rechtsanwalt über das gesamt Jahr mehr Gelder erstattet bekam als er vorlegte.

Zu 5 **Gerichtskostenkasse**
- was wird gebucht: z. B. Gerichtskostenmarken
- Kontenart: aktives Bestandskonto

Anmerkung:
Dieses Konto wird insbesondere dann benötigt, wenn eine Kanzlei z. B. Gerichtskostenmarken im Voraus kauft. Da in diesem Moment lediglich ein bestimmter Geldbetrag eingetauscht wurde gegen Marken, die demsel-

ben Euro-Betrag wertmäßig entsprechen, liegen weder Betriebseinnahmen noch Betriebsausgaben vor. Anders ausgedrückt, eine Aktivposition (z. B. Kasse) vermindert und eine Aktivposition (Wertmarken) erhöht sich um denselben Betrag. Damit wird klar, dass es sich bei dem Konto Gerichtskostenkasse um ein aktives Bestandskonto handelt.

Zu 6 Fremdgelder
Begriff: Hierbei handelt es sich um Gelder, die nicht für den Rechtsanwalt oder Notar selbst bestimmt sind, sondern die sie für Dritte in Empfang nehmen, verwahren und weiterleiten.
Buchung: Die Buchung erfolgt auf dem Verbindlichkeitskonto Fremdgeld.
Anmerkung:
Bei Fremdgeldern handelt es sich ebenfalls um einen durchlaufenden Posten, daher werden sie auf dem gesonderten Durchgangskonto **Fremdgeld** gebucht. Da das Geld nicht dem Rechtsanwalt bzw. Notar gehört und er es dem Dritten bzw. dem Mandanten zurückzahlen muss, wird es im Haben auf dem Passivkonto „**Fremdgeld**" gebucht. Es stellt eine Schuld oder Verbindlichkeit gegenüber dem Dritten bzw. dem Mandanten dar. Diese Verbindlichkeit besteht solange, bis die Zahlung an den Dritten bzw. den Mandanten erfolgt. Diese Gelder beeinflussen das Kanzleiergebnis nicht, sondern sind neutral.

Zu 7 Anderkonto
Das Anderkonto ist im Grunde nichts anderes als ein besonderes Bank- oder Postbankkonto, auf dem der Rechtsanwalt bzw. Notar treuhänderisch Gelder verwahrt. Es dient der besseren Transparenz und Sicherheit, es ist ein aktives Bestandskonto.

2.4 Privatentnahmen und Privateinlagen

Zu 1 Privatentnahmen
Entnahmen sind alle Wirtschaftsgüter (Barentnahmen, Waren, Erzeugnisse, Nutzungen und Leistungen), die der Steuerpflichtige dem Betrieb für sich, für seinen Haushalt oder für andere betriebsfremde Zwecke im Laufe des Wirtschaftsjahres entnimmt, § 4 Abs. 1 EStG.
Beispiele: Geldentnahme, Entnahme von Gegenständen wie z. B. PC, Überweisung privater Steuern oder Versicherungsbeiträge über das betriebliche Bankkonto.

Zu 2 Privateinlagen
Einlagen sind alle Wirtschaftsgüter (Bareinzahlungen und sonstige Wirtschaftsgüter), die der Steuerpflichtige dem Betrieb im Laufe des Wirtschaftsjahres zugeführt hat, § 4 Abs. 1 EStG.
Beispiele: Einlage von Geld, private Zahlung betrieblicher Steuern, Einlage von Gegenständen z. B. des ursprünglich privat genutzten PC, Buchung privater Steuer- oder Versicherungserstattungen auf dem betrieblichen Bankkonto.

Zu 3 Buchung
Zu a Eigenkapitalkonto

Zu b Soll: Privatentnahmen
Haben: Privateinlagen
Zur besseren Übersicht ist es in der Praxis sinnvoll, jeweils ein eigenes Konto für die Privatentnahmen und für die Privateinlagen zu führen.

Zu c Eigenkapitalkonto
Anmerkung:
Wenn der Rechtsanwalt bzw. Notar Privatentnahmen oder Privateinlagen tätigt, dann betreffen diese Vorgänge sein Eigenkapital. Privatentnahmen mindern sein Eigenkapital und Privateinlagen erhöhen dieses. Wenn er z. B. 5.000,00 Euro in seine Kanzlei einlegt, dann erhöht er damit nicht nur den Geldbestand auf dem Kassen- oder Bankkonto, sondern er erhöht auch sein Eigenkapital. Gleiches gilt analog für die Privatentnahmen. Da der Rechtsanwalt bzw. Notar im laufenden Geschäftsjahr Entnahmen oder Einlagen tätigen wird, würde es unübersichtlich, wenn alle Entnahmen und Einlagen immer direkt über das Eigenkapitalkonto gebucht würden. Daher wird ein eigenes Konto, das **Privatkonto** eingerichtet, auf dem diese Vorgänge gebucht werden. Die Privatentnahmen werden im Soll und die Privateinlagen im Haben gebucht. Am Jahresende wird das Privatkonto, als Unterkonto des Eigenkapitalkontos, über das Eigenkapitalkonto abgeschlossen.

B. Rechnungswesen und Finanzwesen

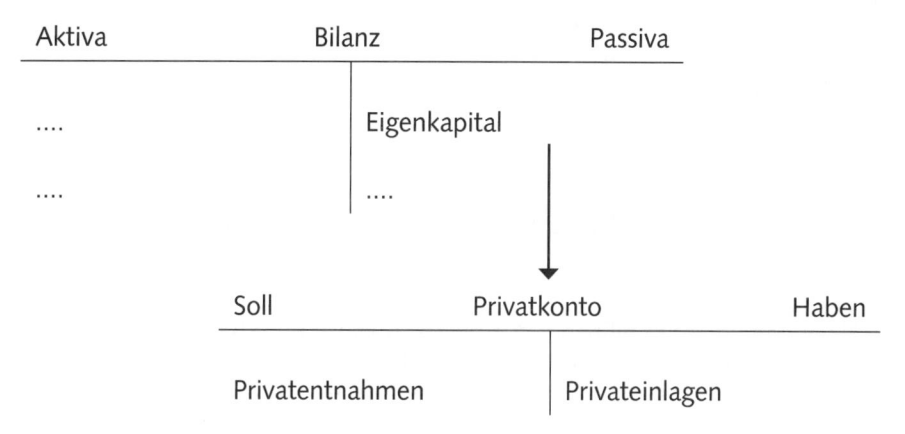

```
Aktiva              Bilanz              Passiva
                 |
           Eigenkapital
....             |
                 |
....           ....
                 |
                 ↓
      Soll      Privatkonto      Haben
                 |
   Privatentnahmen | Privateinlagen
```

Zu 4 Privatentnahmen und Umsatzsteuer
Das deutsche Umsatzsteuersystem ist so aufgebaut, dass der Unternehmer, der ein Wirtschaftsgut für seinen Betrieb kauft, aus der Eingangsrechnung den Vorsteuerabzug hat.

Wenn dieser Gegenstand jetzt nicht im Betrieb verbleibt sondern ins Privatvermögen überführt wird, so wird dieser Entnahmevorgang mit Umsatzsteuer belastet, weil die Voraussetzungen für einen Vorsteuerabzug nachträglich nicht mehr vorliegen.

Anmerkung:

Hätte er den Gegenstand gleich privat gekauft, hätte er von vornherein keinen Vorsteuerabzug gehabt. Über die Belastung mit Umsatzsteuer wird der ursprüngliche Vorteil des Vorsteuerabzugs über den Nachteil mit Umsatzsteuerbelastung wieder aufgehoben. Umsatzsteuerlich liegt in diesem Fall eine unentgeltliche Lieferung vor. Diese Überlegungen gelten auch analog für die unentgeltlichen sonstigen Leistungen, das heißt also, wenn der Rechtsanwalt bzw. Notar zum Beispiel einen Pkw für die Kanzlei kauft und diesen anschließend auch privat nutzt, so unterliegt diese private Nutzung ebenfalls der Umsatzsteuer.

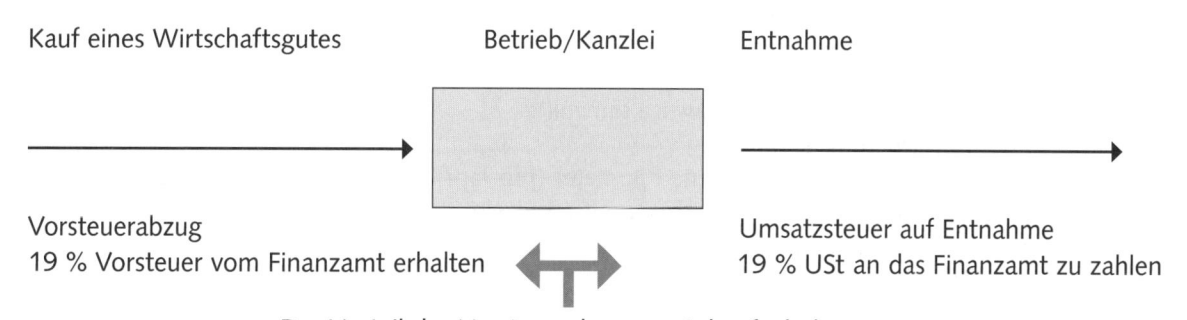

```
Kauf eines Wirtschaftsgutes    Betrieb/Kanzlei    Entnahme

        ──────────────→     [          ]     ──────────────→

Vorsteuerabzug                                 Umsatzsteuer auf Entnahme
19 % Vorsteuer vom Finanzamt erhalten  ⇄       19 % USt an das Finanzamt zu zahlen

        Der Vorteil des Vorsteuerabzuges wird aufgehoben
```

Zu 5 Entnahmen ohne Umsatzsteuerbelastung
Die Entnahme von Geld unterliegt nicht der USt.

Zu 6 Gegenstandsentnahme
Sofern der Rechtsanwalt oder Notar einen Gegenstand entnimmt löst dies im Rechnungswesen drei Arbeits- bzw. Buchungsschritte aus:
(1) Abschreibung ermitteln und buchen
(2) Anlagenabgang mit dem Restbuchwert buchen
(3) Entnahmevorgang mit dem Teilwert und der Umsatzsteuer buchen

Darstellung im Einzelnen:
(1) Abschreibung ermitteln und buchen
Sie müssen die Abschreibung des Gegenstandes bis zum Abgangsmonat ermitteln. Wird ein Gegenstand z. B. am 15.Mai entnommen, dann müssen Sie die Abschreibungen vom 01.01 – 30.04. ermitteln und buchen. Ein angebrochener Abgangsmonat wird bei der Ermittlung der Abschreibung nicht mitgezählt.

Buchungssatz:

    Abschreibungen   .... Euro   an   Sachanlagenkonto   .... Euro
                                                                   (z. B. Praxisausstattung)

Lösungen — Kommunikation und Büroorganisation

(2) Anlagenabgang

Ermittlung des Restbuchwertes bei Anlagenabgang:

        Buchwert vom 01.01. des Veräußerungsjahres
   ./. anteilige Abschreibungen
    = Buchwert bei Anlagenabgang*

Buchungssatz:

    Buchwertabgang   ...*.... Euro   an   Sachanlagenkonto   ...*.... Euro
                                                  (z. B. Praxisausstattung)

(3) Entnahmevorgang

Die Entnahme von betrieblichen Gegenständen erfolgt einkommensteuerrechtlich grundsätzlich mit dem Teilwert. Dieser entspricht in der Regel den Wiederbeschaffungskosten zum Zeitpunkt der Entnahme. Die Wiederbeschaffungskosten im Zeitpunkt der Entnahme stellen die Bemessungsgrundlage für die Umsatzsteuer dar. Hierdurch werden mehrere Konten angesprochen:

- Im Soll des Privatkontos wird der Teilwert und der Umsatzsteuerbetrag gebucht, da ein umsatzsteuerbehafteter Entnahmevorgang vorliegt.
- Im Haben wird der Betrag des netto Teilwertes an das Erlöskonto **Unentgeltliche Entnahmen von Gegenständen** gebucht. Es wird so getan, als hätte der Rechtsanwalt oder Notar den Gegenstand quasi an sich selbst „verkauft" und damit einen Erlös erzielt.
- Da dieser Vorgang der Umsatzsteuer unterliegt, muss im Haben auch noch die USt gebucht werden.

Buchungssätze für den reinen Entnahmevorgang:

Privat   ..... Euro   (= brutto) Wert an   Unentg. Entnahme von Gegenständen ..... Euro (= netto) Wert
                                              an   USt   ..... Euro

Zu 7 Privatnutzung des betrieblichen Pkws

Zwei Methoden:

(1) Fahrtenbuch-Methode
(2) 1 %- Methode

Darstellung im Einzelnen:

(1) Fahrtenbuch- Methode

Bei dieser Methode ist folgende Vorgehensweise sinnvoll*:

- **Privatanteil der Pkw-Nutzung ermitteln**

    Privatanteil (in %) = privat gefahrene Kilometer (pro Jahr) : Gesamt-Kilometer (pro Jahr)

- **Kosten sortieren und Kosten für die Privatnutzung ermitteln**

    Kosten ohne Vorsteuerabzug x Privatanteil = Nutzungsentnahme
    (z. B. Kfz-Steuer)   (in %)   (in Euro)
                                                          +

    Kosten mit Vorsteuerabzug   x Privatanteil = Nutzungsentnahme x 19 % = USt
    (z. B. Benzin, AfA)   (in %)   (in Euro)   (USt-Satz) (in Euro)
                                                         = Nutzungsentnahme
                                                          (insgesamt in Euro)

- **Buchen**

    Privat   an   Nutzungsentnahme
           an   USt

* Die Finanzverwaltung ermittelt dasselbe Ergebnis i.d.R. mit einem anderen Rechenweg.

Beispiel:

Der Rechtsanwalt fuhr mit seinem betrieblichen Pkw insgesamt 10.000 km im Jahr, wobei 2.000 km davon auf Privatfahrten entfielen. An Kfz-Steuer und Kfz-Versicherung wurden im laufenden Jahr insgesamt 1.000,00 Euro gebucht, an Tankrechnungen 2.000,00 Euro netto und die Jahres-AfA für den Pkw beträgt 3.000,00 Euro.

- **Privatanteil ermitteln in %**

    = $\dfrac{2.000 \text{ km} \times 100}{10.000 \text{ km}}$ = 20 %

- **Kosten sortieren und Kosten für die Privatnutzung ermitteln**

    Kosten ohne Vorsteuerabzug:
    1.000,00 x 20 % =   200,00
    Kosten mit Vorsteuerabzug: +
        Tankrechnungen: 2.000,00
       + AfA: 3.000,00
    = Kosten insgesamt   5.000,00 x 20 % = 1.000,00 x 19 % = 190,00 Euro USt
        = Nutzungsentnahme insgesamt 1.200,00

B. Rechnungswesen und Finanzwesen

- **Buchung**

    Privat 200,00 an Nutzungsentnahme 200,00
    Privat 1.000,00 an Nutzungsentnahme 1.000,00
    Privat 190,00 an USt 190,00
    oder zusammengefasst

    Privat 1.390,00 an Nutzungsentnahme 1.200,00
    an USt 190,00

(2) 1 % Methode

Sofern der Rechtsanwalt bzw. Notar diese Methode anwenden möchte, muss er gegenüber dem Finanzamt nachweisen, dass der Pkw zu mehr als 50 % betrieblich genutzt wird. Kann er das nicht, so muss er auf die Fahrtenbuchmethode zurückgreifen.

Rechenweg:

Bruttolistenpreis im Zeitpunkt der Erstzulassung
(+ Sonderzubehör)
abgerundet auf volle 100,00 Euro
davon 1 %
<u>abzüglich 20 % Abschlag für nicht mit Vorsteuer behaftete Kosten</u>
= Bemessungsgrundlage für die USt
x 19 %
= USt in Euro

Die Konten bzw. die Buchungssätze entsprechen denen der Fahrtenbuchmethode.

Beispiel:

Der Rechtsanwalt nutzt seinen betrieblichen Pkw auch zu Privatfahrten, wobei der betrieblich genutzte Anteil über 50 % liegt. Der Bruttolistenpreis beträgt 34.755,65 Euro.

Bruttolistenpreis:	34.755,65
abgerundet auf volle 100	34.700,00
davon 1 %	347,00
./. 20 % Abschlag	69,40
= BMG für USt	277,60*
x 19 % USt	52,74

* Die monatliche Nutzungsentnahme beträgt insgesamt 347 Euro, davon gehen aber nur 80 % in die Bemessungsgrundlage für die USt.

Buchung:

Privat 69,40 an Nutzungsentnahme 69,40
Privat 277,60 an Nutzungsentnahme 277,60
Privat 52,74 an USt 52,74
oder zusammengefasst

Privat 399,74 an Nutzungsentnahme 347,00
an USt 52,74

Zu 8 Privatnutzung der betrieblichen Telefonanlage

Zu a

Voller Vorsteuerabzug ist möglich bei der Anschaffung.

Zu b

Privat an Verwendung von Gegenständen außerhalb der Kanzlei
an USt

Für die Berechnung USt wird auf die Jahresabschreibung zurückgegriffen. Auf den hierauf entfallenden privaten Nutzungsanteil wird die USt gerechnet.

Anmerkung:

Der Rechtsanwalt bzw. Notar hat bei einer für die Kanzlei angeschafften Telefonanlage grundsätzlich den vollen Vorsteuerabzug. Hieran ändert sich auch nichts, wenn er diese teilweise zu privaten Zwecken nutzt. Die Grenze für die Zuordnung zum Betriebsvermögen liegt bei 10 %. Bei einer betrieblichen Nutzung von mehr als 10 %, kann der Rechtsanwalt bzw. Notar das Wirtschaftsgut dem Betriebsvermögen zuführen. Unter 10 % betriebliche Nutzung stellt dieses zwingend Privatvermögen dar.

Dadurch, dass der Rechtsanwalt bzw. Notar die betriebliche Telefonanlage auch zu privaten Zwecken benutzt, entnimmt er eine Nutzung. Diese Nutzungsentnahme unterliegt wiederum wie oben dargestellt der Umsatzsteuer. Als Bemessungsgrundlage für die Korrektur wird die jährliche Abschreibung herangezogen.

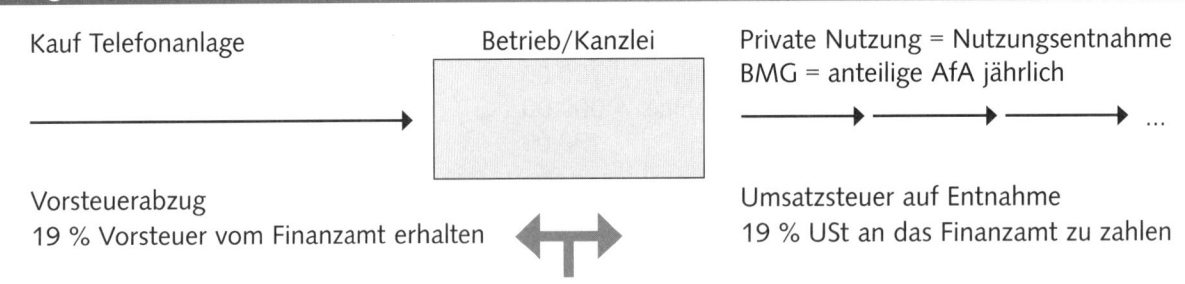

Lösungen — Kommunikation und Büroorganisation

Kauf Telefonanlage → Betrieb/Kanzlei → Private Nutzung = Nutzungsentnahme
BMG = anteilige AfA jährlich → → → ...

Vorsteuerabzug
19 % Vorsteuer vom Finanzamt erhalten

Umsatzsteuer auf Entnahme
19 % USt an das Finanzamt zu zahlen

Der Vorteil des Vorsteuerabzuges wird aufgehoben

Beispiel:
Der Rechtsanwalt kauft sich am 2. Januar eine neue Telefonanlage für seine Kanzlei, die Anschaffungskosten betragen: 2.500,00 Euro zuzüglich Umsatzsteuer, die Nutzungsdauer beträgt: 5 Jahre, die Zahlung erfolgt per Bank. Der private Nutzungsanteil wird mit 20 % nachgewiesen.

Anschaffungsvorgang:
Praxisausstattung   2.500,00
Vorsteuer   475,00   an Bank   2.975,00

Private Nutzung bzw. Entnahme:
Ak = 2.500,00 : 5 Jahre = 500,00 jährliche Abschreibung
500,00 Euro x 20 % = 100,00 Euro (= privater Nutzungsanteil)
Privat   119,00   an   Verwendung von Gegenständen außerhalb der Kanzlei   100,00
                  an   USt   19,00

Zu 9 Laufende betriebliche Telefonrechnung und Privatnutzung

Zu a
Hier erfolgt die Korrektur des privaten Nutzungsanteil durch anteilige Kürzung bei den Telefongebühren und bei der Vorsteuer.

Zu b
Allgemeine Verwaltungskosten
Vorsteuer
Privat   an Bank

Beispiel:
Der private Nutzungsanteil des Telefons liegt bei 20 %. Die Telefonrechnung lautet über 100,00 Euro zuzüglich Umsatzsteuer.

Kanzlei:
Gebühren insgesamt: 100,00
− 20 % Privatanteil: 20,00
= betriebl. Gebühren   80,00
x 19 % (= abziehbare Vorsteuer)   15,20

Privat:
Privater Gebührenanteil   20,00
x 19 %
nicht abzugsfähige Vorsteuer   + 3,80
= insgesamt nicht abzugsfähig   23,80
= Privatanteil

Allgemeine Verwaltungskosten   80,00
Vorsteuer   15,20
Privat   23,80   an   Bank 119,00

Telefonrechnung → Betrieb/Kanzlei

Keine Umsatzsteuerbelastung
(da Vorsteuer bereits gekürzt wurde)

Gebühren und Vorsteuer werden um den Privatanteil gekürzt

B. Rechnungswesen und Finanzwesen

Zu 10 **Zusammenfassung Privatkonten**

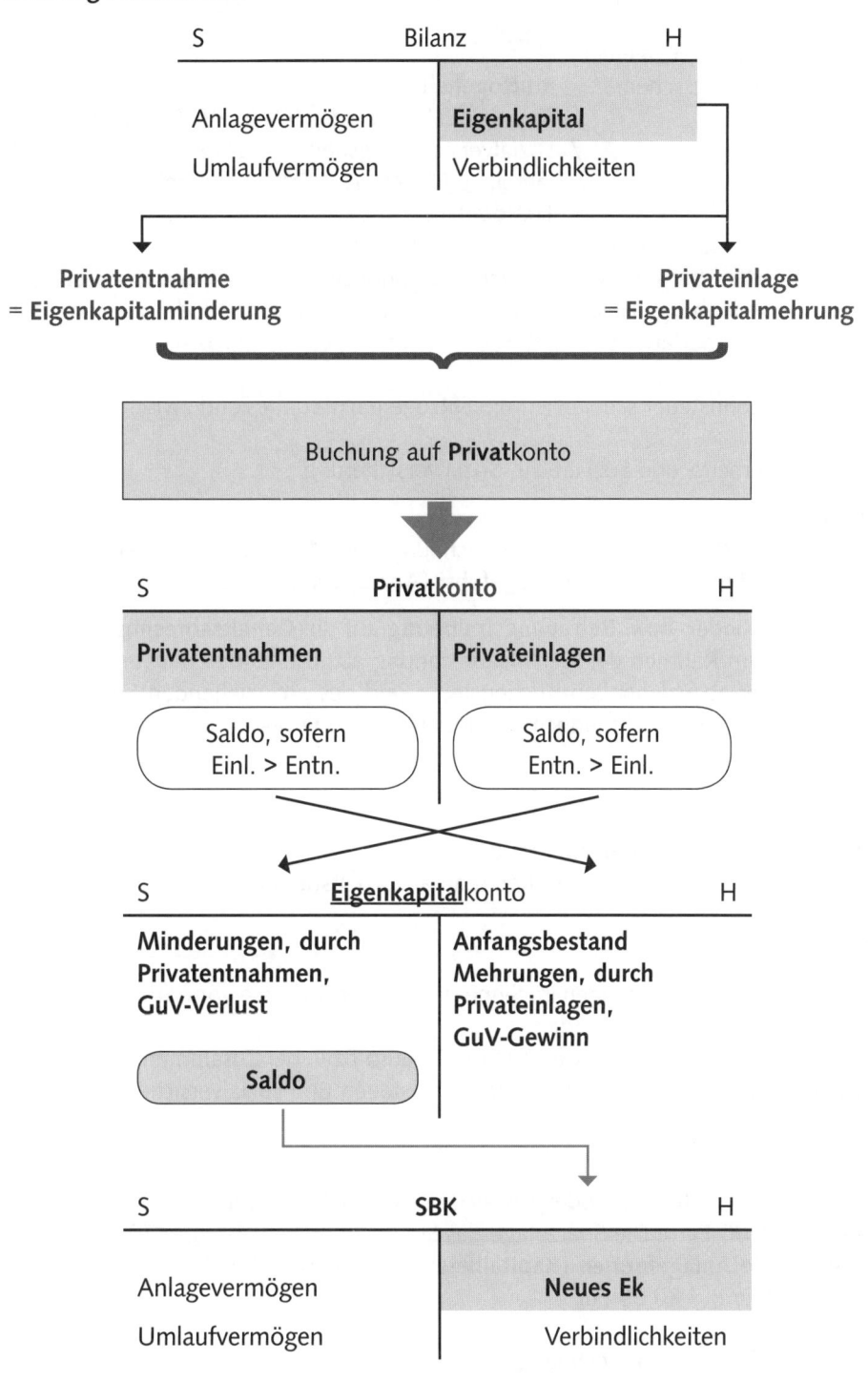

S	Bilanz	H
Anlagevermögen	**Eigenkapital**	
Umlaufvermögen	Verbindlichkeiten	

Privatentnahme
= Eigenkapitalminderung

Privateinlage
= Eigenkapitalmehrung

Buchung auf **Privat**konto

S	Privatkonto	H
Privatentnahmen	**Privateinlagen**	
Saldo, sofern Einl. > Entn.	Saldo, sofern Entn. > Einl.	

S	**Eigenkapital**konto	H
Minderungen, durch Privatentnahmen, GuV-Verlust	**Anfangsbestand Mehrungen, durch Privateinlagen, GuV-Gewinn**	
Saldo		

S	SBK	H
Anlagevermögen	**Neues Ek**	
Umlaufvermögen	Verbindlichkeiten	

2.5 Personalkosten

Zu 1 Unterschied Brutto-/ Nettogehalt
Hierzu folgendes Berechnungsschema: **Bruttogehalt**
./. Steuern (LSt, 8 % oder 9 % KiSt*, 5,5 % SolZ)
./. Sozialversicherungsbeiträge des Arbeitnehmers
(anteilige RV, KV, AlV, PflV- beiträge)**
= **Nettogehalt**

* Die Höhe des Kirchensteuersatzes hängt vom Bundesland ab,
  - in Baden- Württemberg, Bayern, Bremen, Hamburg sind dies 8 % der Lohnsteuer,
  - in Berlin, Brandenburg, Hessen, Mecklenburg-Vorpommern, Niedersachsen, Nordrhein-Westfalen, Rheinland-Pfalz, Saarland, Sachsen, Sachsenanhalt, Schleswig-Holstein, Thüringen sind dies 9 % der Lohnsteuer.

Bei der pauschalierten Lohnsteuer schwanken die Sätze je nach Bundesland zwischen 4 % bis 7 % der pauschalierten Lohnsteuer.

** siehe Kapitel BWL, Arbeits- und Sozialrecht, Sozialversicherung

Zu 2 Lohnsteuerabzug
Die Lohnsteuer wird im Rahmen der Gehaltsabrechnung vom **Arbeitgeber** einbehalten und bis zum **10. des Folgemonats** an das zuständige Finanzamt abgeführt (Abzugsverfahren).

Zu 3 Auswirkung von Kinder- bzw. Betreuungsfreibetrag auf die Gehaltsabrechnung
Sie wirken sich auf die im Rahmen der Gehaltsabrechnung abzuziehende Lohnsteuer überhaupt nicht aus. Lediglich bei der Höhe der abzuziehenden Kirchensteuer und des abzuziehenden Solidaritätszuschlags wird der Kinderfreibetrag berücksichtigt, nicht jedoch der Betreuungsfreibetrag.

Zu 4 Unfallversicherung
Die Beiträge trägt allein der Arbeitgeber.

Zu 5 Abführen der Sozialversicherungsbeiträge
Die Sozialversicherungsbeiträge sind am drittletzten Bankarbeitstag des laufenden Monats fällig.

Zu 6 Vermögenswirksame Leistungen
Zu a Begriff
Hierbei handelt es sich um Geldleistungen im Sinne des § 2 VermBG, die vom Arbeitgeber für den Arbeitnehmer in bestimmten Sparformen angelegt werden.
Sofern eine bestimmte Einkommensgrenze (20.000,00 Euro bzw. bei Zusammenveranlagung: 40.000,00 Euro) nicht überschritten wird, gewährt der Staat hierzu eine steuer- und sozialversicherungsfreie Arbeitnehmer-Sparzulage.

Zu b Anlageformen
Zwei Anlageformen können alternativ oder zugleich in Anspruch genommen werden:
(1) **Bausparen** bis 470,00 Euro. Die Sparzulage des Staates beträgt 9 % von 470,00 Euro = 42,30 Euro.
(2) **Andere begünstigte Anlageformen (Kapitalbeteiligungen)** bis 400,00 Euro. Die Sparzulage beträgt hier 20 % von 400,00 Euro = 80,00 Euro.

Zu c Auswirkung auf die Gehaltsabrechnung
(1) Sofern der Arbeitgeber die Beiträge zu den vermögenswirksamen Leistungen komplett übernimmt, so erhöhen diese den steuer- und sozialversicherungspflichtigen Arbeitslohn. Im Rahmen der Gehaltsabrechnung behält der Arbeitgeber die Beiträge für die jeweilige Anlageform vom Gehalt des Arbeitnehmers ein und überweist sie an das jeweilige Kreditinstitut.
(2) Sofern der Arbeitnehmer die Beiträge für die vermögenswirksamen Leistungen selbst tragen muss, so werden diese im Rahmen der Gehaltsabrechnung lediglich vom Arbeitgeber einbehalten und auf die jeweilige Anlageform überwiesen. Sie stellen keinen steuer- und sozialversicherungsrechtlichen Lohnbestandteil dar.
(3) Sofern der Arbeitgeber lediglich einen Teil der Beiträge für die vermögenswirksamen Leistungen übernimmt, so erhöht nur dieser den steuer- und sozialversicherungspflichtigen Arbeitslohn. Wie bereits dargestellt, überweist er auch hier für den Arbeitnehmer den gesamten Beitrag auf die jeweilige Anlageform.

B. Rechnungswesen und Finanzwesen

Zu 7 Brutto- und Nettomethode der Gehaltsbuchung
Bruttomethode
Hierbei wird das Bruttogehalt zum Zeitpunkt der wirtschaftlichen Verursachung in einem Betrag (brutto) gebucht. Das Bruttogehalt stellt für den Arbeitgeber Aufwand dar, der im Soll auf das Konto Personalkosten zu buchen ist. Im Haben werden die Beträge zunächst auf Verbindlichkeitskonten bis zum Zahlungszeitpunkt gebucht.

Nettomethode
Bei der Nettomethode werden die Sozialversicherungsbeiträge, die Steuer und der Gehaltsauszahlungsbetrag einzeln gebucht. Die Buchung erfolgt immer dann, wenn eine entsprechende Zahlung erfolgt. Aufgrund der größeren Praxisrelevanz für den Bereich der Freiberufler, werden die Personalkosten in diesem Buch direkt über das Bankkonto (im Haben) gebucht.

Zu 8 Gehaltsvorschuss
Bei der **Nettomethode** wird der Gehaltsvorschuss im Moment der Auszahlung im Soll als Personalkosten gebucht. Die Habenbuchung erfolgt über das Kassen- oder Bankkonto. Wie bereits bei Frage 7 ausgeführt, wird im Aufgabenteil dieses Buches dieser Methode der Vorzug gegeben.

Bei der **Bruttomethode** stellt der Gehaltsvorschuss eine Forderung gegenüber Personal dar, die als Forderung im Soll zu buchen ist. Im Haben ist der Geldabgang auf dem Bank- oder Kassenkonto zu erfassen.

2.6 Sachanlagen

Zu 1 Anlagevermögen
Das Anlagevermögen stellt den Teil des Vermögens eines Betriebes bzw. einer Kanzlei dar, welches nicht zur kurzfristigen Veräußerung bestimmt ist, wie die Wirtschaftsgüter des Umlaufvermögens, sondern dem Betrieb oder der Kanzlei dauerhaft dienen soll.
Hierzu gehören insbesondere:
- Grundstücke
- Gebäude
- Praxisausstattung wie etwa Kanzleimöbel, Schreibtischsysteme, Kopierer
- Pkw, sofern er zum Betriebsvermögen gehört

Zu 2 Bewertungsbegriff bei einer Neuanschaffung
Die Einbuchung einer Neuanschaffung erfolgt grundsätzlich mit den Anschaffungskosten.
Anschaffungskosten:

```
      Anschaffungspreis (i. d. R. netto)
   +  Anschaffungsnebenkosten (z. B. Transportkosten, netto)
  ./. Anschaffungspreisminderungen (Rabatt, Skonto, Bonus)
   =  Anschaffungskosten
```

Zu 3 Abschreibungen
Zu a Begriff
Abschreibung ist die Verteilung der Anschaffungs- oder Herstellungskosten eines abnutzbaren Wirtschaftsgutes des Anlagevermögens auf die betriebsgewöhnliche Nutzungsdauer. Das Einkommensteuerrecht spricht hierbei von Absetzungen für Abnutzung (= AfA).
Anmerkung:
Nahezu jedes Wirtschaftsgut unterliegt im Laufe der Zeit einem gewissen Verschleiß. Bei hoch technisierten Wirtschaftsgütern wie PC oder Pkw geht dieser schneller als bei einem Gebäude. Durch Abschreibungen soll der in der Realität stattfindende Wertverlust sozusagen in den Büchern möglichst realistisch abgebildet werden. Es muss auch im Rechnungswesen anhand des Buchwertes ersichtlich sein, dass z. B. eine Maschine nach 5 Jahren Nutzungsdauer nicht mehr mit ihren ursprünglichen Anschaffungskosten zu Buche stehen darf, sondern mit einem geringeren Wert.

Zu b. Steuerlich zulässig AfA
Dies ist derzeit bei Neuanschaffungen nur die lineare AfA.

Zu c. Linearer AfA-Satz
Berechnung: 100 / ND = AfA-Satz in Prozent

Zu d Berechnung AfA-Betrag

Unter Zugrundelegung der jeweiligen, von der Finanzverwaltung festgelegten Nutzungsdauer, werden die jährlichen Abschreibungsbeträge dadurch ermittelt, dass die Anschaffungskosten gleichmäßig auf die Laufzeit verteilt werden (= lineare Abschreibung). Anders ausgedrückt:
Jährlicher Abschreibungsbetrag = Anschaffungskosten : Nutzungsdauer

Zu e Erinnerungswert

Nach Ablauf der Nutzungsdauer ist ein Wirtschaftsgut somit bis auf 0 Euro abgeschrieben. Da ein bereits vollständig abgeschriebenes Wirtschaftsgut aber in der Praxis durchaus noch genutzt wird, werden nicht 0 Euro angesetzt, sondern es bleibt ein Erinnerungswert von 1 Euro in den Büchern stehen. Erst bei Anlagenabgang wird dieser ausgebucht.

Zu f Vereinfachungsregeln

Bei Anschaffungen oder Abgängen im Laufe des Jahres ist die Abschreibung monatsgenau zu ermitteln. Um eine taggenaue Abschreibungsermittlung zu vermeiden, hat sich folgende Vereinfachungsregel herausgebildet: Bei einer Neuanschaffung darf der Zugangsmonat bei der Abschreibungsermittlung mitgezählt werden, beim Anlagenabgang wird der Abgangsmonat nicht mehr mitgezählt.

Zu 4 Geringwertige Wirtschaftsgüter (GWG)

Zu a Begriff

Unter GWG sind bewegliche Wirtschaftsgüter des abnutzbaren Anlagevermögens zu verstehen, die selbstständig nutzungsfähig sind und deren Anschaffungs- oder Herstellungskosten bestimmte Höchstgrenzen nicht übersteigen.

Zu b GWG-Übersicht

Anschaffungskosten (Euro-Kategorien)	Aktivierung (= Kto. Praxisausstattung) und Abschreibung	Sofortabzug (= Kto. AVK)	Sammelposten
Bis 150,00 Euro	ja		
		ja	
150,01 – 410,00 Euro	ja		
		ja	
			ja
410,01 – 1.000,00 Euro	ja		
			ja

Erläuterungen:
Bei Wirtschaftsgütern mit geringeren Anschaffungskosten hat der Gesetzgeber Vereinfachungsregelungen geschaffen. Kurioserweise bestehen zwei gesonderte Vereinfachungsregelungen nebeneinander. Der Steuerpflichtige kann allerdings nur die eine oder die andere in einem Wirtschaftsjahr anwenden.

Regelung 1
Bewegliche Wirtschaftsgüter des Anlagevermögens können (Wahlrecht) im Anschaffungs- oder Herstellungsjahr vollständig abgeschrieben werden (andernfalls werden sie aktiviert und linear abgeschrieben),
- sofern die Anschaffungs- oder Herstellungskosten des einzelnen Wirtschaftsgutes 410,00 Euro netto nicht übersteigen und wenn sie
- selbstständig bewertbar und nutzbar sind.

Wirtschaftsgüter, deren Wert 150,00 Euro netto übersteigt, müssen in einem besonderen Verzeichnis aufgenommen werden. Alle Wirtschaftsgüter, deren Anschaffungs- oder Herstellungskosten 410,00 Euro übersteigen, werden aktiviert und linear abgeschrieben.

B. Rechnungswesen und Finanzwesen

Regelung 2
Bewegliche Wirtschaftsgüter des abnutzbaren Anlagevermögens sind im Anschaffungs- oder Herstellungsjahr vollständig abzuschreiben, wenn
- die Anschaffungs- oder Herstellungskosten für das einzelnen Wirtschaftsgut 150,00 Euro netto nicht übersteigen und wenn sie
- selbstständig bewertbar und nutzbar sind.

Es ist kein besonderes Verzeichnis zu führen.

Für abnutzbare bewegliche Wirtschaftsgüter des Anlagevermögens, die selbstständig genutzt werden muss im Wirtschaftsjahr der Anschaffung, Herstellung oder Einlage ein Sammelposten gebildet werden, wenn die Anschaffungs- oder Herstellungskosten 150,00 Euro netto übersteigen, nicht aber 1.000,00 Euro. Der Sammelposten ist im Wirtschaftsjahr und den vier folgenden mit jeweils einem Fünftel gewinnmindernd aufzulösen (= lineare Abschreibung über 5 Jahre). Die individuelle Nutzungsdauer der unterschiedlichen und somit zu einem Sammelposten zusammengefassten Wirtschaftsgüter spielt dabei keine Rolle. Es ist auch unerheblich, ob ein Wirtschaftsgut nach Einstellung in den Sammelposten anschließend aus dem Betriebsvermögen ausscheidet.

Zu c **Buchungsmöglichkeiten**

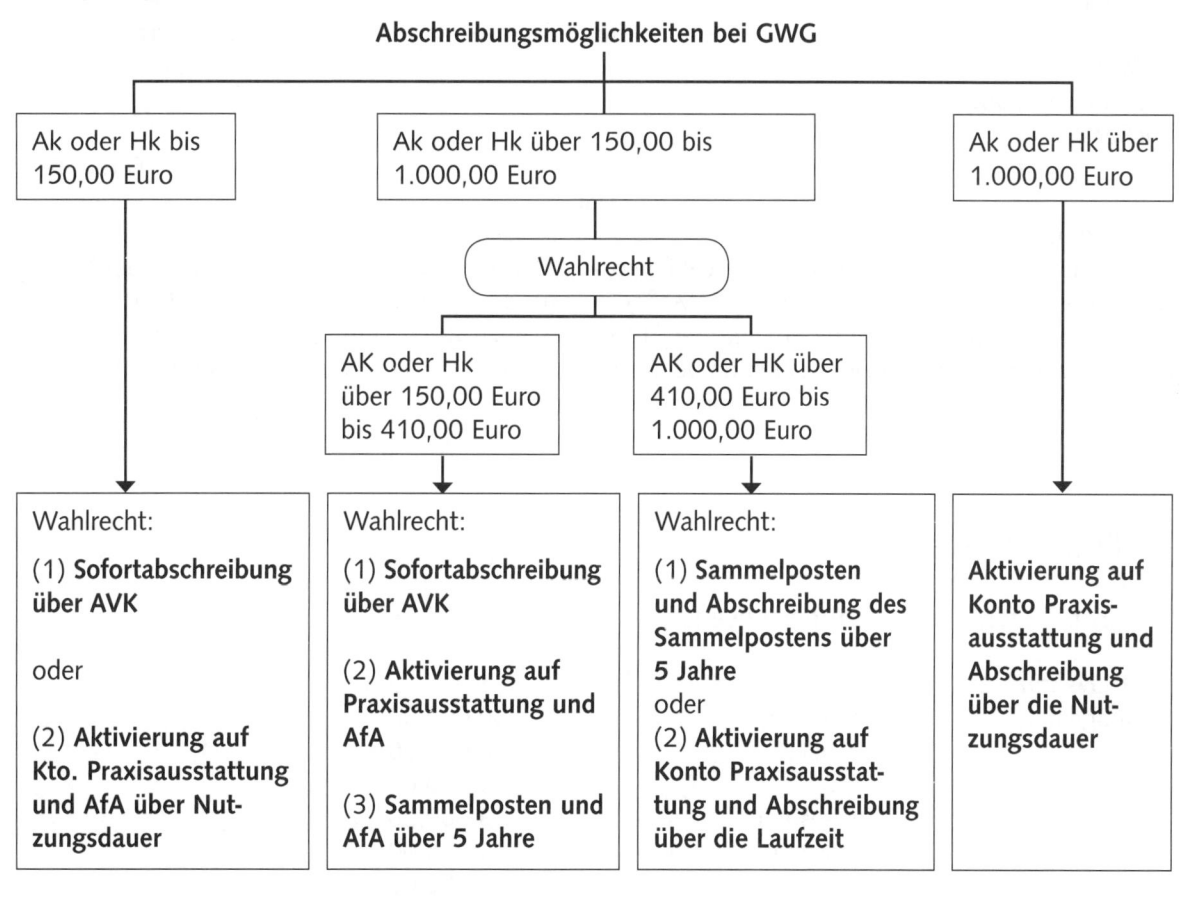

Abschreibungsmöglichkeiten bei GWG

Ak oder Hk bis 150,00 Euro	Ak oder Hk über 150,00 bis 1.000,00 Euro		Ak oder Hk über 1.000,00 Euro
	Wahlrecht		
	AK oder Hk über 150,00 Euro bis 410,00 Euro	AK oder HK über 410,00 Euro bis 1.000,00 Euro	
Wahlrecht: (1) **Sofortabschreibung über AVK** oder (2) **Aktivierung auf Kto. Praxisausstattung und AfA über Nutzungsdauer**	Wahlrecht: (1) **Sofortabschreibung über AVK** (2) **Aktivierung auf Praxisausstattung und AfA** (3) **Sammelposten und AfA über 5 Jahre**	Wahlrecht: (1) **Sammelposten und Abschreibung des Sammelpostens über 5 Jahre** oder (2) **Aktivierung auf Konto Praxisausstattung und Abschreibung über die Laufzeit**	**Aktivierung auf Konto Praxisausstattung und Abschreibung über die Nutzungsdauer**

Zu 5 **Sachanlagenverkauf**

1. Schritt
Abschreibungen bis zum Anlagenabgang ermitteln und buchen
Der Monat des Verkaufs darf dabei nicht mitgezählt werden.
Buchung:
        Abschreibung .... Euro   an   Sachanlagenkonto   ..... Euro

2. Schritt
Restbuchwert ermitteln und ausbuchen
Buchung:
        Buchwertabgang ..... Euro   an   Sachanlagenkonto   .... Euro

3. Schritt
Erlösvorgang bzw. Zahlungseingang buchen
Hierbei ist zu beachten, dass der Verkauf umsatzsteuerpflichtig ist.
Buchung:
        Bank/Kasse   ...... Euro   an   sonstige Erlöse   ..... Euro
                                                                      USt   ..... Euro

Zu 6 Inzahlunggabe

Die Buchungsschritte entsprechen denen des Sachanlagenverkaufs. Zusätzlich kommt hier die Einbuchung des Sachanlagenzugangs hinzu:

Sachanlagenkonto ..... Euro
Vorsteuer ..... Euro   an   Bank   ..... Euro

Zu 7 Sachanlagenabgang infolge Entnahme

(siehe die ausführliche Darstellung unter 2.4 Privatentnahmen und Privateinlagen, Lösungen zu Frage 6)

1. Schritt
Abschreibungen bis zum Anlagenabgang ermitteln und buchen
Der Monat der Entnahme darf hierbei nicht mitgezählt werden.
Buchung:

Abschreibung .... Euro   an   Sachanlagenkonto   ..... Euro

2. Schritt
Restbuchwert ermitteln und ausbuchen
Buchung:

Buchwertabgang ..... Euro   an   Sachanlagenkonto   .... Euro

3. Schritt
Entnahmevorgang buchen
Buchung:

Privat .... (= brutto) Wert   an   Unentg. Entnahme v. Gegenständen ..... Euro(= netto) Wert
                               an   USt   ..... Euro

Anmerkung:
Entnahmen erfolgen einkommensteuerrechtlich grundsätzlich mit dem Teilwert. Umsatzsteuerlich liegt in diesem Fall eine unentgeltliche Lieferung vor. Maßgeblich für die Bemessungsgrundlage der Umsatzsteuer sind die Wiederbeschaffungskosten im Zeitpunkt der Entnahme. Auch wenn Umsatzsteuer und Einkommensteuer auf den ersten Blick unterschiedlich lautende Begriffe verwenden, so läuft es in der Regel darauf hinaus, dass als Teilwert die Wiederbeschaffungskosten anzusetzen sind.

II. Prüfungsaufgaben

1. Grundlagen des Rechnungswesens

Zu 1 Inventar

Vermögen:	Grundstück:	50.000,00	
	Gebäude:	90.000,00	
	Pkw:	25.000,00	
	Regalsystem:	3.600,00	
	Regalwand:	1.200,00	
	3 Schreibtische:	2.000,00	
	3 Schreibtischstühle:	1.200,00	
	Bank:	2.000,00	
	Kasse:	1.000,00	
Summe:			176.000,00
Schulden:	Darlehen Deutsche Bank:	70.000,00	
	Sparkasse:	100.000,00	
Summe:			− 170.000,00
Reinvermögen:			= 6.000,00

B. Rechnungswesen und Finanzwesen

Zu b Bilanz

Aktiva	Bilanzkonto		Passiva
Grundstücke	50.000	Eigenkapital	6.000
Gebäude	90.000	Verbindlichkeiten	170.000
Fuhrpark	25.000		
Praxisausstattung	8.000		
Bank	2.000		
Kasse	1.000		
	176.000		176.000

Zu 2 Bilanz und Eigenkapital
Eigenkapital: 120.000,00 Euro

Zu 3 Wertveränderungen in der Bilanz
a = 1, b = 4, c = 2, d = 1, e = 4, f = 3

Zu 4. Kreuzen Sie an, ob die folgenden Aussagen richtig oder falsch sind.

Aussagen	richtig	falsch
a. Bei aktiven Bestandskonten steht der Schlussbestand immer auf der Sollseite.		X
b. Bei einer Aktiv-Passiv-Minderung bleibt die Bilanzsumme gleich.		X
c. Auf der Aktivseite einer Bilanz stehen die Vermögensgegenstände gegliedert nach der Flüssigkeit.	X	
d. Die Bilanz ist eine ausführliche Einzelaufstellung von Vermögen und Kapital.		X
e. Die Inventur ist ein Verzeichnis, in dem die Vermögensgegenstände und die Schulden eines Betriebes einzeln aufgeführt sind.		X
d. Die Aktivseite einer Bilanz betrifft die Vermögensgegenstände und die Passivseite die Vermögensquellen.	X	
e. Die Positionen auf der Passivseite sind nach der „Flüssigkeit" der Mittel gegliedert.		X
f. Beim Passivtausch vermindert sich die Bilanzsumme.		X
g. Reinvermögen und Eigenkapital sind wertmäßig identisch.	X	
h. Bei Aktivkonten stehen die Zugänge im Haben.		X
i. Ein Verlust wird in der GUV auf der Aufwandsseite ausgewiesen.		X
j. Der in der GUV ermittelte Gewinn wird über das Konto Eigenkapital abgeschlossen.	X	
k. Das Privatkonto wird über die GUV abgeschlossen.		X
l. Die Vermögenspositionen des Anlagevermögens bleiben über die Jahre immer mit einem identischen Wertansatz in der Bilanz stehen, da sie dauerhaft dem Betriebsvermögen zugeordnet sind und nur das Umlaufvermögen Wertveränderungen unterliegt.		X

Zu 5 Eigenkapitalermittlung
Zu a Rechnerische Eigenkapitalermittlung

Eigenkapital Anfangsbestand:	50.000,00
GUV-Gewinn	+ 30.000,00
Privatkonto*	− 5.000,00
Neues Eigenkapital	= 75.000,00

* Ein Haben-Saldo auf dem Privatkonto bedeutet, dass mehr rentnommen wurde als eingelegt wurde. Dieser Saldo wird auf dem Eigenkapitalkonto anschließend ins Soll gebucht und vermindert somit das Eigenkapital. Der Saldo auf dem Bankkonto ist für die Ermittlung des Eigenkapitals unerheblich, er wird in der Bilanz auf der Aktivseite ausgewiesen.

Lösungen — Kommunikation und Büroorganisation

Zu b Eigenkapitalermittlung über T-Konten

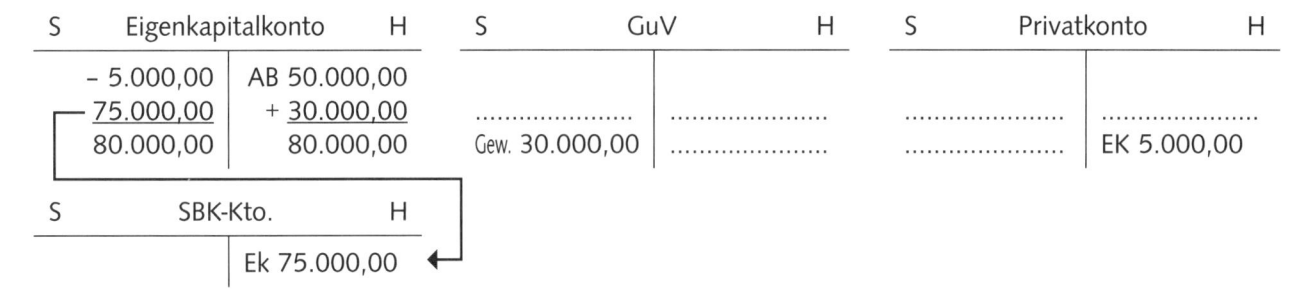

S	Eigenkapitalkonto	H	S	GuV	H	S	Privatkonto	H
– 5.000,00	AB 50.000,00		....	....		....	....	
75.000,00	+ 30.000,00		Gew. 30.000,00	....		....	EK 5.000,00	
80.000,00	80.000,00							

S	SBK-Kto.	H
	Ek 75.000,00	

Zu 6 Ermittlung: Umsatzsteuerzahllast bzw. Vorsteuerguthaben

S	Vorsteuer	H	S	Umsatzsteuer	H
15.000	2.000		VoSt 13.000	23.000	
	USt 13.000		Zahllast 10.000		
15.000	15.000		23.000	23.000	

Zu 7 Erfolgskonten

Zu a Die Erfolgskonten werden zum Bilanzstichtag des abgelaufenen Wirtschaftsjahres über die GuV und diese wiederum über das Konto Eigenkapital (Schlussbilanz) abgeschlossen. Zu Beginn des neuen Wirtschaftsjahres wird lediglich der Anfangsbestand des Eigenkapitalkontos (= Bestandskonto) vorgetragen, die Erfolgskonten stehen jedoch alle „auf Null", da über sie die Aufwendungen und Erträge des laufenden Wirtschaftsjahres gebucht werden, um letztlich den Gewinn oder Verlust des laufenden Jahres zu ermitteln.

Zu b Die Erfolgskonten werden am Jahresende über das **GuV-Konto** abgeschlossen.

Zu c Ein Verlust wird in der GuV auf der **Haben- (= Ertrags-) seite** ausgewiesen.

Zu d Der in der GuV ermittelte Gewinn oder Verlust wird über das **Eigenkapitalkonto** abgeschlossen und erhöht bzw. vermindert das Eigenkapital.

Zu 8 Aktiv-Passiv-Minderung
richtig: b, e

Zu 9 Umlaufvermögen
richtig: d

Zu 10 Aktivseite der Bilanz
richtg: c

Zu 11 Umsatzsteuerzahllast
richtig: d

Zu 12 GUV
richtig: a

zu 13 Bilanz
richtig: e

Zu 14 Privatentnahmen und Privateinlagen
richtig: a

Zu 15 Durchlaufende Posten
richtig: b

Zu 16 Sachanlagen
richtig: e

Zu 17 Personalkosten
richtig: e

B. Rechnungswesen und Finanzwesen

Zu 18 **Erfolgswirksamkeit**

Geschäftsvorfall	Erfolgswirksamkeit
a. Der Notar überweist das Gehalt der Angestellten in Höhe von 2.000,00 Euro.	–
b. Der Rechtsanwalt überweist die Miete für die Kanzleiräume 2.500,00 Euro.	–
c. Ein kurzfristiger Kredit wird in einen langfristigen umgeschuldet, 20.000,00 Euro.	+/–
d. Der Notar kauft bar für sein Notarbüro eine neue Aktenstellwand, 1.500,00 Euro brutto	+/–
e. Der Rechtsanwalt erhält 500,00 Euro auf das Kanzleibankkonto für vermietete Kanzleiräume.	+

2. Prüfungsaufgaben mit Buchungssätzen

Abkürzungen
AfA Absetzung für Abnutzung
AVK allgemeine Verwaltungskosten
BWA Buchwertabgang
GWG Geringwertige Wirtschaftsgüter
PA   Praxisausstattung
Pkw Personenkraftwagen
USt Umsatzsteuer

Zu Sachverhalt 1

a.
PA   1.200,00
Vorsteuer   228,00   an   Postbank   1.428,00

ba.
12 x 5 x 500 = 30.000 Kopien
180 Euro : 30.000 Kopien = 0,01 Euro pro Kopie

bb.
AVK   180,00
Vorsteuer   34,20   an   Kasse   214,20

c.
Personalkosten 2.000,00   an   Bank   2.000,00

d.
Raumkosten   1.500,00   an   Bank   1.500,00

e.
Postbank   1.380,00   an   Honorar   1.000,00
                           an   USt   380,00

f.
Honorar   100,00
USt   19,00   an   Bank   119,00

g.
Postbank   238,00   an   Praxisausstattung 200,00
                           an   Vorsteuer   38,00

Zu Sachverhalt 2

a.
Abschreibungen   3.667,00 an Pkw   3.667,00   AfA alter Pkw (= 20.000,00 : 5 x 11/12)
Buchwertabgang   12.333,00 an Pkw   12.333,00   (= 20.000,00 – 4.000,00 – 3.667,00)

Pkw   30.000,00 an Hilfsgeschäfte 15.000,00   Neukauf und Inzahlungnahme
Vorsteuer   5.700,00 an USt   2.850,00
                              Postbank   17.850,00

Lösungen — Kommunikation und Büroorganisation

b.
Kfz-Kosten	60,00	an		
Vorsteuer	11,40	an	Kasse	71,40
Kfz-Kosten	100,00	an	Bank	100,00
Kfz-Kosten	70,00	an	Postbank	70,00

c.
Nebenrechnung:
30.000 : 5 = 6.000 x 1/12 = 500 AfA für den Monat Dezember

Abschreibung	500,00	an	Pkw	500,00

Zu Sachverhalt 3

a.
Privater Nutzunganteil: $\frac{4.000,00 \text{ km} \times 100}{20.000,00 \text{ km}} = 20\%$

Kosten mit Vorsteuerabzug:
Berechnung Jahres-AfA: 30.000,00 : 5 = 6.000,00

Zusammenstellung:
laufende Kosten		2.000,00		
Jahres-AfA	+	6.000,00		
insgesamt:	=	8.000,00	davon 20 % =	1.600,00 Euro
			1.600,00 Euro x 19 % USt =	304,00 Euro

Kosten ohne Vorsteuerabzug:
Kfz- Versicherung:		1.200,00		
Kfz- Steuer:	+	840,00		
insgesamt:	=	2.040,00 x 20 %	=	408,00 Euro
			=	2.312,00 Euro

Privat	2.312,00	an	Nutzungsentnahmen	2.008,00
			USt	304,00

b.
1 %-Methode:
Bemessungsgrundlage ist der Bruttolistenpreis im Zeitpunkt der Erstzulassung zuzüglich Sonderzubehör, abgerundet auf volle 100 Euro.

BLP: 35.700,00
x 1 % =		357,00	
20 % Abschlag für nicht mit Vorsteuer behaftete Kosten	71,40 x 12 =	856,80	
verbleiben mit Vorsteuerabzug:	285,60 x 12 =	3.427,20	
3.427,20 x 19 % USt = 651,17		4.284,00	

Privat	4.935,17	an	Nutzungsentnahme	4.284,00
		an	USt	651,17

Zu Sachverhalt 4

a.
AVK	179,37			
Vorsteuer	34,08	an	Bank	213,45

b.
Bank	7.600,00	an	Fremdgeld	6.041,00
		an	Honorar	1.100,00
		an	USt	209,00
		an	Vorgelegte Kosten	250,00
Fremdgeld	6.041,00	an	Bank	6.041,00

c.
AVK	100,00			
Vorsteuer	19,00	an	Bank	119,00

d.
Vorgelegte Kosten	350,00	an	Bank	350,00

B. Rechnungswesen und Finanzwesen

e.
Honorar	200,00			
USt	38,00	an	Bank	238,00

f.
Bank	357,00	an	Nebentätigkeit	300,00
		an	USt	57,00

g.
Personalkosten	1.200,00			
Privat	2.000,00			
USt	2.450,00	an	Bank	5.650,00

Zu Sachverhalt 5
Der Solidaritätszuschlag beträgt 5,5 % von 3.600,00 Euro = 198,00 Euro.

Personalkosten	11.386,00	an	Bank	11.386,00
Bank	2.100,00	an	Privat	2.100,00

Zu Sachverhalt 6
AVK	149,15				
Vorsteuer	28,34	an	Bank	177,49	Aktenvernichter
Sammelposten GWG	870,00				
Vorsteuer	165,30	an	Bank	1.035,30	Regalsystem
Praxisausstattung	1.050,00				
Vorsteuer	199,50	an	Bank	1.249,50	Schreibtisch
AVK	120,00				
Vorsteuer	22,80	an	Bank	142,80	Kopierpapier

Sachverhalt 7
a.
Honorar	100,00			
USt	19,00	an	Postbank	119,00

b.
Bank	11.250,00	an	Fremdgeld	11.250,00

c.
Anderkonto	11.250,00	an	Bank	11.250,00

d.
Fremdgeld	952,00	an	Honorar	800,00
		an	USt	152,00

e.
Bank	952,00	an	Anderkonto	952,00

f.
Fremdgeld	10.298,00	an	Anderkonto	10.298,00

g.
Vorgelegte Kosten	300,00	an	Kasse	300,00

h.
AVK	500,00	an	vorgelegte Kosten	500,00

i.
BWA	1,00	an	Praxisausstattung	1,00
Kasse	59,50	an	Hilfsgeschäfte	50,00
		an	USt	9,50

j.
Nettolistenpreis	1.600,00
./. Sofortrabatt	160,00

Lösungen — Kommunikation und Büroorganisation

```
                           1.440,00
./. 2 % Skonto                28,80
= Anschaffungskosten       1.411,20  x  19 % USt  =  268,13
```

PA   1.411,20
Vorsteuer   268,13   an   Bank   1.679,33

k.
USt   5.000,00   an   Bank   5.000,00

Zu Sachverhalt 8

a.
Kaufpreis, netto: 1.600,00 : 11 Stühle = 145,45 Euro Anschaffungskosten pro Stuhl, damit liegen diese unter der 150,00 Euro GWG-Grenze.

AVK   1.600,00
Vorsteuer   304,00   an   Bank   1.904,00

b.
Kaufpreis, netto   470,00
./. 2 % Skonto   9,40
                   460,60 x 19 % USt = 87,51

Sammelposten   460,60
Vorsteuer   87,51   an   Bank   548,11

c.
bisher gebucht: 4.000,00
16.12.   +   460,60
Stand 31.12. = 4.460,60 : 5 = 892,12

Abschreibung   892,12   an   Sammelposten   892,12

d.
3.000,00 = 80 %
  x   = 100 %   Vorjahreswert: 3.750,00 Euro

  x = $\frac{3.000 \times 100}{80}$ = 3.750,00 : 5 = jährliche Abschreibung in Höhe von 750,00 Euro

Abschreibung   750,00   an   Sammelposten   750,00

e.
PA   1.200,00
Vorsteuer   228,00   an   Postbank   1.428,00

Abschreibung   8,00   an   PA   8,00   (1.200,00 : 13 = 92,31 : 12 = 7,69)

Zu Sachverhalt 9

aa.
Personalkosten   4.000,00   an   Bank   4.000,00
ab.
Personalkosten 10.000,00   an   Bank   10.000,00
ac.
Personalkosten   3.500,00   an   Bank   3.500,00
ba.
Anderkonto   3.750,00   an   Fremdgeld   3.750,00
bb
Fremdgeld   645,08   an   Vorgelegte Kosten   250,00
                             an   Honorar   332,00
                             an   USt   63,08
bc.
Bank   645,08   an   Anderkonto   645,08
bd.
Fremdgeld   3.104,92   an   Anderkonto 3.104,92

B. Rechnungswesen und Finanzwesen

c.
Privat	200,00	an	Bank	200,00

da.
(langfr.) Darlehen	1.000,00	an	Bank	1.000,00

db.
Zinsaufwand (oder AVK)
	112,30	an	Bank	112,30

dc.
AVK	23,50	an	Bank	23,50

Zu Sachverhalt 10

a.

```
          1.224,50
    - 2 %    24,50
        = 1.200,00
```

PA	1.200,00			
Vorsteuer	228,00	an	Bank	1.428,00

b.
Anschaffungskosten: 1.200,00 : 13 = 92,31 x 10/12 = 76,93 Euro AfA für 10 Monate

Abschreibung	77,00	an	PA	77,00
BWA	1.123,00	an	PA	1.123,00
Privat	1.190,00	an	Gegenstandsentnahme	1.000,00
		an	USt	190,00

ca.
Umsatzsteuer	4.500,00	an	Bank	4.500,00

cb.
Privat	450,00	an	Bank	450,00

cc.
Kasse	250,00	an	Vorgelegte Kosten	250,00

cd.
Bank	1.223,00	an	Privat	1.223,00

ce.
Personalkosten	500,00	an	Kasse	500,00

cf.
Personalkosten	40,00	an	Bank	40,00

cg.
Privat	300,00	an	Kasse	300,00

Zu Sachverhalt 11

a.
PA	3.150,00			
Vorsteuer	598,50	an	Bank	3.748,50

b.
Bank	200,00	an	PA	168,07
		an	Vorsteuer	31,93

c.
AVK	147,25			
Vorsteuer	27,98	an	Postbank	175,23

d
```
Rollregal                390,00 *
Kasse                  + 110,00
Bürodrehstuhl:
Kaufpreis      425,00
./. Rabatt      21,25
          =           + 403,75*
Kugelschreiber         +  26,30
```

Lösungen — Kommunikation und Büroorganisation

Schreibtischleuchte	+ 151,00*
	= 1.081,05 x 19 % = 205,40 USt

AVK	1.081,05			
Vorsteuer	205,40	an	Bank	1.286.45

*Für diese Wirtschaftsgüter hat der Rechtsanwalt grundsätzlich das steuerliche Wahlrecht, diese in einen Sammelposten einzustellen oder diese sofort abzuschreiben, da sie über 150,00 Euro und unter 410,00 Euro liegen. Dieses Wahlrecht kann er jedoch nicht bei jedem Kauf erneut ausüben. Eine einmal getroffene Entscheidung, ob er die Sofortabschreibung unter Zugrundelegung der 410-Euro-Grenze beanspruchen möchte oder ob er die Sammelposten-Regelung anwendet, bindet ihn für das gesamte Kalenderjahr. Hier im Sachverhalt war diesbezüglich noch kein Wahlrecht ausgeübt, so dass der praxisrelevanteren Lösung der Sofortabschreibung der Vorzug gegeben wurde.

e.
Bank	3.000,00	an	Nebentätigkeit	2.803,74
		an	USt (7 %)	196,26

Zu Sachverhalt 12

a.
Raumkosten	1.800,00	an	Bank	1.800,00

AVK	400,00			
Privat	119,00			
Vorsteuer	76,00	an	Bank	595,00

b.
Raumkosten	109,24			
Vorsteuer	20,76	an	Bank	130,00

c.
Personalkosten	460,00	an	Bank	460,00

d.
Kurzfristige Darlehen	30.000,00	an	Langfristige Darlehen	30.000,00

e.
Langfristige Darlehen	250,00			
Zinsaufwand	32,50	an	Postbank	282,50

f.
Vorschuss	1.500,00
Schlussrechnung	− 1.428,00
=	72,00 abzüglich 19 % USt (: 1,19) = 60,50

Honorar	60,50			
USt	11,50	an	Bank	72,00

g.
Bank	900,00	an	Privat	900,00
Bank	500,00	an	Nebentätigkeit	420,17
		an	USt	79,83
Bank	2.261,00	an	Honorar	1.900,00
		an	USt	361,00
Bank	350,00	an	Vorgelegte Kosten	350,00

h.
Kanzleiräume = 140 qm = 7 Teile
Privaträume = 120 qm = 6 Teile
Anteile insgesamt: 13 Teile

3.900,00 : 13 = 300,00 x 6 = 1.800,00 x 19 % = 342,00
                                  x 7 = 2.100,00 x 19 % = 399,00
                                         3.900,00

B. Rechnungswesen und Finanzwesen

PA	2.100,00			
Vorsteuer	399,00			
Privat	2.142,00	an	Bank	4.641,00
i.				
Raumkosten	280,00			
Vorsteuer	53,20			
Privat	285,60	an	Postbank	618,80

Zu Sachverhalt 13

a.
USt	2.300,00	an	Bank	2.300,00
AVK	100,00	an	Bank	100,00
AVK	149,50			
Vorsteuer	28,40	an	Bank	177,90
Bank	670,00	an	Privat	670,00

b.
Kfz-Kosten	900,00			
Vorsteuer	171,00	an	Bank	1.071,00

c.
Kfz-Kosten	18,00			
Vorsteuer	3,42	an	Bank	21,42
Kfz-Kosten	70,00			
Vorsteuer	13,30	an	Bank	83,30

d.
Anderkonto	5.173,15	an	Honorar	885,00
		an	USt	168,15
		an	vorgelegte Kosten	170,00
		an	Fremdgeld	3.950,00

e.
AVK	117,76			
Vorsteuer (7 %)	8,24	an	Kasse	126,00

Sachverhalt 14

a.
Bank	158.950,00	an	Fremdgeld	158.950,00

b.
Anderkonto	158.950,00	an	Bank	158.950,00

c.
insgesamt: 30 Teile
Berechnung von 1 Teil:
    158.950,00
./.   5.950,00
= 153.000,00 : 30 = 5.100,00

A:	5/30	25.500,00 Euro	
B:	5/30	25.500,00 Euro	
C:	6/30	30.600,00 Euro	
D:	6/30	30.600,00 Euro	
Gesamt:		112.200,00 Euro	Rest: 40.800,00 Euro

Fremdgeld	158.950,00	an	Honorar	5.000,00
		an	USt	950,00
		an	Anderkonto	153.000,00

d.
Bank	5.950,00		Anderkonto	5.950,00

C. Einnahmenüberschussrechnung

I. Wiederholungsfragen

Zu 1 Einkunftsart
Einkünfte aus selbständiger Arbeit, § 18 EStG

Zu 2 Gewinnermittlung
Als Freiberufler ist die für ihn naheliegenste Gewinnermittlungsart die Einnahmenüberschussrechnung nach § 4 Abs. 3 EStG. Er hat jedoch ein Wahlrecht. Er kann seinen Gewinn auch durch Betriebsvermögensvergleich gemäß § 4 Abs. 1 EStG ermitteln. Dann wäre er nach steuerrechtlichen Vorschriften buchführungspflichtig. Sofern die Rechtsform der GmbH gewählt würde, wäre er auch nach HGB buchführungspflichtig, weil die GmbH als Formkaufmann verschärften Anforderungen an das Rechnungswesen unterliegt.

Zu 3 Einnahmenüberschussrechnung
Die Einnahmenüberschussrechnung ist in § 4 Abs. 3 EStG geregelt. Sie ist eine vereinfachte Form der Gewinnermittlung, bei der die Betriebsausgaben und die Betriebseinnahmen nach dem im § 11 EStG verankerten Zufluss- und Abflussprinzip bestimmt werden. Der Gewinn wird wie folgt ermittelt:

```
    Betriebseinnahmen
-   Betriebsausgaben
=   Gewinn
```

Betriebsausgaben sind die Aufwendungen, die durch den Betrieb veranlasst sind, § 4 Abs. 4 EStG.

Betriebseinnahmen: Dieser Begriff ist im EStG nicht ausdrücklich definiert. Hierunter fallen alle Güter, die in Geld oder Geldeswert bestehen und dem Steuerpflichtigen im Rahmen der Gewinn- Einkunftsarten zufließen. Diese Begriffsbestimmung orientiert sich an der Definition des Begriffs „Einnahmen", § 8 Abs. 1 EStG. Siehe hierzu, insbesondere zu den handels- und steuerrechtlichen Buchführungspflichten, auch die Aufgaben bzw. Ausführungen zu den Grundlagen des Rechnungswesens in diesem Buch.

Zu 4 Beispiele

Betriebseinnahmen	Betriebsausgaben
Einnahmen aus Honorar (freiberuflicher Tätigkeit)	Ausgaben für die Anschaffung von Wirtschaftsgütern des Umlaufvermögens (z. B. Waren) bzw. von geringwertigen Wirtschaftsgütern
Vereinnahmte USt	Abschreibungsbeträge für Wirtschaftsgüter des abnutzbaren Anlagevermögens (z. B. beim Kanzlei-Pkw)
Einnahmen aus dem Verkauf von Wirtschaftsgütern des Umlaufvermögens, z. B. Waren	Restbuchwerte bei verkauften Wirtschaftsgütern
Hinweis zum Sachanlagenabgang am Beispiel des Verkaufs eines Kanzlei-Pkw: Beim PKW-Verkauf stellt der Gegenwert (Verkaufspreis) eine Betriebseinnahme dar. Die anteiligen Abschreibungen und der Restbuchwert des PKW stellen dagegen Betriebsausgaben dar.	
Der Neukauf eines Grundstücks wird nicht in der Einnahmenüberschussrechnung erfasst. Dieses Grundstück wird erst beim Verkauf erfolgswirksam in der Einnahmenübschussrechnung berücksichtigt: Die Einnahmen aus dem Verkauf des Geschäftsgrundstücks stellen dann Betriebseinnahmen dar, die früheren Anschaffungskosten sind als Betriebsausgaben zu erfassen.	
Private Nutzungsentnahme	Private Sacheinlagen, wobei bei der Einlage von Wirtschaftsgütern des abnutzbaren Anlagevermögens, z. B. Pkw die Sacheinlage nicht sofort als Betriebsausgabe abgezogen werden kann.
Private Sachentnahme	Gezahlte Zinsen für ein betriebliches Darlehen
Umsatzsteuer auf Privatentnahmen	**Vorsteuer**

C. Einnahmenüberschussrechnung

Betriebseinnahmen	Betriebsausgaben
Erhaltene Vorschüsse, Teil- und Abschlagszahlungen im Zeitpunkt des Zufließens	Verausgabte Vorschüsse, Teil- und Abschlagszahlungen (außer bei Anlagevermögen, z. B. Anzahlung auf PKW, hier ist nur die Vorsteuer abzugsfähig)
	Weitere Betriebsausgaben: Personalkosten, Raumkosten, Miete, Aufwendungen für Telekommunikation, Werbung, Kfz- oder Fahrtkosten, Bürobedarf, Schreibmittel, Porto etc.
Wichtig: **Nicht** hierunter fallen durchlaufende Posten, das heißt Geldbeträge, die im Namen und für Rechnung eines anderen vereinnahmt werden. Die Umsatzsteuer ist kein durchlaufender Posten, sondern stellt Betriebseinnahme dar. Ebenso gehören Geldbeträge, die im Rahmen einer Darlehensaufnahme zufließen nicht zu den Betriebseinnahmen. Auch eine Geldeinlage des Rechtsanwalts zählt nicht zu den Betriebseinnahmen.	**Wichtig:** **Nicht** hierunter fallen Ausgaben für die Anschaffung von nicht abnutzbaren Anlagegütern, z. B. Grundstücke. Gleiches gilt für die Ausgaben von Wirtschaftsgütern des abnutzbaren Anlagevermögens, z. B. gehören die netto Anschaffungskosten eines PKW nicht zu den Betriebsausgaben. Lediglich die jährliche Abschreibung stellt Betriebsausgabe dar. Die Vorsteuer beim Kauf stellt ebenfalls Betriebsausgabe dar. Tilgungsbeträge beim Darlehen stellen keine Betriebsausgabe dar. Gleiches gilt für Geldentnahmen.

Zu 5 Zufluss- und Abflussprinzip, § 11 EStG

Bei der Einnahmenüberschussrechnung kommt es lediglich auf den Zufluss oder Abfluss von Betriebseinnahmen bzw. Betriebsausgaben an. Ergibt sich am Jahresende noch ein Zahlungszufluss oder -abfluss, so wird er im aktuellen Kalenderjahr noch erfasst. Liegt er erst im nächsten Jahr, wird er auch erst nächstes Jahr bei der Gewinnermittlung berücksichtigt. Diese Zuordnung ergibt sich aus § 11 EStG.

Anmerkung:
Betriebseinnahmen gelten dann als zugeflossen, wenn der Rechtsanwalt über sie wirtschaftlich verfügen kann. Ausgaben sind in dem Kalenderjahr zu erfassen, in dem sie geleistet wurden. Dies liegt z. B. bereits mit Hingabe eines Schecks vor, bei ausreichender Deckung des Bankkontos. Bei einer Überweisung gilt als Ausgabezeitpunkt bereits der Eingang des Überweisungsauftrags bei der überweisenden Bank, wenn das Konto die nötige Deckung aufweist bzw. ein entsprechender Überziehungsrahmen vorliegt.

Zu 6 Regelmäßig wiederkehrende Leistungen

Regelmäßig wiederkehrende Leistungen, die dem Steuerpflichtigen kurze Zeit vor Beginn oder kurze Zeit nach Beendigung des Kalenderjahres, zu dem sie wirtschaftlich gehören, zugeflossen sind, gelten als in diesem Kalenderjahr bezogen. Dies gilt für regelmäßig wiederkehrende Ausgaben analog, § 11 EStG.
Der Gesetzgeber hat allerdings nicht taggenau definiert, welchen Zeitraum „kurze Zeit" umfassen soll. Daher hat die Finanzverwaltung in den Einkommensteuerrichtlinien im Hinweis 11 einen Zeitraum von 10 Tagen vor bzw. nach dem 31.12. festgelegt. Innerhalb dieses Zeitraums müssen die Zahlungen fällig und geleistet worden sein.

Zu 7 Bestandsverzeichnis

Er muss die GWG bis 410,00 Euro nach § 6 Abs. 2 EStG in ein Bestands-/Anlagenverzeichnis aufnehmen. Betragen die Anschaffungskosten oder Herstellungskosten nicht mehr als 150,00 EUR, kann auf die Erfassung im Bestandsverzeichnis verzichtet werden.

II. Prüfungsaufgaben

Zu 1 Gewinnauswirkung

	BE	BA	N
Rückzahlung einer Tilgungsrate für ein Darlehen in Höhe von 500,00 Euro			X
Zahlung von 50,00 Euro Zinsen für ein aufgenommenes Darlehen		X	
Verkauf eines zur Kanzlei gehörenden Grundstücks zu 80.000,00 Euro (ehemaliger Parkplatz); Buchwert: 60.000,00 Euro.	X 80.000,00	X 60.000,00	
Kauf eines neuen Grundstücks für Mandantenparkplätze			X
Zahlung der Novembergehälter		X	
Kauf von Kopierpapier		X	
Kauf eines neuen PKW für die Kanzlei: netto Kaufpreis 18.000,00			X
+ 19 % USt 3.420,00		X	
= insges. 21.420,00			X
Jahres-AfA = 3.000,00		X	
Der Rechtsanwalt entnimmt einen für die Kanzlei angeschafften PC und schenkt ihn seiner Frau zum Geburtstag	X		
Zahlung der Kanzleimiete		X	
Der Rechtsanwalt zahlt 600,00 Euro in die Bürokasse ein			X

Zu 2 GWG

Ermittlung der Anschaffungskosten:
505,75 Euro : 1,19 = 425,00 netto; abzüglich 5 % Rabatt in Höhe von 21,25 Euro = **403,75 Euro**
somit liegt das Wirtschaftsgut mit seinen Anschaffungskosten unter der GWG-Grenze von 410,00 Euro.

Der Rechtsanwalt hat somit ein Wahlrecht: Er kann entweder nur die jährliche (auf sechs Jahre linear verteilte) Abschreibung und die Vorsteuer als Betriebsausgaben behandeln oder sowohl die kompletten netto Anschaffungskosten und die Vorsteuer als Betriebsausgaben ansetzen.

Fazit: Es ist sinnvoller die 403,75 + 19 % USt = 480,46 Euro als Betriebsausgabe anzusetzen, da hierdurch über höhere Betriebsausgaben ein niedrigerer Gewinn entsteht und damit auch eine niedrigere Steuerbelastung bei der Einkommensteuer des Rechtsanwalts.

C. Einnahmenüberschussrechnung

Zu 3 GWG

Dieser auf den ersten Blick einfach wirkende Sachverhalt ist nicht leicht zu lösen, da Anschaffung und Zahlung auf zwei verschiedene Kalenderjahre fallen.

Bei Anschaffungskosten bis 410,00 Euro kann der Rechtsanwalt das Wirtschaftsgut sofort als GWG behandeln (Wahlrecht) und als Betriebsausgabe abziehen. Für die Frage, ob die GWG- Grenze von 410,00 Euro eingehalten wurde oder nicht, sind die netto Anschaffungskosten maßgeblich und nicht der brutto Kaufpreis.

Da die Anschaffung noch im alten Jahr erfolgte, muss er die netto Anschaffungskosten noch im alten Jahr als Betriebsausgabe in Höhe von 410,00 Euro ansetzen. § 9a EStDV bestimmt, dass als Jahr der Anschaffung das Jahr der Lieferung gilt.

Da die Vorsteuer nicht zu den Anschaffungskosten des Kopierers zählt, kann sie gemäß § 11 EStG erst im Zeitpunkt der Zahlung in der Gewinnermittlung berücksichtigt werden. Dies bedeutet, dass die 77,90 Euro erst im nächsten Jahr in der Gewinnermittlung als Betriebsausgabe anzusetzen sind.

Zu 4 PKW-Kauf

Im Einzelnen:
- Die netto Anschaffungskosten in Höhe von 24.000,00 Euro wirken sich nicht aus.
- Die Vorsteuer in Höhe von 4.560,00 Euro stellt Betriebsausgabe dar.
- Die bis zum 31.12. aufgelaufenen Abschreibungen stellen Betriebsausgaben dar:
  24.000,00 : 6 = 4.000,00 Euro Jahresabschreibung x 7/12 (zeitanteilig für das Anschaffungsjahr) = 2.333,33 Euro.
- Die Darlehensaufnahme in Höhe von 29.000,00 Euro wirkt sich nicht aus.
- Die Tilgungsbeträge in Höhe von 3.700,00 Euro wirken sich nicht aus.
- Die Zinsen in Höhe von 350,00 Euro werden als Betriebsausgaben angesetzt.

Zu 5 Gewinnermittlung

Vorgänge	Betriebseinnahmen	Betriebsausgaben
Honorar, brutto	207.060,00	
Personalkosten		63.000,00
Büromaterial		13.090,00
Kopierpapier		3.689,00
Kanzleimiete		15.000,00
Regalwand, Vorsteuer AfA: 2.000,00 : 10 = 200,00 x 3/12 =		380,00 50,00
Summen (beider Spalten)	**207.060,00**	**95.209,00**
Gewinn		207.060,00 - 95.209,00 = **111.851,00**

Zu b Einkunftsarten

Einkünfte aus selbständiger Arbeit, § 18 EStG

Zu 6 Gewinnermittlung

Vorgänge	Betriebseinnahmen	Betriebsausgaben
Honorareinnahmen	274.000,00	
Zinsgutschrift	200,00	
Personalkosten		84.000,00
Kanzleimiete		21.000,00
Bürobedarf etc.		19.000,00

Vorgänge	Betriebseinnahmen	Betriebsausgaben
Aktentasche		178,50
Anzahlung; nur die Vorsteuer ist Betriebsausgabe		380,00
Schuldzinsen		500,00
Summen (beider Spalten)	274.200,00	125.058,50
Gewinn	149.141,50	

Zu 7 Gewinnermittlung

Vorgänge	Betriebseinnahmen	Betriebsausgaben
Honorareinnahmen	344.000,00	
Autorentätigkeit	6.300,00	
Personalkosten		144.000,00
Kanzleimiete		22.000,00
Bürobedarf		20.000,00
Privateinlage ist keine Betriebseinnahme		
PKW Kauf Vorsteuer Abschreibung 20.000,00 : 6 x 1/12 =		3.800,00 278,00
PC Verkauf Einnahme brutto 600,00 + 114,00 = Abschreibung Restbuchwert	714,00	200,00 300,00
Summen (beider Spalten)	351.014,00	190.578,00
Gewinn	160.436,00	

Zu 8 Gewinnermittlung

Vorgänge	Betriebseinnahmen +	-	Betriebsausgaben +	-
Vorläufige BE und BA	270.000,00		140.000,00	
1. Honorar, Zahlung im aktuellen Jahr	1.190,00			
2. Honorar, Zahlung im Folgejahr, keine wiederkehrende Leistung, Erfassung erst im nächsten Jahr				
3. Dezembermiete ist wiederkehrende Leistung, sie war innerhalb der 10 Tage fällig und wurde innerhalb derer gezahlt			1.200,00	
4. Lohn = BA			390,00	

C. Einnahmenüberschussrechnung

Vorgänge	Betriebseinnahmen +	Betriebseinnahmen -	Betriebsausgaben +	Betriebsausgaben -
5. Aktenvernichter, ist GWG, BA ab Lieferung, Vorsteuer erst im nächsten Jahr			154,00	
6. Zinsen sind BA, Tilgung ist keine BA, muss daher korrigiert werden			200,00	300,00
7. PKW Verkauf Erinnerungswert (Restbuchwert) Erlös 1.000,00 + 190,00 =	1.190,00		1,00	
8. PKW Kauf netto Anschaffungskosten sind keine BA Vorsteuer ist BA AfA: 21.500,00 : 6 = 3. 583,33 x 1/12 =			4.085,00 299,00	21.500,00
9. Tankrechnung			65,45	
10. Privateinlage ist keine BE muss daher aus den BE herausgeholt werden	-,-	500,00		
11. Diebstahl Laptop, keine BA, da dieser bereits bei Anschaffung als GWG als BA erfasst wurde, daher kein (erneuter) Betriebsausgabenabzug, der falsch gebuchte Betrag muss korrigiert werden				210,00
Summen (alle Spalten aufaddieren)	**272.380,00**	**500,00**	**146.394,45**	**22.010,00**
Ermittlung der tatsächlichen (saldierten) Betriebseinnahmen und Betriebsausgaben		272.380,00 - 500,00 = 271.880,00		146.394,45 - 22.010,00 = 124.384,45
Gewinn			271.880,00 - 124.384,45 = **147.495,55**	

D. Zahlungsverkehr und Steuern

I. Wiederholungsfragen

1. Zahlungsverkehr

Zu 1 **Zahlungsmittel**
- Bargeld = gesetzliches Zahlungsmittel (Münzen und Banknoten)
- Buchgeld (Giralgeld) = Forderung mit Anspruch auf Bargeld (Sichteinlagen)
- Elektronisches Geld (Guthaben auf Geldkarten, Netzgeld)
- Geldersatzmittel (Surrogate) = Mittel, mit denen Bar- oder Buchgeld auf andere übertragen werden kann (Scheck, Wechsel)

Zu 2 **Zahlungsformen**
- **Barzahlung**: Zahlungsform, bei der der Schuldner dem Gläubiger Bargeld übergibt, es wird kein Konto eingeschaltet.
- **Halbbare Zahlung**: Zahlungsverkehr unter teilweiser Verwendung von Bargeld; der Zahlungspflichtige oder der Zahlungsempfänger einer Zahlung verfügt über ein Konto und der jeweilige Zahlungspartner erhält Bargeld oder zahlt Bargeld ein.
- **Bargeldloser Zahlungsverkehr**: Unbarer Zahlungsverkehr; Zahlungsausgleich ohne Verwendung von Bargeld, das heißt durch Verwendung von Buchgeld. Dies setzt voraus, dass beide Vertrags- bzw. Zahlungspartner über ein Konto verfügen.

Zu 3 **Vor- und Nachteile einer Barzahlung**
Vorteile:
- Kein Konto notwendig, es entstehen keine Kontoführungsgebühren
- Einfache Handhabung

Nachteile:
- Verlust-/ Diebstahlrisiko
- Bei größeren Zahlungen nimmt das Transportrisiko zu
- Die Abwicklung größerer Barzahlungen, insbesondere ins Ausland, unterliegen verschärften Nachweispflichten

Zu 4 **Begriff Quittung**
Dies ist ein schriftliches Empfangsbekenntnis, ausgestellt auf Verlangen des Schuldners.

Zu 5 **Bestandteile einer Quittung**
- Name (und Anschrift) des Zahlers
- Betrag (USt, ggf. gesondert auszuweisen)
- Grund der Zahlung
- Empfangsbestätigung des Zahlungsempfängers
- Ort und Tag der Ausstellung
- Unterschrift des Zahlungsempfängers

Zu 6 **Möglichkeiten der Quittungserteilung**
- Verwendung eines standardmäßigen Vordruckes
- Kassenbon
- Aufdruck des Kassenstempels auf der Rechnung, das heißt auf der Rechnung wird der Aufdruck „bezahlt" vermerkt
- durch handschriftlichen Vermerk auf dem Zahlungsbeleg

Zu 7 **Kosten einer Quittung**
Die Kosten der Quittung trägt im Zweifel der Schuldner, § 369 BGB.

Zu 8 **Gründe für die Notwendigkeit einer Quittung**
- Beweisfunktion, z. B. bei Mängeln, bei erneuter Zahlungsaufforderung
- Beleg für Rechnungswesen, Steuer etc.

Zu 9 **Inkassovollmacht**
Sie ist eine zur Einziehung von Forderungen berechtigende Vollmacht.

D. Zahlungsverkehr und Steuern

Zu 10 Zahlschein
Beim Zahlschein verfügt der Empfänger über ein Konto und das Geld wird vom Zahler bei einer Bank oder Postbank eingezahlt. Von dort aus wird es dann dem Konto des Empfängers gutgeschrieben. Ab 01.02.2014 sind die SEPA-Zahlschein-Vordrucke zu verwenden.

Zu 11 Sendung per Nachnahme
Hierbei wird mit Aushändigung einer bestellten Sache an den Besteller der geschuldete Geldbetrag vom Überbringer (Postboten) sofort eingezogen. Der Gläubiger muss hierzu neben den Versandunterlagen vor dem Warentransport einen Inkassobeleg ausfüllen, mit dem das eingezogene Bargeld auf sein Konto eingezahlt werden kann.

Zu 12 Bankkonto
Dies ist eine kontenartig geführte Rechnung eines Bankkunden, in der Geldeingänge und die Geldausgänge dieses Kontoinhabers auf diesem Konto genau erfasst werden.

Zu 13 Gironetze
Sie stellen die für den bargeldlosen Zahlungsverkehr zwingend benötigten Zahlungsverkehrsnetze dar. Hierdurch sind die einzelnen Kreditinstitute einer Bankengruppe mit ihrer Kopfstelle bzw. Zentrale verbunden. Das umfassendste Netz unterhält die Deutsche Bundesbank.

Zu 14 Auftragserteilung
Möglichkeiten der Auftragserteilung für eine Überweisung*:
- Überweisungsformular (Abgabe am Schalter)
- Eingabe am Selbstbedienungsterminal einer Bank
- Onlinebanking

*Eine Überweisung gilt als Zahlungsinstrument, mit dem der Kontoinhaber über seine Bank von seinem Kontoguthaben bzw. von seiner vereinbarten Kreditlinie dem Begünstigten einen bestimmten Betrag auf dessen Konto zur Verfügung stellt

Zu 15 IBAN und BIC
SEPA steht für Single Euro Payments Area (Einheitlicher Euro- Zahlungsverkehrsraum). Die neuen einheitlichen Verfahren gelten für Euro-Zahlungen in den 28 EU-Staaten, Island, Liechtenstein, Norwegen sowie Monaco und der Schweiz.

IBAN (International Bank Account Number)
Aufbau:

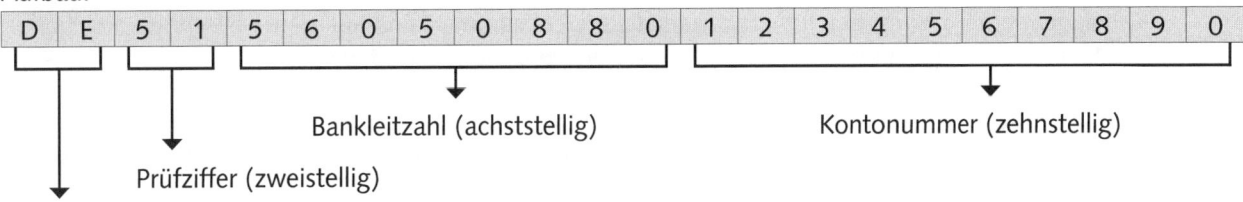

| D | E | 5 | 1 | 5 | 6 | 0 | 5 | 0 | 8 | 8 | 0 | 1 | 2 | 3 | 4 | 5 | 6 | 7 | 8 | 9 | 0 |

- Länderkennzeichen (zweistellig): DE
- Prüfziffer (zweistellig): 51
- Bankleitzahl (achtstellig): 56050880
- Kontonummer (zehnstellig): 1234567890

BIC (Bank Identifier Code)

Zu 16 Bestandteile einer SEPA-Überweisung
(1) Angaben zum Zahlungsempfänger, insbes. Name, Vorname, Firma
(2) IBAN (Empfänger)
(3) BIC, siehe Erläuterungen zu Frage 13
(4) Betrag
(5) Verwendungszweck
(6) Angaben zum Kontoinhaber, insbes. Name, Vorname, Firma
(7) IBAN (Kontoinhaber)
(8) Unterschrift des Auftraggebers, Datum

Zu 17 Ausführungsfrist bei Überweisungen
Innerhalb eines Geschäftstages muss die Überweisung zwischen Banken des SEPA-Raumes ausgeführt sein, z. B. bei Online-Banking. Sofern die Überweisung in Papierform eingereicht wird, verlängert sich die Frist um einen weiteren Geschäftstag.

Zu 18 Dauerauftrag

Kundenauftrag zur regelmäßigen Ausführung einer Überweisung in gleich bleibender Höhe an einen bestimmten Empfänger zu regelmäßig wiederkehrenden Terminen, z. B. Mietzahlungen, Beiträge an Vereine. Im Grunde genommen handelt es sich dabei um regelmäßig und automatisch erzeugte Überweisungen.

Der Vorteil liegt in der Zeitersparnis und der Sicherheit, dass der Auftrag pünktlich ausgeführt wird.

Zu 19 Lastschriftverfahren

Zu a Allgemeiner Begriff

Hierbei lässt der Zahlungsempfänger einen Betrag vom Zahlungsverpflichteten über seine Hausbank einziehen; veranlasst wird der Zahlungsvorgang durch den Zahlungsempfänger.

Zu b SEPA-Lastschriftverfahren

Allgemein:

Beim SEPA-Credit-Transfer wird bei den angeschlossenen Staaten innerhalb Europas ein einheitliches Format für den Überweisungsverkehr benutzt. Dies betrifft sowohl die inländischen als auch die grenzüberschreitenden Überweisungen und Lastschriften in Euro.

Es gibt hierzu zwei Verfahren:
(1) SEPA-Basislastschrift (SEPA Core Direct Debit)
    Dies enthält Elemente der vormaligen Einzugsermächtigung.
(2) SEPA-Firmenlastschrift (SEPA Business to Business Direct Debit)
    Dies enthält Elemente des vormaligen Abbuchungsauftrags.

Gemeinsamkeiten dieser Verfahren:
- Die rechtliche Legitimation für den Einzug von SEPA-Lastschriften ist das schriftlich zu erteilende Mandat. Dieses beinhaltet die Zustimmung des Zahlers gegenüber dem Zahlungsempfänger zum Einzug fälliger Forderungen per Lastschrift und die Weisung an seinen Zahlungsdienstleister (Bank) zur Einlösung durch Belastung seines Zahlungskontos.
- Das Verfahren ist nur elektronisch und nicht mehr beleghaft möglich.
- SEPA-Lastschriften haben ein festes Fälligkeitsdatum, an dem die Kontobelastung erfolgt.
- Der Kreditor muss eine Vorankündigung für jede Lastschrift mindestens 14 Tage vor dem Fälligkeitstermin versenden, kürzere Fristen können vereinbart werden.
- Gläubigeridentifikationsnummer und Mandatsreferenznummer sind für den Lastschrifteinreicher (= Zahlungsempfänger) zur eindeutigen Identifizierung zwingend erforderlich.
- Der Debitor kann innerhalb einer Frist von 13 Monaten nach Belastung eine nicht autorisierte Lastschrift zurückgeben.
- Vor Belastung einer Lastschrift kann der Debitor von seiner Bank verlangen, eine Lastschrift zurückzuweisen.

Wichtige Unterschiede:
- SEPA-Firmen-Lastschriftmandate sind nur zwischen Nicht-Verbrauchern (keine Privatkunden) möglich. Das SEPA-Basislastschriftverfahren steht sowohl Verbrauchern als auch Unternehmen offen.
- Bei der SEPA-Firmenlastschrift muss das Mandat vor dem ersten Einzug der Zahlstelle vorliegen und geprüft sein. Beim SEPA-Basislastschriftverfahren ist eine Mandatsprüfung seitens der Zahlstelle nicht erforderlich.
- Beim Basislastschriftverfahren kann eine autorisierte Lastschrift innerhalb einer Frist von 8 Wochen nach Belastung der Lastschrift ohne Angabe von Gründen zurückgegeben werden. Beim Firmenlastschriftverfahren ist eine Rückgabe nicht möglich.

Zu 20 Vorteile des Lastschriftverfahrens

Für den Zahlungspflichtigen:
- Die einzelnen Bearbeitungsvorgänge zur termingerechten Überweisung von Beträgen entfallen,
- die Überwachung dieser Zahlungstermine entfällt somit, Zeitersparnis,
- es entstehen weniger Kosten, keine Mahngebühren etc.,
- ggf. Rückgaberecht.

Für den Zahlungsempfänger:
- Zahlungseingänge erfolgen schneller und pünktlicher,
- bessere finanzielle Planbarkeit,
- weniger Verwaltungsaufwand, da weniger Kontrollaufwand, einfachere Handhabung für die Buchhaltung, da die Zahlungseingänge immer am selben Tag kommen,
- weniger Mahnaufwand.

D. Zahlungsverkehr und Steuern

Zu 21 **Scheck**

a. **Begriff**
Ein Scheck ist eine schriftliche Zahlungsanweisung des Ausstellers bei einer Bank.

b. **Scheckarten**
Einteilung nach der:
(1) **Art der Einlösung**
- **Barscheck**: Er wird dem Zahlungsempfänger bei Vorlge bei der bezogenen Bank bar ausgezahlt und vom Konto des Zahlungspflichtigen eingezogen.
- **Verrechnungsscheck**: Scheck, bei dem durch den quer über die Vorderseite gesetzten Vermerk „nur zur Verrechnung" oder einem gleichbedeutenden Vermerk untersagt ist, dass der Scheck bar ausgezahlt wird. Die Gutschrift erfolgt auf dem Konto des Zahlungsempfängers.

(2) **Form der Weitergabe**
- **Inhaberscheck**: Scheck, der auf den Inhaber oder auf eine bestimmte Person mit dem Zusatz „oder Überbringer" ausgestellt ist. Jeder Inhaber kann dadurch die Rechte aus dem Scheck geltend machen.
- **Oderscheck:** Scheck mit Angabe des Begünstigten, der als Orderpapier durch Indossament (Übertragungsvermerk) übertragen werden kann. Äußerlich sichtbar durch einen roten Randstreifen, er wird üblicherweise nur bei hohen Beträgen verwendet.

c. **Fälligkeit**
Ein Scheck ist grundsätzlich bei Sicht zahlbar, d. h. bei Vorlage, Art. 28 Abs. 1 ScheckG.

Dauer:
- 8 Tage für im Inland ausgestellte Schecks,
- 20 Tage im europäischen Ausland oder bei in einem an das Mittelmeer angrenzenden Land ausgestellte Schecks,
- 70 Tage für in übrigen Ländern ausgestellte Schecks, Art. 29 ScheckG.

Nach Ablauf der Vorlegungsfristen kann das bezogene Kreditinstitut den Scheck zwar noch einlösen, es ist aber nicht dazu verpflichtet.

Zu 22 **Wechsel**
Urkunde, die die unbedingte Anweisung des Ausstellers an den Bezogenen enthält, eine bestimmte Geldsumme an eine im Wechsel genannte Person oder deren Order zu einem festgelegten Zeitpunkt zu zahlen. Die Urkunde muss im Text als Wechsel bezeichnet sein.

Zu 23 **Funktionen der Girokarte**
- Geldbeschaffung am Geldautomaten
- Kundenselbstbedienung in den Kundenzonen der Hausbank
- Zahlung am Point of Sale
- Girocard oder Electronic Cash (Kunde identifiziert sich mit seiner Bankkarte und seiner PIN Nummer)
- Karte als Zugangsmedium zum elektronischen Lastschriftverfahren
- Geldkartenfunktion, zur Abwicklung bargeldloser Zahlungen, insbesondere von Kleinbeträgen wie beispielsweise Parkgebühren

2. Steuern

Zu 1 **Begriffe**
Gebühren
Sie stellen Geldleistungen für bestimmte tatsächlich in Anspruch genommene öffentliche Leistungen dar, zum Beispiel Benutzungsgebühren (für Kanal, Bibliothek etc.) oder Verwaltungsgebühren (für Kfz-Zulassung, Pass etc.). Zwischen Leistung und Gegenleistung besteht ein unmittelbarer Zusammenhang.
Beiträge
Sie sind Geldleistungen für angebotene öffentliche Leistungen unabhängig davon, ob sie in Anspruch genommen werden oder nicht, zum Beispiel Krankenversicherungsbeiträge, Kurtaxe.

Lösungen — Kommunikation und Büroorganisation

Steuern
Sie sind in § 3 Abs. 1 AO definiert.
Steuern sind Geldleistungen, die nicht Gegenleistung für eine besondere Leistung darstellen und von einem öffentlich- rechtlichen Gemeinwesen zur Erzielung von Einnahmen allen auferlegt werden, bei denen der Tatbestand zutrifft, an den das Gesetz die Leistungspflicht knüpft; die Erzielung von Einnahmen kann Nebenzweck sein.

Zu 2 Steuerliche Nebenleistungen
Insbesondere:
(1) **Verspätungszuschlag**, § 152 AO, er entsteht bei verspäteter Abgabe der Steuererklärung.
(2) **Säumnizuschlag**, § 240 AO, er entsteht sofern die Steuer verspätet an das Finanzamt abgeführt wird.
(3) **Zinsen,** §§ 233 ff AO, bestimmte, im Gesetz aufgeführte Tatbestände werden von der Finanzverwaltung verzinst, zum Beispiel Stundungszinsen, Verspätungszinsen, Erstattungszinsen.
(4) **Zwangsgelder**, § 329 AO, sie entstehen sofern ein Steuerpflichtiger nicht seinen Mitwirkungspflichten nachkommt, zum Beispiel seine Steuererklärung nachhaltig nicht abgibt.

Zu 3. Einteilung der Steuern
Zu a. Einteilung nach der Ertragshoheit
Bei dieser Einteilung wird die Fragestellung zu Grunde gelegt, wem das Steueraufkommen zufließt. Daher wird unterschieden in:
(1) Bundessteuern, z. B. Mineralölsteuer, Tabaksteuer, Branntweinsteuer, Zölle
(2) Landessteuern, z. B. Kfz- Steuer, Erbschaftsteuer (ErbSt), Biersteuer
(3) Gemeindesteuern, z. B. Grundsteuer (GrSt), Gewerbesteuer (GewSt), Hundesteuer
(4) Gemeinschaftssteuern, z. B. Lohnsteuer (LSt), Einkommensteuer (ESt), Körperschaftsteuer (KSt), Umsatzsteuer (USt), Kapitalertragsteuer (KapESt), Zinsabschlag (Abgeltungssteuer)

Zu b. Einteilung nach der Überwälzbarkeit
Bei dieser Einteilung geht es um die Frage, wer letztlich durch eine Steuer wirtschaftlich belastet wird, das heißt, wer sie zahlen muss. Daher wird unterschieden in:
(1) **Direkte Steuern,** z. B. Einkommensteuer
    Steuerschuldner = Steuerträger (dies ist derjenige, der die Steuer letztlich zahlt).
(2) **Indirekte Steuern,** z. B. Umsatzsteuer
    Steuerschuldner ist nicht identisch mit dem Steuerträger. Bei der Umsatzsteuer schuldet der leistende Unternehmer die Steuer, er kann sie aber weiter wälzen, bis sie letztlich der Endverbraucher in voller Höhe zahlen muss.

Zu c. Einteilung nach den Erhebungsformen
(1) Veranlagungssteuer, z. B. die Einkommensteuer
(2) Quellensteuer, z. B. die Lohnsteuer

Zu d. Einteilung nach dem Gegenstand der Besteuerung
(1) **Besitzsteuern**
    – Personensteuern: ESt, KSt, ErbSt
    – Realsteuern: GewSt, GrSt ⟶ Sachsteuer*
(2) **Verkehrssteuern:** USt, KraftSt, Grunderwerbsteuer, Versicherungsteuer ⟶ Sachsteuer*
(3) **Zölle:** Einfuhrabgaben, Ausfuhrabgaben
(4) **Verbrauchssteuern**: Energiesteuer, Tabaksteuer, Biersteuer, Schaumweinsteuer, Kaffeesteuer

* Die Verkehrssteuern und die Realsteuern fallen beide auch unter den Begriff Sachsteuern.

Zu 4 Steuerarten
zu a Umsatzsteuer
Die Umsatzsteuer ist eine Steuer, die die wirtschaftlichen Verkehrsvorgänge, das heißt alle Waren- und Dienstleistungsumsätze erfasst. Hierzu gehören auch die Privatentnahmen des Unternehmers, die als steuerbare unentgeltliche Lieferungen oder sonstige monatliche Leistung, der Umsatzsteuer unterworfen werden. Die Umsatzsteuer ist eine indirekte Steuer. Sie entsteht auf jeder Wirtschaftsstufe (Urerzeugung, Weiterverarbeitung, Großhandel, Einzelhandel). Da sie alle Phasen des Wirtschaftsverkehrs umfasst, wird sie als Allphasenumsatzsteuer bezeichnet. Am Steueraufkommen sind Bund, Länder und Gemeinden beteiligt.

Zu b Körperschaftsteuer
Die Körperschaftsteuer könnte als Einkommensteuer der juristischen Personen bezeichnet werden. Sie ist demnach eine rechtsformabhängige Steuer, insbesondere für die GmbH und AG; nicht jedoch für die OHG, KG,

D. Zahlungsverkehr und Steuern

GbR oder die Partnergesellschaft, da sie keine juristischen Personen sind. Sie ist eine direkte Steuer, eine Veranlagungssteuer, eine Gemeinschaftssteuer und eine Besitzsteuer. Voraussetzung für die Besteuerung ist, dass die juristische Person ihre Geschäftsleitung oder ihren Sitz im Inland hat.

Zu c Gewerbesteuer
Die Gewerbesteuer ist eine Real- bzw. Objektsteuer, weil Gegenstand der Besteuerung ein Objekt, nämlich der Gewerbebetrieb ist. Sie stellt eine wichtige Einnahmequelle für die Gemeinden dar, die den Hebesatz für die Besteuerung selbst festlegen können. Hierdurch kommt es, dass die Gewerbesteuer von Gemeinde zu Gemeinde unterschiedlich hoch ist. Die Besteuerungsgrundlagen werden von den Finanzämtern ermittelt und in Form des Steuermessbetrags festgesetzt. Diesen Messbetrag teilen die Finanzämter den Gemeinden mit, die anschließend hierauf ihren Hebesatz anwenden und somit die endgültig zu zahlende Steuer festsetzen. Die Gewerbesteuer darf bei der steuerlichen Gewinnermittlung den Gewinn nicht mindern.

Zu d Lohnsteuer
Die Lohnsteuer stellt eine besondere Erhebungsform der Einkommensteuer dar. Während die Einkommensteuer in einem förmlichen Veranlagungsverfahren festgesetzt werden muss, wird die Lohnsteuer monatlich vom Arbeitgeber an das Finanzamt abgeführt. Sie wird sozusagen an der Quelle des Entstehens abgeführt. Die Höhe der monatlich abzuführenden Lohnsteuer bestimmt sich unter anderem nach der Lohnsteuerklasse.

Zu e Erbschaft- / Schenkungsteuer
Durch die Erbschaftsteuer wird der Vermögenserwerb von Todes wegen besteuert. Dies geschieht in Deutschland durch eine sogenannte Erbanfallsteuer, das heißt sie besteuert die Bereicherung aufgrund des Erbfalls beim Bereicherten, z. B. Erbe, Vermächtnisnehmer. Sie entsteht mit dem Tod des Erblassers, unter Umständen aber auch erst später.
Die Schenkungsteuer ist als Ergänzung zur Erbschaftsteuer zu sehen, damit vermieden wird, dass zu Lebzeiten durch Schenkungen die Erbschaftsteuer umgangen werden kann. Ihr unterliegt die Schenkung unter Lebenden und sie entsteht mit Eintritt der wirtschaftlichen Bereicherung.
Abhängig vom Verhältnis des Erwerbers zum Erblasser bzw. Schenker (z. B. Ehepartner, nahe bzw. entfernte Verwandte) gibt es drei Steuerklassen und unterschiedlich hohe Freibeträge.

Zu 5 Merkmale der Einkommensteuer
Sie ist eine:
- **Gemeinschaftssteuer,** das bedeutet, das Steueraufkommen wird zwischen Bund, Ländern und Gemeinden aufgeteilt.
- **Direkte Steuer,** Steuerschuldner und Steuerträger sind identisch; die Einkommensteuer kann nicht auf andere weiter gewälzt werden.
- **Veranlagungssteuer,** sie wird in einem förmlichen Verfahren durch einen Steuerbescheid festgesetzt.
- **Besitz- bzw. Personensteuer,** das heißt, sie wird von natürlichen Personen erhoben, unter Berücksichtigung ihrer Leistungsfähigkeit und ihrer persönlichen Verhältnisse.

Zu 6 Steuerpflicht
Persönliche Steuerpflicht
Unbeschränkt steuerpflichtig sind natürliche Personen, die im Inland einen Wohnsitz oder ihren gewöhnlichen Aufenthalt haben. Der Einkommensteuer unterliegen alle Einkünfte aus dem In- und Ausland.
Beschränkt steuerpflichtig sind natürliche Personen, die im Inland weder einen festen Wohnsitz noch ihren gewöhnlichen Aufenthalt haben, jedoch inländische Einkünfte beziehen.
Sachliche Steuerpflicht
Sie knüpft an das tatsächliche Einkommen des Steuerpflichtigen an. Anders ausgedrückt, er muss eine der sieben Einkunftsarten verwirklichen, damit ein Vorgang der deutschen Einkommensteuer unterliegt.

Zu 7 Einkunftsarten bei der Einkommensteuer
Einkünfte aus Land- und Forstwirtschaft
Einkünfte aus Gewerbebetrieb
Einkünfte aus selbstständiger Arbeit
Einkünfte aus nichtselbstständiger Arbeit
Einkünfte aus Kapitalvermögen
Einkünfte aus Vermietung und Verpachtung
Sonstige Einkünfte im Sinne des § 22 EStG
- **= Summe der Einkünfte**
- − Altersentlastungsbetrag
- − Entlastungsbetrag für Alleinerziehende

- Freibetrag für Land- und Forstwirte
= **Gesamtbetrag der Einkünfte**
- Verlustabzug nach § 10d
- Sonderausgaben
- außergewöhnliche Belastungen
= **Einkommen**
- Freibeträge für Kinder
- Härteausgleich
= **zu versteuerndes Einkommen**

Zu 8 **Unterschied zwischen Einkunftsarten 1 bis 3 und 4 bis 7**
Bei den Einkunftsarten 1-3 handelt es sich um **Gewinneinkunftsarten**.
Der Gewinn und somit die Einkünfte aus einer dieser Einkunftsarten ergibt sich als Differenz zwischen Betriebseinnahmen abzüglich Betriebsausgaben.
Bei den Einkunftsarten 4-7 spricht man von **Überschusseinkunftsarten**.
Hier werden die Einkünfte als Differenz zwischen Einnahmen und Werbungskosten ermittelt.
Beispiele: Bei den Einkünften aus nichtselbstständiger Arbeit werden die Einkünfte als Differenz zwischen dem Bruttoarbeitslohn und den Werbungskosten ermittelt. Bei den Einkünften aus Vermietung und Verpachtung ergibt sich die Höhe der Einkünfte als Differenz zwischen den Mieteinnahmen und den abzugsfähigen Werbungskosten.

Zu 9 **Grundbegriffe**
(1) **Betriebseinnahmen**
Dies sind alle Einnahmen, die in den Einkunftsarten 1 bis 3 erzielt werden.
Diese gehen jeweils in die betriebliche Gewinnermittlung ein.

(2) **Betriebsausgaben**
Dies sind Ausgaben, die durch den Betrieb veranlasst sind, § 4 Abs. 4 EStG, z. B. Kosten für Miete der Kanzleiräume, Reinigungskosten, Abschreibungen.
Anmerkung:
Davon zu unterscheiden sind die nicht abzugsfähigen Betriebsausgaben, die nicht gewinnmindernd bei der steuerlichen Gewinnermittlung berücksichtigt werden dürfen, zum Beispiel die vom Unternehmer zu zahlende Einkommensteuer oder Geschenke an Geschäftspartner, wenn sie die Freigrenze von 35,00 Euro netto pro Kopf und Kalenderjahr überschreiten.

(3) **Einnahmen**
Einnahmen im Sinne des § 8 EStG sind die Einnahmen, die im Rahmen der Einkunftsarten 4 bis 7 zufließen.
In § 3 EStG sind die steuerfreien Einnahmen aufgezählt.

(4) **Werbungskosten**
Dies sind die Aufwendungen zur Erwerbung, Sicherung und Erhaltung der Einnahmen der Einkunftsarten 4 bis 7, § 9 Abs. 1 EStG.
Die Werbungskosten sind von den Einnahmen aus diesen Einkunftsarten abzuziehen, um letztlich die jeweiligen Einkünfte zu erhalten.
Anmerkung:
Wichtige Werbungskosten bei den Einkünften aus nichtselbstständiger Arbeit stellen die Fahrten zwischen Wohnort und Arbeitsstätte dar. Bei Fahrten mit dem eigenen Pkw können 0,30 Euro pro vollen Kilometer der einfachen Entfernung angesetzt werden. Außerdem: Fachliteratur, Fortbildungskosten, für die Tätigkeit zwingend notwendige Arbeitskleidung, zum Beispiel bei Koch, Schornsteinfeger. Nicht jedoch Kleidung, die auch im Alltag angezogen werden kann, zum Beispiel weißes Hemd bei einem Angestellten. Sofern keine höheren Werbungskosten nachgewiesen werden, kann ein Arbeitnehmer-Pauschbetrag in Höhe von 1.000,00 Euro auch ohne weitere Nachweise bei den Werbungskosten angesetzt werden.

(5) **Aufwendungen der Lebensführung**
Hierzu gehören insbesondere die Aufwendungen für Ernährung, Kleidung und Wohnung.
Diese sind steuerlich unmaßgeblich und können daher nicht zur Minderung der Einnahmen berücksichtigt werden.

Zu 10 **Lohnsteuerklassen**
I Ledige Arbeitnehmer, verheiratete (z. B. dauernd getrennt lebende), verwitwete oder geschiedene Arbeitnehmer, bei denen die Voraussetzungen für Steuerklasse III und IV nicht erfüllt sind.
II Arbeitnehmer wie I, mit Entlastungsbetrag für Alleinerziehende.

D. Zahlungsverkehr und Steuern

III Verheiratete Arbeitnehmer, die unbeschränkt einkommensteuerpflichtig sind und nicht dauernd getrennt leben. Ein Ehegatte ist Arbeitnehmer und hat Lohnsteuerklasse III und der andere Ehepartner arbeitet gar nicht bzw. verdient weniger und hat Lohnsteuerklasse V.
IV Bei Verheirateten und nicht dauernd getrennt lebende Ehegatten, wenn beide Arbeitnehmer sind und ungefähr gleich viel verdienen.
V Siehe Ausführungen zu Lohnsteuerklasse III.
VI Sie gilt für Arbeitnehmer, die nebeneinander von mehreren Arbeitgebern Vergütung beziehen. Diese Lohnsteuerklasse ist die ungünstigste, da hier überhaupt keine Freibeträge eingearbeitet sind.

Zu 11 Gehaltsabrechnung

Bruttogehalt

− Sozialversicherungsbeiträge

hälftige Krankenversicherung: 7,3 %   (+ Zusatzbeitrag)
hälftige Rentenversicherung: 9,35 %
hälftige Pflegeversicherung: (1,275 % + ggf. Zuschlag von 0,25 % für Kinderlose)
hälftige Arbeitslosenversicherung: (1,5 %)

− Steuern

Lohnsteuer (laut Tabelle)
Solidaritätszuschlag (5,5 % von der Lohnsteuer)
ggf. Kirchensteuer (8 oder 9 % von der Lohnsteuer, je nach Bundesland)

= Nettogehalt

Zu 12 Umsatzsteuer

Zu a Wesen der Umsatzsteuer

Sie ist eine:
a. **Verkehrssteuer,** das heißt, sie erfasst die wirtschaftlichen Verkehrsvorgänge.
b. **Indirekte Steuer,** das heißt der Unternehmer (z. B. Rechtsanwalt) ist der Steuerschuldner, Steuerträger ist jedoch der Endverbraucher (= Mandant, sofern er nicht vorsteuerabzugsberechtigt ist).

Zu b System der Umsatzsteuer

Sie entsteht auf allen Stufen des Wirtschaftsverkehrs.
Anmerkung:
Sie ist eine Netto-Allphasensteuer, da sie alle Phasen des Wirtschaftsverkehrs erfasst. Die Umsatzsteuer wird auf jeder Stufe auf den Nettoumsatz gerechnet. Die Umsatzsteuer ist in Höhe des an den jeweiligen Vorunternehmer zu zahlenden USt-Betrages als Vorsteuer abzugsfähig.

Zu c Steuerbarkeit

Der Umsatzsteuer unterliegen gemäß § 1 UStG die folgenden Umsätze:
  − Die Lieferungen und sonstigen Leistungen (z. B. Vertretung bei Gericht),
  − die ein Unternehmer (z. B. Rechtsanwalt, Notar),
  − im Inland (Bundesrepublik Deutschland),
  − gegen Entgelt,
  − im Rahmen seines Unternehmens (z. B. Kanzlei) ausführt.
Außerdem:
  − der innergemeinschaftliche Erwerb im Inland gegen Entgelt (aus einem EU-Mitgliedstaat nach Deutschland),
  − die Einfuhr von Gegenständen im Inland (aus einem Nicht-EU-Mitgliedstaat, man spricht vom sogenannten Drittland, z. B. aus Amerika oder China nach Deutschland).

Zu d Steuerfreiheit und Kleinunternehmerregelung

Nein, dies bedeutet es nicht, es gibt:
(1) Steuerfreiheit
    § 4 UStG enthält eine lange Aufzählung von Leistungen, die zwar grundsätzlich dem deutschen Umsatzsteuergesetz unterliegen und somit steuerbar sind, aber vom Gesetzgeber als steuerfrei erklärt wurden, z. B. Umsätze der Heilberufe (Zahnarzt, Hausarzt, Krankengymnast etc.; Ausnahme Tierarzt), Versicherungsumsätze, Vermietungen und Verpachtungen, Geld-, Kapital- und Kreditumsätze (Banken).

(2) Kleinunternehmerregelung
Es kann durchaus sein, dass ein Unternehmer zwar steuerpflichtige (nicht steuerbefreite) Umsätze im Inland erzielt, aber dennoch keine Umsatzsteuer zahlen muss. Dies betrifft die Fälle, in denen sein Bruttoumsatz im vorangegangenen Kalenderjahr 17.500,00 Euro nicht überstiegen hat und im laufenden Kalenderjahr voraussichtlich 50.000,00 Euro nicht übersteigen wird.

Zu e **Steuersätze**

Regelsteuersatz: 19 %
Ermäßigter Steuersatz: 7 %.
In der Anlage 2 zu § 12 UStG befindet sich eine Liste von Gegenständen, deren Umsätze dem ermäßigten Steuersatz unterliegen, z. B. :
- Zeitschriftenverkäufe
- Blumenverkäufe
- Leitungswasserlieferungen an private Haushalte; sofern Trinkwasser allerdings in Fertigverpackungen (z. B. bei Heilwasser) verkauft wird, so unterliegt dies dem erhöhten Steuersatz von 19 %
- Verkauf von Speisen und Getränken „zum mitnehmen" etwa an Bratwurstständen ohne Sitzgelegenheit (die Nahrungsmittellieferung steht hier im Mittelpunkt), 19 % USt entstehen allerdings beim Verzehr in Restaurants, da hier das Dienstleistungselement (Stühle, Tische, Service) überwiegt.

Zu f **Bemessungsgrundlage**

Bei steuerpflichtigen entgeltlichen Lieferungen oder sonstigen Leistungen (z. B. eine außergerichtliche Beratung gegen Entgelt) stellt das zu zahlende **Entgelt** die Bemessungsgrundlage dar.
Anmerkung:
Problematisch wird es, wenn der Rechtsanwalt oder Notar dem Betriebsvermögen der Kanzlei zugeordnete Gegenstände für den Privatgebrauch entnimmt. Obwohl diese Gegenstände ohne Geldzahlung entnommen werden, so entsteht dennoch Umsatzsteuer, da der Rechtsanwalt bzw. Notar beim Kauf den Vorsteuerabzug aus der Eingangsrechnung hatte. Hier stellen die **Wiederbeschaffungskosten** im Zeitpunkt des Umsatzes die Bemessungsgrundlage dar.
Ebenso problematisch ist es, wenn der Rechtsanwalt oder Notar einen Pkw für die Kanzlei kauft, hierfür die Vorsteuer zieht und den Pkw anschließend auch privat nutzt. Hier müssen die auf die private Nutzung entfallenden **Ausgaben** (Kosten) als Bemessungsgrundlage für die Umsatzsteuer ermittelt werden.

Zu g **Umsatzsteuerzahllast**

      Umsatzsteuertraglast
./. <u>Vorsteuer</u>
= Umsatzsteuerzahllast (tatsächliche USt-schuld)

Anmerkungen:
Zu Umsatzsteuertraglast: Da der Rechtsanwalt bzw. Notar Dienstleistungsumsätze erbringt, ist er für die hierbei entstehende Umsatzsteuer der Steuerschuldner, das heißt aus seiner Sicht stellt sie eine Verbindlichkeit gegenüber dem Finanzamt dar. Die Umsatzsteuer weist der Rechtsanwalt bzw. Notar auf seinen Ausgangsrechnungen aus und wälzt sie sozusagen auf den Mandanten weiter, da dieser sie zahlen muss.
Zu Vorsteuer: Die auf den Eingangsrechnungen ausgewiesene Umsatzsteuer darf der Unternehmer gegenüber dem Finanzamt als Forderung geltend machen.
Da es viel zu umständlich wäre für jeden einzelnen Geschäftsvorfall die Umsatzsteuer und die Vorsteuer immer einzeln gegenüber dem Finanzamt geltend zu machen, werden die für einen bestimmten Zeitabschnitt* aufgelaufenen Umsatzsteuer- und Vorsteuerbeträge insgesamt in einer Umsatzsteuervoranmeldung beim Finanzamt angemeldet. Die Umsatzsteuerzahllast oder der Vorsteuererstattungsanspruch werden nach folgendem Schema ermittelt:

    USt-Bemessungsgrundlage   z. B.   1.000,00 Euro
    <u>x Steuersatz</u>   <u>x 19 %</u>
= Umsatzsteuer (**Traglast**)   =   190,00 Euro
./. **Vorsteuer** z. B. aus einer Eingangsrechnung   ./. <u>80,00 Euro</u>
= **Umsatzsteuerzahllast**   =   110,00 Euro
   (oder **Erstattungsanspruch**)

D. Zahlungsverkehr und Steuern

Zu h **Voraussetzungen für Vorsteuerabzug**

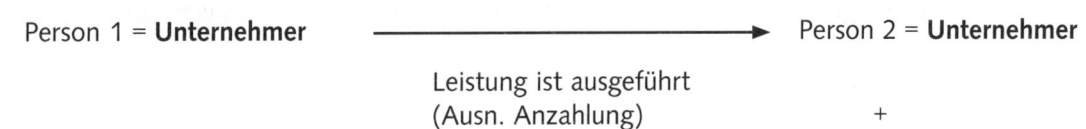

Person 1 = **Unternehmer** ⎯⎯⎯⎯⎯⎯⎯⎯⎯⎯⎯⎯⎯⎯→ Person 2 = **Unternehmer**

Leistung ist ausgeführt
(Ausn. Anzahlung)   +

Rechnung
(§ 14 UStG)

⬇

U2 hat den Vorsteuerabzug aus
der Rechnung des U1

Zu i **Umsatzsteuervoranmeldung**

Jeder Unternehmer muss bis zum 10. Tag nach Ablauf des Voranmeldungszeitraums eine Voranmeldung nach amtlich vorgeschriebenen Vordruck durch Datenfernübertragung an das Finanzamt übermitteln.

Der Regelvoranmeldungszeitraum des laufenden Kalenderjahrs bestimmt sich nach der Umsatzsteuerschuld (Zahllast) des Vorjahres:
- Bis 7.500,00 Euro: Voranmeldungszeitraum ist das Kalendervierteljahr, wobei bis 1.000,00 Euro USt-Schuld die Befreiung von der USt-Vorauszahlung möglich ist
- Mehr als 7.500,00 Euro USt-Schuld: Kalendermonat

Die Steuer für den Voranmeldungszeitraum wird vom Unternehmer selbst berechnet. Um zu überprüfen, ob seine Angaben richtig waren, muss er für das Kalenderjahr bis zum 31.05. des folgenden Jahres eine gesonderte Steuererklärung abgeben.

Hinweise:
Steuerliche Nebenleistungen im Zusammenhang mit der Umsatzsteuer:
- Bei verspäteter Abgabe der Voranmeldung: Versäumniszuschlag
- Bei verspäteter Zahlung der Umsatzsteuer: Säumniszuschlag, hier gibt es bei Banküberweisung eine dreitägige Schonfrist

Es gibt die Möglichkeit beim Finanzamt eine Dauerfristverlängerung zu beantragen, das heißt, die Abgabe der Voranmeldung kann dann um einen Monat verlängert werden.

Zu j **Entstehung der USt, bei:**
- Sollbesteuerung: Sie entsteht mit Ablauf des Voranmeldungszeitraums, in dem die Leistung ausgeführt wurde.
- Istbesteuerung: Hier wird die USt nach vereinnahmten Entgelten berechnet. Dies kann vom Finanzamt nur auf besonderen Antrag gestattet werden, wenn drei Voraussetzungen vorliegen:
  - Vorjahresumsatz nicht mehr als 500.000,00 Euro
  - Unternehmer ist steuerrechtlich von der Buchführungspflicht befreit
  - Unternehmer ist Angehöriger eines freien Berufs, z. B. Rechtsanwalt

Zu k **Rechnungsbestandteile**
  a) Vollständiger Name und vollständige Anschrift des leistenden Unternehmers und des Leistungsempfängers
  b) Steuernummer und USt-Identifikationsnummer des leistenden Unternehmers
  c) Ausstellungsdatum

d) Fortlaufende Rechnungsnummer
e) Menge und Art der gelieferten Gegenstände oder Umfang und Art der sonstigen Leistung
f) Zeitpunkt der Leistung
g) Entgelt und im Voraus vereinbarte Entgeltminderung, z. B. Rabatt
h) Steuersatz sowie den auf das Entgelt entfallenden Steuerbetrag oder Hinweis auf eine Steuerbefreiung
i) Hinweis auf Aufbewahrungspflicht der Rechnung in bestimmten Fällen
j) Angabe „Gutschrift" (bei Ausstellung der Rechnung durch den Leistungsempfänger)

II. Prüfungsaufgaben

1. Zahlungsverkehr

Zu 1 **Zahlungsformen**

Zahlungspflichtiger zahlt	Zahlungsempfänger erhält	Zahlungspflichtiger veranlasst Zahlung	Zahlungsempfänger Veranlasst Zahlung	Lösung (Ziffern)
bar	bar	ja	nein	1
unbar	unbar	ja	nein	6, 7, 4
bar	unbar	ja	nein	2
unbar	bar	ja	nein	3
unbar	unbar	nein	ja	5

Zu 2 **Zahlungsformen**

Kriterien / Zahlungsform	Barzahlung	Halbbare Zahlung	Bargeldlose Zahlung	Zahlungspflichtiger benötigt Konto	Zahlungsempfänger benötigt Konto
Zahlschein		X			X
Überweisung			X	X	X
Dauerauftrag			X	X	X
Nachnahmesendung	X				X
Lastschrift			X	X	X

Zu 3 **Zahlungsformen**
a, b, d, e

Zu 4 **Nachteile Barzahlung**
- Verlust-/, Diebstahlrisiko, Falschgeldrisiko, strenge Anforderung bei Zahlung größerer Barbeträge, insbesondere bei Zahlungen ins Ausland
- Risiko des Verzählens, ggf. Mehrfachzählen
- Höherer Aufwand bezüglich Kasse, Kassenbuch, Abrechnung
- Verwaltungsaufwand für Quittungserstellung

Zu 5 **Überweisung**
Der Euro- Betrag

Zu 6 **Dauerauftrag**
d

Zu 7 **Dauerauftrag und Lastschrift**
a = 3
b = 3 und 2 (Doppelweisung)
c = 2
d = 1
e = 3

D. Zahlungsverkehr und Steuern

Zu 8 SEPA-Firmenlastschrift
a, c

Zu 9 SEPA-Basislastschrift
ja, Rückgabe ist möglich:
- bei autorisierten Lastschriften innerhalb von 8 Wochen ab Kontobelastung und
- bei nicht autorisierten innerhalb von 13 Monaten.

Zu 10 Zahlungsarten und Zahlungsmittel
a, d, e

Zu 11 Bezogener
c

Zu 12 Fälligkeit
c

Zu 13 Zahlung bewirkt
d

Zu 14 Transaktions-Nummer (TAN)
d

Zu 15 Abkürzungen

Abkürzung	Bedeutung
POS	Point of Sale
PIN	Personal Identification Number
TAN	Transaktionsnummer
IBAN	International Bank Account Number
BIC	Bank Identifier Code

Zu 16 Kreditkarte
b

Zu 17 Vorteile von Kreditkarten
- Einfache Handhabung und bequeme Zahlung
- Bargeldlose Zahlung auch in ausländischer Währung
- Bargeldbeschaffung auch in ausländischer Währung möglich
- Breite internationale Akzeptanz
- Feste Abbuchungszeitpunkte, teilweise Möglichkeit der Kreditgewährung
- Teilweise Zusatzleistungen mit der Kreditkarte verbunden wie beispielsweise Reiserücktrittsversicherung
- Überschaubares Risiko bei Verlust, schnelle Hilfe

2. Steuern

1. Tragen Sie in dem folgenden Schema ein, welches Kriterium aus der Kopfzeile für die jeweilige Steuerart zutrifft.

Steuerart	Ertragshoheit: Bundes-, Landes-, Gemeinschafts- oder Gemeindesteuer?	Überwälzbarkeit: direkte Steuer oder indirekte Steuer?	Steuergegenstand: Besitz-, Verkehr-, Verbrauchssteuer oder Zoll?	Realsteuer? Ja oder nein eintragen.
Körperschaftsteuer	Gemeinschaft	direkt	Besitz	nein
Gewerbesteuer	Gemeinde	direkt	Besitz	ja

Lösungen — Kommunikation und Büroorganisation

Steuerart	Ertragshoheit: Bundes-, Landes-, Gemeinschafts- oder Gemeindesteuer?	Überwälzbarkeit: direkte Steuer oder indirekte Steuer?	Steuergegenstand: Besitz-, Verkehr-, Verbrauchssteuer oder Zoll?	Realsteuer? Ja oder nein eintragen.
Energiesteuer	Bund	direkt	Verbrauch	nein
Umsatzsteuer	Gemeinschaft	indirekt	Verkehr	nein
Einkommensteuer	Gemeinschaft	direkt	Besitz	nein

Zu 2 **Lohnsteuer**
d

Zu 3 **Umsatzsteuer**
c

Zu 4 **Einkommensteuer**
b

Zu 5 **Steuern, Gebühren und Beiträge**
a = 3, b = 2, c = 3, d = 1, e = 2, f = 3, g = 1

Zu 6 **System der Einkommensteuer**

d

Zu 7 **System der Einkommensteuer**

    Einkünfte aus Land- und Forstwirtschaft
+ Einkünfte aus Gewerbebetrieb
+ Einkünfte aus selbständiger Arbeit
+ Einkünfte aus nichtselbständiger Arbeit
+ Einkünfte aus Kapitalvermögen
+ Einkünfte aus Vermietung und Verpachtung
+ <u>Sonstige Einkünfte im Sinne des § 22 EStG</u>
= **Summe der Einkünfte**
./. Altersentlastungsbetrag
./. Entlastungsbetrag für Alleinerziehende
./. <u>Freibetrag für Land- und Forstwirte</u>
= **Gesamtbetrag der Einkünfte**
./. Verlustabzug nach § 10d EStG
./. Sonderausgaben
./. außergewöhnliche Belastungen
./. <u>sonstige Abzugsbeträge</u>
= **Einkommen**
./. Freibeträge für Kinder
./. <u>Härteausgleich nach § 46 Abs. 3 EStG, § 70 EStDV</u>
= **zu versteuerndes Einkommen**

Zu 8 **Summe der Einkünften**
Einkünfte aus Gewerbebetrieb:

    Betriebseinnahmen: 500.000,00 Euro
./. Betriebsausgaben.   <u>400.000,00 Euro</u>
= Einkünfte: 100.000,00 Euro

Einkünfte aus Vermietung und Verpachtung:

    Einnahmen
    12 x 1.000,00 Euro =   12.000,00 Euro
./. Werbungskosten: <u>7.000,00 Euro</u>
= Einkünfte   <u>5.000,00 Euro</u>

= **Summe der Einkünfte:**   105.000,00 Euro

D. Zahlungsverkehr und Steuern

Zu 9 **Zu versteuerndes Einkommen**
Einkünfte aus selbstständiger Arbeit

	Betriebseinnahmen	350.000,00 Euro	
./.	Betriebsausgaben	280.000,00 Euro	
=	Einkünfte		70.000,00 Euro
=	Summe der Einkünfte		
=	Gesamtbetrag der Einkünfte		
./.	Sonderausgaben		1.500,00 Euro
./.	außergewöhnliche Belastungen		1.000,00 Euro
=	Einkommen		
=	zu versteuerndes Einkommen		67.500,00 Euro

Zu 10a **Umsatzsteuervoranmeldungszeitpunkt**
Bis zum 10. des Folgemonats.

Zu b **Form der Anmeldung**
Elektronisch, das heißt nach amtlich vorgeschriebenen Vordruck durch Datenfernübertragung.

Zu c **Verspätete USt-Zahlung**
Das Finanzamt erhebt einen Säumniszuschlag in Höhe von 1 % des abgerundeten rückständigen Steuerbetrags. Bei Banküberweisung gibt es eine dreitägige Schonfrist, in der noch kein Säumniszuschlag erhoben wird.

Zu d **Umsatzsteuerzahllast**

Umsätze			**19 % USt**	**7 % USt**
aus Honoraren	BMG: 21.000,00		3.990,00
aus Pkw Verkauf	BMG 3.000,00 +		570,00
aus Beratung (Sollbest.) BMG	190,00 +		36,10
Umsatzsteuer		=	**4.596,10**

Eingangsrechnungen
Schreibtischlampe   BMG   310,00   58,90
Schreibtischstuhl   BMG   270,00   +   51,30
Büromaterial   BMG   140,00   +   26,60
Kommentar   BMG   190,00   13,30
                                    =   136,80   +   13,30
Vorsteuer   =   **150,10**

Zahllast   4.596,10
              -       150,10
              =   4.446,00

Zu 11 **Gehaltsabrechnung**
Bruttogehalt   2.700,00

Steuer
Lohnsteuer   450,00
davon 5,5 % SolZ   +   24,75
davon 9 % KiSt   +   40,50
                      -              515,25

Sozialversicherungsbeiträge
hälftig RV   252,45
hälftig KV   +   197,10
Zusatzbeitrag   +   29,70
hälftig PV   +   34,43
Zuschlag 0,25 %   +   6,75
hälftig ALV   +   40,50
                      -              560,93
Nettogehalt   =   1.623,82

Lösungen — Kommunikation und Büroorganisation

Zu 12 Rechnung

Da der Mandant Unternehmer ist und Dr. Specht ihn nicht privat, sondern für dessen Unternehmen vertrat, könnte er grundsätzlich die Vorsteuer aus der Vergütungsrechnung geltend machen. Da die Vergütungsrechnung aber gegen die Formerfordernisse des § 14 UStG verstößt, ist ihm der Vorsteuerabzug versagt. § 14 UStG verlangt ausdrücklich, dass die Umsatzsteuerbemessungsgrundlage (= Nettosumme) und der Umsatzsteuersatz gesondert auf einer Rechnung ausgewiesen werden müssen. Dies geschah leider nicht, so dass die Rechnung berichtigt werden muss.

E. Kaufmännisches Rechnen

1.

a.

```
   3 x  8,90 =  26,70
   2 x  9,10 =  18,20
   5 x 11,20 =  56,00
  11 x  5,90 =  64,90
  21          165,80  : 21  =  7,8952 Euro  =  7,90 Euro
```

b.

AVK	154,95			
Vorsteuer	10,85	an	Bank	165,80

2.

$$87\% = 395.000 \qquad x = \frac{395.000 \times 100}{87} \qquad x = 454.023,00 \text{ Euro}$$
$$100\% = x$$

3.

a.

$$2 \text{ Teile} = 360,00 \qquad x = \frac{360 \times 5}{2} \qquad x = 900,00 \text{ Euro}$$
$$5 \text{ Teile} = x$$

b.

die gesamten Prozesskosten betragen: 900,00
Anteil Grün ./. 360,00
Anteil Blau = 540,00 Euro

4.

a.

Listenpreis, netto	3.250,00 Euro
./. 12 % Rabatt	390,00 Euro
	2.860,00 Euro
./. 2 % Skonto	57,20 Euro
=	2.802,80 Euro
+ 19 % USt	532,53 Euro
Überweisung	3.335,33 Euro

b.

PA	2.802,80			
Vorsteuer	532,536	an	Bank	3.335,33

5.

	Einzelk.	Teile		
A:	130,00	13 x 8 =	104,00 Euro
B:	110,00	11 x 8 =	88,00 Euro
C:	90,00	9 x 8 =	72,00 Euro
	330,00	33	264,00 Euro

264,00 : 33 = 8,00

6.

Gesellschafter	Kapitaleinlage (Anteile)	Vorab	4 % Zinsen	Restgewinn	Gesamtgewinn
A	110.000,00 (11)	36.000,00	4.400,00	88.000,00	128.400,00
B	90.000,00 (9)	36.000,00	3.600,00	72.000,00	111.600,00
C	40.000,00 (4)	0	1.600,00	32.000,00	33.600,00
Gesamt	240.000,00 (24)	72.000,00	9.600,00	192.000,00	273.600,00

```
                  273.600,00 Euro
./. Vorab          72.000,00 Euro
=                 201.600,00 Euro
./. 4 %             9.600,00 Euro
=                 192.000,00 Euro  : 24 = 8.000,00 Euro

A: 11 x 8.000,00 =   88.000,00 Euro
B:  9 x 8.000,00 =   72.000,00 Euro
C:  4 x 8.000,00 =   32.000,00 Euro
                    192.000,00 Euro
```

7.
460 − 10 = 450 Euro

$450,00 = 100\ \%$
$10,00 = x$

$x = \dfrac{10 \times 100}{450} = 2,22\ \%$

8.
a.
```
Anzahlung:        3.225,00 Euro
+ 12 Raten       19.200,00 Euro
= insgesamt      22.425,00 Euro
```

b.
```
Ratenzahlung:    22.425,00 Euro
Barzahlung:      21.500,00 Euro
                    925,00 Euro
```

c.
$21.500,00 = 100\ \%$
$925 = x$

$x = \dfrac{100 \times 925,00}{21.500,00} = 4,30\ \%$

9.
$5\ \% = 7.500,00$
$100\ \% = x$

$x = \dfrac{7.500,00 \times 100}{5} = 150.000,00\ \text{Euro}$

(Berechnung des Grundwertes)

10.
$104\ \% = 2.600,00$
$100\ \% = x$

$x = \dfrac{100 \times 2.600,00}{104} = 2.500,00\ \text{Euro}$

(vermehrter Grundwert)

11.
a.
$89\ \% = 375.000,00$
$11\ \% = x$

$x = \dfrac{11 \times 375.000,00}{89} = 46.348,31\ \text{Euro}$

(verminderter Grundwert)

b.
```
Einnahmen aktuelles Jahr   375.000,00 Euro
+ Minderung                 46.348,31 Euro
= Einnahmen Vorjahr        421.348,31 Euro
```

Lösungen — Kommunikation und Büroorganisation

12.

a.
Bruttolistenpreis	714,00 Euro
./. 5 % Rabatt	35,70 Euro
=	678,30 Euro
./. 2 % Skonto	13,57 Euro
= Zahlungsbetrag	664,73 Euro

b.
664,73 : 1,19 = 558,60 Euro Anschaffungskosten, netto

Bruttolistenpreis	664,73 Euro
./. netto Ak	558,60 Euro
= Vorsteuer	106,13 Euro

13.

1 Euro = 0,808 GBP
200,00 Euro = x

$$x = \frac{200,00 \times 0,808}{1^*} = 161,60 \text{ GBP}$$

* Die Schreibweise als Bruch mit der 1 im Nenner erfolgt hier nur aus Veranschaulichungsgründen, sie kann natürlich entfallen.

14.

12 x 100 = 1.200,00 Euro Jahreszinsen

5 % = 1.200,00
100 % = x

$$x = \frac{1.200,00 \times 100}{5} = 24.000,00 \text{ Euro}$$

Kredit finanziert:	24.000,00 Euro
+ Anzahlung	5.000,00 Euro
= Kaufpreis	29.000,00 Euro

15.

	Anteile	Euro
Miete:	21 (63)	32.970,00
Personal:	18 (63)	28.260,00
lfd. Kosten:	14 (63)	21.980,00
sonstige:	10 (63)	15.700,00
	63	98.910,00

15.700,00 : 10 = 1.570,00 = 1 Anteil
1.570 x 21 = 32.970,00

16.

a.
470.000,00 Euro = 100 %
76.000,00 Euro = x

$$x = \frac{76.000,00 \times 100}{470.000,00} = 16,17 \%$$

b.
1.270,00 Euro x 83,83 % = 1.064,64 Euro Forderungsverlust

17.

a.
$$\frac{7.800,00 \times 1.000}{650.000} \qquad x = 12 \text{ Promille}$$

b.
Kaufpreis	650.000,00 Euro
./. Eigenkapital	210.000,00 Euro
= Darlehenssumme	440.000,00 Euro

$$\frac{440.000 \times 3,25}{100} = 14.300,00 \text{ Euro} : 12 = 1.191,67 \text{ Euro}$$

E. Kaufmännisches Rechnen

c.
Monatsmiete   2.200,00 Euro
Monatszinsen   ./. 1.191,67 Euro
                 = 1.008,33 Euro

$$\frac{1008,33 \times 12 \times 100}{210.000,00} = 5,76\ \%$$

18.
290qm – 3 Mitarbeiter – 4 Tage – 5 Stunden
360qm – 6 Mitarbeiter – 3 Tage – x Stunden

$$x = \frac{5 \times 360 \times 3 \times 4}{290 \times 6 \times 3} = \frac{21.600,00}{5.220,00} = 4,14\ \text{Stunden}$$

19.
a. + b.
  98 % = 735,00 $x = \frac{735,00 \times 100}{98}$ x = 750,00 Euro Bruttorechnungsbetrag
100 % =   x

Bruttore.-betrag   750,00 Euro
./. 19 % (: 1,19)   119,75 Euro = Lösung zu b
= Nettore.-betrag   630,25 Euro = Lösung zu a

c.
                    735,00 Euro
19 % USt   117,35 Euro = USt nach Skontoabzug
Nettobetrag   617,65 Euro

20.

$$\text{Zinssatz} = \frac{\text{Zinsen} \times 100 \times 360}{\text{Kapital} \times \text{Zeit}}$$

Tage vom 20.03. bis 11.10. = 201
(10 + 180 + 11)

Berechnung Kapital:
Zahlungsbetrag   2.541,00 Euro
./. M./ZV-kosten   263,00 Euro
./. Zinsen   135,50 Euro
= Kapital   2.142,50 Euro

In Formel eingesetzt:

$$= \frac{135,50 \times 100 \times 360}{2.142,50 \times 201} = \frac{4.878.000,00}{430.542,00} = 11,33\ \%$$

21.
Frau Klein erhält ¼ + ¼ = ½ = 60.000,00 Euro

Kinder: 60.000,00 Euro
Eva: 3 Teile = 30.000,00 Euro
Max: 2 Teile = 20.000,00 Euro
Till: 1 Teil = 10.000,00 Euro

22.

$$t = \frac{z \times 100 \times 360}{K \times p} = \frac{105,33 \times 100 \times 360}{4.000,00 \times 7,9} = 120\ \text{Tage, Aufnahme am 10. Januar}$$

23.

$$K = \frac{z \times 100 \times 12}{p} = \frac{500 \times 100 \times 12}{3,5} = 171.428,57\ \text{Euro}$$

24.
  9 % = 23,50 $x = \frac{100 \times 23,50}{9}$ =   261,11 Euro alter Strompreis
100 % =   x   +   23,50 Euro Erhöhung
                                                                   =   284,61 Euro neuer Strompreis

25.

165.000,00 Euro − 3.600,00 Euro = 161.400,00 Euro
161.400,00 Euro : 24 = 6.725,00 Euro

1/3 = 8/24	8 × 6.725,00 =	53.800,00 Euro
¼ = 6/24	6 × 6.725,00 =	40.350,00 Euro
1/8 = 3/24	3 × 6.725,00 =	20.175,00 Euro
1/12 = 2/24	2 × 6.725,00 =	13.450,00 Euro
5/12 = 5/24	5 × 6.725,00 =	33.625,00 Euro Rest

26.

Benzinkosten

100 km = 7 Liter
15.000 km = x

$$x = \frac{7 \times 15.000,00}{100} = 1.050 \text{ Liter} \times 1,45 \text{ Euro pro Liter} = 1.522,50 \text{ Euro}$$

Lineare AfA, zeitanteilig:
Ak 36.000,00 Euro : 6 Jahre = 6.000,00 Euro × 6/12* = 3.000,00 Euro

Erläuterung zu 6/12*
6.000,00 Euro = Jahres-AfA; da der Pkw aber erst am 01.07. angeschafft wurde, darf nur die AfA für das halbe Jahr, also nur für 6 Monate (= 6/12), genommen werden.

Kostenzusammenstellung:

Benzin	1.522,50 Euro
AfA	3.000,00 Euro
Kfz-Steuer	309,00 Euro
Kfz-Versicherung	470,00 Euro
insgesamt	5.301,50 Euro : 12 = 441,79 Euro monatliche Pkw-Kosten

27.

Jährlich entspräche die bisherige Zahlungsweise 618,00 Euro.

103 % = 618,00 Euro
100 % = x

$$x = \frac{618 \times 100}{103} = 600,00 \text{ Euro}$$

28.

$$z = \frac{K \times p \times t^*}{100 \times 365} \quad x = \frac{2.300,00 \times 8 \times 73}{100 \times 365} = 36,80 \text{ Euro Zinsen}$$

* hier werden die tatsächlichen Tage gerechnet

29.

a.

$$z = \frac{K \times p \times t \text{ (Monate)}}{100 \times 12 \text{ (Monate)}} = \frac{16.000,00 \times 8 \times 9}{100 \times 12} = 960,00 \text{ Euro Zinsen}$$

+ 140,00 Euro Gebühren
= 1.100,00 Euro Kosten insgesamt

b.

$$p = \frac{z \times 100 \times 12}{K \times t} = \frac{1.100,00 \times 100 \times 12}{16.000,00 \times 9} = 9,17 \%$$

30.

Gemäß Nr. 1009 VV RVG:

bis 2.500,00 Euro:	1 %	25,00 Euro
7.500,00 Euro:	0,5 %	37,50 Euro
(2.500,00 − 10.000,00)		
1.250,00 Euro:	0,25 %	3,13 Euro
		65,63 Euro

31.

a.
565,00 : 1,19 = 474,79 Euro Nettoanschaffungskosten

b.
565,00 − 474,79 = 90,21 Euro USt

c.
98 % = 474,79
2 % = x

$$x = \frac{2 \times 474,79}{98} = 9,69 \text{ Euro}$$

E. Kaufmännisches Rechnen

d.
474,79 + 9,69 = 484,48 Euro

e.
90 % = 484,48
10 % = x $x = \frac{10 \times 484,48}{90}$ = 53,83 Euro Rabatt

f.
484,48 + 53,83 = 538,31 Euro Nettolistenpreis

g.
538,43 + 102,30 = 640,73 Euro Bruttolistenpreis

32.
97 % = 23.550,00
100 % = x $x = \frac{100 \times 23.550,00}{97}$ = 24.278,35 Euro

33.
A: 7 x 240 = 1.680,00 Euro   3.000,00 Euro : 12,5 = 240 Euro
B: 3,5 x 240 = 840,00 Euro
C: 2 x 240 = 480,00 Euro
    12,5   3.000,00 Euro

34.

Mandanten	Kosten Euro	Anteile	Kosten in Euro
A	140	28 x 4 =	112
B	135	27 x 4 =	108
C	210	42 x 4 =	168
D	60	12 x 4 =	48
Insgesamt	545	109	436

436,00 Euro : 109 = 4,00 Euro

35.
a.
Frankfurt: 3 x 136,00 Euro =   408,00 Euro
Essen: 4 x 212,50 Euro =   850,00 Euro
Düsseldorf: 2 x 190,00 Euro =   380,00 Euro
Hamburg: 3 x 160,00 Euro =   480,00 Euro
             12   2.118,00 Euro : 12 = 176,50 Euro pro Übernachtung

b.
2.118,00 Euro : 4 = 529,50 Euro pro Aufenthalt

c.
2.118,00 Euro, davon 7 % USt = 138,56 Euro

d.
12 : 4 = 3 Übernachtungen im Durchschnitt

36.

	Forderung	Anteile	Anteile in Prozent	Anteile in Euro
Anton	775	5 x 120 =	56	600
Bertram	465	3 x 120 =	33	360
Cäsar	155	1 x 120 =	11	120
Summen	1395	9	100	1080

Versteigerungserlös: 1.160,00 Euro
./. Kosten   80,00 Euro
= zu verteilen   1.080,00 Euro : 9 = 120,00 Euro

37.

10,5 % von 7.000 für 18 Monate = $\dfrac{10,5 \times 7.000,00 \times 18}{100 \times 12}$ = 1.102,50 Euro

Zinsen: 1.102,50 Euro
Bearbeitungsgebühr
0,2 % von 7.000,00 =   14,00 Euro
Auslagenersatz   30,00 Euro
Kreditkosten insgesamt 1.146,50 Euro

Zinssatz = $\dfrac{1.146,50 \times 100 \times 12}{(7.000 - 30) \times 18}$ = 10,97 %

38.

Die Dauer des Lieferantenkredits beträgt 20 Tage (30 Tage − 10 Tage = 20 Tage)

20 Tage = 2 % $x = \dfrac{2 \times 360}{20}$ = 36 %
360 Tage = x

39.
a.
Kredit: 5.000,00 Euro
Spesen 18 x 1,00 =   +   18,00 Euro
Zinsen 0,7 % von 5.000 für 18 Monate +   630,00 Euro
Bearbeitungsgebühr 1,3 % von 5.000   +   65,00 Euro
Gesamtrückzahlungsbetrag   = 5.713,00 Euro

b. 5.713,00 Euro : 18 = 317,39 Euro
17 x 320,00 Euro = 5.440,00 Euro
1 Ausgleichsrate =   273,00 Euro

c.

$\dfrac{18,00 + 630,00 + 65,00}{18}$ x 12 =   oder

$\dfrac{18,00 + 630,00 + 65,00}{3}$ x 2 = 237,67 x 2 = 475,34 Euro

40.
a.
5 % = 3.950,00 $x = \dfrac{3.950,00 \times 100}{5}$ = 79.000,00 Euro Kapitalanteil Rot
100 % = x

Anteil Blau: 55.000,00 Euro
Anteil Rot: 79.000,00 Euro
             134.000,00 Euro

80 % = 134.000,00 Euro $x = \dfrac{134.000,00 \times 20}{80}$ = 33.500,00 Euro für Grün
20 % = x

E. Kaufmännisches Rechnen

b.

	Vorabgewinn Euro	Anteile Euro	Gesamtgewinn Euro
Blau	55.000 x 5 % = 2750,00	2 x 40000 = 80000,00	82750,00
Grün	33.500 x 5 % = 1675,00	1 40000,00	41675,00
Rot	79.000 x 5 % = 3950,00	3 x 40000 = 120000,00	123950,00
Summen	8375,00	6	248375,00

Ausgangsgewinn: 248.375,00 Euro
./. Vorabgewinn: 8.375,00 Euro
= 240.000,00 Euro : 6 = 40.000,00 Euro

41.
a.
Nettolistenpreis   49.500,00 Euro
./. 10 %   4.950,00 Euro
                          44.550,00 Euro
./. 2 %   891,00 Euro
= Nettoanschaffungskosten 43.659,00 Euro x 19 % = 8.295,21 Euro USt

b.
Pkw   43.659,00
Vorsteuer   8.295,21   an   Bank   51.954,21

c.
12 x 100,00 Euro = 1.200,00 Euro jährlich

$$106\,\% = 1.200,00$$
$$100\,\% = x \qquad x = \frac{1.200,00 \times 100}{106} = 1.132,08\ \text{Euro}$$

     1.200,00 Euro
./. 1.132,08 Euro
um   67,92 Euro wäre die Beitragszahlung jährlich teurer

42.
a.
$$\text{Zinsen} = \frac{5.000,00 \times 2 \times 90}{360 \times 100} \qquad x = 25,00\ \text{Euro Zinsen}$$

$$\text{Kapital} = \frac{25,00 \times 100 \times 360}{3,5 \times 60} \qquad x = 4.285,71\ \text{Euro Kapital}$$

b.
     5.000,00 Euro
./. 4.285,71 Euro
=   714,29 Euro maximaler Preis für den Aktenvernichter

43.

a.

Mieteinnahmen:
1.500,00 Euro x 2 = 3.000,00 Euro x 12 =   36.000,00 Euro

Ausgaben:
Zinsen 6 % von 120.000,00 Euro =   7.200,00 Euro
lfd. Ausgaben 4.300,00 Euro x 2 =   8.600,00 Euro
Abschreibungen   9.000,00 Euro
./. 24.800,00 Euro
Überschuss   = 11.200,00 Euro

b.

Kaufpreis   550.000,00 Euro
./. Hypothek   120.000,00 Euro
= Eigenkapital   430.000,00 Euro

c.

Rentabilität = $\frac{\text{Gewinn} \times 100}{\text{Eigenkapital}}$ = $\frac{11.200,00 \times 100}{430.000,00}$ = 2,6 %

44.

	Anteile				Beteiligung in Euro
A	1/4	25 %	5 /20	5 x 6000 =	30.000,00
B	2/5	40 %	8 /20	8 x 6000 =	48.000,00
C		35 %	7 /20		42.000,00

42.000,00 Euro : 7 = 6.000,00 Euro = 1 Anteil

45.

	Teile			Auslagen in Euro
A	150 (: 30)	5	5 x 20 =	100,00
B	210 (: 30)	7	7 x 20 =	140,00
C	180 (: 30)	6	6 x 20 =	120,00
gesamt	540	18		360,00

360,00 Euro : 18 = 20,00 Euro

46.

16 % = 1.200,00 Euro
100 % =   x

$x = \frac{1.200,00 \times 100}{16}$ = 7.500,00 Euro

47.

25.05. bis 21.08. = 5 + 30 + 30 + 21 Tage = 86 Tage

Überweisungsbetrag: 1.120,00 Euro
./. ursprgl. Forderung   1.070,00 Euro
=   50,00 Euro
./. Mahnkosten: 12,00 Euro
= Zinsen   38,00 Euro

Zinssatz = $\frac{38,00 \times 100 \times 360}{86 \times 1.070,00}$ = $\frac{1.368.000,00}{92.020,00}$ = 14,87 %

E. Kaufmännisches Rechnen

48.
Tage vom 22.06. bis 19.09.: 8 + 60 + 19 = 87 Tage

Zinsen = $\frac{1.350,00 \times 87 \times 8,5}{100 \times 360}$ = 27,73 Euro Zinsen

Überweisungsbetrag:
Honorarforderung   1.350,00 Euro
Zinsen   27,73 Euro
Mahnkosten   10,00 Euro
                                   1.387,73 Euro

49.
a.

	Kapitaleinlage Euro	Vorabgewinn Euro	Anteile Euro	Gesamtgewinn in Euro
A	120.000,00	6.000,00	4 x 20.000 = 80.000,00	86.000,00
B	60.000,00	3.000,00	2 x 20.000 = 40.000,00	43.000,00
C	90.000,00	4.500,00	3 x 20.000 = 60.000,00	64.500,00
		13.500,00	9	193.500,00

Gewinn   193.500,00 Euro
./. Vorabgewinn   13.500,00 Euro
=   180.000,00 Euro : 9 = 20.000,00 Euro

b.
120.000,00 = 100 % $x = \frac{86.000,00 \times 100}{120.000,00}$ = 71,67 %
86.000,00 = x %

50.
a.
120.000,00 = 100 % $x = \frac{6.000,00 \times 100}{120.000,00}$ = 5 %
6.000,00 = x

b.
100 % = 3.600,00 $x = \frac{5 \times 3.600,00}{100}$ = 180,00 Euro
5 % = x

c.
Gesamtforderung   3.600,00 Euro
Ins-quote   ./. 180,00 Euro
Verlust   = 3.420,00 Euro

51.
a.
90 % = 13.500,00 Euro $x = \frac{100 \times 13.500,00}{90}$ = 15.000,00 Euro
100 % =   x Euro

b. **Anteile an der Raumnutzung**   **Kosten**   **Gesamt**
A: 2/5   6 /15   40,00 %   6 x 1.000 = 6.000,00 Euro
B: 1/3   5 /15   33,33 %   5 x 1.000 = 5.000,00 Euro
C: 4 /15   26,67 %   4 x 1.000 = 4.000,00 Euro

15.000,00 Euro : 15 = 1.000,00 Euro

52.
a.
19 % = 159,00 Euro $x = \frac{159,00 \times 100}{19}$ = 836,84 Euro
100 % =   x

Lösungen — Kommunikation und Büroorganisation

b.
Alternativangebot
ursprgl. Preis.	836,84 Euro
./. 16 % Rabatt	133,89 Euro
=	702,95 Euro
./. 3,5 % Skonto	24,60 Euro
=	678,35 Euro

Ausgangsangebot
ursprl. Preis	836,84 Euro
./. 19 % Rabatt	159,00 Euro
=	677,84 Euro = günstiger

53.
a.
110 % = 220.000,00
100 % = x $x = \dfrac{100 \times 220.000,00}{110} = 200.000,00$ Euro

125 % = 200.000,00
100 % = x $x = \dfrac{100 \times 200.000,00}{125} = 160.000,00$ Euro

b.
aktueller Zeitwert	220.000,00 Euro
ursprgl. Anschaffungskosten	160.000,00 Euro
Veräußerungsgewinn	60.000,00 Euro

c.
Darlehensbetrag	110.000,00 Euro
./. 2 % Disagio	2.200,00 Euro
= Auszahlungsbetrag	107.800,00 Euro

d
$$\text{Zinsen} = \dfrac{110.000,00 \times 6 \times 10}{100 \times 12} = 5.500,00 \text{ Euro}$$

54.
Tage vom 24. Mai – 19. September: 6 + 90 + 19 = 115
$$\text{Zinsen} = \dfrac{75.000,00 \times 8 \times 115}{100 \times 360} = 1.916,67 \text{ Euro}$$

55.
a.
$$\text{Kapital} = \dfrac{56,30 \times 100 \times 360}{8 \times 80} = 3.166,88 \text{ Euro}$$

b.
Forderung	3.166,67 Euro
+ Zinsen	56,30 Euro
+ Mahnkosten	5,00 Euro
=	3.227,97 Euro

56.

Anwälte	Anteile			Mieteinnahmen Euro
Blau	2/5	14	14 x 2.000 =	28.000,00
Grün	2/7	10	10 x 2.000 =	20.000,00
Rot		11	11 x 2.000 =	22.000,00
insgesamt		35		70.000,00

22.000,00 Euro : 11 = 2.000,00 Euro

E. Kaufmännisches Rechnen

Erläuterung:
Der kleinster gemeinsame Nenner ist 35, d. h.
2/5 = 14/35
2/7 = 10/35
da von 35 Anteilen bereits 24 (14 + 10) Anteile auf Blau und Grün entfallen, verbleiben 11 für Rot. Seine 11 Anteile entsprechen 22.000,00 Euro, d. h. wenn man wissen will wie viel 1 Anteil beträgt, so teilt man einfach 22.000,00 Euro durch 11 und enthält den Eurobetrag für einen Anteil.

57.
a.
83.500 + 71.000 + 112.000 + 123.600 = $\frac{390.100}{4}$ = 97.525 Blätter pro Quartal

b.
$\frac{390.100}{12}$ = 32.508,33 Blätter pro Monat

c.
390.100 Blätter x 0,021 Euro pro Blatt = 8.192,10 Euro

d.
106 % = 8.192,10 Euro $x = \frac{100 \times 8.192,10}{106}$ = 7.728,40 Euro
100 % = x

e.
540,00 Euro + 480,00 Euro + 450,00 Euro = 1.470,00 Euro

f.
$\frac{1.470,00 \text{ Euro}}{390.100 \text{ Kopien}}$ = 0,003768 Euro pro Blatt

g.
Kopierpapier:	8.192,10 Euro
Kopiererkosten:	1.470,00 Euro
Strom:	300,00 Euro
	9.962,10 Euro

h.
$\frac{9.962,10 \text{ Euro}}{390.100 \text{ Kopien}}$ = 0,03 Euro pro Kopie

58.
a.
Bruttolistenpreis	50.000,00 Euro
./. Sofortrabatt 8 %	4.000,00 Euro
=	46.000,00 Euro
./. 2 % Skonto	920,00 Euro
=	45.080,00 Euro
./. 15 % Minderung	6.762,00 Euro
= endgültiger Kaufpreis	38.318,00 Euro

b.
Angebot 1
Darlehenssumme	40.000,00 Euro	
./. 2 % Disagio		800,00 Euro
Zinsen = 40.000,00 x 2 % = 800,00 x 9/12 =		600,00 Euro
		1.400,00 Euro

Angebot 2
Zinsen = 40.000,00 x 4 % = 1.600,00 x 9/12 = 1.200,00 Euro; ist damit günstiger

59.
410.000,00 Euro = 1.000 ‰ $x = \frac{1.650,00 \times 1000}{410.000,00}$ = 4,02 ‰
1.650,00 Euro = x

Lösungen — Kommunikation und Büroorganisation

60.

7 ‰ = 123,00 Euro
1.000 ‰ = x

$x = \dfrac{1.000 \times 123,00}{7} = 17.571,43$ Euro

61.

Aufwand G U V Ertrag

AVK	8.450,00	Honorar	121.000,00
Personalkosten	43.000,00	Nebentätigkeiten	11.000,00
Raumkosten	9.000,00	Hilfsgeschäfte	2.000,00
Kfz-Kosten	8.000,00		
Gewinn(Ek)	65.550,00		
	134.000,00		134.000,00

a. Der Gewinn beträgt 65.550,00 Euro.

b. Eigenkapitalkonto, Habenseite

c.
68.450,00 = 100 %
43.000,00 = x

$x = \dfrac{43.000,00 \times 100}{68.450,00} = 62,82\,\%$

(134.000,00 − 65.550,00 = 68.450,00)

d.
134.000,00 = 100 %
2.000,00 = x %

$x = \dfrac{2.000,00 \times 100}{134.000,00} = 1,49\,\%$

62.

	Vorab Euro	Anteile		Restgewinn in Euro	Gesamt Euro
A	10.000,00	1/5	(6/30) 6 x 4.000 =	24.000,00	34.000,00
B	10.000,00	1/3	(10/30) 10 x 4.000 =	40.000,00	50.000,00
C	10.000,00	1/6	(5/30) 5 x 4.000 =	20.000,00	30.000,00
D	10.000,00		(9/30) 9 x 4.000 =	36.000,00	46.000,00
gesamt	40.000,00		30	120.000,00	160.000,00

Vermögen   160.000,00 Euro
./. Vorab   40.000,00 Euro
=   120.000,00 Euro : 30 = 4.000,00 Euro

63.

	Beteiligung		Kapital
A	1/9 (9/45)	5	150.000,00
B	2/5 (18/45)	18	540.000,00
C	1/3 (15/45)	15	450.000,00
D 210.000	(7/45)	7	210.000,00
gesamt		45	1.350.000,00 Gesamtkapital

7 Anteile = 210.000,00   210.000,00 : 7 = 30.000,00 (1 Anteil)
1 Anteil = x

E. Kaufmännisches Rechnen

64.

	Anteile	Zuzuordnende Kosten Euro	Kosten insgesamt Euro
A	60 6 x 100 =	600 + 133,33 =	733,33
B	70 7 x 100 =	700 + 133,33 =	833,33
C	50 5 x 100 =	500 + 133,34 =	633,34
Archiv, Empfang	40 4		
Gesamt	220	1.800	2.200

2.200,00 Euro : 22 = 100,00 Euro (1 Anteil)

Kosten   2.200,00 Euro
./. Archiv   400,00 Euro
                  1.800,00 Euro : 18 = 100,00 Euro (Probe)
400,00 Euro : 3 = 133,33 Euro

65.
a.
Kopien im Oktober   14.000
./.   6.500
= Kopien im September   7.500

7.500 = 100 %
6.500 = x

$$x = \frac{100 \times 6.500}{7.500} = 86{,}67\ \%$$

b.
14.000 = 100 %
7.000 = x

$$x = \frac{100 \times 7.000}{14.000} = 50\ \%$$

66.
Tage vom 24.09. – 23.12. = 6 + 60 + 23 = 89

$$\text{Zinsen} = \frac{6.100{,}00 \times 7{,}5 \times 89}{100 \times 360} = 113{,}10\ \text{Euro}$$

zu zahlen:
Forderung   6.100,00 Euro
Zinsen   +   113,10 Euro
          = 6.213,10 Euro

67.

$$\text{Kapital} = \frac{220{,}00 \times 100 \times 360}{8 \times 160} = 6.187{,}50\ \text{Euro}$$

$$\text{Zinssatz} = \frac{250{,}00 \times 100 \times 360}{6.187{,}50 \times 160} = 9{,}09\ \%$$

68.
Überweisungsbetrag   515,00 Euro
./. ursprgl. Forderung   490,00 Euro
./. Mahnkosten   5,00 Euro
= Verzugszinsen   20,00 Euro

Tage vom 10.03. – 28.06. = 20 + 60 + 28 = 108

$$\text{Zinssatz} = \frac{20{,}00 \times 100 \times 360}{490{,}00 \times 108} = 13{,}60\ \%$$

69.
Kaufpreis netto: 1.547,00 Euro
./. 19 % USt   247,00 Euro
= Anschaffungskosten   1.300,00 Euro : 13 = 100 Euro Jahres-AfA x 4/12 = 33,33 Euro

Lösungen — Kommunikation und Büroorganisation

70.

zeitanteilige AfA im Erstjahr

$$\text{Zeit} = \frac{42{,}00 \times 100 \times 360}{2.100{,}00 \times 4} = 180 \text{ Tage, Fälligkeit am 05. Juni}$$

71.

a.
Endgültiger Kaufpreis:

```
          10.000,00 Euro ursprünglicher Kaufpreis
- 2 %        200,00 Euro Skontoabzug
=          9.800,00 Euro endgültiger Kaufpreis
```

Überlegungen zur Kreditaufnahme:

- die 9.800,00 Euro wären bei der Vergleichsrechnung als Kredit aufzunehmen
- Zeitraum: 50 Tage (dies unterstellt die Annahme, dass der Notar den Skontoabzug am 10. Tag vornimmt, dies bedeutet 60 − 10 = 50 Tage)
- der Zinssatz beträgt 12 %

eingesetzt in die Zinsformel: $\dfrac{9.800{,}00 \times 12 \times 50}{100 \times 360} = 163{,}33$ Euro

Ergebnis:
Sofern der Notar die Alternative Skontoabzug mit Kreditfinanzierung wählt, macht er einen Finanzierungsgewinn in Höhe von 36,67 Euro (200,00 − 163,33 Euro = 36,67 Euro).

b.

50 Tage = 2 %
360 Tage = x %

$$x = \frac{360 \times 2}{50} = 14{,}4 \%$$

72.

	Beteiligung (Kapitalkonto) in Euro	Vorab Euro	Restgewinn Euro	Gewinn insges. Euro
Müller	200.000,00	8.000,00	70.000,00	78.000,00
Mayer	150.000,00	6.000,00	70.000,00	76.000,00
Schmitt	100.000,00	4.000,00	70.000,00	74.000,00
Insgesamt	450.000,00	18.000,00	210.000,00	228.000,00

Vorabgewinn: in Höhe von 4 % auf den Kapitalanteil (§ 121 HGB), z. B. 4 % von 200.000,00 Euro = 8.000,00 Euro, die Restgewinnverteilung erfolgt nach Köpfen.

Restgewinnermittlung:

```
Gewinn              228.000,00 Euro
- Vorabgewinn        18.000,00 Euro
= Restgewinn        210.000,00 Euro : 3 = 70.000,00 Euro
```

Wirtschafts- und Sozialkunde

A. Grundlagen des Wirtschaftens

I. Wiederholungsfragen

Zu 1 **Bedürfnisse**

Empfinden eines Mangels, verbunden mit dem Bestreben, diesen zu beheben. Bedürfnisse sind unbegrenzt vorhanden.

Anmerkung:
Da nicht alle Bedürfnisse von ihrer Bedeutung auf der gleichen Stufe stehen, lässt sich ihre Wertigkeit ähnlich dem Aufbau einer Pyramide darstellen. Auf der untersten Stufe stehen die elementaren Grundbedürfnisse wie etwa Trinken und Essen. Sobald die Grundbedürfnisse befriedigt sind, stellt sich auf der nächsten Stufe die Erfüllung von Sicherheitsbedürfnissen ein, wie etwa das Wohnen in einer Wohnung. In dieser Wertigkeit weiterhin nach oben aufsteigend, steht die Befriedigung sozialer Bedürfnisse, danach die soziale Anerkennung bis hin zur Selbstverwirklichung auf der höchsten Stufe. Diese Einteilung liegt beispielsweise der Maslow`schen Bedürfnispyramide zugrunde.

Zu 2 **Einteilung der Bedürfnisse nach der Dringlichkeit**
(1) **Existenzbedürfnisse**
   Sie dienen der Erhaltung des Lebens, z. B. der Wunsch nach Essen oder Trinken.
(2) **Kulturbedürfnisse**
   Sie stellen ein geistigkulturelles Mangelempfinden dar, z. B. der Wunsch nach einem Fernsehgerät oder einem Theaterbesuch.
(3) **Luxusbedürfnisse**
   Diese stehen über dem durchschnittlichen Lebensstandard, z. B. Weltreise, teurer Sportwagen.

Zu 3 **Einteilung der Bedürfnisse nach der Art der Befriedigung**
(1) **Individualbedürfnisse**
   Dies sind die Bedürfnisse des einzelnen Menschen, die individuell befriedigt werden, z. B. der Wunsch ein eigenes Auto zu besitzen.
(2) **Kollektivbedürfnisse**
   Sie entstehen aus dem Zusammenleben der Menschen in einer Gesellschaft und werden mit Gütern befriedigt, die allen Mitgliedern zur Verfügung stehen, z. B. Rechtssicherheit, Straßen.

Zu 4 **Einteilung der Bedürfnisse nach der Bewusstheit des Bedürfnisses**
(1) **Offene Bedürfnisse**: Diese sind einem Menschen bewusst.
(2) **Latente (versteckte) Bedürfnisse**: Dies sind Wünsche, die durch die Umwelt (z. B. Werbung) geweckt werden und erst dann als Bedürfnis empfunden werden.

Zu 5 **Bedarf**
= mit Kaufkraft ausgestattete Bedürfnisse.
Der Bedarf ist das Ergebnis objektivierbarer Bedürfnisse, die durch Geld ausdrückbar sind.

Zu 6 **Nachfrage**
Die Nachfrage stellt den Bedarf dar, der auf einem Markt (durch Kaufentscheidungen) wirksam wird.

Zu 7 **Güter**
Materielle oder immaterielle Mittel, die geeignet sind, die Befriedigung menschlicher Bedürfnisse zu bewirken. Sie stiften Nutzen, indem sie helfen, die vorhandenen Bedürfnisse zu befriedigen.

Zu 8 **Einteilung der Güter**
Einteilung der Güter nach der:
(1) **Verfügbarkeit**:
   Nach diesem Kriterium wird unterschieden in **freie Güter**, die unbegrenzt vorhanden sind und daher keine Kosten verursachen, sie haben keinen Preis z. B. Tageslicht und **knappe Güter** d. h. Wirtschaftsgüter, die einen Preis haben.

(2) **Beschaffenheit:**
Hiernach lässt sich unterscheiden in **materielle Güter,** das heißt stofflich greifbare Güter wie beispielsweise ein Auto oder ein Brot und **immaterielle Güter,** das heißt Dienstleistungen und Rechte, z. B. Dienstleistungen wie sie Rechtsanwälte oder Steuerberater erbringen.

(3) **Nutzungsdauer:**
Es wird unterschieden in **Gebrauchsgüter,** die über einen längeren Zeitraum genutzt werden, wie beispielsweise eine Maschine und **Verbrauchsgüter,** die, wie es der Begriff signalisiert, verbraucht oder umgewandelt werden, wie etwa Rohstoffe, die komplett in den Produktionsprozess eingehen.

(4) **Verwendung:**
Hier wird zum einen unterschieden in **Konsumgüter,** die wiederum in Gebrauchsgüter (z. B. Kleidung) und Verbrauchsgüter (z. B. Lebensmittel) unterteilt werden können. Zum zweiten wird unterschieden in **Produktionsgüter,** die sich ebenfalls in Gebrauchsgüter (z. B. Maschinen) und Verbrauchsgüter (z. B. Rohstoffe) unterteilen lassen.

(5) **Austauschbarkeit bzw. Ergänzbarkeit:**
Hier wird unterschieden in **Komplementärgüter,** also ergänzbare Güter wie etwa Foto und Film und in **Substitutionsgüter,** das heißt austauschbare Güter wie etwa Butter und Margarine.

Zu 9 **Handeln nach dem ökonomischen Prinzip**
Bei einem Handeln nach dem ökonomischen Prinzip (Wirtschaftlichkeitsprinzip) wird versucht, zwischen dem Mitteleinsatz und dem Ertrag ein den persönlichen Präferenzen entsprechendes optimales Verhältnis herzustellen.
Strategien:
(1) **Minimalprinzip,**
dies besagt, dass ein **bestimmter** Erfolg mit dem geringstmöglichen Mitteleinsatz erzielt werden soll.
(2) **Maximalprinzip,**
mit einem **bestimmten** Mitteleinsatz soll der größtmögliche Erfolg erzielt werden.
Anmerkung:
Eine Größe ist immer fix. Entweder sind die eingesetzten Mittel fix und es wird der größt mögliche Erfolg angestrebt oder es wird ein festehender Erfolg angestrebt, bei dem der Mitteleinsatz minimiert werden soll.

Zu 10 **Volkswirtschaftliche Produktionsfaktoren**
(1) **Arbeit:** Arbeit ist jede auf ein wirtschaftliches Ziel (Erzielung eines Einkommens) gerichtete menschliche Tätigkeit.
(2) **Boden: Wirtschaftlich genutzte Natur**
Es wird unterschieden in Abbauboden, Anbauboden und Boden, der als Standort für Unternehmen und Haushalte fungiert.
(3) **Kapital:** Durch das Zusammenwirken der ursprünglichen (originären) Produktionsfaktoren Boden und Arbeit entsteht Kapital (derivativer Produktionsfaktor).

Zu 11 **Betriebswirtschaftliche Produktionsfaktoren**
Hierbei wird unterschieden in:
(1) **Elementarfaktoren:**
 – Betriebsmittel, z. B. Grundstücke und Maschinen,
 – Werkstoffe, z. B. Roh- Hilfs- und Betriebsstoffe,
 – menschliche Arbeitskraft, hierunter fällt nur die ausführende, d. h. weisungsgebundene Arbeitskraft.
(2) **Dispositive Faktoren:**
Geschäftsleitung (Unternehmensführung), hieraus abgeleitet: Planung, Organisation und Kontrolle

Zu 12 **Arbeitsteilung**
a. **Allgemein:** Unter Arbeitsteilung wird im Allgemeinen die Auflösung einer Arbeitsleistung in Teilverrichtungen verstanden.
b. **Überbetriebliche Arbeitsteilung:** Im Laufe der Geschichte entstanden durch Spezialisierung die ersten handwerklichen Berufe, z. B. Schmied, Schneider. Dieser Spezialisierungsprozess wurde bzw. wird zunehmend in den unterschiedlichsten Berufsfeldern weiter verfeinert. So finden sich z. B. allein für den Beruf des Kaufmanns mittlerweile sehr viele unterschiedliche Schwerpunkte, die auch mit unterschiedlichen Berufsausbildungen verbunden sind, z. B. Bürokaufmann, Bankkaufmann, Industriekaufmann.
c. **Betriebliche Arbeitsteilung:** Hier steht die innerbetriebliche Aufteilung in verschiedene Arbeitsbereiche im Mittelpunkt, z. B. Einkauf, Lager, Verkauf, Verwaltung. Arbeitsbereiche werden zu Abteilungen zusammengefasst. Innerhalb der Abteilungen werden Arbeitsabläufe in mehrere Teilverrichtungen zerlegt. Jede dieser Teilverrichtungen wird von den anderen getrennt ausgeführt. Es erfolgt somit eine Arbeitszerlegung.

A. Grundlagen des Wirtschaftens

d. **Volkswirtschaftliche Arbeitsteilung**: Hierunter ist die Spezialisierung der Unternehmen auf die Produktion bestimmter Güter zu verstehen: In der arbeitsteiligen Volkswirtschaft werden drei Wirtschaftsbereiche unterschieden:
   (1) Urerzeugung, d. h. die Gewinnung von Rohstoffen und Erzeugnissen, (primärer Wirtschaftssektor),
   (2) Weiterverarbeitung in den Industrie- und Handwerksbetrieben, (sekundärer Wirtschaftssektor),
   (3) Dienstleistungen, z. B. Banken, Rechtsanwälte, (tertiärer Wirtschaftssektor).
e. **Internationale Arbeitsteilung**: Diese erfolgt zwischen internationalen Staaten. Die Gründe können z. B. darin liegen, dass manche Güter in manchen Staaten überhaupt nicht oder kaum vorhanden sind. Außerdem spielt auch der unterschiedliche Entwicklungsstand und das unterschiedliche Lohnniveau eine nicht unerhebliche Rolle.

Zu 13 Wirtschaftssubjekte
Dies sind die:
- Unternehmungen als Stätten der Produktion und die
- Haushalte als Stätten des Konsums.

Zu 14 Einfacher Wirtschaftskreislauf

```
                          Einkommen
          ┌──────────────────────────────────────────┐
          │            Produktionsfaktoren           │
          │    ┌─────────────────────────────────┐   │
          ▼    ▼                                 ▼   ▼
    Unternehmen                              Haushalte
          ▲    ▲                                 ▲   ▲
          │    │         Konsumgüter             │   │
          │    └─────────────────────────────────┘   │
          │   = Güterkreislauf                       │
          │            Konsumausgaben                │
          └──────────────────────────────────────────┘
          = Geldkreislauf
```

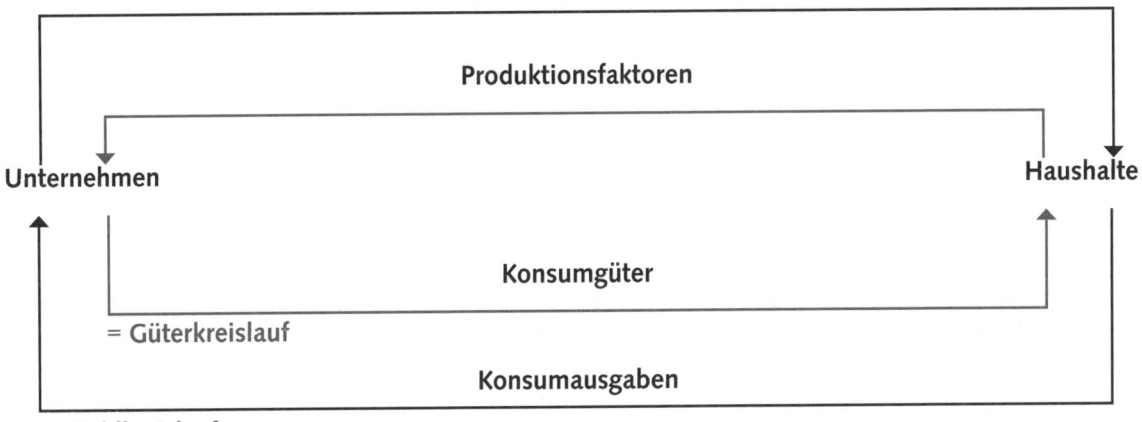

Erläuterungen:
Güterkreislauf:
- **Produktivgüterstrom**: Die privaten Haushalte stellen den Unternehmen die Produktionsfaktoren zur Verfügung.
- **Konsumgüterstrom**: Die von den Unternehmen produzierten Konsumgüter fließen den privaten Haushalten zu.

Geldkreislauf:
- **Einkommensstrom**: Die privaten Haushalte erhalten für die Bereitstellung der Produktionsfaktoren Geldzahlungen.
- **Konsumausgabenstrom**: Die privaten Haushalte leisten Geldzahlungen an die Unternehmen als Entgelt für die Konsumgüter.

Zu 15 Erweiterter Wirtschaftskreislauf
Er enthält zusätzlich:
(1) Banken
(2) Staat

Zu 16 Zentrale volkswirtschaftliche Begriffe zur Preisbildung
a. **Angebot**: Menge an Gütern, die zum Verkauf oder Tausch angeboten werden.
b. **Nachfrage**: Menge an Gütern, die die privaten Haushalte kaufen möchten.
c. **Markt**: Er ist der Ort, wo Angebot und Nachfrage aufeinander treffen und somit letztlich den Preis bestimmen.

Zu 17 Märkte

Hier lassen sich beispielsweise aufführen:
- Arbeitsmarkt
- Immobilienmarkt
- Finanzmarkt
- Investitionsgütermarkt

Zu 18 Angebots-/Nachfrage – Kombinationen bzw. Marktformen

Anbieter / Nachfrager	Viele	Wenige	Einer
Viele	Polypol	Angebotsoligopol	Angebotsmonopol
Wenige	Nachfrageoligopol	Zweiseitiges Oligopol	Beschränktes Angebotsmonopol
Einer	Nachfragemonopol	Beschränktes Nachfragemonopol	Zweiseitiges Monopol

Zu 19 Funktionen des Marktpreises

(1) Lenkungsfunktion
Ein hoher Marktpreis signalisiert die Knappheit eines bestimmten Gutes. Dies ist für die Unternehmen ein Signal, mehr von diesem Gut zu produzieren.

(2) Ausschaltungs- oder Auslesefunktion
Unternehmen, die bezüglich Qualität und/oder Preis nicht mit der Konkurrenz mithalten können, finden kaum noch Abnehmer für ihre Produkte und werden vom Markt verdrängt.

(3) Ausgleichsfunktion
Durch die Preise werden die einzelnen Pläne der Anbieter und der Nachfrager aufeinander abgestimmt und es entsteht somit ein Marktgleichgewicht.

Zu 20 Funktionen des Geldes

(1) Zahlungsmittel
Geld kann zum Kauf von Gütern und Dienstleistungen eingesetzt werden. Güter müssen dadurch nicht mehr wie im Mittelalter gegeneinander getauscht werden, insofern übernimmt das Geld auch die Funktion eines **Tauschmittels**.

(2) Wertaufbewahrungsmittel
Geld kann gespart werden und dient damit der Geldvermögensbildung (Sparfunktion).

(3) Rechenmittel
Der Wert der Güter lässt sich in Geld- und somit in Recheneinheiten ausdrücken.

Zu 21 Geldarten

- **Bargeld:** Hierunter fallen Banknoten und Münzen.
- **Buchgeld (Giralgeld):** Hierunter fallen Guthaben von privaten Haushalten und Unternehmen bei Banken. Die Zahlung erfolgt durch Umbuchungen von Konto zu Konto.
  Es lassen sich hierbei unterscheiden:
    - Sichteinlagen: Guthaben auf Kontokorrentkonten
    - Termineinlagen: Kurzfristige Geldanlage durch Festgelder
    - Spareinlagen: Guthaben auf einem Sparkonto

Zu 22 Währung

Hierunter ist die gesetzliche Regelung des Geldwesens eines Landes zu verstehen.

Zu 23 Währungssysteme

- **Gebundene Währung:** Der Geldwert wird an den Wert eines bestimmten Edelmetalls gebunden.
- **Freie Währung:** Die Währung ist an keinen Metallwert gekoppelt.

A. Grundlagen des Wirtschaftens

Zu 24 **Grundbegriffe im Rahmen der Geldformen**
a. **Münzregal:**
   Recht zur Ausgabe von Geldmünzen
b. **Notenprivileg:**
   Recht zur Ausgabe von Banknoten
c. **Gesetzliches Zahlungsmittel:**
   Münzen und Banknoten

Zu 25 **Aufgaben der Europäischen Zentralbank**
(1) Festlegung und Ausführung der Geldpolitik der Europäischen Gemeinschaft
(2) Verwaltung der Währungsreserven der Mitgliedsstaaten
(3) Organisation des Zahlungsverkehrs innerhalb der Gemeinschaft

Zu 26 **Aufgaben der Deutschen Bundesbank**
(1) Abwicklung des Zahlungsverkehrs im Inland und mit dem Ausland
(2) Verwaltung der Währungsreserven der Bundesrepublik Deutschland
(3) Beitrag zur Stabilität der Zahlungs- und Verrechnungssysteme

II. Prüfungsaufgaben

Zu 1 **Maslow`sche Bedürfnispyramide**

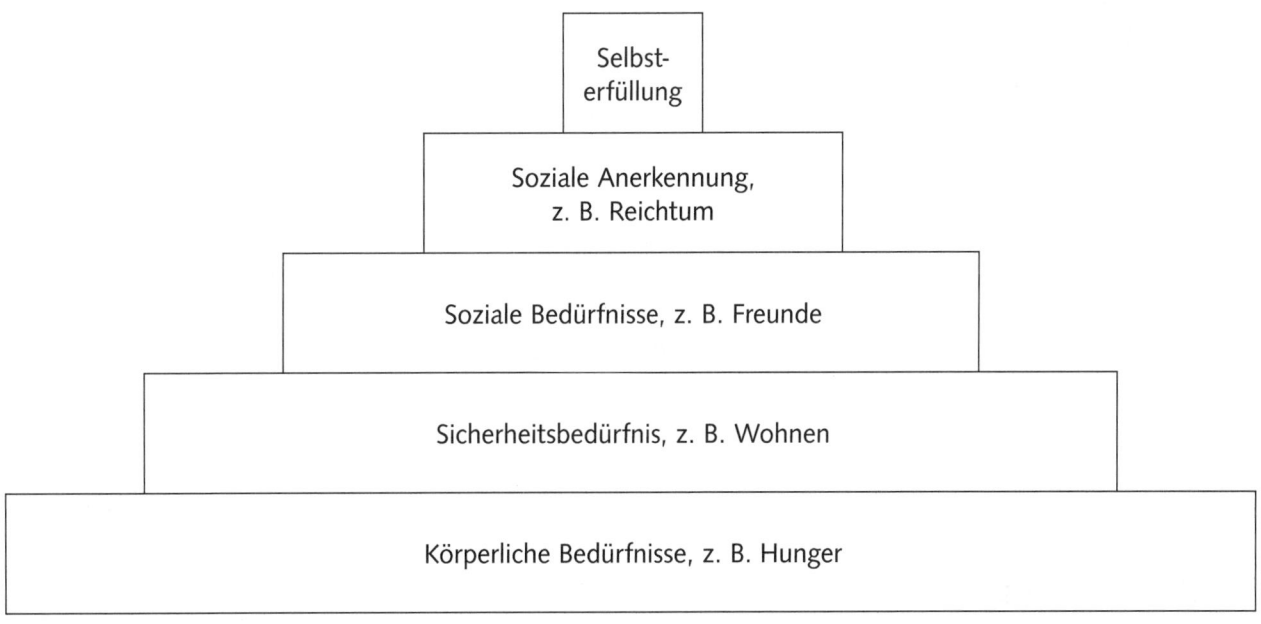

(Pyramide von oben nach unten:)
- Selbsterfüllung
- Soziale Anerkennung, z. B. Reichtum
- Soziale Bedürfnisse, z. B. Freunde
- Sicherheitsbedürfnis, z. B. Wohnen
- Körperliche Bedürfnisse, z. B. Hunger

Zu 2a. **Bedürfnisse**
5

Zu 2b. Zusammenhang zwischen Bedürfnis und Bedarf
5

Zu 3 **Einteilung der Güter**
(1) Wirtschaftliche oder knappe Güter
(2) Materielle Güter
(3) Dienstleistungen
(4) Produktionsgüter
(5) Verbrauchsgüter
(6) Gebrauchsgüter

Lösungen — Wirtschafts- und Sozialkunde

Zu 4 Einteilung der Güter
b, d

Zu 5 Einteilung der Güter
b, d

Zu 6 Grundbebegriffe
Bedürfnisse ⟶ Bedarf ⟶ Nachfrage ⟶ **Markt** ⟵ Angebot ⟵ Güter

Zu 7 Ökonomisches Prinzip
2, 1, 1, 2, 1, 3

Zu 8 Produktionsfaktoren
e

Zu 9 Produktionsfaktoren
d

Zu 10 Arbeitsteilung
c

Zu 11 Einfacher Wirtschaftskreislauf
e Konsumgüter

Zu 12 Erweiterter Wirtschaftskreislauf
(1) = **Unternehmen**
(2) = **Staat**
(3) = **Private Haushalte**

Zu 13 Angebot und Nachfrage
a, b, c, d

Zu 14 Begriffszuordnungen
a = 1
b = 4
c = 3
d = 2

Zu 15 Marktformen
(1) Polypol
(2) Angebotsoligopol
(3) Angebotsmonopol
(4) Nachfragemonopol
(5) Zweiseitiges Monopol

B. Arbeitsrechts-, Personal- und Sozialbereich

Zu 1a Berufsausbildungsvertrag
Vertragsparteien sind der Auszubildende und der Ausbilder. Der Vertrag gem. § 10 BBiG ist von den Vertragsparteien zu unterschreiben, im Falle der Minderjährigkeit des Auszubildenden ist die Unterschrift des gesetzlichen Vertreters notwendig. Der Vertrag ist der zuständigen Kammer zur Genehmigung und zur Eintragung in das Verzeichnis der Berufsausbildungsverhältnisse vorzulegen. Die Probezeit beträgt mindestens 1 Monat, maximal 4 Monate. Während dieser Zeit ist eine Kündigung von beiden Seiten ohne Einhaltung von Fristen jederzeit möglich.

Zu 1b Wichtige Ausbilderpflichten:
- Einwandfreie Ausbildung
- Fürsorge
- Vergütung und Urlaubsgewährung
- Zeugnisausstellung

Wichtige Pflichten des Auszubildenden:
- Befolgungs- und Bemühungspflicht

B. Arbeitsrechts-, Personal- und Sozialbereich

- Berufsschulpflicht
- Verschwiegenheit

Zu 2 Schutz von Jugendlichen
Im Jugendarbeitsschutzgesetz sind insbesondere geregelt:
- **Arbeitszeiten**, § 8 JArbSchG
  Jugendliche dürfen nicht mehr als 8 Stunden täglich arbeiten (ohne Ruhepausen), sie dürfen nur 5-Tage-Woche arbeiten, andernfalls ist ein entsprechender Freizeitausgleich vorzusehen.
- **Ruhepausen**, § 11 JArbSchG
  Bei einer Arbeitszeit von 4,5 bis 6 Stunden ist den Jugendlichen eine Ruhepause von mindestens 30 Minuten zu gewähren. Über sechs Stunden beträgt die Pause mindestens 60 Minuten.
- **Freizeit**, § 13 JArbSchG
  Nach Beendigung der Arbeitszeit muss der Freizeitausgleich mindestens 12 Stunden betragen. Eine Beschäftigung von 20.00 bis 6:00 Uhr ist nicht gestattet (Ausnahmen möglich).
- **Berufsschule**, § 9 JArbSchG
  Freistellungspflicht für die Berufsschultage und Prüfungen, keine Beschäftigung am Tag vor der Prüfung.
- **Urlaub**, § 19 JArbSchG
  Es besteht Anspruch auf bezahlten Urlaub:
  unter 16 Jahren: 30 Werktage
  unter 17 Jahren: 27 Werktage
  unter 18 Jahren: 25 Werktage
- **Gesundheitliche Betreuung**, § 32 JArbSchG
  Ärztliche Untersuchungspflicht vor Aufnahme der Beschäftigung.
- **Beschäftigungsverbote und -beschränkungen**, §§ 22 ff JArbSchG
  Keine Tätigkeiten die die Leistungsfähigkeit übersteigen, die besondere Unfallgefahren darstellen oder sittlich gefährden; keine Akkord- oder Fließbandarbeit.

Zu 3 Überblick: Gesetzliche Arbeitsschutzvorschriften
Zu a Allgemeine Schutzvorschriften:
- **Bürgerliches Gesetzbuch**
  Es enthält im Schuldrecht grundlegende Regelungen zu Arbeitsverträgen.
- **Arbeitsschutzgesetz**
  Seine vollständige Bezeichnung lautet: Gesetz über die Durchführung von Maßnahmen des Arbeitsschutzes zur Verbesserung der Sicherheit und des Gesundheitsschutzes der Beschäftigten bei der Arbeit.
- **Arbeitszeitgesetz**
  Dies setzt Rahmenbedingungen für die Arbeitszeiten der Arbeitnehmer in Deutschland. Es ist für Arbeitgeber und Arbeitnehmer verbindlich.
- **Bundesurlaubsgesetz**
  Hier werden die arbeitsrechtlich zu beachtenden Mindesturlaubsansprüche geregelt, diese betragen 24 Werktage bezogen auf die Sechs- Tage- Woche. Der Anspruch auf den Vollurlaub entsteht erstmalig erst mit Ablauf der Wartezeit von sechs Monaten.
- **Kündigungsschutzgesetz**
  Das deutsche Kündigungsschutzgesetz (KSchG) ist ein Gesetz, das die im Zivilrecht grundsätzlich bestehende Kündigungsfreiheit von Verträgen mit einer längeren Laufzeit zugunsten des Arbeitnehmers bei der Beendigung von Arbeitsverhältnissen auf sozial gerechtfertigte Kündigungen beschränkt.
- **Gewerbeordnung**
  Sie ist ein deutsches Gesetz, das die Gewerbefreiheit inhaltlich bestimmt und beschränkt.
- **Sozialgesetzbuch XII**
  Dies enthält die Regelungen zur Sozialhilfe in Deutschland.
- **Betriebsverfassungsgesetz**
  Die Betriebsverfassung ist die grundlegende Ordnung der Zusammenarbeit von Arbeitgeber und der von den Arbeitnehmern gewählten betrieblichen Interessenvertretung. Ihre Grundlage stellt das Betriebsverfassungsgesetz (BetrVG) dar.
- **Allgemeines Gleichbehandlungsgesetz (AGG)**
  Umgangssprachlich auch Antidiskriminierungsgesetz genannt: Hierdurch sollen Benachteiligungen aus Gründen der „Rasse", der ethnischen Herkunft, des Geschlechts, der Religion oder Weltanschauung, einer Behinderung, des Alters oder der sexuellen Identität verhindert werden. Zur Verwirklichung dieses Ziels erhalten die durch das Gesetz geschützten Personen Rechtsansprüche gegen Arbeitgeber und Private, wenn diese ihnen gegenüber gegen die gesetzlichen Diskriminierungsverbote verstoßen.

Zu b **Sonderschutzvorschriften:**
- **Jugendarbeitsschutzgesetz**, JArbSchG, siehe oben.
- **Mutterschutzgesetz**, MuSchG(**Gesetz zum Schutz erwerbstätiger Mütter),** werdende, stillende und nicht stillende Mütter sollen vor ungesunder Beschäftigung geschützt werden. Während der Schwangerschaft und 4 Monate nach der Geburt ist eine Kündigung der Mitarbeiterin nicht möglich. Außerdem besteht ein Beschäftigungsverbot 6 Wochen vor und 8 Wochen nach der Geburt. Auf ausdrücklichen Wunsch der Mutter ist eine Beschäftigung auch vor der Geburt möglich. Schwere körperliche Arbeit, gesundheitsgefährdende Arbeiten und Mehrarbeit sind verboten. Es besteht Anspruch auf Mutterschaftsgeld während der Schutzfrist in Höhe des bisherigen Nettoeinkommens. Die Vorschriften für die Arbeitsplatzgestaltung von Schwangeren und stillenden Müttern sind zu beachten.
- **Gesetz zum Elterngeld und zur Elternzeit (Bundeselterngeld- und Elternzeitgesetz – BEEG),**
  hier werden die Ansprüche der Arbeitnehmer und Arbeitnehmerinnen auf Elternzeit und Elterngeld geregelt.
- **Schwerbehindertengesetz**, SchwbG,
  das Schwerbehindertengesetz ist per 01.10.2001 in das Sozialgesetzbuch – Neuntes Buch – (SGB IX) Rehabilitation und Teilhabe behinderter Menschen eingestellt worden. Es enthält besondere Regelungen zur Teilhabe schwerbehinderter Menschen vor allem am Arbeitsleben (**Schwerbehindertenrecht**). Schwerbehinderte Menschen sind Personen, bei denen aufgrund einer körperlichen, geistigen oder seelischen Behinderung ein Grad der Behinderung von wenigstens 50 % vorliegt.

Zu c **Überwachungsorgane**
- **Staatliche Überwachungsorgane**
  - Gewerbeaufsichtsamt
  - Umweltamt
  - Ämter für Arbeitsschutz
  - Integrationsämter
- **Berufsgenossenschaften**
- **Betriebsinterne Überwachungsorgane** (z. B. Betriebsarzt, Beauftragter für Arbeitsschutz)

Zu 4 **Arbeitsrecht**
Das Arbeitsrecht gehört teilweise zum Privatrecht, vor allem das Individualarbeitsrecht des einzelnen Arbeitsverhältnisses, wozu insbesondere die Regelungen des BGB zu nennen sind.
Zum Teil gehört das Arbeitsrecht auch zum Öffentlichen Recht, z. B. das Arbeitsschutz- und Arbeitszeitrecht oder das Kollektivarbeitsrecht, geregelt etwa im Betriebsverfassungsgesetz, Tarifvertragsgesetz, im Sozialgesetzbuch IX.

Zu 5a **Normenpyramide**
- Europäisches Primär- und Sekundärrecht
- Deutsches Verfassungsrecht
- Gesetzesrecht
- Rechtsverordnungen
- Tarifverträge
- Betriebsvereinbarungen
- Arbeitsvertrag
- Weisungsrecht des Arbeitgebers

Zu b **Günstigkeitsprinzip**
Die Normenpyramide wird durch das im Arbeitsrecht geltende **Günstigkeitsprinzip** durchbrochen. Hiernach kommt, sofern eine Regelung unter mehrere Normen fällt, immer die günstigste für den Arbeitnehmer zur Anwendung.

Zu 6 **Arbeitsvertrag**
Zu a **Arbeitnehmer und Arbeitgeber**
Arbeitnehmer
Im arbeitsrechtlichen Sinne sind dies Personen, die aufgrund eines privatrechtlichen Vertrages im Dienst eines anderen zur Arbeit verpflichtet sind. Wesentlichstes Merkmal ist die persönliche Abhängigkeit, das heißt, die Weisungsabhängigkeit.
Arbeitgeber
Im arbeitsrechtlichen Sinne ist dies jeder, der einen anderen, wenn auch nur vorübergehend als Arbeitnehmer beschäftigt. Dies kann auch eine juristische Person sein.

Zu b **Begriff Arbeitsvertrag**
Dienstvertrag, der zumindest die Rahmenbedingungen für eine konkrete unselbstständige Arbeitsleistung zum Gegenstand hat. Er bildet die Rechtsgrundlage zwischen Arbeitgeber und Arbeitnehmer, aus der die gegenseitigen Rechte und Pflichten abgeleitet werden. Der Arbeitnehmer verpflichtet sich zur Leistung der versprochenen Arbeit und der Arbeitgeber verpflichtet sich zur Gewährung des vereinbarten Entgelts.

B. Arbeitsrechts-, Personal- und Sozialbereich

Zu c Form
Unbefristeter Vertrag
Grundsätzlich gibt es keinen Formzwang, ein Arbeitsvertrag kann demzufolge auch mündlich zustande kommen. Allerdings ist der Arbeitgeber innerhalb eines Monats nach Arbeitsaufnahme verpflichtet, die maßgeblichen Bedingungen für das Arbeitsverhältnis schriftlich zu fixieren und dem Arbeitnehmer auszuhändigen, § 2 Nachweisgesetz.
Befristeter Vertrag
Schriftform ist hier zwingend, § 14 TzBfG.

Zu d Vertragsinhalt
Wichtige Punkte in einem Arbeitsvertrag sind
- Name und Anschrift der Vertragsparteien,
- Beginn und Dauer des Arbeitsverhältnisses,
- Arbeitsort,
- Art der Tätigkeit,
- Arbeitsentgelt,
- die vereinbarte Arbeitszeit,
- Urlaubstage,
- Kündigungsfrist,
- Hinweis auf Tarif-, Betriebs- oder Dienstvereinbarungen.
- Sofern ein Arbeitsverhältnis länger als einen Monat andauert, so sind diese Vertragsinhalte gem. § 2 Nachweisgesetz spätestens einen Monat nach Beginn des Arbeitsverhältnisses schriftlich zu fixieren.

Des Weiteren sollen aufgenommen werden: Dauer der Probezeit, freiwillige soziale Leistungen, Regelungen im Krankheitsfall, Regelung bei Reisetätigkeiten, Auslagenersatz, Schweigepflicht, Freistellung in besonderen Fällen, Möglichkeit von unbezahltem Urlaub.

Zu e Pflichten aus dem Arbeitsvertrag
Arbeitnehmerpflichten
Die Hauptpflicht besteht in der Arbeitsverpflichtung, das heißt, der Arbeitnehmer muss die richtige Arbeit am richtigen Ort und zur richtigen Zeit erbringen.
Nebenpflichten bestehen im Verschwiegenheitsgebot, dem Gebot der Interessenwahrung, dem Wettbewerbsverbot und dem Verbot der Schmiergeldannahme.

Arbeitgeberpflichten
- Sicherung und Zahlung des Arbeitsentgelts
- Beschäftigungspflicht
- Fürsorgepflicht
- Urlaubsgewährung
- Zeugniserteilung
- Gleichbehandlung
- Freistellung zur Stellensuche
- betriebliche Altersversorgung

Zu 7 Ende des Arbeitsverhältnisses
Zu a Beendigungsgründe
- Zeitablauf bei befristeten Verträgen, Schriftform und sachlicher Befristungsgrund sind notwendig (Ausnahmen sind möglich, z. B. bei Neueinstellung)
- Aufhebungsvertrag, durch beide Seiten, Schriftform ist zwingend
- Kündigung, durch einseitige Willenserklärung, Kündigungszugang und Schriftform sind zwingend erforderlich
- Tod des Arbeitnehmers
- Erreichen der Altersgrenze

Zu b Abmahnung
Nach der Rechtsprechung des Bundesarbeitsgerichts ist bei einem Fehlverhalten des Arbeitnehmers, insbesondere bei Störungen im Leistungsbereich (Arbeitsleistung oder Lohnzahlung betreffend) in der Regel vor Ausspruch einer Kündigung durch den Arbeitgeber eine vorherige, vergebliche Abmahnung erforderlich. Dies gilt dann ausnahmsweise nicht, wenn besondere Umstände vorliegen, die eine Abmahnung von vornherein entbehrlich erscheinen lassen, zum Beispiel bei einer schweren Pflichtverletzung, die der Arbeitnehmer erkennen musste und aufgrund derer dem Arbeitgeber eine Weiterbeschäftigung nicht mehr zugemutet werden kann. Die Abmahnung hat Hinweisfunktion (auf ein Fehlverhalten), Aufforderungsfunktion (dies künftig zu unterlassen bzw. zu verbessern) und Ankündigungsfunktion (Sanktionen, drohende Kündigung).

Zu c Kündigungsfristen

Hierbei ist insbesondere auf § 622 BGB zu verweisen.

- **Arbeitnehmer**
  Für den Arbeitnehmer gelten die kürzeren Kündigungsfristen nach Absatz 1, diese betragen vier Wochen zum Fünfzehnten oder zum Ende eines Kalendermonats.
- **Arbeitgeber**
  Nach Absatz 2 ist für die **Arbeitgeberkündigung** die Dauer des Arbeitsverhältnisses entscheidend. Je länger das Arbeitsverhältnis bestand, desto länger ist die Kündigungsfrist. Die in im deutschen Recht in § 622 BGB seit 1926 verankerte Nichtberücksichtigung der Betriebszugehörigkeit vor dem 25. Lebensjahr stellt nach dem Urteil des EUGH eine Diskriminierung jüngerer Arbeitnehmer wegen des Alters dar. Bei der Berechnung der Kündigungsfrist ist daher die gesamte Beschäftigungsdauer zu berücksichtigen.
- **Während der Probezeit** von maximal 6 Monaten kann mit einer Zwei-Wochenfrist gekündigt werden, § 622 Abs. 3 BGB.
  Zu beachten sind § 622 Absatz 4 und Absatz 5, in denen einzelvertraglich bzw. tarifvertraglich abweichende Regelungsmöglichkeiten aufgeführt sind.

Zu d Kündigungsarten

(1) **Ordentliche Kündigung**
Der Arbeitgeber kann den Arbeitnehmer ordentlich, das heißt unter Einhaltung der geltenden Kündigungsfristen kündigen. Sofern ein Betrieb unter das Kündigungsschutzgesetz fällt, muss die Kündigung gemäß § 1 KSchG sozial gerechtfertigt sein.

(2) **Außerordentliche Kündigung**
Sofern ein wichtiger Grund vorliegt, kann der Arbeitgeber das Arbeitsverhältnis fristlos kündigen.

(3) **Änderungskündigung**
Hierbei wird das Arbeitsverhältnis komplett gekündigt, gleichzeitig erhält der Mitarbeiter vom Arbeitgeber ein Angebot über ein Arbeitsverhältnis zu geänderten Bedingungen.

Außerdem: Verdachtskündigung
Der Arbeitgeber kann das Arbeitsverhältnis kündigen, sofern der Verdacht einer Straftat oder einer sehr schweren Vertragsverletzung besteht. Es müssen objektive Tatsachen vorliegen, die zu dem dringenden Verdacht führen, aufgrund dessen das Vertrauensverhältnis irreparabel zerstört ist.

Zu e Formale Voraussetzungen beim Kündigungsschutzgesetz (KSchG)

- Das Kündigungsschutzgesetz gilt nur in Betrieben, in denen in der Regel mehr als 10 Arbeitnehmer (ohne Auszubildende) beschäftigt sind.
- Der Schutz erstreckt sich auf Arbeitnehmer, die länger als 6 Monate in demselben Betrieb beschäftigt sind.
- Will ein Arbeitnehmer geltend machen, dass eine Kündigung sozial ungerechtfertigt oder aus anderen Gründen rechtsunwirksam ist, so muss er innerhalb von drei Wochen nach Zugang der schriftlichen Kündigung Klage beim Arbeitsgericht auf Feststellung erheben, dass das Arbeitsverhältnis durch die Kündigung nicht aufgelöst ist.

Zu f Kündigungsgründe nach dem KSchG

Eine Kündigung ist rechtlich unwirksam, wenn sie sozial ungerechtfertigt ist. Positiv ausgedrückt heißt dies, sie ist wirksam, wenn sie sozial vertretbar und somit zumutbar ist.
Eine Kündigung ist demnach sozial gerechtfertigt, das heißt inhaltlich möglich, wenn sie durch Gründe, die

- in der **Person** (z. B. häufige Krankheit) oder
- in dem **Verhalten** des Arbeitnehmers liegen (z. B. Verstöße gegen Arbeitsanweisungen) oder
- durch dringende **betriebliche Erfordernisse**, die einer Weiterbeschäftigung des Mitarbeiters in diesem Betrieb entgegenstehen (z. B. durch Umsatzrückgang), bedingt ist. Bei letzterem Kündigungsgrund muss der Arbeitgeber eine Sozialauswahl treffen, in der insbesondere die Dauer der Betriebszugehörigkeit, das Lebensalter, die Unterhaltspflichten und auch die Schwerbehinderung berücksichtigt werden.

Der Betriebsrat ist vor jeder Kündigung zu hören. Unterlässt der Arbeitgeber dies, ist die Kündigung unwirksam.

Zu g Kündigungsschutzklage

Hinweis:
Die Sozialwidrigkeit einer Kündigung kann nur in einem arbeitsgerichtlichen Verfahren festgestellt werden.

Zu ga Frist

Der Arbeitnehmer muss innerhalb von 3 Wochen nach Zugang der schriftlichen Kündigung Kündigungsschutzklage beim Arbeitsgericht erheben, § 4 KSchG.

Zu gb Geltungsbereich der Frist

Diese Frist gilt sowohl für die ordentliche als auch für die außerordentliche Kündigung.

B. Arbeitsrechts-, Personal- und Sozialbereich

Zu gc Beweislast
Der Arbeitnehmer klagt auf Feststellung, dass das Arbeitsverhältnis durch die Kündigung nicht aufgelöst ist. Im Kündigungsschutzverfahren **trägt der Arbeitgeber die Beweislast**, der Arbeitnehmer stellt in der Regel Antrag auf Weiterbeschäftigung.

Zu h Aufhebungsvertrag
Vertrag, durch den ein Arbeitsverhältnis einvernehmlich beendet wird, daher sind hierbei keine Fristen zu beachten. Nach § 623 BGB ist hierbei jedoch Schriftform notwendig, andernfalls wäre der Aufhebungsvertrag nichtig und das Arbeitsverhältnis würde fortbestehen.

Zu 8 Unterschied zwischen Individual- und Kollektivarbeitsrecht
- Das **Individualarbeitsrecht** bezieht sich auf die rechtliche Regelung der Beziehungen zwischen Arbeitgebern und Arbeitnehmern.
- Das **Kollektivarbeitsrecht** umfasst die rechtliche Regelung der Beziehungen zwischen den Zusammenschlüssen von Arbeitgebern und Arbeitnehmern. Hierunter fallen Beziehungen zwischen Gewerkschaften und Arbeitgeberverbänden oder einzelnen Arbeitgebern sowie zwischen Betriebsräten und Arbeitgebern, insbesondere das Zustandekommen von Gesamtvereinbarungen (Tarifvertrag).

Zu 9 Tarifvertrag
Hierbei handelt es sich um einen Vertrag, der zwischen tariffähigen Parteien geschlossen wird.

Zu a Vertragsparteien
Bei den Parteien kann es sich um
(1) Gewerkschaften auf der einen und
(2) einzelnen Arbeitgebern oder Vereinigungen von Arbeitgebern (Arbeitgeberverbänden) auf der anderen Seite handeln.

Zu b Inhalt
Inhalt des Vertrages: Regelung von Rechten und Pflichten von Tarifvertragsparteien (schuldrechtlicher Teil) und Festlegung von Rechtsnormen, die den Inhalt, den Abschluss und die Beendigung von Arbeitsverhältnissen sowie betriebliche und betriebsverfassungsrechtliche Fragen ordnen und gemeinsame Einrichtungen der Tarifvertragsparteien zum Gegenstand haben können (normativer Teil).

Zu c Form
Tarifverträge bedürfen der Schriftform und sind in einem vom Bundesminister für Arbeit und Soziales geführten Tarifregister einzutragen, §§ 1, 6 TVG.

Zu d Arten
Hinsichtlich Tarifvertragsarten lassen unterscheiden:
- Manteltarifverträge, z. B. über Arbeitsbedingungen, Arbeitszeit- und Urlaubsregelungen,
- Lohn- und Gehaltsrahmentarifverträge, z. B. über Lohngruppen, Lohnarten,
- Lohn- und Gehaltstarifverträge, z. B. über die Lohn- und Gehaltshöhe.

Zu 10 Tarifautonomie
Den Tarifvertragsparteien ist durch das Grundgesetz die Kompetenz verliehen worden, die Arbeitsbedingungen ihrer Mitglieder im Einzelnen zu regeln und auch Arbeitskampfmaßnahmen durchführen zu dürfen.

Zu 11 Betriebsvereinbarung
Hierbei handelt es sich um einen Vertrag zwischen Arbeitgeber und Betriebsrat, in dem die Rechte und Pflichten (betriebliche Ordnung) für alle Arbeitnehmer eines Unternehmens geregelt werden.

Zu 12 Mitwirkungs- und Mitbestimmungsrechte

Zu a Auf der Ebene des Arbeitsplatzes
Beteiligungsrechte, individuelle Mitwirkungs- und Beschwerderechte, z. B. Einsichtnahme in Personalakte, Unterrichtung über Krankheitsgefahren am Arbeitsplatz.

Zu b Auf der Ebene des Betriebes
Beteiligungsrechte durch den Betriebsrat

Zu c Auf der Ebene der Unternehmensleitung
Kontrollrechte durch Sitze im Aufsichtsrat bei Kapitalgesellschaften, im Einzelnen:
- Mitbestimmung nach dem Drittelbeteiligungsgesetz (frühere Bezeichnung: BetrVG von 1972)
- Mitbestimmung nach dem Mitbestimmungsgesetz von 1976
- Mitbestimmung nach dem Montan-Mitbestimmungsgesetz von 1951

13. Sozialversicherung: Vervollständigen Sie das folgende Schema

Zweige der Sozialversicherung	Versicherungsträger	Pflichtversicherte	Beitragshöhe	Beitragsaufbringung	Beispiele für Leistungen
Gesetzliche Krankenversicherung	Krankenkassen Primärkassen: z. B. Allgemeine Ortkrankenkasse Verband der Angestellten-Krankenkassen (VdAK): z. B. Barmer Ersatzkasse, Arbeiter-Ersatzkassen-Verband: z. B. Brühler Krankenkasse	Arbeitnehmer bis zur Versicherungspflichtgrenze Auszubildende, Studenten, Rentner, Wehr- und Zivildienstleistende	15,50 %	14,6 % tragen zur Hälfte Arbeitgeber und Arbeitnehmer, der durchschnittliche Zusatzbeitrag in der gesetzlichen Krankenversicherung beträgt 1,1 %	Sachleistungen im Krankheitsfall, Vorsorgeuntersuchungen
Gesetzliche Rentenversicherung	Deutsche Rentenversicherung Bund (Berlin) mit Regionalzentren	Alle abhängig beschäftigten Arbeitnehmer, Auszubildende, Wehr- u. Zivildienstleistende, Bezieher von Arbeitslosen- und Krankengeld, selbstständige Handwerker	18,90 %	Arbeitgeber und Arbeitnehmer zur Hälfte	Rentenzahlungen, Rehabilitation
Gesetzliche Arbeitslosenversicherung	Bundesagentur für Arbeit (BA)	Arbeitnehmer Auszubildende	3,00 %	Arbeitgeber und Arbeitnehmer zur Hälfte	Arbeitslosengeld I und II, Kurzarbeitergeld
Gesetzliche Pflegeversicherung	Pflegekassen bei den gesetzlichen Krankenkassen	Alle pflichtversicherten und freiwillig versicherten Mitglieder in den gesetzlichen Krankenkassen Hinweis: Wer privat krankenversichert ist, muss auch eine private Pflegeversicherung abschließen.	2,55 % + ggf. 0,25 % zusätzlich	2,55 % Arbeitgeber und Arbeitnehmer zur Hälfte, 0,25 % zusätzlich, bei kinderlosen Arbeitnehmern, die das 23. Lebensjahr vollendet haben, das 65. Lebensjahr aber noch nicht vollendet ist.	Sach-, Dienst- und Geldleistungen, abhängig von der Pflegestufe

B. Arbeitsrechts-, Personal- und Sozialbereich

Zweige der Sozialversicherung	Versicherungsträger	Pflichtversicherte	Beitragshöhe	Beitragsaufbringung	Beispiele für Leistungen
Gesetzliche Unfallversicherung	Berufsgenossenschaften Gewerbliche-, Landwirtschaftliche- und Seeberufsgenossenschaften, Unfallversicherungsträger der öffentlichen Hand	Alle arbeitenden Personen	Richtet sich nach der jeweiligen betrieblichen Gefahrenklasse und der Lohnsumme	Wird vom Arbeitgeber getragen	Leistungen nach Eintritt eines Unfalls, Unfallverhütung

zu 14 **Personalbedarf**
Ersatzbedarf
Hierbei werden bereits vorhandene Stellen wiederbesetzt.

Überbrückungsbedarf
Sofern in Spitzenbelastungen oder bei befristeten Ausfällen ein zusätzlicher Personalbedarf notwendig wird.

Neubedarf
Schaffung von zusätzlichen Stellen.

Zu 15 **Ermittlung Nettopersonalbedarf**
       Bruttopersonalbedarf (Soll-Bestand)
-   aktueller Personalbestand (Ist-Bestand)
=   **Personalüberdeckung / Personalunterdeckung**
+   voraussichtliche Personalabgänge
-   voraussichtliche Personalzugänge
=   **Nettopersonalbedarf**

Zu 16 **Stellenbeschreibung**
- Tätigkeitsbezeichnung des Stelleninhabers
- Organisatorische Eingliederung der Stelle in der Gesamtstruktur
- Unterstellte Mitarbeiter
- Vorgesetzte
- Vertretung bei Abwesenheit
- Entscheidungsbefugnisse, Vollmachten und Ziele

Zu 17 **Stellenanzeige**
Als Merke-Regel werden hier in der Regel die fünf klassischen W-Fragen aufgeführt:
- **WER** inseriert? (Kanzlei, Rechtsanwalt etc.)
- **WEN** sucht die Kanzlei? (genaue Beschreibung der Stelle, Aufgaben)
- **WAS** wird von Seiten der Kanzlei erwartet? (Berufserfahrung, spezielle Kenntnisse etc.)
- **WAS** bietet die Kanzlei? (Leistungen, Zusatzleistungen etc.)
- **WORUM** bittet die Kanzlei die Bewerber? (Unterlagen, Referenzen, Zeugnisse etc.)

zu 18 **Arbeitszeugnis**
Einfaches Arbeitszeugnis, Mindestbestandteile:
- Angaben zur Person
- Dauer der Tätigkeit
- Art der Tätigkeit

Qualifiziertes Arbeitszeugnis:
Zusätzlich zu obigen Angaben:
- Angaben zur Leistung
- Angaben zur Führung

Lösungen — Wirtschafts- und Sozialkunde

Zu 19 Aufbau Arbeitszeugnis
1. Überschrift (Zeugnis, Arbeitszeugnis)
2. Einleitung (Name, Eintrittsdatum, Tätigkeit)
3. Aufgabenbeschreibung (Tätigkeits-/Verantwortungsbereich etc.)
4. Leistungsbeurteilung (Arbeitsbereitschaft, Arbeitsbefähigung, Arbeitsweise, Arbeitserfolg, Führungsleistung, zusammenfassende Gesamtbewertung)
5. Verhaltensbeurteilung (gegenüber Mandanten, Vorgesetzten, Kollegen)
6. Schlussabsatz (Grund der Beendigung, Dank, Bedauern, gute Wünsche)
7. Ausstellungsdatum, Unterschrift Arbeitgeber)

II. Prüfungsaufgaben

Zu 1 Berufsausbildungsvertrag und Jugendarbeitsschutzgesetz
Zu a Zwingende Erfordernisse
- Rechtsgültiger, schriftlicher Berufsausbildungsvertrag
- Unterschrift des Ausbilders
- Unterschriften des Auszubildenden und des gesetzlichen Vertreters, da Minderjährigkeit vorliegt

Zu ba Probezeit
Gemäß §22 Abs. 1 BBiG kann die Ausbildung während der Probezeit jederzeit ohne Einhalten einer Kündigungsfrist gekündigt werden.

Zu bb Urlaubstage
Urlaubsanspruch: 27 Werktage, § 19 JArbSchG, da sie zu Beginn des Kalenderjahres noch nicht 17 Jahre alt war.

Zu bc Arbeitszeit
Nach § 8 Abs. 1 JArbSchG beträgt die tägliche Arbeitszeit maximal 8 Stunden.

Zu bd Berufsschulbesuch
Der Ausbilder muss sie für den Berufsschultag freistellen, § 9 Abs. 1 JArbSchG.
Bei einem vor 9:00 Uhr beginnenden Berufsschultag darf er sie nicht mehr vorher in der Kanzlei beschäftigen, § 9 Abs. 1 JarbSchG.

Zu be Ärztliche Untersuchung
Ein Jugendlicher, der in das Berufsleben eintritt, darf nur beschäftigt werden, wenn er innerhalb der letzten vierzehn Monate von einem Arzt untersucht worden ist (Erstuntersuchung) und dem Arbeitgeber eine von diesem Arzt ausgestellte Bescheinigung vorliegt, § 32 Abs. 1 JArbSchG.
Ein Jahr nach Aufnahme der ersten Beschäftigung hat sich der Arbeitgeber die Bescheinigung eines Arztes darüber vorlegen zu lassen, dass der Jugendliche nachuntersucht worden ist (erste Nachuntersuchung). Die Nachuntersuchung darf nicht länger als drei Monate zurückliegen. Der Arbeitgeber soll den Jugendlichen neun Monate nach Aufnahme der ersten Beschäftigung nachdrücklich auf den Zeitpunkt, bis zu dem der Jugendliche ihm die ärztliche Bescheinigung nach Satz 1 vorzulegen hat, hinweisen und ihn auffordern, die Nachuntersuchung bis dahin durchführen zu lassen, § 33 Abs. 1 JArbSchG.

Zu c Zeugnis
Gemäß § 16 BBiG hat der Ausbilder dem Auszubildenden ein Zeugnis auszustellen, auf Antrag sogar ein qualifiziertes Zeugnis, in das auch Angaben über Verhalten und Leistung aufzunehmen sind.

Zu d Weiterbeschäftigung
Ihre Weiterbeschäftigung wird als ein unbefristetes Arbeitsverhältnis gewertet.

Zu 2 Kündigung während der Probezeit
Der normale Postversand wird hier nicht ausreichen, da die Zustellung vermutlich erst am folgenden Tag erfolgen kann. Die Kündigung muss aber nach gängiger Rechtsprechung noch innerhalb der Probezeit zugehen. Daher wäre die persönliche Übergabe mit Zustellungsbestätigung am sinnvollsten. Die Gründe müssen nicht aufgeführt werden.

Zu 3 Urlaubstage nach Jugendarbeitsschutzgesetz

B. Arbeitsrechts-, Personal- und Sozialbereich

25 Tage

Zu 4 Kündigung
Zu a und b
Allgemeine Voraussetzungen für eine betriebsbedingte Kündigung:
Der allgemeine Kündigungsschutz nach KSchG gilt, da der Betrieb mehr als 10 Mitarbeiter hat und beide länger als 6 Monate dort beschäftigt sind.
Aufgrund der anhaltend stark rückläufigen Auftragslage ist eine betriebsbedingte Kündigung generell möglich. Eine entsprechende Sozialauswahl wird insoweit bereits getroffen worden sein, da hier eher jüngeren Mitarbeitern mit eher kürzeren Beschäftigungszeiten gekündigt werden soll.

a. Eva Klein kann insofern gekündigt werden. Da Sie unter 25 Jahren alt ist, gilt insofern § 622 Abs. 1 BGB, das heißt ihr kann mit einer Frist von 4 Wochen zum 15. oder zum Ende eines Kalendermonats gekündigt werden. Dies wäre im Sachverhalt zum 15. Juni.
b. Thorsten Groß ist jedoch Betriebsratmitglied, so dass er hier einem gesonderten Kündigungsschutz unterliegt. Eine Kündigung ist insofern bei ihm derzeit nicht möglich.
c. Max Müller: Nach der Rechtsprechung des EuGH erfolgt die Kündigung gemäß § 622 Abs. 2 Nr. 2 BGB zum 31.07..

Zu d
Sebastian Mittel müsste zum 30.06. bei der Müller & Mayer OHG kündigen. Seine Kündigungsfrist beträgt 4 Wochen zum 15. oder zum Ende eines Kalendermonats, § 622 Abs. 1 BGB.
Vom 30.06. an 28 Tage zurückgerechnet bedeutet, dass er spätestens am 02. Juni kündigen muss.
Er hat dabei die Schriftform einzuhalten, § 623 BGB.

Zu 5 Kündigung
Zu a und b
Der allgemeine Kündigungsschutz nach KSchG gilt für Toni Schneider, da der Betrieb mehr als 10 Mitarbeiter hat und er länger als 6 Monate dort beschäftigt ist. Aufgrund der anhaltend stark rückläufigen Auftragslage ist eine betriebsbedingte Kündigung generell möglich.
Die Kündigungsfrist bei ihm beträgt 7 Monate zum Ende des Kalendermonats, § 622 Abs. 2 Nr. 7 BGB, das heißt, ihm müsste spätestens zum 31.03. gekündigt werden.
Für Frau Müller gilt das KSchG nicht, da sie noch keine 6 Monate im Betrieb gearbeitet hat, § 1 Abs. 1 KSchG. Sie befindet sich noch in der Probezeit, so dass die Kündigungsfrist 2 Wochen beträgt, § 622 Abs. 3. Die Kündigung müsste spätestens zum 17.10. erfolgen.

Zu c
Nach § 622 Abs. 1 BGB beträgt die Kündigungsfrist 4 Wochen zum 15. oder zum Ende eines Kalendermonats. Dies bedeutet, dass er spätestens zum 3. Juli kündigen müsste.

Merke:
Kündigung zum Monatsende: Bei Monaten mit 30 Tagen erfolgt die Kündigung zum 02. des Monats und bei 31 Tagen zum 03. des Monats.
Bei einer Kündigung zum 15. des Folgemonats muss die Kündigung bei 30 Tagen bis zum 17. des Monats erfolgen und bei Monaten mit 31 Tagen zum 18. des Monats.

Zu d
§ 622 Abs. 5 BGB eröffnet die Möglichkeit, in beiderseitigem Einvernehmen einen Auflösungsvertrag zu schließen.

Zu 6 Kündigung
Sie ist mit gesetzlicher Kündigungsfrist möglich. Nach erfolgter Abmahnung(en) kann der Arbeitgeber der Mitarbeiterin verhaltensbedingt kündigen.

Zu 7 Tarifvertrag
Zu a Begriff
Vertrag, der zwischen tariffähigen Parteien geschlossen wird.

Zu b Vertragspartner
Dies sind: Gewerkschaften, Arbeitgeberverbände oder einzelne Arbeitgeber.

Zu c Lohngruppen
Sie werden im normativen Teil geregelt.

Zu d Gescheiterte Tarifverhandlungen
Schlichtungsverfahren

Zu e Urabstimmung
75 % der Mitglieder

Lösungen — Wirtschafts- und Sozialkunde

Zu d Arbeitgeberreaktion auf Streik
Aussperrung

Zu e Erneute Urabstimmung
25 % der Mitglieder

Zu 8 Kündigung
a, e

Zu 9 Besonderer Kündigungsschutz
a, d

Zu 10 Besonderer Kündigungsschutz
c

Zu 11 Betriebsvereinbarung
e

Zu 12 Verträge
a = 3, b = 2, c = 1, d = 4

Zu 13 Betriebsrat
Zu a Betriebsverfassungsgesetz
Zu b 6 Monate
Zu c 4 Jahre
Zu d Es müsste nach § 60 Betriebsverfassungsgesetz eine betriebliche Jugendvertretung gewählt werden. Es müssen mindestens 5 Arbeitnehmer vorhanden sein, die das 18. Lebensjahr noch nicht vollendet haben oder 5 Auszubildende, die das 25. Lebensjahr noch nicht vollendet haben.

Zu 14 Möglichkeiten bei Kündigungen
- Einspruch beim Betriebsrat innerhalb einer Woche. Dieser kann versuchen zu vermitteln, hat aber keine Entscheidungsbefugnis. Die weitere Vorgehensweise bestimmt sich im Einzelnen nach § 102 BetrVerfG.
- Er kann Kündigungsschutzklage erheben, innerhalb von 3 Wochen.

Zu 15 Unfall
a

Zu 16 Sozialversicherung
Rentenversicherung, Krankenversicherung, Arbeitslosenversicherung, Pflegeversicherung.

Zu 17 Beitragsbemessungsgrenze
Die Beiträge in der gesetzlichen Krankenversicherung steigen zwar proportional zu ihrem Einkommen, jedoch nicht endlos, sondern maximal bis zur Beitragbemessungsgrenze. Oberhalb der Beitragsbemessungsgrenze werden Löhne und Gehälter nicht mehr mit Beiträgen belastet.

Zu 18 Unfallversicherung
Sie bemisst sich nach der Gefahrenklasse und der Lohnsumme.

Zu 19 Sozialversicherung
a = 4, b = 1, c = 4, d = 3, e = 3

Zu 20 Rentenversicherung
d

Zu 21 Krankenversicherung
d

Zu 22 Pflegeversicherung
a

Zu 23 Unfallversicherung
e

Zu 24 Arbeitslosenversicherung
c

Zu 25 Bundesagentur für Arbeitgeber

C. Grundlagen der Wirtschafts- und Sozialpolitik

a, b

Zu 26 Arbeitgeberleistungen
d

Zu 27 Berufsunfall
c

Zu 28 Leistungen von Sozialversicherungsträgern

Leistungen		Lösungsspalte
a.	Rente wegen Berufskrankheit	Gesetzliche Unfallversicherung
b.	Krankengeld	Krankenversicherung
c.	Sachleistungen bei Pflegestufe I	Pflegeversicherung
d.	Gesetzliche Rente	Gesetzliche Rentenversicherung
e.	Kurzarbeitergeld	Gesetzliche Arbeitslosenversicherung

Zu 29 Arbeitssicherheit
b

Zu 30 Personalbedarf

Sachverhalt	1	2	3	4	5	6	7
Lösung/Nr.	2	3	2	1	3	1	2

Zu 31 Zeugnis
Das Zeugnis liegt eher im Bereich ausreichend als befriedigend. Es wird vollständig auf hervorhebende Begrifflichkeiten verzichtet (stets, immer, in besonderem Maße, überdurchschnittlich, sehr, in vollstem Umfang etc.). Es wird ein befriedigende Fachwissen bescheinigt, die Aufgabenübertragung und ihr Verhalten wurden eher mit ausreichend beurteilt. In der Gesamtbeurteilung wurde auch nicht über ausreichend hinausgegangen.

Zu 32 Aufhebungsvertrag
Zu a Kündigungsfrist
Es ist keine gesonderte Kündigungsfrist zu beachten.

Zu b Finanzielle Auswirkungen
- Sie erhält ein Monatsgehalt als Abfindung.
- Sie wird beim Arbeitslosengeld für (i.d.R.) 12 Monate gesperrt, da die Arbeitslosigkeit durch einen Auflösungsvertrag herbeigeführt wurde.

Zu c Arbeitszeugnis
Dieser Satz deutet auf einen sehr gute Beurteilung hin und steht daher in krassem Widerspruch zu ihrer tatsächlichen Leistung. Der Grundsatz des Wohlwollens wurde hier eindeutig überstrapaziert, der Grundsatz der Zeugniswahrheit wurde gravierend verletzt.

C. Grundlagen der Wirtschafts- und Sozialpolitik

I. Wiederholungsfragen

Zu 1 Wirtschaftsordnungen
In der Bundesrepublik Deutschland ist keine bestimmte Wirtschaftsordnung festgelegt, sie lässt sich aber am ehesten als Soziale Marktwirtschaft umschreiben.

Lösungen — Wirtschafts- und Sozialkunde

Zu 2 **Wirtschaftsordnungen**

	Zentralverwaltungswirtschaft	Freie Marktwirtschaft	Soziale Marktwirtschaft
Eingriffe des Staates	Stark, Lenk- und Steuerungsfunktion	Keine	Teilweise, um Wohlstand und soziale Sicherheit breiter Schichten zu gewährleisten
Produktionsfreiheit, Gewerbefreiheit	Keine für private Unternehmer, Staatseigentum	Uneingeschränkt, der Unternehmer entscheidet	Grundsätzlich ja, jedoch insbesondere nicht in den Bereichen, die die Gesundheit und die Sicherheit der Bevölkerung betreffen
Konsumfreiheit	Wenig Abweichungen möglich, da staatlich zentral geplant	Unbegrenzt	Grundsätzlich ja, nicht bei die Sicherheit oder Gesundheit gefährdenden Konsumgütern
Vertragsfreiheit	Keine, nur zentrale Planung	Unbegrenzt	Grundsätzlich ja, allerdings staatliche Eingriffe um Missbräuche zu vermeiden, z. B. im Kartellrecht, im Unternehmensrecht oder generell Verbot von Wucher
Eigentumsverhältnisse	Staatseigentum	Privateigentum	Privateigentum und in bestimmten Bereichen auch Staatseigentum
Berufs- und Arbeitsplatzwahl	Lenkung des Staates, um Fehlentwicklungen bei der Erfüllung der einzelnen Pläne zu vermeiden	Absolute Freizügigkeit	Grundsätzlich Freizügigkeit, indirekte staatliche Lenkung um Fehlentwicklungen zu vermeiden, z. B. durch die Agenturen für Arbeit
Preisbildung	Staatlich Festsetzung der Preise	Freie Preisbildung am Markt	Grundsätzlich freie Preisbildung, allerdings teilweise staatliche Eingriffe, um Fehlentwicklungen zu vermeiden, z. B. durch Preissubventionen
Lohnfindung	Staatlich festgelegt, im Rahmen der Planvorgaben	Frei, bestimmt sich am Markt durch Angebot und Nachfrage	Grundsätzlich frei, allerdings staatliche Eingriffe, um Fehlentwicklungen zu vermeiden, z. B. durch Subventionen in bestimmten Bereichen

Zu 3 **Maßnahmen zur Stärkung der Arbeitnehmerrechte**
Zum Beispiel:
- Zulassung und Existenz von Gewerkschaften
- Tarifverträge, Tarifverhandlungen, Tarifautonomie
- Betriebsverfassungs- und Mitbestimmungsgesetz
- Gesetze zum Schutze von besonderen Personengruppen, z. B. Jugendliche, Mütter, Schwerbehinderte, Auszubildende
- Gesetze zur Regelung von Mindestansprüchen, z. B. bezüglich Urlaub, Erholungspausen, Belastungen

C. Grundlagen der Wirtschafts- und Sozialpolitik

Zu 4 **Wirtschaftspolitische Ziele nach dem Stabilitätsgesetz**
Oberziel nach Stabilitätsgesetz:
Oberziel: Gesamtwirtschaftliches Gleichgewicht
Unterziele (auch als „magisches Viereck" bezeichnet):
- Hoher Beschäftigungsstand
- Stabilität des Preisniveaus
- Außenwirtschaftliches Gleichgewicht und
- Stetiges und angemessenes Wirtschaftswachstum

Weitere Ziele:
- Lebenswerte Umwelt
- Gerechte Einkommens- und Vermögensverteilung

Zu 5 **Arten von Arbeitslosigkeit**

Arten	Erläuterungen
Saisonale	Verursacht durch jahreszeitliche Einflüsse, z. B. Entlassungen im Baugewerbe im (harten) Winter
Friktionelle	Verursacht durch freiwilligen Arbeitsplatzwechsel, z. B. wenn zwischen der Beendigung eines alten und der Aufnahme eines neuen Arbeitsverhältnisses ein gewisser Zeitraum ohne Beschäftigung liegt
Strukturelle	Angebot und Nachfrage verändern sich anhaltend ungünstig in bestimmten Branchen oder Gebieten, z. B. im Bergbau (Ruhrgebiet, Saarland), Textilbranche („Produktion weitgehend ausgelagert in Billiglohnländer")
Konjunkturelle	Bedingt durch einen Nachfragerückgang wird weniger produziert und damit werden weniger Beschäftigte benötigt

Zu 6 **Inflation**
Zu a **Begriff**
Geldentwertung, Prozess anhaltender Preisniveausteigerungen, die über eine gewisse Marge (laut EZB über 2 %) hinausgehen.
Nicht hierunter fällt der Preisanstieg von nur einzelnen Gütern.

Zu b **Inflationsursachen**
Über die Nachfrage ausgelöste Inflation:
Sie liegt dann vor, wenn die gesamtwirtschaftliche Nachfrage das gesamtwirtschaftliche Angebot übersteigt.
Beispiele:
- Konsuminflation: Gründe hierfür wären beispielsweise massive Einkommenserhöhungen, Kreditaufnahme, Auflösung von Sparkonten
- Staatsinflation: wenn der Staat bei einer ausgelasteten Volkswirtschaft eine vermehrte Nachfrage über Kredite finanziert

Über die Angebotsseite ausgelöste Inflation:
Sie liegt dann vor, wenn Unternehmen gestiegene Herstellungskosten oder zusätzliche Gewinne in die Preise einrechnen und am Markt durchsetzen können, ohne dass dies von der Nachfrage her ausgelöst worden wäre. Dies kann insbesondere dann der Fall sein, wenn Unternehmen eine sehr starke Marktstellung (Konzentrationen bis hin zu Monopolstellungen) haben und somit höhere Preise am Markt durchsetzen können.

Zu c **Formen von Inflation**

Formen der Inflation	Erläuterungen
Offene	Preissteigerungen sind offen erkennbar.
Verdeckte	Preissteigerungen sind nicht ohne weiteres erkennbar, da der Staat bei einem Nachfrageüberhang versucht, den Preisanstieg zu stoppen.
Schleichende	Das Preisniveau steigt geringfügig, scheinbar kaum merklich, aber andauernd über Jahre an, jährliche Preissteigerungsrate von unter 5 %.
Galoppierende	Bei sehr schnellen Preissteigerungen innerhalb kurzer Zeit, Faustregel: „Hyperinflation" ab einer monatlichen Inflationsrate ab 50 %.

Lösungen — Wirtschafts- und Sozialkunde

Zu d Auswirkungen einer Inflation:
Verlierer:
Zu den Verlierern gehört, wer bei steigenden Preisen gleichbleibende (ohne Anpassung an die steigenden Preise) Zahlungen erhält, z. B. festes Einkommen, feste Unterhaltszahlungen, fest vereinbarte Zinseinnahmen, fest vereinbarte Zahlung eines Schuldners.

Gewinner:
- Schuldner, wenn sie zu Zeiten einer geringen Inflation Geld aufgenommen haben und Geld mit einer hohen Inflationsrate zurück zahlen müssen.
- Staat, da über die Inflation die Staatsschulden entwertet werden.
- Vermögende Personen, Sachwerte (nicht Geldwerte) steigen in ihrem Wert, da Zinsanlagen von den Preissteigerungen aufgefressen werden; Flucht in Sachwerte.

Zu 7 Deflation
Zu a Begriff
Zunächst einmal bedeutet dies, dass die gesamtwirtschaftliche Nachfrage kleiner ist als das gesamtwirtschaftliche Angebot, was zu einem Sinken des Preisniveaus führt.
Das Preisniveau sinkt, da aufgrund sinkender Nachfrage die Unternehmer die Preise senken, um ihre Produkte abzusetzen. Die Unternehmen produzieren weniger und benötigen damit weniger Beschäftigte, was zu einem weiteren Rückgang der Nachfrage führt. Somit wird eine Spirale „nach unten" in Gang gesetzt.

Zu b Ursachen
- Haushalte konsumieren weniger, z. B. wegen zu hoher Steuern oder Kreditzinsen
- Unternehmen investieren weniger, z. B. weil die Kreditzinsen zu hoch sind
- die staatlichen Einnahmen sind größer als die Ausgaben, was zu einem Rückgang der Aufträge des Staates führt
- die ausländische Nachfrage nach Investitionsgütern sinkt, weil z. B. das Preisniveau im Ausland sinkt

Zu 8 Außenwirtschaftliches Gleichgewicht
Exporte = Importe
Dies liegt vor, wenn die Zahlungsein- und ausgänge zwischen Inland und Ausland ausgeglichen sind.
Anmerkung:
Die Differenz zwischen Exporten und Importen wird als Außenbeitrag bezeichnet.

Zu 9 Quantitatives und qualitatives Wirtschaftswachstum
Quantitatives Wachstum:
Zunahme der wirtschaftlichen Leistungsfähigkeit einer Volkswirtschaft.
Wichtige Indikatoren sind hierbei das Bruttosozialprodukt, Bruttoinlandsprodukt oder das Volkseinkommen.
Anmerkung:
Steigerung der wirtschaftlichen Produktion durch
- höhere bzw. verbesserte Auslastung der Produktion (vermehrter Einsatz von Produktionsfaktoren) und/oder
- durch Ausweitung der Produktionskapazitäten.

Qualitatives Wachstum:
Bei diesem schwer zu definierenden Begriff geht es insbesondere um die Verringerung der Ungleichheit der personellen Einkommensverteilung und der möglichst geringen Beeinträchtigung der Umwelt.
Indikatoren sind zum Beispiel:
- Umweltschutz, z. B. Maßnahmen zur Reinhaltung von Luft- und Gewässern
- Verbesserung des Gesundheitswesens, z. B. Verbesserung der medizinischen Versorgung durch dichteres Ärztenetz
- Bildung, z. B. Anzahl der Schulen
- Erwerbstätigkeit / Freizeitwert, z. B. Urlaubsdauer, Arbeitszeiten

Anmerkung:
Während das quantitative Wachstum in Euro „gemessen" werden kann, ist dies beim qualitativen Wachstum kaum möglich. Es wird daher auf soziale Indikatoren zurückgegriffen, um eine Aussage darüber treffen zu können, ob es in einer Volkswirtschaft ein qualitatives Wachstum gibt und in welcher Form dieses Fortschritte macht.

Zu 10 Zielbeziehungen
Zielharmonie bzw. -kompatibilität
- Sie liegt vor, wenn die Realisierung eines Ziels die Realisierung eines anderen Ziels begünstigt.
- Beispiel: Vollbeschäftigung und Wirtschaftswachstum

C. Grundlagen der Wirtschafts- und Sozialpolitik

Erläuterung:
Ein Anstieg in der Produktion (Konsum-/ Investitionsgüter) führt zu positiven Auswirkungen auf dem Arbeitsmarkt, z. B. Schaffung neuer Arbeitsplätze, höhere Löhne. Hieraus ergibt sich eine höhere Nachfrage und damit eine Produktionssteigerung.

Zielkonflikt
- Er liegt vor, wenn die Realisierung eines Ziels die Realisierung eines anderen be- oder sogar verhindert.
- Beispiel: Preisniveaustabilität und Vollbeschäftigung

Erläuterung:
Sofern den privaten Haushalten infolge Vollbeschäftigung mehr Einkommen zur Verfügung steht und somit die Nachfrage steigt, kommt es bei gleichbleibendem Angebot zu einer Preissteigerung. Diese inflationäre Entwicklung wird durch die Exporte ins Ausland und den damit verbundenen Geldrückflüssen zusätzlich unterstützt. Die Gütermenge nimmt weiter ab, während die Geldmenge im Inland steigt.

Zielneutralität
- Sie liegt vor, wenn die Realisierung eines Zieles keinen Einfluss auf die Realisierung eines anderen Zieles hat.
- Beispiel: Gerechte Einkommensverteilung und außenwirtschaftliches Gleichgewicht, zwischen diesen beiden Zielen bestehen keine Wechselbeziehungen.

Zu 11 Konjunktur
Zu a Begriff
Mehr oder weniger regelmäßige Schwankungen in der wirtschaftlichen Entwicklung eines Landes, wie zum Beispiel bei Produktion, Preisen, Zinssatz, Beschäftigung.

Zu b Konjunkturphase und Konjunkturzyklus
Konjunkturphasen:
Üblicherweise wird hierzu auf das Vier-Phasenschema zurückgegriffen:
(1) Aufschwung (Expansion)
(2) Hochkonjunktur (Boom)
(3) Abschwung (Rezession)
(4) Tiefstand (Depression)

Anmerkung:
In diesem Modell werden zwei Wendepunkte unterschieden:
- Unterer Wendepunkte: Er kennzeichnet den Übergang vom Tiefstand zum Aufschwung.
- Oberer Wendepunkt: Er kennzeichnet den Übergang von der Hochkonjunktur zum Abschwung.

Konjunkturzyklus:
Bezeichnung für den Zeitabschnitt zwischen Beginn der ersten und der letzten Konjunkturphase.

Zu c Konjunkturindikatoren
Begriff: Hierbei handelt es sich um wichtige volkswirtschaftliche Größen, die erheblichen Einfluss auf die Entwicklung einer Volkswirtschaft haben bzw. denen dieser zugesprochen wird. Sie werden insbesondere zur Beurteilung konjunktureller Entwicklungen und Prognosen hinzugezogen.

Beispiele:
- Auftragseingänge der Industrie
- Industrieproduktion
- Arbeitslosenzahl
- Inflationsrate
- Aktienkurse
- Zinsentwicklung
- Bruttoinlandsprodukt
- Güterim- und Export
- Geldvolumen

Zu 12 Fiskalpolitik
= **nachfrageorientierte Wirtschaftspolitik**
Hierunter sind alle finanzpolitischen Maßnahmen des Staates zu verstehen, die er im Dienste der Konjunkturpolitik durchführt. Der Staat versucht über eine Steuerung der Nachfrage, Einfluss auf die Konjunktur zu nehmen, um ein stabiles wirtschaftliches Wachstum zu erzielen bzw. zu erhalten.

Zu 13 Antizyklische und prozyklische Konzepte
Prozyklische Konzepte:
Kerngedanke ist hierbei, dass der Staatshaushalt ausgeglichen zu sein hat.
Hieraus folgt,
- in der Hochkonjunktur führen vermehrte Steuereinnahmen zu mehr Ausgaben und heizen zusätzlich die Wirtschaft an,

- in der Depression senkt der Staat seine Ausgaben, weil die Steuereinnahmen zurückgehen, was eine Depression weiter verschärfen wird.

Antizyklische Konzepte:
Der Staat setzt sein Einnahme- und Ausgabeverhalten genau entgegen der prozyklischen Haushaltstheorie ein.
Anmerkung:
Im Rahmen seiner Konjunkturpolitik versucht der Staat, durch Gestaltung der staatlichen Einnahmen und Ausgaben den Konjunkturzyklus zu verstetigen, bildlich gesprochen „zu glätten". In einer Rezession kann er auf der Einnahmenseite des Haushalts Steuern und Abgaben senken. Auf der Ausgabenseite kann er über die Gewährung von Subventionen (z. B. Investitionszuschüsse) oder staatliche Käufe versuchen, Impulse für die Wirtschaft zu setzen. Durch dieses Maßnahmenpaket sollen der Abschwung und dadurch die Tiefphase des Konjunkturzyklus abgemildert werden. In der Hochkonjunktur soll der Staat dagegen seine Einnahmen steigern, dies insbesondere durch höhere Steuern und Abgaben, aber auch durch eine Absenkung der staatlichen Ausgaben. Die somit in der Hochkonjunktur gebildeten Rücklagen stehen dem Staat dann in einer Abschwungphase zur „Ankurbelung der Wirtschaft" zur Verfügung. Vereinfacht ausgedrückt soll der Staat seine Ausgaben gegenläufig zur privaten Nachfrage ausrichten, um so die Gesamtnachfrage in der für Vollbeschäftigung erforderlichen Höhe zu halten.

Zu 14 Geldpolitik
Zu a Begriff
Gesamtheit der staatlichen Maßnahmen mit dem Ziel der Gestaltung des Geldwesens und der Stabilisierung des Geldwertes.

Zu b Zuständigkeit
Zuständig ist seit dem 01.01.1999 das Europäische System der Zentralbanken (ESZB). Das ESZB setzt sich zusammen aus der Europäischen Zentralbank (Sitz in Frankfurt) und den nationalen Zentralbanken. Oberstes Ziel ist die Preisstabilität.

Zu c Instrumente:
(1) **Offenmarktgeschäfte**
Hierüber erhalten die Geschäftsbanken von der Zentralbank gegen Verpfändung von Wertpapieren Liquidität zur Verfügung gestellt.
(2) **Ständige Fazilitäten**
Hierüber erhalten die Geschäftsbanken die Möglichkeit, auf eigene Initiative gegen Zinszahlung Liquidität über die **Spitzenrefinanzierungsfazilität** bis zum nachfolgenden Geschäftstag zu beziehen oder über die **Einlagefazilität** anzulegen. Der Zinssatz dieser Geschäfte bestimmt entscheidend die Zinssätze der Banken für Sparkonten und Kundenkredite. Ständige Fazilitäten bestimmen die Grenzen der Geldmarktsätze für Tagesgelder.
(3) **Mindestreservepolitik**
Hierdurch verpflichtet die Europäische Zentralbank (EZB) die reservepflichtigen Kreditinstitute, einen bestimmten Prozentsatz ihrer Einlagen als Mindestreserve bei der EZB zu hinterlegen. Da die Kreditinstitute dieses Guthaben nicht für ihre Kreditgeschäfte einsetzen können, hat die EZB somit ein Mittel, um die Geldschöpfung zu steuern oder anders ausgedrückt dem Bankensystem Geld zu entziehen.

Zu 15 Regierungssysteme
Parlamentarisches Regierungssystem:
- Die Regierung ist verfassungsmäßig abhängig vom Vertrauen des Parlaments.
- Beispiel: Bundesrepublik Deutschland

Präsidentielles Regierungssystem (Präsidialdemokratie):
- Die Regierung, insbesondere der Regierungschef, ist relativ unabhängig vom Parlament.
- Beispiel: USA

Zu 16 Demokratie
= Volksherrschaft; die Staatsgewalt steht der Gesamtheit des Volkes zu.

Zu 17 Gesetze
- **Zustimmungsgesetze:** Sie bedürfen ausdrücklich der Zustimmung des Bundesrates, zum Beispiel Gesetze, die das Grundgesetz ändern.
- **Einspruchsgesetze:** Hierbei ist der Bundesrat nur zur Anrufung des Vermittlungsausschusses berechtigt. Gegen das Ergebnis des Vermittlungsausschusses kann der Bundesrat Einspruch einlegen, der wiederum vom Bundestag überstimmt werden kann.

C. Grundlagen der Wirtschafts- und Sozialpolitik

Zu 18 **Legislative, Exekutive und Judikative**
- **Legislative:** Gesetzgebende Gewalt
- **Exekutive:** Ausführende Gewalt, Verwaltung
- **Judikative:** Rechtsprechung

Zu 19 **Gesetzgebungsverfahren:**

Gesetzesinitiative:
- Bundesregierung (mit Stellungnahme Bundesrat),
- Bundesrat (mit Stellungnahme Bundesregierung) oder
- Mitglieder des Parlaments (5 % der Abgeordneten müssen den Vorschlag stützen)

↓

Bundestag
3 Lesungen

↓

Bundesrat
- bei Zustimmung gilt das Gesetz als beschlossen
- ggf. Vermittlungsverfahren notwendig

↓

Bundespräsident
- Er fertigt das Gesetz aus,
- unterschreibt das Gesetz,
- beauftragt das Justizministerium mit der Verkündung im Gesetzesblatt.

Das Gesetz tritt am vierzehnten Tag nach Ausgabe des Bundesgesetzblattes in Kraft.

Zu 20a Bundestag
Der Bundestag steht als das vom Volk gewählte Parlament im Mittelpunkt eines parlamentarischen Regierungssystems. Er ist als einziges Verfassungsorgan unmittelbar demokratisch legitimiert. Zu den wichtigsten Aufgaben des Bundestages gehören die Wahl anderer Staatsorgane, die Kontrolle der Exekutive, die Gesetzgebung, die Mitwirkung in Angelegenheiten der europäischen Union und die Repräsentativfunktion.

Zu b Bundesrat
Der Bundesrat ist ein oberstes Staatsorgan des Bundes (= Verfassungsorgan). Er setzt sich in Abhängigkeit von der Einwohnerzahl der Bundesländer aus zwischen drei und sechs Mitgliedern der Landesregierungen zusammen. Durch den Bundesrat wirken die Länder bei der Gesetzgebung und Verwaltung des Bundes mit.

Zu c Bundesregierung (= Kabinett)
Sie besteht aus dem/der Bundeskanzler(in) und den Bundesministern bzw. Bundesministerinnen. Sie ist ein selbstständiges Verfassungsorgan, ihr obliegt die oberste Leitung und Führung der Innen- und Außenpolitik des Bundes. Dazu gehört das Gesetzesinitiativrecht aus Art. 76 Abs.1 GG und das Recht zum Erlass von Rechtsverordnungen aus Art. 80 Abs.1 GG.

Zu d Bundeskanzler(in)
Er bzw. sie ist Chef(in) der Bundesregierung, gewählt vom Bundestag auf Vorschlag des Bundespräsidenten. Der/die Bundeskanzler(in) bestimmt die Richtlinien der Politik der von ihm/ihr gebildeten Bundesregierung. Er/sie leitet ihre Geschäfte nach der von ihm/ihr beschlossenen und vom Bundespräsidenten genehmigten Geschäftsordnung. Der/die Bundeskanzler(in) kann nur durch ein konstruktives Misstrauensvotum vom Bundestag gestürzt werden, das heißt nur dann, wenn der Bundestag einen Nachfolger wählt und den Bundespräsidenten ersucht, den/die Bundeskanzler(in) zu entlassen.

Zu e Bundespräsident(in)
Der bzw. die Bundespräsident(in) ist das **Staatsoberhaupt** der Bundesrepublik Deutschland. Die politischen Befugnisse sind beschränkt. Der/die Bundespräsident(in) hat vor allem **repräsentative Aufgaben**. Er/sie wird für eine Amtszeit von **fünf Jahren** von der Bundesversammlung gewählt. Eine Wiederwahl ist nur einmal zulässig.

Zu f Bundesversammlung
Sie wählt den Bundespräsidenten bzw. die Bundespräsidentin. Die Bundesversammlung setzt sich aus den Abgeordneten des Deutschen Bundestages und einer gleichen Anzahl von Mitgliedern zusammen, die von den Bundesländern bestimmt werden.

II. Prüfungsaufgaben

Zu 1 Wirtschaftsordnungen
c

Zu 2 Wirtschaftsordnungen
a = 3, b = 3, c = 3, d = 1, e = 2

Zu 3 Wirtschaftsordnungen
a = 2, 3, b = 3, c = 1, d = 2, e = 3

Zu 4 Soziale Marktwirtschaft
Zu a Vertragsfreiheit
Es liegt allein bei den Parteien, mit wem sie einen Vertrag abschließen wollen und wie dieser inhaltlich und formal ausgestaltet sein soll.

Zu b Grenzen und Einschränkungen der Vertragsfreiheit
Innerhalb des BGB bestehen Einschränkungen, z. B. bei der Formfreiheit oder etwa auch im Hinblick auf Kreditwucher.
Auch außerhalb des BGB greift der Staat regulierend in bestimmten Bereichen ein, z. B. durch Fusionskontrollen, Kartellrecht.

Zu c (Sozial-)Leistungen
- Sozialversicherung
- Wohngeld
- Kindergeld

Zu 5 Stabilitäts- und Wachstumsgesetz
b

Zu 6 Arbeitslosigkeit
a = 3, b = 4, c = 2, d = 3, e = 1

Zu 7 Maßnahmen zwecks Industrieansiedlung / Senkung von Arbeitslosigkeit
- Subventionen, z. B. Zuschüsse, günstige Darlehen
- Steuersenkungen, z. B. Gewerbesteuer
- Verbesserung der Infrastruktur, z. B. bessere Verkehrswege/ -anbindungen

Zu 8 Inflation
d

Zu 9 Auswirkungen einer Deflation
- Sinken des Preisniveaus
- Einschränkungen / Stillstand innerhalb der Produktion
- Entlassungen
- Einkommen sinken

Zu 10 Maßnahmen gegen Inflation
e

Zu 11 Deflation
a

Zu 12 Zielbeziehungen
a = 3, b = 3, c = 1, d = 2

Zu 13 Konjunkturzyklus und Konjunkturphasen
a = 4, b = 2, c = 1, d = 3

C. Grundlagen der Wirtschafts- und Sozialpolitik

Zu 14 **Konjunkturindikatoren**
- Auftragseingänge in der Wirtschaft bzw. in bestimmten Wirtschaftszweigen (z. B. Industrie)
- Produktion, Kapazitätsauslastung in verschiedenen Wirtschaftszweigen
- Verbraucherpreisindex
- Zahl der Arbeitslosen

Zu 15 **Staatliche Maßnahmen**
- Ausgaben des Staates steigern, Wirtschaft durch Aufträge der öffentlichen Hand ankurbeln
- Steuern senken, damit den Unternehmen und Haushalten mehr Geld zwecks Investition und Konsum zur Verfügung steht

Zu 16 **Maßnahmen gegen Arbeitslosigkeit**
b

Zu 17 **Zahlen zur Arbeitslosigkeit**
Bundesagentur für Arbeit

Zu 18 **Indikatoren für beginnende Rezession**
e

Zu 19 **Fiskalpolitik**
b

Zu 20 **Probleme der antizyklischen Fiskalpolitik**
- Maßnahmen greifen erst zeitverzögert
- Gegenläufige Weltkonjunktur
- Bund, Länder und Gemeinden ziehen nicht an einem Strang und treffen entgegengesetzte Entscheidungen
- Fehlende oder unzureichende Abstimmung mit der Geldpolitik der EZB
- Hohe Verschuldung der öffentlichen Hand schränkt ihre Handlungsspielräume ein

Zu 21 **Fiskalpolitik**
a = 1, b = 1, c = 2, d = 2, e = 2

Zu 22 **Prozyklische Fiskalpolitik**
Vorteil: Der Staatshaushalt ist ausgeglichen.
Nachteil: Es gibt weder dämpfende noch anregende Impulse um Konjunkturzyklen zu glätten. Im Gegenteil, diese Fiskalpolitik verschärft diese zusätzlich.

Zu 23 **Maßnahmen zur Konjunkturpolitik**

	Nachfrage ankurbeln	Nachfrage dämpfen
Maßnahmen der Einnahmepolitik	- Steuersenkungen - Steuervergünstigungen - Ausgaben steigern, durch öffentliche Aufträge Wirtschaft ankurbeln	- Steuererhöhungen - Abbau von Steuervergünstigungen
Maßnahmen der Ausgabepolitik	- Ausgaben steigern, durch öffentliche Aufträge Wirtschaft ankurbeln - Erhöhung von Subventionszahlungen	- Ausgaben vermindern - Bildung einer Konjunkturausgleichsrücklage „für schlechte Zeiten" - Subventionsabbau

Zu 24 **Europäische Zentralbank (EZB)**
Zu a **Sitz**
in Frankfurt am Main

Zu b **Hauptziel(e)**
Hauptziel: Preisniveaustabilität
Dieses definiert sie selbst als ein Wachstum des harmonisierten Verbraucherpreisindexes im Euro-Raum, das unter, aber nahe bei zwei Prozent liegen sollte.
Wichtiges Nebenziel: Ausgeglichene konjunkturelle Entwicklung

Lösungen — Wirtschafts- und Sozialkunde

Zu c **Organe der EZB**
- **Zentralbankrat** (EZB-Rat), er beschließt die Richtlinien der Geldpolitik
- **Direktorium,** für die laufende Geschäftstätigkeit
- **Erweiterter Rat,** beratende Funktion

Zu d **Aufgaben der EZB**
- Gewährleistung der Stabilität
- Sicherstellung des Euro-Geld-Umlaufs (nicht zu viel, nicht zu wenig)
- Abwicklung des Zahlungsverkehrs zwischen den Banken im Euro-Raum
- Steuerung der Wechselkursgeschäfte mit Ländern mit Fremdwährungen und Bereitstellung ausreichender Fremdwährungsreserven

Zu 25 **Bundeskanzler(in)**
e

Zu 26 **Bundespräsident**
c, d

Zu 27 **Verfassungsorgane**
c

Zu 28 **Gesetzgebungsverfahren**
d

Zu 29 **Gesetzesinitiative**
b

Mandantenbetreuung

II. Sachverhalte

1. Situation

Rahmensituation:
- Dem Mandant das Warten erträglicher machen, z. B. Kaffee anbieten, versuchen auf ihn einzugehen, beruhigend auf ihn einwirken.
- Ihn zur Seite nehmen, Sitzplatz anbieten, nicht am Empfang stehen lassen, sofern räumlich möglich.
- Dem Mandant erklären, dass dies eine ungewöhnliche Verspätung sei, da Ihr Chef sonst immer pünktlich sei.
- Gegebenenfalls versuchen, den Anwalt telefonisch zu erreichen.
- Die Zeit könnte schon für Formalitäten genutzt werden, z. B. persönliche Daten zwecks Mandatsanlage aufnehmen, nach bestehender Rechtsschutzversicherung fragen.
- Für den Fall, dass der Mandant vor dem Eintreffen des Rechtsanwalts bereits gehen muss, ist eine Vereinbarung über die weitere Vorgehensweise festzulegen, z. B. der Rechtsanwalt ruft zurück, neue Terminvereinbarung.
- Bedauern über den geplatzten Termin ausdrücken, um Verständnis bitten.
- Dem Mandant trotz des u.U. geplatzten Termins das Gefühl vermitteln, mit seinem Anliegen ernst genommen zu werden und in guten Händen zu sein.

Mandatsübernahme:
- Persönliche Angaben aufnehmen, allgemeine Dinge klären (zwecks Aktenanlage)
- Hinweise zur Mandatsübernahme
- Geschäftsbesorgungsvertrag
- (Prozess- / Inkasso-)Vollmacht
- Schriftverkehr und Zustellungen laufen über den Rechtsanwalt

Kosten und Kostenrisiko:
- Das Vorhandensein einer Rechtsschutzversicherung klären, ggf. auch PKH.
- Abrechnung erfolgt auf Basis RVG, Wertgebühren.
- Kostenschuldner ist zunächst der Mandant, weil er mit dem Rechtsanwalt den Geschäftsbesorgungsvertrag geschlossen hat.
- Kosten können nur dann komplett gegen den Gegner festgesetzt werden, wenn der Prozess gewonnen wird.
- Sofern der Prozess verloren wird trägt der Mandant sowohl die Kosten beider Anwälte und des Gerichts, bei teilweisem Obsiegen siehe § 92 ZPO.
- Bei Klageeinreichung muss eine 3,0 Gebühr an das Gericht im Voraus gezahlt werden.

Klage:
- Sachverhalt klären, rückfragen.
- Bisher erfolgte außergerichtliche Mahnschreiben klären.
- Alternative Möglichkeiten ansprechen: Gerichtlicher Mahnbescheid, außergerichtliches anwaltliches Aufforderungsschreiben.
- Zuständigkeiten bei Klage:
  - Sachlich: AG, § 23 GVG, §§ 4, 5 ZPO
  - Örtlich: Frankfurt, § 13 ZPO
  - Nach Entstehen der Streitigkeit wäre ggf. Gerichtsstandsvereinbarung möglich, sofern gewünscht.

2. Situation

Rahmensituation:
Die Situation ist in zweierlei Hinsicht problematisch:
Zum einen ist der Mandant wegen der Kündigung aufgebracht und völlig verunsichert. Zum anderen droht sich sein Unverständnis an der Tatsache zu entladen, dass der Rechtsanwalt nicht sofort für ihn verfügbar ist.

Möglichkeiten bzw. Ansätze die Situation/Stimmung zu deeskalieren:
- In einem ruhigen, freundlichen Ton mit dem Mandant sprechen, sachlich.
- Nicht persönlich angegriffen fühlen.
- Versuchen ihn zu beruhigend und die Situation zu entspannen, z. B. durch Vorab-Informationen und Erläuterungen.
- Verständnis signalisieren.

- Sofern räumlich und personell möglich, ihn vom Empfang wegnehmen, um besser auf ihn und sein Anliegen eingehen zu können; ggf. etwas anbieten.
- Ihm klar machen, dass der Rechtsanwalt sich selbstverständlich um sein Anliegen kümmern wird; dem Mandant die Terminsituation erläutern bzw. mit ihm einen Termin ausmachen.

Für die anwaltlich Beratung die Möglichkeit der Beratungshilfe ansprechen:
- Da der Rechtsanwalt ohnehin noch keinen sofortigen Termin frei hat, könnte der Mandant bereits einen Beratungshilfeschein bei Gericht besorgen; er hat somit keinen zeitlichen Nachteil, weil der Rechtsanwalt noch nicht direkt verfügbar ist.
- Bei Gericht erfolgt die Prüfung der Einkommens- und Vermögensverhältnisse; ggf. Kostenübernahme durch die Staatskasse.
- Dann könnte der Rechtsanwalt die Beratung übernehmen, sofern sie nicht von einer anderen Stelle kostenlos gegeben werden könnte.
- 15,00 Euro „Mandanten-"Gebühr gem. Nr. 2500 VV RVG ansprechen (Rechtsanwalt kann aber auch hierauf verzichten).
- Beratungs-, Geschäfts- und Einigungsgebühr können im Prüfungsgespräch erwähnt werden, sie spielen allerdings für den Mandanten keine Rolle, wenn die Staatskasse die Kosten übernimmt.

Prozesskostenhilfe ansprechen:
Das Bewilligungsverfahren nach §§ 114 ff. ZPO darstellen, z. B.:
- Voraussetzungen gem. § 114 ZPO darstellen.
- Zuständigkeit des Prozessgerichts, Rechtspfleger und Verfahren ansprechen.
- Einkommens- und Vermögensverhältnisse werden geprüft, ggf. werden Ratenzahlung festgesetzt, bis zu 4 Jahren Laufzeit.
- Die PKH-Bewilligung kann nachträglich gem. § 115 ZPO geändert werden, das Gericht fragt diesbezüglich auch später noch nach den persönlichen oder wirtschaftlichen Verhältnissen.
- PKH wird für jeden Rechtszug bzw. für die Zwangsvollstreckung gesondert geprüft.
- Falls im Prüfungsverfahren PKH abgelehnt wird, trägt der Mandant die Kosten (§ 13 – RVG- Tabelle!).
- Falls PKH bewilligt wird, übernimmt die Staatskasse die Gerichtskosten und die des beigeordneten Rechtsanwalts § 121 ZPO, sofern der Prozess verloren wird; es bleibt dennoch als Risiko die Kosten des gegnerischen Anwalts übernehmen zu müssen, §§ 122 ZPO ff.
- Sofern der Prozess gewonnen wird, trägt der Gegner die gesamten Kosten.
- Weitere gebührenrechtliche Ansatzstellen könnten u.a. sein: § 49-RVG-Tabelle, Abrechnung/Kostenfestsetzung, §§ 45 ff RVG.

Je nach Verlauf des Gesprächs kann auch noch auf die Vermieterkündigung nach BGB eingegangen werden, insbesondere Kündigung wegen Eigenbedarf, Kündigungsfristen etc.

3. Situation
Rahmensituation
- Da es sich um eine langjährigen und daher besser bekannten Mandanten handelt, kann zu Beginn des Telefonats hieran angeknüpft werden,
- sachlich, freundlich,
- auf die Abwesenheit des Rechtsanwalts hinweisen,
- Termin oder Rückruf vereinbaren.

Fachlich / inhaltlich
Außergerichtliches anwaltliches Aufforderungsschreiben, Klage und gerichtliches Mahnverfahren kurz abgrenzen. Der Mandant gibt bereits zu erkennen, dass es vermutlich auf das gerichtliche Mahnverfahren hinauslaufen wird.

Das Gerichtliche Mahnverfahren darstellen:
- Zulässigkeitsvoraussetzungen gem. § 688 ZPO darstellen, sie sind im Sachverhalt erfüllt.
- Beantragung: Online (über Kanzlei) beim zentralen Mahngericht.
- Kosten gem. Nr. 1100 KV Anl. 1 zum GKG.
- Verlaufsmöglichkeiten ab Zustellung:
    - Bei Zahlung ist die Angelegenheit zu Ende,
    - bei Widerspruch (mit zweiwöchiger Frist) erfolgt der Übergang ins Klageverfahren,
    - sofern keine Reaktion des Antragsgegners erfolgt: Vollstreckungsbescheid beantragen (mit zweiwöchiger Frist); sofern der Antragsgegner Einspruch einlegt, erfolgt der Übergang ins Klageverfahren.

- Beim Übergang in das streitige Verfahren richten sich die Bestimmungen für das zuständige Gericht nach den normalen Vorschriften zur sachlichen (§§ 23, 71 GVG) und örtlichen Zuständigkeit, §§ 12 ff. ZPO, im Sachverhalt:
  - Sachlich: Amtsgericht, § 23 GVG,
  - örtlich: Wohnsitz des Beklagten, § 13 ZPO.
- Ggf. auf Anwaltskosten gem. Nr. 3305 VV RVG eingehen; insbes. auch wie es sich auswirken könnte, wenn das Mahnverfahren ins Klageverfahren übergeleitet wird.
- Die GmbH ist als juristische Person partei-, aber nicht prozessfähig, im Mahnbescheid wäre sie als Antragsteller anzugeben und der Geschäftsführer als gesetzlicher Vertreter.

4. Situation
Rahmensituation

Da der Mandant die Auseinandersetzung bereits mitbekommen hat und die Konfliktsituation nicht sofort zu beenden ist und sogar zu eskalieren droht, wäre es im Hinblick auf die schädigende Außenwirkung gegenüber dem Mandanten ratsam, das Telefonat zu unterbrechen bzw. zu beenden und mit ihm zu vereinbaren, ihn gleich zurückzurufen; freundlich, um Verständnis bitten, je nachdem wie viel er bereits mitbekommen hat, für die Situation entschuldigen.

Es sollte im Hinblick auf die Außenwirkung gegenüber dem Mandanten schnell auf eine „kurzfristige" Lösung gedrängt werden, damit die peinliche Situation gegenüber dem Mandanten noch halbwegs gerettet werden kann, z. B. notfalls von einem räumlich getrennten Telefon aus das Gespräch beenden.

Da durch das Verhalten der Kollegin das Ansehen der Kanzlei im Außenverhältnis bereits beschädigt wurde, muss der Vorgesetzte spätestens jetzt eingeschaltet werden.

In diesem Sachverhalt können im Gesprächsverlauf mehrere, unterschiedliche Aspekte angesprochen werden: Zum einen der **Konflikt** als solcher (Verhalten, Lösungsstrategien, Konfliktgesprächsführung etc.) und zum anderen bietet das Verhalten der Kollegin auch Anlass, **arbeitsrechtliche Bezüge** herzustellen (Kompetenzüberschreitungen, Verhalten am Arbeitsplatz, Außendarstellung, Fehlverhalten etc.).

Bei der fachlichen Darstellung zur **Zwangsvollstreckung** sind die Vorpfändung und der Pfändungs- und Überweisungsbeschluss darzustellen und von einander abzugrenzen.

Bei der Wahl der Mittel ist die Vorpfändung sicher die schnellere und daher unbedingt einzuleitende Maßnahme. Allerdings wäre es auch durchaus ratsam, den Pfändungs- und Überweisungsbeschluss parallel dazu beim Vollstreckungsgericht zu beantragen, da dies innerhalb eines Monats ohnehin nachgeholt werden müsste. Mit der Vorpfändung besteht jedoch die Möglichkeit, ein Recht möglichst schnell vor dem der anderen Gläubigern zu sichern.

Da der Mandant auch über benötigte Unterlagen und andere Vorgehensmöglichkeiten informiert werden möchte, wäre es sinnvoll
- zunächst auf die benötigten Unterlagen einzugehen (insbes. Titel, Klausel, Zustellung, Kostennachweise)
- und dann insbesondere auf die Möglichkeit hinzuweisen, zuerst die Vermögensauskunft abnehmen zu lassen und danach über die weiteren Einzelmaßnahmen zu entscheiden.

Hinweis:

In diesem Sachverhalt stecken sehr viele Probleme, deren intensivere Darstellung sicherlich über einen 15-minütigen Zeitrahmen hinausgeht. Es ist daher legitim, zu Beginn ihrer Ausführungen auf diese Tatsache hinzuweisen und aus diesem Grund die Darstellung des Fehlverhaltens, der Konfliktlösung und der arbeitsrechtlichen Problematik bzw. Handhabung nur kurz in der Übersicht anzusprechen, um den Schwerpunkt bei der Zwangsvollstreckung zu setzen.

5. Situation
Rahmensituation

Auch in diesem Sachverhalt sollte zunächst die Situation „beruhigt" und dann in einem freundlich, sachlich korrekten Ton über die Inhalte gesprochen werden, z. B.:
- Den Mandanten einen Platz und ggf. Kaffee anbieten.
- Falls noch andere Mandanten anwesend sein sollten, die Eheleute in einen Nebenraum bitten, um sich der Sache in Ruhe anzunehmen.
- Sofern die Mandanten ein Schreiben dabei haben sollten, darum bitten, dieses einsehen zu dürfen.
- Den Mandanten das Gefühl vermitteln, dass sie ernst genommen werden und Sie sich der Sache sofort annehmen.

- Nicht unsicher wirken, sondern durch ein freundlich-verbindliches Auftreten den Mandanten das Gefühl vermitteln, dass ihr Anliegen kompetent geprüft wird.
- Die Mandanten nicht spüren lassen, falls Sie selbst gestresst sein sollten; möglicherweise durch sie.

Fachlich / inhaltlich
Auf folgende Inhalte sollte zunächst eingegangen werden:
- Die Mandanten haben einen Geschäftsbesorgungsvertrag mit dem Rechtsanwalt geschlossen, deshalb sind sie zunächst einmal hierüber verpflichtet die Vergütung zu zahlen.
- Da sich der Schuldner in Verzug befand, geht die Einschaltung eines Anwalts zu seinen Lasten.
- Er hat unverzüglich nach Erhalt des anwaltlichen Aufforderungsschreibens gezahlt. Da die anwaltlichen Kosten üblicherweise hierin bereits in Rechnung gestellt werden, hat der Schuldner diese sicherlich mit seiner Zahlung bereits gezahlt.
- Fazit ist, dass die Eheleute die Anwaltskosten in diesem Fall nicht tragen müssen. Mit dieser Feststellung haben die Eheleute schon einmal die für sie wichtigste Information. Es deutet einiges daraufhin, dass etwas schief gelaufen sein könnte, z. B. in der Kommunikation, Schriftverkehr.

Erläuterung der Gebührenabrechnung
- Abrechnung erfolgt auf der Basis von Wertgebühren, VV RVG.
- Die Geschäftsgebühr entsteht bei einer außergerichtlichen Tätigkeit, die über die bloße Beratung hinausgeht.
- In einer durchschnittlichen Angelegenheit beträgt sie 1,3.
- Bei mehreren Auftraggebern wird sie um 0,3 erhöht.
- Außerdem wird eine 20,00 Euro Pauschale für Post- und Telekommunikationsdienstleistungen berechnet.
- Auf Gebühren und Auslagen werden 19 Prozentpunkte Umsatzsteuer gerechnet, sodass ein Bruttorechnungsbetrag von 600,71 Euro entsteht.

Abgrenzung zum anwaltlichen Aufforderungsschreiben mit Klageauftrag und zur Klageeinreichung:
- Anwaltliches Aufforderungsschreiben mit Klageauftrag: 0,8 Verfahrensgebühr + Auslagen + USt. Sofern der Gegner vor Klageeinreichung zahlt, wäre dies in der Tat günstiger als die außergerichtliche Vorgehensweise.
- Klageeinreichung:
  - Rechtsanwaltsgebühren: 1,3 Verfahrensgebühr + evtl. 1,2 Terminsgebühr + 20,00 Euro Auslagen für Post- und Telekommunikationsdienstleistungen + 19 % USt und
  - Gerichtsgebühren: 3,0 Gebühr vom Streitwert.
- Damit entstehen im Klageverfahren höhere Kosten.
- Sofern im Vorfeld eine Geschäftsgebühr entstanden sein sollte, wäre diese zur Hälfte, max. 0,75, auf die Verfahrensgebühr anzurechnen.

6. Situation

Rahmenbedingungen / Englischteil
I`m sorry Mr. Smith but Dr. Streit is not in yet. He gave me a message saying that he will be probably 10 minutes late because of an unexpected Court Meeting. He is very sorry about being late.
May I take you already to his meeting room? Do you want something to drink? Tea? Coffee? Water? Some biscuits?
How long are you staying in Germany?
I have already given you a sheet? Would you please fill in your personal data.
Dr. Streit will certainly come in a few minutes.

Fachlich / inhaltlich
Hier liegt der Schwerpunkt bei der Abgrenzung zwischen Beratungs- und Geschäftsgebühr:
- 1. Termin war eine mündliche Erstberatung gegenüber einem Verbraucher, daher Obergrenze von 190,00 Euro beachten, da keine Gebührenvereinbarung getroffen wurde.
- Aufgrund des wiederholten Beratungstermins steigt die Obergrenze auf insgesamt 250,00 Euro.
- Mit dem Aufforderungsschreiben und dem Termin geht der Rechtsanwalt über eine bloße Beratung deutlich hinaus, so dass hierfür eine Geschäftsgebühr entsteht.
- Anrechnung der Beratungsgebühr nach § 34 Abs. 2 RVG beachten.
- Die durchschnittliche Geschäftsgebühr beträgt 1,3. Da die Angelegenheit schwieriger war, darf der Anwalt auch mit einem höheren Satz abrechnen, max. in Höhe einer 2,5 Gebühr.
- Der Termin löst keine Terminsgebühr aus, da er außergerichtlich stattfand.
- Für die außergerichtliche Einigung darf eine 1,5 Einigungsgebühr abgerechnet werden.
- Post- und Telekommunikationspauschale und Umsatzsteuer sind ansetzen.

II. Sachverhalte

7. Situation
BGB
- Sebastian ist Minderjährig und daher beschränkt geschäftsfähig. Der Vertrag wäre insofern schwebend unwirksam.
- Da er die DVD allerdings aus seinem laufenden Taschengeld heraus bezahlen konnte, fällt dieser Kauf unter den „Taschengeldparagraf" § 110 BGB und ist daher wirksam.
- Der Kaufvertrag ist wirksam zustandegekommen, Sebastian hat bereits gezahlt. Für die Übergabe war ein bestimmter Tag vereinbart. Die Übergabe erfolgte von Händlerseite jedoch nicht, somit befindet sich der Händler in Verzug. Entsprechende Mahnungen sind bereits erfolgt.

Möglichkeiten
- Außergerichtliches anwaltliches Aufforderungsschreiben mit oder ohne Klageauftrag (beides wäre möglich)
- Gerichtlicher Mahnbescheid (wäre möglich, da es sich um eine bestimmte, auf Euro lautende Geldforderung handelt)
- Klageverfahren (wäre möglich, Kleinbetragsverfahren)

Klage
- Sebastian ist rechtsfähig und von daher auch parteifähig.
- Er ist nicht prozessfähig, muss daher von seinen Eltern gesetzlich vertreten werden.
- Der Fall wäre vor dem Amtsgericht Düsseldorf anhängig zu machen.
- Es besteht kein Anwaltszwang.
- Neben der Einreichung einer ordnungsgemäßen Klageschrift, muss eine 3,0 Gerichtsgebühr eingezahlt werden.
- Der Richter wird sicher das Kleinbetragsverfahren (bis 600,00 Euro) ansetzen.

8. Situation
Säumnisgründe:
- Partei bleibt dem Gerichtstermin fern,
- sie erscheint, verhandelt aber nicht,
- sie erscheint im Anwaltsprozess ohne Anwalt oder
- sie äußert sich im schriftlichen Vorverfahren nicht fristgemäß.

Möglichkeiten, wenn beide Parteien säumig sind:
Das Gericht kann ...
- vertagen,
- nach Aktenlage entscheiden (es muss aber zuvor mündlich verhandelt worden sein) oder
- das Ruhen des Verfahrens anordnen.

Möglichkeiten, wenn eine Partei säumig ist:
- Vertagung
- Erlass eines Versäumnisurteils
- Entscheidung nach Lage der Akten

Versäumnisurteil
- Es ergeht auf Antrag der gegnerischen Partei, was offensichtlich passiert ist.
- Dies bedeutet, dass das Gericht die Tatsachen, die der Kläger vorgebracht hat, als wahr unterstellt.
- Außer den Gerichtskosten muss der Mandant mit einer 1,3 Verfahrensgebühr, 0,5 Terminsgebühr zuzüglich Auslagen und Umsatzsteuer für Kosten des gegnerischen Anwalts rechnen.
- Er hat die Möglichkeit innerhalb einer Notfrist von zwei Wochen Einspruch einzulegen.
- Gebührenmäßig bedeutet ein Einspruchverfahren mit Termin, dass aus der 0,5 Terminsgebühr des gegnerischen Anwalts, jetzt eine 1,2 Terminsgebühr wird.
- Wenn dem Einspruch stattgegeben wird, geht es in der Hauptsache weiter.
- Falls der Mandant erneut säumig wäre, könnte die gegnerische Partei ein zweites Versäumnisurteil beantragen.
- Hiergegen gibt es keinen Einspruch mehr, ggf. wäre Berufung möglich, sofern die Versäumung nicht schuldhaft herbeigeführt worden wäre.

9. Situation

Gebühren
- Für die außergerichtliche Tätigkeit ist eine 1,3 Geschäftsgebühr zuzüglich Auslagen und USt entstanden.
- Im gerichtlichen Verfahren ist eine 1,3 Verfahrensgebühr entstanden, auf die die hälftige Geschäftsgebühr angerechnet wird. Außerdem ist eine 1,2 Terminsgebühr entstanden zuzüglich Auslagen und USt.

Kosten (-festsetzungsverfahren)
- Da der Gegner den Prozess verloren hat, spricht das Gericht in der Kostengrundentscheidung aus, dass er die Kosten zu tragen hat.
- Hierzu gehören die Kosten des eigenen, die des gegnerischen Anwalts und die Gerichtsgebühren.
- Um diese Kosten ggf. auch vollstrecken zu können ist es notwendig, die Kostenfestsetzung bei Gericht zu beantragen.
- Im Kostenfestsetzungsverfahren, das im Übrigen kostenfrei ist, setzt der Rechtspfleger die Kosten per Kostenfestsetzungsbeschluss fest (Abgrenzung: einfacher / gesonderter KfB).
- Problematisch ist hier die Geschäftsgebühr, da sie im außergerichtlichen Bereich entstanden ist und insofern bei der Festsetzung der gerichtlich verursachten Kosten nicht dazu gehört. Der Anwalt erhält zwar im Kostenfestsetzungsverfahren die volle 1,3 Verfahrensgebühr, die hälftige Geschäftsgebühr muss aber nach Vorb.3 Abs. 4 VV RVG auf die 1,3 Verfahrensgebühr angerechnet werden.
- Dem Rechtsanwalt bleibt jedoch noch die andere, nicht angerechnete Hälfte der Geschäftsgebühr. Er kann sie entweder von seinem eigenen Mandanten verlangen oder versuchen, sie z. B. als Verzugsschadenforderung neben der Hauptforderung mit einzuklagen. Hier könnte es dem Mandanten also in der Tat passieren, dass er die hälftige Geschäftsgebühr selbst tragen muss.
- Die USt würde ebenfalls festgesetzt, da im Sachverhalt keine Informationen hinsichtlich Unternehmerschaft vorliegen.

Rechtsbehelfe / Rechtsmittel

Erinnerung
- Bis Beschwerdegegenstand von 200,00 Euro, § 567 Abs. 2 ZPO.
- = Rechtsbehelf, es entscheidet das Gericht, das die angefochtene Entscheidung erlassen hat.
- Notfrist von zwei Wochen ist zu beachten, § 11 Abs. 2 RpflG.

Beschwerde
- Ab Beschwerdegegenstand von 200,00 Euro.
- = Rechtsmittel, d.h. die höhere Instanz überprüft die Entscheidung.
- Dem Rechtspfleger steht aber eine Abhilfebefugnis (des Untergerichts) zu.
- Notfrist von zwei Wochen ist zu beachten, § 569 Abs. 1 ZPO.

Rechtsbeschwerde
Sie wäre gegen den Beschluss des Beschwerdegerichts beim BGH möglich, sie ist ähnlich der Revision ausgestaltet. Sie ist aber an strenge Voraussetzungen geknüpft (siehe § 574 ZPO) und muss innerhalb einer Notfrist von einem Monat eingelegt werden (im Einzelnen siehe § 575 ZPO).

10. Situation

Rechtskraft und vorläufige Vollstreckbarkeit
- Die Zwangsvollstreckung kann grundsätzlich aus einem rechtskräftigen Urteil durchgeführt werden.
- Ein Urteil ist rechtskräftig, mit der Verkündung, wenn
  - ein Rechtsmittel nicht statthaft ist oder
  - wenn die Parteien darauf verzichtet haben oder
  - mit Ablauf der Rechtsmittel-/Rechtsbehelfsfrist, wenn kein Rechtsmittel/Rechtsbehelf eingelegt wurde.
- Dies muss dann durch ein (Notfrist-) Rechtskraftzeugnis nachgewiesen werden.
- Da z. B. bis zum Ablauf der Berufungsfrist ein ganzer Monat verstrichen wäre, in der der Schuldner sein Vermögen bei Seite schaffen könnte, eröffnet das Gesetz die Möglichkeit, auch bereits vor Rechtskraft vollstrecken zu können. Dies spiegelt sich in der Formulierung:"Das Urteil ist gegen Sicherheitsleistung von 2.600,00 vorläufig vollstreckbar" wider.
- Allerdings muss zum Schutz des Schuldners, falls dieser z. B. Berufung einlegt und diese auch gewinnt, eine Sicherheit bei der Hinterlegungsstelle des Amtsgerichts erbracht werden (Geld, Wertpapiere oder Bankbürgschaft, im Einzelnen siehe § 108 ZPO).
- Die Sicherheitsleistung liegt i.d.R. 10 bis 20 % über der eigentlichen Forderung.
- Nach Rechtskraft werden die Sicherheiten wieder freigegeben, siehe § 108 Abs. 2 und 3 ZPO.

II. Sachverhalte

Vollstreckung

Da der Mandant Geld als Sicherheit nicht aufbringen kann, sind andere Möglichkeiten anzusprechen, wie er dennoch gegen den Schuldner vorgehen könnte:
- Bankbürgschaft, Wertpapiere i.S.v. § 108 ZPO vorhanden?
- Sicherungsvollstreckung nach § 720a ZPO; der Gläubiger kann pfänden, aber noch nicht verwerten.
- Vorgehensweise nach § 710 ZPO, sofern es gravierende Gründe bzw. Nachteile für den Gläubiger gäbe.

Unklare Vermögens-/Einkommenssituation
- Hier wäre die Abnahme der Vermögensauskunft zu Beginn sinnvoll, um sich zunächst einen Überblick zu verschaffen. Danach kann über die geeignetste Vollstreckungsmaßnahme entschieden werden.
- Auf diese Maßnahmen könnte hingewiesen werden, z. B. Ratenzahlung, Sachpfändung, Pfändungs- und Überweisungsbeschluss (Vorpfändung), ZV in das unbewegliche Vermögen, sofern vorhanden.

Lösungen